Coptic Gnostic Chrestomathy

Coptic Gnostic Chrestomathy

A Selection of Coptic Texts with Grammatical Analysis and Glossary

Edited by

Bentley Layton

PEETERS
LEUVEN – PARIS – DUDLEY 2004

Library of Congress Cataloging-in-Publication Data

Coptic Gnostic chrestomathy: a selection of Coptic texts with grammatical analysis and glossary / Bentley Layton.
p. cm.
ISBN 9042912545
1. Coptic language--Grammar. 2. Gnosticism. I. Layton, Bentley.

PJ2033 .C58 2003
493'.25--dc21

2002038110

D 2003/0602/16
ISBN 90-429-1254-5

For Jim Robinson

Contents

Introduction

The Coptic texts in this collection are among the most important works of ancient Christian Gnosticism, very broadly speaking. Though originally composed in Greek in the second and third centuries A.D. almost all of them survive only in ancient Coptic translations made in Roman Egypt. All but one come from a fourth-century manuscript hoard discovered in 1945, near Nag Hammadi in the southern Nile Valley.[1] They are extremely early examples of Coptic, in pre-standardized or non-standardized form, with a surprising mixture of dialect features (in form, construction, and selection of vocabulary) and much variation in spelling; scholarly literature describing these peculiarities is listed at the head of each text.[2]

At the end of the volume I have included a select Gnostic glossary of Egyptian-Coptic words, in some cases supplementing the meanings given in the standard dictionaries.[3] Though far from complete, this glossary will assist readers who are unfamiliar with the Coptic translation of Gnostic and philosophical terminology. Furthermore, in footnotes to the text I have glossed almost all the Greek terms, since modern Coptic dictionaries omit the many Greek words that belong to the Coptic language. Readers who are not oriented to Greek will find these glosses useful, and those who are well acquainted with Greek can skip them altogether.

[1] James M. Robinson, "From the Cliff to Cairo: The Story of the Discovery and the Middlemen of the Nag Hammadi Codices," in Bernard Barc, ed., *Colloque international sur les textes de Nag Hammadi (Québec, 22–25 août 1978)* (Quebec City 1981) 21–58. [2] Indispensable for understanding the dialectal variation in these texts is Wolf-Peter Funk, "The Linguistic Aspect of Classifying the Nag Hammadi Codices," in L. Painchaud and A. Pasquier, eds., *Les Textes de Nag Hammadi et le problème de leur classification* (Quebec City 1995), 107–147. [3] Especially handy for translating these texts is Richard H. Smith, *A Concise Coptic-English Lexicon* (Atlanta [U.S.A.] 1999).

The standard way to cite these texts is by page and line of the ancient manuscript, in the format "19:6" or "19,6" (manuscript page nineteen, line six); a manuscript designation may also be prefixed to avoid ambiguity ("Codex III 55:22"). New lines of the ancient manuscript are signalled within the text edition by the symbols | and ||; cf. page 5, below.

The line numbering in the inner margins of this book marks every fifth line (5, 10, 15, etc.) of the present text edition (*not* the ancient manuscript), to facilitate its use in a classroom setting.

The scholarly bibliography on these works is listed exhaustively in David M. Scholer, *Nag Hammadi Bibliography 1948–1969* (Leiden 1971); *Nag Hammadi Bibliography 1970–1994* (Leiden 1997); and his annual supplements in the journal *Novum Testamentum*. English translations of all the present works are found in Bentley Layton, *The Gnostic Scriptures: A New Translation with Annotations and Introductions,* 2d ed. (New York 1995); in James M. Robinson (general editor) et al., *The Nag Hammadi Library in English,* 3d ed. (San Francisco 1988); and in many other places. Indented paragraphs in the text correspond to the boldface headings in Layton, *The Gnostic Scriptures*, and the order of works is the same.

* * *

After two decades of teaching these Gnostic works to students, I have no doubt about the value of a grammatically analyzed text with glosses: it causes the reader to think about the exact structure of the text, but also enables him or her to digest a large amount of Gnostic material in a short time. Accordingly, the Coptic text is analyzed into its component "morphs" —the smallest (minimal) units that express lexical and grammatical meaning—following the system of hyphenation in Bentley Layton, *Coptic Grammar* (Wiesbaden 2000), §§ 27, 28. In this system, all dependent (bound) morphs are linked by hyphens, with only the following regular exceptions:

(a) Dependent articles are *not* set off by hyphen; e.g. ⲡⲏⲓ̈, ⲡⲁⲏⲓ̈, ⲟⲩⲏⲓ̈, ⲕⲉⲏⲓ̈, etc.—except that ⲡ-, ⲧ-, ⲛ- are hyphenated when followed by a relative converter (ⲡ-ⲉⲧ$^{\emptyset}$-ϣⲟⲟⲡ, ⲡ-ⲉⲛⲧ-ⲁⲩ-ⲛⲁⲩ ⲉⲣⲟ-ϥ)

(b) Mutable converters (ⲉ=, ⲛⲉ=, ⲉⲧ=) and non-durative conjugation bases (ⲁ=, ⲙ̄ⲡ=, ⲛ̄ⲧⲉⲣⲉ=, etc.) are written solid with the following personal morph; e.g. ⲉϥ-, ⲛⲉϥ-, ⲉⲧϥ-, ⲁϥ-, ⲙ̄ⲡϥ̄-, ⲛ̄ⲧⲉⲣⲉϥ-, etc.

(c) Bound elements of a compound preposition are not hyphenated; e.g. ⲉⲡⲙⲁ ⲛ̄-, ⲛ̄ⲥⲁⲃⲟⲗ ⲙ̄ⲙⲟ=, ϩⲛ̄ⲧⲙⲏⲧⲉ ⲛ̄-, etc.

(d) Bound expressions (mainly combinative adverbs and non-combinative adverbs of spatial orientation) built on the following components are written without hyphen: ⲃⲟⲗ, ϩⲟⲩⲛ, ϩⲣⲁⲓ̈, ϩⲣⲉ, ⲧⲡⲉ, ⲡⲉⲥⲏⲧ, ⲡⲓⲧⲛ̄, ⲧⲉϩⲏ, ⲑⲏ, ⲡⲁϩⲟⲩ; thus, e.g. ϩⲓⲃⲟⲗ ⲛ̄-, ⲉϩⲟⲩⲛ ⲉ-, ⲛ̄ϩⲣⲁⲓ̈ ϩⲛ̄-, ⲡⲥⲁ ⲛ̄ϩⲣⲉ, ⲉⲧⲡⲉ, etc.

(e) Initial ⲛ̄- forming an adverbial element is written solid with the following component; e.g. ⲛ̄ϣⲟⲣⲡ "in the beginning," ⲛ̄ϩⲟⲩⲟ "greatly"

(f) Also undivided are elided expressions such as ϩⲉⲣⲟ-ϥ expressing ϩⲉ ⲉⲣⲟ-ϥ, ⲁϩⲟⲩⲱⲛ expressing ⲁϩⲟⲩ-ⲟⲩⲱⲛ, etc.

Also inserted into the Coptic text is the "zero" symbol (ᴓ) to mark *(a)* the meaningful absence of article—the "zero article";[4] and *(b)* the meaningful absence of personal morph after a prepersonal state (infinitive, preposition, conjugation base);[5] *(c)* the meaningful non-expression of person with the relative converter ⲉⲧ= ("bare ⲉⲧᴓ-").[6] When the Coptic text is cited for scholarly purposes, these hyphens and zeroes should of course be omitted. I have added punctuation marks (•) to divide the text into minimal "sentences" like those of English. At the end of a line, hyphen sometimes signals only a word break.

* * *

Finally, a word about editorial policy. Square brackets [ ] mark passages where the ancient manuscript is physically defective. Wherever the ancient Coptic author's own original text—though now physically missing—can be undoubtedly discerned[7] it is printed, as an undoubted restoration, between square brackets: ⲉ[ⲣ]ⲟ-ϥ. But in cases of uncertainty, dots or dashes are printed instead: [.], [. .], [. . .], [. . . .], [- - -]. I have excluded mere modern scholarly opinion from square brackets, thus omitting a number of merely "possible" (and impossible) restorations recommended in critical editions of the text.[8] The gradual discernment and restoration of the ancient authors' own words is due to many individual scholars and is finally a product of their discussion, criticism, and cooperation over time. I owe a great debt to my colleagues whose editorial work has contributed to our knowledge of these texts. For a record of at least some of their names as well as their opinions about "possible" conjectures, the reader should consult the apparatus of a fully documented critical text edition. This chrestomathy is, of course, not meant to replace the full scale critical editions.

4 Layton, *Coptic Grammar* §47. E.g. ⲁϥ-ⲙⲁϩ-ⲛⲉⲧⲛ̄ⲙⲁⲁϫⲉ ⲛ̄-ᴓϭⲟⲗ "He has filled your ears with lies (ᴓϭⲟⲗ)" 5 Layton, *Coptic Grammar* §89. E.g. ⲁⲓ-ⲕⲟⲧ-ᴓ "I turned myself"; ⲛ̄ϩⲏⲧ-ᴓ "Within myself"; ⲉ-ⲧⲣⲉᴓ-ⲣ̄-ⲃⲱⲕ ⲛⲁ-ⲛ "for you (sing. fem.) to serve us." 6 Layton, *Coptic Grammar* §405. E.g. ⲉⲧᴓ-ⲙ̄ⲙⲁⲩ, ⲡ-ⲉⲧᴓ-ⲁⲣⲭⲉⲓ ⲉϫⲱ-ϥ

7 For example from a parallel in the another manuscript of the same work; a parallel passage or recurrent formula or epithet or realium elsewhere in the text; (especially for short restorations) an obvious grammatical, lexical, stylistic, or palaeographical constraint.

8 The same principle has been applied in using the other critical signs, which are explained on p. 5. Editors of the Coptic Gnostic texts disagree considerably as to whether merely "possible" conjectures, defended by a hypothetical exegesis of the text, should be printed as restorations in the body of a critical edition or relegated to the notes; my own policy is much more conservative than that of most editors.

My own study of the text of these ancient works was carried out as I prepared critical editions or translations for publication.[9] The existing editions that I used as a starting point, as I set out to recollate or reestablish each text, were the following, in the order of this collection, and I must express my sincere gratitude to these editors for laying a firm foundation:[10] (1) Walter Till and Hans-Martin Schenke; (2) and (4) George MacRae; (5) Yvonne Janssens; (6) Alexander Böhlig and Frederik Wisse; (8) John Turner and Orval Wintermute; (9) James M. Robinson and James Goehring; (10) Stephen Emmel and Michel Malinine et al.; (11) Rodolphe Kasser et al. Texts no. (3), (7), and (12)–(15) are based on my own editions. For text no. 7, Zostrianos, my collation base (for the first printed edition of the work) was an existing transcript of the manuscript, containing many restorations, made by John Sieber[11] in 1968 from photographs. I consulted photographic facsimiles[12] of the manuscripts and in some cases the manuscripts themselves in Cairo.

I am grateful to Yale University, through the A. Whitney Griswold Humanities Research Fund, for funding my research assistant Mr. (now Professor) Zlatko Pleše in the earliest stage of this project. My work on the Gnostic manuscripts in Cairo with the Technical Sub-Committee of the UNESCO International Committee for the Nag Hammadi Codices was carried out under the generous auspices of Prof. James M. Robinson, to whom this book is gratefully dedicated.

Yale University, New Haven (Connecticut)

[9] *Nag Hammadi Codex II,2–7 Together with XIII,2*, Brit.Lib.Or.4926(1), and P.Oxy. 1, 654, 655*, 2 vols. (Leiden 1989); Bentley Layton and John Sieber, *Nag Hammadi Codex VIII* (Leiden 1991), tractate 1; *The Gnostic Scriptures: A New Translation with Annotations and Introductions*, 2d ed. (New York 1995). [10] Bibliographic details can be found at the head of each text. [11] With contributions by Frederik Wisse. [12] I am grateful to James M. Robinson for lending photographs of the Berlin manuscript of the "Secret Book of John."

Abbreviations and Symbols

Facs., Facs. Intro. = Arab Republic of Egypt, Department of Antiquities, *The Facsimile Edition of the Nag Hammadi Codices* in numbered volumes accompanied by an Introduction volume (Leiden 1974–1984).

Layton, *The Gnostic Scriptures* = Bentley Layton, *The Gnostic Scriptures: A New Translation with Annotations and Introductions,* 2d ed. (New York 1995).

Nag Hammadi Library = James M. Robinson (general editor) et al., *The Nag Hammadi Library in English,* 3d ed. (San Francisco 1988).

Scholer, *Nag Hammadi Bibliography* = David M. Scholer, *Nag Hammadi Bibliography 1948–1969* (Leiden 1971) and *Nag Hammadi Bibliography 1970–1994* (Leiden 1997), with annual supplements in the journal *Novum Testamentum.*

* = First line of a page, or other important starting point, in the manuscript (with reference number in outer margin)

|| = Every fifth line of the manuscript page

| = The other lines of the manuscript page

[ⲁⲁⲁ] The ancient author's text, restored where the manuscript is missing

ⲁ̣ⲁ̣ⲁ̣ Damaged, uncertain letters in the manuscript

. . . Uncertain remains of letters in the manuscript

⟦ⲁⲁⲁ⟧ Letters cancelled by the ancient copyist, which should be ignored

<ⲁⲁⲁ> Ancient author's text that was accidentally omitted by the ancient copyist

{ⲁⲁⲁ} Letters that are *not* part of the ancient author's text but were erroneously written in the manuscript

† An error is present in the ancient text of the manuscript

The Secret Book of John

(THE APOCRYPHON OF JOHN)

ⲡⲁⲡⲟⲕⲣⲩⲫⲟⲛ ⲛ̄-ⲓ̈ⲱϩⲁⲛⲛⲏⲥ

MANUSCRIPT: Berlin, Ägyptisches Museum der Staatlichen Museen Preussischer Kulturbesitz, Papyrussammlung, P.Berol. inv. 8502, pp. 19–77 ("p.Berol. 8502,2"; "BG 8502,2"). In addition to the Berlin papyrus there are three other, parallel manuscripts of the Secret Book, which contain different wordings of the same text: Cairo, Coptic Museum, Nag Hammadi Codex II, pp. <1>–<32>; Codex III, pp. 1–40; and Codex IV, pp. 1–49. These have been consulted especially for the restoration of lacunas printed in square brackets.

PHOTOGRAPHIC FACSIMILE of the Berlin manuscript: None published (I have used a set of photographs lent by Prof. James M. Robinson).

EDITIONS: Walter C. Till, 2d rev. ed. by Hans-Martin Schenke, *Die gnostischen Schriften des koptischen Papyrus Berolinensis 8502* (Berlin 1972), 78–195; Michael Waldstein, Frederik Wisse, *The Apocryphon of John: Synopsis of Nag Hammadi Codices II,1; III,1; and IV,1 with BG 8502,2* (Leiden 1995).

DIALECT AND SPELLING: Sahidic with occasional features similar to Lycopolitan. Cf. Till-Schenke, op. cit., 11–23, 335–36.

TRANSLATIONS: Layton, *The Gnostic Scriptures* 23–51; *Nag Hammadi Library in English* 104–23 (F. Wisse); for additional information see also Scholer, *Nag Hammadi Bibliography* and supplements in *Novum Testamentum.*

---

*ⲁⲥ-ϣⲱⲡⲉ̣ ⲇⲉ ⲛ̄ⲟⲩⲁ ⲛ̄-ⲛⲉⲓϩⲟⲟⲩ ⲛ̣̄|ⲧⲉⲣⲉϥ-ⲉⲓ ⲉϩⲣⲁⲓ̈ ⲛϭⲓ-ⲓ̈ⲱ- *19:6
ϩⲁⲛⲛ̣ⲏ̣ⲥ̣ | ⲡⲥⲟⲛ ⲛ̄-ⲓ̈ⲁⲕⲱⲃⲟⲥ ⲉⲧⲉ-ⲛⲁ̣ⲓ̣̈ ⲛ̣ⲉ̣ | ⲛ̄ϣⲏⲣⲉ ⲛ̄-ⲍⲉⲃⲉⲇⲁⲓ̈ⲟⲥ
ⲛ̄ⲧ̣ⲉ̣ⲣ̣ⲉ̣ϥ-||ⲉⲓ ⲉϩⲣⲁⲓ̈ ⲉ-ⲡⲣ̄ⲡⲉ ⲁϥ-ϯ-ⲡⲉϥⲟⲩⲟ̣|ⲉⲓ ⲉⲣⲟ-ϥ ⲛ̄ϭⲓ-ⲟⲩⲫⲁⲣⲓ-
ⲥⲁⲓⲟⲥ ⲉ̣-ⲡ̣ϥ̣̄|ⲣⲁⲛ ⲡⲉ ⲁ̣ⲣ̣ⲓ̣ⲙⲁⲛⲓⲁⲥ• ⲁⲩⲱ̣ ⲡ̣ⲉ̣ϫ̣ⲁ̣-ϥ̣ | ⲛⲁ-ϥ ϫⲉ-ⲉϥ-ⲧⲱⲛ
ⲡⲉⲕ̣ⲥ̣ⲁ̣ϩ̣ ⲡ̣ⲁ̣ⲓ̣ ⲛ̣̄|ⲧⲟⲕ ⲉ-ⲛⲉⲕ̣-ⲟ̣ⲩⲏ̣ϩ ⲛ̄ⲥⲱ-ϥ• ⲡ̣ⲉ̣ϫ̣ⲁ̣-ϥ̣ || ⲛⲁ-ϥ ϫⲉ-ⲡⲙⲁ
ⲛⲧ̣-ⲁϥ-ⲉ̣ⲓ̣ ⲙ̣̄ⲙ̣ⲟ̣-ϥ ⲁ̣ϥ-|ⲃⲱⲕ ⲟ̣ⲛ̣ ⲉ̣[ⲣ]ⲟ̣-ϥ• ⲡⲉ̣ϫ̣ⲁ̣-ϥ̣ ⲛ̣ⲁ̣-ϥ̣ ⲛ̣ϭ̣ⲓ̣-|ⲡⲉ-

ⲫⲁⲣ̣ⲓ̣ⲥ̣ⲁⲓ̣[ⲟ]ⲥ ϫⲉ-ϩⲛ̣-ⲟⲩⲡ̣ⲗ̣ⲁ̣ⲛ̣ⲏ̣[1] | ⲁϥ-ⲡ̣ⲗ̣ⲁ̣ⲛ̣ⲁ̣[2] ⲙ̣̄ⲙ̣ⲱ-ⲧⲛ̣ ⲛ̣ϭ̣ⲓ̣-ⲡⲓⲛⲁ-
*20:1 |ⲍⲱⲣ̣ⲁ̣ⲓ̣ⲟ̣ⲥ̣•[3] ⲁⲩⲱ ⲁ̣ϥ-ⲙ̣ⲁ̣ϩ-ⲛ̣ⲉ̣ⲧ̣ⲛ̣ⲙ̣ⲁ̣ⲁ̣ϫⲉ̣ ⲛ̣-∅ϭ̣[ⲟⲗ]• *ⲁⲩⲱ ⲁϥ-ⲧⲱⲙ ⲛ-
[ⲛⲉⲧⲛϩⲏⲧ• ⲁⲩⲱ] | ⲁϥ-ⲕⲧⲉ-ⲧⲏⲩⲧⲛ̄ ⲉⲃ̣[ⲟⲗ ϩⲛ]-ⲙ̄ⲡⲁⲣⲁ|ⲇⲟⲥⲓⲥ[4] ⲛ̄-
ⲛⲉⲧⲛ̄ⲉⲓ̣[ⲟⲧ]ⲉ•

ⲛ̄ⲧⲉⲣⲓ-|ⲥⲱⲧⲙ̄ ⲉ-ⲛⲁï ⲁⲛⲟ[ⲕ] ⲁ̣ï-ⲕⲟⲧ-∅ ⲉ||ⲃⲟⲗ ϩⲙ-ⲫⲓⲉⲣⲟⲛ[5] ⲉ-
ⲡⲧ[ⲟ]ⲟⲩ ⲉ-ⲩⲙⲁ | ⲛ̄-ϫⲁⲉⲓⲉ• ⲁⲩⲱ ⲛⲉï-ⲗ̣ⲩⲡⲉⲓ[6] ⲙⲡ̄|ϣⲁ ϩⲣⲁï ⲛϩⲏⲧ-∅
ⲉⲉ[ⲓ]-ϫⲱ ⲙⲙⲟ-ⲥ | ϫⲉ-ⲡⲱⲥ ⲣⲱ ⲁⲩ-ⲭⲓⲣ̣ⲟⲧⲟⲛⲓ[7] ⲙ̄-|ⲡ̄ⲥ̄ⲱ̄ⲣ̄• ⲁⲩⲱ
ⲉⲧⲃⲉ-ⲟⲩ ⲁⲩ-ⲧⲛ̄ⲛⲟ||ⲟⲩ-ϥ ⲉ-ⲡⲕⲟⲥⲙⲟⲥ ϩïⲧⲙ̄-ⲡⲉϥⲉⲓ|ⲱⲧ ⲉⲛⲧ-ⲁϥ-
ⲧⲛ̄ⲛⲟⲟⲩ-ϥ• ⲁⲩⲱ | ⲛⲓⲙ ⲡⲉ ⲡⲉϥⲉⲓⲱⲧ• ⲁⲩⲱ ⲟⲩⲁϣ | ⲛ̄-ϩⲉ ⲡⲉ
ⲡⲓⲁⲓⲱⲛ[8] ⲉⲧ∅-ⲙ̄ⲙⲁⲩ ⲉⲧⲛ̄-|ⲛⲁ-ⲃⲱⲕ ⲉⲣⲟ-ϥ• ⲁϥ-ϫⲟⲟ-ⲥ ⲛⲁ-ⲛ || ϫⲉ-
ⲡⲓⲁⲓⲱⲛ ⲁϥ-ϫⲓ-∅ⲧ̣ⲩⲡⲟⲥ[9] ⲙ̄-ⲡⲓ|ⲁⲓⲱⲛ ⲉⲧ∅-ⲙ̄ⲙⲁⲩ ⲛ̄-ⲁⲧ-ⲧⲁⲕⲟ• ⲁⲩⲱ |
ⲙⲡⲉϥ-ⲧⲟⲩⲛ-ⲓⲁⲧ-ⲛ̣ ⲉ̣ⲃⲟⲗ ⲉⲧⲃⲉ-|ⲡ-ⲉⲧ̣∅-ⲙ̄ⲙⲁⲩ ϫⲉ-ⲟⲩⲁ̣ϣ ⲙ̄-ⲙⲓⲛⲉ |
ⲡⲉ•

ⲛ̄ⲧⲉⲩⲛⲟⲩ ⲉⲉ̣ⲓ̣-ⲙ̣ⲉⲉⲩⲉ̣ ⲉ-ⲛⲁï || ⲁ-ⲙⲡⲏⲩⲉ ⲟⲩⲱⲛ• ⲁⲩⲱ ⲁ-ⲡⲥⲱⲛⲧ |
21:1 ⲧⲏⲣ-ϥ ⲣ̄-∅ⲟⲩⲟⲉⲓⲛ ϩⲛ-ⲟⲩⲟ̣ⲓ̣ⲛ̣ ⲉⲧ∅-ⲛ̄[ⲡⲉⲥⲏⲧ ⲛ-ⲧ]ⲡ̣ⲉ• ⲁⲩⲱ ⲁ-ⲡⲕⲟⲥ-
ⲙⲟⲥ | [ⲧⲏⲣ-ϥ ⲕⲓ]ⲙ̣• ⲁⲛⲟⲕ ⲁï-ⲣ̄-∅ϩⲟⲧⲉ• ⲁⲩ|[ⲱ ⲁï-ϭⲱϣ]ⲧ• ⲁⲩⲱ
ⲉⲓⲥϩⲏⲏⲧⲉ ⲁϥ-|[ϭⲱⲗⲡ ⲛ]ⲁ-ï ⲉⲃⲟⲗ ⲛ̄ϭⲓ-ⲟⲩⲁⲗⲟⲩ• || [ⲁϥ-. . . .] ⲇⲉ ⲉ-
ⲡⲉⲓⲛⲉ ⲉ-ⲩϩⲗ̄ⲗⲟ | [- - - ⲟ]ⲩⲟïⲛ ϣⲟⲡ ⲛϩⲏⲧ-ϥ• | [ⲁï-ϭⲱϣ]ⲧ ⲉϩⲟⲩⲛ
ⲉⲣⲟ-ϥ ⲙⲡⲓ-|[. . . .ⲡ]ⲓ̣ϣⲡⲏⲣⲉ ⲉϣϫⲉ-ⲟⲩ|[- - -.]ⲉ ⲉ-ⲛⲁϣⲉ-ⲛⲉⲥ-
ⲙⲟⲣⲫⲏ[10] || [- - - ⲟ]ⲩⲟⲉⲓⲛ• ⲛⲉⲥⲙⲟⲣⲫⲏ | [ⲛⲉⲩ-ⲟⲩⲟⲛ]ϩ ⲉⲃⲟⲗ ϩïⲧⲛ̄-
ⲛⲉⲩⲉ|[ⲣⲏⲩ - - -]ⲉ ⲉϣϫⲉ-ⲟⲩⲉⲓⲉ ⲧⲉ ⲛ̄-|[- - -]ⲉ̣ ⲉⲥ-ⲟ ⲛ̄-ϣⲟⲙⲧ ⲛ̄-ϩⲟ•
ⲡⲉ|[ϫⲁ-ϥ ⲛⲁ-ï] ϫⲉ-ïⲱϩⲁⲛⲛⲏⲥ ⲉⲧ||[ⲃⲉ-ⲟⲩ ⲉ]ⲕ̣-ⲟ ⲛ̄-ϩⲏⲧ ⲥⲛⲁⲩ ⲉⲓⲧⲁ[11]
| [ⲕ-ⲣ-∅ϩⲟⲧⲉ]• ⲛ̣ⲧⲕ-ⲟⲩϣⲙ̄ⲙⲟ ⲅⲁⲣ | [ⲁⲛ ⲉ-ϯϩïⲇ]ⲉ̣ⲁ̣•[12] ⲙ̄ⲡⲣ̄-ⲣ̄-∅ⲕⲟⲩï
ⲛ̄|[ϩⲏⲧ• ⲁⲛ]ⲟ̣ⲕ ⲡⲉⲧ∅-ϣⲟⲡ ⲛⲙ̄ⲙⲏ-|[ⲧⲛ ⲛⲟⲩ]ⲟ̣ⲉⲓϣ ⲛⲓⲙ• ⲁⲛⲟⲕ ⲡⲉ ||
[ⲡⲉⲓⲱⲧ]• ⲁ̣ⲛⲟⲕ ⲡⲉ ⲧⲙⲁⲁⲩ• ⲁⲛⲟⲕ | [ⲡⲉ ⲡϣⲏ]ⲣⲉ• ⲁⲛⲟⲕ ⲡⲉ ⲡ-ⲉⲧ∅-
*22:1 ϣⲟⲟⲡ *ϣⲁ-ⲉⲛⲉϩ ⲡⲓⲁⲧ-ⲧⲱ[ⲗⲙ ⲁⲩⲱ ⲡⲓⲁⲧ]-|ⲙⲟⲩϫϭ ⲛⲙⲙⲁ-ϥ•
ⲧ[ⲉⲛⲟⲩ ⲁï-ⲉⲓ] | ⲉ-∅ⲧⲟⲩⲛⲟⲩ-ⲉⲓⲁⲧ-ⲕ ⲉⲃ̣[ⲟⲗ ϫⲉ-ⲟⲩ ⲡⲉ]|ⲧ∅-ϣⲟⲟⲡ
ⲁⲩⲱ ⲟⲩ ⲡⲉ̣[ⲛⲧ-ⲁϥ-ϣⲱ]||ⲡⲉ ⲁⲩⲱ ⲟⲩ ⲡⲉⲧ-ⲉϣ[ϣⲉ ⲉ-∅ⲧⲣⲉϥ]-|ϣⲱⲡⲉ
ϫⲉⲕⲁⲁⲥ ⲉⲕ̣[ⲉ-ⲉⲓⲙⲉ ⲉ]-|ⲛⲓⲁⲧ-ⲛⲁⲩ {ⲉ}[13] ⲉⲣⲟ-ⲟⲩ ⲙ[ⲛ-ⲛ-ⲉⲧⲟⲩ]-|ⲛⲁⲩ
ⲉⲣⲟ-ⲟⲩ ⲁⲩⲱ ⲉ-∅ⲧ[ⲟⲩⲛ-ⲉⲓⲁⲧ-ⲕ] | ⲉⲃⲟⲗ ⲉⲧⲃⲉ-ⲡⲓⲧⲉⲗⲓ̣[ⲟⲥ[14] ⲛ-
ⲣⲱⲙⲉ]• || ⲧⲉⲛⲟⲩ ϭⲉ ϥⲓ ⲙ̄-ⲡⲉⲕ[- - -]|ⲉⲓ ⲛⲅ̄-ⲥⲱⲧⲙ̄ ⲁⲩⲱ ⲛ̄[ⲅ̄-ϫⲓ ⲛ-ⲛ-
ⲉϯ]-|ⲛⲁ-ϫⲟⲟ-ⲩ ⲛⲁ-ⲕ ⲙⲡⲟⲟ̣[ⲩ ϫⲉⲕⲁⲁⲥ] | ϩⲱⲱ-ⲕ ⲉⲕⲉ-ⲧⲁⲟⲩⲟ-ⲟ̣[ⲩ ⲛ-

[1] Error, deceit πλάνη [2] Mislead πλανᾶν [3] Nazarene (from Nazareth) Ναζωραῖος, -α, -ον [4] Tradition παράδοσις [5] Temple ἱερόν [6] Be distressed λυπεῖν [7] Choose χειροτονεῖν [8] Realm, eternity, eternal realm αἰών [9] Mold τύπος; ϫⲓ-∅ⲧⲩⲡⲟⲥ be stamped in the mold of [10] Form, shape, manner of appearance μορφή [11] And then εἶτα [12] Form, kind, ideal form ἰδέα [13] Delete {ⲉ} [14] Perfect τέλειος

ⲛⲉⲕϩⲟ]|ⲙⲟⲡ̅ⲛ̅ⲁ̅[15] ⲛⲁϊ ⲉⲧⲉ-ϩⲉⲛ[ⲉⲃⲟⲗ ϩⲛ]-||ϯⲅⲉⲛⲉⲁ[16] ⲉⲧⲉ-ⲙⲁⲥ-ⲕ[ⲓⲙ ⲛⲉ ⲙ-ⲡⲧⲉ]|ⲗⲓⲟⲥ ⲛ-ⲣⲱⲙⲉ•

ⲁⲩⲱ ⲁ[ϊ-ϫⲛⲟⲩ-ⲥ] | ⲉ-$^{\emptyset}$ⲛⲟϊ•[17] ⲡⲉϫⲁ-ϥ ⲛⲁ-ϊ ϫ[ⲉ-
ⲧⲙⲛⲧ-ⲟⲩ]|ⲁ ⲉ-ⲩⲙⲟⲛⲁⲣⲭⲓⲁ[18] ⲧⲉ̣
[ⲙⲛ-ⲡ-ⲉⲧ$^{\emptyset}$]-|ⲁⲣⲭⲉⲓ[19] ⲉϫⲱ-ϥ•
ⲡⲛⲟⲩ[ⲧⲉ ⲡⲉ•
ⲁⲩⲱ] || ⲡⲉⲓⲱⲧ ⲙ-ⲡⲧⲏⲣ-ϥ ⲡⲉ
ⲡ̣[ⲁϊ ⲉⲧ$^{\emptyset}$-ⲟⲩ]|ⲁⲁⲃ
ⲡⲓⲁⲧ-ⲛⲁⲩ ⲉⲣⲟ-ϥ̣
[ⲡ-ⲉⲧ$^{\emptyset}$-ϣⲟ]|ⲟⲡ ϩϊϫⲙ̅-ⲡⲧⲏⲣ-ϥ
ⲡ-ⲉⲧ̣$^{\emptyset}$-[ϣⲟⲡ ϩⲛ]-|ⲧⲉϥⲁⲫⲑⲁⲣⲥⲓⲁ[20]
ⲉϥ-[ϣⲟⲟⲡ ϩⲙ]-*ⲡ̣ⲟⲩⲟϊⲛ ⲛ̅-ⲧⲃ̅ⲃⲟ *23:1
ⲡⲁϊ ⲉⲧ[ⲉ]-ⲛ̣ⲉ-ϣ̣-|ⲗⲁⲁⲩ ⲛ-ⲟⲩⲟϊⲛ ⲛ̅-ⲃⲁⲗ ϭⲱϣⲧ ⲉϩⲟⲩⲛ | ⲉⲣⲟ-ϥ•
ⲛⲧⲟϥ <ⲡⲉ>[21] ⲡⲉⲡ̅ⲛ̅ⲁ̅•
ϣϣⲉ ⲁⲛ ⲉ-|$^{\emptyset}$ⲙⲉⲉⲩⲉ ⲉⲣⲟ-ϥ ϩⲱⲥ-$^{\emptyset}$ⲛ̅ϯ[22] ⲏ̂ ϫⲉ-ⲉϥ-||ϣⲟⲟⲡ ⲛ̅-ϯⲙⲓⲛⲉ•
ⲛⲧⲟϥ ⲅⲁⲣ ϥ-ⲟⲩ|ⲟⲧⲃ̅ ⲉ-$^{\emptyset}$ⲛϯ•
ⲟⲩⲁⲣⲭⲏ[23] ⲉ-ⲙⲛ̅-ⲗⲁⲁⲩ ⲁⲣ|ⲭⲉⲓ ⲉϩⲣⲁϊ ⲉϫⲱ-ϥ ⲡⲉ•
ⲙⲛ̅-ⲗⲁⲁⲩ | ⲅⲁⲣ ϣⲟⲟⲡ ϩⲁⲧⲉϥⲉϩⲏ•
ⲟⲩⲇⲉ̣ ϥ-ⲣ̣̅-|$^{\emptyset}$ⲭⲣⲓⲁ[24] ⲙ̅ⲙⲟ-ⲟⲩ ⲁⲛ•
ϥ-ⲣ̣̅-$^{\emptyset}$ⲭⲣⲓⲁ ⲛ-$^{\emptyset}$ⲱⲛ̣ϩ̅ || ⲁⲛ•
ⲛⲧⲟϥ ⲅⲁⲣ ⲟⲩϣⲁ-ⲉⲛⲉϩ̣ ⲡ̣ⲉ̣•
ϥ̣-ⲣ̣̅-|$^{\emptyset}$ⲭⲣⲓⲁ ⲛ̅-ⲗⲁⲁⲩ ⲁⲛ•
ⲛⲧⲟϥ ⲅⲁⲣ ⲟ̣ⲩⲁ̣ⲧ̣-|ϫⲟⲕ-ϥ ⲡⲉ ϩⲱⲥ ⲉ-ⲙⲡⲉϥ-ϣⲧ̣ⲁ̣ | ⲣⲱ ϫⲉ-ⲉⲩⲉ-ϫⲟⲕ-ϥ•
ⲁⲗⲗⲁ ⲛⲟⲩⲟ̣ϊϣ | ⲛⲓⲙ ⲟⲩϫⲱⲕ ⲧⲏⲣ-ϥ ⲡⲉ•
ⲟⲩⲟϊ̣ⲛ̣ ⲡ̣ⲉ̣• ||
ⲟⲩⲁⲧ-ϯ-$^{\emptyset}$ⲧⲱϣ ⲉⲣⲟ-ϥ ⲡⲉ ⲉⲃⲟ̣ⲗ̣ ϫ̣ⲉ̣-|ⲙⲛ̅-ⲗⲁⲁⲩ ϩⲁⲧⲉϥⲉϩⲏ ⲉ-$^{\emptyset}$ϯ-$^{\emptyset}$ⲧⲱϣ | ⲉⲣⲟ-ϥ•
ⲡⲓⲁⲇⲓⲁⲕⲣⲓⲧⲟⲥ[25] ⲉⲃⲟ̣ⲗ̣ ϫⲉ-|ⲙⲛ̅-ⲗⲁⲁⲩ ϩⲁⲧⲉϥⲉϩⲏ ⲉ-$^{\emptyset}$ⲇⲓⲁⲕⲣⲓ|ⲛⲉ[26] ⲙ̅ⲙⲟ-ϥ•

[15] One who is like in spirit ὁμοπνευματικός, όν [16] Race γένεα [17] Think, think of, think about νοεῖν [18] Unitary principle of rule μοναρχία [19] To rule ἀρχεῖν [20] Incorruptibility ἀφθαρσία [21] <ⲡⲉ> omitted by the ancient copyist [22] I.e. ⲛⲟⲩⲧⲉ (cf. compendium ⲛ̅ϯ in the Faiyumic dialect of Coptic) [23] Jurisdiction ἀρχή [24] Need χρεῖα; ⲣ-$^{\emptyset}$ⲭⲣⲓⲁ to need [25] Not susceptible to distinction ἀδιάκριτος, -ον [26] Distinguish, make distinctions about διακρίνειν

ⲡⲓⲁⲧ-ϣⲓⲧ̣-ϥ ϫⲉ-ⲙ̣̄ⲡ̣ⲉ̣-‖ⲕⲉⲟⲩⲁ ϣⲓⲧ-ϥ ϩⲱⲥ ⲉϥ-ϣⲟⲟⲡ ϩⲁ̣|-[ⲧ]ⲉϥⲉϩⲏ•
*24:1 ⲡⲓⲁⲧ-ⲛ̣ⲁⲩ ⲉⲣⲟ-ϥ̣ ⲉⲃⲟⲗ ϫⲉ-*ⲙ̄ⲡ̣[ⲉ]-ⲗ̣ⲁⲁⲩ ⲛⲁⲩ ⲉⲣⲟ-ϥ•
ⲡⲓϣⲁ-ⲉⲛⲉ̣[ϩ] | ⲉⲧ$^{\emptyset}$-ϣⲟⲟⲡ ⲁⲉⲓ̂•[27]
ⲡⲓⲁⲧ-ϣⲁϫⲉ ⲉⲣⲟ-[ϥ] | ⲉⲃⲟⲗ ϫⲉ-ⲙ̄ⲡⲉ-ⲗⲁⲁⲩ ⲧⲁϩⲟ-ϥ ⲉ-$^{\emptyset}$ϣⲁ|-ϫⲉ ⲉⲣⲟ-ϥ•
ⲡⲓⲁⲧ-ϫⲱ ⲙ̄-ⲡⲉϥⲣⲁⲛ ϫⲉ̣-‖ⲛ-ϥ̄-ϣⲟⲟⲡ ⲁⲛ ⲛϭⲓ-ⲡ-ⲉⲧ$^{\emptyset}$-ϣⲟⲡ ϩⲁⲧⲉ̣[ϥ]‖ⲉϩⲏ ⲉ-$^{\emptyset}$ϯ-$^{\emptyset}$ⲣⲁⲛ ⲉⲣⲟ-ϥ•
ⲡⲁⲓ̈ ⲡⲉ ⲡⲟⲩⲟ̣|ⲉⲓ̈ⲛ ⲛ-ⲁⲧ-ϣⲓⲧ-ϥ
ⲡⲓⲧⲃ̄ⲃⲟ ⲉⲧ$^{\emptyset}$-ⲟⲩⲁⲁ[ⲃ] | ⲛ̄-ⲕⲁⲑⲁⲣⲟⲛ[28]
ⲡⲓⲁⲧ-ϣⲁϫⲉ ⲉⲣⲟ-ϥ ⲉⲧ$^{\emptyset}$-|ϫⲏⲕ ⲉⲃⲟⲗ ⲛ-ⲁⲧ-ⲧⲁⲕⲟ•
ⲟⲩⲇⲉ ⲛ-ⲟⲩ‖ⲙⲛ̄ⲧ-ⲧⲉⲗⲓⲟⲥ ⲁⲛ ⲡⲉ•
ⲟⲩⲇⲉ ⲛ-ⲟⲩ|ⲙⲛ̄ⲧ-ⲛⲁⲓ̈ⲁⲧ-ϥ ⲁⲛ ⲡⲉ•
ⲛ-ⲟⲩⲙⲛ̄ⲧ-ⲛⲟ[ⲩ]‖ⲧⲉ ⲁⲛ ⲡⲉ•
ⲁⲗⲗⲁ ⲟⲩϩⲱⲃ ⲉϥ-ⲥⲟⲧ[ⲡ] | ⲛϩⲟⲩⲟ ⲉⲣⲟ-ⲟⲩ ⲡⲉ•
ⲟⲩⲇⲉ ⲛ-ⲟⲩⲁⲡⲓ̣|ⲣⲟⲥ[29] ⲁⲛ ⲡⲉ•
ⲟⲩⲇⲉ ⲙⲡⲟⲩ-ϯ-$^{\emptyset}$ⲧⲱϣ ⲉⲣⲟ-ϥ̣• ‖
ⲁⲗⲗⲁ ⲟⲩϩⲱⲃ ⲉϥ-ⲥⲟⲧⲡ ⲉⲣⲟ-ⲟⲩ ⲡⲉ•
ϫ̣[ⲉ]-|ⲛ-ⲟⲩⲥⲱⲙⲁⲧⲓⲕⲟⲥ[30] ⲁⲛ ⲡⲉ•
ⲛ-ⲟⲩⲁⲧ̣-|ⲥⲱⲙⲁ ⲁⲛ ⲡⲉ•
ⲟⲩⲛⲟϭ ⲁⲛ ⲡⲉ•
ⲛ-ⲟ̣[ⲩ]‖ⲕⲟⲩⲓ̈ ⲁⲛ ⲡⲉ•
ⲟⲩⲏⲣ ⲁⲛ ⲡⲉ•
ⲛ-ⲟⲩ|ⲧⲁⲙⲓⲟ ⲁⲛ ⲡⲉ•
<ⲛ-ⲟⲩⲧⲉⲉⲓⲙⲓⲛⲉ ⲁⲛ ⲡⲉ>•[31]
ⲟⲩⲇⲉ ⲛⲉ-ϣ-ⲗⲁⲁ[ⲩ] ‖ ⲛⲟⲓ̈ ⲙⲙⲟ-ϥ•
ⲟⲩⲗⲁⲁⲩ <ⲁ>ⲛ[32] ⲉ-ⲡⲧⲏⲣ-ϥ | ⲉⲧ$^{\emptyset}$-ϣⲟⲟⲡ•[33]
ⲁⲗⲗⲁ ⲟⲩϩⲱⲃ ⲉϥ-ⲥⲟ̣[ⲧⲡ] | ⲉⲣⲟ-ⲟⲩ ⲡⲉ
ⲟⲩⲭⲱⲥ[34] ⲉϥ-ⲥⲟⲧⲡ
*25:1 ⲁⲗ̣[ⲗⲁ] *ϩⲱⲥ ⲉ-ⲡⲱ-ϥ ⲙⲙⲓⲛⲙ̄ⲙⲟ-ϥ [ⲡ]ⲉ•
ⲛ-ⲉϥ-|ⲙⲉⲧⲉⲭⲉ[35] ⲁⲛ ⲉ-ⲩⲁⲓⲱⲛ•
ⲟⲩⲟⲉⲓϣ | ⲁⲛ ⲡⲉⲧ$^{\emptyset}$-ϣⲟⲟⲡ ⲛⲁ-ϥ•

[27] Forever ἀεί [28] Pure καθαρός, -ά, -όν [29] Infinite ἄπειρος, -ον [30] Corporeal σωματικός, -ή, -όν [31] Omitted by the ancient copyist (haplography). The missing phrase <ⲛ-ⲟⲩⲧⲉⲉⲓⲙⲓⲛⲉ ⲁⲛ ⲡⲉ> is found in the parallel text of Nag Hammadi Codex III. [32] <ⲁ> omitted by the ancient copyist [33] ⲉϥ-ϣⲟⲟⲡ is expected [34] Not as though οὐχ ὡς [35] Share in, partake of, have a share of μετέχειν

ⲡ-ⲉⲧ$^{\emptyset}$-ⲙⲉⲧⲉ|ⲭⲉ ⲅⲁⲣ ⲉ-ⲩⲁⲓⲱⲛ ϩⲛ̄ⲕⲟⲟⲩⲉ ⲛⲉⲣ[36]-||ⲥⲟⲃⲧⲉ ϩⲁ-ⲣⲟ-ϥ•
ⲁⲩⲱ ⲟⲩⲟⲉⲓϣ ⲡⲉ | ⲉ-ⲙⲡⲟⲩ-ϯ-$^{\emptyset}$ⲧⲱϣ ⲉⲣⲟ-ϥ ϩⲱⲥ ⲉ-ⲛ̄-ϥ̄-|ϫⲓ ⲁⲛ ⲛⲧⲛ̄-ⲕⲉⲟⲩⲁ ⲉϥ-ϯ-$^{\emptyset}$ⲧⲱϣ• |
ⲁⲩⲱ ϥ-ⲣ̄-$^{\emptyset}$ⲭⲣⲓⲁ ⲁⲛ•
ⲙⲛ̄-ⲗⲁⲁⲩ ϣⲟⲟⲡ | ⲉ-ⲡⲧⲏⲣ-ϥ ϩⲁⲧϥⲉϩⲏ•
ⲛ̄ⲧⲟϥ ⲉⲧ$^{\emptyset}$-ⲁⲓ||ⲧⲓ[37] ⲙ̄ⲙⲟ-ϥ ⲙ̄ⲙⲓⲛⲙ̄ⲙⲟ-ϥ ϩⲣⲁⲉⲓ | ϩⲙ-ⲡϫⲱⲕ ⲙ-ⲡⲟⲩⲟⲓ̈ⲛ
ⲉϥ-ⲉⲣ̄-ⲛⲟ|ⲉⲓ[38] ⲙ̄-ⲡⲟⲩⲟⲓ̈ⲛ ⲛ-ⲁⲕⲉⲣⲉⲟⲛ•[39]
ϯⲙⲛ̄|ⲧ-ⲛⲟϭ ⲛ-ⲁⲧ-ϣⲓⲧ-ⲥ̄
ⲡϣⲁ-ⲉⲛⲉϩ ⲡⲣⲉϥ-|ϯ ⲛ̄-ⲧⲙⲛ̄ⲧ-ϣⲁ-ⲉⲛⲉϩ
ⲡⲟⲩⲟⲓ̈ⲛ || ⲡⲣⲉϥ-ϯ-$^{\emptyset}$ⲟⲩⲟⲓ̈ⲛ
ⲡⲱⲛϩ ⲡⲣⲉϥ-ϯ-|$^{\emptyset}$ⲱⲛϩ
ⲡⲙⲁⲕⲁⲣⲓⲟⲥ[40] ⲡⲣⲉϥ-ϯ ⲛ̄-ⲧⲙⲛ̄|ⲧ-ⲙⲁⲕⲁⲣⲓⲟⲥ
ⲡⲥⲟⲟⲩⲛ ⲡⲣⲉϥ-ϯ-|$^{\emptyset}$ⲥⲟⲟⲩⲛ
ⲡⲁⲅⲁⲑⲟⲥ ⲛⲟⲩⲟⲉⲓϣ ⲛⲓⲙ |
ⲡⲣⲉϥ-ϯ-$^{\emptyset}$ⲁⲅⲁⲑⲟⲛ
ⲡⲣⲉϥ-ⲣ̄-$^{\emptyset}$ⲁⲅⲁⲑⲟⲛ ||
ⲟⲩⲭⲟⲓⲟⲛ[41] ϫⲉ-ⲟⲩⲛⲧⲁ-ϥ
ⲁⲗⲗⲁ ϩⲟⲓ|ⲟ̣ⲛ[42] ϫⲉ-ϥ-ϯ
ⲡⲛⲁⲉ ⲉⲧ$^{\emptyset}$-ⲛⲁⲉ
ⲡⲉϩⲙⲟⲧ | [ⲉ]ⲧ$^{\emptyset}$-ϯ-$^{\emptyset}$ϩⲙⲟⲧ
ⲡⲟⲩⲟⲓ̈ⲛ ⲛ-ⲁⲧ-ϣⲓⲧ-ϥ• * *26:1

ⲉⲉⲓ̣-ⲛ̣ⲁ-ϫⲉ-ⲟⲩ ⲛⲁ-ⲕ ⲉⲧⲃⲏⲏⲧ-ϥ̄ ⲡ̣[ⲓ]||ⲁⲧ-ⲧⲁϩⲟ-ϥ• ⲡⲁⲓ̈ ⲡⲉ ⲡⲉⲓⲛⲉ ⲙ-ⲡⲟ[ⲩ]||ⲟⲓ̈ⲛ ⲡⲣⲟⲥ-ⲡ-ⲉϯ-ⲛⲁ-ϭⲙ̄-$^{\emptyset}$ϭⲟⲙ ⲉ-$^{\emptyset}$ⲛⲟⲓ̈ | ⲙ̄ⲙⲟ-ϥ• ⲛⲓⲙ ⲅⲁⲣ ⲡⲉⲧ$^{\emptyset}$-ⲛⲁ-ⲛⲟⲉⲓ ⲙ̄||ⲙⲟ-ϥ ⲉⲛⲉϩ• ⲕⲁⲧⲁ-ⲑⲉ ⲉϯ-ⲛⲁ-ϣ-ϣⲁ|ϫⲉ ⲛⲙ̄ⲙⲁ-ⲕ ⲡⲉϥ-ⲁⲓⲱⲛ ⲟⲩⲁⲧ-ⲧⲁ|ⲕⲟ ⲡⲉ ⲉϥ-ϩⲛ̄-ⲟⲩⲥϭⲣⲁϩⲧ ⲉϥ-ⲙ̄ⲧⲟⲛ | ⲙ̄ⲙⲟ-ϥ ϩⲛ-ⲟⲩⲕⲁ-ⲣⲱ-ϥ ⲡ-ⲉⲧ$^{\emptyset}$-ϣⲟⲡ | ϩⲁⲧⲉϩⲏ ⲙ̄-ⲡⲧⲏⲣ-ϥ• ⲧⲁⲡⲉ ⲇⲉ ⲛ-ⲁⲓ||ⲱⲛ ⲛⲓⲙ ⲡⲉ ⲉϣϫⲉ-ⲟⲩⲛ-ⲕⲉϩ[ⲱⲃ] | ϩⲁⲧⲏ-ϥ• ⲁⲛⲟⲛ ⲅⲁⲣ ⲙ̄ⲡⲉ-ⲗⲁⲁⲩ ⲛ̄|ϩⲏⲧⲛ̄ ⲥⲟⲩⲱⲛ-ⲛⲁ-ⲡⲓⲁⲧ-ϣⲓⲧ-ϥ | ⲉⲓⲙⲏⲧⲓ ⲉ-ⲡ-ⲉⲛⲧ-ⲁϥ-ⲟⲩⲱϩ ⲛ̄ϩⲏ|ⲧ-ϥ̄• ⲛⲧⲟϥ ⲡⲉⲛⲧ-ⲁϥ-ϫⲉ-ⲛⲁⲓ̈ ⲉⲣⲟ-ⲛ• || ⲛⲧⲟϥ ⲉⲧ$^{\emptyset}$-ⲛⲟⲓ̈ ⲙ̄ⲙⲟ-ϥ ⲟⲩⲁⲁ-ϥ | ϩⲙ-ⲡⲉϥϩⲓ̈ⲇⲓⲟⲛ[43] ⲛ-ⲟⲩⲟⲉⲓⲛ ⲉⲧ$^{\emptyset}$-|ⲕⲱⲧⲉ ⲉⲣⲟ-ϥ ⲉⲧⲉ-ⲛ̄ⲧⲟϥ ⲡⲉ ⲧⲡ[ⲏ]|ⲅⲏ[44] ⲙ-$^{\emptyset}$ⲙⲟⲟⲩ ⲛ-ⲱⲛϩ ⲡⲟⲩⲟⲓ̈ⲛ ⲉⲧ$^{\emptyset}$-|ⲙⲏϩ ⲛ-$^{\emptyset}$ⲧⲃ̄ⲃⲟ• ⲧⲡⲏⲅⲏ ⲛⲧⲉ-ⲡⲉ||ⲡⲛ̄ⲁ̄ ⲁⲥ-ϩⲁⲧⲉ ⲉⲃⲟⲗ ϩⲙ-ⲡⲙⲟⲟ̣[ⲩ] | ⲉⲧ$^{\emptyset}$-ⲟⲛϩ ⲛ̄ⲧⲉ-ⲡⲟⲩⲟⲓ̈ⲛ• ⲁⲩⲱ

[36] ⲛⲉⲣ- Sahidic ⲛⲉⲛⲧⲁⲩ- [37] Ask, make a request (from) αἰτεῖν [38] I.e. ⲉϥ-ⲣ̄-ⲛⲟⲉⲓ [39] Unmixed, pure ἀκέραιος, -ον [40] Blessed μακάριος, -α, -ον [41] Not such that οὐχ οἷον [42] Such that οἷον [43] Own ἴδιος, -α, -ον [44] Wellspring πηγή

*27:1 ⲛ[ⲉϥ]-|ⲭⲟⲣⲏⲅⲉⲓ[45] ⲛ-ⲁⲓⲱⲛ ⲛⲓⲙ ⲙⲛ̄-ⲛ̄*ⲕⲟⲥⲙⲟⲥ• ϩⲛ̄-ⲥⲙⲟⲧ ⲛⲓⲙ [ⲁ]ϥ-
ⲛⲟ|ⲉⲓ ⲛ̄-ⲧⲉϥϩⲓ̈ⲕⲱⲛ[46] ⲟⲩⲁⲁ-ϥ ⲉϥ-ⲛⲁⲩ | ⲉⲣⲟ-ⲥ ϩⲙ̄-ⲡⲙⲟⲟⲩ ⲛ-
ⲟⲩⲟⲉⲓⲛ | ⲛ̄-ⲕⲁⲑⲁⲣⲟⲛ ⲉⲧ$^{\emptyset}$-ⲕⲱⲧⲉ ⲉⲣⲟ-ϥ•
ⲁⲩ||ⲱ ⲁ-ⲧⲉϥⲉⲛⲛⲟⲓⲁ[47] ⲣ̄-ⲟⲩϩⲱⲃ• ⲁⲥ-ⲟⲩ|ⲱⲛϩ ⲉⲃⲟⲗ• ⲁⲥ-ⲁϩⲉⲣⲁⲧ-ⲥ
ⲙ̄ⲡⲉϥ|ⲙ̄ⲧⲟ ⲉⲃⲟⲗ ⲉⲃⲟⲗ ϩⲛ-ⲧⲗⲁⲙⲡⲏ|ⲇⲱⲛ[48] ⲙ̄-ⲡⲟⲩⲟⲉⲓⲛ ⲉⲧⲉ-ⲧⲁⲓ̈
ⲧⲉ ⲧ|ϭⲟⲙ ⲉⲧ$^{\emptyset}$-ϩⲁⲑⲏ ⲙ-ⲡⲧⲏⲣ-ϥ ⲛ̄ⲧ-ⲁⲥ-ⲟⲩ||ⲱⲛϩ ⲉⲃⲟⲗ ⲉⲧⲉ-ⲧⲁⲓ̈ ⲧⲉ
ⲧⲡⲣⲟⲛ̣ⲟⲓ|ⲁ[49] ⲉⲧ$^{\emptyset}$-ϫⲏⲕ ⲉⲃⲟⲗ ⲛ̄ⲧⲉ-ⲡⲧⲏⲣ̄ϥ̄ ⲡⲟⲩ|ⲟⲓ̈ⲛ ⲡⲉⲓⲛⲉ ⲙ̄-
ⲡⲟⲩⲟⲉⲓⲛ ⲑⲓⲕⲱⲛ | ⲙ-ⲡⲁⲧ-ⲛⲁⲩ ⲉⲣⲟ-ϥ ⲉⲧⲉ-ⲛⲧⲟⲥ ⲧⲉ ⲧ|ϭⲟⲙ ⲛ̄-ⲧⲉⲗⲓⲁ
ⲧⲃⲁⲣⲃⲏⲗⲱ ⲡⲁⲓ||ⲱⲛ ⲉⲧ$^{\emptyset}$-ϫⲏⲕ ⲉⲃⲟⲗ ⲙ̄-ⲡⲉⲟⲟⲩ ⲉⲥ-ϯ-|$^{\emptyset}$ⲉⲟⲟⲩ ⲛⲁ-ϥ
ϫⲉ-ⲁⲥ-ⲟⲩⲱⲛϩ ⲉⲃⲟⲗ | ⲛ̄ϩⲏⲧ-ϥ̄ ⲁⲩⲱ ⲉⲥ-ⲛⲟⲉⲓ ⲙ̄ⲙⲟ-ϥ• ⲛ̄|ⲧⲟⲥ ⲧⲉ
ⲧⲉϩⲟⲩⲉⲓⲧⲉ ⲛ̄ⲛ-ⲉⲛⲛⲟⲓⲁ | ⲧⲉϥϩⲓ̈ⲕⲱⲛ• ⲁⲥ-ϣⲱⲡⲉ ⲛ-ⲟⲩϩⲟⲩ||ⲉⲓⲧ
ⲛ̄-ⲣⲱⲙⲉ ⲉⲧⲉ-ⲡⲉⲡ̄ⲛ̄ⲁ̄ ⲙ-ⲡⲁⲣ|ⲑⲉⲛⲓⲕⲟⲛ[50] ⲡⲉ ⲡϣⲟⲙⲧ-ϩⲟⲟⲩⲧ ⲡⲁⲧ-
*28:1 *ϣⲟ[ⲙ]ⲛⲧⲉ ⲛ̄-ϭⲟⲙ ⲡϣⲟⲙⲛ̄ⲧ ⲛ-ⲣ̣ⲁ̣[ⲛ] | ⲡϣⲟⲙⲛ̄ⲧ ⲛ̄-ϫⲡⲟ ⲡⲁⲓⲱⲛ
ⲉⲧⲉ-|ⲙⲉϥ-ⲣ̄-$^{\emptyset}$ϩⲗ̄ⲗⲟ ⲫⲟⲩⲧ-ⲥϩⲓ̈ⲙⲉ ⲛⲧ-ⲁϥ̣-|ⲉⲓ ⲉⲃⲟⲗ ϩⲛ-ⲧⲉϥⲡⲣⲟⲛⲟⲓⲁ•
ⲁⲩⲱ ⲁⲥ̣-||ⲁⲓⲧⲓ ⲉⲃⲟⲗ ϩⲓ̈ⲧⲟⲧ-ϥ ⲛϭⲓ-ⲧⲃⲁⲣⲃⲏ̣|ⲗⲱ ⲉ-$^{\emptyset}$ϯ ⲛⲁ-ϥ[51] {ⲛ-
ⲟⲩ}[52] ⲛ-ⲟⲩϣⲟⲣⲡ ⲛ̄-ⲥⲟ|ⲟⲩⲛ• ⲁϥ-ⲕⲁⲧⲁⲛⲉⲩⲉ•[53] ⲛ̄ⲧⲁⲣⲉϥ-ⲕⲁ|ⲧⲁⲛⲉⲩⲉ
ⲁ-ⲡϣⲟⲣⲡ ⲛ̄-ⲥⲟⲟⲩⲛ ⲟⲩ|ⲱⲛϩ ⲉⲃⲟⲗ• ⲁϥ-ⲱϩⲉⲣⲁⲧ-ϥ ⲙⲛ̄-ⲧⲉⲛ||ⲛⲟⲓⲁ
ⲉⲧⲉ-ⲧⲉⲡⲣⲟⲛⲟⲓⲁ ⲧⲉ ⲉⲥ-ϯ-|$^{\emptyset}$ⲉⲟⲟⲩ[54] ⲙ-ⲡⲁⲧ-ⲛⲁⲩ ⲉⲣⲟ-ϥ ⲙⲛ̄-ⲧⲧⲉ|ⲗⲓⲟⲥ
ⲛ̄-ⲇⲩⲛⲁⲙⲓⲥ[55] ⲧⲃⲁⲣⲃⲏⲗⲱ ϫ[ⲉ]-|ⲁⲩ-ϣⲱⲡⲉ ⲉⲃⲟⲗ ϩⲓ̈ⲧⲟⲟⲧ-ⲥ̄•
ⲡⲁⲗⲓⲛ̣ | ⲁⲥ-ⲁⲓⲧⲓ ⲛ̄ϭⲓ-ⲧⲉⲉⲓϭⲟⲙ ⲉ-$^{\emptyset}$ϯ ⲛⲁ-ⲥ ⲛ-[ⲧ]||ⲁⲫⲑⲁⲣⲥⲓⲁ• ⲁⲩⲱ
ⲁϥ-ⲕⲁⲧⲁⲛⲉⲩⲉ• | ⲛ̄ⲧⲁⲣⲉϥ-ⲕⲁⲧⲁⲛⲉⲩⲉ ⲛ̄-ⲧⲁⲫⲑⲁ[ⲣ]|ⲥⲓⲁ ⲁⲥ-ⲟⲩⲱⲛϩ
ⲉⲃⲟⲗ• ⲛⲁⲥ-ⲁϩⲉ|ⲣⲁⲧ-ⲥ̄ ⲙⲛ̄-ⲧⲉⲛⲛⲟⲓⲁ ⲙⲛ-ⲧⲉⲡⲣ̣[ⲟ]|ⲅⲛⲱⲥⲓⲥ[56] ⲉⲥ-ϯ-
$^{\emptyset}$ⲉⲟⲟⲩ ⲙ-ⲡⲁⲧ-ⲛⲁ[ⲩ] || ⲉⲣⲟ-ϥ ⲙⲛ-ⲧⲃⲁⲣⲃⲏⲗⲱ ϫⲉ-ⲁⲥ-ϣ[ⲱ]|ⲡⲉ
ⲉⲧⲃⲏⲏⲧ-ⲥ•
*29:1 ⲁⲥ-ⲁⲓⲧⲓ ⲉ-$^{\emptyset}$ϯ ⲛⲁ̣-[ⲥ] *ⲙ̄-ⲡⲱⲛϩ ϣⲁ-ⲉⲛⲉϩ• ⲁϥ-ⲕ[ⲁ]ⲧⲁ|ⲛⲉⲩⲉ•
ⲛ̄ⲧⲁⲣⲉϥ-ⲕⲁⲧⲁⲛⲉⲩⲉ | ⲁϥ-ⲟⲩⲱⲛϩ ⲉⲃⲟⲗ ⲛ̄ϭⲓ-ⲡⲱⲛϩ | ϣⲁ-ⲉⲛⲉϩ• ⲁⲩⲱ
ⲛⲉⲩ-ⲁϩⲉⲣⲁⲧ-ⲟⲩ || ⲉⲩ-ϯ-$^{\emptyset}$ⲉⲟⲟⲩ ⲛⲁ-ϥ ⲙⲛ̄-ⲧⲃⲁⲣⲃⲏⲗⲱ | ⲉⲃⲟⲗ ϫⲉ-ⲁⲩ-
ϣⲱⲡⲉ ⲉⲧⲃⲏⲧ-ⲥ | ϩⲣⲁⲓ̈ ϩⲙ-ⲡⲟⲩⲱⲛϩ ⲉⲃⲟⲗ ⲙ-ⲡⲓⲁⲧ-|ⲛⲁⲩ ⲉⲣⲟ-ϥ ⲙ̄-
ⲡ̄ⲛ̄ⲁ̄•
ⲧⲁⲓ̈ ⲧⲉ ⲧⲙⲉϩ-|ϯ ⲛⲧⲉ-ⲛⲓⲁⲓⲱⲛ ⲙ-ⲡⲉⲓⲱⲧ ⲉⲧⲉ-||ⲡⲉϩⲟⲩⲉⲓⲧ ⲛ̄-ⲣⲱⲙⲉ
ⲡⲉ ⲑⲓⲕⲱⲛ | ⲙ-ⲡⲁⲧ-ⲛⲁⲩ ⲉⲣⲟ-ϥ ⲉⲧⲉ-ⲛ̄ⲧⲟⲥ ⲧⲉ |

ⲧ̄ⲃ̄ⲁ̄ⲣ̄ⲃ̄ⲏ̄ⲗ̄ⲱ̄
ⲙⲛ̄-ⲧⲉⲛⲛⲟⲓⲁ

[45] Give, bestow χωρηγεῖν [46] Image εἰκών [47] Thinking ἔννοια [48] Brilliance λαμπηδών [49] Forethought πρόνοια [50] Virginal, virgin παρθενικός, -ή, -όν [51] ⲛⲁ-ⲥ is expected [52] Delete {ⲛ-ⲟⲩ} (dittography) [53] Consent κατανεύειν [54] ⲉϥ-ϯ-$^{\emptyset}$ⲉⲟⲟⲩ is expected [55] Power δύναμις [56] Prior acquaintance πρόγνωσις

ⲙⲛ̄-|ⲡϣⲣ̄ⲡ̄ⲛ-ⲥⲟⲟⲩⲛ
ⲙⲛ̄-ⲧⲁⲫⲑⲁⲣ|ⲥⲓⲁ
ⲙⲛ̄-ⲡⲱⲛϩ ⲛ-ϣⲁ-ⲉⲛⲉϩ•

ⲧⲁⲓ̈ || ⲧⲉ ⲧⲙⲉϩ-ϯ ⲛ-ϩⲟⲩⲧ-ⲥϩⲓⲙⲉ ⲉⲧⲉ-|ⲛⲧⲟϥ ⲡⲉ ⲡⲙⲉϩ-ⲙⲏⲧ ⲛ̄ⲧⲉ-
ⲛⲓⲁⲓ|ⲱⲛ ⲉⲧⲉ-ⲛⲧⲟϥ ⲡⲉ ⲡⲉⲓⲱⲧ ⲙ̄-|ⲡⲓⲁⲅⲉⲛⲏⲧⲟⲥ[57] ⲛ-ⲉⲓⲱⲧ•
ⲁⲥ-ϭⲱϣ|ϣⲧ̄ ⲉϩⲟⲩⲛ ⲉⲣⲟ-ϥ ⲉⲙⲁⲧⲉ ⲛϭⲓ-||ⲧ̄ⲃ̄ⲁ̄ⲣ̄ⲃ̄ⲏ̄ⲗ̄ⲱ̄ ⲡⲓⲧ̄ⲃ̄ⲃⲟ ϩⲛ-
ⲟⲩⲟⲓ̈ⲛ[58]• *ⲁⲥ̣-[ⲕ]ⲟⲧ-ⲥ ⲉϩⲟⲩⲛ ⲉⲣⲟ-ϥ• ⲁⲥ-ϫⲡⲟ ⲛ̄|ⲛ-ⲟⲩⲥⲡⲓⲛⲑⲏⲣ[59] ⲛ- *30:1
ⲟⲩⲟⲓ̈ⲛ ⲙ-ⲙⲁ|ⲕⲁⲣⲓⲟⲛ•[60] ⲛⲉϥ-ϣⲏϣ ⲇⲉ ⲟⲩⲃⲏ-ⲥ | ⲁⲛ ϩⲛ-ⲧⲙⲛ̄ⲧ-ⲛⲟϭ•
ⲡⲁⲓ̈ ⲡⲉ ⲡⲙⲟ||ⲛⲟⲅⲉⲛⲏⲥ[61] ⲛ̄ⲧ-ⲁϥ-ⲟⲩⲱⲛϩ ⲉⲃⲟⲗ | ⲙ-ⲡⲓⲱⲧ ⲡⲁⲩⲧⲟ-
ⲅⲉⲛⲏⲧⲟⲥ[62] ⲛ-ⲛⲟⲩ|ⲧⲉ ⲡϣⲏⲣⲉ ⲛ-ϣⲣ̄ⲡ̄ⲙ̄-ⲙⲓⲥⲉ ⲙ̄-ⲡ̄|ⲧⲏⲣ-ϥ ⲛⲧⲉ-
ⲡⲉⲡ̄ⲛ̄ⲁ̄ ⲙ-ⲡⲟⲩⲟⲓ̈ⲛⲁⲗ̣[ⲓ]|ⲕⲣⲓⲛⲉⲥ•[63]
ⲁϥ-ⲧⲉⲗⲏⲗ ⲇⲉ ⲛ̄ϭⲓ-ⲡⲁⲧ-||ⲛⲁⲩ ⲉⲣⲟ-ϥ ⲙ-ⲡ̄ⲛ̄ⲁ̄ ⲉϩⲣⲁⲓ̈ ⲉϫⲙ̄-|ⲡⲟⲩⲟⲓ̈ⲛ
ⲛ̄ⲧ-ⲁϥ-ϣⲱⲡⲉ ⲡⲁⲓ̈ ⲛ̄|ⲧ-ⲁϥ-ⲣ̄ϣⲣ̄ⲡ̄ⲛ-ⲟⲩⲱⲛϩ ⲉⲃⲟⲗ ϩⲛ̄-ⲧⲉ̣|ϩⲟⲩⲉⲓⲧⲉ ⲛ̄-
ϭⲟⲙ ⲉⲧⲉ-ⲧⲉϥⲡⲣⲟ|ⲛⲟⲓⲁ ⲧⲉ ⲧ̄ⲃ̄ⲁ̄ⲣ̄ⲃ̄ⲏ̄ⲗ̄ⲱ̄• ⲁⲩⲱ ⲁϥ-ⲧⲁ||ϩⲥ̄-ϥ ϩⲛ̄-
ⲧⲉϥⲙⲛ̄ⲧ-ⲭ̄ⲥ̄[64] ϩⲱⲥⲧⲉ ⲛ̄ϥ-|ϣⲱⲡⲉ ⲛ-∅ⲧⲉⲗⲓⲟⲥ ⲁⲩⲱ ⲉ-ⲙⲛ̄-∅ϣⲧⲁ̣ |
ⲛ̄ϩⲏⲧ-ϥ ⲛ-∅ⲭ̄ⲥ̄ ϫⲉ-ⲁϥ-ⲧⲁϩ[ⲥ-ϥ] | ϩⲛ̄-ⲧⲉϥⲙⲛ̄ⲧ-ⲭ̄ⲥ̄ ⲉ[65]-ⲡⲓⲁϩⲟⲣⲁⲧⲟⲛ[66]
[ⲙ]-|ⲡ̄ⲛ̄ⲁ̄ ⲛⲧ-ⲁϥ-ⲟⲩⲱⲧϩ ⲛⲁ-ϥ ⲉⲃⲟⲗ• ⲁⲩ[ⲱ] || ⲁϥ-ϫⲓ ⲙ-ⲡⲧⲱϩⲥ ϩⲓ̈ⲧⲙ̄-
ⲡⲡⲁⲣⲑⲉ̣*[ⲛⲓⲕⲟⲛ ⲙ-ⲡ̄]ⲛ̄ⲁ̄• ⲛⲉϥ-ⲁϩⲉⲣⲁⲧ-ϥ ⲙ̄|[ⲡⲉϥⲙⲧⲟ] ⲉ̣ⲃⲟⲗ ⲉϥ-ϯ- *31:1
∅ⲉⲟⲟⲩ ⲙ-ⲡⲓ|[ⲁⲟⲣⲁⲧⲟⲛ] ⲙ̄-ⲡ̄ⲛ̄ⲁ̄ ⲙⲛ̄-ⲧⲉⲡⲣⲟⲛⲟⲓ|[ⲁ ⲉⲧ∅]-ϫⲏⲕ ⲉⲃⲟⲗ
ⲡⲁⲓ̈ ⲛⲧ-ⲁϥ-ⲟⲩⲱ<ⲛ>ϩ[67] ⲛ̄|[ϩⲏ]ⲧ-ϥ•
ⲁⲩⲱ ⲁϥ-ⲁⲓⲧⲓ ⲉ-∅ϯ ⲛⲁ-ϥ ⲛ-ⲟⲩ|[ϩ]ⲱⲃ ⲛ-ⲟⲩⲱⲧ ⲡⲛⲟⲩⲥ•[68] ⲁϥ-ⲕⲁⲧⲁ-
ⲛⲉⲩ|ⲉ <ⲛϭⲓ->[69]{ⲙ-}[70]ⲡⲁϩⲟⲣⲁⲧⲟⲛ ⲙ̄-ⲡ̄ⲛ̄ⲁ̄• ⲁ-ⲡⲛⲟⲩⲥ ⲟⲩ|ⲱⲛϩ ⲉⲃⲟⲗ
ⲛⲁ-ϥ• ⲁϥ-ⲁϩⲉⲣⲁⲧ-ϥ ⲙⲛ̄-ⲡⲉ|ⲭ̄ⲥ̄ ⲉϥ-ϯ-∅ⲉⲟⲟⲩ ⲛⲁ-ϥ ⲙⲛ̄-ⲧ̄ⲃ̄ⲁ̄ⲣ̄ⲃ̄ⲏ̄ⲗ̄ⲱ̄• ||
ⲛⲁⲓ̈ ⲇⲉ ⲧⲏⲣ-ⲟⲩ ⲛⲧ-ⲁⲩ-ϣⲱⲡⲉ ϩⲛ-ⲟⲩ|ⲕⲁ-ⲣⲱ-ϥ ⲛⲛ[71]-ⲟⲩⲉⲛⲛⲟⲓⲁ• ⲁϥ-
ⲟⲩⲱϣ | ⲛϭⲓ-ⲡⲁϩⲟⲣⲁⲧⲟⲛ ⲙ-ⲡ̄ⲛ̄ⲁ̄ ⲉ-∅ⲣ̄-ⲟⲩϩⲱⲃ• | ⲁ-ⲡⲉϥⲟⲩⲱϣ ⲣ̄-
ⲟⲩϩⲱⲃ• ⲁϥ-ⲟⲩⲱⲛϩ | ⲉⲃⲟⲗ• ⲁϥ-ⲱϩⲉⲣⲁⲧ-ϥ ⲙⲛ̄-ⲡⲛⲟⲩⲥ || ⲙⲛ̄-ⲡⲟⲩ-
ⲟⲓ̈ⲛ ⲉϥ-ϯ-∅ⲉⲟⲟⲩ ⲛⲁ-ϥ• ⲡⲗⲟ|ⲅⲟⲥ[72] ⲁϥ-ⲟⲩⲁϩ-ϥ ⲛ̄ⲥⲁ-ⲡⲟⲩⲱϣ• ⲉⲃⲟⲗ |
ⲅⲁⲣ ϩⲓ̈ⲧⲙ̄-ⲡⲗⲟⲅⲟⲥ ⲡⲉⲭ̄ⲥ̄ ⲁϥ-ⲧⲁ|ⲙⲓⲟ ⲛ-ⲛ̄ⲕⲁ ⲛⲓⲙ ⲡⲓⲁⲩⲧⲟⲅⲉⲛⲏⲥ[73] | ⲛ-
ⲛ̄ϯ ⲙ<ⲛ>[74]-ⲡⲱⲛϩ ⲛ-ϣⲁ-ⲉⲛⲉϩ ⲙⲛ̄-ⲡⲟⲩ||ⲱϣ•[75] ⲡⲛⲟⲩⲥ ⲇⲉ ⲙⲛ̄-
ⲧⲉⲡⲣⲟⲅⲛⲱⲥⲓⲥ *ⲁⲩ-ⲁϩⲉⲣⲁⲧ-ⲟⲩ ⲉⲩ-ϯ-∅ⲉ̣[ⲟⲟⲩ ⲙ-ⲡⲁϩⲟ]|ⲣⲁⲧⲟⲛ ⲙ- *32:1
ⲡ̄ⲛ̄ⲁ̄ ⲙⲛ-ⲧⲃ̣[ⲁⲣⲃⲏⲗⲱ ϫⲉ]-|ⲉⲃⲟⲗ ϩⲓ̈ⲧⲟⲧ-ⲥ ⲁⲩ-ϣⲱⲡⲉ•

[57] Unengendered ἀγέννητος, -ον [58] ⲛ-ⲟⲩⲟⲓ̈ⲛ is expected [59] Spark σπινθήρ [60] Blessed μακάριος, -α, -ον [61] Only-begotten μονογενής, -ές [62] Self-originated αὐτογένητος [63] Uncontaminated εἰλικρινής, -ές [64] The compendium ⲭ̄ⲥ̄ represents (1) χρηστός, -ή, -όν kind (good hearted), (2) χριστός, -ή, -όν anointed (Christ), and (3) Coptic ϫⲟⲉⲓⲥ lord [65] Error for ⲛ̄-? [66] Invisible ἀόρατος, -ον [67] <ⲛ> omitted by the ancient copyist [68] Intellect νοῦς [69] <ⲛϭⲓ-> omitted by the ancient copyist [70] Delete {ⲙ-} [71] Error for ⲙⲛ̄-? [72] Word (cf. John 1:1), verbal expression λόγος [73] Self-originate αὐτογενής, -ές [74] <ⲛ> omitted by the ancient copyist [75] Is this passage corrupt?

ⲁ̣ⲩ-[ϫⲱⲕ] | ⲉⲃⲟⲗ ϩⲓ̈ⲧⲟⲧ-ϥ ⲙ-ⲡⲉⲡ̅ⲛ̅ⲁ̅ ⲙ-ⲡ̣[ⲛϯ] || ⲛ-ⲁⲩⲧⲟⲅⲉⲛⲏⲥ ⲛ-ϣⲁ-ⲉⲛⲉϩ ⲡϣ[ⲏ]|ⲣⲉ ⲛ̅-ⲧⲃ̅ⲁ̅ⲣ̅ⲃ̅ⲏ̅ⲗ̅ⲱ ϫⲉ-ⲁϥ-ⲁϩⲉⲣⲁ[ⲧ-ϥ] | ⲉⲣⲟ-ϥ ⲡⲓ-ϣⲁ-ⲉⲛⲉϩ ⲙ-ⲡⲁⲣⲑⲉⲛⲓ|ⲕⲟⲛ ⲙ-ⲡ̅ⲛ̅ⲁ̅ ⲛ-ⲁϩⲟⲣⲁⲧⲟⲛ ⲡⲛⲟⲩ|ⲧⲉ ⲛ-ⲁⲩⲧⲟ-ⲅⲉⲛⲏⲥ ⲛ-ⲭ̅ⲥ̅ ⲡ-ⲉⲛⲧ-ⲁϥ-||ⲧⲁⲓ̈ⲟ-ϥ ϩⲛ-ⲟⲩⲛⲟϭ ⲛ-ⲧⲁⲉⲓⲟ ⲉⲃⲟⲗ | ϫⲉ-ⲛⲧ-ⲁϥ-ϣⲱⲡⲉ ⲉⲃⲟⲗ ϩⲛ̅-ⲧⲉϥϩⲟⲩ|ⲉⲓⲧⲉ ⲛ̅ⲛ-ⲉⲛⲛⲟⲓⲁ ⲡⲁⲓ̈ ⲛⲧ-ⲁϥ-ⲕⲁ|ⲁ-ϥ ⲛ̅-$^{\emptyset}$ⲛ̅ⲟⲩⲧⲉ ⲛ̅ϭⲓ-ⲡⲓⲁⲧ-ⲛⲁⲩ ⲉⲣⲟ-ϥ ⲙ̅-|ⲡ̅ⲛ̅ⲁ̅ ⲉϫⲙ-ⲡⲧⲏⲣ-ϥ ⲡⲛⲟⲩ-ⲧⲉ ⲙ-||ⲙⲏⲉ• ⲁϥ-ϯ-ⲛⲁ-ϥ-ⲉⲝⲟⲩⲥⲓⲁ[76] ⲛⲓⲙ• ⲁⲩ|ⲱ ⲁϥ-ⲧⲣⲉ-ⲧⲙⲏⲉ ⲉⲧ$^{\emptyset}$-ⲛ̅ϩⲏⲧ-ϥ ϩⲩⲡⲟ|ⲧⲁⲥⲥⲉ[77] ⲛⲁ-ϥ ϫⲉⲕⲁⲁⲥ ⲉϥⲉ-ⲛⲟⲓ̈ ⲙ̅-|ⲡⲧⲏⲣ-ϥ ⲡⲁⲓ̈ ⲉⲧⲟⲩ-ⲛⲁ-ϫⲱ ⲙ̅-ⲡⲉϥ|ⲣⲁⲛ ⲛ̅-ⲛ-ⲉⲧ$^{\emptyset}$-ⲙ̅ⲡϣⲁ ⲙⲙⲟ-ϥ•

ⲉⲃⲟⲗ || ⲇⲉ ϩⲙ̅-ⲡⲟⲩⲟⲓ̈ⲛ ⲛⲧⲉ[78]-ⲡⲉⲭ̅ⲥ̅ ⲡⲉ ⲙ̅ⲛ-|ⲧⲁⲫⲑⲁⲣⲥⲓⲁ ϩⲓ̈ⲧⲟⲧ-ϥ
*33:1 ⲙ-ⲡⲛⲟⲩⲧⲉ *[- - - ⲡ]ⲉ̣ϥⲧⲟⲟⲩ ⲛ̅-ⲛⲟϭ ⲛ-ⲟⲩ|[ⲟⲉⲓⲛ ⲁ]-ⲩ-ⲟⲩⲱⲛϩ ⲉⲃⲟⲗ
ϩⲙ̅-ⲡⲁⲩ|[ⲧⲟⲅⲉⲛ]ⲏⲥ ⲛ̅-ⲛⲟⲩⲧⲉ ϫⲉ-ⲉⲩⲉ-ⲁϩⲉⲣⲁ|[ⲧ-ⲟⲩ] ⲉⲣⲟ-ϥ {ⲛ}-[79]
ⲧϣⲟⲙⲛ̅ⲧⲉ

ⲡⲟⲩⲱϣ ||
[ⲙⲛ]-ⲧⲉⲛⲛⲟⲓⲁ
ⲙⲛ̅-ⲡⲱⲛϩ

ⲧⲉϥⲧⲟ|[ⲉ] ⲇⲉ

ⲧⲉⲭⲁⲣⲓⲥ[80]
ⲧⲥⲩⲛϩⲉⲥⲓⲥ[81]
ⲧⲉⲥ|ⲑⲏⲥⲓⲥ[82]
ⲧⲉⲫⲣⲟⲛⲏⲥⲓⲥ•[83]

ⲧⲉⲭⲁⲣⲓⲥ | ⲙⲉⲛ ⲙ̅-ⲡⲉϩⲟⲩⲉⲓⲧ ⲛ-ⲟⲩⲟⲓ̈ⲛ ϩⲁⲣ|ⲙⲟⲍⲏⲗ ⲉⲧⲉ-ⲡⲁⲅⲅⲉ-ⲗⲟⲥ ⲙ-ⲡⲟⲩⲟⲓ̈ⲛ || ϩⲙ-ⲡⲉϩⲟⲩⲉⲓⲧ ⲛ-ⲁⲓⲱⲛ ⲉ-ⲩⲛ̅-ϣⲟⲙⲧ | ⲛ-ⲁⲓⲱⲛ ⲛⲙ̅ⲙⲁ-ϥ

ⲧⲉⲭⲁⲣⲓⲥ
ⲧⲙⲏⲉ |
ⲧⲙⲟⲣⲫⲏ•

ⲡⲙⲉϩ-ⲥⲛⲁⲩ ⲛ-ⲟⲩⲟⲉⲓⲛ | ⲱ̅ⲣ̅ⲟ̅ⲓ̈̅ⲁ̅ⲏ̅ⲗ̅ ⲡⲁⲓ̈ ⲛⲧ-ⲁϥ-ⲕⲁⲑⲓⲥⲧⲁ[84] ⲙ̅|ⲙⲟ-ϥ ϩⲓ̈ϫⲙ-ⲡⲙⲉϩ-ⲥⲛⲁⲩ ⲛ-ⲁⲓⲱⲛ || ⲉ-ⲩⲛ-ϣⲟⲙⲛⲧ ⲛ-ⲁⲓⲱⲛ ⲛⲙ̅ⲙⲁ-ϥ | ⲉⲧⲉ-ⲛⲁⲓ̈ ⲛⲉ

ⲧⲡⲣⲟⲛⲟⲓⲁ
ⲧⲉⲥⲑⲏ|ⲥⲓⲥ
ⲡⲣ̅-ⲡ̅ⲙⲉⲉⲩⲉ•

[76] Authority ἐξουσία [77] Be or become subordinate ὑποτάσσειν [78] ⲉⲧⲉ- is expected [79] Either delete ⲛ- or emend to ⲛ̅ϭⲓ- [80] Loveliness, grace χάρις [81] Intelligence σύνεσις [82] Perception αἴσθησις [83] Prudence φρόνησις [84] To establish καθιστάναι

ⲡⲙⲉϩ-ϣⲟ|ⲙⲛⲧ ⲛ-ⲟⲩⲟⲓ̈ⲛ ⲇⲁⲩⲉⲓⲑⲉ ⲡⲁⲓ̈ ⲛ̄|ⲧ-ⲁϥ-ⲕⲁⲑⲓⲥⲧⲁ ⲙⲙⲟ-ϥ
ϩⲓ̈ϫⲙ̄-ⲡ̄||ⲙⲉϩ-ϣⲟⲙⲛ̄ⲧ̄ ⲛ-ⲁⲓⲱⲛ ⲉ-ⲩⲛ-ϣⲟ|ⲙⲛ̄ⲧ̄ ⲛ-ⲁⲓⲱⲛ ⲛ̄ⲙ̄ⲙⲁ-ϥ ⲉⲧⲉ-
ⲛⲁⲓ̈ <ⲛⲉ>[85] * *34:1

ⲧⲥⲩⲛϩⲉⲥⲓⲥ
ⲧⲁⲅⲁⲡ̣[ⲏ[86]
ⲧϩⲓⲇⲉⲁ]• |

ⲡⲙⲉϩ-ϥⲧⲟⲟⲩ ⲇⲉ ⲛ-ⲟⲩⲟ[ⲉⲓⲛ ⲏ̄ⲗ̄ⲏ̄]|ⲗ̄ⲏ̄ⲑ̄ ⲡⲁⲓ̈ ⲛⲧ-ⲁϥ-ⲕⲁⲑⲓⲥⲧ̣[ⲁ
ⲙⲙⲟ-ϥ] | ϩⲓ̈ϫⲙ-ⲡⲙⲉϩ-ϥⲧⲟⲟⲩ ⲛ-ⲁⲓ[ⲱⲛ] || ⲉ-ⲩⲛ̄-ϣⲟⲙⲛⲧ ⲛ-ⲁⲓⲱⲛ
ⲛ̄ⲙ̄ⲙ̣ⲁ-[ϥ] | ⲉⲧⲉ-ⲛⲁⲓ̈ ⲛⲉ

ⲧⲙⲛ̄ⲧ̄-ⲧⲉⲗⲓⲟⲥ
ϯ|ⲣⲏⲛⲏ[87]
ⲧⲥⲟⲫⲓⲁ•[88]

ⲛⲁⲓ̈ ⲛⲉ ⲡⲉϥⲧⲟ|ⲟⲩ ⲛ-ⲟⲩⲟⲓ̈ⲛ ⲉⲧ$^{\emptyset}$-ⲁϩⲉⲣⲁⲧ-ⲟⲩ ⲉ-ⲡⲁⲩ|ⲧⲟⲅⲉⲛⲉⲧⲱⲣ[89]
ⲛ̄-ⲛ̄ϯ ⲡⲓⲙⲛ̄ⲧ̄-ⲥ||ⲛⲟⲟⲩⲥ ⲛ-ⲁⲓⲱⲛ ⲉⲧ$^{\emptyset}$-ⲡⲁⲣϩⲓ̈ⲥⲧⲁ[90] ⲉ-|ⲡⲁⲗⲟⲩ ⲡⲓⲛⲟϭ
ⲛ-ⲁⲩⲧⲟⲅⲉⲛⲉⲧⲱⲣ | ⲛ-ⲭ̄ⲥ̄ ϩⲓ̈ⲧⲛ̄-ⲧⲉⲩⲇⲟⲕⲓⲁ[91] ⲙ̄-ⲡⲛⲟⲩ|ⲧⲉ ⲛ-ⲁϩⲟⲣⲁ-
ⲧⲟⲛ ⲙ̄-ⲡ̄ⲛ̄ⲁ̄• ⲡⲓ|ⲙⲛ̄ⲧ̄-ⲥⲛⲟⲟⲩⲥ ⲛ-ⲁⲓⲱⲛ ⲛⲁ-ⲡϣⲏ||ⲣⲉ ⲛⲉ ⲙ-ⲡⲓⲁⲩⲧⲟ-
ⲅⲉⲛⲏⲧⲟⲥ• ⲛⲧ-ⲁⲩ-|ⲧⲁϫⲣⲉ-ⲛ̄ⲕⲁ ⲛⲓⲙ ⲉⲃⲟⲗ ϩⲓ̈ⲧⲟⲧ-ϥ | ⲙ-ⲡⲟⲩⲱϣ ⲙ-
ⲡⲉⲡ̄ⲛ̄ⲁ̄ ⲉⲧ$^{\emptyset}$-ⲟⲩⲁⲁⲃ | ⲉⲃⲟⲗ ϩⲓ̈ⲧⲟⲧ-ϥ ⲙ-ⲡⲁⲩⲧⲟⲅⲉⲛⲏⲥ• |
ⲉⲃⲟⲗ ⲇⲉ ϩⲙ̄-ⲡϣⲟⲣⲡ ⲛ̄-ⲥⲟⲟⲩⲛ || ⲙⲛ̄-ⲡⲛⲟⲩⲥ ⲛ̄-ⲧⲉⲗⲓⲟⲥ ϩⲓ̈ⲧⲙ-
ⲡⲛⲟⲩ*[ⲧⲉ ⲙⲛ]-ⲧⲉⲩⲇⲟⲕⲓⲁ ⲙ{ⲛ̄}[92]-ⲡⲛⲟϭ | [ⲛ-ⲁϩⲟ]ⲣ̣ⲁⲧⲟⲛ ⲙ̄-ⲡ̄ⲛ̄ⲁ̄ *35:1
ⲙⲛ̄-ⲧⲉⲩ|[ⲇⲟⲕ]ⲓ̣ⲁ ⲙ-ⲡⲁⲩⲧⲟⲅⲉⲛⲏⲥ ⲡⲣⲱⲙⲉ | [ⲛ-ⲧⲉⲗ]ⲓ̣ⲟⲥ ⲙ̄-ⲙⲏⲉ
ⲡⲉϩⲟⲩⲉⲓⲧ ⲛ-ⲟⲩ||[ⲱ]ⲛ̣ϩ ⲉⲃⲟⲗ ⲁϥ-ϯ-ⲣⲓⲛ̄-ϥ ϫⲉ-ⲁⲇⲁⲙ• | [ⲁ]ϥ̣-
ⲕⲁⲑⲓⲥⲧⲁ ⲙⲙⲟ-ϥ ⲉϫⲙ-ⲡⲉϩⲟⲩ|ⲉⲓⲧ ⲛ-ⲁⲓⲱⲛ ϩⲁⲧⲙ̄-ⲡⲛⲟϭ ⲛ-ⲛⲟⲩ|ⲧⲉ
ⲡⲁⲩⲧⲟⲅⲉⲛⲉⲧⲱⲣ ⲛ̄-ⲭ̄ⲥ̄ ⲉ-ⲡⲉ|ϩⲟⲩⲉⲓⲧ ⲛ-ⲁⲓⲱⲛ ⲛ̄ⲧⲉ-ϩⲁⲣⲙⲟⲍⲏⲗ• ||
ⲁⲩⲱ ⲉⲣⲉ-ⲛⲉϥϭⲟⲙ ⲛ̄ⲙ̄ⲙⲁ-ϥ• ⲁⲩⲱ | ⲁϥ-ϯ ⲛⲁ-ϥ ⲛϭⲓ-ⲡⲁϩⲟⲣⲁⲧⲟⲛ ⲙ-
ⲡ̄ⲛ̄ⲁ̄ | ⲛ-ⲟⲩϭⲟⲙ ⲉ-ⲙⲁⲩ-ϫⲣⲟ ⲉⲣⲟ-ⲥ ⲛ-ⲛⲟⲉ|ⲣⲟⲛ•[93] ⲡⲉϫⲁ-ϥ ϫⲉ-

ϯ-ϯ-$^{\emptyset}$ⲉⲟⲟⲩ ⲁⲩⲱ ϯ-|ⲥⲙⲟⲩ ⲉ-ⲡⲁϩⲟⲣⲁⲧⲟⲛ ⲙ-ⲡ̄ⲛ̄ⲁ̄
ϫⲉ-||ⲉⲧⲃⲏⲏⲧ-ⲕ ⲛⲧ-ⲁ-ⲛⲕⲁ ⲛⲓⲙ ϣⲱ|ⲡⲉ•
ⲁⲩⲱ ⲛⲕⲁ ⲛⲓⲙ ⲉϩⲟⲩⲛ ⲉⲣⲟ-ⲕ• |
ⲁⲛⲟⲕ ⲇⲉ ϯ-ⲥⲙⲟⲩ ⲉⲣⲟ-ⲕ ⲁⲩⲱ ⲡⲁⲩ|ⲧⲟⲅⲉⲛⲏⲥ ⲙⲛ-ⲛⲓⲁⲓⲱⲛ ⲡϣⲟⲙ̄ⲧ̄ |
ⲡⲉⲓⲱⲧ ⲙⲛ̄-ⲧⲙⲁⲁⲩ ⲙⲛ̄-ⲡϣⲏⲣⲉ || ⲧϭⲟⲙ ⲉⲧ$^{\emptyset}$-ϫⲏⲕ ⲉⲃⲟⲗ•

85 <ⲛⲉ> omitted by the ancient copyist 86 Love ἀγάπη 87 Peace εἰρήνη 88 Wisdom σοφία 89 Self-originator αὐτογένετωρ 90 Attend, stand in attendance upon παριστάναι 91 Consent εὐδοκία 92 Delete {ⲛ̄}, reading ⲙ-ⲡⲛⲟϭ 93 Intellectual νοερός, -ά, -όν

*36:1 ⲁⲩⲱ ⲁϥ-|ⲕⲁⲑⲓⲥⲧⲁ ⲙ-ⲡⲉϥϣⲏⲣⲉ ⲥ̅ⲏ̅ⲑ̅ *ⲉϫⲙ̄-ⲡⲙⲉϩ-ⲥⲛⲁⲩ ⲛ-ⲟⲩⲟ̣[ⲓⲛ
ⲱ̅ⲣ̅ⲟ̅]||ⲓ̈ⲁ̅ⲏ̅ⲗ̅• ϩⲣⲁⲓ̈ ⲇⲉ ϩⲙ-ⲡⲙⲉϩ-ϣ̣[ⲟⲙⲛⲧ] | ⲛ-ⲁⲓⲱⲛ ⲁⲩ-ⲕⲁⲑⲓⲥⲧⲁ ⲙ-
ⲡ̣[ⲉⲥⲡⲉⲣ]|ⲙⲁ[94] ⲛ-ⲥ̅ⲏ̅ⲑ̅ ⲛ-ⲛⲉⲯⲩⲭⲏ ⲛ̄-ⲛ-ⲉ̣[ⲧ$^{\emptyset}$-ⲟⲩ]||ⲁⲁⲃ ⲛⲁⲓ̈ ⲉⲧ$^{\emptyset}$-ϣⲟⲟⲡ
ϣⲁ-ⲉⲛⲉ̣[ϩ] | ϩⲙ-ⲡⲙⲉϩ-ϣⲟⲙⲛ̄ⲧ ⲛ-ⲟⲩⲟⲉⲓⲛ | ⲇ̅ⲁ̅ⲩ̅ⲉ̅ⲓ̅ⲑ̅ⲉ̅• ϩⲣⲁⲓ̈ ⲇⲉ ϩⲙ-
ⲡⲙⲉϩ-ϥ|ⲧⲟⲟⲩ ⲛ-ⲁⲓⲱⲛ ⲁⲩ-ⲕⲁⲑⲓⲥⲧⲁ ⲛ-ⲛⲉ|ⲯⲩⲭⲏ ⲛⲧ-ⲁⲩ-ⲥⲟⲩⲱⲛ-
ⲡⲟⲩϫⲱⲕ || ⲁⲩⲱ ⲙⲡⲟⲩ-ⲙⲉⲧⲁⲛⲟⲉⲓ[95] ϩⲛ-ⲟⲩϭⲉ|ⲡⲏ ⲁⲗⲗⲁ ⲁⲩ-ϭⲱ ϩⲛ-
ⲟⲩⲟⲉⲓϣ ⲛ̄|ϩⲁⲉ ⲇⲉ ⲁⲩ-ⲙⲉⲧⲁⲛⲟⲉⲓ• ⲉⲩ-ⲛⲁ-ϭⲱ | ϩⲁⲧⲙ̄-ⲡⲙⲉϩ-ϥⲧⲟⲟⲩ
ⲛ-ⲟⲩⲟⲓ̈ⲛ ⲏ|ⲗ̅ⲏ̅ⲗ̅ⲏ̅ⲑ̅ ⲡ-ⲉⲛⲧ-ⲁϥ-ⲛⲟϩⲃ-ⲟⲩ ⲉⲣⲟ-ϥ || ⲉⲩ-ϯ-$^{\emptyset}$ⲉⲟⲟⲩ ⲙ-
ⲡⲁϩⲟⲣⲁⲧⲟⲛ ⲙ̄-ⲡ̅ⲛ̅ⲁ̅• |

ⲧⲛ̄ϣⲃⲣ̄-ⲥⲱⲛⲉ ϭⲉ ⲧⲥⲟⲫⲓⲁ ⲉ-ⲩⲉ|ⲱⲛ ⲧⲉ ⲁⲥ-ⲙⲉⲉⲩⲉ ⲉ-ⲩⲙⲉⲉⲩⲉ
ⲉ|ⲃⲟⲗ ⲛ̄ϩⲏⲧ-ⲥ̄ ⲁⲩⲱ ϩⲣⲁⲓ̈ ϩⲙ-ⲡⲙⲉ|ⲉⲩⲉ ⲙ-ⲡⲉ̅ⲡ̅ⲛ̅ⲁ̅ ⲙⲛ̄-ⲡϣⲟⲣⲡ ⲛ̄-
37:1 ||ⲥⲟⲟⲩⲛ• ⲁⲥ-ⲣ̄-ϩⲛⲁ-ⲥ ⲉ-$^{\emptyset}$ⲟⲩⲱⲛϩ ⲙ-ⲡⲓ[ⲛⲉ] ⲉⲃⲟⲗ ⲛϩⲏⲧ-ⲥ̄ ⲉ-ⲙⲡⲉϥ-
ⲧⲱⲟⲩⲛ | [ⲛⲙ]ⲙ̣ⲁ-ⲥ ⲛ̄ϭⲓ-ⲡⲉ̅ⲡ̅ⲛ̅ⲁ̅• ⲟⲩⲧⲉ ⲟⲛ | [ⲙⲡⲉ]ϥ-ⲕⲁⲧⲁⲛⲉⲩⲉ•
ⲟⲩⲧⲉ ⲟⲛ ⲙ̄|[ⲡⲉ]ϥ-ⲥⲩⲛⲉⲩⲇⲟⲕⲓ[96] ⲛ̄ϭⲓ-ⲡⲉⲥⲥⲩⲛ||[ⲍ]ⲩⲅ̣ⲟⲥ[97] ⲡⲓ̅ⲡ̅ⲛ̅ⲁ̅ ⲛ-
ϩⲟⲟⲩⲧ ⲙ-ⲡⲁⲣ|ⲑⲉⲛⲓⲕⲟⲛ• ⲙⲡⲉⲥ-ϩⲉ ϭⲉ ⲉ-ⲡⲉⲥ|ⲥⲩⲙⲫⲱⲛⲟⲥ[98] ⲉⲥ-ⲛⲁ-
ⲕⲁⲧⲁⲛⲉⲩ|ⲉ ⲉϫⲛ̄-ⲧⲉⲩⲇⲟⲕⲓⲁ ⲙ-ⲡⲉ̅ⲡ̅ⲛ̅ⲁ̅ | ⲙⲛ̄-ⲡⲥⲟⲟⲩⲛ ⲙ-ⲡⲉⲥⲥⲩⲙ-
ⲫⲱⲛⲟⲥ || ⲙⲙⲓⲛⲙ̄ⲙⲟ-ⲥ ⲉⲥ-ⲧⲱⲕⲉ ⲉⲃⲟⲗ ⲉⲧ|ⲃⲉ-ⲡⲉⲡⲣⲟⲩⲛⲓⲕⲟⲛ[99]
ⲉⲧ$^{\emptyset}$-ⲛ̄ϩⲏⲧ-ⲥ̄• | ⲡⲉⲥⲙⲉⲉⲩⲉ ⲙⲡⲉϥ-ϣ-ϣⲱⲡⲉ ⲛ̄-|$^{\emptyset}$ⲁⲣⲅⲟⲛ•[100] ⲁⲩⲱ ⲁ-
ⲡⲉⲥϩⲱⲃ ⲉⲓ ⲉⲃⲟⲗ | ⲉ-ⲛ-ϥ̄-ϫⲏⲕ ⲁⲛ ⲛ̄-$^{\emptyset}$ϭⲁⲉⲓⲉ ϩⲙ̄-ⲡⲉϥ||ⲉⲓⲛⲉ ⲉⲃⲟⲗ
ϫⲉ-ⲁⲥ-ⲁⲁ-ⲥ[101] ⲉϫⲙ̄-|ⲡⲉⲥⲥⲩⲛⲍ̄ⲩⲅⲟⲥ• ⲁⲩⲱ ⲛⲁϥ-ⲉⲓ|ⲛⲉ ⲁⲛ ⲙ̄-ⲡⲓⲛⲉ ⲛ-
ⲧⲙⲁⲩ ⲉϥ-ⲟ ⲛ̄-|ⲕⲉⲙⲟⲣⲫⲏ•

ⲁⲥ-ⲛⲁⲩ ⲇⲉ ⲉⲣⲟ-ϥ ϩⲙ̄-|ⲡⲉⲥϣⲟϫⲛⲉ ⲉ-ⲁϥ-ϣⲱⲡⲉ ⲙ-ⲡ̄|ⲧⲩⲡⲟⲥ ⲛ-
ⲕⲉⲉⲓⲛⲉ ⲉϥ-ⲟ ⲛ̄-$^{\emptyset}$ϩⲁ ⲛ-|ϩⲟϥ ⲁⲩⲱ ⲛ-$^{\emptyset}$ϩⲟ ⲙ-ⲙⲟⲩⲉⲓ• ⲛⲉϥ<ⲃⲁⲗ>[102]
*38:1 *ⲉⲩ-ⲣ̄-$^{\emptyset}$ⲟⲩⲟⲓ̈ⲛ ϩⲛ̄-ⲟⲩⲕⲱϩⲧ• [ⲁⲥ]-|ⲛⲟϫ-ϥ ⲛ̄ⲥⲁ ⲛⲃⲟⲗ ⲙⲙⲟ-ⲥ
ⲙ̄[ⲡⲃⲟⲗ] | ⲛ̄-ⲛⲓⲧⲟⲡⲟⲥ ⲉⲧ$^{\emptyset}$-ⲙ̄ⲙⲁⲩ ϫⲉ[ⲕⲁⲁⲥ] | ⲛ̄ⲛⲉ-ⲗⲁⲁⲩ ⲛ̄-ⲛⲓⲁ-
ⲑⲁⲛⲁⲧ[ⲟⲥ][103] || ⲛⲁⲩ ⲉⲣⲟ-ϥ ⲉⲃⲟⲗ ϫⲉ-ⲁⲥ-ϫⲡⲟ-ϥ̣ | ϩⲛ̄ⲛ-ⲟⲩⲙⲛ̄ⲧ-ⲁⲧ-
ⲥⲟⲟⲩⲛ• ⲁⲥ-ⲛ[ⲟⲩ]|ϩⲃ̄ ⲛ̄ⲙ̄ⲙⲁ-ϥ ⲛ-ⲟⲩⲕⲗⲟⲟⲗⲉ ⲛ-ⲟⲩ|ⲟⲓ̈ⲛ• ⲁⲥ-ⲕⲱ ϩⲛ̄-
ⲧⲙⲏⲧⲉ ⲛ̄-ⲧⲉ|ⲕⲗⲟⲟⲗⲉ ⲛⲛ-ⲟⲩⲑⲣⲟⲛⲟⲥ[104] ϫⲉ-||ⲛ̄ⲛⲉ-ⲗⲁⲁⲩ ⲛⲁⲩ ⲉⲣⲟ-ϥ
ⲉⲓⲙⲏ ⲡⲉ̅ⲡ̅ⲛ̅ⲁ̅ | ⲉⲧ$^{\emptyset}$-ⲟⲩⲁⲁⲃ ⲉⲧⲉ-ϣⲁⲩ-ⲙⲟⲩⲧⲉ | ⲉⲣⲟ-ϥ ϫⲉ-ⲍ̄ⲱⲏ[105]
ⲧⲙⲁⲩ ⲛ-ⲟⲩⲟⲛ | ⲛⲓⲙ• ⲁⲩⲱ ⲁⲥ-ϯ ⲙ̄-ⲡⲉϥⲣⲁⲛ ϫⲉ-|ⲓ̈ⲁ̅ⲗ̅ⲇ̅ⲁ̅ⲃ̅ⲁ̅ⲱ̅ⲑ̅•

ⲡⲁⲓ̈ ⲡⲉ ⲡⲉϩⲟⲩⲉⲓⲧ || ⲛ-ⲁⲣⲭⲱⲛ•[106] ⲡⲁⲓ̈ ⲁϥ-ⲧⲱϭⲉ ⲛ̄|ⲛ-ⲟⲩϭⲟⲙ ⲉ-
ⲛⲁϣⲱ-ⲥ ⲉⲃⲟⲗ ϩⲛ̄-|ⲧⲙⲁⲁⲩ• ⲁϥ-ϩⲛⲧ-ϥ̄ ⲉⲃⲟⲗ ⲙⲙⲟ-ⲥ• | ⲁϥ-ⲡⲱⲱⲛⲉ

[94] Posterity, seed σπέρμα [95] Repent μετανοεῖν [96] Join in consenting συνευδοκεῖν [97] Consort σύνζυγος [98] Being that is in harmony (with someone) σύμφωνος [99] Portative (capable of holding or carrying), cf. προύνεικος 'hired porter' [100] Inactive, unemployed ἀργός, -όν [101] Emend to ⲁⲁ-ϥ [102] <ⲃⲁⲗ> omitted by the ancient copyist [103] Immortal ἀθάνατος, -ον [104] Throne θρόνος [105] Life ζωή [106] Ruler ἄρχων

ⲉⲃⲟⲗ ϩⲙ̄-ⲡⲙⲁ | ⲛ̄ⲧ-ⲁⲩ-ϫⲡⲟ-ϥ ⲛ̄ϩⲏⲧ-ϥ• ⲁϥ-ⲁ*ⲙⲁϩⲧⲉ ⲛ̄-ⲕⲉⲙⲁ• ⲁϥ̣- *39:1
ⲧⲁⲙⲓⲟ | ⲛⲁ-ϥ ⲛ̄ⲛ-ⲟⲩⲁⲓⲱⲛ ⲉϥ-ϯ-$^{\emptyset}$ϣⲁϩ ϩⲛ̄|ⲛ-ⲟⲩⲕⲱϩⲧ ⲉϥ-ⲣ̄-$^{\emptyset}$ⲟⲩⲟⲉⲓⲛ
ⲡⲁ|ⲉⲓ ⲉⲧϥ-ⲛ̄ϩⲏⲧ-ϥ ⲧⲉⲛⲟⲩ• ⲁⲩⲱ ⲁϥ-||ⲛⲟⲩϩⲃ ⲙⲛ̄-ⲧⲁⲡⲟⲛⲟⲓⲁ[107] ⲉⲧ$^{\emptyset}$-
ⲛⲙ̄|ⲙⲁ-ϥ•

ⲁϥ-ϫⲡⲟ ⲛ̄-ⲛⲉⲝⲟⲩⲥⲓⲁ ⲉⲧ$^{\emptyset}$-ϩⲁ|ⲣⲟ-ϥ ⲙⲙⲛⲧ-ⲥⲛⲟⲟⲩⲥ ⲛ-ⲁⲅⲅⲉⲗⲟⲥ |
ⲡⲟⲩⲁ ⲡⲟⲩⲁ ⲙ̄ⲙⲟ-ⲟⲩ ⲉ-ⲡⲉϥⲁⲓ|ⲱⲛ ⲉ-ⲡⲧⲩⲡⲟⲥ ⲛ̄-ⲛⲓⲁⲓⲱⲛ || ⲛ-
ⲁⲫⲑⲁⲣⲧⲟⲥ•[108] ⲁⲩⲱ ⲁϥ-ⲧⲁⲙⲓⲟ ⲙ̄-|ⲡⲟⲩⲁ ⲡⲟⲩⲁ ⲙⲙⲟ-ⲟⲩ ⲛ̄-ⲥⲁϣ̄ϥ |
ⲥⲁϣϥ ⲛ̄-ⲁⲅⲅⲉⲗⲟⲥ ⲁⲩⲱ ⲛⲁⲅⲅⲉ|ⲗⲟⲥ ⲛ-ϣⲟⲙⲛⲧⲉ ⲛ̄-ϭⲟⲙ ⲉⲧⲉ-|ⲛ-
ⲉⲑⲁⲣⲟ-ϥ ⲧⲏⲣ-ⲟⲩ ⲛⲉ ϣⲙ̄ⲧ-||ϣⲉ ⲥⲉ ⲛ-ⲁⲅⲅⲉⲗⲓⲁ[109] ⲙⲛ̄-ⲧⲉϥ|ⲙⲁϩ-
ϣⲟⲙⲛ̄ⲧⲉ ⲛ̄-ϭⲟⲙ ⲕⲁ|ⲧⲁ-ⲡⲉⲓⲛⲉ ⲙ-ⲡⲉϩⲟⲩⲉⲓⲧ ⲛ-ⲧⲩ|ⲡⲟⲥ ⲉⲧ$^{\emptyset}$-ϩⲁⲧⲉϥ-
ⲉϩⲏ• ⲛⲉⲝⲟⲩ|ⲥⲓⲁ ϭⲉ ⲛⲧⲉⲣⲟⲩ-ⲟⲩⲱⲛϩ ⲉⲃⲟⲗ *ϩⲙ-ⲡⲁⲣⲭⲓⲅⲉⲛⲉⲧⲱⲣ[110] *40:1
ⲡⲉϩⲟⲩⲉⲓⲧ | ⲛ-ⲁⲣⲭⲱⲛ ⲙ̄-ⲡⲕⲁⲕⲉ ⲉⲃⲟⲗ ϩⲛ̄-|ⲧⲙⲛ̄ⲧ-ⲁⲧ-ⲥⲟⲟⲩⲛ ⲙ-ⲡ-
ⲉⲛⲧ-ⲁϥ-|ϫⲡⲟ-ⲟⲩ ⲛⲁϊ ⲛⲉ ⲛⲉⲩⲣⲁⲛ•[111]

ⲡⲉ||ϩⲟⲩⲉⲓⲧ ⲡⲉ ⲓⲁ̅ⲱ̅ⲑ̅•
ⲡⲙⲉϩ-ⲥⲛⲁ̣[ⲩ] | ⲡⲉ ϩⲉⲣⲙⲁⲥ ⲉⲧⲉ-ⲡⲃⲁⲗ ⲙ̄-ⲡ̄|ⲕⲱϩⲧ ⲡⲉ•
ⲡⲙⲉϩ-ϣⲟⲙⲧ ⲡⲉ | ⲅⲁⲗⲓⲗⲁ•
ⲡⲙⲉϩ-ϥⲧⲟⲟⲩ ⲡⲉ ϊⲱ̅ⲃ̅ⲏ̅ⲗ̅• |
ⲡⲙⲉϩ-ϯⲟⲩ ⲡⲉ ⲁⲇⲱⲛⲁⲓⲟⲥ• ||
ⲡⲙⲉϩ-ⲥⲟⲟⲩ ⲡⲉ ⲥ̅ⲁ̅ⲃ̅ⲁ̅ⲱ̅ⲑ̅•
ⲡ̄|ⲙⲉϩ-ⲥⲁϣϥ ⲡⲉ ⲕⲁϊⲛⲁⲛ ⲁⲩ|ⲱ ⲕⲁⲏ ⲡ-ⲉⲧⲉ-ϣⲁⲩ-ⲙⲟⲩⲧⲉ |
ⲉⲣⲟ-ϥ ϫⲉ-ⲕⲁϊⲛ ⲉⲧⲉ-ⲡⲣⲏ ⲡⲉ• |
ⲡⲙⲉϩ-ϣⲙⲟⲩⲛ ⲡⲉ ⲁⲃⲓⲣⲉⲥⲥⲓ||ⲛⲉ•
ⲡⲙⲉϩ-ⲯⲓⲥ ⲡⲉ ϊⲱ̅ⲃ̅ⲏ̅ⲗ̅• |
ⲡⲙⲉϩ-ⲙⲏⲧ ⲡⲉ ϩⲁⲣⲙⲟⲩⲡ̅ⲓ̅ⲁ̅ⲏ̅ⲗ̅• |
ⲡⲙⲉϩ-ⲙⲛ̄ⲧ-ⲟⲩⲏⲉ ⲡⲉ ⲁⲇⲱⲛⲓⲛ• |
ⲡⲙⲉϩ-ⲙⲛⲧ-ⲥⲛⲟⲟⲩⲥ ⲡⲉ ⲃⲉⲗⲓ|ⲁⲥ•

ⲟⲩⲛ̄ⲧ-ⲟⲩ-ϩⲛ̄ⲕⲉⲣⲁⲛ ⲇⲉ ⲧⲏ||ⲣ-ⲟⲩ ⲙⲙⲁⲩ ⲉⲃⲟⲗ ϩⲛ-ⲧⲉⲡⲓⲑⲩ*ⲙⲓⲁ[112] *41:1
ⲙⲛ̄-ⲧⲟⲣⲅⲏ•[113] ⲛⲁϊ ⲇⲉ ⲧⲏⲣ-ⲟⲩ | ⲟⲩⲛ̄ⲧ-ⲟⲩ-ϩⲛ̄ⲕⲉⲣⲁⲛ ⲉⲩ-ⲕⲏⲃ ⲉⲩ-|ϯ
ⲙⲙⲟ-ⲟⲩ ⲉⲣⲟ-ⲟⲩ ⲛⲁϊ ⲛⲧ-ⲁⲩ-ⲧⲁ|ⲁ-ⲩ ⲉⲣⲟ-ⲟⲩ ϩϊⲧⲙ̄-ⲡⲉⲟⲟⲩ ⲛ̄-ⲧⲡⲉ ||
ⲛⲁϊ ⲇⲉ ⲕⲁⲧⲁ-ⲧⲙⲏⲉ ⲉⲧ$^{\emptyset}$-ⲟⲩⲱⲛϩ | ⲉⲃⲟⲗ ⲛ-ⲧⲉⲩⲫⲩⲥⲓⲥ•[114] ⲁⲩⲱ ⲁ-
ⲥⲁ|ⲕⲗⲁⲥ ⲙⲟⲩⲧⲉ ⲉⲣⲟ-ⲟⲩ ⲛ̄-ⲛⲓⲣⲁⲛ | ⲉ-ⲩⲫⲁⲛⲧⲁⲥⲓⲁ[115] ⲙⲛ̄-ⲧⲉⲩϭⲟⲙ•
ⲉⲃⲟⲗ | ⲙⲉⲛ ϩϊⲧⲟⲟⲧ-ⲟⲩ ⲛ̄-ⲛⲓⲟⲩⲟⲉⲓϣ || ϣⲁⲩ-ⲥⲟⲟϩⲉ ⲙ̄ⲙⲟ-ⲟⲩ ⲛ̄ⲥⲉ-

[107] Madness ἀπόνοια [108] Incorruptible ἄφθαρτος, -ον [109] Message, proclamation ἀγγελία; *or perhaps* angelic domain (cf. ἄγγελος) [110] First begetter ἀρχιγεννήτωρ [111] Is this sentence corrupt? [112] Desire ἐπιθυμία [113] Wrath, anger ὀργή [114] Nature φύσις [115] Imaging (epistemological term), received information φαντασία

ⲣ̄-∅ϭⲱⲃ· | ⲉⲃⲟⲗ ⲇⲉ ϩⲛ̄-ⲛⲁⲓ̈ ϣⲁⲩ-ϭⲙ-∅ϭⲟⲙ | ⲛ̄ⲥⲉ-ⲁⲩⲝⲁⲛⲉ·[116] ⲁⲩⲱ
ⲁϥ-ⲟⲩⲉϩ-|∅ⲥⲁϩⲛⲉ ⲉ-∅ⲧⲣⲉ-ⲥⲁϣϥ̄ ⲛ̄-ⲣ̄ⲣⲟ ⲣ̄-∅ⲣ̄|ⲣⲟ ϩⲓ̈ϫⲛ̄-ⲙ̄ⲡⲏⲩⲉ ⲁⲩⲱ
ϯⲟⲩ ⲉ||ϩⲣⲁⲓ̈ ⲉϫⲙ̄-ⲡⲉⲭⲁⲟⲥ[117] ⲛ-ⲁⲙⲛⲧⲉ· | ⲛⲣⲁⲛ ⲇⲉ ⲙ̄-ⲡⲉⲟⲟⲩ ⲛ̄-ⲛ-
ⲉⲧ∅-ϩⲓ̈|ϫⲛ-ⲧⲥⲁϣϥⲉ ⲙ̄-ⲡⲉ ⲛⲁⲓ̈ ⲛⲉ·

ⲡⲉ|ϩⲟⲩⲉⲓⲧ ⲡⲉ ⲓ̈ⲁ̅ⲱ̅ⲑ̅ ⲫⲟ ⲙ-ⲙⲟⲩⲓ̈· |
ⲡⲙⲉϩ-ⲥⲛⲁⲩ ⲡⲉ ⲉⲗⲱⲁⲓⲟⲥ ⲫⲟ ⲛ̄-||ⲉⲓⲱ·
*42:1 ⲡⲙⲉϩ-ϣⲟⲙⲛⲧ ⲡⲉ ⲁⲥⲧⲁ*ⲫⲁⲓⲟⲥ ⲫⲟ ⲛ̄-ϩⲟⲉⲓⲧⲉ·
ⲡⲙⲉϩ-ϥⲧⲟ | ⲡⲉ ⲓ̈ⲁ̅ⲱ̅ ⲫⲟ ⲛ̄-ϩⲟϥ ⲛ-ⲥⲁϣϥⲉ ⲛ-ⲁ|ⲡⲉ·
ⲡⲙⲉϩ-ϯⲟⲩ ⲡⲉ ⲁⲇⲱⲛⲁⲓⲟⲥ | ⲡϩⲟ ⲛ-ⲇⲣⲁⲕⲱⲛ·[118]
ⲡⲙⲉϩ-ⲥⲟⲟⲩ ⲡⲉ || ⲁⲇⲱⲛⲓ ⲫⲟ ⲛ-ϭⲁⲡⲉⲓ·
ⲡⲙⲉϩ-ⲥⲁ|ϣϥ̄ ⲡⲉ ⲥⲁⲃⲃⲁⲧⲁⲓⲟⲥ ⲫⲟ ⲛ-ϣⲁϩ | ⲛ̄-ⲕⲱϩⲧ ⲉϥ-ⲣ-∅ⲟⲩⲟⲉⲓⲛ·

ⲧⲁⲓ̈ | ⲧⲉ ⲧⲙⲉϩ-ⲥⲁϣϥⲉ ⲙ̄-ⲡⲥⲁⲃⲃⲁ|ⲧⲟⲛ·[119] ⲛⲁⲓ̈ ⲛⲉ-ⲉⲧ∅-ⲁⲙⲁϩⲧⲉ ⲙ̄-
ⲙ̄ⲡ||ⲕⲟⲥⲙⲟⲥ· ⲓ̈ⲁⲗⲇⲁⲃⲁⲱⲑ ⲇⲉ ⲥⲁ|ⲕⲗⲁⲥ ⲡⲁ-ϯⲁϣⲏ ⲙ-∅ⲙⲟⲣⲫⲏ |
ϩⲱⲥⲧⲉ ⲛ̄ϥ-ⲟⲩⲟⲛϩ-ϥ ϩⲛ̄-ϩⲟ ⲛⲓⲙ | ⲡⲣⲟⲥ-ⲡ-ⲉⲧⲉ-ϩⲛⲁ-ϥ ⲁϥ-ⲧⲱϣ ⲛⲁ-ⲩ
| ⲉⲃⲟⲗ ϩⲙ-ⲡⲉϥⲕⲱϩⲧ ⲉⲧⲉ-ⲡⲱ-ϥ || ⲡⲉ ⲙⲛ̄-ⲧⲉϥϭⲟⲙ· ⲉⲃⲟⲗ ⲇⲉ ϩⲙ̄-
|ⲡⲟⲩⲟⲓ̈ⲛ ⲛ-ⲧⲃⲃⲟ ⲛ-ⲧϭⲟⲙ ⲡⲁⲉⲓ | ⲛⲧ-ⲁϥ-ⲧⲁⲕⲙ-ⲉϥ ⲉⲃⲟⲗ ϩⲛ-ⲧⲙⲁ|ⲁⲩ
ⲙ̄ⲡϥ-ϯ ⲛⲁ-ⲩ ⲛϩⲏⲧ̄-ϥ· ⲉⲧⲃⲉ-|ⲡⲁⲓ̈ ⲁϥ-ⲣ̄-∅ⲭ̅ⲥ̅[120] ⲉⲣⲟ-ⲟⲩ· ⲉⲧⲃⲉ-
43:1 ⲡⲉ[ⲟⲟⲩ ⲉⲧ∅-ⲛϩ]ⲏ̣ⲧ-ϥ ⲛⲧⲉ-ⲧϭⲟⲙ | [ⲙ-ⲡⲟⲩⲟ]ⲓ̣̈ⲛ ⲛ-ⲧⲙⲁⲁⲩ ⲉⲧⲃⲉ-
|[ⲡⲁⲓ̈ ⲁϥ-ⲧ]ⲣⲟⲩ-ⲙⲟⲩⲧⲉ ⲉⲣⲟ-ϥ | ϫ̣ⲉ-ⲡⲛⲟⲩⲧⲉ ⲉϥ-ⲟ ⲛ̄ⲛ-ⲁⲧ-ⲡⲓⲑⲉ[121] ||
ⲉ-ⲑⲩⲡⲟⲥⲧⲁⲥⲓⲥ[122] ⲛ̄ⲧ-ⲁϥ-ϣⲱⲡⲉ | ⲉⲃⲟⲗ ⲛϩⲏⲧ̄-ⲥ· ⲁⲩⲱ ⲁϥ-ⲛⲟⲩϩ̄ⲃ |
ⲙⲛ̄-ⲛⲉⲝⲟⲩⲥⲓⲁ ⲛ-ⲥⲁϣϥⲉ ⲛ̄-ϭⲟⲙ· | ϩⲙ-ⲡⲧⲣⲉϥ-ϣⲁϫⲉ ⲁⲩ-ϣⲱⲡⲉ· |
ⲁⲩⲱ ⲁϥ-ϯ-∅ⲣⲁⲛ ⲉⲣⲟ-ⲟⲩ· ⲁϥ-ⲕⲁⲑⲓ||ⲥⲧⲁ ⲛ̄-ϩⲛ̄ⲉⲝⲟⲩⲥⲓⲁ· ⲁϥ-ⲣ̄-
ⲁⲣⲭⲉ|ⲥⲑⲁⲓ[123] ⲛ̄ϫⲓⲛⲧⲡⲉ·

ⲧⲉϩⲟⲩⲉⲓⲧⲉ | ⲟⲩⲛ[124] ⲧⲉ ⲧⲡⲣⲟⲛⲟⲓⲁ ϩⲁⲧⲙ̄-ⲡⲉ|ϩⲟⲩⲉⲓⲧ ⲓ̈ⲁ̅ⲱ̅ⲑ̅·
ⲧⲙⲉϩ-ⲥⲛ̄ⲧⲉ <ⲧⲉ>[125] | ⲧⲙⲛ̄ⲧ-ⲛⲟⲩⲧⲉ ϩⲁⲧⲙ-ⲡⲙⲉϩ-||ⲥⲛⲁⲩ ⲉ̅ⲗ̅ⲱ̅ⲁ̅ⲓ̅ⲟ̅ⲥ̅·
ⲧⲙⲉϩ-ϣⲟⲙ|ⲛ̄ⲧⲉ ⲧⲉ ⲧⲙⲛ̄ⲧ-ⲭ̅ⲥ̅ ϩⲁⲧⲙ̄-ⲡⲙⲉϩ-|ϣⲟⲙⲛ̄ⲧ ⲁ̅ⲥ̅ⲧ̅ⲁ̅-ⲫ̅ⲁ̅ⲓ̅ⲟ̅ⲥ̅·
ⲧⲙⲉϩ-ϥ̄|ⲧⲟⲉ ⲡⲉ ⲡⲕⲱϩⲧ ϩⲁⲧⲙ̄-ⲡⲙⲉϩ-ϥ|ⲧⲟⲟⲩ ⲓ̈ⲁ̅ⲱ̅·
44:1 ⲧⲙⲁϩ-ϯⲉ ⲧⲉ ⲧⲙⲛ||ⲧ-ⲣ̄ⲣⲟ ϩⲁⲧⲙ̄-ⲡⲙⲁϩ-ϯⲟⲩ ⲥ̅ⲁ̅ⲃ̅ⲁ̅ⲱ̅ⲑ̅·
ⲧⲙⲁϩ-ⲥⲟⲉ ⲧⲉ ⲧ̣ⲥ̣[ⲩⲛϩⲉⲥⲓⲥ ϩⲁ]|ⲧⲙ̄-ⲡⲙⲁϩ-ⲥⲟⲟⲩ ⲁⲇ̣[ⲱⲛⲓ·

[116] Increase, wax αὐξάνειν [117] Chaos χάος [118] Serpent δρακών [119] Week σάββατον [120] I.e. ⲭ̅ⲥ̅, for ϫⲟⲉⲓⲥ [121] Cf. πεῖθεσθαι be persuaded; ⲣ̄- or ⲟ ⲛ̄-∅ⲁⲧ-ⲡⲓⲑⲉ be unbelieving, not believe [122] Source, subsistent entity, substance ὑπόστασις [123] Begin ἄρχεσθαι [124] Accordingly, so οὖν [125] <ⲧⲉ> omitted by the ancient copyist

ⲧⲙⲉϩ]-|ⲥⲁϣϥⲉ ⲧⲉ ⲧⲥⲟⲫⲓ̣ⲁ̣ [ϩⲁ]ⲧ̣ⲙ̣-|ⲡⲙⲉϩ-ⲥⲁϣϥ ⲥⲁⲃ-
ⲃⲁⲧⲁⲓⲟⲥ• ||

ⲛⲁⲓ̈ ⲟⲩⲛⲧⲁ-ⲩ ⲙ̅ⲙⲁⲩ ⲛ̅ⲛ-ⲟⲩⲥⲧⲉ|ⲣⲉⲱⲙⲁ[126] ⲕⲁⲧⲁ-∅ⲡⲉ ⲁⲩⲱ ⲟⲩ|ⲁⲓⲱⲛ
ⲕⲁⲧⲁ-ⲡⲉⲓⲛⲉ ⲛ-ⲁⲓⲱⲛ | ⲉⲧ∅-ϣⲟⲡ ϫⲓⲛⲛ̅-ϣⲟⲣⲡ ⲙ-ⲡ̅ⲓ̅|ⲧⲩⲡⲟⲥ ⲛ̅-ⲛⲓⲁⲧ-
ⲧⲁⲕⲟ•

ⲁϥ-ⲛⲁⲩ || ⲇⲉ ⲉ-ⲡⲥⲱⲛⲧ ⲉⲧ∅-ϩⲁⲣⲟ-ϥ ⲙⲛ̅-|ⲡⲙⲏⲏϣⲉ ⲛ-∅ⲁⲅⲅⲉⲗⲟⲥ
ⲉⲧ∅-|ϩⲁⲣⲟ-ϥ ⲛⲁⲓ̈ ⲛⲧ-ⲁⲩ-ϣⲱⲡⲉ | ⲉⲃⲟⲗ ⲛ̅ϩⲏⲧ-ϥ• ⲡⲉϫⲁ-ϥ ⲛⲁ-ⲩ ϫⲉ-
|ⲁⲛⲟⲕ-ⲟⲩⲛⲟⲩⲧⲉ ⲛ̅-ⲣⲉϥ-ⲕⲱϩ• || ⲁϫⲛ̅ⲧ-∅ ⲙⲛ̅-ⲗⲁⲁⲩ• ⲏⲇⲏ ⲉϥ-ϯ-∅ⲙⲁ|ⲓ̈ⲛ
ⲛ-ⲛ̅ⲁⲅⲅⲉⲗⲟⲥ ⲉⲧ∅-ϩⲁⲣⲟ-ϥ ϫⲉ-|ⲟⲩⲛ-ⲕⲉⲛⲟⲩⲧⲉ ϣⲟⲡ• ⲉⲛⲉ-ⲙⲛ̅-|ⲕⲉ-
ⲟⲩⲁ ⲅⲁⲣ ⲡⲉ ⲛⲉϥ-ⲛⲁ-ⲕⲱϩ ⲉ-|ⲛⲓⲙ•

ⲁⲥ-ⲁⲣⲭⲉⲥⲑⲁⲓ ϭⲉ ⲛ̅ϭⲓ-ⲧⲙⲁ*ⲁⲩ ⲉ-∅ⲉⲡⲓⲫ[ⲉ]ⲣ̣[ⲉ[127] ⲉ]-ⲁ̣ⲥ-ⲉⲓⲙⲉ | ⲉ- *45:1
ⲡⲉⲥϣⲧⲁ̣ ⲉⲃⲟⲗ ϫⲉ-ⲙⲡⲉ-|ⲡⲉⲥⲥⲩⲛⲍⲩⲅⲟⲥ ⲥⲩⲙⲫⲱⲛⲓ[128] | ⲛⲙ̅ⲙⲁ-ⲥ ϩⲙ-
ⲡⲧⲣⲟⲩ-ⲯⲉⲅⲉ[129] ⲙ̅||ⲙⲟ-ⲥ ⲉⲃⲟⲗ ϩⲓ̈ⲧⲙ̅-ⲡⲉⲥϫⲱⲕ•

ⲁ|ⲛⲟⲕ ⲇⲉ ⲡⲉϫⲁ-ⲉⲓ ϫⲉ-ⲡⲉⲭ̅ⲥ̅ ⲟⲩ | ⲡⲉ ⲉⲡⲓⲫⲉⲣⲉ• ⲛⲧⲟϥ ⲇⲉ ⲁϥ-
ⲥⲱ|ⲃⲉ• ⲡⲉϫⲁ-ϥ ϫⲉ-ⲉⲕ-ⲙⲉⲉⲩⲉ ϫⲉ-|ⲕⲁⲧⲁ-ⲑⲉ ⲛ̅ⲧ-ⲁϥ-ϫⲟⲟ-ⲥ ⲛ̅ϭⲓ-
ⲙⲱ||ⲩ̈ⲥⲏⲥ ϫⲉ-ϩⲓ̈ϫⲛ-ⲙ̅ⲙⲟⲟⲩ• ⲙⲙⲟⲛ• | ⲁⲗⲗⲁ ⲁⲥ-ⲛⲁⲩ ⲉ-ⲧⲕⲁⲕⲓⲁ[130] ⲙⲛ̅-
ⲧⲁ|ⲡⲟⲥⲧⲁⲥⲓⲁ[131] ⲉⲧ∅-ⲛⲁ-ϣⲱⲡⲉ ⲙ̅-|ⲡⲉⲥϣⲏⲣⲉ• ⲁⲥ-ⲙⲉⲧⲁ̣ⲛⲟⲉⲓ• ⲁⲩ|ⲱ
ⲉⲥ-ⲛⲁ ⲉⲥ-ⲛⲏⲩ ϩⲙ̅-ⲡⲕⲁⲕⲉ || ⲛ̅-ⲧⲙ̅ⲛ̅ⲧ̅-ⲁⲧ̅-ⲥⲟⲟⲩⲛ ⲁⲥ-ⲁⲣⲭⲉ|ⲥⲑⲁⲓ ⲉ-
∅ϣⲓⲡⲉ• ⲁⲩⲱ ⲉ-ⲛ-ⲥ-ⲧⲟⲗ|ⲙⲁ[132] ⲁⲛ ⲉ-∅ⲕⲧⲟ-ⲥ ⲁⲗⲗⲁ ⲛⲉⲥ-ⲛⲁ | ⲉⲥ-ⲛⲏⲩ
ⲡⲉ• ⲡⲉⲥⲛⲁ ⲇⲉ ⲙⲛ̅-|ⲡⲉⲥⲉⲓ ⲡⲁⲓ̈ ⲡⲉ ⲉⲡⲓⲫⲉⲣⲉ• ⲛ̅||ⲧⲁⲣⲉϥ-ϫⲓ ϭⲉ ⲛ-
ⲟⲩϭⲟⲙ ⲛϭⲓ-*ⲡ̣ⲁⲩⲑⲁ[ⲇⲏⲥ[133] ⲉ]ⲃ̣ⲟ̣ⲗ ϩⲛ-ⲧⲙⲁⲁⲩ | ⲛⲁϥ-ⲟ ⲛ̅ⲛ-∅ⲁⲧ- *46:1
ⲥⲟⲟⲩⲛ ⲛⲟⲩⲁⲧⲟ | ⲉⲧ<ⲃ>ⲉ-ⲛ-ⲉⲧ∅-ⲟⲩⲟⲧⲃ̅ ⲉ-ⲧⲉϥⲙⲁⲁⲩ• | ⲛⲉϥ-ϫⲱ
ⲙⲙⲟ-ⲥ ⲅⲁⲣ ⲡⲉ ⲉ-ⲧⲉϥ||ⲙⲁⲁⲩ ϫⲉ-ⲛⲧⲟⲥ ⲟⲩⲁⲁ-ⲥ ⲡⲉ-ⲛⲉⲥ-|ϣⲟⲟⲡ• ⲁϥ-
ⲛⲁⲩ ⲉ-ⲡⲙⲏⲏϣⲉ | ⲉⲧ-ⲛⲁϣⲱ-ϥ ⲛ-∅ⲁⲅⲅⲉⲗⲟⲥ ⲛ̅|ⲧ-ⲁϥ-ⲥⲟⲛⲧ-ⲟⲩ• ⲛⲉϥ-
ⲭⲣⲟ[134] ⲛϩⲏⲧ̣ | ⲉϩⲣⲁⲓ̈ ⲉϫⲱ-ⲟⲩ•

ⲧⲙⲁⲁⲩ ⲇⲉ ⲛ̅||ⲧⲉⲣⲉⲥ-ⲉⲓⲙⲉ ⲉ-ⲫⲟⲩϩⲉ ⲙ-ⲡⲕⲁ|ⲕⲉ ϫⲉ-ⲛ-ϥ̅-ϩⲛ-
ⲟⲩϫⲱⲕ ⲁⲛ ϫⲉ-|ⲙⲡⲉϥ-ⲥⲩⲙⲫⲱⲛⲓ ⲛⲙⲙⲁ-ⲥ | ⲛϭⲓ-ⲡⲉⲥⲥⲩⲛⲍⲩⲅⲟⲥ ⲁⲥ-
ⲙⲉ|ⲧⲁⲛⲟⲓ̈• ⲁⲥ-ⲣⲓⲙⲉ ϩⲛ-ⲟⲩⲣⲓ||ⲙⲉ ⲉ-ⲛⲁϣⲱ-ϥ• ⲁⲩⲱ ⲁϥ-ⲥⲱⲧⲙ̅ | ⲉ-
ⲡⲧⲱⲃϩ ⲛ-ⲧⲉⲥⲙⲉⲧⲁⲛⲟⲓⲁ•[135] | ⲁⲩⲱ ⲁⲩ-ⲥⲟⲡⲥ ⲉϩⲣⲁⲓ ⲉϫⲱ-ⲥ | ⲛϭⲓ-
ⲛⲉⲥⲛⲏⲩ• ⲁϥ-ⲕⲁⲧⲁⲛⲉⲩ|ⲉ ⲛϭⲓ-ⲡⲉⲡ̅ⲛ̅ⲁ̅ ⲉⲧ∅-ⲟⲩⲁⲁⲃ ⲛ-ⲁ||ⲟⲣⲁⲧⲟⲛ•
ⲛⲧⲁⲣⲉϥ-ⲕⲁⲧⲁⲛⲉⲩ*ⲉ ϭⲉ ⲛϭⲓ-ⲡⲁϩⲟⲣⲁⲧⲟⲛ ⲙ-ⲡ̅ⲛ̅ⲁ̅ | ⲁϥ-ⲡⲱϩⲧ ⲉϩⲣⲁⲓ̈ *47:1
ⲉϫⲱ-ⲥ ⲛ-ⲟⲩ|ⲡ̅ⲛ̅ⲁ̅ ⲉⲃⲟⲗ ϩⲙ-ⲡϫⲱⲕ• ⲛ̅ⲧ-ⲁϥ-|ⲉⲓ ⲛⲁ-ⲥ ⲉϩⲣⲁⲓ̈ ⲛϭⲓ-ⲡⲉⲥ-
ⲥⲩⲛⲍⲩ||ⲅⲟⲥ ⲉ-∅ⲧⲁϩⲟ ⲛ̅-ⲛⲉⲥϣⲧⲁ ⲉⲣⲁⲧ-ⲟⲩ• | ⲁϥ-ⲣ̅-ϩⲛⲁ-ϥ ⲉⲃⲟⲗ ϩⲓ̈ⲧⲛ̅-

[126] Firmament στερέωμα [127] Move to and fro (Genesis 1:2) ἐπιφέρεσθαι [128] Be in harmony with συμφωνεῖν [129] Blame, censure ψέγειν [130] Imperfection κακία [131] Rebellion ἀποστασία [132] Dare τολμᾶν [133] Arrogant αὐθάδης [134] I.e. ⲭⲣⲟ [135] Repentance μετάνοια

ⲟⲩⲡⲣⲟ|ⲛⲟⲓⲁ ⲉ-∅ⲧⲁϩⲟ ⲛ̄-ⲛⲉⲥϣⲧⲁ ⲉⲣⲁⲧ-ⲟⲩ• | ⲁⲩⲱ ⲛⲧ-ⲁⲩ-ⲛⲧ̄ⲥ̄
ⲉϩⲣⲁï ⲉ-ⲡⲉⲥⲁⲓ|ⲱⲛ ⲁⲛ ⲉⲧⲉ-ⲡⲱ-ⲥ ⲡⲉ• ⲁⲗⲗⲁ ⲉⲧ||ⲃⲉ-ⲧⲙⲛ̄ⲧ-ⲁⲧ-
ⲥⲟⲟⲩⲛ ⲛ̄ϩⲟⲩⲟ | ⲛⲧ-ⲁⲥ-ⲟⲩⲱⲛϩ ⲉⲃⲟⲗ ⲛ̄ϩⲏⲧ̄ⲥ̄ ⲉⲥ-|ϣⲟ̣ⲟⲡ ϩⲛ̄-ⲧⲙⲉϩ-
ⲯⲓⲧⲉ | ϣⲁⲛⲧⲥ-ⲧⲁϩⲟ ⲙ̄-ⲡⲉⲥϣⲧⲁ ⲉ|ⲣⲁⲧ-ϥ•

ⲁ-ⲩⲥⲙⲏ ⲉⲓ̂ ϣⲁⲣⲟ-ⲥ ϫⲉ-ϥ-||ϣⲟⲟⲡ ⲛ̄ϭⲓ-ⲡⲣⲱⲙⲉ ⲁⲩⲱ ⲡϣⲏ|ⲣⲉ ⲙ-
ⲡⲣⲱⲙⲉ• ⲁϥ-ⲥⲱⲧⲙ̄ ⲇⲉ ⲛ̄|ϭⲓ-ⲡⲉϩⲟⲩⲉⲓⲧ ⲛ-ⲁⲣⲭⲱⲛ ïⲁⲗ|ⲇⲁⲃⲁ̄ⲱ̄ⲑ•
ⲛⲉϥ-ⲙⲉⲉⲩⲉ ϫⲉ-ⲧⲉ|ⲥⲙⲏ ⲛ-ⲟⲩⲉⲓ̂ ⲁⲛ ⲉϩⲣⲁï ⲧⲉ ⲉ||[ⲃⲟⲗ ϩⲙ-ⲡϫⲓⲥⲉ•
*48:1 ⲁϥ-ⲧⲥⲁⲃ]ⲟ̣-ⲟⲩ *ⲉⲣⲟ-ϥ ⲛ̄ϭⲓ-ⲡⲉⲓⲱⲧ ⲉⲧ∅-ⲟⲩⲁⲃ | ⲛ̄-ⲧⲉⲗⲓⲟⲥ ⲡⲉϩⲟⲩⲉⲓⲧ
ⲛ̄-|ⲣⲱⲙⲉ ⲙ̄-ⲡⲉⲥⲙⲟⲧ ⲛ-ⲟⲩ|ⲣⲱⲙⲉ• ⲁ-ⲡⲙⲁⲕⲁⲣⲓⲟⲥ ⲟⲩⲱ||ⲛⲉϩ-ⲡⲉϥ-
ⲉⲓⲛⲉ ⲛⲁ-ⲩ ⲉⲃⲟⲗ• | ⲁⲩⲱ ⲁⲥ-ⲕⲁⲧⲁⲛⲉⲩⲉ ⲛ̄ϭⲓ-ⲧⲁⲣ|ⲭⲟⲛⲧⲓⲕⲏ[136] ⲧⲏⲣ-
ⲥ̄ ⲛ̄-ⲧⲥⲁϣ|ϥⲉ ⲛ̄-ⲉⲝⲟⲩⲥⲓⲁ• ⲁⲩ-ⲛⲁⲩ ϩⲙ̄-|ⲡⲙⲟⲟⲩ ⲉ-ⲡⲉⲥⲙⲟⲧ ⲛ̄-ⲑⲓ||-
ⲕⲱⲛ•

ⲡⲉϫⲁ-ⲩ ⲛ-ⲛⲟⲩ|ⲉⲣⲏⲩ ϫⲉ-ⲙⲁⲣⲛ̄-|ⲧⲁⲙⲓⲟ ⲛ̄ⲛ-ⲟⲩⲣⲱⲙⲉ ⲉϩⲛ̄-|ⲑⲓⲕⲱⲛ
ⲙ̄-ⲡⲛⲟⲩⲧⲉ ⲁⲩⲱ ⲙⲛ̄-|ⲡⲓⲛⲉ• ⲁⲩ-ⲧⲁⲙⲓⲟ ⲉⲃⲟⲗ || ϩⲛ-ⲛⲉⲩⲉⲣⲏⲩ ⲙⲛ̄-
ⲛⲉⲩϭⲟⲙ | ⲧⲏⲣ-ⲟⲩ• ⲁⲩ-ⲡⲗⲁⲥⲥⲁ[137] ⲛ̄ⲛ-ⲟⲩ|ⲡⲗⲁⲥⲙⲁ[138] ⲉⲃⲟⲗ ⲛϩⲏⲧ-ⲟⲩ
*49:1 ⲁⲩ|ⲱ [ⲧ]ⲟ̣ⲩ̣[ⲉⲓ ⲧⲟⲩ]ⲉ̣[ⲓ] ⲛ̣-ⲛ̣̄ϭ[ⲟⲙ] *[- - -]...[.]ⲛ̄-ⲧ|ϭⲟ[ⲙ ⲛ]-
ⲧ̣[ⲉⲯⲩ]ⲭ̣ⲏ̣• ⲁⲩ-ⲧⲁⲙⲓⲟ-ⲥ ⲉ|ⲃⲟⲗ ϩⲛ̄-ⲑⲓⲕⲱⲛ ⲛ̄ⲧ-ⲁⲩ-ⲛⲁⲩ ⲉ|ⲣⲟ-ⲥ ⲕⲁⲧⲁ-
ⲟⲩⲙⲓⲙⲏⲥⲓⲥ[139] ⲙ-ⲡ-ⲉⲧ∅-||ϣⲟⲡ ϫⲓⲛⲛ̄-ϣⲟⲣⲡ ⲡⲓⲧⲉⲗⲓⲟⲥ | ⲛ-ⲣⲱⲙⲉ•
ⲡⲉϫⲁ-ⲩ ϫⲉ-ⲙⲁⲣⲛ̄-ϯ-|ⲣⲛ̄-ϥ̄ ϫⲉ-ⲁⲇⲁⲙ ϫⲉⲕⲁⲥ ⲡⲣⲁⲛ ⲙ̄-|ⲡⲏ ⲙⲛ̄-
ⲧⲉϥϭⲟⲙ ⲉⲩⲉ-ϣⲱⲡⲉ | ⲛⲁ-ⲛ ⲛ-∅ⲟⲩⲟⲉⲓⲛ• ⲁⲩⲱ ⲁⲩ-ⲁⲣⲭⲉ||ⲥⲑⲁⲓ ϫⲓⲛ-
ⲡⲉⲥⲏⲧ ⲛ̄ϭⲓ-ⲛϭⲟⲙ• |

ⲧϣⲟⲣⲡ ⲧⲉ ⲧⲙⲛⲧ-ⲛⲟⲩⲧⲉ• ⲟⲩ|ⲯⲩⲭⲏ ⲛ-ⲕⲁⲥ ⲧⲉ•
ⲧⲙⲉϩ-ⲥ̄ⲛ̄ⲧⲉ | ⲧⲉ ⲧⲙⲛ̄ⲧ-ⲭ̄ⲥ̄• ⲟⲩⲙⲟⲩⲧ ⲙ-ⲯⲩ|ⲭⲏ ⲧⲉ•
ⲧⲙⲉϩ-ϣⲟⲙⲛⲧⲉ ⲡⲉ || ⲡⲕⲱϩⲧ• ⲟⲩⲯⲩⲭⲏ ⲛ-ⲥⲁⲣⲝ ⲧⲉ• |
ⲧⲙⲉϩ-ϥⲧⲟⲉ ⲧⲉ ⲧⲡⲣⲟⲛⲟⲓⲁ• | ⲟⲩⲯⲩⲭⲏ ⲛⲛ-ⲁⲧⲕⲁⲥ ⲧⲉ ⲙⲛ̄-
|ⲡⲕⲱ ⲉϩⲣⲁï ⲧⲏⲣ-ϥ ⲙ-ⲡⲥⲱ|ⲙⲁ•
*50:1 ⲧⲙⲉϩ-ϯⲉ ⲧⲉ ⲧⲙ̄ⲛ̄ⲧ̄-ⲉⲣⲟ• *ⲟⲩⲯⲩⲭⲏ ⲛ̣-[ⲥⲛⲟϥ ⲧⲉ•
ⲧ]ⲙⲉϩ-|ⲥⲟⲉ ⲧⲉ ⲧⲥⲩⲛϩ[ⲉ]ⲥ̣[ⲓⲥ]• ⲟⲩⲯⲩⲭⲏ | ⲛ̄-ϣⲁⲁⲣ ⲧⲉ•
ⲧⲙⲉϩ-ⲥⲁϣϥⲉ ⲧⲉ | ⲧⲥⲟⲫⲓⲁ• ⲟⲩⲯⲩⲭⲏ ⲛ̄-ϥⲱⲉ ⲧⲉ• ||

ⲁⲩⲱ ⲁⲩ-ⲕⲟⲥⲙⲉⲓ[140] ⲙ̄-ⲡⲥⲱⲙⲁ | ⲧⲏⲣ̄-ϥ̄ ⲁⲩⲱ ⲛⲉⲩⲁⲅⲅⲉⲗⲟⲥ | ⲱϩⲉ-
ⲣⲁⲧ-ⲟⲩ ϩⲓ̈ϫⲱ-ⲟⲩ• <ⲁⲩ-ⲧⲁⲙⲓⲟ>[141] ⲉⲃⲟⲗ | ϩⲛ̄-ⲛ-ⲉⲛⲧ-ⲁⲩ-ⲥⲃ̄ⲧⲱⲧ-ⲟⲩ
ⲛ̄ϣⲟⲣⲡ | ϩⲓⲧⲛ̄-ⲛⲓⲉⲝⲟⲩⲥⲓⲁ ⲛ-∅ϩⲩⲡⲟⲥⲧⲁ||ⲥⲓⲥ ⲙ-ⲯⲩⲭⲏ ⲙ-ⲡϩⲱⲣϭ ⲛ-
ⲙ̄|ⲙⲉⲗⲟⲥ[142] ⲛ-ϩⲁⲣⲙⲟⲥ•[143]

[136] Host of rulers ἀρχοντική [137] Mold, form πλάσσειν [138] Modeled form, thing that has been moulded πλάσμα [139] Imitation μίμησις [140] Set in order, adorn κοσμεῖν [141] <ⲁⲩ-ⲧⲁⲙⲓⲟ> omitted by the ancient copyist [142] Limb (of body) μέλος [143] Joint (connection of two elements) ἁρμός

The following extract from the "Book of Zoroaster" is found in Nag Hammadi Codex II.[144]

*ⲡϣⲟⲣⲡ ⲙ̣[ⲉⲛ ⲁϥ-ⲁⲣ]ⲭⲉⲓ[145] ⲛ̄-∅ⲧⲁⲙⲓⲟ || ⲛ̄-ⲧⲁⲡⲉ ⲉⲧⲉ-ⲣⲁⲫⲁⲱ ⲡ̣[ⲉ]• *Codex II 15:29
ⲁ̣[ⲃⲣⲱ]ⲛ̣ ⲁϥ-ⲧⲁⲙⲓⲟ | ⲛ̄-ϫⲱ-ϥ•
ⲙⲏⲛⲓⲅⲅⲉⲥⲥⲧⲣⲱⲏⲑ ⲁϥ-ⲧⲁⲙⲓⲟ ⲙ̄-|ⲡⲉⲛⲕⲉⲫⲁⲗⲟⲥ•[146]
ⲁⲥⲧⲉⲣⲉⲭⲙⲏⲛ ⲡⲃⲁⲗ ⲛ̄-ⲟⲩ|ⲛⲁⲙ•
ⲑⲁⲥⲡⲟⲙⲟⲭⲁⲙ ⲡⲃⲁⲗ ⲛ̄-ϭⲃⲟⲩⲣ•
ⲓⲉⲣⲱ|ⲛⲩⲙⲟⲥ ⲡⲙⲁⲁϫⲉ ⲛ̄-ⲟⲩⲛⲁⲙ•
ⲃⲓⲥⲥⲟⲩⲙ || ⲡⲙⲁⲁϫⲉ ⲛ̄-ϭⲃⲟⲩⲣ•
ⲁⲕⲓⲱⲣⲉⲓⲙ ⲙ̄-ⲡϣⲁ• * *16:1
ⲃⲁⲛⲏⲛⲉⲫⲣⲟⲩⲙ ⲛ̄-ⲛⲉⲥⲡⲟⲧⲟⲩ•
ⲁⲙⲏⲛ | ⲛ̄ⲛⲟⲃϩⲉ•
ⲓⲃⲓⲕⲁⲛ ⲛ̄ⲛⲁϫϩⲉ•
ⲃⲁⲥⲓⲗⲓⲁⲇⲏⲙⲏ | ⲙ̄ⲡⲁⲣⲓⲥⲑⲙⲓⲟⲛ•[147]
ⲁⲭⲭⲁ ⲛⲥⲧⲁⲫⲩⲗⲏ•[148]
ⲁⲇⲁ|ⲃⲁⲛ ⲙ̄-ⲡⲙⲟⲩⲧ•
ⲭⲁⲁⲙⲁⲛ ⲙ̄-ⲡⲥⲫⲟⲛⲧⲩⲗⲟⲥ•[149] ||
ⲇⲉⲁⲣⲭⲱ ⲛ̄-ⲧϣⲟⲩⲱⲃⲉ•
ⲧⲏⲃⲁⲣ <ⲛ̄-ⲧⲛ̣ⲁϩⲃⲉ ⲛ̄-ⲟⲩⲛⲁⲙ•
[- - -]>[150] ⲛ̄-ⲧⲛⲁϩⲃⲉ | ⲛ̄-ϭⲃⲟⲩⲣ•
ⲙⲛⲓⲁⲣⲭⲱⲛ <ⲙ-ⲡⲕⲉⲗⲉⲛⲕⲉϩ ⲛ̄-ⲟⲩⲛⲁⲙ•
[- - -]>[151] ⲙ̄-ⲡⲕⲉⲗⲉⲛⲕⲉϩ ⲛ̄-|ϭⲃⲟⲩⲣ•
ⲁⲃⲓⲧⲣⲓⲱⲛ ⲛ̄-ⲑⲱⲙⲉ ⲛ̄-ⲟⲩⲛⲁⲙ•
ⲉⲩ|ⲁⲛⲑⲏⲛ ⲛ̄-ⲑⲱⲙⲉ ⲛ̄-ϭⲃⲟⲩⲣ•
ⲕⲣⲩⲥ ⲛ̄-ⲧϭⲓϫ | ⲛ̄-ⲟⲩⲛⲁⲙ•
ⲃⲏⲗⲩⲁⲓ ⲛ̄-ⲧϭⲓϫ ⲛ̄-ϭⲃⲟⲩⲣ•
ⲧⲣⲏ||ⲛⲉⲩ ⲛ̄-ⲛ̄ⲧⲏⲃⲉ ⲛ̄-ⲧϭⲓϫ ⲛ̄ⲛ-ⲟⲩⲛⲁⲙ•
ⲃⲁⲗⲃⲏⲗ | ⲛ̄-ⲛ̄ⲧⲏⲃⲉ ⲛ̄-ⲧϭⲓϫ ⲛ̄-ϭⲃⲟⲩⲣ•
ⲕⲣⲓⲙⲁ ⲛ̄-ⲛ̄ⲉⲓⲉ|ⲃⲉ ⲛ̄-ⲛ̄ϭⲓϫ•
ⲁⲥⲧⲣⲱⲯ ⲛ̄-ⲧϭⲓⲃⲉ ⲛ̄-ⲟⲩⲛⲁⲙ• |
ⲃⲁⲣⲣⲱⲫ ⲛ̄-ⲧϭⲓⲃⲉ ⲛ̄-ϭⲃⲟⲩⲣ•

[144] The following passage is not present in the text of the Berlin manuscript. It occurs only in Nag Hammadi Codex II and its parallel Codex IV. [145] Bracketed text supplied from Codex IV. [146] Brain ἐγκεφαλός [147] Tonsil(s) παρίσθμιον [148] Uvula σταφυλή [149] Neck bone σφόνδυλος [150] Text between pointed brackets omitted by the ancient copyist (haplography) in Codex II; supplied from Codex IV [151] Text between pointed brackets omitted by haplography in Codex II; supplied from Codex IV

ⲃⲁⲟⲩⲙ ⲙ̄-ⲡϫⲱ | ⲛ̄-ⲟⲩⲛⲁⲙ•
ⲁⲣⲁⲣⲓⲙ ⲙ̄-ⲡϫⲱ ⲛ̄-ϭⲃⲟⲩⲣ•
ⲁⲣⲉⲝ || ⲛ̄-ⲧⲕⲟⲓⲗⲓⲁ•[152]
ⲫⲑⲁⲩⲏ ⲛ̄-ⲑⲟⲗⲡⲉ•
ⲥⲏⲛⲁⲫⲓⲙ | ⲙ̄-ⲡⲩⲡⲟⲭⲟⲛⲁⲣⲓⲟⲥ•[153]
ⲁⲣⲁⲭⲉⲑⲱⲡⲓ ⲙ̄-ⲡⲥⲡⲓⲣ | ⲛ̄-ⲟⲩⲛⲁⲙ•
ⲍⲁⲃⲉⲇⲱ ⲙ̄-ⲡⲥⲡⲓⲣ ⲛ̄-ϭⲃⲟⲩⲣ• |
ⲃⲁⲣⲓⲁⲥ <ⲛ̄-ⲧϯⲡⲉ ⲛ̄-ⲟⲩⲛⲁⲙ•
ⲫⲛⲟⲩⲑ>[154] ⲛ̄-ⲧϯⲡⲉ ⲛ̄-ϭⲃⲟⲩⲣ•
ⲁⲃⲏⲛⲗⲉⲛⲁⲣⲭⲉⲓ | ⲛ̄-ⲛⲁⲧⲕⲁⲥ•
ⲭⲛⲟⲩⲙⲉⲛⲓⲛⲟⲣⲓⲛ ⲛ̄-ⲛ̄ⲕⲉⲉⲥ• ||
ⲅⲏⲥⲟⲗⲉ ⲙ̄-ⲡⲥⲧⲟⲙⲁⲭⲟⲥ•[155]
ⲁⲅⲣⲟⲙⲁⲩⲙⲁ ⲙ̄-|ⲫⲏⲧ•
ⲃⲁⲛⲱ ⲙ̄ⲡⲛⲉⲩⲙⲟⲛⲓⲛ•[156]
ⲥⲱⲥⲧⲣⲁⲡⲁⲗ | ⲙ̄-ⲡϩⲏⲡⲁⲣ•[157]
ⲁⲛⲏⲥⲓⲙⲁⲗⲁⲣ ⲙ̄-ⲡⲥⲡⲗⲏⲛ•[158]
ⲑⲱ|ⲡⲓⲑⲣⲱ ⲛ̄-ⲛⲙⲉϩⲧ•
ⲃⲓⲃⲗⲱ ⲛ̄-ⲛ̄ϭⲗⲁⲧⲉ• |
ⲣⲟⲉⲣⲱⲣ ⲛ̄-ⲙⲙⲟⲩⲧ•
ⲧⲁⲫⲣⲉⲱ ⲛ̄-ⲛ̄ϫⲓⲥⲉ || ⲙ̄-ⲡⲥⲱⲙⲁ•
ⲓⲡⲟⲩⲥⲡⲟⲃⲱⲃⲁ ⲛ̄-ⲛ̄ⲫⲗⲉⲯ•[159] |
ⲃⲓⲛⲉⲃⲟⲣⲓⲛ ⲛ̄ⲁⲣⲧⲏⲣⲓⲁ•[160]
ⲁⲁⲧⲟⲓⲙⲉⲛⲯⲏⲫⲉⲓ | ⲛⲱ-ⲟⲩ ⲛⲉ ⲛ̄ⲛⲓϥⲉ ⲉⲧ$^{\emptyset}$-ϩⲛ̄-ⲙⲙⲉⲗⲟⲥ ⲧⲏⲣ-ⲟⲩ• |
ⲏⲛⲑⲟⲗⲗⲉⲓⲁ̣ ⲛ̣̄-ⲧⲥⲁⲣⲝ ⲧⲏⲣ-ⲥ•
ⲃⲉⲇⲟⲩⲕ | ⲙ̄-ⲡⲧⲉⲧⲉ [ⲛ̄-ⲟⲩⲛⲁⲙ]•
ⲁⲣⲁⲃⲏⲉⲓ <ⲙ̄-ⲡⲧⲉⲧⲉ ⲛ̄-ϭⲃⲟⲩⲣ•
[- - -] ⲙ̄->[161]ⲡⲃⲁϩ
{ⲛ̄-ϭⲃⲟⲩⲣ}•[162] ||
ⲉⲓⲗⲱ ⲛ̄ⲁⲧⲣ[ⲉⲩⲉ]•
ⲥ̣ⲱⲣⲙⲁ ⲛ̄ⲉⲇⲩⲟⲛ•[163]
ⲅⲟⲣⲙⲁ|ⲕⲁⲓⲟⲭⲗⲁⲃⲁⲣ ⲡⲙⲏⲣⲟⲥ[164] ⲛ̄-ⲟⲩⲛⲁⲙ•

152 Bodily cavity κοιλία 153 Abdomen ὑποχόνδριον 154 Text between pointed brackets omitted by haplography in Codex II; supplied from Codex IV 155 Stomach στόμαχος 156 Lung(s) πλεύμων, πνεύμων 157 Liver ἧπαρ 158 Spleen σπλήν 159 Vein φλέψ 160 Artery ἀρτηρία 161 Text between pointed brackets omitted by haplography in Codex II; supplied from Codex IV 162 Delete {ⲛ̄-ϭⲃⲟⲩⲣ} 163 Private parts, genitals αἰδοῖον 164 Thigh μηρός

ⲛⲉⲃⲣⲓⲑ | ⲡⲙⲏⲣⲟⲥ ⲛ̄-ϭⲃⲟⲩⲣ•
ⲯⲏⲣⲏⲙ ⲛ̄ϭⲗⲁⲧⲉ ⲛ̄-|ⲧⲟⲩⲣⲏⲧⲉ ⲛ̄-ⲟⲩⲛⲁⲙ•
ⲁⲥⲁⲕⲗⲁⲥ ⲧϭⲗⲱⲧ | ⲛ̄-ϭⲃⲟⲩⲣ•
ⲟⲣⲙⲁⲱⲑ ⲙ̄-ⲡⲡⲉⲧ ⲛ̄-ⲟⲩⲛⲁⲙ• ||
[ⲏ]ⲙ̣ⲏⲛⲩⲛ ⲙ̄-ⲡⲡⲉⲧ ⲛ̄-ϭⲃⲟⲩⲣ•
ⲕⲛⲩⲝ ⲧⲥⲏ*ⲃⲉ ⲛ̄-ⲟⲩⲛⲁⲙ• *17:1
ⲧⲩⲡⲏⲗⲟ ⲛ-ⲧⲥⲏⲃⲉ ⲛ̄-ϭⲃⲟⲩⲣ• |
ⲁⲭⲓⲏⲗ ⲛ̄-ⲧⲕⲗ̄ⲗⲉ ⲛ̄-ⲟⲩⲛⲁⲙ•
ⲫⲛⲏⲙⲏ ⲛ̄-ⲧⲕⲗ̄|ⲗⲉ ⲛ̄-ϭⲃⲟⲩⲣ•
ⲫⲓⲟⲩⲑⲣⲟⲙ ⲛ̄-ⲧⲟⲩⲣⲏⲧⲉ ⲛ̄-ⲟⲩ|ⲛⲁⲙ•
ⲃⲟⲁⲃⲉⲗ ⲛ̄-ⲛⲉⲥⲧⲏⲏⲃⲉ•
ⲧⲣⲁⲭⲟⲩⲛ ⲛ̄-||ⲧⲟⲩⲣⲏⲧⲉ ⲛ̄-ϭⲃⲟⲩⲣ•
ⲫⲓⲕⲛⲁ ⲛ̄-ⲛⲉⲥⲧⲏⲏⲃⲉ• |
ⲙⲓⲁⲙⲁⲓ ⲛ̄ⲉⲓⲉⲓⲃ ⲛ̄-ⲛⲟⲩⲣⲏⲧⲉ•
ⲗⲁⲃⲏⲣⲛⲓⲟⲩⲙ | < - - - >•[165]

ⲛ-ⲉⲛⲧ-ⲁⲩ-ⲧⲟϣ-ⲟⲩ ⲇⲉ ⲉϩⲣⲁï ⲉϫⲛ̄-ⲛⲁï ⲧⲏⲣ-ⲟⲩ | ⲡⲉ ⲍ[166]

ⲁⲑⲱⲑ
ⲁⲣⲙⲁⲥ
ⲕⲁⲗⲓⲗⲁ
ïⲁⲃⲏⲗ
<ⲥⲁⲃⲁⲱⲑ
ⲕⲁ[ïⲛ
ⲁⲃ]ⲉⲗ>•[167]

ⲛ-ⲉⲧ$^{\emptyset}$-ⲉ|ⲛⲉⲣⲅⲉⲓ[168] ⲇⲉ ⲕⲁⲧⲁ-$^{\emptyset}$ⲙⲉⲣⲟⲥ[169] ϩⲣⲁï ϩⲛ̄-ⲛ̄ⲙⲉⲗⲟⲥ• ||

ⲧⲁⲡⲉ ⲙⲉⲛ ⲇⲓⲟⲗⲓⲙⲟⲇⲣⲁⲍⲁ•
ⲡⲙⲟⲩⲧ ⲓⲁⲙ|ⲙⲉⲁⲝ•
ⲧⲛⲁϩⲃⲉ ⲛ̄-ⲟⲩⲛⲁⲙ ïⲁⲕⲟⲩïⲃ•
ⲧⲛⲁϩ|ⲃⲉ ⲛ̄-ϭⲃⲟⲩⲣ ⲟⲩⲉⲣⲧⲱⲛ•
ⲧϭⲓϫ ⲛ̄-ⲟⲩⲛⲁⲙ ⲟⲩ|ⲇⲓⲇⲓ•
ⲧϭⲃⲟⲩⲣ ⲁⲣⲃⲁⲟ•
ⲛ̄ⲧⲏⲃⲉ ⲛ̄-ⲧϭⲓϫ ⲛ̄-ⲟⲩ|ⲛⲁⲙ ⲗⲁⲙⲡⲛⲱ•
ⲛ̄ⲧⲏⲃⲉ ⲛ̄-ⲧϭⲓϫ ⲛ̄-ϭⲃⲟⲩⲣ || ⲗⲏⲉⲕⲁⲫⲁⲣ•
ⲧϭⲓⲃⲉ ⲛ̄-ⲟⲩⲛⲁⲙ ⲃⲁⲣⲃⲁⲣ•

[165] The name of a bodily part is here omitted by the ancient copyist [166] ⲍ The numeral '7' [167] Three names omitted by the ancient copyist (haplography) in Codex II, but present in Codex IV [168] Activate ἐνεργεῖν [169] Part μέρος

ⲧϭⲓ|ⲃⲉ ⲛ̄-ϭⲃⲟⲩⲣ ⲓⲙⲁⲏ•

ⲧⲙⲉⲥⲧϩⲏⲧ ⲡⲓⲥⲁⲛⲥⲁⲣⲁ|ⲡⲧⲏⲥ•

ⲡϫⲱ ⲛ̄-ⲟⲩⲛⲁⲙ ⲕⲟⲁⲇⲏ•

ⲡϫⲱ ⲛ̄-ϭⲃⲟⲩⲣ | ⲟⲇⲉⲱⲣ•

<ⲡ>ⲥⲡⲓⲣ[170] ⲛ̄-ⲟⲩⲛⲁⲙ ⲁⲥⲫⲓⲝⲓⲝ•

ⲡⲥⲡⲓⲣ | ⲛ̄-ϭⲃⲟⲩⲣ ⲥⲩⲛⲟⲅⲭⲟⲩⲧⲁ•

ⲧⲕⲟⲓⲗⲓⲁ ⲁⲣⲟⲩⲫ• ||

ⲡⲉⲕⲟⲩⲛϥ ⲥⲁⲃⲁⲗⲱ•

ⲡⲙⲏⲣⲟⲥ ⲛ̄-ⲟⲩⲛⲁⲙ | ⲭⲁⲣⲭⲁⲣⲃ•

ⲡⲙⲏⲣⲟⲥ ⲛ̄-ϭⲃⲟⲩⲣ ⲭⲑⲁⲱⲛ• |

ⲛ̄ⲁⲓⲇⲟⲓⲟⲛ ⲧⲏⲣ-ⲟⲩ ⲃⲁⲑⲓⲛⲱⲑ•

ⲡⲡⲉⲧ ⲛ̄-|ⲟⲩⲛⲁⲙ ⲭⲟⲩⲝ•

ⲡⲡⲉⲧ ⲛ̄-ϭⲃⲟⲩⲣ ⲭⲁⲣⲭⲁ• |

ⲧⲥⲏⲃⲉ ⲛ̄-ⲟⲩⲛⲁⲙ ⲁⲣⲟⲏⲣ•

ⲧⲥⲏⲃⲉ ⲛ̄-ϭⲃⲟⲩⲣ || ⲧⲱⲉⲭⲑⲁ•

ⲧⲕⲗ̄ⲗⲉ ⲛ̄-ⲟⲩⲛⲁⲙ ⲁⲱⲗ•

ⲧⲕⲗ̄ⲗⲉ | ⲛ-ϭⲃⲟⲩⲣ ⲭⲁⲣⲁⲛⲏⲣ•

ⲧⲟⲩⲣⲏⲧⲉ ⲛ̄-ⲟⲩⲛⲁⲙ | ⲃⲁⲥⲧⲁⲛ•

ⲛⲉⲥⲧⲏⲏⲃⲉ ⲁⲣⲭⲉⲛⲧⲉⲭⲑⲁ•

ⲧⲟⲩ|ⲣⲏⲧⲉ ⲛ̄-ϭⲃⲟⲩⲣ ⲙⲁⲣⲉⲫⲛ̣ⲟⲩⲛⲑ•

ⲛ̄ⲛⲉⲥⲧⲏ|ⲏⲃⲉ ⲁⲃⲣⲁⲛⲁ•

ⲛⲉⲩ-[ϭⲙ̄-$^{\emptyset}$ϭⲟⲙ] ⲉϩⲣⲁï ϩⲓϫⲛ̄-||ⲛⲁï ⲧⲏⲣ-ⲟⲩ ⲛ̄ϭⲓ-ⲥⲁϣϥ̄ ⲍ

ⲙⲓⲭⲁⲏⲗ

ⲟⲩⲣⲓⲏⲗ |

ⲁⲥⲙⲉⲛⲉⲇⲁⲥ

ⲥⲁⲫⲁⲥⲁⲧⲟⲏⲗ

ⲁⲁⲣⲙⲟⲩⲣⲓⲁⲙ |

ⲣⲓⲭⲣⲁⲙ

ⲁⲙⲓⲱⲣⲯ•

ⲁⲩⲱ ⲛ-ⲉⲧ$^{\emptyset}$-ϩⲓϫⲛ̄-ⲛ̄ⲁⲓⲥⲑⲏ|ⲥⲓⲥ ⲁⲣⲭⲉⲛⲇⲉⲕⲧⲁ•

ⲁⲩⲱ ⲡ-ⲉⲧ$^{\emptyset}$-ϩⲓϫⲛ̄-ⲧⲁⲛⲁⲗⲏⲙ|ⲯⲓⲥ[171] ⲇⲉⲓⲑⲁⲣⲃⲁⲑⲁⲥ•

ⲁⲩⲱ ⲡ-ⲉⲧ$^{\emptyset}$-ϩⲓϫⲛ̄-ⲧⲫⲁⲛ||ⲧⲁⲥⲓⲁ ⲟⲩⲙⲙⲁⲁ•

*18:1 ⲁⲩⲱ ⲡ-ⲉⲧ$^{\emptyset}$-ϩⲓϫⲛ̄-ⲡϫ̣[ⲱⲛ]ϥ̣ *ⲁⲁⲭⲓⲁⲣⲁⲙ•

ⲁⲩⲱ ⲡ-ⲉⲧ$^{\emptyset}$-ϩⲓϫⲛ̄-ⲧϩⲟⲣⲙⲏ[172] ⲧⲏⲣ̄-ⲥ | ⲣⲓⲁⲣⲁⲙⲛⲁⲭⲱ•

[170] <ⲡ> omitted by the ancient copyist [171] Reception, perceived information ἀναλήμψις [172] Impulse ὁρμή

ⲧⲡⲏⲅⲏ ⲇⲉ ⲛ̄-ⲛⲓⲇⲁⲓⲙⲱⲛ[173] | ⲛⲁⲓ̈ ⲉⲧ$^{\emptyset}$-ϩⲛ̄-ⲡⲥⲱⲙⲁ ⲧⲏⲣ-ϥ ⲥⲉ-ⲧⲏϣ ⲉ-ϥⲧⲟ|ⲟⲩ

ⲟⲩϩⲙ̄ⲙⲉ
ⲟⲩⲁⲣⲟϣ
ⲟⲩϩⲟϭⲃⲉⲥ
ⲟⲩ||ϣⲟⲟⲩⲉ•

ⲧⲟⲩⲙⲁⲁⲩ ⲇⲉ ⲧⲏⲣ-ⲟⲩ ⲧⲉ ⲧϩⲩ|ⲗⲏ•[174]

ⲡ-ⲉⲧ$^{\emptyset}$-ⲟ ⲇⲉ ⲛ̄-$^{\emptyset}$ϫⲟⲉⲓⲥ ⲉϫⲙ̄-ⲡϩⲙⲟⲙ ⲫ̅ⲗ̅ⲟ̅|ⲝ̅ⲟ̅ⲫ̅ⲁ̅•
ⲡ-ⲉⲧ$^{\emptyset}$-ⲟ ⲇⲉ ⲛ̄-$^{\emptyset}$ϫⲟⲉⲓⲥ ⲉϫⲙ̄-ⲡⲁⲣⲟϣ | ⲟ̅ⲣ̅ⲟ̅ⲟ̅ⲣ̅ⲣ̅ⲟ̅ⲑ̅ⲟ̅ⲥ̅•
ⲡ-ⲉⲧ$^{\emptyset}$-ⲟ ⲇⲉ ⲛ̄-$^{\emptyset}$ϫⲟⲉⲓⲥ ⲉϫⲙ̄-ⲡ-ⲉ|ⲧ$^{\emptyset}$-ϣⲟⲩⲱⲟⲩ ⲉⲣⲓ̅ⲙ̅ⲁ̅ⲭ̅ⲱ̅•
ⲡ-ⲉⲧ$^{\emptyset}$-ⲟ ⲇⲉ ⲛ̄-$^{\emptyset}$ϫⲟⲉⲓⲥ || ⲁϫⲙ̄-ⲡⲱϭⲃⲉ ⲁⲑ̅ⲩ̅ⲣ̅ⲱ̅•

ⲧⲙⲁⲁⲩ ⲇⲉ ⲛ̄-ⲛⲁⲓ̈ ⲧⲏ|ⲣ-ⲟⲩ ⲥ-ⲁϩⲉ ⲉⲣⲁⲧ̅-ⲥ̅ ⲛ̄ⲧⲟⲩⲙⲏⲧⲉ ⲟ̅ⲛ̅ⲟ̅ⲣ̅ⲑ̅ⲟ̅ⲭ̅ⲣ̅ⲁ̅|ⲥ̅ⲁ̅ⲉ̅ⲓ̅ ⲉⲥ-ϣⲟⲟⲡ ⲛ̄-$^{\emptyset}$ⲁⲧ-ⲧⲟϣ̅-ⲥ̅• ⲁⲩⲱ ⲥ-ⲧⲏϩ | ⲛ̄ⲙ̄ⲙⲁ-ⲩ ⲧⲏⲣ-ⲟⲩ• ⲁⲩⲱ ⲧⲁⲓ̈ ⲛⲁⲙⲉ ⲧⲉ ⲧϩⲩⲗⲏ• | ⲉⲩ-ⲥⲁⲛⲁϣⲧ ⲅⲁⲣ ⲉⲃⲟⲗ ϩⲓⲧⲟⲟⲧ̅-ⲥ̅• ⲡϥⲧⲟⲟⲩ || ⲛ̄-ⲁⲣⲭⲏⲅⲟⲥ[175] ⲛ̄-ⲇⲁⲓⲙⲱⲛ•

ⲉⲫ̅ⲉ̅ⲙ̅ⲉ̅ⲙ̅ⲫ̅ⲓ̅ ⲡⲉ | ⲡⲁ-ⲧϩⲏⲇⲟⲛⲏ•[176]
ⲓ̈ⲱ̅ⲕ̅ⲱ̅ ⲡⲉ ⲡⲁ-ⲧⲉⲡⲓⲑⲩⲙⲉⲓⲁ• |
ⲛⲉⲛⲉⲛⲧⲱⲫⲛⲓ ⲡⲉ ⲡⲁ-ⲧⲗⲩⲡⲏ•[177]
ⲃ̅ⲗ̅ⲁ̅ⲟ̅ⲙ̅ⲏ̅ⲛ̅ | ⲡⲉ ⲡⲁ-ⲧϩⲛⲱϩⲉ•

ⲧⲟⲩⲙⲁⲁⲩ ⲇⲉ ⲧⲏⲣ-ⲟⲩ ⲉ̅ⲥ̅ⲑ̅ⲏ̅ⲛ̅|ⲥ̅ⲓ̅ⲥ̅ⲟ̅ⲩ̅ⲭ̅ⲉ̅ⲡ̅ⲓ̅ⲡ̅ⲧ̅ⲟ̅ⲏ̅•[178] ⲉⲃⲟⲗ ⲇⲉ ϩⲛ̄-ⲡⲓϥⲧⲟⲟⲩ || ⲛ̄-ⲇⲁⲓⲙⲱⲛ ⲁⲩ-ϣⲱⲡⲉ ⲛ̄ϭⲓ-ϩⲛ̄ⲡⲁⲑⲟⲥ•[179] ⲉ|ⲃⲟⲗ ⲇⲉ ϩⲛ̄-ⲧⲗⲩⲡⲏ

ⲟⲩⲫⲑⲟⲛⲟⲥ[180]
ⲟⲩⲕⲱϩ |
ⲟⲩⲙ̄ⲕⲁϩ
ⲟⲩⲟⲭⲗⲏⲥⲓⲥ[181]
ⲟⲩⲛⲓⲕⲉ[182]
ⲟⲩⲙ̅ⲛ̅ⲧ̅-|ⲁⲧ-ⲣ̄-ϩⲧⲏ-ϥ
ⲟⲩⲣⲟⲟⲩϣ
ⲟⲩϩⲏⲃⲉ ⲁⲩⲱ ⲡⲕⲉ|ϣⲱϫⲡ•

[173] Demon, minor spirit δαίμων [174] Matter ὕλη [175] Leader ἀρχηγός [176] Pleasure ἡδονή [177] Grief, pain λύπη [178] αἴσθησις οὐχ ἐπὶ πτοῆ "Perception not in a state of excitement" [179] Passion πάθος [180] Envy φθόνος [181] Distress ὄχλησις [182] Contention for victory νική

ⲉⲃⲟⲗ ⲇⲉ ϩⲛ̄-ⲧϩⲏⲇⲟⲛⲏ ϣⲁⲩ-‖ϣⲱⲡⲉ ⲛ̄ϭⲓ-ϩⲁϩ ⲛ̄-ⲕⲁⲕⲓⲁ ⲁⲩⲱ
ⲡϣⲟⲩϣⲟⲩ | ⲉⲧ$^{\emptyset}$-ϣⲟⲩⲉⲓⲧ ⲁⲩⲱ ⲛ-ⲉⲧ$^{\emptyset}$-ⲉⲓⲛⲉ ⲛ̄-ⲛⲁϊ• ⲉⲃⲟⲗ | ⲇⲉ ϩⲛ̄-
ⲧⲉⲡⲓⲑⲩ̣ⲙⲓⲁ

ⲟⲩⲟⲣⲅⲏ
ⲟⲩϭⲱⲛⲧ |
ⲙⲛ̄-ⲟⲩⲭⲟ[ⲗⲏ][183]
ⲙ[ⲛ-ⲟ]ⲩⲉⲣⲱⲥ[184] ⲉϥ-ⲥⲁϣⲉ |
ⲙⲛ̄-ⲟⲩⲙⲛ̄ⲧ-ⲁ̣ⲧ̣-ⲥⲉⲓ ⲁⲩⲱ ⲛ-ⲉⲧ$^{\emptyset}$-ⲉⲓⲛⲉ ⲛ̄-ⲛⲁϊ• ‖

ⲉⲃⲟⲗ ⲇⲉ ϩⲛ̄-ⲧⲛⲱϩⲉ ⲟⲩⲉⲕⲡⲗⲏⲝⲓⲥ[185] ⲟⲩ|ⲕⲱⲣϣ ⲟⲩⲁⲅⲱⲛⲓⲁ[186] ⲟⲩ-
ϣⲓⲡⲉ• ⲛⲁϊ ⲇⲉ ⲧⲏ|ⲣ-ⲟⲩ ⲛ̄ⲑⲉ ⲛ̄-ϩⲛ̄ⲡⲉⲧ-ⲣ̄-$^{\emptyset}$ϣⲁⲩ ⲙⲛ̄-ⲛ̄ⲡⲉⲑⲟ|ⲟⲩ• ⲧⲉⲛ-
ⲛⲟⲓⲁ ⲇⲉ ⲛ̄ⲧⲉ-ⲧⲟⲩⲙⲏⲉ ⲧⲉ ⲁⲛⲁ|ⲣ̣ϣ ⲉⲧⲉ-ⲧⲁϊ ⲧⲉ ⲧⲁⲡⲉ ⲛ̄-ⲧϩⲩⲗⲓⲕⲏ[187]
*19:1 ⲛ̄-ⲯⲩⲭⲏ• *ⲉⲥ-ϣⲟⲟⲡ ⲅⲁⲣ ⲙⲛ̄-ⲧⲉⲥⲑⲏⲥⲓⲥⲍⲟⲩⲭⲉⲡⲓ|ⲡⲧⲟⲏ• ⲧⲁϊ ⲧⲉ
ⲧⲏⲡⲉ ⲛ̄-ⲛ̄ⲁⲅⲅⲉⲗⲟⲥ• ⲉⲡⲓ|ⲧⲟⲁⲩⲧⲟ[188] ⲉⲩ-ⲉⲓⲣⲉ ⲛ̄-ϣⲙ̄ⲧ-ϣⲉ ⲥⲉ-ⲧⲏⲉ•
ⲁⲩ-|ⲣ̄-$^{\emptyset}$ϩⲱⲃ ⲧⲏⲣ-ⲟⲩ ⲉⲣⲟ-ϥ ϣⲁⲛⲧϥ-ϫⲱⲕ ⲉⲃⲟⲗ ‖ ϩⲓⲧⲟⲟⲧ-ⲟⲩ ⲕⲁⲧⲁ-
$^{\emptyset}$ⲙⲉⲗⲟⲥ ⲛ̄ϭⲓ-ⲯⲩⲭⲓⲕⲟⲛ[189] | ⲁⲩⲱ ⲡϩⲩⲗⲓⲕⲟⲛ ⲛ̄-ⲥⲱⲙⲁ• ⲥⲉ-ϣⲟⲟⲡ ⲅⲁⲣ
| ⲛ̄ϭⲓ-ϩⲉⲛⲕⲟⲟⲩⲉ ϩⲓϫⲛ̄-ⲡⲕⲉϣⲱϫⲡ ⲙ̄-ⲡⲁ|ⲑⲟⲥ ⲛⲁϊ ⲉⲧⲉ-ⲙ̄ⲡⲓ-ϫⲟⲟ-ⲩ
ⲛⲁ-ⲕ• ⲉϣⲡⲉ-ⲕ-ⲟⲩ|ⲱϣⲉ ⲇⲉ ⲁ-$^{\emptyset}$ⲙ̄ⲙⲉ ⲉⲣⲟ-ⲟⲩ ϥ-ⲥⲏϩ ϩⲣⲁϊ ϩⲙ̄-
‖ⲡϫⲱⲱⲙⲉ ⲛ̄-ⲍⲱⲣⲟⲁⲥⲧⲣⲟⲥ•

The text of the Berlin Papyrus resumes here:[190]

*50:11 *ⲁⲩⲱ ⲁⲩ-ⲧⲁ|ⲙⲓⲟ ⲙ-ⲡⲥⲱⲙⲁ ⲧⲏⲣ-ϥ ⲉϥ-ϩⲟⲣ|ⲙⲁⲍⲉ[191] ⲉⲃⲟⲗ ϩⲙ-
ⲡⲙⲏⲏϣⲉ ⲛ̄-|$^{\emptyset}$ⲁⲅⲅⲉⲗⲟⲥ ⲛⲧ-ⲁϊ-ϫⲟⲟ-ⲩ ⲛϣⲟⲣⲡ• ‖ ⲁⲩⲱ ⲁϥ-ϭⲱ ⲉϥ-ⲟ
ⲛ-$^{\emptyset}$ⲁⲣⲅⲟⲛ ⲛⲟⲩ|ⲛⲟϭ ⲛ-ⲟⲩⲟⲉⲓϣ ⲉ-ⲙⲛ̄-$^{\emptyset}$ϭⲟⲙ ⲛ̄-|ⲧⲥⲁϣϥⲉ ⲛ-ⲉⲝⲟⲩⲥⲓⲁ
ⲉ-$^{\emptyset}$ⲧⲟⲩ|ⲛⲟⲥ-ϥ ⲟⲩⲧⲉ ⲡⲓⲕⲉϣⲙ̄ⲧ-ϣⲉ | ⲥⲉ ⲛ-ⲁⲅⲅⲉⲗⲟⲥ ⲛⲧ-ⲁⲩ-ⲥⲙⲓⲛⲉ̣
*51:1 *[ⲛ-ⲙⲙⲉⲗⲟⲥ ⲛ-ϩⲁ]ⲣⲙ̣[ⲟⲥ]•
ⲁ̣ⲩⲱ | ⲁ̣[ⲥ-ⲣ-ϩⲛⲁ-ⲥ ⲉ-$^{\emptyset}$ϫⲓ] ⲛ̣-ⲧ̣ϭⲟⲙ ⲛⲧ-ⲁⲥ-|ⲧⲁⲁ-ⲥ̣ ⲙ̣-ⲡ̣ⲁⲣⲭⲱⲛ ⲛ̄ⲧⲉ-
ⲡⲉⲡⲣⲟⲩ|ⲛⲓⲕⲟⲥ• ⲁⲥ-ⲉⲓ ⲉⲃⲟⲗ ϩⲛ-ⲟⲩⲙⲛⲧ-‖ⲁⲧ-ⲕⲁⲕⲓⲁ• ⲁⲥ-ⲥⲟⲡⲥ ⲙ-
ⲡⲉⲓⲱⲧ | ⲛ-ⲛⲓⲡⲧⲏⲣ-ϥ ⲉⲧⲉ-ⲛⲁϣⲉ-ⲡⲉϥ|ⲛⲁⲉ ⲙⲛ̄-ⲡⲛⲟⲩⲧⲉ ⲛ-ⲟⲩⲟⲉⲓⲛ•
| ⲁϥ-ⲧⲛ̄ⲛⲟⲟⲩ ϩⲛ-ⲟⲩϣⲟϫⲛⲉ ⲉϥ-|ⲟⲩⲁⲁⲃ ⲙ-ⲡⲓⲁⲩⲧⲟⲅⲉⲛⲏⲥ ⲙⲛ̄-‖ⲡⲉϥ-
ⲧⲟⲟⲩ ⲛ-ⲟⲩⲟϊⲛ ϩⲙ-ⲡⲉⲥ|ⲙⲟⲧ ⲛ-ⲛ̄ⲁⲅⲅⲉⲗⲟⲥ ⲙ-ⲡⲉϩⲟⲩⲧ-|ⲛ-ⲁⲣⲭⲱⲛ•
ⲁⲩ-ϯ-$^{\emptyset}$ϣⲟϫⲛⲉ ⲛⲁ-ϥ | ϩⲱⲥⲧⲉ ⲛ̄ⲥⲉⲉⲓⲛⲉ {ⲓ}[192] ⲉⲃⲟⲗ ⲛ̄ϩⲏⲧ-ϥ | ⲛ-ⲧϭⲟⲙ
ⲛ-ⲧⲙⲁⲩ• ⲡⲉϫⲁ-ⲩ ⲛⲁ-ϥ ‖ ϫⲉ-ⲛⲓϥⲉ ⲉϩⲟⲩⲛ ϩⲙ̄-ⲡⲉϥϩⲟ ⲉ|ⲃⲟⲗ ϩⲙ-

[183] Bitterness χολή [184] Lust ἔρως [185] Terror ἔκπληξις [186] Anguish ἀγωνία [187] Material ὑλικός, -ή, -όν [188] All told, taken all together ἐπὶ τὸ αὐτό [189] Animate ψυχικός, -ή, -όν [190] Here continues the Berlin manuscript. [191] Fit together ἁρμόζειν [192] Delete {ⲓ}

ⲡⲉⲡ̅ⲛ̅ⲁ̅ ⲉⲧ$^{\emptyset}$-ⲛ̅ϩⲏⲧ-ⲕ• | ⲁⲩⲱ ⲫⲱⲃ ⲛⲁ-ⲧⲱⲟⲩⲛ• ⲁⲩⲱ ⲁϥ-|ⲛⲓϥⲉ ⲉⲣⲟ-ϥ
ϩⲙ̅-ⲡⲉϥⲡ̅ⲛ̅ⲁ̅ ⲉⲧⲉ-|ⲛⲧⲟⲥ ⲧⲉ ⲧϭⲟⲙ ⲉⲃⲟⲗ ϩⲛ̅-ⲧⲙⲁⲩ || ⲉϩⲟⲩⲛ ⲉ-
ⲡⲥⲱⲙⲁ•

ⲁⲩⲱ ⲁϥ-ⲕⲓⲙ *ϩⲛ-[ⲧⲟⲩⲛⲟⲩ ⲉⲧ$^{\emptyset}$-ⲙⲙⲁⲩ• ⲁⲩ-ⲕⲱ]ϩ | ⲧⲉⲩⲛⲟⲩ ⲛ̅ϭ̣ⲓ̣- *52:1
[ⲡⲕⲉⲥⲉⲉⲡⲉ ⲛ-ⲛ]ⲉ̣|ⲝⲟⲩⲥⲓⲁ ϫⲉ-ⲁϥ-ϣⲱⲡⲉ ⲉⲃⲟⲗ | ⲛϩⲏⲧ-ⲟⲩ ⲧⲏⲣ-ⲟⲩ•
ⲁⲩⲱ ⲁⲩ-ϯ ⲙ̅-||ⲡⲣⲱⲙⲉ ⲛ-ⲛ̅ϭⲟⲙ ⲉⲧ$^{\emptyset}$-ϣⲟⲡ | ⲉⲃⲟⲗ ⲛϩⲏⲧ-ⲟⲩ• ⲁⲩⲱ ⲁϥ-
ⲫⲟⲣⲓ[193] | ⲛ̅-ⲛⲉⲯⲩⲭⲏ ⲛ-ⲧⲥⲁϣϥⲉ ⲛ-ⲉ|ⲝⲟⲩⲥⲓⲁ ⲙⲛ̅-ⲛⲉⲩϭⲟⲙ• ⲁ-
ⲧⲉϥ|ⲙⲛⲧ-ⲥⲁⲃⲉ ⲧⲁϫⲣⲟ ⲛ̅ϩⲟⲩⲟ ⲉ||ⲣⲟ-ⲟⲩ ⲧⲏⲣ-ⲟⲩ ⲁⲩⲱ ⲛϩⲟⲩⲟ ⲉ-
|ⲧⲉⲡⲣⲟⲧⲁⲣⲭⲱⲛ•[194] ⲁⲩ-ⲉⲓⲙⲉ | ⲇⲉ ϫⲉ-ϥ-ⲕⲏⲕ ⲁϩⲏⲩ ⲛ̅ⲥⲁ ⲛⲃⲟⲗ |
ⲛ̅-ⲧ̅ⲕⲁⲕⲓⲁ ⲉⲃⲟⲗ ϫⲉ-ϥ-ⲟ ⲛ̅-$^{\emptyset}$ⲥⲁ|ⲃⲉ ⲛϩⲟⲩⲟ ⲉⲣⲟ-ⲟⲩ• ⲁⲩⲱ ⲁϥ-ⲉⲓ
ⲉ||ϩⲟⲩⲛ ⲉ-ⲡⲟⲩⲟⲓ̈ⲛ• ⲁⲩ-ϥⲓⲧ-ϥ• ⲁⲩ-|ⲛ̅ⲧ̅-ϥ ⲉϩⲣⲁⲓ̈ ⲉ-ⲙⲙⲉⲣⲟⲥ ⲙⲡⲉ|ⲥⲏⲧ
ⲛⲧⲉ-ⲑⲩⲗⲏ ⲧⲏⲣ-ⲥ•

ⲡⲓⲙⲁ|ⲕⲁⲣⲓⲟⲥ ⲇⲉ ⲛ-ⲉⲓⲱⲧ ⲟⲩⲣⲉϥ-ⲣ̅-|ⲡⲡⲉⲧ-ⲛⲁⲛⲟⲩ-ϥ ⲡⲉ ⲛ-ⲛⲁⲏⲧ•
|| ⲁϥ-ϣⲛ̅-ϩⲧⲏ-ϥ ⲉϩⲣⲁⲓ̈ ⲉϫⲛ-ⲧϭⲟⲙ *[ⲛ-ⲧⲙⲁⲁⲩ ⲛⲧ-ⲁⲩ-ⲛⲧ]-ⲥ̣ ⲉ̣[ⲃⲟ]ⲗ *53:1
ⲙ̅-|ⲡ̣[ⲉⲡⲣⲱⲧⲁⲣⲭ]ⲱ̣ⲛ ϫⲉ-ⲉⲥⲉ-ϭⲙ̅-|$^{\emptyset}$ϭⲟⲙ [ⲉ]ϩ̣ⲣ̣ⲁⲓ ⲉϫⲙ̅-ⲡⲥⲱⲙⲁ
{ⲁⲛ}•[195] | ⲁϥ-ⲧⲛ̅ⲛⲟⲟⲩ ⲉⲃⲟⲗ ⲙ-ⲡⲉⲡ̅ⲛ̅ⲁ̅ || ⲉⲧ-ⲛⲁⲛⲟⲩ-ϥ ⲛⲧⲟϥ ⲙⲛ-
ⲡⲉϥⲛⲁ | ⲉⲧ-ⲛⲁϣⲱ-ϥ ⲛ-ⲟⲩⲃⲟⲏⲑⲟⲥ[196] ⲙ̅-ⲡⲉ|ϩⲟⲩⲉⲓⲧ ⲛ̅ⲧ-ⲁϥ-ⲉⲓ ⲉⲡ-
ⲉⲥⲏⲧ ⲛⲧ-ⲁⲩ-|ϯ-ⲣⲛ̅-̅ϥ ϫⲉ-ⲁⲇⲁⲙ ⲛ-ⲧⲉⲡⲉⲓⲛⲟⲓⲁ[197] | ⲙ-ⲡⲟⲩⲟⲓ̈ⲛ ⲧⲁⲓ̈ ⲛⲧ-
ⲁϥ[198]-ϯ-ⲣⲛ̅ⲧ̅-̅ⲥ || ⲉⲃⲟⲗ ϩⲓ̈ⲧⲟⲧ-ϥ ϫⲉ-ⲍⲱⲏ•[199] ⲛ̅ⲧⲟⲥ | ⲇⲉ ⲉⲧ$^{\emptyset}$-ⲣ̅-$^{\emptyset}$ϩⲱⲃ
ⲉ-ⲡⲥⲱⲛⲧ ⲧⲏⲣ-ϥ | ⲉⲥ-ϣⲉⲡ-$^{\emptyset}$ϩⲓ̈ⲥⲉ ⲛⲙ̅ⲙⲁ-ϥ ⲉⲥ-|ⲧⲁϩⲟ ⲙⲙⲟ-ϥ ⲉⲣⲁⲧ-ϥ
ⲉ-ⲡⲉϥⲣⲡⲉ | ⲉⲧ$^{\emptyset}$-ϫⲏⲕ ⲙ̅ⲙⲓⲛⲙⲙⲟ-ϥ ⲁⲩⲱ ⲉⲥ-||ⲧⲟⲩⲛⲟⲩⲛ-ⲉⲓⲁⲧ-ϥ
ⲉⲃⲟⲗ ⲉ-ⲡⲉⲓ | ⲉⲡⲉⲥⲏⲧ ⲛⲧⲉ-ⲡⲉϥϣⲧⲁ ⲉⲥ-|ⲧⲁⲙⲟ ⲙ̅ⲙⲟ-ϥ ⲉ-ⲡⲉϥⲱⲗ
ⲉϩⲣⲁ|ⲉⲓ• ⲁⲩⲱ ⲧⲉⲡⲉⲓⲛⲟⲓⲁ ⲙ-ⲡⲟⲩ|ⲟⲉⲓⲛ ⲛⲉⲥ-ϩⲏⲡ ⲛϩⲏⲧ-ϥ ϫⲉⲕⲁⲥ ||
ⲛ̅ⲛⲉ-ⲛ̅ⲁⲣⲭⲱⲛ ⲉⲓⲙⲉ ⲁⲗⲗⲁ ⲉⲣⲉ-*ⲧⲛ̅[ⲥ]ⲱⲛ[ⲉ ⲧⲥⲟⲫⲓⲁ ⲉⲧ$^{\emptyset}$-ⲉⲓ]|ⲛⲉ *54:1
ⲙ̅ⲙⲟ-ⲛ ⲉⲥ̣-ⲁ-ⲧ̣ⲁ̣[ϩⲟ] ⲛ̣-ⲛⲉ̣ⲥ|ϣⲧⲁ ⲉⲣⲁⲧ-ⲟⲩ ⲉⲃⲟⲗ ϩⲓ̈ⲧⲟⲟⲧ-ⲥ | ⲛ̅-ⲧⲉ-
ⲡⲉⲓⲛⲟⲓⲁ ⲙ̅-ⲡⲟⲩⲟⲓ̈ⲛ• ||

ⲁⲩⲱ ⲁ-ⲡⲣⲱⲙⲉ ⲣ̅-$^{\emptyset}$ⲟⲩⲟⲓ̈ⲛ ⲉⲧ|ⲃⲉ-ⲑⲁⲓ̈ⲃⲉⲥ ⲙ̅-ⲡⲟⲩⲟⲓ̈ⲛ ⲉⲧ$^{\emptyset}$-ⲛ̅|ϩⲏⲧ-ϥ•
ⲁⲩⲱ ⲁ-ⲡⲉϥⲙⲉⲉⲩⲉ ϫⲓ|ⲥⲉ ⲛϩⲟⲩⲟ ⲉ-ⲛ-ⲉⲛⲧ-ⲁⲩ-ⲧⲁⲙⲓ|ⲟ-ϥ• ⲁⲩⲱ ⲁⲩ-
ⲕⲁⲧⲁⲛⲉⲩⲉ• ⲁⲩ-||ⲛⲁⲩ ⲉ-ⲡⲣⲱⲙⲉ• ⲁϥ-ϫⲓⲥⲉ ⲛ̅|ϩⲟⲩⲟ ⲉⲣⲟ-ⲟⲩ• ⲁⲩ-ⲉⲓⲣⲉ
ⲛ-ⲟⲩ|ϣⲟϫⲛⲉ ⲙⲛ̅-ϯⲁⲅⲅⲉⲗⲓⲕⲏ[200] ⲧⲏⲣ-ⲥ | ⲛⲧⲉ-ⲛⲓⲁⲣⲭⲱⲛ ⲙⲛ̅-ⲡⲥⲉⲉ-
ⲡⲉ | ⲛ̅-ⲛⲉⲩϭⲟⲙ• ⲧⲟⲧⲉ ⲡⲕⲱϩⲧ || ⲙⲛ̅-ⲡⲕⲁϩ ⲁⲩ-ⲙⲟⲩϫ̅ϭ̅ ⲙⲛ̅-ⲡ|ⲙⲟⲟⲩ
ⲙⲛ̅-ⲡⲉⲕⲣⲱⲙ• ⲁⲩ-ⲧⲱ|ⲣⲡ̅ ⲙⲙⲟ-ⲟⲩ ⲙⲛ̅-ⲡⲉϥⲧⲟⲩ-ⲧⲏⲩ | ⲉⲩ-ⲛⲓϥⲉ ϩⲛ-
ⲟⲩⲕⲱϩⲧ ⲉⲩ-ⲧⲱ|ϭⲉ ⲙⲙⲟ-ⲟⲩ ⲉ-ⲛⲉⲩⲉⲣⲏⲩ ⲉⲩ-*[ⲉⲓⲣⲉ ⲛⲛ-ⲟⲩⲛⲟ]ϭ̣ ⲛ- *55:1

193 Wear φορεῖν 194 Chief ruler πρωτάρχων; emend ⲧⲉⲡⲣⲱⲧⲁⲣⲭⲱⲛ to ⲡⲉⲡⲣⲱⲧⲁⲣⲭⲱⲛ 195 ⲁⲛ, i.e. Sahidic ⲟⲛ? 196 Helpmeet, helper βοηθός 197 Afterthought ἐπίνοια. ⲁϥⲧⲛ̅ⲛⲟⲟⲩ ... ⲛ̅ⲟⲩⲃⲟⲏⲑⲟⲥ ... ⲛ̅ⲧⲉⲡⲉⲓⲛⲟⲓⲁ He sent... as a helper... the afterthought 198 Emend to ⲁⲩ-? 199 Zôê, Life Ζωή (name of Adam's partner in the Septuagint Greek version of Genesis) 200 Host of angels ἀγγελική

ϣⲧⲟⲣⲧⲣ̄• | [ⲁ]ⲩ-[ⲛⲧ]-ϥ [ⲉ]ϩⲟ̣ⲩⲛ ⲉ-ⲑⲁïⲃⲉⲥ ⲙ̄-|ⲡⲙⲟⲩ• ⲁⲩ-ⲉⲓⲣⲉ ⲛ̄-ⲕⲉⲡⲗⲁⲥⲓⲥ[201] | ⲛ̄ⲕⲉⲥⲟⲡ ⲉⲃⲟⲗ ⲇⲉ ϩⲙ-ⲡⲕⲁϩ || ⲙⲛ̄-ⲡⲙⲟⲟⲩ ⲙⲛ̄-ⲡⲕⲱϩⲧ ⲙⲛ̄-|ⲡⲉⲡ̄ⲛ̄ⲁ ⲉⲧⲉ-ⲡⲁï ⲡⲉ ⲉⲃⲟⲗ | ϩⲛ-ⲑⲩⲗⲏ ⲙⲛ̄-ⲡⲕⲁⲕⲉ ⲙⲛ̄-ⲧⲉⲡⲓ|ⲑⲩⲙⲓⲁ ⲙⲛ̄-ⲡⲉⲡ̄ⲛ̄ⲁ ⲛ-ⲁⲛⲧⲓ|ⲕⲉⲓⲙⲉⲛⲟⲛ•[202] ⲧⲁï ⲧⲉ ⲧⲙⲣ̄ⲣⲉ• || ⲡⲁï ⲡⲉ ⲡⲙ̄ϩⲁⲟⲩ ⲛⲧⲉ-ⲡⲉⲡⲗⲁⲥ|ⲙⲁ ⲙ-ⲡⲥⲱⲙⲁ ⲡⲁï ⲛⲧ-ⲁⲩ-ⲧⲁⲁ-ϥ | ϩïⲱⲱ-ϥ ⲙ̄-ⲡ̄ⲣⲱⲙⲉ ⲉ-ⲡⲥⲱⲛϩ | ⲛ̄-ⲑ̄ⲩⲗⲏ• ⲡⲁï ⲡⲉ ⲡⲉϩⲟⲩⲉⲓⲧ | ⲛⲧ-ⲁϥ-ⲉⲓ ⲉⲡⲉⲥⲏⲧ ⲁⲩⲱ ⲡⲉϩⲟⲩ||ⲉⲓⲧ ⲙ̄-ⲡⲟⲣϫ-ϥ ⲉⲃⲟⲗ• ⲧⲉⲛⲛⲟⲓ|ⲁ ⲇⲉ ⲙ̄-ⲡⲉⲡⲣⲟⲧⲟⲥ[203] ⲛ-ⲟⲩⲟïⲛ | ⲉⲥ-ϣⲟⲟⲡ ⲛϩⲏⲧ-ϥ ⲉⲥ-ⲧⲟⲩⲛⲟⲥ | ⲙ-ⲡⲉϥⲙⲉⲉⲩⲉ•

ⲁϥ-ⲉⲓⲛⲉ ⲙⲙⲟ-ϥ | ⲛ̄ϭⲓ-ⲡⲉϩⲟⲩⲉⲓⲧ ⲛ-ⲁⲣⲭⲱⲛ• ⲁϥ-||ⲕⲱ ⲙⲙⲟ-ϥ ϩⲙ-
*56:1 ⲡⲡⲁⲣⲁⲇⲓⲥⲟⲥ[204] *ⲡⲁï ⲉ-ⲛⲉϥ-ϫ̣[ⲱ ⲙⲙⲟ-ⲥ ϫⲉ-ⲟⲩ]|ⲧⲣⲩⲫⲏ[205] ⲛⲁ-ϥ ⲧⲉ
ⲉⲧ̣ⲉ̣-ⲡ̣ⲁï ⲡⲉ | ϫⲉ-ⲉϥⲉ-ⲁⲡⲁⲧⲁ[206] ⲙⲙⲟ-ϥ•

ⲧⲉⲩ|ⲧⲣⲩⲫⲏ ⲅⲁⲣ ⲥⲁϣⲉ•
ⲁⲩⲱ ⲡⲉⲩ||ⲥⲁ ⲟⲩⲁⲛⲟⲙⲟⲛ[207] ⲡⲉ•
ⲧⲉⲩⲧⲣⲩ|ⲫⲏ ⲟⲩⲁⲡⲁⲧⲏ[208] ⲧⲉ•
ⲁⲩⲱ ⲡⲉⲩ|ϣⲏⲛ ⲛⲉ-ⲩⲙⲛ̄ⲧ̄-ϣⲁϥⲧⲉ ⲛⲉ•[209]
ⲡⲟⲩ|ⲕⲁⲣⲡⲟⲥ ⲟⲩⲙⲁⲧⲟⲩ ⲡⲉ ⲉ-ⲙⲛ̄-∅ⲧⲁⲗ|ϭⲟ ⲛ̄ϩⲏⲧ-ϥ•
ⲁⲩⲱ ⲡⲉⲩⲉⲣⲏⲧ ⲟⲩ||ⲙⲟⲩ ⲛⲁ-ϥ ⲡⲉ•
ⲡⲉⲩϣⲏⲛ ⲇⲉ ⲛ̄|ⲧ-ⲁⲩ-ⲕⲁⲁ-ϥ ϫⲉ-ⲡϣⲏⲛ ⲙ̄-ⲡⲱⲛϩ | ⲡⲉ•

ⲁⲛⲟⲕ ϯ-ⲛⲁ-ⲧⲁⲙⲉ-ⲧⲏⲩⲧⲛ̄ | ⲉ-ⲡⲙⲩⲥⲧⲏⲣⲓⲟⲛ ⲙ̄-ⲡⲉⲩⲱⲛϩ• | ⲡⲁï ⲡⲉ ⲡⲉⲩⲁⲛⲧⲓⲙⲓⲙⲟⲛ[210] ⲙ̄-||ⲡ̄ⲛ̄ⲁ ⲉⲧ∅-ϣⲟⲡ ⲉⲃⲟⲗ ⲛ̄ϩⲏⲧ-ⲟⲩ | ⲉ-∅ⲧⲣⲉϥ-ⲕⲟⲧ-ϥ ⲉⲃⲟⲗ ϫⲉ-ⲛⲉϥ-|ⲣ̄-ⲛⲟï ⲙ-ⲡϥ̄ϫⲱⲕ• ⲡϣⲏⲛ ⲉ|ⲧ∅-ⲙ̄ⲙ̄ⲁⲩ ⲟⲩⲧⲉⲉⲓⲙⲓⲛⲉ ⲡⲉ•

ⲧⲉϥ|ⲛⲟⲩⲛⲉ ⲥⲁϣⲉ•
ⲛⲉϥⲕⲗⲁⲁⲇⲟⲥ[211] ϩⲛ̄||ϩⲁïⲃⲉⲥ ⲛ̄ⲧⲉ-ⲡⲙⲟⲩ ⲛⲉ•
*57:1 ⲛⲉϥ*ϭⲱⲃⲉ ⲟⲩⲙⲟⲥⲧⲉ ⲡⲉ ⲙⲛ̄-ⲟⲩ|ⲁⲡⲁⲧⲏ•
ⲡⲉϥⲕⲛ̄ⲛⲉ ⲟⲩⲧⲱϩⲥ | ⲛⲧⲉ-ⲧⲡⲟⲛⲏⲣⲓⲁ[212] ⲡⲉ•
ⲁⲩⲱ ⲡϥ̄|ⲕⲁⲣⲡⲟⲥ ⲧⲉⲡⲓⲑⲩⲙⲓⲁ ⲙ̄-ⲡ̄||ⲙⲟⲩ ⲧⲉ•
ϣⲁⲣⲉ-ⲡⲉϥⲥⲡⲉⲣⲙⲁ | ⲥⲱ ⲉⲃⲟⲗ ϩⲛ-<ⲟⲩⲕⲁⲕⲉ>•[213]
ⲛ-ⲉⲧ∅-ϫⲓ-∅ϯⲡⲉ ⲙ̄|ⲙⲟ-ϥ ⲁⲙⲛ̄ⲧⲉ ⲡⲉ ⲡⲉⲩⲙⲁ-ⲛ̄-|ϣⲱⲡⲉ•

ⲡϣⲏⲛ ⲇⲉ ⲉⲧⲉ-ϣⲁⲩ-|ⲙⲟⲩⲧⲉ ⲉⲣⲟ-ϥ ⲉⲃⲟⲗ ϩïⲧⲟⲟⲧ-ⲟⲩ || ⲉ-∅ⲥⲟⲩⲱⲛ-ⲡⲡⲉⲧ-ⲛⲁⲛⲟⲩ-ϥ | ⲙⲛ̄-ⲡⲡⲉⲑⲟⲟⲩ ⲉⲧⲉ-ⲛⲧⲟϥ ⲡⲉ | ⲧⲉⲡⲉⲓⲛⲟⲓⲁ ⲙ-ⲡⲟⲩⲟïⲛ ⲧⲁï | ⲛⲧ-ⲁⲩ-ϯ-∅ⲉⲛⲧⲟⲗⲏ[214] ⲉⲧⲃⲏⲏⲧ-ⲥ | ⲉ-∅ⲧⲙ̄-ϫⲓ-∅ϯⲡⲉ ⲉⲧⲉ-

201 Act of modelling πλάσις 202 Adversarial ἀντικείμενος, -ον 203 First πρῶτος 204 Garden, paradise παράδεισος 205 Delight τρυφή 206 Deceive ἀπατᾶν 207 Lawless ἄνομος, -ον 208 Deception ἀπατή 209 Emend to ⲡⲉ? 210 Closely imitating ἀντίμιμος, -ον 211 Branch κλάδος 212 Wickedness πονηρία 213 <ⲟⲩⲕⲁⲕⲉ> omitted by the ancient copyist 214 Command(ment) ἐντολή

ⲡⲁⲓ̈ ⲡⲉ ‖ ∅ⲧⲙ̄-ⲥⲱⲧⲙ̄ ⲛ̄ⲥⲱ-ⲥ ⲉⲡⲓ[215] ⲧⲉⲛ|ⲧⲟⲗⲏ ⲛⲉⲥ-ϯ ⲟⲩⲃⲏ-ϥ ⲡⲉ
ϫⲉ-|ⲛ̄ⲛⲉϥ-ϭⲱϣⲧ ⲉⲧⲡⲉ ⲉ-ⲡⲉϥ|ϫⲱⲕ ⲁⲩⲱ ⲛ̄ϥ-ⲣ̄-ⲛⲟⲉⲓ ⲙ̄-ⲡⲉϥ|ⲕⲱⲕ
ⲁϩⲏⲩ ⲉⲃⲟⲗ ϩⲙ-ⲡⲉϥϫⲱⲕ• ‖ ⲁⲛⲟⲕ ⲇⲉ ⲁⲓ̈-ⲧⲁϩⲟ-ⲟⲩ ⲉⲣⲁⲧ-ⲟⲩ *ⲉ- *58:1
∅ⲧⲣⲉⲩ-ⲟⲩⲱⲙ•
ⲡⲉϫⲁ-ⲓ̈ ⲛⲁ-ϥ ϫⲉ-|ⲡⲉⲭ̄ⲥ̄ ⲙⲏ ⲫⲟϥ ⲣⲱ ⲁⲛ ⲡⲉ-ⲛ̄|ⲧ-ⲁϥ-ⲧⲟⲩⲛⲟⲩ-
ⲉⲓⲁⲧ-ⲥ ⲉⲃⲟⲗ• ⲁϥ-|ⲥⲱⲃⲉ• ⲡⲉϫⲁ-ϥ ϫⲉ-ⲫⲟϥ ⲛ̄ⲧ-ⲁϥ-‖ⲧⲟⲩⲛⲟⲩ-ⲉⲓⲁⲧ-ⲥ
ⲉⲃⲟⲗ ⲉ-ⲧⲉⲥⲡⲟ|ⲣⲁ[216] ⲛ-ⲧⲉⲡⲓⲑⲩⲙⲓⲁ ⲙ̄-ⲡⲥⲱϣϥ | ⲙⲛ̄-ⲡⲧⲁⲕⲟ ϫⲉⲥⲉ-
ⲣ̄-∅ϣⲟⲟⲩ ⲛⲁ-ϥ• | ⲁⲩⲱ ⲁϥ-ⲉⲓⲙⲉ ϫⲉ-ⲛ̄-ⲥ̄-ⲛⲁ-ⲥⲱ|ⲧⲙ̄ ⲛⲥⲱ-ϥ ⲁⲛ ϫⲉ-ⲥ-
ⲟ ⲛ̄-∅ⲥⲁⲃⲏ ‖ ⲛϩⲟⲩⲟ ⲉⲣⲟ-ϥ• ⲁϥ-ⲣ̄-ϩⲛⲁ-ϥ ⲉ-∅ⲉ͡ⲓ|ⲛⲉ ⲉⲃⲟⲗ ⲛ̄-ⲧϭⲟⲙ ⲛ̄ⲧ-
ⲁⲩ-ⲧⲁ|ⲁ-ⲥ ⲛⲁ-ϥ ⲉⲃⲟⲗ ϩⲓ̈ⲧⲟⲟⲧ-ϥ• ⲁⲩ|ⲱ ⲁϥ-ⲛⲟⲩϫⲉ ⲛ-ⲟⲩⲃ̄ϣⲉ
ⲉϫⲛ̄-|ⲁⲇⲁⲙ•
ⲁⲛⲟⲕ ⲡⲉϫⲁ-ⲓ̈ ⲛⲁ-ϥ ϫⲉ-‖ⲡⲉⲭ̄ⲥ̄ ⲟⲩ ⲧⲉ ⲧⲃ̄ϣⲉ• ⲛ̄ⲧⲟϥ | ⲇⲉ ⲡⲉϫⲁ-ϥ
ϫⲉ-ⲕⲁⲧⲁ-ⲑⲉ ⲛ̄|ⲧ-ⲁ-ⲙⲱⲩ̈ⲥⲏⲥ ⲁⲛ ϫⲟⲟ-ⲥ ϫⲉ-ⲁϥ-|ⲧⲣⲉϥ-ⲛ̄ⲕⲟⲧⲕ• ⲁⲗⲗⲁ
ⲛ̄ⲧ-ⲁϥ-|ϩⲱⲃ̄ⲥ̄ ⲉⲃⲟⲗ ⲉϫⲛ̄-ⲛⲉϥⲁⲓⲥⲑⲏ‖ⲥⲓⲥ ϩⲛ-ⲟⲩϩ̄ⲃ̄ⲥ̄• ⲁϥ-ⲑⲣ̄ϣⲟ-ϥ
ϩⲛ̄-*ⲧⲁⲛⲁⲓⲥⲑⲏⲥⲓⲁ•[217] ⲕⲁⲓⲅ̣ⲁⲣ ⲁϥ-|ϫⲟⲟ-ⲥ ϩⲓ̈ⲧⲙ̄-ⲡⲉⲡⲣⲟⲫⲏⲧⲏⲥ | ⲉϥ- *59:1
ϫⲱ ⲙ̄ⲙⲟ-ⲥ ϫⲉ-ϯ-ⲛⲁ-ⲑⲣ̄ϣⲟ | ⲛ̄ⲛ-ⲙ̄ⲙⲁⲁϫⲉ ⲛ̄-ⲛⲉⲩϩⲏⲧ ϫⲉ-ⲛ̄‖ⲛⲉⲩ-
ⲛⲟⲓ̈ ⲁⲩⲱ ϫⲉ-ⲛ̄ⲛⲉⲩ-ⲛⲁⲩ ⲉ|ⲃⲟⲗ• ⲧⲟⲧⲉ ⲧⲉⲡⲉⲓⲛⲟⲓⲁ ⲙ-ⲡⲟⲩ|ⲟⲓ̈ⲛ ⲁⲥ-
ϩⲟⲡ-ⲥ ⲛ̄ϩⲏⲧ-ϥ• ⲁⲩⲱ ϩⲙ̄-|ⲡⲉϥⲟⲩⲱϣ ⲁϥ-ⲣ̄-ϩⲛⲁ-ϥ ⲛ̄-∅ⲛ̄ⲧ-ⲥ̄ | ⲉⲃⲟⲗ
ϩⲛ̄-ⲧⲃⲏⲧ-ⲥⲡⲓⲣ• ⲛ̄ⲧⲟⲥ ⲇⲉ ‖ ⲧⲉⲡⲉⲓⲛⲟⲓⲁ ⲙ-ⲡⲟⲩⲟⲓ̈ⲛ ⲉ-ⲩ|ⲁⲧ-ⲧⲁϩⲟ-ⲥ
ⲧⲉ ⲉ-ⲡⲕⲁⲕⲉ ⲡⲏⲧ | ⲛⲥⲱ-ⲥ ⲙ̄ⲡⲉϥ-ϣ-ⲧⲁϩⲟ-ⲥ• ⲁϥ-ⲣ̄-ϩⲛⲁ-ϥ | ⲉ-∅ⲉⲓⲛⲉ
ⲛ̄-ⲧϭⲟⲙ ⲉⲃⲟⲗ ⲛϩⲏⲧ-ϥ | ⲉ-∅ⲉⲓⲣⲉ ⲛ-ⲟⲩⲡⲗⲁⲥⲓⲥ ⲛ̄ⲕⲉⲥⲟⲡ ‖ ⲙⲛ̄-
ⲟⲩⲙⲟⲣⲫⲏ ⲛ-ⲥ̄ϩⲓ̈ⲙⲉ• ⲁⲩⲱ | ⲁϥ-ⲧⲟⲩⲛⲟⲥ-<ⲥ>[218] ⲙ̄ⲡⲉϥⲙ̄ⲧⲟ ⲉⲃⲟⲗ |
ⲕⲁⲧⲁ-ⲑⲉ ⲁⲛ ⲛⲧ-ⲁ-ⲙⲱⲩ̈ⲥⲏⲥ | ϫⲟⲟ-ⲥ ϫⲉ-ⲁϥ-ϥⲓ ⲛ-ⲟⲩⲃⲏⲧ-ⲥⲡⲓⲣ• | ⲁϥ-
ⲧⲁⲙⲓⲟ ⲛ-ⲧⲉⲥϩⲓ̈ⲙⲉ ϩⲁⲧⲏ-ϥ• ‖ ⲛⲧⲉⲩⲛⲟⲩ ⲁϥ-ⲛⲏⲫⲉ[219] ⲉⲃⲟⲗ ϩⲙ̄-|ⲡϯϩⲉ
ⲙ̄-ⲡⲕⲁⲕⲉ• ⲁⲥ-ϭⲱⲗⲡ ⲉⲃⲟⲗ *ⲙ-ⲫⲃ̄ⲥ ⲉⲧ∅-ϩⲓ̈ϫⲙ̄-ⲡⲉϥϩⲏⲧ ⲛ̄|ϭⲓ- *60:1
ⲧⲉⲡⲉⲓⲛⲟⲓⲁ ⲙ̄-ⲡⲟⲩⲟⲓ̈ⲛ• | ⲛⲧⲉⲩⲛⲟⲩ ⲛ̄ⲧⲁⲣⲉϥ-ⲥⲟⲩⲱⲛ-|ⲧⲉϥⲟⲩⲥⲓⲁ[220]
ⲡⲉϫⲁ-ϥ ϫⲉ-ⲡⲁⲓ̈ ‖ ⲧⲉⲛⲟⲩ ⲟⲩⲕⲁⲥ ⲡⲉ ⲉⲃⲟⲗ ϩⲛ̄-ⲛⲁ|ⲕⲁⲥ ⲁⲩⲱ ⲟⲩⲥⲁⲣⲝ
ⲉⲃⲟⲗ ϩⲛ̄-|ⲧⲁⲥⲁⲣⲝ• ⲉⲧⲃⲉ-ⲡⲁⲓ̈ ⲡⲣⲱⲙⲉ | ⲛⲁ-ⲕⲱ ⲛ̄ⲥⲱ-ϥ ⲙ̄-ⲡⲉϥⲉⲓⲱⲧ |
ⲙⲛ̄-ⲧⲉϥⲙⲁⲁⲩ ⲛ̄ϥ-ⲧⲟϭ-ϥ ⲉ-‖ⲧⲉϥⲥϩⲓ̈ⲙⲉ ⲛ̄ⲥⲉ-ϣⲱⲡⲉ | ⲙⲡⲉⲥⲛⲁⲩ ⲉ-
ⲩⲥⲁⲣⲝ ⲛ-ⲟⲩ|ⲱⲧ ⲉⲃⲟⲗ ϫⲉ-ⲥⲉ-ⲛⲁ-ⲧⲛ̄ⲛⲟⲟⲩ | ⲉⲃⲟⲗ {ϩ}[221] ⲙ-ⲡⲥⲩⲛⲍ̄ⲩ-
ⲅⲟⲥ ⲛ̄-ⲧⲙⲁⲩ | ⲛ̄ⲥⲉ-ⲧⲁϩⲟ-ⲥ ⲉⲣⲁⲧ-ⲥ̄• ⲉⲧⲃⲉ-‖ⲡⲁⲓ̈ ⲁ-ⲁⲇⲁⲙ ϯ-ⲣⲓⲛ̄-ⲥ̄ ϫⲉ-
ⲧⲙⲁ|ⲁⲩ ⲛ-ⲛ-ⲉⲧ∅-ⲟⲛϩ ⲧⲏⲣ-ⲟⲩ• ⲉⲃⲟⲗ | ϩⲓ̈ⲧⲛ̄-ⲧⲁⲩⲑⲉⲛⲧⲓⲁ[222] ⲙ-ⲡϫⲓⲥⲉ |
ⲙⲛ̄-ⲡⲟⲩⲱⲛϩ ⲉⲃⲟⲗ ⲁ-ⲧⲉⲡⲉⲓ|ⲛⲟⲓⲁ ⲧⲥⲁⲃⲟ-ϥ ⲉ-ⲡⲥⲟⲟⲩⲛ• ⲉ*ⲃⲟⲗ *61:1
ϩⲓ̈ⲧⲙ̄-ⲡϣⲏⲛ ⲙ-ⲡⲉⲥ̣|ⲙⲟⲧ ⲛ-ⲟⲩⲁⲉⲧⲟⲥ[223] ⲁⲥ-ⲧⲟⲩ|ⲛⲟⲩ-ⲉⲓⲁⲧ-ϥ ⲉⲃⲟⲗ

[215] Since ἐπεί [216] Sowing σπορά [217] Lack of sensation ἀναισθησία [218] <ⲥ> omitted by the ancient copyist [219] Become sober νήφειν [220] Essence οὐσία [221] Delete {ϩ} [222] Absolute power αὐθεντία [223] Eagle ἀετός

ⲉ-$^{\emptyset}$ⲟⲩⲱⲙ ⲙ̄-|ⲡⲥⲟⲟⲩⲛ ϫⲉ-ⲉϥⲉ-ⲣ̄-ⲡⲙⲉⲉⲩⲉ || ⲙ-ⲡⲉϥϫⲱⲕ ϫⲉ-ⲛⲉ-
ⲟⲩⲛ̄-$^{\emptyset}$ⲡ|ⲧⲱⲙⲁ[224] ⲙ-ⲡⲥⲛⲁⲩ ⲛⲧⲉ-ⲧⲙⲛⲧ-|ⲁⲧ-ⲥⲟⲟⲩⲛ•

ⲁϥ-ⲉⲓⲙⲉ ⲛϭⲓ-ⲓ̈ⲁⲗ|ⲇⲁⲃⲁⲱⲑ ϫⲉ-ⲁⲩ-ϩⲛ̄ⲧ-ⲟⲩ ⲛ̄|ⲥⲁ ⲛⲃⲟⲗ ⲙ̄ⲙⲟ-ϥ•
ⲁϥ-ⲥⲁϩⲟⲩ || ⲙⲙⲟ-ⲟⲩ• ⲛ̄ϩⲟⲩⲟ ⲇⲉ ⲉϥ-ⲡⲣⲟⲥ|ⲡⲟⲓⲉⲓ[225] ⲛ-ⲧⲉⲥϩⲓ̈ⲙⲉ ⲉ-
$^{\emptyset}$ⲧⲣⲉ-ⲫⲟ|ⲟⲩⲧ ⲣ-$^{\emptyset}$ϫⲟⲉⲓⲥ ⲉⲣⲟ-ⲥ ⲉ-ⲛ̄-ϥ̄-ⲥⲟ|ⲟⲩⲛ ⲁⲛ ⲙ-ⲡⲙⲩⲥⲧⲏⲣⲓⲟⲛ
ⲛ̄|ⲧ-ⲁϥ-ϣⲱⲡⲉ ⲉⲃⲟⲗ ϩⲙ̄-ⲡ̄||ϣⲟϫⲛⲉ ⲙ-ⲡϫⲓⲥⲉ ⲉⲧ$^{\emptyset}$-ⲟⲩⲁⲃ• | ⲛⲧⲟⲟⲩ
ⲇⲉ ⲁⲩ-ⲣ̄-$^{\emptyset}$ϩⲟⲧⲉ ⲉ-$^{\emptyset}$ⲥⲁϩⲟⲩ ⲙ̄|ⲙⲟ-ϥ ⲁⲩⲱ ⲉ-$^{\emptyset}$ⲟⲩⲱⲛϩ ⲉ̣ⲃ̣ⲟ̣ⲗ ⲛ̄-|ⲧⲉϥ-
62:1 ⲙⲛⲧ-ⲁⲧ-ⲥⲟ̣ⲟⲩⲛ• ⲁ̣-ⲛ̣ⲉϥ|ⲁⲅⲅⲉⲗⲟⲥ ⲧⲏⲣ-ⲟⲩ ⲛⲟⲩϫⲉ ⲙ̄[ⲙⲟ]-ⲟ̣ⲩ̣ ⲉⲃⲟⲗ
ϩⲙ-ⲡⲡⲁⲣⲁⲇⲓⲥⲟⲥ• | ⲁϥ-ϯ ϩⲓ̈ⲱⲱ-ϥ ⲛ-ⲧ̄ⲕⲣ̄ⲙ̄ⲛ̄ⲧⲥ ⲛ̄-|ⲕⲁⲕⲉ•

ⲧⲟⲧⲉ ⲁϥ-ⲛⲁⲩ ⲉ-ⲧⲡⲁⲣ|ⲑⲉⲛⲟⲥ[226] ⲉⲧ$^{\emptyset}$-ⲱϩⲉⲣⲁⲧ-ⲥ ⲉ-ⲁⲇⲁⲙ || ⲛ̄ϭⲓ-
ⲓ̈ⲁⲗⲇⲁⲃⲁⲱⲑ• ⲁϥ-ⲙⲟⲩϩ ⲙ̄-|$^{\emptyset}$ⲙⲛ̄ⲧ-ⲁⲑⲏⲧ ⲉϥ-ⲟⲩⲱϣ ⲉ-$^{\emptyset}$ⲧⲟⲩ|ⲛⲉⲥ-ⲟⲩ-
ⲥⲡⲉⲣⲙⲁ ⲉⲃⲟⲗ ⲛ̄ϩⲏ|ⲧ-ⲥ̄• ⲁϥ-ϫⲁϩⲙ-ⲉⲥ• ⲁϥ-ϫⲡⲟ ⲙ̄-|ⲡϣⲟⲣⲡ ⲛ-ϣⲏⲣⲉ
ϩⲟⲙⲟⲓⲱⲥ[227] || ⲡⲙⲉϩ-ⲥⲛⲁⲩ ⲓ̈ⲁⲩⲉ ⲫⲟ ⲛ-ⲁⲣⲁⲝ[228] | ⲁⲩⲱ ⲉⲗⲱⲉⲓⲙ ⲫⲟ
ⲛⲛ-ⲉⲙⲟⲩ• | ⲟⲩⲁ ⲙⲉⲛ ⲟⲩⲇⲓⲕⲁⲓⲟⲥ ⲡⲉ• ⲡⲕⲉ|ⲟⲩⲁ ⲇⲉ ⲟⲩⲁⲇⲓⲕⲟⲥ[229]
ⲡⲉ• ⲉⲗⲱⲉⲓⲙ | ⲡⲉ ⲡⲇⲓⲕⲁⲓⲟⲥ• ⲓ̈ⲁⲩⲉ ⲡⲉ ⲡⲁ||ⲇⲓⲕⲟⲥ• ⲡⲇⲓⲕⲁⲓⲟⲥ ⲙⲉⲛ
ⲁϥ-|ⲕⲁⲁ-ϥ ϩⲓ̈ϫⲙ̄-ⲡⲕⲱϩⲧ ⲙⲛ̄-ⲡⲉ|ⲡ̄ⲛ̄ⲁ̄• ⲡⲁⲇⲓⲕⲟⲥ ⲇⲉ ⲁϥ-ⲕⲁⲁ-ϥ |
ϩⲓ̈ϫⲙ̄-ⲡⲙⲟⲟⲩ ⲙⲛ̄-ⲡⲕⲁϩ• ⲛⲁ|ⲓ̈ ⲛⲉ-ⲉⲧⲉ-ϣⲁⲩ-ⲙⲟⲩⲧⲉ ⲉⲣⲟ-ⲟⲩ || ϩⲛ-
*63:1 ⲛ̄ⲅⲉⲛⲉⲁ ⲛ-ⲛ̄ⲣⲱⲙⲉ ⲧⲏⲣ-ⲟⲩ *ϫⲉ-ⲕⲁⲓ̈ⲛ ⲙⲛ-ⲁⲃⲉⲗ• ϣⲁϩ[ⲟ]ⲩ̣[ⲛ] | ⲉ-
ⲡⲟⲟⲩ ⲛ-ϩⲟⲟⲩ ⲁϥ-ϣⲱⲡⲉ ⲛ̄|ϭⲓ-ⲡⲥⲩⲛⲟⲩⲥⲓⲁ[230] ⲙ̄-ⲡⲅⲁⲙⲟⲥ[231] ⲉ|ⲃⲟⲗ
ϩⲓ̈ⲧⲙ̄-ⲡⲉϩⲟⲩⲉⲓⲧ ⲛ-ⲁⲣ||ⲭⲱⲛ• ⲁϥ-ϫⲟ ϩⲛ-ⲁⲇⲁⲙ ⲛ̄-ⲟⲩⲉ|ⲡⲓⲑⲩⲙⲓⲁ ⲛ̄-
$^{\emptyset}$ⲥⲡⲟⲣⲁ ϩⲱⲥⲧⲉ | ⲉⲃⲟⲗ ϩⲛ-ϯⲟⲩⲥⲓⲁ ⲧⲉ ⲧⲁⲓ̈ ⲉⲧ$^{\emptyset}$-|ϫⲡⲟ ⲛ-ⲟⲩⲉⲓⲛⲉ
ⲉⲃⲟⲗ ϩⲙ̄-ⲡⲉⲩ|ⲁⲛⲧⲓⲙⲓⲙⲟⲛ <ⲙ-ⲡⲛⲁ>•[232] ⲡⲁⲣⲭⲱⲛ ⲇⲉ || ⲥⲛⲁⲩ ⲁϥ-
ⲕⲁⲑⲓⲥⲧⲁ ⲙⲙⲟ-ⲟⲩ | ϩⲓ̈ϫⲛ̄-ⲛⲁⲣⲭⲏ ϩⲱⲥⲧⲉ ⲛⲥⲉ-ⲣ̄-|ⲁⲣⲭⲉⲓ ⲉ-ⲡⲉⲙϩⲁⲟⲩ•

ⲁϥ-ⲥⲟⲩⲱⲛ-|ⲧⲉϥⲟⲩⲥⲓⲁ ⲉⲧ$^{\emptyset}$-ⲉⲓⲛⲉ ⲙⲙⲟ-ϥ• | ⲁⲇⲁⲙ ⲁϥ-ϫⲡⲟ ⲛ̄-ⲥⲏⲑ•
ⲁⲩⲱ ⲛ̄||ⲑⲉ ⲛ-ⲧⲅⲉⲛⲉⲁ ⲉⲧ$^{\emptyset}$-ϩⲛ-ⲧⲡⲉ ϩⲛ̄-|ⲛⲁⲓⲱⲛ ⲛⲧⲉⲉⲓϩⲉ ⲧⲙⲁⲁⲩ ⲁⲥ-
|ⲧⲛ̄ⲛⲟⲟⲩ ⲙ-ⲡ-ⲉⲧⲉ-ⲡⲱ-ⲥ ⲡⲉ• | ⲁ-ⲡⲉⲡⲛ̄ⲁ̄ ⲉⲓ ⲛⲁ-ⲥ ⲉϩⲣⲁⲉⲓ ⲉ-$^{\emptyset}$ⲧ|ⲣⲉϥ-
*64:1 ⲧⲟⲩⲛⲟⲥ ⲛ̄-ⲧⲟⲩⲥⲓⲁ ⲉⲧ$^{\emptyset}$-ⲉⲓⲛⲉ *[ⲙ]ⲙ̣ⲟ̣-ϥ ⲉϩⲙ̄-ⲡⲧⲩⲡⲟⲥ ⲙ-ⲡ̄|ϫⲱⲕ ⲉ-
$^{\emptyset}$ⲧⲟⲩⲛⲟⲥ-ⲟⲩ ϩⲛ̄-ⲧⲃϣⲉ | ⲙⲛ̄-ⲧⲕⲁⲕⲓⲁ ⲙ̄-ⲡⲙ̄ϩⲁⲟⲩ•

ⲁⲩ|ⲱ ⲛϯϩⲉ ⲁϥ-ϭⲱ ⲡⲣⲟⲥ-ⲟⲩⲟⲓ̈ϣ• || ⲁϥ-ⲣ̄-$^{\emptyset}$ϩⲱⲃ ϩⲁⲣⲁⲧ-ϥ ⲙ-ⲡⲉⲥ-
ⲡⲉⲣ|ⲙⲁ ϫⲉⲕⲁⲁⲥ ϩⲟⲧⲁⲛ ⲉϥϣⲁⲛ-|ⲉⲓ̂ ⲛϭⲓ-ⲡⲉⲡ̄ⲛ̄ⲁ̄ ⲉⲃⲟⲗ ϩⲛ̄-ⲛⲁⲓ|ⲱⲛ
ⲉⲧ$^{\emptyset}$-ⲟⲩⲁⲁⲃ ⲉϥ-ⲁ-ⲧⲁϩⲟ-ⲟⲩ | ⲉⲣⲁⲧ-ⲟⲩ ⲛ̄ⲥⲁ ⲛⲃⲟⲗ ⲙ-ⲡⲉϣⲧⲁ || ⲉ-
ⲡⲧⲁϩⲟ ⲉⲣⲁⲧ-ϥ ⲙ-ⲡⲁⲓⲱⲛ | ϫⲉ-ⲉϥⲉ-ϣⲱⲡⲉ ⲛ-ⲟⲩϫⲱⲕ | ⲉϥ-ⲟⲩⲁⲁⲃ
ϫⲉ-ⲉϥⲉ-ϣⲱⲡⲉ | ϭⲉ ⲉ-ⲙⲛ̄-$^{\emptyset}$ϣⲧⲁ ⲛ̄ϩⲏⲧ-ϥ•

[224] Fall, e.g. Adam's moral "descent" into a sinful state; also, corpse πτῶμα [225] Add, include in one's investigation (thus in Plotinus) προσποιεῖσθαι [226] Virgin, young woman παρθένος [227] Likewise ὁμοίως [228] Bear ἄρξ [229] Unjust ἄδικος, -ον [230] Intercourse συνουσία [231] Marriage γάμος [232] <ⲙ-ⲡⲛⲁ> omitted by the ancient copyist

ⲁⲛⲟⲕ | ⲇⲉ ⲡⲉϫⲁ-ⲓ̈ ϫⲉ-ⲡⲉⲭ̅ⲥ̅ ⲛⲉⲯⲩ||ⲭⲏ ⲟⲩⲟⲛ ⲛⲓⲙ ⲛⲁ-ⲱⲛϩ
ⲛ̅|ϩⲟⲩⲟ ⲉ-ⲡⲓⲧⲃ̅ⲃⲟ ⲛ-ⲟⲩⲟⲓ̈ⲛ• ⲡⲉ|ϫⲁ-ϥ ⲛⲁ-ⲓ̈ ϫⲉ-ⲁⲕ-ⲉⲓ ⲉϩⲟⲩⲛ ⲉ-
ⲩ|ⲉⲛⲛⲟⲓⲁ ⲛ̅-ϩ̅ⲛ̅ⲛⲟϭ ⲛ-ϩⲃⲏⲩⲉ | ϩⲱⲥ ⲉⲩ-ⲙⲟⲕϩ ⲛ̅-∅ϭⲟⲗⲡ-ⲟⲩ || ⲉⲃⲟⲗ
ⲛ̅-ϩⲛ̅ⲕⲟⲟⲩⲉ ⲉⲓⲙⲏ*ⲧⲓ ⲉ-ⲛ-ⲉⲧⲉ-ϩⲛ̅ⲉⲃⲟⲗ ⲛⲉ ϩⲛ̅-|ϯⲅⲉⲛⲉⲁ ⲉⲧ∅-ⲙ̅ⲙⲁⲩ *65:1
ⲉⲧⲉ-ⲙⲁⲥ-|ⲕⲓⲙ• ⲛ-ⲉⲧⲉⲣⲉ-ⲡⲉⲡ̅ⲛ̅ⲁ̅ ⲙ̅-ⲡⲱ|ⲛ̅ϩ ⲛⲏⲩ ⲉϩⲣⲁⲓ̈ ⲉϫⲱ-ⲟⲩ ⲉ-
ⲁⲩ-||ⲛⲟⲩϩⲃ̅ ⲙⲛ̅-ⲧϭⲟⲙ ⲥⲉ-ⲛⲁ-ⲟⲩ|ϫⲁⲓ̈ ⲛⲥⲉ-ⲣ̅-∅ⲧⲉⲗⲓⲟⲥ• ⲁⲩⲱ ⲥⲉ-|ⲛⲁ-
ⲙ̅ⲡϣⲁ ⲛ̅-∅ⲃⲱⲕ ⲉϩⲣⲁⲓ̈ ⲉ-|ⲛⲓⲛⲟϭ ⲛ-ⲟⲩⲟⲓ̈ⲛ• ⲥⲉ-ⲛⲁ-ⲙ̅ⲡ̅|ϣⲁ ⲅⲁⲣ ⲛ-
∅ⲧⲃ̅ⲃⲟ-ⲟⲩ ⲛ̅ⲙ̅ⲙⲁ-ⲩ || ⲉⲃⲟⲗ ϩⲛ̅-ⲕⲁⲕⲓⲁ ⲛⲓⲙ ⲙ̅ⲛ̅-ⲛ|ⲥⲱⲕ ⲛ̅-ⲧⲡⲟⲛⲏⲣⲓⲁ
ⲉ-ⲛ-ⲥⲉ-ϯ | ⲛ̅-ϩ̅ⲧⲏ-ⲩ ⲁⲛ ⲉ-ⲗⲁⲁⲩ ⲉⲓⲙⲏ ⲡⲓ|ⲥⲱⲟⲩϩ ⲛ-ⲁⲫⲑⲁⲣⲧⲟⲥ
{ⲛ}[233] ⲉⲩ-|ⲙⲉⲗⲉⲧⲁ[234] ⲙ̅ⲙⲟ-ϥ ⲭⲱⲣⲓⲥ-||∅ϭⲱⲛⲧ ϩⲓ̈-∅ⲕⲱϩ ϩⲓ̈-∅ϩⲟⲧⲉ ϩⲓ̈-
|∅ⲉⲡⲓⲑⲩⲙⲓⲁ ϩⲓ̈-∅ⲥⲓ ϩⲛ̅-ⲛⲁⲉⲓ | ⲧⲏⲣ-ⲟⲩ ⲉ-ⲛ-ⲥⲉ-ⲁⲙⲁϩⲧⲉ ⲙ̅|ⲙⲟ-ⲟⲩ ⲁⲛ
ⲟⲩⲧⲉ ϩⲛ̅-ⲗⲁⲁⲩ ⲛ̅|ϩⲏⲧ-ⲟⲩ ⲉⲓⲙⲏⲧⲓ ⲙ̅ⲙⲁⲧⲉ ⲉ-ⲧⲥ̣ⲁ̣ⲣ̣ⲝ *ⲉⲩ-ⲭⲣⲁⲥⲑⲁⲓ[235] *66:1
ⲛⲁ-ⲥ ⲉⲩ-ϭⲱ|ϣⲧ̅ ⲉⲃⲟⲗ ϩⲏⲧ-ⲟⲩ ϫⲉ-ⲉⲩ-ⲛⲁ-|ⲛ̅ⲧ-ⲟⲩ ⲉⲃⲟⲗ ⲧⲛ̅ⲛⲁⲩ
ⲛ̅ⲥⲉ-|ⲡⲁⲣⲁⲗⲁⲙⲃⲁⲛⲉ[236] ⲙ̅ⲙⲟ-ⲟⲩ || ⲉⲃⲟⲗ ϩⲓ̈ⲧⲟⲟⲧ-ⲟⲩ ⲛ-ⲛⲓⲡⲁⲣⲁ|-
ⲗⲏⲙⲡⲧⲱⲣ[237] ϩⲙ-ⲡⲙ̅ⲡϣⲁ ⲙ̅-|ⲡⲱⲛϩ ϣⲁ-ⲉⲛⲉϩ ⲛ-ⲁⲧ-ⲧⲁⲕⲟ | ⲙⲛ̅-
ⲡⲧⲱϩⲙ ⲉⲩ-ϩⲩ̈ⲡⲟⲙⲉⲓ|ⲛⲉ[238] ϩⲛ̅-ϩⲱⲃ ⲛⲓⲙ ⲉⲩ-ϥⲓ ϩⲁ-ϩⲱⲃ || ⲛⲓⲙ
ϫⲉⲕⲁⲁⲥ ⲉⲩⲉ-ϫⲱⲕ | ⲙ̅-ⲡⲁⲑⲗⲟⲛ[239] ⲉⲃⲟⲗ ⲛⲥⲉ-ⲕⲗⲏ|ⲣⲟⲛⲟⲙⲓ[240] ⲙ̅-
ⲡⲱⲛϩ ϣⲁ-ⲉ|ⲛⲉϩ• ⲡⲉϫⲁ-ⲓ̈ ϫⲉ-ⲡⲉⲭⲥ ⲉ-ⲙⲡⲟⲩ-|ⲉⲓⲣⲉ ⲛ̅-ⲛⲁⲉⲓ ⲉⲣⲉ-
ⲛⲉⲯⲩⲭⲏ || ⲛⲁ-ⲣ̅-ⲟⲩ ⲛⲁⲓ̈ ⲛⲧ-ⲁ-ⲧϭⲟⲙ ⲙⲛ̅-|ⲡⲉⲡ̅ⲛ̅ⲁ̅ ⲙ-ⲡⲱⲛϩ ⲉⲓ ⲉϩⲟⲩⲛ
| ⲉⲣⲟ-ⲟⲩ ϫⲉ-ⲥⲉ-ⲛⲁ-ⲟⲩϫⲁⲉⲓ | ϩⲱ-ⲟⲩ• ⲡⲉϫⲁ-ϥ ⲛⲁ-ⲉⲓ ϫⲉ-*ⲛ-ⲉⲧⲉⲣⲉ- *67:1
ⲡⲓⲡ̅ⲛ̅ⲁ̅ ⲉⲧ̣∅-ⲙ[ⲙⲁ]ⲩ̣ | ⲛⲏⲩ ⲛⲁ-ⲩ ⲡⲁⲛⲧⲏⲡⲁⲛⲧⲱⲥ[241] | ⲥⲉ-ⲛⲁ-ⲱⲛϩ•
ⲁⲩⲱ ϣⲁⲣⲉ-ⲛⲁⲓ̈ | ⲉⲓ̂ ⲉⲃⲟⲗ ϩⲛ̅-ⲧⲕⲁⲕⲓⲁ• ⲧϭⲟⲙ || ⲅⲁⲣ ϣⲁⲥ-ⲉⲓ ⲉϩⲟⲩⲛ
ⲉ-ⲣⲱⲙⲉ | ⲛⲓⲙ• ⲁϫⲛ̅ⲧ̅-ⲥ ⲅⲁⲣ ⲛⲉⲩ-ϣ-ⲁϩⲉ|ⲣⲁⲧ-ⲟⲩ• ⲙⲛ̅ⲛⲥⲁ-ⲛ-∅ⲧⲣⲉⲩ-
ϫⲡⲟ-ⲥ | ⲇⲉ ⲧⲟⲧⲉ ϣⲁⲩ-ⲉⲓⲛⲉ ⲙ̅-ⲡⲉ|ⲡ̅ⲛ̅ⲁ̅ ⲙ-ⲡⲱⲛϩ ⲉⲣⲟ-ⲥ̣• ⲉϣⲱ||ⲡⲉ
ϭⲉ ⲉ-ⲁϥ-ⲉⲓ ⲛϭⲓ-ⲡⲓⲡ̅ⲛ̅ⲁ̅ ⲛ̅-|ϫⲱⲣⲉ ⲛ̅ⲧⲉ-ⲡⲱⲛϩ ϣⲁϥ-ϯ-|∅ϫⲣⲟ ⲛ̅-ⲧϭⲟⲙ
ⲉⲧⲉ-ⲧⲯⲩⲭⲏ | ⲧⲉ• ⲁⲩⲱ ⲙⲉⲥ-ⲥⲱⲣ̅ⲙ̅ ⲉ-ⲧⲡⲟ|ⲛⲏⲣⲓⲁ• ⲛⲏ ⲇⲉ ⲉ-ϣⲁⲩ[242]-
ⲉⲓ ⲉ||ϩⲟⲩⲛ ⲉⲣⲟ-ⲟⲩ ⲛ̅ϭⲓ-ⲡⲁⲛⲧⲓⲙⲓ|ⲙⲟⲛ ⲙ̅-ⲡ̅ⲛ̅ⲁ̅ ϣⲁϥ[243]-ⲥⲱⲕ ⲙ̅|ⲙⲟ-ⲥ
ⲉⲃⲟⲗ ϩⲓ̈ⲧⲟⲧ-ϥ ⲁⲩⲱ | ⲛ̅ⲥ̅-ⲡⲗⲁⲛⲁ•[244] ⲁⲛⲟⲕ ⲇⲉ ⲡⲉ|ϫⲁ-ⲓ̈ ϫⲉ-ⲡⲉⲭ̅ⲥ̅
ⲛ̅ⲛⲉⲯⲩⲭⲏ *[ⲛ-ⲛⲁ]ⲓ̣ ϩⲟⲧⲁⲛ ⲉⲩϣⲁⲛ-ⲉⲓ ⲉ|ⲃⲟⲗ ϩⲛ̅-ⲧⲥⲁⲣⲝ ⲉⲩ-ⲛⲁ-ⲃⲱⲕ *68:1
| ⲉ-ⲧⲱⲛ• ⲛⲧⲟϥ ⲇⲉ ⲁϥ-ⲥⲱⲃⲉ• | ⲡⲉϫⲁ-ϥ ϫⲉ-ⲉ-ⲩⲙⲁ ⲛ̅-ⲧⲉⲯⲩ||ⲭⲏ ⲉⲧⲉ-
ⲧϭⲟⲙ ⲧⲉ ⲛ̅ⲧ-ⲁⲥ-ⲣ̅-|∅ϩⲟⲩⲟ ⲙⲁⲗⲗⲟⲛ ⲉ-ⲡⲁⲛⲧⲓⲙⲓ|ⲙⲟⲛ ⲙ̅-ⲡ̅ⲛ̅ⲁ̅• ⲧⲁⲓ̈
ⲟⲩϫⲱⲣⲉ ⲧⲉ• | ϣⲁⲥ-ⲡⲱⲧ ⲛⲧⲟⲟⲧ-ⲟⲩ ⲛ̅-ⲛⲉϩ|ⲃⲏⲩⲉ ⲛ̅-ⲧⲡⲟⲛⲏⲣⲓⲁ•

233 Delete {ⲛ} 234 Meditate upon μελετᾶν 235 Use, make use of χρᾶσθαι 236 Take away παραλαμβάνειν 237 Being who takes away παραλήμπτωρ 238 Abide ὑπομένειν 239 Contest ἆθλον 240 Inherit κληρονομεῖν 241 Quite surely πάντη πάντως 242 Emend to ϣⲁϥ- 243 Emend to ϣⲁⲩ- 244 Err, be mistaken πλανᾶσθαι

ⲁⲩⲱ ⲉⲃⲟⲗ || ϩⲓ̈ⲧⲛ̄-ⲧⲉⲡⲓⲥⲕⲟⲡⲏ[245] ⲛ-ⲁⲫⲑⲁⲣ|ⲧⲟⲛ ϣⲁⲥ-ⲟⲩϫⲁⲓ̈ ⲛ̄ⲥⲉ-
ⲛ̄ⲧ̄-ⲥ̄ ⲉ|ϩⲣⲁⲓ̈ ⲉ-ⲧⲁⲛⲁⲡⲁⲩⲥⲓⲥ[246] ⲛ-ⲛⲓⲁⲓ|ⲱⲛ•
ⲁⲛⲟⲕ ⲇⲉ ⲡⲉϫⲁ-ⲓ̈ ϫⲉ-ⲡⲉ|ⲭ̄ⲥ̄ ⲛ-ⲉⲧⲉ-ⲙ̄ⲡⲟⲩ-ⲥⲟⲩⲱⲛ-ⲡ̄||ⲧⲏⲣ̄-ϥ̄ ⲛⲉⲩ-
ⲯⲩⲭⲏ ϩⲛ̄ⲟⲩ ⲛⲉ• | ⲏ ⲉⲩ-ⲛⲁ-ⲃⲱⲕ ⲉ-ⲧⲱⲛ• ⲡⲉ|ϫⲁ-ϥ ⲛⲁ-ⲓ̈ ϫⲉ-ⲛ-ⲉⲧ$^{\emptyset}$-
*69:1 ⲙ̄ⲙⲁⲩ ⲁ-ⲩ|ⲡⲛ̄ⲁ̄ ⲛ-ⲁⲛⲧⲓⲙⲓⲙⲟⲛ ⲁ|ϣⲁⲓ̈ ⲉϩⲣⲁⲓ̈ ⲉϫⲱ-ⲟⲩ ϩⲙ-ⲡ*ⲧⲣⲉⲩ-
ⲥⲗⲁⲁⲧⲉ• ⲁⲩⲱ ⲛ†ϩⲉ | ϣⲁϥ-ⲣ̄-ⲃⲁⲣⲉⲓ[247] ⲛ̄-ⲧⲉⲩⲯⲩⲭⲏ| ⲛ̄ϥ̄-ⲥⲱⲕ ⲙ̄ⲙⲟ-ⲥ
ⲉ-ⲛⲉϩⲃⲏⲩ|ⲉ ⲛ̄-ⲧⲡⲟⲛⲏⲣⲓⲁ ⲛϥ̄-ϫⲓⲧ-ⲥ ⲉ-||ⲧⲃ̄ϣⲉ• ⲛ̄†ϩⲉ ⲙⲛ̄ⲛⲥⲁ-ⲛ-
$^{\emptyset}$ⲧⲣⲉⲥ-|ⲕⲁⲕ-ⲥ̄ ⲁϩⲏⲩ ϣⲁϥ-ⲡⲁⲣⲁⲇⲓ|ⲇⲟⲩ[248] ⲙ̄ⲙⲟ-ⲥ ⲛ-ⲛⲉⲝⲟⲩⲥⲓⲁ ⲛ̄|ⲧ-
ⲁⲩ-ϣⲱⲡⲉ ϩⲁ-ⲡⲁⲣⲭⲱⲛ | ⲡⲁⲗⲓⲛ ⲛ̄ⲥⲉ-ⲛⲟϫ-ⲟⲩ ⲉ-ϩⲛ̄ⲥⲱ||ⲛ̄ϩ̄ ⲛ̄ⲥⲉ-
ⲕⲱⲧⲉ ⲛ̄ⲙ̄ⲙⲁ-ⲩ ϣⲁⲛ|ⲧⲟⲩ-ⲛⲟⲩϩⲙ̄ ⲙ̄ⲙⲟ-ⲟⲩ ϩⲓ̈ⲧⲛ̄-|ⲧⲃ̄ϣⲉ ⲛ̄ⲥ̄-ϫ̄ⲓ̄
ⲛ-ⲟⲩⲥⲟⲟⲩⲛ | ⲛ-†ϩⲉ ⲛ̄ⲥ̄-ϫⲱⲕ ⲛⲥ-ⲟⲩϫⲁⲓ̈ⲧⲉ• | ⲁⲛⲟⲕ ⲇⲉ ⲡⲉϫⲁ-ⲓ̈ ϫⲉ-
ⲡⲉⲭ̄ⲥ̄ || ⲡⲱⲥ ϣⲁⲣⲉ-ⲧⲉⲯⲩⲭⲏ ⲡⲁ|ⲕⲉ ⲡⲁⲕⲉ ⲛ̄ⲥ̄-ⲃⲱⲕ ⲟⲛ ⲉϩⲟⲩⲛ | ⲉ-
ⲧⲉϥⲫⲩⲥⲓⲥ ⲛ̄-ⲧⲙⲁⲁⲩ ⲏ ⲡⲣⲱ|ⲙⲉ• ⲛⲧⲟϥ ⲇⲉ ⲁϥ-ⲣⲁϣⲉ ⲛ̄ⲧⲁ|ⲣⲓ-ϫⲛⲟⲩ-ϥ•
*70:1 ⲁⲩⲱ ⲡⲉϫⲁ-ϥ ϫⲉ-*ⲛ̣[ⲧ]ⲕ-ⲟⲩⲙⲁⲕⲁⲣⲓⲟⲥ ⲉ-ⲩⲡⲁ|ⲣⲁⲕⲟⲗⲟⲩⲑⲏⲥⲓⲥ•[249]
ⲉⲧⲃⲉ-ⲡⲁⲓ̈ | ϭⲉ ϣⲁⲩ-ⲧⲁⲁ-ⲩ ⲙⲛ̄-ⲡⲕⲉⲟⲩⲁ ⲉ-|ⲡⲉⲡ̄ⲛ̄ⲁ̄ ⲙ̄-ⲡⲱⲛϩ ⲛ̄ϩⲏⲧ̄-ϥ̄
ⲉ-ⲩ||ⲁⲕⲟⲗⲟⲩⲑⲏⲥⲓⲥ[250] ⲛⲁ-ϥ• ⲁⲩⲱ ⲉⲥ-|ⲥⲱⲧⲙ̄ ⲉⲃⲟⲗ ϩⲓ̈ⲧⲟⲟⲧ-ϥ ϣⲁⲥ-
|ⲟⲩϫⲁⲓ̈• ⲙⲉⲛⲧⲟⲓⲅⲉ[251] ⲉ-ϣⲁⲥ-ⲃⲱⲕ | ⲁⲛ ⲉϩⲟⲩⲛ ⲉ-ⲕⲉⲥⲁⲣⲝ•
ⲡⲉϫⲁ-ⲓ̈ | ⲛⲁ-ϥ ϫⲉ-ⲡⲉⲭ̄ⲥ̄ ⲛ-ⲉⲛⲧ-ⲁⲩ-ⲥⲟ||ⲟⲩⲛ ⲇⲉ ⲁⲩ-ⲕⲟⲧ-ⲟⲩ ⲉⲃⲟⲗ
ⲛ̄ⲛⲉⲩ|ⲯⲩⲭⲏ ϩⲛ̄ⲛⲟⲩ ⲛⲉ• ⲡⲉϫⲁ-ϥ ⲛⲁ-|ⲉⲓ ϫⲉ-ⲉⲩ-ⲛⲁ-ⲃⲱⲕ ⲉ-ⲡⲙⲁ
ⲉⲧⲟⲩ-|ⲛⲁ-ⲁⲛⲁⲭⲱⲣⲉⲓ[252] ⲉⲣⲟ-ϥ ⲛϭⲓ-ⲛⲁⲅ|ⲅⲉⲗⲟⲥ ⲛ̄-ⲧⲙⲛ̄ⲧ-ϩⲏⲕⲉ ⲛⲁⲓ̈
ⲉ||ⲧⲉ-ⲙⲡⲉ-$^{\emptyset}$ⲙⲉⲧⲁⲛⲟⲓⲁ ⲉⲓ ⲛⲁ-ⲩ | ⲛ̄ⲥⲉ-ⲁⲣⲉϩ ⲉⲣⲟ-ⲟⲩ ⲉ-ⲡⲉϩⲟⲟⲩ |
ⲉⲧⲟⲩ-ⲛⲁ-ⲕⲟⲗⲁⲍⲉ[253] ϩⲣⲁⲓ̈ ⲛϩⲏ|ⲧ-ϥ̄ ⲟⲩⲟⲛ ⲛⲓⲙ ⲛ̄ⲧ-ⲁϥ-ϫⲉ-$^{\emptyset}$ⲟⲩ|ⲁ ⲉ-
*71:1 ⲡⲉⲡ̄ⲛ̄ⲁ̄ ⲉⲧ$^{\emptyset}$-ⲟⲩⲁⲁⲃ• ⲥⲉ-ⲛⲁ-*ⲃⲁⲥⲁⲛⲓⲍⲉ[254] ⲙⲙⲟ-ⲟⲩ ϩⲛ-[ⲟ]ⲩ̣|ⲕⲟⲗⲁ-
ⲥⲓⲥ[255] ⲛ̄-ϣⲁ-ⲉⲛⲉϩ•
ⲁⲛⲟⲕ | ⲇⲉ ⲡⲉϫⲁ-ⲓ̈ ϫⲉ-ⲡⲉⲭ̄ⲥ̄ ⲛⲧ-ⲁϥ-ⲉⲓ | ⲧⲱⲛ ⲛ̄ϭⲓ-ⲡⲁⲛⲧⲓⲙⲓⲙⲟⲛ
ⲙ̄-||ⲡ̄ⲛ̄ⲁ̄• ⲡⲉϫⲁ-ϥ ⲛⲁ-ⲓ̈ ϫⲉ-ⲛⲧⲉⲣⲉ-|ⲧⲙⲁⲁⲩ ⲉⲧⲉ-ⲛⲁϣⲉ-ⲡⲉⲥⲛⲁ | ⲙⲛ̄-
ⲡⲉⲡ̄ⲛ̄ⲁ̄ ⲉⲧ$^{\emptyset}$-ⲟⲩⲁⲁⲃ ⲡⲛⲁ|ⲏⲧ ⲛ̄ⲧ-ⲁϥ-ϩⲓ̈ⲥⲉ ⲛ̄ⲙ̄ⲙⲁ-ⲛ ⲉⲧⲉ-|ⲛ̄ⲧⲟϥ ⲡⲉ
ⲧⲉⲡⲉⲓⲛⲟⲓⲁ ⲙ-ⲡⲟⲩ||ⲟⲉⲓⲛ < - - - >[256] ⲙⲛ̄-ⲡⲉⲥⲡⲉⲣⲙⲁ ⲛⲧ-ⲁϥ-|ⲧⲟⲩⲛⲟⲥ-
ϥ ⲙ-ⲡⲙⲉⲉⲩⲉ ⲛ̄-ⲛ|ⲣⲱⲙⲉ ⲛ-ⲧⲅⲉⲛⲉⲁ ⲙ-ⲡⲓⲧⲉⲗⲓ|ⲟⲥ ⲛ-ⲣⲱⲙⲉ ⲛ-
ⲟⲩⲟⲉⲓⲛ ⲛ-ϣⲁ-|ⲉⲛⲉϩ ⲁϥ-ⲉⲓⲙⲉ ϭⲉ ⲛϭⲓ-ⲡⲉ||ⲡⲣⲟⲧⲁⲣⲭⲱⲛ ϫⲉ-
ⲥ<ⲉ>[257]-ⲟⲩⲟⲧⲃ̄ | ⲉⲣⲟ-ϥ ϩⲙ̄-ⲡϫⲓⲥⲉ ⲛ-ⲧⲉⲩⲙⲛ̄|ⲧ-ⲥⲁⲃⲉ• ⲁϥ-ⲣ̄-ϩ̄ⲛⲁ-ϥ
ⲉ-$^{\emptyset}$ⲁⲙⲁϩ|ⲧⲉ ⲙ̄-ⲡⲉⲩϣⲟϫⲛⲉ ⲉϥ-ⲟ ⲛ̄|ⲛ-$^{\emptyset}$ⲁⲧ-ⲥⲟⲟⲩⲛ• ⲛⲉϥ-ⲥⲟⲟⲩⲛ ⲁⲛ

245 Protection, care, visitation ἐπισκοπή 246 Repose ἀνάπαυσις 247 Weigh down βαρεῖν 248 Hand over παραδιδόναι 249 Awareness παρακολούθησις 250 Conformity, obedience ἀκολούθησις 251 And so μέντοι γε 252 Withdraw ἀναχωρεῖν 253 Punish κολάζειν 254 Torture βασανίζειν 255 Punishment κόλασις 256 ⲛⲧⲉⲣⲉ-ⲧⲙⲁⲁⲩ ... < - - - >: a verbal infinitive is missing where indicated 257 <ⲉ> omitted by ancient copyist

*[ϫ]ⲉ̣-ϲ̣ⲉ-ⲟ ⲛ̄-∅ⲥⲁⲃⲉ ⲛ̄ϩⲟⲩⲟ ⲉ|ⲣⲟ-ϥ• ⲁϥ-ⲉⲓⲣⲉ ⲛ̄ⲛ-ⲟⲩϣⲟϫⲛⲉ | ⲙⲛ̄- *72:1
ⲛⲉϥϭⲟⲙ• ⲁⲩ-ϫⲡⲟ ⲛ̄-ⲧ|ϩⲓ̈ⲙⲁⲣⲙⲉⲛⲏ•[258] ⲁⲩⲱ ⲁⲩ-ⲥⲱⲛϩ || ϩⲛ-ⲟⲩϣⲓ
ⲙⲛ̄-ϩⲛ̄ⲥⲏⲩ ⲙⲛ̄-ϩⲛ̄|ⲟⲩⲟⲉⲓϣ ⲛ-ⲛ̄ⲛⲟⲩⲧⲉ ⲛ̄-ⲙⲡⲏⲩ|ⲉ ⲙⲛ̄-ⲛⲁⲅⲅⲉⲗⲟⲥ
ⲙⲛ-ⲛ̄ⲇⲁⲓ|ⲙⲱⲛ ⲙⲛ-ⲛ̄ⲣⲱⲙⲉ ⲉ-∅ⲧⲣⲉⲩ-|ϣⲱⲡⲉ ⲧⲏⲣ-ⲟⲩ ϩⲛ̄-ⲧⲉⲥ||ⲙⲣ̄ⲣⲉ
ⲉⲥ-ⲟ ⲛ̄-∅ϫⲟⲉⲓⲥ ⲉ-ⲟⲩⲟⲛ | ⲛⲓⲙ ⲟⲩⲙⲉⲉⲩⲉ ⲉϥ-ϩⲟⲟⲩ | ⲁⲩⲱ ⲉϥ-
ϭⲟⲟⲙⲉ•

ⲁⲩⲱ ⲁϥ-ⲣ̄-|ϩⲧⲏ-ϥ ⲉϫⲛ̄-ⲛ-ⲉⲛⲧ-ⲁⲩ-ϣⲱⲡⲉ | ⲧⲏⲣ-ⲟⲩ ⲉⲃⲟⲗ ϩⲓ̈ⲧⲟⲧ-
ϥ• ⲁϥ-ϣⲟ||ϫⲛⲉ ⲉ-∅ⲉ͡ⲓⲣⲉ ⲛ-ⲟⲩⲕⲁⲧⲁⲕⲗⲩ|ⲥⲙⲟⲥ[259] ⲉϫⲙ̄-ⲡⲁⲛⲁⲥⲧⲉ-
ⲙⲁ[260] | ⲧⲏⲣ̄-ϥ̄ ⲙ-ⲡⲣⲱⲙⲉ• ⲁⲩⲱ ϯ|ⲙⲛ̄ⲧ̄-ⲛⲟϭ ⲙ-ⲡⲣⲟⲛⲟⲓⲁ ⲉⲧⲉ-|ⲧⲉ-
ⲡⲉⲓⲛⲟⲓⲁ ⲙ-ⲡⲟⲩⲟⲓ̈ⲛ ⲧⲉ *ⲁⲥ-ⲧⲟⲩⲛⲟⲩ-ⲉⲓⲁⲧ-ϥ ⲉⲃⲟⲗ ⲛ-|ⲛⲱϩⲉ• *73:1
ⲁϥ-ⲧⲁϣⲉ-∅ⲟⲉⲓϣ ⲛ̄-ⲛ|ⲣⲱⲙⲉ• ⲁⲩⲱ ⲛⲁⲩ-ⲁⲡⲉⲓⲥⲧⲓ[261] ⲛⲁ-ϥ | ⲡⲉ• ⲛ̄ⲑⲉ
ⲁⲛ ⲛⲧ-ⲁ-ⲙⲱϋⲥⲏⲥ || ϫⲟⲟ-ⲥ ϫⲉ-ⲁϥ-ϩⲟⲡ-ϥ ϩⲛ-ⲟⲩϭⲓ|ⲃⲱⲧⲟⲥ•[262] ⲁⲗⲗⲁ
ⲁⲥⲕⲉⲡⲁⲍⲉ[263] ⲙ̄|ⲙⲟ-ϥ ϩⲛ-ⲟⲩⲧⲟⲡⲟⲥ ⲛ̄-ⲛⲱϩⲉ | ⲙ̄ⲙⲁⲧⲉ ⲁⲛ ⲁⲗⲗⲁ
ϩⲛ̄ⲣⲱⲙⲉ | ⲉⲃⲟⲗ ϩⲛ̄-ⲧⲅⲉⲛⲉⲁ ⲉⲧⲉ-ⲙⲁⲥ-||ⲕⲓⲙ• ⲁⲩ-ⲃⲱⲕ ⲉϩⲟⲩⲛ ⲉ-
ⲩⲧⲟ|ⲡⲟⲥ• ⲁⲩ-ⲥⲕⲉⲡⲁⲍⲉ ⲙ̄ⲙⲟ-ⲟⲩ | ϩⲓ̈ⲧⲛ̄-ⲟⲩϭⲏⲡⲉ ⲛ-ⲟⲩⲟⲓ̈ⲛ• ⲁⲩ|ⲱ
ⲁϥ-ⲥⲟⲩⲱⲛ-ⲧⲉϥⲙⲛ̄ⲧ-ϫⲟ|ⲉⲓⲥ ⲙⲛ̄-ⲛ-ⲉⲧ∅-ⲛⲙⲙⲁ-ϥ ϩⲙ̄-||ⲡⲟⲩⲟⲓ̈ⲛ ⲛⲧ-
ⲁϥ-ⲣ̄-∅ⲟⲩⲟⲉⲓⲛ | ⲉⲣⲟ-ⲟⲩ•

ϫⲉ-ⲡⲕⲁⲕⲉ ⲛⲉϥ-|ⲡⲁϩⲧ ⲉⲃⲟⲗ ⲉϫⲛ̄-ⲛ̄ⲕⲁ ⲛⲓⲙ | ⲉⲧ∅-ϩⲓ̈ϫⲙ-ⲡⲕⲁϩ• ⲁϥ-
ⲉⲓⲣⲉ | ⲛⲛ-ⲟⲩϣⲟϫⲛⲉ ⲙⲛ̄-ⲛⲉϥⲁⲅ*ⲅ̣ⲉⲗⲟⲥ• ⲁⲩ-ⲧⲛ̄ⲛⲟⲟⲩ ⲛ̄-ⲛⲉⲩ|- *74:1
ⲁⲅⲅⲉⲗⲟⲥ ϣⲁ-ⲛ̄ϣⲉⲉⲣⲉ ⲛ̄-ⲛ|ⲣⲱⲙⲉ ϫⲉ-ⲉⲩⲉ-ⲧⲟⲩⲛⲉ̣ⲥ-ⲟⲩ|ⲥⲡⲉⲣⲙⲁ
ⲉⲃⲟⲗ ⲛϩⲏⲧ-ⲟⲩ ⲉ-ⲩ||ⲙ̄ⲧⲟⲛ ⲛⲁ-ⲩ• ⲁⲩⲱ ⲙⲡⲟⲩ-ϯ-|∅ⲙⲁⲧⲉ ⲛ̄ϣⲟⲣⲡ• ⲁⲩ-
ⲉⲓ ⲉϩⲣⲁⲓ̈ | ⲉ-ⲩϣⲟϫⲛⲉ ⲧⲏⲣ-ⲟⲩ ⲉ-∅ⲧⲁ|ⲙⲓⲟ ⲙ-ⲡⲁⲛⲧⲓⲙⲓⲙⲟⲛ ⲙ̄-|ⲡⲛ̄ⲁ̄
ⲉⲩ-ⲣ̄-ⲡⲙⲉⲉⲩⲉ ⲙ̄-ⲡⲉ||ⲡⲛ̄ⲁ̄ ⲛⲧ-ⲁϥ-ⲉⲓ ⲉⲡⲉⲥⲏⲧ• | ⲁⲩⲱ ⲛⲁⲅⲅⲉⲗⲟⲥ ⲁⲩ-
ϣⲓⲃⲉ | ⲙ̄-ⲡⲉϥ[264]-ⲥⲙⲟⲧ ⲉ-ⲡⲉⲓⲛⲉ <ⲛ-ⲛⲉⲩϩⲁⲓ̈ ⲉ>[265]ⲣⲉ-|ⲛⲉⲩϩⲁⲓ̈ ⲧⲥⲉⲓⲟ
ⲙⲙⲁ-ⲩ ⲙ̄-|ⲡⲛ̄ⲁ̄ ⲛⲧ-ⲁϥ-ⲙⲟⲩⲕϩ ⲛⲙ̄ⲙⲁ-ⲩ || ϩⲙ-ⲡⲕⲁⲕⲉ ⲉⲃⲟⲗ ϩⲛ-
ⲧⲡⲟ|ⲛⲏⲣⲓⲁ• ⲁⲩ-ⲛ̄-∅ⲛⲟⲩⲃ ⲛⲁ-ⲩ ϩⲓ̈-|∅ϩⲁⲧ ϩⲓ̈-∅ⲇⲱⲣⲟⲛ[266] ⲁⲩⲱ
ⲙ̄ⲙⲉ|ⲧⲁⲗⲗⲟⲛ[267] ⲙ-ⲫⲟⲙⲛ̄ⲧ̄ ⲙⲛ̄-ⲡ̄|ⲡⲉⲛⲓⲡⲉ ⲙⲛ̄-ⲅⲉⲛⲟⲥ ⲛⲓⲙ• * ⲁⲩ- *75:1
ⲥⲁⲕ-ⲟⲩ ⲉ-ⲩⲡⲓⲣⲁⲥⲙⲟⲥ[268] ϫⲉ-|ⲛ̄ⲛⲉⲩ-ⲣ̄-ⲡⲙⲉⲉⲩⲉ ⲛ-ⲧⲉⲩⲡⲣⲟ|ⲛⲟⲓⲁ
ⲉⲧⲉ-ⲙⲁⲥ-ⲕⲓⲙ• ⲁⲩⲱ | ⲁⲩ-ϫⲓⲧ-ⲟⲩ• ⲁⲩ-ϫⲡⲟ ⲛ̄-ϩⲛ̄ϣⲏ||ⲣⲉ ⲉⲃⲟⲗ ϩⲙ-
ⲡⲕⲁⲕⲉ ⲉⲃⲟⲗ | ϩⲙ̄-ⲡⲉⲩⲁⲛⲧⲓⲙⲓⲙⲟⲛ ⲙ̄-|ⲡⲛ̄ⲁ̄• ⲁϥ-ⲧⲱⲙ ⲛ̄-ⲛⲉⲩϩⲏⲧ•
ⲁⲩ-|ⲛⲟⲩϣⲧ ⲉⲃⲟⲗ ϩⲙ̄-ⲡⲛⲟⲩϣⲧ | ⲙ-ⲡⲁⲛⲧⲓⲙⲓⲙⲟⲛ ⲙ̄-ⲡⲛ̄ⲁ̄ || ϣⲁ-
ⲧⲉⲛⲟⲩ•

[258] Destiny εἱμαρμένη [259] Flood κατακλυσμός [260] Structure, created order ἀνάστεμα [261] Disbelieve, not pay heed ἀπιστεῖν [262] Ark κιβωτός [263] I.e. ⲁⲥ-ⲥⲕⲉⲡⲁⲍⲉ hide σκεπάζειν [264] Emend to ⲡⲉⲩ- [265] <ⲛ-ⲛⲉⲩϩⲁⲓ̈ ⲉ> omitted by the ancient copyist [266] Gift, bribe δῶρον [267] Metal μέταλλον [268] Temptation πειρασμός

ⲧ-ⲉⲧⲉ-ⲛⲁⲓ̈ⲁⲧ-ⲥ | ϭⲉ ⲉⲧⲉ-ⲧⲙⲁⲁⲩ ⲛ-ⲉⲓⲱⲧ ⲧⲉ | ⲉⲧⲉ-ⲛⲁϣⲉ-ⲡⲉⲥⲛⲁ ⲉⲥ-ϫⲓ-|$^{\emptyset}$ⲙⲟⲣⲫⲏ ϩⲙ-ⲡⲉⲥⲥⲡⲉⲣⲙⲁ | ⲛ-ϣⲟⲣⲡ•

The following passage is found in Nag Hammadi Codex II:[269]

*Codex II 30:11 *ⲁⲛⲟⲕ | ϭⲉ ⲧⲉⲡⲣⲟⲛⲟⲓⲁ ⲉⲧ$^{\emptyset}$-ϫⲏⲕ ⲉⲃⲟⲗ ⲛ̄ⲧⲉ-ⲡⲧⲏⲣ-ϥ |
ⲁⲓ̈-ϣⲃⲧ-$^{\emptyset}$ ϩⲣⲁⲓ̈ ϩⲙ̄-ⲡⲁⲥⲡⲉⲣⲙⲁ•

ⲛⲉⲓ̈-ϣⲟⲟⲡ ⲅⲁⲣ | ⲛ̄ϣⲟⲣⲡ
ⲉⲓ̈-ⲙⲟⲟϣⲉ ϩⲛ̄-ⲙⲁⲓ̈ⲧ ⲛⲓⲙ ⲙ̄-ⲙⲟⲟϣⲉ• ||
ⲁⲛⲟⲕ ⲅⲁⲣ ⲧⲉ ⲧⲙⲛⲧ-ⲣⲙ̄ⲙⲁⲟ ⲙ̄-ⲡⲟⲩⲟⲉⲓⲛ• ⲁ|ⲛⲟⲕ ⲡⲉ ⲡⲣ̄-ⲡⲙⲉⲉⲩⲉ ⲙ̄-ⲡⲉⲡⲗⲏⲣⲱⲙⲁ•[270]
ⲁⲉⲓ-|ⲙⲟⲟϣⲉ ⲇⲉ ϩⲛ̄-ⲧⲙⲛ̄ⲧ-ⲛⲟϭ ⲙ̄-ⲡⲕⲁⲕⲉ•
ⲁⲩⲱ | ⲁⲉⲓ-ⲁⲛⲉⲭⲉ[271] ϣⲁⲛϯ-ⲃⲱⲕ ⲉϩⲟⲩⲛ ⲉ-ⲧⲙⲏⲧⲉ | ⲙ̄-ⲡⲉϣⲧⲉⲕⲟ•
ⲁⲩⲱ ⲛ̄ⲥⲛ̄ⲧⲉ ⲙ̄-ⲡⲭⲁⲟⲥ ⲁⲩ-||ⲕⲓⲙ•
ⲁⲩⲱ ⲁⲛⲟⲕ ⲁⲉⲓ-ϩⲟⲡ-ⲧ ⲉⲣⲟ-ⲟⲩ ⲉⲧⲃⲉ-|ⲧⲟⲩⲕⲁⲕⲓⲁ•
ⲁⲩⲱ ⲙ̄ⲡⲟⲩ-ⲥⲟⲩⲱⲛ-ⲧ•

ⲡⲁⲗⲓⲛ | ⲁⲉⲓ-ⲛⲁϩⲟⲩⲧ-$^{\emptyset}$ ⲉϩⲟⲩⲛ ⲙ̄ⲡⲙⲉϩ-ⲥⲉⲡ ⲥⲛⲁⲩ• |
ⲁⲩⲱ ⲁⲉⲓ-ⲙⲟⲟϣⲉ•
ⲁⲉⲓ-ⲉⲓ ⲉⲃⲟⲗ ϩⲛ̄-ⲛⲁ-ⲡⲟⲩⲟ|ⲉⲓⲛ ⲉⲧⲉ-ⲁⲛⲟⲕ ⲡⲉ ⲡⲣ̄-ⲡⲙⲉⲉⲩⲉ ⲛ̄-ⲧⲡⲣⲟⲛⲟⲓⲁ• ||
ⲁⲉⲓ-ⲃⲱⲕ ⲉϩⲟⲩⲛ ϩⲛ̄-ⲧⲙⲏⲧⲉ ⲙ̄-ⲡⲕⲁⲕⲉ ⲁⲩⲱ | ⲡⲥⲁ ⲛϩⲟⲩⲛ ⲛ̄-ⲉⲙⲛ̄ⲧⲉ ⲉⲉⲓ-ⲕⲱⲧⲉ ⲛ̄ⲥⲁ-ⲧⲁ|ⲟⲓⲕⲟⲛⲟⲙⲓⲁ•[272]
ⲁⲩⲱ ⲛ̄ⲥⲛ̄ⲧⲉ ⲙ̄-ⲡⲭⲁⲟⲥ ⲁⲩ-|ⲕⲓⲙ ϫⲉⲕⲁⲁⲥ ⲉⲩ-ⲛⲁ-ϩⲉ ⲉϩⲣⲁⲓ̈ ⲉϫⲛ̄-ⲛ-ⲉⲧ$^{\emptyset}$-|ϣⲟⲟⲡ ϩⲙ̄-ⲡⲭⲁⲟⲥ ⲁⲩⲱ ⲛ̄ⲥⲉ-ⲧⲟⲕⲟ-ⲟⲩ• ||
ⲁⲩⲱ ⲟⲛ ⲁⲉⲓ-ⲡⲱⲧ ⲉϩⲣⲁⲓ̈ ⲉ-ⲧⲁⲛⲟⲩⲛⲉ ⲛ̄-ⲟⲩ|ⲟⲉⲓⲛ ϫⲉⲕⲁⲁⲥ ⲛ̄ⲛⲟⲩ-ⲧⲉⲕⲟ ⲙ̄ⲙⲟ-ⲟⲩ ϩⲁ|ⲑⲏ ⲙ̄-ⲡⲟⲩⲟⲉⲓϣ•

ⲉⲧⲓ[273] ϩⲙ̄-ⲡⲙⲁϩ-ϣⲟⲙⲧ | ⲛ̄-ⲥⲟⲡ ⲁⲉⲓ-ⲙⲟⲟϣⲉ ⲉⲧⲉ-ⲁⲛⲟⲕ ⲡⲉ ⲡⲟⲩⲟ|ⲉⲓⲛ ⲉⲧ$^{\emptyset}$-ϣⲟⲟⲡ ϩⲙ̄-ⲡⲟⲩⲟⲉⲓⲛ ⲁⲛⲟⲕ ⲡⲉ || ⲡⲣ̄-ⲡⲙⲉⲉⲩⲉ ⲛ̄-ⲧⲡⲣⲟⲛⲟⲓⲁ ϫⲉⲕⲁⲁⲥ ⲉⲉⲓ-ⲛⲁ-|ⲃⲱⲕ ⲉϩⲟⲩⲛ ⲉ-
*31:1 ⲧⲙⲏⲧⲉ ⲙ̄-ⲡⲕⲁⲕⲉ ⲁⲩⲱ ⲡⲥⲁ ⲛ*ϩⲟⲩⲛ ⲛ̄-ⲉⲙⲛ̄ⲧⲉ•
ⲁⲓ̈-ⲙⲟⲩϩ ⲙ̄-ⲡⲁϩⲟ ϩⲣⲁⲓ̈ ϩⲙ̄-|ⲡⲟⲩⲟⲉⲓⲛ ⲛ̄-ⲧⲥⲩⲛⲧⲉⲗⲉⲓⲁ[274] ⲙ̄-ⲡⲟⲩⲁⲓⲱⲛ• |

[269] The following passage is not present in the text of the Berlin manuscript. It occurs only in Nag Hammadi Codex II and its parallel Codex IV. [270] Fullness πλήρωμα
[271] Keep on, continue ἀνέχειν [272] Governance οἰκονομία [273] Still, again ἔτι
[274] End, completion συντέλεια

ⲁⲩⲱ ⲁⲉⲓ-ⲃⲱⲕ ⲉϩⲟⲩⲛ ⲉ-ⲧⲙⲏⲧⲉ ⲙ̄-ⲡⲟⲩϣⲧⲉ|ⲕⲟ ⲉⲧⲉ-ⲡⲁï ⲡⲉ ⲡⲉϣⲧⲉⲕⲟ <ⲙ->[275]ⲡⲥⲱⲙⲁ•
ⲁⲩⲱ ⲡⲉ||ϫⲁ-ï {ϫⲉ}[276] ϫⲉ-ⲡ-ⲉⲧ$^{\emptyset}$-ⲥⲱⲧⲙ̄ ⲧⲱⲟⲩⲛ ⲉⲃⲟⲗ ϩⲙ̄-ⲫⲓ|ⲛⲏⲃ ⲉⲧ$^{\emptyset}$-ϩⲟⲣϣ•
ⲁⲩⲱ ⲁϥ-ⲣⲓⲙⲉ•
ⲁⲩⲱ ⲁϥ-ϣⲟⲩⲉ-$^{\emptyset}$ⲣⲙ̄ⲉⲓⲏ | ϩⲉⲛⲣⲙ̄ⲉⲓⲏ ⲉⲩ-ϩⲟⲣϣ•
ⲁϥ-ϥⲱⲧⲉ ⲙ̄ⲙⲟ-ⲟⲩ ⲉⲃⲟⲗ | ⲙ̄ⲙⲟ-ϥ•
ⲁⲩⲱ ⲡⲉϫⲁ-ϥ ϫⲉ-ⲛⲓⲙ ⲡⲉⲧ$^{\emptyset}$-ⲙⲟⲩⲧⲉ ⲙ̄-ⲡⲁ|ⲣⲁⲛ•
ⲁⲩⲱ ⲛ̄ⲧ-ⲁⲥ-ⲉⲓ ⲛⲁ-ï ⲧⲱⲛ ⲛ̄ϭⲓ-ⲧⲉïϩⲉⲗⲡⲓⲥ[277] || ⲉï-ϣⲟⲟⲡ ϩⲣⲁï ϩⲛ̄-ⲙ̄ⲙⲣ̄ⲣⲉ ⲙ̄-ⲡⲉϣⲧⲉⲕⲟ•

ⲁⲩⲱ | ⲡⲉϫⲁ-ⲉⲓ ϫⲉ-ⲁⲛⲟⲕ ⲧⲉ ⲧⲡⲣⲟⲛⲟⲓⲁ ⲙ̄-ⲡⲟⲩⲟⲉⲓⲛ | ⲉⲧⲃ̄ⲃⲏⲩ•
ⲁⲛⲟⲕ ⲡⲉ ⲡⲙⲉⲉⲩⲉ ⲙ̄-ⲡⲡⲁⲣⲑⲉⲛⲓⲕⲟⲛ | ⲙ̄-ⲡⲛ̄ⲁ̄ ⲡ-ⲉⲧ$^{\emptyset}$-ⲥⲟϩⲉ ⲙ̄ⲙⲟ-ⲕ ⲉϩⲣⲁï ⲉ-ⲡⲧⲟⲡⲟⲥ | ⲉⲧ$^{\emptyset}$-ⲧⲁⲉⲓⲏⲩ•
ⲧⲱⲟⲩⲛ-ⲕ ⲁⲩⲱ ⲛ̄ⲕ-ⲣ̄-ⲡⲙⲉⲉⲩⲉ || ϫⲉ-ⲛ̄ⲧⲟⲕ ⲡⲉⲛⲧⲁϩ-ⲥⲱⲧⲙ̄ ⲁⲩⲱ ⲛ̄ⲕ-ⲟⲩϩⲁ-ⲕ ⲁ-|ⲧⲉⲕⲛⲟⲩⲛⲉ ⲉⲧⲉ-ⲁⲛⲟⲕ ⲡⲉ ⲡϣⲁⲛϩⲧⲏ-ϥ ⲁⲩ|ⲱ ⲛ̄ⲕ-ⲣ̄-ⲁⲥⲫⲁⲗⲓⲍⲉ[278] ⲙ̄ⲙⲟ-ⲕ ⲉⲃⲟⲗ ϩⲓⲧⲟⲟⲧ-ⲟⲩ | ⲛ-ⲛ̄ⲁⲅⲅⲉⲗⲟⲥ ⲛ̄-ⲧⲙⲛ̄ⲧ-ϩⲏⲕⲉ ⲙⲛ̄-ⲛ̄ⲇⲁⲓⲙⲱⲛ | ⲛ̄ⲧⲉ-ⲡⲭⲁⲟⲥ ⲙⲛ̄-ⲛ-ⲉⲧ$^{\emptyset}$-ϭⲟⲗϫ ⲙ̄ⲙⲟ-ⲕ ⲧⲏⲣ-ⲟⲩ || ⲁⲩⲱ ⲛ̄ⲕ-ϣⲱⲡⲉ ⲉⲕ-ⲣⲟⲉⲓⲥ ⲉⲃⲟⲗ ϩⲓⲧⲛ̄-ⲡϩⲓ|ⲛⲏⲃ ⲉⲧ$^{\emptyset}$-ϩⲟⲣϣ ⲁⲩⲱ ⲉⲃⲟⲗ ϩⲛ̄-ⲧϭⲁⲗⲉⲥ ⲙ̄ⲡⲥⲁ ⲛ|ϩⲟⲩⲛ ⲛ̄-ⲁⲙⲛ̄ⲧⲉ•
ⲁⲩⲱ ⲁⲉⲓ-ⲧⲟⲩⲛⲟⲩⲥ ⲙ̄ⲙⲟ-ϥ• |
ⲁⲩⲱ ⲁⲉⲓ-ⲥⲫⲣⲁⲅⲓⲍⲉ[279] ⲙ̄ⲙⲟ-ϥ ϩⲛ̄-ⲡⲟⲩⲟⲉⲓⲛ | ⲙ̄-ⲡⲙⲟⲟⲩ ϩⲛ̄-ϯⲉ ⲛ̄-ⲥⲫⲣⲁⲅⲓⲥ[280] ϫⲉⲕⲁⲁⲥ ⲛ̄||ⲛⲉ-ⲡⲙⲟⲩ ϭⲛ̄-$^{\emptyset}$ϭⲁⲙ ⲉⲣⲟ-ϥ ϫⲛ̄ⲙ̄ⲡⲓⲛⲁⲩ•
ⲁⲩⲱ | ⲉⲓⲥϩⲏⲏⲧⲉ ⲧⲉⲛⲟⲩ ⲉⲓ-ⲛⲁ-ⲃⲱⲕ ⲉϩⲣⲁï ⲁ-ⲡⲧⲉ|ⲗⲉⲓⲟⲛ ⲛ̄-ⲁⲓⲱⲛ•
ⲁⲉⲓ-ϫⲱⲕ ⲛⲁ-ⲕ ⲉⲃⲟⲗ ⲛ̄-ϩⲱⲃ | ⲛⲓⲙ ϩⲣⲁï ϩⲛ̄-ⲛⲉⲕⲙⲁⲁϫⲉ•

The text of the Berlin Papyrus resumes here:[281]

*ⲁï-ⲉî ⲉϩⲣⲁï ⲉ-ⲡⲓ||ⲁⲓⲱⲛ ⲛ̄-ⲧⲉⲗⲓⲟⲥ• ⲁⲛⲟⲕ ⲇⲉ | ⲉⲉⲓ-ϫⲱ ⲛ̄-ⲛⲁï *75:14
ⲉⲣⲟ-ⲕ ϫⲉ-|ⲉⲕ-ⲁ-ⲥⲁϩ-ⲟⲩ ⲛ̄ⲅ-ⲧⲁⲁ-ⲩ ⲛ̄-|ⲛⲉⲕϩⲟⲙⲟⲡⲛ̄ⲁ̄ ϩⲙ-ⲡⲡⲉ|ⲑⲏⲡ•
ⲡⲉïⲙⲩⲥⲧⲏⲣⲓⲟⲛ || ⲅⲁⲣ ⲡⲁ-ⲧⲅⲉⲛⲉⲁ ⲉⲧⲉ-ⲙⲁⲥ-*ⲕⲓⲙ ⲡⲉ• ⲧⲙⲁⲁⲩ ⲇⲉ *76:1

[275] <ⲙ> omitted by the ancient copyist [276] Delete {ϫⲉ} [277] Hope ἐλπίς [278] Guard ἀσφαλίζειν [279] Seal (verb) σφραγίζειν [280] Seal (noun) σφραγίς [281] Here continues the Berlin manuscript, doubling the phrase (just above in Nag Hammadi Codex II) ⲁⲩⲱ | ⲉⲓⲥϩⲏⲏⲧⲉ ⲧⲉⲛⲟⲩ ⲉⲓ-ⲛⲁ-ⲃⲱⲕ ⲉϩⲣⲁï ⲁ-ⲡⲧⲉ|ⲗⲉⲓⲟⲛ ⲛ̄-ⲁⲓⲱⲛ.

ⲁⲥ-ⲉⲓ | ⲛ̄ⲕⲉⲥⲟⲡ ϩⲁⲧⲁϩⲏ• ⲛⲁï | ⲟⲛ ⲛⲉⲛⲧ-ⲁⲥ-ⲁⲁ-ⲩ ϩⲙ-ⲡⲕⲟ|ⲥⲙⲟⲥ•
ⲁⲥ-ⲧⲁϩⲉ⟦ⲥ⟧[282]-ⲡⲉⲥ<ⲥ>ⲡⲉⲣ||ⲙⲁ[283] ⲉⲣⲁⲧ-ϥ̄• ϯ-ⲛⲁ-ⲧⲁⲙⲉ-|ⲧⲏⲩⲧⲛ̄ ⲉ-ⲡ-
ⲉⲧ∅-ⲛⲁ-ϣⲱⲡⲉ• | ⲕⲁⲓⲅⲁⲣ ⲁï-ϯ-ⲛⲁï ⲛⲁ-ⲕ ⲉ-|∅ⲥⲁϩ-ⲟⲩ ⲛⲥⲉ-ⲕⲁⲁ-ⲩ ϩⲛ̄-
ⲟⲩ|ⲧⲁϫⲣⲟ•

ⲧⲟⲧⲉ ⲡⲉϫⲁ-ϥ ⲛⲁ-||ⲉⲓ ϫⲉ-ϥ-ⲥϩⲟⲩⲟⲣⲧ ⲛ̄ϭⲓ-ⲟⲩ|ⲟⲛ ⲛⲓⲙ ⲉⲧ∅-ⲛⲁ-ϯ-
ⲛⲁï ⲉⲧ|ⲃⲉ-∅ⲇⲱⲣⲟⲛ ⲏ ⲉⲧⲃⲉ-∅ϭⲓⲛ-|ⲟⲩⲱⲙ ⲏ ⲉⲧⲃⲉ-∅ⲥⲱ ⲏ ⲉⲧ|ⲃⲉ-
∅ϩⲃ̄ⲥⲱ ⲏ ⲉⲧⲃⲉ-ⲕⲉ||ϩⲱⲃ ⲉϥ-ⲉⲓⲛⲉ ⲛ̄-ⲛⲁⲉⲓ• ⲁϥ-|ϯ ⲉⲧⲟⲧ-ϥ ⲙ̄-
ⲡⲓⲙⲩⲥⲧⲏⲣⲓ|ⲟⲛ• ⲛⲧⲉⲩⲛⲟⲩ ⲁϥ-ⲣ̄-∅ⲁⲧ-ⲟⲩ|ⲱⲛϩ ⲉⲃⲟⲗ ⲛⲁ-ϥ• ⲁⲩⲱ
*77:1 ⲁϥ-*ⲉⲓ ϣⲁ-ⲛⲉϥϣⲃⲣ̄-ⲙⲁⲑⲏ|ⲧⲏⲥ• ⲁϥ-ⲣ̄-ⲁ̄ⲣⲭⲉⲥⲑⲁⲓ ⲛ̄-|∅ϫⲱ ⲉⲣⲟ-ⲟⲩ
ⲛ̄-ⲛ-ⲉⲛⲧ-ⲁϥ[284]-|ϫⲟⲟ-ⲩ ⲉⲣⲟ-ϥ ⲉⲃⲟⲗ ϩïⲧⲟ||ⲟⲧ-ϥ ⲙ̄-ⲡⲥⲱⲧⲏⲣ• |

ⲡⲁⲡⲟⲕⲣⲩⲫⲟⲛ[285] ⲛ-|ïⲱϩⲁⲛⲛⲏⲥ•

[282] ⟦ⲥ⟧ cancelled by the ancient copyist [283] <ⲥ> omitted by the ancient copyist
[284] Emend to ⲁⲩ- [285] Secret thing, secret book, secret ἀπόκρυφον

The Revelation of Adam

(THE APOCALYPSE OF ADAM)

ⲧⲁⲡⲟⲕⲁⲗⲩⲯⲓⲥ ⲛ̄-ⲁⲇⲁⲙ

MANUSCRIPT: Cairo, Coptic Museum, Nag Hammadi Codex V, pp. 64–85.

PHOTOGRAPHIC FACSIMILE: *Facs. V,* plates 74–95, and *Facs. Intro.,* plates 9*–10*.

EDITIONS: Françoise Morard, *L'Apocalypse d'Adam* (Quebec City 1985); George W. MacRae, in Douglas M. Parrott, ed., *Nag Hammadi Codices V,2–5 and VI* (Leiden 1979), 154–95.

DIALECT AND SPELLING: Sahidic with occasional features similar to Lycopolitan and important agreements with Bohairic/Faiyumic. Cf. Alexander Böhlig and Pahor Labib, *Koptisch-Gnostische Apokalypsen aus Codex V von Nag Hammadi* (Wissenschaftliche Zeitschrift der Martin-Luther-Universität Halle-Wittenberg, Sonderband; Halle 1963), 11–14.

TRANSLATIONS: Layton, *The Gnostic Scriptures* 52–64; *Nag Hammadi Library in English* 277–86 (G. W. MacRae); for additional information see also Scholer, *Nag Hammadi Bibliography* and supplements in *Novum Testamentum.*

---

*ⲧⲁⲡⲟⲕⲁⲗⲩⲯⲓⲥ[1] ⲛ̄-ⲁⲇⲁⲙ̣• | *64:1

ϯⲁⲡⲟⲕⲁⲗⲩⲯⲓⲥ ⲉⲧ-ⲁ-ⲁⲇⲁ[ⲙ ⲧ]ⲁ̣|ⲙⲉ-ⲡⲉϥϣⲏⲣⲉ ⲥ̅ⲏ̅ⲑ̅ ⲉⲣⲟ-ⲥ̣ ϩⲛ̄-|ⲧⲙⲉϩ-ⲯ̄[2] ⲛ̄-ⲣⲟⲙⲡⲉ ⲉϥ-ϫⲱ ⲙ̄||ⲙⲟ-ⲥ ϫⲉ-ⲥⲱⲧⲙ̄ ⲉ-ⲛⲁϣⲁϫⲉ ⲡⲁ|ϣⲏⲣⲉ ⲥ̅ⲏ̅ⲑ̅•

ⲟⲧⲁⲛ[3] ⲛ̄ⲧⲁⲣⲉϥ-ⲧⲁ|ⲙⲓⲟ-ⲉⲓ ⲛ̄ϭⲓ-ⲡⲛⲟⲩⲧⲉ ⲉⲃⲟⲗ ϩⲙ̄-|ⲡⲕⲁϩ ⲙⲛ̄-ⲉⲩϩⲁ ⲧⲉⲕⲙⲁⲁⲩ | ⲛⲉⲓ̈-ⲙⲟⲟϣⲉ ⲛⲙ̄ⲙⲁ-ⲥ ⲡⲉ ϩⲛ̄-ⲟⲩⲉ||ⲟⲟⲩ ⲉⲧ-ⲁⲥ-ⲛⲁⲩ ⲉⲣⲟ-ϥ ⲉⲃⲟⲗ ϩⲙ̄-|ⲡⲓⲉⲱⲛ[4] ⲉⲛⲧ-ⲁⲛ-ϣⲱⲡⲉ ⲉⲃⲟⲗ | ⲛ̄ϩⲏⲧ-ϥ̄• ⲁⲥ-ⲧⲁⲙⲟ-ⲓ̈ ⲉ-

[1] Revelation ἀποκάλυψις [2] ⲯ̄ Numeral '700' [3] When ὅταν [4] Realm, eternity, eternal realm αἰών

ⲩϣⲁϫⲉ | ⲛ̄ⲧⲉ-ⲟⲩⲅⲛⲱⲥⲓⲥ[5] ⲛ̄ⲧⲉ-ⲡⲛⲟⲩⲧⲉ | ⲡⲓϣⲁ-ⲉⲛⲉϩ• ⲁⲩⲱ ⲛⲉⲛ-
ⲉⲓⲛⲉ || ⲡⲉ ⲛ̄-ⲛ̄ⲛⲟϭ ⲛ̄-ⲁⲅⲅⲉⲗⲟⲥ ⲛ̄-ϣⲁ-|ⲉⲛⲉϩ• ⲛⲉⲛ-ϫⲟⲥⲉ ⲅⲁⲣ ⲡⲉ ⲉ-
|ⲡⲛⲟⲩⲧⲉ ⲉⲧ-ⲁϥ-ⲧⲁⲙⲓⲟ-ⲛ ⲙⲛ̄-|ⲛⲓϭⲟⲙ ⲉⲧ$^{\emptyset}$-ⲛ̄ⲙ̄ⲙⲁ-ϥ ⲛⲏ ⲉⲧⲉ-|ⲛⲉⲛ-
ⲥⲟⲟⲩⲛ ⲙ̄ⲙⲟ-ⲟⲩ ⲁⲛ• ||

ⲧⲟⲧⲉ ⲁϥ-ⲧⲱϣ ⲛⲁ-ⲛ ⲛ̄ϭⲓ-ⲡⲛⲟⲩ|ⲧⲉ ⲡⲁⲣⲭⲱⲛ[6] ⲛ̄ⲧⲉ-ⲛⲉⲱⲛ | ⲙⲛ̄-
ⲛⲓϭⲟⲙ ϩⲛ̄-ⲟⲩⲃⲱⲗ̄ⲕ̄• ⲧⲟ|ⲧⲉ ⲁⲛ-ϣⲱⲡⲉ ⲉ-ⲉⲱⲛ ⲥⲛⲁⲩ• | ⲁⲩⲱ ⲁϥ-
ⲕⲁⲁ-ⲛ ⲛ̄ⲥⲱ-ϥ ⲛ̄ϭⲓ-||ⲡⲓⲉⲟⲟⲩ ⲉⲧ$^{\emptyset}$-ϩⲙ̄-ⲡⲉⲛϩⲏⲧ | ⲁⲛⲟⲕ ⲙⲛ̄-ⲧⲉⲕⲙⲁⲁⲩ
ⲉⲩϩⲁ̄ | ⲙⲛ̄-ϯⲅⲛⲱⲥⲓⲥ ⲛ̄-ϣⲟⲣⲡ̄ ⲉ|[ⲧ]ⲉ-ⲛⲉⲥ-ⲛⲓϥⲉ ⲛ̄ϩⲏⲧ-ⲛ̄• ⲁⲩ[ⲱ] |
ⲁϥ-ⲡⲱⲧ ⲉⲃⲟⲗ ⲙ̄ⲙⲟ-ⲛ• || [ⲁ]ϥ-ⲃ̣ϣ̣ⲕ ⲉϩⲟ̣ⲩⲛ [.]ⲉ̣ⲛⲟ̣ϭ̣ | [- - -] ⲛ[.]
*65:1 ⲙ[ⲛ̄-..]ⲉ̣ⲛⲟ|[...].ⲉⲁ[.]ⲧ̣ⲏ̣[...]ⲧ̣-ⲁⲥ-ϣⲱ̣*ⲡ̣[ⲉ ⲉⲃⲟ]ⲗ̣ ϩⲙ̄-ⲡⲉⲓ̈ⲁⲓⲱⲛ
ⲁⲛ ⲉⲧ̣-[ⲁⲛ]-|ϣⲱ̣[ⲡⲉ] ⲉⲃⲟⲗ ⲛ̄ϩⲏⲧ-ϥ̄ ⲁⲛⲟⲕ | ⲙⲛ̄-ⲉⲩϩⲁ ⲧⲉⲕⲙⲁⲁⲩ•
ⲁⲗⲗⲁ | ⲁⲥ-ⲃⲱⲕ ⲉϩⲟⲩⲛ ⲉ-ⲧⲥⲡⲟⲣⲁ[7] ⲛ̄ⲧⲉ-||ϩⲉⲛⲛⲟϭ ⲛ̄ⲛ-ⲉⲱⲛ• ⲉⲧⲃⲉ-
ⲡⲁⲓ̈ | ϩⲱ-$^{\emptyset}$ ⲁ̣ⲛⲟⲕ ⲁⲉⲓ-ⲙⲟⲩⲧⲉ ⲉⲣⲟ-ⲕ | ⲙ̄-ⲡⲣⲁⲛ ⲙ̄-ⲡⲣⲱⲙⲉ ⲉⲧ$^{\emptyset}$-ⲙ̄ⲙⲁⲩ |
ⲉⲧⲉ-ϯⲥⲡⲟⲣⲁ ⲧⲉ ⲛ̄-ϯⲛⲟϭ ⲛ̄-ⲅⲉⲛⲉⲁ•[8] | ⲏ̄ ⲉⲃⲟⲗ ⲛ̄ϩⲏⲧ-ϥ• ⲙⲛ̄ⲛ̄ⲥⲁ-
ⲛⲓϩⲟ||ⲟⲩ ⲉⲧ$^{\emptyset}$-ⲙ̄ⲙⲁⲩ ⲁⲥ-ⲟⲩⲉ ⲉⲃⲟⲗ | ⲙ̄ⲙⲟ-ⲓ̈ ⲁⲛⲟⲕ ⲙⲛ̄-ⲧⲉⲕⲙⲁⲁⲩ |
ⲉⲩϩⲁ ⲛ̄ϭⲓ-ϯⲅⲛⲱⲥⲓⲥ ⲛ̄-ϣⲁ-ⲉ|ⲛⲉϩ ⲛ̄ⲧⲉ-ⲡⲛⲟⲩⲧⲉ ⲛ̄ⲧⲉ-ⲧⲙⲉ• | ϫⲓⲛ-
ⲡⲟⲩⲟⲉⲓϣ ⲉⲧ$^{\emptyset}$-ⲙ̄ⲙⲁⲩ ⲁⲛ-||ϫⲓ-$^{\emptyset}$ⲥⲃⲱ ⲉ-ϩⲉⲛϩⲃⲏⲩⲉ ⲉⲩ-ⲙⲟ|ⲟⲩⲧ ϩⲱⲥ-
ϩⲉⲛⲣⲱⲙⲉ•

ⲧⲟⲧⲉ | ⲁⲛ-ⲥⲟⲩⲱⲛ-ⲡⲛⲟⲩⲧⲉ ⲉⲧ-ⲁϥ-|ⲧⲁⲙⲓⲟ-ⲛ• ⲛ̄-ⲛⲉⲛ-ⲟ̂ ⲅⲁⲣ ⲁⲛ
ⲡⲉ | ⲛ̄-$^{\emptyset}$ϣ̄ⲙ̄ⲙⲟ ⲛ̄-ⲛⲉϥϭⲟⲙ• ⲁⲩⲱ || ⲁⲛ-ϣⲙ̄ϣⲉ ⲙ̄ⲙⲟ-ϥ ϩⲛ̄-ⲟⲩϩⲟ|ⲧⲉ
ⲙⲛ̄-ⲟⲩⲙⲛ̄ⲧ-ϩⲙ̄ϩⲁⲗ• ⲙⲛ̄|ⲛ̄ⲥⲁ-ⲛⲁⲓ̈ ⲇⲉ ⲁⲛ-ϣⲱⲡⲉ | ⲉⲛ-ⲉ ⲛ̄ⲛ-$^{\emptyset}$ⲉⲃⲏ ϩⲙ̄-
ⲡⲉⲛϩⲏⲧ• | ⲁⲛⲟⲕ ⲇⲉ ⲛⲉⲓ̈-ⲛ̄ⲕⲟⲧ ϩⲙ̄-ⲡⲙⲉ||ⲉⲩⲉ ⲛ̄ⲧⲉ-ⲡⲁϩⲏⲧ•

ⲛⲉⲓ̈-|ⲛⲁⲩ ⲅⲁⲣ ⲡⲉ ⲉ-ϣⲟⲙⲉⲧ | ⲛ̄-ⲣⲱⲙⲉ ⲙ̄ⲡⲁⲙ̄ⲧⲟ ⲉⲃⲟⲗ | ⲛⲏ ⲉⲧⲉ-
ⲙ̄ⲡⲓ-ϭⲙ̄-$^{\emptyset}$ϭⲟⲙ ⲉ-$^{\emptyset}$ⲥⲟⲩ|ⲱⲛ-ⲡⲉⲩⲉⲓⲛⲉ ⲉⲡⲓⲇⲏ ⲛⲉ-||ϩⲉⲛⲉⲃⲟⲗ ⲁⲛ ⲛⲉ
ϩ[ⲛ̄]-ⲛⲓϭⲟⲙ | ⲛ̣̄ⲧⲉ-ⲡⲛ̣ⲟⲩⲧ̣ⲉ ⲉⲧ-ⲁϥ-ⲧ̣[ⲁⲙⲓ]ⲟ̣ ⲙ̣|[ⲙⲟ-ⲛ• ⲛ]ⲉⲩ-[ⲟ]ⲩⲟⲧⲃ̄
*66:1 ⲉ-[- - -]|[- - -]..[.]..ⲁⲩ[- - -]|[- - -] *[..]ϫ̣ⲱ ⲙ̄ⲙⲟ-ⲥ ⲛⲁ-ⲓ̈ ϫⲉ-
ⲧ[ⲱⲟⲩ]ⲛ̣-ⲅ | ⲙ̄ⲙⲁⲩ ⲁⲇⲁⲙ̄ ⲉⲃⲟⲗ ϩⲙ̄-ⲡⲓⲛ̣̄ⲕⲟⲧ | ⲛ̄ⲧⲉ-ⲡⲙⲟⲩ• ⲁⲩⲱ
ⲥⲱⲧ̄ⲙ̄ | ⲉⲧⲃⲉ-ⲡⲓⲉⲱⲛ ⲙⲛ̄-ϯⲥⲡⲟⲣⲁ || ⲙ̄-ⲡⲓⲣⲱⲙⲉ ⲉⲧ$^{\emptyset}$-ⲙ̄ⲙⲁⲩ ⲡⲏ | ⲉⲧ-
ⲁ-ⲡⲓⲱⲛ̄ϩ ⲡⲱϩ ϣⲁⲣⲟ-ϥ ⲡⲏ | ⲉⲧ-ⲁϥ-ⲉ͡ⲓ ⲉⲃⲟⲗ ⲛ̄ϩⲏⲧ-ⲕ ⲁⲩⲱ | ⲉⲃⲟⲗ
ϩⲛ̄-ⲉⲩϩⲁ̄ ⲧⲉⲕⲥⲩⲛⲍⲩⲅⲟⲥ•[9] |

ⲧⲟⲧⲉ ⲛ̄ⲧⲉⲣⲓ-ⲥⲱⲧ̄ⲙ̄ ⲉ-ⲛⲉⲓ̈ϣⲁ||ϫⲉ ⲛ̄ⲧⲟⲟⲧ-ⲟⲩ ⲛ̄-ⲛⲓⲛⲟϭ ⲛ̄-ⲣⲱⲙⲉ |
ⲉⲧ$^{\emptyset}$-ⲙ̄ⲙⲁⲩ ⲛⲏ ⲉⲧⲉ-ⲛⲉⲩ-ⲁϩⲉⲣⲁ|ⲧ-ⲟⲩ ⲛ̄ⲛⲁϩⲣⲁ-ⲓ̈ ⲧⲟⲧⲉ ⲁⲛ-ϥⲓ-$^{\emptyset}$ⲁ|ϩⲟⲙ
ⲁⲛⲟⲕ ⲙⲛ̄-ⲉⲩϩⲁ̄ ϩⲣⲁⲓ̈ ϩⲙ̄-|ⲡⲉⲛϩⲏⲧ• ⲁⲩⲱ ⲁ-ⲡϫⲟⲉⲓⲥ ⲡⲛⲟⲩ||ⲧⲉ ⲉⲧ-
ⲁϥ-ⲧⲁⲙⲓⲟ-ⲛ ⲁϥ-ⲁϩⲉⲣⲁⲧ-ϥ̄ | ⲙ̄ⲡⲉⲛⲙ̄ⲧⲟ ⲉⲃⲟⲗ• ⲡⲉϫⲁ-ϥ ⲛⲁ-ⲛ | ϫⲉ-

[5] Knowledge, personal knowledge, acquaintance γνῶσις [6] Ruler ἄρχων [7] Seed, sowing; offspring σπορά [8] Race, generation γένεα [9] Consort, wife/husband, partner σύνζυγος

ⲁ̄ⲇ̄ⲁ̄ⲙ ⲉⲧⲃⲉ-ⲟⲩ ⲛⲉⲧⲉⲧⲛ̄-|ϥⲓ-∅ⲁϩⲟⲙ ϩⲙ̄-ⲡⲉⲧⲛ̄ϩⲏⲧ• ϩⲓ͡ⲉ-|ⲛ̄-ⲧⲉⲧⲛ̄-
ⲥⲟⲟⲩⲛ ⲁⲛ ϫⲉ-ⲁⲛⲟⲕ || ⲡⲉ ⲡⲛⲟⲩⲧⲉ ⲉⲧ-ⲁϥ-ⲧⲁⲙⲓⲉ-|ⲧⲏⲩⲧⲛ̄ ⲁⲩⲱ ⲁϊ-
ⲛⲓϥⲉ ⲉϩⲟⲩⲛ | ⲉⲣⲱ-ⲧⲛ̄ ⲛ̄-ⲟⲩⲡ̄ⲛ̄ⲁ̄ ⲛ̄ⲧⲉ-ⲡⲱⲛ̄ϩ | ⲉϩⲣⲁϊ ⲉ-ⲩⲯⲩⲭⲏ ⲉⲥ-
ⲟⲛ̄ϩ•
ⲧⲟ|ⲧⲉ ⲁ-ⲩⲕⲁⲕⲉ ϣⲱⲡⲉ ϩⲓ͡ϫⲛ̄-ⲛⲉⲛ||ⲃ̣ⲁ̣ⲗ• ⲧⲟⲧⲉ ⲁ-ⲡⲛⲟⲩⲧⲉ ⲉⲧ-ⲁϥ-
|ⲧ̣ⲁ̣ⲙⲓⲟ-ⲛ ⲁϥ-ⲧⲁⲙⲓⲟ ⲛ̄ⲛ-ⲟⲩ|ϣ̣ⲏⲣⲉ ⲉⲃⲟⲗ ⲛ̄ϩⲏ̣ⲧ̄-ϥ̄ [.]..[.]|....[.].
ⲁ[.]ⲩ..ⲉ[.].ⲁ[- - -]|[...]ⲕⲥ ⲁⲛ̣.[- - -]||[...]ⲉⲕⲉ.[..].[- - -] |[...]ⲗ
ϩⲙ̄-ⲡ̣ⲉ̣[- - -] *.[- - -] ⲡ̣ⲙ̣ⲉⲉⲩⲉ̣ [..]ⲉ̣-|ⲡⲁϣ̣[.].• ⲁϊ-ⲥⲟⲩⲱⲛ̣- *67:1
|ⲟⲩⲉⲡⲓⲑⲩⲙⲓⲁ[10] ⲉⲥ-ϩⲟⲗϭ | ⲛ̄ⲧⲉ-ⲧⲉⲕⲙⲁⲁⲩ• ⲧⲟ||ⲧⲉ ⲁⲥ-ⲧⲁⲕⲟ ⲉⲃⲟⲗ
ⲛ̄ϩⲏ|ⲧ̄-ⲛ̄ ⲛ̄ϭⲓ-ⲧⲁⲕⲙⲏ[11] ⲛ̄ⲧⲉ-|ⲡⲉⲛⲥⲟⲟⲩⲛ ⲛ̄-ϣⲁ-ⲉ|ⲛⲉϩ• ⲁⲩⲱ ⲁⲥ-ⲣ̄-
ⲇⲓⲱⲕⲉ[12] | ⲛ̄ⲥⲱ-ⲛ ⲛ̄ϭⲓ-ⲟⲩⲙⲛ̄ⲧ-ϭⲱⲃ• || ⲉⲧⲃⲉ-ⲡⲁϊ ⲁⲩ-ⲣ̄-∅ⲕⲟⲩⲉⲓ | ⲛ̄ϭⲓ-
ⲛⲉϩⲟⲟⲩ ⲛ̄ⲧⲉ-ⲡⲉⲛ|ⲱⲛ̄ϩ• ⲁϊ-ⲉⲓⲙⲉ ⲅⲁⲣ ϫⲉ-ⲁϊ-|ϣⲱⲡⲉ ϩⲁ-ⲧⲉⲝⲟⲩⲥⲓⲁ[13]
| ⲛ̄ⲧⲉ-ⲡⲙⲟⲩ•
ϯⲛⲟⲩ ϭⲉ || ⲡⲁϣⲏⲣⲉ ⲥ̄ⲏ̄ⲑ̄ ϯ-ⲛⲁ-|ϭⲱⲗ̄ⲡ ⲛⲁ-ⲕ ⲉⲃⲟⲗ ⲛ̄-ⲛⲁϊ | ⲉⲧ-ⲁⲩ-
ϭⲟⲗⲡ-ⲟⲩ ⲛⲁ-ï ⲉ|ⲃⲟⲗ ϫⲉ-ⲛⲓⲣⲱⲙⲉ ⲉⲧ∅-ⲙ̄|ⲙⲁⲩ ⲛⲏ ⲉⲧ-ⲁϊ-ⲛⲁⲩ || ⲉⲣⲟ-
ⲟⲩ ⲛ̄ϣⲟⲣ̄ⲡ ⲙ̄|ⲡⲁⲙ̄ⲧⲟ ⲉⲃⲟⲗ ϫⲉ-|ⲙ̄ⲙ̄ⲛ̄ⲛ̄ⲥⲁ-∅ⲧⲣⲁ-ϫⲱⲕ | ⲉⲃⲟⲗ ⲛ̄-
ⲛⲓⲟⲩⲟⲉⲓϣ | ⲛ̄ⲧⲉ-ⲧⲉϊⲅⲉⲛⲉⲁ || ⲁⲩⲱ ⲛ̄ⲥⲉ-ⲙⲟⲩⲛ̄ⲅ | [....]ⲣⲟⲙⲡⲉ
ⲛ̄ⲧⲉ-|[....]ⲁ[..]ⲧⲉ | [....]ⲟ̣[..ϩ]ⲙ̄ϩⲁⲗ | [- - -]..||[- - -] *[- - -]• | *69:1[14]
ⲥ̣ⲉ-ⲛⲁ̣-[.]...ⲛⲟ[- - -] | ⲅⲁⲣ ⲛ̄[ϭ]ⲓ-ϩⲉⲛⲙⲟⲩ[ïⲟⲩ]ⲉ | ⲛ̄-ϩⲱⲟⲩ ⲛ̄ⲧⲉ-
ⲡ̣[ⲛⲟⲩⲧ]ⲉ̣ ⲡ̄||ⲡⲁⲛⲧⲟⲕⲣⲁ[ⲧⲱⲣ[15] ϫⲉ]-ⲉ̣ϥⲉ-|ⲧⲁⲕⲟ ⲛ̄-ⲥⲁⲣⲁⲝ[16] [ⲛⲓⲙ]
{ⲛⲧⲉ-|ⲡⲛⲟⲩⲧⲉ ⲡⲁ[ⲛⲧⲟ]ⲕⲣⲁ|ⲧⲱⲣ ϫⲉ-ⲉϥⲉ-ⲧ̣[ⲁⲕ]ⲉ-ⲥⲁ|ⲣⲁⲝ ⲛⲓⲙ}[17]
ⲉⲃⲟⲗ [ϩⲙ]-ⲡⲕⲁϩ || ⲉⲃⲟⲗ ϩⲓ͡ⲧⲛ̄-ⲛⲏ ⲉ̣ⲧⲉ̣ⲩ-ⲕⲱ|ⲧⲉ ⲛ̄ⲥⲱ-ⲟⲩ ϩ͡ⲛ̄-
ⲛ̣[ⲓⲉⲃ]ⲟⲗ | ϩⲛ̄-ϯⲥⲡⲟⲣⲁ ⲛ̣̄[ⲧⲉ]-ⲛⲓⲣⲱ|ⲙⲉ ⲛⲏ ⲉⲧ-ⲁ̣[ϥ-ⲟⲩ]ϣ̣ⲧ̄ⲃ̄ ⲉ|ϩⲣⲁϊ
ⲉⲣⲟ-ⲟⲩ [ⲛ̄ϭⲓ-ⲡⲓ]ⲱⲛ̄ϩ ⲛ̄||ⲧⲉ-ϯⲅⲛⲱⲥⲓⲥ [ⲡⲁ]ⲉ̣ⲓ̣ ⲉⲧ-ⲁϥ-|ⲉ͡ⲓ ⲉⲃⲟⲗ ⲛ̄ϩⲏⲧ-
∅ ⲙ̣[ⲛ̄]-ⲉⲩϩⲁ | ⲧⲉⲕⲙⲁⲁⲩ• ⲛⲉ̣ⲩ-ⲉ ⲅⲁⲣ | ⲛ̄-∅ϣⲙ̄ⲙⲟ ⲙ̄ⲙⲟ-ϥ ⲡⲉ• | ⲙ̄ⲛ̄ⲛ̄ⲥⲁ-
ⲛⲁϊ ⲥⲉ̣-ⲛ̄ⲛⲏⲟⲩ ⲛ̄||ϭⲓ-ϩⲉⲛⲛⲟϭ ⲛ̄-ⲁⲅ̣ⲅ̣ⲉⲗⲟⲥ | ϩⲛ-ϩⲉⲛⲕⲗⲟⲟⲗⲉ̣ ⲉⲩ-
ϫⲟⲥⲉ | ⲉⲩ-ⲛⲁ-ϫⲓ ⲛ̄-ⲛⲓⲣⲱⲙⲉ ⲉⲧ∅-ⲙ̄|ⲙⲁⲩ ⲉϩⲟⲩⲛ ⲉ-ⲡ̣ⲧⲟⲡⲟⲥ
ⲉⲧⲉ̣ϥ-|ϣⲟⲟⲡ ⲛ̄ϩⲏⲧ-[ϥ] ⲛ̄ϭⲓ-ⲡⲉⲡ̄ⲛ̄[ⲁ̄] || [ⲛ̄ⲧⲉ-ⲡ]ⲱⲛ̄ϩ ⲛ̣̄[- - -] | *About
four lines are missing here.* *[- - -]...[.]ⲛ[..]ⲛ̄-ⲉⲟ|[...].[....]ⲛ ⲉⲧ∅- *70:1
ⲙ̄ⲙⲁ̣ⲩ | [..]ⲧⲉ[...ϣ]ⲱⲡⲉ ϫⲓⲛ-ⲧⲡⲉ | ϣⲁ-ⲡⲕ[- - -] ϥ-ⲛⲁ-ϣⲱϫ̄ⲡ̄ ||
ⲛ̄ϭⲓ-ⲡⲓ[- - -]ⲏ̣ⲣ̄-ϥ̄ ⲛ̄ⲧⲉ-ⲧⲥⲁ|ⲣⲁⲝ ϩⲓ͡-ⲛ̣[- - -]• ⲧⲟⲧⲉ ⲡⲛⲟⲩ|ⲧⲉ ⲛⲁ-
ⲙ̄[ⲧ]ⲟ̣ⲛ̣ ⲙ̄ⲙⲟ-ϥ ⲉⲃⲟⲗ ⲙ̄-|ⲡⲉϥϭⲱ[ⲛ]ⲧ• [ⲁ]ⲩⲱ ϥ-ⲛⲉ-ⲛⲟⲩ|ϫⲉ ⲛ̄-
ⲧⲉϥ[ϭ]ⲟⲙ ⲉϫ̄ⲛ̄-ⲛⲓⲙⲟⲟⲩ• || ⲁⲩⲱ [ϥ-ⲛⲁ]-ϯ-[∅ϭ]ⲟⲙ ⲛ̄-ⲛⲉϥϣⲏⲣⲉ | ⲙⲛ̄-
ⲛⲉ[ⲩϩ͡ⲓ]ⲟ[ⲙ]ⲉ ⲉⲃⲟⲗ ϩⲛ̄-ϯⲕⲓ|ⲃⲱⲧⲟⲥ[18] ⲙⲛ̣̄-[ⲛⲓ]ⲧ̄ⲃ̄ⲛⲟⲟⲩⲉ ⲉ|ⲧ-ⲁϥ-ϯ-

[10] Desire ἐπιθυμία [11] Zenith, height ἀκμή [12] Pursue διώκειν [13] Authority ἐξουσία [14] Page 68 of the manuscript is entirely blank. [15] Almighty παντοκράτωρ [16] I.e. ⲥⲁⲣⲝ Flesh σάρξ [17] Delete {ⲛⲧⲉ-|ⲡⲛⲟⲩⲧⲉ ⲡⲁ[ⲛⲧⲟ]ⲕⲣⲁ|ⲧⲱⲣ ϫⲉ-ⲉϥⲉ-ⲧ[ⲁⲕ]ⲉ-ⲥⲁ|ⲣⲁⲝ ⲛⲓⲙ} (dittography) [18] Ark κιβωτός

$^{\emptyset}$ⲙⲉⲧⲉ ⲉϫⲱ-ⲟⲩ ⲙ̄ⲛ̄-ⲛ̄|ϩⲁⲗⲁⲧⲉ ⲛ̄ⲧ[ⲉ]-ⲧⲡⲉ ⲉⲧ-ⲁϥ-ⲙⲟⲩ||ⲧⲉ ⲉⲣⲟ-ⲟⲩ
ⲁϥ-ⲕⲁⲁ-ⲩ ϩⲓ|ϫⲙ̄-ⲡⲕⲁ[ϩ]•
ⲁⲩⲱ ⲡⲛⲟⲩ|ⲧⲉ ⲛⲁ-ϫⲟⲟ̣-ⲥ ⲛ̄-ⲛⲱϩⲉ ⲡⲏ ⲉ|ⲧⲉ-ⲛⲓⲅⲉⲛⲉⲁ ⲛⲁ-ⲙⲟⲩⲧⲉ
ⲉⲣⲟ-ϥ | ϫⲉ-ⲇ̄ⲉ̄ⲩ̄ⲕ̄ⲁ̣̄ⲗ̄ⲓ̄ⲱ̄ⲛ̄ ϫⲉ-ⲉⲓⲥϩⲏ||ⲏⲧⲉ ⲁⲓ̈-ⲁⲣⲉϩ ⲉⲣⲟ-ϥ[19] ϩ̄ⲛ-ϯⲕⲓⲃ-
ⲱⲧⲟⲥ | ⲙ̄ⲛ̄-ⲧⲉⲕⲥϩ̣ⲓⲙⲉ ⲙ̄ⲛ̄-ⲛⲉⲕϣⲏ|ⲣⲉ ⲙ̄ⲛ̄-ⲛⲉⲩϩⲓⲟⲙⲉ ⲙ̄ⲛ̄-ⲛⲉⲩ|[ⲧⲃ̄]-
ⲛⲟⲟⲩⲉ [ⲙ̄]ⲛ̄-ⲛ̄ϩⲁⲗⲁⲧⲉ̣ [ⲛ̄]ⲧ̣[ⲉ]-|[ⲧⲡⲉ ⲛ]ⲏ̣ ⲉⲧ̣-ⲁϥ-ⲙⲟ̣ⲩ[ⲧⲉ ⲉⲣⲟ-||ⲟⲩ
*71:1 ⲁϥ-ⲕⲁ]ⲁ̣-[ⲩ] ϩ[ⲓϫⲙ̄-ⲡⲕⲁϩ] | *About four lines are missing here.* *ⲉⲧⲃⲉ-
[ⲡ]ⲁ̣ⲓ̈ ϯ-ⲛⲁ-ϯ ⲙ̄-ⲡⲕ̣[ⲁϩ ⲛ]ⲁ-ⲕ̣ | ⲛ̄ⲧⲟⲕ ⲙ̄ⲛ̄-ⲛⲉⲕϣⲏⲣⲉ• [ϩ̄]ⲛ-ⲟⲩ|ⲙⲛ̄ⲧ-
ⲣ̄ⲣ̣ⲟ ⲕ-ⲛⲁ-ⲣ̄-$^{\emptyset}$ⲣ̄ⲣⲟ ⲉϫⲱ̣-ϥ ⲛ̄ⲧⲟⲕ | ⲙ̄ⲛ̄-ⲛⲉⲕϣⲏⲣⲉ• ⲁⲩⲱ ⲙ̄ⲙⲛ̄-
||$^{\emptyset}$ⲥⲡⲟⲣⲁ ⲛ̄ⲛⲏⲩ ⲉⲃⲟⲗ ⲛ̄ϩⲏⲧ-ⲕ̄ | ⲛ̄ⲧⲉ-ⲛⲓⲣⲱⲙⲉ ⲉⲧⲉ-ⲛ̄-ⲥⲉ-ⲛⲁ-ⲁϩⲉ|-
ⲣⲁⲧ-ⲟⲩ ⲁⲛ ⲙ̄ⲡⲁⲙ̄ⲧⲟ ⲉⲃⲟⲗ ϩⲛ̄-|ⲕⲉⲉⲟⲟⲩ•
ⲧⲟⲧⲉ ⲥⲉ-ⲛⲁ-ϣⲱ|ⲡⲉ ⲛ̄ⲑⲉ ⲛ̄-ϯⲕⲗⲟⲟⲗⲉ ⲛ̄ⲧⲉ-ⲡⲓ||ⲛⲟϭ ⲛ̄-ⲟⲩⲟⲉⲓⲛ•
ⲥⲉ-ⲛ̄ⲛⲏⲩ ⲛ̄ϭⲓ-|ⲛ̄ⲣⲱⲙⲉ ⲉⲧ$^{\emptyset}$-ⲙⲙⲁⲩ ⲛⲏ ⲉⲧ-ⲁⲩ-|ⲛⲟϫ-ⲟⲩ ⲉⲃⲟⲗ ϩⲛ̄-
ϯⲅⲛⲱⲥⲓⲥ ⲛ̄|ⲧⲉ-ⲛⲓⲛⲟϭ ⲛ̄ⲛ-ⲉⲱⲛ ⲙ̄ⲛ̄-ⲛⲓⲁⲅ|ⲅⲉⲗⲟⲥ• ⲥⲉ-ⲛⲁ-ⲁϩⲉⲣⲁⲧ-
ⲟⲩ ⲙ̄-||ⲡⲉⲙⲧⲟ ⲛ̄-ⲛⲱϩⲉ ⲙ̄ⲛ̄-ⲛⲓⲉⲱⲛ• | ⲁⲩⲱ ⲡⲛⲟⲩⲧⲉ ⲛⲁ-ϫⲟⲟ-ⲥ ⲛ̄-
|ⲛⲱϩⲉ ϫⲉ-ⲉⲧⲃⲉ-ⲟⲩ ⲁⲕ-ⲣ̄-ⲥⲁⲃⲟⲗ | ⲛ̄-ⲡ-ⲉⲛⲧ-ⲁⲓ̈-ϫⲟⲟ-ϥ ⲛⲁ-ⲕ•
ⲁⲕ-|ⲧⲁⲙⲓⲟ ⲛ̄-ⲅⲉⲅⲉⲛⲉⲁ ϫⲉ-ⲉⲕⲉ-||ϯ-$^{\emptyset}$ⲥⲱϣ ⲛ̄-ⲧⲁϭⲟⲙ• ⲧⲟⲧⲉ ϥ-ⲛⲁ-
|ϫⲟⲟ-ⲥ ⲛ̄ϭⲓ-ⲛⲱϩⲉ ϫⲉ-ϯ-ⲛⲁ-|ⲣ̄-$^{\emptyset}$ⲙⲛ̄ⲧⲣⲉ ⲙ̄ⲡⲉⲙⲧⲟ ⲙ̄-ⲡⲉⲕ|ϫⲛⲁϩ ϫⲉ-
ⲛ̄ⲧ-ⲁ-ⲧⲅⲉⲛⲉⲁ ⲛ̄|ⲧⲉ-ⲛⲓⲣⲱⲙⲉ ϣⲱⲡⲉ ⲉⲃⲟ̣ⲗ̣ || [ϩⲓⲧⲟⲟ]ⲧ-$^{\emptyset}$ ⲁⲛ ⲟⲩⲧⲉ
ⲉⲃ̣[- - -]|[. . . .].[.]ⲉ[.].• [- - -]|[. . .]. .[. . . .].[- - -] | *About four lines
are missing here.*
*72:1 *[- - -]ⲱⲥⲓⲥ [.]ⲩ[- - -]|[.].[. .]ⲗ ⲛ̄-ⲛ̄ⲣⲱⲙⲉ ⲉⲧ̣$^{\emptyset}$-ⲙ̣ⲙⲁⲩ | [ⲛ̄]ϥ-ⲛ̄ⲧ-
ⲟ̣ⲩ ⲉϩⲟⲩⲛ ⲉ-ⲡⲉⲩⲕⲁϩ | ⲉⲧ$^{\emptyset}$-ⲙⲡ̣ϣⲁ ⲛ̄ϥ-ⲕⲱⲧ ⲛⲁ-ⲩ ⲛ̄ⲛ-ⲟⲩ||ⲙⲁ ⲛ̄-
ϣⲱⲡⲉ ⲉϥ-ⲟⲩⲁⲁⲃ• ⲁⲩⲱ | ⲥⲉ-ⲛⲁ-ⲙⲟⲩⲧⲉ ⲉⲣⲟ-ⲟⲩ ϩⲙ̄-ⲡⲓⲣⲁⲛ̣ | ⲉⲧ$^{\emptyset}$-
ⲙⲙⲁⲩ ⲛ̄ⲥⲉ-ϣⲱⲡⲉ ⲙ̄ⲙⲁⲩ | ⲛ̄-ⲥⲟⲟⲩ ⲛ̄-ϣⲉ ⲛ̄-ⲣⲟⲙⲡⲉ ϩⲛ̄-ⲟⲩ|ⲥⲟⲟⲩⲛ
ⲛ̄ⲧⲉ-ϯⲁⲫⲑⲁⲣⲥⲓⲁ•[20] || ⲁⲩⲱ ⲥⲉ-ⲛⲁ-ϣⲱⲡⲉ ⲛ̄ⲙ̄ⲙⲁ-ⲩ ⲛ̄ϭⲓ-|ϩⲉⲛⲁⲅⲅⲉ-
ⲗⲟⲥ ⲛ̄ⲧⲉ-ⲡⲓⲛⲟϭ ⲛ̄-ⲟⲩⲟ̣|ⲉⲓⲛ• ⲛ̄ⲛⲉ-ⲗⲁⲁⲩ ⲛ̄-ϩⲱⲃ ⲛ̄-ⲃⲟⲧⲉ | ϣⲱⲡⲉ
ϩⲙ̄-ⲡⲉⲩϩⲏⲧ ⲉⲃⲟⲗ | ⲉ-ϯⲅⲛⲱⲥⲓⲥ ⲟⲩⲁⲁ-ⲥ ⲛ̄ⲧⲉ-ⲡⲛⲟⲩ||ⲧⲉ•
ⲧⲟⲧⲉ ⲛⲱϩⲉ ⲛⲁ-ⲡⲉϣ-ⲡⲕⲁϩ | ⲧⲏⲣ̄-ϥ ⲉϩⲣⲁ-ⲩ ⲛ̄-ⲛⲉϥϣⲏⲣⲉ | ⲭ̄ⲁ̄ⲙ̄
ⲙ̄ⲛ̄-ⲓ̄ⲁ̄ⲫ̄ⲉ̄ⲑ̄ ⲙ̄ⲛ̄-ⲥ̄ⲏ̄ⲙ̄• | ϥ-ⲛⲁ-ϫⲟⲟ-ⲥ ⲛⲁ-ⲩ ϫⲉ-ⲛⲁϣⲏⲣⲉ | ⲥⲱⲧⲙ̄ ⲉ-
ⲛⲁϣⲁϫⲉ• ⲉⲓⲥ-ⲡⲕⲁϩ || ⲁⲓ̈-ⲡⲟϣ-ϥ̄ ⲉϫⲛ̄-ⲧⲏⲩⲧⲛ̄• ⲁⲗⲗⲁ | ϣⲙ̄ϣⲙ̄ⲧ-ϥ̄
ϩⲛ̄-ⲟⲩϩⲟⲧⲉ ⲙ̄ⲛ̄-|ⲟⲩⲙⲛ̄ⲧ-ϩⲙ̄ϩⲁⲗ ⲛ̄ⲛ̄ϩⲟⲟⲩ ⲧⲏ|ⲣ-ⲟⲩ ⲛ̄ⲧⲉ-ⲡⲉⲧⲛ̄ⲱⲛ̄ϩ•
ⲙ̄ⲡⲣ̄ⲧⲣⲉ-|[ⲡ]ⲉⲧⲛ̄ⲥⲡⲉⲣⲙⲁ[21] ⲣ̄-ⲥⲁⲃⲟⲗ ⲙ̄-ⲡ̄ϩ[ⲟ] || [ⲙ̄-ⲡ]ⲛ̣[ⲟ]ⲩ̣ⲧⲉ ⲡ̄ⲡⲁⲛ-
ⲧⲟⲕ̣[ⲣⲁⲧⲱⲣ]• | [. . . .] ⲁ̣ⲛⲟⲕ ⲙ̄ⲛ̄-ⲡ̣[ⲉ]ⲧⲛ̄[- - -]|[- - -].[. . . .]. .[- - -]•
| *About four lines are missing here.*

[19] ⲉⲣⲟ-ⲕ is expected [20] Incorruptibility ἀφθαρσία [21] Posterity, seed σπέρμα

*[- - -]ϣⲏ̣ⲣⲉ ⲛ̄-ⲛⲱϩⲉ ϫⲉ̣-[ⲡⲁ]||ϭⲣⲟϭ ⲛ[ⲁ]-ⲣ̄-ⲁ̣ⲛ̣ⲁ̣-ϥ ⲙ̄ⲡⲉⲕⲙ̄ⲧⲟ *73:1 ⲉⲃ[ⲟⲗ] | ⲁⲩⲱ ⲙ̄ⲡⲉⲙⲧⲟ ⲛ̄-ⲧⲉⲕϭⲟⲙ• | ⲁⲣⲓ-ⲥⲫⲣⲁⲅⲓⲍⲉ[22] ⲙ̄ⲙⲟ-ϥ ϩⲛ̄-ⲧⲉⲕ||ϭⲓϫ ⲉⲧ∅-ϫⲟⲟⲣ ϩⲛ̄-ⲟⲩϩⲟⲧⲉ ⲙⲛ̄-|ⲟⲩⲁϩ-∅ⲥⲁϩⲛⲉ ϫⲉ-ⲡⲓϭⲣⲟϭ ⲧⲏ|ⲣ̄-ϥ ⲉⲧ-ⲁϥ-ⲉ͡ⲓ ⲉⲃⲟⲗ ⲛ̄ϩⲏⲧ-∅ ⲛ̄-ⲥⲉ-|ⲛⲁ-ⲣⲁⲕⲧ-ⲟⲩ ⲛ̄ⲥⲁⲃⲟⲗ ⲙ̄ⲙⲟ-ⲕ | ⲁⲛ ⲙⲛ̄-ⲡⲛⲟⲩⲧⲉ ⲡⲓⲡⲁⲛⲧⲟ||ⲕⲣⲁⲧⲱⲣ• ⲁⲗⲗⲁ ⲥⲉ-ⲛⲁ-ϣⲙ̄|ϣⲉ ϩⲛ̄-ⲟⲩⲑ̄ⲃⲃⲓⲟ-ϫⲱ-ϥ ⲙⲛ̄-|ⲟⲩϩⲟⲧⲉ ⲛ̄ⲧⲉ-ⲡⲉⲩⲉⲓⲙⲉ• |

ⲧⲟⲧⲉ ⲉⲣⲉ-ϩⲉⲛⲕⲟⲟⲩⲉ ⲉⲃⲟⲗ | ϩⲙ̄-ⲡⲥⲡⲉⲣⲙⲁ ⲛ̄ⲧⲉ-ⲭ̄ⲁ̄ⲙ̄ ⲙⲛ̄-||[ⲓ̈]ⲁ̄-ⲫ̄ⲉ̄ⲑ̄ ⲉⲩⲉ-ⲃⲱⲕ ⲛ̄ϭⲓ-ϥⲧⲟⲟⲩ ⲛ̄-ϣⲉ | ⲛ̄-ϣⲟ ⲛ̄-ⲣⲱⲙⲉ ⲛ̄ⲥⲉ-ⲃⲱⲕ ⲉ|ϩⲟⲩⲛ ⲉ-ⲕⲉⲕⲁϩ ⲛ̄ⲥⲉ-ϭⲟⲉⲓⲗⲉ | ⲉ-ⲛⲣⲱⲙⲉ ⲉⲧ∅-ⲙ̄ⲙⲁⲩ ⲛⲏ ⲉ|ⲧ-ⲁⲩ-ϣⲱⲡⲉ ⲉⲃⲟⲗ ϩⲛ̄-ϯⲛⲟϭ || ⲛ̄-ⲅⲛⲱⲥⲓⲥ ⲛ̄-ϣⲁ-ⲉⲛⲉϩ ϫⲉ-|ⲑⲁⲉⲓⲃⲉⲥ ⲛ̄ⲧⲉ-ⲧⲉⲩϭⲟⲙ ⲛⲁ-|ⲁⲣⲉϩ ⲉ-ⲛ-ⲉⲛⲧ-ⲁⲩ-ϭⲟⲉⲓⲗⲉ | ⲉⲣⲟ-ⲟⲩ ⲉⲃⲟⲗ ⲛ̄-ϩⲱⲃ ⲛⲓⲙ ⲉⲑⲟⲟⲩ | ⲙⲛ̄-ⲉⲡⲓⲑⲩⲙⲓⲁ ⲛⲓⲙ ⲉⲧ∅-ⲥⲟⲟϥ• || ⲧⲟⲧⲉ ⲡⲥⲡⲉⲣⲙⲁ ⲛ̄-ⲭ̄ⲁ̄ⲙ̄ ⲙⲛ̄-|[ⲓ̈̄ⲁ̄]ⲫ̄ⲉ̄ⲑ̄ ⲛⲁ-ⲣ̄-ⲙⲛ̄ⲧ-ⲥⲛⲟⲟⲩ[ⲥ] | ⲙ̄-ⲙⲛ̄ⲧ-ⲣ̄ⲣⲟ• ⲁⲩⲱ ⲡ̣[ⲉ]ⲩ[ⲕⲉ]||-[ⲥ]ⲡⲉⲣⲙⲁ ⲛⲁ-ⲃⲱⲕ ⲉϩⲟⲩ[ⲛ] | ⲉ-ⲧⲙ̣ⲛ̣̄ⲧ̣-ⲣ̄ⲣ̣[ⲟ] ⲛ̄-ⲕⲉ̣ⲗⲁⲟⲥ•[23] ||

[ⲧⲟⲧ]ⲉ̣ ⲥ̣ⲉ-ⲛ̣[ⲁ]-ϣⲟ̣ϫ̣ⲛ̣ⲉ̣ ⲛ̄ϭ̣ⲓ̣-[- - -]|[.].[.]...[ⲛ]ⲉ̣ⲱⲛ̣ ϩⲁ-ⲛⲉ[- - -] *[..].ⲉ ⲉⲧ∅-ⲙⲟⲟⲩⲧ [ⲛ̄]ⲧ[ⲉ-ⲛ]ⲓ̣ⲛⲟϭ | [ⲛ̄]ⲛ̣-ⲉⲱⲛ ⲛ̄ⲧⲉ-ϯⲁⲫⲑⲁⲣⲥⲓⲁ• | *74:1 [ⲁ]ⲩⲱ ⲥⲉ-ⲛⲁ-ⲃⲱⲕ ϩⲁ-ⲥ̄ⲁ̄ⲕ̄ⲗ̄ⲁ̄ | ⲡ̣ⲉⲩⲛⲟⲩⲧⲉ• ⲥⲉ-ⲛⲁ-ⲃⲱⲕ ⲉϩⲟⲩⲛ || ⲉ-ⲛⲓϭⲟⲙ ⲉⲩ-ⲣ̄-ⲕⲁⲧⲏⲅⲟⲣⲓ[24] ⲛ̄-ⲛⲓⲛⲟϭ | ⲛ̄-ⲣⲱⲙⲉ ⲛⲏ ⲉⲧ∅-ϣⲟⲟⲡ ϩⲙ̄-ⲡⲉⲩⲉ|ⲟⲟⲩ• ⲥⲉ-ⲛⲁ-ϫⲟⲟ-ⲥ ⲛ̄-ⲥ̄ⲁ̄ⲕ̄ⲗ̄ⲁ̄ ϫⲉ-|ⲟⲩ ⲧⲉ ⲧϭⲟⲙ ⲛ̄-ⲛⲉⲓ̈ⲣⲱⲙⲉ ⲉⲧ-ⲁⲩ-|ⲁϩⲉⲣⲁⲧ-ⲟⲩ ⲙ̄ⲡⲉⲕⲙ̄ⲧⲟ ⲉⲃⲟⲗ || ⲛⲁⲓ̈ ⲉⲧ-ⲁⲩ-ϥⲓⲧ-ⲟⲩ ⲉⲃⲟⲗ ϩⲙ̄-ⲡⲓ|ⲥⲡⲉⲣⲙⲁ ⲛ̄ⲧⲉ-ⲭ̄ⲁ̄ⲙ̄ ⲙⲛ̄-ⲓ̈̄ⲁ̄ⲫ̄ⲉ̄ⲑ̄ | ⲉⲩ-ⲛⲁ-ⲣ̄-ϥⲧⲟⲟⲩ ⲛ̄-ϣⲉ <ⲛ̄-ϣⲟ>[25] ⲛ̄-ⲣⲱⲙⲉ | ⲁⲩ-ϫⲓⲧ-ⲟⲩ ⲉϩⲟⲩⲛ ⲉ-ⲕⲉⲉⲱⲛ ⲡⲏ | ⲉⲧ-ⲁⲩ-ϣⲱⲡⲉ ⲉⲃⲟⲗ ⲛ̄ϩⲏⲧ̄-ϥ̄• ⲁⲩⲱ || ⲁⲩ-ⲕⲧⲟ ⲙ̄-ⲡⲉⲟⲟⲩ ⲧⲏⲣ̄-ϥ̄ ⲛ̄ⲧⲉ-ⲧⲉⲕ|ϭⲟⲙ ⲙⲛ̄-ⲧⲙ̄ⲛ̄ⲧ̄-ⲣ̄ⲣⲟ ⲛ̄ⲧⲉ-ⲧⲉⲕϭⲓϫ | ϫⲉ-ⲁ-ⲡⲉⲥⲡⲉⲣⲙⲁ ⲛ̄ⲧⲉ-ⲛⲱϩⲉ ⲉⲃⲟⲗ | ϩⲙ̄-ⲡⲉϥϣⲏⲣⲉ ⲁϥ-ⲉⲓⲣⲉ ⲙ̄-ⲡⲉⲕⲟⲩ|ⲱϣ ⲧⲏⲣ̄-ϥ̄ ⲙⲛ̄-ⲛⲓϭⲟⲙ ⲧⲏⲣ-ⲟⲩ || ϩⲛ̄-ⲛⲓⲉⲱⲛ ⲉⲧ-ⲁ-ⲡⲉⲕⲁⲙⲁϩⲧⲉ | ⲣ̄-∅ⲣ̄ⲣⲟ ⲉϩⲣⲁⲓ ⲉϫⲱ-ⲟⲩ ⲙⲛ̄-ⲛⲓⲣⲱ|ⲙⲉ ⲉⲧ∅-ⲙ̄ⲙⲁⲩ ⲙⲛ̄-ⲛⲏ ⲉⲧ∅-ⲉ ⲛ̄-|ⲣⲙⲛ̄-ϭⲁⲉⲓⲗⲉ ϩⲙ̄-ⲡⲉⲩⲉⲟⲟⲩ | [ⲉ]-ⲙⲡⲟⲩ-ⲉⲓⲣⲉ ⲙ̄-ⲡ-ⲉⲧⲉ-ϩⲛⲁ-ⲕ• || [ⲁⲗⲗ]ⲁ ⲁⲩ-ⲡⲱⲱⲛⲉ ⲙ̄-ⲡⲉⲕ|[ⲙⲏ]ⲏ̣ϣⲉ ⲧⲏⲣ̄-ϥ̄•

ⲧⲟⲧⲉ ⲡⲛⲟⲩ|[ⲧⲉ] ⲛ̣̄[ⲧ]ⲉ̣-ⲛⲓⲉⲱⲛ ϥ-ⲛⲁ-ϯ ⲛⲁ-ⲩ | [ⲉⲃⲟ]ⲗ̣ ϩⲛ̄-ⲛⲏ ⲉⲧ∅-ϣ̣ⲙ̄ϣⲉ ⲙ̄ⲙ̣ⲟ̣-[ϥ] | [...].ⲧ ⲛ̄ⲥⲁ-ϯⲃ[.]ⲩⲥ ⲛ̄ⲕ[- - -]• || ⲥⲉ̣-ⲛ̄ⲛⲏⲩ ⲉϫⲙ̄-ⲡ̣[ⲕ]ⲁ̣ϩ ⲉ̣[ⲧ∅]-ⲙ̄*[ⲙ]ⲁ̣[ⲩ] ⲡ̣ⲏ [ⲉ]ⲧⲟⲩ-ⲛⲁ-ϣⲱⲡⲉ ⲛ̣̄[ϩⲏ]|ⲧ̄-ϥ̄ ⲛ̄ϭⲓ- *75:1 ⲛⲓⲛⲟ̣ϭ ⲛ̄-ⲣⲱⲙⲉ ⲛⲏ ⲉⲧ̣[ⲉ]-|ⲙ̄ⲡⲟⲩ-ϫⲱϩⲙ̄ ⲟⲩⲧⲉ ⲛ̄-ⲥⲉ-ⲛⲁ-|ϫⲱϩⲙ̄ ⲁⲛ ϩⲛ̄ⲛ-ⲉⲡⲓⲑⲩⲙⲓⲁ ⲛⲓⲙ || ϫⲉ-ⲛ̄ⲧⲁ-ⲧⲉⲩⲯⲩⲭⲏ ϣⲱⲡⲉ ⲁⲛ | ϩⲛ̄-ⲟⲩϭⲓϫ ⲉⲥ-ϫⲁϩⲙ̄• ⲁⲗⲗⲁ ⲁⲥ-ϣⲱ|ⲡⲉ ⲉⲃⲟⲗ ϩⲛ̄-ⲟⲩⲛⲟϭ ⲛ̄-ⲟⲩⲁϩ-∅ⲥⲁϩⲛⲉ | ⲛ̄ⲧⲉ-ⲟⲩⲁⲅⲅⲉⲗⲟⲥ ⲛ̄-ϣⲁ-ⲉⲛⲉϩ• | ⲧⲟⲧⲉ ⲥⲉ-ⲛⲁ-ⲛⲟⲩϫⲉ ⲛ̄-ⲟⲩⲕⲱϩ̄ⲧ̄ || ⲙⲛ̄-

[22] Seal (verb) σφραγίζειν [23] People λαός [24] Accuse κατηγορεῖν [25] <ⲛ̄-ϣⲟ> omitted by the ancient copyist

ⲟⲩⲑⲏⲛ ⲙⲛ̄-ⲟⲩⲁⲙⲣⲏϩⲉ ⲉϫⲛ̄-|ⲛⲓⲣⲱⲙⲉ ⲉⲧ$^{\emptyset}$-ⲙ̄ⲙⲁⲩ• ⲁⲩⲱ ⲉⲣⲉ-|ⲟⲩⲕⲱϩⲧ̄ ⲙⲛ̄-ⲟⲩϩⲗⲟⲥⲧⲛ̄ ⲉ͡ⲓ ⲉϫⲛ̄-|ⲛⲓⲉⲱⲛ ⲉⲧ$^{\emptyset}$-ⲙ̄ⲙⲁⲩ ⲛ̄ⲥⲉ-ⲣ̄-$^{\emptyset}$ⲕⲁⲕⲉ | ⲛ̄ϭⲓ-ⲛ̄ⲃⲁⲗ ⲛ̄-ⲛⲓϭⲟⲙ ⲛ̄ⲧⲉ-ⲛⲓⲫⲱⲥ||ⲧⲏⲣ[26] ⲛ̄ⲥⲉ-ⲧⲙ̄-ⲛⲁⲩ ⲉⲃⲟⲗ ⲙ̄ⲙⲟ-ⲟⲩ | ⲛ̄ϭⲓ-ⲛⲓⲉⲱⲛ ϩⲛ̄-ⲛⲉϩⲟⲟⲩ ⲉⲧ$^{\emptyset}$-ⲙ̄ⲙⲁⲩ• |

ⲁⲩⲱ ⲥⲉ-ⲛ̄ⲛⲏⲩ ⲉϩⲣⲁï ⲛ̄ϭⲓ-ϩⲉⲛ|ⲛⲟϭ ⲛ̄-ⲕⲗⲟⲟⲗⲉ ⲛ̄-ⲟⲩⲟⲉⲓⲛ ⲛ̄ⲥⲉ-
|ⲉ͡ⲓ ⲉϩⲣⲁï ⲉϫⲱ-ⲟⲩ ⲛ̄ϭⲓ-ϩⲉⲛⲕⲉ||ⲕⲗⲟⲟⲗⲉ ⲛ̄-ⲟⲩⲟⲉⲓⲛ ⲉⲃⲟⲗ ϩⲛ̄-
|ⲛⲓⲛⲟϭ ⲛ̄ⲛ-ⲉⲱⲛ• ⲥⲉ-ⲛ̄ⲛⲏⲩ ⲉϩⲣⲁï | ⲛ̄ϭⲓ-ⲁⲃⲣⲁⲥⲁⲝ ⲙⲛ̄-ⲥⲁⲃⲗⲱ ⲙⲛ̄-
|ⲅⲁⲙⲁⲗⲓⲏⲗ ⲛ̄ⲥⲉ-ⲉⲓⲛⲉ ⲛ̄-ⲛⲓ|ⲣⲱⲙⲉ ⲉⲧ$^{\emptyset}$-ⲙ̄ⲙⲁⲩ ⲉⲃⲟⲗ ϩⲙ̄-||ⲡⲓⲕⲱϩⲧ̄
ⲙⲛ̄-ⲡⲓϭⲱⲛⲧ̄ ⲛ̄|ⲥⲉ-ϫⲓⲧ-ⲟⲩ ⲛ̄ⲥⲁⲧⲡⲉ ⲛ̄-ⲛⲓⲁ̣ⲓ̣[ⲱⲛ] | ⲙⲛ̄-ⲛⲓⲁⲣⲭⲏ[27] ⲛ̄ⲧⲉ-
ⲛⲓϭⲟ̣ⲙ̣ ⲛ̄ⲥⲉ-|[ϫⲓ]ⲧ-ⲟⲩ ⲉⲃⲟⲗ̣ [- - -]||[.]ⲟⲩ ⲛ̄-ⲱⲛ̄ϩ ⲁ̣[- - -] || [ⲛ̄]ⲥ̣ⲉ-
76:1 ϫⲓⲧ-ⲟⲩ ⲉ[- - -] | ⲛ̣̄ⲛ-ⲉⲱⲛ ⲡⲁ̣.[- - -][.ϣ]ⲱⲡⲉ ⲛ̄ⲧⲉ-
ⲛⲓⲛ[.]..[..]..|[.]ⲣ ⲙ̄ⲙⲁⲩ ⲙⲛ̄-ⲛⲓⲁⲅⲅⲉⲗ̣ⲟⲥ ⲉ|[ⲧ$^{\emptyset}$]-ⲟ̣ⲩⲁⲁⲃ ⲙⲛ̄-ⲛⲓⲉⲱⲛ•
ⲥⲉ-ⲛⲁ-|ϣ̣ⲱⲡⲉ ⲛ̄ϭⲓ-ⲛⲓⲣⲱⲙⲉ ⲉⲩ-ⲉⲓⲛⲉ || ⲛ̄-ⲛⲓⲁⲅⲅⲉⲗⲟⲥ ⲉⲧ$^{\emptyset}$-ⲙ̄ⲙⲁⲩ
ϫⲉ-ϩⲉⲛ|ϣ̄ⲙⲙⲟ ⲙ̄ⲙⲟ-ⲟⲩ ⲁⲛ ⲛⲉ• ⲁⲗⲗⲁ | ⲉⲩ-ⲣ̄-$^{\emptyset}$ϩⲱⲃ ϩⲛ̄-ϯⲥⲡⲟⲣⲁ ⲛ̄-
ⲁⲧ-ⲧⲁⲕⲟ• |

ⲡⲁⲗⲓⲛ ⲟⲛ ϥ-ⲛⲁ-ⲥⲓⲛⲉ ⲙ̄-ⲡⲙⲉϩ-|ϣⲟⲙⲉⲧ ⲛ̄-ⲥⲟⲡ ⲛ̄ϭⲓ-ⲡⲓⲫⲱⲥ||ⲧⲏⲣ
ⲛ̄ⲧⲉ-ϯⲅⲛⲱⲥⲓⲥ ϩⲛ̄-ⲟⲩⲛⲟϭ | ⲛ̄ⲛ-ⲉⲟⲟⲩ ϩ͡ⲓⲛⲁ[28] ϫⲉ-ⲉϥⲉ-ϣⲱϫⲡ̄ | ⲉⲃⲟⲗ
ϩⲙ̄-ⲡⲓⲥⲡⲉⲣⲙⲁ ⲛ̄ⲧⲉ-ⲛⲱϩⲉ | ⲙⲛ̄-ⲛⲓϣⲏⲣⲉ ⲛ̄ⲧⲉ-ⲭⲁⲙ ⲙⲛ̄-ïⲁⲫⲉⲑ | ϫⲉ-
ⲉϥⲉ-ϣⲱϫⲡ̄ ⲛⲁ-ϥ ⲛ̄-ϩⲉⲛϣⲏⲛ || ⲛ̄-ⲣⲉϥ-ϯ-$^{\emptyset}$ⲟⲩⲧⲁϩ• ⲁⲩⲱ ϥ-ⲛⲁ-ⲥⲱ|ⲧⲉ
ⲛ̄-ⲛⲉⲩⲯⲩⲭⲏ ⲉⲃⲟⲗ ϩⲙ̄-ⲡⲉϩⲟ|ⲟⲩ ⲙ̄-ⲡⲙⲟⲩ ϫⲉ-ⲡⲓⲡⲗⲁⲥⲙⲁ[29] | ⲧⲏⲣ̄-ϥ
ⲉⲧ-ⲁϥ-ϣⲱⲡⲉ ⲉⲃⲟⲗ ϩⲙ̄-|ⲡⲓⲕⲁϩ ⲉⲧ$^{\emptyset}$-ⲙⲟⲟⲩⲧ ⲥⲉ-ⲛⲁ-ϣⲱ||ⲡⲉ ϩⲁ-
ⲧⲉⲝⲟⲩⲥⲓⲁ ⲙ̄-ⲡⲙⲟⲩ• | ⲛⲏ ⲇⲉ ⲉⲧ$^{\emptyset}$-ⲙⲉⲉⲩⲉ ⲉ-ϯⲅⲛⲱⲥⲓⲥ | ⲛ̄ⲧⲉ-ⲡⲓϣⲁ-
ⲉⲛⲉϩ ⲡⲛⲟⲩⲧⲉ | ϩⲙ̄-ⲡⲉⲩϩⲏⲧ ⲛ̄-ⲥⲉ-ⲛⲁ-ⲧⲁⲕⲟ | ⲁⲛ ϫⲉ-ⲙ̄ⲡⲟⲩ-ϫⲓ-$^{\emptyset}$ⲡⲛ̄ⲁ
|| ⲉⲃⲟⲗ ϩⲛ̄-ⲧⲉïⲙⲛ̄ⲧ̄-ⲣⲣⲟ ⲛ̄-ⲟⲩⲱⲧ̣• | [ⲁ]ⲗ̣ⲗⲁ ⲛ̄ⲧ-ⲁⲩ-ϫⲓ ⲛ̄ⲧⲟⲟⲧ̣-ϥ̣̄ ⲛ̄-
ⲟⲩ[- - -]|[..] ⲛ̄-ⲁⲅⲅⲉⲗⲟⲥ ⲛ̄-ϣⲁ-ⲉⲛⲉϩ | [- - -] ⲙ̣̄-ⲫⲱⲥⲧⲏ[ⲣ] | [- - -
77:1 ⲛ̄ⲛ]ⲏ̣ⲟⲩ ⲉϫ̣ⲛ̣̄-|| [- - - ⲉⲧ$^{\emptyset}$-ⲙ]ⲟ̣ⲟⲩⲧ ⲧⲏ | [- - -]ⲓ̣ⲍⲉ ⲙ̄ⲙⲟ̣-.[.]ⲡ̣[..] ⲛ̄-
ⲥⲏⲑ ⲛ̄ϥ-ⲉⲓⲣⲉ ⲛ̄-ϩⲉⲛ|ⲙⲁⲉⲓⲛ ⲙⲛ̄-ϩⲉⲛϣⲡⲏⲣⲉ ϫⲉ-ⲉϥⲉ-|ϯ-$^{\emptyset}$ⲥⲱϣ ⲛ̄-
ⲛⲓϭⲟⲙ ⲙⲛ̄-ⲡⲉⲩⲁⲣⲭ̣ⲱ̣[ⲛ]• | ⲧⲟⲧⲉ ϥ-ⲛⲁ-ϣⲧⲟⲣⲧⲣ̄ ⲛ̄ϭⲓ-ⲡⲛⲟⲩⲧⲉ ||
ⲛ̄ⲧⲉ-ⲛⲓϭⲟⲙ ⲉϥ-ϫⲱ ⲙ̄ⲙⲟ-ⲥ ϫⲉ-ⲁϣ | ⲧⲉ ⲧϭⲟⲙ ⲛ̄ⲧⲉ-ⲡⲓⲣⲱⲙⲉ ⲉⲧ$^{\emptyset}$-
|ϫⲟⲥⲉ ⲉⲣⲟ-ⲛ•

ⲧⲟⲧⲉ ϥ-ⲛⲁ-ⲧⲟⲩ|ⲛⲟⲥ-ⲟⲩⲛⲟϭ ⲛ̄-ϭⲱⲛ̄ⲧ ⲉϫⲙ̄-ⲡⲓ|ⲣⲱⲙⲉ ⲉⲧ$^{\emptyset}$-ⲙ̄ⲙⲁⲩ• ⲁⲩⲱ ⲉϥⲉ-||ⲟⲩⲱⲧ̄ⲃ ⲛ̄ϭⲓ-ⲡⲓⲉⲟⲟⲩ ⲛ̄ϥ-ϣⲱ|ⲡⲉ ϩⲛ̄-ϩⲉⲛⲏⲉⲓ ⲉⲩ-ⲟⲩⲁⲁⲃ ⲛⲏ | ⲉⲧ-ⲁϥ-ⲥⲟⲧⲡ-ⲟⲩ ⲛⲁ-ϥ• ⲁⲩⲱ ⲛ̄-|ⲥⲉ-ⲛⲁ-ⲛⲁⲩ ⲉⲣⲟ-ϥ ⲁⲛ ⲛ̄ϭⲓ-ⲛⲓϭⲟⲙ | ϩ̣ⲛ̄-ⲛⲉⲩⲃⲁⲗ• ⲟⲩⲧⲉ ⲛ̄-ⲥⲉ-ⲛⲁ-||[ⲛ]ⲁ̣ⲩ ⲁⲛ ⲉ-ⲡⲓⲕⲉⲫⲱⲥⲧⲏⲣ• | ⲧⲟⲧⲉ ⲥⲉ-ⲛⲁ-ⲣ̄-ⲕⲟⲗⲁⲍⲉ[30] ⲛ̄-ⲧⲥⲁ|ⲣⲁⲝ ⲙ̄-ⲡⲓⲣⲱⲙⲉ ⲉⲧ-ⲁ-ⲡⲓⲡⲛ̄ⲁ | ⲉⲧ$^{\emptyset}$-

[26] Luminary φωστήρ [27] Realm ἀρχή [28] In order that ἵνα [29] Modeled form, thing that has been moulded πλάσμα [30] Chastise, punish κολάζειν

ⲟⲩⲁⲁⲃ ⲉ͡ⲓ ⲉϫⲱ-ϥ• ⲧⲟⲧⲉ | ⲥⲉ-ⲛⲁ-ⲣ̄-ⲭⲣⲁⲥⲑⲁⲓ[31] ⲙ̄-ⲡⲓⲣⲁⲛ ⲛ̄ϭⲓ-‖ⲛⲓⲁⲅⲅⲉⲗⲟⲥ ⲙⲛ̄-ⲛⲓⲅⲉⲛⲉⲁ | ⲧⲏⲣ-ⲟⲩ ⲛ̄ⲧⲉ-ⲛⲓϭⲟⲙ ϩⲛ̄-ⲟⲩ|ⲡⲗⲁⲛⲏ[32] ⲉⲩ-ϫⲱ ⲙ̄ⲙⲟ-ⲥ ϫⲉ-|ⲁⲥ-ϣⲱⲡⲉ ⲉⲃⲟⲗ ⲧⲱⲛ• ⲏ̄ ⲛ̄|ⲧ-ⲁⲩ-ⲉ͡ⲓ ⲉⲃⲟⲗ ⲧⲱⲛ ⲛ̄ϭⲓ-ⲛⲓϣⲁ‖ϫⲉ ⲙ̄-ⲙⲛ̄ⲧ-ⲛⲟⲩϫ ⲛⲁⲓ̈ ⲉ|ⲧⲉ-ⲙ̄ⲡⲟⲩ-ϭⲛ̄ⲧ-ⲟⲩ ⲛ̄ϭⲓ-ⲛⲓϭ̣[ⲟⲙ] | ⲧⲏⲣ-ⲟⲩ•

ϯϩⲟⲩⲉ̣ⲓ̣ⲧ̣ⲉ̣ ⲟ̣ⲩ[ⲛ][33] | ⲙ̣̄-ⲙⲛ̄ⲧ-ⲣ̄ⲣ̣[ⲟ ϫⲱ ⲙ̄ⲙⲟ-ⲥ ⲉⲣⲟ-ϥ] | [ϫⲉ-
ⲁ]ϥ-ϣⲱⲡ̣[ⲉ ⲉⲃⲟⲗ ϩⲛ̄- - - -] ‖ [- - -]ⲛ̄ⲧ[- - -]‖
[- - -]. .[- - -] *ⲉ-ⲧⲡⲉ ⲛ̄ϭⲓ-ⲟⲩⲡ̄ⲛ̄ⲁ̄• *78:1
ⲁ[ⲩ-ⲥ]ⲁⲛⲟⲩ|ϣ̄-ϥ ϩⲛ̄-ⲙ̄ⲡⲏⲅⲉ•
ⲁϥ-ϫⲓ-ⲡⲉⲟⲟⲩ | ⲙ̄-ⲡⲏ ⲉⲧ̄[∅]-ⲙⲙⲁⲩ ⲙⲛ̄-ϯϭⲟⲙ•
ⲁϥ-ⲉ͡ⲓ | ⲉϫⲛ̄-ⲕⲟⲩⲛ̄ⲧ̄-ⲥ ⲛ̄-ⲧⲉϥⲙⲁⲁⲩ• ‖
ⲁⲩⲱ ⲛ̄ϯϩⲉ ⲁϥ-ⲉ͡ⲓ ⲉϫⲙ̄-ⲡⲓⲙⲟⲟⲩ• |

ϯⲙⲉϩ-ⲥ̄ⲛ̄ⲧⲉ ⲇⲉ ⲙ̄-ⲙⲛ̄ⲧ̄-ⲣ̄ⲣⲟ ϫⲱ | ⲙ̄ⲙⲟ-ⲥ ⲉⲧⲃⲏⲏⲧ̄-ϥ ϫⲉ-
ⲁϥ-ϣⲱⲡⲉ | ⲉⲃⲟⲗ ϩⲛ̄-ⲟⲩⲛⲟϭ ⲙ̄-ⲡⲣⲟⲫⲏⲧⲏⲥ• |
ⲁⲩⲱ ⲁϥ-ⲉ͡ⲓ ⲛ̄ϭⲓ-ⲟⲩϩⲁⲗⲏⲧ• ⲁϥ-ϥⲓ-‖ⲡⲓⲁⲗⲟⲩ ⲉⲧ-ⲁⲩ-ϫ̣ⲡ̣ⲟ-ϥ•
ⲁϥ-ϫⲓⲧ̄-ϥ | ⲉϩⲟⲩⲛ ⲉ-ⲩⲧⲟⲟⲩ ⲉϥ-ϫⲟⲥⲉ• |
ⲁⲩⲱ ⲁⲩ-ⲥⲁⲛⲟⲩϣ̄-ϥ ⲉⲃⲟⲗ ϩⲙ̄-|ⲡⲓϩⲁⲗⲏⲧ ⲛ̄ⲧⲉ-ⲧⲡⲉ•
ⲁ-ⲩⲁⲅⲅⲉ|ⲗⲟⲥ ⲉ͡ⲓ ⲉⲃⲟⲗ ⲙ̄ⲙⲁⲩ•
ⲡⲉϫⲁ-ϥ ⲛⲁ-[ϥ] ‖ ϫⲉ-ⲧⲱⲟⲩⲛ̄-ⲅ̄• ⲁ-ⲡⲛⲟⲩⲧⲉ ϯ-[∅]ⲉⲟⲟⲩ | ⲛⲁ-ⲕ•
ⲁϥ-ϫⲓ ⲛ̄-ⲟⲩⲉⲟⲟⲩ ⲙⲛ̄-ⲟⲩϫⲣⲟ• |
ⲁⲩⲱ ⲛ̄ϯϩⲉ ⲁϥ-ⲉ͡ⲓ ⲉϫⲙ̄-ⲡⲓⲙⲟⲟⲩ• |

ϯⲙⲉϩ-ϣⲟⲙⲧⲉ ⲙ̄-ⲙⲛ̄ⲧ̄-ⲣ̄ⲣⲟ ϫⲱ | ⲙ̄ⲙⲟ-ⲥ ⲉⲣⲟ-ϥ ϫⲉ-
ⲁϥ-ϣⲱⲡⲉ ⲉⲃⲟⲗ ‖ ϩⲛ̄-ⲟⲩⲙⲏⲧⲣⲁ[34] ⲙ̄-ⲡⲁⲣⲑⲉⲛⲟⲥ•[35] |
ⲁⲩ-ⲛⲟϫ̄-ϥ ⲉⲃⲟⲗ ϩⲛ̄-ⲧⲉϥⲡⲟⲗⲓⲥ | ⲛ̄ⲧⲟϥ ⲙⲛ̄-ⲧⲉϥⲙⲁⲁⲩ•
ⲁⲩ-ϫⲓⲧ-ϥ̄ | ⲉ-ⲩⲙⲁ ⲛ̄-ⲉⲣⲏⲙⲟⲥ•[36] ⲁϥ-ⲥⲁⲛⲟⲩ|ϣ̄-ϥ ⲙ̄ⲙⲁⲩ•
ⲁϥ-ⲉ͡ⲓ• ⲁϥ-ϫⲓ ⲛ̄-ⲟⲩⲉ‖[ⲟ]ⲟⲩ ⲙⲛ̄-ⲟⲩϭⲟⲙ•
ⲁⲩⲱ ⲛ̄ϯ|[ϩⲉ] ⲁϥ-ⲉ͡ⲓ ⲉϫⲙ̄-ⲡⲓⲙⲟⲟⲩ• |

[ϯ]ⲙ̣ⲉ̣ϩ̣-[ϥ]ⲧ̣[ⲟ]ⲉ̣ ⲙ̄-[ⲙ]ⲛ̄ⲧ̄-ⲣ̄ⲣⲟ ϫ̣[ⲱ] | [ⲙ̄ⲙⲟ-ⲥ ⲉⲣⲟ-ϥ ϫ]ⲉ̣-
ⲁϥ-ϣϣ̣[ⲡⲉ] | [ⲉⲃⲟⲗ ϩⲛ̄-ⲟⲩⲡⲁⲣ]ⲑⲉ[ⲛⲟⲥ - - -]‖[- - -]
. . .*[ⲕ]ⲱ̣ⲧ̣ⲉ̣ [ⲛ̄]ⲥⲱ-ⲥ ⲛ̄ⲧⲟϥ ⲙⲛ̄-ⲫ̄ⲏ̄ⲣ̄ⲥ̄ⲁ̄ⲗ̄ⲱ̄ | ⲙⲛ̄-ⲥ̄ⲁ̄ⲩ̄ⲏ̄ⲗ̄ *79:1
ⲙⲛ̄-ⲛⲉϥⲥⲧⲣⲁⲧⲓⲁ[37] | ⲉⲧ-ⲁⲩ-ⲧⲁⲟⲩⲟ-ⲟⲩ•
ⲁ-ⲥⲟⲗⲟⲙⲱⲛ | ϩⲱⲱ-ϥ ⲧⲁⲩⲟ ⲛ̄-ⲧⲉϥⲥⲧⲣⲁⲧⲓⲁ ⲛ̄‖ⲧⲉ-ⲛⲓⲇⲁⲓ-
ⲙⲱⲛ[38] ⲉ-[∅]ⲕⲱⲧⲉ ⲛ̄ⲥⲁ-ϯ|ⲡⲁⲣⲑⲉⲛⲟⲥ•

[31] Use, make use of χρᾶσθαι [32] Error, deceit πλάνη [33] Accordingly, so οὖν [34] Womb μήτρα [35] Virgin, young woman παρθένος [36] Deserted, desert, deserted place ἐρημός [37] Army στρατία [38] Demon, minor spirit δαίμων

ⲁⲩⲱ ⲙ̄ⲡⲟⲩ-ϭⲙ̄-|ⲧⲏ ⲉⲧⲟⲩ-ⲕⲱⲧⲉ ⲛ̄ⲥⲱ-ⲥ•
ⲁⲗⲗⲁ | ϯⲡⲁⲣⲑⲉⲛⲟⲥ ⲉⲧ-ⲁⲩ-ⲧⲁⲁ-ⲥ ⲛⲁ-ⲩ | ⲛ̄ⲧⲟⲥ ⲡⲉⲛⲧ-ⲁⲩ-ⲛ̄ⲧ̄-ⲥ•
ⲁϥ-ϫⲓⲧ̄-ⲥ || ⲛ̄ϭⲓ-ⲥⲟⲗⲟⲙⲱⲛ• ⲁⲥ-ⲉⲣ-∅ⲃⲁⲕⲉ | ⲛ̄ϭⲓ-ϯⲡⲁⲣⲑ̣ⲉⲛⲟⲥ• ⲁⲥ-ⲙⲓⲥⲉ ⲙ̄-|ⲡⲓⲁⲗⲟⲩ ⲙ̄-ⲡⲙⲁ ⲉⲧ̄∅̄-ⲙⲙⲁⲩ• |
ⲁⲥ-ⲥⲁⲛⲟⲩϣ̄-ϥ ϩ̄ⲛ-ⲟⲩϣⲱⲗ̄ϩ | ⲛ̄ⲧⲉ-ⲧⲉⲣⲏⲙⲟⲥ•
ⲛ̄ⲧⲉ||[ⲣ]ⲟ̣ⲩ-ⲥⲁⲛⲟⲩϣ-ϥ̄ ⲁϥ-ϫⲓ ⲛ̄-ⲟⲩⲉⲟ|ⲟ̣ⲩ ⲙ̄ⲛ-ⲟⲩϭⲟⲙ ⲉⲃⲟⲗ ϩ̄ⲛ-ϯⲥⲡⲟ|ⲣⲁ ⲉⲧ-ⲁⲩ-ϫⲡⲟ-ϥ ⲉⲃⲟⲗ ⲛ̄ϩⲏⲧ̄-ⲥ• |
ⲁⲩⲱ ⲛ̄ϯϩⲉ ⲁϥ-ⲉ͡ⲓ ⲉϫ̄ⲙ-ⲡⲓ|ⲙⲟⲟⲩ•

ϯⲙⲉ̣ϩ-ϯ ⲇⲉ ⲙ̄-ⲙ̄ⲛ||ⲧ̄-ⲣ̄ⲣⲟ ϫⲱ ⲙ̄ⲙⲟ-ⲥ ⲉⲣⲟ-ϥ ϫⲉ-|
ⲁϥ-ϣⲱⲡⲉ ⲉⲃⲟⲗ ϩ̄ⲛ-ⲟⲩⲧ̄ⲗ̄|ϯⲗⲉ ⲛ̄ⲧⲉ-ⲧⲡⲉ•
ⲁⲩ-ⲥⲁⲧ-ϥ̄ | ⲉ-ⲑⲁⲗⲁⲥⲥⲁ• ⲁ-ⲡⲛⲟⲩⲛ | ϣⲟⲡ-ϥ̄ ⲉⲣⲟ-ϥ•
ⲁϥ-ϫⲡⲟ-ϥ• || ⲁϥ-ⲟⲗ̄-ϥ ⲉ-ⲧⲡⲉ•
ⲁϥ-ϫⲓ ⲛ̄-ⲟⲩⲉ|ⲟⲟⲩ ⲙ̄ⲛ-ⲟⲩϭⲟⲙ•
ⲁⲩⲱ | ⲛ̄ϯϩⲉ ⲁϥ-ⲉ͡[ⲓ] ⲉϫ̄ⲙ-[ⲡⲓⲙⲟⲟⲩ]• |

[ϯ]ⲙ̣ⲉϩ-ⲥⲟ ⲇ̣[ⲉ] ⲙ̄-[ⲙ]ⲛ̄ⲧ̣̄-ⲣ̣ⲣ[ⲟ] | [ϫⲱ] ⲙ̣̄ⲙⲟ-ⲥ [ϫⲉ-
*80:1 ⲟⲩ]ⲙ̄ⲛⲧ̣[.].||[. . . .]ⲉⲧ[. .ⲉϩⲣ]ⲁⲓ̈ ⲉ-ⲡⲓⲉ͡ⲱⲛ *ⲉⲧ∅-ⲥⲁϩⲣⲁⲓ̈ ϫⲉ-ⲉϥⲉ-ⲧ[ⲟⲟⲩ]ⲧⲉ ⲛ-|ϩⲉⲛϩⲣⲏⲣⲉ•
ⲁⲥ-ⲱⲱ̂ ⲉⲃⲟⲗ ϩ̄ⲛ-|ⲧⲉⲡⲓⲑⲩⲙⲓⲁ ⲛ̄-ⲛⲓϩⲣⲉⲣⲉ• ⲁⲥ-|ⲙⲉⲥⲧ-ϥ̄ ⲙ̄-ⲡⲧⲟⲡⲟⲥ ⲉⲧ̄∅̄-ⲙⲙⲁⲩ• ||
ⲁ-ⲛⲁⲅⲅⲉⲗⲟⲥ ⲥⲁⲛⲟⲩϣ-ϥ̄ ⲛ̄|ⲧⲉ-ⲡⲓⲁⲛⲑⲉⲱⲛⲟⲥ•[39]
ⲁϥ-ϫⲓ ⲛ̄-|ⲟⲩⲉⲟⲟⲩ ⲙ̄ⲡⲙⲁ ⲉⲧ̄∅̄-ⲙⲙⲁⲩ | ⲙ̄ⲛ-ⲟⲩϭⲟⲙ•
ⲁⲩⲱ ⲛ̄ϯϩⲉ ⲁϥ-ⲉ͡ⲓ | ⲉϫ̄ⲙ-ⲡⲓⲙⲟⲟⲩ•

ϯⲙⲉϩ-||ⲥⲁϣϥⲉ ⲇⲉ ⲙ̄-ⲙ̣̄ⲛ[ⲧ̄-]ⲣ̄ⲣⲟ ϫⲱ ⲙ̄|ⲙⲟ-ⲥ ⲉⲣⲟ-ϥ ϫⲉ-
ⲟⲩⲧ̄ⲗ̄ϯⲗⲉ ⲡⲉ• | ⲁⲥ-ⲉ͡ⲓ ⲉⲃⲟⲗ ϩ̄ⲛ-ⲧⲡⲉ ⲉϫ̄ⲙ-ⲡⲕⲁϩ• |
ⲁⲩ-ϫⲓⲧ̄-ϥ ⲉϩⲣⲁⲓ̈ ⲉ-ϩⲉⲛⲃⲏⲃ ⲛ̄ϭⲓ-|ϩⲉⲛⲇⲣⲁⲕⲱⲛ•[40]
ⲁϥ-ϣⲱⲡⲉ ⲛ̄-ⲟⲩ||ⲁⲗⲟⲩ•
ⲁ-ⲩⲡ̄ⲛ̄ⲁ ⲉ͡ⲓ ⲉϫⲱ-ϥ• ⲁϥ-|ϫⲓⲧ̄-ϥ ⲉ-ⲡϫⲓⲥⲉ ⲉ-ⲡⲙⲁ ⲉⲧ-ⲁ-ϯ|ⲧ̄ⲗ̄ϯⲗⲉ ϣⲱⲡⲉ ⲉⲃⲟⲗ ⲙ̄ⲙⲁⲩ• |
ⲁϥ-ϫⲓ ⲛ̄-ⲟⲩⲉⲟⲟⲩ ⲙ̄ⲛ-ⲟⲩϭⲟⲙ | ⲙ̄ⲡⲙⲁ ⲉⲧ̄∅̄-ⲙⲙⲁⲩ•
ⲁⲩⲱ ⲛ̄ϯϩ̣[ⲉ] || ⲁϥ-ⲉ͡ⲓ ⲉϫ̄ⲙ-ⲡⲓⲙⲟⲟⲩ•

ϯⲙⲉϩ-|ϣⲙⲟⲩⲛⲉ ⲇⲉ ⲙ̄-ⲙ̄ⲛⲧ̄-ⲣ̄ⲣⲟ ϫⲱ ⲙ̄|ⲙⲟ-ⲥ ⲉⲣⲟ-ϥ ϫⲉ-
ⲁ-ⲩⲕⲗⲟⲟⲗⲉ ⲉ͡ⲓ | ⲉϫ̄ⲙ-ⲡⲕⲁϩ• ⲁⲥ-ⲕⲱⲧⲉ ⲛ̄-ⲟⲩ|ⲡⲉⲧⲣⲁ[41] ⲉ-ϩⲟⲩⲛ•

[39] Flower bed, garden ἀνθεών [40] Serpent, dragon δράκων [41] Rocky outcrop, rock πέτρα

ⲁϥ-ϣⲱⲡⲉ ‖ [ⲉ]ⲃⲟⲗ ⲛ̄ϩⲏⲧ̄-ⲥ̄•
ⲁⲩ-ⲥⲁⲛⲟⲩϣ̄-ϥ̄ | [ⲛ̄]ϭ[ⲓ-ⲛⲓⲁⲅⲅ]ⲉⲗⲟⲥ ⲛⲏ ⲉⲧ$^{\emptyset}$-ϩ͡ⲓ[ϫⲛ̄]-‖[ϯ-ⲕ]ⲗ̣ⲟⲟⲗ[ⲉ]•
ⲁ̣ϥ-[ϫⲓ] ⲛ̄-ⲟⲩⲉⲟ[ⲟⲩ] | ⲙ̣[ⲛ]-ⲟⲩϭⲟ̣ⲙ̣ [ⲙ̄]ⲡ̣ⲙⲁ [ⲉⲧ$^{\emptyset}$-ⲙ̄ⲙⲁⲩ]• |
ⲁⲩⲱ ⲛ̣̄[ϯϩⲉ ⲁϥ]-ⲉ͡ⲓ̣ ⲉ[ϫⲙ̄-ⲡⲓⲙⲟⲟⲩ]• * *81:1

[ϯⲙ]ⲉϩ̣-ⲯ[ⲓ]ⲧⲉ ⲇⲉ ⲙ̄-ⲙⲛ̄ⲧ̄-ⲣ̄ⲣⲟ ϫⲱ ⲙ̄|ⲙⲟ-ⲥ ⲉⲣⲟ-ϥ ϫⲉ-
ⲉⲃⲟⲗ ϩⲛ̄-ϯⲯⲓⲧⲉ | ⲙ̄-ⲡⲉⲣⲓⲇⲱⲛ[42] ⲁ-ⲟⲩⲉ͡ⲓ ⲡⲱⲣϫ̣ ⲉⲃⲟⲗ• |
ⲁⲥ-ⲉ͡ⲓ ⲉϫⲛ̄-ⲟⲩⲧⲟⲟⲩ ⲉϥ-ϫⲟⲥⲉ• ⲁⲥ̄-ⲣ̄-‖$^{\emptyset}$ⲟⲩⲟⲉⲓϣ ⲉⲥ-ϩⲙⲟⲟⲥ ⲙ̄ⲙⲁⲩ
ϩⲱⲥ|ⲧⲉ ⲛ̄ⲥ̄-ⲣ̄-ⲉⲡⲓⲑⲩⲙⲉⲓ[43] ⲉⲣⲟ-ⲥ ⲟⲩⲁⲁ-ⲥ | ϫ̣ⲉ-ⲉⲥⲉ-ϣⲱⲡⲉ ⲛ̄-$^{\emptyset}$ϩⲟⲟⲩⲧ-ⲥϩ͡ⲓⲙⲉ• |
ⲁⲥ-ϫⲱⲕ ⲛ̄-ⲧⲉⲥⲉⲡⲓⲑⲩⲙⲓⲁ ⲉⲃⲟⲗ• |
ⲁⲥ-ⲱ̂ ⲉⲃⲟⲗ ϩⲛ̄-ⲧ̣ⲉⲥⲉⲡⲓⲑⲩⲙⲓⲁ• ‖ ⲁⲩ-ϫⲡⲟ-ϥ•
ⲁⲩ-ⲥ[ⲁ]ⲛ̣ⲟⲩϣ̄-ϥ̄ ⲛ̄ϭⲓ-ⲛⲓ‖[ⲁ]ⲅ̣ⲅⲉⲗⲟⲥ ⲛⲏ ⲉⲧ$^{\emptyset}$-ϩ͡ⲓϫⲛ̄-ϯⲉⲡⲓⲑⲩⲙⲓⲁ• | ⲁⲩⲱ ⲁϥ-ϫⲓ ⲛ̄-ⲟⲩⲉⲟⲟⲩ ⲙ̄ⲡⲙⲁ | [ⲉ]ⲧ̣$^{\emptyset}$-ⲙ̄ⲙⲁⲩ ⲙⲛ̄-ⲟⲩϭⲟⲙ•
ⲁⲩⲱ ⲛ̄|[ϯ]ϩ̣ⲉ̣ ⲁϥ-ⲉ͡ⲓ ⲉϫⲙ̄-ⲡⲓⲙⲟⲟⲩ•

ϯⲙⲉϩ-‖[ⲙ]ⲏ̣ⲧⲉ ⲙ̄-ⲙⲛ̄ⲧ̄-ⲣ̄ⲣⲟ ϫⲱ ⲙ̄ⲙⲟ-ⲥ ⲉⲣⲟ-ϥ | ϫⲉ-
ⲁ-ⲡⲉϥⲛⲟⲩⲧⲉ ⲙⲉⲣⲉ-ⲟⲩϭⲏⲡⲉ | ⲛ̄ⲧⲉ-ϯⲉⲡⲓⲑⲩⲙⲓⲁ• ⲁϥ-ϫⲡⲟ ⲙ̄ⲙⲟ-ϥ | ⲉϩⲣⲁⲓ̈ ⲉ-ⲧⲉϥϭⲓϫ•
ⲁⲩⲱ ⲁϥ-ⲛⲟⲩϫⲉ | [ⲉ]ϫⲛ̄-ϯⲕⲗⲟⲟⲗⲉ ⲉϩⲟⲩⲉ ⲉⲣⲟ-ϥ ‖ ⲉ̣ⲃⲟⲗ ϩⲛ̄-ϯⲧ̄ⲗ̄ϯⲗⲉ•
ⲁⲩⲱ ⲁⲩ-|ϫⲡⲟ-ϥ• ⲁϥ-ϫⲓ ⲛ̄-ⲟⲩⲉⲟⲟⲩ ⲙⲛ̄-ⲟⲩ|[ϭ]ⲟⲙ ⲙ̄ⲡⲙⲁ ⲉⲧ$^{\emptyset}$-ⲙ̄ⲙⲁⲩ•
ⲁⲩⲱ | ⲛ̣̄ϯϩⲉ ⲁϥ-ⲉ͡ⲓ ⲉϫⲙ̄-ⲡⲓⲙⲟⲟⲩ• |

ϯⲙⲉϩ-ⲙⲛ̄ⲧ-ⲟⲩⲉ ⲇⲉ ⲙ̄-ⲙⲛ̄‖[ⲧ̄-]ⲣ̄ⲣⲟ ϫⲱ ⲙ̄ⲙ̣ⲟ-ⲥ ϫⲉ-
ⲁ-ⲡⲓϣ̣ⲧ | [ⲣ̄-ⲉⲡ]ⲓ̣ⲑⲩⲙ̣ⲓ ⲉ̣-[ⲧ]ⲉϥϣⲉⲉⲣⲉ̣ | [. . . .]ⲧ̄-ⲥ̄• ⲁⲥ-ⲱⲱ̂ ϩⲱⲱ-ⲥ ⲉⲃⲟ̣[ⲗ] | [ϩⲙ̄-ⲡⲉ]ⲥⲉⲓⲱⲧ•
ⲁⲥ-ⲛⲟⲩϫⲉ ⲙ̣̄[- - -]‖[- - -]ⲩⲛ̣[. .]ⲩⲙ̄ϩⲉⲟⲩ[- - -] *ⲛ̄ⲃⲟⲗ ϩ͡ⲓ-ⲧⲉⲣⲏⲙⲟⲥ• *82:1
ⲁ-ⲡⲁⲅⲅⲉ|ⲗⲟⲥ ⲥⲁⲛⲟⲩϣ̄-ϥ̄ ⲙ̄ⲡⲙⲁ ⲉ|ⲧ$^{\emptyset}$-ⲙ̄ⲙⲁⲩ•
ⲁⲩⲱ ⲛ̄ϯϩⲉ ⲁϥ-ⲉ͡ⲓ ⲉ|ϫⲙ̄-ⲡⲓⲙⲟⲟⲩ•

ϯⲙⲉϩ-‖ⲙⲛ̄ⲧ-ⲥⲛⲟⲟⲩⲥ ⲙ̄-ⲙⲛ̄ⲧ̄-ⲣ̄ⲣⲟ ϫⲱ | ⲙ̄ⲙⲟ-ⲥ ⲉⲣⲟ-ϥ ϫⲉ-
ⲁϥ-ϣⲱⲡⲉ ⲉⲃⲟⲗ | ϩⲙ̄-ⲫⲱⲥⲧⲏⲣ ⲥⲛⲁⲩ•
ⲁⲩ-ⲥⲁ|ⲛⲟⲩϣ̄-ϥ̄ ⲙ̄ⲙⲁⲩ•

[42] Muse, specifically one of the Pierian Muses αἱ Πιερίδες [43] To desire ἐπιθυμεῖν

[ⲁ]ϥ-ϫⲓ ⲛ̄-ⲟⲩⲉⲟⲟⲩ | ⲙⲛ̄-ⲟⲩϭⲟⲙ•
ⲁⲩ[ⲱ] ⲛ̄ϯϩⲉ ⲁϥ-ⲉ͡ⲓ || ⲉϫⲙ̄-ⲡⲓⲙⲟⲟⲩ•

ϯⲙⲉϩ-|ⲙⲛ̄ⲧ-ϣⲟⲙⲧⲉ ⲇⲉ ⲙ̄-ⲙⲛ̄ⲧ-ⲣ̄ⲣⲟ ϫⲱ | ⲙ̄ⲙⲟ-ⲥ ⲉⲣⲟ-ϥ ϫⲉ-ϭⲓⲛ-ⲙⲓⲥⲉ ⲛⲓⲙ | ⲛ̄ⲧⲉ-ⲡⲉⲩⲁⲣⲭⲱⲛ ⲟⲩⲗⲟⲅⲟ[ⲥ[44] ⲡⲉ]• |
ⲁⲩⲱ ⲁϥ-ϫⲓ ⲛ̄-ⲟⲩⲧⲱϣ ⲙ̄ⲡⲙ̣[ⲁ] || ⲉⲧ̄∅-ⲙⲙⲁⲩ ⲛ̄ϭⲓ-ⲡⲉϊⲗⲟⲅⲟⲥ•
ⲁϥ-|ϫⲓ ⲛ̄-ⲟⲩⲉⲟⲟⲩ ⲙⲛ̄-ⲟⲩϭⲟⲙ• |
ⲁⲩⲱ ⲛ̄ϯϩⲉ ⲁϥ-ⲉ͡ⲓ ⲉϫⲙ̄-ⲡⲓⲙⲟⲟⲩ |
ϩ͡ⲓⲛⲁ ϫⲉ-ⲉⲩⲉ-ⲧⲱⲧ ⲛ̄-ⲧⲉⲡⲓⲑⲩ|ⲙⲓⲁ ⲛ̄ⲧⲉ-ⲛⲉϊϭⲟⲙ•

ϯⲅⲉⲛⲉⲁ ⲇⲉ || ⲛ̄ⲛ-ⲁⲧ̄-ⲣ̄-∅ⲣ̄ⲣⲟ ⲉϩⲣⲁϊ ⲉϫⲱ-ⲥ ϫⲱ | ⲙ̄ⲙⲟ-ⲥ ϫⲉ-ⲁ-ⲡⲛⲟⲩⲧⲉ ⲥⲱⲧ̄ⲡ | ⲙ̄ⲙⲟ-ϥ ⲉⲃⲟⲗ ϩⲛ̄-ⲛⲓⲉⲱⲛ ⲧⲏⲣ-ⲟⲩ• |
[ⲁ]ϥ-ⲧⲣⲉ-ⲟⲩⲅⲛⲱⲥⲓⲥ ⲛ̄ⲧⲉ-ⲡⲓⲁⲧ̣-|[ϫ]ⲱϩ̄ⲙ ⲛ̄ⲧⲉ-ⲧⲙⲉ ϣⲱⲡⲉ ⲛ̄||[ϩⲏⲧ]-ϥ̣̄•

ⲡⲉϫⲁ-ϥ ϫⲉ-ⲁϥ-ⲉ͡ⲓ ⲉ[ⲃⲟⲗ] | [ϩⲛ̄]-ⲟ̣ⲩⲁⲏⲣ[45] ⲛ̄-ϣⲙ̣̄ⲙ̣ⲟ̣ ⲉ[ⲃⲟⲗ ϩⲛ̄]-|[ⲟⲩ]ⲛⲟϭ ⲛ̄ⲛ-ⲉⲱⲛ ⲛ̄ϭⲓ-[ⲡⲓ]|[ⲛⲟϭ] ⲙ̄-ⲫⲱⲥⲧⲏⲣ•
*83:1 ⲁⲩ[- - -]*ϯⲅⲉⲛ[ⲉ]ⲁ ⲛ̄ⲧⲉ-ⲛⲓⲣⲱⲙⲉ ⲉⲧ̄∅-ⲙⲙⲁⲩ | ⲣ̄-∅ⲟⲩⲟⲉⲓⲛ ⲛⲏ ⲉⲧ-ⲁϥ-ⲥⲟⲧⲡ-ⲟⲩ ⲛⲁ-ϥ | ϩⲱⲥⲧⲉ ⲛ̄ⲥⲉ-ⲣ̄-∅ⲟⲩⲟⲉⲓⲛ ⲉϫⲙ̄-ⲡⲓ|ⲉⲱⲛ ⲧⲏⲣ̄-ϥ•

ⲧⲟⲧⲉ ϯⲥⲡⲟⲣⲁ ⲛⲁ-ϯ || ⲟⲩⲃⲉ-ϯϭⲟⲙ ⲛⲏ ⲉⲧ∅-ⲛⲁ-ϫⲓ ⲙ̄-ⲡⲉϥ|ⲣⲁⲛ ϩ͡ⲓϫⲙ̄-ⲡⲓⲙⲟⲟⲩ ⲁⲩⲱ ⲛ̄ⲧⲟⲧ-ⲟⲩ | ⲧⲏⲣ-ⲟⲩ• ⲁⲩⲱ ⲟⲩⲛ̄-ⲟⲩⲕⲗⲟⲟⲗⲉ | ⲛ̄-ⲕⲁⲕⲉ ⲛ̄ⲛⲏⲩ ⲉϫⲱ-ⲟⲩ•

ⲧⲟⲧⲉ | ⲥⲉ-ⲛⲁ-ⲱϣ ⲉⲃ̣[ⲟ]ⲗ ϩⲛ̄-ⲟⲩⲛⲟϭ ⲛ̄-ⲥⲙⲏ || ⲛ̄ϭⲓ-ⲛⲓⲗⲁⲟⲥ ⲉ̣ⲩ̣-ϫⲱ ⲙ̄ⲙⲟ-ⲥ ϫⲉ-|ⲛⲁϊⲁⲧ̄-ⲥ ⲛ̄-ⲧⲯⲩⲭⲏ ⲛ̄ⲧⲉ-ⲛⲓⲣⲱ|ⲙⲉ ⲉⲧ̄∅-ⲙⲙⲁⲩ ϫⲉ-ⲁⲩ-ⲥⲟⲩⲱⲛ-|ⲡⲛⲟⲩⲧⲉ ϩⲛ̄-ⲟⲩⲅⲛⲱⲥⲓⲥ ⲛ̄|[ⲧ]ⲉ̣-ⲧⲙⲉ• ⲥⲉ-ⲛⲁ-ⲱⲛ̄ϩ ϣⲁ-ⲛⲉ||[ⲱ]ⲛ ⲛ̄ⲧⲉ-ⲛⲉⲱⲛ ϫⲉ-ⲙ̄ⲡⲟⲩ-|ⲧ̣ⲁ̣ⲕⲟ ϩⲛ̄-ⲧⲉⲩⲉⲡⲓⲑⲩⲙⲓⲁ | ⲙⲛ̄-ⲛⲓⲁⲅⲅⲉⲗⲟⲥ• ⲟⲩⲧⲉ ⲙ̄|ⲡⲟⲩ-ϫⲉⲕ-ⲛⲓϩⲃⲏⲩⲉ ⲛ̄ⲧⲉ-ⲛⲓ|ϭⲟⲙ ⲉⲃⲟⲗ• ⲁⲗⲗⲁ ⲁⲩ-ⲁϩⲉⲣⲁⲧ-ⲟⲩ || ⲙ̄ⲡⲉϥⲙ̄ⲧⲟ ϩⲛ̄-ⲟⲩⲅⲛⲱⲥⲓⲥ | ⲛ̄ⲧⲉ-ⲡⲛⲟⲩⲧⲉ ⲛ̄ⲑⲉ ⲛ̄-ⲟⲩⲟ|ⲉⲓⲛ ⲉ-ⲁϥ-ⲉ͡ⲓ ⲉⲃⲟⲗ ϩⲛ̄-ⲟⲩⲕⲱ|ϩ̄ⲧ ⲙⲛ̄-ⲟⲩⲥⲛⲟϥ•

ⲁⲛⲟⲛ ⲇⲉ | ⲁⲛ-ⲣ̄-∅ϩⲱⲃ ⲛⲓⲙ ϩⲛ̄-ⲟⲩⲙⲛ̄ⲧ-ⲁⲧ-||ϩⲏⲧ ⲛ̄ⲧⲉ-ⲛⲓϭⲟⲙ• ⲁⲛ-ϣⲟⲩ|ϣⲟⲩ ⲙ̄ⲙⲟ-ⲛ ϩⲛ̄-ⲧⲡⲁⲣⲁ|[ⲃⲁ]ⲥⲓⲥ[46] ⲛ̄ⲧⲉ-ⲛ̣ⲉⲛϩⲃⲏⲩⲉ̣ | [ⲧⲏⲣ]-ⲟ̣ⲩ• ⲁⲛ̣-ⲱϣ ⲟⲩⲃⲉ-[ⲡⲛⲟⲩ]|[ⲧ]ⲉ ⲛ̄ⲧⲉ-[ⲧⲙⲉ] ϫ̣ⲉ-ⲛⲉϥϩⲃⲏ̣[ⲩⲉ] || [.]ⲏ̣ⲣⲟ̣
*84:1 [....]...... [- - -] *ⲟⲩϣⲁ-ⲉⲛⲉϩ ⲡⲉ• ⲛⲉϊ ϩⲁ̣-ⲛⲉⲛ|ⲡ̄ⲛ̄ⲁ• ⲁⲛ-ⲉⲓⲙⲉ ⲅⲁⲣ ϯⲛⲟⲩ ϫⲉ-|ⲛⲉⲛⲯⲩⲭⲏ ⲛⲁ-ⲙⲟⲩ ϩⲛ̄-ⲟⲩⲙⲟⲩ• |

[44] Verbal expression, Word (John 1:1) λόγος [45] Air ἀήρ [46] Transgression παράβασις

ⲧⲟⲧⲉ ⲁ-ⲩⲥⲙⲏ ϣⲱⲡⲉ ϣⲁⲣⲟ-ⲟⲩ || ⲉⲥ[47]-ϫⲱ ⲙ̄ⲙⲟ-ⲥ ϫⲉ-ⲙⲓ̄ⲭ̄ⲉ̄ⲩ̄ ⲙ̄ⲛ-
|ⲙⲓ̄ⲭ̄ⲁ̄ⲣ̄ ⲙ̄ⲛ-ⲙ̄ⲛ̄ⲏ̄ⲥ̄ⲓ̄ⲛ̄ⲟ̄ⲩ̄ⲥ̄ ⲛⲏ | ⲉⲧ$^{\emptyset}$-ϩⲓϫⲛ̄-ⲡⲓϫⲱⲕⲙ̄ ⲉⲧ$^{\emptyset}$-ⲟⲩⲁⲁⲃ | ⲙ̄ⲛ-
ⲡⲓⲙⲟⲟⲩ ⲉ̣ⲧ̣$^{\emptyset}$-ⲟⲛ̄ϩ ϫⲉ-ⲉⲧⲃⲉ-|ⲟⲩ ⲛⲉⲧⲉⲧⲛ̄-ⲱ̣ϣ ⲟⲩⲃⲉ-ⲡⲛⲟⲩ||ⲧⲉ ⲉⲧ$^{\emptyset}$-
ⲟⲛ̄ϩ ϩⲛ̄-ϩ̣[ⲉ]ⲛⲥⲙⲏ ⲛ̄-ⲁⲛⲟ̣|ⲙⲟⲥ[48] ⲙ̄ⲛ-ϩⲉⲛⲗⲁⲥ ⲉ-ⲙ̄ⲛ-$^{\emptyset}$ⲛⲟⲙⲟ[ⲥ][49] | ⲧⲉ
ⲉⲧⲟⲟⲧ-ⲟⲩ ⲙ̄ⲛ-ϩⲉⲛⲯⲩⲭⲏ | ⲉⲩ-ⲙⲉϩ ⲛ̄-$^{\emptyset}$ⲥⲛⲟϥ ⲙ̄ⲛ-ϩⲉⲛϩ̣[ⲃⲏⲩⲉ] | ⲉⲩ-
ⲥⲟⲟϥ· ⲉⲧⲉⲧⲛ̄-ⲙⲉϩ ⲉ̣[ⲃⲟⲗ] || ϩⲛ̄-ϩⲉⲛϩⲃⲏⲩⲉ ⲉ-ⲛⲁ-ⲧⲙⲉ ⲁⲛ ⲛⲉ̣· |
ⲁⲗⲗⲁ ⲛⲉⲧⲛ̄ϩⲓⲟⲟⲩⲉ ⲙⲉϩ ⲛ̄-|$^{\emptyset}$ⲟⲩⲛⲟϥ ⲙ̄ⲛ-ⲡⲧⲉⲗⲏⲗ· ⲉ-ⲁⲧⲉ|ⲧⲛ̄-ϫⲉϩⲙ-
ⲡⲓⲙⲟⲟⲩ ⲛ̄ⲧⲉ-ⲡⲱⲛ̄[ϩ] | ⲁⲧⲉⲧⲛ̄-ⲥⲱⲕ ⲙ̄ⲙⲟ-ϥ ⲉϩⲟⲩⲛ || ⲉ-ⲡⲟⲩⲱϣ
ⲛ̄ⲧⲉ-ⲛⲓϭⲟⲙ | ⲛⲏ ⲉⲧ-ⲁⲩ-ϯ-ⲧⲏⲩⲧⲛ̄ ⲉⲧⲟⲟ|ⲧ-ⲟⲩ ϫⲉ-ⲉⲧⲉⲧⲛ̄ⲉ-ϣⲙ̄ϣⲉ |
ⲙ̄ⲙⲟ-ⲟⲩ· ⲁⲩⲱ ⲙ̄-{ⲡⲉ}[50]ⲡⲉ|ⲧ̣ⲛ̄ⲙⲉⲉⲩⲉ ⲉⲓⲛⲉ ⲙ̄-ⲡⲁ-ⲛⲓ||[ⲣ]ϣⲙⲉ ⲉⲧ$^{\emptyset}$-
ⲙ̄ⲙⲁⲩ ⲁⲛ ⲛⲏ | [ⲉ]ⲧ̣ⲉⲧⲛ̄-ⲡⲱ̣ⲧ̣ ⲛ̄ⲥ̣ⲱ-ⲟ[ⲩ] | [..]ⲡ̣ⲟⲩⲥ[.].[.]ⲛ̣̄ⲥⲁ ⲛⲉ|
[.]ⲉⲡⲓⲑⲩⲙ̣[ⲓⲁ...].ϩⲉ· *ⲙ̣ⲁ̣ⲣⲉ-ⲡⲉⲩⲟⲩⲧⲁϩ ⲗⲱⲱⲙ· ⲁⲗⲗⲁ | ⲥⲉ-ⲛⲁ- *85:1
ϣⲱⲡⲉ ⲉⲩ-ⲥⲟⲟⲩⲛ ⲙ̄ⲙⲟ-ⲟⲩ | ϣⲁ-ⲛⲓⲛⲟϭ ⲛ̄ⲛ-ⲉⲱⲛ·

ϫⲉ-ⲛⲓϣⲁϫⲉ | ⲉⲧ-ⲁⲩ-ⲁⲣⲉϩ ⲉⲣⲟ-ⲟⲩ ⲛ̄ⲧⲉ-ⲡⲛⲟⲩⲧⲉ || ⲛ̄ⲧⲉ-ⲛⲉⲱⲛ
ⲙ̄ⲡⲟⲩ-ϩⲓⲧ-ⲟⲩ ⲉ-|ⲡϫⲱⲱⲙⲉ· ⲟⲩⲧⲉ ⲛ̄-ⲥⲉ-ⲥϩⲏⲟⲩⲧ ⲁⲛ· | ⲁⲗⲗⲁ
ϩⲉⲛⲁⲅⲅⲉⲗⲓⲕⲟⲥ[51] <ⲛ>ⲉⲧ$^{\emptyset}$-ⲛⲁ-ⲛ̄ⲧ-ⲟⲩ[52] | ⲛⲁⲓ̈ ⲉⲧⲉ-ⲛ̄-ⲥⲉ-ⲛⲁ-ⲙ̄ⲙⲉ ⲉⲣⲟ-
ⲟⲩ ⲁⲛ ⲛ̄|ϭⲓ-ⲛ̄ⲅⲉⲛⲉⲁ ⲧⲏ[ⲣ-ⲟ]ⲩ ⲛ̄-ⲛ̄ⲣⲱⲙⲉ· ⲥⲉ-||ⲛⲁ-ϣⲱⲡⲉ ⲅⲁ[ⲣ
ⲉ]ϫⲛ̄-ⲟⲩⲧⲟⲟⲩ ⲉϥ-|ϫⲟⲥⲉ ϩⲓϫⲛ̄-ⲟⲩⲡⲉⲧⲣⲁ ⲛ̄ⲧⲉ-ⲧⲙⲉ· | ⲉ̣ⲧⲃⲉ-ⲡⲁⲓ ⲥⲉ-
ⲛⲁ-ϯ-$^{\emptyset}$ⲣⲁⲛ ⲉⲣⲟ-ⲟⲩ | ϫⲉ-ⲛⲓϣⲁϫⲉ ⲛ̄ⲧⲉ-ϯⲁⲫⲑⲁⲣⲥⲓⲁ | [ⲙ̄ⲛ-ϯ]ⲙⲛ̄ⲧ-ⲙⲉ
ⲛ̄-ⲛⲏ ⲉⲧ$^{\emptyset}$-ⲥⲟⲟⲩⲛ || [ⲙ̄]-ⲡ̣ⲛⲟⲩⲧⲉ ⲛ̄-ϣⲁ-ⲉⲛⲉϩ ϩⲛ̄-ⲟⲩ|[ⲥ]ⲟⲫⲓⲁ[53] ⲛ̄ⲧⲉ-
ⲟⲩⲅⲛⲱⲥⲓⲥ ⲙ̄ⲛ-|ⲟ̣ⲩⲥⲃⲱ ⲛ̄ⲧⲉ-ϩⲉⲛⲁⲅⲅⲉⲗⲟⲥ ϣⲁ-|ⲉⲛⲉϩ ϫⲉ-ϥ-ⲥⲟⲟⲩⲛ
ⲛ̄-ϩⲱⲃ ⲛ̣ⲓⲙ· |

ⲛⲁⲓ̈ ⲛⲉ ⲛⲓⲁⲡⲟⲕⲁⲗⲩⲯⲓⲥ ⲉⲧ-ⲁ-||[ⲁ̄]ⲇ̄ⲁ̄ⲙ̄ ϭⲁⲗⲡ-ⲟⲩ ⲉⲃⲟⲗ ⲛ̄-ⲥ̄ⲏ̄ⲑ̄
ⲡⲉϥ|ϣⲏⲣⲉ ⲁⲩⲱ ⲁ-ⲡⲉϥϣⲏⲣⲉ ⲧⲁⲙⲉ-|ⲧⲉϥⲥⲡ[ⲟ]ⲣⲁ ⲉⲣⲟ-ⲟⲩ· ⲧⲁⲓ̈ ⲧⲉ
ϯⲅⲛⲱ|ⲥⲓⲥ ⲛ̄ⲛ-ⲁⲡⲟⲕⲣⲩⲫⲟⲛ[54] ⲛ̄ⲧⲉ-ⲁ̄ⲇ̄ⲁ̄ⲙ̄ | ⲉⲧ-ⲁϥ-ⲧⲁⲁ-ⲥ ⲛ̄-ⲥ̄ⲏ̄ⲑ̄ ⲉⲧⲉ-
ⲡⲓϫⲱ||ⲕⲙ̄ ⲉⲧ-$^{\emptyset}$ⲟⲩⲁⲁⲃ ⲡⲉ ⲛ̄-ⲛⲏ ⲉⲧ$^{\emptyset}$-ⲥⲟ|ⲟⲩⲛ ⲛ̄-ϯⲅⲛⲱⲥⲓⲥ ⲛ̄-ⲉⲛⲉϩ
ⲉⲃⲟ̣[ⲗ] | ϩⲓⲧⲟⲟⲧ-ⲟⲩ ⲛ̄-ⲛⲓⲗⲟⲅⲟⲅⲉⲛⲏⲥ[55] ⲙ̣[ⲛ̄]-|ⲛⲓⲫⲱⲥⲧⲏⲣ ⲛ̄-ⲁ̣ⲧ-
ⲧⲁⲕⲟ ⲛⲏ̣ [ⲉⲧ-ⲁⲩ]-|ⲉ̂ⲓ ⲉⲃⲟⲗ ϩⲛ̄-ϯⲥⲡ̣[ⲟ]ⲣⲁ ⲉⲧ$^{\emptyset}$-ⲟⲩⲁ̣[ⲁⲃ] || ⲓ̣̈ⲉⲥⲥⲉⲩⲥ
ⲙ̣ⲁ̣[ⲍ]ⲁⲣⲉⲩⲥ̣ [ⲓ̈ⲉⲥⲥⲉ]|ⲇⲉⲕⲉⲩⲥ̣ [ⲡⲓ]ⲙ̣ⲟ̣ⲟⲩ ⲉⲧ$^{\emptyset}$-ⲟ̣[ⲛ̄ϩ]· |

ⲧⲁⲡ̣ⲟ̣[ⲕⲁⲗⲩ]ⲯ̣ⲓⲥ ⲛ̣̄-ⲁ̣ⲇ̣[ⲁⲙ]·

[47] Emend to ⲉⲩ? [48] Lawless ἄνομος, -ον [49] Law νόμος [50] Delete {ⲡⲉ}
[51] Angelic, angelic being ἀγγελικός, -ή, -όν [52] <ⲛ> omitted by the ancient copyist
[53] Wisdom σοφία [54] Secret ἀπόκρυφον [55] Reason-born, reason-born being λογογενής, -ές

The Reality of the Rulers

(THE HYPOSTASIS OF THE ARCHONS)

ⲧⲉⲩⲡⲟⲥⲧⲁⲥⲓⲥ ⲛ̅-ⲛ̅ⲁⲣⲭⲱⲛ

MANUSCRIPT: Cairo, Coptic Museum, Nag Hammadi Codex II, pp. <86>–<97>.

PHOTOGRAPHIC FACSIMILE: *Facs. II*, plates 98–109, and *Facs. Intro.*, plates 5*–6*.

EDITIONS: Bentley Layton, in Bentley Layton, ed., *Nag Hammadi Codex II,2–7* (Leiden 1989) 1.232–59; Bernard Barc, *L'Hypostase des archontes* (Quebec City 1980).

DIALECT AND SPELLING: Sahidic with a fluctuating mixture of features from Lycopolitan. Cf. Layton, op. cit., 1.6–16 and 1.232–59 "auxiliary notes."

TRANSLATIONS: Layton, *The Gnostic Scriptures* 65–76; *Nag Hammadi Library in English* 161–69 (B. Layton); for additional information see also Scholer, *Nag Hammadi Bibliography* and supplements in *Novum Testamentum*.

---

*86:20 *ⲉⲧⲃⲉ-ⲑⲩⲡⲟⲥⲧⲁⲥⲓⲥ[1] ⲛ̅-ⲛ̅ⲉⲝⲟⲩⲥⲓⲁ[2] ϩⲙ̅-ⲡⲡ̅ⲛ̅ⲁ̅ | ⲙ̅-ⲡⲉⲓⲱⲧ ⲛ̅-ⲧⲙⲉ ⲁϥ-
ϫⲟⲟ-ⲥ ⲛⲁ-ⲛ ⲛ̅ϭⲓ-ⲡⲛⲟϭ | ⲛ̅-ⲁⲡⲟⲥⲧⲟⲗⲟⲥ ⲉⲧⲃⲉ-ⲛⲉⲝⲟⲩⲥⲓⲁ ⲙ̅-ⲡⲕⲁⲕⲉ
| ϫⲉ-ⲡⲛ̅ϣⲱϫⲉ ϣⲟⲟⲡ ⲁⲛ ⲟⲩⲃⲉ-∅ⲥⲁⲣⲝ ϩⲓ-|∅[ⲥⲛⲟ]ϥ̣• ⲁⲗⲗⲁ ⲉϥ-ⲟⲩⲃⲉ-
ⲛⲉⲝⲟⲩⲥⲓⲁ ⲙ̅-ⲡⲕⲟⲥ||[ⲙⲟⲥ] ⲙ̣ⲛ̅-ⲙ̅ⲡⲛⲉⲩⲙⲁⲧⲓⲕⲟⲛ[3] ⲛ̅-ⲧⲡⲟⲛⲏⲣⲓⲁ•[4] |
[ⲁⲉⲓ]-ϫⲉⲛⲉ-ⲛⲁⲉⲓ ⲉⲕ-ϣⲓⲛⲉ ⲉⲧⲃⲉ-ⲑⲩⲡⲟⲥⲧⲁ||[ⲥⲓⲥ ⲛ̅]ⲉⲝⲟⲩⲥⲓⲁ•
ⲡⲟⲩⲛⲟϭ ⲇⲉ ⲟⲩⲃⲗ̅ⲗⲉ ⲡⲉ• | [ⲉⲧⲃⲉ]-ⲧⲉ̣[ϥ]ϭⲟⲙ ⲙⲛ̅-ⲧⲉϥⲙⲛ̅ⲧ̅-ⲁⲧ-
ⲥⲟⲟⲩⲛ | [ⲙⲛ̅-ⲧⲉϥⲙ]ⲛ̣ⲧ-ϫⲁⲥⲓ-∅ϩⲏⲧ ⲁϥ-ϫⲟⲟ-ⲥ ϩⲛ̅-ⲧⲉϥ||[ϭⲟⲙ ϫⲉ]-
ⲁⲛⲟⲕ ⲡⲉ̣ ⲡ̣ⲛⲟⲩⲧⲉ• ⲙⲛ-ⲗⲁⲁⲩ | [ⲁϫⲛ̅ⲧ-∅]• [ⲛ̅ⲧ]ⲁ̣ⲣⲉϥ-ϫⲉ-ⲡⲁⲉⲓ ⲁϥ-ⲣ̅-
*87:1 ∅ⲛⲟⲃⲉ ⲉϩⲣⲁϊ | [ⲉ-ⲡⲧⲏⲣ-ϥ]• ⲁⲩⲱ ⲁ-ⲡⲉⲉⲓϣⲁϫⲉ ⲡⲱϩ ϣⲁϩ*ⲣⲁϊ
ⲉ-ⲧⲙⲛ̅ⲧ̅-ⲁⲧ-ⲧⲁⲕⲟ• ⲉⲓⲥ-ⲟⲩⲥⲙⲏ ⲇⲉ ⲁⲥ-ⲉⲓ ⲉ̣|ⲃⲟⲗ ϩⲛ̅-ⲧⲙⲛ̅ⲧ̅-ⲁⲧ-ⲧⲁⲕⲟ

[1] Reality, genesis, nature ὑπόστασις [2] Authority ἐξουσία [3] Spiritual πνευματικός, -ή, -όν [4] Wickedness πονηρία

ⲉⲥ-ϫⲱ ⲙ̄ⲙⲟ-ⲥ ϫⲉ̣-|ⲕ-ⲣ̄-ⲡⲗⲁⲛⲁⲥⲑⲉ[5] ⲥⲁⲙⲁⲏⲗ ⲉⲧⲉ-ⲡⲛⲟⲩⲧⲉ ⲡ[ⲉ] | ⲛ̄ⲃ̄-ⲃⲗⲗⲉ•

ⲁ-ⲛⲉϥⲙⲉⲉⲩⲉ ⲣ̄-[∅]ⲃⲗ̄ⲗⲉ• ⲁϥ-ⲛⲟⲩϫⲉ || ⲉⲃⲟⲗ ⲛ̄-ⲧⲉϥϭⲟⲙ ⲉⲧⲉ-ⲡⲟⲩⲁ ⲛ̄ⲧ-ⲁϥ-ϫⲟⲟ-ϥ• | ⲁϥ-ⲇⲓⲱⲕⲉ[6] ⲙ̄ⲙⲟ-ϥ ϣⲁⲡⲓⲧⲛ̄ ⲁ-ⲡⲭⲁⲟⲥ[7] ⲙⲛ̄-|ⲡⲛⲟⲩⲛ ⲧⲉϥⲙⲁⲁⲩ ⲉⲃⲟⲗ ϩⲓⲧⲛ̄-ⲧⲡⲓⲥⲧⲓⲥ | ⲧⲥⲟⲫⲓⲁ•[8] ⲁⲩⲱ ⲁⲥ-ⲕⲁⲑⲓⲥⲧⲁ[9] ⲛ̄-ⲛⲉϥϣⲏⲣⲉ | ⲡⲟⲩⲁ ⲡⲟⲩⲁ ⲕⲁⲧⲁ-ⲧⲉϥϭⲟⲙ ⲕⲁⲧⲁ-ⲡⲧⲩⲡⲟⲥ[10] || ⲛ̄ⲁⲓⲱⲛ[11] ⲉⲧ[∅]-ⲙ̄ⲡⲥⲁ ⲛⲧⲡⲉ ϫⲉ-ⲉⲃⲟⲗ ϩⲛ̄-ⲛⲉ|ⲑⲏⲡ ⲁⲩ-ϩⲉ ⲁ-ⲛ-ⲉⲧ[∅]-ⲟⲩⲟⲛϩ ⲉⲃⲟⲗ•

ⲁ-ⲧⲙⲛ̄ⲧ|-ⲁⲧ-ⲧⲉⲕⲟ ϭⲱϣⲧ ⲁⲡⲓⲧⲛ̄ ⲁ-ⲙⲙⲉⲣⲟⲥ[12] ⲛ̄-ⲙ|ⲙⲟⲟⲩ• ⲁ-ⲡⲉⲥⲓⲛⲉ ⲟⲩⲱⲛϩ ⲉⲃⲟⲗ ϩⲛ̄ⲛ-ⲙ̄|ⲙⲟⲟⲩ• ⲁⲩⲱ ⲁ-ⲛⲉⲝⲟⲩⲥⲓⲁ ⲙ̄-ⲡⲕⲁⲕⲉ ⲙⲉⲣⲓⲧ-ⲥ̄• || ⲙ̄ⲡⲟⲩ-ϣ-ϭⲛ̄-[∅]ϭⲟⲙ ⲇⲉ ⲛ̄-[∅]ⲧⲉϩⲉ-ⲡⲓⲛⲉ ⲉⲧ[∅]-ⲙ̄ⲙⲁⲩ | ⲡ-ⲉⲛⲧ-ⲁϩ-ⲟⲩⲱⲛϩ ⲉⲃⲟⲗ ⲛⲁ-ⲩ ϩⲛ̄ⲛ-ⲙ̄ⲙⲟⲟⲩ | ⲉⲧⲃⲉ-ⲧⲟⲩⲙⲛ̄ⲧ-ϭⲱⲃ ϫⲉ-ⲙ̄ⲯⲩⲭⲓⲕⲟⲥ[13] ⲛⲁ-ϣ-|ⲧⲉϩⲉ-ⲙ̄ⲡⲛⲉⲩⲙⲁⲧⲓⲕⲟⲥ ⲁⲛ ϫⲉ-ϩⲛ̄ⲛⲁ|ⲃⲟⲗ ⲛⲉ ⲙ̄-ⲡⲥⲁ ⲙⲡⲓⲧⲛ• ⲛ̄ⲧⲟϥ ⲇⲉ ⲟⲩⲉⲃⲟⲗ || ⲡⲉ ⲙ̄-ⲡⲥⲁ ⲛⲧⲡⲉ•

ⲉⲧⲃⲉ-ⲡⲁï ⲁ-ⲧⲙⲛ̄ⲧ-ⲁⲧ-|ⲧⲁⲕⲟ ϭⲱϣⲧ ⲉⲃⲟⲗ ⲉⲡⲓⲧⲛ̄ ⲁ-ⲙⲙⲉⲣⲟⲥ | ϣⲓⲛⲁ[14] ϩⲙ̄-ⲡⲟⲩⲱϣ ⲙ̄-ⲡⲉⲓⲱⲧ ⲉⲥ-ⲛⲁ-ϩⲁ|ⲧⲣ̄-ⲡⲧⲏⲣ-ϥ ⲙ̄ⲛ-ⲡⲟⲩⲟⲉⲓⲛ• ⲁ-ⲛⲁⲣⲭⲱⲛ[15] ϫⲓ ⲛ̄-|ⲟⲩⲥⲩⲙⲃⲟⲩⲗⲓⲟⲛ•[16] ⲡⲉϫⲁ-ⲩ ϫⲉ-ⲁⲙⲏⲉⲓⲧⲛ̣̄ || ⲛ̄ⲧⲛ̄-ⲧⲁⲙⲓⲟ ⲛ̄-ⲟⲩⲣⲱⲙⲉ ⲛ̄ⲛ-ⲟⲩⲭⲟⲩⲥ[17] ⲉ|ⲃⲟⲗ ϩⲙ̄-ⲡⲕⲁϩ• ⲁⲩ-ⲣ̄-ⲡⲗⲁⲥⲥⲉ[18] ⲙ̄-ⲡⲟⲩⲧ̣ⲁ̣[ⲙⲓⲟ] | ⲉ-ⲩⲣⲙ̄ⲛ-ⲕⲁϩ ⲧⲏⲣ-<ϥ>[19] ⲡⲉ• ⲛⲓⲁⲣⲭⲱⲛ ⲇ[ⲉ.. ⲥⲱ]|ⲙⲁ ⲡⲉⲧⲉ-ⲩⲛ̄ⲧⲁ-ⲩ-ϥ ⲛ̄-[∅]ⲥϩⲓⲙⲉ ⲟⲩϩ[- - -] | ⲡⲉ ⲛ̄-[∅]ϩⲟ ⲛ̄-ⲑⲏⲣⲓⲟⲛ•[20] ⲛⲉ-ⲁⲩ-ϥⲓ ⲛ̄ⲛ-ⲟ̣[ⲩⲭⲟⲩⲥ] || ⲉⲃⲟⲗ ϩⲙ̄-ⲡⲕⲁϩ• ⲁⲩ-ⲣ̄-ⲡⲗⲁⲥⲥⲉ ⲙ̄-ⲡ[ⲟⲩⲣⲱ]|ⲙⲉ ⲕⲁⲧⲁ-ⲡⲟⲩⲥⲱⲙⲁ ⲁⲩⲱ ⲕ̣[ⲁⲧ]ⲁ̣-[ⲡⲓⲛⲉ] | ⲙ̄-ⲡⲛⲟⲩⲧⲉ ⲛ̄ⲧ-ⲁϩ-ⲟⲩⲱⲛϩ ⲉ̣[ⲃⲟⲗ ⲛⲁ-ⲩ] | ϩⲛ̄ⲛ-ⲙⲙⲟⲟⲩ•

ⲡⲉϫⲁ-ⲩ ϫⲉ-ⲁ[ⲙⲏⲉⲓⲧⲛ̄• ⲙⲁ]|ⲣⲛ̄-ⲧⲉϩⲟ-ϥ ϩⲙ̄-ⲡⲛ̄ⲡⲗⲁⲥⲙⲁ[21] ϫ̣[ⲉ-ⲕⲁⲁⲥ] || ⲉϥ-ⲛⲁ-ⲛⲁⲩ ⲁ-ⲡⲉϥϣⲃⲣ̄-ⲉⲓ̣[ⲛⲉ - - -] *[ⲛ̄]ⲧⲛ̄-ⲉⲙⲁϩⲧⲉ ⲙ̄ⲙⲟ-ϥ *88:1
ϩⲙ̄-ⲡⲙ̄ⲡⲗⲁⲥⲙⲁ ⲉⲩ-ⲣ̄-ⲛⲟ|[ⲉ]ⲓ̣[22] ⲁⲛ ⲛ̄-ⲧⲇⲩⲛⲁⲙⲓⲥ[23] ⲙ̄-ⲡⲛⲟⲩⲧⲉ ⲉⲃⲟⲗ ϩⲛ̄-|ⲧ̣ⲟⲩⲙⲛ̄ⲧ-ⲁⲧ-ϭⲟⲙ• ⲁⲩⲱ ⲁϥ-ⲛⲓϥⲉ ⲉϩⲟⲩⲛ ϩⲙ̄-|ⲡⲉϥϩⲟ• ⲁⲩⲱ ⲁ-ⲡⲣⲱⲙⲉ ϣⲱⲡⲉ ⲙ̄-[∅]ⲯⲩⲭⲓⲕⲟⲥ || ϩⲓϫⲙ̄-ⲡⲕⲁϩ ⲛ̄ϩⲁϩ ⲛ̄-ϩⲟⲟⲩ• ⲙ̄ⲡⲟⲩ-ϣ-ϭⲛ̄-[∅]ϭⲟⲙ | ϭⲉ ⲛ̄-[∅]ⲧⲟⲩⲛⲟⲥ-ϥ ⲉⲧⲃⲉ-ⲧⲟⲩⲙⲛ̄ⲧ-ⲁⲧ-ϭⲟⲙ• ⲁⲩ-|ⲡⲣⲟⲥⲕⲁⲣⲧⲉⲣⲉⲓ[24] ⲛ̄ⲑⲉ ⲛ̄-ⲛⲓϩⲁⲧⲏⲟⲩ ϫⲉ-ⲉⲩ-ⲛⲁ|-ϭⲱⲣϭ ⲁ-ⲡⲉⲓⲛⲉ ⲉⲧ[∅]-ⲙ̄ⲙⲁⲩ ⲡⲁⲉⲓ ⲛ̄ⲧ-ⲁϩ-ⲟⲩⲱⲛϩ | ⲉⲃⲟⲗ ⲛⲁ-ⲩ ϩⲛ̄ⲛ-ⲙ̄ⲙⲟⲟⲩ• ⲛⲉⲩ-ⲥⲟⲟⲩⲛ ⲇⲉ ⲁⲛ || ⲛ̄-ⲧⲉϥϭⲟⲙ ϫⲉ-ⲛⲓⲙ ⲡⲉ•

[5] Err, be mistaken πλανᾶσθαι [6] Pursue διώκειν [7] Chaos χάος [8] Faith Wisdom πίστις σοφία [9] Appoint καθιστάναι [10] Mold, pattern τύπος [11] Realm, eternity, eternal realm αἰών [12] Part, region μέρος [13] Animate ψυχικός, -ή, -όν [14] So that ἵνα [15] Ruler ἄρχων [16] Meeting, council συμβούλιον [17] Soil χοῦς [18] Model πλάσσειν [19] <q> omitted by the ancient copyist [20] Beast θηρίον [21] Modeled form, thing that has been moulded πλάσμα [22] Understand νοεῖν [23] Power δύναμις [24] Persist προσκαρτερεῖν

ⲛⲁⲉⲓ ⲇⲉ ⲧⲏⲣ-ⲟⲩ ⲁⲩ-ϣⲱ|ⲡⲉ ϩⲙ̄-ⲡⲟⲩⲱϣ ⲙ̄-ⲡⲉⲓⲱⲧ ⲙ̄-ⲡⲧⲏⲣ-ϥ· ⲙ̄ⲛ̄|ⲛ̄ⲥⲁ-ⲛⲁⲉⲓ ⲁ-ⲡⲛ̄ⲁ̄ ⲛⲁⲩ ⲁ-ⲡⲓⲣⲱⲙⲉ ⲛ̄-ⲯⲩⲭⲓⲕⲟⲥ | ϩⲓϫⲙ̄-ⲡⲕⲁϩ· ⲁⲩⲱ ⲁ-ⲡⲡ̄ⲛ̄ⲁ̄ ⲉⲓ ⲉⲃⲟⲗ ϩⲙ̄-ⲡⲕⲁϩ | ⲛ̄-ⲁⲇⲁⲙⲁⲛⲧⲓⲛⲏ·[25] ⲁϥ-ⲉⲓ ⲉⲡⲓⲧⲛ̄· ⲁϥ-ⲟⲩⲱϩ ⲛ̄||ϩⲏⲧ-ϥ· ⲁ-ⲡⲣⲱⲙⲉ ⲉⲧ$^{\emptyset}$-ⲙ̄ⲙⲁⲩ ϣⲱⲡⲉ ⲁ-ⲩⲯⲩⲭⲏ | ⲉⲥ-ⲟⲛϩ· ⲁϥ-ⲙⲟⲩⲧⲉ ⲉ-ⲡⲉϥⲣⲁⲛ ϫⲉ-ⲁⲇⲁⲙ· ϫⲉ-|ⲁⲩ-ϩⲉ ⲅⲁⲣ ⲉⲣⲟ-ϥ ⲉϥ-ⲕⲉⲓⲙ ϩⲓϫⲙ̄-ⲡⲕⲁϩ·

ⲁ-ⲩⲥⲙⲏ | ⲉⲓ ⲉⲃⲟⲗ ϩⲛ̄-ⲧⲙⲛ̄ⲧ̄-ⲁⲧ-ⲧⲁⲕⲟ ⲉⲧⲃⲉ-ⲧⲃⲟⲏⲑⲓⲁ[26] | ⲛ̄-ⲁⲇⲁⲙ· ⲁⲩⲱ ⲁ-ⲛⲁⲣⲭⲱⲛ ⲥⲱⲟⲩϩ ⲉϩⲟⲩⲛ || ⲛ̄-ⲛ̄ⲑⲏⲣⲓⲟⲛ ⲧⲏⲣ-ⲟⲩ ⲙ̄-ⲡⲕⲁϩ ⲙⲛ̄-ⲛ̄ϩⲁⲗⲁⲧⲉ | ⲧⲏⲣ-ⲟⲩ ⲛ̄-ⲧⲡⲉ· ⲁⲩ-ⲛ̄ⲧ-ⲟⲩ ⲉϩⲟⲩⲛ ϣⲁ-ⲁⲇⲁⲙ | ⲉ-$^{\emptyset}$ⲛⲁⲩ ϫⲉ-ⲁⲇⲁⲙ ⲛⲁ-ⲙⲟⲩⲧⲉ ⲉⲣⲟ-ⲟⲩ ϫⲉ-ⲛⲓⲙ | ⲉ̣-$^{\emptyset}$ⲧⲣⲉϥ-ϯ-$^{\emptyset}$ⲣⲁⲛ ⲉ-ⲡⲟⲩⲁ ⲡⲟⲩⲁ ϩⲛ̄-ⲛ̄ϩⲁⲗⲁⲧⲉ | ⲙⲛ̄-ⲛ̄ⲧⲃ̄ⲛⲟⲟⲩⲉ ⲧⲏⲣ-ⲟⲩ·

ⲁⲩ-ϥⲉⲓ ⲛ̄-ⲁⲇⲁⲙ· || [ⲁ]ⲩ-ⲕⲁ̣ⲁ̣-ϥ ϩⲙ̄-ⲡⲡⲁⲣⲁⲇⲉⲓⲥⲟⲥ[27] ⲉ-$^{\emptyset}$ⲧⲣⲉϥ-ⲣ̄-$^{\emptyset}$ϩⲱⲃ | [ⲉⲣⲟ-ϥ] ⲛ̄ϥ-ⲁⲣⲉϩ ⲉⲣⲟ-ϥ· ⲁⲩⲱ ⲁ-ⲛⲁⲣⲭⲱⲛ ϩⲱⲛ | [ⲉⲧⲟ]ⲟ̣ⲧ-ϥ ⲉⲩ-ϫⲱ ⲙ̄ⲙⲟ-ⲥ ϫⲉ-ⲉⲃⲟⲗ ϩⲛ̄-ϣⲏⲛ | [ⲛⲓⲙ] ⲉ̣ⲧ$^{\emptyset}$-ϩⲙ̄-ⲡⲁⲣⲁⲇⲓⲥⲟⲥ ⲉⲕ-ⲛⲁ-ⲟⲩⲱⲙ· | [ⲉⲃⲟⲗ] ⲇⲉ ϩⲙ̄-ⲡϣⲏⲛ ⲛ̄-$^{\emptyset}$ⲥⲟⲩⲱⲛ-ⲡ-ⲉⲧ-ⲛⲁ||[ⲛⲟⲩ-ϥ] ⲙⲛ̣̄-ⲡ-ⲉⲑⲟⲟⲩ ⲙ̄ⲡⲣ̄-ⲟⲩⲱⲙ· ⲟⲩⲇⲉ | [ⲙ̄ⲡⲣ̄-ϫⲱϩ ⲉ]ⲣⲟ-ϥ ϫⲉ-ⲫⲟⲟⲩ ⲉⲧⲉⲧⲛⲁ-ⲟⲩⲱⲙ | [ⲉⲃⲟⲗ ⲛ̄ϩⲏⲧ]-ϥ ϩⲛ̄-ⲟⲩⲙⲟⲩ ⲧⲉⲧⲛⲁ-ⲙⲟⲩ· ⲥⲉ-| [- - -]ⲡⲁⲓ̈· ⲥⲉ-ⲥⲟⲟⲩⲛ ⲁⲛ ϫⲉ-ⲟⲩ ⲡⲉⲛ|[ⲧ-ⲁⲩ-ϫⲟⲟ]-ϥ̣ ⲛⲁ-ϥ· ⲁⲗⲗⲁ ϩⲙ̄-
*89:1 ⲡⲟⲩⲱϣ ⲙ̄-ⲡⲉⲓ*ⲱⲧ ⲛ̄ⲧ-ⲁⲩ-ϫⲉ-ⲡⲁⲉⲓ ⲛ̄ⲧⲉⲉⲓϩⲉ ϫⲉⲕⲁⲁⲥ ⲉϥ-|ⲛⲁ-ⲟⲩⲱⲙ ⲛ̄ⲧⲉ-ⲁⲇⲁⲙ ⟦ⲱⲡ⟧[28] <ⲧⲙ̄->[29]ⲛⲁⲩ ⲉⲣⲟ-ⲟⲩ ⲉϥ-ⲟ ⲧⲏ̣ⲣ̣-[ϥ] | ⲛ̄-$^{\emptyset}$ϩⲩⲗⲓⲕⲟⲥ·[30]

ⲁ-ⲛⲁⲣⲭⲱⲛ ϣⲟϫⲛⲉ ⲙⲛ̄-ⲛⲟⲩ|ⲉⲣⲏⲩ· ⲡⲉϫⲁ-ⲩ ϫⲉ-ⲁⲙⲏⲉⲓⲧⲛ̄ ⲛ̄ⲧⲛ̄-ⲉⲓⲛⲉ ⲛ̄-||ⲟⲩⲃϣⲉ ⲉϩⲣⲁⲓ̈ ⲉϫⲛ̄-ⲁⲇⲁⲙ· ⲁⲩⲱ ⲁϥ-ϩⲱⲣⲡ· | ⲧⲃ̄ϣⲉ ⲇⲉ ⲧⲉ ⲧⲙⲛ̄ⲧ̄-ⲁⲧ-ⲥⲟⲟⲩⲛ ⲧⲁⲉⲓ ⲛ̄ⲧ-ⲁⲩ-|ⲛ̄ⲧ-ⲥ̄ ⲉϩⲣⲁⲓ̈ ⲉϫⲱ-ϥ· ⲁⲩⲱ ⲁϥ-ϩⲱⲣⲡ· ⲁⲩ-ⲟⲩⲉⲛ | ⲙ̄-ⲡⲉϥⲥⲡⲓⲣ ⲛ̄ⲑⲉ ⲛ̄ⲛ-ⲟⲩⲥϩⲓⲙⲉ ⲉⲥ-ⲟⲛϩ· | ⲁⲩⲱ ⲁⲩ-ⲕⲱⲧ ⲙ̄-ⲡⲉϥⲥⲡⲓⲣ ⲛ̄ⲛ-ⲟⲩⲥⲁⲣⲝ || ⲉ-ⲡⲉⲥⲙⲁ· ⲁⲩⲱ ⲁ-ⲁⲇⲁⲙ ϣⲱⲡⲉ ⲙ̄-$^{\emptyset}$ⲯⲩⲭⲓ|ⲕⲟⲥ ⲧⲏⲣ-ϥ· ⲁⲩⲱ ⲧⲥϩⲓⲙⲉ ⲙ̄-ⲡⲛⲉⲩⲙⲁⲧⲓⲕⲏ | ⲁⲥ-ⲓ ϣⲁⲣⲟ-ϥ· ⲁⲥ-ϣⲁϫⲉ ⲛⲙ̄ⲙⲁ-ϥ· ⲡⲉϫⲁ-ⲥ | ϫⲉ-ⲧⲱⲟⲩⲛ ⲁⲇⲁⲙ· ⲁⲩⲱ ⲛ̄ⲧⲁⲣⲉϥ-ⲛⲁⲩ ⲉⲣⲟ-ⲥ | ⲡⲉϫⲁ-ϥ ϫⲉ-ⲛ̄ⲧⲟ ⲡⲉⲛⲧ-ⲁϩ-ϯ ⲛⲁⲉⲓ ⲙ̄-ⲡⲱⲛϩ· || ⲥⲉ-ⲛⲁ-ⲙⲟⲩⲧⲉ ⲉⲣⲟ-$^{\emptyset}$ ϫⲉ-ⲧⲙⲁⲁⲩ ⲛ̄-ⲛ-ⲉⲧ-ⲟⲛϩ | ϫⲉ-ⲛ̄ⲧⲟⲥ ⲡⲉ ⲧⲁⲙⲁⲁⲩ· ⲛ̄ⲧⲟⲥ ⲧⲉ ⲧⲥⲟⲉⲓⲛ | ⲁⲩⲱ ⲧⲥϩⲓⲙⲉ ⲁⲩⲱ ⲧ-ⲉⲛⲧ-ⲁϩ-ⲙⲓⲥⲉ·

ⲁ-ⲛⲉ|ⲝⲟⲩⲥⲓⲁ ⲇⲉ ⲉⲓ ⲉϩⲟⲩⲛ ϣⲁ-ⲡⲟⲩⲁⲇⲁⲙ· ⲛ̄ⲧⲁⲣ|ⲟⲩ-ⲛⲁⲩ ⲇⲉ ⲁ-ⲧⲉϥϣⲃ̄ⲣ-ⲉⲓⲛⲉ ⲉⲥ-ϣⲁϫⲉ ⲛⲙ̄||ⲙⲁ-ϥ ⲁⲩ-ϣⲧⲟⲣⲧⲣ̄ ϩⲛ̄-ⲟⲩⲛⲟϭ ⲛ̄-ϣⲧⲟⲣⲧⲣ̄· | ⲁⲩⲱ ⲁⲩ-ⲙⲉⲣⲉⲓⲧ-ⲥ̄· ⲡⲉϫⲁ-ⲩ ⲛ̄-ⲛⲟⲩⲉⲣⲏⲩ | ϫⲉ-ⲁⲙⲏⲉⲓⲧⲛ̄

[25] Steel ἀδαμαντίνος, -η, -ον [26] Assistance βοήθεια [27] Garden, paradise παράδεισος [28] ⟦ⲱⲡ⟧ cancelled by the ancient copyist [29] <ⲧⲙ> omitted by the ancient copyist [30] Material ὑλικός, -ή, -όν

ⲛ̄ⲧⲛ̄-ⲛⲟⲩϫⲉ ⲙ̄-ⲡⲛ̄ⲥⲡⲉⲣ|ⲙⲁ[31] ⲉϩⲣⲁї ⲉϫⲱ-ⲥ• ⲁⲩ-ⲣ̄-ⲇⲓⲱⲕⲉ ⲙ̄ⲙⲟ-ⲥ•
ⲁⲩⲱ | ⲁⲥ-ⲥⲱⲃⲉ ⲛ̄ⲥⲱ-ⲟⲩ ⲉⲃⲟⲗ ϩⲛ̄-ⲧⲟⲩⲙⲛ̄ⲧ-ⲁⲧ-||ⲑⲏⲧ ⲙⲛ̄-ⲧⲟⲩⲙⲛ̄ⲧ-
ⲃⲗ̄ⲗⲉ• ⲁⲩⲱ ⲁⲥ-ⲣ̄-ⲟⲩϣⲏⲛ | ⲛ̄ⲧⲟⲟⲧ-ⲟⲩ• ⲁⲥ-ⲕⲱ ⲛ̄-ⲧⲉⲥϩⲁїⲃⲉⲥ ⲉ̣[ⲥ]-
ⲉⲓⲛⲉ̣ | ⲙ̄ⲙⲟⲥ ϩⲁⲧⲟⲟⲧ-ⲟⲩ• ⲁⲩⲱ ⲁⲩ-ϫⲟϩⲙ-[ⲉⲥ] ϩⲛ̄-|ⲟⲩⲥⲱϥ• ⲁⲩⲱ
ⲁⲩ-ϫⲱϩⲙ̄ ⲛ̄-ⲧⲥⲫⲣⲁⲅⲓ̣[ⲥ][32] ⲛ̄-|ⲧⲉⲥⲥⲙⲏ ϣⲓⲛⲁ ⲉⲩ-ⲛⲁ-ⲣ̄-ⲕⲁⲧⲁ-
ⲕⲣⲓⲛ̣[ⲉ][33] ⲙ̣̄||ⲙⲟ-ⲟⲩ ⲟⲩⲁⲁ-ⲩ ϩⲙ̄-ⲡⲟⲩⲡⲗⲁⲥⲙⲁ ⲙ̣[ⲛ̄-ⲡⲟⲩ]||ⲉⲓⲛⲉ•

ⲁⲥ-ⲉⲓ ⲇⲉ ⲛ̄ϭⲓ-ϯⲡⲛⲉⲩⲙⲁⲧⲓⲕ̣[ⲏ ϩⲙ̄]-|ⲫⲁϥ ⲡⲣⲉϥ-ⲧⲁⲙⲟ• ⲁⲩⲱ ⲁϥ-
ⲧⲁ̣[ⲙⲟ-ⲟⲩ ⲉϥ]-|ϫⲱ ⲙ̄ⲙⲟ-ⲥ ϫⲉ-ⲟⲩ ⲡⲉ-ⲛ̄ⲧ-ⲁϥ-[ϫⲟⲟ-ϥ ⲛⲏ]-|ⲧⲛ̄ ϫⲉ-
ⲉⲃⲟⲗ ϩⲛ̄-ϣⲏⲛ ⲛⲓⲙ ϩ[ⲙ̄-ⲡⲡⲁⲣⲁ]||ⲇⲉⲓⲥⲟⲥ ⲉⲕ-ⲛⲁ-ⲟⲩⲱⲙ• ⲉⲃⲟⲗ̣ ⲇ̣[ⲉ]
ϩⲙ̄-ⲡϣⲏⲛ] *ⲛ̣̄-∅ⲥⲟⲩⲱⲛ-ⲡ-ⲉⲑⲟⲟⲩ ⲙⲛ̄-ⲡ-ⲉⲧ-ⲛⲁⲛⲟⲩ-ϥ | ⲙ̄ⲡⲣ̄-ⲟⲩⲱⲙ• *90:1
ⲡⲉϫⲉ-ⲧⲥϩⲓⲙⲉ ⲛ̄-ⲥⲁⲣⲕⲓⲕⲏ[34] ϫⲉ-|ⲟⲩⲙⲟⲛⲟⲛ[35] ⲡⲉϫⲁ-ϥ ϫⲉ-ⲙⲛ̄-ⲟⲩ-
ⲱⲙ• ⲁⲗⲗⲁ | ⲙ̄ⲡⲣ̄-ϫⲱϩ ⲉⲣⲟ-ϥ ϫⲉ-ϩⲙ̄-ⲡϩⲟⲟⲩ ⲉⲧⲉⲧⲛⲁ-ⲟⲩ||ⲱⲙ ⲉⲃⲟⲗ
ⲛ̄ϩⲏⲧ-ϥ ϩⲛ̄ⲛ-ⲟⲩⲙⲟⲩ ⲧⲉⲧⲛⲁ-ⲙⲟⲩ• | ⲁⲩⲱ ⲡⲉϫⲉ-ⲫⲁϥ ⲡⲣⲉϥ-ⲧⲁⲙⲟ
ϫⲉ-ϩⲛ̄-ⲟⲩⲙⲟⲩ | ⲉⲧⲉⲧⲛⲁ-ⲙⲟⲩ ⲁⲛ• ⲛ̄ⲧ-ⲁϥ-ϫⲉ-ⲡⲁⲉⲓ ⲅⲁⲣ ⲛⲏ-ⲧⲛ̄ | ⲉϥ-
ⲣ̄-ⲫⲑⲟⲛⲉⲓ•[36] ⲙⲁⲗⲗⲟⲛ ⲉ-ⲛⲉⲧⲛ̄ⲃⲁⲗ ⲛⲁ-ⲟⲩ|ⲉⲛ ⲛ̄ⲧⲉⲧⲛ̄-ϣⲱⲡⲉ ⲛ̄ⲑⲉ
ⲛ̄-ⲛⲓⲛⲟⲩⲧⲉ ⲉⲧⲉ||ⲧⲛ̄-ⲥⲟⲟⲩⲛ ⲙ̄-ⲡⲡⲉⲑⲟⲟⲩ ⲙⲛ̄-ⲡⲉⲧ-ⲛⲁⲛⲟⲩ-ϥ• | ⲁⲩⲱ
ⲧⲣⲉϥ-ⲧⲁⲙⲟ ⲁⲩ-ϥⲓⲧ-ⲥ̄ ⲛ̄ⲧⲟⲟⲧ-ϥ ⲙ̄-ⲫⲁϥ• | ⲁⲩⲱ ⲁⲥ-ⲕⲱ ⲙ̄ⲙⲟ-ϥ ⲟⲩⲁⲁ-
ϥ ⲉϥ-ⲟ ⲛ̄-∅ⲣⲙⲛ̄-ⲕⲁϩ• | ⲁⲩⲱ ⲧⲥϩⲓⲙⲉ ⲛ̄-ⲥⲁⲣⲕⲓⲕⲏ ⲁⲥ-ϫⲓ ⲉⲃⲟⲗ
ϩⲙ̄-ⲡϣⲏⲛ• | ⲁⲥ-ⲟⲩⲱⲙ• ⲁⲩⲱ ⲁⲥ-ϯ ⲙ̄-ⲡⲉⲥϩⲁї ⲛⲙ̄ⲙⲁ-ⲥ• ⲁⲩ||ⲱ ⲁ-
ⲙⲯⲩⲭⲓⲕⲟⲥ ⲟⲩⲱⲙ• ⲁⲩⲱ ⲁ-ⲧⲟⲩⲕⲁⲕⲓⲁ | ⲟⲩⲉⲛ ⲉⲃⲟⲗ ϩⲛ̄-ⲧⲟⲩⲙⲛ̄ⲧ-ⲁⲧ-
ⲥⲟⲟⲩⲛ• ⲁⲩⲱ | ⲁⲩ-ⲉⲓⲙⲉ ϫⲉ-ⲛⲉⲩ-ⲕⲏⲕ ⲁϩⲏⲩ ⲁ-ⲡⲡⲛⲉⲩⲙⲁ|ⲧⲓⲕⲟⲛ•
ⲁⲩ-ϥⲓ-ϩⲛ̄ϭⲱⲃⲉ ⲛ̄-ⲕⲛ̄ⲧⲉ• ⲁⲩ-ⲙⲟⲣ-ⲟⲩ | ⲉϫⲛ̄-ⲧⲟⲩϯⲡⲉ•

ⲧⲟⲧⲉ ⲁϥ-ⲉⲓ ⲛ̄ϭⲓ-ⲡⲛⲟϭ ⲛ̄-ⲁⲣ||ⲭⲱⲛ• ⲁⲩⲱ ⲡⲉϫⲁ-ϥ ϫⲉ-ⲁⲇⲁⲙ ⲉⲕ-
ⲧⲱⲛ• ⲛⲉϥ-|ⲥⲟⲟⲩⲛ ⲅⲁⲣ ⲁⲛ ϫⲉ-ⲛ̄ⲧ-ⲁ-ⲟⲩ ϣⲱⲡⲉ• ⲁⲩⲱ ⲡⲉ|ϫⲉ-ⲁⲇⲁⲙ
ϫⲉ-ⲁⲉⲓ-ⲥⲱⲧⲙ̄ ⲁ-ⲧⲉⲕⲥⲙⲏ• ⲁⲉⲓ-ⲣ̄-|ϩⲟⲧⲉ ϫⲉ-ⲛⲉⲉⲓ-ⲕⲏⲕ ⲁϩⲏⲩ• ⲁⲩⲱ
ⲁⲉⲓ-ⲕⲱⲡ• | ⲡⲉϫⲉ-ⲡⲁⲣⲭⲱⲛ ϫⲉ-ⲉⲧⲃⲉ-ⲟⲩ ⲁⲕ-ⲕⲱⲡ ⲉⲓ||ⲙⲏⲧⲓ ϫⲉ-ⲁⲕ-
ⲟⲩⲱⲙ ⲉⲃⲟⲗ ϩⲙ̄-ⲡϣⲏⲛ | ⲛ̄ⲧ-[ⲁ]ⲉⲓ-ϩⲟⲛ-ϥ ⲉⲧⲟⲟⲧ-ⲕ ϫⲉ-ⲙ̄ⲡⲣ̄-ⲟⲩⲱⲙ
ⲉ|ⲃⲟ[ⲗ] ⲛ̄ϩⲏⲧ-ϥ ⲟⲩⲁⲁⲧ-ϥ̄• ⲁⲩⲱ ⲁⲕ-ⲟⲩⲱⲙ• ⲡⲉ|ϫ̣[ⲉ-ⲁ]ⲇⲁⲙ ϫⲉ-
ⲧⲥϩⲓⲙⲉ ⲛ̄ⲧ-ⲁⲕ-ⲧⲁⲁ-ⲥ ⲛⲁ-ⲉⲓ | [ⲁⲥ-ϯ] ⲛⲁ-ⲉⲓ• ⲁⲉⲓ-ⲟⲩⲱⲙ• ⲁⲩⲱ ⲁ-
ⲡⲁⲩⲑⲁⲇⲏⲥ[37] || [ⲛ̄-ⲁⲣ]ⲭ̣ⲱⲛ ⲥϩⲟⲩⲟⲣ-ⲧⲥϩⲓⲙⲉ• ⲡⲉϫⲉ-ⲧⲥϩⲓⲙⲉ | [ϫⲉ-
ⲫ]ⲟϥ ⲡⲉⲧ-ⲁ-ⲣ-ⲁⲡⲁⲧⲁ[38] ⲙ̄ⲙⲟ-ⲉⲓ• ⲁⲉⲓ-ⲟⲩⲱⲙ• | [ⲁⲩ-ⲕⲟⲧ-ⲟ]ⲩ ⲁ-ⲫⲟϥ•
ⲁⲩ-ⲥⲟⲩϩⲱⲣ-ⲧⲉϥϩⲁїⲃⲉⲥ | [- - - ⲟ]ⲩⲁⲧ-ϭⲟⲙ ⲡⲉ ⲉⲩ-ⲥⲟⲟⲩⲛ ⲁⲛ | [ϫⲉ-
ⲡⲟ]ⲩⲡⲗⲁⲥⲙⲁ ⲡⲉ• ϫⲓⲙ-ⲫⲟⲟⲩ ⲉⲧ∅-ⲙ̄*ⲙⲁⲩ ⲁ-ⲫⲟϥ ϣⲱⲡⲉ ϩⲁ- *91:1
ⲡⲥⲁϩⲟⲩⲉ ⲛ̄ⲉⲝⲟⲩⲥⲓ̣[ⲁ]• | ϣⲁⲛⲧⲉϥ-ⲉⲓ ⲛ̄ϭⲓ-ⲡⲧⲉⲗⲉⲓⲟⲥ[39] ⲛ̄-ⲣⲱⲙⲉ

31 Seed, sperm σπέρμα 32 Seal σφραγίς 33 Condemn κατακρίνειν 34 Carnal σαρκικός, -ή, -όν 35 Not only οὐ μόνον 36 Envy φθονεῖν 37 Arrogant αὐθάδης, -ες 38 Deceive ἀπατᾶν 39 Perfect τέλειος, -α, -ον

ⲡⲥ̣[ⲁ]||ϩⲟⲩ ⲉⲧ∅-ⲙ̄ⲙⲁⲩ ⲁϥ-ⲉⲓ ⲉϫⲛ̄-ⲫⲁϥ· ⲁⲩ-ⲕⲟⲧ-ⲟⲩ ⲁ-|ⲡⲟⲩⲁⲇⲁⲙ· ⲁⲩ-ϥⲓⲧ-ϥ· ⲁⲩ-ⲛⲟϫ-ϥ ⲉⲃⲟⲗ ϩⲙ-ⲡⲡⲁ||ⲣⲁⲇⲉⲓⲥⲟⲥ ⲙⲛ̄-ⲧⲉϥϩⲓⲙⲉ ϫⲉ-ⲙⲛ̄-ⲗⲁⲁⲩ ⲛ̄-ⲥ|ⲙⲟⲩ ⲛ̄ⲧⲟⲟⲧ-ⲟⲩ ϫⲉ-ⲛ̄ⲧⲟⲟⲩ ϩⲱ-ⲟⲩ ⲥⲉ-ϣⲟⲟⲡ | ϩⲁ-ⲡⲥⲁϩⲟⲩⲉ· ⲁⲩ-ⲛⲟⲩϫ-ⲣ̄ⲣⲱⲙⲉ ⲇⲉ ⲉϩⲣⲁï | ⲁ-ϩⲛ̄ⲛⲟϭ ⲙ̄ⲡ-ⲡⲉⲣⲓⲥⲡⲁⲥⲙⲟⲥ[40] ⲙⲛ̄-ϩⲛ̄ⲙ̄ⲕⲁϩ | ⲛ̄ⲧⲉ-ⲡⲃⲓⲟⲥ[41] ϣⲓⲛⲁ ⲉ-ⲛⲟⲩⲣⲱⲙⲉ ⲛⲁ-ϣⲱⲡⲉ || ⲛ̄-∅ⲃⲓⲱⲧⲓⲕⲟⲥ[42] ⲛ̄ⲥⲉ-ⲧⲙ̄-ⲣ̄-ⲥⲭⲟⲗⲁⲍⲉ[43] ⲁ-∅ⲣ̄-ⲡⲣⲟⲥ|ⲕⲁⲣⲧⲉⲣⲉⲓ[44] ⲉ-ⲡ-ⲡⲛ̄ⲁ ⲉⲧ∅-ⲟⲩⲁⲁⲃ·

ⲙⲛ̄ⲛ̄ⲥⲁ-ⲛⲁï | ⲇⲉ ⲁⲥ-ϫⲡⲟ ⲛ̄-ⲕⲁïⲛ ⲡⲟⲩϣⲏⲣⲉ· ⲕⲁïⲛ ⲇⲉ | ⲛⲉϥ-ⲣ̄-∅ϩⲱⲃ ⲉ-ⲡⲕⲁϩ· ⲡⲁⲗⲓⲛ ⲁϥ-ⲥⲟⲩⲱⲛ-ⲧⲉϥ|ϩⲓⲙⲉ· ⲉⲧⲓ ⲁⲥ-ⲱ· ⲁⲥ-ϫⲡⲟ ⲛ̄-ⲁⲃⲉⲗ· ⲁⲃⲉⲗ ⲇⲉ || ⲛⲉ-ⲩϣⲱⲥ ⲡⲉ ⲙ̄-ⲙⲁⲛ-∅ⲉⲥⲟⲟⲩ· ⲕⲁïⲛ ⲇⲉ ⲁϥ-ⲉⲓ|ⲛⲉ ⲉϩⲟⲩⲛ ϩⲛ̄-ⲛ̄ⲕⲁⲣⲡⲟⲥ ⲛ̄-ⲧⲉϥⲥⲱϣⲉ· ⲁ|ⲃⲉⲗ ⲇⲉ ⲁϥ-ⲉⲓⲛⲉ ⲉϩⲟⲩⲛ ⲛ̄ⲛ-ⲟⲩⲑⲩⲥⲓⲁ[45] ϩⲛ̄-|ⲛⲉϥϩⲓⲉⲓⲃ· ⲁ-ⲡⲛⲟⲩⲧⲉ ϭⲱϣⲧ ⲉϫⲛ̄-ⲛ̄|ⲇⲱⲣⲟⲛ[46] ⲛ̄ⲛ-ⲁⲃⲉⲗ· ⲙ̄ⲡⲉϥ-ϫⲓ ⲇⲉ ⲛ̄-ⲛ̄ⲇⲱ||ⲣⲟⲛ ⲛ̄ⲛ-ⲕⲁïⲛ· ⲁⲩⲱ ⲕⲁïⲛ ⲛ̄-ⲥⲁⲣⲕⲓⲕⲟⲥ ⲁϥ-|ⲇⲓⲱⲕⲉ ⲛ̄-ⲁⲃⲉⲗ ⲡⲉϥⲥⲟⲛ· ⲁⲩⲱ ⲡⲉϫⲉ-ⲡⲛⲟ̣[ⲩ]|ⲧⲉ ⲛ̄-ⲕⲁïⲛ ϫⲉ-ⲉϥ-ⲧⲱⲛ ⲁⲃⲉⲗ ⲡⲉⲕⲥⲟⲛ· | ⲁϥ-ⲟⲩⲱϣⲃ̄· ⲡⲉϫⲁ-ϥ ϫⲉ-ⲙⲏ ⲉⲉⲓ-ϣⲟⲟⲡ | ⲙ̄-ⲫⲩⲗⲁⲝ[47] ⲙ̄-ⲡⲁⲥⲟⲛ· ⲡⲉϫⲉ-ⲡⲛⲟⲩⲧⲉ ⲛ̄-||ⲕⲁïⲛ ϫⲉ-ⲉⲓⲥ-ⲧⲉⲥⲙⲏ ⲙ̄-ⲡⲉⲥⲛⲟϥ ⲙ̄-ⲡⲉⲕ|ⲥⲟⲛ ϥ-<ⲁ>[48]ϣⲕⲁⲕ ⲉϩⲣⲁï ⲉⲣⲟ-ⲉⲓ· ⲁⲕ-ⲣ̄-ⲛ̣[ⲟ]ⲃⲉ ⲛ̣|ⲣⲱ-ⲕ· ϥ-ⲛⲁ-ⲕⲟⲧ-ϥ ⲉⲣⲟ-ⲕ· ⲟⲩⲟⲛ ⲛⲓⲙ [ⲉⲧ∅]-ⲛⲁ-|ⲙⲟⲩⲟⲩⲧ ⲛ̄-ⲕⲁⲉⲓⲛ ϥ-ⲛⲁ-ⲃⲱⲗ ⲉⲃⲟⲗ̣ [ⲛ̄]-ⲥⲟϣ[ϥ] | ⲛ̄-ϫⲓ-∅ⲕⲃⲁ· ⲕ-ⲛⲁ-ϣⲱⲡⲉ ⲇⲉ ⲉⲕ-ⲉϣ-∅ⲉϩ̣[ⲟⲙ] ⲁ̣ⲩ||ⲱ ⲉⲕ-ⲥⲧⲱⲧ ϩⲓϫⲛ̄-ⲡⲕⲁϩ·

<ⲁ->[49]ⲁⲇⲁⲙ ⲇⲉ [ⲥⲟⲟⲩⲛ] | ⲛ̄-ⲧⲉϥϣⲃⲣ̄-∅ⲉⲓⲛⲉ ⲉⲩϩⲁ· ⲁⲥ-ⲱ· ⲁⲥ-ϫⲡⲉ̣-[ⲥⲏⲑ] | ⲛ̄-ⲁⲇⲁⲙ· ⲁⲩⲱ ⲡⲉϫⲁ-ⲥ ϫⲉ-ⲁï-ϫⲡ̣ⲟ̣ ⲛ̣-[ⲕⲉ]|ⲣⲱⲙⲉ ϩⲙ̄-ⲡⲛⲟⲩⲧⲉ ⲉⲡⲙⲁ [ⲛ̄ⲛ-ⲁⲃⲉⲗ]· | ⲡⲁⲗⲓⲛ ⲁⲥ-ⲱ ⲛ̄ϭⲓ-ⲉⲩϩⲁ ⲁⲥ-ϫⲡ[ⲉ-
*92:1 ⲛⲱⲣⲉⲁ]· || ⲁⲩⲱ ⲡⲉϫⲁ-ⲥ ϫⲉ-ⲁϥ-ϫⲡⲟ ⲛⲁ̣-[ⲉⲓ ⲛ̄-ⲟⲩⲡⲁⲣ*ⲑⲉ]ⲛⲟⲥ[50] ⲛ̄-∅ⲃⲟⲏⲑⲉⲓⲁ [ϩⲛ̄]-ⲛ̣̄ⲅⲉⲛⲉⲁ[51] ⲛ̄-∅ⲅⲉⲛⲉⲁ | ⲛ̣-ⲣ̄ⲣⲱⲙⲉ· ⲧⲁⲉⲓ ⲧⲉ ⲧⲡⲁⲣⲑⲉⲛⲟⲥ ⲉⲧⲉ-ⲙ̄ⲡⲉ-ⲛ̄|ⲇⲩⲛⲁⲙⲓⲥ ϫⲁϩⲙ-ⲉⲥ·

ⲧⲟⲧⲉ ⲁ-ⲛⲣⲱⲙⲉ ⲣ̄-ⲁⲣⲭⲉⲓ[52] | ⲛ̄ⲛ-∅ⲣ̄-ⲁⲩⲝⲁⲛⲉ[53] ⲁⲩⲱ ⲛ̄ⲥⲉ-ⲁⲛⲁⲉⲓ· ⲁ-ⲛⲁⲣⲭⲱⲛ ϣⲟ||ϫⲛⲉ ⲙ̄ⲛ-ⲛⲟⲩⲉⲣⲏⲩ· ⲡⲉϫⲁ-ⲩ ϫⲉ-ⲁⲙⲏⲉⲓⲧⲛ̄ ⲛ̄|ⲧⲛ̄-ⲧⲁⲙⲓⲟ ⲛ̄ⲛ-ⲟⲩⲕⲁⲧⲁⲕⲗⲩⲥⲙⲟⲥ[54] ⲉⲃⲟⲗ ϩⲛ̄ⲛ̄|ϭⲓϫ ⲛ̄ⲧⲛ̄-ϥⲱⲧⲉ ⲉⲃⲟⲗ ⲛ̄-ⲥⲁⲣⲝ ⲛⲓⲙ ϫⲓⲛ-∅ⲣⲱⲙⲉ | ϣⲁ-∅ⲧⲃⲛⲏ· ⲡⲁⲣⲭⲱⲛ ⲇⲉ ⲛ̄-ⲛ̄ⲇⲩⲛⲁⲙⲓⲥ ⲛ̄ⲧⲁ|ⲣⲉϥ-ⲉⲓⲙⲉ ⲛ̄ⲟⲩϣⲟϫⲛⲉ ⲡⲉϫⲁ-ϥ ⲛ̄-ⲛⲱϩⲉ ϫⲉ-||ⲧⲁⲙⲓⲟ ⲛⲁ-ⲕ ⲛ̄ⲛ-

[40] Distraction περισπασμός [41] Way of life βίος [42] Occupied by worldly affairs βιωτικός, -ή, -όν [43] Be at leisure σχολάζειν [44] Attend to προσκαρτερεῖν [45] Offering θυσία [46] Gift, votive offering δῶρον [47] Guardian φύλαξ [48] <ⲁ> omitted by the ancient copyist [49] <ⲁ> omitted or simplified by the ancient copyist [50] Virgin παρθένος [51] Generation, race γένεα [52] Begin ἄρχεσθαι [53] Become more numerous, increase αὐξάνειν [54] Flood κατακλυσμός

ουκιβωτοϲ[55] εβολ ϩν̄ν-ουϣε | ε-μαϥ-ρ̄-∅ϫολεϲ ν̄γ-ϩωπ ν̄ϩουν ν̄ϩητ-ϲ̄ ν̄|τοκ μν̄-νεκϣηρε μν̄-ν̄τβνοουε μν̄-ν̄|ϩαλατε ν̄-τπε ϫιν-∅κουει ϣα-∅νοϭ ν̄γ-ϲεϩω-ϲ | ερατ-ϲ̄ ϩιϫμ̄-πτοου ν̄-ϲιρ• αϲ-ει δε ν̄ϭι-ωρεα || ϣαρο-ϥ εϲ-ουωϣ ε-∅τελο εϩραϊ ε-τκιβωτοϲ• | αυω μ̄πεϥ-καα-ϲ• αϲ-νιϥε εϩουν εϩρε-τκι|βωτοϲ• αϲ-ροκϩ-ϲ̄• παλιν αϥ-ταμιο ν̄-τκι|βωτοϲ μ̄πμαϩ-ϲεπ-ϲναυ• αυ-τωμτ ερο-ϲ | ν̄ϭι-ναρχων ευ-ουωϣ α-∅ρ̄-απατα μ̄μο-ϲ• πε||ϫε-πουνοϭ ετ∅-ν̄ϩητ-ου να-ϲ ϫε-τεμααυ | ευϩα αϲ-ει ϣαρο-ν•

α-νωρεα δε κοτ-ϲ̄ ερο-|ου• πεϫα-ϲ να-υ ϫε-ν̄τωτν̄ νε ναρχων μ̄-|πκακε• τετν̄-ϲϩουορτ• ουτε μ̄πετν̄-ϲου|ων-ταμααυ• αλλα ν̄τ-ατετν̄-ϲουων-τετν̄||ϣβρ̄-εινε• ανοκ-ουεβολ γαρ αν ϩν̄-τηι|ν̣ε• ạ[λ]λα ν̄τ-αει εβολ ϩν̄-να-πϲα ντπε• | ạ-π[αυ]θαδηϲ ν̄-αρχων κοτ-ϥ ϩν̄-τεϥϭομ• | ạυω̣ [α]-πεϥπροϲωπον[56] ϣωπε ν̄θε ν̄-|[ου. .]ϩτ ευ-κημ• αϥ-τολμα[57] εϩουν ερο-ϲ• || [πεϫ]ạ-ϥ να-ϲ ϫε-ϩαπϲ πε ε-∅τρε∅-ρ̄-∅βωκ να-ν | [ν̄θε] ν̄-τεκεμααυ ευϩα• αυ-ϯ-ναει γαρ μ̄-|[- - -]• [α]-ν̣ωρεα δε κοτ-ϲ̄ ϩν̄-τϭομ μ̄-π|[. . . .• αϲ-α]ϣ̣κακ εβολ ϩν̄-ουνοϭ ν̄-ϲμη | [εϩραϊ ε]-π̣πετ-ουααβ πνουτε μ̄-πτηρ-ϥ *ϫε-εριβοηθει[58] να-ει α- *93:1 ναρχων ν̄-ταδικει|α[59] ν̄γ-ναϩμ-ετ α-νουϭιϫ ν̄τευνου•

α-π<νοϭ ν̄->[60]αγ|γελοϲ ει εβολ ϩν̄ν-μ̄πηυε επεϲητ• | πεϫα-ϥ να-ϲ ϫε-ετβε-ου τε-ωϣ εϩραϊ || ε-πνουτε• ετβε-ου τε-ρ̄-τολμα εϩραϊ ε-π|πνᾱ ετ∅-ουααβ• πεϫε-νωρεα ϫε-ντκ-νιμ• | νε-α-ναρχων ν̄-ταδικια ϲεϩω-ου εβολ | μ̄μο-ϲ• πεϫα-ϥ ϫε-ανοκ πε ελεληθ | τμν̄τ-ϲαβε πνοϭ ν̄-αγγελοϲ π-ετ∅-αϩε||ρατ-ϥ μ̄πεμτο εβολ μ̄-ππνᾱ ετ∅-ουααβ• | ν̄τ-αυ-τν̄νοου-τ ε-∅τρα-ϣαϫε νμ̄με-∅ ν̄τα-|ναϩμ-ε ε-τϭιϫ ν̄-νιανομοϲ•[61] αυω ϯ-να-τα|μο-∅ ε-τενουνε•

παγγελοϲ δε ετ∅-μ̄μαυ | ϯ-να-ϣ-ϫω αν ν̄-τεϥϭομ• πεϥεινε ν̄θε || μ̄-πνουβ ετ∅-ϲοτπ• αυω τεϥϩβ̄ϲω ν̄θε | μ̄-πχιων•[62] ταταπρο γαρ να-ϣ-ϣοπ-ϥ αν | ε-∅τρα-ϫω ν̄-τεϥϭομ μν̄-πεινε μ̄-πεϥϩο• | πεϫα-ϥ να-ει ν̄ϭι-ελεληθ πνοϭ ν̄-αγ|γελοϲ• ανοκ πεϫα-ϥ τε τμντ-ρμν̄-ϩητ• || ανοκ-ουεβολ ϩμ̄-πεϥτοου μ̄-φωϲτηρ[63] | ναει ετ∅-αϩερατ-ου μ̄πμ̄το εβολ μ̄-πνοϭ | μ̄-πνᾱ ν̄-αϩορατον•[64] ερε-μεευε ϫε-ουν-|∅ϭομ ν̄-νεειαρχων εϩουν

[55] Ark κιβωτός [56] Face πρόσωπον [57] Act recklessly, dare τολμᾶν [58] Assist, rescue βοηθεῖν [59] Injustice ἀδικία [60] <νοϭ ν̄-> omitted by the ancient copyist [61] Lawless ἄνομος [62] Snow χιών [63] Luminary φωστήρ [64] Invisible ἀόρατος, -τον

ⲉⲣⲟ-∅• ⲙⲛ̄-ⲗⲁⲁⲩ | ⲛ̄ϩⲏⲧ-ⲟⲩ ⲛⲁ-ϣ-ϭⲙ̄-∅ϭⲟⲙ ⲉϩⲟⲩⲛ ⲉ-ⲧⲛⲟⲩ||ⲛⲉ ⲛ̄-
ⲧⲙⲉ• ⲉⲧⲃⲏⲧ-ⲥ ⲅⲁⲣ ⲁϥ-ⲟⲩⲱⲛϩ ⲉⲃⲟⲗ | ϩⲛ̄-ⲛ̄ϩⲁⲉⲉⲩ ⲛ̄-ⲕⲁⲓⲣⲟⲥ•[65] ⲁⲩⲱ
ⲥⲉ-ⲛⲁ-ⲣ̄-∅ⲣ̣̄ⲣⲟ ⲉ|ϫⲛ̄-ⲛⲉⲉⲓⲉⲝⲟⲩⲥⲓⲁ• ⲁⲩⲱ ⲛⲉⲉⲓⲉⲝⲟⲩⲥⲓⲁ | ⲛⲁ-ϣ-
ϫⲁϩⲙ-ⲉ ⲁⲛ ⲙⲛ̄-ⲧⲅⲉⲛⲉⲁ ⲉⲧ∅-ⲙ̄ⲙⲁⲩ• | ⲧⲉⲧⲙ̄ⲙⲟⲛⲏ[66] ⲅⲁⲣ ⲉⲥ-ϣⲟⲟⲡ
ϩⲛ̄-ⲧⲙ̄ⲛ̄ⲧ̄-ⲁ̣ⲧ-||ⲧⲁⲕⲟ ⲡⲙⲁ ⲉⲧⲉ-ⲡⲡⲛ̄ⲁ̄ ⲙ̄-ⲡⲁⲣⲑⲉⲛⲓⲕⲟⲛ[67] | ⲙ̄ⲙⲁⲩ ⲡ-
ⲉⲧ∅-ϩⲓϫⲛ̄-ⲛ̄ⲉⲝⲟⲩⲥⲓⲁ ⲙ̄-ⲡⲭⲁⲟⲥ | ⲙ̄ⲛ-ⲡⲟⲩⲕⲟⲥⲙⲟⲥ• ⲁⲛⲟⲕ ϩⲱ̣ ⲡ̣ⲉ̣ϫⲁ-
ⲉⲓ | ϫⲉ-ⲡϫⲟⲉⲓⲥ ⲙⲁ-ⲧⲥⲉⲃⲉ-ⲉⲓ ⲁ-ⲧϭ̣[ⲟⲙ ⲛ̄-ⲛ]ⲉ|ⲉⲓⲉⲝⲟⲩⲥⲓⲁ ϫⲉ-ⲛ̄ⲧ-
ⲁⲩ-ϣⲱⲡⲉ̣ [ⲛ̄ⲁϣ ⲛ̄-ϩⲉ] || ⲁⲩⲱ ⲉⲃⲟⲗ ϩⲛ̄-ⲁϣ ⲛ̄-ϩⲩⲡⲟⲥⲧ[ⲁⲥⲓⲥ ⲁⲩⲱ
*94:1 ⲉ]*ⲃⲟⲗ ϩⲛ̄-ⲁϣ ⲛ̄-ϩⲩⲗⲏ•[68] ⲁⲩ̣ⲱ ⲛⲓⲙ ⲡⲉⲛⲧ-ⲁϥ-ⲧⲁ|ⲙⲓⲟ-ⲟⲩ ⲙⲛ̄-
ⲧⲟⲩⲇⲩⲛⲁⲙⲓⲥ•

ⲁⲩⲱ ⲡⲉϫⲁ-ϥ ⲛⲁ-ⲉⲓ | ⲛ̄ϭⲓ-ⲡⲛⲟϭ ⲛ̄-ⲁⲅⲅⲉⲗⲟⲥ ⲉⲗⲉⲗⲏⲑ ⲧⲙⲛⲧ-ⲣⲙ̄|ⲛ̄-
ϩⲏⲧ• ϩⲣⲁⲓ̈ ϩⲛ̄-ⲛⲁⲓⲱⲛ ⲉ-ⲙⲛ̄ⲧⲁ-ⲩ-ⲁⲣⲏϫ-ϥ̄ || ⲉⲥ-ϣⲟⲟⲡ ⲛ̄ϭⲓ-ⲧⲙ̄ⲛ̄ⲧ̄-ⲁⲧ-
ⲧⲁⲕⲟ• ⲧⲥⲟⲫⲓⲁ ⲧⲁⲉⲓ | ⲉⲧⲟⲩ-ⲙⲟⲩⲧⲉ ⲉⲣⲟ-ⲥ ϫⲉ-ⲧⲡⲓⲥⲧⲓⲥ ⲁⲥ-ⲟⲩⲱϣ |
ⲉ-∅ⲧⲉⲛⲉ-ⲟⲩϩⲱⲃ ⲟⲩⲁⲁ-ⲥ ⲁϫⲛ̄-ⲡⲉⲥϩⲱⲧⲣ̄• ⲁⲩ|ⲱ ⲡⲉⲥⲉⲣⲅⲟⲛ[69] ⲁϥ-
ϣⲱⲡⲉ ⲛ̄ⲛ-∅ⲓⲛⲉ ⲙ̄-ⲡⲉ• ⲟⲩⲛ̄-|ⲟⲩⲕⲁⲧⲁⲡⲉⲧⲁⲥⲙⲁ[70] ϣⲟⲟⲡ ⲟⲩⲧⲉ-ⲛⲁ-
ⲡⲥⲁ ⲛ||ⲧⲡⲉ ⲙⲛ̄-ⲛⲁⲓⲱⲛ ⲉⲧ∅-ⲙ̄ⲡⲥⲁ ⲙⲡⲓⲧⲛ̄• ⲁⲩⲱ ⲁ-ⲩ|ϩⲁⲓ̈ⲃⲉⲥ ϣⲱⲡⲉ
ϩⲁⲡⲉⲥⲏⲧ ⲙ̄-ⲡⲕⲁⲧⲁⲡⲉⲧⲁⲥ|ⲙⲁ• ⲁⲩⲱ ⲁ-ⲑⲁⲉⲓⲃⲉⲥ ⲉⲧ∅-ⲙ̄ⲙⲁⲩ ϣⲱⲡⲉ
ⲛ̄-∅ϩⲩ|ⲗⲏ• ⲁⲩⲱ ⲑⲁⲉⲓⲃⲉ ⲉⲧ∅-ⲙ̄ⲙⲁⲩ ⲁⲩ-ⲛⲟϫ-ⲥ̄ ⲁ-ⲩⲥⲁ | ⲛ̄ⲟⲩⲙⲉⲣⲟⲥ•
ⲁⲩⲱ ⲡⲉⲥⲙⲟⲩⲟⲩⲅ ⲁϥ-ϣⲱⲡⲉ || ⲛ̄ⲛ-ⲟⲩⲉⲣⲅⲟⲛ ϩⲛ̄-ⲑⲩⲗⲏ ⲛ̄ⲑⲉ ⲛ̄ⲛ-
ⲟⲩϩⲟⲩϩⲉ• | ⲁϥ-ϫⲓ-∅ⲧⲩⲡⲟⲥ ⲉⲃⲟⲗ ϩⲛ̄-ⲑⲁⲉⲓⲃⲉⲥ• ⲁϥ-ϣⲱⲡⲉ | ⲛ̄-
ⲟⲩⲑⲏⲣⲓⲟⲛ ⲛ̄-ⲁⲩⲑⲁⲇⲏⲥ ⲛ̄ⲛ-ⲓⲛⲉ ⲙ̄-ⲙⲟⲩⲉⲓ• | ⲟⲩϩⲟⲩⲧ-ⲥϩⲓⲙⲉ ⲡⲉ
ⲛ̄ⲑⲉ ⲛ̄ⲧ-ⲁϩⲓ-ϣⲣ̄ⲡⲛ̄-ϫⲟⲟ-ⲥ | ϫⲉ-ⲛ̄ⲧ-ⲁϥ-ⲉⲓ ⲉⲃⲟⲗ ϩⲛ̄-ⲑⲩⲗⲏ•

ⲁϥ-ⲟⲩⲉⲛ ⲁ-ⲛⲉϥ||ⲃⲁⲗ• ⲁϥ-ⲛⲁⲩ ⲁ-ⲩⲛⲟϭ ⲛ̄-ϩⲩⲗⲏ ⲉ-ⲙⲛⲧⲉⲥ-ⲁⲣⲏϫ-ϥ̄• |
ⲁⲩⲱ ⲁϥ-ⲣ̄-∅ϫⲁⲥⲓ-∅ϩⲏⲧ ⲉϥ-ϫⲱ ⲙ̄ⲙⲟ-ⲥ ϫⲉ-ⲁⲛⲟⲕ | ⲡⲉ ⲡⲛⲟⲩⲧⲉ• ⲁⲩⲱ
ⲙⲛ̄-ϭⲉ ⲁϫⲛ̄ⲧ-∅• ⲛ̄ⲧⲁⲣⲉϥ-|ϫⲉ-ⲡⲁⲉⲓ ⲁϥ-ⲣ̄-∅ⲛⲟⲃⲉ ⲉϩⲣⲁⲓ̈ ⲉ-ⲡⲧⲏⲣ-ϥ•
ⲟⲩⲥⲙⲏ | ⲇⲉ ⲁⲥ-ⲉⲓ ⲉⲃⲟⲗ ⲙ̄ⲡⲥⲁ ⲛϩⲣⲉ ⲛ̄-ⲧⲁⲩⲑⲉⲛⲧⲉⲓⲁ[71] || ⲉⲥ-ϫⲱ ⲙ̄ⲙⲟ-
ⲥ ϫⲉ-ⲕ-ⲣ̄-ⲡⲗⲁⲛⲁⲥⲑⲉ ⲥⲁⲙⲁ|ⲏⲗ ⲉⲧⲉ-ⲡⲁⲉⲓ ⲡⲉ ⲡⲛⲟⲩⲧⲉ ⲛ̄-ⲃ̄ⲃⲗ̄ⲗⲉ•
ⲁⲩ|ⲱ ⲡⲉϫⲁ-ϥ ϫⲉ-ⲉϣϫⲉ-ⲟⲩⲛ̄-ϭⲉ ϣⲟⲟⲡ ϩⲓⲧⲁ|ⲉϩⲏ ⲙⲁⲣⲉϥ-ⲟⲩⲱⲛϩ
ⲉⲃⲟⲗ ⲛⲁ-ⲉⲓ• ⲁⲩⲱ ⲛ̄|ⲧⲉⲩⲛⲟⲩ ⲁ-ⲧⲥⲟⲫⲓⲁ ⲥⲱⲧ ⲉⲃⲟⲗ ⲙ̄-ⲡⲉⲥⲧⲏ||ⲏⲃⲉ•
ⲁⲥ-ⲓⲛⲉ ⲉϩⲟⲩⲛ ⲙ̄-ⲡⲟⲩⲟⲉⲓⲛ ⲉϩⲟⲩⲛ | ⲉ-ⲑⲩⲗⲏ• ⲁⲩⲱ ⲁⲥ-ⲡⲱⲧ ⲛ̄ⲥⲱ-ϥ
ϣⲁⲡⲉⲥⲏⲧ | ⲁ-ⲙⲙⲉⲣⲟⲥ ⲙ̄-ⲡⲭⲁⲟⲥ• ⲁⲩⲱ ⲁⲥ-ⲣ̄-ⲁⲛⲁⲭⲱⲣⲉⲓ[72] | ⲉϩⲣ̣[ⲁⲓ̈ ⲉ-
ⲡⲉ]ⲥⲟⲩⲟⲉⲓⲛ• ⲡⲁⲗⲓⲛ ⲁ-ⲡⲕⲁⲕⲉ | [- - -] ⲛ̄-ⲑⲩⲗⲏ•

ⲡⲓⲁⲣⲭⲱⲛ ⲉϥ-ⲟ ⲛ̄-∅ϩⲟⲟⲩⲧ-||[ⲥϩⲓⲙⲉ ⲁϥ]-ⲧ̣ⲁⲙⲓⲟ ⲛⲁ-ϥ ⲛ̄-ⲟⲩⲛⲟϭ ⲛ̄-
*95:1 ⲁⲓⲱⲛ *ⲟⲩⲙⲉⲅⲉⲑⲟⲥ[73] ⲉ-ⲙ̣[ⲛ̄ⲧ]ⲉ̣-ϥ̣-ⲁⲣⲏϫ̄-ϥ• ⲁϥ-ⲙⲉⲉⲩ̣|ⲉ ⲇⲉ ⲁ-

[65] Time, season καιρός [66] Abode μονή [67] Virgin παρθενικός, -ή, -όν [68] Material, matter ὕλη [69] Product ἔργον [70] Veil καταπέτασμα [71] Absolute power αὐθεντία [72] Go back ἀναχωρεῖν [73] Great quantity μέγεθος

∅ⲧⲁⲙⲓⲟ ⲛⲁ-ϥ ⲛ̄-ϩⲛ̄ϣⲏⲣⲉ• ⲁϥ-ⲧⲁⲙⲓⲟ | ⲛⲁ-ϥ ⲛ̄-ⲥⲁϣϥ̄ ⲛ̄-ϣⲏⲣⲉ ⲛ̄-ϩⲟⲩⲧ-ⲥϩⲓⲙⲉ ⲙⲛ̄-|ⲡⲟⲩⲉⲓⲱⲧ• ⲁⲩⲱ ⲡⲉϫⲁ-ϥ ⲛ̄-ⲛⲉϥϣⲏⲣⲉ ϫⲉ-||ⲁⲛⲟⲕ ⲡⲉ ⲡⲛⲟⲩⲧⲉ ⲙ̄-ⲡⲧⲏⲣ-ϥ̄•

ⲁⲩⲱ ⲍⲱⲏ[74] | ⲧϣⲉⲉⲣⲉ ⲛ̄-ⲧⲡⲓⲥⲧⲓⲥ ⲧⲥⲟⲫⲓⲁ ⲁⲥ-ⲁϣⲕⲁⲕ ⲉ|ⲃⲟⲗ• ⲡⲉϫⲁ-ⲥ ⲛⲁ-ϥ ϫⲉ-ⲕ-ⲣ̄-ⲡⲗⲁⲛⲁ[75] ⲥⲁⲕⲗⲁ ⲉ|ⲧⲉ-ⲡⲉϥⲟⲩϩⲱⲙ ⲡⲉ ⲓ̈ⲁⲗⲧⲁⲃⲁⲱⲑ• ⲁⲥ-ⲛⲓ|ϥⲉ ⲉϩⲟⲩⲛ ϩⲙ̄-ⲡⲉϥϩⲟ• ⲁⲩⲱ ⲁ-ⲡⲉⲥⲛⲓϥⲉ ϣⲱ||ⲡⲉ ⲛⲁ-ⲥ ⲛ̄-ⲟⲩⲁⲅⲅⲉⲗⲟⲥ ⲉϥ-ⲟ ⲛ̄-∅ⲕⲱϩⲧ• ⲁⲩⲱ | ⲁ-ⲡⲁⲅⲅⲉⲗⲟⲥ ⲉⲧ∅-ⲙ̄ⲙⲁⲩ ⲙⲟⲩⲣ ⲛ̄-ⲓⲁⲗⲇⲁⲃⲁ|ⲱⲑ• ⲁϥ-ⲛⲟϫ-ϥ̄ ⲉⲡⲓⲧⲛ̄ ⲉ-ⲡⲧⲁⲣⲧⲁⲣⲟⲛ[76] ⲙ̄ⲡ|ⲥⲁ ⲙⲡⲓⲧⲛ̄ ⲙ̄-ⲡⲛⲟⲩⲛ•

ⲡⲉϥϣⲏⲣⲉ ⲇⲉ ⲥⲁ|ⲃⲁⲱⲑ ⲛ̄ⲧⲁⲣⲉϥ-ⲛⲁⲩ ⲁ-ⲧⲇⲩⲛⲁⲙⲓⲥ ⲙ̄-ⲡⲁⲅ||ⲅⲉⲗⲟⲥ ⲉⲧ∅-ⲙ̄ⲙⲁⲩ ⲁϥ-ⲙⲉⲧⲁⲛⲟⲉⲓ• ⲁϥ-ⲣ̄-ⲕⲁ|ⲧⲁⲅⲉⲓⲛⲱⲥⲕⲉ[77] ⲙ̄-ⲡⲉϥ-ⲉⲓⲱⲧ ⲙⲛ̄-ⲧⲉϥⲙⲁⲁⲩ | ⲑⲩⲗⲏ• ⲁϥ-ⲥⲓⲭⲁⲛⲉ[78] ⲉⲣⲟ-ⲥ• ⲁϥ-ⲣ̄-ϩⲩⲙⲛⲉⲓ[79] ⲇⲉ | ⲉϩⲣⲁï ⲉ-ⲧⲥⲟⲫⲓⲁ ⲁⲩⲱ ⲧⲉⲥϣⲉⲉⲣⲉ ⲛ̄ⲍⲱⲏ• | ⲁⲩⲱ ⲁ-ⲧⲥⲟⲫⲓⲁ ⲙⲛ̄-ⲍⲱⲏ ⲧⲟⲣⲡ-ϥ ⲉϩⲣⲁï• ⲁⲩ-||ⲕⲁⲑⲓⲥⲧⲁ ⲙ̄ⲙⲟ-ϥ ⲉϫⲛ̄-ⲧⲙⲉϩ-ⲥⲁϣϥⲉ ⲙ̄-ⲡⲉ | ⲡⲥⲁ ⲙⲡⲓⲧⲛ̄ ⲙ̄-ⲡⲕⲁⲧⲁⲡⲉⲧⲁⲥⲙⲁ ⲟⲩⲧⲉ-|ⲡⲥⲁ ⲛⲧⲡⲉ ⲙ̄ⲛ-ⲡⲥⲁ ⲙⲡⲓⲧⲛ̄• ⲁⲩⲱ ⲁⲩ-ⲙⲟⲩ|ⲧⲉ ⲉⲣⲟ-ϥ ϫⲉ-ⲡⲛⲟⲩⲧⲉ ⲛ̄-ⲛ̄ⲇⲩⲛⲁⲙⲓⲥ ⲥⲁ|ⲃⲁⲱⲑ ϫⲉ-ⲉϥ-ⲙ̄ⲡⲥⲁ ⲛⲧⲡⲉ ⲛ̄-ⲛ̄ⲇⲩⲛⲁⲙⲓⲥ || ⲙ̄-ⲡⲭⲁⲟⲥ ϫⲉ-ⲁ-ⲧⲥⲟⲫⲓⲁ ⲕⲁⲑⲓⲥⲧⲁ ⲙ̄ⲙⲟ-ϥ• | ϩⲟⲧⲓ ⲇⲉ ⲁ-ⲛⲁⲉⲓ ϣⲱⲡⲉ ⲁϥ-ⲧⲁⲙⲓⲟ ⲛⲁ-ϥ | ⲛ̄-ⲟⲩⲛⲟϭ ⲛ̄-ϩⲁⲣⲙⲁ[80] ⲛ̄-∅ⲭⲉⲣⲟⲩⲃⲓⲛ ⲉϥ-ⲟ ⲛ̄-|ϥⲧⲟⲟⲩ ⲙ̄-ⲡⲣⲟⲥⲱⲡⲟⲛ ⲙⲛ̄-ϩⲛ̄ⲁⲅⲅⲉⲗⲟⲥ | ⲉ-ⲛⲁϣⲱ-ⲟⲩ ⲉ-ⲙⲛ̄ⲧ-ⲟⲩ-∅ⲏⲡⲉ ⲉ-∅ⲧⲣⲟⲩ-ⲣ̄-ϩⲩ||ⲡⲏⲣⲉⲧⲉⲓ[81] ⲁⲩⲱ ϩⲙ̄ⲯⲁⲗⲧⲏⲣⲓⲟⲛ[82] ⲙⲛ̄-ϩⲛ̄|ⲕⲓⲑⲁⲣⲁ•[83] ⲁⲩⲱ ⲁ-ⲧⲥⲟⲫⲓⲁ ϥⲓ-ⲧⲉⲥϣⲉⲉⲣⲉ ⲛ̄|ⲍⲱⲏ• ⲁⲥ-ⲧⲣⲉⲥ-ϩⲙⲟⲟⲥ ϩⲓⲟⲩⲛⲁⲙ ⲙ̄ⲙⲟ-ϥ | ⲉ-∅ⲧⲣⲉⲥ-ⲧⲁⲙⲟ-ϥ ⲁ-ⲛ-ⲉⲧ∅-ϣⲟⲟⲡ [ϩ]ⲛ̣̄-ⲧⲙⲁϩ-|ϣⲙⲟⲩⲛⲉ• ⲁⲩⲱ ⲡⲓⲁⲅⲅⲉⲗⲟ[ⲥ ⲛ̄ⲧⲉ-ⲧⲟ]ⲣ̣||ⲅⲏ[84] ⲁⲥ-ⲕⲁⲁ-ϥ ϩⲓϩⲃⲟⲩⲣ ⲙ̄ⲙⲟ-ϥ• [ϫⲓⲙ-ⲫⲟ]||ⲟⲩ ⲉⲧ∅-ⲙ̄ⲙⲁⲩ ⲁⲩ-ⲙⲟⲩⲧⲉ ⲁ-ⲧ̣[ⲉϥⲟⲩⲛⲁⲙ] *ϫⲉ-ⲍⲱⲏ• ⲁⲩⲱ ⲧϩⲃⲟ̣[ⲩ]ⲣ ⲁⲥ-ϣⲱⲡⲉ ⲛ̄-∅ⲧⲩⲡⲟⲥ | ⲛ̄- *96:1
ⲧⲁⲇⲓⲕⲓⲁ ⲛ̄-ⲧⲙⲛ̄ⲧ-ⲁⲩⲑⲉⲛⲧⲏⲥ[85] ⲙ̄ⲡⲥⲁ ⲛ|ⲧⲡⲉ• ⲛ̄ⲧ-ⲁⲩ-ϣⲱⲡⲉ ϩⲁ-ⲧⲟⲩⲉϩⲏ•

ⲛ̄ⲧⲁⲣⲉ-ⲓ̈ⲁⲗ|ⲇⲁⲃⲁⲱⲑ ⲇⲉ ⲛⲁⲩ ⲉⲣⲟ-ϥ ⲉϥ-ϣⲟⲟⲡ ϩⲙ̄-ⲡⲉⲓ̈||ⲛⲟϭ ⲛ̄-ⲉⲟⲟⲩ ⲙⲛ̄-ⲡⲉⲉⲓϫⲓⲥⲉ ⲁϥ-ⲕⲱϩ ⲉⲣⲟ-ϥ• | ⲁⲩⲱ ⲁ-ⲡⲕⲱϩ ϣⲱⲡⲉ ⲛ̄-ⲟⲩⲉⲣⲅⲟⲛ ⲉϥ-ⲟ ⲛ̄-∅ϩⲟ|ⲟⲩⲧ-ⲥϩⲓⲙⲉ• ⲁⲩⲱ ⲁ-ⲡⲁⲉⲓ ϣⲱⲡⲉ ⲛ̄-∅ⲁⲣⲭⲏ[86] ⲙ̄-|ⲡⲕⲱϩ• ⲁⲩⲱ ⲁ-ⲡⲕⲱϩ ϫⲡⲉ-ⲡⲙⲟⲩ• ⲁ-ⲡⲙⲟⲩ | ⲇⲉ ϫⲡⲟ ⲛ̄-ⲛⲉϥϣⲏⲣⲉ• ⲁϥ-ⲕⲁⲑⲓⲥⲧⲁ ⲙ̄-ⲡⲟⲩⲁ || ⲡⲟⲩⲁ ⲙ̄ⲙⲟ-ⲟⲩ ⲉϫⲛ̄-ⲧⲉϥⲡⲉ• ⲁ-ⲛⲡⲏⲩⲉ ⲧⲏⲣ-ⲟⲩ | ⲙ̄-ⲡⲭⲁⲟⲥ ⲙⲟⲩϩ ⲛ̄-ⲛⲟⲩⲏⲡⲉ• ⲛⲁⲉⲓ ⲇⲉ ⲧⲏⲣ-ⲟⲩ | ⲛ̄ⲧ-ⲁⲩ-ϣⲱⲡⲉ

[74] Life, Zoe ζωή [75] Err, be mistaken πλανᾶσθαι [76] Tartaros, hell τάρταρος
[77] Condemn καταγιγνώσκειν [78] Loath σικχαίνειν [79] Sing hymns ὑμνεῖν
[80] Chariot ἅρμα [81] Assist ὑπηρετεῖν [82] Harp ψαλτήριον [83] Lyre κιθάρα
[84] Anger ὀργή [85] Absolutely powerful αὐθέντης, -ες [86] Beginning ἀρχή

ϩⲙ̄-ⲡⲟⲩⲱⲱϣ ⲙ̄-ⲡⲉⲓⲱⲧ ⲙ̄-ⲡⲧⲏⲣ-ϥ | ⲕⲁⲧⲁ-ⲡⲧⲩⲡⲟⲥ ⲛ̄-ⲛⲁ-ⲡⲥⲁ ⲛⲧⲡⲉ ⲧⲏⲣ-ⲟⲩ ϣⲓ|ⲛⲁ ⲉϥ-ⲛⲁ-ϫⲱⲕ ⲉⲃⲟⲗ ⲛ̄ϭⲓ-ⲡⲁⲣⲓⲑⲙⲟⲥ[87] ⲙ̄-ⲡⲭⲁ||ⲟⲥ• ⲉⲓⲥϩⲏⲏⲧⲉ ⲁϩⲓ-ⲧⲥⲉⲃⲟ-$^{\emptyset}$ ⲁ-ⲡⲧⲩⲡⲟⲥ ⲛ̄-ⲛ̄|ⲁⲣⲭⲱⲛ ⲙⲛ̄-ⲑⲩⲗⲏ ⲛ̄ⲧ-ⲁⲩ-ϫⲡⲟ-ϥ ⲛ̄ϩⲏⲧ-ⲥ̄ ⲙⲛ̄-|ⲡⲟⲩⲉⲓⲱⲧ ⲙⲛ̄-ⲡⲟⲩⲕⲟⲥⲙⲟⲥ•

ⲁⲛⲟⲕ ⲇⲉ ⲁ|ⲉⲓ-ϫⲟⲟ-ⲥ ϫⲉ-ⲡϫⲟⲉⲓⲥ ⲙⲏⲧⲓ ⲁⲛⲟⲕ ϩⲱ ϯ-|ⲏⲡ ⲁ-ⲧⲟⲩϩⲩⲗⲏ• ⲛ̄ⲧⲟ ⲙⲛ̄-ⲛⲟⲩϣⲏⲣⲉ ⲉⲣⲉ-ⲏⲡ || ⲁ-ⲡⲉⲓⲱⲧ ⲉⲧ$^{\emptyset}$-ϣⲟⲟⲡ ϫⲓⲛⲛ̄-$^{\emptyset}$ϣⲟⲣⲡ• ⲛ̄ⲧ-ⲁ-|ⲛⲟⲩⲯⲩⲭⲏ ⲉⲓ <ⲉ>[88]ⲃⲟⲗ ϩⲙ̄-ⲡⲥⲁ ⲛⲧⲡⲉ ⲉⲃⲟⲗ ϩⲙ̄-|ⲡⲟⲩⲟⲉⲓⲛ ⲛ̄ⲛ-ⲁⲧ-ⲧⲉⲕⲟ• ⲇⲓⲁⲧⲟⲩⲧⲟ[89] ⲛ̄ⲉⲝⲟⲩ|ⲥⲓⲁ ⲛⲁ-ϣ-ⲧϩⲛⲟ ⲁⲛ ⲉϩⲟⲩⲛ ⲉⲣⲟ-ⲟⲩ ⲉⲧⲃⲉ-|ⲡⲛ̄ⲁ̄ ⲛ̄-ⲧⲁⲗⲏⲑⲉⲓⲁ[90] ⲉⲧ$^{\emptyset}$-ⲟⲩⲏϩ ϩⲣⲁï ⲛ̄ϩⲏⲧ-ⲟⲩ• || ⲟⲩⲟⲛ ⲇⲉ ⲛⲓⲙ ⲛ̄ⲧ-ⲁϩ-ⲥⲟⲩⲱⲛ-ⲧⲉïϩⲟⲇⲟⲥ[91] | ⲛⲁⲉⲓ ⲥⲉ-ϣⲟⲟⲡ ⲛ̄-$^{\emptyset}$ⲁⲑⲁⲛⲁⲧⲟⲥ[92] ϩⲛ̄-ⲧⲙⲏⲧⲉ | ⲛ̄-ⲣ̄ⲣⲱⲙⲉ ⲉ-ϣⲁⲩ-ⲙⲟⲩ•

ⲁⲗⲗⲁ ⲡⲉⲥⲡⲉⲣⲙⲁ | ⲉⲧ$^{\emptyset}$-ⲙ̄ⲙⲁⲩ ⲛⲁ-ⲟⲩⲱⲛϩ ⲁⲛ ⲉⲃⲟⲗ ⲧⲉⲛⲟⲩ• ⲁⲗ|ⲗⲁ ⲙⲛ̄ⲛ̄ⲥⲁ-ϣⲟⲙⲧⲉ ⲛ̄-ⲅⲉⲛⲉⲁ ⲁϥ-ⲛⲁ-ⲟⲩⲱⲛϩ || ⲉⲃⲟⲗ• ⲁϥ-ⲛⲟⲩϫⲉ ⲉⲃⲟⲗ ⲙ̄ⲙⲟ-ⲟⲩ ⲛ̄-ⲧⲙⲣ̄ⲣⲉ | ⲛ̄-ⲧⲡⲗⲁⲛⲏ[93] ⲛ̄ⲉⲝⲟⲩⲥⲓⲁ• ⲁⲛⲟⲕ ⲇⲉ ⲡⲉϫⲁ-ⲉⲓ | ϫⲉ-ⲡϫⲟⲉⲓⲥ ϣⲁ-ⲟⲩⲏⲣ ⲛ̄-ⲭⲣⲟⲛⲟⲥ•[94] ⲡⲉϫⲁ-ϥ | ⲛⲁ-ⲉⲓ ϫ̣[ⲉ-ϩⲟ]ⲧⲁⲛ ⲉⲣϣⲁ-ⲡⲣⲱⲙⲉ ⲛ̄-ⲁⲗⲏⲑⲓ|[ⲛⲟⲥ[95] ⲟⲩⲱ]ⲛϩ ⲉⲃⲟⲗ ϩⲛ̄ⲛ-ⲟⲩⲡⲗⲁⲥⲙⲁ ||
*97:1 [- - -]ⲁ̣ⲗⲏⲑⲉⲓⲁ ⲡ-ⲉⲛⲧ-ⲁ-ⲡⲉⲓⲱⲧ ⲧⲛ̄*ⲛⲟⲟⲩ-ϥ•

ⲧ̣[ⲟⲧⲉ] ⲡ-ⲉⲧ̣$^{\emptyset}$-[ⲙ̄]ⲙⲁⲩ ⲛⲁ-ⲧⲁⲙⲟ-ⲟⲩ ⲉ|ⲧⲃⲉ-ϩⲱⲃ ⲛ[ⲓⲙ]•
ⲁⲩⲱ ϥ-ⲛⲁ-ⲧⲁϩⲥ-ⲟⲩ ϩⲙ̄-ⲡⲭⲣⲉⲓ|ⲥⲙⲁ[96] ⲙ̄-ⲡⲱⲛϩ ϣⲁ-ⲉⲛⲉϩ
ⲡⲁⲉⲓ ⲛ̄ⲧ-ⲁⲩ-ⲧⲁ|ⲁ-ϥ ⲛⲁ-ϥ ⲉⲃⲟⲗ ϩⲛ̄-ⲧⲅⲉⲛⲉⲁ ⲧ-ⲉⲧⲙ̄ⲙⲛ̄ⲧⲉ-ⲥ-||$^{\emptyset}$ⲣ̄ⲣⲟ•

ⲧⲟⲧⲉ ⲥⲉ-ⲛⲁ-ⲛⲟⲩϫⲉ ⲉⲃⲟⲗ ⲙ̄ⲙⲟ-ⲟⲩ | ⲙ̄-ⲡⲙⲉⲉⲩⲉ ⲃ̄-ⲃⲗ̄ⲗⲉ•
ⲁⲩⲱ ⲥⲉ-ⲛⲁ-ⲣ̄-ⲕⲁⲧⲁⲡⲁ|ⲧⲉⲓ[97] ⲙ̄-ⲡⲙⲟⲩ ⲛ̄-ⲛ̄ⲉⲝⲟⲩⲥⲓⲁ•
ⲁⲩⲱ ⲥⲉ-ⲛⲁ-ⲃⲱⲕ | ⲉϩⲣⲁï ⲉ-ⲡⲟⲩⲟⲉⲓⲛ ⲉⲧⲉ-ⲙⲛ̄ⲧⲁ-ϥ-ⲁⲣⲏϫ-ϥ | ⲡⲁⲉⲓ ⲉⲧⲉ-ⲡⲉⲉⲓⲥⲡⲉⲣⲙⲁ ϣⲟⲟⲡ ⲙ̄ⲙⲁⲩ• ||

ⲧⲟⲧⲉ ⲛⲉⲝⲟⲩⲥⲓⲁ ⲥⲉ-ⲛⲁ-ⲕⲱ ⲛ̄ⲥⲱ-ⲟⲩ ⲛ̄-ⲛⲟⲩ|ⲕⲁⲓⲣⲟⲥ•
ⲁⲩⲱ ⲛⲟⲩⲁⲅⲅⲉⲗⲟⲥ ⲥⲉ-ⲛⲁ-ⲣⲓⲙⲉ | ⲉϫⲛ̄-ⲡⲟⲩⲧⲁⲕⲟ•
ⲁⲩⲱ ⲛⲟⲩⲇⲁⲓⲙⲱⲛ[98] ⲥⲉ-ⲛⲁ-|ⲣ̄-$^{\emptyset}$ϩⲏⲃⲉ ⲉϫⲛ̄-ⲡⲟⲩⲙⲟⲩ•

ⲧⲟⲧⲉ ⲛ̄ϣⲏⲣⲉ ⲧⲏ|ⲣ-ⲟⲩ ⲙ̄-ⲡⲟⲩⲟⲉⲓⲛ ⲥⲉ-ⲛⲁ-ⲥⲟⲩⲱⲛ-ⲧⲁⲗⲏⲑⲉⲓ||ⲁ ⲙⲛ̄-ⲧⲟⲩⲛⲟⲩⲛⲉ ϩⲛ̄-ⲟⲩⲙⲉ ⲁⲩⲱ ⲡⲉⲓⲱⲧ | ⲙ̄-ⲡⲧⲏⲣ-ϥ ⲙⲛ̄-ⲡⲛ̄ⲁ̄ ⲉⲧ$^{\emptyset}$-ⲟⲩⲁⲁⲃ•

[87] Number, sum ἀριθμός [88] <ⲉ> omitted by the ancient copyist [89] Thus διὰ τοῦτο [90] Truth ἀλήθεια [91] Way ὁδός [92] Immortal ἀθάνατος [93] Error πλάνη [94] Time χρόνος [95] True ἀληθινός, -ή, -όν [96] Ointment χρίσμα [97] Trample καταπατεῖν [98] Demon, minor spirit δαίμων

ⲥⲉ-ⲛⲁ-ϫⲟⲟ-ⲥ | ⲧⲏⲣ-ⲟⲩ ϩⲛ̄ⲛ-ⲟⲩⲥⲙⲏ ⲟⲩⲱⲧ ϫⲉ-ⲟⲩⲇⲓⲕⲁⲓ|ⲟⲥ
ⲧⲉ ⲧⲁⲗⲏⲑⲉⲓⲁ ⲙ̄-ⲡⲉⲓⲱⲧ•
ⲁⲩⲱ ⲡϣⲏⲣⲉ | ϩⲓϫⲛ̄-ⲡⲧⲏⲣ-ϥ•

ⲁⲩⲱ ⲉⲃⲟⲗ ϩⲓⲧⲛ̄-ⲟⲩⲟⲛ ⲛⲓⲙ || ϣⲁ-ⲛⲓⲉⲛⲉϩ ⲛ̄-ⲉⲛⲉϩ
ϩⲁⲅⲓⲟⲥ[99] ϩⲁⲅⲓⲟⲥ ϩⲁ|ⲅⲓⲟⲥ ϩⲁⲙⲏⲛ• |

ⲑⲩⲡⲟⲥⲧⲁⲥⲓⲥ | ⲛ̄-ⲛ̄ⲁⲣⲭⲱⲛ•

[99] Holy ἅγιος, -α, -ον

The Thunder—Perfect Intellect

(THE THUNDER, PERFECT MIND)

ⲧⲉⲃⲣⲟⲛⲧⲏ: ⲛⲟⲩⲥ ⲛ̄-ⲧⲉⲗⲉⲓⲟⲥ

MANUSCRIPT: Cairo, Coptic Museum, Nag Hammadi Codex VI, pp. 13–21.

PHOTOGRAPHIC FACSIMILE: *Facs. VI,* plates 17–25, and *Facs. Intro.,* plates 11*–12*.

EDITIONS: Paul-Hubert Poirier, *Le Tonnere, intellect parfait* (Quebec City 1995); George W. MacRae, in Douglas M. Parrott, ed., *Nag Hammadi Codices V,2–5 and VI* (Leiden 1979), 234–55.

DIALECT AND SPELLING: Sahidic with occasional features similar to Lycopolitan. Cf. Wolf-Peter Funk, in Poirier, op. cit., 13–97.

TRANSLATIONS: Layton, *The Gnostic Scriptures* 77–85; *Nag Hammadi Library in English* 295–303 (G. W. MacRae); for additional information see also Scholer, *Nag Hammadi Bibliography* and supplements in *Novum Testamentum.*

---

*13:1 *ⲧ̣ⲉⲃⲣⲟⲛⲧⲏ[1] ⲛⲟⲩⲥ[2] ⲛ̄-ⲧⲉⲗⲉⲓⲟⲥ•[3] |

[ⲛ̄]ⲧ-ⲁⲩ-ⲧⲁⲟⲩⲟ-ⲉⲓ ⲁⲛⲟⲕ ⲉⲃⲟⲗ ϩⲛ̄-‖[ⲧ]ϭ̣ⲟⲙ•
ⲁⲩⲱ ⲛ̄ⲧ-ⲁⲓ̈-ⲉ͡ⲓ ϣⲁ-ⲛ-ⲉⲧ∅-|ⲙⲉⲉⲩⲉ ⲉⲣⲟ-ⲓ̈•
ⲁⲩⲱ ⲁⲩ-ϭⲓⲛⲉ ⲙ̄‖ⲙ̣ⲟ-ⲓ̈ ϩⲛ̄-ⲛ-ⲉⲧ∅-ϣⲓⲛⲉ ⲛ̄ⲥⲱ-ⲉⲓ•
ⲉ‖[ⲛ]ⲁⲩ ⲉⲣⲟ-ⲉⲓ ⲛ-ⲉⲧ∅-ⲙⲉⲉⲩⲉ ⲉⲣⲟ-ⲓ̈• |
ⲁⲩⲱ ⲛ̄ⲣⲉϥ-ⲥⲱⲧⲙ̄ ⲥⲱⲧⲙ̄ ⲉⲣⲟ-ⲓ̈• |
ⲛ-ⲉⲧ∅-ϭⲱϣⲧ̄ ⲉⲃⲟⲗ ϩⲏⲧ-∅ ϣⲟⲡ̄-ⲧ̄ | ⲉⲣⲱ-ⲧⲛ̄•
ⲁⲩⲱ ⲙ̄ⲡⲣ̄-ⲡⲱⲧ ⲛ̄ⲥⲱ-ⲓ̈ ‖ ⲙ̄ⲡⲉⲙⲧⲟ ⲛ̄-ⲛⲉⲧⲛ̄ⲃⲁⲗ ⲉⲃⲟⲗ• |
ⲁⲩⲱ ⲙ̄ⲡⲣ̄-ⲧⲣⲉ-ⲡⲉⲧⲛ̄ϩⲣⲟⲟⲩ ⲙⲉⲥ|ⲧⲱ-ⲉⲓ ⲁⲩⲱ ⲡⲉⲧⲛ̄ⲥⲱⲧⲙ̄•
ⲙ̄|ⲡⲣ̄-ⲣ̄-∅ⲁⲧ-ⲥⲁⲩⲛⲉ ⲙ̄ⲙⲟ-ⲉⲓ ⲕⲁⲧⲁ-|∅ⲙⲁ ⲏ̄ ⲕⲁⲧⲁ-ⲛ̄ⲕⲉⲟⲩⲁⲉⲓϣ•

[1] Thunder βροντή [2] Intellect νοῦς [3] Perfect τέλειος, -α, -ον

ⲁⲣⲉϩ• ‖ ⲙ̄ⲡⲣ̄-ⲣ̄-∅ⲁⲧ-ⲥⲟⲟⲩⲛ ⲙ̄ⲙⲟ-ⲉⲓ•

ⲁⲛⲟⲕ | ⲅⲁⲣ ⲧⲉ ⲧϣⲟⲣⲡ̄ ⲁⲩⲱ ⲑⲁⲏ•
ⲁⲛⲟⲕ | ⲧⲉ ⲧ-ⲉⲧⲁⲉⲓⲁⲉⲓⲧ ⲁⲩⲱ ⲧ-ⲉⲧ∅-ϣⲏⲥ• |
ⲁⲛⲟⲕ ⲧⲉ ⲧⲡⲟⲣⲛⲏ[4] ⲁⲩⲱ ⲧⲥⲉⲙⲛⲏ•[5] |
ⲁⲛⲟⲕ ⲧⲉ ⲧⲉⲥϩⲓ͡ⲙⲉ ⲁⲩⲱ ⲧⲡⲁⲣ‖ⲑⲉⲛⲟⲥ•[6]
ⲁⲛⲟⲕ ⲡⲉ ⲧⲙⲉⲉⲩ {ⲉ}[7] | ⲁⲩⲱ ⲧϣⲉⲉⲣⲉ•
ⲁⲛⲟⲕ-ⲙ̄ⲙⲉⲗⲟⲥ[8] | ⲛ̄ⲧⲉ-ⲧⲁⲙⲁⲁⲩ•
ⲁⲛⲟⲕ ⲧⲉ ⲧⲁϭⲣⲏⲛ• | ⲁⲩⲱ ⲛⲁϣⲉ-ⲛⲉⲥϣⲏⲣⲉ•
ⲁⲛⲟⲕ | ⲧⲉ ⲧ-ⲉⲧ-ⲛⲁϣⲉ-ⲡⲉⲥⲅⲁⲙⲟⲥ•[9] ⲁⲩⲱ ‖ ⲙ̄ⲡⲓ-ϫⲉⲓ-∅ϩⲁï•
ⲁⲛⲟⲕ ⲧⲉ ⲧⲙⲉⲥⲓⲱ | ⲁⲩⲱ ⲧ-ⲉⲧⲉ-ⲙⲁⲥ-ⲙⲓⲥⲉ•
ⲁⲛⲟⲕ | ⲡⲉ ⲡⲥⲟⲗⲥ̄ⲗ̄ ⲛ̄-ⲛⲁⲛⲁⲁⲕⲉ•
ⲁⲛⲟⲕ | ⲧⲉ ⲧϣⲉⲗⲉⲉⲧ ⲁⲩⲱ ⲡⲣ̄ⲙ̄-ϣⲉⲗⲉ|ⲉⲧ•
ⲁⲩⲱ ⲡⲁϩⲟⲟⲩⲧ ⲡⲉⲛⲧ-ⲁϥ-‖ϫⲡⲟ-ⲉⲓ•
ⲁⲛⲟⲕ ⲧⲉ ⲧⲙⲁⲁⲩ ⲛ̄ⲧⲉ-|ⲡⲁⲉⲓⲱⲧ ⲁⲩⲱ ⲧⲥⲱⲛⲉ ⲙ̄-ⲡⲁ|ϩⲟⲟⲩⲧ•
ⲁⲩⲱ ⲛ̄ⲧⲟϥ ⲡⲉ ⲡⲁϫⲡⲟ• |
ⲁⲛⲟⲕ ⲧⲉ ⲧϭⲁⲟⲩⲟⲟⲛⲉ ⲙ̄-ⲡ-ⲉⲛ|ⲧ-ⲁϥ-ⲥ̄ⲃ̄ⲧⲱⲧ-∅•
ⲁⲛⲟⲕ ⲧⲉ ⲧϫⲟⲉⲓⲥ *ⲙ̄-ⲡⲁϫⲡⲟ• *14:1
ⲛ̄ⲧⲟϥ ⲇⲉ ⲡⲉⲛⲧ-ⲁϥ-ϫ[ⲡⲟ-ï] | ϩⲁⲑⲏ ⲙ̄-ⲡⲉⲟⲩⲟⲉⲓϣ ϩⲛ̄-ⲟⲩϩ̣ⲟ̣[ⲩ]-|ⲙⲓⲥⲉ•
ⲁⲩⲱ ⲛ̄ⲧⲟϥ ⲡⲉ ⲡⲁϫⲡⲟ ϩ̣[ⲙ̄]-|ⲡⲉⲟⲩⲟⲉⲓϣ•
ⲁⲩⲱ ⲧⲁⲇⲩⲛⲁⲙⲓⲥ[10] ⲟ̣[ⲩ]‖ⲉ̣ⲃⲟⲗ ⲛ̄ϩⲏⲧ-ϥ̄ ⲧⲉ•
ⲁⲛⲟⲕ-ⲡϭⲉⲣⲱ̣[ⲃ] | ⲛ̄-ⲧⲉϥϭⲟⲙ ϩⲛ̄-ⲧⲉϥⲙⲛ̄ⲧ̄-ϣⲏⲙ•
[ⲁⲩⲱ] | ⲛ̄ⲧⲟϥ ⲡⲉ ⲧⲕⲉⲗⲉⲉⲉⲗⲉ ⲛ̄-ⲧⲁⲙⲛⲧ̣-|ϩ̣ⲗ̄ⲗⲱ•
ⲁⲩⲱ ⲡ-ⲉⲧϥ̄-ⲟⲩⲟϣ-ϥ̄ ϣⲁϥ-|ϣⲱⲡⲉ ⲙ̄ⲙⲟ-ⲉⲓ•
ⲁⲛⲟⲕ ⲡⲉ ⲡⲕⲁ-ⲣⲱ-ϥ ‖ ⲉⲧⲉ-ⲙⲁⲩ-ϣ-ⲧⲁϩⲟ-ϥ•
ⲁⲩⲱ ⲧⲉⲡⲓⲛⲟⲓ|ⲁ[11] ⲉⲧⲉ-ⲛⲁϣⲉ-ⲡⲉⲥⲣ̄-ⲡⲙⲉⲉⲩⲉ• |
ⲁⲛⲟⲕ ⲧⲉ ⲧⲉⲥⲙⲏ ⲉⲧⲉ-ⲛⲁϣⲉ-ⲡⲉⲥ|ϩⲣⲟⲟⲩ
ⲁⲩⲱ ⲡⲗⲟⲅⲟⲥ[12] ⲉⲧⲉ-ⲛⲁϣⲉ-|ⲡⲉϥⲉⲓⲛⲉ•
ⲁⲛⲟⲕ ⲡⲉ ⲡϣⲁϫⲉ ⲙ̄-‖ⲡⲁⲣⲁⲛ•

ⲉⲧⲃⲉ-ⲟⲩ ⲛ-ⲉⲧ∅-ⲙⲟⲥⲧⲉ ⲙ̄|ⲙⲟ-ⲉⲓ ⲧⲉⲧⲛ̄-ⲙⲉ ⲙ̄ⲙⲟ-ⲉⲓ•
ⲁⲩⲱ | ⲧⲉⲧⲛ̄-ⲙⲟⲥⲧⲉ ⲛ̄-ⲛ-ⲉⲧ∅-ⲙⲉ ⲙ̄ⲙⲟ-ⲉⲓ• |
ⲛ-ⲉⲧ∅-ⲣ̄-ⲁⲣⲛⲁ[13] ⲙ̄ⲙⲟ-ⲉⲓ ⲉⲣⲓ-ϩⲟⲙⲟⲗⲟⲅⲉⲓ[14] | ⲙ̄ⲙⲟ-ⲉⲓ•
ⲁⲩⲱ ⲛ-ⲉⲧ∅-ⲣ̄-ϩⲟⲙⲟⲗⲟⲅⲉⲓ ‖ ⲙ̄ⲙⲟ-ⲉⲓ ⲉⲣⲓ-ⲁⲣⲛⲁ ⲙ̄ⲙⲟ-ⲉⲓ•

[4] Harlot πόρνη [5] Holy σεμνός, -ή, -όν [6] Virgin παρθένος [7] Delete {ⲉ} [8] Member μέλος [9] Marriage γάμος [10] Power δύναμις [11] Afterthought ἐπίνοια [12] Discourse, Word (John 1:1) λόγος [13] Deny ἀρνᾶν [14] Declare ὁμολογεῖν

ⲛ-ⲉⲧ$^{\emptyset}$-ϫⲉ-|$^{\emptyset}$ⲙⲉ ⲉⲣⲟ-ⲓ̈ ϫⲓ-$^{\emptyset}$ϭⲟⲗ ⲉⲣⲟ-ⲉⲓ•
ⲁⲩⲱ ⲛ-ⲉ|ⲧ-ⲁⲩ-ϫⲉ-$^{\emptyset}$ϭⲟⲗ ⲉⲣⲟ-ⲉⲓ ϫⲉ-ⲧⲙⲉ ⲉⲣⲟ-ⲉⲓ• |
ⲛ-ⲉⲧ$^{\emptyset}$-ⲥⲟⲟⲩⲛ ⲙ̄ⲙⲟ-ⲉⲓ ⲉⲣⲓ-$^{\emptyset}$ⲁⲧ-ⲥⲟ|ⲟⲩⲛ ⲙ̄ⲙⲟ-ⲉⲓ•
ⲁⲩⲱ ⲛ-ⲉⲧⲉ-ⲙ̄ⲡⲟⲩ-||ⲥⲟⲩⲱⲛ̄-ⲧ̄ ⲙⲁⲣⲟⲩ-ⲥⲟⲩⲱⲛ̄-ⲧ̄• |

ⲁⲛⲟⲕ ⲅⲁⲣ ⲡⲉ ⲡⲥⲟⲟⲩⲛ ⲁⲩⲱ | ⲧⲙⲛ̄ⲧ-ⲁⲧ-ⲥⲟⲟⲩⲛ•
ⲁⲛⲟⲕ ⲡⲉ | ⲡϣⲓⲡⲉ ⲁⲩⲱ ⲧⲡⲁⲣϩⲏⲥⲓⲁ•[15] |
ⲁⲛⲟⲕ-ⲟⲩⲁⲧ-ϣⲓⲡⲉ• ⲁⲛⲟⲕ-ⲟⲩ||ϫⲡⲓⲏⲧ•
ⲁⲛⲟⲕ-ⲟⲩⲛⲁϣⲧⲉ• ⲁⲩⲱ | ⲁⲛⲟⲕ-ⲟⲩϩ̄ⲣⲧⲉ•
ⲁⲛⲟⲕ ⲡⲉ ⲡ̄ⲡⲟ|ⲗⲉⲙⲟⲥ[16] ⲁⲩⲱ ϯⲣⲏⲛⲏ•[17]

ϯ-ϩⲧⲏ-|ⲧⲛ̄ ⲉⲣⲟ-ⲉⲓ• ⲁⲛⲟⲕ-ⲧ-ⲉⲧ$^{\emptyset}$-ϭⲁⲉⲓⲏⲟⲩ | ⲁⲩⲱ ⲧⲛⲟϭ•
15:1 ϯ-ϩⲧⲏ-ⲧⲛ̄ ⲉ-ⲧⲁⲙⲛ̄ⲧ-[ϩⲏ]ⲕⲉ ⲁⲩⲱ ⲧⲁⲙⲛ̄ⲧ-ⲣ̄ⲙⲙⲁⲟ• |
[ⲙ̄]ⲡⲣ̄-ϫⲓⲥⲉ ⲛ̄ϩⲏⲧ ⲉⲣⲟ-ⲉ͡ⲓ ⲉⲉⲓ-|ⲛ̣ⲏϫ ⲉⲃⲟⲗ ϩ͡ⲓϫⲙ̄-ⲡⲕⲁϩ•
ⲁ[ⲩⲱ] | ⲧⲉⲧⲛⲁ-ϭⲓⲛⲉ ⲙ̄ⲙⲟ-ⲉⲓ ϩⲛ̄-ⲛ-[ⲉ]||[ⲧ$^{\emptyset}$-]ⲛ̄ⲛⲏⲟⲩ•
ⲟⲩⲧⲉ ⲙ̄ⲡⲣ̄-ⲛⲁⲩ | [ⲉⲣ]ⲟ̣-ⲉⲓ ϩ͡ⲓ-ⲧⲕⲟⲡⲣⲓⲁ[18] ⲛ̄ⲧⲉⲧⲛ̄-ⲃⲱⲕ | [ⲛ̄]ⲧ̣ⲉⲧⲛ̄-ⲕⲁⲁ-ⲧ ⲉⲉⲓ-ⲛⲏϫ ⲉⲃⲟⲗ• |
ⲁⲩⲱ ⲧⲉⲧⲛⲁ-ϭⲓⲛⲉ ⲙ̄ⲙⲟ-ⲉⲓ ϩⲛ̄-|ⲙ̄ⲙⲛ̄ⲧ-ⲣ̄ⲣⲁⲉⲓ•
ⲟⲩⲇⲉ ⲙ̄ⲡⲣ̄-ⲛⲁⲩ || ⲉⲣⲟ-ⲉⲓ ⲉⲉⲓ-ⲛⲏϫ ⲉⲃⲟⲗ ϩⲛ̄-ⲛ-ⲉⲧ$^{\emptyset}$-ϭⲁ|ⲉⲓⲏⲟⲩ ⲁⲩⲱ ϩⲛ̄-ⲛⲉⲗⲁⲭⲓⲥⲧⲟⲥ[19] <ⲛ̄->[20]|ⲧⲟⲡⲟⲥ ⲛ̄ⲧⲉⲧⲛ̄-ⲥⲱⲃⲉ ⲛ̄ⲥⲱ-ⲉⲓ• |
ⲟⲩⲇⲉ ⲙ̄ⲡⲣ̄-ⲛⲟϫ̄-ⲧ̄ ⲉϩⲣⲁⲓ̈ ⲉ-ⲛ-ⲉⲧ$^{\emptyset}$-|ϣⲁⲁⲧ ϩⲛ̄-ⲟⲩⲙⲛ̄ⲧ-ⲁⲩⲥⲧⲏⲣⲟⲥ•[21] ||
ⲁⲛⲟⲕ ⲇⲉ ⲁⲛⲟⲕ-ⲟⲩϣⲁⲛ-ϩⲧⲏ-ⲥ• | ⲁⲩⲱ ⲁⲛⲟⲕ-ⲟⲩⲁϩ͡ⲓⲏⲧ•
ⲁⲣⲏϩ• | ⲙ̄ⲡⲣ̄-ⲙⲉⲥⲧⲉ-ⲧⲁⲙⲛ̄ⲧ-ⲥⲧⲙⲏⲧ |
ⲁⲩⲱ ⲧⲁⲉⲅⲕⲣⲁⲧⲉⲓⲁ[22] ⲛ̄ⲧⲉⲧⲛ̄-|ⲙⲉⲣⲓⲧ̄-ⲥ̄ ϩⲛ̄-ⲧⲁⲙⲛ̄ⲧ-ϭⲱⲃ•
ⲙ̄ⲡⲣ̄-||ⲃϣ̄-ⲧⲏⲛⲉ ⲉⲣⲟ-ⲉⲓ ⲁⲩⲱ ⲛ̄ⲧⲉ|ⲧⲛ̄-ⲧⲙ̄-ⲣ̄-$^{\emptyset}$ϩⲟⲧⲉ ϩⲏⲧ̄-ⲥ̄ ⲛ̄-ⲧⲁϭⲟⲙ• |
ⲉⲧⲃⲉ-ⲟⲩ ⲅⲁⲣ ⲧⲉⲧⲛ̄-ⲣ̄-ⲕⲁⲧⲁ|ⲫⲣⲟⲛⲓ[23] ⲛ̄-ⲧⲁϩ̄ⲣⲧⲉ ⲁⲩⲱ ⲧⲉ|ⲧⲛ̄-ⲥⲁϩⲟⲩ ⲙ̄-ⲡⲁϣⲟⲩϣⲟⲩ• ||
ⲁⲛⲟⲕ ⲇⲉ ⲧⲉⲧ$^{\emptyset}$-ϣⲟⲟⲡ ϩⲛ̄-ⲛ̄|ⲫⲟⲃⲟⲥ[24] ⲧⲏⲣ-ⲟⲩ ⲁⲩⲱ ⲡ̄ⲛϣⲁⲧ• |
ϩⲛ̄-ⲟⲩⲥⲧⲱⲧ ⲁⲛⲟⲕ ⲧⲉ ⲧ-ⲉⲧ$^{\emptyset}$-|ϭⲟⲟⲃ•
ⲁⲩⲱ ⲉⲉⲓ-ⲟⲩⲁϫ ϩⲛ̄-ⲟⲩ|ϩⲏⲇⲟⲛⲏ[25] ⲛ̄-$^{\emptyset}$ⲧⲟⲡⲟⲥ•
ⲁⲛⲟⲕ-ⲟⲩ||ⲁⲑⲏⲧ• ⲁⲩⲱ ⲁⲛⲟⲕ-ⲟⲩⲥⲁⲃⲏ• |
ⲉⲧⲃⲉ-ⲟⲩ ⲁⲧⲉⲧⲛ̄-ⲙⲉⲥⲧⲱ-ⲉⲓ | ϩⲛ̄-ⲛⲉⲧⲛ̄ϣⲟϫⲛⲉ•
ϫⲉ-ϯ-ⲛⲁ-ⲕⲁ-|ⲣⲱ-ⲉⲓ ⲁⲛⲟⲕ ϩⲛ̄-ⲛ-ⲉⲧ-ⲕⲁ-ⲣⲱ-ⲟⲩ• |
ⲁⲩⲱ ϯ-ⲛⲁ-ⲟⲩⲱⲛ̄ϩ ⲉⲃⲟⲗ ⲛ̄ⲧⲁ-ϣⲁϫⲉ•

[15] Frankness παρρησία [16] War πόλεμος [17] Peace εἰρήνη [18] Dung heap κόπριον, plur. κόπρια [19] Least, worthless ἐλάχιστος, -η, -ον [20] <ⲛ̄-> omitted by the ancient copyist [21] Severe αὐστηρός, -ά, -όν [22] Continence ἐγκράτεια [23] Scorn καταφρονεῖν [24] Fear φόβος [25] Enjoyment ἡδονή

*ⲉⲧⲃⲉ-ⲟⲩ ϭⲉ ⲁⲧⲉⲧⲛ̄-ⲙⲉⲥⲧⲱ-ⲉⲓ ⲛ̄ϩ[ⲉⲗ]|ⲗⲏⲛ•[26] *16:1
ϫⲉ-ⲁⲛⲟⲕ-ⲟⲩⲃⲁⲣⲃⲁⲣⲟⲥ[27] ϩⲛ̣̄-[ⲛ̄]||[ⲃ]ⲁⲣⲃⲁⲣⲟⲥ•
ⲁⲛⲟⲕ ⲅⲁⲣ ⲧⲉ ⲧⲥⲟⲫ[ⲓⲁ] | [ⲛ̄-ⲛ̄ϩ]ⲉⲗⲗⲏⲛ ⲁⲩⲱ ⲧⲅⲛⲱⲥⲓⲥ[28] ⲛ̣̄-[ⲛ̄]||ⲃ̣[ⲁ]ⲣ̣-[ⲃ]ⲁⲣⲟⲥ•
ⲁⲛⲟⲕ ⲡⲉ ⲫⲁⲡ ⲛ̣̄-[ⲛ̄]||ϩⲉⲗⲗⲏⲛ ⲙⲛ̄-ⲛ̄ⲃⲁⲣⲃⲁⲣⲟⲥ•
ⲁ̣[ⲛⲟⲕ] | ⲡⲉⲧ-ⲛⲁϣⲉ-ⲡⲉⲥⲉⲓⲛⲉ ϩⲛ̄-ⲕⲏⲙ̣ⲉ |
ⲁⲩⲱ ⲧⲉⲧⲉ-ⲙⲛ̄ⲧⲉ-ⲥ-∅ⲉⲓⲛⲉ ϩⲛ̄-ⲛ̄ⲃⲁⲣ|ⲃⲁⲣⲟⲥ•
ⲁⲛⲟⲕ ⲧⲉⲛⲧ-ⲁⲩ-ⲙⲉⲥⲧⲱ-ⲥ̣ || ϩⲛ̄-ⲙⲁ ⲛⲓⲙ
ⲁⲩⲱ ⲧⲉⲛⲧ-ⲁⲩ-ⲙⲉⲣⲓⲧ̄-ⲥ̄ | ϩⲙ̄-ⲙⲁ ⲛⲓⲙ•
ⲁⲛⲟⲕ ⲧⲉⲧⲉ-ϣⲁⲩ-ⲙⲟⲩ|ⲧⲉ ⲉⲣⲟ-ⲥ ϫⲉ-ⲡⲱⲛ̄ϩ
ⲁⲩⲱ ⲁⲧⲉⲧⲛ̄-|ⲙⲟⲩⲧⲉ ϫⲉ-ⲡⲙⲟⲩ•
ⲁⲛⲟⲕ ⲧⲉⲧⲉ-|ϣⲁⲩ-ⲙⲟⲩⲧⲉ ⲉⲣⲟ-ⲥ ϫⲉ-ⲡⲛⲟⲙⲟⲥ[29] ||
ⲁⲩⲱ ⲁⲧⲉⲧⲛ̄-ⲙⲟⲩⲧⲉ ϫⲉ-ⲧⲁⲛⲟⲙⲓⲁ•[30] |
ⲁⲛⲟⲕ ⲧⲉⲛⲧ-ⲁⲧⲉⲧⲛ̄-ⲡⲱⲧ ⲛ̄ⲥⲱ-ⲉⲓ• |
ⲁⲩⲱ ⲁⲛⲟⲕ ⲧⲉⲛⲧ-ⲁⲧⲉⲧⲛ̄-ⲁⲙⲁϩⲧⲉ | ⲙ̄ⲙⲟ-ⲉⲓ•
ⲁⲛⲟⲕ ⲧⲉ ⲧ-ⲉⲛⲧ-ⲁⲧⲉⲧⲛ̄-ϫⲟ|ⲟⲣ-ⲉⲧ ⲉⲃⲟⲗ•
ⲁⲩⲱ ⲁⲧⲉⲧⲛ̄-ⲥⲟⲟⲩ||ϩ̄-ⲧ̄ ⲉϩⲟⲩⲛ•
ⲁⲛⲟⲕ ⲧⲉⲛⲧ-ⲁⲧⲉⲧⲛ̄-|ϣⲓⲡⲉ ϩⲏⲧ̄-ⲥ̄•
ⲁⲩⲱ ⲁⲧⲉⲧⲛ̄-ⲣ̄-∅ⲁⲧ-ϣⲓ|ⲡⲉ ⲛⲏ-ⲉⲓ•
ⲁⲛⲟⲕ ⲧⲉⲧⲉ-ⲙⲁⲥ-ⲣ̄-∅ϣⲁ• |
ⲁⲩⲱ ⲁⲛⲟⲕ ⲧⲉⲧⲉ-ⲛⲁϣⲉ-ⲛⲉⲥϣⲁ• |
ⲁⲛⲟⲕ ⲁⲛⲟⲕ-ⲟⲩⲁⲧ-ⲛⲟⲩⲧⲉ•
ⲁⲩⲱ || ⲁⲛⲟⲕ ⲧⲉⲧⲉ-ⲛⲁϣⲉ-ⲡⲉⲥⲛⲟⲩⲧⲉ• |
ⲁⲛⲟⲕ ⲡⲉⲛⲧ-ⲁⲧⲉⲧⲛ̄-ⲙⲉⲉⲩⲉ ⲉⲣⲟ-ⲓ̈ |
ⲁⲩⲱ ⲁⲧⲉⲧⲛ̄-ϣⲟⲥ̄-ⲧ̄•
ⲁⲛⲟⲕ-ⲟⲩ|ⲁⲧ-ⲥⲃⲱ•
ⲁⲩⲱ ⲉⲩ-ϫⲓ-ⲥⲃⲱ ⲉⲃⲟⲗ | ϩ̂ⲓⲧⲟⲟⲧ-∅•
ⲁⲛⲟⲕ ⲧⲉ ⲧ-ⲉⲛⲧ-ⲁⲧⲉⲧⲛ̄-||ⲕⲁⲧⲁⲫⲣⲟⲛⲉⲓ ⲙ̄ⲙⲟ-ⲉⲓ•
ⲁⲩⲱ ⲧⲉ|ⲧⲛ̄-ⲙⲉⲉⲩⲉ ⲉⲣⲟ-ⲉⲓ•
ⲁⲛⲟⲕ ⲡⲉⲛ|ⲧ-ⲁⲧⲉⲧⲛ̄-ϩⲱⲡ ⲉⲣⲟ-ⲉⲓ•
ⲁⲩⲱ ⲧⲉ|ⲧⲛ̄-ⲟⲩⲟⲛ̄ϩ ⲛⲁ-ⲓ̈ ⲉⲃⲟⲗ•
ϩⲟⲧⲁⲛ ⲇⲉ | ⲉⲧⲉⲧⲛ̄ϣⲁⲛ-ϩⲱⲡ ⲙ̄ⲙⲱ-ⲧⲛ̄ ||
ⲁⲛⲟⲕ ϩⲱⲱ-ⲧ ϯ-ⲛⲁ-ⲟⲩⲟⲛϩ̄-ⲧ̄ *[ⲉⲃⲟⲗ• *17:1
ϩⲟⲧⲁⲛ] ⲅ̣ⲁⲣ ⲉⲣ[ϣ]ⲁⲛ-ⲧⲉⲧⲛ̄-|[- - - ⲉ]ⲃⲟⲗ
ⲁⲛⲟⲕ ϩⲱⲱ-ⲧ | [ϯ- - - - ⲉ]ⲣ̣ⲱ-ⲧⲛ̄•

[26] Greek Ἕλλην [27] Non-Greek, barbarian βάρβαρος [28] Knowledge, personal knowledge, acquaintance γνῶσις [29] Law νόμος [30] Lawlessness ἀνομία

ⲛ-ⲉⲛⲧ-ⲁⲩ.|[- - -] ϩⲓⲧⲟⲟⲧ-ϥ ⲙ̄-ⲡ̣[- - -]||[- - -] ϩⲛ̄-ⲟⲩⲙⲛ̄ⲧ-ⲁⲑ̣[- - -]| [- - -]ⲧⲉ
ϥⲓ ⲙ̄ⲙⲟ-ⲉⲓ.[.]ⲧ̣ⲟⲩ|[ⲉⲡⲓⲥⲧⲏ]ⲙⲏ[31] ⲉⲃⲟⲗ ϩⲛ̄-ⲟⲩ[ⲙ̄]ⲕⲁϩ | ⲛ̣̄ϩ[ⲏ]ⲧ̣
ⲁⲩⲱ ⲛ̄ⲧⲉⲧⲛ̄-ϣⲟⲡ-ⲧ | ⲉ̣[ⲣⲱ]-ⲧ̣ⲛ̣̄ ⲉⲃⲟⲗ ϩⲛ̄-ⲟⲩⲉⲡⲓⲥⲧⲏⲙ[ⲏ] || [ⲙⲛ̄-ⲟⲩ]ⲙ̣̄ⲕⲁϩ ⲛ̄ϩⲏⲧ
ⲛ̄ⲧⲉⲧⲛ̄-ϣⲟ|[ⲡ-]ⲧ ⲉⲣⲱ̣-ⲧⲛ̄ ⲉⲃⲟⲗ ϩⲛ̄-ϩⲉⲛⲧⲟⲡⲟⲥ | ⲉⲩ-ϭⲁⲉⲓⲏⲟⲩ ⲁⲩⲱ ϩⲛ̄-ⲟⲩⲧⲁⲛⲟ |
ⲁⲩⲱ ⲛ̄ⲧⲉⲧⲛ̄-ⲧⲱⲣⲡ̄ ⲉⲃⲟⲗ ϩⲛ̄-ⲛ-ⲉ|ⲧ-ⲛⲁⲛⲟⲩ-ⲟⲩ•
ⲕⲁⲛ ϩⲛ̄-ⲟⲩⲙⲛ̄ⲧ-ϭⲁ||ⲉⲓⲉ ⲉⲃⲟⲗ ϩⲛ̄-ⲟⲩϣⲓⲡⲉ ϣⲟⲡ-ⲧ | ⲉⲣⲱ-ⲧⲛ̄ ϩⲛ̄-ⲟⲩⲙⲛ̄ⲧ-ⲁⲧ-ϣⲓⲡⲉ• |
ⲁⲩⲱ ⲉⲃⲟⲗ ϩⲛ̄-ⲟⲩⲙⲛ̄ⲧ-ⲁⲧ-ϣⲓⲡⲉ | ⲙⲛ̄-ⲟⲩϣⲓⲡⲉ ϫⲡⲓⲟ ⲛ̄-ⲛⲁⲙⲉ|ⲗⲟⲥ ϩⲛ̄-ⲧⲏⲩⲧⲛ̄
ⲁⲩⲱ ⲛ̄ⲧⲉ||ⲧⲛ̄-ϯ-ⲡⲉⲧⲛ̄ⲛⲟⲩⲟⲉⲓ ⲉϩⲟⲩⲛ ⲉⲣⲟ-ⲓ̈ | ⲛ-ⲉⲧ$^{\emptyset}$-ⲥⲟⲟⲩⲛ ⲙ̄ⲙⲟ-ⲉⲓ ⲁⲩⲱ ⲛ-ⲉⲧ$^{\emptyset}$-|ⲥⲟⲟⲩⲛ ⲛ̄-ⲛⲁⲙⲉⲗⲟⲥ
ⲛ̄ⲧⲉⲧⲛ̄-|ⲥⲙⲓⲛⲉ ⲛ̄-ⲛ̄ⲛⲟϭ ϩⲛ̄-ⲛ̄ⲕⲟⲩⲉⲓ ⲛ̄-|ϣⲟⲣⲡ̄ ⲛ̄-ⲕⲧⲓⲥⲙⲁ•[32]
ϯ-ⲡⲉⲧⲛ̄||ⲟⲩⲟⲉⲓ ⲉϩⲣⲁⲓ̈ ⲉ-ⲧⲙⲛ̄ⲧ-ϣⲏⲣⲉ | ϣⲏⲙ•
ⲁⲩⲱ ⲙ̄ⲡⲣ̄-ⲙⲉⲥⲧⲱ-ⲥ | ϫⲉ-ⲥ̄-ⲥⲁⲃⲉⲕ• ⲁⲩⲱ ⲟⲩⲕⲟⲩⲉⲓ | ⲧⲉ•
ⲟⲩⲧⲉ ⲙ̄ⲡⲣ̄-ⲧⲥⲧⲟ ⲛ̄-ϩⲉⲛ|ⲙⲛ̄ⲧ-ⲛⲁϭ ϩⲛ̄-ϩⲉⲛⲙⲉⲣⲟⲥ[33] ⲉⲃⲟⲗ || ϩⲛ̄-ⲙ̄ⲙⲛ̄ⲧ-ⲕⲟⲩⲉⲓ•
ⲉ-ϣⲁⲩ-|ⲥⲟⲩⲱⲛ-ⲙ̄ⲙⲛ̄ⲧ-ⲕⲟⲩⲉⲓ ⲅⲁⲣ | ⲉⲃⲟⲗ ϩⲛ̄-ⲙ̄ⲙⲛ̄ⲧ-ⲛⲟϭ•
ⲉⲧⲃⲉ-|ⲟⲩ ⲧⲉⲧⲛ̄-ⲥⲁϩⲟⲩ ⲙ̄ⲙⲟ-ⲉⲓ | ⲁⲩⲱ ⲧⲉⲧⲛ̄-ⲧ⟦ϭ⟧[34]ⲁⲉⲓⲟ ⲙ̄ⲙⲟ-ⲉⲓ• || ⲁⲧⲉⲧⲛ̄-ϣⲱϭⲉ• ⲁⲩⲱ ⲁⲧⲉⲧⲛ̄-|ⲛⲁ•
*18:1 ⲙ̄ⲡⲣ̄-ⲡⲟⲣϫ-ⲧ ⲉⲃⲟⲗ ϩⲛ̄-ⲛ̄ϣⲟⲣⲡ̄ *ⲛⲁⲓ̈ ⲛ̄ⲧ-ⲁ[ⲧⲉ]ⲧ̣ⲛ̄-ⲥ[ⲟⲩⲱⲛ-ⲟⲩ•
ⲟⲩⲇⲉ] | ⲙ̄ⲡⲣ̄-ⲛⲉϫ̣-ⲗⲁⲁⲩ [ⲉⲃⲟⲗ - - -]|ⲧ̄ⲥⲧⲉ-ⲗⲁⲁⲩ ⲉⲃⲟⲗ ⲛ̣[- - -]|. ⲧⲥⲧⲁ-ⲧⲏⲛⲉ ⲁ.[- - -]||[. . .]ⲩⲛ ⲙ̄ⲙⲟ-ϥ ⲁⲛ ⲁⲛ[- - -]|[. . .].ϥ ⲧ-ⲉⲧⲉ-ⲧⲱ-ⲉⲓ [- - -] | ϯ-ⲥ̣[ⲟ]ⲟⲩⲛ ⲁⲛⲟⲕ ⲛ̄-ⲛ̄ϣ[ⲟⲣ]ⲡ•
ⲁ̣ⲩ[ⲱ] | ⲛ-ⲉⲧ$^{\emptyset}$-ⲙⲛ̄ⲛ̄ⲥⲁ-ⲛⲁⲓ̈ ⲥⲉ-ⲥⲟ̣ⲟ̣[ⲩⲛ ⲙ̄]ⲙ̣ⲟ-ⲉⲓ• |

ⲁⲛⲟⲕ ⲇⲉ ⲡⲉ ⲡⲛⲟⲩⲥ ⲛ̣̄-[ⲧⲉⲗⲉⲓⲟⲥ] ||
ⲁⲩⲱ ⲧⲁⲛⲁⲡⲁⲩⲥⲓⲥ[35] ⲙ̄-ⲡ[.]. .[.].•
ⲁ̣|ⲛⲟⲕ ⲡⲉ ⲡⲥⲟⲟⲩⲛ ⲙ̄-ⲡⲁϣⲓⲛⲉ
ⲁⲩⲱ | ⲡϭⲓⲛⲉ ⲛ̄-ⲛ-ⲉⲧ$^{\emptyset}$-ϣⲓⲛⲉ ⲛ̄ⲥⲱ-ⲉⲓ
ⲁⲩⲱ | ⲡⲟⲩⲁϩ-ⲥⲁϩⲛⲉ ⲛ̄-ⲛ-ⲉⲧ$^{\emptyset}$-ⲣ̄-ⲁⲓⲧⲉⲓ[36] ⲙ̄ⲙⲟ-ⲉⲓ |
ⲁⲩⲱ ⲧϭⲁⲙ ⲛ̄-ⲛ̄ϭⲁⲙ ϩⲛ̄-ⲧⲁⲅⲛⲱ||ⲥⲓⲥ
ⲛ̄-ⲛ̄ⲁⲅⲅⲉⲗⲟⲥ ⲛ̄ⲧ-ⲁⲩ-ⲧⲁⲟⲩⲟ-|ⲟⲩ ϩⲙ̄-ⲡⲁⲗⲟⲅⲟⲥ

31 Understanding ἐπιστήμη 32 Creature, created thing, creation κτίσμα 33 Part μέρος 34 ⟦ϭ⟧ cancelled by the ancient copyist 35 Repose ἀνάπαυσις 36 Request, make a request from αἰτεῖν

ⲁⲩⲱ ⲛ̄ⲛⲟⲩⲧⲉ | ϩⲛ̄-ⲛⲟⲩⲧⲉ ⲉⲃⲟⲗ ϩⲙ̄-ⲡⲁϣⲟϫⲛⲉ |
ⲁⲩⲱ ⲙ̄ⲡⲛ̄ⲁ ⲛ̄-ⲣⲱⲙⲉ ⲛⲓⲙ ⲉⲩ-|ϣⲟⲟⲡ ⲛ̄ⲙⲙⲁ-ⲉⲓ
ⲁⲩⲱ ⲛ̄ϩⲓⲟⲙⲉ || ⲉⲩ-ϣⲟⲟⲡ ⲛ̄ϩⲏⲧ-∅•
ⲁⲛⲟⲕ ⲧⲉ ⲧ-ⲉⲧ∅-|ⲧⲁⲉⲓⲏⲟⲩ ⲁⲩⲱ ⲧ-ⲉⲧⲟⲩ-ⲥⲙⲟⲩ | ⲉⲣⲟ-ⲥ
ⲁⲩⲱ ⲧ-ⲉⲧⲟⲩ-ⲣ̄-ⲕⲁⲧⲁⲫⲣⲟ|ⲛⲓ ⲙ̄ⲙⲟ-ⲥ ϩⲛ̄-ⲟⲩϣⲱⲥ•
ⲁⲛⲟⲕ | ⲧⲉ ϯⲣⲏⲛⲏ•
ⲁⲩⲱ ⲛ̄ⲧ-ⲁ-ⲡ̄ⲡⲟⲗⲉⲙⲟⲥ || ϣⲱⲡⲉ ⲉⲧⲃⲏⲏⲧ-∅•
ⲁⲩⲱ ⲁⲛⲟⲕ-|ⲟⲩϣ̄ⲙⲙⲟ ⲁⲩⲱ ⲟⲩⲣⲙ̄ⲛ̄-ⲡⲟⲗⲓⲥ• |
ⲁⲛⲟⲕ ⲧⲉ ⲧⲟⲩⲥⲓⲁ[37] ⲁⲩⲱ ⲧ-ⲉⲧⲉ-ⲙⲛ̄|ⲧⲉ-ⲥ-∅ⲟⲩⲥⲓⲁ•
ⲛ-ⲉⲧ∅-ϣⲟⲟⲡ ⲉⲃⲟⲗ | ϩⲛ̄-ⲧⲁⲥⲩⲛⲟⲩⲥⲓⲁ[38] ⲥⲉ-ⲣ̄-∅ⲁⲧ-ⲥⲟⲟⲩⲛ || ⲙ̄ⲙⲟ-ⲉⲓ•
ⲁⲩⲱ ⲛ-ⲉⲧ∅-ϣⲟⲟⲡ ϩⲛ̄-ⲧⲁ|ⲟⲩⲥⲓⲁ ⲛⲉⲧ∅-ⲥⲟⲟⲩⲛ ⲙ̄ⲙⲟ-ⲉⲓ• |
ⲛ-ⲉⲧ∅-ϩⲏⲛ ⲉⲣⲟ-ⲉⲓ ⲁⲩ-ⲣ̄-∅ⲁⲧ-ⲥⲟⲟⲩⲛ | ⲙ̄ⲙⲟ-ⲉⲓ•
ⲁⲩⲱ ⲛ-ⲉⲧ∅-ⲟⲩⲏⲟⲩ ⲛ̄|ⲥⲁ ⲛ̄ⲃⲟⲗ ⲙ̄ⲙⲟ-ⲉⲓ ⲛⲉⲛⲧ-ⲁⲩ-ⲥⲟⲩ||ⲱⲛ̄-ⲧ̄•
ϩⲙ̄-ⲡⲉϩⲟⲟⲩ ⲉⲉⲓ-ϩⲏⲛ ⲉϩⲟⲩⲛ *[ⲉ - - -].-ⲟⲩⲏⲟⲩ ⲛ̄ⲥⲁⲙⲟⲗ | [ⲙ̄ⲙ. . . .• *19:1
ⲁⲩ]ⲱ̣ ϩⲙ̄-ⲡⲉϩⲟⲟⲩ ⲉⲓ̣̈-|[ⲟⲩⲏⲟⲩ ⲛ̄ⲥⲁ] ⲛ̄ⲃⲟⲗ ⲙ̄ⲙⲱ̣-[ⲧⲛ̄ ϯ]-|[ϩⲏⲛ ⲉϩⲟ]ⲩⲛ ⲉⲣⲱ-ⲧⲛ̄•
ⲁⲛ̣[ⲟⲕ ⲡⲉ] || [- - -]. ⲃ̄ⲥ̄ ⲙ̄-ⲫⲏⲧ•
ⲁ[ⲛⲟⲕ ⲡⲉ] | [- - -] ⲛ-ⲙ̄ⲫⲩⲥⲓⲥ•[39]
ⲁ[ⲛⲟ]ⲕ ⲡⲉ | [- - -]ⲧⲉ ⲛ̄-ⲧⲕⲧⲓⲥⲓⲥ[40] ⲛ̄ⲛ̄-ⲙ̄ⲡⲛ̣̄[ⲁ] | [- - -]ⲁ̣ⲓⲧⲏⲙⲁ ⲛ̄-ⲛ̄ⲯⲩⲭⲟⲟⲩⲉ• |
[ⲁⲛⲟⲕ] ⲡ̣ⲉ ⲡⲁⲙⲁϩⲧⲉ ⲁⲩⲱ ⲡⲁⲧ-ⲁ||[ⲙⲁ]ϩⲧ̣[ⲉ]•
ⲁⲛⲟⲕ ⲡⲉ ⲡϩⲱⲧⲣ ⲙⲛ̄-|ⲡⲃⲱⲗ ⲉⲃⲟⲗ•
ⲁⲛⲟⲕ ⲡⲉ ⲧⲙⲟⲛⲏ•[41] |
ⲁⲩⲱ ⲁⲛⲟⲕ ⲡⲉ ⲡⲃⲱⲗ•
ⲁⲛⲟⲕ | ⲡⲉ ⲡⲓ ⲉⲡⲓⲧⲛ̄•
ⲁⲩⲱ ⲉⲩ-ⲛ̄ⲛⲏⲟⲩ | ⲉϩⲣⲁⲓ̈ ⲉⲧⲟⲟⲧ-∅•
ⲁⲛⲟⲕ ⲡⲉ ⲫⲁⲡ || ⲙⲛ̄-ⲡⲕⲱ ⲉⲃⲟⲗ•
ⲁⲛⲟⲕ ⲁⲛⲟⲕ-|ⲟⲩⲁⲧ-ⲛⲟⲃⲉ•
ⲁⲩⲱ ⲧⲛⲟⲩⲛⲉ | ⲙ̄-ⲡⲛⲟⲃⲉ ⲟⲩⲉⲃⲟⲗ ⲛ̄ϩⲏⲧ-∅ ⲧⲉ• |
ⲁⲛⲟⲕ ⲧⲉ ⲧⲉⲡⲓⲑⲩⲙⲓⲁ[42] ϩⲛ̄-ⲟⲩ|ϩⲟⲣⲁⲥⲓⲥ•[43]
ⲁⲩⲱ ⲧⲉⲅⲕⲣⲁⲧⲉⲓⲁ || ⲙ̄-ⲫⲏⲧ ⲉⲥ-ϣⲟⲟⲡ ⲛ̄ϩⲏⲧ-∅•
ⲁⲛⲟⲕ | ⲡⲉ ⲡⲥⲱⲧⲙ̄ ⲉⲧ∅-ϣⲏⲡ ⲛ̄-ⲟⲩⲟⲛ | ⲛⲓⲙ
ⲙⲛ̄-ⲡϣⲁϫⲉ ⲉⲧⲉ-ⲙⲁⲩ-ϣ-ⲉ|ⲙⲁϩⲧⲉ ⲙ̄ⲙⲟ-ϥ•
ⲁⲛⲟⲕ-ⲟⲩⲉⲃⲱ | ⲉ-ⲙⲁⲥ-ϣⲁϫⲉ•

[37] Riches οὐσία [38] Sexual intercourse συνουσία [39] Nature φύσις [40] Creation κτίσις [41] Persistence, abode μονή [42] Desire ἐπιθυμία [43] What is seen, vision ὅρασις

ⲁⲩⲱ ⲛⲁϣⲉ-‖ⲧⲁⲙⲛ̄ⲧ-ϩⲁϩ ⲛ̄-ϣⲁϫⲉ•

ⲥⲱⲧ̄ⲙ ǀ ⲉⲣⲟ-ⲉⲓ ϩ̄ⲛ-ⲟⲩϭⲱⲛ
ⲁⲩⲱ ⲛ̄ⲧⲉǀⲧ̄ⲛ-ϫⲓ-$^{\emptyset}$ⲥⲃⲟ ⲉⲣⲟ-ⲉⲓ ϩ̄ⲛ-ⲟⲩⲛ̄ϣⲟⲧ• ǀ

ⲁⲛⲟⲕ ⲧⲉⲧ$^{\emptyset}$-ⲁϣ-$^{\emptyset}$ϭⲏⲗ ⲉⲃⲟⲗ ⟦ϩⲓ̂ϫ̄ⲙ-ǀⲡϩⲟ ⲙ̄-ⲡⲕⲁϩ⟧•[44]
ⲁⲩⲱ ⲉⲩ-ⲛⲟⲩϫⲉ ⲙ̄‖ⲙⲟ-ⲉⲓ ⲉⲃⲟⲗ ϩⲓ̂ϫ̄ⲙ-ⲡϩⲟ ⲙ̄-ⲡⲕⲁϩ• ǀ
ⲁⲛⲟⲕ ⲉⲧ$^{\emptyset}$-ⲥⲟⲃⲧⲉ ⲙ̄-ⲡⲟⲉⲓⲕ ⲙ̄ⲛ-ǀ<. . .>•
<. . .>[45]ⲡⲁⲛⲟⲩⲥ ⲉϩⲟⲩⲛ•
ⲁⲛⲟⲕ ⲧⲉ ⲧǀⲅⲛⲱⲥⲓⲥ ⲙ̄-ⲡⲁⲣⲁⲛ•
ⲁⲛⲟⲕ ⲧⲉǀⲧ$^{\emptyset}$-ⲁϣⲕⲁⲕ ⲉⲃⲟⲗ•
*20:1 ⲁⲩⲱ ⲁⲛⲟⲕ ⲉⲧ$^{\emptyset}$-ϫⲓ-$^{\emptyset}$ⲥⲙⲏ• *
ϯ-ⲟⲩⲟⲛ̄ϩ ⲉ̣ⲃⲟⲗ ⲁⲩ[ⲱ - - -]ǀⲙⲟⲟϣⲉ ϩ̄ⲛ-ⲟⲩⲡ[- - -]‖ ̄ . ⲫ[.]. . ⲓⲥ[46] ⲛ̄ⲧⲁⲙⲁ̣[- - -]‖[. . . .].ⲉ̣ⲓⲟⲛ ⲙ̄-ⲡϫ. .[- - -]‖‖[. . .]ⲁ̣ⲉ[.]•
ⲁⲛⲟⲕ ⲡⲉ̣[- - -]‖[. . . .]ⲧⲉ ⲧⲁⲡⲟⲗⲟⲅⲓⲁ[47].[- - -]• ǀ
ⲁⲛ[ⲟ]ⲕ̣ ⲧⲉⲧⲉ-ϣⲁⲩ-ⲙⲟⲩⲧ̣[ⲉ ⲉⲣⲟ-ⲥ ϫⲉ]-ǀⲧⲙⲉ
ⲁⲩⲱ ⲡϫⲓ ⲛϭⲟⲛ̄ⲥ̣ [- - -]• ǀ
ⲧⲉⲧ̄ⲛ-ⲧⲁⲉⲓⲟ ⲙ̄ⲙⲟ-ⲉⲓ ⲛ[- - -]• ‖
ⲁⲩⲱ ⲧⲉⲧ̄ⲛ-ⲕⲁⲥⲕ̄ⲥ ⲉⲣ[ⲟ-ï]•

ⲛ̣-[ⲉⲧ]ⲟⲩ-ǀϫⲣⲟⲉⲓⲧ ⲉⲣⲟ-ⲟⲩ ⲉⲣⲓ-ⲕⲣⲓⲛⲉ[48] ⲙ̄ⲙⲟ-ǀⲟⲩ ⲉ-ⲙⲡⲁⲧⲟⲩ-ϯ-$^{\emptyset}$ϩⲁⲡ ⲉⲣⲱ-ⲧ̄ⲛ ǀ
ⲉⲃⲟⲗ ϫⲉ-ⲡⲉⲕⲣⲓⲧⲏⲥ[49] ⲙ̄ⲛ-ⲡϫⲓ-$^{\emptyset}$ϩⲟ ⲉⲩ-ǀϣⲟⲟⲡ ϩ̄ⲛ-ⲧⲏⲛⲉ•
ⲉⲩϣⲁⲛ-ϭⲁⲉⲓⲉ-‖ⲧⲏⲛⲉ ⲉⲃⲟⲗ ϩ̄ⲙ-ⲡⲁï ⲛⲓⲙ ⲡⲉⲧ$^{\emptyset}$-ⲛⲁ-ǀⲕⲁ-ⲧⲏⲛⲉ ⲉⲃⲟⲗ•
ⲏ̄ ⲉⲩϣⲁⲛ-ⲕⲁ-ⲧⲏǀⲛⲉ ⲉⲃⲟⲗ ⲛ̄ϩⲏⲧ-̄ϥ ⲛⲓⲙ ⲡⲉⲧ$^{\emptyset}$-ⲛⲁ-ϣ-ⲁǀⲙⲁϩⲧⲉ ⲙ̄ⲙⲱ-ⲧ̄ⲛ•
ⲡ-ⲉⲧ$^{\emptyset}$-ⲛⲡⲉⲧ̄ⲛǀⲥⲁ ⲛϩⲟⲩⲛ ⲅⲁⲣ ⲡⲉ ⲡ-ⲉⲧ$^{\emptyset}$-ⲛⲡⲉⲧ̄ⲛⲥⲁ ⲛ‖ⲃⲟⲗ •
ⲁⲩⲱ ⲡ-ⲉⲧ$^{\emptyset}$-ⲣ̄-ⲡⲗⲁⲥⲥⲉ[50] ⲛ̄ⲥⲁⲃⲟⲗ ǀ ⲙ̄ⲙⲱ-ⲧ̄ⲛ ⲛ̄ⲧ-ⲁϥ-ⲣ̄-ⲧⲩⲡⲟⲩ[51] ⲙ̄ⲙⲟ-ϥ ǀ ⲙ̄ⲡⲉⲧ̄ⲛⲥⲁ ⲛϩⲟⲩⲛ•
ⲁⲩⲱ ⲡ-ⲉⲧⲉǀⲧ̄ⲛ-ⲛⲁⲩ ⲉⲣⲟ-ϥ ⲙ̄ⲡⲉⲧ̄ⲛⲥⲁ ⲛⲃⲟⲗ ǀ ⲧⲉⲧ̄ⲛ-ⲛⲁⲩ ⲉⲣⲟ-ϥ ⲙ̄-ⲡⲉⲧ̄ⲛⲥⲁ ⲛϩⲟⲩⲛ• ‖
ϥ-ⲟⲩⲟⲛ̄ϩ ⲉⲃⲟⲗ• ⲁⲩⲱ ⲧⲉⲧ̄ⲛϩ̄ⲃⲥⲱ ǀ ⲧⲉ•
ⲥⲱⲧ̄ⲙ ⲉⲣⲟ-ï ⲛⲁⲕⲣⲟⲁⲧⲏⲥ[52] ǀ
ⲁⲩⲱ ⲛ̄ⲧⲉⲧ̄ⲛ-ϫⲓ-$^{\emptyset}$ⲥⲃⲱ ⲉ-ⲛⲁϣⲁϫⲉ ǀ ⲛ-ⲉⲧ$^{\emptyset}$-ⲥⲟⲟⲩⲛ ⲙ̄ⲙⲟ-ⲉⲓ•

ⲁⲛⲟⲕ ⲡⲉ ǀ ⲡⲥⲱⲧ̄ⲙ ⲉⲧ$^{\emptyset}$-ϣⲏⲡ ⲛ̄-ϩⲱⲃ ⲛⲓⲙ• ‖

[44] ⟦ϩⲓϫⲙ̄-⟧‖⟦ⲡϩⲟ ⲙ̄-ⲡⲕⲁϩ⟧ cancelled by the ancient copyist [45] <. . .>• <. . .> some words are here omitted by the ancient copyist [46] Seal σφραγίς? [47] Argument of defence ἀπολογία [48] Pass judgement, judge κρινεῖν [49] Judge κριτής [50] Mold, model πλάσσειν [51] Stamp, impress τυποῦν [52] Listener ἀκροατής

ⲁⲛⲟⲕ ⲡⲉ ⲡϣⲁϫⲉ ⲉⲧⲉ-ⲙⲁⲩ-|ϣ-ⲁⲙⲁϩⲧⲉ ⲙ̅ⲙⲟ-ϥ•
ⲁⲛⲟⲕ ⲡⲉ | ⲡⲣⲁⲛ ⲛ̅-ⲧⲉⲥⲙⲏ ⲁⲩⲱ ⲧⲉⲥⲙⲏ | ⲙ̅-ⲡⲣⲁⲛ•
ⲁⲛⲟⲕ ⲡⲉ ⲡⲥⲏⲙⲉⲓ|ⲟⲛ[53] ⲙ̅-ⲡⲥϩⲁï
ⲁⲩⲱ ⲡⲟⲩⲱⲛ̅ϩ ⲉⲃⲟⲗ || ⲛ̅-ⲧⲇⲓϩⲉⲣⲉⲥⲓⲥ•[54]
ⲁⲩⲱ ⲁⲛⲟⲕ * *Three lines are missing here.* |[- - -]ⲡ̣ⲟⲩⲟⲉⲓⲛ [- - -]|| *21:1
[- - -].ⲁⲩⲱ ⲑ[- - -]||[- - -]ⲁⲕⲣⲟⲁⲧ[ⲏⲥ] | [- - -] ⲉⲣⲱ-ⲧ̅ⲛ̅•
ϥ-ⲟⲛ[...].[- - -]||[- - -].ⲧⲛⲟϭ ⲛ̅-ϭⲟⲙ•
ⲁⲩⲱ ⲡ.|[- - -]ⲧ̅-ϥ̅ ⲛⲁ-ⲕⲓⲙ ⲁⲛ ⲙ̅-ⲡⲣⲁⲛ ||
[- - -] ⲉⲣⲁⲧ̅ϥ̅ ⲡⲉⲛⲧ-ⲁϥ-ⲧⲁⲙⲓⲟ-ï• |
ⲁ[ⲛ]ⲟⲕ ⲇⲉ ϯ-ⲛⲁ-ϫⲱ ⲙ̅-ⲡⲉϥⲣⲁⲛ• |

ⲁⲛⲁⲩ ϭⲉ ⲉ-ⲛⲉϥϣⲁϫⲉ ⲙ̅ⲛ̅-ⲛ̅ⲥϩⲁï | ⲧⲏⲣ-ⲟⲩ ⲛ̅ⲧ-ⲁⲩ-ϫⲱⲕ ⲉⲃⲟⲗ•
ϯ-|ϩⲧⲏ-ⲧ̅ⲛ̅ ϭⲉ ⲛⲁⲕⲣⲟⲁⲧⲏⲥ
ⲁⲩⲱ ⲛ̅||ⲧⲱⲧ̅ⲛ̅ ϩⲱⲧ-ⲧⲏⲩⲧ̅ⲛ̅ ⲛ̅ⲛⲁⲅⲅⲉ|ⲗⲟⲥ
ⲙ̅ⲛ̅-ⲛ-ⲉⲛⲧ-ⲁⲩ-ⲧⲁⲟⲩⲟ-ⲟⲩ |
ⲁⲩⲱ ⲙ̅ⲡ̅ⲛ̅ⲁ̅ ⲛ̅ⲧ-ⲁⲩ-ⲧⲱⲱⲛ ⲉⲃⲟⲗ | ϩ̅ⲛ̅-ⲛ-ⲉⲧ∅-ⲙⲟⲟⲩⲧ ϫⲉ-ⲁⲛⲟⲕ ⲡⲉⲧ∅-|ϣⲟⲟⲡ ⲟⲩⲁⲁⲧ-∅•
ⲁⲩⲱ ⲙ̅ⲙ̅ⲛ̅ⲧⲁ-ⲉⲓ-||ⲡ-ⲉⲧ∅-ⲛⲁ-ⲕⲣⲓⲛⲉ ⲙ̅ⲙⲟ-ⲉⲓ•
ϩⲁϩ ⲅⲁⲣ | ⲛ̅-ⲉⲓⲇⲟⲥ[55] ⲉⲩ-ϩⲟⲗⲉϭ ⲛⲉ ⲛ-ⲉⲧ∅-|ϣⲟⲟⲡ ϩ̅ⲛ̅-ϩⲉⲛⲛⲟⲃⲉ ⲉ-ⲛⲁϣⲱ-|ⲟⲩ ⲁⲩⲱ ϩⲉⲛⲙ̅ⲛ̅ⲧ-ⲁⲧ-ⲁⲙⲁϩⲧⲉ | ⲙ̅ⲛ̅-ϩⲉⲛⲡⲁⲑⲟⲥ[56] ⲉⲩ-ϭⲁⲉⲓⲏⲩ ||
ⲁⲩⲱ ϩⲉⲛϩⲏⲇⲟⲛⲏ ⲡⲣⲟⲥ-ⲡⲉ|ⲟⲩⲟⲉⲓϣ ⲉⲩ-ⲁⲙⲁϩⲧⲉ ⲙ̅ⲙⲟ-|ⲟⲩ
ϣⲁⲛⲧⲟⲩ-ⲣ̅-ⲛⲏⲫⲉ[57] ⲛ̅ⲥⲉ-|ⲡⲱⲧ ⲉϩⲣⲁï ⲉ-ⲡⲟⲩⲕⲏⲙⲏ|ⲧⲏⲣⲓⲟⲛ•[58]
ⲁⲩⲱ ⲥⲉ-ⲛⲁ-ϭⲓⲛⲉ ⲙ̅||ⲙⲟ-ⲉⲓ ⲙ̅ⲡⲙⲁ ⲉⲧ∅-ⲙⲙⲁⲩ
ⲛ̅ⲥⲉ-|ⲱⲛ̅ϩ ⲁⲩⲱ ⲛ̅ⲥⲉ-ⲧ̅ⲙ̅-ⲥⲱⲧ | ⲉ-∅ⲙⲟⲩ•

[53] Meaning σημεῖον [54] Distinction διαίρεσις [55] Species εἶδος [56] Passion πάθος [57] Become sober νήφειν [58] Place of rest κοιμητήριον

First Thought in Three Forms

(THE TRIMORPHIC PROTENNOIA)
Πρωτέννοια Τρίμορφος

MANUSCRIPT: Cairo, Coptic Museum, Nag Hammadi Codex XIII, pp. 35–50.

PHOTOGRAPHIC FACSIMILE: *Facs. XI–XIII,* plates 105–120, and *Facs. Intro.,* plates 23*–24*.

EDITIONS: John D. Turner, in Charles W. Hedrick, ed., *Nag Hammadi Codices XI, XII, XIII* (Leiden 1990), 402–54; Gesine Schenke, *Die dreigestaltige Protennoia* (Berlin 1984); Yvonne Janssens, *La Prôtennoia trimorphe* (Quebec City 1978).

DIALECT AND SPELLING: Sahidic with occasional features similar to Lycopolitan. Cf. Schenke, op. cit., 7–20; Turner, in Hedrick, ed., op. cit., 363–67.

TRANSLATIONS: Layton, *The Gnostic Scriptures* 86–100; *Nag Hammadi Library in English* 511–522 (J. D. Turner); for additional information see also Scholer, *Nag Hammadi Bibliography* and supplements in *Novum Testamentum*.

1

*35:1 *[ⲁⲛⲟⲕ] ⲧ̣ⲉ ⲧⲡⲣⲱ[ⲧⲉⲛⲛⲟⲓⲁ[1] ⲡⲙ]ⲉⲉⲩⲉ ⲉⲧ$^{\emptyset}$-|ϣ̣[ⲟⲟ]ⲡ̣ ϩⲙ̄-[- - - •
ⲁⲛⲟⲕ] ⲡ̣ⲉ ⲡⲕⲓⲙ | ⲉⲧ$^{\emptyset}$-ϣⲟⲟⲡ ϩⲙ̄-ⲡ[ⲧⲏⲣ-ϥ
ⲧⲁⲉⲓ ⲉⲧⲉ]-ⲡ̣ⲧⲏⲣ-ϥ ⲱ|ϩⲉ ⲉⲣⲁ̣ⲧ̣-ϥ ϩⲣⲁ[ï ⲛ̄ϩⲏⲧ-ⲥ̄
ⲡϣⲟⲣ]ⲡ ⲛ̄-ϫⲡⲟ || ϩⲛ̄-ⲛ-ⲉⲛⲧ-ⲁⲩ-ϣ[ⲱⲡⲉ
ⲧ-ⲉⲧ$^{\emptyset}$-ϣⲟ]ⲟⲡ ϩⲁ[ⲑ]ⲏ ⲙ̄-|ⲡⲧ[ⲏ]ⲣ-ϥ ⲉ̣ⲩ-ⲙⲟⲩ[ⲧⲉ ⲉⲣⲟ-ⲥ] ⲛ̄-
ϣⲟⲙⲧ ⲛ̄-ⲣⲁ̣ⲛ ⲉⲥ-|ϣⲟⲟⲡ ⲟⲩⲁⲁⲧ̣-ⲥ̣ [ⲉⲥ-ϫⲏ]ⲕ ⲉⲃⲟⲗ•
ⲁ[ⲛ]ⲟⲕ-ⲟⲩ|ⲁⲧ-ⲛⲁⲩ ⲉⲣⲟ̣-[ⲥ ϩⲣ]ⲁï ϩⲙ̣̄-ⲡⲙⲉⲉ̣ⲩⲉ ⲙ̄-ⲡⲓⲁⲧ-|ⲛⲁⲩ
ⲉⲣⲟ-ϥ ⲉⲉ̣[ⲓ]-ϭⲟⲗⲡ̄ ⲉⲃⲟⲗ ϩⲛ̄-ⲛⲓⲁⲧ-ϣⲓ||ⲧ-ⲟⲩ ⲛⲓⲁⲧ-ϣⲁϫⲉ
ⲙ̄ⲙⲟ-ⲟⲩ•

[1] First thought πρωτέννοια

ⲁⲛⲟⲕ-ⲟⲩⲁⲧ-|ⲧⲉϩⲟ-ⲥ ⲉⲉⲓ-ϣⲟⲟⲡ̣ ϩⲙ̄-ⲡⲓⲁⲧ-ⲧⲉϩⲟ-ϥ ⲉⲉⲓ-|ⲕⲓⲙ
ϩⲣⲁⲓ̈ ϩⲛ̄-ⲥⲱⲛⲧ̣ ⲛⲓⲙ̣•
ⲁ̣ⲛⲟⲕ ⲡⲉ̣ ⲡⲱⲛϩ | ⲛ̄-ⲧⲁⲉ̣ⲡⲓⲛⲟⲓⲁ[2]
ⲧⲁ[ⲉⲓ ⲉⲧ$^{\emptyset}$-ϣⲟ]ⲟⲡ ϩⲣⲁⲓ̈ ϩⲛ̄-|ϭⲁⲙ ⲛⲓⲙ ⲁⲩⲱ ϩⲣⲁⲓ̈ ϩⲛ̄-ⲕⲓⲙ ⲛⲓⲙ
ⲛ̄-ⲁⲛⲉϩ || ⲁ̣ⲩⲱ ϩⲉⲛⲟⲩⲁⲉⲓⲛⲉ ⲛ̄-ⲁⲧ-ⲛⲁⲩ ⲉⲣⲟ-ⲟⲩ ⲁⲩⲱ |
ϩⲣⲁⲓ̈ ϩⲛ̄-ⲛ̄ⲁⲣⲭⲱⲛ[3] ⲙⲛ̄-ⲛ̄ⲁⲅⲅⲉⲗⲟⲥ ⲙⲛ̄-|ⲛ̄ⲇ[ⲁⲓ]ⲙ̣[ⲱ]ⲛ̣[4] ⲙⲛ̄-
ⲯⲩⲭⲏ ⲛⲓⲙ ⲉⲧ$^{\emptyset}$-ϣⲟⲟⲡ | ϩⲙ̄-ⲡⲧ̣[ⲁⲣⲧ]ⲁ̣ⲣⲟⲥ[5] ⲙⲛ̄-ⲯⲩⲭⲏ ⲛⲓⲙ
ⲛ̄-ϩⲩⲗⲓⲕⲏ[6] |
ⲉⲉⲓ-ϣⲟⲟⲡ ϩⲛ̄-ⲛ-ⲉⲛⲧ-ⲁⲩ-ϣⲱⲡⲉ
ⲉⲉⲓ-ⲕⲓⲙ ϩⲛ̄-||ⲟⲩⲟⲛ ⲛⲓⲙ [ⲁⲩ]ⲱ ⲉⲉⲓ-ϭⲣⲏ ⲛ̄ϩⲏⲧ-ⲟⲩ ⲧⲏ|ⲣ-ⲟⲩ
ⲉⲉⲓ-ⲙⲟⲟ̣[ϣ]ⲉ̣ ϩⲛ̄-ⲟⲩⲥⲟⲟⲩⲧⲛ̄
ⲁⲩⲱ ⲛ-ⲉ|ⲧ$^{\emptyset}$-ⲛ̄ⲕⲁⲧⲕ ⲉⲉⲓ-ⲛⲉ[ϩ]ⲥ̣ⲉ ⲙ̄ⲙⲟ-ⲟⲩ•
ⲁⲩⲱ ⲁⲛⲟⲕ | ⲡⲉ ⲡⲛⲁⲩ ⲉⲃⲟⲗ ⲛ̄-ⲛ-ⲉⲧ$^{\emptyset}$-ϣⲟⲟⲡ ϩⲙ̄-ⲡϩⲓⲛⲏⲃ• |
ⲁⲛⲟⲕ ⲡⲉ ⲡⲓⲁⲧ-ⲛⲁⲩ ⲉⲣⲟ-ϥ ϩⲣ[ⲁ]ⲓ̈ ϩⲙ̄-ⲡⲧⲏⲣ-ϥ• ||
ⲁⲛⲟⲕ ⲡⲉⲧ$^{\emptyset}$-ϣⲟϫⲛⲉ ⲛ̄-ⲛ-ⲉⲧ$^{\emptyset}$-ϩⲏⲡ ⲉⲉⲓ-ⲥⲟ|ⲟⲩⲛⲉ ⲙ̄-ⲡⲧⲏⲣ-ϥ
ⲉⲧ$^{\emptyset}$-ϣⲟⲟⲡ ϩⲣⲁⲓ̈ ⲛ̄ϩⲏⲧ-ϥ̄• |
ⲁⲛⲟⲕ-ⲟⲩⲁⲧ-ⲏⲡⲉ ⲡⲁⲣⲁ-ⲟⲩⲟⲛ ⲛⲓⲙ •
ⲁⲛⲟⲕ-|ⲟⲩⲁⲧ-ϣⲓⲧ-ϥ ⲛ̄-ⲁⲧ-ϣⲁϫ̣[ⲉ] ⲙ̣̄ⲙⲟ-ϥ•
ⲁⲛⲟⲕ ⲛ̄|ⲇⲉ ⲉⲉⲓϣⲁⲛ-ⲟⲩ[. . .ϯ-ⲛ]ⲁ̣-ⲟⲩⲟⲛϩ-ⲧ ⲉⲃⲟ[ⲗ] || ⲟⲩⲁⲁ-ⲧ•
ⲁⲛⲁⲕ̣ [- - -]ⲡⲧⲏⲣ-ϥ ⲉⲉⲓ-ϣⲟ|ⲟⲡ ϩⲁⲑⲏ ⲙ̣-[- - -]•
ⲁⲛ]ⲟ̣ⲕ ⲡⲉ ⲡⲧⲏⲣ-ϥ | ⲉⲉⲓ-ϣ̣[- - -]. . ⲛⲓⲙ̣•
ⲁⲛⲟⲕ-ⲟⲩϩⲣⲟ|ⲟ̣[ⲩ - - -]ⲩ̣ⲭⲏ
ⲉⲉⲓ-ϣⲟⲟⲡ | ϫ̣[- - - ϩ]ⲣ̣[ⲁ]ⲓ̈ ϩⲛ̄-ϯⲙⲛ̄ⲧ-ⲕⲁ-||[ⲣⲱ-ⲥ - - -] ⲛⲓⲙ
ⲙ̄ⲙⲁ[ⲩ] *ⲁⲩⲱ.[- - -]ⲩ̣ *36:1
ⲡ-ⲉⲧ$^{\emptyset}$-ϣ[ⲟⲟⲡ ϩⲣⲁⲓ̈] | ⲛ̄ϩⲏⲧ̣-$^{\emptyset}$ ϩ̣ⲣ[- - -] ⲛ-ⲁⲧ-ⲧⲉ̣ϩ[ⲟ-ϥ ⲛ̄]-|ⲁⲧ-
ϣⲓⲧ-ϥ ϩ̣[- - - ϯⲙⲛ̄]ⲧ-ⲕⲁ-ⲣⲱ-ⲥ ⲛ̄-ⲁⲧ-ϣⲓⲧ-[ⲥ]• |

ⲁⲛⲟⲕ ⲁⲉ[ⲓ-ⲃⲱⲕ ⲉϩⲣⲁⲓ̈ ⲉⲧ]ⲙⲏⲧⲉ ⲛ̄-ⲁⲙⲛ̄ⲧ[ⲉ]• ||
ⲁⲉ[ⲓ]-ⲡⲣ̄ⲣ̣ⲓ̣[ⲉ ⲉϩⲣⲁⲓ̈ ⲉϫⲙ̄-ⲡ]ⲕ̣ⲁ̣ⲕⲉ•
ⲁⲛ̣ⲁⲕ ⲡⲉ[ⲛ]|ⲧ-ⲁϥ-ⲃⲉⲃⲉ̣ ⲙ̄-ⲡⲙ̣[ⲟⲟⲩ•
ⲁⲛ]ⲟⲕ ⲡⲉⲧ$^{\emptyset}$-ϩⲏⲡ̣ ϩⲣ[ⲁⲓ̈] | ϩⲛ̄-ϩⲉⲛⲙⲟⲟⲩ ⲉ̣[- - -]ⲟⲩ•
ⲁⲛⲟⲕ ⲡⲉⲛⲧ-[ⲁⲓ]-|ⲡⲣ̄ⲣⲓⲉ ⲙ̄-ⲡⲧⲏⲣ-ϥ ⲕ̣ⲁ̣ⲧⲁ-$^{\emptyset}$ⲙⲉ̣[ⲣ]ⲟ̣ⲥ[7] ϩⲣⲁⲓ̈
ϩⲙ̄-ⲡⲁ̣|ⲙⲉⲉⲩⲉ•
ⲁⲛⲟ̣ⲕ ⲡⲉ̣ⲧ$^{\emptyset}$-ⲟⲧⲡ̣ ⲙ̣̄-ⲡϩⲣⲟⲟⲩ•
ⲉⲃⲟ[ⲗ] || ϩⲓⲧⲟⲟⲧ-$^{\emptyset}$ ⲉ-ϣⲁⲥ-ⲉⲓ ⲉⲃⲟⲗ ⲛ̄ϭⲓ-ⲧⲅⲛⲱⲥⲓⲥ[8]

[2] Afterthought ἐπίνοια [3] Ruler ἄρχων [4] Minor spirit, demon δαίμων [5] Tartaros, hell τάρταρος [6] Material ὑλικός, -ή, -όν [7] Part by part κατὰ μέρος [8] Knowledge, personal knowledge, acquaintance γνῶσις

ⲉⲉ[ⲓ]-|ϣⲟⲟⲡ ϩⲛ̄-ⲛⲓⲁⲧ-ϣⲁ̣ϫ̣ⲉ ⲙ̄ⲙⲟ-ⲟ̣ⲩ ⲙⲛ̄-ⲛⲓⲁⲧ-|ⲥⲟⲩⲱⲛ-ⲟⲩ·

ⲁ̣ⲛⲟⲕ ⲡ̣ⲉ ⲧⲁⲓⲥⲑⲏⲥⲓⲥ[9] ⲙⲛ̄-ⲡⲥⲟ|ⲟⲩⲛ

ⲉⲉⲓ-ⲧⲉ[ⲩⲟ ⲛ̄]-ⲟⲩϩⲣⲟⲟⲩ ⲉⲃⲟⲗ̣ ϩⲓⲧⲟⲟⲧ-ϥ̄ | ⲛ̄-ⲟⲩⲙⲉⲉⲩⲉ·

ⲁ[ⲛⲟ]ⲕ̣ ⲡⲉ ⲡϩⲣⲟⲟⲩ ⲉⲧ∅-ϣⲟⲟ̣ⲡ̣ ||

ⲉⲉⲓ-ϯ-∅ϩⲣⲁⲩ ϩⲛ̄-ⲟⲩⲟⲛ ⲛⲓⲙ·

ⲁⲩⲱ ⲥⲉ-ⲥⲟⲩⲱ̣[ⲛ] | ⲙ̄ⲙⲁ-ⲥ ⲉⲣⲉ-ⲟⲩⲥⲡⲉⲣⲙⲁ[10] ϣⲟⲟⲡ ϩⲣⲁⲓ̈ ⲛ̄ϩⲏ̣[ⲧ-∅]· |

ⲁⲛⲟⲕ ⲡⲉ ⲡⲙⲉⲉⲩⲉ ⲙ̄-ⲡⲓ̣ⲱⲧ·

ⲁ̣[ⲩ]ⲱ̣ [ⲉⲃ]ⲟⲗ ϩⲓⲧⲟ|ⲟⲧ-∅ ⲁϥ-ⲣ̄ϣⲟⲣⲡⲛ̄-ⲉⲓ ⲉⲃⲟⲗ ⲛ̄ϭ[ⲓ-ⲡϩ]ⲣ̣ⲟⲟⲩ ⲉⲧⲉ-|ⲡⲁⲓ̈ ⲡⲉ ⲡⲥⲟⲟⲩⲛ ⲛ̄-ⲛ-ⲉⲧⲉ-ⲙⲛ̄ⲧⲉ-ⲩ-∅ϩⲁⲏ·

ⲉⲉ̣[ⲓ]-||ϣⲟⲟⲡ ⲙ̄-∅ⲙⲉⲉⲩⲉ ⲙ̄-ⲡ[ⲧⲏ]ⲣ̣-ϥ

ⲉⲉⲓ-ϩⲁⲧⲣⲉ ⲁ|ϩⲟⲩⲛ ⲁ-ⲡⲙⲉⲉⲩⲉ ⲛ̄-ⲁⲧ-ⲥ̣[ⲟ]ⲩ̣ⲱⲛ-ϥ ⲁⲩⲱ ⲛ̄-ⲁⲧ-|ⲧⲉϩⲟ-ϥ·

ⲁⲉⲓ-ⲟⲩⲟⲛϩ-ⲧ [ⲉⲃ]ⲟⲗ ⲁⲛⲟⲕ ⲛ̄ϩⲣⲁⲓ̈ | ϩⲛ̄-ⲛ-ⲉⲛⲧ-ⲁⲩ-ⲥⲟⲩⲱⲛ-ⲧ ⲧⲏⲣ-ⲟⲩ·

ϫⲉ-ⲁⲛⲟⲕ ⲛ̄|ⲅⲁⲣ[11] ⲡⲉⲧ∅-ϩⲁⲧⲣⲉ ⲙⲛ̄-ⲟⲩⲟⲛ ⲛⲓⲙ ⲛ̄ϩⲣⲁ<ⲓ̈>[12] ϩⲙ̄-||ⲡⲙⲉⲉⲩⲉ ⲉⲧ∅-ϩⲏⲡ ⲁⲩⲱ ϩⲛ̄-ⲟⲩϩⲣⲟⲟⲩ ⲉϥ-|ϫⲟⲥⲉ ⲁⲩⲱ ⲟⲩϩⲣⲟⲟⲩ ⲉⲃⲟⲗ ϩⲓⲧⲟⲟⲧ-ϥ ⲙ̄-|ⲡⲙⲉⲉⲩⲉ ⲛ̄-ⲁⲧ-ⲛⲁⲩ ⲉⲣⲟ-ϥ·

ⲁⲩⲱ ⲟⲩⲁⲧ-ϣⲓⲧ-ϥ | ⲡⲉ ⲉϥ-ϣⲟⲟⲡ̣ ϩⲙ̄-ⲡⲓⲁⲧ-ϣⲓⲧ-ϥ· ⲟⲩⲙⲩⲥⲧⲏ|-
ⲣⲓⲟⲛ[13] ⲡⲉ· ⲟ[ⲩⲁⲧ-ⲉⲙⲁϩ]ⲧⲉ ⲙ̄ⲙⲟ-ϥ ⲡⲉ ⲉⲃⲟⲗ || ϩⲓⲧⲟⲟⲧ-ϥ ⲙ̣̄-[ⲡⲓⲁⲧ-
ⲧⲉϩ]ⲟ-ϥ· ⲟⲩⲁⲧ-ⲛⲁⲩ ⲉ|ⲣⲟ-ϥ ⲡⲉ [- - - ⲟ]ⲩⲟⲛϩ ⲉⲃⲟⲗ | ϩⲙ̄-ⲡⲧⲏⲣ-ϥ
[.]ⲩⲟ[- - -]ϥ̣-[ϣ]ⲟ̣ⲟⲡ ϩⲛ̄-|ⲟⲩⲟⲉⲓⲛⲉ· ⲁⲛⲟⲛ ⲡ̣[- - -]ⲗ | ⲟⲩⲁⲁⲧ-ⲛ̄
*37:1 ⲉⲃⲟ̣[ⲗ - - - ⲟⲩ]ⲟ̣ⲛϩ || ⲉⲃⲟⲗ ⲉⲛ-ⲛ̣[- - -]|ϩⲏⲧ ⲉⲧ∅-ϩⲏⲡ̣ [- - -] *ⲛ̄-ⲁⲧ-
ϣⲁϫⲉ ⲙ̄ⲙⲟ-ϥ ⲛ̣̄-[ⲁ]ⲧ̣-ϣⲓ̣ⲧ̣-ϥ· ⲁⲩⲱ ⲡ-ⲉⲧ∅-ⲛ̄|ϩⲣⲁⲓ̈ ⲛ̄ϩⲏⲧ-ⲛ̄ ⲉⲧ∅-ϩⲏⲡ ϥ̣-
ϯ ⲛ̄-ⲙ̄ⲫⲟⲣⲟⲥ[14] ⲛ̄-ⲛⲉϥⲕⲁⲣ|ⲡ̣ⲟⲥ[15] ⲁⲧⲟⲟⲧ-ϥ ⲙ̄-ⲡ̣ⲙ̣ⲟⲟⲩ ⲙ̄-ⲡⲱⲛϩ·

ⲧⲟⲧⲉ ϭⲉ | ⲡϣⲏⲣⲉ ⲉⲧ∅-ϫⲏⲕ ⲉⲃⲟⲗ ϩⲛ̄-ϩⲱⲃ ⲛⲓⲙ ⲉⲧⲉ-ⲡⲁⲓ̈ || ⲡⲉ ⲡⲗⲟⲅⲟⲥ[16] ⲉⲧ-ⲁϩ-ϣⲱⲡⲉ ⲉⲃⲟⲗ ϩⲓⲧⲛ̄-ⲡⲓ|ϩⲣⲟⲟⲩ ⲉ-ⲁϥ-ⲣ̄ϣⲟⲣⲡⲛ̄-ⲉⲓ ⲉⲃⲟⲗ ⲙ̄ⲡϫⲓⲥⲉ ⲉ-ⲩ|ⲛ̄ⲧⲁ-ϥ ⲙ̄ⲙⲁⲩ ⲙ̄-ⲡⲣⲁⲛ ⲛ̄ϩⲣⲁⲓ̈ ⲛ̄ϩⲏⲧ-ϥ ⲉϥ-ⲟ ⲛ̄-|∅ⲟⲩⲟⲉⲓⲛⲉ ⲁϥ-ⲟⲩⲟⲛϩ ⲉⲃⲟⲗ ⲛ̄-ⲛⲓⲁⲧ-ϩⲁⲏ·

ⲁⲩ|ⲱ ⲛⲓⲁⲧ-ⲥⲟⲩⲱⲛ-ⲟⲩ ⲧⲏⲣ-ⲟⲩ ⲁⲩ-ⲥⲟⲩⲱⲛ-ⲟⲩ· ||

[9] Perception αἴσθησις [10] Posterity, seed σπέρμα [11] I.e. ⲅⲁⲣ γάρ [12] <ⲓ̈> omitted by the ancient copyist [13] Mystery μυστήριον [14] Payment, tribute (money) φορός [15] Fruit, profit (earned on capital investment) καρπός [16] Verbal expression, Word (John 1:1) λόγος

ⲁⲩⲱ ⲛⲁⲓ̈ ⲉⲧ$^{\emptyset}$-ⲙⲟⲕϩ ⲛ̄-$^{\emptyset}$ⲣ̄-ϩⲉⲣⲙⲏⲛⲉⲩⲉ[17] ⲙ̄ⲙⲟ-|ⲟⲩ ⲙⲛ̄-ⲛ-ⲉⲑⲏⲡ ⲁϥ-ⲟⲩⲟⲛϩ-ⲟⲩ ⲉⲃⲟⲗ•
ⲁⲩⲱ | ⲛ-ⲉⲧ$^{\emptyset}$-ϣⲟⲟⲡ ϩⲛ̄-ⲟⲩⲙⲛⲧ-ⲕⲁ-ⲣⲱ-ⲥ ⲙⲛ̄-ⲡϣⲟⲣⲡ | ⲙ̄-ⲙⲉⲉⲩⲉ ⲁϥ-ⲧⲁϣ[ⲉ]-$^{\emptyset}$ⲟⲉⲓϣ ⲛⲁ-ⲩ•
ⲁⲩⲱ ⲛ-ⲉⲧ$^{\emptyset}$-ϣⲟ|ⲟⲡ ϩⲙ̄-ⲡⲕⲁⲕⲉ ⲁϥ-ⲟⲩⲟⲛϩ-ϥ ⲉⲃⲟⲗ ⲛⲁ-ⲩ•
ⲁⲩⲱ || ⲛ-ⲉⲧ$^{\emptyset}$-ϣⲟⲟⲡ ϩⲙ̄-ⲡⲛⲟⲩⲛ ⲁϥ-ⲧⲁⲙⲟ-ⲟⲩ ⲉⲣⲟ-ϥ• |
ⲁⲩⲱ ⲛ-ⲉⲧ$^{\emptyset}$-ϣⲟⲟⲡ ϩⲛ̄-ⲛⲉϩⲱⲣ ⲉⲧ$^{\emptyset}$-ϩⲏⲡ ⲁϥ-ϫⲱ | ⲉⲣⲟ-ⲟⲩ ⲛ-ⲙ̣̄ⲙⲩⲥⲧⲏⲣⲓⲟⲛ ⲛ̄-ⲁⲧ-ϣⲁϫⲉ ⲙ̄ⲙⲟ-|ⲟⲩ•
ⲁⲩ̣[ⲱ] ⲛ̣̄ⲥⲃⲟⲟⲩⲉ ⲛ̄-ⲁⲧ-ⲟⲩⲁϩⲙ-ⲟⲩ ⲁϥ-ⲧⲥⲉⲃⲟ-|ⲟⲩ ⲁ-ⲛ-ⲉ̣ⲛ̣ⲧ̣-ⲁⲩ-ϣⲱⲡⲉ ⲧⲏⲣ-ⲟⲩ ⲛ̄-$^{\emptyset}$ϣⲏⲣⲉ ⲙ̄-||ⲡⲟⲩⲟⲉⲓⲛⲉ•

ⲡϩⲣⲁⲩ ⲛ̄ⲇⲉ[18] ⲉⲛⲧ-ⲁϥ-ϣⲱⲡⲉ ⲉ|ⲃⲟⲗ ϩⲙ̄-ⲡⲁⲙⲉⲉⲩⲉ ⲉϥ-ϣⲟⲟⲡ ⲛ̄-
ϣⲟⲙⲧⲉ ⲙ̄-|ⲙⲟⲛⲏ[19] ⲡⲓⲱⲧ ⲧⲙⲁⲁⲩ ⲡϣⲏⲣⲉ ⲟⲩⲥⲙⲏ ⲉⲥ-|ϣⲟⲟⲡ ϩⲛ̄-
ⲟⲩⲁⲓⲥⲑⲏⲥⲓⲥ• ⲟⲩⲛ̄ⲧⲉ-ϥ ⲙ̄ⲙⲁⲩ ⲛ̄-|ⲟⲩⲗⲟⲅⲟⲥ ϩⲣⲁⲓ̈ ⲛ̄ϩⲏⲧ-ϥ ⲡⲁⲓ̈ ⲉⲧⲉ-
ⲩⲛ̄ⲧⲁ-ϥ ⲙ̄ⲙⲁⲩ || ⲛ̄-{ⲟⲩ}[20]ⲉⲟⲟⲩ ⲛⲓⲙ ⲁⲩⲱ ⲟⲩⲛ̄ⲧⲉ-ϥ ⲙ̄ⲙⲁⲩ ⲛ̄-|
ϣⲟⲙⲧⲉ ⲙ̄-ⲙⲛⲧ-ϩⲟⲟⲩⲧ ⲁⲩⲱ ϣⲟⲙⲧⲉ ⲛ̄-ⲇⲩ|ⲛⲁⲙⲓⲥ[21] ⲁⲩⲱ ϣⲟⲙⲧ ⲛ̄-
ⲣⲁⲛ ⲉⲩ-ϣⲟⲟⲡ ⲙ̄ⲡⲉ|ⲉⲓⲣⲏⲧⲉ ⲙ̄ⲡϣⲁⲙⲧ □ □ □[22] ⲉⲩ-ⲟ ⲛ̄-$^{\emptyset}$ϥⲧⲟⲩ-ⲕⲟ|ⲟϩ
ϩⲛ̄-ⲟⲩⲡⲉⲧ-ϩⲏⲡ ϩⲣ[ⲁⲓ̈ ϩ]ⲛ̣̄-ⲟⲩⲙⲛ̄ⲧ-ⲕⲁ-ⲣⲱ-ⲥ || ⲙ̄-ⲡⲓⲁⲧ-ϣⲁϫⲉ ⲙ̣̄ⲙ̣[ⲟ-ϥ
ⲡⲁⲓ̈ ⲟ]ⲩ̣ⲁⲁⲧ-ϥ ⲉⲧ-ⲁϩ-ϣⲱ|ⲡⲉ ⲉⲧⲉ-ⲡⲁⲉ̣ⲓ̣ [ⲡⲉ ⲡⲭ̄ⲥ̄[23] ⲁⲩⲱ] ⲁⲛⲟⲕ ⲛ̄ⲧ-
ⲁⲓ̈-ⲧⲁϩⲥ-ϥ̄ | ⲙ̄-ⲡⲉⲟⲟⲩ [- - - ⲛ̄-ⲁ]ⲧ-ⲛ̣ⲁⲩ ⲉⲣⲟ-ϥ• ϩⲛ̄-|ⲟⲩⲙⲛ̄ⲧ̣-[- - -]ⲙ̣ⲧ̣
ϭⲉ ⲁⲉⲓ-ⲧⲉϩⲟ-ϥ ⲉⲣⲁⲧ-ϥ̄ | ⲟⲩⲁ̣[ⲁⲧ-ϥ - - -]ϣⲁ-ⲉⲛⲉϩ ⲉϩⲣⲁⲓ̈ ⲉ||ϫ[ⲛ̄ - - -]
ⲉⲧ$^{\emptyset}$-ⲟⲛϩ ⲉⲧⲉ-ⲡⲁⲓ̈ | [ⲡⲉ - - -]ϥ *ⲡⲁⲓ̈ ⲉⲛⲧ̣-[ⲁ]ϥ̣-ⲣ̣-$^{\emptyset}$ϣ̣ⲟ̣ⲣ̣ⲡ̣ ⲙ̣̄-ⲡⲣ̄ⲣⲓⲉ ⲙ̄- *38:1
ⲡⲟⲩⲟⲉⲓⲛ | ⲛ̄-ⲛⲓⲁⲓⲱⲛ[24] ⲉⲧ$^{\emptyset}$-ϫⲟⲥⲉ ⲁ̣ⲩⲱ ϩⲣⲁⲓ̈ ϩⲛ̄-ⲟⲩⲟⲉⲓⲛ | ⲛ̄-ⲉⲟⲟⲩ
ϩⲛ̄-ⲟⲩⲧⲁϫ[ⲣ]ⲟ̣ ⲉϥ-ⲙⲏⲛ ⲉⲃⲟⲗ• ⲁⲩⲱ ⲁ̣[ϥ]-|ⲱϩⲉ ⲉⲣⲁⲧ-ϥ̄ ϩⲙ̄-
ⲡϥⲟⲩⲟⲉⲓⲛ ⲙ̄ⲙⲓⲛⲙ̄ⲙⲟ-[ϥ] || ⲡⲁⲓ̈ ⲉⲧ$^{\emptyset}$-ⲕⲱⲧⲉ ⲉⲣⲟ-ϥ ⲉⲧⲉ-ⲡⲁⲓ̈ ⲡⲉ ⲡⲃⲁⲗ
ⲙ̄-ⲡ[ⲟⲩ]||ⲟⲉⲓⲛ ⲉⲧ$^{\emptyset}$-ⲣ̄-$^{\emptyset}$ⲟⲩⲟⲉⲓⲛ ⲉⲣⲟ-ⲉⲓ ϩⲣⲁⲓ̈ ϩⲛ̄-ⲟⲩⲉⲟⲟ[ⲩ]• | ⲁϥ-ϯ-
$^{\emptyset}$ⲁⲓⲱⲛ ⲙ̄-ⲡⲓⲱⲧ ⲛ̄ⲁⲓⲱⲛ ⲧⲏⲣ-ⲟⲩ ⲉⲧⲉ-[ⲁ]|ⲛⲟⲕ ⲡⲉ ⲡⲙⲉⲉⲩⲉ ⲙ̄-ⲡⲓⲱⲧ
ⲛ̄-ⲧⲡⲣⲱⲧⲉⲛ|ⲛⲟⲓⲁ ⲉⲧⲉ-ⲡⲁⲓ̈ ⲡⲉ ⲃⲁⲣⲃⲏⲗⲱ ⲡⲉⲟⲟⲩ ⲉⲧ$^{\emptyset}$-ϫ[ⲏⲕ] || ⲉⲃⲟⲗ
ⲁⲩⲱ ⲡⲁⲧ-ⲛⲁⲩ ⲉⲣⲟ-ϥ ⲉϥ-ϩⲏⲡ ⲛ̄-ⲁⲧ-ϣ[ⲓⲧ-ϥ]• |

ⲁⲛⲟⲕ ⲡⲉ ⲑⲓⲕⲱⲛ[25] ⲙ̄-ⲡⲡ̄ⲛ̄ⲁ̄ ⲛ̄-ⲁⲧ-ⲛⲁⲩ ⲉⲣⲟ-[ϥ]• |
ⲁⲩⲱ ⲛ̄ⲧ-ⲁ-ⲡⲧⲏⲣ-ϥ ϫⲓ-$^{\emptyset}$ϩⲓⲕⲱⲛ ⲉⲃⲟⲗ ϩⲓⲧⲟⲟⲧ-$^{\emptyset}$• |
ⲁⲩⲱ ⲧⲙⲁⲁⲩ ⲡⲟⲩⲟⲉ̣ⲓⲛⲉ ⲡⲁⲓ̈ ⲉⲛⲧ-ⲁⲥ-ⲕⲁⲁ-ϥ̣ | ⲉϥ-ⲟⲉⲓ ⲙ̄-$^{\emptyset}$ⲡⲁⲣⲑⲉⲛⲟⲥ[26]

[17] Interpret ἑρμηνεύειν [18] I.e. ⲇⲉ [19] Compartment, room, abode μονή [20] Delete {ⲟⲩ} [21] Power δύναμις [22] Here the manuscript has a diagram consisting of three boxes. [23] I.e. χριστός, -ή, -όν anointed (Christ) [24] Eternity, realm, eternal realm αἰών [25] ϩⲓⲕⲱⲛ, i.e. εἰκών Image [26] Virgin παρθένος

ⲧⲁⲓ̈ ⲉⲧⲟⲩ-ⲙⲟⲩⲧ[ⲉ] || ⲉⲣⲟ-ⲥ ϫⲉ-ⲙⲉⲓⲣⲟⲑⲉⲁ ⲧⲟⲧⲉ ⲛ̄-ⲁⲧ-ⲧⲉϩⲟ-ⲥ ⲡ̣ϩ̣ⲣ̣[ⲟ]||ⲟⲩ ⲛ̄-ⲁⲧ-ⲉⲙⲁϩⲧⲉ ⲙ̄ⲙⲟ-ϥ ⲁⲩⲱ ⲛ̄-ⲁⲧ-ϣⲓⲧ-ϥ̄•

ⲧⲟⲧⲉ | ⲡⲧⲉⲗⲉⲓⲟⲥ[27] ⲛ̄-ϣⲏⲣⲉ ⲁϥ-ⲟⲩⲟⲛϩ-ϥ ⲉⲃⲟⲗ ⲛ̄-ⲛⲉϥ|ⲁⲓⲱⲛ ⲛⲁⲓ̈ ⲉⲛⲧ-ⲁⲩ-ϣⲱⲡⲉ ⲉⲃⲟⲗ̣ ϩ̣ⲓⲧ̣ⲟⲟⲧ-ϥ• | ⲁϥ-ⲟⲩⲟⲛϩ-ⲟⲩ ⲉⲃⲟⲗ ⲁϥ-ϯ ⲛⲁ-ⲩ ⲛ̄-ⲟⲩⲉⲟⲟⲩ• ⲁⲩⲱ || ⲁϥ-ϯ ⲛⲁ-ⲩ ⲛ̄-ϩⲉⲛⲑⲣⲟⲛⲟⲥ•[28] ⲁϥ-ⲱϩⲉ ⲉⲣⲁⲧ-ϥ ϩⲙ̄-|ⲡⲉⲟⲟⲩ ⲡⲁⲓ̈ ⲉⲧ-ⲁϥ-ϯ-$^{\emptyset}$ⲉⲟⲟⲩ ⲛⲁ-ϥ ϩⲣⲁⲓ̈ ⲛ̄ϩⲏⲧ-ϥ• | ⲁⲩ-ⲥⲙⲟⲩ ⲁ-ⲡⲧⲉⲗⲓⲟⲥ ⲛ̄-ϣⲏⲣⲉ ⲡⲉⲭ̄ⲥ̄ ⲡⲛⲟⲩⲧⲉ | ⲡⲁⲓ̈ ⲉⲛⲧ-ⲁϥ-ϣⲱⲡⲉ ⲟⲩⲁⲁⲧ-ϥ• ⲁⲩⲱ ⲁⲩ-ϯ-$^{\emptyset}$ⲉⲟⲟⲩ | ⲉⲩ-ϫⲱ ⲙ̄ⲙⲟ-ⲥ ϫⲉ-

ϥ-ϣⲟⲟⲡ• ϥ-ϣⲟⲟⲡ•
ⲡϣⲏ||ⲣⲉ ⲙ̄-ⲡⲛⲟⲩⲧⲉ• ⲡϣⲏⲣⲉ ⲙ̄-ⲡⲛⲟⲩⲧⲉ•
ⲛ̄ⲧⲟϥ ⲡⲉ̣[ⲧ$^{\emptyset}$]-|ϣⲟⲟⲡ•
ⲡⲁⲓⲱⲛ ⲛ̄ⲧⲉ-ⲛⲁⲓⲱⲛ
ⲉϥ-ϭⲁϣⲧ ⲁ-ⲛⲁ[ⲓ]|ⲱⲛ ⲛⲁⲉⲓ ⲉⲛⲧ-ⲁϥ-ϫⲡⲟ-ⲟⲩ•
ϫⲉ-ⲛ̄ⲧⲟⲕ ⲛ̄ⲅⲁⲣ ⲁ[ⲕ]-|ϫⲡⲟ ϩⲙ̄-ⲡⲉⲕⲟⲩⲱϣⲉ ⲟⲩⲁⲁⲧ-ⲕ•
ⲉⲧⲃⲉ-ⲡⲁⲓ̈ ⲧ̣[ⲛ̄]-|ϯ-$^{\emptyset}$ⲉⲟⲟⲩ ⲛⲁ-ⲕ•
ⲙ̄ⲁ̣• ⲙ̄ⲱ•
ⲱ̄ ⲱ̄ ⲱ̄ ⲉⲓ̄• ⲁ̄[29] ⲉⲓ̄• ⲟ̄ⲛ̄[30] ⲉⲓ̄
ⲡ[ⲁⲓ]||ⲱⲛ ⲛ̄ⲧⲉ-ⲛⲁ̣[ⲓⲱⲛ ⲡ]ⲁ̣ⲓⲱⲛ ⲛ̄ⲧ-ⲁϥ-ⲧⲁⲉⲓ-ϥ•

ⲧⲟⲧⲉ̣ | ⲛ̄ⲧⲟϥ ⲡⲛⲟ[ⲩⲧⲉ ⲛ̄ⲧ-ⲁⲩ]-ϫⲡⲟ-ϥ ⲁϥ-ϯ ⲛⲁ-ⲩ ⲛ̄-|ⲟⲩϭⲟⲙ ⲛ̣̄-[- - - ⲁⲧ-ϫ]ⲣⲟ ⲉⲣⲟ-ⲥ• ⲁⲩⲱ ⲁ[ϥ]-|ⲧⲉϩⲟ ⲙ̄ⲙ[ⲟ-ⲟⲩ ⲉⲣⲁⲧ-ⲟⲩ

ⲡ]ϣ̣[ⲟ]ⲣⲡ̣ ⲙⲉⲛ ⲛ̄-|ⲁⲓⲱⲛ ⲁϥ-ⲧⲉϩⲟ-[ϥ ⲉⲣⲁⲧ-ϥ ⲉϫⲙ̄-ⲡϣⲟ]ⲣⲡ ⲁⲣⲙⲏ̣||ⲁⲱⲛ ⲛⲟⲩⲥ̣ⲁ̣[. . . .ϩⲁⲣⲙⲟⲍⲏⲗ•
ⲡⲙⲁϩ]-ⲥⲛⲁⲩ | ⲁϥ-ⲧ̣ⲉϩⲟ-ϥ [ⲉⲣⲁⲧ-ϥ ⲉϫⲙ̄-ⲡⲙⲁϩ-ⲥⲛⲁⲩ ⲛ̄-
*39:1 ⲁⲓⲱⲛ] *ⲫⲁⲓⲟⲛⲓⲟⲛ ⲁⲓⲛⲓⲟⲛ ⲟⲣⲟⲓⲁⲏⲗ•
ⲡⲙⲁϩ-ϣⲟⲙⲧ | ⲉϩⲣⲁⲓ̈ ⲉϫⲙ̄-ⲡⲙⲁϩ-ϣⲟⲙⲧ ⲛ̄-ⲁⲓⲱⲛ ⲙⲉⲗⲗⲉⲫⲁ|ⲛⲉⲁ ⲗⲱⲓⲱⲛ ⲇⲁⲩⲉⲓⲑⲁⲓ•
ⲡⲙⲉϩ-ϥⲧⲟⲟⲩ ⲉϩ|ⲣⲁⲓ̈ ⲉϫⲙ̄-ⲡⲙⲉϩ-ϥⲧⲟⲟⲩ ⲙⲟⲩⲥⲁⲛⲓⲟⲛ ⲁⲙⲉ||ⲑⲏⲛ ⲏⲗⲏⲗⲏⲑ•

ⲛⲓⲁⲓⲱⲛ ϭⲉ ⲉⲛⲧ-ⲁⲩ-ϫⲡⲟ-ⲟⲩ | ⲉⲃⲟⲗ ϩⲓⲧⲟⲟⲧ-ϥ̄ ⲙ̄-ⲡⲛⲟⲩⲧⲉ ⲛ̄ⲧ-ⲁⲩ-ϫⲡⲟ-ϥ ⲡⲉ|ⲭ̄ⲥ̄• ⲛⲁⲓ̈ ⲇⲉ ⲁⲩ-ϯ ⲛⲁ-ⲩ ⲛ̄-ⲟⲩⲉⲟⲟⲩ• ⲁⲩⲱ ⲁⲩ-ϯ-$^{\emptyset}$ⲉⲟ|ⲟⲩ ϩⲱ-ⲟⲩ ⲛ̄ϭⲓ-ⲛⲁⲓⲱⲛ• ⲁⲩ-ⲣ̄ϣⲣⲡⲛ̄-ⲟⲩⲱⲛϩ | ⲉⲃⲟⲗ ⲉⲩ-ϫⲟⲥⲉ ϩⲙ̄-ⲡⲟⲩⲙⲉⲉⲩⲉ• ⲁⲩⲱ ⲡⲟⲩⲁ || ⲡⲟⲩⲁ ⲛ̄ⲁⲓⲱⲛ ⲉⲩ-ϯ ⲛ̄-ϩⲉⲛⲧⲃⲁ ⲛ̄-$^{\emptyset}$ⲉⲟⲟⲩ ϩⲣⲁⲓ̈ |

[27] Perfect τέλειος, -α, -ον [28] Throne θρόνος [29] You are alpha (You are one) εἶ α [30] You are an existent entity (?) εἶ ὄν

ϩⲛ̅-ϩⲉⲛⲛⲟϭ ⲛ̅-ⲟⲩⲟⲉⲓⲛⲉ ⲛ̅-ⲁⲧ-ⲛ̅-ⲣⲁⲁⲧ-ⲟⲩ• ⲁⲩ||[ⲱ] ⲁⲩ-ⲥⲙⲟⲩ ⲧⲏⲣ-ⲟⲩ ⲙⲛ̅-ⲛⲟⲩⲉⲣⲏⲩ ⲁ-ⲡϣⲏⲣⲉ | ⲛ̅-ⲧⲉⲗⲓⲟⲥ ⲡⲛⲟⲩⲧⲉ ⲛ̅ⲧ-ⲁⲩ-ϫⲡⲟ-ϥ•

ⲧⲟⲧⲉ ⲁϥ-|ⲉⲓ ⲉⲃⲟⲗ ⲛ̅ϭⲓ-ⲟⲩⲗⲟⲅ̣ⲟⲥ ⲉⲃⲟⲗ ϩⲙ̅-ⲡⲛⲟϭ ⲛ̅-||ⲟⲩⲟⲉⲓⲛ ⲏ̅ⲗ̅ⲏ̅ⲗ̅ⲏ̅ⲑ̅• ⲁⲩⲱ ⲡⲁϫⲉ-ϥ ϫⲉ-ⲁⲛⲟⲕ | ⲡⲉ ⲡⲣ̅ⲣⲟ• ⲛⲓⲙ ⲡⲉ ⲡⲁ-ⲡⲭⲁⲟⲥ•[31] ⲁⲩⲱ ⲛⲓⲙ ⲡⲉ | ⲡⲁ-ⲉⲙⲛ̅ⲧⲉ• ⲁⲩⲱ ⲛ̅ⲧⲟⲩⲛⲟⲩ ⲉⲧ$^{\emptyset}$-ⲙ̅ⲙⲁⲩ ⲁ-ⲡϥⲟⲩ|ⲟⲉⲓⲛⲉ ⲟⲩⲱⲛϩ ⲉⲃⲟⲗ ⲉϥ-ⲡⲣ̅ⲣⲓⲱⲟⲩ ⲉ-ⲩⲛ̅ⲧⲁ-ϥ | ⲙ̅ⲙⲁ[ⲩ] ⲛ̣̅-ⲧⲉⲡⲓⲛⲟⲓⲁ• ⲙ̅ⲡⲟⲩ-ⲥⲡⲥⲱⲡ̅-ϥ ⲛ̅ϭⲓ-||ⲛ̅ϭⲁⲙ ⲛ̅ⲧⲉ-ⲛ̅ϭⲁⲙ• ⲁⲩⲱ ⲛ̅ⲧⲟⲩⲛⲟⲩ ϩⲱⲱ-ϥ | ⲁϥ-ⲟⲩⲱⲛϩ ⲉⲃⲟⲗ ⲛ̅ϭⲓ-ⲡⲛⲟϭ ⲛ̅-ⲇⲁⲓⲙⲟⲛⲓ|ⲟⲛ[32] ⲡⲁⲓ̈ ⲉⲧ$^{\emptyset}$-ⲁⲣⲭⲉⲓ[33] ⲁϫⲙ̅-ⲡⲥⲁ ⲙⲡⲓⲧ̅ⲛ̅ ⲛ̅-ⲉ|ⲙⲛ̅ⲧⲉ ⲙⲛ̅-ⲡⲭⲁⲟⲥ ⲉ-ⲙⲛ̅ⲧⲉ-ϥ-$^{\emptyset}$ⲙⲟⲣⲫⲏ[34] ⲙ̅|ⲙⲁⲩ ⲟⲩⲇⲉϥ-ϫⲏⲕ ⲉⲃⲟⲗ ⲁⲛ ⲁⲗⲗⲁ ⲉ-ⲩⲛ̅ⲧⲁ-ϥ || ⲙ̅ⲙⲁⲩ ⲛ̅-ⲧⲙⲟⲣⲫⲏ ⲙ̅-ⲡⲉⲟⲟⲩ ⲛ̅-ⲛⲁⲉⲓ ⲉⲛ|ⲧ-ⲁⲩ-ϫⲡⲟ-ⲟⲩ ϩⲙ̅-ⲡⲕⲁⲕⲉ• ⲡⲁⲓ̈ ϭⲉ ⲉⲩ-ⲙⲟⲩⲧⲉ ⲉ|ⲣⲟ-ϥ ϫⲉ-ⲥ̅ⲁ̅ⲕ̅ⲗ̅ⲁ̅ ⲉⲧⲉ-ⲡⲁⲓ̈ ⲡⲉ ⲥ̅ⲁ̅ⲙ̅ⲁ̅ⲏ̅ⲗ̅ ⲓ̅ⲁ̅ⲗ̅ⲧ̅ⲁ̅|ⲃ̅ⲁ̅ⲱ̅ⲑ̅• ⲡⲁⲓ̈ ⲛ̅ⲧ-ⲁϥ-ϫⲓ ⲛ̅-ⲟⲩϭⲟⲙ• ⲛ̅ⲧ-ⲁϥ-ⲧⲱⲣⲡ | ⲙ̅ⲙⲟ-ⲥ ⲛ̅ⲧⲟⲟⲧ̅-ⲥ ⲛ̅-ϯⲁⲧ-ⲡⲉⲑⲟⲟⲩ ⲛ̅ⲧ-ⲁϥ-ϫⲣⲟ ⲉ||ⲣⲟ-ⲥ ⲛ̅ϣⲟⲣⲡ ⲉⲧⲉ-ⲧⲁⲓ̈ ⲧⲉ ⲧⲉⲡⲓⲛⲟⲓⲁ ⲙ̅-ⲡⲟⲩ|ⲟⲉⲓⲛⲉ ⲛ̅ⲧ-ⲁⲥ-ⲉⲓ ⲁⲡ̣[ⲓⲧ̅ⲛ̅] ⲧ̣ⲁ̣ⲓ̈ ⲛ̅ⲧ-ⲁϥ-ⲉⲓ ⲉⲃⲟⲗ ⲙ̅|ⲙⲟ-ⲥ ϫⲛ̅-ⲛ̅ϣⲟ[ⲣ]ⲡ•

ⲛ̅[ⲧⲁⲣⲥ̅]-ⲙ̅ⲙⲉ ϭⲉ ⲛ̅ϭⲓ-ⲧⲉ|ⲡⲓⲛⲟⲓⲁ ⲙ̅-ⲡⲟⲩ̣[ⲟⲉⲓ]ⲛ̣ ϫⲉ-ⲁ[ⲩ]-ⲥ̣ⲟⲡⲥ̅ ⲙ̅ⲙⲟ-ϥ | ⲉⲕⲉⲧⲁ[- - -]ⲃ̣̅ⲃⲓⲁⲉⲓⲧ ⲉⲣⲟ-ⲥ ⲡⲁϫⲉ-ⲥ || ϫⲉ-ⲙⲁ[- - - ⲉ]ⲕⲉ-ϣⲱⲡⲉ ⲛⲁ-ⲉⲓ | ⲙ̣̅-[- - -]ϣⲡ̣ⲉ ϩⲛ̅-ⲟⲩⲁⲧⲁⲝⲓⲁ[35] | [- - - ⲡ]ⲏ̣ⲓ̈ ⲧⲏⲣ-ϥ ⲙ̅-*ⲡⲉⲟⲟ̣[ⲩ. .]ⲥ̣ⲧ̣ⲏ̣[.] ⲉ̣ϩⲣⲁⲓ̈ ⲉϫⲛ̅-ⲡⲉⲥ|ϣⲁϫⲉ• ⲁⲩ-ⲉⲓⲛⲉ ⲛ̅-ⲟⲩⲥⲙⲟⲩ *40:1
ⲉϩⲟⲩⲛ | ⲉⲣⲟ-ⲥ• ⲁⲩⲱ ⲁ-ⲧⲧⲁⲝⲓⲥ[36] ⲉⲧ$^{\emptyset}$-ϫⲟⲥⲉ ⲕⲱ ⲙ̅|ⲙⲟ-ϥ ⲛⲁ-ⲥ ⲉⲃⲟⲗ•

ⲁⲩⲱ ⲁϥ-ⲁⲣⲭⲉⲓ ⲛ̅ϭⲓ-||ⲡⲛⲟϭ ⲛ̅-ⲇⲁⲓⲙⲱⲛ ⲁ-$^{\emptyset}$ⲧⲥⲉⲛⲟ ⲛ̅-ϩⲉⲛ|ⲁⲓⲱⲛ ⲙ̅-ⲡⲥⲙⲁⲧ ⲛ̅-ⲛⲓⲁⲓⲱⲛ ⲉⲧ$^{\emptyset}$-ϣⲟⲟⲡ• | ⲁϥ-ⲧⲥⲉⲛⲟ ⲇⲉ ⲙ̅ⲙⲁ-ⲩ ⲉⲃⲟⲗ ϩⲛ̅-ⲧⲉϥϭⲟⲙ | ⲟⲩⲁⲁⲧ-ϥ•

ⲧⲟⲧⲉ ⲁⲛⲟⲕ ϩⲱⲱ-ⲧ ⲁⲉⲓ-ⲟⲩⲱⲛϩ | ⲉⲃⲟⲗ ⲙ̅-ⲡⲁϩⲣⲟⲟⲩ ϩⲛ̅-ⲟⲩⲡⲉⲑⲏⲡ ⲉⲉⲓ-||ϫⲱ ⲙ̅ⲙⲟ-ⲥ ϫⲉ-

ϭⲱ ⲛⲏ-ⲧⲛ̅• ϭⲱ ⲛⲏ-ⲧⲛ̅ | ⲛⲁⲉⲓ ⲉⲧ$^{\emptyset}$-ⲣ̅-ⲡⲁⲧⲓ[37] ⲛ̅-ⲧϩⲩⲗⲏ[38]
ϫⲉ-ⲉⲓⲥϩⲏⲏ|ⲧⲉ ⲁⲛⲟⲕ ⲁⲉⲓ-ⲛ̅ⲛⲏⲩ ⲉϩⲣⲁⲓ̈ ⲉ-ⲡⲕⲟⲥⲙⲟ[ⲥ] | ⲛ̅-ⲛ̅ⲣⲉϥ-ⲙⲟⲩ
ⲉⲧⲃⲉ-ⲡⲁⲙⲉⲣⲟⲥ[39] ⲉⲧ$^{\emptyset}$-ⲙ̅|ⲡⲙⲁ ⲉⲧ$^{\emptyset}$-ⲙ̅ⲙⲁⲩ ϫⲛ̅ⲙ̅-ⲡϩⲟⲟⲩ ⲛ̅ⲧ-ⲁⲩ-||ϫⲣⲟ ⲁ-ϯⲥⲟⲫⲓⲁ[40] ⲛ̅-ⲁⲧ-ⲡⲉⲑⲟⲟⲩ ⲧⲁⲉⲓ ⲛ̅|ⲧ-ⲁⲥ-ⲉⲓ ⲁⲡⲓⲧⲛ̅
ϫⲉⲕⲁⲁⲥ ⲉⲉⲓ-ⲛⲁ-ϫⲱⲱ|ⲣⲉ ⲉⲃⲟⲗ ⲛ̅-ⲧⲉⲩϩⲁⲏ ⲧⲁⲉⲓ ⲉⲧϥ-ⲟⲩⲁϩ-|$^{\emptyset}$ⲥⲁϩⲛⲉ ⲙ̅ⲙⲟ-ⲥ ⲛ̅ϭⲓ-ⲡⲁⲉⲓ ⲉⲧ$^{\emptyset}$-ⲟⲩⲱⲛϩ | ⲙ̅ⲙⲟ-ϥ ⲉⲃⲟⲗ ϩⲓⲧⲟⲟⲧ-ⲥ•

[31] Chaos χάος [32] Demon, minor spirit δαιμόνιον [33] Begin ἄρχεσθαι [34] Form μορφή [35] Confusion ἀταξία [36] Band, orderly group τάξις [37] Tread (upon) πατεῖν [38] Matter ὕλη [39] Part μέρος [40] Wisdom σοφία

ⲁⲩⲱ ⲁⲩ̣-ϣⲧⲟⲣ||ⲧⲣ̅ ⲧⲏⲣ-ⲟⲩ ⲛ̅ϭⲓ-ⲟⲩⲟⲛ ⲛⲓⲙ ⲉⲧ$^{\emptyset}$-ϣⲟⲟⲡ | ϩⲙ̅-ⲡⲏⲓ̈ ⲙ̅-ⲡⲟⲩⲟⲉⲓⲛⲉ ⲛ̅-ⲁⲧ-ⲥⲟⲩⲱⲛ-ϥ• | ⲁⲩⲱ ⲁϥ-ⲛⲟⲉⲓⲛⲉ ⲛ̅ϭⲓ̣-ⲡⲛⲟⲩⲛ•

ⲁⲩⲱ | ⲡⲁⲣⲭⲓⲅⲉⲛⲏⲧⲱⲣ[41] ⲛ̅-ⲧⲙⲛ̅ⲧ-ⲁⲧ-ⲥⲟⲟⲩⲛⲉ | ⲁϥ-ⲣ̅-$^{\emptyset}$ⲣ̅ⲣⲟ ⲁϫⲛ̅-ⲡⲭⲁⲟⲥ ⲙⲛ̅-ⲉⲙⲛ̅ⲧⲉ• ⲁϥ-||ⲧⲥⲁⲛⲟ ⲛ̅-ⲟⲩⲣⲱⲙⲉ ⲙ̅ⲡⲁⲥⲙⲟⲧ• ⲙ̅ⲡϥ̣̅-|ⲙ̅ⲙⲉ ⲇⲉ ϫⲉ-ⲡ-ⲉⲧ$^{\emptyset}$-ⲙ̅ⲙⲁⲩ ⲛⲁ-ϣⲱⲡⲉ | ⲛⲁ-ϥ ⲛ̅-ⲟⲩⲕⲣⲓⲙⲁ[42] ⲛ̅-ⲃⲱⲗ ⲉⲃⲟⲗ• ⲟⲩⲇⲉ | ⲛ̅-ϥ-ⲥⲟⲟⲩⲛⲉ ⲁⲛ ⲛ̅-ⲧϭⲁⲙ ⲉⲧ$^{\emptyset}$-ⲛ̅ϩⲣⲁⲓ̈ ⲛ̅|ϩⲏⲧ-ϥ̅•

ⲧⲉⲛⲟⲩ ⲇⲉ ⲁⲛⲟⲕ ⲁⲓ̈-ⲉⲓ ⲁⲡⲓⲧⲛ̅• || ⲁⲩⲱ ⲁⲓ̈-ⲡⲱϩ ϣⲁ̣ϩⲣⲁ̣ⲓ̣̈ ⲁ-ⲡⲭⲁⲟⲥ•

ⲁⲩⲱ | ⲛⲉⲉⲓ-ϣⲟⲟⲡ [ϩⲁϩⲧ]ⲛ̅-ⲛ-ⲉⲧⲉ-ⲛⲱ-ⲉⲓ ⲉ|ⲧ$^{\emptyset}$-ⲙ̅ⲡⲙⲁ [ⲉⲧ$^{\emptyset}$]-ⲙ̣̅ⲙⲁⲩ ⲉ̣ⲉ̣[ⲓ-ϩ]ⲏ̣ⲡ ϩⲣⲁⲓ̈ ⲛ̅|ϩⲏⲧ-ⲟⲩ ⲉⲉⲓ-ϯ-$^{\emptyset}$ϭⲟⲙ ⲙ̣[. . . . ⲉⲉ]ⲓ̣-ⲧⲛ̅|ⲛⲁ-ⲩ-$^{\emptyset}$ϩⲓⲕⲱⲛ•

ⲁⲩⲱ̣.[- - -]ⲡ̣ ϣⲁ||ϩⲟⲩⲛ ⲁ-ⲡϩⲟⲟ[ⲩ - - -]. .| ⲛ̅-ⲛ-ⲉⲧⲉ-ⲛⲱ̣[ⲉⲓ
*41:1 - - -] | ⲛⲁⲉⲓ ⲛ̅ⲧ-ⲁⲩ-ⲥⲟ̣[- - -] *ⲉ̣ⲧ̣ⲉ-ⲛⲁⲉⲓ ⲛⲉ ⲛ̅ϣ[ⲏⲣ]ⲉ ⲙ̅-
[ⲡⲟ]ⲩⲟⲉⲓⲛ•

ⲁⲛⲟⲕ | ⲡⲉ ⲡⲟⲩⲉⲓⲱⲧ•

ⲁⲩⲱ ϯ-ⲛⲁ-ϫⲱ ⲛⲏ-ⲧⲛ̅ ⲛ̅-ⲟⲩ|ⲙⲩⲥⲧⲏⲣⲓⲟⲛ ⲛ̅-ⲁⲧ-ϣⲁϫ̣ⲉ ⲙ̅ⲙ̣ⲟ-ϥ ⲁⲩⲱ ⲛ̅-ⲁⲧ-|ⲧⲉⲩⲟ-ϥ ⲉⲃⲟⲗ ϩⲛ̅-ⲧⲁⲡⲣⲟ [ⲛⲓ]ⲙ̣•

ⲛ̅ⲥⲛⲁⲩϩ ⲧⲏ||ⲣ-ⲟⲩ ⲁⲉⲓ-ⲃⲱⲗ ⲙ̅ⲙⲟ-ⲟⲩ ⲉⲃⲟⲗ̣ ⲛ̣ⲏ-ⲧⲛ̅• ⲁⲩⲱ ⲙ̅|ⲙⲣ̅ⲣⲉ ⲛ̅-ⲛ̅ⲇⲁⲓⲙⲱⲛ ⲛ̅-ⲉⲙⲛ̣̅ⲧⲉ ⲁⲉⲓ-ⲥⲟⲗⲡ-ⲟⲩ | ⲛⲁⲓ̈ ⲉⲧ$^{\emptyset}$-ⲙⲏⲣ ⲛ̅-ⲛⲁⲙⲉⲗⲟⲥ[43] ⲉⲩ-ϯ ⲁϩⲏⲧ-ⲟⲩ•

ⲁⲩ|ⲱ ⲛⲓⲥⲁⲃⲧ ⲉⲧ$^{\emptyset}$-ϫⲟⲥⲉ ⲛ̅ⲧⲉ-ⲡⲕⲁⲕⲉ ⲁⲉⲓ-ϣⲣ̅|ϣⲱⲣ-ⲟⲩ ⲁⲡⲓⲧⲛ̅•

ⲁⲩⲱ ⲙ̅ⲡⲩⲗⲏ[44] ⲉⲧ$^{\emptyset}$-ⲟⲣϫ ⲛ̅ⲧⲉ-||ⲛⲓⲁⲧ-ⲛⲁⲉ ⲁⲉⲓ-ϩⲁϣϥ-ⲟⲩ• ⲁⲩⲱ ⲛⲉⲩⲙⲟⲭⲗⲟⲥ[45] | ⲁⲉⲓ-ϩⲟⲣⲃ-ⲟⲩ•

ⲁⲩⲱ ⲧⲉⲛⲉⲣⲅⲓⲁ[46] ⲉⲧ$^{\emptyset}$-ϩⲟⲟⲩ ⲙⲛ̅-|ⲡ̣-ⲉⲧ$^{\emptyset}$-ϩⲓⲟⲩⲉ ⲁⲣⲱ-ⲧⲛ̅ ⲙⲛ̅-ⲡ-ⲉⲧ$^{\emptyset}$-ⲥⲱϣⲧ ⲙⲙⲱ-|ⲧⲛ̅ ⲁⲩⲱ ⲡⲧⲩⲣⲁⲛⲛⲟⲥ[47] ⲙⲛ̅-ⲡⲁⲛⲧⲓⲕⲉⲓⲙⲉ|ⲛⲟⲥ[48] ⲙⲛ̅-ⲡ-ⲉⲧ$^{\emptyset}$-ⲟ ⲛ̅-$^{\emptyset}$ⲣⲣⲟ ⲁⲩⲱ ⲡϫⲁϫⲉ ⲉⲧ$^{\emptyset}$-ϣⲟ||ⲟⲡ ⲛⲁⲓ̈ ϭⲉ ⲧⲏⲣ-ⲟⲩ ⲁⲉⲓ-ⲧⲥⲉⲃⲟ-ⲟⲩ ⲁ-ⲛ-ⲉⲧⲉ-|ⲛⲱ-ⲓ̈ ⲛⲉ ⲉⲧⲉ-ⲛⲁⲉⲓ ⲛⲉ ⲛ̅ϣⲏⲣⲉ ⲙ̅-ⲡⲟⲩⲟⲉⲓⲛ |

ϫⲉⲕⲁⲁⲥ ⲉⲩ-ⲛⲁ-ⲃⲱⲗ ⲉⲃⲟⲗ ⲛ̅-ⲛⲁⲓ̈ ⲧⲏⲣ-ⲟⲩ | ⲁⲩⲱ ⲥⲉ[49]-ⲛⲟⲩϩⲙ̅ ⲉⲃⲟⲗ ϩⲛ̅-ⲛⲓⲥⲛⲁⲩϩ ⲧⲏⲣ-ⲟⲩ | ⲛ̅ⲥⲉ-ⲉⲓ ⲉϩⲟⲩⲛ ⲁ-ⲡⲙⲁ ⲉⲧⲉ-ⲛⲁⲩ-ⲙ̅ⲙⲁⲩ ⲛ̅||ϣⲟⲣⲡ•

[41] First begetter ἀρχιγεννήτωρ [42] Condemnation κρίμα [43] Limb, joint (of the body) μέλος [44] Gate πύλη [45] Bolt (to fasten gate) μοχλός [46] Agency, force ἐνέργεια [47] Tyrant τυρρανός [48] Adversary ἀντικείμενος [49] I.e. ⲛ̅ⲥⲉ- (conjunctive)

ⲁⲛⲟⲕ ⲡⲉ ⲡϣⲟⲣⲡ ⲛ̄ⲧ-ⲁⲓ̈-ⲉⲓ ⲁⲡⲓⲧⲛ̄ | ⲉⲧⲃⲉ-ⲡⲁⲙⲉⲣⲟⲥ ⲉⲧ$^{\emptyset}$-ⲥⲟϫⲡ

ⲉⲧⲉ-ⲡⲁⲓ̈ ⲡⲉ | ⲡⲡⲛ̄ⲁ̄ ⲉⲧ$^{\emptyset}$-ϣⲟⲟⲡ ϩⲛ̄-ⲧⲯⲩⲭⲏ ⲛ̄ⲧ-ⲁϥ-ϣⲱ|ⲡⲉ ⲉⲃⲟⲗ ϩⲙ̄-ⲡⲙⲟⲟⲩ ⲙ̄-ⲡⲱⲛϩ ⲁⲩⲱ ⲉⲃⲟⲗ | ϩⲙ̄-ⲡϫⲱⲕⲙ̄ ⲛ-ⲙ̄ⲙⲩⲥⲧⲏⲣⲓⲟⲛ•

ⲁⲉⲓ-ϣⲁϫⲉ || ⲁⲛⲟⲕ ⲙⲛ̄-ⲛ̄ⲁⲣⲭⲱⲛ ⲁⲩⲱ ϩⲉⲛⲉⲝⲟⲩⲥⲓⲁ•[50] | ⲁⲉⲓ-ⲃⲱⲕ ⲅⲁⲣ ⲉϩⲣⲁⲓ̈ ⲉ-ⲡⲥⲁ ⲙ̄ⲡⲓⲧⲛ̄ ⲙ̄-ⲡⲟⲩ|ⲗⲁⲥ•

ⲁⲩⲱ ⲁⲉⲓ-ϫⲱ ⲛ̄-ⲛⲁⲙⲩⲥⲧⲏⲣⲓⲟⲛ ⲁ-ⲛ-ⲉ|ⲧⲉ-ⲛⲱ-ⲓ̈ ⲟⲩⲙⲩⲥⲧⲏⲣⲓⲟⲛ ⲉϥ-ϩⲏⲡ•

ⲁⲩ-ⲃⲱⲗ | ⲉⲃⲟⲗ ⲛ̄-ⲛ̄ⲥⲛⲁⲩϩ ⲙⲛ̄-ⲧⲃ̄ϣⲉ ⲛ̄-{ⲁⲛ}[51]ⲁⲛⲉϩ• ||

ⲁⲩⲱ ⲁⲉⲓ-ϯ-$^{\emptyset}$ⲕⲁⲣⲡⲟⲥ ϩⲣⲁⲓ̈ ⲛ̄ϩⲏⲧ-ⲟⲩ ⲉⲧⲉ-ⲡⲁⲓ̈ | ⲡⲉ ⲡⲙⲉⲉⲩⲉ ⲙ̄-ⲡⲁⲓⲱ[ⲛ] ⲛ̄-ⲁⲧ-ϣⲓⲃⲉ ⲁⲩⲱ | ⲡⲁⲏⲓ̈ ⲙⲛ̄-ⲡⲟ̣[ⲩⲉⲓ]ⲱⲧ•

ⲁⲩⲱ ⲁⲛⲟⲕ ⲁⲉⲓ-ⲃⲱⲕ | ⲉϩⲣⲁⲓ̈ [ⲁ-ⲛ-ⲉⲧⲉ-ⲛ]ⲱ-ⲓ̈ ϫⲛ̄ⲛ̄-ϣⲟⲣⲡ•

ⲁⲩⲱ | ⲁⲉⲓ-ⲧⲉ̣[- - -]ϣⲟⲣⲡ ⲛ̄-ϣⲗⲟⲡ || ⲛ̣̄ⲧ̣-[ⲁ]ϥ-ⲁ̣ⲁ̣[- - -]ⲉ̣•

ⲁ̣ⲩ̣-ⲣ̄-$^{\emptyset}$ⲟⲩⲟⲉⲓⲛ | ⲛ̄ϭⲓ-ⲟⲩⲟⲛ ⲛⲓⲙ̣ ⲉ̣[ⲧ$^{\emptyset}$-ⲛ̄ϩⲣⲁⲓ̈] ⲛ̣ϩⲏⲧ-$^{\emptyset}$•

ⲁⲩⲱ *ⲁⲉⲓ-ⲥⲟⲃⲧⲉ ⲛ̄-ⲟⲩ[ⲥ]ⲙⲟ[ⲧ] ⲛ̄-ⲛⲓⲟⲩⲟⲉⲓⲛⲉ ⲉⲧ$^{\emptyset}$-ⲛ̣|ϩⲣⲁⲓ̈ ⲛ̄ϩⲏⲧ-$^{\emptyset}$ ⲛ̄-ⲁⲧ-ⲥⲉϫⲉ̣ ⲙ̄ⲙⲟ-ⲟⲩ• ϩⲁⲙⲏⲛ• | *42:1

ⲡ[ⲗⲟⲅ]ⲟⲥ ⲛ̄-ⲧⲡⲣⲱⲧⲉⲛⲛⲟⲓⲁ•[52] |

2

ⲁⲛⲟⲕ ⲡⲉ ⲡϩⲣⲟⲟⲩ ⲛ̄ⲧ-ⲁϥ-ⲟⲩⲱⲛϩ ⲉⲃⲟⲗ ϩⲓⲧ̣[ⲟ]||ⲟⲧ-ϥ ⲙ̄-ⲡⲁⲙⲉⲉⲩⲉ•

ⲁⲛⲟⲕ ⲅⲁⲣ ⲡⲉ ⲡ-ⲉⲧ$^{\emptyset}$-ϩⲁⲧⲣⲉ̣• |

ⲉⲩ-ⲙⲟⲩⲧⲉ ⲉⲣⲟ-ⲓ̈ ϫⲉ-ⲡⲙⲉⲉⲩⲉ ⲙ̄-ⲡⲓⲁⲧ-ⲛⲁⲩ ⲉⲣⲟ-[ϥ]• |

ⲉⲩ-ⲙⲟⲩⲧⲉ ⲉⲣⲟ-ⲓ̈ ϫⲉ-ⲧⲥⲙⲏ ⲉⲧⲉ-ⲙⲁⲥ-ϣⲓⲃⲉ•

ⲥ[ⲉ]-|ⲙⲟⲩⲧⲉ ⲉⲣⲟ-ⲓ̈ ϫⲉ-ⲧ-ⲉⲧ$^{\emptyset}$-ϩⲟⲧⲣⲉ•

ⲁⲛⲟⲕ-ⲟⲩⲓ̈ⲉ ⲛ̄-[ⲟⲩ]|ⲱⲧ ⲉⲉⲓ-ⲟ ⲛ̄-$^{\emptyset}$ⲁⲧ-ϫⲱϩⲙⲉ•

ⲁⲛⲟⲕ ⲧⲉ ⲧⲙⲁⲁⲩ [ⲛ̄ⲧⲉ]-||ⲡϩⲣⲟⲟⲩ•

ⲉⲉⲓ-ϣⲁϫⲉ ⲛ̄ϩⲁϩ ⲛ̄-ⲣⲏⲧⲉ• ⲉⲉⲓ-ϫⲱⲕ ⲉ|ⲃⲟⲗ ⲙ̄-ⲡⲧⲏⲣ-ϥ• ⲉⲣⲉ-ⲡⲥⲟⲟⲩⲛ ϣⲟⲟⲡ ⲛ̄ϩⲣⲁⲓ̈ [ⲛ̄]|ϩⲏⲧ-$^{\emptyset}$ ⲡⲥⲟⲟⲩⲛ ⲛ̄-<ⲛ-ⲉ>ⲧⲉ[53]-ⲙⲛ̄ⲧⲉ-ⲩ-$^{\emptyset}$ϩⲁⲏ•

ⲁⲛⲟⲕ ⲡ[ⲉⲧ$^{\emptyset}$]-|ϣⲁϫⲉ ϩⲣⲁⲓ̈ ϩⲛ̄-ⲥⲱⲛⲧ ⲛⲓⲙ• ⲁⲩⲱ ⲁⲩ-ⲥⲟⲩⲱⲛ-ⲧ | ⲉⲃⲟⲗ ϩⲓⲧⲟⲟⲧ-ϥ ⲙ̄-ⲡⲧⲏⲣ-ϥ•

[50] Authority ἐξουσία [51] Delete {ⲁⲛ} [52] This is the subscript part title of the preceding part. λόγος Verbal expression, Discourse [53] <ⲛ-ⲉ> omitted by the ancient copyist

ⲁⲛⲟⲕ ⲡⲉⲧ$^{\emptyset}$-ϯ ⲛ̄-‖ⲧⲥⲙⲏ ⲙ̄-ⲡϩⲣⲟⲟⲩ ⲉϩⲣⲁⲓ̈ ⲁ-ⲙⲙⲁⲁϫⲉ ⲛ̄-ⲛ-ⲉⲛ|ⲧ-ⲁⲩ-ⲥⲟⲩⲱⲛ-ⲧ ⲉⲧⲉ-ⲛⲁⲉⲓ ⲛⲉ ⲛ̄ϣⲏⲣⲉ ⲙ̄-ⲡⲟⲩⲟ|ⲉⲓⲛⲉ•
ⲁⲓ̈-ⲉⲓ ⲇⲉ ⲙ̄-ⲡⲙⲁϩ-ⲥⲉⲡ ⲥⲛⲁⲩ ⲙ̄ⲡⲥⲙⲟⲧ | ⲛ̄-ⲟⲩⲥϩⲓⲙⲉ• ⲁⲩⲱ ⲁⲓ̈-ϣⲁϫⲉ ⲛⲙ̄ⲙⲁ-ⲩ•
ⲁⲩⲱ | ϯ-ⲛⲁ-ⲧⲁⲙⲟ-ⲟⲩ ⲁ-ⲑⲁϩⲏ ⲙ̄-ⲡⲁⲓⲱⲛ ⲉⲧ$^{\emptyset}$-ⲛⲁ-ϣⲱ‖ⲡⲉ•
ⲁⲩⲱ ϯ-ⲛⲁ-ⲧⲥⲉⲃⲟ-ⲟⲩ ⲁ-ⲧⲁⲣⲭⲏ[54] ⲙ̄-ⲡⲁⲓⲱⲛ | ⲉⲧ$^{\emptyset}$-ⲛⲏⲩ ⲡⲁⲓ̈ ⲉⲧⲉ-ⲙⲛ̄ⲧⲁ-ϥ ⲙ̄ⲙⲁⲩ ⲛ̄-ⲟⲩϣⲓⲃⲉ | ⲡⲁⲓ̈ ⲉⲧⲟⲩ-ⲛⲁ-ϣⲓⲃⲉ ⲙ̄-ⲡⲛ̄ϩⲟ ϩⲣⲁⲓ̈ ⲛ̄ϩⲏⲧ-ϥ• |
ⲉⲩ-ⲛⲁ-ⲧⲟⲩⲃⲟ ⲛϩⲣⲁⲓ̈ ϩⲛ̄-ⲛⲓⲁⲓⲱⲛ ⲛⲁⲓ̈ ⲉⲛⲧ-ⲁⲓ̈-|ⲟⲩⲟⲛϩ-ⲧ ⲉⲃⲟⲗ ϩⲣⲁⲓ̈ ⲛ̄ϩⲏⲧ-ⲟⲩ ϩⲣⲁⲓ̈ ϩⲙ̄-ⲡⲙⲉ‖ⲉⲩⲉ ⲙ̄-ⲡⲓⲛⲉ ⲛ̄-ⲧⲁⲙⲛ̄ⲧ-ϩⲟⲟⲩⲧ•
ⲁⲉⲓ-ⲕⲁⲁ-ⲧ ⲉϩ|ⲣⲁⲓ̈ ϩⲛ̄-ⲛ-ⲉⲧ$^{\emptyset}$-ⲙ̄ⲡϣⲁ ϩⲣⲁⲓ̈ ϩⲙ̄-ⲡⲙⲉⲉⲩⲉ ⲙ̄-ⲡⲁ|ⲁⲓⲱⲛ ⲛ̄-ⲁⲧ-ϣⲓⲃⲉ•
ϯ-ⲛⲁ-ϫⲱ ⲅⲁⲣ ⲁⲣⲱ-ⲧⲛ̄ ⲛ̄-ⲟⲩ|ⲙⲩⲥⲧⲏⲣⲓⲟⲛ ⲛ̄[ⲧ]ⲉ̣-ⲡⲓⲁⲓⲱⲛ ⲉⲧⲉ-ⲡⲁⲓ ⲡⲉ•
ⲁⲩ|ⲱ ϯ-ⲛⲁ-ⲧⲁⲙⲱ-ⲧⲛ ⲁ-ⲛⲉ̣[ⲛⲉⲣ]ⲅ̣ⲉⲓⲁ ⲉⲧ$^{\emptyset}$-ⲛ̄ϩⲣⲁⲓ̈ ⲛ̄‖ϩⲏⲧ-ϥ•
ⲡϫⲡⲟ ϥ-ⲙⲟⲩⲧⲉ̣ [ⲉⲃⲟⲗ ϫⲉ-ⲧⲟ]ⲩ̣ⲛⲟⲩ ⲥ-ϫⲡ[ⲟ] | ⲛ̄-ⲧⲟⲩⲛⲟⲩ• ⲫⲟ[ⲟⲩ ⲇⲉ ϥ-ϫⲡⲟ ⲙ̄-ⲫⲟ]ⲟ̣ⲩ• ⲛⲉⲃⲁ|ⲧⲉ ⲁⲩ-ⲧⲁⲙⲉ-ⲛ̣ⲉ̣ⲃ̣[ⲁ-ⲧⲉ• - - -]ϣ̣ ⲁ̣ϥ-.[.]. . .| ⲉϥ-ⲟⲩⲏϩ ⲛ̄ⲥ̣[ⲁ- - - -]ϣ̣•
*43:1 ⲡ̣ⲓⲁⲓⲱⲛ ⲉⲧⲉ-ⲡⲁ[ⲓ̈ ⲡⲉ] *[ⲛ̄]ⲧ̣-ⲁϥ-ϫⲱⲕ ⲉⲃⲟⲗ ⲙ̄ⲡ̣[ⲓ]ⲣⲏⲧ[ⲉ]•
ⲁ̣ⲩⲱ ⲁⲩ-ⲟⲡ-ϥ• ⲁⲩ|ⲱ̣ ϥ-ⲥⲟⲃⲕ•
ⲟⲩⲧⲏⲃⲉ ⲅⲁⲣ ⲡⲉⲧ-ⲁϥ-ⲕⲱ ⲉⲃⲟⲗ ⲛ̄-ⲟⲩ|ⲧ̣ⲏⲃⲉ•
ⲁⲩⲱ ⲟⲩⲙⲣ̄ⲣⲉ ⲛ̄ⲧ-ⲁ̣[ⲥ]-ⲙ̣[ⲟⲩⲣ ⲉ]ⲃⲟⲗ ϩⲓⲧⲛ̄-|ⲟ̣ⲩ̣ⲙⲣⲣⲉ•

ⲛ̄ⲧⲁⲣⲟⲩ-ⲙ̄ⲙⲉ ϭⲉ ⲛ[ϭⲓ-ⲛ̄ⲛ]ⲟϭ ⲛ̄-ⲉⲝ̄ⲟⲩ‖ⲥ̣ⲓⲁ ϫⲉ-ⲁ-ⲡⲟⲩⲟⲉⲓϣ ⲙ̄-ⲡϫⲱⲕ [ⲉⲃⲟ]ⲗ̣ ⲟⲩⲱⲛϩ ⲉ|ⲃ̣ⲟⲗ ⲙ̄ⲡⲣⲏⲧⲉ ⲛ̄-ⲧⲛⲉⲕⲉ ⲛ̄-ⲧ-ⲉ[ⲧ$^{\emptyset}$]-ⲛ̣ⲁ-ⲙⲓⲥⲉ ⲁϥ-ϩⲛⲁⲛ | ⲉϩⲟⲩⲛ ⲁ-$^{\emptyset}$ϩⲓⲣⲙ̄-ⲡⲣⲟ ⲧⲁⲓ̈ ⲧⲉ ⲑⲉ ⲉ-ⲁϥ-ϩⲛⲁⲛ ⲉϩⲟⲩⲛ | ⲛ̄ϭⲓ-ⲡⲧⲉⲕⲟ ⲁⲩ-ⲛⲁⲓ̈ⲛ ⲧⲏⲣ-ⲟⲩ ϩⲓ-ⲟⲩⲥⲟⲡ ⲛ̄ϭⲓ-ⲛ̄|[ⲥ]ⲧⲟⲓⲭⲓⲟⲛ•[55] ⲁⲩⲱ ⲛ̄ⲥⲛ̄ⲧⲉ ⲛ̄-ⲉⲙⲛⲧⲉ ⲙⲛ̄-ⲙ̄ⲙⲉ‖ⲗ̣ⲱⲧ ⲙ̄-ⲡⲭⲁⲟⲥ ⲁⲩ-ⲕⲓⲙ• ⲁ-ⲩⲛⲟϭ ⲛ̄-ⲥⲁⲧⲉ ⲡⲣ̄ⲣⲓⲉ | [ϩⲣ]ⲁ̣ⲓ̈ ϩⲛ̄-ⲧⲟⲩⲙⲏⲧⲉ• ⲁⲩⲱ ⲙ̄ⲡⲉⲧⲣⲁ[56] ⲙⲛ̄-ⲡⲕⲁϩ ⲁⲩ-|ⲕⲓⲙ ⲙ̄-ⲡⲣⲏⲧⲉ ⲛ̄-ⲟⲩⲕⲁϣ ⲉϥ-ⲕⲓⲙ ϩⲓⲧⲛ̄-ⲡⲧⲏⲩ• |

ⲁⲩⲱ ⲛ̄ⲕⲗⲏⲣⲟⲥ[57] ⲛ̄-ⲧϩⲓⲙⲁⲣⲙⲉⲛⲏ[58] ⲙⲛ̄-ⲛ-ⲉⲧ$^{\emptyset}$-ϣⲓ | ⲛ̄-ⲛ̄ⲟⲓⲕⲟⲥ[59] ⲁⲩ-ϣⲧⲟⲣⲧⲣ̄ ⲙ̄ⲡϣⲁ ⲉϩⲣⲁⲓ̈ ⲁϫⲛ̄-‖ⲟⲩϩⲣⲟⲩ ⲙ-ⲡⲉ ⲉ-ⲛⲁϣⲱ-ϥ• ⲁⲩⲱ ⲛ̄ⲑⲣⲟⲛⲟⲥ ⲛ̄-|ⲛ̄ⲇⲩⲛⲁⲙⲓⲥ ⲁⲩ-ϣⲧⲟⲣⲧⲣ ⲉ-ⲁⲩ-ⲡⲱⲛⲉ• ⲁⲩⲱ ⲡⲟⲩ|ⲣ̄ⲣⲟ ⲁϥ-ⲣ̄-$^{\emptyset}$ϩⲟⲧⲉ• ⲁⲩⲱ ⲛ-ⲉⲧ$^{\emptyset}$-ⲡⲱⲧ ⲛ̄ⲥⲁ-ⲧϩⲓⲙⲁⲣ|ⲙⲉⲛⲏ ⲁⲩ-ϯ ⲛ̄-ⲧⲟⲩⲏⲡⲥ̄

[54] Beginning ἀρχή [55] Element στοιχεῖον [56] Rocky cliff, rock πέτρα [57] Lot (gambling device) κλῆρος [58] Destiny εἱμαρμένη [59] Mansion (sector of the celestial sphere), technical term of astronomy/astrology οἰκός

ⲛ̄-$^{\emptyset}$ⲕⲟⲧ ⲁ-ⲡⲙⲟⲓ̈ⲧ• ⲁⲩ|ⲱ ⲡⲁϫⲉ-ⲩ ⲛ̄-ⲛ̄ⲇⲩⲛⲁⲙⲓⲥ ϫⲉ-ⲟⲩ ⲡⲉ ⲡⲓϣⲧⲟⲣ||ⲧⲣ̄ ⲙⲛ̄-ⲡⲓⲕⲓⲙ ⲛ̄ⲧ-ⲁϥ-ⲉⲓ ⲉϩⲣⲁⲓ̈ ⲉϫⲱ-ⲛ ⲉⲃⲟⲗ ϩⲓ|ⲧⲟⲟⲧ-ϥ̄ ⲛ̄-ⲟⲩϩⲣⲟⲟⲩ ⲉϥ-{ϩ}[60]ⲏⲡ ⲁ-ⲧⲥⲙⲏ ⲉⲧ$^{\emptyset}$-ϫⲟⲥⲉ• | ⲁⲩⲱ ⲁϥ-ⲕⲓⲙ ⲛ̄ϭⲓ-ⲡⲛ̄ⲏⲉⲓ ⲧⲏⲣ-ϥ• ⲁⲩⲱ ⲡⲕⲱⲧⲉ | ⲧⲏⲣ-ϥ ⲛ̄-ⲧⲛ̄ϩⲓⲏ ⲙ̄-ⲙⲟⲟϣⲉ ⲉϩⲣⲁⲓ̈ ⲁϥ-ⲙⲉⲧⲉ ⲁ-ⲩ|ⲧⲉⲕⲟ• ⲁⲩⲱ ⲡⲙⲁⲉⲓⲧ ⲉⲧⲛ̄-ⲙⲟⲟϣⲉ ϩⲓⲱⲱ-ϥ || ⲡⲁⲓ̈ ⲉⲧ$^{\emptyset}$-ϫⲓ ⲙ̄ⲙⲟ-ⲛ ⲉϩⲣⲁⲓ̈ ϣⲁ-ⲡⲁⲣⲭⲓⲅⲉⲛⲉ|ⲧⲱⲣ ⲙ̄-ⲡⲛ̄ϫⲡⲟ ⲁϥ-ⲗⲟ ⲉϥ-ⲥⲙⲟⲛⲧ ⲛⲁ-ⲛ• | ⲧⲟⲧⲉ ⲁⲩ-ⲟⲩⲱϣⲃ̄ ⲛ̄ϭⲓ-ⲛ̄ⲇⲩⲛⲁⲙⲓⲥ ⲉⲩ-ϫⲱ | ⲙ̄ⲙⲟ-ⲥ ϫⲉ-ⲁⲛⲟⲛ ϩⲱⲱⲛ ⲧⲛ̄-ⲣ̄-ⲁⲡⲟⲣⲓ[61] ⲉ|ⲧⲃⲏⲏⲧ-ϥ ϫⲉ-ⲙ̄ⲡⲛ̄-ⲙ̄ⲙⲉ ϫⲉ-ⲡⲁ-ⲛⲓⲙ ⲡⲉ• ⲁⲗ||ⲗⲁⲧⲱⲱⲛ• ⲙⲁⲣⲟ-ⲛ ⲉϩⲣⲁⲓ̈ ϣⲁ-ⲡⲁⲣⲭⲓⲅⲉ|ⲛⲉⲧⲱⲣ ⲛ̄ⲧⲛ̄-ϫⲛⲟⲩ-ϥ•

ⲁⲩ-ⲥⲱⲟⲩϩ ⲧⲏⲣ-ⲟⲩ ⲛ̄|ϭⲓ-ⲛ̄ⲇⲩⲛⲁⲙⲓⲥ• ⲁ̣ⲩ-ⲃⲱⲕ̣ ⲉ̣ϩⲣⲁⲓ̈ ⲙ̄-ⲡⲁⲣⲭⲓⲅⲉ|ⲛⲉⲧⲱ̣ⲣ• [ⲡⲁ]ϫ̣[ⲉ]-ⲩ [ⲛⲁ]-ϥ ϫⲉ-ⲁϥ-ⲧⲟ[62] ⲡⲉⲕϣⲟⲩ|ϣⲟⲩ ⲡ̣[ⲁⲓ̈ ⲉⲧⲕϣⲟⲩ]ϣ̣ⲟ̣ⲩ ⲙ̄ⲙⲟ-ⲕ ϩⲣⲁⲓ̈ ⲛ̄ϩⲏⲧ-ϥ̄• || ⲙ̄ⲡ̣ⲛ̄-[ⲥⲱⲧⲙ̄ ⲉⲣⲟ-ⲕ ⲉⲕ-ϫⲱ] ⲙ̣̄ⲙⲟ-ⲥ ϫⲉ-ⲁⲛⲟⲕ | ⲡⲉ ⲡ̣ⲛⲟⲩ[ⲧ]ⲉ• [ⲁⲩⲱ ⲁⲛⲟⲕ ⲡⲉ ⲡ]ⲉⲧⲛ̄ⲉⲓⲱⲧ• *ⲁⲩⲱ ⲁⲛⲟⲕ ⲡⲉⲛ̣[ⲧ]-ⲁⲉⲓ-ϫ̣ⲡ̣ⲉ-ⲧⲏⲛⲉ• ⲁⲩⲱ ⲙⲛ̄-ⲕ̣[ⲉ]||ⲟⲩⲁ ⲛ̄ⲥⲁⲃⲗⲗⲁ-ⲓ̈• *44:1 ⲉⲓⲥϩ̣ⲏⲏⲧⲉ ϭⲉ ⲧⲉⲛⲟⲩ ⲁϥ-ⲟⲩⲱⲛ̣[ϩ] | ⲉⲃⲟⲗ ⲛ̄ϭⲓ̣-[ⲟⲩ]ϩ̣ⲣ̣ⲟ̣ⲟ̣ⲩ ⲉϥ-{ϩ}[63]ⲏⲡ ⲁ-ϯⲥⲙⲏ ⲛ̄-ⲁⲧ-ⲛⲁ[ⲩ] | ⲉⲣⲟ-ⲥ ⲧⲁ-[ⲡⲁⲓⲱ]ⲛ ⲉⲧⲛ̄-ⲥⲟⲟⲩⲛⲉ ⲙ̄ⲙⲟ-ϥ ⲁ̣ⲛ̣• ⲁ̣ⲩ||ⲱ ⲁⲛⲟⲛ [ⲙ̄ⲡⲛ̄]-ⲥ̣ⲟⲩⲱⲛ ⲛ̄ⲟⲩⲁⲁⲧ-ⲛ̄ ϫⲉ-ⲁⲛ-ⲏⲡ̣ | ⲁ-ⲛⲓⲙ•[64] ϫⲉ-ⲡϩⲣ̣[ⲟ]ⲟⲩ ⲅⲁⲣ ⲉⲧ$^{\emptyset}$-ⲙ̄ⲙⲁⲩ ⲛ̄ⲧ-ⲁⲛ-ⲥⲱⲧ[ⲙ̄] | ⲉⲣⲟ-ϥ ⲟⲩϣⲙ̄ⲙⲟ ⲉⲣⲟ-ⲛ ⲡⲉ• ⲁⲩⲱ ⲧⲛ̄-ⲥⲟⲟⲩⲛⲉ | ⲙ̄ⲙⲟ-ϥ ⲁⲛ• ⲙ̄ⲡⲛ̄-ⲙ̄ⲙⲉ ϫⲉ-ⲟⲩⲉⲃⲟⲗ ⲧⲟ ⲡⲉ• ⲁϥ-ⲓ• | ⲁϥ-ⲕⲱ ⲛ̄-ⲟⲩϩⲣ̄ⲧⲉ ϩⲛ̄ⲧⲉⲛⲙⲏⲧⲉ ⲁⲩⲱ ⲟⲩⲃⲱⲗ̣ [ⲉ]||ⲃⲟⲗ ⲛ-ⲙ̄ⲙⲉⲗⲟⲥ ⲛ̄ⲧⲉ-ⲛ̄ⲛ̄ϭⲃⲟⲉⲓ•

ⲧⲉⲛⲟⲩ ϭⲉ ⲙ̣[ⲁ]||ⲣⲛ̄-ⲣⲓⲙⲉ ⲁⲩⲱ ⲛ̄ⲧⲛ̄-ⲛⲉϩⲡⲉ ϩⲛ̄-ⲟⲩⲛⲉϩⲡ[ⲉ ⲉ-ⲛⲁ]|ϣⲱ-ϥ• ⲧⲟⲗⲟⲓⲡⲟⲛ[65] ⲡⲛ̄ⲡⲱⲱⲧ ⲧⲏⲣ-ϥ ⲙⲁⲣⲛ̄-ⲁ̣|ⲁ-ϥ ⲉ-ⲙⲡⲁⲧⲟⲩⲟⲧⲡ-ⲛ̄ ⲉϩⲟⲩⲛ ⲛ̄ⲃⲓⲁ[66] ⲁⲩⲱ ⲛ̄ⲥⲉ-|ϫⲓⲧ-ⲛ̄ ⲁⲡⲓⲧⲛ̄ ⲁ-ⲕⲟⲩⲛ-ϥ ⲛ̄-ⲉⲙⲛ̄ⲧⲉ• ⲏⲇⲏ ⲅⲁⲣ ⲁϥ-||ϩⲛⲁⲛ ⲉϩⲟⲩⲛ ⲛ̄ϭⲓ-ⲡⲃⲱⲗ ⲉⲃⲟⲗ ⲛ̄-ⲧⲛ̄ⲙⲣ̄ⲣⲉ• | ⲁⲩⲱ ⲛ̄ⲭⲣⲟⲛⲟⲥ[67] ⲥⲉ-ϣⲱⲧ• ⲁⲩⲱ ⲛ̄ϩⲟⲟⲩ ⲁⲩ-ⲥⲃⲟⲕ• | ⲁⲩⲱ ⲡⲛ̄ⲟⲩⲟⲉⲓϣ ⲁϥ-ϫⲱⲕ ⲉⲃⲟⲗ• ⲁⲩⲱ ⲡⲣⲓⲙⲉ | ⲛ̄ⲧⲉ-ⲡⲛ̄ⲧⲉⲕⲟ ⲁϥ-ϩⲛⲁⲛ ⲉϩⲟⲩⲛ ⲉⲣⲟ-ⲛ ϫⲉⲕⲁⲁⲥ | ⲉⲩ-ⲛⲁ-ϫⲓⲧ-ⲛ̄ ⲁ-ⲡⲙⲁ ⲉ-ⲛ-ⲧⲛ̄-ⲥⲟⲟⲩⲛⲉ ⲙ̄ⲙⲟ-ϥ <ⲁⲛ>•[68] ϫⲉ-||ⲡⲛ̄ϣⲏⲛ ⲛ̄ⲅⲁⲣ ⲛ̄ⲧ-ⲁⲛ-ⲣⲱⲧ ⲉⲃⲟⲗ ⲛ̄ϩⲏⲧ-ϥ ⲟⲩⲕⲁⲣ|ⲡⲟⲥ ⲙ̄-ⲙⲛ̄ⲧ-ⲁⲧ-ⲥⲟⲟⲩⲛⲉ ⲡⲉⲧⲉ-ⲩⲛ̄ⲧⲁ-ⲁ-ϥ• ⲁⲩⲱ | ⲛⲉϥⲕⲉϭⲱⲱⲃⲉ ⲟⲩⲙⲟⲩ ⲡⲉⲧ$^{\emptyset}$-ϣⲟⲟⲡ ⲛ̄ϩⲏⲧ-ⲟⲩ• | ⲁⲩⲱ ⲟⲩⲕⲁⲕⲉ ⲡⲉⲧ$^{\emptyset}$-ϣⲟⲟⲡ ϩⲁ-ⲧϩⲁⲓ̈ⲃⲉⲥ ⲛ̄-ⲛⲉϥ|ϣⲗⲟⲡ• ⲁⲩⲱ ⲛ̄ⲧ-ⲁⲛ-ϫⲱⲗⲉ ⲙ̄ⲙⲟ-ϥ ϩⲛ̄-ⲟⲩⲁⲡⲁ||ⲧⲏ[69] ⲙⲛ̄-ⲟⲩⲉⲡⲓⲑⲩⲙⲓⲁ•[70] ⲡⲁⲓ̈ ⲛ̄ⲧ-ⲁ-ⲡⲭⲁⲟⲥ ⲛ̄-ⲁⲧ-|ⲥⲟⲟⲩⲛⲉ ϣⲱⲡⲉ ⲛⲁ-ⲛ ⲙ̄-$^{\emptyset}$ⲙⲁ ⲛ̄-

[60] Delete {ϩ} [61] Be at a loss ἀπορεῖν [62] Sahidic ⲉϥ-ⲧⲱⲛ [63] Delete {ϩ} [64] Sahidic ⲉⲛ-ⲏⲡ ⲉ-ⲛⲓⲙ [65] Finally τὸ λοίπον [66] Forcibly βίᾳ [67] Span of time χρόνος [68] <ⲁⲛ> omitted by the ancient copyist [69] Deceit ἀπατή [70] Desire ἐπιθυμία

ϭⲟⲉⲓⲗⲉ ϩⲣⲁï | ⲛ̅ϩⲏⲧ-ϥ• ⲉⲓⲥϩⲏⲏⲧⲉ ⲅⲁⲣ ⲛ̅ⲧⲟϥ ϩⲱⲱ-ϥ ⲡⲁⲣⲭⲓ|ⲅⲉⲛⲉⲧⲱⲣ ⲙ̅-ⲡⲛ̅ϫⲡⲟ ⲉⲧⲛ̅-ϣⲟⲩϣⲟⲩ ⲙ̅ⲙⲟ-ⲛ | ⲉⲧⲃⲏⲧ-ϥ ⲙ̅ⲡϥ-ⲙ̅ⲙⲉ ϩⲱⲱ-ϥ ⲁ-ϯⲥⲙⲏ•

ⲧⲉⲛⲟⲩ || ϭⲉ ⲥⲱⲧⲙ̅ ⲉⲣⲟ-ⲉⲓ ⲛ̅ϣⲏⲣⲉ ⲙ̅-ⲡⲙⲉⲉⲩⲉ ⲁ-ⲧⲥⲙⲏ | ⲛ̅-ⲧⲙⲁⲁⲩ ⲙ̅-ⲡⲉⲧ̣ⲛ̣̅ⲛⲁⲉ•

ϫⲉ-ⲛ̅ⲧⲱⲧⲛⲉ ⲅⲁⲣ ⲁⲧⲉ|ⲧⲛ̅-ⲣ̅-$^{\emptyset}$ⲙ̅ⲡϣⲁ ⲙ̅-ⲡⲙⲩⲥⲧ[ⲏ]ⲣⲓⲟⲛ ⲡⲁï ⲉⲧ$^{\emptyset}$-ϩⲏⲡ ϫⲛ̅-|ⲛ̅ⲁⲓⲱⲛ ϫⲉⲕⲁⲁⲥ ⲉⲧⲉ[ⲧⲛⲁ-. . . .]ⲉ̣ⲓ•

ⲁⲩⲱ ⲧⲥⲩⲛ|ⲧⲉⲗⲓⲁ[71] ⲙ̅-ⲡⲓⲁⲓⲱ̣[ⲛ ⲉⲧⲉ-ⲡⲁï ⲡⲉ ⲙⲛ̅]-ⲡⲓⲱⲛϩ̣ || ⲛ̅-
45:1 ϫⲓ ⲛϭⲟⲛⲥ̣ ⲁ̣[- - -][. . ⲧⲁ]ⲣⲭⲏ ⲙ̅-ⲡ̣[- - -]ⲉ ⲡⲁï ⲉⲧⲉ-ⲙ[ⲛ̅]-
|[ⲧ]ⲉ̣[ϥ] ⲙ̅ⲙⲁⲩ ⲛ̣̅-[- - -]ϥ̣̅•

ⲁⲛⲟⲕ-ⲟⲩϩ̣[ⲟ]|[ⲟ]ⲩⲧ̣-ⲥϩⲓⲙⲉ ⲁ[- - -].ⲟⲩⲉⲓⲱⲧ•

ⲉⲉ̣[ⲓ]-|[. . . .] ⲛⲙ̅ⲙⲁ-ï ⲟⲩⲁⲁ-ⲧ•

ⲉⲉⲓ-[- - -] ⲛⲙ̅ⲙⲁ-ï ⲟⲩ̣[ⲁ]||[ⲁ-ⲧ - - -]ⲉⲓⲉ ⲙ̅ⲙⲟ-ⲉⲓ [. . .]

ⲉⲣⲉ-ⲡⲧⲏⲣ-ϥ.|[- - -] ⲉⲃ̣ⲟ̣ⲗ̣ ϩⲓⲧⲟⲟⲧ-$^{\emptyset}$ ⲟ[ⲩⲁ]ⲁ-ⲧ•

ⲁⲛⲟⲕ ⲡⲉ ⲧⲁⲧⲉ | [- - -]ⲛ ⲙ̅-ⲡⲧⲏⲣ-ϥ ⲉⲉⲓ-ⲙⲓⲥⲉ ⲙ̅-ⲡⲟⲩⲟⲉⲓⲛ ⲉ[ⲧ$^{\emptyset}$]-|[- - - ϩ]ⲛ̅-[ⲟⲩ]ⲉ̣ⲟⲟⲩ•

ⲁⲛⲟⲕ ⲡⲉ ⲡⲁⲓⲱⲛ ⲉⲧ$^{\emptyset}$-ⲏ̣[.]|[- - -]ⲉ ⲡϫⲱⲕ ⲉⲃⲟⲗ ⲙ̅-ⲡⲧⲏⲣ-ϥ ⲉⲧⲉ-ⲧⲁï ⲧⲉ ⲙⲉ[ⲓ]||[ⲣⲟⲑ]ⲉⲁ ⲡⲉⲟⲟⲩ ⲛ̅-ⲧⲙⲁⲁⲩ•

ⲉⲉⲓ-ⲛⲟⲩϫⲉ ⲛ̅-ⲟⲩⲥⲙⲏ̣ [ⲙ̅]-|[ⲡϩⲣ]ⲟⲟⲩ ⲉϩⲣⲁï ⲁ-ⲙⲙⲁⲁϫⲉ ⲛ̅-ⲛ-ⲉⲧ$^{\emptyset}$-ⲥⲟⲟⲩⲛⲉ ⲙ̅ⲙⲟ̣-|ⲉⲓ•

ⲁⲩⲱ ϯ-ⲧⲱϩⲙⲉ ⲙ̅ⲙⲱ-ⲧⲛ̅ ⲁϩⲟⲩⲛ ⲁ-ⲡⲟⲩⲟⲉⲓ[ⲛ] | ⲉⲧ$^{\emptyset}$-ϫⲟⲥⲉ ⲉⲧ$^{\emptyset}$-ϫⲏⲕ ⲉⲃⲟⲗ•

ⲡⲁⲉⲓ ϭⲉ ⲉⲧⲉⲧⲛ̅ϣⲁⲛ-ⲉⲓ | ⲉϩⲟⲩⲛ ⲉⲣⲟ-ϥ ⲧⲉⲧⲛⲁ-ϫⲓ-$^{\emptyset}$ⲉⲟⲟⲩ ⲛ̅ⲧⲟⲟⲧ-ⲟⲩ ⲛ̅-ⲛ-ⲉ[ⲧ$^{\emptyset}$]-||ϯ-$^{\emptyset}$ⲉⲟⲟⲩ• ⲁⲩⲱ ⲥⲉ-ⲛⲁ-ϯ-ⲛⲏ-ⲧⲛ̅-$^{\emptyset}$ⲑⲣⲟⲛⲟⲥ ⲛ̅ϭⲓ-ⲛ-ⲉⲧ̣$^{\emptyset}$-|ϯ-$^{\emptyset}$ⲑⲣⲟⲛⲟⲥ•

ⲧⲉⲧⲛ-ⲛⲁ-ϫⲓ-$^{\emptyset}$ⲥⲧⲟⲗⲏ[72] ⲛⲏ-ⲧⲛ̅ ⲛ̅ⲧⲟⲟ|ⲧ-ⲟⲩ ⲛ̅-ⲛ-ⲉⲧ$^{\emptyset}$-ϯ-$^{\emptyset}$ⲥⲧⲟⲗⲏ•

ⲁⲩⲱ ⲥⲉ-ⲛⲁ-ⲣ̅-ⲃⲁⲡⲧⲓⲍⲉ [ⲙ̅]|ⲙⲱ-ⲧⲛ̅ ⲛ̅ϭⲓ-ⲛ̅ⲃⲁⲡⲧⲓⲥⲧⲏⲥ[73] ⲛ̅ⲧⲉⲧⲛ̅-ϣⲱⲡⲉ ⲛ̅-|$^{\emptyset}$ⲉⲟⲟⲩ ⲙⲛ̅-ϩⲉⲛⲉⲟⲟⲩ ⲡⲁï ⲉ-ⲛⲉⲧⲉⲧⲛ̅-ϣⲟⲟⲡ̣ || ϩⲣⲁï ⲛ̅ϩⲏⲧ-ϥ ⲛ̅ϣⲟⲣⲡ ⲉⲧⲉⲧⲛ̅-ⲟⲉⲓ ⲛ̅-$^{\emptyset}$ⲟⲩⲉⲓⲛ• |

ⲁⲩⲱ ⲁⲉⲓ-ϩⲟⲡ-ⲧ ϩⲣⲁï ϩⲛ̅-ⲟⲩⲟⲛ ⲛⲓⲙ• ⲁⲉⲓ-ⲟⲩⲟⲛ̣[ϩ-ⲧ] | ⲉⲃⲟⲗ ϩⲣⲁï ⲛ̅ϩⲏⲧ-ⲟⲩ•

ⲁⲩⲱ ⲁⲩ-ⲣ̅-ⲉⲡⲓⲑⲩⲙⲉⲓ[74] ⲉⲣ̣[ⲟ]-|ⲉⲓ ⲛ̅ϭⲓ-ⲙⲉⲉⲩⲉ ⲛⲓⲙ ⲉⲩ-ϣⲓⲛⲉ ⲛ̅ⲥⲱ-ⲉⲓ

ϫⲉ-ⲁⲛⲟ̣[ⲕ] | ⲡⲉⲛⲧ-ⲁï-ϯ-$^{\emptyset}$ϩⲓⲕⲱⲛ ⲙ̅-ⲡⲧⲏⲣ-ϥ•

[71] End, completion συντέλεια [72] Robe στολή [73] Baptizer βαπτιστής [74] To desire ἐπιθυμεῖν

ⲛⲉ-ⲙⲛ̄ⲧⲉ-ⲩ-$^{\emptyset}$ⲙⲟ[ⲣ]‖ⲫⲏ ⲙ̄ⲙⲁⲩ ⲡⲉ• ⲁⲩⲱ ⲁⲉⲓ-ϣⲓⲃⲉ ⲛ̄-ⲛⲉⲩ-ⲙⲟⲣⲫⲏ̣ | ϩⲛ̄-ϩⲉⲛⲙⲟⲣⲫⲏ ϣⲁ-ⲡⲟⲩⲟⲉⲓϣ ⲉⲧⲟⲩ-ⲛⲁ-ϯ̣-| $^{\emptyset}$ⲙⲟⲣⲫⲏ ⲙ̄-ⲡⲧⲏⲣ-ϥ•

ⲉⲃⲟⲗ ϩⲓⲧⲟⲟⲧ-$^{\emptyset}$ ⲛ̄ⲧ-ⲁ-ⲡϩⲣ[ⲟ]|ⲟⲩ ϣⲱⲡⲉ•

ⲁⲩⲱ ⲁⲛⲟⲕ ⲡⲉⲛⲧ-ⲁ̈ⲓ-ⲕⲱ ⲙ̄-ⲡⲛ[ⲓ]‖ϥⲉ ϩⲣⲁ̈ⲓ ϩⲛ̄-ⲛ-ⲉⲧⲉ-ⲛⲱ-ⲓ̈•

ⲁⲩⲱ ⲡⲡ̄ⲛ̄ⲁ̄ ⲉⲧ$^{\emptyset}$-ⲟⲩⲁ‖ⲁⲃ ϣⲁ-ⲉⲛⲉϩ ⲁⲉⲓ-ⲛⲟϫ-ϥ̣ ⲉϩⲣⲁ̈ⲓ ⲉⲣⲟ-ⲟⲩ•

ⲁⲩⲱ | ⲁⲉⲓ-ⲃⲱⲕ ⲁⲧⲡⲉ• ⲁⲉ̣ⲓ-ϣⲉ ⲉϩⲟⲩⲛ ⲁ-ⲡⲁⲟⲩⲟⲉⲓⲛ• |

ⲛⲉⲁⲉ̣[. . . .] ⲉ̣ϩ[ⲣⲁ]ⲓ̈ ⲁϫⲛ̄-ⲡⲁⲕⲗⲁⲇⲟⲥ•[75] ⲁⲉ̣ⲓ̣-|ϩⲙⲉⲥ̣[- - - ⲛ̄]-ϣⲏⲣⲉ ⲙ̄-ⲡⲟⲩⲟⲉⲓ̣[ⲛ] | ⲉⲧ$^{\emptyset}$-ⲟⲩ[. . .

- - -] ⲇⲉ ⲁ-ⲡⲟⲩⲙⲁ-ⲛ̄-ϣ̣[ⲱ]*ⲡⲉ ⲡⲁ̈ⲓ ⲉ[- - -]|[.]ⲉ̣ ⲙ̄ⲡ[- - -]| *46:1
ϣⲱⲡ̣ⲉ ⲛ̄-ⲉ̣[- - - • ϩⲁⲙ]ⲏⲛ• |

[ⲧϩⲓⲙ]ⲁ̣ⲣⲙⲉ̄ⲛ̄ⲏ•[76] ‖

3

ⲁⲛⲟⲕ ⲡⲉ ⲡ̣[ⲗⲟⲅ]ⲟ̣ⲥ ⲉⲧ$^{\emptyset}$-ϣⲟⲟ̣[ⲡ - - -] | ⲛ̄-ⲁⲧ-ϣⲁϫⲉ ⲉⲣⲟ-ϥ

ⲉⲉⲓ-ϣⲟ[ⲟ]ⲡ̣ ϩⲛ̣̄-[- - -] | ⲛ̄-ⲁⲧ-ϫⲱϩⲙⲉ

ⲁⲩⲱ ⲟⲩⲙⲉⲉⲩⲉ ⲁϥ-ϭ[- - -] | ϩ̣ⲛ̄-ⲟⲩⲁⲓⲥⲑⲏⲥⲓⲥ ⲉⲃⲟⲗ ϩⲓⲧⲟⲟⲧ̣-ⲥ ⲛ̣̄-[- - -]|ⲥⲙⲏ ⲛ̄ⲧⲉ-ⲧⲙⲁⲁⲩ ⲉ-ⲩϫⲡⲟ ⲛ̄-ϩⲟⲟⲩⲧ•

ϥ[- - -] ‖ ⲛ̄-$^{\emptyset}$ⲕⲁⲁ-ⲧ ⲉϩⲣⲁ̈ⲓ• ⲁⲩⲱ ⲉⲥ-ϣⲟⲟⲡ ϫⲛ̄ⲛ̄-ϣⲟ̣[ⲣⲡ] | ϩⲛ̄-ⲛ̄ⲕⲁⲁⲥ ⲙ̄-ⲡⲧⲏⲣ-ϥ•

ⲟⲩⲛ̄-$^{\emptyset}$ⲟⲩⲟⲉⲓⲛⲉ ⲇⲉ [ⲉϥ]-|ϣⲟⲟⲡ ⲉϥ-ϩⲏⲡ ϩⲣⲁ̈ⲓ ϩⲛ̄-$^{\emptyset}$ⲥⲓⲅⲏ•[77] ⲁϥ-ⲣ̄ϣⲟⲣⲡⲛ-ⲉ[ⲓ] | ⲉⲃⲟⲗ•

ⲛ̄ⲧⲟⲥ ⲇⲉ ⲟⲩⲁⲁⲧ-ⲥ̄ ⲉⲥ-ϣⲟⲟⲡ ⲛ̄-$^{\emptyset}$ⲕⲁ-ⲣⲱ-ϥ̣• |

ⲁⲛⲟⲕ ⲡⲉ ⲡⲗⲟⲅⲟⲥ ⲟⲩⲁⲁ-ⲧ ⲛ̄-ⲁⲧ-ϣⲁϫⲉ ⲙ̄ⲙⲟ-[ϥ] ‖ ⲛ̄-ⲁⲧ-ϫⲱϩⲙⲉ ⲛ̄-ⲁⲧ-ϣⲓⲧ-ϥ ⲛ̄-ⲁⲧ-ⲙⲉⲉⲩⲉ ⲉⲣⲟ-ϥ• |

ⲟⲩⲟⲉⲓⲛⲉ ⲉϥ-ϩⲏⲡ ⲡⲉ ⲉϥ-ϯ ⲛ̄-ⲟⲩⲕⲁⲣⲡⲟⲥ ⲛ̄-|ⲱⲛϩ ⲉϥ-ⲃⲉⲉⲃⲉ ⲛ̄-ⲟⲩⲙⲟⲟⲩ ⲛ̄-ⲱⲛ̣ϩ ⲉ̣ⲃ̣ⲟ̣ⲗ | ϩⲛ̄-ⲧⲡⲏⲅⲏ[78] ⲛ̄-ⲁⲧ-ⲛⲁⲩ ⲉⲣⲟ-ⲥ ⲛ̄-ⲁⲧ-ϫⲱϩⲙⲉ | ⲛ̄-ⲁⲧ-ϣⲓⲧ-ϥ

ⲉⲧⲉ-ⲡⲁ̈ⲓ ⲡⲉ ⲡϩⲣⲟⲟⲩ ⲙ̄-ⲡⲉⲟⲟⲩ ‖ ⲛ̄-ⲧⲙⲁⲩ ⲛ̄-ⲁⲧ-ⲟⲩⲁϩⲙ-ⲉϥ ⲡⲉⲟⲟⲩ ⲙ̄-ⲡϫⲡⲟ | ⲙ̄-ⲡⲛⲟⲩⲧⲉ ⲟⲩⲡⲁⲣⲑⲉⲛⲟⲥ ⲛ̄-ϩⲟⲟⲩⲧ ⲉⲃⲟⲗ | ϩⲓⲧⲟⲟⲧ-ϥ ⲛ̄-ⲟⲩⲛⲟⲩⲥ[79] ⲉϥ-ϩⲏⲡ

ⲉⲧⲉ-ⲧⲁ̈ⲓ ⲧⲉ | ⲧⲙⲛ̄ⲧ-ⲕⲁ-ⲣⲱ-ⲥ ⲉⲥ-ϩⲏⲡ ⲁ-ⲡⲧⲏⲣ-ϥ ⲉⲥ-ⲟ ⲛ̄-$^{\emptyset}$ⲁⲧ-ⲟⲩ|ⲁϩⲙ-ⲉⲥ ⲟⲩⲟⲉⲓⲛ ⲛ̄-ⲁⲧ-ϣⲓⲧ-ϥ ⲧⲡⲏⲅⲏ ⲙ̄-ⲡⲧⲏ̣[ⲣ]-ϥ̣ ‖ ⲧⲛⲟⲩⲛⲉ ⲙ̄-ⲡⲁⲓⲱⲛ ⲧⲏⲣ-ϥ•

[75] Branch, offshoot κλάδος [76] This is the subscript part title of the preceding part.
[77] Silence σιγή [78] Wellspring πηγή [79] Intellect νοῦς

твасіс[80] те ет$^{\emptyset}$-ҷі | еϩраї ϩа-кінhсіс[81] нім н̄те-н̄аіωн е[γ]-|нп а-пеооγ ет$^{\emptyset}$-ϫоор• пкω еϩраї пе н̄-в[а]||сіс нім• пніϥе пе н̄-н̄бам• пвал пе ṇ-|ϯϣомте м̄-монн ес-ϣооп н̄-$^{\emptyset}$ϩрооγ || евол ϩітоот-ϥ н̄-оγмееγе• аγω оγло|гос пе евол ϩітоот-с н̄-тсмн н̄т-аγ-тṇ|нооγ-ϥ а-$^{\emptyset}$р̄-$^{\emptyset}$оγоẹін а-н-ет$^{\emptyset}$-ϣооп ϩм̄-пк[а]||[к]е•

еісϩннте бе а[но]ḳ ϯ-[на-оγ]ωнϩ | ṇн-тн̄ евол ṇ̄-[- - -] ϫе-н̄||тωтн̄-наϣвр̣-[- - -]ç[о]γϣ|ṇ-оγ тнр-[о]γ [- - -]

*47:1 * *Four lines are missing here.* || [- - -]. . . . .[. .].[- - -]|[- - -] . . .ет$^{\emptyset}$-ϣооп ϩṇ-[- - -]|[- - -]ạт-ϫоо-γ•

аєі-тсе[во - - -]|[- - -]ọн евол ϩітоот-ϥ̄ м̄-пϩ[- - -]| [. . . .]ϩраї ϩн̄-оγноγс н̄-телеіọ[с. . .]• ||

[аєі]-ϣωпе н̄-$^{\emptyset}$кω еϩраї м̄-птнр-ϥ аγω̣ [. . . .]|[.]ọм на-γ•

пмаϩ-сеп-снаγ аї-еі ϩн̄-т[смн] | м̄-паϩрооγ•

аєі-ϯ-$^{\emptyset}$ϩікωн н̄-н-ент-аγ-ϫ̣[і-$^{\emptyset}$ϩ]ị|ḳωн ϣаϩоγн а-тоγ-сγнтелеіа•

пṃ[а]ϩ-|ϣомт н̄-соп аєі-оγонϩ-т евол на-γ [ϩ]н̄-||ṇеγ-скннн[82] еєі-ϣооп н̄-$^{\emptyset}$логос•

аγω ạєі-|оγонϩ-т евол ϩм̄-пеіне н̄-тоγϩікωṇ•

аγ|ω̣ аєі-р̄-форі[83] н̄-тоγϩвсω н̄-оγон нім̣•

аγ|ω аєі-ϩоп-т оγаа-т ϩраї н̄ϩнт-оγ•

аγω м̄п[оγ]-|соγωн-п-ет$^{\emptyset}$-ϯ-$^{\emptyset}$бом на-ї•

ϯ-ϣооп гар ϩраї || ϩ̣н̄-н̄архн[84] тнр-оγ мн̄-н̄дγнаміс аγω [ϩ]р̣аї | ϩн̄-н̄аггелос аγω ϩн̄-кінhсіс нім е[т$^{\emptyset}$-ϣ]о|оп ϩн̄-тϩγлн тнр-с̄•

аγω аєі-ϩоп-т ϩрạ[ї] н̄|ϩнт-оγ ϣанϯ-оγонϩ-т евол н̄-насні̣[γ]• |

аγω м̄пе-лааγ н̄ϩнт-оγ соγωн-т ка[іпер][85] || анок пет$^{\emptyset}$-р̄-енергеі[86] н̄ϩнт-оγ•

алл[а аγ-ме]|еγе ϫе-н̄т-аγ-сωнт м̄-птнр-ϥ евол ṇ̄ϩ[нт-оγ] | еγ-о н̄-$^{\emptyset}$ат-сооγне е-н-се-сооγн ан ṇ̄-ṭ[оγ]|ноγне пма н̄т-аγ-рωт ϩраї н̄ϩнт-ϥ•

ạ[нок] | пе поγоеін ет$^{\emptyset}$-ϯ-$^{\emptyset}$оγоеіне м̄-птн[р-ϥ•

а]||нок пе поγоеін ет$^{\emptyset}$-раϣе ϩрạ[ї ϩн̄-на]|снн γ•

[80] Platform βάσις [81] Motion κίνησις [82] Tent (a common metaphor for the body) σκηνή [83] Wear φορεῖν [84] Realm ἀρχή [85] Even though καίπερ [86] Be active ἐνεργεῖν

ⲁⲉⲓ-ⲉⲓ ⲅⲁⲣ ⲉϩⲣⲁï ⲉ-ⲡⲕⲟⲥⲙⲟⲥ [ⲛ̄-ⲛ]‖ⲣⲉϥ-ⲙⲟⲩ ⲉⲧⲃⲉ-ⲡⲡ̄ⲛ̄ⲁ̄ ⲉⲧ$^{\emptyset}$-ⲥⲟϫⲡ ϩⲣⲁ̣[ï ϩⲙ̄]-|ⲡⲁï ⲛ̄ⲧ-ⲁ̣[ϥ-...

...]ⲁ̣ï ⲛ̄ⲧ-ⲁϥ-ⲉⲓ ⲉⲃⲟⲗ [ϩⲛ̄]-ⲧ̣ⲥ̣ⲟ̣|ⲫⲓⲁ ⲛ̄-[- - -] ⲁⲩⲱ ⲁï-[...] ϩⲣⲁ̣[ï] ‖ [- - -].•

[ⲁ]ⲩⲱ ⲁⲉⲓ̣[..]ⲕ ⲁ* *Four lines are missing here.* ‖[- - -]...[- - -]| [- - -]ⲉ̣ⲧⲉ̣-ⲛⲉ-ⲩⲛ̄ⲧⲁ-ⲁ-ϥ ϩⲣ̣[ⲁï - - -]‖[- - -] ⲉ̣ⲃⲟⲗ ϩⲙ̄-ⲡⲙⲟⲟⲩ [- - -]‖[ⲕⲱⲕ ⲙ̄]ⲙ̣ⲟ-ϥ ⲁϩⲏⲩ ⲙ̄-ⲡⲭⲁⲟⲥ ⲡⲁï ⲉⲧ̣[....]‖[...ⲕ]ⲁ̣ⲕⲉ ⲛ̄-ϩⲁⲉ ⲉⲧ$^{\emptyset}$-ϣⲟⲟⲡ ⲙ̄ⲡⲥⲁ ⲛ[- - -]‖-[.ⲕⲁ]ⲕⲉ ⲧⲏⲣ-ϥ ⲉⲧⲉ-ⲡⲁï ⲡⲉ ⲡⲙⲉⲉⲩⲉ ⲛ̣̄-[...]‖[..]ⲧ̣ⲓⲕⲏ ⲙⲛ̄-ⲧⲯⲩⲭⲓⲕⲏ•[87] *48:1

ⲛⲁï ⲧⲏⲣ-ⲟⲩ ⲁⲛ̣ⲟ̣[ⲕ] | [ⲁⲉ]ⲓ̣-ⲧⲁⲁ-ⲩ ϩⲓⲱⲱ-ⲧ•

ⲁⲉⲓ-ⲕⲁⲕ-ϥ̄ ⲇⲉ ⲁϩⲏⲩ ⲙ̄ⲙⲟ-ⲟ[ⲩ]• |

[ⲁⲉⲓ]-ϯ ϩⲓⲱⲱ-ϥ ⲛ̄-ⲟⲩⲟⲉⲓⲛⲉ ⲉϥ-ⲡ̄ⲣ̄ⲣⲓⲱⲟⲩ

ⲉⲧⲉ̣-|ⲡ̣ⲁ̣ï ⲡⲉ ⲡⲥⲟⲟⲩⲛⲉ ⲙ̄-ⲡⲙⲉⲉⲩⲉ ⲛ̄-ⲧⲙⲛ̄ⲧ-ⲉⲓⲱ̣[ⲧ]• ‖

ⲁ̣ⲩⲱ ⲁⲉⲓ-ϯ ⲙ̄ⲙⲟ-ϥ ⲁⲧⲟⲟⲧ-ⲟⲩ ⲛ̄-ⲛ-ⲉϯ-$^{\emptyset}$ⲥⲧⲟⲗⲏ | ⲁ̣ⲙ̄ⲙ̄ⲱ̄ⲛ̄ ⲉ̄ⲗ̄ⲁ̄ⲥ̄ⲥ̄ⲱ̄ ⲁⲙⲏⲛⲁⲓ• ⲁⲩⲱ ⲁⲩ-ϭ̣[ⲟ]‖ⲟ̣ⲗ̣ⲉ-ϥ ⲛ̄-ⲟⲩⲥⲧⲟⲗⲏ ϩⲛ̄-ⲛ̄ⲥⲧⲟⲗⲏ ⲙ̄-ⲡⲟⲩⲟⲉⲓⲛ̣• |

ⲁⲩⲱ ⲁⲉⲓ-ⲧⲁⲁ-ϥ ⲉⲧⲟⲟⲧ-ⲟⲩ ⲛ̄-ⲛ̄ⲃⲁⲡⲧⲓⲥⲧⲏⲥ• ⲁⲩ̣-|ⲣ̄-ⲃⲁⲡⲧⲓⲍⲉ ⲙ̄ⲙⲟ-ϥ ⲙ̄ⲓ̄ⲭ̄ⲉ̄ⲩ̄ⲥ̄ ⲙ̄ⲓ̄ⲭ̄ⲁ̄ⲣ̄ ⲙⲛ̄[ⲏ]‖ⲥ̣[ⲓ]ⲛ̄ⲟ̄ⲩ̄ⲥ̄•

ⲁⲩ-ϫⲟⲕⲙ-ⲉϥ ⲇⲉ ϩⲛ̄-ⲧⲡⲏⲅⲏ ⲙ̄-ⲡⲙ[ⲟ]‖[ⲟ]ⲩ ⲙ̄-ⲡⲱⲛϩ•

ⲁⲩⲱ ⲁⲉⲓ-ⲧⲁⲁ-ϥ ⲉⲧⲟⲟⲧ-ⲟⲩ ⲛ̄-ⲛ-ⲉⲧ$^{\emptyset}$-|[ϯ-$^{\emptyset}$]ⲑⲣⲟⲛⲟⲥ ⲃⲁ̄ⲣ̄ⲓ̄ⲏ̄ⲗ̄ ⲛⲟ̄ⲩ̄ⲑ̄ⲁ̄ⲛ̄ ⲥⲁⲃⲏⲛⲁⲓ•

ⲁⲩ-|[ϯ-$^{\emptyset}$]ⲑⲣⲟⲛⲟⲥ ⲛⲁ-ϥ ⲉⲃⲟⲗ ϩⲙ̄-ⲡⲑⲣⲟⲛⲟⲥ ⲙ̄-ⲡⲉ|[ⲟ]ⲟⲩ•

ⲁⲩⲱ ⲁⲉⲓ-ⲧⲁⲁ-ϥ ⲉⲧⲟⲟⲧ-ⲟⲩ ⲛ̄-ⲛ-ⲉⲧ$^{\emptyset}$-ϯ-$^{\emptyset}$ⲉⲟ‖[ⲟⲩ] ⲏ̣ⲣ̄ⲓ̄ⲱ̄ⲙ̄ ⲏ̄ⲗ̄ⲓ̄ⲉ̄ⲛ̄ ⲫⲁ̄ⲣ̄ⲓ̄ⲏ̄ⲗ̄•

ⲁⲩ-ϯ-$^{\emptyset}$ⲉⲟⲟⲩ | [ⲛ]ⲁ̣-ϥ ϩⲣⲁï ϩⲙ̄-ⲡⲉⲟⲟⲩ ⲛ̄-ⲧⲙⲛⲧ-ⲉⲓⲱⲧ•

ⲁⲩⲱ | [ⲁ]ⲩ-ⲧⲱ̣ⲣⲡ ⲉϩⲟⲩⲛ ⲛ̄ϭⲓ-ⲛ-ⲉⲧ$^{\emptyset}$-ⲧⲱⲣⲡ ⲕ̄ⲁ̄ⲙ̄ⲁ̄ⲗ̄ⲓ̄ⲏ̄[ⲗ] | [..].ⲁ̄ⲛ̄ⲏ̄ⲛ̄ ⲥⲁ̄ⲙ̄ⲃ̄ⲗ̄ⲱ̄ ⲛ̄ϩⲩⲡⲏⲣⲉⲧⲏⲥ[88] ⲛ̄-ⲛⲟϭ | [ⲛ̄-ⲛ̄ⲫ]ⲱⲥⲧⲏⲣ[89] ⲉⲧ$^{\emptyset}$-ⲟⲩⲁⲁⲃ• ⲁⲩ-ϫⲓⲧ-ϥ ⲉϩⲟⲩⲛ ⲁ-ⲡⲧⲟ̣‖[ⲡⲟ]ⲥ̣ ⲛ̄-ⲟⲩⲟⲉⲓⲛⲉ ⲛ̄ⲧⲉ-ⲧϥⲙ̄ⲛ̄ⲧ-ⲉⲓⲱⲧ•

ⲁⲩⲱ | [....] ⲛ̄-ⲧϯⲉ ⲛ̄-ⲥⲫⲣⲁⲅⲓⲥ[90] ⲉⲃⲟⲗ ϩⲓⲧⲟⲟⲧ-ϥ ⲙ̄-|[ⲡⲟⲩⲟ]ⲉⲓⲛ ⲛ̄-ⲧⲙⲁⲁⲩ ⲧⲡⲣⲱⲧⲉ̣ⲛ̣ⲛ̣ⲟ̣ⲓⲁ•

ⲁⲩⲱ | ⲁ̣ⲩ-[.] ⲛ̣ⲁ-ϥ• ⲁⲩ-ϫⲓ ⲉⲃⲟⲗ ϩⲙ̄-[ⲡⲙⲩⲥⲧⲏⲣ]ⲓ̣ⲟⲛ ⲙ̄-|ⲡⲥ[ⲟ]ⲟ̣ⲩⲛⲉ ⲁⲩⲱ̣ [- - -]ⲛ̣ⲉ ϩⲛ̄-‖ⲟⲩⲟ̣[ⲉ]ⲓ̣ⲛⲉ•

[87] Animate ψυχικός, -ή, -όν [88] Assistant ὑπερητής [89] Luminary φωστήρ [90] Seal σφραγίς

49:1 ⲧⲉⲛⲟⲩ ϭⲉ [- - -] *Five lines are missing here.* |[- - -]ϣ̣ⲟ̣ⲟ̣ⲡ̣ ⲛ̄ϩⲏ̣ⲧ̣-ⲟⲩ [- - -]|[- - -]ⲟⲩⲁ
ⲛⲉⲩ-ⲙⲉⲉⲩⲉ ⲛ̣[- - -]|[- - -]ⲡ̣ⲉ ⲡⲟⲩⲭ̄ⲣ̄ⲥ̄•
ⲁⲛⲟⲕ ⲙⲉⲛ[- - -]|[- - -] ⲛ̣ⲓⲙ ϩⲣⲁⲓ̈ ⲙⲉⲛ ϩⲛ̄-ⲛ-ⲉⲛⲧ-ⲁ[- - -]|| [- - -] ⲛ̣-ⲟⲩⲟⲉ̣ⲓ̣ⲛ̣ⲉ ϩⲣⲁⲓ̈ ⲛ̄ϩⲏⲧ-ⲟⲩ̣ [. . . .]|[. . .] ⲛ-ⲛⲁ̣ⲣ̣ⲭ̣ⲱⲛ•
ⲁⲛⲟⲕ ⲡⲉ ⲡⲟⲩⲙⲉⲣⲓⲧ•

[ϩⲣⲁⲓ̈] | [ⲅ]ⲁⲣ ϩⲙ̄-ⲡⲙⲁ ⲉⲧ$^{\emptyset}$-ⲙ̄ⲙⲁⲩ ⲁⲉⲓ-ϯ ϩⲓⲱⲱ-ⲧ ⲛ̄[ⲑⲉ ⲙ̄]-| ⲡ̣ϣⲏⲣⲉ ⲙ̄-ⲡⲁⲣⲭⲓⲅⲉⲛⲉⲧⲱⲣ•
ⲁⲩⲱ ⲁⲉⲓ-ⲉⲓⲛ̣[ⲉ] ⲙ̣̄|ⲙⲟ-ϥ ⲉϩⲣⲁⲓ̈ ϣⲁ-ⲑⲁⲏ ⲙ̄-ⲡⲉϥϩⲁⲡ ⲉⲧⲉ-ⲧⲁ̣[ⲓ̈ ⲧ]ⲉ || ⲧ̣ⲙⲛ̄ⲧ-ⲁⲧ-ⲥⲟⲟⲩⲛ ⲙ̄-ⲡⲭⲁⲟⲥ•
ⲁⲩⲱ ϩⲣⲁⲓ̈ ϩⲛ̄-ⲛ̄|ⲁⲅⲅⲉⲗⲟⲥ ⲁⲉⲓ-ⲟⲩⲟⲛϩ-ⲧ ⲉⲃⲟⲗ ⲙ̄-ⲡⲟⲩⲉ̣[ⲓ]ⲛ̣ⲉ |
ⲁⲩⲱ ϩⲣⲁⲓ̈ ϩⲛ̄-ⲛ̄ⲇⲩⲛⲁⲙⲓⲥ ϩⲱⲥ̣ ϫⲉ-ⲁⲛⲟⲕ-ⲟⲩⲁ | ⲉⲃⲟⲗ ⲛ̄ϩⲏⲧ-ⲟⲩ
ϩⲛ̄-ⲛ̄ϣⲏⲣⲉ ⲇⲉ ⲙ̄-ⲡⲣⲱⲙⲉ ϩ̣ⲱⲥ̣ | ϫⲉ-ⲁⲛⲟⲕ-ⲟⲩϣⲏⲣⲉ ⲛ̄ⲧⲉ-ⲡⲣⲱⲙⲉ
ⲉⲉⲓ-ϣⲟⲟⲡ || ⲛ̄-$^{\emptyset}$ⲉⲓⲱⲧ ⲛ̄-ⲟⲩⲟⲛ ⲛⲓⲙ•
ⲁⲉⲓ-ϩⲟⲡ-ⲧ ϩⲣⲁⲓ̈ ϩⲛ̄-ⲛⲁ|ⲉⲓ ⲧⲏⲣ-ⲟⲩ ϣⲁⲛϯ-ⲟⲩⲟⲛϩ-ⲧ ⲉⲃⲟⲗ ϩⲛ̄-ⲛⲁⲙⲉⲗⲟⲥ | ⲉⲧⲉ-ⲛⲱ-ⲓ̈ ⲛⲉ•
ⲁⲩⲱ ⲁⲉⲓ-ⲧⲥⲉⲃⲟ-ⲟⲩ ⲁ-ⲛⲧⲱϣ ⲛ̄-|ⲁⲧ-ϣⲁϫⲉ ⲙ̄ⲙⲟ-ⲟⲩ ⲙⲛ̄-ⲛ̄ⲥⲛⲏⲩ•
ϩⲉⲛⲁⲧ-ϫⲟⲟ-ⲩ | ⲇⲉ ⲛⲉ ⲁ-ⲁⲣⲭⲏ ⲛⲓⲙ ⲁ-ⲇⲩⲛⲁⲙⲓⲥ ⲛⲓⲙ ⲛ̣̄-||ⲁⲣⲭⲟⲛⲧⲓⲕⲏ[91] ⲉⲓⲙⲏⲧⲓ ⲁ-ⲛϣⲏⲣⲉ ⲙ̄-ⲡⲟⲩⲟⲉⲓ[ⲛ]ⲉ | ⲟⲩⲁⲁⲧ-ⲟⲩ
ⲉⲧⲉ-ⲛⲁⲓ̈ ⲛⲉ ⲛ̄ⲧⲱϣ ⲙ̄-ⲡⲓⲱⲧ• ⲛⲁⲓ̈ [ⲛ]ⲉ | ⲛⲉⲟⲟⲩ ⲉⲧ$^{\emptyset}$-ϫⲟⲥⲉ ⲁ-ⲉⲟⲟⲩ ⲛⲓⲙ• ⲉⲧⲉ-ⲛⲁⲓ̈ ⲛⲉ [ⲧ]ϯ̣|ⲉ ⲛ̄-ⲥⲫⲣⲁⲅⲓⲥ ⲉⲧ$^{\emptyset}$-ϫⲏⲕ ⲉⲃⲟⲗ ϩⲓⲧⲛ̄-ⲟⲩⲛⲟⲩⲥ•
ⲡ̣-ⲉ̣|ⲧⲉ-ⲩⲛ̄ⲧⲁ-ϥ ⲙ̄ⲙⲁ-ⲩ ⲛ̄-ϯϯⲉ ⲛ̄-ⲥⲫⲣⲁⲅⲓⲥ ⲛ̄ⲧⲉ-ⲛ̣ⲉ̣||ⲉⲓⲣⲁⲛ ⲉⲧⲉ-ⲛⲁⲓ̈ ⲛⲉ ⲁϥ-ⲕⲁⲁⲕ-ϥ ⲁϩⲏⲩ ⲛ̄-$^{\emptyset}$ⲥⲧⲟ|ⲗⲏ ⲛ̄-ⲧⲙⲛ̄ⲧ-ⲁⲧ-ⲥⲟⲟⲩⲛ• ⲁⲩⲱ ⲁϥ-ϯ ϩⲓⲱⲱ-ϥ̣ | ⲛ-ⲟⲩⲟⲉⲓⲛⲉ ⲉϥ-ⲡⲣ̄ⲣⲓⲱⲟⲩ•
ⲁⲩⲱ ⲙⲛ̄-ⲗⲁⲁⲩ | ⲛⲁ-ⲟⲩⲱⲛϩ ⲉⲃⲟⲗ ⲛⲁ-ϥ ⲉϥ-ⲏⲡ ⲁ-ⲛⲇⲩⲛⲁⲙ[ⲓⲥ] | ⲛ̄ⲧⲉ-ⲛ̄ⲁⲣⲭⲱⲛ•
ϩⲣⲁⲓ̈ ϩⲛ̄-ⲛⲁⲓ̈ ⲛ̄-ⲧⲉⲉⲓⲙⲓⲛⲉ ϥ-ⲛ̣[ⲁ]-||ⲃⲱⲗ ⲉⲃ[ⲟⲗ] ⲛ̄ϭⲓ-ⲡⲕⲁⲕⲉ• ⲁⲩⲱ ⲥ-ⲛⲁ-ⲙⲟⲩ ⲛ̄ϭⲓ̣-|ⲧⲙ̄ⲛ̄ⲧ-[- - -]•
ⲁ̣[ⲩ]ⲱ̣ ⲡ̣ⲙⲉⲉⲩⲉ ⲙ̄-ⲡⲥⲱⲛ̣[ⲧ] | ⲉⲧ$^{\emptyset}$-ϫ̣[- - -]ⲁ̣-ϯ-ⲟⲩⲥⲙⲟⲧ ⲛ̄-ⲟⲩⲱⲧ |
ⲁⲩⲱ̣ [- - -]ϥ-ⲛⲁ̣-ⲃ̣ⲱⲗ ⲉⲃⲟⲗ•

[91] Of or pertaining to the rulers ἀρχοντικός, -ή, -όν

ⲁⲩⲱ * *Two lines are missing here.* [- - -]ⲉ̣ⲓ̣ⲛ̣ⲉ ⲁⲩⲱ ⲛⲥ[- - -]‖ *50:1
[- - -] ⲛ-ⲁⲧ-ⲧⲉϩⲟ-ϥ [- - -]‖[- - -].ⲟⲩ[. . .] ϩⲣⲁï ϩⲛ̄-ⲧ[- - -]‖[- - -] ϣⲁⲛ̣ϯ-ⲟⲩⲟⲛϩ-ⲧ ⲉⲃⲟ̣[ⲗ - - -]‖[- - -]ⲩ ⲁⲩⲱ ϣⲁⲛϯ-ⲥⲱⲟⲩ[ϩ - - -]‖[ⲛⲁϣⲃⲣ]ⲛ̄-ⲥⲟⲛ ⲧⲏⲣ-ⲟⲩ ϩⲣⲁï ϩⲛ̄-ⲧⲁⲙ̣-[- - -]‖[- - -]•

ⲁ̣ⲩⲱ ⲁⲉⲓ-ⲧⲁϣⲉ-$^{\emptyset}$ⲟⲉⲓ̣ϣ ⲛⲁ-ⲩ ⲛ̄-ⲧ̣[ϯⲉ] ‖ [ⲛ̄-ⲥⲫⲣ]ⲁ̣ⲅⲓⲥ ⲛ̄-ⲁⲧ-ϣⲁϫⲉ ⲙ̄ⲙⲟ-ⲟⲩ ϫⲉⲕ[ⲁⲁⲥ] | [ⲉï-ⲛⲁ]-ϣⲱⲡⲉ ϩⲣⲁï ⲛ̄ϩⲏⲧ-ⲟⲩ ⲁⲩⲱ ⲛ̄ⲧⲟⲟⲩ ϩⲱ̣-|[ⲟⲩ ⲛ̄]ⲥⲉ-ϣⲱⲡⲉ ϩⲣⲁ<ï>[92] ⲛ̄ϩⲏⲧ-$^{\emptyset}$•

ⲁⲛⲟⲕ ⲁⲉⲓ-ϯ ⲛ̄-ⲓⲏ̄ⲥ̄ | ϩ̣ⲓⲱⲱ-ⲧ• ⲁⲉⲓ-ⲉⲓⲛⲉ ⲙ̄ⲙⲟ-ϥ ⲉⲃⲟⲗ ϩⲙ̄-ⲡϣⲉ ⲉⲧ$^{\emptyset}$-ⲥ|ϩⲟⲩⲟⲣⲧ• ⲁⲩⲱ ⲁⲉⲓ-ⲧⲉϩⲟ-ϥ ⲉⲣⲁⲧ-ϥ ϩⲛ̄-ⲙ̄ⲙⲁ-ⲛ̄-‖ϣⲱⲡⲉ ⲙ̄-ⲡϥⲉⲓⲱⲧ•

ⲁⲩⲱ ⲙ̄ⲡⲟⲩ-ⲥⲟⲩⲱⲛ-ⲧ | ⲛ̄ϭⲓ-ⲛ-ⲉⲧ$^{\emptyset}$-ⲣⲟⲉⲓⲥ ⲁ-ⲛⲉⲩⲙⲁ-ⲛ̄-ϣⲱ-ⲡⲉ•

ⲁⲛⲟⲕ | ⲅ̣ⲁⲣ ⲁⲛⲟⲕ-ⲟⲩ-ⲁⲧ-ⲉⲙⲁϩⲧⲉ ⲙ̄ⲙⲟ-ϥ ⲙⲛ̄-ⲡⲁ|ⲥⲡⲉⲣⲙⲁ•

ⲁⲩⲱ ⲡⲁⲥⲡⲉⲣⲙⲁ ⲉⲧⲉ-ⲡⲱ-ⲓ ⲡⲉ ϯ-ⲛⲁ̣-[ⲕⲁ]‖ⲁ̣-ϥ ⲉϩⲟⲩⲛ ⲁ-ⲡⲟⲩⲟⲉⲓⲛⲉ ⲉⲧ$^{\emptyset}$-ⲟⲩⲁⲁⲃ ϩⲣⲁï ϩⲛ̄-ⲟⲩ‖ⲙⲛ̄ⲧ-ⲕⲁ-ⲣⲱ-ⲥ ⲛ̄-ⲁⲧ-ⲧⲉϩⲟ-ⲥ•

ϩⲁⲙⲏⲛ• |

ⲡⲗⲟⲅⲟⲥ ⲛ-ⲧⲉⲡⲓⲫⲁⲛⲓⲁ ⲅ̄•[93] |

ⲡⲣⲱⲧⲉⲛⲛⲟⲓⲁ ⲧⲣⲓⲙⲟⲣⲫⲟⲥ[94] ⲅ̄•[95] |
ⲁⲅⲓⲁ ⲅⲣⲁⲫⲏ ⲡⲁⲧⲣⲟⲅⲣⲁⲫⲟⲥ |
ⲉⲛ ⲅⲛⲱⲥⲉⲓ ⲧⲉⲗⲉⲓⲁ•[96]

[92] <ï> omitted by the ancient copyist [93] This is the subscript part title of the preceding part. ἐπιφάνεια Manifestation. The numeral ⲅ̄ means "Part 3." [94] Having three parts, three-formed τρίμορφος, -ον [95] This is the subscript title of the entire work. The numeral ⲅ̄ means "in 3 parts." [96] ἅγια γραφὴ πατρόγραφος ἐν γνώσει τέλειᾳ Holy scripture written by the Father in perfect acquaintance (gnosis)

The Egyptian Gospel

(THE HOLY BOOK OF THE GREAT INVISIBLE SPIRIT)
(THE GOSPEL OF THE EGYPTIANS)
ⲡⲉⲩⲁⲅⲅⲉⲗⲓⲟⲛ ⲛ̄-ⲣⲙ̄ⲛ̄-ⲕⲏⲙⲉ
ⲧⲃⲓⲃⲗⲟⲥ ⲧϩⲓⲉⲣⲁ ⲙ̄-ⲡⲛⲟϭ ⲛ̄-ⲁϩⲟⲣⲁⲧⲟⲛ ⲙ̄-ⲡⲛⲉⲩⲙⲁ[1]

MANUSCRIPT: Cairo, Coptic Museum, Nag Hammadi Codex IV, pp. 50–81 supplemented by Codex III. There is another, parallel manuscript of the Egyptian Gospel, which contains the same work in a different wording: Cairo, Coptic Museum, Nag Hammadi Codex III, pp. 40–69 *(Facs. III,* plates 44–69). Reconstructions of lacunas in the text printed here (Codex IV) are based on a study of parallel wording in Codex III published by Alexander Böhlig and Frederik Wisse, in which they recovered much of the ancient author's original text that is missing from the present manuscript.

PHOTOGRAPHIC FACSIMILE: *Facs. IV,* plates 58–89, and *Facs. Intro.,* plates 9*–10*.

EDITIONS: Alexander Böhlig and Frederik Wisse, *Nag Hammadi Codices III,2 and IV,2: The Gospel of the Egyptians* (Leiden 1975).

DIALECT AND SPELLING: Sahidic with occasional features similar to Lycopolitan and important agreements with Bohairic. Cf. Böhlig-Wisse, op. cit., 1–11.

TRANSLATIONS: Layton, *The Gnostic Scriptures* 101–20; *Nag Hammadi Library in English* 208–19 (F. Wisse and A. Böhlig); for additional information see also Scholer, *Nag Hammadi Bibliography* and supplements in *Novum Testamentum.*

---

*50:1 *[ⲡϫⲱⲱⲙⲉ ⲉⲧ$^{\emptyset}$-ⲟⲩⲁ]ⲁ̣ⲃ ⲛ̄ⲧⲉ-ⲛⲓ|[- - - ⲛ̄ⲧⲉ]-ⲡ̣ⲓⲛⲟϭ ⲛ̄ⲛ-ⲁ|[ⲧ-ⲛⲁⲩ ⲉⲣⲟ-ϥ ⲙ̄-ⲡ̄ⲛ̄ⲁ̄]
ⲡⲓⲱⲧ ⲛ̄-ⲁⲧ-||[ϫⲱ ⲙ̄-ⲡⲉϥⲣⲁⲛ ⲉⲧ-ⲁ]ϥ-ⲣ̄ϣⲟⲣⲡ̄ⲛ̄-||[ⲉ͡ⲓ ⲉⲃⲟⲗ ϩⲛ̄-ⲛⲓ]ϫⲓⲥⲉ

[1] These two Coptic titles occur in separate places on p. 69 of Codex III. The title in the manuscript of Codex IV is missing.

ⲡⲟⲩⲟ||[ⲉⲓ]ⲛ ⲛ̄ⲧ̣ⲉ-[ⲡⲓ]ϫ̣ⲱⲕ

ⲡⲟⲩⲟⲉⲓⲛ | ϣⲁ-ⲉⲛⲉϩ ⲛ̄ⲧⲉ-ⲛⲓⲉⲛⲉϩ

ⲡⲟⲩⲟ||[ⲉ]ⲓ̣ⲛ ϩⲛ̄-ⲟⲩⲥⲓⲅⲏ[2] ϩⲛ̄-ⲟⲩⲡⲣⲟⲛⲟⲓⲁ[3] | ⲙ̣ⲛ̄-ⲟⲩⲥⲓⲅⲏ ⲛ̄ⲧⲉ-ⲡⲓⲱⲧ

ⲡⲟⲩⲟ|||[ⲉⲓ]ⲛ ϩⲛ̄-ⲟⲩϣⲁϫⲉ ⲙⲛ̄-ⲟⲩⲙⲛ̣̄ⲧ̣-ⲙⲉ |

[ⲡⲟ]ⲩ̣ⲟⲉⲓⲛ ⲛ̄ⲛ-ⲁⲧ-ϫⲱϩⲙ̄

ⲡⲟⲩⲟ||[ⲉⲓⲛ] ⲛ̄ⲛ-ⲁⲧ-ϫⲓⲟⲟⲣ ⲙ̄ⲙⲟ-ϥ

ⲡⲟⲩ||[ⲟⲉⲓ]ⲛ̣ ⲉⲧ-ⲁϥ-ⲣ̄ϣⲟⲣⲡ̄ⲛ̄-ⲉ͡ⲓ ⲉⲃⲟⲗ ϣⲁ-||[ⲉⲛⲉϩ] ⲛ̄ⲧⲉ-ⲛⲓⲉⲛⲉϩ ⲛ̄ⲧⲉ-ⲡⲓⲱⲧ || [ⲛ̄ⲛ]-ⲁⲧ-ϣⲁϫⲉ ⲙ̄ⲙⲟ-ϥ ⲁⲩⲱ ⲛ̄||[ⲛ-ⲁⲧ]-ϯ-$^{\emptyset}$ϣⲱⲗ̄ϩ ⲉⲣⲟ-ϥ ⲁⲩⲱ ⲛ̄ⲛ-ⲁⲧ-||[ⲧⲁ]ϣⲉ-$^{\emptyset}$ⲟⲉⲓϣ ⲙ̄ⲙⲟ-ϥ

ⲡⲉⲱⲛ[4] ⲛ̄||[ⲧⲉ]-ⲛ̣ⲉ̣ⲱⲛ

ⲡⲓϫⲡⲟ ⲉⲃⲟⲗ ⲙ̄ⲙⲟ-ϥ | [ⲙⲁⲩⲁ]ⲁ-ϥ ⲁⲩⲱ ⲡⲓⲡⲓⲣⲉ ⲉⲃⲟⲗ || [ⲙ̄ⲙⲟ-ϥ] ⲙⲁⲩⲁⲁ-ϥ ⲁⲩⲱ ⲙⲛ̄-ⲡⲓ||[ⲁⲗ]ⲗ̣ⲟ̣ⲅⲉⲛ̣ⲏⲥ[5]

ϯϭⲟⲙ ⲛ̄ⲛ-ⲁⲧ-ⲣ̄-ϩⲉⲣ||[ⲙ]ⲏ̣ⲛⲉⲩⲉ[6] ⲙ̄ⲙⲟ-ⲥ ⲛ̄ⲧⲉ-ⲡⲓⲱⲧ | [ⲛ̄ⲛ]-ⲁⲧ-ϣⲁϫⲉ ⲙ̄ⲙⲟ-ϥ•

ⲁⲩ-ⲉ͡ⲓ | [ⲉⲃ]ⲟⲗ ⲙ̄ⲙⲟ-ϥ ⲛ̄ϭⲓ-ϣⲟⲙⲧⲉ ⲛ̄-ϭⲟⲙ ||

[ⲉ]ⲧⲉ-ⲛⲁї ⲛⲉ ⲡⲓⲱⲧ ⲧⲙⲁ||[ⲁⲩ] ⲡϣⲏⲣⲉ

ⲛⲓⲡⲓⲣⲉ ⲉⲃⲟⲗ ⲙ̄||[ⲙⲟ]-ⲟⲩ ⲙⲁⲩⲁⲁ-ⲩ ⲉⲃⲟⲗ ϩⲛ̄-ⲟⲩ||[ⲥⲓⲅ]ⲏ ⲉⲥ-ⲟⲛ̄[ϩ] ⲛ̣̄ⲧⲉ-ⲡⲓⲱⲧ ⲛ̄-ⲁⲧ-||[ϫ]ⲱ̣ϩⲙ̄•

ⲛⲁї [ⲁ]ⲩ̣-ⲣ̄ϣⲟⲣⲡ̄ⲛ̄-ⲉ͡ⲓ *ⲉⲃⲟⲗ ϩⲛ̄-ⲟⲩⲥⲓ[ⲅⲏ ⲛ̄ⲧⲉ-ⲡⲓⲱⲧ ⲛ̄ⲛ-ⲁⲧ]-|ϣⲁϫⲉ ⲙ̄ⲙⲟ̣[ϥ . . .]. ⲛ̄ⲧ[. . . . ⲇⲟ]||ⲝⲟⲙⲉⲇⲱ̣[ⲛ . . ⲇⲟ]ⲙⲉⲇ[ⲱⲛ - - -] | ⲡⲓⲉⲱⲛ ⲛ̄[ⲧⲉ-ⲛⲓⲉⲱ]ⲛ• *51:1

ⲡⲟ̣[ⲩⲟⲉⲓⲛ ⲁϥ]-||ⲣ̄ϣⲟⲣⲡ̄ⲛ̄-ⲉ͡ⲓ ⲉⲃⲟ[ⲗ ⲙ̄]ⲙ̣ⲁ̣[ⲩ ⲉⲧⲉ-ⲡⲁї] | ⲡⲉ ⲡϭⲓⲛ-ⲉ͡ⲓ ⲉⲃⲟⲗ ⲛ̄[ⲧⲉ-ⲧⲟⲩⲉ͡ⲓ ⲧⲟⲩ]||ⲉ͡ⲓ ⲛ̄ⲧⲉ-ⲛⲉⲩϭⲟⲙ•

[ⲁⲩⲱ ⲛ̄ϯϩⲉ ⲡϣⲏ]||ⲣⲉ ⲁϥ-ⲉ͡ⲓ ⲉⲃⲟⲗ ⲉ-ⲡⲙⲉ[ϩ-ϥⲧⲟⲟⲩ ⲡⲉ]• |

ⲧⲙⲁⲁⲩ ⲇⲉ ⲉⲥ-ⲉ ⲙ̄-$^{\emptyset}$ⲙ[ⲉϩ-ϯⲉ]• ||

ⲡⲓⲱⲧ ⲇⲉ ⲉ̣[ϥ-ⲉ ⲙ̄-ⲙⲉϩ-ⲥⲟⲟⲩ].|

ϩ[- - -]ⲁⲉ[- - -. ⲁⲗⲗⲁ] | [ⲟ]ⲩⲁⲧ-ⲙⲁⲉⲓ̣[ⲛ ⲡⲉ]

[- - -]|ⲉ ⲙ̄-$^{\emptyset}$ⲙⲁⲉⲓⲛ ⲁⲛ [ϩⲛ̄-ⲛⲉ]ⲛ̣ϭ[ⲟⲙ] | ⲧⲏⲣ-ⲟⲩ ϩⲉⲛⲉ̣[ⲟ]ⲟ̣ⲩ ⲛ̄-ⲁ[ⲧ-ϫⲱ]||ϩⲙ̄•

ⲉ-ⲁⲩ-ⲣ̄ϣⲟⲣⲡ̄ⲛ̄-ⲉ͡ⲓ ⲉ̣[ⲃⲟⲗ] | ⲙ̄ⲙⲟ-ϥ ⲛ̄ϭⲓ-ϣⲟⲙⲧⲉ ⲛ̄-ϭ[ⲟⲙ] | ⲉⲧⲉ-ϣⲟⲙⲧⲉ ⲛⲉ ⲛ̄-ⲟⲅ[ⲇⲟⲁⲥ][7] | ⲛⲁї ⲛ̄ⲧⲁ-ⲡⲓⲱⲧ ⲛ̄ⲧ-ⲟ̣[ⲩ ⲉⲃⲟⲗ] | ϩⲛ̄-ⲕⲟⲩⲛ̄-ϥ ϩⲛ̄-ⲟⲩⲥ̣ⲓ̣ⲅ̣ⲏ̣ [ⲙⲛ̄]-||ⲟⲩⲡⲣⲟⲛⲟⲓⲁ ⲉⲧⲉ-ⲛⲁ̣[ї ⲛⲉ] | ⲡⲓⲱⲧ ⲧⲙⲁⲁⲩ [ⲡϣⲏ]|ⲣⲉ•

[2] Silence σιγή [3] Forethought πρόνοια [4] Realm, eternity, eternal realm αἰών
[5] Alien ἀλλογενής, -ές [6] Explain ἑρμηνεύειν [7] Octet, group of eight ὀγδοάς

ϯϣⲟⲣⲡ̄ ⲛ̄-ⲟⲅⲇⲟⲁⲥ ⲧ̣[ⲏ] | ⲉⲧ-ⲁ-ⲡⲓϣⲙ̄ⲧ-ϩⲟⲟⲩⲧ ⲛ̄-ⲁⲗⲟ[ⲩ] | ⲉ͡ⲓ ⲉⲃⲟⲗ ⲉⲧⲃⲏⲏⲧ̄-ⲥ ⲉ[ⲧⲉ-ⲧⲁⲓ̈] || ⲧⲉ

ϯⲉⲛⲛⲟⲓⲁ[8]
ⲙ̄ⲛ̣-ⲡⲓϣⲁ[ϫⲉ
ⲙ̄ⲛ]-|ⲡⲓⲱⲛ̄ϩ ⲛ̄ⲛ-ⲁ[ⲧ]-ϫⲱϩ̄ⲙ ϣ̣[ⲁ-ⲉ]|ⲛⲉϩ[9]
ⲟⲩⲱϣ̣
*52:1 ⲟⲩⲛⲟⲩ[ⲥ][10] *
[ⲙ̄ⲛ-ⲟⲩϭⲓⲛ-ⲣ̄ϣⲟ]ⲣ̣ⲡ̄ⲛ̄-ⲥⲟⲟⲩⲛ[11] |
[ⲡⲓⲱ]ⲧ̣ ⲛ̄-ϩ[ⲟⲟⲩⲧ-ⲥ]ϩ͡ⲓⲙⲉ•

ϯϭⲟⲙ | [ⲙ̄-ⲙ]ⲉϩ-ⲥ̄ⲛ[ⲧⲉ ⲉ-ⲩⲟ]ⲅ̣ⲇⲟⲁⲥ ⲧⲉ |

[ⲧⲙⲁ]ⲁⲩ
ϯ[ⲃⲁⲣⲃⲏⲗ]ⲱ ⲙ̄-ⲡⲁⲣⲑⲉⲛⲟⲥ[12] || [ⲛ̄-ϩⲟ]ⲟ̣ⲩ[ⲧ][13]
<ⲉⲡ̄ⲓ̄ⲧ̄ⲓⲧ̄ⲓ̄ⲱⲭ - - ->[14]
<ⲙⲉ̄ⲙⲉⲛ̄ⲉ̄ⲁⲓ̄ⲙⲉⲛ - - ->[15]
[. .]. ⲕⲁⲃⲁ
ⲁⲇⲱⲛⲉ |
[- - -] ⲡⲏ ⲉⲧ∅-ⲕⲏ ϩ͡ⲓϫ̄ⲛ-ⲧⲡ̣ⲉ | [- - -]
. [.]ⲁⲕⲣⲱⲃⲱⲣⲓⲁⲱⲣ|[. . .]. ϯϭ̣ⲟⲙ ⲛ̄ⲛ-ⲁⲧ-ⲣ-ϩⲉ̣ⲣⲙⲏ|[ⲛⲉⲩⲉ] ⲙ̣ⲙ̣ⲟ̣-[ⲥ] ⲁⲩⲱ ⲛ̄ⲛ-ⲁ̣ⲧ-||[ϣⲁϫⲉ ⲙ̄ⲙⲟ-ⲥ] ⲧⲁⲓ̈. ⲣ̣̄ⲙ.[- - -]| [- - -]ⲕ

ⲁ[ⲥ-ⲡⲓ]ⲣ̣[ⲉ] | [ⲉⲃⲟⲗ ⲙ̄ⲙⲟ-ⲥ ⲙⲁ]ⲩⲁⲁ-ⲥ ⲉ-ⲁⲥ-|[ⲣ̄ϣⲟⲣⲡ̄ⲛ̄-ⲉ͡ⲓ ⲉ]ⲃⲟⲗ• ⲁⲥ-ϯ-∅ⲙⲉⲧⲉ | [ⲙ̄ⲛ]-ⲡⲓⲱⲧ̣ [ⲛ̄]ⲧⲉ-ϯⲥⲓⲅⲏ ⲉⲧ∅-ⲟⲛ̣̄ϩ• ||

[ϯ<ⲙⲉϩ->[16]ϣ]ⲟⲙⲧⲉ ⲇⲉ ⲛ̄-ϭⲟⲙ ⲉ-ⲩⲟⲅⲇ[ⲟⲁⲥ] | [ⲧⲉ] ⲡ̣[ⲓ]ϣⲏⲣⲉ ⲛ̄ⲧⲉ-ϯⲥⲓⲅⲏ ⲙ̄ⲛ-< - - - >[17]|[ⲟⲩⲕⲁⲣ]ⲱ-ϥ ⲙ̄ⲛ-ⲟⲩⲥⲟⲟⲩⲛ ⲛ̣̄|[ⲧⲉ-ⲡⲓⲱ]ⲧ̣ ⲙ̄ⲛ-ⲟⲩⲁⲣⲉⲧⲏ[18] ⲛ̄ⲧⲉ̣-|[ⲧⲙ]ⲁⲁⲩ ⲡⲁⲓ̈ ⲉ-ⲁϥ-ⲣ̄ϣⲟⲣⲡ̄ⲛ̣̄-||[ⲉⲓⲛⲉ ⲉ]ⲃ̣ⲟ̣ⲗ̣ ϩ̣ⲛ̄-ⲕⲟⲩⲛ̄-ϥ ⲛ̄-ⲥⲁϣϥⲉ̣ | [ⲛ̄-ϭ]ⲟ̣ⲙ ⲛ̄ⲧ̣ⲉ-ⲡⲓⲛⲟϭ ⲛ̄-ⲟⲩⲟⲉⲓⲛ | [ⲉ]ⲧⲉ-ϯⲥⲁϣϥⲉ ⲛ̄-ⲥⲙⲏ ⲉⲧ[ⲉ-ⲩ]|[ⲉⲃ]ⲟⲗ ⲙ̄ⲙⲟ̣-ⲟⲩ ⲡⲉ ⲡϣⲁϫⲉ | [ⲉⲧⲉ]-ⲡⲉⲩ-ⲡⲗⲏⲣⲱⲙⲁ[19] ⲉⲧⲉ-||[ⲛⲁⲓ̈] ⲛ̣ⲉ ϣⲟⲙ̣ⲧ̣ⲉ ⲛ̄-ϭⲟⲙ ⲉⲧⲉ-|[ϣⲟ]ⲙⲧⲉ ⲛ̄-ⲟ̣[ⲅ]-
*53:1 ⲇⲟⲁⲥ ⲛⲉ ⲛⲁ[ⲓ̈] *ⲛ̄ⲧ-ⲁ-ⲡⲓⲱⲧ [ⲛ̄ⲧ-ⲟⲩ ⲉⲃⲟⲗ ϩⲛ̄-ⲕⲟⲩ]|ⲛ̄-ϥ ϩⲛ̄-ⲟⲩⲥⲓ̣[ⲅⲏ
ⲙ̄ⲛ-ⲟ]ⲩⲡⲣ̣[ⲟⲛⲟⲓⲁ] | ⲛ̄ⲧⲁ-ϥ•

[8] Thought ἔννοια [9] Correct text in Codex III: ⲧⲁⲫⲑⲁⲣⲥⲓⲁ ⲙ̄ⲛ-ⲡⲱ[ⲛϩ ⲛ̄-]ϣⲁ-ⲉⲛⲉϩ [10] Intellect νοῦς [11] Codex III ⲧⲉⲡⲣⲟⲅⲛⲱⲥⲓⲥ [12] Virgin παρθένος [13] Cf. 73:11 ϯϩⲟⲟⲩⲧ ⲙ̄-ⲡⲁⲣⲑⲉ[ⲛⲟⲥ ϯⲃ]ⲁⲣⲃⲏⲗⲱ [14] Text omitted by the ancient copyist and supplied from Codex III [15] Text omitted by the ancient copyist and supplied from Codex III [16] <ⲙⲉϩ-> presumably omitted by the ancient copyist [17] <- - -> some text omitted by the ancient copyist [18] Excellence ἀρετή [19] Fulfillment, fullness πλήρωμα

ⲙ̄ⲡⲓ̣[ⲙⲁ ⲉⲧ$^{\emptyset}$-ⲙⲙ]ⲁ̣ⲩ ⲡ[. . .] | ⲉⲧ-ⲁϥ-ⲣ̄ϣⲟ̣ⲣ̣[ⲡ]ⲛ̄-[ⲟⲩ]ⲱⲛ̄ϩ ⲉ̣[ⲃⲟⲗ] ||
ⲙ̄ⲙⲁⲩ ⲛ̄ϭⲓ-ⲇⲟⲝ[ⲟⲙ]ⲉ̣ⲇ̣[ⲱⲛ ⲡⲓⲉ]|ⲱⲛ ⲛ̄ⲧⲉ-ⲛⲓⲉⲱⲛ [ⲙ̄ⲛ-ⲛⲓⲑⲣⲟⲛⲟⲥ][20]
| ⲉⲧ$^{\emptyset}$-ⲛ̄ϩⲣⲁï ⲛ̄ϩⲏⲧ̄ϥ̣ [ⲙ̄ⲛ-ⲛⲓϭⲟⲙ ⲉⲧ$^{\emptyset}$]-|[ⲕ]ⲱ̣ⲧⲉ ⲉⲣⲟ-ⲟⲩ ⲙ̣̄[ⲛ-
ⲟⲩⲉⲟⲟⲩ] | [ⲙ̄]ⲛ̣-ⲟⲩⲙⲛ̄ⲧ-ⲁⲧ̣-[ϫⲱϩ̄ⲙ ⲡⲓⲱⲧ] || [ⲛ̄ⲧ]ⲉ-ⲡⲓⲛⲟϭ̣ [ⲛ̄-
ⲟⲩⲟⲉⲓⲛ .ϥ-ⲉ͡ⲓ] | [ⲉⲃⲟⲗ] ϩ̣ⲛ̄-ⲟⲩⲙ[- - -]|[- - -]. .[- - - ⲛⲟϭ ⲛ̄-
ⲇⲟ]|[ⲝⲟ]ⲙ̣ⲉⲇⲱⲛ [ⲛ̄ⲛ-ⲉⲱⲛ ⲉⲧϥ̄-ⲙⲟⲧ̄ⲛ] | [ⲙ̄]ⲙⲟ-ϥ ⲛ̄ϩⲏⲧ̄ϥ ⲛ̣̄[ϭⲓ-
ⲡⲓϣⲙ̄ⲧ-ϩⲟ]|[ⲟ]ⲩⲧ ⲛ̄-ⲁⲗⲟⲩ• [ⲁⲩⲱ ⲁϥ-ⲧⲁϫⲣⲟ] | [ⲛ̄ϩ]ⲣⲁï ⲛ̄ϩⲏⲧ̄ϥ ⲛ̄ϭⲓ-
ⲡ̣[ⲓⲑⲣⲟⲛⲟⲥ] | [ⲛ̄]ⲧ̣ⲉ-ⲡⲉϥⲉⲟⲟⲩ ⲡ̣[ⲏ ⲉⲧ-ⲁⲩ-ⲥϩⲁï] | [ⲛ̄ϩⲣ]ⲁï ⲛ̄ϩⲏⲧ̄ϥ
[ⲙ̄-ⲡⲉϥⲣⲁⲛ ⲉⲧⲉ]-|[ⲙⲉ]ⲩ-ϫⲟⲟ-ϥ ϩ̄ⲛ-ϯ[ⲡⲩⲝⲟⲥ[21] - - -]|[. .].ⲱⲛ ⲉⲧⲉ-
ⲡ̣[ⲁï ⲡⲉ ⲡϣⲁϫⲉ] | [ⲛ̄ⲧ]ⲉ-ⲡⲓⲱⲧ ⲁⲩ̣[ⲱ ⲡⲟⲩⲟⲉⲓⲛ] | [ⲛ̄ⲧ]ⲉ-ⲛⲁï ⲧⲏⲣ-
ⲟ[ⲩ - - -] | [. .]ⲟⲩⲥⲓⲅⲏ ⲁⲩ[ⲱ - - -] | [ⲣ̄]ϣ̣ⲟⲣⲡ̄ⲛ-ⲉ͡ⲓ ⲉⲃ[ⲟⲗ ϩ̄ⲛ-
ⲟⲩⲥⲓ]|[ⲅⲏ] ⲡⲁï ⲉⲧ$^{\emptyset}$-ⲙⲟ̣[ⲧ̄ⲛ ⲙ̄ⲙⲟ-ϥ ϩ̄ⲛ]-|[ⲟⲩⲥ]ⲓ̣ⲅⲏ ⲡⲁï ⲉ[ⲧⲉ-ⲡⲉϥ-
ⲣⲁⲛ] | [ϩ̄ⲛ-ⲟ]ⲩⲥⲩⲙⲃ̣[ⲟⲗⲟⲛ[22] ⲉϥ-ⲉ ⲛ̄-$^{\emptyset}$ⲁ]|[ⲧ-ⲛ]ⲁⲩ ⲉⲣⲟ-ϥ [- - -]*[- - - *54:1
ⲁϥ-ⲣ̄ϣ]ⲟⲣⲡ̄ⲛ-ⲉ͡ⲓ ⲉⲃⲟⲗ | [ⲛ̄ϭⲓ-ⲟⲩ]ⲙⲩ[ⲥⲧⲏⲣⲓⲟ]ⲛ[23] ⲛ̄ⲛ-ⲁⲧ-ϣⲁ|[ϫⲉ]
ⲙ̣̄ⲙⲟ-[ϥ]•

[ⲓⲓⲓⲓⲓ]ⲓ̣ⲓⲓⲓⲓⲓⲓⲓⲓⲓ|[ⲓⲓⲓⲓⲓⲓ]
ⲏⲏⲏ[ⲏ]ⲏ̣ⲏ[ⲏ]ⲏⲏⲏⲏⲏⲏⲏⲏ|[ⲏⲏⲏ]ⲏⲏ̣[ⲏⲏ]ⲏ̣
ⲟⲟⲟⲟⲟⲟⲟⲟⲟ|[ⲟⲟⲟⲟⲟⲟⲟ]ⲟ̣ⲟⲟⲟⲟⲟ
ⲩⲩⲩ̣|[ⲩⲩⲩⲩⲩ]ⲩ̣ⲩⲩⲩⲩⲩ[ⲩ]|[ⲩⲩⲩⲩⲩⲩ]ⲩ
ⲉⲉⲉⲉⲉ[ⲉⲉ]|[ⲉⲉⲉⲉⲉⲉⲉ]ⲉ̣ⲉⲉⲉⲉⲉ̣[ⲉⲉ] ||
[ⲁⲁⲁⲁⲁⲁⲁⲁⲁ]ⲁ̣ⲁⲁⲁ[ⲁⲁ]|[ⲁⲁⲁⲁⲁⲁⲁ]
[ⲱⲱ]ⲱ̣[ⲱⲱ]|[ⲱⲱⲱⲱⲱⲱ]ⲱⲱⲱⲱ̣[ⲱ]|[ⲱⲱⲱⲱⲱⲱ]

ⲁⲩⲱ ⲛ̄ϯϩⲉ̣ | [ϯϣⲟⲙⲧ]ⲉ̣ ⲛ̣̄-ϭⲟⲙ ⲁⲩ-ⲉⲓⲛ̣[ⲉ] || [ⲉϩⲣⲁï ⲛ̄-ⲟⲩ]ⲥ̣ⲙⲟⲩ ⲙ̄-
ⲡⲓⲛⲟϭ ⲛ̄|[ⲛ-ⲁⲧ-ⲛⲁⲩ ⲉⲣ]ⲟ-ϥ ⲁⲩⲱ ⲛ̄-ⲁⲧ-ϫ̣[ⲟ]|[ⲟ-ϥ ⲛ̄ⲛ-ⲁⲧ-ϯ-
$^{\emptyset}$ⲣⲁ]ⲛ ⲉⲣⲟ-ϥ ⲡⲓ[ⲡⲁ]|[ⲣⲑⲉⲛⲓⲕⲟⲛ[24] ⲙ̄]-ⲡ̣ⲛ̄ⲁ ⲛ̄ⲧⲉ-ⲡ[ⲓⲱⲧ] |
[ⲁⲩⲱ ϯϩⲟⲟⲩⲧ] ⲙ̄-ⲡⲁⲣⲑⲉⲛ̣[ⲟⲥ] || [ϯⲃⲁⲣⲃⲏⲗⲱ]•

ⲁⲥ-ⲣ̄-ⲁⲓⲧⲓ[25] ⲛ̄[. .]|[- - - ϭⲟⲙ]• ⲁⲥ-ⲣ̄ϣⲣⲡ̄ⲛ̣-|[ⲟⲩⲱⲛ̄ϩ ⲉⲃⲟ]ⲗ̣ ⲛ̄ϭⲓ-
ⲟⲩⲥ[ⲓⲅⲏ] | [ⲉⲥ-ⲟⲛ̄ϩ ⲛ̄-ⲥⲓ]ⲅ̣ⲏ̣ ϩ̄ⲛ-ⲟⲩϭⲟⲙ | [- - - ϩⲉⲛⲉⲟ]ⲟⲩ ⲛⲉ ⲙ̄ⲛ̣-
|[ϩⲉⲛⲁⲧ-ϫⲱϩ̄ⲙ] ⲡ̣ⲓⲉⲱⲛ ⲉⲧ̣|[- - - ⲛ̄ⲧ]ⲉ-ⲛⲉⲱⲛ *ⲡⲏ ⲉⲧ$^{\emptyset}$-ⲕⲏ ⲉ[ϩⲣⲁï *55:1
ⲉϫ̄ⲛ-ⲛⲓⲙⲩⲥⲧⲏ]|ⲣⲓⲟⲛ ⲛⲁï ⲉ[ⲧⲉ-ϩⲉⲛⲁⲛ[26]-ⲧⲃⲁ ⲛⲉ] | ⲛⲓϣⲙ̄ⲧ-ϩ[ⲟⲟ]ⲩ̣[ⲧ
ⲛⲓ]ϣⲙ̄[ⲧ-ⲅⲉ]|ⲛⲟⲥ[27] ⲛⲓϩⲟⲟ̣ⲩ[ⲧ ⲙ̄]ⲛ-ⲛⲓⲅⲉⲛ̣[ⲉⲁ][28] || ⲛ̄-ϩⲟⲟⲩⲧ ⲛⲓⲉ[ⲟⲟⲩ
ⲛ̄ⲧⲉ-. . . .] | [ⲛ]ⲓ̣ⲉⲟⲟⲩ ⲛ̄ⲧⲉ-ⲡ̣[ⲓⲛ]ⲟϭ [. . . ⲙ̄ⲛ]-|[ⲛⲓ]ⲅ̣ⲉⲛⲟⲥ ⲛ̄-ϩⲟⲟⲩ̣[ⲧ]•

[20] Throne θρόνος [21] Wooden tablet πύξος [22] Symbol σύμβολον [23] Mystery μυστήριον [24] Virgin, virginal παρθενικός, -ή, -όν [25] Request αἰτεῖν [26] ⲁ-, var. ⲁⲛ- enumerative prefix introducing a number (untranslatable) [27] People γένος [28] Race γένεα

ⲛⲓⲅ̣[. . . . ⲛ̄]‖[ⲧ-ⲁ]ⲩ-ⲙⲟⲩϩ ⲙ̄-ⲡⲓⲛⲟϭ̣ [ⲛ̄ⲛ-ⲉⲱⲛ] | [ⲛ̄-ⲇ]ⲟⲝⲟⲙⲉⲇⲱⲛ̣ [ⲛ̄]-
ϩ[ⲉⲛϭⲟⲙ ⲛ̄]‖[ⲧⲉ-ⲟ]ⲩϣⲁϫⲉ ⲛ̄ⲧⲉ-ⲡ̣[ⲓⲡⲗⲏⲣⲱⲙⲁ] | [ⲛ̄-ⲟ]ⲩⲟⲉⲓⲛ• ⲧⲟⲧⲉ
ⲡⲓϣ̣[ⲙⲧ]-|[ϩⲟⲟⲩ]ⲧ ⲛ̄-ⲁⲗ[ⲟⲩ ⲡⲓ]ⲛ̣ⲟϭ̣ [ⲛ̄-ⲭ̄ⲥ̄][29] | [ⲡ]ⲁ̣ⲓ̈ ⲉⲧ-ⲁϥ-ⲧⲁϩ[ⲥ-ϥ]
ⲛ̄ϭⲓ-ⲡⲓⲛⲟϭ ⲛ̄]-|[ⲁⲧ]-ⲛ̣ⲁⲩ ⲉⲣⲟ-ϥ ⲙ̄-[ⲡ̄ⲛ̄ⲁ̄ ⲡⲁⲓ̈ ⲉⲧ-ⲁⲩ]-‖[ϯ-$^{\emptyset}$ⲣ]ⲁ̣ⲛ ⲉ-
ⲧⲉϥϭⲟ[ⲙ <ϫⲉ->ⲁⲓⲛⲟⲛ ⲁϥ-ⲉⲓⲛⲉ] | [ⲉϩ]ⲣ̣ⲁⲓ̈ ⲛ̄-ⲟⲩⲥⲙⲟⲩ ⲙ̣̄-[ⲡⲓⲛⲟϭ ⲛ̄]-
‖[ⲁⲧ-ⲛ]ⲁⲩ ⲉⲣⲟ-ϥ ⲙ̣̄-[ⲡ̄ⲛ̄ⲁ̄ ⲙ̄ⲛ-ϯϩⲟ]‖[ⲟⲩ]ⲧ ⲙ̄-ⲡⲁⲣⲑ̣[ⲉⲛⲟⲥ ⲓ̈ⲱⲏⲗ
ϯ]‖[ⲥⲓⲅⲏ ⲛ̄]-ⲟⲩⲕⲁⲣ[ⲱ-ϥ ⲛ̄-ⲟⲩⲥⲓⲅⲏ ϯ]‖[ⲙ̄ⲛ̄ⲧ-ⲛ]ⲟϭ ⲉⲧ$^{\emptyset}$-ⲛ̣[- - - ⲉⲧⲉ]-
|[ⲙⲉ]ⲩ-ϫ̣ⲟⲟ-[ϥ [- - - ⲛ̄ⲛ-ⲁⲧ]-|[ϣ]ⲁϫⲉ ⲙ̄ⲙⲟ̣-[ϥ . . .] . . . [- - -]‖[ⲛ-ⲁⲧ-]ⲣ-
$^{\emptyset}$ⲟⲩⲱ ϩⲁ[ⲣⲱ-ϥ ⲁⲩ]ⲱ ⲛ̄ⲛ-[ⲁ]‖[ⲧ-ⲣ]-ϩⲉⲣⲙⲏⲛⲉ̣[ⲩⲉ ⲙ̄]ⲙ̣ⲟ-ϥ ⲡ[ⲓ]‖-
[ϣⲟ]ⲣⲡ ⲉⲧ-ⲁϥ-[ⲟⲩⲱⲛ]ϩ [ⲉ]ⲃ̣ⲟⲗ̣ | [ⲁ]ⲩⲱ ⲛ̄ⲛ-ⲁⲧ-ⲧ[ⲁϣ]ⲉ-$^{\emptyset}$ⲟⲉⲓϣ̣ |
56:1 [ⲙ̄]ⲙⲟ-ϥ ⲛ̄ⲛ-ⲁ[ⲧ-. .]ϭⲓⲙⲁ[- - -]ⲉ ⲉⲧ$^{\emptyset}$-ⲉ ⲙ̄-$^{\emptyset}$ⲙⲟⲓ̈ϩⲉ | [- - - ⲛ̄ⲛ-ⲁⲧ-
ϣⲁ]ϫⲉ ⲙ̄ⲙⲟ-ϥ | [. .]ⲟⲩ[- - -]ϥ ⲡⲁ-ⲛⲓⲙ̄ⲛ̄‖[ⲧ-ⲛ]ⲟ̣ϭ ⲧⲏ̣[ⲣ-ⲟ]ⲩ [ⲛ̄]-
ⲟⲩⲙ̄ⲛ̄ⲧ-ⲛⲟϭ ‖ [ⲛ̄]ⲧ̣ⲉ-ϯⲥⲓ̣ⲅ̣[ⲏ ⲛ̄]ⲛ-ⲟⲩⲕⲁ-ⲣⲱ-ϥ ⲙ̄‖[ⲡⲓⲙⲁ] ⲉ̣[ⲧ$^{\emptyset}$-ⲙ]ⲙ̣ⲁⲩ
ⲡⲓϣ̣ⲙⲧ-ϩ̣[ⲟ]‖[ⲟⲩⲧ] ⲛ̄-ⲁ[ⲗⲟ]ⲩ ⲁϥ-ⲉⲓⲛⲉ ⲉϩⲣ[ⲁⲓ̈ ⲛ̄]-|[ⲟⲩⲥ]ⲙⲟⲩ• ⲁⲩⲱ
ⲁϥ-ⲣ̄-ⲁⲓⲧ[ⲓ ⲛ̄-ⲟⲩ]‖[ϭⲟⲙ] ⲉⲃⲟⲗ ϩ̂ⲓⲧⲟⲟⲧ-ϥ ⲙ̄-ⲡ[ⲓⲛⲟϭ] ‖ [ⲛ̄ⲛ-ⲁⲧ]-ⲛ[ⲁⲩ]
ⲉⲣⲟ-ϥ ⲙ̄-ⲡ̄ⲛ̄ⲁ̄ ⲙ̣̄-[ⲡⲁⲣ]‖[ⲑⲉⲛⲓⲕⲟ]ⲛ̣• ⲧⲟⲧⲉ ⲁϥ-ⲣ̄ϣ[ⲟⲣ̄ⲡ̄]‖[ⲛ̄-ⲟⲩ]ⲱ̣ⲛϩ
ⲉⲃ̣ⲟⲗ ⲙ̄ⲡ̣ⲓⲙⲁ ⲉⲧ̣$^{\emptyset}$-[ⲙ]‖[ⲙⲁⲩ] ⲛ̄[ϭⲓ-. . . .]ⲥ ⲉⲧ̣[- - -]‖[- - - ⲉ]ⲧ$^{\emptyset}$-ⲛⲁⲩ ⲉ-
ϩⲉⲛⲉ[ⲟⲟⲩ] ‖ [- - - ϩⲉⲛⲁ]ϩⲱⲣ ϩ̂ⲛ-ⲟⲩ[- - -]‖[- - - ϩ]ⲉ̣ⲛⲙⲩⲥⲧⲏⲣ[ⲓⲟⲛ]
| [ⲛ̄ⲛ-ⲁⲧ-ⲛⲁ]ⲩ ⲉⲣⲟ-ⲟⲩ ⲉ-ϩⲉ[ⲛ - - -]‖[- - -].ⲛ̣ⲧⲉ-ϯⲥⲓⲅⲏ̣ [- - -] | [- - -
ϯϩⲟⲟ]ⲩⲧ ⲙ̄-ⲡⲁⲣ[ⲑⲉⲛ]‖[ⲟⲥ - - -]• [ⲧⲟ]ⲧⲉ ⲁϥ-ⲣ̄ϣ̣[ⲟⲣ̄ⲡ̄]‖[ⲛ̄-ⲟⲩⲱⲛ̄ϩ
ⲉ]ⲃ̣ⲟⲗ ⲛ̄ϭ[ⲓ-ⲡⲁⲗ]‖[ⲟⲩ ⲛ̄ⲧⲉ-ⲡⲁ]ⲗ̣ⲟⲩ ⲏⲥⲏⲫ[ⲏⲭ]• | ⲁ̣ⲩⲱ̣ [ⲛ̄ϯϩⲉ] ⲁϥ-
ϫⲱⲕ ⲉⲃ̣[ⲟⲗ] | [ⲛ̄]ϭⲓ-

ⲡ[ⲓⲱⲧ
ⲧ]ⲙⲁⲁⲩ
ⲡϣ[ⲏ]‖[ⲣ]ⲉ̣
ϯϯ[ⲉ ⲛ̄-ⲥⲫⲣ]ⲁⲅⲓⲥ
ϯϭⲟ̣[ⲙ ⲛ̄]|ⲛ-ⲁⲧ-ϫⲣ[ⲟ ⲉⲣ]ⲟ-ⲥ ⲉ̣ⲧⲉ-ⲡⲁ̣[ⲓ̈ ⲡⲉ] | ⲡⲓⲛⲟϭ [ⲛ̄-ⲭ̄ⲥ̄]
*57:1 ⲛ̄ⲧⲉ̣-ⲛⲓⲁⲧ-ϫ̣[ⲱ]*ϩ̄ⲙ ⲧⲏⲣ-ⲟⲩ•

[- - -] | ⲉⲧ$^{\emptyset}$-ⲟⲩⲁⲁ[ⲃ - - -]ⲡⲁ[- - -] | ⲡⲓ<ⲁⲧ->[30]ⲁⲣⲏϫ-ϥ ϯ̣[- - -] ⲛ̄ⲧ. .
[- - -]‖ϫⲱϩ̄ⲙ ⲙ̄ⲛ-ⲛ[- - -]ⲟⲩ ⲛ̄[- - -] ‖ ϩⲉⲛϭⲟⲙ ⲛⲉ ⲙ[ⲛ̄-ϩⲉⲛⲉⲟⲟⲩ] |
[ⲙ]ⲛ̄-ϩⲉⲛⲁⲧ-ϫⲱ̣[ϩ̄ⲙ - - -]‖[. . .] ⲁⲩ-ⲉⲓ ⲉⲃⲟ̣ⲗ̣ [- - -]‖[. . .]ⲛ̣̄-ⲥⲃⲱ.
[- - -]‖[- - -]‖[- - -].ⲉⲃⲟ̣[ⲗ - - -]‖[. .]ⲉ ⲉⲧ[31]ⲛⲁ.[- - -]‖[.].[. . .]ⲥⲉ ⲉ
[- - -]• | ⲡ̣ⲁⲓ̈ ⲁϥ-ⲉⲓⲛⲉ ⲉ[ϩⲣⲁⲓ̈ ⲛ̄-ⲟⲩⲥⲙⲟⲩ] | ⲛ̣̄-

ⲡ[ⲓ]ⲁⲧ-ⲟⲩⲱ̣[ⲛ̄ϩ ⲉⲃⲟⲗ ⲙ̄-ⲙⲩⲥⲧⲏ]‖[ⲣⲓⲟ]ⲛ ⲉⲧ$^{\emptyset}$-ϩⲏⲡ̣ [- - -] |

[29] Anointed (Christ) χριστός, -ή, -όν [30] <ⲁⲧ-> omitted by the ancient copyist
[31] The copyist has written the letter ⲧ above the line as an afterthought.

[πι]καλυπτ̣[ος[32] - - -]ρ̣̄-[- - -]||[. . .]ο̣ν c[- - -]||[. . .]. η̅ν̅
ε̣[- - -]||[- - -]ϯc̣[- - -]|||[- - -]ωτ[- - -] | [м̅]мо-ϥ ϩ̄м-п-
[- - -] | [м̄ν]-νιεων.[- - - θ]ρο||[ν]οc ϩεν.[- - -] α̣γω.
[- - -] | [πο]γα πογα [- - -].[.]ον[- - -] || [.]γ-κω[τ]ε
ερ̣[ο-ο]γ̣ ν̄ϭι-ϩε[ν]||[α]ν-τβα ν̣̄-[. . . ν̄ν-α]τ-ϯ-øηπ[ε]
*[ερο-ογ ϩενεο]ο̣γ м̄ν-ϩεν||[ατ-ϫ]ω̣ϩ̄м [- - -] αγω εγ|- *58:1
[- - -]γε[- - - ν̄τ]ε-πιωτ |

[м̄ν]-τмα[αγ

м̄ν]-π̣ϣηρε

м̄ν-||[πιπληρωмα] τ̣ηρ̄-ϥ εντ-αϊ-ρ̄ϣρ̄[π]||[ν̄-ϫοο-ϥ

м̄ν-ϯ]ϯε ν̄-cφρα̣[γιc][33] | [- - -]ιον ν̄τε-ϩε̣[ν]||[- - -]•

αγ-ογω̣[ν̄ϩ] | [εβολ - - -].[- - -]||[- - -].ολϭα̣[- - -]||[- - -]ο̣γο̣ν.
[- - -]||[- - -].ν.[. . .].[- - -]||[- - - ετø]-κη εϩραϊ ε||[χ̄ν- - - -] м̣̄ν-
νιεων̣ ν̄||[- - - ϩ̄ν-ο]γм̄ντ-м[ε] | [ναмε - - -]γ м̄ν-ν̣ι[- - -]||θ
[- - -]ϥνα м̣[- - -]||ρε̣[- - -]ϣα-ενεϩ̣ [- - -]||ν̣[- - -]ρεϥ[- - -]||ε
[- - -].βε.[- - -]||ν[- - -] м̄ν-νιεω[ν ν̄]-|ϣα-ε[νεϩ ϩ̄ν-ο]γм̄ντ-мε
[ναмε]• |

τ̣οτε [αc-ει̂ εβο]λ̣ ν̄ϭι-ογ[προ]||[ν]οια ϩ[ν̄-ογcιγη] м̄ν̣-
ογ[καρ]||ω-ϥ [ε]ϥ-[ον̄ϩ ν̄τ]ε-πιπ̄ν̄ᾱ [м̄ν]-|[ο]γϣαϫε [ν̄τε]-πι̣ω̣τ
м̄ν-[ογ]||[ο]ειν• ε-α[c- - - -]. . ν̣̄-[ϯϯε] *ν̄-cφραγιc νη̣ ετ-α-π[ιωτ *59:1
ν̄τ-ογ] | εβολ ϩ̄ν-κογν̄-ϥ ε-αc-cιν[ε εβολ] | ϩ̄ν-νιεων τηρ-ογ
ετ-αϊ-ρ̄ϣ̣[ρ̄π]||ν̄-ϫοο-γ αγω ε-αc-ταϫρε-ϩεν||θρονοc ν̄ν-
εο[ο]γ̣ [м]ν̣̄-ϩεν[αν]-|[τβ]α ν̄-øαγγελοc [ν̄ν-ατ]-ϯ-øηπε | [ετ-α]γ-
κωτε ε[ρο-ο]γ ϩεν[ϭο]м̣ | [м̄ν-ϩε]νεοογ ν̄[ν-ατ-ϫ]ω̣[ϩ̄м] εγ-|
[ϩωc α]γω εγ-ϯ-øεοογ ε̣[γ-c]моγ || [- - -] τ̣η̣[ρ]-ογ ϩ̄ν-ογ[cм]η |
[ν̄-ογω]τ̣ε ϩ̄ν-[ο]γϩ̂ικων̣[34] [ϩ̄ν]-|[ογϩρο]ογ ν̄-α̣τ-κα-ρω-ϥ̣ [- - -]|
[. . . . м̄]-

πι̣[ω]τ

м[ν̄]-τ̣[мααγ] |

[м̄ν-πϣ]ηρε.[. .].[. .].

[м̄ν]-||[νιπλη]ρ̣ωм[α τηρ-ο]γ̣ ε[τ-αϊ-ρ̄]||[ϣρ̄πν̄]-ϫοο-[γ

ετε]-παϊ πε

[πι]||[νοϭ ν̄]-χ̄c̄ πι[ε]βολ ϩ̄ν-ογ[cιγη] | [ετε-πα]ϊ πε
π̣α̣λογ ν̄ν-α[τ]-ϫ||[ωϩ̄м] τ̄ε̄λ̄м̄ᾱη̄λ̄ τ̄ε̄λ̄м̄ᾱχ̄[ᾱ]η̄λ̣̄ || [η̄λ̄ῑ

[32] Concealed κάλυπτος, -η, -ον [33] Seal σφραγίς [34] Form, image εἰκών

ⲏⲗ]ⲓ̣ ⲙⲁ̣ⲭ̣ⲁ̅ⲣ̅ ⲙ̅ⲁ̅ⲭ̅ⲁ̅ⲣ̅ | [ⲥ̅ⲏ̅ⲑ ϯ]ϭⲟⲙ [ⲉⲧ$^{\emptyset}$]-ⲟⲛ̅ϩ ϩ̅ⲛ-ⲟⲩⲙ̣̅ⲛ||[ⲧ-ⲙⲉ ⲛⲁ]ⲙⲉ
ⲙ[̅ⲛ-ϯϩⲟ]ⲟⲩⲧ ⲙ̣̅-||[ⲡⲁⲣⲑⲉⲛ]ⲟⲥ ⲉⲧ̣$^{\emptyset}$-ⲛⲙ[ⲙ]ⲁ̣-[ϥ ⲓ̈]ⲟ̅ⲩ̅ⲏ̅ⲗ̅ |
[ⲙ̅ⲛ-ⲏ̅ⲥ̅]ⲏ̣̅ⲫ̅ⲏ̅ⲭ̅ ⲡ̣ⲓⲣⲉϥ-[ⲁ]ⲙⲁϩⲧⲉ || [ⲙ̅-ⲡⲉⲟⲟ]ⲩ ⲡ[ⲁⲗⲟ]ⲩ ⲛ̅ⲧⲉ-ⲡⲁⲗⲟ̣[ⲩ] |
[ⲙ̅ⲛ-ⲡⲓⲕⲗ]ⲟ̣ⲙ ⲛ̣̅[ⲧ]ⲉ-ⲡⲉϥⲉⲟⲟⲩ |
[- - -].ⲛ[- - -] ⲛ̅ⲧⲉ-ϯϯ[ⲉ] | [ⲛ̅-ⲥⲫⲣⲁ]ⲅ̣ⲓⲥ [ⲡⲓⲡⲗⲏ]ⲣⲱⲙⲁ ⲉ[ⲛ]||[ⲧ-ⲁⲓ̈-ⲣ̅ϣ̅ⲣ̅]ⲡ̅ⲛ̅-ϫ[ⲟⲟ-ϥ]

60:1 ⲉ-ⲁϥ-ⲣ̅ϣ[ⲟⲣ̅ⲡ̅][ⲛ̅-ⲉ͡ⲓ ⲉⲃⲟ]ⲗ̣ ⲙ̅ⲙⲁⲩ ⲛ̅ϭⲓ-ⲡⲓⲛⲟϭ ⲛ̅-||[ϣⲁϫⲉ] ⲛ̅-ⲁⲩⲧⲟⲅⲉⲛ̣ⲏⲥ[35] ⲉⲧ$^{\emptyset}$-ⲟⲛ̅ϩ | [ⲡⲛⲟⲩ]ⲧⲉ ϩ̅ⲛ-ⲟⲩⲙ̅ⲛⲧ-ⲙⲉ ϯⲫⲩ||[ⲥⲓⲥ[36] ⲛ̅]ⲛ-ⲁⲧ̣-ⲙⲓⲥⲉ ⲡⲁⲓ̈ ⲉϯ-ⲛⲁ-ϫⲱ || [ⲙ̅]-ⲡⲉϥⲣⲁⲛ ⲉⲓ̈-ϫ̣ⲱ ⲙ̅ⲙⲟ-ⲥ ϫⲉ-| [. . .]ⲁ̣̅ⲓ̈̅ⲁ̅ [- - -]ⲑ̅ⲁ̅ⲱ̅ⲑ̅ⲱ̅ⲥ̅ⲑ̅.[.] | [ⲉ]ⲧⲉ-ⲡⲁⲓ̈ ⲡ̣[ⲉ ⲡ]ϣⲏⲣⲉ ⲙ̅-ⲡⲓ̣[ⲛⲟϭ ⲛ̅]-|ⲭ̣̅ⲥ̣̅ ⲉⲧⲉ-[ⲡⲁⲓ̈] ⲡ̣ⲉ ⲡϣⲏⲣⲉ̣ [ⲛ̅ⲧⲉ-ϯ]||ⲥⲓⲅ̣[ⲏ ⲛ̅]ⲛ-[ⲁⲧ]-ϣⲁϫⲉ ⲙ̅ⲙⲟ̣-[ⲥ ⲉ]-||ⲁϥ-ⲉ̣͡[ⲓ ⲉⲃ]ⲟⲗ ϩ̅ⲙ-ⲡⲓⲛⲟ̣ϭ̣ ⲛ̣̅-ⲁ̣[ⲧ-ⲛⲁⲩ] | ⲉⲣ[ⲟ-ϥ ⲁ]ⲩⲱ ⲛ̅-ⲁⲧ-ϫ̣ⲱϩ̣[̅ⲙ ⲙ̅-ⲡ̅ⲛ̅ⲁ̅] | ⲡ̣[ϣⲏ]ⲣⲉ ⲛ̅ⲧⲉ-ϯⲥ̣ⲓ̣ⲅⲏ ⲙ̅ⲛ̣-[ⲟⲩⲥⲓ]||ⲅ̣ⲏ̣ [ⲁϥ]-ⲟⲩⲱⲛ̅ϩ ⲉ[ⲃ]ⲟⲗ ⲛ̅-[- - -]||[- - -].ϯ[. .] ⲧⲏ[- - -]|||[. . .].[. . .ⲁⲧ-ⲛ]ⲁ̣ⲩ ⲉⲣ[ⲟ - - -]||[. .ϩ]ⲏⲡ [- - -]ⲙⲉ ⲉⲧ̣[- - -]||[. . .]ⲓⲁϩⲱⲣ̣ [ⲛ̅ⲧⲉ-ⲡ]ⲉϥⲉⲟ[ⲟⲩ - - -]||[. .ⲁ]ϥ-ⲟⲩⲱⲛ̅ϩ ⲉⲃ̣ⲟⲗ ϩ̅ⲙ-ⲡ̣[- - -]||. [.] ⲉⲧ$^{\emptyset}$-ⲟⲩⲟⲛ̅ϩ• [ⲁ]ⲩⲱ ⲁϥ-[ⲧⲁϩⲟ] || ⲉ[ⲣ]ⲁ̣ⲧ-ⲟⲩ ⲙ̅-ⲡⲓϥ[ⲧ]ⲟⲟⲩ ⲛ̅[ⲛ-ⲉⲱⲛ]• | ϩ[̅ⲛ]-ⲟⲩϣⲁϫⲉ ⲁ[ϥ]-ⲧⲁϩⲟ-ⲟ̣[ⲩ ⲉⲣⲁ]||ⲧ-ⲟ̣ⲩ• ⲁϥ-ⲉⲓⲛⲉ [ⲉϩⲣ]ⲁⲓ̈ ⲛ̅-[ⲟⲩⲥⲙⲟⲩ] | ⲙ̅-ⲡ̣ⲓⲛⲟϭ ⲛ̅ⲛ̣-[ⲁⲧ]-ⲛⲁⲩ [ⲉⲣⲟ-ϥ ⲙ̅]-|ⲡⲁⲣ̣ⲑⲉⲛ[ⲓⲕ]ⲟ̣ⲛ ⲙ̅-ⲡ̅ⲛ̅ⲁ̣̅ [ϯⲥⲓⲅⲏ] || ⲛ̅ⲧⲉ-ⲡ̣[ⲓⲱ]ⲧ̣ ϩ̅ⲛ-ⲟⲩⲥⲓ[ⲅⲏ ⲛ̅ⲧⲉ-ϯ]||ⲥⲓⲅⲏ ⲉ[ⲧ$^{\emptyset}$]-ⲟⲛ̅ϩ [ⲛ̅]ⲛ̣-ⲟⲩⲕ[ⲁⲣⲱ-ϥ] | [ⲡⲓ]ⲙⲁ ⲉⲧ̅ϥ̅-ⲙⲟ̣[ⲧ̅ⲛ̅] ⲙ[ⲙⲟ-ϥ ⲛ̅ϩⲏⲧ̅-ϥ̅] | [ⲛ̅]ϭⲓ-ⲡⲣⲱⲙ[ⲉ.] ⲉ-ⲁϥ-[- - -] | [ⲉ]ⲃⲟⲗ ϩ͡ⲓⲧⲟ[ⲟⲧ-.] ⲛ̅-ⲧ. [- - -] || [ⲉ]ⲃⲟⲗ•

*61:1 ⲧⲟ̣[ⲧⲉ ⲁⲥ]-ⲉ͡ⲓ ⲉⲃⲟ̣[ⲗ ϩ̅ⲙ]-*ⲡⲙⲁ ⲉⲧ̅$^{\emptyset}$̅-ⲙ̅ⲙⲁⲩ ⲛ̅ϭⲓ-ϯⲛ̣[ⲟϭ ⲛ̅-ⲕⲗⲟⲟ]||ⲗⲉ ⲛ̅ⲧⲉ-ⲡⲟⲩⲟⲉⲓⲛ ⲛ̅ϭⲓ-ⲟⲩ̣[ϭⲟⲙ] | ⲉⲥ-ⲟⲛ̅ϩ ⲧⲙⲁⲁⲩ ⲛ̅ⲧⲉ-ⲛⲓⲁⲧ-ϫ[ⲱϩ̅ⲙ] | ⲉⲧ$^{\emptyset}$-ⲟⲩⲁⲁⲃ ⲛ̅-ⲛⲓⲛⲟϭ ⲛ̅-ϭⲟⲙ [ⲧⲙⲓⲣⲟⲑⲟⲏ]•[37] || [ⲁ]ⲩⲱ ⲁⲥ-ϫⲡⲟ ⲙ̅-ⲡ[ⲁⲓ̈ ⲉ]ϯ-ⲛⲁ-[ϫⲱ ⲙ̅]-||[ⲡⲉ]ϥ̣ⲣⲁⲛ ⲉⲓ̈-ϫⲱ ⲙ̅[ⲙ]ⲟ̣-ⲥ ϫⲉ-

[ⲛ̅ⲧ̅ⲕ]-||[ⲟⲩⲁ•
ⲛ̅]ⲧ̅ⲕ-ⲟⲩⲁ•
ⲛ̅ⲧ̣[̅ⲕ-ⲟ]ⲩⲁ•
[- - -] | [ⲉⲁ ⲉⲁ] ⲉⲁ̣•

ⲉⲡⲓⲇⲉ ⲡ̣[ⲁⲓ̈] ⲁⲇ̣[ⲁⲙⲁⲥ] | [ⲟⲩⲟⲩⲟⲉⲓⲛ] ⲡⲉ ⲉ-ⲁϥ-ⲡⲓⲣⲉ̣ [ⲉⲃⲟⲗ] || [- - -]ⲛ ⲡⲃⲁⲗ ⲛ̅ⲧⲉ-ⲡ[ⲟⲩⲟⲉⲓⲛ] | [ⲡⲉ• ⲡⲁⲓ̈] ⲅ̣ⲁⲣ ⲡⲓϣⲟⲣ̅ⲡ̅ⲛ̅-ⲣⲱ̣[ⲙⲉ] | [ⲡⲉ ⲉⲧⲉ-

[35] Self-originate αὐτογενής, -ές [36] Nature φύσις [37] Here Codex III has ⲧⲛⲟϭ ⲛ̅-ⲇⲩⲛⲁⲙⲓⲥ ⲧⲙⲓⲣⲟⲑⲟⲏ

ⲉ]ⲧ̣ⲃⲏⲏⲧ̄-ϥ̄ ⲛⲁ̣ⲓ̈ ⲧⲏⲣ-[ⲟⲩ ⲛⲉ] | [ⲉⲧⲉ-ⲉⲣⲟ]-ϥ ⲧⲏⲣ-ⲟⲩ ⲛ̣[ⲉ] ⲁ̣ⲩ[ⲱ ⲁϫ̄ⲛ̄]‖[ⲧ̄-ϥ̄ ⲙ̄ⲛ̄-ⲗ]ⲁⲁⲩ ⲡ[ⲓⲱⲧ] ⲉⲧ-[ⲁϥ-ⲉ͡ⲓ] ‖ [ⲉⲃⲟⲗ ⲛ̄]ⲛ-ⲁⲧ̄-ⲣ̄-∅ϫⲓⲟ[ⲟ]ⲣ̣ ⲙ̄ⲙ[ⲟ-ϥ ⲁⲩⲱ] | [ⲛ̄-ⲁⲧ̄-ⲣ̄]-ⲛ̣[ⲟ]ⲉⲓ̣ ⲙ̄ⲙⲟ-ϥ ⲉ-ⲁϥ-ⲉ͡ⲓ ⲉ̣[ⲃⲟⲗ ⲙ̄]‖[ⲡⲥⲁϩⲣ]ⲉ ⲉ[ϩ]ⲣⲁⲓ̈ ϣⲁ-ⲡϥⲱⲧ[ⲉ] ⲉ̣[ⲃⲟⲗ] | [ⲛ̄ⲧⲉ-ⲡⲓ]ϣⲱⲱⲧ•

ⲧⲟⲧⲉ ⲡⲓⲛ̣[ⲟϭ] | [ⲛ̄-ϣⲁϫ]ⲉ ⲛ̄-ⲁⲩⲧⲟⲅⲉⲛⲏⲥ ⲛ̄-ⲛⲟ[ⲩⲧⲉ] ‖ [ⲙ̄ⲛ̄-ⲡⲓⲁ]ⲧ-ϫⲱϩ̄ⲙ ⲛ̄-ⲣⲱⲙⲉ ⲁ̄[ⲇ̄ⲁ̄ⲙ̄ⲁ̄ⲥ̄] | [.-ⲁⲩ-ϣⲱ]ⲡⲉ ϩ̄ⲛ-ⲟⲩϭⲱⲣ̄ϭ ⲉ-[ⲩϣⲁ]‖-[ϫⲉ ⲛ̄-ⲣⲱ]ⲙ̣ⲉ• ⲁⲩⲱ ⲁϥ-ϣⲱⲡ̣[ⲉ ⲛ̄ϭⲓ]-‖[ⲡⲣⲱⲙ]ⲉ̣ ⲉⲃⲟⲗ ϩⲓⲧⲛ-ⲟⲩϣⲁ[ϫⲉ• ⲁϥ]-‖[ⲉⲓⲛⲉ ⲉ]ϩⲣⲁⲓ̈ ⲛ̄-ⲟⲩⲥⲙⲟ̣ⲩ [ⲙ̄-

ⲡⲓⲛⲟϭ] ‖ [ⲛ̄-ⲁⲧ-ⲛ]ⲁ̣ⲩ ⲉⲣⲟ-ϥ ⲁⲩⲱ ⲛ̣̄-[ⲁⲧ-ⲧⲁϩⲟ-ϥ] | [ⲁⲩⲱ ⲙ̄-ⲡ]ⲁ̣ⲣⲑⲉⲛⲓⲕⲟ[ⲛ ⲙ̄-ⲡ̄ⲛ̄ⲁ̄
ⲙ̄ⲛ̄]-|[ϯϩⲟⲟⲩ]ⲧ ⲙ̄-ⲡⲁⲣⲑⲉ[ⲛⲟⲥ ϯⲃⲁⲣⲃⲏ]‖[ⲗⲱ
ⲙ̄ⲛ̄-ⲡⲓ]ϣⲙ̄ⲧ̄-ϩⲟⲟⲩ̣[ⲧ ⲛ̄-ⲁⲗⲟⲩ] |
[ⲙ̄ⲛ̄-ϯϩⲟⲟ]ⲩⲧ ⲙ̄-ⲡⲁ[ⲣⲑⲉⲛⲟⲥ ⲓ̈ⲟⲩⲏⲗ] * *62:1
[ⲙ̄ⲛ̄-ⲡⲁⲗ]ⲟ̣ⲩ ⲏ̄ⲥ̄ⲏ̄ⲫ̄ⲏ̄ⲭ̄ ⲡⲓⲣⲉϥ-ⲁⲙⲁϩ‖[ⲧⲉ ⲙ̄-ⲡ]ⲉⲟⲟⲩ
ⲙ̄ⲛ̄-ⲡⲉⲟⲟⲩ[38] ⲛ̄ⲧⲉ-ⲡⲓ‖[ⲁⲗⲟⲩ]
ⲙ̄ⲛ̄-ⲡⲓⲕⲗⲟⲙ ⲛ̄ⲧⲉ-ⲡⲉϥⲉⲟⲟⲩ |
[ⲙ̄ⲛ̄-ⲛ]ⲓ̣ⲛⲟϭ ⲛ̄ⲛ-ⲉⲱⲛ ⲛ̄-ⲇⲟⲝⲟⲙⲉⲇⲱⲛ ‖
[ⲙ̄ⲛ̄-ⲛⲓ]ⲑⲣⲟⲛⲟⲥ ⲉⲧ∅-ⲛ̄ϩⲏⲧ-ⲟⲩ
ⲙ̄ⲛ̄-‖[ⲛⲓϭⲟ]ⲙ̣ ⲉ[ⲧ∅-ⲕ]ⲱ̣ⲧⲉ ⲉⲣⲟ-ⲟⲩ ϩⲉ[ⲛⲉ]‖[ⲟⲟⲩ] ⲙ̣̄ⲛ̣̄-ϩⲉ[ⲛ-ⲁ]ⲧ-ϫⲱϩ̄ⲙ ⲙ̄ⲛ̄-[ⲡⲓⲡⲗⲏ]‖[ⲣⲱⲙⲁ] ⲧ̣ⲏ̣[ⲣ̄-ϥ̄] ⲉⲧ-ⲁⲓ̈-ⲣ̄ϣⲣ̄ⲡ-[ⲛ̄-ϫⲟⲟ-ϥ] |
[ⲙ̄ⲛ̄-ⲡⲕ]ⲁ̣ϩ [ⲛ̄ⲛ]-ⲁⲏⲣ[39] ⲡⲓ[ⲣ]ⲉϥ-[ϣⲉⲡ]-‖[∅ⲛⲟⲩⲧⲉ] ⲉⲣⲟ-ϥ ⲡⲓⲙⲁ [ⲉⲧⲟⲩ-ϫⲓ-∅ϩ͡ⲓ]‖[ⲕⲱⲛ ⲛ̄]ϭ̣[ⲓ]-ⲛⲓⲣⲱⲙⲉ ⲉ̣[ⲧ∅-ⲟⲩⲁⲁⲃ ⲛ̄]‖-[ⲧⲉ-ⲡ]ⲟ̣ⲩⲟⲉⲓⲛ ⲛ̄ⲧⲉ-ⲡⲓⲱ̣[ⲧ ⲛ̄ⲧⲉ-ϯ]‖[ⲥⲓⲅⲏ] ⲙ̄ⲛ̄-ϯⲡⲏⲅⲏ[40] ⲉⲧ∅-ⲟ̣ⲛ̣̄[ϩ ⲛ̄-ⲥⲓⲅⲏ] |

[ⲡⲓ]ⲱⲧ ⲙ̣̄ⲛ̣̄-ⲡⲓⲡⲗⲏⲣ[ⲱⲙⲁ ⲧⲏⲣ̄-ϥ̄] ‖ [ⲉⲧ∅-ⲛ]ⲧ̣[ⲱ-ⲩ[41] ⲛ̄]ⲑⲉ ⲉⲛⲧ-ⲁⲓ̈-[ⲣ̄ϣⲣ̄ⲡ̄ⲛ̄]-‖[ϫⲟ]ⲟ-ⲥ̣•

[ⲁϥ-ⲉⲓⲛ]ⲉ ⲉϩⲣⲁⲓ̈ [ⲛ̄-ⲟⲩⲥⲙⲟⲩ] | [ⲛ̄ϭⲓ-ⲡ]ⲓⲛⲟϭ̣ ⲛ̄-ϣⲁϫⲉ ⲛ̄-ⲁ[ⲩⲧⲟⲅⲉ]‖[ⲛⲏ]ⲥ̣ ⲛ̄-ⲛⲟⲩⲧⲉ ⲙ̄ⲛ̄-[ⲡ]ⲓ̣[ⲁⲧ-ϫⲱϩ̄ⲙ] | [ⲛ̄]-ⲣⲱⲙⲉ ⲁ̄ⲇ̄ⲁ̄ⲙ̄ⲁ̄ⲥ̄• ⲁⲩ̣[ⲱ ⲁⲩ-ⲣ̄-ⲁⲓ]‖‖[ⲧⲓ] ⲛ̄-ⲟⲩϭⲟⲙ ⲙ̄ⲛ̄-ⲟⲩϫ[ⲣⲟ ϣⲁ-ⲉ]‖[ⲛ]ⲉϩ ⲙ̄ⲛ̄-ⲟⲩⲙⲛ̄ⲧ-ⲁⲧ-ϫ̣[ⲱϩ̄ⲙ ⲙ̄]-‖[ⲡⲓ]ⲁⲩⲧⲟⲅⲉⲛⲏⲥ ⲉ-ⲩ[ⲡⲗⲏⲣⲱ]‖[ⲙⲁ] ⲛ̄ⲧⲉ-ⲡⲓϥⲧⲟⲟⲩ ⲛ̣̄[ⲛ-ⲉⲱⲛ] | [ϩ͡ⲓⲛ]ⲁ̣[42] ⲉⲃⲟⲗ ϩ͡ⲓⲧⲟⲟⲧ-ⲟ[ⲩ ⲛ̄ⲧⲉϥ]-‖[ⲟⲩ]ⲱⲛ̄ϩ ⲉⲃⲟⲗ ⲛ̄ϭⲓ-ⲡ[ⲉⲟⲟⲩ ⲙ̄ⲛ̄]-‖[ϯϭⲟ]ⲙ̣ ⲛ̄ⲧⲉ-ⲡⲓⲱⲧ ⲛ̄.[. . . . ⲛ̄]-‖[ⲣⲱⲙⲉ ⲉ]ⲧ∅-ⲟⲩⲁⲁⲃ ⲛ̄ⲧⲉ-ⲡ̣[ⲓⲛⲟϭ ⲛ̄]-‖[ⲟⲩⲟⲉⲓ]ⲛ̣ ⲡⲏ ⲉⲧ∅-ⲛⲁ-ⲉ̣[͡ⲓ ⲉⲡⲉⲥⲏⲧ] | [ϣⲁ-ⲡⲓⲕⲟ]-ⲥⲙⲟⲥ ⲛ̄-∅ⲉⲓ̣[ⲛⲉ ⲛ̄-ⲟⲩϣⲏ]• ‖

[38] Emend to ⲡⲁⲗⲟⲩ with Schenke. [39] Air ἀήρ [40] Wellspring πηγή [41] For the form ⲛ̄ⲧⲱ⸗ see below, 64:25. [42] So that ἵνα

[ⲧⲟⲧⲉ] ⲡ̣ⲓⲁⲧ-ϫⲱϩⲙ̣ [ⲛ̄-ⲛⲟϭ ⲛ̄]-|[ⲣⲱⲙⲉ ⲁ̅ⲇ̅ⲁ̅ⲙ̅]ⲁ̅ⲥ̅ ⲁϥ-ⲣ̄-ⲁ̣[ⲓⲧⲓ ⲛ̄]-
*63:1 *ⲟⲩϣⲏⲣⲉ ⲛⲁ-ϥ ⲉⲃⲟⲗ ⲙ̄ⲙⲟ̣-[ϥ ϩ͡ⲓⲛⲁ] | ⲛ̄ⲧⲟϥ ⲛ̄ⲧⲉϥ-ϣⲱⲡⲉ ⲛ̄-∅ⲉⲓⲱ̣[ⲧ
ⲛ̄-ϯ]|ⲅⲉⲛⲉⲁ ⲛ̄-ⲁⲧ-ⲕⲓⲙ ⲁⲩⲱ ⲛ̄-[ⲁⲧ-ϫⲱ]|ϩⲙ̄ ⲁⲩⲱ ⲉⲧⲃⲏⲧ̄-ⲥ ⲛ̄ⲧ̣ⲥ-
ⲣ̄[ϣⲟⲣ̄ⲡ]||ⲛ̄-ⲟⲩⲱⲛ̄ϩ ⲉⲃⲟⲗ ⲛ̄[ϭⲓ-ϯⲥ]ⲓ̣ⲅ̣ⲏ̣ [ⲙ̄ⲛ-ϯ]|[ⲥ]ⲙ̣ⲏ̣ ⲁⲩⲱ ⲉⲧⲃⲏⲏⲧ̄-
̄ⲥ ⲛ̣[ϥ-ⲧⲱ]|[ⲱⲛ̄-ϥ ⲛ̄]ϭⲓ-ⲡⲓⲉⲱⲛ ⲉⲧ∅-ⲙⲟ̣[ⲟⲩⲧ] | [ϫⲉⲕⲁ]ⲁⲥ̣ ⲉϥ-ⲛⲁ-ⲃⲱⲗ
ⲉⲃ[ⲟⲗ]•

[ⲁⲩⲱ] | [ⲛ̄ϯϩⲉ ⲁⲥ-ⲣ̄]ϣⲟⲣ̄ⲡ̄ⲛ̄-ⲉ͡ⲓ ⲉ̣[ⲃⲟⲗ ⲛ̄ⲥⲁ]||[ϩⲣⲁⲓ̈ ⲛ̄ϭⲓ-ϯ]ϭⲟⲙ
ϯⲛⲟϭ̣ [- - -] | [ⲛ̄ⲧⲉ-ⲡ]ⲓ̣ⲛⲟϭ ⲛ̄-ⲟⲩⲟⲉⲓⲛ ⲡ̄ⲣ[ⲣⲓⲉ ⲉ]|[ⲃⲟⲗ• ⲁⲥ]-ϫ̣ⲡⲟ ⲙ̄-
ⲡⲓϥⲧⲟⲟⲩ ⲙ̄-[ⲫⲱⲥ]|[ⲧⲏⲣ[43]

ⲁ̅ⲣ̅]ⲙ̅ⲟ̅ⲍ̅ⲏ̅ⲗ̅
ⲟ̅[ⲣ̅ⲟ̅]ⲓ̈̅ⲁ̅ⲏ̅ⲗ̣̅ |
[ⲇ̅ⲁ̅ⲩ̅ⲉ̅ⲓ̅ⲑ̅ⲉ̅]
ⲏ̅ⲗ̅ⲏ̅ⲗ̅ⲏ̅[ⲑ̅]

ⲙ̄ⲛ-ⲡ[ⲓⲛⲟϭ] || [ⲛ̄-ⲁⲧ-ϫⲱ]ϩⲙ ⲥ̅ⲏ̅ⲑ̅ ⲡⲓϣⲏⲣ[ⲉ ⲛ̄ⲧⲉ]-|[ⲡⲓⲛⲟϭ ⲛ̄-ⲁ]ⲧ-
ϫⲱϩⲙ ⲛ̄-ⲣⲱⲙ̣ⲉ | [ⲁⲇⲁⲙⲁⲥ]• [ⲁ]ⲩⲱ ⲛ̄ϯϩⲉ ⲁⲩ-ϫⲱⲕ | [ⲉⲃⲟⲗ ⲛ̄-
ϯ]ϩⲉⲃⲇⲟⲙⲁⲥ[44] ⲉⲧ∅-ϫⲏⲕ | [ⲉⲃⲟⲗ ⲧⲏ ⲉⲧ∅]-ϣⲟⲟⲡ ϩ̄ⲛ-ⲟⲩⲙⲩ||[ⲥⲧⲏ-
ⲣⲓⲟⲛ] ⲛ̄ⲧⲉ-ϩⲉⲛⲙⲩⲥⲧⲏⲣⲓⲟⲛ | [ⲉⲩ-ϩⲏⲡ] ⲧⲏ ⲉⲧ-ⲁⲥ-ϫⲓ ⲙ̄-ⲡⲉⲟ̣[ⲟⲩ] |
[- - -]ⲁ ⲉ-ⲁⲥ-ϣⲱⲡⲉ ⲛ̄-ⲟ[ⲩϩⲉⲛ]||[ⲇⲉⲕⲁⲥ][45] ⲛ̄-ⲟⲅⲇⲟⲁⲥ ϩ͡ⲓⲛⲁ [ⲛ̄ⲧⲉⲥ]-|
[. . . .]ⲛ-ϥⲧⲟ ⲛ̄-ⲟⲅⲇⲟⲁⲥ̣•

[ⲁⲩⲱ] || [ⲁϥ-ϯ-∅ⲙⲉ]ⲧⲉ ⲛ̄ϭⲓ-ⲡⲓⲱ̣ⲧ• [ⲁⲩⲱ ⲁϥ-ⲣ̄]||[ϣⲃⲏⲣⲛ̄-ϯ-∅]ⲙⲉⲧⲉ
ⲛ̄ϭⲓ-ⲡⲓⲡ̣[ⲗⲏⲣⲱⲙⲁ] | [ⲛ̄ⲧⲉ-ⲛⲓⲫ]ⲱ̣ⲥⲧⲏⲣ• ⲁⲩ-ⲣ̄ϣ[ⲟⲣ̄ⲡ̄ⲛ̄]-|[ⲟⲩⲱⲛ̄ϩ]
ⲉⲃⲟⲗ ⲛ̄ϭⲓ-ϩⲉⲛⲥⲩ[ⲛⲍⲩⲅⲟⲥ][46] | [ⲉ-ⲡⲓⲡⲗⲏⲣ]ⲱⲙⲁ ⲛ̄ⲧⲉ-ϯⲟⲅⲇ̣[ⲟⲁⲥ]
*64:1 *[ⲛ̄ⲧⲉ-ⲡⲓⲁ]ⲩⲧⲟⲅ̣ⲉⲛⲏⲥ ⲛ̄-ⲛⲟⲩⲧⲉ |

[ⲡϩⲙⲟ]ⲧ ⲙ̄-ⲡⲓϣⲟⲣ̄ⲡ ⲙ̄-ⲫⲱⲥⲧⲏⲣ | [ⲁ̅ⲣ̅ⲙ̅ⲟ̅]ⲍ̅ⲏ̅ⲗ̅
ⲧⲉⲥⲑⲏⲥⲓⲥ[47] ⲙ̄-ⲡⲓⲙⲉϩ-|[ⲥⲛⲁⲩ] ⲙ̄-ⲫⲱⲥⲧⲏⲣ ⲟ̅ⲣ̅ⲟ̅ⲓ̈̅ⲁ̅ⲏ̅ⲗ̅ ||
[ⲡⲥⲟⲟ]ⲩⲛ ⲙ̄-ⲡ[ⲓ]ⲙⲉϩ-ϣⲟⲙⲉⲧ ⲙ̄-|[ⲫⲱⲥ]ⲧⲏⲣ ⲇ̅ⲁ̅ⲩ̅ⲉ̅ⲓ̅ⲑ̅ⲉ̅
ⲧⲉⲥⲃ̣[ⲱ] | [ⲙ̄-ⲡⲓⲙ]ⲉϩ-ϥⲧⲟⲟⲩ ⲙ̄-ⲫⲱⲥ̣[ⲧⲏⲣ] | [ⲏ̅ⲗ̅ⲏ̅ⲗ̅]ⲏ̣̅ⲑ̅

ⲉⲧⲉ-ⲧⲁⲓ̈ ⲧⲉ ϯ[ϣⲟⲣ̄ⲡ] | [ⲛ̄-ⲟⲅⲇⲟ]ⲁⲥ ⲛ̄ⲧⲉ-ⲡⲓⲁⲩⲧ̣[ⲟⲅⲉⲛⲏⲥ] || [ⲛ̄-
ⲛⲟⲩⲧⲉ]•

ⲁ̣ⲩⲱ ⲁϥ-ϯ-∅ⲙ[ⲉⲧⲉ ⲛ̄ϭⲓ-ⲡⲓ]||[ⲱⲧ• ⲁ]ⲩⲱ̣ ⲁϥ-ⲣ̄ϣⲃⲏⲣⲛ̄-ϯ̣-[∅ⲙⲉⲧⲉ] |
[ⲛ̄ϭⲓ]-ⲡⲓⲡⲗⲏⲣⲱⲙⲁ ⲧⲏⲣ̣-ϥ̣ [ⲛ̄ⲧⲉ]-|[ⲛⲓⲫ]ⲱ̣ⲥⲧⲏⲣ̣ ⲉ-ⲁⲩ-ⲣ̄ϣⲟ[ⲣ̄ⲡ̄ⲛ̄-ⲉ͡ⲓ] |
[ⲉⲃ]ⲟⲗ ⲛ̄ϭ̣ⲓ-ϩ̣ⲉⲛⲇⲓⲁⲕⲱ̣[ⲛ][48]

[ⲡⲓϣⲟ]||[ⲣ̄ⲡ] ⲛ̄-ⲛⲟϭ ⲕ̅ⲁ̅ⲙ̅ⲁ̅ⲗ̅ⲓ̅ⲏ̅[ⲗ̅ ⲛ̄ⲧⲉ-ⲡⲓ]||[ⲛⲟϭ] ⲙ̄-ⲫⲱⲥⲧⲏⲣ
[ⲁ̅ⲣ̅ⲙ̅ⲟ̅ⲍ̅ⲏ̅ⲗ̅] |

[43] Luminary φώστηρ [44] Septet ἑβδομάς [45] Group of eleven ἑνδεκάς
[46] Consort σύζυγος [47] Perception αἴσθησις [48] Attendant διάκονος

μ[ν]-πινοϭ γ̄ᾱβ̄ρ̄ῑη̄[̄λ̄ ν̄τε-πινοϭ] | μ̄-μεϩ-cναγ μ̄-φω̣-[cτηρ ο̄ρ̄ο̄ϊ̄ᾱη̄λ̄] |
πινοϭ c̄ᾱμ̄β̄λ̄ω̣ ν̄[τε-πινοϭ] ‖ μ̄-μεϩ-ϣομ̄τ̄ μ̄-φω̣[cτηρ] | δ̄ᾱγ̄ε̄ῑθ̄ε̄
<πινοϭ>[49] ᾱβ̄ρ̄ᾱξ̄ᾱc̄ μ̣̄-[πινοϭ] | [μ̄]-μεϩ-ϥτοογ μ̄-φω̣-[cτηρ] | [η̄λ̄]η̣̄λ̄η̄θ̄•

αγω αγ-ε͡[ι εβολ ν̄ϭι]-|[ϩεν]c̣γνζγγοc ϩ̄ν̄-ọ[γϯ]-‖[∅μετ]ẹ ν̣̄τω-ογ ν̄τε-π[ιωτ] |

[πιμεεγ]ε μ̄-πιϣορ̣[̄π ν̄-νοϭ] | [γ̄ᾱμ̄ᾱλ̄ῑ]η̄λ̄
ταγαπ̣[η[50] μ̄-πιμεϩ]-|[cναγ] ν̣̄-νοϭ γ̄ᾱβ̄ρ̄ῑη̄[̄λ̄]
[ϯρηνη][51] | [μ̄-πι]ν̣οϭ μ̄-μεϩ-ϣ̣[ομ̄τ̄ cαμβλω] * *65:1
πωνϩ̄ ν̄-ϣα-ενεϩ μ̄-πν̣ọ[ϭ μ̄-μεϩ]-|ϥτοογ ᾱβ̄ρ̄ᾱc̄ᾱξ̄•

αγω ν̄ϯϩ[ε αγ]-|χωκ εβολ ν̄ϭι-ϯϯε ν̄-ογδ[οαc] | ϯαν-ϩμε ετ∅-χηκ̣ εβολ ϯ[ϭομ] ‖ ν̄ν-ατ-̄ρ̄-ϩερμην[εγ]ε μ̄μ[ο-c]• [το]‖[τ]ẹ πινοϭ ν̄-ϣαχε ν̄-αγτ[ογενηc] | [μ]ν̣̄-πιπληρωμα τηρ̄-ϥ ν̄[τε-πι]‖[ϥτοο]γ μ̄-φωcτηρ αγ-[εινε] | [εϩρ]αϊ ν̄-ọγcμογ μ̄-

πιν[οϭ ν̄]-‖[ατ-ναγ] ẹρ̣[ο-ϥ] αγω ν̄-ατ̣-[χοο-ϥ] | [ν̄-ατ-ϯ]-∅ρ̣α̣[ν] ερο-ϥ μ̄-παρ̣[θενικον] | [μ̄-πν̄]α̣
μν̄-ϯϩοογτ μ̄-π[αρθε]‖[νοc]
μ̣ν̣̄-ṇινοϭ ν̄ν-εων ν̄-δ̣[οξο]‖[μεδων]
μν̄-νιθρονοc ετ∅-[ν]‖[ϩραϊ ν̄ϩητ]-ọγ
μν̄-νιϭομ ετ∅-κ[ω]‖[τε ερο-ο]γ μν̄-ϩενεοογ μ[ν̄-ϩεν]‖-[ϭομ μ]ν̣̄-ϩ[εν]εξογcια[52]
μν̄-π̣ϣμ[τ]-|[ϩοογτ ν̄-αλ]ọγ
μν̄-ϯϩοογτ μ̄-|[παρθενοc] ῑ̄ο̄γ̄η̣̄λ̄
μν̄-η̄c̄η̄φ̄η̄χ̄ ‖ [πιρεϥ-αμαϩ]ṭε μ̄-πεοογ
μν̄-|[πικλομ ν̄τε]-πεϥεοογ
μν̄-|[πιπληρ]ωμα τηρ̄-ϥ μν̄-νιεοọ[γ] | [τηρ-ογ] ετ∅-ν̄ϩραϊ ϩ̄ν̄-νιπληρω̣[μα] | [ν̄ν-ατ-χι]οορ μ̄μο-[ογ] μ̣[ν̄-νι]‖[εων ν̄ν]-α̣τ-ϯ-∅ραν ερ[ο-ογ

ϩ͡ινα] | [- - -] ν̄cε-μογτẹ [ε-πιωτ χε]-|[πιμεϩ-δ̄][53] μ̣ν̄-ϯγενεα̣ [ν̄-ατ-κιμ] | [ν̄-ατ-χωϩ̄]μ ν̄τε-π[ι]ω[τ αγω] | [ν̄το]ογ ν̄cε-μογτẹ [ερο-c χε]-‖[ϯc]π̣ọρα[54] ν̄τε-πινοϭ c̣[ηθ]•

[49] <πινοϭ> omitted by the ancient copyist [50] Love ἀγάπη [51] Peace εἰρήνη
[52] Authority ἐξουσία [53] δ̄ Numeral ‘4’ [54] Seed, sowing, posterity σπορά

*66:1 [ⲧⲟ]||[ⲧⲉ ⲁⲩ-ⲕⲓ]ⲙ ⲛ̄ϭⲓ-ⲛⲁï ⲧⲏⲣ̣-[ⲟⲩ]• *[ⲁⲩⲱ ⲟⲩϣ̄]ⲧ̄ⲣ̣ⲧ̄ⲣ̄ ⲁϥ-ⲧⲁϩⲟ ⲛ̄-ⲛⲓⲁⲧ-|[ϫⲱϩ̄]ⲙ• ϩⲟⲧⲁⲛ ⲉⲧⲁ-ⲡⲓϣⲙ̄ⲧ̄-ϩⲟⲟⲩⲧ | [ⲛ̄-ⲁⲗⲟ]ⲩ ⲉ͡ⲓ ⲉⲃⲟⲗ ⲛ̄ⲥⲁϩⲣⲁï ϣⲁϩⲣⲁï | [ⲉ-ⲛⲓⲁⲧ]-ⲙⲓⲥⲉ ⲙ̣ⲛ̣̄-ⲛⲓϫⲡⲟ ⲉⲃⲟⲗ ⲙ̄ⲙⲟ̣-||[ⲟⲩ ⲙ]ⲁ̣ⲩⲁ̣[ⲁ-ⲩ] ⲙ̣ⲛ̄-ⲉϩⲣⲁï ⲉ-ⲛⲏ ⲉⲧ-[ⲁⲩ]-|[ϫⲡⲟ-ⲟ]ⲩ ⲉϩⲣⲁï ⲉ-ⲡⲓϫⲡⲟ ⲁϥ-ⲉ͡ⲓ ⲉ̣[ⲃⲟⲗ] | [ⲛ̄ϭⲓ-ⲡⲓ]ⲛⲟϭ ⲡⲁ-ⲛⲓⲙⲛ̄ⲧ-ⲛⲟ[ϭ ⲧⲏⲣ-ⲟⲩ] | [ⲛ̄ⲧⲉ]-ⲡ̣ⲓⲛⲟϭ ⲛ̄-ⲭ̄ⲥ̄• ⲁⲩⲱ ⲁϥ-ⲧⲁϫ̣[ⲣⲟ] | [ⲛ̄-ϩⲉⲛ]ⲑⲣⲟⲛⲟⲥ ⲛ̄ⲧⲉ-ⲡⲉ̣ⲟⲟⲩ [ϩ̄ⲙ]-||[ⲡⲓ-ϥⲧⲟⲟⲩ] ⲛ̄ⲛ-ⲉⲱⲛ̣• [ⲁⲩⲱ ⲛ̄ⲧ-ⲁⲩ]-|[ⲕⲱⲧ]ⲉ [ⲉ]ⲣ̣ⲟ-ⲟⲩ ⲛ̄ϭⲓ-ϩⲉⲛⲁⲛ-[ⲧⲃⲁ ⲛ̄]-|[ϭⲟⲙ] ⲛ̄-ⲁⲧ-ϯ-$^{\emptyset}$ⲏⲡⲉ ⲉⲣⲟ-ⲟⲩ [ϩⲉⲛ]|[ⲉⲟ]ⲟⲩ ⲙⲛ̄-ϩ[ⲉ]ⲛⲁⲧ-ϫⲱϩ̄ⲙ• [ⲁⲩⲱ ⲛ̄ϯ]|[ϩⲉ] ⲁϥ-ⲉ͡ⲓ ⲉⲃⲟⲗ̣• ⲁⲩⲱ ⲁⲥ-ϫ[ⲓⲥⲉ ⲛ̄ϭⲓ-ϯ]||[ⲁⲧ]-ϫⲱϩ̄ⲙ ϯⲡ̄ⲛ̄ⲁ̄ⲧ[ⲓⲕⲏ[55] ⲛ̄-ⲉⲕ]|[ⲕⲗⲏ]ⲥ̣ⲓ̣ⲁ[56] ⲛ̄ϩⲣⲁï ϩ̄ⲙ-ⲡⲓϥⲧ̣[ⲟⲟⲩ ⲙ̄]-|ⲫⲱ̣ⲥ̣ⲧⲏⲣ ⲛ̄ⲧⲉ-ⲡⲓ̣[ⲛⲟϭ ⲛ̄-ϣⲁϫⲉ] | ⲛ̄-ⲁⲩⲧⲟⲅ̣ⲉⲛⲏⲥ ⲉⲧ$^{\emptyset}$-[ⲟⲛ̄ϩ ⲡⲓⲛⲟⲩⲧⲉ] | ⲛ̄ⲧⲉ-ⲧ̣ⲙ̄ⲛ̄ⲧ̣-ⲙⲉ ⲉⲩ-[ⲥⲙⲟⲩ ⲁⲩⲱ] || ⲉⲩ-ϩⲱ̣ⲥ ⲉⲩ-ϯ-$^{\emptyset}$ⲉⲟ̣[ⲟⲩ ϩ̄ⲛ-ⲟⲩⲥⲙⲏ] | ⲧⲏⲣ̣-ⲟⲩ ϩ̄ⲛ-ⲟⲩϩ͡ⲓⲕ̣ⲱ̣[ⲛ ⲛ̄-ⲟⲩⲱⲧⲉ] | ϩ̣ⲛ̄-ⲟⲩ̣ϩ̣ⲣⲟⲟⲩ ⲛ̄-ⲁⲧ-ⲕⲁⲣⲱ̣-[ϥ ⲙ̄-

ⲡⲓⲱⲧ] |
ⲙⲛ̣̄-ⲧⲙⲁⲁⲩ
ⲙⲛ̄-ⲡϣⲏⲣ[ⲉ
ⲙⲛ̄-ⲡⲓ]|[ϫⲱⲕ] [ⲉⲃⲟ]ⲗ̣ ⲉⲧ̄$^{\emptyset}$-ⲛⲧⲁ-ⲩ [ⲡⲏ ⲉⲛ]||[ⲧ-ⲁï-ⲣ̄ϣⲟⲣ̄ⲡ]ⲛ̄-ϫⲟⲟ-ϥ ⲉ. .[.]
[ϯϯⲉ ⲛ̄]-|[ⲥⲫⲣⲁⲅⲓⲥ] ⲉⲧ$^{\emptyset}$-ⲕⲏ ⲉϩⲣⲁï [ⲉϫ̄ⲛ-ⲛⲓ]|[ⲁⲛ-ⲧⲃⲁ]
ⲙ̣ⲛ̣-ⲛⲏ ⲉⲧ̄$^{\emptyset}$-[ⲣ̄-ⲁⲣⲭⲓ[57] ⲉϩⲣⲁï] | [ⲉϫ̄ⲛ-ⲛⲓⲉ]ⲱⲛ
ⲙⲛ̄-ⲛⲓⲥ̣[ⲁ]ϯⲣ̣ⲟ[ⲥ[58] ⲛⲏ] | [ⲉⲧ̄$^{\emptyset}$-ⲣ-ⲫⲟ]ⲣⲓ[59] ⲙ̄-ⲡⲉⲟⲟⲩ ⲉ-ⲁⲩ-ϯ̣ ||
*67:1 [ⲛⲁ-ⲩ ⲙ̄]-ⲡⲟⲩⲁϩ-$^{\emptyset}$ⲥⲁϩⲛⲉ [ⲉ-$^{\emptyset}$ⲟⲩⲱⲛ̄ϩ] *ⲉⲃⲟⲗ ⲛ̄-ⲛⲏ ⲉⲧ̄$^{\emptyset}$-̄ⲙⲡϣ[ⲁ]•
ϩ[ⲁⲙⲏⲛ]• |

ⲧⲟⲧⲉ ⲡⲓⲛⲟϭ ⲥ̄ⲏ̄ⲑ̄ ⲡϣⲏⲣⲉ [ⲛ̄ⲧⲉ-ⲡⲓ]|ⲁⲧ-ϫⲱϩ̄ⲙ ⲛ̄-ⲣⲱⲙⲉ ⲁ[ⲇ]ⲁⲙⲁ[ⲥ ⲁϥ-ⲉⲓ]|ⲛⲉ ⲉϩⲣⲁï ⲛ̄-ⲟⲩⲥ̣[ⲙⲟⲩ] ⲙ̄-

ⲡ[ⲓⲛⲟϭ ⲛ̄]||ⲛ̣-ⲁⲧ-ⲛⲁⲩ ⲉⲣⲟ-[ϥ ⲁⲩⲱ ⲛ̄-ⲁⲧ-ϫⲟⲟ-ϥ] | [ⲁⲩ]ⲱ ⲛ̄-[ⲁ]ⲧ-ϯ-$^{\emptyset}$ⲣⲁⲛ ⲉⲣⲟ-ϥ [ⲙ̄-ⲡⲁⲣⲑⲉⲛⲓ]|[ⲕⲟⲛ ⲙ̄]-ⲡ̄ⲛ̄ⲁ̄
ⲙⲛ̄-ϯϩⲟⲟⲩ[ⲧ ⲙ̄-ⲡⲁⲣ]|[ⲑⲉⲛⲟ]ⲥ
ⲙⲛ̄-ⲡⲓϣⲙ̄ⲧ̄-ϩⲟⲟ̣[ⲩⲧ ⲛ̄-ⲁⲗⲟⲩ] |
*Codex III [ⲙⲛ̄-ϯ]ϩⲟⲟⲩⲧ ⲙ̣̄-ⲡ̣ⲁⲣⲑ̣[ⲉⲛⲟⲥ ïⲟⲩⲏⲗ][60]
55:22 *ⲙⲛ̄-ⲏⲥⲏⲫⲏⲭ | ⲡ-ⲉⲧ$^{\emptyset}$-ⲉⲙⲁϩⲧⲉ ⲙ̄-ⲡⲉⲟⲟⲩ
*56:1 ⲙⲛ̄-ⲡⲉ|ⲕⲗⲟⲙ ⲙ̄-ⲡⲉϥⲉⲟⲟⲩ ⲡⲁⲗⲟⲩ ⲙ̄-ⲡⲁⲗⲟⲩ *

[55] Spiritual πνευματικός, -ή, -όν [56] Congregation, church ἐκκλησία [57] Preside ἀρχεῖν [58] ⲥⲁϯⲣⲟⲥ (Codex III ⲥⲧⲣⲁⲧⲏⲅⲟⲥ) leader, general στρατηγός [59] Convey, wear φορεῖν [60] From here until p. 71:1, the surviving text of Codex IV is too fragmentary to use, and so the version in Codex III has been substituted.

ⲙⲛ̄-ⲛ̄ⲛⲟϭ ⲛ̄-ⲇⲟⳍⲟⲙⲉⲇⲱⲛ ⲛ̄-ⲁⲓⲱ̣[ⲛ] |
ⲙⲛ̄-ⲡⲉⲡⲗⲏⲣⲱⲙⲁ ⲛ̄ⲧ-ⲁⲉⲓ-ϫⲟⲟ-ϥ ⲛ̣̄|ϣⲟⲣⲡ•

ⲙⲛ̄-ⲧⲉϥⲥⲡⲟⲣⲁ[61] ⲁϥ-ⲁⲓⲧⲓ ⲙ̄ⲙⲟ-ⲥ• | ⲧⲟⲧⲉ ⲁⲥ-ⲉⲓ ⲉⲃⲟⲗ ϩⲙ̄-ⲡⲙⲁ ⲉⲧ∅-ⲙ̄ⲙⲁⲩ || ⲛ̄ϭⲓ-ⲧⲛⲟϭ ⲛ̄-ⲇⲩⲛⲁⲙⲓⲥ[62] ⲙ̄-ⲡⲛⲟϭ ⲛ̄-|ⲟⲩⲟⲉⲓⲛ ⲡⲗⲏⲥⲓⲑⲉⲁ ⲧⲙⲉⲉⲩ ⲛ̄-ⲛ̄ⲁⲅ|ⲅⲉⲗⲟⲥ ⲧⲙⲉⲉⲩⲉ ⲛ̄-ⲛ̄ⲟⲩⲟⲉⲓⲛ ⲧⲙⲉ|ⲉⲩⲉ ⲉⲑⲁ-∅ⲉⲟⲟⲩ ⲧⲡⲁⲣⲑⲉⲛⲟⲥ ⲧⲁ-ⲧⲉ|ϥⲧⲟ ⲛ̄-ⲕⲓⲃⲉ ⲉⲥ-ⲉⲓⲛⲉ ⲛ̄-ⲡⲕⲁⲣⲡⲟⲥ ⲉ||ⲃⲟⲗ ϩⲛ̄-ⲅⲟⲙⲟⲣⲣⲁ ⲛ̄-ⲡⲏⲅⲏ ⲙⲛ̄-ⲥⲟ|ⲇⲟⲙⲁ ⲉⲧⲉ-ⲡⲕⲁⲣⲡⲟⲥ ⲛ̄-ⲧⲡⲏⲅⲏ ⲛ̄-|ⲅⲟⲙⲟⲣⲣⲁ ⲉⲧ∅-ⲛϩⲏⲧ-ⲥ• ⲁⲥ-ⲉⲓ ⲉⲃⲟⲗ | ϩⲓⲧⲟⲟⲧ-ϥ ⲙ̄-ⲡⲛⲟϭ ⲛ̄-ⲥⲏⲑ• ⲧⲟⲧⲉ | ⲡⲛⲟϭ ⲛ̄-ⲥⲏⲑ ⲁϥ-ⲧⲉⲗⲏⲗ ⲉϩⲣⲁ̈ⲓ ⲉϫⲙ̄-||ⲡⲉϩⲙⲟⲧ ⲛ̄ⲧ-ⲁⲩ-ⲭⲁⲣⲓⲍⲉ[63] ⲙ̄ⲙⲟ-ϥ ⲛⲁ-ϥ | ⲉⲃⲟⲗ ϩⲓⲧⲟⲟⲧ-ϥ ⲙ̄-ⲡⲁⲫⲑⲁⲣⲧⲟⲥ[64] ⲛ̄-|ⲁⲗⲟⲩ• ⲁϥ-ϫⲓ ⲛ̄-ⲧⲉϥⲥⲡⲟⲣⲁ ⲉⲃⲟⲗ | ϩⲓⲧⲟⲟⲧ-ⲥ ⲛ̄-ⲧⲁ-ⲧⲉϥⲧⲟ ⲛ̄-ⲕⲓⲃⲉ ⲧⲡⲁⲣ|ⲑⲉⲛⲟⲥ• ⲁϥ-ⲧⲁϩⲟ ⲙ̄ⲙⲟ-ⲥ ⲉⲣⲁⲧ-ϥ ⲛⲙ̄||ⲙⲁ-ϥ[65] ⲛ̄ϩⲣⲁ̈ⲓ ϩⲛ̄-ⲡⲙⲉϩ-ϥⲧⲟⲟⲩ ⲛ̄-ⲁⲓ|ⲱⲛ ϩⲙ̄-ⲡⲙⲉϩ-ϣⲟⲙⲛ̄ⲧ ⲛ̄-ⲛⲟϭ ⲛ̄-|ⲟⲩⲟⲉⲓⲛ ⲇⲁⲩⲉⲓⲑⲉ•

ⲙⲛ̄ⲛ̄ⲥⲁ-ϯⲟⲩ | ⲛ̄-ϣⲟ ⲛ̄-ⲣⲟⲙⲡⲉ ⲡⲉϫⲁ-ϥ ⲛ̄ϭⲓ-ⲡⲛⲟϭ | ⲛ̄-ⲟⲩⲟⲉⲓⲛ ⲏⲗⲉⲗⲏⲑ ϫⲉ-ⲙⲁⲣⲉ-ⲟⲩⲁ ⲣ̄-∅||ⲣ̄ⲣⲟ ⲉϫⲛ̄-ⲡⲉⲭⲁⲟⲥ[66] ⲙⲛ̄-ⲁⲙⲛ̄ⲧⲉ• | ⲁⲩⲱ ⲁⲥ-ⲟⲩⲱⲛϩ ⲉⲃⲟⲗ ⲛ̄ϭⲓ-ⲟⲩϭⲏⲡⲉ *[- - -]ⲉ ϩⲩⲗⲓⲕⲏ[67] ⲥⲟⲫⲓⲁ•[68] | *57:1 [- - - ⲁⲥ]-ϭⲱϣⲧ ⲉⲃⲟⲗ ⲉ-ⲛⲙⲉ|[- - -] ⲉⲣⲉ-ⲡⲉⲥϩⲟ ⲟ ⲛ̄ⲑⲉ ⲛ̄-|[- - - ϩ]ⲙ̄-ⲡⲉⲥⲥⲙⲟⲧ ⲛⲉϥ-||[- - -]ⲥ̣ⲛⲟϥ•

ⲁⲩⲱ ⲡⲉϫⲁ-ϥ | [ⲛ̄ϭⲓ-ⲡⲛⲟϭ ⲛ̄-ⲁ]ⲅ̣ⲅⲉ̣ⲗⲟⲥ ⲅⲁⲙⲁⲗⲓⲏⲗ | [ⲙ̄-ⲡⲛⲟϭ ⲅⲁⲃⲣⲓⲏ]ⲗ̣ ⲡⲇⲓⲁⲕⲱⲛ ⲙ̄-|[ⲡⲛⲟϭ ⲙ̄-ⲫⲱⲥⲧ]ⲏⲣ ⲟ̄ⲣ̄ⲟ̄ⲓ̈̄ⲁ̄ⲏ̄ⲗ̄• ⲡⲉ|[ϫⲁ-ϥ ϫⲉ-ⲙⲁⲣⲉ-ⲩ]ⲁⲅⲅⲉⲗⲟⲥ ⲉⲓ ⲉⲃⲟⲗ || [ϫⲉⲕⲁⲁⲥ ⲉϥⲉ-ⲣ̄-∅ⲣ̄]ⲣⲟ ⲉϫⲙ̄-ⲡⲉⲭⲁⲟⲥ | [ⲙⲛ̄-ⲁⲙⲛ̄ⲧⲉ• ⲧ]ⲟ̣ⲧⲉ ⲧϭⲏⲡⲉ ⲉⲥ-ⲙⲁ|[- - -]ⲗ̣ ϩⲛ̄-ⲧⲙⲟⲛⲁⲥ[69] ⲥ̄ⲛ̄ⲧⲉ | [- - -]ⲟⲩⲉⲓ ⲛ̄-ⲟⲩⲟⲉⲓⲛ ⲛ̄-|[- - -]ⲟⲥ ⲡ-ⲉⲛⲧ-ⲁⲥ-ⲧⲁϩⲟ-ϥ || [- - -] ϩⲛ̄-ⲧϭⲏⲡⲉ ⲙ̄ⲡⲥⲁ<ϩ>ⲣ|[ⲉ• ⲧⲟⲧⲉ ⲁϥ-ⲛ]ⲁ̣ⲩ ⲛ̄ϭⲓ-ⲥⲁⲕⲗⲁ ⲡⲛⲟϭ | [ⲛ̄-ⲁⲅⲅⲉⲗⲟⲥ ⲉ]-ⲡ̣ⲛⲟϭ ⲛ̄-ⲇⲁⲓⲙⲱⲛ ⲉ|[ⲧ∅-ⲛ̄ⲙⲙⲁ-ϥ ⲛⲉⲃⲣ]ⲟ̣ⲩⲏⲗ• ⲁⲩⲱ ⲁⲩ-ϣⲱⲡⲉ | [- - - ⲛ̄-ⲟⲩ]ⲡ̣̄ⲛ̄ⲁ̄ ⲛ̄-ϫⲡⲟ ⲛ̄ⲧⲉ-ⲡⲕⲁϩ || [- - -]ⲁⲅⲅⲉⲗⲟⲥ ⲉⲩ-ⲡⲁⲣⲁⲥ|[ⲧⲁⲧⲉⲓ•[70] ⲡⲉϫⲁ-ϥ] ⲛ̄ϭⲓ-ⲥⲁⲕⲗⲁ ⲙ̄-ⲡⲛⲟϭ | [ⲛ̄-ⲇⲁⲓⲙⲱⲛ ⲛⲉⲃ]ⲣⲟⲩⲏⲗ ϫⲉ-ⲙⲁⲣⲟⲩ-ϣⲱ|[ⲡⲉ ⲛ̄ϭⲓ-ⲡⲙⲛ̄ⲧ-ⲥ]ⲛ̣ⲟⲟⲩⲥ ⲛ̄-ⲁⲓⲱⲛ ϩⲙ̄-|[- - -]ⲁⲓⲱⲛ ϩⲛ̄ⲕⲟⲥⲙⲟⲥ ⲛ̄||[- - - . ⲡⲉ]ϫ̣ⲁ-ϥ ⲛ̄ϭⲓ-ⲡⲛⲟϭ ⲛ̄-ⲁⲅ|[ⲅⲉⲗⲟⲥ ⲥⲁⲕⲗⲁ] ϩⲙ̄-ⲡⲟⲩⲱϣ ⲙ̄-ⲡⲁⲩⲧⲟ*ⲅⲉⲛⲏⲥ ϫⲉ-ⲉⲣⲉ-ⲡⲉ[- - -] | ⲛ̄-ⲧⲏⲡⲉ *58:1 ⲛ̄-ⲥⲁϣϥ [- - -]• | ⲁⲩⲱ ⲡⲉϫⲁ-ϥ ⲛ̄-ⲛ[ⲓⲛⲟϭ ⲛ̄-ⲁⲅⲅⲉⲗⲟⲥ] | ϫⲉ-ⲙⲁ-ϣⲉ ⲛⲏ-ⲧⲛ̄ ⲛ̄[ⲧⲉ-ⲡⲟⲩⲁ ⲡⲟⲩⲁ] || ⲙ̄ⲙⲱ-ⲧⲛ̄ <ⲣ̄->∅ⲣ̄ⲣⲟ[71] ⲉ-ⲡⲉϥ̣[- - - . ⲁⲩ]-|ϣⲉ ⲛ̄ϭⲓ-ⲡⲟⲩⲁ ⲡⲟⲩ̣[ⲁ - - -]|ⲙⲛ̄ⲧ-ⲥⲛⲟⲟⲩⲥ ⲛ̄-[ⲁⲅⲅⲉⲗⲟⲥ]•

[61] ⲁⲩⲱ ⲧⲉϥⲥⲡⲟⲣⲁ is expected [62] Power δύναμις [63] Bestow χαρίζειν [64] Incorruptible ἄφθαρτος [65] ⲉⲣⲁⲧ-ⲥ ⲛⲙ̄ⲙⲁ-ⲥ is expected [66] Chaos χάος [67] Material ὑλικός, -ή, -όν [68] Wisdom σοφία [69] Unit, monad μονάς [70] Help παραστατεῖν [71] <ⲣ̄-> omitted by the ancient copyist

[ⲡϣⲟⲣⲡ] | ⲛ̄-ⲁⲅⲅⲉⲗⲟⲥ ⲡⲉ ⲁⲑ̣[ⲱⲑ• ⲡⲁⲓ̈ ϩⲱⲱ-ϥ] | ⲡⲉⲧⲟⲩ-ⲙⲟⲩⲧⲉ ⲉⲣ[ⲟ-ϥ ⲛ̄ϭⲓ-ⲛ̄ⲛⲟϭ ⲛ̄-ⲅⲉ]||ⲛⲉⲁ ⲛ̄-ⲛ̄ⲣⲱⲙⲉ ϫⲉ-[- - -]•
[ⲡⲙⲉϩ]-|ⲥⲛⲁⲩ ⲡⲉ ϩⲁⲣⲙⲁⲥ [ⲉⲧⲉ-ⲡⲃⲁⲗ ⲙ̄-ⲡⲕⲱϩⲧ] | ⲡⲉ•
ⲡⲙⲉϩ-ϣⲟⲙⲛ̄[ⲧ ⲡⲉ ⲅⲁⲗⲓⲗⲁ]•
[ⲡⲙⲉϩ]-|ϥⲧⲟⲟⲩ ⲡⲉ ⲓ̈ⲱⲃⲏⲗ•
[ⲡⲙⲉϩ-ϯⲟⲩ ⲡⲉ ⲁ]||ⲇⲱⲛⲁⲓⲟⲥ ⲡ-ⲉⲧⲟⲩ-ⲙ[ⲟⲩⲧⲉ ⲉⲣⲟ-ϥ ϫⲉ-ⲥⲁ]||ⲃⲁⲱⲑ•
ⲡⲙⲉϩ-ⲥⲟⲟⲩ [ⲡⲉ ⲕⲁⲓ̈ⲛ ⲡ-ⲉⲧⲟⲩ]-|ⲙⲟⲩⲧⲉ ⲉⲣⲟ-ϥ ⲛ̄ϭⲓ-ⲛ̄[ⲛⲟϭ ⲛ̄-ⲅⲉⲛⲉⲁ ⲛ̄]-|ⲣ̄ⲣⲱⲙⲉ ϫⲉ-ⲡⲣⲏ•
ⲡ[ⲙⲉϩ-ⲥⲁϣ̄ϥ ⲡⲉ ⲁⲃⲉⲗ]• |
ⲡⲙⲉϩ-ϣⲏ̄[72] ⲁⲕⲓⲣⲉⲥⲥⲓⲛⲁ•
ⲡ̣[ⲙⲉϩ-ⲯⲓⲥ ⲓ̈ⲟⲩⲃⲏⲗ]• |
ⲡⲙⲉϩ-ⲙⲏⲧ ⲡⲉ ϩⲁⲣⲙ̣[ⲟⲩⲡⲓⲁⲏⲗ]•
[ⲡⲙⲉϩ]-||ⲙⲛ̄ⲧ-ⲟⲩⲏⲉ ⲡⲉ ⲁⲣⲭ[ⲉⲓⲣ ⲁⲇⲱⲛⲉⲓⲛ]• |
ⲡⲙⲉϩ-ⲙⲛ̄ⲧ̄-ⲥⲛⲟⲟⲩ[ⲥ ⲡⲉ ⲃⲉⲗⲓⲁⲥ]•
[ⲛⲉ]||ⲉⲓ ⲛⲉⲧ$^{\emptyset}$-ϩⲓϫⲛ̄-ⲁⲙⲛ̄ⲧ[ⲉ ⲙⲛ̄-ⲡⲉⲭⲁⲟⲥ]• |

ⲁⲩⲱ ⲙⲛ̄ⲛ̄ⲥⲁ-ⲡⲥⲁⲃⲧ̣[ⲉ - - -] | ⲡⲉϫⲉ-ⲥⲁⲕⲗⲁ ⲛ̄-ⲛⲉϥⲁ̣[ⲅⲅⲉⲗⲟⲥ ϫⲉ-
ⲁ]||ⲛⲟⲕ ⲁⲛⲟⲕ-ⲟⲩⲛⲟⲩ[ⲧⲉ ⲛ̄-ⲣⲉϥ-ⲕⲱϩ]• | ⲁⲩⲱ ⲁϫⲛ̄ⲧ-$^{\emptyset}$ ⲙ̄ⲡⲉ-ⲗⲁⲁ[ⲩ
*59:1 ϣⲱⲡⲉ - - - ⲡⲓ]*ⲑⲉ[73] ⲉ-ⲧⲉϥϩⲩⲡⲟⲥⲧⲁⲥⲓⲥ•[74] ⲧⲟⲧⲉ ⲟⲩⲥⲙⲏ | ⲁⲥ-ⲉⲓ̣
ϩⲓ-ⲡϫⲓⲥⲉ ⲉⲥ-ϫⲱ ⲙ̄ⲙⲟ-ⲥ ϫⲉ-ϥ-ϣⲟ|ⲟⲡ ⲛ̄ϭⲓ-ⲡⲣⲱⲙⲉ ⲙⲛ̄-ⲡϣⲏⲣⲉ
ⲛ̄-ⲡⲣⲱ|ⲙⲉ ⲉⲧⲃⲉ-ⲧⲕⲁⲧⲁⲃⲁⲥⲓⲥ[75] ⲛ̄-ⲧϩⲓⲕⲱⲛ ⲙ̄||ⲡⲥⲁϩⲣⲉ ⲉϯⲛⲉ ⲛ̄-
ⲧⲉⲥⲥⲙⲏ ϩⲙ̄-ⲡϫⲓⲥⲉ | ⲛ̄-ⲧϩⲓⲕⲱⲛ•

ⲛ̄ⲧ-ⲁⲥ-ϭⲱϣⲧ ⲉⲃⲟⲗ• ⲉ|ⲃⲟⲗ ϩⲓⲧⲙ̄-ⲡϭⲱϣⲧ ⲛ̄-ⲧϩⲓⲕⲱⲛ ⲙ̄|ⲡⲥⲁϩⲣⲉ
ⲁⲩ-ⲡⲗⲁⲥⲥⲁ[76] ⲙ̄-ⲡⲉϩⲟⲩⲉⲓⲧ ⲛ̄-|ⲡⲗⲁⲥⲙⲁ[77] ⲡⲁⲓ̈ ⲉⲧⲃⲏⲏⲧ̄-ϥ ⲁ-||ⲧⲙⲉ-
ⲧⲁⲛⲟⲓⲁ[78] ϣⲱⲡⲉ• ⲁⲥ-ϫⲓ ⲙ̄-ⲡⲉⲥ|ϫⲱⲕ ⲙⲛ̄-ⲧⲉⲥϭⲟⲙ ϩⲙ̄-ⲡⲟⲩⲱϣⲉ |
ⲙ̄-ⲡⲉⲓⲱⲧ ⲙⲛ̄-ⲧⲉϥⲉⲩⲇⲟⲕⲓⲁ[79] ⲉⲧ-ⲁϥ-|ⲉⲩⲇⲟⲕⲓ[80] ⲉϫⲛ̄-ⲧⲛⲟϭ ⲛ̄-ⲅⲉⲛⲉⲁ
*Codex IV ⲛ̄-ⲁ|ⲫⲑⲁⲣⲧⲟⲛ ⲉⲧⲉ-ⲙⲉⲥ-ⲕⲓⲙ ⲛ̄-ⲛⲓⲛⲟϭ || ⲛ̄-ⲣⲱⲙⲉ ⲛ̄-ϫⲱⲱⲣⲉ ⲙ̄-
71:1 ⲡⲛⲟϭ ⲛ̄-ⲥⲏⲑ[81] | *ⲡⲏ ⲉⲧ-ⲁϥ-ⲥⲟⲧ̄-ⲥ ⲉϩⲣⲁⲓ̈ ⲉ-ⲛⲓⲉⲱⲛ ⲛ̄-ϫⲡⲟ | ⲛ̄-ⲕⲁϩ
ϩ͡ⲓⲛⲁ ⲉⲧⲃⲏⲏⲧ̄-ⲥ ⲛ̄ⲥⲉ-ϫⲱⲕ ⲛ̄ϭ[ⲓ]-|ⲛⲓϩⲁⲉⲟⲩ• ⲧⲏ [ⲅⲁ]ⲣ ⲉⲧ-ⲁⲥ-ⲉ͡ⲓ
ⲉⲡⲉⲥⲏⲧ | ⲉⲃⲟⲗ ϩⲙ̄-ⲡϫⲓⲥⲉ ⲉϩⲣⲁⲓ̈ ⲉ-ⲡⲕⲟⲥⲙ[ⲟⲥ] || ⲛ̄-ⲉⲓⲛⲉ ⲛ̄-ⲟⲩϣⲏ
ⲉ-ⲁ. .[.]ⲁⲥ ⲁⲥ-ⲉ͡[ⲓ ⲉ-$^{\emptyset}$ⲉ]||[ⲣ]ⲏⲧ•

[72] ϣ = ϣⲙⲟⲩⲛ 'eight', ⲏ̄ = numeral '8' [73] Be persuaded πείθεσθαι [74] Origin, genesis, reality, nature ὑπόστασις [75] Descent κατάβασις [76] Model πλάσσειν [77] Modeled form, thing that has been moulded πλάσμα [78] Repentance μετάνοια [79] Delight εὐδοκία [80] Take delight εὐδοκεῖν [81] From here until Codex IV p. 77:18, the text of Codex IV survives well enough to be edited.

ⲁⲩⲱ ⲙⲛ̄ⲛ̄ⲥⲁ-ⲧⲥ̣ⲡⲟⲣⲁ ⲛ̄[ⲧⲉ]-|[ⲡ]ⲁ̣ⲣⲭⲱⲛ[82] ⲛ̄ⲧⲉ-ⲡⲉⲓ̈ⲁⲓⲱⲛ [ⲁ]ⲩⲱ ⲛⲓ[ⲉⲃⲟⲗ] | [ⲙ̄ⲙ]ⲟ-ϥ [ⲧ]ⲏ ⲉⲧ$^{\emptyset}$-ⲥⲟⲟϥ ⲁⲩⲱ [ⲉ]ⲧ̣$^{\emptyset}$-[ⲧⲁⲕ]‖[ⲏⲩ]ⲧ̣ ⲛ̄ⲧⲉ-ⲡⲓⲛⲟⲩⲧⲉ ⲛ̄-ϭ.[- - -] ‖ [ⲁⲩⲱ ⲙⲛ̄ⲛ̄ⲥⲁ]-ⲧⲥⲡⲟⲣⲁ ⲛ̄-ⲁ[ⲇⲁⲙ ⲡⲣⲏ] | [ⲙⲛ̄-ⲥⲏ̄ⲑ ⲡⲓⲛ]ⲟ̣ϭ ⲧⲟⲧⲉ ⲁϥ-ⲉ͡[ⲓ ⲉⲃⲟⲗ] ⲛ̣̄ϭⲓ-|[ⲡⲓⲛⲟϭ ⲛ̄]-ⲁⲅ̣ⲅ̣ⲉ̣ⲗⲟⲥ ϩⲟⲣⲙⲟⲥ ⲉ-$^{\emptyset}$ⲥ̣[ⲟ]ⲃⲧⲉ | [ⲉⲃⲟⲗ ϩ͡ⲓⲧⲟⲟⲧ]-ⲟⲩ ⲛ̄-ⲛⲓⲡⲁⲣⲑⲉⲛⲟⲥ | [ⲛ̄ⲧⲉ-ⲧⲥⲡⲟⲣ]ⲁ ⲉⲧ$^{\emptyset}$-ϫⲁϩⲙ̄ ⲛ̄ⲧⲉ-ⲡⲉⲓ̈ⲁⲓⲱ̣[ⲛ] ‖ [ϩⲛ̄-ⲟⲩⲥⲕⲉ]ⲩⲟⲥ[83] ⲛ̄-ϫⲡⲟ ⲛ̄-ϣ̣ⲁϫⲉ ⲉϥ-‖[ⲟⲩⲁⲁⲃ ⲉⲃⲟⲗ ϩ͡]ⲓ̣ⲧⲟⲟⲧ̄-ϥ̄ ⲙ-ⲡ̣̄[ⲡ]ⲛ̄ⲁ ⲉ|[ⲧ$^{\emptyset}$-ⲟⲩⲁⲁⲃ ⲛ̄-ⲧⲥ]ⲡⲟⲣⲁ ⲛ̄ⲧⲉ̣-[ⲡ]ⲓ̣ⲛⲟϭ | [ⲛ̄-ⲥⲏ̄ⲑ̄]•

[ⲧⲟⲧ]ⲉ ⲡⲓⲛⲟϭ ⲥⲏ̄[ⲑ̄ ⲁϥ]-ⲉ͡ⲓ• | [ⲁϥ-ⲉⲓⲛⲉ ⲛ̄-ⲧⲉ]ϥⲥⲡⲟⲣⲁ• ⲁ[ⲩⲱ ⲁ]ϥ-ⲥⲁ‖[ⲧ̄-ⲥ̄ ⲉϩⲣⲁⲓ̈ ⲉ-ⲛⲓ]ⲉⲱⲛ ⲛ̄-ϫ[ⲡⲟ ⲛ̄]-ⲕⲁϩ | [ⲉⲧⲉ-ⲧⲉⲩⲏⲡⲉ] ⲟⲩⲁⲧ-ⳁ-[$^{\emptyset}$ϣⲓ ⲉ]ⲣⲟ-|[ϥ ⲡⲉ ⲛ̄]-ⲥⲟⲇⲟⲙⲏ• ⲛ̄ⲧ[ⲟⲟⲩ ⲇ]ⲉ ⲁⲩ-|[ⲙⲟⲩⲧⲉ] ⲉ̣ⲣⲟ-ⲟⲩ ϫⲉ-ⲟ[ⲩ...]ⲏ ⲛ̄|[ⲧⲉ-ⲡⲓⲛⲟ]ϭ̣ ⲥⲏ̄ⲑ̄ ⲉⲧⲉ̣-[ⲧⲁⲓ̈ ⲧⲉ] ⲅⲟⲙⲟ‖[ϩⲣⲁ• ⲁϥ- - - -]ⲛ[84] ⲛ̄ϭⲓ-ⲡⲓ̣[ⲛⲟϭ ⲥⲏ̄]ⲑ̣̄ | [ⲉⲃⲟⲗ ϩⲛ̄-ⳁ]ⲡⲏⲅⲏ ⲛ̄ⲧⲉ̣-[ⲅⲟⲙⲟϩ]‖[ⲣⲁ ⲛ̄-ⲧⲥⲡⲟⲣⲁ]• ⲁⲩⲱ ⲁϥ-[ⲧⲟϭ̄-ⲥ̄] | [ϩⲙ̄-ⲡⲓⲙⲉϩ-ⲙⲁ] ⲥⲛⲁⲩ ϩⲛ̄-ⲟ̣[ⲩ..]‖[...[85] ⲡⲁⲓ̈] ϩⲱⲱ-ϥ ⲁⲩ-ⲙ[ⲟⲩⲧⲉ] ‖ [ⲉⲣⲟ-ϥ ϫⲉ-ⲥ]ⲟ̣[ⲇ]ⲟⲙⲁ• ⲧⲁ̣ⲓ̈ [ⲧⲉ] | [ⳁⲅⲉ-ⲛⲉⲁ ⲛ̄ⲧ-ⲁⲥ-ⲟ]ⲩⲱⲛ̄ϩ ⲉ̣[ⲃⲟⲗ] *ϩ͡ⲓⲧⲟⲟⲧ̄-ⲥ̄ ⲛ̄ⲛ-ⲉⲇⲱⲕⲗⲁ• | ⲁⲥ-ϫⲡⲟ ⲅⲁⲣ *72:1
ϩⲛ̄-ⲟⲩϣⲁϫⲉ ⲛ̄-ⲁⲗ<ⲏ>ⲑⲉ<ⲓ>ⲁ[86] | ⲙⲛ̄-ⲑⲉⲙⲓⲥⲥⲁ[87] ⲉ̣ⲧⲉ-ⲧⲁⲣⲭⲏ[88] ⲧⲉ ⲛ̄ⲧⲉ-|ⲟ̣ⲩⲥⲡⲟⲣⲁ ⲛ̄ⲧⲉ-ⲡⲓⲱⲛ̄ϩ ϣⲁ-ⲉⲛⲉϩ ‖ ⲙ̣ⲛ̄-ⲟⲩⲟ̣[ⲛ] ⲛ̣[ⲓ]ⲙ ⲉⲧ$^{\emptyset}$-ⲛⲁ-ⲣ̄-ϩⲩⲡⲟⲙⲓⲛ̣[ⲉ][89] | [ⲉ]ⲃⲟⲗ ϩ͡ⲓⲧⲟⲟⲧ̄-ⲥ̄ ⲛ̄-ⳁⲅⲛⲱⲥ[ⲓⲥ][90] ⲛ̄ⲧ[ⲉ]-|ⲧ̣ⲟⲩⲁ-ⲡ̣[ⲟ]ⲣⲟⲓⲁ•[91] ⲧⲁⲓ̈ ⲧⲉ ⳁⲛⲟ̣ϭ ⲛ̄-[ⲅⲉ]‖[ⲛⲉ]ⲁ ⲁ[ⲩ]ⲱ ⲛ̄-ⲁⲧ-ϫⲱϩⲙ̄ ⲧⲏ̣ ⲉⲧ̣-[ⲁⲥ]-|[ⲟⲩⲱⲛ̄]ϩ ⲉⲃⲟⲗ ϩⲛ̄-ϣⲟⲙⲧ̄ ⲛ̄-ⲕ̣[ⲟⲥ]‖[ⲙⲟⲥ]•

ⲁ̣ⲩⲱ ϥ-ⲛⲁ-ϣ[ⲱⲡⲉ ⲛ̄ϭⲓ-ⲡⲓ]|ⲕ̣[ⲁⲧⲁ]ⲕⲗⲩⲥⲙⲟⲥ[92] ⲉ-ⲩ[ⲧⲩⲡⲟⲥ[93] ϣⲁ]-‖[ⲧⲥ]ⲩⲛⲧⲉⲗⲓⲁ[94] ⲛ̄ⲧⲉ-ⲡ̣ⲓⲉⲱ̣[ⲛ ⲛ̄ϥ-ⲉ͡ⲓ] | ⲉϩⲣⲁⲓ̈ ⲉ-ⲡⲕⲟⲥⲙⲟⲥ• [ⲉⲧⲃⲉ-ⲧⲉⲓ̈]‖ⲅⲉⲛⲉⲁ ⲥⲉ-ⲛⲁ-ϣⲱⲡ[ⲉ ⲛ̄ϭⲓ-ϩⲉⲛ]‖ⲣⲱⲕ̄ϩ ϩ̣ⲓϫⲛ̄-ⲡⲕⲁϩ̣ [- - -]‖. ⲛ[..]ⲛ̣ⲏ ⲛ̄ⲧⲉ-ⳁⲙ[- - - . ϥ-ⲛⲁ-ϣⲱ]‖ⲡⲉ ⲛ̄[ϭⲓ]-ⲡⲓϩⲙⲟⲧ ⲉ̣[ⲃⲟⲗ ϩ͡ⲓⲧⲟⲟⲧ-ⲟⲩ] | ⲛ̄-[ⲛⲓⲡⲣⲟ]ⲫⲏⲧⲏⲥ ⲙ[ⲛ̄-ⲛⲓϩⲟⲩⲣⲓⲧ] | ⲛ̄ⲧ[ⲉ-ⳁⲅ]ⲉⲛⲉⲁ ⲉⲧ$^{\emptyset}$-[ⲟⲛ̄ϩ• ⲉⲧⲃⲉ]-‖ⲧⲉ[ⲓ̈ⲅⲉⲛⲉ]ⲁ ⲥⲉ-ⲛⲁ-ϣ̣[ⲱⲡⲉ ⲛ̄ϭⲓ]-|ϩⲉ[ⲛⲙⲟ]ⲩ̣ ⲙⲛ̄-ϩⲉⲛϩⲉ̣ⲃⲱ[ⲱⲛ]• | ⲛⲁ[ⲓ̈ ⲧⲏⲣ]-ⲟⲩ ⲥⲉ-ⲛⲁ-ϣⲱⲡ[ⲉ ⲉⲧⲃⲉ]-|ⲧⲉⲓ̈[ⲛⲟϭ ⲛ̄-ⲅ]ⲉⲛⲉⲁ ⲁⲩⲱ̣ [ⲛ̄-ⲁⲧ]-|ϫⲱ̣[ϩⲙ̄•] ⲉ̣ⲧⲃⲉ-ⲧⲉⲓ̈[ⲅⲉⲛⲉⲁ] ‖ ⲥ̣[ⲉ-ⲛⲁ-ϣ]ⲱⲡⲉ ⲛ̄ϭ[ⲓ-ϩⲉⲛⲡⲉⲓⲣⲁ]‖[ⲥⲙⲟⲥ[95] ⲙ]ⲛ̄-ϩⲉⲛⲡⲗⲁ[ⲛⲏ[96] ⲛ̄ⲧⲉ]-|[ⲛⲓⲡⲣⲟ]ⲫⲏⲧⲏⲥ ⲛ̄-[ⲛⲟⲩϫ]•

[82] Ruler ἄρχων [83] Vessel σκεῦος, i.e. body [84] ⲁ-ⲡⲛⲟϭ ⲛ̄-ⲥⲏⲑ ϥⲓ ⲙ̄-ⲡⲉϥⲧⲱϭⲉ Codex III [85] Possibly correct is μονή abode. [86] Truth ἀλήθεια. <ⲏ> and <ⲓ> omitted by the ancient copyist [87] Cf. θέμις, that which is laid down or established [88] Source, beginning ἀρχή [89] Endure ὑπομένειν [90] Knowledge, personal acquaintance γνῶσις [91] Emanation ἀπόρροια [92] Flood κατακλυσμός [93] Prototype τύπος [94] End, completion συντέλεια [95] Temptation πειρασμός [96] Deception πλάνη

[ⲧⲟ]‖[ⲧⲉ ⲡⲓⲛ]ⲟϭ ⲥ̅ⲏ̅ⲑ̅ ⲛ̅ⲧ-[ⲁϥ-ⲛⲁⲩ] | [ⲉ-ϯⲉ]ⲛ̣ⲉⲣⲅⲓⲁ[97] ⲙ̣̅-[ⲡⲓ]-
*73:1 ⲇ̣[ⲓⲁⲃⲟⲗⲟⲥ][98] *ⲙ̅ⲛ̅-ⲛⲉϥⲕⲟⲧ̅ⲥ̅ ⲉⲧ$^{\emptyset}$-ⲛ̅ⲧⲁ-ϥ ⲁⲩⲱ ⲙ̅ⲛ̅-|ⲡⲓⲙⲉⲉⲩⲉ ⲉ[ⲧ$^{\emptyset}$]-
ⲛ̣̅ⲧⲁ-ϥ ⲉⲧϥ̅-ⲛⲁ̣-|ⲛ̅ⲧ̅-ϥ ⲉϩⲣⲁⲓ̈ ⲉϫ̅ⲛ̅-ϯⲅⲉⲛⲉⲁ [ⲛ̅-ⲁⲧ]-|ⲕⲓⲙ ⲙ̅ⲛ̅-ⲡⲓⲇⲓ-
ⲱⲅⲙ[ⲟⲥ][99] ⲛ̅ⲧⲉ-ⲛⲉϥ]‖[ϭ]ⲟ̣ⲙ ⲙ̅ⲛ̅-ⲛⲉϥⲁⲅⲅⲉⲗⲟⲥ̣ [ⲙ̅ⲛ̅-ⲧⲉϥ]‖[ⲡⲗ]ⲁⲛⲏ
ϫⲉ-ϥ-ⲛⲁ-[100] ⲣ̅-ⲧⲟⲗⲙⲁ[101] [ⲉⲣⲟ-ϥ]• | [ⲧⲟ]ⲧⲉ ⲡⲓⲛⲟϭ ⲥ̅ⲏ̅ⲑ̅ ⲁϥ-ⲉⲓⲛ[ⲉ
ⲉϩⲣⲁⲓ̈] | [ⲛ̅-ⲟⲩ]ⲥ̣ⲙⲟⲩ ⲙ̅-

ⲡⲓⲛⲟϭ ⲛ̣̅[ⲛ-ⲁⲧ-ϫⲱ ⲙ̅]|[ⲙⲟ-ϥ] ⲛ̅ⲛ-ⲁⲧ-ⲛⲁⲩ ⲉⲣⲟ-ϥ ⲛ̣̅-[ⲁⲧ-ϯ-
$^{\emptyset}$ⲣⲁⲛ] ‖ [ⲉⲣⲟ-ϥ] ⲙ̅-ⲡⲁ[ⲣ]ⲑⲉⲛⲓⲕⲟⲛ ⲙ̅-[ⲡ̅ⲛ̅ⲁ̅] ⲛ̣̅|[ⲧⲉ-ⲡⲓⲱ]ⲧ
ⲛ̅ⲙ̅-ϯϩⲟⲟⲩⲧ ⲙ̅-ⲡⲁⲣⲑⲉ|[ⲛⲟⲥ ϯ̅ⲃ̅]ⲁ̅ⲣ̅ⲃ̅ⲏ̅ⲗ̅ⲱ̅
ⲙ̅ⲛ̅-ⲡⲓϩⲟⲟⲩⲧ | [ⲛ̅]-ⲁⲗ̣ⲟⲩ ⲧ̅ⲉ̅ⲗ̅ⲙ̅ⲁ̅ⲏ̅ⲗ̅ ⲧ̅ⲉ̅ⲗ̅ⲙ̅ⲁ̅ⲭ̅ⲁ̅ⲏ̅ⲗ̅ | [ⲏ̅]ⲗ̅ⲓ̅ ⲏ̅ⲗ̅ⲓ̅
ⲙ̅ⲁ̅ⲭ̅ⲁ̅ⲣ̅ ⲙ̅ⲁ̅ⲭ̅ⲁ̅ⲣ̅ ⲥ̅ⲏ̅ⲑ̅ ‖ [ϯ]ϭⲟⲙ ⲉⲧ$^{\emptyset}$-ⲟⲛ̅ϩ̅ ϩ̅ⲛ̅-ⲟⲩⲙ̅ⲛ̅[ⲧ]-ⲙⲉ
ⲛⲁ|[ⲙ]ⲉ
ϯϩⲟⲟⲩⲧ ⲙ̅-ⲡⲁⲣⲑⲉⲛⲟ[ⲥ] ⲓ̈̅ⲟ̣̅ⲩ̅[ⲏ̅ⲗ̅] |
[ⲙ̅ⲛ̅-ⲏ̅]ⲥ̣̅ⲏ̅ⲫ̅ⲏ̅ⲭ̅ ⲡⲓⲣⲉϥ-ⲁⲙⲁϩⲧⲉ ⲙ̅-|[ⲡⲉⲟⲟ]ⲩ
ⲙ̅ⲛ̅-ⲡⲕⲗⲟⲙ ⲛ̅ⲧⲉ-ⲡⲉϥⲉⲟ|[ⲟⲩ]
ⲙ̅ⲛ̅-ⲡⲓⲛⲟϭ ⲛ̅ⲛ-ⲉⲱⲛ ⲛ̅-ⲣⲉϥ-‖[ϯ-$^{\emptyset}$ⲉ]ⲟ̣ⲟⲩ
ⲙ̅ⲛ̅-ⲛⲓⲑⲣⲟⲛⲟⲥ ⲉⲧ$^{\emptyset}$-ⲛ̅ϩⲣⲁⲓ̈ | [ⲛ̅ϩ]ⲏⲧ̅-ϥ
ⲙ̅ⲛ̅-ⲛⲓⲛⲟϭ ⲉⲧ$^{\emptyset}$-ⲕⲱⲧⲉ | [ⲉⲣ]ⲟ-ⲟⲩ
ⲙ̅ⲛ̅-ϩⲉⲛⲉⲟ̣[ⲟ]ⲩ ⲙ̅ⲛ̅-|[ϩⲉ]ⲛ̣ⲁⲧ-ϫⲱϩ̅ⲙ̅ ⲙ̅ⲛ̅-[ⲡⲓ]ⲡⲗⲏⲣⲱ|[ⲙⲁ]
ⲧⲏ̣ⲣ̅-ϥ ⲉ̣ⲧ-ⲁⲓ̈-ⲣ̅ϣⲣ̅ⲡ̅ⲛ̅-ϫⲟⲟ-ϥ• ‖

[ⲁⲩⲱ] ⲁϥ-ⲣ̅-ⲁⲓⲧⲓ ⲛ̅ϣⲟⲣ̅ⲡ̅ ⲛ̅-ϩⲉⲛ|[ⲣⲉϥ]-ⲁⲣⲉϩ ⲛ̅ⲧⲉ-ⲧⲉϥⲥⲡⲟⲣⲁ• |
[ⲧⲟ]ⲧⲉ ⲁⲩ-ⲉ̣ⲓ̣ ⲉⲃⲟⲗ ϩ̅ⲛ̅-ⲛⲓⲛⲟ̣[ϭ] ⲛ̅|[ⲛ-ⲉ]ⲱⲛ ⲛ̣̅ϭⲓ-ϥⲧⲟⲩ-ϣⲉ ⲛ̣̅-[ϣⲟ ⲛ̅-
*74:1 ⲁⲅ]‖[ⲅⲉⲗⲟⲥ ⲛ̅-ⲁⲏ]ⲣ ⲉϥ-ⲛ̅ⲙⲙⲁ-[ⲩ ⲛ̅ϭⲓ]-*ⲁ̅ⲉ̅ⲣ̅ⲟ̅ⲥ̅ⲓ̅ⲏ̅ⲗ̅ ⲙ̅ⲛ̅-ⲡⲓⲛⲟϭ
ⲥ̅ⲉ̅ⲗ̅ⲙ̅ⲉ̅ⲗ̅ⲭ̅ⲉ̅ⲗ̅ | ⲛ̣ⲓⲣ[ⲉ]ϥ-ⲁⲣⲉϩ ⲛ̅ⲧⲉ-ϯⲛⲟϭ ⲛ̅-ⲁⲧ-ϫⲱϩ̅ⲙ̅ | ⲛ̅-ⲅ[ⲉ]ⲛⲉⲁ
ⲙ̅ⲛ̅-ⲡⲉ̣[ⲥⲕ]ⲁⲣⲡⲟⲥ ⲙ̅ⲛ̅-ⲛⲓⲣⲱ|[ⲙⲉ ⲉⲧ]-ⲛⲉⲁ-ⲩ ⲛ̅ⲧⲉ-ⲡⲓⲛⲟϭ ⲥ̅ⲏ̅ⲑ̅ ⲉϣ‖-
[. . .ⲡ]ⲓ̣ⲭ̣ⲣⲟ[ⲛ]ⲟⲥ[102] ⲙ̅ⲛ̅-ⲡⲓⲟⲩⲟⲉⲓϣ ⲛ̅-|[ⲁ̅ⲗ̅ⲏ̅ⲑ̅ⲉ̅ⲓ̅]ⲁ̅ ⲙ̅ⲛ̅-ⲑ̅ⲉ̅ⲙ̅ⲓ̅ⲥ̅ⲥ̅ⲁ̅ ϣⲁ-
ⲧⲥⲩ[ⲛ]‖[ⲧⲉⲗⲓⲁ ⲛ̅ⲧⲉ]-ⲛⲉⲓ̈ⲁⲓⲱⲛ ⲙ̅ⲛ̅-ⲛⲉ̣ⲩⲁⲣⲭ[ⲱⲛ] | [ⲙ̅ⲛ̅-ⲛⲏ ⲉⲧ]-ⲁⲩ-ϯ-
$^{\emptyset}$ϩⲁⲡ ⲛ̅ϭⲓ-ⲛⲓⲛⲟϭ ⲛ̅-[ⲕⲣⲓ]‖[ⲧⲏⲥ[103] ϣⲁϩ]ⲣⲁⲓ̈ ⲉ-ⲡⲙⲟⲩ•
ⲧⲟⲧⲉ ⲡ[ⲓⲛⲟϭ] ‖ [ⲥ̅ⲏ̅ⲑ̅ ⲁⲩ-ⲧ]ⲁⲩⲟ-ϥ ⲉⲃⲟⲗ ϩ̅ⲓ̅ⲧ̣[ⲟⲟⲧ-ⲟⲩ] | [ⲙ̅-ⲡⲓ-
ϥⲧⲟ]ⲟⲩ ⲛ̅-ⲛⲟϭ ⲙ̅-ⲫⲱⲥⲧ̣[ⲏⲣ ϩ̅ⲙ̅]-|ⲡ[ⲟⲩ]ⲱϣⲉ ⲛ̅ⲧⲉ-ⲡⲓⲁⲩⲧⲟⲅⲉⲛ[ⲏⲥ
ⲙ̅ⲛ̅]-|ⲡ̣ⲓⲡⲗⲏⲣⲱⲙⲁ ⲧⲏⲣ̅-ϥ ⲉⲧ$^{\emptyset}$-[ⲛ̅ⲧⲁ-ⲩ ϩ̅ⲛ̅]-|ⲟⲩϯ ⲛ̅ⲧⲁ-ϥ ⲙ̅ⲛ̅-ⲟⲩϯ-
$^{\emptyset}$ⲙⲉⲧ̣ⲉ [ⲛ̅ⲧⲉ]-‖ⲡⲓⲛⲟϭ ⲛ̅ⲛ-ⲁⲧ-ⲛⲁⲩ ⲉⲣⲟ-ϥ ⲙ̅-ⲡ̅ⲛ̅[ⲁ̅] | ⲙ̅ⲛ̅-ϯϯⲉ ⲛ̅-
ⲥⲫⲣⲁⲅⲓⲥ ⲙ̅ⲛ̅-ⲡⲓⲡⲗ[ⲏ]‖ⲣⲱⲙⲁ̣ ⲧⲏⲣ̅-ϥ

97 Activity ἐνέργεια 98 Devil, "the Slanderer" διάβολος 99 Persecution διωγμός 100 (72:28–73:6) ⲛ̅ⲧ-ⲁϥ-ⲛⲁⲩ ⲉ-ϯⲉⲛⲉⲣⲅⲓⲁ ... ϫⲉ-ϥ-ⲛⲁ-ⲣ̅-ⲧⲟⲗⲙⲁ He saw that the activity...was going to be reckless 101 Act recklessly τολμᾶν 102 Time (span or process of time) χρόνος 103 Judge κριτής

ⲉ-$^{\emptyset}$ⲥ̣ⲓ̣[ⲛ]ⲉ ⲉⲃⲟⲗ ϩⲛ̄-|ϯ[ϣ]ⲟⲙⲧⲉ ⲙ̄-ⲡⲁⲣⲟⲩⲥⲓⲁ[104] ⲉ̣[ⲧ-ⲁⲓ̈-ⲣ̄]||-ϣⲣ̄ⲡ̄ⲛ̄-ϫⲟⲟ-ⲩ ⲉⲃⲟⲗ ⲇⲉ [ϩⲙ̄-ⲡⲓ]||ⲕⲁⲧⲁⲕⲗⲩⲥⲙⲟⲥ ⲙⲛ̄-ⲡⲓⲣⲱ[ⲕϩ] | ⲙⲛ̄-ⲡⲓϩⲁⲡ ⲛ̄ⲧⲉ-ⲛⲓⲁⲣⲭⲱⲛ ⲙ̣[ⲛ̄]-|ⲛⲓⲉⲝⲟⲩⲥⲓⲁ ⲙⲛ̄-ⲛⲓϭⲟⲙ

ⲉ-$^{\emptyset}$ⲛⲟ[ⲩ]||ϩ̄ⲙ ⲛ̄-ⲧⲏ ⲉⲧ-ⲁⲥ-ⲥⲱⲣ̄ⲙ ⲉⲃⲟⲗ ϩⲓⲧ̣[ⲛ]-|ⲟⲩϩⲱⲧ̣[ⲡ] ⲛ̄-ⲕⲟⲥⲙⲟⲥ ⲙⲛ̄-ⲡ[ⲓϫⲱ]||ⲕⲙ̄ ⲛ̄-ⲟ[ⲩⲥ]ⲱ̣ⲙⲁ ⲉⲃⲟ[ⲗ] ϩ[ⲓ]ⲧⲙ̣̄-[ⲡⲓ]||ϫⲡⲟ ⲛ̄-ϣⲁϫⲉ ⲡⲏ ⲉ̣[ⲧ]-ⲁϥ-ⲥⲃⲧ[ⲱⲧ̄-ϥ] | ⲛ̄ϭⲓ-ⲡⲓ[ⲛ]ⲟ̣ϭ ⲥⲏⲑ ϩⲛ̄-ⲟ̣ⲩⲙ[ⲩⲥⲧⲏ]||ⲣⲓⲟⲛ ⲉⲃⲟⲗ ϩⲓⲧⲟⲟⲧ̄-ⲥ [ⲛ̄]-ϯⲡⲁⲣⲑ̣[ⲉ]||-ⲛ̣[ⲟ]ⲥ

ⲉ-$^{\emptyset}$ⲟⲩⲉϩ̄ⲙ-ϫⲡⲟ ⲛ̄-ⲛ-ⲉⲧ$^{\emptyset}$-ⲟ̣[ⲩ||ⲁⲁⲃ

ⲉ]ⲃⲟⲗ ϩⲓⲧⲟ̣ⲟⲧ̄-ϥ ⲙ-[ⲡⲡ̄ⲛ̄ⲁ ⲉⲧ$^{\emptyset}$]-*ⲟⲩⲁⲁⲃ ⲙⲛ̄-ϩⲉⲛⲥⲩⲙⲃⲟⲗⲟⲛ *75:1
ⲛ̄ⲛ-ⲁ|ⲧ-ⲛⲁⲩ ⲉⲣⲟ-ⲟⲩ ⲁ̣ⲩⲱ̣ ⲉⲩ-ϩⲏⲡ

ⲉⲃⲟⲗ | ϩⲓⲧⲛ̄-ⲟⲩϩⲱⲧ̄ⲃ ⲛ̄[ⲧ]ⲉ̣-ⲟⲩⲕⲟⲥⲙⲟⲥ | ⲉ-ⲩⲕⲟⲥⲙⲟⲥ

ⲉⲃⲟⲗ ϩⲓⲧⲛ̄-ⲟⲩⲁⲡⲟ||ⲧⲁⲅⲏ[105] ⲛ̄ⲧⲉ-ⲟⲩⲕⲟⲥⲙⲟⲥ ⲙⲛ̄-ⲡⲛⲟⲩ|ⲧ̣ⲉ ⲛ̄ⲧⲉ-ⲡⲓⲙⲛ̄ⲧ-ϣⲟⲙⲧⲉ ⲛ̄ⲛ-ⲉⲱⲛ |

ⲉⲃⲟⲗ ϩⲓⲧⲛ̄-ⲟⲩⲧⲱϩ̄ⲙ ⲉⲃⲟⲗ ϩⲓⲧⲛ̄-ⲛ-[ⲉ]|ⲧ$^{\emptyset}$-ⲟ̣ⲩⲁⲁⲃ ⲙⲛ̄-ⲛⲓⲁⲧ-ϣⲁϫⲉ ⲙ̄ⲙⲟ-ⲟⲩ | ⲙⲛ̄-ⲛⲓⲁⲧ-ϫⲱϩ̄ⲙ ⲛ̄-ⲕⲟⲩⲟ̣ⲩⲛ̄-ϥ ⲛ̄[.]||-ⲡⲟⲩⲟⲉⲓⲛ ⲉⲧ-ⲛⲉⲁ-ϥ ⲡⲏ̣ ⲉⲧ̣$^{\emptyset}$-[ⲣϣⲣ̄ⲡ]||ⲛ̣-ϣ̣[ⲟ]ⲟⲡ ϩⲛ̄-ⲟⲩⲡⲣⲟⲛⲟⲓⲁ•

ⲁⲩⲱ̣ ⲁϥ-|ⲧⲁϫ̣ⲣⲟ ⲙ̄-ⲡ-ⲉⲧ$^{\emptyset}$-ⲟⲩⲁⲁⲃ ⲉⲃⲟⲗ ϩⲓⲧⲟⲟⲧ̄-ⲥ | ⲙⲛ̄-ⲡⲓⲱⲙ̄ⲥ ⲉⲧ$^{\emptyset}$-ⲥⲁϩⲣⲁⲓ̈ ⲛ̄-ⲛⲓⲡⲏⲅⲉ | ⲉⲃⲟⲗ ϩⲓⲧⲟⲟⲧ̄-ϥ ⲙ̄-ⲡ-ⲉⲧ$^{\emptyset}$-ⲟⲩⲁⲁⲃ ⲙⲛ̄-||ⲡ[ⲓ]ⲁⲧ-ϫⲱϩ̄ⲙ ⲙⲛ̄-ⲓ̄ⲥ̄ ⲡⲏ ⲉⲧ-ⲁⲩ-ϫⲡⲟ-ϥ | ϩ̣ⲛ̄-ⲟⲩϣⲁϫⲉ [ⲉ]ϥ-ⲟⲛ̄ϩ ⲡⲏ ⲉⲧ-ⲁϥ-ⲧⲁ|ⲁ-ϥ ϩⲓⲱⲱ-ϥ ⲛ̄ϭⲓ-ⲡⲓⲛⲟϭ ⲥⲏⲑ• ⲁ[ⲩ]ⲱ̣ | ⲁϥ-ϯ-$^{\emptyset}$ⲉⲓϥ̄ⲧ ⲛ̄-ⲛⲓϭⲟⲙ ⲛ̄ⲧⲉ-ⲡⲓⲙⲛ̄ⲧ-|ϣⲟⲙⲧⲉ ⲛ̄ⲛ-ⲉⲱⲛ• ⲁⲩⲱ ⲁϥ-ⲟⲩⲟⲥϥ-ⲟⲩ || ⲉⲃⲟⲗ ϩⲓⲧⲟⲟⲧ̄-ϥ• ϣⲁⲩ-ⲛ̄ⲧ-ⲟⲩ• ⲁⲩ[ⲱ] | ϣⲁⲩ-ϫⲓⲧ-ⲟⲩ• ⲁⲩⲱ ϣⲁⲩ-ϩⲟⲕ-ⲟⲩ | ϩⲛ̄-ⲟⲩϩⲟⲡⲗⲟⲛ[106] ⲛ̄ⲧⲉ-ⲡⲥⲟⲟⲩⲛ ⲛ̄-ⲧ̣ⲙⲉ | ϩⲛ̄-ⲟⲩϭⲟⲙ ⲛ̄-ⲁⲧ-ϫ[ⲱ]ϩ̄ⲙ ⲛ̣̄-ⲁⲧ-ϫⲣⲟ | ⲉⲣⲟ-ⲥ•

ⲁⲩ[ⲱ ⲁⲩ]-ⲟⲩⲱⲛ̄ϩ-ⲛⲁⲓ̈[107] ⲉⲃⲟⲗ || ⲛ̄-ⲛⲓⲛ̣ⲟϭ ⲉⲧ$^{\emptyset}$-ⲁϩⲉⲣⲁⲧ-ⲟⲩ

ⲓ̈ⲉⲥⲉⲁ | ⲙⲁⲥⲁⲣⲉⲁ ⲓ̈ⲉⲥⲥⲉⲇⲉⲕⲉⲁ ⲡⲓⲙⲟ|ⲟⲩ ⲉⲧ$^{\emptyset}$-ⲟⲛ̄ϩ

ⲙⲛ̄-ⲛⲓⲛⲟϭ ⲛ̄-ⲥⲁϯ[ⲅⲟⲥ] | ⲡⲓⲛⲟϭ ⲓ̈ⲁⲕⲱⲃ ⲙⲛ̄-ⲑⲉⲟⲡ[ⲉⲙⲡⲧⲟⲥ]
*ⲙⲛ̄-ⲓ̈ⲥ̣ⲁⲟⲩⲏⲗ *76:1

ⲙⲛ̄-ⲡⲏ ⲉⲧ$^{\emptyset}$-ⲕⲏ ⲉϩⲣⲁⲓ̈ | ⲉϫⲙ̣̄-ⲡⲛⲁ ⲙⲏ̣ⲡ̣[..]ⲏ̣ⲗ

ⲙⲛ̄-ⲛⲏ ⲉⲧ$^{\emptyset}$-|ⲕⲏ ⲉϩⲣⲁⲓ̈ ⲉϫⲛ̄-ⲛⲓⲡⲏⲅⲏ ⲛ̄ⲧⲉ-ⲧⲙⲉ | ⲙⲓⲭⲉⲁ ⲙ[ⲛ̄]-ⲙⲓⲭⲁⲣ ⲙⲛ̄-ⲙⲛⲏⲥⲓⲛⲟⲩ ||

[104] Advent, coming, official visit παρουσία [105] Renunciation ἀποταγή [106] Armor ὅπλον [107] Or ⲟⲩⲱⲛϩ ⲛⲁ-ⲓ̈

ⲙⲛ̄-ⲡⲏ ⲉⲧ$^{\emptyset}$-ⲕⲏ ⲉϩⲣⲁⲓ̈ ⲉϫⲛ̣̄-ⲡⲓϫⲱ|ⲕⲙ̄ ⲛ̄ⲧⲉ-ⲛ-ⲉⲧ$^{\emptyset}$-ⲟ̣ⲛ̄ϩ ⲡⲓ-ⲣⲉϥ-ⲧ̄ⲃ̄ⲃⲟ | ⲥⲉⲥⲉⲅ̣ⲅⲉⲛⲃⲁⲣⲫⲁⲣⲁⲅⲅⲏⲥ

ⲙⲛ̄-|[ⲛ]ⲏ ⲉⲧ$^{\emptyset}$-ⲕ̣ⲏ ⲉϩⲣⲁⲓ̈ ⲉϫⲛ̄-ⲛⲓⲡⲩⲗⲏ[108] ⲛ̄|[ⲧⲉ-ⲛⲓ]ⲙⲟ̣ⲟⲩ ⲛ̄ⲧⲉ-ⲡⲓⲱⲛ̄ϩ ⲙ̣ⲓ̣ⲥⲉⲩⲥ || [ⲙⲛ̄]-ⲙⲓⲭⲁⲣ

ⲙⲛ̄-ⲛⲏ ⲉⲧ$^{\emptyset}$-ⲕⲏ ⲉϩⲣ̣[ⲁ]ⲓ̈ ⲉ|ϫⲛ̄-ⲡⲧⲱⲱⲛ̄-ϥ ⲥⲉⲗⲇⲁⲱ ⲙⲛ̄-ⲉⲗⲉ|ⲛⲟⲥ

ⲙⲛ̄-ⲛⲓⲡⲁⲣⲁⲗⲏⲙⲡⲧⲱⲣⲟⲥ[109] | ⲛ̄ⲧⲉ-ϯⲅⲉⲛⲉⲁ ⲉⲧ$^{\emptyset}$-ⲟⲩⲁⲁⲃ ⲙⲛ̄-ⲛⲓ|ⲁⲧ-ϫ̣ⲱϩ̄ⲙ ⲛ̄-ⲣⲱⲙⲉ ⲁⲩⲱ ⲉⲧ$^{\emptyset}$-ϫⲟ||ⲟⲣ ⲛ̄ⲧⲉ-ⲡⲓⲛⲟϭ ⲥⲏⲑ̣ ⲛⲓⲇ[ⲓ]ⲁ̣ⲕⲱⲛ | [ⲛ̄ⲧ]ⲉ-ⲡⲓϥⲧⲟⲟⲩ ⲙ̄-ⲫⲱⲥⲧⲏⲣ ⲡⲓ|ⲛⲟϭ ⲛ̄-ⲅⲁ-ⲙⲁⲗⲓⲏⲗ ⲙⲛ̄-ⲡⲓⲛⲟϭ ⲛ̄-|ⲅⲁⲃⲣ[ⲓ]ⲏⲗ ⲙⲛ̄-ⲡⲓⲛⲟϭ ⲥⲁⲙⲃ̣ⲗⲱ | ⲙⲛ̄-ⲡⲓⲛⲟϭ ⲁⲃⲣⲁⲥⲁⲝ

ⲙⲛ̄-ⲛⲏ ⲉⲧ$^{\emptyset}$-||ⲕ̣ⲏ ⲉϩⲣⲁⲓ̈ ⲉϫⲛ̄-ϯϩⲓⲏ ⲛ̄-ⲉⲓ ⲉⲃⲟⲗ | ⲛ̣̄ⲧⲉ-ⲡⲣⲏ̣ ⲟⲗⲥⲏⲥ ⲙⲛ̄-ⲩ̈ⲙⲛⲉⲟⲥ | ⲙⲛ̄-ⲉⲩ̣[ⲣ]ⲩⲙⲉ̣[ⲟ]ⲩ̣[ⲥ]

ⲙⲛ̄-ⲛⲏ ⲉⲧ$^{\emptyset}$-|ⲕⲏ ⲉϩⲣⲁ̣ⲓ̈ ⲉϫⲛ̄-ⲡⲓ̣[ⲙⲟ]ⲉⲓⲧ ⲛ̄-ⲉⲓ ⲉ|ϩⲟⲩⲛ ⲉ-ⲡⲙ̄ⲧ̣ⲟⲛ ⲛ̄ⲧⲉ-ⲡⲓ̣ⲱⲛ̄ϩ || ϣⲁ-ⲉⲛⲉ̣ϩ ⲫⲣⲓⲧⲁⲛ̣ⲓ̣ⲥ̣ ⲙⲛ̄-ⲙⲓⲕⲝⲁⲛ|-[ⲑⲏ]ⲣⲁ̣ ⲙⲛ̄-ⲙⲓⲭⲁ̣ⲛⲟⲣⲁ

*77:1 ⲙⲛ̄-ⲛⲓ|[ⲣⲉϥ-ⲁ]ⲣ[ⲉ]ϩ ⲛ̄ⲧⲉ-ⲛⲓⲯⲩⲭⲏ ⲉⲧ$^{\emptyset}$-ϩⲟⲧ̄ⲃ *ⲁⲕⲣⲁⲙⲁⲛ ⲙⲛ̄-ⲥⲧⲣⲉⲙⲯⲟⲩⲭ[ⲟⲥ] |

ⲙⲛ̄-ϯⲛⲟϭ ⲛ̄-ϭⲟⲙ [ⲧⲉⲗⲙ]ⲁⲭⲁⲏ[ⲗ] | ⲧⲉⲗⲙⲁⲭⲁⲏⲗ ⲏⲗⲓ ⲏ̣ⲗⲓ ⲙⲁⲭⲁⲣ | ⲙⲁⲭⲁⲣ ⲥⲏⲑ

ⲙⲛ̣̄-ⲡⲓⲛⲟϭ ⲛ̄ⲛ-ⲁ̣[ⲧ]-||ⲛ̣ⲁⲩ ⲉⲣ[ⲟ]-ϥ ⲁⲩⲱ ⲛ̄-ⲁⲧ-ϫⲁϩⲙ-[ⲉϥ ⲛ̄]-|ⲁⲧ-ϯ-$^{\emptyset}$ⲣⲁⲛ̣ ⲉⲣⲟ-ϥ ⲉⲧⲉ-ⲡⲁⲓ̈ ϩⲛ̄-ⲟⲩ|ⲡ[ⲛ]ⲁ ⲙⲛ̄-ⲟⲩⲥⲓⲅⲏ

ⲙⲛ̄-ⲡⲓⲛⲟ̣ϭ [ⲛ̄]-|ⲫⲱⲥⲧⲏⲣ ⲁⲣⲙⲟⲍⲏⲗ̣ ⲡ[ⲓⲙⲁ] ⲉⲧ̣[ϥ-ⲙ̄]|ⲙⲟ-ϥ ⲛ̄ϭⲓ-ⲡⲓⲁⲩⲧⲟⲅ̣[ⲉ]ⲛ̣[ⲏⲥ ⲉ]ⲧ$^{\emptyset}$-ⲟⲛ̄[ϩ] || ⲡⲛ[ⲟ]ⲩⲧⲉ ϩⲛ̄-ⲟⲩⲙⲛ̄ⲧ-ⲙⲉ ⲉϥ-[ⲛ̄]ⲙ̣|ⲙⲁ-ϥ ⲛ̄ϭⲓ-ⲡⲓⲁⲧ-ϫⲱϩ̄ⲙ ⲛ̄-ⲣⲱⲙⲉ̣ | ⲁⲇⲁⲙⲁⲥ

ⲙⲛ̄-ⲟⲣⲟⲓ̈ⲁⲏⲗ ⲡⲓⲙⲁ [ⲉⲧϥ]-|ⲙ̄ⲙⲁⲩ ⲛ̄ϭⲓ-ⲡⲓⲛⲟϭ ⲥⲏⲑ ⲙⲛ̄-ⲓ̣[ⲥ] | ⲛ̄ⲧⲉ-ⲡⲱⲛ̄ϩ ⲡⲏ ⲉⲧ-ⲁϥ-ⲉⲓ ⲁⲩⲱ ⲁ[ϥ]-||ⲉⲓϣⲉ̣ ⲙ̣̄-ⲡⲏ ⲉⲧ$^{\emptyset}$-ϩⲁ̣-ⲡ̣[ⲛ]ⲟ̣ⲙⲟⲥ[110] |

ⲡⲓⲙⲉϩ-ϣⲟⲙⲉⲧ ⲁ̣[ⲩⲉⲓⲑⲉ ⲡⲓⲙⲁ] | ⲉⲧⲟⲩ-ⲙⲟⲧ̄ⲛ ⲙ̄ⲙⲟ-ⲟ̣[ⲩ] ⲛ̄ϩⲏⲧ-[ϥ ⲛ̄ϭⲓ]-|ⲛ̄ϣⲏ̣ⲣⲉ ⲙ̄-ⲡⲓⲛⲟ[ϭ] ⲥⲏⲑ[111]

*Codex III 65:20 *ⲡⲙⲉϩ-ϥⲧⲟⲟⲩ | ⲏⲗⲏⲗⲏⲑ ⲡⲙⲁ ⲉⲧⲉⲣⲉ-ⲛ̄ⲯⲩⲭⲟⲟⲩⲉ | ⲛ̄-ⲛ̄ϣⲏ-ⲣⲉ ⲙ̄ⲧⲟⲛ ⲙ̄ⲙⲟ-ⲟⲩ ⲛ̄ϩⲏⲧ-ϥ |

[108] Gate (e.g. of a city or palace) πύλη [109] Receiver (species of angel?) παραλήμπτωρ [110] Law νόμος [111] From here until Codex IV 78: 1, the surviving text of Codex IV is too fragmentary to use, so the version of Codex III has been substituted.

ⲡⲙⲉϩ-ϯⲟⲩ ⲓ̈̅ⲱ̅ⲏ̅ⲗ̅ ⲡ-ⲉⲧ$^{\emptyset}$-ϩⲓϫ̅ⲙ-ⲡⲣⲁⲛ | ⲙ̅-ⲡ-ⲉⲧⲟⲩ-ⲛⲁ-ⲧⲁⲁ-ⲥ ⲛⲁ-ϥ ⲉ-$^{\emptyset}$ϫⲱⲕ̅ⲙ ϩ̅ⲙ-||ⲡⲃⲁⲡⲧⲓⲥⲙⲁ ⲉⲧ$^{\emptyset}$-ⲟⲩⲁⲁⲃ ⲉⲧ$^{\emptyset}$-ⲟⲩⲁⲧ̅ⲃ ⲉ-ⲧⲡⲉ | ⲡⲓⲁⲫⲑⲁⲣⲧⲟⲥ•

ⲁⲗⲗⲁ ϫ̅ⲛ̅ⲛ̅-ϯⲛⲟⲩ *ⲉⲃⲟⲗ ϩ̂ⲓⲧⲟⲟⲧ̅-ϥ ⲙ̅-ⲡⲏ ⲉⲧ$^{\emptyset}$-||[ⲟⲩ]ⲁ̣ⲁ̣ⲃ ⲁ[ⲩⲱ ⲛ̅-ⲁ]ⲧ̣-ϫⲱϩ̅ⲙ ⲡ̅ⲓ̅ⲙ̅ⲁ̅ⲏ̅ⲗ̅ | [ⲙ̅ⲛ]-ⲛ̣ⲏ ⲉⲧ̅$^{\emptyset}$-ⲛ̅ⲡ̣ϣⲁ ⲛ̅-ⲛⲓϫⲱⲕ̅ⲙ | [ⲛ̅ⲧ]ⲉ-ϯⲁⲡⲟⲧⲁⲅⲏ ⲙ̅ⲛ-ⲛ̣ⲓⲥⲫⲣⲁ̣||[ⲅⲓⲥ ⲛ̅]ⲛ̣-ⲁⲧ-ϣⲁϫⲉ ⲙ̅ⲙⲟ-[ⲟ]ⲩ ⲛ̅ⲧⲉ-||[ⲛⲉ]ⲩϫⲱⲕ̅ⲙ [ⲛ]ⲁⲓ̈ ⲁⲩ-ⲥⲟⲩⲱⲛ-||[ⲛⲉ]ⲩⲡ̣ⲁⲣⲁⲗⲏⲙⲁⲱⲣⲟⲥ ϩⲱ̣ⲥ | [ⲁⲩ]-ⲧ̣̅ⲥ̣[ⲃⲟ-ⲟ]ⲩ ⲉ̣ⲣⲟ-ⲟⲩ ⲉ-ⲁⲩ-ⲉⲓⲙⲉ | [ⲉⲃⲟⲗ ϩ̂ⲓⲧ]ⲟ̣ⲟ̣ⲧ̣-ⲟⲩ ⲁⲩⲱ ⲛ̅ⲛ[ⲉ]ⲩ-||[ϫⲓ]-$^{\emptyset}$ϯⲡ̣ⲉ ⲙ̅-ⲡⲙⲟⲩ• *Codex IV 78:1

ⲓ̈̅ⲉ̣̅ⲥ̣̅ⲥ̣̅ⲉ̅ⲟ̅ⲥ̅ |
[ⲟⲏ]ⲱ ⲏ̅ⲟ̅ⲩ̅ⲱ̅ ⲱ̅ⲩ̅ⲁ̅
ϩ̅ⲛ-ⲟⲩⲙ̅ⲛ||[ⲧ-ⲙⲉ] ⲛⲁⲙⲉ
ⲓ̈̅ⲉ̅ⲥ̅ⲥ̅ⲉ̅ⲟ̅ⲥ̅ ⲙ̅ⲁ̅ⲍ̅ⲁ̅ⲣ̅ⲉ̅ⲟ̅ⲥ̅ | [ⲓ̈̅ⲉ̅ⲥ̅ⲥ̅]ⲉ̣̅ⲇ̅ⲉ̅ⲕ̅ⲉ̅ⲟ̅ⲥ̅
ⲡⲓⲙⲟⲟ̣ⲩ ⲉⲧ$^{\emptyset}$-ⲟⲛ̅ϩ |
[ⲡ]ⲁ̣ⲗ̣[ⲟ]ⲩ ⲛ̅ⲧⲉ-ⲡⲁⲗⲟ̣ⲩ
ⲡ̣[ⲓⲣ]ⲁⲛ || [ⲛ̅ⲧⲉ-ⲛⲓ]ⲉ̣[ⲟⲟⲩ] ⲧ̣ⲏⲣ-ⲟⲩ
ϩ̅ⲛ-ⲟⲩⲙ̅ⲛ||[ⲧ-ⲙ]ⲉ ⲛ̣ⲁ̣[ⲙⲉ]
ⲡ̣-ⲉⲧ$^{\emptyset}$-ϣⲟⲟ̣ⲡ ϣⲁ-ⲉ||[ⲛ]ⲉ̣ϩ
ⲓ̣̅ⲓ̣̅ⲓ̣̅ⲓ̣̅ [ⲏ̅]ⲏ̣̅ⲏ̣̅ⲏ̅ ⲉ̅ⲉ̅ⲉ̅ⲉ̣̅ ⲟ̣̅ⲟ̅ⲟ̅ⲟ̅ | [ⲩ̅ⲩ̅]ⲩ̣̅[ⲩ̅] ⲱ̣̅ⲱ̅ⲱ̅ⲱ̅ ⲁ̅ⲁ̅ⲁ̅ⲁ̅
ϩ̣[ⲛ̅]-||[ⲟⲩⲙ̅ⲛⲧ-ⲙⲉ ⲛⲁ]ⲙ[ⲉ][112] *Codex III 66:15
*ⲏ̅ⲓ̅ ⲁ̅ⲁ̅ⲁ̅ⲁ̅ ⲱ̅ⲱ̅|ⲱ̅ⲱ̅
ⲡ-ⲉⲧ$^{\emptyset}$-ϣⲟⲟⲡ ⲉⲧ$^{\emptyset}$-ⲛⲁⲩ ⲉ-ⲛⲁⲓⲱⲛ |
ⲁⲗⲏⲑⲉⲥ ⲁⲗⲏⲑⲱⲥ[113]

ⲁ̅
ⲉ̅ ⲉ̅
ⲏ̅ ⲏ̅ ⲏ̅
ⲓ̅ ⲓ̅ ⲓ̅ ⲓ̅ |
<ⲟ ⲟ ⲟ ⲟ ⲟ>[114]
ⲩ̅ ⲩ̅ ⲩ̅ ⲩ̅ ⲩ̅ ⲩ̅
ⲱⲱⲱⲱⲱⲱⲱ |

ⲡ-ⲉⲧ$^{\emptyset}$-ϣⲟⲟⲡ ⲛ̅-ϣⲁ-ⲁⲛⲏϩⲉ ⲛ̅-ⲉⲛⲉϩ ||
ⲁⲗⲏⲑⲉⲥ ⲁⲗⲏⲑⲱⲥ
ⲓ̅ⲏ̅ⲁ̅ ⲁ̅ⲓ̅ⲱ̅ ϩ̅ⲙ-|ⲫⲏⲧ
ⲡ-ⲉⲧ$^{\emptyset}$-ϣⲟⲟⲡ ⲩ̅ ⲁ̅ⲉ̅ⲓ̅[115] ⲉ̅ⲓ̅ⲥ̅[116] ⲁ̅ⲉ̅ⲓ̅ |

[112] Hereafter, Codex IV is too fragmentary to edit [113] Truly, ἀληθές, ἀληθῶς
[114] <ooooo> omitted by the ancient copyist [115] Forever ἀεί [116] Unto εἰς

ⲉ̅ⲓ̅[117] ⲟ̅[118] ⲉ̅ⲓ̅

ⲉ̅ⲓ̅ ⲟ̅ⲥ̅[119] ⲉ̅ⲓ̅

ⲡⲉⲉⲓⲛⲁϭ ⲛ̅-ⲣⲁⲛ | ⲉⲧ̅∅̅-ⲛⲧⲁ-ⲕ ϩⲓϫⲱ-ⲉⲓ ⲡⲓⲁⲧ-ϣⲱⲱⲧ | ⲛ̅-ⲁⲩⲧⲟⲅⲉⲛⲏⲥ ⲡⲁϊ ⲉⲧ̅∅̅-ⲙⲡⲃⲟⲗ ⲁⲛ || ⲉⲉⲓ-ⲛⲁⲩ ⲉⲣⲟ-ⲕ

ⲡⲓⲁⲧ-ⲛⲁⲩ ⲉⲣⲟ-ϥ ⲛ̅|ⲛⲁϩⲣ̅ⲛ-ⲟⲩⲟⲛⲓⲙ

ⲛⲓⲙ ⲅⲁⲣ ⲡⲉⲧ∅-ⲛⲁ-ϣ-|ⲭⲱⲣⲓ[120] ⲙ̅ⲙⲟ-ⲕ ϩ̅ⲛ-ⲕⲉⲥⲙⲏ•

*67:1 ⲧⲉⲛⲟⲩ *ϫⲉ-ⲁⲉⲓ-ⲥⲟⲩⲱⲛ-ⲕ ⲁⲉⲓ-ⲙⲟⲩϫⲧ ⲙ̅ⲙⲟ-|ⲉⲓ ⲉ-ⲡ-ⲉⲧⲉ-ⲙⲉϥ-ϣⲓⲃⲉ•

ⲁⲉⲓ-ϩⲟⲡⲗⲓⲍⲉ[121] | ⲙ̅ⲙⲟ-ⲉⲓ ϩ̅ⲛ-ⲟⲩϩⲟⲡⲗⲟⲛ ⲛ̅-ⲟⲩⲟⲉⲓⲛ• | ⲁⲉⲓ-ⲣ̅-∅ⲟⲩⲟⲉⲓⲛ•

ⲛⲉⲣⲉ-ⲧⲙⲁⲁⲩ ⲅⲁⲣ ⲙ̅||ⲡⲙⲁ ⲉⲧ̅∅̅-ⲙⲙⲁⲩ ⲉⲧⲃⲉ-ϯⲙ̅ⲛ̅ⲧ̅-ⲥⲁⲉⲓ|ⲉ ⲉⲧ-ⲛⲉⲥⲱ-ⲥ ⲛ̅ⲧⲉ-ⲡⲉϩⲙⲟⲧ•

ⲉⲧⲃⲉ-|ⲡⲉϊ ⲁⲉⲓ-ⲡⲱⲣϣ ⲛ̅-ⲛⲁϭⲓϫ ⲉⲃⲟⲗ ⲉⲩ-|ⲕⲏⲃ•

ⲁⲉⲓ-ϫⲓ-∅ⲙⲟⲣⲫⲏ[122] ϩ̅ⲙ-ⲡⲕⲩⲕⲗⲟⲥ[123] | ⲛ̅-ⲧⲙ̅ⲛ̅ⲧ̅-ⲣ̅ⲙⲙⲁⲟ ⲙ̅-ⲡⲟⲩⲟⲉⲓⲛ

ⲉϥ-ϩ̅ⲛ-||ⲕⲟⲩⲟⲩⲛ-ⲧ ⲉϥ-ϯ-∅ⲙⲟⲣⲫⲏ ⲙ̅-ⲡⲓⲁⲧⲟ | ⲛ̅-∅ϫⲡⲟ ϩ̅ⲙ-ⲡⲟⲩⲟⲉⲓⲛ ⲉⲧⲉ-ⲙ̅ⲛ-∅ⲉⲛⲕⲗⲏ|ⲙⲁ[124] ϫⲓ ⲉϩⲟⲩⲛ ⲉⲣⲟ-ϥ•

ϯ-ⲛⲁ-ϫⲱ ⲙ̅-ⲡⲉ|ⲕⲉⲟⲟⲩ ⲁⲗⲏⲑⲱⲥ

ϫⲉ-ⲁⲉⲓ-ⲣ̅-ⲭⲱⲣⲓ ⲙ̅|ⲙⲟ-ⲕ•

ⲥ̣ⲟⲩ[125] ⲓ̅ⲏ̅ⲥ̅

ⲓ̅ⲁ̅ⲉ̅[126] ⲁⲉⲓ ⲱ̅ ⲁ̅ⲉ̅ⲓ̅ ⲉ̅ ⲟ ⲓ̅ⲥ̅

ⲱ̅ || ⲁ̅ⲓ̅ⲱ̅ⲛ̅ ⲁ̅ⲓ̅ⲱ̅ⲛ̅

ⲡⲛⲟⲩⲧⲉ ⲛ̅-ⲧⲥⲓⲅⲏ ϯ-|ⲁⲝⲓⲟⲩ[127] ⲙ̅ⲙⲟ-ⲕ ⲧⲏⲣ-ⲕ•

ⲛ̅ⲧⲟⲕ ⲡⲉ ⲡⲁ|ⲙⲁ ⲛ̅-ⲙ̅ⲧⲟⲛ

ⲡϣⲏⲣⲉ ⲏ̅ⲥ̅ ⲏ̅ⲥ̅ ⲟ̅ ⲉ̅

ⲡⲓ|ⲁⲧ-ⲥ̅ⲙⲟⲧ ⲉⲧ∅-ϣⲟⲟⲡ ϩ̅ⲛ-ⲛⲓⲁⲧ-ⲥ̅ⲙⲟⲧ |

ⲉϥ-ϣⲟⲟⲡ ⲉϥ-ⲧⲟⲩⲛⲟⲥ ⲙ̅-ⲡⲣⲱⲙⲉ || ⲉⲧⲕ-ⲛⲁ-ⲧⲟⲩⲃⲟ-ⲉⲓ ⲛ̅ϩⲏⲧ̅-ϥ̣ ⲉϩⲟⲩⲛ | ⲉ-ⲡⲉⲕⲱⲛϩ ⲕⲁⲧⲁ-ⲡⲉⲕⲣⲁⲛ ⲉⲧⲉ-ⲙⲉϥ-|ⲱϫ̅ⲛ•

ⲉⲧⲃⲉ-ⲡⲁϊ ⲡⲉⲥⲧⲟⲉⲓ ⲙ̅-ⲡⲱⲛϩ | ⲛ̅ϩⲏⲧ-∅•

ⲁⲉⲓ-ⲕⲉⲣⲁ[128] ⲙ̅ⲙⲟ-ϥ ϩ̅ⲛ-ⲟⲩⲙⲟ|[ⲟ]ⲩ ⲉ-ⲡⲧⲩⲡⲟⲥ ⲛ̅-ⲛ̅ⲁⲣⲭⲱⲛ ⲧⲏⲣ-ⲟⲩ ||

[117] You (sing.) are εἶ [118] That which ὅ [119] He who ὅς [120] Comprehend, contain χωρεῖν [121] Gird (dress with armor) ὁπλίζειν [122] Form μορφή [123] Orbit κύκλος [124] Reproach ἔγκλημα [125] Yours σοῦ [126] Behold, look, listen ἴδε [127] Beg, entreat ἀξιοῦν [128] Mix κεραννύναι

ϫⲉ-ⲉⲉⲓ-ⲛⲁ-ⲱⲛϩ ϩⲁⲧⲏ-ⲕ ϩⲛ̄-ϯⲣⲏⲛⲏ | ⲛ̄-ⲛ-ⲉⲧ∅-ⲟⲩⲁⲁⲃ
ⲡ-ⲉⲧ∅-ϣⲟⲟⲡ ⲛ̄-ϣⲁ-ⲉⲛⲉϩ *ⲁⲗⲏⲑⲱⲥ ⲁⲗⲏⲑⲱⲥ• *68:1

ⲧⲁï ⲧⲉ ⲧⲃⲓⲃⲗⲟⲥ[129] | ⲛ̄ⲧ-ⲁϥ-ⲥⲁϩ-ⲥ ⲛ̄ϭⲓ-ⲡⲛⲟϭ ⲛ̄-ⲥⲏ̄ⲑ̄• ⲁϥ-ⲕⲱ |
ⲙ̄ⲙⲟ-ⲥ ϩⲛ̄-ϩⲉⲛⲧⲟⲟⲩ ⲉⲩ-ϫⲟⲥⲉ ⲉ-ⲙ̄|ⲡⲉ-ⲡⲣⲏ ϣⲁ ⲉϫⲱ-ⲟⲩ ⲟⲩⲇⲉ ⲉ-
ⲙⲛ̄-||∅ϭⲟⲙ• ⲁⲩⲱ ϫⲓⲛ-ⲛⲉϩⲟⲟⲩ ⲛ̄-ⲛⲉⲡⲣⲟ|ⲫⲏⲧⲏⲥ ⲙⲛ̄-ⲛⲁⲡⲟⲥⲧⲟⲗⲟⲥ
ⲙⲛ̄-ⲛ̄|ⲕⲏⲣⲩⲝ[130] ⲙ̄ⲡⲉ-ⲡⲣⲉⲛ ϩⲟⲗⲱⲥ[131] ⲧⲁⲗⲟ | ⲉϫⲛ̄-ⲛⲉⲩϩⲏⲧ• ⲟⲩⲧⲉ
ⲙⲛ̄-ϣϭⲟⲙ• | ⲁⲩⲱ ⲙ̄ⲡⲉ-ⲡⲉⲩⲙⲁϫⲉ ⲥⲱⲧ̄ⲙ̄ ⲉⲣⲟ-ϥ• || ⲧⲉⲉⲓⲃⲓⲃⲗⲟⲥ ⲁϥ-
ⲥⲁϩ̄-ⲥ̄ ⲛ̄ϭⲓ-ⲡⲛⲟϭ | ⲛ̄-ⲥⲏⲑ ϩⲛ̄-ϩⲉⲛⲥϩⲁï ⲛ̄ϣⲉ ⲙⲁⲁⲃ | ⲛ̄-ⲣⲟⲙⲡⲉ• ⲁϥ-
ⲕⲱ ⲙ̄ⲙⲟ-ⲥ ϩⲙ̄-ⲡⲧⲟ|ⲟⲩ ⲉ-ϣⲁⲩ-ⲙⲟⲩⲧⲉ ⲉⲣⲟ-ϥ ϫⲉ-ⲭⲁ|ⲣⲁⲝⲓⲟ ϫⲉ-
ⲕⲁⲁⲥ ϩⲛ̄-ⲛ̄ϩⲁⲉ ⲛ̄-ⲛⲉ||ⲭⲣⲟⲛⲟⲥ ⲙⲛ̄-ⲛ̄ⲕⲉⲣⲟⲥ[132] ϩⲙ̄-ⲡⲉⲑⲉⲗ|ⲗⲏⲙⲁ[133] ⲙ̄-
ⲡⲁⲩⲧⲟⲅⲉⲛⲏⲥ ⲛ̄-ⲛⲟⲩⲧⲉ | ⲙⲛ̄-ⲡⲉⲡⲗⲏⲣⲱⲙⲁ ⲧⲏⲣ̄-ϥ̄ ϩⲓⲧ̄ⲙ̄-ⲡⲧ̄ϯ̄ | ⲛ̄-
ⲡⲟⲩⲱϣⲉ ⲛ̄-ⲁⲧ̄-ⲛ̄-ⲣⲁⲧ̄-ϥ̄ ⲛ̄-ⲁⲧ-|ⲙⲉⲟⲩⲉ ⲉⲣⲟ-ϥ ⲛ̄-ⲉⲓⲱⲧ ⲉϥ<ⲉ->ⲡⲣⲟ||-
ⲉⲗⲑⲉ[134] ⲉⲃⲟⲗ ⲛ̄ϥ-ⲟⲩⲱⲛϩ ⲛ̄-ⲧⲉⲉⲓ|ⲅⲉⲛⲉⲁ ⲛ̄-ⲁⲫⲑⲁⲣⲧⲟⲥ ⲉⲧ∅-ⲟⲩⲁⲁⲃ |
ⲛ̄ⲧⲉ-ⲡⲛⲟϭ ⲛ̄-ⲥⲱⲧⲏⲣ ⲙⲛ̄-ⲛ-ⲉⲧ∅-|ϭⲁⲗⲏⲟⲩ ⲉⲣⲟ-ⲟⲩ ϩⲛ̄-ⲟⲩⲁⲅⲁⲡⲏ
ⲙⲛ̄-|ⲡⲛⲟϭ ⲛ̄-ⲁϩⲟⲣⲁⲧⲟⲥ[135] ⲛ̄-ϣⲁ-ⲁⲛⲏϩⲉ̣ || ⲙ̄-ⲡ̄ⲛ̄ⲁ̄ ⲙⲛ̄-ⲡⲉϥⲙⲟⲛⲟ-
ⲅⲉⲛⲏⲥ[136] | ⲛ̄-ϣⲏⲣⲉ ⲙⲛ̄-ⲡⲟⲩⲟⲉⲓⲛ ⲛ̄-ϣⲁ-ⲉ*ⲛⲉϩ ⲙⲛ̄-ⲧⲉϥⲛⲟϭ *69:1
ⲛ̄-ⲥⲩⲛⲍⲩⲅⲟⲥ | ⲛ̄-ⲁⲫⲑⲁⲣⲧⲟⲥ ⲙⲛ̄-ⲧⲁⲫⲑⲁⲣⲧⲟⲥ ⲛ̄-|ⲥⲟⲫⲓⲁ ⲙⲛ̄-ⲧⲃⲁⲣ-
ⲃⲏⲗⲟⲛ ⲙⲛ̄-ⲟⲩⲡⲗⲏ|ⲣⲱⲙⲁ ⲧⲏⲣ-ϥ ϩⲛ̄-ⲟⲩⲙ̄ⲛ̄ⲧ̄-ϣⲁ-ⲉⲛⲉϩ• || ϩⲁⲙⲏⲛ• |

ⲡⲉⲩⲁⲅⲅⲉⲗⲓⲟⲛ ⲛ̄-ⲣ̄ⲙ̄ⲛ̄-ⲕⲏⲙⲉ |
ⲧⲃⲓⲃⲗⲟⲥ ⲛ̄-ⲥϩⲁï ⲛ̄-ⲛⲟⲩⲧⲉ ⲧϩⲓⲉ|ⲣⲁ[137] ⲉⲧ∅-ϩⲏⲡ•

ⲧⲉⲭⲁⲣⲓⲥ[138] ⲧⲥⲩⲛϩⲉⲥⲓⲥ[139] | ⲧⲉⲥⲑⲏⲥⲓⲥ ⲧⲉⲫⲣⲟⲛⲏⲥⲓⲥ[140] ⲙⲛ̄-ⲡ-
ⲉ||ⲣ̄[141]-ⲥϩⲏⲧ̄-ⲥ̄ ⲉⲩⲅⲛⲱⲥⲧⲟⲥ ⲡⲁⲅⲁⲡⲏ|ⲧⲓⲕⲟⲥ[142] ϩⲙ̄-ⲡⲉⲡ̄ⲛ̄ⲁ̄ ϩⲛ̄-ⲧⲥⲁⲣ̄ⲝ̄ |
ⲡⲁⲣⲉⲛ ⲡⲉ ⲅⲟⲅⲅⲉⲥⲥⲟⲥ[143] ⲙⲛ̄-ⲛⲁ|ϣⲃ̄ⲣ̄-ⲟⲩⲟⲉⲓⲛ ϩⲛ̄-ⲟⲩⲁⲫⲑⲁⲣⲥⲓⲁ•[144] |
ⲓ̄ⲥ̄ ⲡⲉⲭ̄ⲥ̄• ⲡϣⲏⲣⲉ ⲙ̄-ⲡⲛⲟⲩⲧⲉ• || ⲡⲥⲱⲧⲏⲣ• ⲓ̄ⲭ̄ⲑ̄ⲩ̄ⲥ̄•[145] ⲑⲉⲟⲅⲣⲁⲫⲟⲥ[146]
| ⲧⲃⲓⲃⲗⲟⲥ ⲧϩⲓⲉⲣⲁ ⲙ̄-ⲡⲛⲟϭ ⲛ̄-ⲁϩⲟ|ⲣⲁⲧⲟⲛ ⲙ̄-ⲡ̄ⲛ̄ⲁ̄ ϩⲁⲙⲏⲛ• |

ⲧⲃⲓⲃⲗⲟⲥ ⲧϩⲓⲉⲣⲁ ⲙ̄-ⲡⲛⲟϭ | ⲛ̄-ⲁϩⲟⲣⲁⲧⲟⲛ ⲙ̄-ⲡⲛⲉⲩ||ⲙⲁ
ϩⲁⲙⲏⲛ•

[129] Book ἡ βίβλος [130] Herald κῆρυξ [131] At all, even ὅλως [132] Moment, age, critical time καιρός [133] Will, wish θέλημα [134] Emanate προέλθειν. <ⲉ-> omitted by the ancient copyist [135] Invisible ἀόρατος [136] Only-begotten μονογενής, -ές [137] Holy ἱερός, -ά, -όν [138] Loveliness, grace χάρις [139] Intelligence σύνεσις [140] Prudence φρόνησις [141] ⲉⲣ- Bare past tense affirm. converter, analogous to present-tense bare ⲉⲧ-. [142] Beloved ἀγαπητικός, -ή, -όν [143] Concessus (Latin, via Greek) [144] Incorruption ἀφθαρσία [145] Fish ἰχθύς, acrostic of Ἰ(ησοῦς) Χ(ριστὸς) Θ(εοῦ) Υ(ἱὸς) Σ(ώτηρ) Jesus Christ Son of God Savior [146] Divinely written, of divine authorship θεόγραφος

Zostrianos

(EXCERPTS)

Ζωστριάνος . Λόγοι ἀληθείας Ζωστριάνου[1]

MANUSCRIPT: Cairo, Coptic Museum, Nag Hammadi Codex VIII, pp. 1–132. The manuscript survives in a very damaged state. Excerpts from some of the more coherent parts are printed below, omitting many passages where substantial conjectural restoration would be required in order to make up a meaningful (but speculative) text.

PHOTOGRAPHIC FACSIMILE: *Facs. VIII,* plates 11–138, and *Facs. Intro.,* plates 13*–14*.

EDITIONS: Catherine Barry et al., *Zostrien* (Quebec City 2000); Bentley Layton and John Sieber, in John H. Sieber, ed., *Nag Hammadi Codex VIII* (Leiden 1991), 30–225; a collation of the manuscript made in Cairo (1971–74)[2] by Bentley Layton (differing slightly from the 1991 edition listed above) has been used for the text printed here.

DIALECT AND SPELLING: Sahidic with occasional features similar to Lycopolitan and important agreements with Bohairic. Cf. Wolf-Peter Funk in Barry et al., op. cit., 225–31.

TRANSLATIONS: Layton, *The Gnostic Scriptures* 121–40; *Nag Hammadi Library in English* 402–30 (J. Sieber); for additional information see also Scholer, *Nag Hammadi Bibliography* and supplements in *Novum Testamentum.*

---

*1:1 *[- - -]ⲉ ⲛ̄ⲧⲉ-ⲡⲉ.[. . .] ⲛ̄-ⲛⲓϣⲁϫⲉ | [- - -]ⲟⲛ̄ϩ ϣⲁ-ⲉⲛ̣[ⲉϩ] ⲛ̣ⲁⲓ̈ ⲁⲛⲟⲕ | [- - -]ⲩ ⲍⲱⲥ̣[ⲧⲣⲓⲁⲛ]‖[ⲟⲥ.]. .[. . . .].ⲥ̄.[. .]ⲓ̄ⲁ̄ ⲙⲛ̄-ⲓ̈ⲟ̄ⲗ̄ⲗ̄ⲁ̄ⲟ̄ⲥ̄ ‖ [ⲉⲧ]ⲁ̣ⲓ̣̈-ϣⲱⲡⲉ ϩ̄ⲙ̄-ⲡ[ⲓⲕ]ⲟⲥⲙⲟⲥ ⲛ̄-ⲛⲁⲓ̈ | [ⲉⲧ$^{\emptyset}$]-ⲉ ⲛ̄-ⲧⲁϭⲟⲧ ⲙⲛ̄-[ⲛⲏ] ⲉⲧ$^{\emptyset}$-ⲙⲛ̄ⲛ̄ⲥⲱ-ⲉⲓ | [ⲛⲓ]ⲥ̣ⲱⲧ̄ⲡ̄ ⲉⲧ$^{\emptyset}$-ⲟⲛ̄ϩ• ϥ-ⲟ̣ⲛ̄ϩ ⲛ̄ϭⲓ-ⲡⲛⲟⲩⲧⲉ | [. . . .]ⲧⲙⲉ ϩ̄ⲛ̄-ⲟⲩⲙⲛ̄ⲧ-ⲙⲉ ⲛ̄-ⲧⲁⲡⲙⲉ | [ⲙⲛ-ⲟ]ⲩⲥⲟⲟⲩⲛ ⲁⲛⲟⲕ ⲙⲛ̄-ⲟⲩⲟⲉⲓⲛ ϣⲁ-‖[ⲉⲛ]ⲉϩ•

[1] This title (in Greek) is notated in cryptographic writing in the manuscript. See last footnote below. [2] On the basis of an existing transcript of the manuscript, with many restorations, made from photographs in 1968 by John Sieber (with contributions by Frederik Wisse).

ⲉⲧⲁⲉⲓ-ⲡⲱⲣϫ ⲙ-ⲡⲓⲥⲱⲙⲁⲧⲓ||[ⲕ]ⲟⲛ[3] ⲛ-ⲕⲁⲕⲉ ⲉⲧ∅-ⲛϩⲣⲁï ⲛϩⲏⲧ-∅ ⲙⲛ-ⲡⲓ||[ⲯ]ⲩⲭⲓⲕⲟⲛ[4] ⲛ-ⲭⲁⲟⲩⲥ[5] ϩⲛ-ⲟⲩⲛⲟⲩⲥ[6] | ⲙⲛ-ϯⲙⲛⲧ-ⲥϩⲓⲙⲉ ⲛⲛ-ⲉⲡⲓⲑⲩⲙⲓⲁ[7] | [.]ⲁï ⲉⲧ∅-ϩⲛ-ⲡⲓⲕⲁⲕⲉ ⲉ-ⲙⲡⲓ-ⲣ-∅ϩⲱⲃ ϭⲉ || ⲉⲣⲟ-ⲥ ⲉⲧⲁⲉⲓϭⲓⲛⲉ ⲙ-ⲡⲓⲁⲧ-ⲛ-ⲁⲣⲏϫ-ϥ | ⲛⲧⲉ-ⲧⲁϩⲩⲗⲏ[8] ⲁⲩⲱ ⲁⲉⲓ-ⲥⲟϩⲉ ⲛ-ϯ||[ⲕⲧ]ⲓⲥⲓⲥ[9] ⲉⲧ∅-ⲙⲟⲟⲩⲧ ⲉⲧ∅-ϩⲣⲁï ⲛϩⲏⲧ-∅ | [ⲙ]ⲛ-ⲡⲓⲕⲟⲥⲙⲟⲕⲣⲁⲧⲱⲣ[10] ⲛⲛⲟⲩⲧⲉ | ⲛⲛ-ⲉⲥⲑⲏⲧⲟⲛ[11] ⲉ-ⲁⲉ[ⲓ]-ϯ ϩⲛ-ⲟⲩϭⲟⲙ || ⲛⲛ-ⲟⲩⲟⲉⲓϣ ⲛⲧⲉⲡⲧⲏⲣ-ϥ ⲛ-ⲛⲏ ⲉ|ⲧ∅-ⲛⲧⲁ-[ⲩ] ⲙⲙⲁⲩ ⲙ-∅ⲙⲉⲣⲓⲕⲟⲛ[12] ⲛ-ϣⲙ|ⲙⲟ• ⲉⲉⲓ-ϩⲓⲧⲟⲟⲧ-∅ ⲉ-ⲛⲉⲩϩⲃⲏⲩⲉ ⲛ|ⲛⲁⲩ ⲟⲩⲕⲟⲩⲉⲓ ⲙⲡⲣⲏⲧⲉ ⲉⲧ-ⲁ-|ϯⲁⲛⲁⲅⲕⲏ[13] ⲛⲧⲉ-ⲡⲓϫⲡⲟ ⲛⲧ-∅ ⲉ-ⲡ-ⲉ||ⲧ∅-ⲟⲩⲟⲛϩ ⲉ-ⲙⲡⲓ-ϣⲕ ϩⲧⲏ-ⲟⲩ ⲣⲱ | ⲉⲛⲉϩ• ⲁⲗⲗⲁ ⲛⲟⲩⲟⲉⲓϣ ⲛⲓⲙ | ⲛⲉï-ⲡⲱⲣϫ ⲙⲙⲟ-ï ⲛⲥⲁⲃⲟⲗ ⲙⲙⲟ-ⲟⲩ• | *(text omitted here)*

*ⲁⲩⲱ ϯϩⲩⲡⲁⲣⲝⲓ[ⲥ][14] || ϫⲉ-ⲡⲱⲥ ⲛ-ⲉⲧ∅-ϣⲟⲟⲡ ⲉ-ϩⲉⲛⲉⲃⲟⲗ ϩⲙ- *2:24
|ⲡⲉⲱⲛ[15] ⲛⲧⲉ-ⲛ-ⲉⲧ∅-ϣⲟⲟⲡ ⲛⲉ ⲉⲃⲟⲗ | ϩⲛ-ⲟⲩⲡⲛⲁ ⲛⲛ-ⲁⲧ-ⲛⲁⲩ ⲉⲣⲟ-ϥ
ⲁⲩⲱ ⲛⲛ-ⲁ[ⲧ]-|ⲡⲱϣⲉ ⲛⲛ-ⲁⲩⲧⲟⲅⲉⲛⲏⲥ[16] ⲉ-ϩⲉⲛⲅ ⲛ-[. .][17] | ⲛⲉ ⲛⲛ-ⲁⲧ-
ⲙ[ⲓ]ⲥⲉ ⲉ-ⲩⲛⲧⲁ-ⲩ ⲙⲙⲁⲩ || ⲛⲛ-ⲟⲩⲁⲣⲭⲏ[18] ⲉⲥ-ⲥⲟⲧⲡ ⲉ-ⲧϩⲩⲡⲁⲣⲝ[ⲓⲥ] |
ⲁⲩⲱ ⲉⲩ-ⲣϣⲟⲣⲡⲛ-ϣⲟⲟⲡ [ⲉ-ⲛⲁï ⲧⲏ]|ⲣ-ⲟⲩ ⲉ-ⲁⲩ-ϣⲱⲡⲉ ⲇⲉ ⲙ-
ⲡⲓⲕ[ⲟⲥⲙⲟⲥ]• | ⲏ ⲡⲱⲥ ⲛⲏ ⲉⲧ∅-ⲟⲩⲃⲏ-ϥ ⲙⲛ-ⲛⲁï ⲧⲏ[ⲣ-ⲟⲩ] *[- - - *3:1
ⲛⲁ]ⲛⲟⲩ-ϥ ⲡⲁï | [- - -]ⲁ[- - -] ⲁⲩⲱ ⲛ-ⲗⲟⲉⲓ|[ϭⲉ•] [ⲁ]ⲩⲱ ϫⲉ-ⲁϣ [ⲡⲉ
ⲡⲧ]ⲟⲡⲟⲥ ⲛ[ⲧ]ⲉ-|[ⲡⲏ ⲉ]ⲧ∅-ⲙⲙⲁⲩ• ⲏ ⲟⲩ ⲛ-ⲁⲣⲭⲏ ⲉⲧ-ⲛⲧⲁ-ϥ || [ⲙⲙⲁ]ⲩ•
ⲏ ⲛⲁϣ ⲛ-ⲣⲏⲧⲉ ⲡⲓⲉⲃⲟⲗ ⲙⲙⲟ-ϥ | [ⲉϥ]-ϣⲟⲟⲡ ⲛⲁ-ϥ ⲙⲛ-[ⲛⲁï] ⲧⲏⲣ-
ⲟⲩ• ⲏ ⲡⲱⲥ | [. . . .]ⲡⲉ ⲛ-∅ϩⲁⲡⲗⲟⲩⲛ[19] ⲉϥ-ϣⲉⲃⲓⲏⲟⲩⲧ | [ⲉⲣⲟ-ϥ] ⲙⲁ-
ⲩⲁⲁ-ϥ ⲉϥ-ϣⲟⲟⲡ ⲛ-ⲟⲩϩⲩ|[ⲡⲁ]ⲣⲝⲓⲥ ⲙⲛ-ⲟⲩⲉⲓⲇⲟⲥ[20] ⲁⲩⲱ ⲟⲩⲙⲛⲧ-||
[ⲙ]ⲁⲕⲁⲣⲓⲟⲥ[21] ⲁⲩⲱ ⲉϥ-ϯ ⲛ-ⲟⲩϭⲟⲙ ⲉϥ-|[ⲟ]ⲛϩ ϩⲙ-ⲡⲱⲛϩ• ⲏ ⲛⲁϣ ⲛ-
ⲣⲏⲧⲉ ϯϩⲩ|[ⲡ]ⲁⲣⲝⲓⲥ ⲉⲧⲉ-ⲛ-ⲥ-ϣⲟⲟⲡ ⲁⲛ ⲁⲥ-ⲟⲩ|ⲱⲛϩ ⲉⲃⲟⲗ ϩⲛ-
ⲟⲩϭⲟⲙ ⲉⲥ-ϣⲟⲟⲡ• | [ⲛ]ⲁï ⲇⲉ <ⲛ>ⲉⲉⲓ-ϣⲟϫⲛⲉ ⲉ-∅ⲉⲓⲙⲉ ⲉⲣⲟ-[ⲟ]ⲩ• ||
[ⲁ]ⲩⲱ ⲛⲉï-ⲉ[ⲓ]ⲛⲉ ⲉϩⲣⲁï ⲙⲙⲏⲛⲉ ⲕⲁⲧⲁ-|ⲡⲧⲱⲡ ⲛⲧⲉ-ⲡⲁⲅⲉⲛⲟⲥ[22] ⲙ-
ⲡⲛⲟⲩⲧⲉ | [ⲛ]ⲧⲉ-ⲛⲁⲉⲓⲟⲧⲉ• ⲛⲉï-ϫⲱ ⲙ-ⲡⲥⲙⲟⲩ ⲛ|[ⲧ]ⲉ-ⲛⲁï ⲧⲏⲣ-ⲟⲩ•
ⲛⲁϣⲟⲣⲡ ⲛ-ⲉⲓⲟⲧⲉ | [ⲅ]ⲁⲣ ⲙⲛ-ⲛⲁⲉⲓⲟⲧⲉ ⲉⲧⲁⲩ-ⲕⲱⲧⲉ ⲁⲩ-ϭⲓⲛⲉ• ||
ⲁⲛⲟⲕ ⲇⲉ ⲙⲡⲓ-ⲕⲁ-ⲧⲟⲟⲧ-∅ ⲉⲃⲟⲗ ⲉⲉⲓ-ⲣ-ⲁⲓⲧⲓ[23] | ⲛⲥⲁ-ⲟ[ⲩ]ⲙⲁ ⲛ-ⲙⲧⲟⲛ
ⲉϥ-ⲙⲡϣⲁ ⲙ-ⲡⲁⲡⲛⲁ | ⲉ-ⲙⲡ[ⲁ]ⲧⲟⲩ-ⲥⲟⲛϩ-ⲧ ϩⲙ-ⲡⲓⲉⲥⲑⲏⲧⲟⲛ | ⲛ-ⲕⲟⲥ-

[3] Corporeal σωματικός, -ή, -όν [4] Animate ψυχικός, -ή, -όν [5] Chaos χάος [6] Intellect νοῦς [7] Desire ἐπιθυμία [8] Matter ὕλη [9] Creation κτίσις [10] World ruler κοσμοκράτωρ [11] Perceptible αἰσθητός, -ή, -όν [12] Partial μερικός, -ή, -όν [13] Necessity ἀνάγκη [14] Reality ὕπαρξις [15] Realm, eternity, eternal realm αἰών [16] Self-originate αὐτογενής, -ές [17] ⲅ Numeral ‘3’; ⲉ-ϩⲉⲛⲅ ⲛ-[. .] ⲛⲉ i.e. ⲉ-ϩⲉⲛϣⲙⲧ-[. .] ⲛⲉ “they being triple [- - -]s” [18] Source, beginning ἀρχή [19] Simple ἁπλοῦς, -ῆ, -οῦν [20] Species, intelligible form εἶδος [21] Blessed μακάριος, -α, -ον [22] Nation, people γένος [23] Request αἰτεῖν

ⲙⲟⲥ• ⲁⲩⲱ ⲧⲟⲧⲉ ⲉⲓ̈-ⲙⲟⲕ̅ϩ̅ ⲛ̅ϩⲏⲧ | ⲉⲙⲁⲧⲉ ⲁⲩⲱ ⲉⲉⲓ-ⲟ̣ⲕ̅ⲙ̅ ⲉⲧⲃⲉ-
ϯⲙ̅ⲛ̅ⲧ̅-||ⲕⲟⲩⲉ[ⲓ] ⲛ̅ϩⲏⲧ ⲉⲧ∅-ⲕⲱⲧⲉ ⲉⲣ̣ⲟ̣-ⲉⲓ ⲁⲉⲓ-ⲣ̅-|ⲧⲟⲗⲙⲁ[24] ⲉ-∅ⲉⲓⲣⲉ ⲛ̅-
ⲟⲩ[ⲗ]ⲁⲁⲩ ⲁⲩⲱ ⲉ-∅ⲧⲁ|ⲁ-ⲧ ⲛ̅-ⲛⲓⲑⲏⲣⲓⲟⲛ̅[25] ⲛ̣̅[ⲧ]ⲉ-ⲧ̣ⲉⲣⲏⲙⲟⲥ[26] | ⲉϩⲣⲁⲓ̈
ⲉ-ⲩⲧⲁⲕⲟ ⲉϥ-ⲛⲁϣ̅ⲧ̅•

ⲁϥ-ⲁϩⲉⲣⲁⲧ̅-ϥ̅ | ⲛⲁ-ⲓ̈ [ⲛ̅]ϭⲓ-ⲡⲁⲅⲅⲉⲗⲟⲥ ⲛ̅ⲧⲉ-ϯⲅⲛⲱⲥⲓⲥ[27] ⲛ̅ⲧⲉ-||
[ⲡⲓⲟⲩⲟ]ⲉ̣ⲓⲛ ϣⲁ-ⲉⲛⲉϩ• ⲁⲩⲱ ⲡⲉϫⲁ-ϥ ⲛⲁ-ⲓ̈ | [ϫⲉ]-ⲍ̅ⲱ̅ⲥ̅ⲧ̅ⲣ̅ⲓ̅ⲁ̅ⲛ̅ⲉ̅ ⲉⲧⲃⲉ-
ⲟⲩ ⲁⲕ-ⲗⲓⲃⲉ ⲙ̅|[ⲡⲓ]ⲣ̣ⲏⲧⲉ ⲉⲕ-ⲉ ⲛ̅ⲛ̅-∅ⲁⲧ̅-ⲙ̅ⲙⲉ ⲉ-ⲛⲓⲛⲁϭ ⲛ̅-ϣⲁ-ⲉⲛⲉϩ
*4:1 *ⲉⲧ∅-ⲥⲁϩⲣⲁ[ⲓ̈ - - -]• *(text omitted here)*

*4:8 *[ⲕ-ⲙⲉ]|ⲉⲩⲉ ⲟⲛ ϫⲉ-ⲛ̣̅ⲧ̅ⲕ̅-ⲡⲓⲱⲧ ⲛ̅ⲧⲉ-ⲡ[ⲉⲕⲅⲉⲛⲟⲥ] || ⲏ ϫⲉ-ⲓ̈̅ⲟ̅ⲗ̅ⲁ̅ⲟ̅ⲥ̅
ⲡⲉ ⲡⲉⲕⲉⲓⲱⲧ• *(text omitted here)*

*4:13 *ⲁⲙⲟⲩ ⲛ̅ⲅ̅-ⲥⲓⲛⲉ ⲉⲃⲟⲗ ϩ̅ⲛ̅-ⲛ[ⲁⲓ̈] | ⲛⲁⲓ̈ ⲉⲧ̅ⲕ̅-ⲛⲁ-ⲕⲟⲧ̅-ⲕ̅ ⲉⲣⲟ-ⲟⲩ ⲟⲛ
ⲛ̅ⲕⲉ̣[ⲥⲟⲡ] || ϩ̅ⲓ̅ⲛⲁ[28] ϫⲉ-ⲉⲕ-ⲁ-ⲧⲁϣⲉ-∅ⲟⲉⲓϣ ⲛ̅-ⲟⲩⲅⲉⲛ̣[ⲉⲁ][29] | ⲉⲥ-ⲟⲛ̅ϩ̅
ⲁⲩⲱ ⲛ̅ⲅ̅-ⲛⲟⲩϩ̅ⲙ̅ ⲛ̅-ⲛⲏ ⲉⲧ∅-[ⲙ̅]|ⲡϣⲁ ⲁⲩⲱ ⲛ̅ⲅ̅-ϯ-∅ϭⲟⲙ ⲛ̅-ⲛⲓⲥⲱⲧ̅[ⲡ̅] |
ϫⲉ-ⲟⲩⲛⲟϭ ⲡⲉ ⲡⲓⲁⲓⲱⲛ ⲛ̅ⲧⲉ-ⲡⲓⲉ̣[ⲱⲛ] | ⲁⲩⲱ ϫⲉ-ⲟⲩⲕⲟⲩⲉⲓ ⲡⲉ
ⲡⲓⲭⲣⲟⲛⲟ[ⲥ[30] ⲙ̅]|ⲡⲉⲓ̈ⲙⲁ•

ⲛⲁⲓ̈ ⲇⲉ ⲛ̅ⲧⲉⲣⲉϥ-ϫⲟⲟ-ⲩ ⲛ[ⲁ-ⲓ̈] | ⲁⲛⲟⲕ ϩ̅ⲛ̅-ⲟⲩⲛⲟϭ ⲛ̅-ⲓ̈ⲏⲥ ⲙ̅ⲛ̅-
ⲟⲩⲛⲟ[ϭ ⲛ̅]-|ⲟⲩⲣⲟⲧ ⲛ̅ϩⲏ[ⲧ] ⲁⲉⲓ-ⲁⲗⲉ ⲛ̅ⲙ̅ⲙⲁ-ϥ ⲉϩⲣ[ⲁⲓ̈] | ⲉ-ⲩⲛⲟϭ ⲛ̅-
ⲕⲗⲟⲟⲗⲉ ⲛ̅-ⲟⲩⲟⲉ̣[ⲓ]ⲛ̣• ⲁⲉⲓ-ⲕ̣[ⲱ] | ⲙ̅-ⲡⲁⲡⲗⲁⲥⲙⲁ[31] ϩ̅ⲓ̅ϫ̅ⲙ̅-ⲡⲕⲁ[ϩ] ⲉⲩ-
ⲁⲣⲉ̣[ϩ] || ⲉⲣⲟ-ϥ ⲉⲃⲟⲗ ϩ̅ⲓ̅ⲧ̅ⲛ̅-ϩⲉⲛⲉⲟⲟⲩ• ⲁⲩⲱ [ⲁⲛ]-|ⲛⲟⲩϩ̅ⲙ̅ ⲉⲃⲟⲗ
[ϩ̅]ⲙ̅-ⲡⲓⲕⲟⲥⲙⲟⲥ ⲧⲏⲣ̅-ϥ̅ | ⲙ̅ⲛ̅-ⲡⲓ̣ⲓ̣ⲅ̣̅[32] ⲛ̅[ⲛ]-ⲉⲱⲛ ⲉⲧ∅-ϣⲟⲟⲡ | ⲛ̅ϩⲏⲧ̣̅-ϥ̅
[ⲙ̅ⲛ̅-ⲛⲉ]ⲩⲙ̅ⲛ̅ⲧ̅-ⲁⲅⲅⲉⲗⲟⲥ | ⲙ̅ⲡⲟⲩ-ⲛⲁⲩ ⲉⲣⲟ-ⲛ• ⲁⲩⲱ ⲡⲟⲩⲁⲣ||ⲭⲱⲛ[33]
ⲁϥ-ϣⲧⲟⲣⲧ̅ⲣ̅ ϩⲁⲑⲏ ⲛ̅-ⲧ̣[ⲉⲛϩⲓⲏ ⲙ̅]-|ⲙⲟⲟϣⲉ• ϯϭⲏⲡⲉ ⲅⲁⲣ ⲛ̣̅-ⲟⲩ[ⲟⲉⲓⲛ]
*5:1 *[.]ⲧ̅ⲛ̅[- - -].[. . . .] ⲉⲥ-ⲥⲟⲧ̅ⲡ̅ | ⲛ̅ϩⲟ̣[ⲩⲟ ⲉ-ⲕⲟ]ⲥ̣ⲙⲓⲕ[ⲟⲛ[34] ⲛⲓ]ⲙ ⲉ-ⲩ̣ⲁⲧ-|
ϣ̣ⲁϫ̣ⲉ ⲙ̅ⲙⲟ-ϥ ⲡⲉ̣ ⲡ[ⲉ]ⲥ̣ⲥⲁ ⲉⲥ-ϯ-∅ⲟⲩⲟ|[ⲉ]ⲓ̣[ⲛ] ⲉ̣-ⲩⲛ̅ⲧⲁ-ⲥ ⲛ̅-ⲟⲩϭⲟⲙ
ⲉⲥ-ϫⲓ-∅ⲙⲟ||[ⲉⲓⲧ ϩ]ⲏⲧ-ⲟⲩ ⲛ̅-ϩⲉⲛⲡ̅ⲛ̅ⲁ̅ ⲉⲩ-ⲟⲩⲁⲁⲃ | [ⲉⲥ-ϣ]ⲟⲟⲡ ⲛ̅-
ⲟⲩⲡⲛ̣̅[ⲁ̅] ⲛ̅-ⲣⲉϥ-ⲧⲁⲛϩⲟ | [ⲙ̅ⲛ̅]-ⲟ̣ⲩϣⲁϫⲉ ⲛ̅-ⲛⲟⲉ̣ⲣⲟⲛ[35] ⲙ̅ⲡⲣⲏⲧⲉ | [ⲁⲛ
ⲛ̅]-ⲛⲏ ⲉⲧ∅-ϣⲟⲟⲡ ϩ̅ⲙ̅-ⲡⲓⲕⲟⲥⲙⲟⲥ | [. .].ⲓ ⲛ̅ⲧⲉ-ⲟⲩϩⲩⲗⲏ ⲉ-ϣⲁⲥ-ϣⲓⲃⲉ ||
[ⲙ̅]ⲛ̣̅-ⲟⲩϣⲁϫⲉ ⲉ-ϣⲁϥ-ⲧⲱϭ̅ⲛ̅•

ⲁⲩⲱ | [ⲧ]ⲟ̣ⲧⲉ ⲁⲉⲓ-ⲥⲟⲩⲱⲛ-ϯϭⲟⲙ ⲉⲧ∅-ϣⲟ|[ⲟ]ⲡ ⲛ̅ϩⲏⲧ-∅ ϫⲉ-ⲛⲉⲥ-
ⲕⲏ ϩ̅ⲓ̅ϫ̅ⲛ̅-ⲡⲓⲕⲁⲕⲉ | [ⲉ]-ⲩⲛ̅ⲧⲁ-ⲥ ⲙ̅ⲙⲁⲩ ⲙ̅-ⲡⲓⲟⲩⲟⲉⲓⲛ̣ ⲧⲏⲣ̅-ϥ̅• | [ⲁ]ⲉⲓ-
ϫⲓ-∅ⲱⲙ̅ⲥ̣̅ ⲙ̅ⲡⲓⲙⲁ ⲉⲧ̅∅̅-ⲙ̅ⲙⲁⲩ• ⲁⲩⲱ || [ⲁ]ⲉⲓ-ϫⲓ-ⲡⲓⲛⲉ ⲛ̅-ⲛⲓⲉⲟⲟⲩ ⲉⲧ∅-
ϩ̅ⲙ̅-ⲡⲙⲁ | [ⲉ]ⲧ̅∅̅-ⲙ̅ⲙⲁⲩ• ⲁⲉⲓ-ϣⲱⲡⲉ ⲙ̅ⲡⲣⲏⲧⲉ ⲛ̅-|[ⲟ]ⲩⲁ ⲙ̅ⲙⲟ-ⲟⲩ•

[24] Dare τολμᾶν [25] Beast θηρίον [26] Deserted, desert, deserted place ἔρημος, -ον [27] Knowledge, personal knowledge, acquaintance γνῶσις [28] So that ἵνα [29] Race, generation γενεά [30] Time χρόνος [31] Modeled form, thing that has been moulded πλάσμα [32] ⲓ̅ⲅ̅ Numeral '13' [33] Ruler ἄρχων [34] Worldly κοσμικός, -ή, -όν [35] Intellectual νοερός, -ά, -όν

ⲁⲉⲓ-ⲥⲓⲛⲉ ⲉⲃⲟⲗ ϩⲙ̄-ⲡⲓ|[ⲕⲁϩ] ⲛ̄-ⲁⲏⲣ•[36] ⲁⲩⲱ ⲁⲉⲓ-ⲥⲓⲛⲉ ⲛ̄-ⲛⲓⲁⲛ|-
[ⲧⲓⲧⲩ]ⲡⲟⲥ[37] ⲛ̄ⲛ-ⲉⲱ[ⲛ] ⲉ-ⲁⲉⲓ-ⲱⲙ̄ⲥ̄ || [ⲙ̄ⲡⲓⲙⲁ] ⲉⲧ∅-ⲙ̄ⲙⲁⲩ ⲛ̄ⲥⲁϣϥ̄ ⲛ̄-
ⲥⲟⲡ | [ⲛ̄-ⲟⲩⲙⲟⲟ]ⲩ ⲉϥ-ⲟⲛ̄ϩ ⲕⲁⲧⲁ-ⲡⲟⲩⲁ ⲡⲟⲩⲁ | [ⲛ̄ⲧⲉ-ⲛⲓ]ⲉⲱⲛ ⲉ-
ⲙ̄ⲡⲓ-ⲕ[ⲁ-ⲧ]ⲟⲟⲧ-∅ ϣⲁⲛ|[ϯ-ⲛⲁⲩ] ⲉ-ⲙ̄ⲙⲟⲟⲩ [ⲧ]ⲏⲣ̣-[ⲟⲩ ⲉ]-ⲟⲩⲥⲟⲡ• |
[ⲁⲩⲱ] ⲁⲓ̈-ⲉ̄ⲓ̄ ⲉϩⲣⲁⲓ̈ ⲉ-[ϯⲟⲛⲧⲱ]ⲥ[38] ⲉⲧ∅-ϣⲟ||[ⲟⲡ] ⲙ̣-ⲡⲁⲣⲟⲓⲕⲏⲥ̣ⲓⲥ•[39]
ⲁ[ⲓ̈]-ϫⲓ-∅ⲱⲙ̄ⲥ̣̄• ⲁⲩⲱ | [....].[ⲕⲟ]ⲥ̣ⲙⲟⲥ• ⲁⲓ̈-ⲉ̄ⲓ̄ ⲉϩⲣⲁⲓ̈ ⲉ-ϯⲟⲛ|[ⲧⲱⲥ
ⲉ]ⲧ̣∅-ϣⲟⲟⲡ ⲙ̄-ⲙⲉⲧⲁⲛⲟⲓⲁ•[40] | [ⲁⲩⲱ ⲁⲉⲓ]-ϫⲓ-∅ⲱⲙ̄ⲥ̄ ⲙ̄ⲡⲙⲁ ⲉⲧ∅-ⲙ̄ⲙⲁⲩ |
[ⲛ̄ⲥ]ⲟⲟⲩ ⲛ̄-ⲥⲟⲡ•
ⲁⲉⲓ-ⲥⲓⲛⲉ ⲙ̄-ⲡⲓ*ⲙⲉϩ-ⲥⲟⲟⲩ [....]ϫ̣[- - -]...[..]• | ⲁⲩⲱ ⲁⲓ̈-ⲉ̄ⲓ̣̄ *6:1
[ⲉϩⲣⲁⲓ̈] ⲉ-ⲛⲓⲉ.[- - -]...[.] | ⲁⲓ̈-ⲁϩⲉⲣⲁⲧ-∅ ⲙ̣[ⲙⲁ]ⲩ ⲉ-ⲁⲉⲓ-ⲛⲁⲩ ⲉ-
ⲩⲟⲩⲟⲉ̣[ⲓⲛ ⲛ̄]|ⲧⲉ-ⲧⲙⲉ ⲉϥ-ϣⲟⲟⲡ ⲟⲛⲧⲱⲥ ⲉⲃ[ⲟ]ⲗ̣ ϩⲛ̣̄-[ⲟⲩ]||ⲛⲟⲩ-
ⲛⲉ ⲛ̄ⲧⲁ-ϥ ⲛ̄-ⲁⲩⲧⲟⲅⲉⲛⲏⲥ ⲙ̣̄[ⲛ-ϩⲉⲛ]|ⲛⲟϭ ⲛ̄-ⲁⲅⲅⲉⲗⲟⲥ ⲙ̄ⲛ-ϩⲉⲛ-
ⲉⲟⲟ[ⲩ....] | ⲉ-ⲡϣⲓ• ⲁⲩ[ⲱ ⲁ]ⲉⲓ-ϫⲓ-∅ⲱⲙ̄ⲥ̄ ⲉ-ⲡ[ⲣⲁⲛ ⲙ̄]-|ⲡⲓⲁⲩⲧⲟ-
ⲅⲉ̣ⲛⲏⲥ ⲛ̄-ⲛⲟⲩⲧⲉ ⲉ[ⲃⲟⲗ ϩ̄ⲓ̄ⲧⲟ]|ⲟⲧ-ⲟⲩ ⲛ̄-ⲛⲓϭⲟⲙ ⲛⲏ ⲉⲧ∅-ϣⲟⲟⲡ
[ϩ̄ⲓ̄ϫⲛ̄-ϩⲉⲛ]||ⲙⲟⲟⲩ ⲉⲩ-ⲟⲛ̄ϩ ⲙⲓⲭⲁⲣ ⲙ̄ⲛ-ⲙ̣ⲓ̣[ⲭⲉⲩⲥ]• | ⲁⲩⲱ ⲁⲉⲓ-
ⲧ̄ⲃⲃⲟ ⲉⲃⲟⲗ ϩ̄ⲓ̄ⲧⲟⲟⲧ-ϥ ⲙ̣̄-[ⲡⲓ]|ⲛⲟϭ ⲃⲁⲣⲫⲁⲣⲁⲅⲅⲏⲥ• ⲁⲩⲱ ⲁⲩ-[- - -]|-
ⲟⲩ ⲛⲁ-ⲓ̈• ⲁⲩ-ⲥⲁϩ̄ⲧ̄ ϩⲙ̄-ⲡⲓⲉⲟⲟⲩ• [ⲁⲩ-ⲣ̄]-|ⲥⲫⲣⲁⲅⲓⲍⲉ[41] ⲙ̄ⲙⲟ-ⲉ̄ⲓ̄ ⲉⲃⲟⲗ
ϩ̄ⲓ̄ⲧⲟⲟⲧ-[ⲟⲩ] || ⲛ̄-ⲛⲏ ⲉⲧ∅-ϣⲟⲟⲡ ϩ̄ⲓ̄ϫⲛ̄-ⲛⲉⲓ̈ϭⲟⲙ [ⲙⲓⲭⲁⲣ <ⲙ̄ⲛ->[42]]|
ⲙ̣ⲓ̣[ⲭ]ⲉⲩⲥ ⲙ̄ⲛ-ⲥⲉⲗⲇⲁⲱ ⲙ̄ⲛ-ⲉⲗⲉ̣[ⲛⲟⲥ] | ⲙ̄ⲛ-ⲍⲱⲅⲉⲛⲉⲑⲗⲟⲥ• ⲁⲩⲱ
ⲁⲉⲓ-ϣ[ⲱⲡⲉ] | ⲛ̄-ⲟⲩⲁⲅⲅⲉⲗⲟⲥ ⲛ̄-ⲣⲉϥ-ⲛⲁⲩ ⲉ-∅ⲛⲟⲩ[ⲧⲉ]• | ⲁⲩⲱ ⲁⲓ̈-
ⲁϩⲉⲣⲁⲧ-∅ ϩ̄ⲓ̄ϫⲛ̄-ⲡⲓϩⲟⲩⲉ[ⲓⲧ] || ⲉⲧⲉ-ⲡⲓⲙⲉϩ-ϥⲧⲟⲟⲩ ⲛ̄ⲛ-ⲉⲱⲛ ⲡ[ⲉ] | ⲙ̄ⲛ-
ⲛⲓⲯⲩⲭⲏ• ⲁⲉⲓ-ⲥⲙ[ⲟ]ⲩ ⲉ-

ⲡⲓ[ⲁⲩⲧⲟ]|ⲅⲉⲛⲏⲥ ⲛ̄-ⲛⲟⲩⲧⲉ
ⲙ̄ⲛ-ⲡⲓ̣ϣ̣[ⲟⲣⲡ ⲛ̄]-|ⲉⲓⲱⲧ ⲡⲓⲅⲉⲣⲁⲇⲁ̣ⲙⲁ ⲉ̣-[ⲩⲃⲁⲗ ⲡⲉ ⲛ̄ⲧⲉ]-
|ⲡⲓⲁⲩⲧⲟⲅⲉⲛⲏⲥ ⲡⲓϣⲟ̣ⲣ̣[ⲡ ⲛ̄-ⲣⲱⲙⲉ] || ⲛ̄-ⲧⲉⲗⲓⲟⲥ[43]
ⲙ̄ⲛ̣-ⲥⲏⲑ ⲉⲙⲙ[ⲁⲭⲁ ⲥⲏⲑ] | ⲡϣⲏⲣⲉ̣ [ⲛ̄]ⲧⲉ-[ⲁ]ⲇ̣ⲁ̣ⲙⲁⲥ̣ ⲡ[ⲉⲓⲱⲧ
ⲛ̄ⲧⲉ]-|ϯⲅⲉ[ⲛⲉⲁ ⲛ̄]ⲛ̣-[ⲁⲧ]-ⲕⲓⲙ ⲙ̣ⲛ̣̄-ⲛ̣[ⲓϥⲧⲟ]|ⲟⲩ ⲛ̄-[ⲫⲱ-
ⲥⲧⲏⲣ].ⲥ.ⲏ.[- - -]|ⲙ̣[- - -]ⲉ̣ⲙ̣[.].[- - -] ||
ⲙ̄ⲛ-ⲙⲓⲣⲟⲑⲉⲁ ⲧⲙⲁⲁ[ⲩ - - -]|ⲧⲉ
ⲙ̄ⲛ-ⲡⲣⲟⲫⲁⲛⲓⲁ [- - -] | ⲛ̄ⲧⲉ-ⲛⲓⲟⲩⲟⲉⲓⲛ
ⲙ̄ⲛ-ⲡ.‾ⲏ[- - -]*.ⲏ̣.[- - -]ϣ̣.ⲁ[...]ⲟⲥ• *7:1

ⲁⲩⲱ ⲁⲉⲓ-|[ϫⲓ]-∅ϣ̣[ⲙ̄ⲥ ⲙ̄ⲡⲓ]ⲙ̣ⲉϩ-ⲥⲟ̣[ⲡ ⲥ]ⲛⲁⲩ ⲉ-ⲡⲣⲁⲛ | [ⲛ̄]ⲧⲉ̣-ⲡⲓⲁⲩ-
ⲧⲟⲅⲉⲛ[ⲏ]ⲥ ⲛ̄-ⲛⲟⲩⲧⲉ ⲉⲃⲟⲗ | ϩ̣̄ⲓ̄ⲧⲟⲟⲧ-ⲟⲩ ⲛ̄-ⲛⲉⲓ̈ϭⲟⲙ ⲛ̄-ⲟⲩⲱⲧ• ⲁⲉⲓ-||

[36] Air ἀήρ [37] Antitype ἀντίτυπος [38] Really ὀντῶς [39] Sojourn, exile παροίκησις [40] Repentance μετάνοια [41] Seal σφραγίζειν [42] <ⲙ̄ⲛ-> presumably omitted by the ancient copyist [43] Perfect τέλειος, -α, -ον

ϣⲱⲡⲉ ⲛ̄-ⲟⲩⲁⲅⲅⲉⲗⲟⲥ ⲛ̄-ⲅⲉⲛⲟⲥ {ⲛ̄-ⲅⲉ|ⲛⲟⲥ}[44] ⲛ̄-ϩⲟⲟⲩⲧ• ⲁⲩ[ⲱ] ⲁ̣ⲉⲓ-
ⲁϩⲉⲣⲁⲧ-$^{\emptyset}$ ϩⲓ̄|ϫⲛ̣̄-ⲡⲓⲙⲉϩ-ⲥⲛⲁⲩ ⲛ̄ⲛ-ⲉⲱⲛ ⲉⲧⲉ-ⲡⲓ|ⲙ̣[ⲉϩ]-ϣⲟⲙ̄ⲧ̄ ⲡⲉ ⲙ̄ⲛ-
ⲛ̄ϣⲏⲣⲉ ⲛ̄ⲧⲉ-|[ⲥ]ⲏ̣ⲑ• ⲁⲉⲓ-ⲥⲙⲟⲩ ⲉ-ⲛⲁⲓ̈ ⲛⲁⲓ̈• ⲁⲩⲱ ⲁⲉ̣ⲓ-||[ϫⲓ]-$^{\emptyset}$ⲱⲙ̄ⲥ̄
ⲙ̄ⲡⲓⲙⲉϩ-ϣⲟⲙ̄ⲧ̄ ⲛ̄-ⲥⲟⲡ ⲉ-|ⲡⲣⲁⲛ ⲙ̄-ⲡⲓⲁⲩⲧⲟⲅⲉⲛⲏⲥ ⲛ̄-ⲛⲟⲩⲧⲉ | ⲉⲃⲟⲗ
ϩⲓ̄ⲧⲟ̣ⲟⲧ-ⲟⲩ ⲛ̄-ⲛⲉⲓ̈ϭⲟⲙ ⲛⲉⲓ̈ϭⲟⲙ• | [ⲁⲓ̈]-ϣ̣ⲱⲡⲉ ⲛ̄-ⲟⲩⲁⲅⲅⲉⲗⲟⲥ ⲉϥ-
ⲟⲩ̣ⲁⲁⲃ• | [ⲁ]ⲉⲓ-[ⲁ]ϩⲉ̣ⲣⲁⲧ̣-$^{\emptyset}$ ϩⲓ̄ϫⲛ̄-ⲡⲓⲙⲉϩ- ⟦ⲥⲛⲁⲩ⟧[45] ⲅ̄[46] ⲛ̄||[ⲛ-ⲉⲱ]ⲛ
ⲉ[ⲧ]ⲉ-ⲡⲓⲙⲉϩ-ⲥⲛⲁⲩ ⲡⲉ• ⲁⲉⲓ-|[ⲥⲙⲟ]ⲩ̣ ⲉ-[ⲛ]ⲁ̣ⲓ̈ ⲛⲁⲓ̈• ⲁⲩⲱ ⲁⲉⲓ-ϫⲓ-
$^{\emptyset}$ⲱ̣ⲙ̄ⲥ̄ | [ⲙ̄-ⲡⲓⲙⲉϩ]-ⲇ̄[47] ⲛ̄-ⲥⲟ̣ⲡ ⲉⲃⲟⲗ ϩ͡ⲓⲧⲟⲟⲧ-ⲟⲩ | [ⲛ̄-ⲛⲉⲓ̈ϭⲟⲙ ⲛ]ⲉ̣ⲓ̈-
[ϭ]ⲟⲙ• ⲁⲓ̈-ϣⲱⲡⲉ ⲛ̄-|[ⲟⲩⲁⲅⲅⲉⲗⲟ]ⲥ̣ ⲛ̣̄-ⲧⲉⲗⲓⲟⲥ• ⲁⲩⲱ || [ⲁⲓ̈-ⲁϩⲉⲣⲁⲧ-$^{\emptyset}$
ϩⲓ̄ϫⲙ̄]-ⲡ̣ⲓⲙⲉϩ-ϥⲧⲟⲟⲩ ⲉ|[ⲧⲉ-ⲡⲓϩⲟⲩⲉⲓⲧ ⲡⲉ ⲛ̄]ⲛ-ⲉⲱⲛ• ⲁⲩⲱ ⲁⲉⲓ-|
[ⲥⲙⲟⲩ ⲉ-ⲛⲁⲓ̈ ⲛⲁⲓ̈]• *(text omitted here)*

*8:7 *ⲁⲩⲱ ⲡⲉϫⲁ-ϥ ⲛⲁ-ⲓ̈ ⲛ̄[ϭⲓ]-ⲡⲓⲛⲟϭ | ⲉⲧ$^{\emptyset}$-ⲁⲙⲁϩⲧⲉ ⲙ̄-ⲡϫⲓⲥⲉ ⲁⲩⲑ̣-
ⲣ̣ⲟⲩⲛⲓⲟⲥ | ϫⲉ-ⲉϣϫⲉ-ⲉⲕ-ⲕⲱⲧⲉ ⲙⲉⲛ ⲛ̄ⲥⲁ-ⲛⲏ || ⲉⲧ-ⲁⲕ-ⲥⲓⲛⲉ ⲉⲃⲟⲗ
ⲛ̄ϩⲏⲧ-ⲟⲩ• ⲏ̣̄ ⲉ̣|ⲧⲃⲉ-ⲡⲉⲓ̈ⲕⲁϩ ⲛ̄ⲛ-ⲁⲏⲣ ϫⲉ-ⲉⲧⲃⲉ-ⲟⲩ ⲟⲩⲛ̄|ⲧⲁ-ϥ-ⲡⲉⲓ̈ⲧⲩ-
ⲡⲟⲥ[48] ⲛ̄-ⲕⲟⲥ̣ⲙⲓⲕⲟⲛ• ⲏ̄ [ⲉ]|ⲧⲃⲉ-ⲛⲓⲁⲛⲧⲓⲧⲩⲡⲟⲥ ⲛ̄ⲛ-ⲉⲱⲛ ϫⲉ-[ⲟⲩ]|ⲏⲣ
ⲡⲉ• ⲏ̄ ⲉⲧⲃⲉ-ⲟⲩ ⲛ-ⲥⲉ-ⲙⲟⲕ̄ϩ̣ [ⲁⲛ]• || ⲏ̄ ⲉⲧⲃⲉ-ϯⲡⲁⲣⲟⲓⲕⲏⲥ[ⲓ]ⲥ ⲙ̄ⲛ-
[ϯⲙⲉⲧⲁ]|ⲛⲟⲓⲁ ⲙ̄ⲛ-ⲉⲧⲃⲉ-ϯⲕⲧ[ⲓⲥ]ⲓ̣ⲥ ⲛ̣.[. . .] | ⲙ̄ⲛ-ⲡⲓⲕⲟⲥⲙⲟⲥ ⲉⲧⲉ-
ⲛ̄.[- - -]• *(text omitted here)*

*9:1 *ⲡⲉϫ[ⲁ-ϥ ⲛⲁ-ⲓ̈ ⲛ̄]ϭⲓ-ⲡⲓⲛ[ⲟϭ] ⲉⲧ$^{\emptyset}$-ⲁⲙⲁϩⲧⲉ | ⲙ̄-ⲡ[ϫⲓ]ⲥ̣ⲉ ⲁⲩⲑ-
ⲣⲟⲩⲛ̣ⲓⲟⲥ ϫⲉ-ⲡⲕⲁϩ | ⲙⲉⲛ ⲛ̄ⲛ-ⲁⲏⲣ ⲁϥ-ϣⲱⲡⲉ ϩⲛ̄-ⲟ̣ⲩ|ϣⲁϫⲉ• ⲛⲓϫⲡⲟ
ⲇⲉ ⲙ̄ⲛ-ⲛⲏ ⲉⲧ$^{\emptyset}$-ⲧⲁ||ⲕⲏⲟⲩⲧ ⲉϥ-ⲟⲩⲱⲛ̄ϩ ⲙ̄ⲙⲟ-ⲟⲩ ⲉⲃⲟⲗ | ϩⲛ̄-ⲟⲩⲙⲛ̄ⲧ-
ⲁⲧ-ⲧⲁⲕⲟ• ⲉⲧⲃⲉ-ⲡⲓ ⲉϩⲣⲁⲓ̈ | ⲛ̄ⲧⲉ-ⲛⲓⲛⲟϭ ⲛ̄-ⲕⲣⲓⲧⲏⲥ[49] ϩⲓⲛⲁ ϫⲉ-ⲛ̄ⲛⲟⲩ-|
ϫⲓ-$^{\emptyset}$ϯⲡⲉ ⲛ̄ⲛ-$^{\emptyset}$ⲉⲥⲑⲏⲥⲓⲥ[50] ⲁⲩⲱ ⲛ̄ⲥⲉ-ⲧ̄ⲙ-|ⲱⲣ̄ⲃ̄ [ϩ]ⲛ̄-ϯⲕⲧⲓⲥⲓⲥ• ⲉⲧ-ⲁⲩ-
ⲉ̄ⲓ ⲇⲉ ⲉϩⲣⲁⲓ̈ || ⲉϫ̄ⲙ-ⲡⲁⲓ̈• ⲁⲩⲱ ⲉⲧ-ⲁⲩ-ⲛⲁⲩ ⲉⲃⲟⲗ ϩⲓⲧ̄ⲙ-|ⲡⲁⲓ̈ ⲉ-ⲛⲓϩ-
ⲃⲏⲩⲉ ⲛ̄ⲧⲉ-ⲡⲓⲕⲟⲥⲙⲟⲥ ⲉⲩ-|ϯ-$^{\emptyset}$ϩⲁⲡ ⲉ-ⲡⲉϥⲁⲣⲭⲱⲛ ⲉϩⲣⲁⲓ̈ ⲉ-ⲩⲧⲁⲕⲟ |
ⲉ̣-ⲩⲧⲩⲡⲟ̣ⲥ ⲡⲉ ⲛ̄ⲧⲉ-ⲡⲕⲟⲥⲙⲟ̣ⲥ ⲉ-ⲩ|[. . .].ⲁ ⲧⲉ̣ ⲙ̄ⲛ-ⲟⲩⲁⲣⲭⲏ ⲛ̄ⲧⲉ-
ϯϩⲩⲗⲏ || [ⲉⲧ$^{\emptyset}$-ϫ]ⲡⲟ ⲛ̄-ⲕ̣ⲁ̣ⲕⲉ ⲉⲧ$^{\emptyset}$-ⲧⲁⲕⲏⲟⲩⲧ• | [. .]-ⲛⲁⲓ̈ ⲇ[ⲉ] ϯⲥⲟⲫⲓⲁ
ⲉⲧⲁⲥ-ϭⲱϣ̄ⲧ̄ | [ⲉⲣⲟ-ⲟⲩ] ⲁⲥ-ⲧⲁⲩⲉ-ⲡⲓⲕⲁⲕⲉ ⲉⲥ|[- - -]• *(text omitted here)*

*9:28 *[- - -]ϣⲁϫⲉ ⲉ-ⲙ[. . .].-$^{\emptyset}$ϭⲟⲙ | [- - -]ⲱⲛ ⲛ̄ⲧⲉ̣-[ϯⲕⲧⲓ]ⲥⲓⲥ ⲉ-||$^{\emptyset}$ⲛ̣ⲁⲩ
*10:1 ⲉ-ⲩⲗⲁⲁⲩ ⲛ̄ⲧⲉ-ⲛⲓ̣[ϣⲁ]-ⲉⲛⲉϩ̣• *ⲁϥ-ⲛⲁⲩ ⲉ-ⲩ[ⲉⲓ]ⲇⲱⲗ[ⲟⲛ•[51] ⲁⲩ]ⲱ̣
ⲡⲣⲟⲥ-|ⲡⲓⲉⲓⲇⲱⲗ[ⲟⲛ] ⲉⲧ-ⲁϥ-[ⲛⲁⲩ ⲉⲣⲟ]-ϥ ⲉⲧ̣$^{\emptyset}$-ⲛ̣̄|ϩⲣⲁⲓ̈ ⲛ̄ϩⲏⲧ̣̄-ϥ̣ [ⲁϥ]-
ⲧⲁⲙⲓⲟ ⲙ̄-ⲡⲕⲟⲥⲙⲟⲥ• | ⲁⲩⲱ ϩⲛ̄-ⲟⲩⲉⲓⲇⲱⲗⲟⲛ ⲛ̄ⲧⲉ-ⲟⲩⲉⲓ||ⲇⲱⲗⲟⲛ

[44] Delete {ⲛ̄-ⲅⲉ|ⲛⲟⲥ} (dittography) [45] ⟦ⲥⲛⲁⲩ⟧ cancelled by the ancient copyist
[46] ⲅ̄ Numeral '3' [47] ⲇ̄ Numeral '4' [48] Pattern τύπος [49] Judge κριτής
[50] Perception αἴσθησις [51] Reflection εἴδωλον

ⲁϥ-ⲣ̄-∅ϩⲱⲃ ⲉ-ⲡⲕⲟⲥⲙⲟⲥ• | ⲁⲩⲱ ⲡⲓⲕⲉⲉⲓⲇⲱⲗⲟⲛ ⲛ̄ⲧⲉ-ⲡⲟⲩ|ⲱⲛ̄ϩ
ⲉⲃⲟⲗ ⲁⲩ-ϥⲓⲧ̄-ϥ̄ ⲛ̄ⲧⲟⲟⲧ̄-ϥ̄•

ⲉⲧ-ⲁⲩ-|ϯ ⲇⲉ ⲛ̄-ⲟⲩⲙⲁ ⲛ̄-ⲙ̄ⲧⲟⲛ ⲛ̄-ϯⲥⲟⲫⲓⲁ | ⲛ̄ⲧϣⲉⲃⲓⲱ ⲛ̄-ⲧⲉⲥ-
ⲙⲉⲧⲁⲛⲟⲓⲁ• ⲉⲃⲟⲗ || ⲇⲉ ϩⲙ̄-ⲡⲁï ⲉ-ⲙ̄ⲛ̄-ⲗⲁⲁⲩ ϩⲣⲁï ⲛ̣̄ϩⲏⲧ̄-ⲥ̄ ⲛ̄-|ϣⲟⲣⲡ̄
ⲛ̄-ⲉⲓⲇⲱⲗⲟⲛ ⲉϥ-ⲧ̄ⲃ̄ⲃ̄ⲏⲟⲩⲧ | ⲛ̄ϩⲣⲁï ⲛ̄ϩⲏⲧ-ϥ̄ ⲡⲣ[ⲟ]ⲟⲛ[52] ⲏ ϩⲏⲇⲏ[53] ⲉⲧ-
ⲁⲩ-|ϣⲱⲡⲉ ⲉⲃⲟⲗ ϩⲓ̄ⲧⲟⲟ̣ⲧ̄-ϥ̄ ⲁϥ-ⲣ̄-ⲫⲁⲛ|ⲧⲁⲍⲉⲥⲑⲁⲓ•[54] ⲁϥ-ⲣ̄-∅ϩⲱⲃ ⲉ-
ⲛ[ⲓ]ⲕⲉ̣[ϣ]ⲱϫ̄ⲡ̄• || ⲛ̄ⲟ[ⲩ]ⲟⲉⲓϣ ⲅⲁⲣ ⲛⲓⲙ ⲉ̣ⲥ-ⲧⲁ[ⲕⲏⲟⲩ]ⲧ | ⲛ̄ϭⲓ-ϯϩ̄ⲓ̄-
ⲕⲱⲛ ⲛ̄ⲧⲉ-[ϯ]ⲥ̣ⲟⲫⲓ̣[ⲁ - - -] | ⲉⲥ-ⲉ ⲛ̄-∅ϩⲁⲗϩⲟ• ⲡ[ⲓ]ⲁⲣⲭ̣[ⲱ]ⲛ̣ ⲇⲉ̣ [- - -]•
(text omitted here)

*ⲛⲓⲁⲛ|[ⲧⲓⲧⲩ]ⲡ̣ⲟⲥ ⲇⲉ ⲛ̄ⲛ-ⲉⲱⲛ ⲉⲩ-ϣⲟⲟⲡ | ⲙ̣̄ⲡⲉ[ï]ⲣⲏⲧⲉ• ⲛ̄ⲧⲟⲟⲩ *11:2
ⲙⲉⲛ ⲙ̣̄ⲡⲟⲩ-||ϣⲁϣⲛⲓ ⲉ-ⲩⲉⲓⲇⲉⲁ[55] ⲛ̄ⲧⲉ-ⲟⲩϭⲟⲙ ⲛ̄-|ⲟⲩⲱⲧ• ϩⲉⲛⲉⲟⲟⲩ̣
[ⲇ]ⲉ ⲛ̄-ϣⲁ-ⲉⲛⲉϩ | ⲉⲧ∅-ⲛ̄ⲧⲁ-ⲩ ⲙ̄ⲙⲁⲩ• ⲁⲩⲱ ⲥⲉ-ϣⲟⲟⲡ | ⲛ̄-ϩⲉⲛⲙⲁ ⲛ̄-
ϯ-∅ϩⲁⲡ ⲛ̄ⲧⲉ-ⲧⲟⲩⲉⲓ̄ ⲧⲟⲩ|ⲉⲓ̄ ⲛ̄ⲧ̣ⲉ-ⲛⲓϭⲟⲙ• ⲉϣⲱⲡⲉ ⲇⲉ ⲉⲩϣⲁⲛ-||ϫⲓ-
∅ⲟⲩⲟ̣ⲉⲓⲛ ⲛ̄ϭⲓ-ⲛⲓⲯⲩⲭⲏ ⲉⲃⲟⲗ ϩⲓ̄ⲧ̄ⲛ̄-|ⲡⲟⲩⲟ̣ⲉ̣[ⲓ]ⲛ̣ ⲉⲧ̣∅-ϣⲟⲟⲡ ⲛ̄ϩⲏⲧ-ⲟⲩ
ⲙ̄ⲛ̄-|ⲡⲓⲧⲩⲡ̣[ⲟⲥ] ⲉⲧ̣ⲉ-ϣⲁϥ-ϣⲱⲡⲉ ⲛ̄ϩⲏ|ⲧ-ⲟⲩ̣ ⲛ̄[ⲟⲩ]ⲙ̣ⲏⲛⲏϣⲉ ⲛ̄-ⲥⲟⲡ
ϩⲛ̄-ⲟⲩⲙ̄ⲛ̄ⲧ̄-|[ⲁ]ⲧ-ϫ[ⲓ]-∅ⲙ̄ⲕ[ⲁ]ϩ̣ ⲙ̣ⲁ̣ⲥ-ⲙⲉⲉⲩⲉ ϫ̣ⲉ-ⲉⲥ-ⲛⲁⲩ || [ⲉ-.]-
ⲓⲧ.[. . .]ⲙⲉ ⲁ̣ⲩⲱ ⲡⲓϣⲁ-ⲉⲛⲉϩ *(text omitted here)*

*ϣⲁⲩ-ⲣ̄-ⲅⲩⲙⲛⲁ[ⲍⲉ][56] ⲙ̣̄[ⲙ]ⲟ̣-ⲟⲩ | ⲉⲃ̣ⲟ̣[ⲗ] ϩⲓ̄ⲧⲟⲟⲧ-ⲟⲩ ⲛ̄- *12:3
ⲛⲓⲁⲛⲧ[ⲓ]ⲧⲩⲡⲟⲥ || ⲛⲏ ⲉⲧⲉ-ϣⲁⲩ-ϫⲓ ⲛ̄-ⲟⲩⲧⲩⲡⲟⲥ ⲛ̄ⲧⲉ-|ⲛⲉⲩⲯⲩⲭⲏ
ⲉⲧⲓ[57] ⲉⲩ-ϣⲟⲟⲡ ϩⲙ̄-ⲡⲕⲟ|ⲥⲙⲟⲥ• ⲙ̄ⲛ̄ⲛ̣̄ⲥⲁ-ϯϩ̄ⲓ̄ⲏ ⲛ̄-ⲉⲓ̄ ⲉⲃⲟⲗ ⲕⲁ|ⲧⲁ-
ⲡⲟⲩⲁ ⲡⲟⲩⲁ ⲛ̄ⲧⲉ-ⲛⲓⲉⲱⲛ ϣⲁⲩ-|ϣⲱⲡⲉ• ⲁⲩⲱ ϣⲁⲩ-ⲟⲩⲟⲧ[ⲃ]-ⲟ̣ⲩ
ⲉⲃⲟⲗ || ⲕⲁⲧⲁ-ⲡⲟⲩⲁ ⲡⲟⲩⲁ ⲉⲃⲟⲗ ⲙ[ⲉ]ⲛ ϩⲙ̄-ⲡⲓⲁⲛ|ⲧⲓⲧⲩⲡⲟⲛ ⲛ̄ⲧⲉ-
ϯⲡⲁⲣⲟ̣ⲓⲕ̣[ⲏ]ⲥⲓⲥ ⲉϩⲣⲁï | ⲉ-ϯⲟⲛⲧⲱⲥ ⲉⲧ∅-ϣ[ⲟⲟⲡ ⲙ̄]-ⲡⲁⲣⲟⲓⲕⲏ|ⲥⲓⲥ
ⲉⲃⲟⲗ ⲙⲉⲛ ϩⲙ̄-ⲡⲓⲁ[ⲛ]ⲧⲓⲧⲩⲡⲟⲛ ⲙ̄-|ⲙⲉⲧⲁⲛⲟⲓⲁ ⲉϩⲣⲁï ⲉ-ϯ[ⲟⲛ]ⲧ̣ⲱⲥ
ⲉ[ⲧ∅]-ϣⲟ||ⲟⲡ ⲙ̣̄-ⲙⲉⲧⲁⲛⲟⲓⲁ [ⲁⲩⲱ ⲉ]ⲃⲟ̣[ⲗ] ϩ̣[ⲙ̄-ⲡⲓ]ⲁ̣ⲛ|ⲧⲓⲧⲩⲡⲟⲥ ⲛ̄-
ⲁⲩⲧ̣ⲟ[ⲅⲉⲛⲏⲥ] ⲉ[ϩⲣⲁï ⲉ-ⲡⲓ]|ⲟⲛⲧⲱⲥ ⲉⲧ∅-ϣⲟ[ⲟ]ⲡ̣ [ⲛ̄-ⲁⲩⲧ]ⲟ̣ⲅ̣[ⲉⲛⲏⲥ] |
ⲙ̣̄ⲛ̣̄-ⲛⲓⲕⲉϣⲱϫ̄ⲡ̄ [- - -]• | ⲛⲓⲯⲩⲭⲏ ⲙⲉⲛ ⲛ̄.[- - -]• *(text omitted here)*

*ⲥⲙ[ⲟⲩ ⲉ]- *13:1

[ⲡⲛ]ⲟⲩⲧⲉ ⲉⲧ∅-ⲥⲁϩⲣⲁï ⲛ̄-|ⲛⲓⲛ[ⲟϭ ⲛ̄ⲛ]-ⲉⲱⲛ
ⲙ̣̄ⲛ̣̄-ⲡⲓⲕ̄ⲗ̄ⲥ̄[58] ⲛ̄ⲛ-ⲁ|[ⲧ]-ⲙ[ⲓⲥⲉ]
ⲙ̣̄ⲛ̣̄-ⲡⲓⲡⲣⲱⲧⲟⲫⲁ[ⲛ]ⲏ̣ⲥ[59] | ⲛ̣̄-ⲛⲟ̣[ϭ ⲛ̄]-ϩⲟⲟⲩⲧ
ⲙ̄ⲛ̄-ⲡⲓⲧⲉⲗⲓⲟⲥ || ⲛ̄-ⲁ[ⲗⲟ]ⲩ̣ ⲡⲏ ⲉⲧ∅-ϫⲟⲥⲉ ⲉ-∅ⲛⲟⲩⲧⲉ |
ⲙ̄ⲛ̄-ⲡⲓⲃⲁⲗ ⲛ̄ⲧⲁ-ϥ ⲡ̣̄ⲓ̣̄ⲅ̣̄ⲉ̄ⲣ̄ⲁ̄ⲇ̄ⲁ̄ⲙ̄ⲁ̄• |

[52] Preexistent προών, -όν (προεῖναι) [53] Already ἤδη [54] Imagine φαντάζεσθαι
[55] Ideal form εἰδέα [56] Train γυμνάζειν [57] Still ἔτι [58] Concealed ⲕ̄ⲗ̄ⲥ̄, abbreviation for καλυπτός, -ή, -όν [59] First manifest πρωτοφανής, -ές

ⲁⲩⲱ ⲁⲉⲓ-ⲙⲟⲩⲧⲉ ⲉϩⲣⲁⲓ̈ ⲟⲩⲉ-ⲡⲁ|ⲗⲟⲩ ⲛ̄ⲧⲉ-ⲡⲁⲗⲟⲩ ⲏ̅ⲫ̅ⲏ̅ⲥ̅ⲏ̅ⲭ̅• ⲁϥ-ⲁϩⲉ|ⲣⲁⲧ-ϥ̄ ⲛ̣ⲁ-ⲓ̈• ⲁⲩⲱ ⲡⲉϫⲁ-ϥ ϫⲉ-ⲡⲁⲅⲅⲉ||ⲗⲟⲥ ⲛ̄ⲧ̣ⲉ-ⲡⲛⲟ̣ⲩⲧⲉ ⲡⲓϣⲏⲣⲉ ⲛ̄ⲧⲉ-|ⲡⲓⲱⲧ̣ [- - -]ⲕ ⲡⲓⲧⲉⲗⲓⲟⲥ ⲛ̄-ⲣⲱ|ⲙⲉ ⲉⲧⲃ[ⲉ-ⲟⲩ] ⲕ-ⲙⲟⲩⲧⲉ ⲉⲣⲟ-ⲉⲓ• ⲁⲩⲱ | ⲕ̣-ⲕⲱ[ⲧⲉ ⲛ̄ⲥ]ⲁ-ⲛⲏ ⲉⲧⲕ̄-ⲉⲓⲙ[ⲉ] ⲉⲣⲟ-ⲟⲩ | ⲉⲕ-[ⲉ] ⲛ[ⲛ-∅ⲁⲧ-ⲙⲙ]ⲉ ⲉⲣⲟ-ⲟⲩ• ⲁⲛⲟⲕ || [ⲇⲉ] ⲡⲉ̣[ϫⲁ-ⲓ̈ ϫⲉ]-ⲁ̣ⲓ̈-ⲕⲱⲧⲉ ⲛ̄ⲥⲁ-ⲡⲓⲙⲟ||[ⲟⲩ] *(text omitted here)*

*14:1 *ⲉϥ-ϫⲱ ⲙ̣̄ⲙⲟ-ⲥ ϫⲉ̣-[ⲍ̅ⲱ̅ⲥ̅ⲧ̅]ⲣ̅ⲓ̅ⲁ̅ⲛ̅ⲉ̅ | ⲥⲱⲧⲙ̄ ⲉⲧⲃⲉ-ⲛⲁⲓ̈ [- - -]• ϣⲟ|ⲙⲛ̄ⲧ ⲅⲁⲣ ⲛⲉ ⲛⲓϣⲟⲣⲡ̣̄ [- - -].| ⲛ̣-ⲁ̣[ⲣ]ⲭⲏ ⲉ-ⲁⲩ-ⲟⲩⲱⲛ̣[ϩ ⲉ]ⲃ̣ⲟⲗ ϩⲛ̄-||ⲟⲩⲁⲣⲭⲏ ⲛ̄-ⲟⲩⲱⲧ ⲛ̄ⲧ[. . .] ⲡⲓⲉ|ⲱⲛ ⲛ̣̄-ⲃ̅ⲁ̅ⲣ̅ⲃ̣̅ⲏ̣̅ⲗ̅ⲱ̅ ⲙ̄ⲡⲣⲏⲧⲉ ⲛ̄-ϩⲉⲛ|ⲁⲣⲭⲏ ⲁⲛ ⲙⲛ̄-ϩⲉⲛϭ̣ⲟⲙ ⲟⲩⲇⲉ ⲙ̄|ⲡⲣⲏⲧⲉ ⲁⲛ ⲉⲃⲟⲗ ϩⲛ̄-ⲟⲩⲁⲣⲭⲏ ⲙⲛ̄-|ⲟⲩϭⲟⲙ ⲉ-ⲁⲩ-ⲟⲩⲱⲛ̄ϩ ⲉ[ⲃ]ⲟⲗ ⲛ̄-ⲁⲣ||ⲭⲏ ⲛⲓⲙ • ⲁⲩⲱ ⲁⲩ̣-ϯ-∅ϭⲟⲙ ⲛ̣̄-ϭⲟⲙ ⲛⲓⲙ | ⲁⲩⲱ ⲉ-ⲁⲩ-ⲟⲩⲱⲛ̣̄[ϩ ⲉⲃⲟⲗ ϩ]ⲙ̄-ⲡⲏ ⲉⲧ∅-|ⲥⲟⲧⲡ̄ ⲉⲣⲟ-ⲟⲩ ⲛ̄ϩ[ⲟⲩⲟ] ⲉⲧⲉ-ⲛⲁⲓ̈ ⲛⲉ |

ϯϩⲩⲡⲁⲣⲝⲓⲥ
ⲙⲛ̄-[ϯⲙⲛ̄]ⲧ-ⲙⲁⲕ[ⲁⲣ]ⲓ̣ⲟⲥ |
ⲁⲩⲱ ⲡⲓⲱⲛ̄ϩ• *(text omitted here)*

*15:1 *ⲁⲩⲱ̣ [- - -] ⲛ̄ϭⲓ-ⲟⲩⲙⲟⲟⲩ ⲛ̣̄ⲧⲉ-|ⲧⲟ̣ⲩ[ⲉⲓ̄ ⲧⲟⲩ]ⲉ̣ⲓ̄ ⲙ̄ⲙⲟ-ⲟⲩ̣• ⲉⲧⲃⲉ-ⲡⲁⲓ̈ |. [- - -] ⲙ̣̄-ⲙⲟⲟⲩ ⲛⲉ ⲛ̄-ⲧⲉⲗⲓⲟ̣ⲥ• ϫⲉ-|ⲡⲓⲙ[ⲟⲟ]ⲩ ⲛ̄ⲧⲉ-ⲡⲱⲛ̄ϩ ⲉⲧⲉ-ⲡⲁ-ϯ||ⲙⲛ̄ⲧ̣-ⲱⲛ̣ϩ ⲡⲉ ⲡⲏ ϯⲛⲟⲩ ⲉⲧ-ⲁⲕ-|ϫⲓ-∅ϫⲱⲕ̄ⲙ ⲉⲣⲟ-ϥ ϩ̄ⲙ-ⲡⲓⲁⲩⲧⲟ-ⲅⲉⲛⲏⲥ | ⲡ[ⲓⲙⲟⲟⲩ ⲇⲉ ⲛ̄]ⲧⲉ-ϯⲙⲛ̄ⲧ-ⲙⲁⲕⲁⲣⲓ|ⲟⲥ ⲉⲧ̣[ⲉ-ⲡⲁ]-ⲡⲥⲟⲟⲩⲛ ⲡⲉ ⲡⲏ ⲉⲧⲕ̄-|ⲛⲁ-ϫ[ⲓ-∅ϫⲱ]ⲕ̄ⲙ ⲉⲣⲟ-ϥ ϩ̄ⲙ-ⲡⲓⲡⲣⲱⲧⲟ||ⲫⲁⲛ̣[ⲏⲥ] ⲡ̣ⲓ̣ⲙ̣ⲟⲟⲩ ⲇⲉ ⲛ̄ⲧⲉ-ϯϩⲩ|ⲡⲁⲣⲝ̣[ⲓⲥ ⲡ-ⲉⲧ]ⲉ-ⲡⲁ̣-ϯⲙⲛ̄ⲧ-ⲛⲟⲩⲧⲉ | ⲡ̣ⲉ ⲉⲧ[ⲉ-ⲡ]ⲁ-ⲡⲓⲕⲁⲗⲩⲡⲧⲟⲥ ⲡⲉ • | ⲁ̣ⲩⲱ̣ ϥ-[ϣⲟⲟⲡ] ⲛ̣̄ϭⲓ-ⲡⲓⲙⲟⲟⲩ ⲛ̄ⲧⲉ-|[ⲡⲓ]ⲱⲛ̣[ϩ ⲕⲁⲧⲁ]-ⲟ̣ⲩϭⲟⲙ ⲡⲁ-ϯⲙⲛ̄ⲧ-||[ⲙⲁ]ⲕⲁ̣[ⲣⲓⲟⲥ ⲕ]ⲁⲧⲁ-ⲟⲩⲥⲓⲁ[60] ⲡⲁ-|[ϯⲙⲛ̄ⲧ-ⲛⲟⲩⲧⲉ] ⲇⲉ ⲕⲁⲧⲁ-ⲟⲩϩⲩ|[ⲡⲁⲣⲝⲓⲥ] *(text omitted here)*

*17:1 *ⲁⲩⲱ ⲥ̄-ϣⲟⲟⲡ ⲛ̄ϭⲓ-ϯϭⲟⲙ ⲙⲛ̄-ϯ|ⲟⲩⲥ[ⲓⲁ] ⲙⲛ̄-ϯϩⲩⲡⲁⲣⲝⲓⲥ ⲛ̄ⲧⲉ-|ⲡϣⲱ[ⲡ]ⲉ ⲉϥ-ϣⲟⲟⲡ ⲛ̄ϭⲓ-ⲡⲓⲙⲟ̣[ⲟ]ⲩ• | ⲡⲣⲁⲛ [ⲇ]ⲉ ⲉⲧⲉⲩ-ϫⲱⲕ̄ⲙ ⲉⲣⲟ-ϥ ⲟⲩ||ϣⲁϫⲉ ⲡⲉ ⲛ̄ⲧⲉ-ⲡⲓⲙⲟⲟⲩ• ⲡⲓϣⲟ|ⲣ̄ⲡ ⲟⲩⲛ ⲙ̣̄-ⲙⲟⲟⲩ ⲛ̄-ⲧⲉⲗⲓⲟⲥ ⲛ̄ⲧⲉ-|ⲡⲓϣⲙ̣̄ⲧ̣-[ϭⲟ]ⲙ̣ [ⲙ̄]-ⲡⲓⲁⲩⲧⲟⲅⲉⲛⲏⲥ | ⲟⲩⲱⲛ̣̄ϩ [ⲡⲉ] ⲛ̣̄ⲧⲉ-ⲛⲓⲯⲩⲭⲏ ⲛ̄-ⲧⲉ|ⲗⲓⲟⲥ• ⲟ̣[ⲩ]ϣⲁϫⲉ ⲅⲁⲣ ⲡⲉ ⲛ̄ⲧⲉ-||ⲡⲓⲛⲟⲩ[ⲧⲉ ⲛ̄]-ⲧⲉⲗⲓⲟⲥ ⲙ̄-ⲡⲧⲣⲉϥ-ϣⲱ|ⲡⲉ ⲁ.[. . . . ⲉ]ⲧ∅-ⲙ̄ⲙⲁⲩ• ⲟⲩⲡⲏⲅⲏ[61] | ⲅⲁⲣ ⲛ̄ⲧⲉ-[ⲛⲁ]ⲓ̈ ⲧⲏⲣ-ⲟⲩ ⲡⲉ ⲡⲓⲁϩⲟⲣⲁ|ⲧⲟⲛ[62] ⲙ̄-ⲡ̣[ⲛ]ⲁ̣ ⲉⲧⲉ-ⲛⲓⲕⲟⲟⲩⲉ ϩⲉⲛ|ⲉⲃ̣ⲟⲗ [ϩⲛ̄-ϯⲅⲛ]ⲱⲥⲓⲥ ⲛⲉ ⲉ-ϩⲉⲛⲉⲓⲛⲉ || ⲛ̣̄ⲧⲁ-ϥ [ⲛⲉ]• *(text omitted here)*

[60] Essence οὐσία [61] Wellspring, source πηγή [62] Invisible ἀόρατος, -ον

*ⲁⲩⲱ ⲡⲓⲡⲣⲱⲧⲟⲫⲁⲛⲏ[ⲥ] ⲛ̄-ⲛⲟϭ ⲛ̄-|ϩⲟⲟⲩⲧ ⲛ̄ⲛ-ⲁⲧ-ⲛⲁⲩ ⲉⲣⲟ-ϥ ⲛ̣̄- *18:5
ⲧⲉⲗⲓⲟⲥ ⲛ̄-|ⲛⲟⲩⲥ ⲟⲩⲛ̄ⲧⲁ-ϥ ⲙ̄-ⲡⲉϥⲙⲟⲟⲩ ⲙ̄ⲙⲓⲛ|ⲙ̄ⲙⲟ-ϥ ϩⲱⲥ ⲉϣⲱ̣-
ⲡ̣[ⲉ ⲉ]ⲕϣⲁⲛ-ⲉ̄ⲓ̄ ⲉ|ϫⲛ̄-ⲡⲉϥⲧⲟⲡⲟⲥ ⲉⲕ-[ⲛⲁ-ⲛⲁ]ⲩ̣ ⲉⲣⲟ-ϥ• ⲙ̄ⲡⲉⲓ̈||ⲣⲏⲧⲉ
ⲟⲛ ⲡⲉ ⲡⲉⲓ̈ⲕ̄ⲗ̄ⲥ̄ [ⲛ̄ⲛ]-ⲁⲧ-ⲙⲓⲥⲉ• | ⲕⲁⲧⲁ-ⲡⲟⲩⲁ ⲡⲟⲩⲁ ⲇ[ⲉ ϥ]-ϣⲟ̣ⲟⲡ
ⲛ̄ϭⲓ-|ⲟⲩⲙⲉⲣⲓⲕⲟⲛ ⲙⲛ̣̄-[ⲟⲩϣⲟ]ⲣ̄ⲡ̄ ⲛ̄-ⲉⲓⲇⲟⲥ | ϩⲓ̄ⲛⲁ ϫⲉ-ⲉⲩⲉ-ϫⲱⲕ
ⲙ̣̄[ⲡ]ⲉⲓ̣̈ⲣⲏⲧⲉ• ⲛⲓ|ⲁⲩⲧⲟⲅⲉⲛⲓⲟⲛ[63] ⲅⲁⲣ [ⲛ̄ⲛ]-ⲉⲱⲛ ϥⲧ̣ⲟ||ⲟⲩ ⲛⲉ ⲛ̄-
ⲧⲉⲗⲓⲟ[ⲥ•] *(text omitted here)*

*ⲡⲓⲁⲩⲧⲟⲅⲉⲛⲏⲥ ⲇⲉ ⲛ̄-ⲛⲟⲩⲧⲉ | ⲟⲩϣⲟⲣ̄ⲡ̄ ⲛ̄-ⲁⲣⲭⲱⲛ ⲡⲉ ⲛ̄ⲧⲉ-ⲛ- *19:6
ⲉ|ⲧⲉ-ⲛⲟⲩ-ϥ ⲛ̄ⲛ-ⲉⲱⲛ ⲙⲛ̄-ⲛⲓⲁⲅⲅⲉⲗⲟⲥ | ⲙ̄ⲡⲣⲏⲧⲉ ⲛ̣̄-ϩⲉⲛⲙⲉⲣⲟⲥ[64]
ⲛ̄ⲧⲁ-ϥ• ⲛⲏ ⲅⲁⲣ || ⲉⲧⲉ-ⲡⲓϥⲧⲟⲟⲩ ϣⲟⲟⲡ ⲙ̄ⲙⲟ-ϥ ⲕⲁ|ⲧⲁ-ⲟⲩⲁ• ⲥⲉ-ⲛⲧⲉ-
ⲡⲓⲙⲉϩ-ϯⲟⲩ ⲛ̣̄-ⲉ|ⲱⲛ ⲙ̄ⲙⲁ̣ⲩ ϩⲓ̄-ⲟⲩⲥⲟⲡ• ⲁⲩⲱ ϥ-ϣⲟ|ⲟⲡ ⲛ̄ϭⲓ-ⲡⲓⲙⲉϩ-
ϯⲟⲩ ϩⲛ̄-ⲟⲩⲁ• ⲡⲓ|ϥⲧⲟⲟⲩ [ⲡⲉ ⲕ]ⲁⲧⲁ-$^{\emptyset}$ⲙⲉⲣⲟⲥ ⲡⲓⲙⲉϩ-||ϯⲟⲩ• ⲡ̣ⲉ̣[ⲓ-
ϥⲧⲟ]ⲟⲩ ⲇⲉ ⲥⲉ-ϫⲏⲕ ⲉⲃⲟⲗ | ⲕⲁⲧⲁ-ⲟⲩⲁ̣ [ⲉ-ⲩ]ⲛ̄ⲧⲁ-ⲩ ⲙ̄ⲙⲁⲩ ⲛ̄-ⲟⲩ[- -
-]• *(text omitted here)*

*ⲡⲓⲕ̣ⲁ̣ⲗⲩⲡⲧⲟⲥ || ⲇⲉ ⲛ̄-ϫⲡⲟ ⲉⲃⲟⲗ ⲙ̄ⲙⲟ-ϥ ⲙⲁⲩⲁⲁ-ϥ | ⲉ-ⲩⲁⲣⲭⲏ ⲡⲉ *20:4
ⲉϥ-ⲣ̄ϣⲣ̄ⲡ̄ⲛ̄-ϣⲟⲟⲡ ⲛ̄ⲧⲉ-|ⲡⲓⲁⲩⲧⲟⲅⲉⲛⲏⲥ ⲉ-ⲩⲛⲟⲩⲧⲉ ⲡⲉ ⲁⲩⲱ | ⲛ̄-
ϣⲟⲣ̄ⲡ̄ ⲛ̄-ⲉⲓⲱⲧ ⲉ-ⲩⲗⲟⲉⲓϭⲉ ⲡⲉ ⲛ̄|ⲧⲉ-ⲡⲓⲡⲣⲱⲧⲟⲫⲁⲛⲏⲥ ⲉ-ⲩⲉⲓⲱⲧ ||
ⲡⲉ ⲛ̄ⲧⲉ-ⲛ-ⲉⲧⲉ-ⲛⲟⲩ-ϥ ⲙ̄-ⲙⲉⲣⲟⲥ | ⲉ-ⲩⲛⲟⲩⲧⲉ ⲛ̄-ⲉⲓⲱⲧ ⲡⲉ ⲉⲩ-
ⲣ̄ϣⲣ̄ⲡ̄|ⲛ̄-ⲉⲓⲙⲉ ⲉⲣⲟ-ϥ• ⲁⲩⲱ ⲛⲉⲩ-ⲉⲓⲙⲉ ⲉⲣⲟ-ϥ | ⲁⲛ• ⲟⲩϭⲟⲙ ⲅⲁⲣ
ⲉⲃⲟⲗ ⲙ̄ⲙⲟ-ϥ ⲡⲉ ⲙⲛ̄-|ⲟⲩⲉ̣[ⲓ]ⲱⲧ ⲉⲃⲟⲗ ⲙ̄[ⲙⲟ]-ϥ ⲙⲁⲩⲁⲁ-ϥ• || ⲉⲧⲃⲉ-
ⲡⲁⲓ̈ ⲟⲩⲁⲧ-ⲉ̣[ⲓⲱ]ⲧ̣ ⲡⲉ• *(text omitted here)*

*[ⲉ]ⲧⲃⲉ-ⲧⲇⲓⲁⲫⲟⲣⲁ[65] ⲇⲉ || ⲛ̄ⲧⲉ-ⲛⲓⲯⲩⲭⲏ [ⲙ]ⲡ̄ⲣ-ⲣ̄-$^{\emptyset}$ϣⲡⲏⲣⲉ• ϩⲙ- *26:19
|ⲡⲧⲣⲉⲩ-ⲙⲉⲉⲩ̣ⲉ ⲇⲉ ϫⲉ-ⲥⲉ-ϣⲉⲃ̣ⲓⲏ̣|ⲟⲩⲧ ⲛ-ⲥⲉ-ⲉⲓⲛ̣[ⲉ ⲁⲛ...]• *(text omitted here)*

*ⲛⲏ ⲙⲉⲛ ⲉⲧ̣$^{\emptyset}$-[....ⲏ]|ⲟⲩⲧ ⲉ-ⲡⲧⲏⲣ-ϥ ϥⲧⲟⲟⲩ ⲛ̣̄-[ⲉⲓⲇⲟ]ⲥ | ⲉⲧ-ⲛ̄ⲧⲁ-ⲩ• *27:2
ⲛⲏ ⲇⲉ ⲉⲧⲉ-ⲛ̣̄[ϩⲣⲁⲓ̈ ϩⲛ̄-ⲟ]ⲩ||ⲭⲣⲟⲛⲟⲥ ⲡⲥⲉⲓⲧ ⲛⲉ• ⲧⲟⲩⲉ̄ⲓ̄ ⲧⲟ̣ⲩⲉ̄ⲓ̄ |
ⲙ̄ⲙⲟ-ⲟⲩ ⲟⲩⲛ̄ⲧⲁ-ϥ ⲙ̄-ⲡⲉⲥⲉⲓⲇⲟⲥ | ⲙⲛ̄-ⲡⲉⲥⲧⲱⲡ• ⲁⲩⲱ <ⲛ>[66]ⲉⲩⲉⲓⲛⲉ
ⲥⲉ-|ϣⲉⲃⲓⲏⲟⲩⲧ ⲉⲩ-ⲡⲟⲣ̄ϫ̄ ⲉⲃⲟⲗ• ⲁⲩⲱ | ⲥⲉ-ⲁϩⲉⲣⲁⲧ-ⲟⲩ• ⲁⲩⲱ ⲉⲩ-
ⲣ̄ϣⲃⲏⲣ||ⲛ̄-ϣⲱⲡⲉ ⲙⲛ̄-ⲛⲁⲓ̈ⲯⲩⲭⲏ ⲧⲏⲣ-ⲟⲩ | ⲛ̄ϭⲓ-ϩⲉⲛⲕⲉⲁⲧ-ⲙⲟⲩ ⲙ̄-
ⲯⲩⲭⲏ ⲉⲧⲃⲉ-|ϯ[ⲥⲟ]ⲫⲓⲁ ⲉⲧ-ⲁⲥ-ϭⲱϣ̄ⲧ̄ ⲉⲡⲉⲥⲏⲧ• | ϣ̣ⲟⲙ̄ⲧ̄ ⲅⲁⲣ ⲛ̄-
ⲉⲓⲇⲟⲥ ⲛⲉ ⲛ̄ⲧ[ⲉ]-ⲛⲓⲯⲩ|ⲭ[ⲏ] ⲛ̣̄ⲛ-ⲁⲧ̣-[ⲙⲟ]ⲩ• ⲙⲛ̄-ⲛⲏ ⲙⲉⲛ ⲉⲧ-ⲁⲩ-||
ϫⲓ̣-$^{\emptyset}$ⲛⲟⲩ̣ⲛⲉ [ⲉⲃ]ⲟⲗ ϩⲓ̄ϫⲛ̄-ϯⲡⲁⲣⲟⲓⲕⲏ|ⲥⲓⲥ̣ ⲉ-ⲙ̣ⲛ̣̄[ⲧⲁ-ⲩ] ⲙ̄ⲙⲁⲩ ⲛ̄-ⲟⲩ-
ϭⲟⲙ | ⲛ̄-ϫⲡⲟ ⲉ[ⲃⲟⲗ ⲙ̄]ⲙⲁ-ⲩ[67] ⲙⲁⲩⲁ[ⲁ]-ⲩ | ⲉⲩ-ⲟⲩⲏϩ ⲛ̄[ⲥⲁ-ϩ]ⲉⲛ-

[63] Self-originate αὐτογένιος, -ον [64] Part μέρος [65] Difference διαφορά [66] <ⲛ> omitted by the ancient copyist [67] ⲙ̄]ⲙⲁ-ⲩ I.e. Sahidic ⲙ̄]ⲙⲟ-ⲟⲩ

ϩⲃⲏⲩⲉ ⲛ̄ⲧⲉ-|ϩⲉⲛⲕⲟⲟⲩⲉ• ⲡ[ⲏ] ⲇⲉ ⲉ-ⲩⲉⲓⲇⲟⲥ ⲛ̄-||ⲟⲩⲱⲧ ⲡⲉ̣ ⲉ-ⲛ̣ⲧ̣ⲟϥ
ⲡⲉⲧⲟⲩ-ⲣ̄-|. ⲁ[- - -]ϥ• ⲛⲏ ⲇⲉ ⲉⲧ∅-ⲁϩⲉ|ⲣⲁ[ⲧ-ⲟⲩ. . . . ϯ]ⲙⲉ[ⲧ]ⲁ̣ⲛⲟⲓⲁ
ⲉⲧⲉ-|ⲙ[. .]ϥ̣ⲣ̣[. .]. .ⲁ.[. .]ⲛⲟⲃⲉ | ⲉⲥ-ⲣⲱϣⲉ̣ [. .]. .[. . .]ⲅ̣ⲛⲱⲥⲓⲥ || ⲉ-
ⲩⲃ̄ⲣ̄ⲣⲉ ⲡ̣[- - -]• ⲟⲩⲛ̄|ⲧⲁ-ϥ ⲇⲉ ⲙ̄ⲙ[ⲁⲩ - - - ⲇⲓ]ⲁ|ⲫⲟⲣⲁ ⲟⲩⲁⲛⲛ[- - -]•
*28:1 ⲁ̣ⲩ-ⲣ̄-|∅ⲛⲟⲃⲉ ⲙ̄ⲛ-ϩⲉⲛⲕⲟⲟ[ⲩⲉ. . .]• *ⲁⲩ-[ⲣ̄-ⲙⲉ]ⲧⲁⲛⲟ̣ⲉⲓ[68] ⲙ̄ⲛ-ϩⲉⲛ-
ⲕⲟⲟⲩⲉ | [- - -].ⲉⲃⲟⲗ ⲙ̄ⲙⲟ-ⲟⲩ ⲙⲁⲩⲁⲁ-ⲩ• |. [. . . .] ⲅⲁⲣ ⲛ̄-ⲉⲓⲇⲟⲥ ⲉⲧ∅-
ϣⲟⲟⲡ ⲛ̄|ⲧ.[. . .] ⲙ̄ⲛ-ⲛⲏ ⲙⲉⲛ ⲉⲧ-ⲁⲩ-ⲉⲓⲣⲉ ⲛ̣-||ⲛ[ⲓ]ⲛ̣ⲟ̣ⲃⲉ̣ ⲧⲏⲣ-ⲟⲩ
ⲁⲩⲱ ⲁⲩ-ⲣ̄-ⲙⲉⲧⲁ|ⲛⲟⲉⲓ• ⲏ̄ ϩⲉⲛⲙⲉⲣⲟⲥ ⲛⲉ• ⲏ̄ ⲛ̄ⲧⲟⲟⲩ | ⲉ-ⲁⲩⲱϣ ⲉⲃⲟⲗ
ⲙ̄ⲙⲟ-ⲟⲩ ⲙⲁⲩⲁⲁ-ⲩ• | ⲉⲧⲃⲉ-ⲡⲁϊ ⲛⲉⲩⲕⲉⲉⲱⲛ ⲥⲟ̣ⲟⲩ ⲛⲉ | ⲕⲁⲧⲁ-ⲡⲓⲧⲟ-
ⲡⲟⲥ ⲉⲧ∅-ⲡⲏϩ ⲉⲣⲟ-ⲟⲩ || ϩ̄ⲛ-ϯⲟⲩⲉⲓ̄ ⲧⲟⲩⲉⲓ̄ ⲙ̄ⲙⲟ-ⲟⲩ• ⲡⲓⲙⲉϩ-|ϣⲟⲙ̄ⲧ̄
ⲇⲉ ⲡⲉ ⲡⲁ-ⲛⲓⲯⲩⲭⲏ ⲛ̄ⲧⲉ-|ⲛⲓⲁⲩⲧⲟⲅⲉⲛⲓⲟⲛ• ⲉ-ⲩⲛ̄ⲧⲁ-ⲩ ⲙ̄ⲙⲁⲩ | ⲛ̄-
ⲟⲩϣⲁϫⲉ ⲛ̄ⲧⲉ-ϯⲙⲛ̄ⲧ-ⲙⲉ ⲛ̣-ⲁ̣ⲧ-|ϣⲁϫⲉ ⲙ̄ⲙⲟ-ϥ ⲉϥ-ϣⲟ[ⲟ]ⲡ ϩ̄ⲛ̣-
ⲟ̣ⲩ||ⲅⲛⲱⲥⲓⲥ ⲙ̄ⲛ-ⲟⲩϭⲟ̣[ⲙ ⲉⲃ]ⲟⲗ ⲙ̄ⲙ̣[ⲟ]-|ⲟⲩ ⲙⲁⲩⲁⲁ-ⲩ ⲙ̄ⲛ̣-[. . . .]ϩ ⲛ̄-
ϣ̣[ⲁ]-|ⲉⲛⲉϩ• ⲉ-ⲩⲛ̄ⲧⲁ-ⲩ [ⲇⲉ] ⲙ̄ⲙⲁⲩ ⲛ̣-ϥⲧⲟⲟⲩ | ⲛ̄-ⲇⲓⲁⲫⲟⲣⲁ
ⲙ̄ⲡⲣ[ⲏⲧⲉ] ⲟⲛ ⲉ[ⲧⲟ]ⲩ-ϣⲟ|ⲟⲡ̣ ⲛ̄ϭⲓ-ⲛⲓⲉⲓⲇⲟ̣[ⲥ] ⲛ̣ⲧ̣[ⲉ]-ⲛⲓⲁⲅⲅⲉⲗⲟⲥ ||
ⲁⲩⲱ ⲙ̄ⲛ-ⲛⲏ [ⲉⲧ∅-]ⲣ̣-ⲁⲅⲁⲡⲁ[69] ⲛ̄-ϯⲙⲛ̄ⲧ-ⲙⲉ̣ | ⲙ̄ⲛ-ⲛⲏ ⲉⲧ∅-ⲣ̄-∅ϩⲉ̣[ⲗ]ⲡⲓⲥ[70]
ⲙ̄ⲛ-ⲛⲏ ⲉⲧ∅-ⲛⲁϩ|ⲧⲉ• *(text omitted here)*

*29:1 *ⲙ̄ⲡⲉⲓ̈ⲣⲏⲧⲉ ⲟⲛ ⲥⲉ̣-ϣⲟⲟ̣[ⲡ ⲙ̄ⲙⲁ]ⲩ | ⲛ̄ϭⲓ-[ϥ]ⲧⲟⲟⲩ ⲙ̄-ⲫⲱⲥⲧⲏⲣ•[71]

[ϥ-ⲕⲏ ⲙ]ⲉⲛ | ϩⲓ̄ϫⲙ̣̄-ⲡⲓϣⲟⲣ̄ⲡ̄ ⲛ̄ⲛ-ⲉⲱⲛ ⲛ̄[ϭⲓ-ⲁⲣⲙ]ⲟⲍⲏⲗ• |
[ⲟ]ⲩⲱϣ ⲛ̄ⲧⲉ-ⲡⲛⲟⲩⲧ̣[ⲉ. .].[. .]ⲛ̣-||ⲧⲙⲉ ⲙ̄ⲛ̣-ⲟⲩϩⲱⲧ̄ⲡ̄ ⲛ̣ⲧⲉ-
ⲟⲩⲯⲩⲭⲏ• |

ϥ-ⲕⲏ ⲇⲉ ϩ̄ⲓ̄[ϫ̣]ⲛ̄-ⲡⲓⲙⲉϩ-ⲥⲛⲁⲩ ⲛ̄ϭⲓ-ⲱⲣⲟ|ⲓ̈ⲁⲏ̣ⲗ ⲟⲩϭⲟ̣ⲙ ⲛ̣-
ⲣ̣ⲉϥ-ⲉ̣[ⲓⲱ]ⲣ̄ϩ̄ ⲛ̄ⲧⲉ-|ϯⲙⲛ̄ⲧ-ⲙⲉ•

ϥ-ⲕⲏ ⲇⲉ ϩ̄ⲓ̄ϫ̄ⲛ̄-ⲡⲓⲙⲉϩ-|ϣⲟⲙ̄ⲧ̄ ⲛ̄ϭⲓ-ⲇⲁⲩⲉ̣ⲓⲑⲉ ⲟⲩⲉⲓⲱⲣ̄ϩ̄
ⲛ̄||ⲧⲉ-ⲟⲩⲅⲛⲱⲥ̣[ⲓ]ⲥ̣•

ϥ-ⲕⲏ ⲇⲉ ϩ̄ⲓ̄ϫ̄ⲛ̄-ⲡⲓ|ⲙⲉ̣[ϩ]-ϥⲧⲟⲟⲩ ⲛ̄ϭⲓ-ⲏⲗⲏⲗⲏⲑ ⲟⲩϩⲟⲣ|ⲙ[ⲏ][72]
ⲙ̣̄ⲛ-ⲟⲩϭⲱⲣ̄ϭ̄ ϩⲁ-ϯⲙⲛ̄ⲧ-ⲙⲉ• |

ⲡ[ⲓϥ]ⲧⲟⲟ̣ⲩ ⲇⲉ ⲥⲉ-ϣⲟⲟⲡ ⲉ-ϩⲉⲛ|ϣ̣[ⲁ]ϫⲉ ⲛ[ⲉ ⲛ̄]ⲧ̣ⲉ-ϯⲙⲛ̄ⲧ-ⲙⲉ ⲙ̄ⲛ-
ⲟⲩ||ⲅ[ⲛ]ⲱⲥⲓ̣[ⲥ]• ⲥ̣[ⲉ-ϣ]ⲟⲟⲡ ⲇⲉ ⲉ-ⲛ-ⲛⲁ-ⲡⲓ|ⲡⲣ[ⲱ]ⲧⲟⲫ[ⲁⲛⲏ]ⲥ ⲁⲛ
ⲛⲉ• ⲁⲗⲗⲁ ⲛⲁ-|ϯⲙⲁⲁⲩ [ⲛⲉ ⲉ]-ⲩⲙⲉⲉⲩⲉ ⲇⲉ ⲛ̄ⲧⲉ-|ⲡⲓⲛⲟⲩⲥ ⲛ̄-ⲧ[ⲉⲗⲓ]ⲟⲥ
ⲛ̄ⲧⲉ-ⲡⲟⲩⲟ|ⲉⲓⲛ ⲉ-∅ⲧⲣⲉ-ⲛⲓⲯⲩ̣[ⲭ]ⲏ̣ ⲛ̄ⲛ-ⲁⲧ-ⲙⲟⲩ || ϣ̣ⲱⲡ ⲉⲣⲟ-ⲟⲩ [ⲛ̄]-
ⲟⲩⲅⲛⲱⲥⲓⲥ• *(text omitted here)*

*30:4 *ⲁⲇⲁⲙⲁⲥ ⲇⲉ ⲡ[ⲓ]ⲧⲉ[ⲗⲓ]||ⲟ[ⲥ] ⲛ̣-ⲣⲱⲙⲉ̣ ⲉ̣-ⲩⲃⲁⲗ ⲡⲉ̣ ⲛ̄ⲧⲉ̣-ⲡ̣ⲓⲁ̣ⲩ[ⲧ]ⲟ̣|
ⲅⲉⲛⲏⲥ ⲟⲩⲅⲛⲱⲥⲓⲥ ⲛ̣ⲧⲁ-ϥ ⲡⲉ̣ ⲉϥ-ⲉⲗ-ϥ | ϫⲉ-ⲡⲓⲁⲩⲧⲟⲅ[ⲉ]ⲛ̣ⲏⲥ ⲛ̄-

68 Repent μετανοεῖν 69 Love ἀγαπᾶν 70 Hope ἐλπίς 71 Luminary φωστήρ
72 Impulse ὁρμή

ⲛⲟⲩⲧⲉ ⲟⲩ|ϣⲁϫⲉ ⲡⲉ̣ ⲛ̣̄ⲧⲉ-[ⲡ]ⲓⲛⲟ̣ⲩⲥ ⲛ̄-ⲧ̣ⲉ[ⲗ]ⲓ̣ⲟⲥ | ⲛ̄ⲧⲉ-ϯⲙ̄ⲛ̄ⲧ-ⲙ̣ⲉ• ⲡⲓϣⲏⲣⲉ ⲇⲉ ⲛⲧⲉ-||ⲁ̅ⲇ̅ⲁ̅ⲙ̅ⲁ̅ⲛ̅ ⲥ̅ⲏ̅ⲑ̅ ⲉϥ-ⲛ̄ⲛⲏ̣ⲩ ⲉϩⲣⲁ̈ⲓ ⲉ-ⲧⲟⲩ|ⲉ̅ⲓ̅ ⲧⲟⲩⲉ̅ⲓ̅ ⲛ̄ⲧⲉ-ⲛⲓ̣ⲯⲩⲭⲏ ⲉ-ⲩ[ⲅ]ⲛⲱⲥⲓⲥ | ⲡⲉ ⲉϥ-ⲣⲱϣⲉ ⲉ-ⲛⲁ̈ⲓ• ⲁⲩⲱ ⲉⲧ̣ⲃⲉ-ⲡⲁ̈ⲓ | ⲁⲥ-ϣⲱⲡⲉ ⲉⲃⲟⲗ ⲙ̄ⲙⲟ-ϥ ⲛ̄ϭⲓ-[ϯⲥⲡ]ⲟⲣⲁ[73] | ⲉⲧ$^{\emptyset}$-ⲟⲛ̄ϩ̣• ⲙ̅ⲓ̅ⲣ̅ⲟ̅ⲑ̅ⲉ̅ⲁ̅ ⲇ[ⲉ] ⲧⲉ̣ [. . .]ⲧ[.]||ⲡⲓⲁⲩⲧⲟⲅⲉⲛⲏⲥ ⲛ̄-[ⲛⲟ]ⲩⲧⲉ ⲟ[- - -] | ⲉⲃⲟⲗ ⲛ̄ϩⲏⲧ̅-̅ⲥ ⲙ̄ⲛ̄-.̅.̅[. . . .] ⲉ-ⲩ̣[ⲙ]ⲉⲉⲩ[ⲉ] | ⲇⲉ ⲛ̄ⲧⲉ-ⲡⲓⲛⲟⲩ[ⲥ ⲛ̄]-ⲧ̣ⲉⲗⲓⲟⲥ• *(text omitted here)*

*ⲁⲩⲱ ⲡⲓⲣⲱ[ⲙⲉ ⲙⲉ]ⲛ ⲉ̣ⲧ$^{\emptyset}$-ⲙⲟ̣[ⲟⲩⲧ] | ⲧⲉϥⲯⲩⲭⲏ ⲙ[ⲛ̄-ⲡⲉϥⲛⲟ]ⲩⲥ *42:20
ⲁⲩ[ⲱ] | ⲡⲉϥ-ⲥⲱⲙⲁ [ⲥⲉ-ⲙⲟⲟⲩ]ⲧ ⲧⲏⲣ-[ⲟⲩ]• | *(text omitted here)*

*ⲡ[ⲓ]ⲙⲉϩ-ⲥⲛⲁⲩ ⲇⲉ | ⲛ̄-ⲣⲱ̣ⲙⲉ ⲡⲉ ϯⲯⲩⲭⲏ ⲛ̄ⲛ-ⲁⲧ-ⲙⲟⲩ | ⲉⲧ$^{\emptyset}$-[ϣ]ⲟⲟⲡ *43:1
ϩⲛ̄-ⲛⲏ ⲉⲧ$^{\emptyset}$-ⲙⲟⲟⲩⲧ | ⲉⲥ-ϥ[ⲓ ⲛ̄]-ⲟⲩⲣⲟ̣ⲟⲩϣ ⲛⲁ-ⲥ• ⲧⲟⲧⲉ || [ⲅⲁ]ⲣ ϣⲁ̣ⲥ-ⲉ̣ⲓ̣[ⲣ]ⲉ ⲛ̄-ⲟⲩϣⲓⲛⲉ ⲛ̄-ⲛ-ⲉ|ⲧ̅$^{\emptyset}$-ⲣ̄-$^{\emptyset}$ⲛⲁϥⲣⲉ [ⲕⲁⲧⲁ-ⲡⲟ]ⲩⲁ ⲡⲟⲩⲁ ⲙ̄|ⲙⲟ̣ⲟ̣-ⲩ• ⲁ̣[ⲩⲱ ϣⲁⲥ-ⲣ̄]-ⲉⲥ̣ⲑⲁⲛⲉⲥⲑⲉ[74] | ⲉ-ⲡ̣[ⲓ]ⲙ̄ⲕⲁϩ ⲛ̄-[ⲥⲱ]ⲙⲁⲧⲓⲕⲟⲛ• ϣⲁⲩ-| [- - -].ⲱⲥ• ⲁⲩⲱ ϣⲁⲥ-ⲣ̄-||[- - - ⲩ]ⲛ̣̄ⲧⲁ-ⲥ ⲙ̄ⲙⲁⲩ ⲛ̄|[ⲛ-ⲟⲩ]ⲛⲟⲩⲧⲉ ⲛ̄-ϣ̣ⲁ-ⲉⲛⲉϩ ϣⲁⲥ-ⲣ̄|$^{\emptyset}$ϣ̣ⲃⲏ̣ⲣⲛ̄-ϣⲱⲡ[ⲉ] ⲙⲛ̄-ϩⲉⲛⲇ[ⲉⲙⲱ]ⲛ•[75] | [ⲡⲓ]ⲣⲱⲙⲉ ⲇⲉ ⲉⲧ$^{\emptyset}$-ϣⲟⲟⲡ ϩ̣ⲛ̄-ϯ|[ⲡ]ⲁⲣⲟⲓⲕⲏ[ⲥ]ⲓ̣ⲥ• ⲉϣⲱⲡⲉ ⲇⲉ ⲉ-||[ⲟⲩⲛ̄]ⲧⲁ-ϥ ⲙ̄ⲙⲁⲩ ⲛ̄-ⲟⲩϭⲓⲛⲉ ⲛ̄ⲧⲉ-ϯ|[ⲙⲛ̄]ⲧ-ⲙⲉ ⲛ̣̄[ϩ]ⲣⲁ̈ⲓ ⲛ̄ϩⲏⲧ̅-̅ϥ ⲉϥ-ⲟⲩⲏ⟦ⲉ⟧|-[ⲟⲩ][76] ⲁ̣-ⲛⲓϩⲃⲏⲩⲉ ⲛ̄ⲧⲉ-ϩⲉⲛⲕⲟⲟⲩⲉ | ⲉ̣ⲩ-ϣⲟⲟⲡ ⲕ[ⲁⲕ]ⲱ̣ⲥ[77] ⲛⲁ̈ⲓ ⲉⲩ-ϫ̣[ⲱ]|[ⲣ]ⲡ• ⲡⲓⲣⲱ[ⲙⲉ] ⲉⲧ̅$^{\emptyset}$-ⲣ̄-ⲙⲉⲧⲁ||[ⲛⲟⲓ] ⲉϣⲱ̣ⲡⲉ ⲉ̣[ϥ]ϣⲁⲛ-ⲕⲱ ⲛ̄ⲥⲱ-ϥ | [ⲛ̄]-ⲛ-ⲉⲧ$^{\emptyset}$-ⲙ[ⲟⲟⲩⲧ] ⲛ̄ϥ-ⲣ̄-ⲉⲡⲓⲑⲩⲙⲓ[78] | [ⲛ̄]-ⲛⲏ ⲉⲧ̣$^{\emptyset}$-[ϣ]ⲟ[ⲟⲡ] ⲡⲓⲛⲟⲩⲥ ⲛ̄ⲛ-ⲁ|[ⲧ]-ⲙⲟⲩ ⲙⲛ̄-ϯⲯⲩⲭⲏ ⲛ̄ⲛ-ⲁⲧ-ⲙⲟⲩ | [.]ⲛ̣[..]ⲉ̣ϥ-ϭⲉⲡⲏ ⲉⲧⲃⲏⲏⲧ-ⲟⲩ ⲛ̄|ϣⲟⲣⲡ̄ ⲉϥ-ⲉⲓⲣⲉ ⲛ̄-ⲟⲩϣⲓ̣ⲛ̣ⲉ | ⲉⲧⲃⲏⲧ̅-̅ϥ ⲛ̄ⲧⲉ-ϯⲡⲣⲁ-ⳃⲓ[ⲥ[79] ⲁ]ⲛ | ⲁⲗ̣ⲗⲁ ⲛ̄ⲧⲉ-ⲛⲓϩⲃⲏ̣ⲩⲉ• [ⲉⲃⲟ]ⲗ̣ | ⲅⲁⲣ ϩ̄ⲙ̣-ⲡⲁ̈ⲓ ϣⲁ̣ϥ-[.]ⲓ̣ ⲛ̄-ⲟ[ⲩ..]• *(text omitted here)*

*ⲡⲓⲣⲱⲙⲉ ⲇⲉ ⲉⲧⲉ-ϣⲁⲩ-ⲛⲁϩⲙ-ⲉϥ | ⲡⲉ ⲡⲏ ⲉⲧ$^{\emptyset}$-ⲕⲱⲧⲉ ⲛ̄ⲥⲱ-ϥ ⲙ̣ⲛ̄- *44:1
ⲡⲉϥ|ⲛⲟⲩⲥ ⲁⲩⲱ ⲛ̄ϥ-ϭⲓⲛⲉ ⲙ̄-ⲡⲟ[ⲩ]ⲁ ⲡⲟⲩⲁ̣ | ⲙ̄ⲙⲟ-ⲟⲩ ⲁⲩⲱ ϫⲉ-ⲟⲩⲛ̄ⲧ̣[ⲁ]-ϥ ⲙ̣̄[ⲙⲁⲩ ⲛ̄]-||ⲟⲩⲏⲣ ⲛ̄-ϭⲟⲙ• ⲡⲓ̣[ⲣ]ⲱ̣ⲙ[ⲉ ⲇⲉ ⲉ]|ⲧ-ⲁϥ-ⲛⲟⲩϩ̄ⲙ ⲡⲉ̣ ⲡ̣ⲏ̣ [ⲉ]ⲧⲉ̣-ⲙ̣ⲡⲉϥ-ⲉⲓ̣|ⲙⲉ ⲉ-ⲛⲁ̈ⲓ ⲙ[- - - ⲙ]ⲡⲣⲏⲧⲉ ⲉ|ⲧⲟⲩ-ϣⲟⲟⲡ ⲙ̣̄[ⲙⲟ]-ⲥ̣• ⲁⲗⲗⲁ̣ ⲛ̣̄ⲧⲟϥ | ϩⲱⲱ-ϥ ⲛ̄ϩⲣⲁ̈ⲓ ϩ̄ⲙ-[ⲡⲓ]ϣⲁϫⲉ ⲙ̄[ⲡⲣ]ⲏ̣||ⲧⲉ ⲉⲧ̅ϥ̅-ϣⲟⲟⲡ ⲙ̣̄[ⲙⲟ-ⲥ - - -]• | ⲁϥ-ϫⲓ ⲙ̄-ⲡⲟⲩⲉⲓ̣[- - -] | ϩ̄ⲙ-ⲙⲁ ⲛⲓⲙ ⲉ-ⲁ[ϥ]-ϣ[ⲱ]ⲡ̣ⲉ ⲛ̣̄-[$^{\emptyset}$ϩⲁ]|ⲡⲗⲟ̣ⲩⲛ ⲁⲩⲱ ⲛ̣̄-ⲟⲩⲁ• ⲧⲟⲧⲉ ⲅⲁ̣[ⲣ] | ⲁ̣[ϥ-ⲛ]ⲟ̣ⲩϩ̄ⲙ ⲛ̄ϭⲓ-[ⲡ]ⲁ̣ⲓ̈ ⲉ-ⲩⲛ̄-ϣϭ̣[ⲟⲙ] || ⲙ̣̄ⲙⲟ-ϥ ⲉ-$^{\emptyset}$ⲣ̄-ⲭⲱⲣⲓⲛ[80] ⲉⲃⲟⲗ ϩⲓⲧⲛ̄-[ⲛⲁ̈ⲓ] | ⲧⲏⲣ-ⲟⲩ• ϣⲁϥ-ϣⲱⲡⲉ ⲉⲛⲧ[- - -] | ⲛⲁ̈ⲓ ⲧⲏⲣ-ⲟⲩ• ⲉϣⲱⲡ ⲉϥϣⲁ[ⲛ-

[73] Seed, posterity σπορά [74] Perceive αἰσθάνεσθαι [75] Demon, minor spirit δαίμων [76] ⟦ⲉ⟧ cancelled by the ancient copyist [77] Evilly κακῶς [78] Desire ἐπιθυμεῖν [79] Action πρᾶξις [80] Advance χωρεῖν

ⲟⲩ]|ⲱϣ ⲡⲁⲗⲓⲛ ⲟⲛ ⲉ-[ϣ]ⲁ̣-ϥ-ⲡⲱⲣ̣[ϫ ⲛ̅]|ⲥ[ⲁ]ⲃⲟⲗ ⲛ̅-ⲛⲁï ⲧⲏⲣ-ⲟⲩ ⲁⲩⲱ ⲛ̅[ⲧⲟϥ] || ⲛ̣̅ϥ-ⲣ̅-ⲁⲛⲁⲭⲱⲣⲓ̣[ⲛ[81] ⲉ]ⲣⲟ-ϥ ⲙⲁⲩⲁ[ⲁ-ϥ]• | ⲡⲁï ⲅⲁⲣ ϣⲁ[ϥ-ϣ]ⲱⲡⲉ [ⲛ̅]-∅ⲛⲟⲩ[ⲧⲉ] | ⲉ-ⲁϥ-ⲣ̅-ⲁⲛⲁⲭⲱ[ⲣⲓ]ⲛ̣ ⲉ̣-ⲡⲛⲟⲩⲧⲉ• |

ⲡⲁï ⲁⲛⲟⲕ ⲉⲧ[ⲁⲓ-ⲥ]ϣ̣ⲱⲧ̅ⲙ̅ ⲉⲣⲟ-ϥ | ⲁï-ⲉⲓⲛⲉ ⲉϩⲣⲁï ⲛ̅-ⲟ̣ⲩⲥⲙ[ⲟ]ⲩ ⲙ̅-

ⲡ[ⲛⲟⲩ]||ⲧⲉ ⲉⲧ∅-ⲟⲛ̅ϩ̅ ⲁⲩⲱ ⲛ̅ⲛ-ⲁⲧ-ⲙ̣ⲓⲥⲉ [ⲉⲧ∅-ⲛ̅]|ϩⲣⲁï ϩ̅ⲛ-ⲟⲩⲙ̅ⲛ̅ⲧ-ⲙⲉ
ⲙ̅ⲛ-ⲡⲓ̣ⲕ[ⲗ̅ⲥ̅] | ⲛ̅ⲛ-ⲁⲧ-ⲙⲓⲥⲉ
ⲙ̅ⲛ-ⲡⲓⲡⲣⲱⲧⲟⲫⲁ̣[ⲛⲏⲥ] | ⲛ̅ⲛ-[ⲁ]ⲧ-ⲛⲁⲩ ⲉⲣⲟ-ϥ ⲛ̅-ϩⲟⲟⲩⲧ ⲛ̣̅-ⲧ[ⲉ]|ⲗⲓⲟⲥ̣ ⲛ̣̅-ⲛⲟⲩⲥ
ⲙ̅ⲛ-ⲡⲓⲁⲧ-ⲛⲁⲩ ⲉ̣||ⲣⲟ-ϥ ⲛ̣̅-ⲁ̣ⲗⲟⲩ ⲛ̅-ϣ̅ⲙ̅ⲧ-ϩⲟ̣[ⲟ]ⲩⲧ |
*45:1 ⲙ[ⲛ̅-ⲡⲓⲁ]ⲩⲧⲟⲅ̣[ⲉⲛⲏ]ⲥ ⲛ̅-[ⲛⲟ]ⲩⲧⲉ̣• *

ⲁⲩⲱ ⲡⲉϫⲁ-ï ⲙ̅-ⲡⲁⲗⲟⲩ ⲛ̅ⲧⲉ-ⲡⲁⲗⲟⲩ | ⲉⲧ∅-ⲕⲏ ⲛ̅ⲙⲙⲁ-ï ⲏ̅ⲫ̅ⲏ̅ⲥ̅ⲏ̅ⲭ̅
ϫⲉ-ⲩ|ⲛ̅-∅ϭⲟⲙ ⲛ̅-ⲧⲉⲕⲥⲟⲫⲓⲁ ⲉ-∅ⲧⲁⲙⲟ-ⲉⲓ ⲉ-|ⲡⲓϫⲱⲱⲣⲉ ⲉⲃⲟⲗ ⲛ̅ⲧⲉ-
ⲡⲣⲱⲙⲉ || [ⲉ]ⲧ̣ⲟⲩ-ⲛⲟ[ⲩ]ϩ̅ⲙ ⲙ̅ⲙⲟ-ϥ ⲁⲩⲱ ϫⲉ-|ⲛ̣[ⲓ]ⲙ ⲛ[ⲉ] ⲛ̣ⲏ [ⲉ]ⲧ∅-
[ⲧ]ⲉϩ ⲉⲣⲟ-ϥ ⲁⲩⲱ | ϫⲉ-ⲛⲓⲙ ⲛⲉ̣ [ⲛⲏ ⲉ]ⲧ̣∅-ⲡⲱϣ ⲙ̅ⲙⲟ-ϥ | ϫ[ⲉ]ⲕⲁⲁⲥ
ⲉ̣[ⲩ-ⲛ]ⲁ-ⲉⲓⲙⲉ ⲛ̅ϭⲓ-ⲛⲓⲥⲱ|ⲧ̣[ⲡ] ⲉⲧ∅-ⲟ̣ⲛ̣̅ϩ̅• [ⲁ]ⲩⲱ ⲧⲟⲧⲉ ⲁϥ-ϫⲟⲟ-ⲥ ||
ⲛⲁ-[ï. . . .]. .ϩ̣̅ⲛ-ⲟⲩⲱⲛ̅ϩ̅ ⲉⲃⲟⲗ | ⲛ̅ϭⲓ-ⲡⲁⲗⲟ̣ⲩ ⲛ̅ⲧⲉ-ⲡⲁⲗⲟⲩ ⲏ̣̅ⲫ̅ⲏ̅ⲥ̅ⲏ̅ⲕ̅ |
ϫⲉ-ⲉϣⲱⲡⲉ ⲉϥϣⲁⲛ-ⲣ̅-ⲁ̣[ⲛⲁⲭ]ⲱ|ⲣ[ⲓ] ⲉⲣⲟ-ϥ ⲙⲁⲩⲁⲁ-ϥ ⲛ̅ⲟⲩⲙⲏⲏϣⲉ |
ⲛ̣̅-ⲥⲟⲡ ⲁⲩⲱ ⲛ̅ϥ-ϣⲱⲡⲉ ⲙ̅ⲡⲕⲱ||[ⲧ]ⲉ ⲛ̅-ϯⲅⲛⲱⲥⲓⲥ ⲛ̅ⲧⲉ-ϩⲉⲛⲕⲟⲟⲩⲉ |
[ϣ]ⲁϥ-ⲉⲓⲙⲉ ⲛ̅ϭⲓ-ⲡⲓⲛⲟⲩⲥ ⲙ̅ⲛ-ϯ|[ⲯⲩ]ⲭⲏ ⲛ̅ⲛ-ⲁⲧ-ⲙⲟⲩ• ⲧⲟⲧⲉ ⲟⲩⲛ̣̅|-
[ⲧ]ⲁ-ϥ ⲙ̅ⲙⲁⲩ ⲛ̅-ⲟⲩϣⲱⲱⲧ• ϣ[ⲁ]ϥ-|ⲕ̣ⲱⲧⲉ ⲅⲁⲣ ϩⲱϣ̣-[ϥ]• ⲙ̣̅ⲛ̅ⲧⲁ-ϥ•
ⲁⲩⲱ || [ϣ]ⲁ̣ϥ-ⲡⲱⲣ̅ϫ̅ ⲛ̅ⲥ̣[ⲁ]ⲃⲟⲗ ⲙ̅ⲙⲟ-ϥ ⲛ̅ϥ-|[ⲁ]ϩⲉⲣⲁⲧ̅-ϥ̅ ⲛ̅-. .[. . .]
ⲛ̅ϥ-ϣⲱⲡⲉ ⲛ̅|[ϩ]ⲣⲁï ϩ̅ⲛ-ⲟⲩ[ϩⲟⲣ]ⲙⲏ ⲛ̅-ϣ̅ⲙ̅ⲙⲟ | [ⲉ]-ⲡⲙⲁ ⲛ̅ϥ-ϣⲱⲡⲉ
ⲛ̅-ⲟⲩⲁ• ϣⲁϥ-|ⲉ̣ⲓ̣ⲛ̣[ⲉ] ϭ̣ⲉ ⲛ̅-ⲟⲩⲙⲏⲏϣⲉ ⲙ̅-ⲙⲟⲣ||[ⲫ]ⲏ̣•[82] ⲁⲩⲱ ⲉϥϣⲁⲛ-
ⲣⲓⲕⲉ ϣⲁϥ-|[ϣ]ⲱⲡⲉ ⲉϥ-ϣⲓⲛⲉ ⲛ̅ⲥⲁ-ⲛⲏ ⲉⲧⲉ-|[ⲛ̅]-ⲥⲉ-ϣⲟⲟⲡ ⲁⲛ• ⲁⲩⲱ
ⲉ̣ϥϣⲁⲛ-|ϩⲉ ⲉϩⲣⲁï ⲉ-ⲛⲁï ϩ̅ⲛ-ⲟⲩⲛⲟ̣ⲏⲙⲁ[83] | ⲁⲩⲱ ⲉ-ⲙ̅ⲛ̅-∅ϭ[ⲟ]ⲙ ⲛ̅ϥ-
*46:1 ⲉⲓ̣ⲙⲉ ⲉ||ⲣⲟ-ⲟⲩ ⲛ̅ⲕⲉ[ⲣ]ⲏ̣ⲧⲉ ⲉ̣[ⲓⲙ]ⲏⲧⲓ *ⲛ̅ϥ-ϫⲓ ⲙ̅-ⲡⲟⲩⲟⲉⲓⲛ ϣⲁϥ-
ϣⲱⲡⲉ ⲛ̅-|ⲟⲩⲫⲩⲥⲓⲥ•[84] ⲁⲩⲱ ⲙ̅ⲡⲉïⲣⲏⲧⲉ | ϣⲁϥ-ⲉ̅ⲓ̅ ⲉϩⲣⲁï ⲉ-ⲩϫⲡⲟ
ⲉⲧⲃⲏⲏⲧ̅-ϥ̅• | ⲁⲩⲱ ϣⲁϥ-ⲣ̅-∅ⲁⲧ-ϣⲁϫⲉ ⲉⲧ̣ⲃⲉ̣-ⲛ̣[ⲓ]||ⲙ̅ⲕⲟⲟϩ ⲙ̅ⲛ-ϯⲙ̅ⲛ̅[ⲧ]-
ⲁ̣ⲧ̅-ⲛ-[ⲁ]ⲣⲏ̣[ϫ̅-ϥ̅] | ⲛ̅ⲧⲉ-ϯϩⲩⲗⲏ• ⲉ̣-ⲩ[ⲛ̅ⲧ]ⲁ-ϥ [ⲛ̅]-ⲟⲩϭⲟ̣ⲙ | ⲛ̅-ϣⲁ-ⲉⲛⲉϩ
ⲙ̣̅[ⲙⲁⲩ ⲛ̅ⲛ]-ⲁⲧ-ⲙⲟⲩ | ϣⲁⲩ-ⲥⲟⲛϩ̅-ϥ̅ ⲛ̅ϩ[ⲣⲁï ϩ̅]ⲙ-ⲡⲓⲉⲓ ⲉ[ⲑⲏ] ⲛ̅|ⲧⲉ-
ⲡⲥⲱⲙⲁ• ϣⲁ[ⲩ-. .]ⲧ̅-ϥ̅ ⲉϥ-ⲟⲛ̣̅[ϩ̅]• || ⲁⲩⲱ ϣⲁⲩ-ⲥⲟⲛϩ̣̅-[ϥ̅] ⲛ̅ⲟⲩⲟⲉⲓ]ϣ |
ⲛⲓⲙ ⲛ̅ϩⲣⲁï ϩ̅ⲛ-ϩⲉⲛⲥⲛⲁⲩϩ ⲉⲩ-ⲛⲁ|ϣ̅ⲧ̅ ⲉ̣ⲩ-ϭⲱϫⲉ ⲙ̣̅ⲙ̣ⲟ-ϥ ⲉⲃⲟⲗ |
ϩ̅ⲓ̅[ⲧ̅ⲛ̅]-ⲛ̣ⲓϥⲉ ⲛⲓⲙ ⲉⲧ∅-ϩⲟⲟⲩ ϣⲁⲛ|ⲧ̣ϥ-ⲁ[ï]ⲧ̅-ϥ̅ ⲟⲛ ⲁⲩⲱ ⲛ̅ϥ-ⲣ̅-ⲁⲣϫⲓ[85]
ⲟⲛ̣ || ⲉ-∅ϣⲱⲡⲉ ϩⲣⲁï ⲛ̅ϩⲏⲧ̅-ϥ̅•

[81] Withdraw ἀναχωρεῖν [82] Form μορφή [83] Thought νόημα [84] Nature, natural order φύσις [85] ⲁⲣϫⲓ (sic) Begin ἄρχειν

ετβε-π[αϊ] | cε-τηϣ εϩραϊ εϫⲛ̅-πιουχαϊ ⲛ̅[τε]-|ναϊ• αγω ναϊϭομ ναϊ cε-ϣο[οπ] | ϩⲙ̅-πιμα• αγω ⲛ̅ϩρα̣ϊ ϩⲛ̅-νιαγ̣[το]|-γε̣νηc κατα-πογα πογα ⲛ̅τε-ν[ιε]||ων cε-αϩερα[τ-ο]γ̣ ⲛ̅ϭι-ϩενεοογ | ϩινα ϫε-εϥε-νο̣[γ]ϩⲙ̅ ⲛ̅cαcπιρ-να̣[ϊ] | ⲛ̅ϭι-πη ετ∅-ⲙ̅π[ιμα• ν]ι̣εοογ δε ϩ[εν]|νοημα νε ⲛ̅-τελ̣[ι]ο̣c εγ-ονϩ̅ ε-ⲙ̣̅[ν]-|∅ϭομ ⲛ̅cε-τακο ϫε-ϩεντγποc̣ [νε] || ⲛ̅τε-ογογχαϊ ετε-ε-ϣα̣ρ̣[ε]-π̣[ογα] | πογα ϫιτ-ογ• εϥε-νογϩⲙ̅ εϩρα[ϊ ε]|ρο-ογ• αγω εϥ-ϫι-∅τγποc εϥ-|ϫι-∅ϭομ εβολ ϩιτⲛ̅-παϊ παϊ• αγ[ω] | ε-γⲛ̅τα̣-ϥ ⲙ̅-πιεοογ ⲛ̅-ογβοηθο[c]•[86] || ⲙ̅πιρ̣[η]τε ϣαϥ-c̣[ι]νε ⲙ̅-πικοcμοc̣ | αγ[ω νιε]ων.[..]ⲙ̣̅•

αγω cε-ϣο*οπ ⲛ̅ϭι-νιρεϥ-αρεϩ ⲛ̅τε-ϯψγχη | ⲛ̅ν-ατ-μογ *47:1

γαμαλιηλ̅
ⲙ̅ν-|cτρεμψογχοc̅
αγω ακραμαc̅ |
[ⲙ̅]ν-λω̣ηλ̅
αγω μνηcινογc̅• ||

[ναϊ νι]πνα̅ [ν]ε ⲛ̅ν-ατ-μογ

ϊεccεγc̅ |
[μ]α̣ζ̣αρεγ[c̅]
ι̣ε[c]c̣εδεκεγc̅• |

[.].αϯτογ[...].τε-πιαλογ πε | [..]ωρ̣̅ παλ̣[ο]γ̣ ⲛ̅τε-παλογ• αγω |.[..]..[....]οκ•
ορμοc̅ δε || πε [- - -]ϣ εϫⲛ̅-ϯcπορα ετ∅-ο|νϩ̅•
καμ[..]ηλ̅ δε πε πιρε̣ϥ-ϯ-∅πνα̅• |

νη δε c̣[ε]-αϩερατ-ογ ⲛ̅ναϩρ[α-γ]

c̣ε|ϊcαγηλ̅
ⲙ̣̅ν̣-αγδαηλ̅
αγω [α]βραcαξ̅• |

ν̣ι̣α̣ν̣-τβα

φαλεριc̅
ⲛ̅μ-φαλcηc̅• ||
[αγ]ω εγριοc̅•

[86] Helper βοηθός

ⲛⲓⲣⲉϥ-ⲁⲣⲉϩ ⲛ̄ⲧⲉ-|[ⲛⲓ]ⲉⲟⲟⲩ

ⲥⲧⲏⲑⲉⲩⲥ
ⲙ̄ⲛ-ⲑⲉⲟ|[ⲡⲉ]ⲙⲡⲧⲟⲥ
ⲙ̄ⲛ-ⲉⲩⲣⲩⲙⲉⲛⲉⲩ̣ⲥ |
ⲙ̣̄ⲛ-ⲟⲗⲥⲏⲛ•

ⲛⲓⲃⲟⲏⲑⲟⲥ ⲇⲉ ϩ̄[ⲛ]-|[ϩ]ⲱⲃ ⲛⲓⲙ ⲡⲉ

ⲃⲁ[. . .]ⲙⲟⲥ
ⲙ̄ⲛ-||[.]ⲥⲱⲛ
ⲙ̄ⲛ-ⲉⲓⲣ[.]ⲛ
ⲙ̄ⲛ-ⲗⲁⲗⲁⲙⲉⲩⲥ |
ⲙ̄ⲛ-ⲉⲓⲇⲟⲙⲉⲛⲉⲩⲥ
ⲙ̄ⲛ-ⲁⲩⲑⲣⲟⲩ|[ⲛ]ⲓⲟⲥ•

ⲛⲓⲣⲉϥ-ϯ-$^{\emptyset}$ϩⲁⲡ ⲡⲉ

ⲥⲩⲙⲫⲑⲁⲣ |
[ⲁ]ⲩⲱ ⲉⲩⲕⲣⲉⲃⲱⲥ
ⲙ̄ⲛ-ⲕⲉⲓⲗⲁⲣ• |

[ⲡ]ⲓ̣[ⲡⲁ]ⲣ̣ⲁⲗⲏⲙⲡⲧⲱⲣ[87] ⲥⲁⲙⲃⲗⲱ•

ⲛⲓ||[ⲁⲅ]ⲅ̣ⲉ̣ⲗⲟⲥ ⲛ̄-ⲣⲉϥ-ϫⲓ-$^{\emptyset}$ⲙⲟⲉⲓⲧ ϩⲏⲧ-ⲟⲩ | [ⲛ̄]-ⲛⲓϭⲏⲡⲉ ⲛ̄-ⲕⲗⲟⲟⲗⲉ

ⲥⲁⲫⲫⲱ |
ⲙ̣̄ⲛ-ⲑⲟⲩⲣⲱ•

ⲛⲁⲓ̈ ⲉⲧⲁϥ-ϫⲟ|ⲟ̣-ⲩ ⲁϥ-ⲧⲁⲙⲟ-ⲓ̈ ⲉ-ⲛⲁⲓ̈ ⲧⲏⲣ-ⲟⲩ ⲉⲧ$^{\emptyset}$-|ϣⲟⲟⲡ ϩ̄ⲛ-ⲛⲓⲁ̣ⲩ-
*48:1 ⲧⲟⲅⲉⲛ̣ⲏ̣ⲥ ⲛ̄||ⲛ-ⲉⲱⲛ• ⲁⲩⲱ̣ ⲛ̣ⲉⲩ-ⲉ ⲛ̣̄-[$^{\emptyset}$ⲟⲩ]ⲟ̣ⲉⲓⲛ *ⲧⲏⲣ-ⲟⲩ ⲛ̄-ϣⲁ-
ⲉⲛⲉϩ ⲁⲩⲱ ⲛ̣̄-ⲧⲉⲗⲓⲟⲥ̣ | ⲉⲩ-ϫⲏⲕ ⲉⲃⲟⲗ ⲛ̄-$^{\emptyset}$ⲕⲁⲧⲁ-ⲟⲩⲁ• ⲁⲩⲱ | ⲁⲓ̈-ⲛⲁⲩ
ⲕⲁⲧⲁ-ⲡⲟⲩⲁ ⲡ[ⲟ]ⲩⲁ ⲛ̄ⲧⲉ-|ⲛⲓⲉⲱⲛ ⲉ-ⲩⲕⲁϩ ⲉϥ-ⲟ[ⲛ]ϩ̄ ⲙ̣̄ⲛ-[ⲟⲩ]||ⲙⲟⲟⲩ
ⲉϥ-ⲟⲛ̄ϩ ⲙ̣̄[ⲛ]-ⲟⲩ[ⲁⲏ]ⲣ [ⲉϥ-ⲉ] | ⲛ̄-$^{\emptyset}$ⲟⲩⲟⲉⲓⲛ ⲁⲩⲱ̣ [ⲟ]ⲩⲕ̣ⲱ̣ϩ̄[ⲧ ⲉⲧⲉ]-
|ⲙⲉϥ-ⲣⲱⲕ̣[ϩ ⲛⲁⲓ̈ ⲧ]ⲏ̣ⲣ-ⲟ̣ⲩ ⲉ-ϩ[ⲉⲛ]|ϩⲁⲡⲗⲟⲩⲛ ⲛⲉ̣ [ⲁⲩ]ⲱ ⲛ̄ⲛ-ⲁⲧ-
[ⲟⲩⲱ]||ⲧ̄ⲃ ⲉⲃⲟⲗ ⲙ̄ⲛ-ϩ[ⲉⲛⲍⲱⲟⲛ ⲛ̄-ϩ]ⲁ̣||ⲡⲗⲟⲩⲛ ⲁⲩⲱ [ⲛ̄-ϣⲁ-ⲉⲛ]ⲉ̣ϩ |
ⲉ-ⲩⲛ̄ⲧⲁ-ⲩ ⲛ̄-ⲟⲩⲥ.[. . .] ⲛ̣̄ⲟⲩⲙⲏ|ⲏ̣ϣⲉ ⲛ̄-ⲣⲏⲧⲉ ⲙ̣̄ⲛ̣-ϩ[ⲉ]ⲛϣⲏⲛ | [ⲉ]-
ⲙⲁⲩ-ⲧⲁⲕⲟ ⲛ̄ⲟⲩⲙⲏⲏϣⲉ | ⲛ̄-ⲣⲏⲧⲉ ⲙ̄ⲛ-ϩⲉⲛⲛ̣̄ⲧⲏϭ ⲟ[ⲛ] ⲙ̣̄||ⲡⲉⲓ̈ⲣⲏⲧⲉ
ⲙ̄ⲛ-ⲛⲁⲓ̈ ⲧⲏⲣ-ⲟⲩ ⲙ̣[ⲛ]-|ⲟⲩⲕⲁⲣⲡⲟⲥ ⲉ-ⲙⲁϥ-ⲧⲁⲕⲟ ⲙ[ⲛ]-|ϩⲉⲛⲣⲱⲙⲉ ⲉⲩ-
ⲟⲛ̄ϩ ⲙ̄ⲛ-ⲉⲓⲇ[ⲟⲥ] | ⲛ̣ⲓⲙ ⲙ̄ⲛ-ϩⲉⲛⲯⲩⲭⲏ ⲛ̄ⲛ-ⲁⲧ-ⲙ[ⲟⲩ] | ⲁⲩⲱ ⲙⲟⲣ[ⲫ]ⲏ
ⲛⲓⲙ ⲙ̄ⲛ-ⲉⲓⲇⲟ̣[ⲥ] || ⲛⲓⲙ ⲛ̄ⲧⲉ-ⲟⲩⲛ̣ⲟ̣ⲩⲥ ⲙ̄ⲛ-ϩⲉⲛ|ⲛⲟⲩⲧⲉ ⲛ̄-ⲧⲁⲡⲙⲁⲙⲉ

87 One who takes away, remover παραλήμπτωρ

ⲙⲛ̄-|ϩⲉⲛⲁⲅⲅⲉⲗⲟⲥ ⲉⲩ-ϣⲟⲟⲡ ϩ[ⲛ̄]-|ⲟⲩⲛⲟϭ ⲛ̄ⲛ-ⲉⲟⲟⲩ ⲙⲛ̄-ⲟⲩ|ⲥⲱⲙⲁ ⲉ-ⲙⲁⲩ-ⲃⲱⲗ ⲉⲃⲟⲗ [ⲙⲛ̄]-||ⲟⲩϫⲡⲟ ⲛ̄ⲛ-ⲁⲧ-ⲙⲓⲥⲉ ⲙⲛ̄-ⲟⲩ|ⲉⲥⲑⲏⲥⲓⲥ ⲛ̄ⲛ-ⲁⲧ-ⲕⲓⲙ• ⲁⲩⲱ | ⲛⲉϥ-ⲙ̄ⲙⲁⲩ ⲟⲛ ⲡⲉ ⲛ̄ϭⲓ-ⲡⲏ ⲉ̣ⲧ̣$^{\emptyset}$-|ϫⲓ-$^{\emptyset}$ⲙ̄ⲕⲁϩ ⲉϥ-ⲉ ⲛ̣̄-$^{\emptyset}$ⲁⲧ-ϫⲓ-$^{\emptyset}$ⲙ̄ⲕⲁϩ• | ⲛⲉ-ⲩ̣ϭⲟⲙ ⲅⲁ[ⲣ] ⲡ̣ⲉ ⲛ̄ⲧⲉ-ⲟⲩϭ̣ⲟ̣ⲙ• *(text omitted here)*

*ⲉⲛ-ϫⲱ | [ⲙ̄ⲙⲟ]-ⲥ̣ ϫⲉ- *51:23

ⲛ̄ⲧⲕ̄-ⲟⲩⲁ•
ⲛ̄ⲧⲕ̄-||[ⲟⲩⲁ•
ⲛ̄]ⲧⲕ̄-ⲟⲩⲁ
ⲡⲓⲁⲗⲟⲩ *ⲛ̄ⲧ̣[ⲉ-ⲡⲓⲁⲗⲟⲩ] *(text omitted here)* *52:1

*ⲁ̄ⲕ̄ⲣ̄ⲱ̄ⲛ̄ [- - -] | ⲡ̣ⲓϣⲙ̄ⲧ-ϩⲟⲟⲩⲧ ⲁⲁ[- - -]| *52:15
ⲱ ⲱ ⲱ ⲱ ⲱ ⲃⲓⲧⲣⲉⲓⲥⲉ̣[- - -]• |
ⲛ̄ⲧⲕ̄-ⲟⲩⲡ̄ⲛ̄ⲁ̄ ⲉⲃⲟⲗ ϩⲛ̄-[ⲟⲩ]|ⲡ̄ⲛ̄ⲁ̄•
ⲛ̄ⲧⲕ̄-ⲟⲩⲟⲉⲓⲛ ⲉ̣[ⲃⲟⲗ] || ϩⲛ̄-ⲟⲩⲟⲉⲓⲛ•
ⲛ̄ⲧⲕ̄-[ⲟⲩⲥⲓⲅⲏ] | ⲉⲃⲟⲗ ϩⲛ̄-ⲟⲩⲥⲓⲅⲏ• |
ⲛ̣̄[ⲧⲕ̄-ⲟⲩ]|ⲉⲛⲛⲟⲓⲁ ⲉⲃⲟⲗ ϩⲛ̄-ⲟ̣[ⲩⲉⲛ]|ⲛⲟⲓⲁ
ⲡϣⲏⲣⲉ ⲛ̄-ⲧ̣[ⲉⲗⲓⲟⲥ ⲛ̄]|ⲧⲉ ⲡⲛⲟⲩⲧⲉ ⲍ̄[88]... *(text omitted here)*

*ⲁⲩⲱ || [ⲉⲧⲁⲓ̈]-ϫⲱⲕ̄ⲙ̄ ⲙ̄ⲡⲙⲉϩ-ϯⲟⲩ | [ⲛ̄-ⲥⲟ]ⲡ ⲉ-ⲡⲣⲁⲛ ⲛ̄ⲧⲉ-ⲡⲓⲁⲩ|- *53:14
[ⲧⲟ]ⲅ̣ⲉⲛⲏⲥ ⲉⲃⲟⲗ ϩⲓ̄ⲧⲟⲟⲧ-[ⲟⲩ] | [ⲛ̄-ⲛ]ⲉⲓ̈ϭⲟⲙ ⲛⲉⲓ̈ϭⲟⲙ ⲁⲉⲓ-|[ϣ]ⲱ̣-
ⲡⲉ ⲛ̄ⲛ-ⲟⲩⲛⲟⲩⲧⲉ• || [ⲁⲓ̈-ⲁϩⲉ]ⲣ̣ⲁⲧ-$^{\emptyset}$ ϩⲓ̄ϫⲛ̄-ⲡⲓⲙⲉϩ-ϯ|[ⲟⲩ ⲛ̄ⲛ]-ⲉⲱⲛ ⲛ̄-
ϭⲱⲣ̄ϭ ⲛ̄ⲧⲉ-|[ⲛⲁⲓ̈ ⲧ]ⲏ̣ⲣ-ⲟⲩ• ⲁⲉⲓ-ⲛⲁⲩ ⲉ-ⲛⲁ-|[ⲡⲓⲁⲩ]ⲧⲟⲅⲉⲛⲏⲥ ⲧⲏⲣ-ⲟⲩ |
[ⲛⲏ ⲉ]ⲧ$^{\emptyset}$-ϣ̣ⲟ̣[ⲟ]ⲡ ⲟⲛⲧⲱⲥ• || [ⲁⲩ]ⲱ [ⲁ]ⲉⲓ-ϫⲱⲕ̄ⲙ̄ ⲛ̄ϯⲟⲩ *ⲛ̄-ⲥⲟ̣[ⲡ] *54:1
[- - -]• *(text omitted here)*

*[ⲁⲓ̈]-|ϫⲓ-$^{\emptyset}$ⲉⲓⲛⲉ ⲉⲃⲟⲗ ϩⲛ̄-ⲛⲁⲓ̈ [- - -] | ⲟⲩⲱⲛ ⲛ̄ϭⲓ-ⲛⲓⲉⲱⲛ ⲛ̣[ⲧⲉ- *56:12
ⲡⲓ]||ⲁ̣ⲩⲧⲟⲅⲉⲛⲏⲥ• ⲟⲩⲛⲟ̣[ϭ ⲛ̄-ⲟⲩⲟ]|ⲉⲓⲛ ϣⲁϥ-ⲡⲓⲣⲉ ⲉϩⲣⲁⲓ̈ ⲉ̣[- - -] |
ⲉ̣ⲃⲟⲗ ϩⲛ̄-ⲛⲓⲉⲱⲛ ⲛ̄ⲧⲉ.[....]|ϩ̣ⲟⲟⲩⲧ• ⲁⲩⲱ ⲛⲉⲩ-ϯ-[$^{\emptyset}$ⲉⲟⲟⲩ] | ⲛⲁ-ⲩ•
(text omitted here)

*[ⲁⲩⲱ] ⲁ̣ⲥ-ⲉⲓ̄ ⲛ̄ⲛⲁϩⲣⲁ-ⲓ̈ ⲛ̄ϭⲓ-ⲧⲁ-|[ⲛⲓⲉⲟ]ⲟⲩ ⲛ̄-ϩⲟⲟⲩⲧ ⲁⲩⲱ ⲙ̄-|| *57:13
[ⲡⲁⲣⲑ]ⲉⲛⲓⲕⲟⲛ ⲓ̈ⲱ̄ⲏ̄ⲗ̄• ⲁⲩ[ⲱ] | [ⲁⲉⲓ]-ϣⲟϫⲛⲉ ⲉⲧⲃⲉ-ⲛⲓⲕⲗⲟⲟ̣[ⲙ]• |
[ⲡⲉϫ]ⲁ-ⲥ ⲛⲁ-ⲓ̈ ϫⲉ-ⲉⲧⲃⲉ-ⲟⲩ | [ϥ-ϣ]ⲟϫⲛⲉ ⲛ̄ϭⲓ-ⲡⲉⲕⲡ̄ⲛ̄ⲁ̄ | [ⲉⲧⲃ]ⲉ-
ⲛⲓⲕⲗⲟⲟⲙ ⲙⲛ̄-ⲛⲓ||[ⲥⲫⲣ]ⲁⲅⲓⲥ ⲉⲧ$^{\emptyset}$-ⲕⲏ ϩⲓ̄ⲱ-ⲟⲩ• | [ⲛⲁⲓ̈] ⲛⲉ ⲛⲓⲕⲗⲟⲟⲙ
ⲉⲧ$^{\emptyset}$-ϯ-$^{\emptyset}$ϭⲟⲙ | [ⲙ̄-ⲡ̄ⲛ̄]ⲁ̄ ⲛⲓⲙ ⲙⲛ̄-ⲯⲩⲭⲏ ⲛⲓⲙ• | [ⲛⲓⲥ]ⲫⲣⲁⲅⲓⲥ ⲇⲉ ⲉⲧ$^{\emptyset}$-
ϣⲟⲟⲡ | [ϩⲓ̄ⲱ]-ⲟⲩ ⲛⲓϣⲙ̄ⲧ-ⲅⲉⲛⲟⲥ ⲙⲛ̄-||[..]ⲡⲓⲁϩⲟⲣⲁⲧⲟⲛ ⲙ̄-ⲡ̄ⲛ̄ⲁ̄ *ⲛ̣ⲉ *58:1
ⲙ[- - -]• *(text omitted here)*

[88] ⲍ̄ Numeral '7'

*58:13 *ⲛⲓⲥⲫⲣⲁⲅⲓⲥ̣ ⲇⲉ ⲛ̣[- - -]‖ⲅⲉⲛⲟⲥ ⲛⲁ-ⲡⲓⲁⲩⲧⲟ̣[ⲅⲉⲛⲏⲥ] ‖ ⲛⲉ ⲙⲛ̄-ⲡⲓⲡⲣⲱⲧⲟⲫⲁ̣[ⲛⲏⲥ] | ⲙⲛ̄-ⲡⲓⲕⲗ̄ⲥ̄• ⲁⲩⲱ ⲡⲓⲁ̣[ϩⲟⲣⲁ]‖ⲧⲟⲛ ⲙ̄-ⲡⲛ̄ⲁ̄ ⲟⲩϭⲟⲙ [ⲙ̄-ⲯⲩ]‖ⲭ̣ⲓⲕⲟⲛ ⲁⲩⲱ ⲛ̄-ⲛⲟⲉⲣ[ⲟⲛ ⲡⲉ] | ⲟⲩⲣⲉϥ-ⲉⲓⲙⲉ ⲁⲩⲱ ⲛ̄-[ⲣⲉϥ]-‖ⲣ̄ϣⲟⲣⲡ̄ⲛ̄-ⲉⲓⲙⲉ• ⲁⲩ[ⲱ ⲉ]‖ⲧⲃⲉ-ⲡⲁⲓ̈ ⲉϥ-ⲛ̄ⲧⲟⲟⲧ-[ϥ ⲛ̄-ⲅⲁ]‖ⲃⲣⲓⲏⲗ ⲡⲓⲣⲉϥ-ϯ-∅ⲡⲛ̄ⲁ̄ ϩⲓ̣[ⲛⲁ] | ⲉϣⲱⲡⲉ ⲉϥϣⲁⲛ-ϯ ⲛ̄-[ⲟⲩ]‖ⲡⲛ̄ⲁ̄ ⲉϥ-ⲟⲩⲁⲁⲃ ⲛϥ̄-ⲣ̄-ⲥⲫ[ⲣⲁ]‖ⲅⲓⲍⲉ ⲙ̄ⲙⲟ-ϥ ϩⲙ̄-ⲡⲓⲕⲗ[ⲟⲙ] | ⲁⲩⲱ ⲛϥ̄-ϯ-∅ⲕⲗⲟⲙ ⲛⲁ-ϥ• *(text omitted here)*

*60:23 *ⲁⲩⲱ̣ [ⲉ]‖ⲧⲁⲥ-ϫⲉ-ⲛⲁⲓ̈ ⲁⲥ-ϯ-∅ⲱⲙ̄[ⲥ] [- - -]• *(text omitted here)*

*61:8 *ⲁⲉⲓ-ϫⲓ-∅ϭⲟⲙ | [- - -]ⲩⲱ ⲁ̣[.]ⲟⲩⲱ̣[..]‖[- - -]ⲱ ⲁ[ⲉⲓ]-ϫⲓ-∅ⲙⲟⲣⲫⲏ̣ | [...].ⲉ• ⲁⲩⲱ ⲁⲉⲓ-ϫⲓ-∅ⲟⲩⲟ|[...]ϥ-ϣⲟⲟⲡ ϩⲓϫⲙ̄-ⲡⲁϣⲁ|[...]ϫ̣ⲓ-ⲟⲩ-ⲡⲛ̄ⲁ̄ ⲉϥ-ⲧⲟⲩⲃⲏ[ⲩ]• | [ⲁⲉⲓ]-ϣ̣ⲱⲡⲉ ⲉⲓ̈-ϣⲟⲟⲡ ⲟⲛ‖[ⲧⲱⲥ]• ⲁⲩⲱ ⲧⲟⲧⲉ ⲁⲥ-ⲛ̄ⲧ-∅ | [ⲉϩ]ⲟ̣ⲩⲛ ⲉ-ⲡⲓⲛⲟϭ ⲛ̄ⲛ-ⲉ|[ⲱⲛ] ⲡⲓⲙⲁ ⲉⲧⲉ-ⲡⲓϣⲙ̄ⲧ-|[ϩⲟⲟ]ⲩⲧ ⲛ̄-ⲧⲉⲗⲓⲟⲥ ⲙ̄|[ⲙⲁⲩ]• ⲁⲩⲱ ⲁⲉⲓ-ⲛⲁⲩ ⲉ-‖[ⲡⲓⲁ]ⲗⲟⲩ ⲛ̄ⲛ-ⲁⲧ-ⲛⲁⲩ ⲉⲣⲟ-ϥ | [ⲛ̄ϩⲣⲁ]ⲓ̣̈ ϩⲛ̄-ⲟⲩⲟⲉⲓⲛ ⲛ̄ⲛ-ⲁⲧ-|[ⲛⲁ]ⲩ̣ ⲉⲣⲟ-ϥ• ⲧⲟⲧⲉ ⲟⲛ | [ⲁⲥ]-ϯ-∅ⲱⲙ̄ⲥ̄ ⲛⲁ-ⲓ̈ ⲛ̄ϩⲣⲁⲓ̈ ϩⲛ̄- *(text omitted here)*

*63:8 *ⲛ̣[ⲁⲓ̈] | [ⲉⲧⲁⲥ-ϫⲟ]ⲟ-ⲩ ⲛⲁ-ⲓ̈ ⲛ̄ϭⲓ-ⲧⲁ-[ⲛⲓⲉ]‖[ⲟⲟⲩ] ⲧ̣ⲏⲣ-ⲟⲩ ⲓ̈ⲟⲩⲏⲗ̄ ⲁⲥ-ⲕⲁ|[ⲁ-ⲧ• ⲁ]ⲩⲱ ⲁⲥ-ⲃⲱⲕ• ⲁⲥ-ⲁϩⲉⲣⲁ|[ⲧ̄-ⲥ ⲛ̄]ⲛⲁϩⲣⲁ-ϥ ⲙ̄-ⲡⲓⲡⲣⲱⲧⲟ|[ⲫⲁⲛ]ⲏ̣ⲥ•

ⲧⲟⲧⲉ ⲁⲛⲟⲕ ⲛⲉⲓ̈-|[ⲁϩⲉⲣ]ⲁ̣ⲧ-∅ ⲛ̄ϩⲣⲁⲓ̈ ϩⲓϫⲙ̄-ⲡⲁⲡⲛ̄[ⲁ] ‖ [ⲉⲉⲓ]-ⲧⲱⲃ̄ϩ̄ ⲉⲙⲁⲧⲉ ⲛ̄-ⲛⲓⲛⲟϭ | [ⲙ̄-ⲫ]ⲱⲥⲧⲏⲣ ⲛ̄ϩⲣⲁⲓ̈ ϩⲛ̄-ⲟⲩ|[ⲉⲛⲛ]ⲟ̣ⲓⲁ• ⲛⲉⲉⲓ-ⲙⲟⲩⲧⲉ | [ⲟⲩ]ⲃ̣ⲉ-ⲥⲁⲗⲁⲙⲉⲝ ⲙⲛ̄-ⲥⲉ|[..]ⲉⲛ ⲙⲛ̄-ϯⲡⲁⲛⲧⲉⲗⲓⲟⲥ[89] ‖ [..].-ⲏ• ⲁⲩⲱ ⲁⲓ̈-ⲛⲁⲩ ⲉ-ϩⲉⲛ|[ⲉⲟ]ⲟⲩ ⲉ-ⲛⲉⲁ-ⲩ ⲉ-ϩⲉⲛϭⲟⲙ• | [ⲁⲩ]ⲱ ⲁⲩ-ϫⲱϩ ⲉⲣⲟ-ⲉⲓ• ⲁⲓ̈-ϭⲙ̄-∅ϭⲟⲙ *(text omitted here)*

*64:8 *[.]ⲥ̣ⲁⲗⲁⲙⲉⲝ ⲙ̣[ⲛ- - - -] | [ⲛ]ⲏ̣ ⲉⲧ-ⲁⲩ-ϭⲱⲗ̄ⲡ̄ [ⲛⲁ-ⲓ̈ ⲉⲃⲟⲗ] ‖ ⲛ̣̄-ϩⲱⲃ ⲛⲓⲙ ⲉⲩ-ϫⲱ ⲙ̣̄[ⲙⲟ-ⲥ] | ϫⲉ-ⲍⲱⲥⲧⲣⲓⲁⲛⲉ ⲥ̣[ⲱⲧ̄ⲙ] | ⲉⲧⲃⲉ-ⲛⲏ ⲉⲧⲕ̄-ⲕⲱⲧ̣[ⲉ ⲛ̄]|ⲥⲱ-ⲟⲩ• ⲛⲉ-ⲟⲩ[....] | ⲁⲩⲱ ⲟⲩⲁ ⲟⲩⲱⲧ ⲡ[ⲉ-ⲉⲧ∅]-‖ϣⲟⲟⲡ ϩⲁⲑⲏ ⲛ̄-ⲛⲁⲓ̈ ⲧ[ⲏⲣ-ⲟⲩ] | ⲉⲧ∅-ϣⲟⲟⲡ ⲟⲛⲧⲱⲥ̣ [...]‖ⲡⲛ̄ⲁ̄ ⲛ̄-ⲁⲧ-ϯ-∅ϣⲓ ⲉⲣ[ⲟ-ϥ] | ⲁⲩⲱ ⲛ̄-ⲁⲧ-ⲡⲱⲣ̄ϫ̄ ⲛ[...]• *(text omitted here)*

*65:14 *[...] ⲙⲛ̄-ⲟⲩⲁⲧ-ⲛ̄-ⲁⲣⲏϫ̄-ϥ ‖ [ⲁⲩ]ⲱ̣ ⲉϥ-ϫⲟⲥⲉ ⲉϩⲟⲩⲉ-∅ⲁ|[ⲧ̄-ⲛ]-ⲣⲁⲧ̄-ϥ ⲛⲓⲙ ⲁⲩⲱ ⲉϥ-ϯ-|[...] ⲉ-ⲛⲉⲁ-ϥ ⲉ-ⲥⲱⲙⲁ ⲛⲓⲙ | [ⲉ]ϥ-ⲧⲟⲩⲃⲏⲩ ⲉ-ⲁⲧ-ⲥⲱⲙⲁ | [ⲛⲓ]ⲙ ⲉϥ-ⲛⲁ ⲉϩⲟⲩⲛ ⲉ-ⲉⲛ‖[ⲛⲟⲓ]ⲁ ⲛⲓⲙ ⲙⲛ̄-ⲥⲱⲙⲁ ⲛⲓⲙ | [ⲉϥ]-ⲉ ⲛ̄-∅ϭⲟⲙ ⲉ-ⲛⲁⲓ̈ ⲧⲏⲣ-ⲟⲩ | [ⲅⲉⲛ]ⲟⲥ ⲛⲓⲙ ⲙⲛ̄-ⲉⲓⲇⲟⲥ | [ⲛⲓⲙ] ⲉ-ⲩⲡⲧⲏⲣ̄-ϥ ⲛ̄ⲧⲁ-ⲩ ⲡⲉ

[89] Wholly perfect παντέλιος, -ον

(48 pages of badly damaged text omitted here)

*ⲙ̄ⲛ-ϩⲉⲛⲁⲅⲅⲉⲗⲟⲥ̣ ⲙ̄ⲛ-ϩⲉ̣ⲛ̣ⲇⲉ|ⲙⲱⲛ ⲁⲩⲱ ϩⲉⲛⲛⲟⲩⲥ ⲙ̣[ⲛ̄]-ϩⲉⲛ|- *113:1
ⲯⲩⲭⲏ ⲁⲩⲱ ϩⲉⲛⲍⲱⲟⲛ[90] [ⲙ]ⲛ̣̄-|ϩⲉⲛϣⲏⲛ ⲙ̄ⲛ-ϩⲉⲛⲥⲱⲙⲁ ⲙ̄ⲛ-||ⲛ̣ⲏ ⲉⲧ$^{\emptyset}$-ϣⲟⲟⲡ ϩⲁⲑⲏ ⲛ̄-ⲛⲁï ⲛⲏ | ⲛ̄ⲧⲉ-ⲛⲓϩⲁⲡⲗⲟⲩⲛ ⲛ̄-ⲥ̣ⲧⲟⲓⲭⲓⲱⲛ[91] | ⲛ̄ⲧⲉ-ⲛⲓⲁⲣⲭⲏ̣ ⲛ̄-ϩⲁⲡⲗ̣[ⲟ]ⲩ̣[ⲛ] ⲙ̄ⲛ-|ⲛ[ⲏ ⲉ]ⲧ$^{\emptyset}$-ϣⲟⲟⲡ ϩ̄ⲛ-[ⲟⲩ]ϫⲱϣ | ⲉ[...] ⲁⲩⲱ ⲛ̄-ⲁⲧ-ⲙⲟⲩϫ̄ϭ ⲟⲩⲁⲏⲣ || [ⲙ̄ⲛ-ⲟ]ⲩⲙⲟⲟⲩ ⲁⲩⲱ ⲟⲩⲕⲁϩ | [ⲙ]ⲛ̄-ⲟⲩⲏⲡⲉ ⲁⲩⲱ ⲟⲩⲛ̣[ⲟ]ⲩϩ̄ⲃ | ⲙ̣ⲛ̄-ⲟⲩⲕⲓⲙ ⲁⲩⲱ ⲟ[ⲩ...]ⲟϣ ⲙ̄ⲛ-|[ⲟ]ⲩⲧⲁⲝⲓⲥ[92] ⲁⲩⲱ ⲟⲩⲛⲓϥⲉ ⲙ̄ⲛ-|[ⲛⲓⲕ]ⲉ̣ϣⲱϫ̄ⲡ ⲧⲏⲣ-ⲟⲩ• ϩⲉⲛⲙⲉϩ-||[ϥⲧ]ⲟⲟⲩ ⲇⲉ ⲛ̄-ϭⲟⲙ ⲛⲉ ⲉⲧ̣$^{\emptyset}$-ϣⲟⲟⲡ | [ϩ̄ⲙ]-ⲡⲓⲙ[ⲉϩ]-ϥⲧⲟ̣ⲟ̣ⲩ ⲛ̄ⲛ-ⲉⲱⲛ ⲛⲏ | [ⲉⲧ$^{\emptyset}$]-ϣ[ⲟ]ⲟ̣ⲡ ϩ̄ⲛ-ⲛⲓⲡ[.].[.]• *(text omitted here)*

*ϩⲉⲛ̣[ⲁⲅⲅⲉⲗ]ⲟ̣ⲥ ⲛ̄|[ⲧⲉ-ⲛⲓⲁ]ⲅ̣ⲅⲉⲗⲟⲥ̣ [ϩⲉⲛ]ⲯⲩⲭ̣ⲏ̣ | [ⲛ̄ⲧⲉ-ⲛⲓ]ⲯⲩⲭⲏ *113:21
ϩⲉ[ⲛ]ⲍⲱⲟⲛ [ⲛ̄]|[ⲧⲉ-ⲛⲓⲍ]ⲱⲟⲛ ϩⲉⲛ̣ϣⲏ̣ⲛ ⲛ̄[ⲧⲉ]-||[ⲛⲓϣⲏⲛ]• *(text omitted here)*

*ⲁⲩⲱ | ⲉ-ⲛ-ⲥⲉ-ϩⲟϫϩⲉϫ ⲛ̄-ⲛⲉⲩⲉⲣⲏⲩ [ⲁ]ⲛ̣• | ⲁⲗⲗⲁ ⲛ̄ⲧⲟⲟⲩ ϩⲱ-ⲟⲩ *115:1
ⲉⲩ-ⲟⲛ̣̄ϩ ⲛ̄|[ϩ]ⲣ̣ⲁï ⲛ̄ϩⲏⲧ-ⲟⲩ ⲉⲩ-ϣⲟⲟⲡ ⲁⲩⲱ || ⲉ̣ⲩ-ϯ-$^{\emptyset}$ⲙⲁⲧⲉ ⲙ̄ⲛ-ⲛⲉⲩⲉⲣⲏⲩ ϩⲱⲥ | [ⲉ]ⲩ-ϣⲟⲟⲡ ⲉⲃⲟⲗ ϩ̄ⲛ-ⲟⲩⲁⲣⲭⲏ ⲛ̄-|ⲟ̣ⲩⲱⲧ• ⲁⲩⲱ ⲥⲉ-ϣⲟ[ⲟⲡ] ⲉⲩ-ϩⲟ|ⲧ̄ⲡ [ϫ]ⲉ-ⲥⲉ-ϣⲟⲟⲡ ⲧⲏⲣ-ⲟⲩ ⲛ̄ϩⲣⲁï | ϩ̄ⲛ-ⲟ̣[ⲩ]ⲉⲱⲛ ⲛ̄-ⲟⲩⲱⲧ ⲛ̄ⲧⲉ-ⲡⲓⲕ̄ⲗ̄ⲥ̄ || [...].ⲉ ϩ̄ⲛ-ⲟⲩϭⲟⲙ ⲉⲩ-ⲡⲟⲣ̄ϫ ⲉⲃⲟⲗ• | [ⲕ]ⲁ̣ⲧⲁ ⲅⲁⲣ ⲡⲟⲩⲁ ⲡⲟⲩⲁ ⲛ̄ⲧⲉ-ⲛⲓⲉ|[ⲱ]ⲛ̣ ⲥⲉ-ϣⲟⲟⲡ ⲉⲩ-ⲁϩⲉⲣⲁⲧ-ⲟⲩ | [ⲕⲁ]ⲧⲁ-ⲡⲏ ⲉⲧ$^{\emptyset}$-ⲡⲏϩ ⲉⲣⲟ-ⲟⲩ• ⲡⲓⲕ̄ⲗ̄ⲥ̄ | [ⲇⲉ ⲟ]ⲩⲉⲱⲛ ⲛ̄-ⲟⲩⲱⲧ ⲡⲉ• ⲟⲩⲛ̄||[ⲧⲁ-ϥ] ⲙ̣ⲙⲁⲩ ⲛ̄-ϥⲧⲟⲟⲩ ⲛ̄-ⲇⲓⲁⲫⲟ|[ⲣⲁ ⲛ̄]ⲧⲉ-ϩⲉⲛⲉⲱⲛ• *(text omitted here)*

*ⲉⲩ-ⲙ̄ⲡⲙⲁ ⲉⲧ$^{\emptyset}$-ⲙ|ⲙⲁⲩ ⲛ̄ϭⲓ-ⲛⲓⲍⲱⲟⲛ ⲧⲏⲣ-ⲟⲩ ⲉⲩ-|ϣⲟⲟⲡ ⲛ̄-$^{\emptyset}$ⲕⲁⲧⲁ- *117:1
ⲟⲩⲁ ⲉⲩ-ϩⲟⲧ̄ⲡ | [ϩ̄]ⲓ̣-ⲟ[ⲩ]ⲙⲁ ⲧⲏⲣ-ⲟⲩ• ⲉⲥ-ⲙ̄ⲙⲁⲩ ⲛ̄||ϭⲓ-ϯⲅ̣ⲛ̣ⲱⲥⲓⲥ ⲛ̄ⲧⲉ-ϯⲅⲛⲱⲥⲓⲥ | ⲙ̄ⲛ-ⲟⲩⲧⲁϩⲟ ⲛ̄ⲧⲉ-ϯ[ⲙ]ⲛ̄ⲧ-ⲁⲧ-|ⲉⲓⲙⲉ• ⲉ̣ϥ-ⲙ̄ⲙⲁⲩ ⲛ̄ϭⲓ̣-ⲟ̣ⲩⲭⲁⲟⲥ | ⲙ̄ⲛ-[ⲟⲩⲧⲟ]ⲡⲟⲥ ⲛ̄ⲧⲁ-ⲩ ⲧⲏⲣ-ⲟⲩ | ⲉ̣ϥ-[ϫⲏⲕ] ⲉⲃⲟⲗ• ⲁⲩⲱ ⲉⲩ-ⲉ ⲛ̄-$^{\emptyset}$ⲃ̄ⲣ̄ⲣⲉ• || [ⲟ]ⲩ̣ⲟ̣ⲉⲓⲛ ⲇⲉ ⲛ̄-ⲧⲁⲡⲙⲉ ⲁⲩⲱ ⲟⲩ|[ⲕ]ⲁ̣ⲕⲉ ⲉ-ⲁϥ-ϫⲓ-$^{\emptyset}$ⲟⲩⲟⲉⲓⲛ• *(text omitted here)*

*ϣⲁⲩ-ϯ-$^{\emptyset}$ⲣⲁⲛ | [ⲇ]ⲉ ⲉ̣-[ⲛ]ⲉϥⲫⲱⲥⲧⲏⲣ• *119:3

ⲡⲓϣⲟⲣ̄ⲡ ⲙⲉⲛ || [ⲡⲉ ⲁ̄ⲣ̄ⲙ̄ⲏ̄]ⲇ̄ⲱ̄ⲛ ⲙ̄ⲛ-ⲧⲏ ⲉⲧ$^{\emptyset}$-ⲛ̄ⲙⲙⲁ-ϥ |..[...•
ⲡ]ⲓⲙⲉϩ-ⲥⲛⲁⲩ ⲡⲉ ⲇⲓⲫⲁ|ⲛⲉ̣[..ⲙ̄ⲛ-ⲧ]ⲏ ⲉⲧ$^{\emptyset}$-ⲛ̄ⲙ[ⲙ]ⲁ-ϥ ⲇⲏⲓ̈|ⲫ[...]•
ⲡ]ⲓⲙⲉϩ-ϣⲟⲙ̄ⲧ ⲡⲉ | [- - -]ⲱⲛ ⲙ̄ⲛ-ⲧⲏ ⲉⲧ$^{\emptyset}$-ⲛ̄ⲙⲙⲁ-ϥ || [- - -]•
ⲡⲓⲙⲉϩ-ϥⲧⲟⲟⲩ ⲡⲉ | [....]ⲥ ⲙ̄ⲛ-ⲧⲏ ⲉⲧ$^{\emptyset}$-ⲛ̄ⲙⲙⲁ-ϥ ⲟ̄ⲗ̄ⲙ̄ⲓ̄ⲥ̄• |

[90] Living animal ζῷον [91] Element στοιχεῖον [92] Order τάξις

[ⲁⲩⲱ] ϥ-ϣⲟⲟⲡ ⲛ̄ϭⲓ-ⲡⲓⲕⲗ̄ⲥ̄ ⲉ-ⲁϥ-|[. . . .].ⲙ̄ⲛ-ⲧⲉϥⲉⲓⲇⲉⲁ• ⲁⲩⲱ | [ϥ-ϣⲟⲟ]ⲡ ⲛ̄ⲛ-$^{\emptyset}$ⲁⲧ-ⲟⲩⲱⲛ̄ϩ ⲛ̄-ⲛⲁї || [ⲧⲏⲣ]-ⲟⲩ ϩⲓ̄ⲛⲁ ϫⲉ-ⲉⲩⲉ-ϫⲓ-$^{\emptyset}$ϭⲟⲙ | [ⲉⲃⲟ]ⲗ ϩⲓ̣[ⲧ]ⲟ̣ⲟⲧ̄-ϥ ⲧⲏⲣ-ⲟⲩ• *(text omitted here)*

*125:11 *ⲡⲓ|ⲕⲗ̄ⲥ̄ ⲇⲉ ⲉϥ-ϣⲟⲟⲡ ⲟⲛⲧⲱⲥ• ⲉⲥ-|ⲕⲏ ⲇⲉ ⲛ̄ⲙⲙⲁ-ϥ ⲛ̄ϭⲓ-ⲧⲁⲛⲓⲉⲟⲟⲩ | ⲧⲏⲣ-ⲟⲩ ⲓ̈ⲟⲩⲏⲗ̄ ⲡⲓⲉⲟⲟⲩ ⲛ̄-ϩⲟ||ⲟ̣ⲩⲧ ⲙ̄-ⲡⲁⲣⲑⲉⲛⲟⲥ ⲉⲧⲉ-ⲉ|ⲃⲟⲗ ϩⲓ̄ⲧⲟⲟⲧ̄-ⲥ ⲁⲩ-ⲛⲁⲩ ⲉ-ⲛⲓⲡⲁⲛ|ⲧⲉⲗⲓⲟⲛ ⲧⲏⲣ-ⲟⲩ• *(text omitted here)*

*126:1 *ⲡⲓ|ϣⲟⲣ̣ⲡ̣̄ ⲇⲉ ⲛ̄ⲛ-ⲉⲱⲛ ⲉⲧ$^{\emptyset}$-ϣⲟⲟⲡ | ⲛ̄ϩⲏⲧ̄-ϥ ⲉⲧⲉ-ⲉⲃⲟⲗ ⲙ̄ⲙⲟ-ϥ ⲡⲉ | ⲡⲓϣⲟⲣⲡ̄ ⲙ̄-ⲫⲱⲥⲧⲏⲣ ⲥⲟⲗⲙⲓⲥ̄ || ⲙ̄ⲛ-ⲡⲓⲣⲉϥ-ⲟⲩⲉⲛ̄ϩ-$^{\emptyset}$ⲛⲟⲩⲧⲉ ⲉⲃⲟⲗ | ⲉ-ⲩⲁⲧ̄-ⲛ-ⲁⲣⲏϫ̄-ϥ ⲡⲉ ⲕⲁⲧⲁ-ⲡⲓⲧⲩ|-ⲡⲟⲥ ⲉⲧ$^{\emptyset}$-ϣⲟⲟⲡ ⲛ̄ϩⲣⲁ̣ї ϩ̣ⲙ̄-ⲡⲓⲕⲗ̄ⲥ̄ | ⲛ̄ⲛ-ⲉⲱⲛ ⲙ̄ⲛ-ⲇⲟⲝⲟⲙ-[ⲉⲇ]ⲱⲛ• |

ⲡⲓⲙⲉϩ-ⲥⲛⲁⲩ ⲛ̄ⲛ-ⲉⲱ̣[ⲛ] ⲁ̣ⲕⲣⲉⲙⲱⲛ̄ || ⲡⲓⲁⲧ-ϣⲁϫⲉ ⲙ̄ⲙⲟ-ϥ ⲉ-ⲩⲛ̣̄ⲧⲁ-ϥ | ⲙ̄ⲙⲁⲩ ⲙ̄-ⲡⲓⲙⲉϩ-ⲥⲛⲁⲩ ⲙ̄-ⲫⲱⲥ|ⲧⲏⲣ ⲍⲁⲭⲑⲟⲥ̄ ⲙ̄ⲛ-ⲓ̈ⲁⲭⲑⲟⲥ̄•

ⲡⲓ|ⲙⲉϩ-ϣⲟⲙⲧ̄ ⲇⲉ ⲛ̣̄ⲛ-ⲉⲱⲛ ⲡⲉ ⲁⲙ|ⲃⲣⲟⲥⲓⲟⲥ ⲡⲓⲡⲁⲣⲑⲉⲛⲟⲥ ⲉ-ⲩⲛ̄ⲧ̣ⲁ-[ϥ] || ⲙ̄ⲙⲁⲩ ⲙ̄-ⲡⲓⲙⲉϩ-ϣⲟⲙⲧ̄ ⲙ̄-ⲫⲱ|ⲥⲧⲏⲣ ⲥⲏ-ⲑⲉⲩⲥ̄ ⲙ̄ⲛ-ⲁⲛⲧⲓⲫ̣ⲁ̣ⲛ̣|ⲧⲏⲥ•

ⲡⲓⲙⲉϩ-ϥⲧⲟⲟⲩ ⲇ̣[ⲉ] ⲛ̄[ⲛ-ⲉ]|ⲱⲛ ⲡⲉ ⲡⲓⲣⲉϥ-ⲥⲙⲟⲩ̣ [- - -]|-ⲅⲉⲛⲟⲥ ⲉ-ⲩⲛ̄ⲧⲁ-ϥ ⲙ̄ⲙ̣[ⲁⲩ ⲙ̄-ⲡⲓⲙⲉϩ]-||ϥⲧⲟⲟⲩ ⲙ̄-ⲫⲱⲥⲧⲏ[ⲣ ⲥⲉⲗⲇⲁⲁⲱ] | ⲙ̄ⲛ-ⲉⲗⲉⲛⲟⲥ̄• *(text omitted here)*

*127:1 *ⲫⲟⲏ ⲍⲟⲏ ⲍⲏⲟⲏ ⲍⲏ[. .] ⲍ̣ⲱⲥⲓ | ⲍⲱⲥⲓ ⲍⲁⲱ ⲍⲏⲟⲟⲟ ⲍⲏⲥⲉⲛ ⲍⲏⲥ|ⲉⲛ•

ⲥⲉ-ⲟⲛ̄ϩ ⲛ̄ϭⲓ-ⲛⲓⲕⲁⲧⲁ-ⲟⲩⲁ ⲁⲩⲱ | ⲡⲓϥⲧⲟⲟⲩ ⲉⲧ$^{\emptyset}$-ⲉ ⲛ̄-$^{\emptyset}$ϣⲙⲟⲩⲛ ⲛ̄-ⲕⲱⲃ• ||

ⲏ ⲟ ⲟ ⲟ ⲟ ⲏ ⲁ ⲏ ⲱ•

ⲛ̄ⲧⲟⲕ ⲉⲧ$^{\emptyset}$-ϩⲁⲧⲉⲩ|ⲉϩⲏ•

ⲁⲩⲱ ⲛ̄ⲧⲟⲕ ⲉⲧ$^{\emptyset}$-ϩⲛ̄-ⲛⲁї ⲧⲏ|ⲣ-ⲟⲩ•

ⲁⲩⲱ ⲛⲁї ⲙⲉⲛ ⲉⲩ-ⲛ̄ϩⲣⲁї ϩⲙ̄-|ⲡⲓⲡⲣⲱ̣ⲧ̣ⲟⲫⲁⲛⲏⲥ ⲛ̄-ⲧⲉⲗⲓⲟⲥ ⲛ̄-|ⲁⲣⲙⲏ̣ⲇ̣ⲁ̣ⲱ̣ⲛ ⲛ̄-ϩⲟⲟⲩⲧ ϯⲉⲛⲉⲣⲅⲓⲁ[93] || ⲛ̄ⲧⲉ-ⲛ̣ⲁ̣[ї] ⲧⲏⲣ-ⲟⲩ ⲉⲧ$^{\emptyset}$-ϣⲟⲟⲡ ϩⲓ̄-ⲟⲩ|ⲙⲁ•

ⲉⲡⲓⲇⲏ ⲛⲉⲩ-ϣⲟⲟⲡ ⲛ̄ϭⲓ-ⲛⲓ|ⲕⲁⲧⲁ-ⲟⲩⲁ ⲧⲏⲣ-ⲟⲩ ⲛ̄-ⲧⲉⲗⲓⲟⲥ | ⲁⲥ-ⲟⲩⲱⲛ̄ϩ ⲉⲃⲟⲗ ⲟⲛ ⲛ̄ϭⲓ-ϯⲉⲛⲉⲣ|ⲅⲓⲁ ⲛ̄ⲧⲉ-ⲛⲓⲕⲁⲧⲁ-ⲟⲩⲁ ⲧⲏⲣ-ⲟⲩ ⲡⲓ||ⲁⲩⲧⲟⲅⲉⲛⲏⲥ ⲛ̄-ⲛⲟⲩⲧⲉ• ⲛ̄ⲧⲟϥ | ⲙⲉⲛ ⲉϥ-ⲁϩⲉⲣⲁⲧ̄-ϥ ⲛ̄ϩⲣⲁї ϩⲛ̄-ⲟⲩ|-

93 Activity ἐνέργεια

ⲉⲱⲛ ⲉ-ⲩⲛ̄-ϥⲧⲟⲟⲩ ⲛ̄-ⲇⲓⲁⲫⲟⲣⲁ | ⲛ̄ⲧⲉ-ϩⲉⲛⲉⲱⲛ ⲛ̄ϩⲣⲁï ⲛ̄ϩⲏⲧ̄-ϥ ⲛ̄|-
[ⲧ]ⲉ-ⲛⲓⲁⲩ̣ⲧⲟⲅⲉⲛⲏⲥ•

ⲡⲓϣⲟⲣ̄ⲡ̄ || ⲇ̣ⲉ ⲛ̄ⲛ-[ⲉ]ⲱ̣ⲛ ⲉⲧ$^{\emptyset}$-ϣⲟⲟⲡ ⲛ̄ϩⲏⲧ̄-ϥ | [ⲛ̄]ⲧⲉ-ⲡ[ⲓ-
ϣ]ⲟⲣ̄ⲡ̄ ⲙ̄-ⲫⲱⲥⲧⲏⲣ | [ⲁⲣⲙⲟⲍⲏ]ⲗ ⲟⲣⲛⲉⲟⲥ ⲉⲩⲑⲣⲟⲩ|ⲛ̣ⲓⲟⲥ
[ⲡⲏ] ⲁⲩ-ⲙⲟⲩⲧⲉ ⲉⲣ̣ⲟ-ϥ | [ϫⲉ- - - -]ⲁ̣.[- - -] ||[. .]•

[ⲡⲓⲙⲉϩ]-ⲥ̣ⲛⲁ̣ⲩ ⲇ̣[ⲉ ⲛ̄ⲛ-ⲉⲱⲛ ⲛ̄ⲧⲉ]-|[ⲡⲓⲙⲉϩ-ⲥⲛ]ⲁ̣ⲩ ⲙ̣̄-[ⲫⲱ-
ⲥⲧⲏⲣ ⲱ|ⲣⲟïⲁⲏⲗ. .]ⲩ̣ⲇ̣ⲁⲁⲥ̣[.]ⲟⲥ ⲁⲡ[. .]*ⲁⲣⲣⲟⲥ̣[. . .]• *128:1

ⲡ̣ⲓⲙⲉϩ-ϣⲟⲙ̄ⲧ̄ ⲇⲉ ⲛ̄|ⲧⲉ-ⲡⲓⲙⲉϩϣⲟⲙ̄ⲧ̄ ⲙ̄-ⲫⲱⲥⲧⲏⲣ | ⲇⲁⲩⲉⲓⲑⲉ
ⲗⲁⲣⲁⲛⲉⲩⲥ ⲉⲡⲓⲫⲁ|ⲛⲓⲟⲥ ⲉⲓⲇⲉⲟⲥ•

ⲡⲓⲙⲉϩ-ϥⲧⲟⲟⲩ || ⲇⲉ ⲛ̄ⲧⲉ-ⲡⲓⲙⲉϩ-ϥⲧⲟⲟⲩ ⲙ̄-ⲫⲱ|ⲥⲧⲏⲣ ⲏⲗⲏ-
ⲗⲏⲑ ⲕⲟⲇⲏⲣⲏ ⲉⲡⲓ|ⲫⲁⲛⲓⲟⲥ ⲁⲗⲗⲟⲅⲉⲛⲓⲟⲥ̣•

ⲛ̣ⲓⲕⲟ|ⲟⲩⲉ ⲇⲉ ⲧⲏⲣ-ⲟⲩ ⲉⲧ$^{\emptyset}$-ϣⲟ̣[ⲟ]ⲡ ϩⲛ̄-ϯ|ϩⲩⲗⲏ ⲛ̄ⲧⲟⲟⲩ ⲧⲏⲣ-ⲟⲩ
ⲛ̣[ⲉⲩ]-ϭⲉⲉⲧ || ⲡⲉ• ⲁⲩⲱ ⲉⲧⲃⲉ-ⲟⲩⲅⲛⲱ[ⲥ]ⲓ̣ⲥ ⲛ̄ⲧⲉ-|ⲟⲩⲙⲛ̄ⲧ-ⲛⲟϭ ⲙⲛ̄-
ⲟⲩⲧⲟⲗⲙⲏ[94] ⲁⲩⲱ | ⲟⲩϭⲟⲙ ⲉ-ⲁⲩ-ϣⲱⲡⲉ ⲁⲩⲱ ⲁⲩ-|ⲥⲉⲗⲥⲱⲗ-ⲟⲩ ⲉ-ⲁⲩ-
ⲣ̄-$^{\emptyset}$ⲁⲧ-ⲉⲓⲙⲉ ⲉ-ⲡⲓ|ⲛⲟⲩⲧⲉ ⲥⲉ-ⲛⲁ-ⲃⲱⲗ ⲉⲃⲟⲗ• ⲉⲓⲥϩⲏ||ⲏⲧⲉ ⲍⲱⲥⲧⲣⲓⲁⲛⲉ
ⲁⲕ-ⲥⲱⲧ̄ⲙ̄ | ⲉⲣⲟ-ⲟⲩ ⲧⲏⲣ-ⲟⲩ ⲛⲁï ⲉⲧⲉ-ⲛⲓⲛⲟⲩⲧⲉ | ⲉ ⲛ̄-$^{\emptyset}$ⲁⲧ-ⲉⲓⲙⲉ ⲉⲣⲟ-
ⲟⲩ ⲁⲩⲱ ⲉⲩ-ⲉ ⲛ̄|ⲛ-$^{\emptyset}$ⲁⲧ̄-ⲛ̄-ⲁⲣⲏϫⲛ-ⲟⲩ ⲛ̄-ϩⲉⲛⲁⲅⲅⲉⲗⲟⲥ• |

ⲁⲛⲟⲕ ⲇⲉ ⲁï-ⲧⲟⲗⲙⲁ• ⲡⲉ[ϫ]ⲁ̣-ï ϫⲉ-ⲉ[ⲧⲓ] || ⲟⲛ ϯ-ⲕⲱⲧⲉ ⲉⲧⲃⲉ-
ⲡⲓϣ̣ⲙ̣̄ⲧ-ϭⲟⲙ [ⲛ̄]|ⲛ-ⲁⲧ-ⲛⲁⲩ ⲉⲣⲟ-ϥ ⲛ̄-ⲧⲉⲗⲓ[ⲟⲥ] ⲙ̄-ⲡ̄ⲛ̄[ⲁ ϫⲉ]-|ⲡⲱⲥ ϥ-
ϣⲟⲟⲡ ⲛⲁ-ϥ ⲁⲩ̣[. .]. . .[.]|ⲉⲓϭ̣ⲉ ⲉ-ⲛⲁï ⲧⲏⲣ-ⲟⲩ• ⲙ[. . .]ⲏ ⲉⲧ$^{\emptyset}$-|ϣ̣[ⲟ]ⲟ̣ⲡ
ⲟⲛⲧⲱⲥ ⲉⲙ[. . . .]ⲧⲉ̣ⲥ̣||[- - -]ⲉ[.]ϫ[. .]• ⲁ̣ϣ ⲡⲉ ⲡ[- - -]|[- - -]
ⲙ̣ⲁ̣[. .]ⲩ• ⲏ̄ ⲟ̣[- - -]|[- - -].ⲛ̄ⲧⲉ̣[.]ϫⲟⲟ̣[- - -]*ⲟⲩ ⲉⲙⲁⲧⲉ• ⲁⲩ-ⲕⲁⲁ-[ⲧ• *129:1
ⲁ]ⲩ-ⲃⲱⲕ• |

ⲁⲩⲱ ⲁϥ-ⲉ̄ⲓ̄ ⲛ̄ⲛⲁϩⲣⲁ-ï ⲛ̄ϭⲓ-ⲁⲡⲟⲫⲁⲛⲧⲏⲥ | ⲙⲛ̄-ⲁⲫⲣⲟⲡⲁⲓⲥ ⲡⲁⲣ-
ⲑⲉⲛⲱⲫⲱⲧⲟⲥ• | ⲁⲩⲱ ⲁϥ-ⲛ̄ⲧ̄-$^{\emptyset}$ ⲉϩⲟⲩⲛ ⲉ-ⲡⲓⲡⲣⲱⲧⲟⲫⲁ||ⲛⲏⲥ ⲛ̄-ⲛⲟϭ
ⲛ̄-ϩⲟⲟⲩⲧ ⲛ̄-ⲧⲉⲗⲓⲟⲥ ⲛ̄-|ⲛⲟⲩⲥ• ⲁⲩⲱ ⲁï-ⲛⲁⲩ ⲉ-ⲛⲁï ⲧⲏⲣ-ⲟⲩ | ⲉⲧ$^{\emptyset}$-
ⲙ̄ⲙⲁ̣ⲩ ⲙ̄ⲡⲣⲏⲧⲉ ⲉⲧⲟⲩ-ϣⲟⲟⲡ | ⲙ̄ⲙⲟ-ⲥ ⲛ̣̄ϩⲣⲁï ϩⲛ̄-ⲟⲩⲁ• ⲁⲩⲱ ⲁⲉⲓ-
ϩⲱ|ⲧ̄ⲡ̄ ⲛ̄ⲙⲙ̣ⲁ-ⲩ ⲧⲏⲣ-ⲟⲩ• ⲁⲉⲓ-ⲥⲙⲟⲩ || ⲉ-

ⲡⲓⲉⲱ̣ⲛ ⲛ̄-ⲕⲁ̄ⲥ̄
ⲙⲛ̄-ϯⲃⲁⲣⲃⲏⲗⲱ | ⲙ̄-ⲡⲁⲣⲑⲉⲛⲟⲥ
ⲙⲛ̄-ⲡⲓⲁϩⲟⲣⲁⲧⲟⲛ | ⲙ̄-ⲡ̄ⲛ̄ⲁ•

ⲁⲩⲱ ⲁⲉⲓ-ϣⲱⲡⲉ ⲙ̄-$^{\emptyset}$ⲡⲁⲛ|ⲧⲉⲗⲓⲟⲥ• ⲁⲉⲓ-ϫⲓ-$^{\emptyset}$ϭⲟⲙ• ⲁⲩ-ⲥⲁϩ̄-ⲧ̄ | ϩⲙ̄-
ⲡⲉⲟⲟⲩ• ⲁⲩ-ⲣ̄-ⲥⲫⲣⲁⲅⲓⲍⲉ ⲙ̄|ⲙⲟ-ⲉⲓ• ⲁⲉⲓ-ϫⲓ ⲛ̄-ⲟⲩⲕⲗⲟⲙ ⲛ̄-ⲧⲉ|ⲗⲓⲟⲥ
ⲙ̄ⲡⲓⲙⲁ ⲉⲧ$^{\emptyset}$-ⲙ̄ⲙⲁⲩ• ⲁï-ⲉ̄ⲓ̄ | ⲉⲃⲟⲗ ⲉ-ⲛⲓⲕⲁⲧⲁ-ⲟⲩⲁ ⲛ̄-ⲧⲉⲗⲓⲟⲥ• | ⲁⲩⲱ

94 ⲧⲟⲗⲙⲏ (sic) Recklessnes τόλμα

ⲛⲁⲩ-ϣⲓⲛⲉ ⲙ̅ⲙⲟ-ⲉⲓ ⲧⲏ|ⲣ-ⲟⲩ ⲡⲉ• ⲛⲉⲩ-ⲥⲱⲧ̅ⲙ̅ ⲉ-ⲛⲓⲙ̅ⲛ̅||ⲧ̅-ⲛⲟϭ ⲛ̅ⲧⲉ-
ϯⲅⲛⲱⲥⲓⲥ• ⲛⲉⲩ-ⲧⲉ|ⲗ̣ⲏⲗ ⲙ̅[ⲙⲟ]-ⲟⲩ ⲡⲉ• ⲁⲩⲱ ⲛⲉⲩ-|ϫ̣ⲓ-∅ϭⲟⲙ• ⲁⲩⲱ
ⲁⲛⲟⲕ ⲟⲛ ⲉⲧⲁϊ-|ⲉ̅ⲓ̅ ⲉϩⲣ[ⲁϊ] ⲉ-ⲛⲓⲉⲱⲛ ⲛ̅ⲧⲉ-ⲛⲓⲁⲩ|ⲧ̣ⲟ̣ⲅⲉ̣[ⲛ]ⲏ̣ⲥ• ⲁⲉⲓ-ϫⲓ
ⲛ̅ⲛ-ⲟⲩⲉⲓⲛ̣[ⲉ ⲙ̅]-||ⲙ̣ⲉ̣ ⲉ[ϥ-ⲧ]ⲟⲩⲃⲏⲩ ⲉϥ-ⲙ̅ⲡ̣̅ϣⲁ | ⲛ̅-ⲧⲁⲓ[ⲥⲑ]ⲏ̣ⲥⲓⲥ• ⲁϊ-
ⲉ̅ⲓ̅ ⲉϩⲣⲁϊ̣ ⲉ-|ⲛⲓⲁⲛⲧⲓⲧⲩⲡⲟⲥ ⲛ̅ⲛ-ⲉⲱⲛ̣• | ⲁⲩⲱ ⲁ̣[ϊ]-ⲉ̅ⲓ̅ ⲉⲃⲟⲗ ⲙ̅ⲙⲁⲩ
*130:1 ⲉϩ[ⲣⲁϊ] *ⲉ-ⲡⲕ̣[ⲁϩ ⲛ̅]ⲛ̣-ⲁⲏⲣ• ⲁⲩⲱ ⲁϊ-ⲥϩⲁϊ ⲛ̅-|ϣⲟⲙⲧ̅ ⲙ̣̅-ⲡⲩⲝⲟⲥ•[95] ⲁⲉⲓ-
ⲕⲁⲁ-ⲩ | ⲉ-ⲩⲅⲛⲱⲥⲓⲥ ⲛ̅-ⲛⲏ ⲉⲧ∅-ⲛⲏⲩ ⲙ̅ⲛ̅ⲛ̅|ⲥⲱ-ⲉⲓ ⲛⲓⲥⲱⲧ̅ⲡ̅ ⲉⲧ∅-ⲟⲛ̅ϩ̅•

ⲁⲩⲱ ⲁ||ⲛⲟⲕ ⲁϊ-ⲉ̅ⲓ̅ ⲉϩⲣⲁϊ ⲉ-ⲡⲕⲟⲥⲙⲟⲥ ⲛ̅|ⲛ-ⲉⲥⲑⲏⲧⲟⲛ• ⲁⲩⲱ ⲁϊ-ϯ
ⲙ̅-ⲡⲁⲧⲟⲩ|ⲱⲧ ϩ̅ⲓⲱⲱ-ⲧ• ⲉϥ-ⲉ ⲛ̅ⲛ-∅ⲁ̣ⲧ-ⲥⲃⲱ | ⲁⲉⲓ-ϯ-∅ϭⲟⲙ ⲛⲁ-ϥ• ⲁⲉⲓ-
ⲙⲟⲟϣⲉ ⲉⲉⲓ-ⲧⲁ|ϣⲉ-∅ⲟⲉⲓϣ ⲛⲁ-ⲩ ⲧⲏⲣ-ⲟ[ⲩ ⲛ̅]-ϯⲙ̅ⲛ̅ⲧ-ⲙⲉ• || ⲟⲩⲧⲉ
ⲛⲓⲙ̅ⲛ̅ⲧ̅-ⲁⲅⲅⲉⲗⲟ̣ⲥ ⲛ̅ⲧⲉ-ⲡⲕⲟ|ⲥⲙⲟⲥ ⲟⲩⲧⲉ ⲛⲓⲁⲣⲭⲱⲛ ⲙ̅ⲡⲟⲩ-|ⲛⲁⲩ ⲉⲣⲟ-
ⲉⲓ• ⲟⲩⲙⲏⲏϣⲉ ⲅⲁⲣ ⲛ̅-ⲧ̣[ϭⲁ]||ⲉⲓⲟ ⲛ̅ⲧ-ⲁⲩ-ⲛ̅ⲧ-∅ ⲉ-ⲡⲙⲟⲩ ⲁⲉⲓ-ⲃⲟⲗ-ⲟ̣[ⲩ] |
ⲉⲃⲟⲗ•

ⲟⲩⲙⲏⲏϣⲉ ⲇⲉ ⲉⲩ-ⲥⲟⲣ̅ⲙ̅ || ⲁⲉⲓ-ⲧⲟⲩⲛⲟⲥ-ⲟⲩ ⲉϊ-ϫⲱ ⲙ̅ⲙⲟ-ⲥ | ϫⲉ-
ⲉⲓⲙⲉ ⲛⲏ ⲉⲧ∅-ⲟⲛ̅ϩ̅ ⲙ̅ⲛ̅-ϯⲥⲡⲟⲣ[ⲁ] | ⲉⲧ∅-ⲟⲩⲁⲁⲃ ⲛ̅ⲧⲉ-ⲥ̅ⲏ̅ⲑ̅• ⲙ̅ⲡ̅ⲣ̅-ⲧⲟⲩ-
[ⲣ̅ ⲛ̅]-|∅ⲁⲧ-ⲥⲱⲧ̅ⲙ̅ ⲛ̅ⲥⲱ-ⲉ̅ⲓ̅• ⲙⲁ-ⲧⲟⲩⲛ[ⲉⲥ]-|ⲡⲉⲧ̅ⲛ̅ⲛⲟⲩⲧⲉ ϩⲁ-ⲡⲛⲟⲩⲧⲉ•
ⲁ̣[ⲩⲱ] || ϯⲯⲩⲭⲏ ⲛ̅-ⲁⲧ-ⲕⲁϭ[ⲓ]ⲁ̣[96] ⲉ̣ⲧ∅-ⲥⲟ̣[ⲧ̅ⲡ̅] | ϯ-∅ϭⲟⲙ ⲛⲁ-ⲥ• ⲁⲩⲱ
ⲁⲛ[ⲁⲩ] ⲉ-ⲡⲓⲟⲩ̣|ⲱⲧ̅ⲃ̅ ⲉⲃⲟⲗ ⲉⲧ∅-ⲙ̅ⲡⲓⲙ[ⲁ]• ⲁⲩⲱ | ⲕ̣ⲱⲧⲉ ⲛ̅ⲥⲁ-ϯⲙ̅ⲛ̅ⲧ̅-
ⲁ[ⲧ]-ⲙⲓⲥⲉ ⲛ̣̅|ⲛ-ⲁⲧ-ⲟⲩⲱⲧ̅ⲃ̅ ⲉⲃⲟⲗ• [ⲡⲉⲓ]ⲱⲧ ⲛ̅ⲧ̣ⲉ-||ⲛⲁϊ ⲧⲏⲣ-ⲟⲩ ϥ-
*131:1 ⲧⲱϩ̅ⲙ̅ [ⲙ̅]ⲙⲱ-ⲧ̅ⲛ̅• | ⲉ̣[ⲩ-ⲥ]ⲟϩⲉ ⲛⲏ-ⲧ̅ⲛ̅ ⲁⲩⲱ ⲉⲩ-ϫⲓ ⲙ̅ⲙⲱ-*ⲧ̅ⲛ̅ ⲛ̅ϭⲟⲛ̅ⲥ̅
ϥ-ⲛⲁ-ⲕⲁ-ⲧⲏ̣[ⲛ]ⲉ̣ ⲛ̅ⲥⲱ-ϥ ⲁⲛ• | ⲙ̅ⲡ̅ⲣ̅-ϫⲱⲕ̅ⲙ̅ ⲙ̅ⲙⲱ-ⲧ̅ⲛ̅ ϩ̅ⲛ̅-ⲟⲩⲙⲟⲩ• |
ⲟⲩⲧⲉ ⲙ̅ⲡ̅ⲣ̅-ϯ-ⲧⲏⲛⲉ ⲛ̅ⲧⲟⲟⲧ-ⲟⲩ ⲛ̅-|ⲛⲏ ⲉⲧ∅-ⲑⲉⲃⲓⲏⲩ ⲉⲣⲱ-ⲧ̅ⲛ̅ ϩⲁ-ⲛⲏ
ⲉⲧ∅-||ⲥⲟⲧ̅ⲡ̅• ⲡⲱⲧ ⲛ̅ⲧⲟⲟⲧ̅-ϥ̅ ⲙ̅-ⲡⲓⲗⲓⲃⲉ | ⲙ̅ⲛ̅-ⲡⲓⲥⲛ̣ⲁϩ ⲛ̅ⲧⲉ-ϯⲙ̅ⲛ̅ⲧ̅-
ⲥϩ̅ⲓⲙⲉ• | ⲁⲩⲱ ⲥⲱⲧ̅ⲡ̅ ⲛⲏ-ⲧ̅ⲛ̅ ⲙ̅-ⲡⲓⲟⲩϫⲁⲉⲓ | ⲛ̅ⲧⲉ-ϯⲙ̣̅ⲛ̅ⲧ̅-ϩⲟⲟⲩⲧ• ⲛ̅ⲧ-
ⲁⲧⲉⲧ̅ⲛ̅-|ⲉⲓ ⲁⲛ [ⲉ]-∅ϫ̣[ⲓ-∅]ⲙ̅ⲕⲁϩ• ⲁⲗⲗⲁ ⲛ̅ⲧ-ⲁⲧⲉⲧ̅ⲛ̅-||ⲉ̅ⲓ̅ ⲉ-∅ⲃⲱⲗ̣ ⲙ̅-
ⲡⲉⲧ̅ⲛ̅ⲥⲛⲁϩ ⲉⲃⲟⲗ• ⲃⲁⲗ-|ⲧⲏⲛⲉ ⲉⲃⲟⲗ• ⲁⲩⲱ ⲡⲏ ⲉⲧ-ⲁϥ-ⲙⲟⲩⲣ | ⲙ̅ⲙⲱ-
ⲧ̅ⲛ̅ ⲉϥⲉ-ⲃⲱⲗ ⲉⲃⲟⲗ• ⲛⲁϩ̅ⲙ̅-|ⲧⲏⲛⲉ ϩ̅ⲓⲛⲁ ϫⲉ-ⲉⲣⲉ-ⲧⲏ ⲉⲧ∅-ⲙ̅ⲙⲁⲩ | ⲉⲥⲉ-
ⲛⲟⲩϩ̅ⲙ̅• ⲡⲓⲭ̅ⲣ̅ⲥ̅[97] ⲛ̅-ⲉⲓⲱⲧ ⲁϥ-||ⲧ̅ⲛ̅ⲛⲟⲟⲩ ⲛⲏ-ⲧ̅ⲛ̅ ⲙ̅-ⲡⲓⲥⲱⲧⲏⲣ• | ⲁⲩⲱ
ⲁϥ-ϯ ⲛⲏ-ⲧ̅ⲛ̅ ⲛ̅-ϯϭⲟⲙ• ⲉⲧⲃⲉ-|ⲟ̣ⲩ ⲧⲉⲧ̅ⲛ̅-ⲁϩⲉ• ⲕⲱⲧⲉ• ⲉⲩ-ⲕⲱⲧⲉ̣ | ⲛ̣̅ⲥⲁ-
ⲧⲏⲩⲧ̅ⲛ̅• ⲉⲩ-ⲧⲱϩ̅ⲙ̅ ⲙ̅ⲙⲱ-|ⲧ̅ⲛ̅• ⲥⲱⲧ̅ⲙ̅• ⲟⲩⲕⲟⲩⲉⲓ ⲅⲁⲣ ⲡⲉ || [ⲡⲓ]-
ⲭⲣⲟ̣[ⲛⲟ]ⲥ• ⲙ̅ⲡ̅ⲣ̅-ⲧⲣⲉⲩ-ⲣ̅-∅ϩⲁⲗ ⲙ̅|ⲙ̣ⲱ-ⲧ[ⲛ̅]• ⲟⲩⲛⲟϭ ⲡⲉ ⲡⲓⲁⲓⲱⲛ | ⲛ̅ⲧⲉ-
ⲡ[ⲓⲁ]ⲓⲱⲛ ⲛ̅ⲧⲉ-ⲛ-ⲉⲧ∅-ⲟⲛ̅ϩ̅ | ⲙ̅ⲛ̅-ϯ[ⲕⲟ]ⲗ̣ⲁⲥⲓⲥ[98] ⲛ̅ⲧⲉ-ⲛⲏ ⲉⲧ∅-ⲟ̣ [ⲛ̅]-|∅ⲁⲧ-
ⲧⲱ̣ⲧ ⲛ̅ϩⲏⲧ• ⲟⲩⲛ̅-ⲟⲩⲙⲏ||ⲏϣⲉ ⲛ̅-[ⲥ]ⲛⲁϩ ⲕⲱⲧⲉ ⲉⲣⲱ-ⲧ̅ⲛ̅ | ⲙ̅ⲛ̅-
*132:1 ϩⲉⲛⲣⲉϥ-ϯ-∅ⲕⲟⲗⲁⲥⲓⲥ• *ⲡⲱϩ ⲛ̣̅[ϩⲣ]ⲁ̣ϊ ϩ̅ⲛ̅-ⲟⲩⲕⲟⲩⲉ̅ⲓ̅ ⲛ̅-ⲥⲛⲟ[ⲩ] | ⲉ-

[95] Wooden tablet πύξος [96] I.e. ⲕⲁⲕⲓⲁ imperfection κακία [97] ⲭ̅ⲣ̅ⲥ̅ Kind, excellent; abbreviation for χρηστός, -ή, -όν [98] Chastisement κόλασις

ⲙⲡⲁⲧϥ-ⲧ̣ⲁϩⲱ-ⲧ̄ⲛ ⲛ̄ϭⲓ-ⲡⲓⲧⲁⲕⲟ• | ⲁⲛⲁⲩ ⲉ-ⲡⲓⲟⲩⲟⲉⲓⲛ• ⲡⲱⲧ ⲛ̄ⲥⲁ|ⲃⲟⲗ ⲙ̄-ⲡⲓⲕⲁⲕⲉ• ⲙ̄ⲡ̄ⲣ-ⲧⲣⲉⲩ-ⲣ̄-[∅]ϩⲁⲗ || ⲙ̄ⲙⲱ-ⲧ̄ⲛ ⲡⲣⲟⲥ-ⲟⲩⲧⲁⲕⲟ• |

ⲍⲱⲥⲧⲣⲓⲁⲛⲟⲥ•[99]

[99] Following the title ⲍⲱⲥⲧⲣⲓⲁⲛⲟⲥ are three lines of text written in a Coptic alphabetic cipher. They can be resolved to the following, not quite grammatical Greek title: λόγοι ἀληθείας Ζωστριάνου θεὸς ἀληθείας λόγοι Ζωροάστρ[ου] "Oracles of Truth of Zostrianos God of Truth, Oracles of Zoroaster"

The Foreigner

(EXCERPT)

(ALLOGENES)

ⲡⲁⲗⲗⲟⲅⲉⲛⲏⲥ

MANUSCRIPT: Cairo, Coptic Museum, Nag Hammadi Codex XI, pp. 45–69, at pp. 58–69.[1] The first twelve and a half pages of this work, containing a first-person narrative account (most of which is badly damaged and only partly comprehensible), are omitted here. In these omitted pages, substantial conjectural restoration would be required in order to make up a meaningful (but very speculative) text. In contrast, the excerpt printed below, which is the concluding half of the work, is fairly well preserved and gives a clear record of the author's text.

PHOTOGRAPHIC FACSIMILE: *Facs. XI,* plates 51–75, at plates 64–75, and *Facs. Intro.,* plates 19*–20*.

EDITIONS: Karen L. King, *Revelation of the Unknowable God* (Santa Rosa, Calif. [USA] 1995); John D. Turner and Orval S. Wintermute, in Charles W. Hedrick, ed., *Nag Hammadi Codices XI, XII, XIII* (Leiden 1990), 192–267.

DIALECT AND SPELLING: Sahidic with occasional features similar to Lycopolitan and important agreements with Bohairic. Cf. King, op. cit., 63–74; John D. Turner, in Hedrick, ed., op. cit., 14–18.

TRANSLATIONS: Layton, *The Gnostic Scriptures* 141–48; *Nag Hammadi Library in English* 490–500 (J. D. Turner and O. S. Wintermute); for additional information see also Scholer, *Nag Hammadi Bibliography* and supplements in *Novum Testamentum.*

The first twelve and a half pages, containing a narrative told in the first person (most of which is badly damaged and only partly comprehensible), are omitted here. The work continues as follows.

*57:27 *ⲁⲛⲟⲕ ⲇⲉ ⲙ̄ⲡⲓ-ⲕⲁ-ⲧⲟⲟⲧ-∅ | ⲉⲃⲟⲗ ϩ̄ⲛ-ⲛⲓϣⲁϫⲉ ⲉⲧ-ⲁï-ⲥⲱⲧ̄ⲙ̄ | ⲉⲣⲟ-
ⲟⲩ· ⲁⲉⲓ-ⲥⲟⲃⲧⲉ ⲙ̄ⲙⲟ-ï ⲛ̄‖ϩⲏⲧ-ⲟⲩ· ⲁⲩⲱ ⲛⲉï-ϣⲟϫⲛⲉ ⲙ̄|ⲙⲟ-ⲉⲓ ⲡⲉ
ϩ̄ⲛ-ϯϣⲉ ⲛ̄-ⲣⲟⲙⲡⲉ· | ⲁⲛⲟⲕ ⲇⲉ ⲛⲉï-ⲧⲉⲗⲏⲗ ⲙ̄ⲙⲟ-ï ⲉ|ⲙⲁⲧⲉ ⲉï-ϣⲟⲟⲡ

[1] Mislabelled "[60]" to 69 in *Facs. XI*.

ϩⲛ̄-ⲟⲩⲛⲟϭ | ⲛ̄-ⲟⲩⲟⲉⲓⲛ ⲙⲛ̄-ⲟⲩϩ̄ⲓⲏ ⲙ̄-ⲙⲁ||ⲕⲁⲣⲓⲟⲥ[2] ϫⲉ-ⲛⲏ ⲙⲉⲛ ⲉⲧ-
ⲁⲉⲓ-|ⲙ̄ⲡϣⲁ ⲛ̄-$^{\emptyset}$ⲛⲁⲩ ⲉⲣⲟ-ⲟⲩ ⲁⲩⲱ | ⲟⲛ ⲛⲏ ⲉⲧ-ⲁⲉⲓ-ⲙ̄ⲡϣⲁ ⲛ̄-$^{\emptyset}$ⲥⲱ|ⲧ̄ⲙ
ⲉⲣⲟ-ⲟⲩ ⲛⲏ ⲉⲧⲉ-ϣϣⲉ | ⲛ̄ⲧⲉ-ⲛⲓⲛⲟϭ ⲛ̄-ϭⲟⲙ ⲟⲩⲁⲁ-ⲩ *[- - -] ϩⲟⲧⲉ *58:1
ⲁ[.].[- - -]|[- - -]ⲩⲁⲧⲟ [.]ϩ.[- - -]|[- - -]ⲉ...[- - -]| *Two lines are missing here.*

[- - -].[.]....[- - -]|[- - -].ⲉϩⲟⲩⲛ ⲛ̄ϭⲓ̣-[..]|[- - -]ⲉ-ϯϣⲉ ⲛ̄-ⲣⲟⲙⲡ̣[ⲉ] | [- - -] ⲛⲁ-ⲓ̈ ⲛ̄ⲛ-ⲟⲩⲙⲛ̄ⲧ-ⲙⲁⲕ̣[ⲁ]||ⲣⲓⲟⲥ ⲛ̄ⲧⲉ-ϯϩⲉⲗⲡⲓⲥ[3] ⲛ-ϣⲁ-ⲉⲛⲉ̣[ϩ] | ⲉⲥ-ⲙⲉϩ ⲉⲃⲟⲗ ϩ̄ⲛ-ⲟⲩⲙⲛ̄ⲧ-ⲭ̄ⲥ̄•[4] | ⲁⲓ̈-ⲛⲁⲩ ⲉ-

ⲡⲓⲁⲅⲁⲑⲟⲥ[5] ⲛ̄-ⲁⲩⲧⲟⲅ[ⲉ]|ⲛⲏⲥ[6] ⲛ̄-ⲛⲟⲩⲧⲉ
ⲙⲛ̄-ⲡⲓⲥⲱⲧ[ⲏⲣ] | ⲉⲧⲉ-ⲡⲁⲓ̈ ⲡⲉ ⲡⲓϣⲙⲛ̄ⲧ-ϩⲟ[ⲟⲩ]ⲧ || ⲛ̄-ⲧⲉⲗⲓⲟⲥ[7] ⲛ̄ⲛ-ⲁⲗⲟⲩ
ⲙⲛ̄-ϯⲙⲛ̄ⲧ-|ⲁⲅⲁⲑⲟⲥ ⲛ̄ⲧⲉ-ⲡⲁⲓ̈ ⲡⲓⲡⲣⲱⲧⲟ|ⲫⲁⲛⲏⲥ[8] ⲛ̄-ϩⲁⲣⲙⲏⲇⲱⲛ ⲛ̄-ⲧⲉⲗⲓ|ⲟⲥ ⲛ̄-ⲛⲟⲩⲥ[9]
ⲙⲛ̄-ϯⲙⲛ̄ⲧ-ⲙⲁⲕⲁ|ⲣⲓⲟⲥ ⲛ̄ⲧⲉ-ⲡⲓⲕⲁⲗⲩⲡⲧⲟⲥ[10]
ⲙⲛ̄-ϯ||ϣⲟⲣ̄ⲡ ⲛ̄-ⲁⲣⲭⲏ[11] ⲛ̄ⲧⲉ-ϯⲙⲛ̄ⲧ-ⲙⲁ|ⲕⲁⲣⲓⲟⲥ ⲡⲓⲉⲱⲛ[12] ⲛ̄-ⲃ̄ⲁ̄ⲣ̄ⲃ̄ⲏ̄ⲗ̄ⲱ̄ | ⲉϥ-ⲙⲉϩ ⲉⲃⲟⲗ ϩ̄ⲛ-ⲟⲩⲙⲛ̄ⲧ-ⲛⲟⲩ|ⲧⲉ
ⲙⲛ̄-ϯϣⲟⲣ̄ⲡ ⲛ̄-ⲁⲣⲭⲏ ⲛ̄ⲧⲉ-|ⲡⲓⲁⲧ-ⲁⲣⲭⲏ ⲡⲓϣⲙⲛ̄ⲧ-ϭⲟⲙ ⲛ̄-ⲁ̣||ϩⲟⲣⲁⲧⲟⲛ[13] ⲙ̄-ⲡ̄ⲛ̄ⲁ̄ ⲡⲓⲧⲏⲣ-ϥ̄ ⲉⲧ-$^{\emptyset}$-|ϫⲟⲥⲉ ⲉ-ⲧⲉⲗⲓⲟⲥ•

ⲉⲧⲁⲩ-ⲧⲟⲣⲡ-<ⲧ>[14] | ⲉⲃⲟⲗ ϩⲓⲧⲟⲟⲧ-ϥ̄ ⲙ̄-ⲡⲓⲟⲩⲟⲉⲓⲛ | ⲛ̄-ϣⲁ-ⲉⲛⲉϩ ⲉⲃⲟⲗ ϩⲓⲧⲟⲟⲧ-ϥ̄ | ⲙ̄-ⲡⲓⲉⲛⲇⲩⲙⲁ[15] ⲉⲧ-$^{\emptyset}$ⲧⲟⲉ ϩⲓⲱ||ⲱ-ⲧ ⲁⲩⲱ ⲁⲩ-ϫⲓⲧ-$^{\emptyset}$ ⲉϩⲣⲁⲓ̈ ⲉϫⲛ̄-|ⲟⲩⲧⲟⲡⲟⲥ ⲉϥ-ⲟⲩⲁⲁⲃ ⲡⲏ ⲉ|ⲧⲉ-ⲙ̄ⲙⲛ̄-$^{\emptyset}$ϭⲟⲙ ⲛ̄ⲧⲉ-$^{\emptyset}$ⲉⲓⲛⲉ ⲛ̄|ⲧⲁ-ϥ ⲟⲩⲱⲛ̄ϩ ⲉⲃⲟⲗ ϩ̄ⲙ-ⲡⲕⲟⲥ|ⲙⲟⲥ ⲧⲟⲧⲉ ⲉⲃⲟⲗ ϩⲓⲧⲛ̄-ⲟⲩ||ⲛⲟϭ ⲙ̄-ⲙⲛ̄ⲧ-ⲙⲁⲕⲁⲣⲓⲟⲥ ⲁⲓ̈-|ⲛⲁⲩ ⲉ-ⲛⲏ ⲧⲏⲣ-ⲟⲩ ⲉⲧ-ⲁⲉⲓ-|ⲥⲱⲧ̄ⲙ ⲉⲣⲟ-ⲟⲩ• ⲁⲩⲱ
ⲁⲉⲓ-|ⲥⲙⲟⲩ ⲉⲣⲟ-ⲟⲩ ⲧⲏⲣ-ⲟⲩ• ⲁⲓ̈-*[ⲁϩⲉⲣ]ⲁⲧ-$^{\emptyset}$ ϩⲓϫⲛ̄-ⲧⲁⲅⲛⲱⲥⲓⲥ• *59:1

ⲁ̣[ⲓ̈]-|[ⲕⲱⲧ]ⲉ ⲉϩⲟⲩⲛ ⲉ-ϯⲅⲛⲱⲥⲓⲥ̣ [ⲛ̄]|[ⲧⲉ]-ⲛ̣ⲓⲡⲧⲏⲣ-ϥ̄ ⲡⲓⲉⲱⲛ ⲛ̄-ⲃⲁⲣⲃ[ⲏ]|[ⲗⲱ]• ⲁ̣ⲩⲱ̣ ⲁⲉⲓ-ⲛⲁⲩ ⲉ-ϩⲉⲛϭⲟⲙ ⲉ̣[ⲩ]||[ⲁⲁ]ⲃ ⲉⲃⲟⲗ ϩⲓⲧⲟ̣ⲟ̣ⲧ-ⲟⲩ ⲛ̄-ⲛⲓⲫⲱ̣[ⲥ]|[ⲧⲏ]ⲣ[16] ⲛ̄ⲧⲉ-ϯⲃⲁⲣⲃ̣[ⲏⲗ]ⲱ ⲛ̄-ϩⲟⲟⲩ[ⲧ] | [ⲙ̄]-ⲡⲁⲣⲑⲉⲛⲟⲥ[17] ⲉⲩ-[ϫⲱ] ⲙ̄ⲙⲟ-[ⲥ..]|[.]ⲉ ϯ-ⲛⲁ-ϭ̄ⲙ-$^{\emptyset}$ϭⲟⲙⲡⲓⲣⲁⲍ̣ⲉ̣[18] ⲧⲁ[- - -]|ϣⲱⲡⲉ ϩ̄ⲙ-ⲡⲕⲟⲥⲙⲟⲥ•

ⲡⲁⲗⲗⲟ̂||[ⲅ]ⲉⲛⲏⲥ[19] ⲉⲛⲁⲩ ⲉ-ϯⲙⲛ̄ⲧ-ⲙⲁⲕⲁⲣⲓ|ⲟ̣ⲥ ⲉⲧ-ⲛ̄ⲧⲁ-ⲕ ⲛ̄ⲑⲉ ⲉⲧ-$^{\emptyset}$-ϣⲟⲟⲡ | ϩ̄ⲛ-ⲟⲩⲥⲓⲅⲏ[20] ⲧⲏ ⲉⲧⲉⲕ-ⲉⲓⲙⲉ ⲉ|ⲣⲟ-ⲕ ⲛ̄ϩⲏⲧ-ⲥ̄ ⲕⲁⲧⲁⲣⲟ-ⲕ• ⲁⲩⲱ

[2] Blessed μακάριος, -α, -ον [3] Hope ἐλπίς [4] ⲭ̄ⲥ̄ Kind, excellent; abbreviation for χρηστός, -ή, -όν [5] Good ἀγαθός, -ή, -όν [6] Self-originate αὐτογενής, -ές [7] Perfect τέλειος, -α, -ον [8] First-manifest πρωτοφανής, -ές [9] Intellect νοῦς [10] Concealed καλυπτός, -ή, -όν [11] Source, beginning ἀρχή [12] Realm, eternity, eternal realm αἰών [13] Invisible ἀόρατος, -ον [14] <ⲧ> omitted by the ancient copyist [15] Garment ἔνδυμα [16] Luminary φωστήρ [17] Virgin παρθένος [18] Attempt, put to the test πειράζειν [19] Foreign ἀλλογενής, -ές [20] Silence σιγή

ⲁⲣⲓ-|ⲁⲛⲁⲭⲱⲣⲓ[21] ⲉϫⲛ̄-ϯⲙⲛ̄ⲧ-ⲱⲛ̄ϩ || ⲉⲕ-ⲕⲱⲧⲉ ⲛ̄ⲥⲱ-ⲕ ⲧⲏ ⲉⲧⲉⲕ-ⲛⲁ-
|ⲛⲁⲩ ⲉⲣⲟ-ⲥ ⲉⲥ-ⲕⲓⲙ• ⲁⲩⲱ ⲉ-ⲙⲛ̄-|$^{\emptyset}$ϭⲁⲙ ⲛ̄ⲅ-ⲁϩⲉⲣⲁⲧ̄-ⲕ ⲙ̄ⲡⲣ̄-ⲣ̄-$^{\emptyset}$ϩⲟⲧⲉ |
ⲗⲁⲁⲩ• ⲁⲗⲗⲁ ⲉϣⲱⲡⲉ ⲉⲕϣⲁⲛ-|ⲟⲩⲱϣ ⲉ-$^{\emptyset}$ⲁϩⲉⲣⲁⲧ̄-ⲕ ⲁⲣⲓ-ⲁⲛⲁⲭⲱ||ⲣⲓ
ⲉϫⲛ̄-ϯϩⲩⲡⲁⲣⲝⲓⲥ•[22] ⲁⲩⲱ ⲉⲕⲉ-|ϩⲉ ⲉⲣⲟ-ⲥ ⲉⲥ-ⲁϩⲉⲣⲁⲧ̄-ⲥ ⲁⲩⲱ ⲉⲥ-
|ϩⲟⲣ̄ⲕ ⲙ̄ⲙⲟ-ⲥ ⲕⲁⲧⲁ-ⲡⲓⲛⲉ ⲙ̄-ⲡⲏ | ⲉⲧ$^{\emptyset}$-ϩⲟⲣ̄ⲕ ⲙ̄ⲙⲟ-ϥ ⲟⲛⲧⲱⲥ[23] | ⲁⲩⲱ
ⲉϥ-ⲁⲙⲁϩⲧⲉ ⲛ̄-ⲛⲁⲓ̈ ⲧⲏⲣ-ⲟⲩ || ϩⲛ̄-ⲟⲩⲕⲁ-ⲣⲱ-ϥ ⲙⲛ̄-ⲟⲩⲙⲛ̄ⲧ-ⲁ|ⲧ-ⲉⲛⲉⲣ-
ⲅⲓⲁ•[24] ⲁⲩⲱ ⲉⲕϣⲁⲛ-ϫⲓ ⲛ̄-|ⲟⲩⲱⲛ̄ϩ ⲉⲃⲟⲗ ⲛ̄ⲧⲉ-ⲡⲁⲓ̈ ⲉⲃⲟⲗ | ϩⲓⲧⲟⲟⲧ̄-ϥ
ⲛ̄-ⲟⲩϣⲟⲣⲡ̄ ⲛ̄-ⲟⲩ|ⲱⲛ̄ϩ ⲉⲃⲟⲗ ⲛ̄ⲧⲉ-ⲡⲓⲁⲧ-ⲥⲟⲩⲱ||ⲛ̄-ϥ ⲡⲏ ⲉⲧⲉ-ⲉϣⲱ-
ⲡⲉ ⲉⲕ|ϣⲁⲛ-ⲉⲓⲙⲉ ⲉⲣⲟ-ϥ ⲁⲣⲓ-$^{\emptyset}$ⲁⲧ-ⲉⲓ|ⲙⲉ ⲉⲣⲟ-ϥ ⲁⲩⲱ ⲉⲕϣⲁⲛ-ⲣ̄-|
$^{\emptyset}$ϩⲟⲧⲉ ⲙ̄-ⲡⲓⲙⲁ ⲉⲧ$^{\emptyset}$-ⲙ̄ⲙⲁⲩ ⲁⲣⲓ-|ⲁⲛⲁⲭⲱⲣⲓ ⲉⲡⲁϩⲟⲩ ⲉⲧⲃⲉ-ⲛⲓ||ⲉⲛⲉⲣ-
ⲅⲓⲁ• ⲁⲩⲱ ⲉⲕϣⲁⲛ-ⲣ̄-|$^{\emptyset}$ⲧⲉⲗⲓⲟⲥ ⲙ̄-ⲡⲓⲧⲟⲡⲟⲥ ⲉⲧ$^{\emptyset}$-ⲙ|ⲙⲁⲩ ϩⲣⲟⲕ ⲙ̄ⲙⲟ-ⲕ•
*60:1 ⲁⲩⲱ | ⲕⲁⲧⲁ-ⲡⲓⲧⲩⲡⲟⲥ[25] ⲉⲧ$^{\emptyset}$-ϣⲟⲟⲡ | ⲛ̄ϩⲏⲧ̄-ⲕ ⲉⲓⲙⲉ ⲟⲛ ⲛ̄ϯϩⲉ *[ϫ]ⲉ̣-
ⲉϥ-ϣⲟⲟⲡ ⲛ̄ϯϩⲉ ϩⲛ̄-ⲛ[ⲁⲓ̈ ⲧⲏ]||[ⲣ-ⲟ]ⲩ ⲕⲁⲧⲁ-ⲡⲉⲓ̈ⲥⲙⲟⲧ• ⲁⲩ[ⲱ] | [ⲙ̄ⲡ]ⲣ̄-
ϫⲱⲱⲣⲉ ⲉⲃⲟⲗ ⲛ̄ϩⲟⲩⲟ [ϩⲓⲛⲁ][26] | [ϫ]ⲉ-ⲉⲕⲉ-ϭⲙ̄-$^{\emptyset}$ϭⲟⲙ ⲛ̄-$^{\emptyset}$ⲁϩⲉⲣⲁⲧ̄-[ⲕ]•
|| [ⲟ]ⲩⲧⲉ ⲙ̄ⲡⲣ̄-ⲟⲩⲱϣ ⲉ̣-$^{\emptyset}$ⲣ̄-ⲉⲛ[ⲉⲣⲅⲓ][27] | [ϩⲓ]ⲛⲁ ϫⲉ-ⲛⲉⲕ-ϩⲉ̣ ⲉ̣ⲃⲟⲗ
ⲡⲁⲛⲧ[ⲱⲥ][28] | [. .]-ⲡⲓⲁⲧ-ⲉⲛⲉ̣[ⲣⲅⲓⲁ] ⲉⲧ$^{\emptyset}$-ϩⲣⲁⲓ̈ ⲛ̄ϩ[ⲏ]||[ⲧ̄-ⲕ] ⲛ̣̄ⲧⲉ-ⲡ̣ⲓ̣[ⲁⲧ-
ⲥ]ⲟⲩⲱⲛ̄-ϥ• ⲙ̄ⲡⲣ̄-ⲉ̣[ⲓ]||[ⲙ]ⲉ̣ ⲉⲣⲟ-ϥ• ⲡⲁⲓ̈ ⲅⲁⲣ ⲟⲩⲙⲛ̄ⲧ-ⲁⲧ̣-||ϭⲟⲙ ⲧⲉ•
ⲁⲗⲗⲁ ⲉⲃⲟⲗ ϩⲓⲧⲛ̄-ⲟⲩ|ⲉⲛⲛⲟⲓⲁ[29] ⲉⲥ-ⲉ ⲛ̄-$^{\emptyset}$ⲟⲩⲟⲉⲓⲛ ⲉⲕ-ⲓⲙ[ⲉ] | ⲉⲣⲟ-ϥ
ⲁⲣⲓ-$^{\emptyset}$ⲁⲧ-ⲉⲓⲙⲉ ⲉⲣⲟ-ϥ•

ⲛⲁⲓ̣̈ | ⲇⲉ ⲛⲉⲓ̈-ⲥⲱⲧ̄ⲙ ⲉⲣⲟ-ⲟⲩ ⲉⲩ-ϫⲱ ⲙ̄|ⲙⲟ-ⲟⲩ ⲛ̄ϭⲓ-ⲛⲏ ⲉⲧ$^{\emptyset}$-ⲙ̄ⲙⲁⲩ•
ⲛⲉϥ-||ϣⲟⲟⲡ ⲛ̄ϭⲓ-ⲟⲩϩⲣⲟⲕ ϩⲣⲁⲓ̈ ⲛ̄ϩⲏⲧ-$^{\emptyset}$ | ⲛ̄ⲧⲉ-ⲟⲩⲥⲓⲅⲏ• ⲁⲉⲓ-ⲥⲱⲧ̄ⲙ ⲉ-
ϯ|ⲙⲛ̄ⲧ-ⲙⲁⲕⲁⲣⲓⲟⲥ ⲧⲏ ⲉⲧ-ⲁⲓ̈-ⲉⲓⲙⲉ | ⲉⲣⲟ-ⲓ̈ ⲉⲃⲟⲗ ϩⲓⲧⲟⲟⲧ̄-ⲥ ⲕⲁⲧⲁⲣⲟ-
ⲥ• | ⲁⲩⲱ ⲁⲉⲓ-ⲣ̄-ⲁⲛⲁⲭⲱⲣⲓ ⲉϫⲛ̄-ϯⲙⲛ̄ⲧ-||ⲱⲛ̄ϩ ⲉⲓ̈-ⲕⲱⲧⲉ ⲛ̄ⲥⲱ-ⲥ • ⲁⲩⲱ |
ⲁⲉⲓ-ⲣ̄ϣⲃⲏⲣⲛ̄-ⲃⲱⲕ ⲉϩⲟⲩⲛ ⲉⲣⲟ-ⲥ | ⲛ̄ⲙ̄ⲙⲁ-ⲥ• ⲁⲩⲱ ⲁⲉⲓ-ⲁϩⲉⲣⲁⲧ-$^{\emptyset}$
ⲛ̄|ϩⲣⲁⲓ̈ ϩⲛ̄-ⲟⲩⲧⲁϫⲣⲟ ⲁⲛ ⲁⲗⲗⲁ ϩⲛ̄-|ⲟⲩϩⲣⲟⲕ• ⲁⲩⲱ ⲁⲓ̈-ⲛⲁⲩ ⲉ-ⲩⲕⲓⲙ ||
ⲛ̄-ϣⲁ-ⲉⲛⲉϩ ⲛ̄-ⲛⲟⲉⲣⲟⲛ[30] ⲛ̄-ⲁⲧ-|ⲡⲱⲣ̄ϫ ⲉ-ⲡⲁ-ⲛⲓϭⲟⲙ ⲧⲏⲣ-ⲟⲩ ⲡⲉ |
ⲛ̄ⲛ-ⲁⲧ-ⲉⲓⲇⲟⲥ[31] ⲛ̄ⲛ-ⲁⲧ-ϯ-$^{\emptyset}$ⲧⲟϣ | ⲉⲣⲟ-ϥ ϩⲛ̄-ⲟⲩϯ-$^{\emptyset}$ⲧⲟϣ• ⲁⲩⲱ ⲉ|ⲧⲁⲉⲓ-
ⲟⲩⲱϣ ⲉ-$^{\emptyset}$ⲁϩⲉⲣⲁⲧ-$^{\emptyset}$ ϩⲛ̄-ⲟⲩ||ⲧⲁϫⲣⲟ ⲁⲉⲓ-ⲣ̄-ⲁⲛⲁⲭⲱⲣⲓ ⲉϫⲛ̄-|ϯϩⲩⲡⲁⲣ-
ⲝⲓⲥ ⲧⲏ ⲉⲧ-ⲁⲉⲓ-ϭⲛ̄ⲧ̄-ⲥ | ⲉⲥ-ⲁϩⲉⲣⲁⲧ̄-ⲥ ⲁⲩⲱ ⲉⲥ-ϩⲟⲣ̄ⲕ | ⲙ̄ⲙⲟ-ⲥ ⲕⲁⲧⲁ-
ⲟⲩϩⲓⲕⲱⲛ[32] ⲙⲛ̄-|ⲟⲩⲉⲓⲛⲉ ⲛ̄ⲧⲉ-ⲡⲏ ⲉⲧ$^{\emptyset}$-ⲧⲟⲉ ϩⲓⲱ||ⲱ-ⲧ• ⲉⲃⲟⲗ ϩⲓⲧⲛ̄-
ⲟⲩⲱⲛ̄ϩ ⲉⲃⲟⲗ | ⲛ̄ⲧⲉ-ⲡⲓⲁⲧ-ⲡⲱϣ ⲙⲛ̄-ⲡⲏ ⲉⲧ$^{\emptyset}$-|ϩⲟⲣ̄ⲕ ⲙ̄ⲙⲟ-ϥ ⲁⲉⲓ-ⲙⲟⲩϩ
ⲉⲃⲟⲗ | ϩⲛ̄-ⲟⲩⲱⲛ̄ϩ ⲉⲃⲟⲗ• ⲉⲃⲟⲗ ϩⲓ||ⲧⲛ̄-ⲟⲩⲙⲛ̄ⲧ-ϣⲟⲣⲡ̄ⲛ̄-ⲟⲩⲱⲛ̄ϩ
*61:1 *ⲉⲃⲟⲗ ⲙ̣̄-ⲡⲓⲁⲧ-ⲥⲟⲩⲱⲛ̄-ϥ ϩ̣[ⲱⲥ] | ⲉⲓ̈-ⲉ ⲛ̄ⲛ-$^{\emptyset}$ⲁⲧ-ⲉⲓⲙⲉ ⲉⲣⲟ-ϥ ⲁⲓ̈-

[21] Withdraw, turn back ἀναχωρεῖν [22] Reality ὕπαρξις [23] Really ὀντῶς [24] Activity ἐνέργεια [25] Mold, pattern τύπος [26] So that ἵνα [27] Be active ἐνεργεῖν [28] Utterly παντῶς [29] Thought ἔννοια [30] Intellectual νοερός, -ά, -όν [31] Form εἶδος [32] Image εἰκών

ⲉ̣ⲓ̣[ⲙⲉ] | ⲉⲣⲟ-ϥ· ⲁⲩⲱ ⲁⲉⲓ-ϫⲓ-$^{\emptyset}$ϭⲟⲙ ϩⲣⲁ̈ⲓ̈ [ⲛ̄]||[ϩ]ⲏ̣ⲧ̄-ϥ̄ ⲉ-ⲁⲉⲓ-ϫⲓ ⲛ̄-ⲟⲩϫⲣⲟ ⲛ̄ϩⲏⲧ̣-[ϥ] || [ⲛ̄]-ϣⲁ-ⲉⲛⲉϩ· ⲁⲉⲓ-ⲥⲟⲩⲱⲛ-ⲡⲏ ⲉ̣[ⲧ$^{\emptyset}$]-|[ϣ]ⲟⲟⲡ ⲛ̄ϩⲏⲧ-$^{\emptyset}$ ⲙⲛ̄-ⲡⲓϣⲙ̄ⲧ̄-ϭⲟ̣[ⲙ] | ⲙ̣ⲛ̄-ⲡⲓⲟⲩⲱⲛ̄ϩ̄ ⲉ̣[ⲃⲟ]ⲗ̣ ⲛ̄ⲧⲉ-ⲡ̣[ⲓ]|ⲁ̣ⲧ-ϣⲱⲡ ⲉⲣⲟ-ϥ ⲉ̣[ⲧ$^{\emptyset}$-ⲛ]ⲧⲁ-ϥ·

ⲁ[ⲩⲱ] | ⲉⲃⲟⲗ ϩ̄ⲓ̄ⲧ̄ⲛ̄-ⲟⲩⲙ̄ⲛ̄ⲧ̄-ϣⲟⲣ̄ⲡ̄ ⲛ̄-[ⲟⲩ]||ⲱⲛ̄ϩ̄ ⲉⲃⲟⲗ ⲛ̄ⲧⲉ-ⲡⲓϣⲟⲣ̄ⲡ̄ ⲛ̄-ⲁⲧ̣-|[ⲥ]ⲟⲩⲱⲛ̄-ϥ̄ ⲛⲁ-ⲩ ⲧⲏⲣ-ⲟⲩ ⲡⲛⲟⲩ|ⲧⲉ ⲉⲧ$^{\emptyset}$-ϫⲟⲥⲉ ⲉ-ⲧⲉⲗⲓⲟⲥ ⲁ̈ⲓ̈-ⲛⲁⲩ | ⲉⲣⲟ-ϥ ⲙ̄ⲛ̄-ⲡⲓϣ̄ⲙ̄ⲧ̄-ϭⲟⲙ ⲉⲧ$^{\emptyset}$-ϣⲟ|ⲟⲡ ⲛ̄ϩⲏⲧ-ⲟⲩ ⲧⲏⲣ-ⲟⲩ·

ⲛⲉ̈ⲓ̈-ⲕⲱ||ⲧⲉ ⲛ̄ⲥⲁ-ⲡⲛⲟⲩⲧⲉ ⲛ̄ⲛ-ⲁⲧ-ϣⲁϫⲉ | ⲙ̄ⲙⲟ-ϥ ⲙ̄ⲛ̄-ⲡⲓⲁⲧ-ⲥⲟⲩⲱⲛ̄-ϥ̄ | ⲡⲁ̈ⲓ̈ ⲉⲧⲉ-ⲉϣⲱⲡⲉ ⲉⲣϣⲁⲛ-ⲟⲩⲁ | ⲉⲓⲙⲉ ⲉⲣⲟ-ϥ ⲡⲁⲛⲧⲱⲥ ϣⲁϥ-ⲣ̄-$^{\emptyset}$ⲁⲧ-|ⲉⲓⲙⲉ ⲉⲣⲟ-ϥ ⲡⲓⲙⲉⲥⲓⲧⲏⲥ[33] ⲛ̄ⲧⲉ-||ⲡⲓϣ̄ⲙ̄ⲛ̄ⲧ̄-ϭⲟⲙ ⲡⲏ ⲉⲧ$^{\emptyset}$-ⲕⲏ ϩ̄ⲛ̄-ⲟⲩ|ϩⲣⲟⲕ ⲙ̄ⲛ̄-ⲟⲩⲕⲁ-ⲣⲱ-ϥ ⲁⲩⲱ ⲉϥ-ⲉ | ⲛ̄ⲛ-ⲁⲧ-ⲥⲟⲩⲱⲛ̄-ϥ̄· ⲛⲁ̈ⲓ̈ ⲇⲉ ⲉ̈ⲓ̈-ⲧⲁ|ϫⲣⲏⲩ ⲛ̄ϩⲏⲧ-ⲟⲩ ⲡⲉϫⲁ-ⲩ ⲛⲁ-ⲓ̈ ⲛ̄|ϭⲓ-ⲛⲓϭⲟⲙ ⲛ̄ⲧⲉ-ⲛⲓⲫⲱⲥⲧⲏⲣ ϫⲉ-||ϩⲱ ϭⲉ ⲉⲕ-ϫⲱⲱⲣⲉ ⲉⲃⲟⲗ ⲙ̄-ⲡⲓⲁ|ⲧ-ⲉⲛⲉⲣⲅⲓⲁ ⲉⲧ$^{\emptyset}$-ϣⲟⲟⲡ ⲛ̄ϩⲏⲧ̄-ⲕ̄ | ⲉⲃⲟⲗ ϩ̄ⲓⲧⲟⲟⲧ̄-ϥ̄ ⲙ̄-ⲡⲓⲕⲱⲧⲉ ⲛ̄|ⲧⲉ-ⲛⲓⲁⲧ-ⲧⲁϩⲟ-ⲟⲩ· ⲁⲗⲗⲁ ⲥⲱⲧ̄ⲙ̄ | ⲉⲧⲃⲏⲏⲧ̄-ϥ̄ ⲕⲁⲧⲁ-ⲑⲉ ⲉⲧⲉ-ⲟⲩⲛ̄-||$^{\emptyset}$ϭⲟⲙ ⲉⲃⲟⲗ ϩ̄ⲓ̄ⲧ̄ⲛ̄-ⲟⲩⲙ̄ⲛ̄ⲧ̄-ϣⲟ|ⲣ̄ⲡ̄ⲛ̄-ⲟⲩⲱⲛ̄ϩ̄ ⲉⲃⲟⲗ ⲙ̄ⲛ̄-ⲟⲩⲱ|ⲛ̄ϩ̄ ⲉⲃⲟⲗ·

ϥ-ϣⲟⲟⲡ ⲇⲉ ⲛ̄ⲛ-ⲟⲩ|ⲗⲁⲁⲩ ⲛ̄ⲑⲉ ⲉⲧⲉϥ-ϣⲟⲟⲡ ⲏ̄ ϫⲉ-|ϥ-ϣⲟⲟⲡ
ⲁⲩⲱ ⲉϥ-ⲛⲁ-ϣⲱⲡⲉ || ⲏ̄ ⲉϥ-ⲣ̄-ⲉⲛⲉⲣⲅⲓ ⲏ̄ ⲉϥ-ⲉⲓⲙⲉ ⲉϥ-ⲟ|ⲛ̄ϩ̄
ⲉ-ⲙ̄ⲛ̄ⲧⲁ-ϥ ⲛ̄ⲛ-ⲟⲩⲛⲟⲩⲥ | ⲟⲩⲧⲉ ⲟⲩⲱⲛ̄ϩ̄ ⲟⲩⲧⲉ ⲟⲩϩⲩ|ⲡⲁⲣ̄ⲝ̄ⲓⲥ
ⲟⲩⲧⲉ ⲡⲓⲁⲧ-ϩⲩⲡⲁⲣ|ⲝ̄ⲓⲥ ϩ̄ⲛ̄-ⲟⲩⲙ̄ⲛ̄ⲧ̄-ⲁⲧ-ⲧⲁϩⲟ-ⲥ· * *62:1
[ⲁ]ⲩⲱ ⲉϥ-ϣⲟⲟⲡ ⲛ̄ⲛ-ⲟⲩⲗⲁⲁⲩ ⲙ̄ⲛ̄-|[ⲡ]ⲏ̣ ⲉⲧ$^{\emptyset}$-ϣⲟⲟⲡ ⲉⲧ$^{\emptyset}$-ⲛⲧⲁ-ϥ
ⲟⲩⲧⲉ | [ⲉ]-ⲛ-ⲥⲉ-ϣⲱϫ̄ⲡ̄ ⲙ̄ⲙⲟ-ϥ ⲁⲛ ⲕⲁⲧⲁ-|[ⲗ]ⲁⲁⲩ ⲛ̄-ⲥⲙⲟⲧ
ϩⲱⲥ ⲉϥ-ϯ ⲛ̄-ⲟ̣[ⲩ]||[ⲗ]ⲁⲁⲩ ⲉϥ-ϫⲟⲛ̄ⲧ̄ ⲏ̄ ⲉϥ-ⲧ̄ⲃ̄ⲃⲟ̣ [ⲏ̄] | [ⲉ]ϥ-ϫⲓ
ⲏ̄ ⲉϥ-ϯ
ⲟⲩⲧⲉ ⲉ-ⲙⲉⲩ-|[. .]ϫϩ̄-ϥ̄ ⲕⲁ[ⲧⲁ]-ⲗⲁⲁⲩ ⲛ̄-ⲥⲙⲟⲧ | [ⲏ̄ ⲉ]ⲃⲟⲗ
ϩ̄ⲓ̣[ⲧ̄ⲛ̄]-ⲡⲉϥⲟⲩⲱϣⲉ ⲟⲩⲁ|ⲁ̣-ϥ ⲏ̄ ⲉϥ-ϯ ⲏ̄ ⲉϥ-ϫⲓ ⲉⲃⲟⲗ
ϩ̄ⲓⲧⲟ||ⲟⲧ̄-ϥ̄ ⲛ̄-ⲕⲉⲟⲩⲁ·
ⲟⲩⲧⲉ ⲙ̄ⲙ̄ⲛ̄ⲧⲁ-ϥ-|ⲗⲁⲁⲩ ⲛ̄-ⲟⲩⲱϣⲉ ⲉⲃⲟⲗ ⲙ̄ⲙⲟ-ϥ̣ | ⲟⲩⲁⲁ-ϥ
ⲟⲩⲧⲉ ⲉⲃⲟⲗ ϩ̄ⲓ̄ⲧ̄ⲛ̄-ⲕⲉ|ⲟⲩⲁ·
ⲛ̄ⲛ-ⲉ-ϣⲁϥ-ⲉ̄ⲓ̄ ⲁⲛ ⲉϩⲣⲁ̈ⲓ̈ ⲉ|ⲣⲟ-ϥ·
ⲁⲗⲗⲁ ⲟⲩⲧⲉ ⲛ̄ⲧⲟϥ ⲛ̄-ϥ̄-ϯ || ⲛ̄ⲛ-ⲟⲩⲗⲁⲁⲩ ⲁⲛ ⲉⲃⲟⲗ ϩ̄ⲓⲧⲟⲟⲧ̄-ϥ̄ |
ϩ̄ⲓⲛⲁ ϫⲉ-ⲛⲉϥ-ϣⲱⲡⲉ ⲉⲩ-ϣⲱϫ̄ϩ̄ | ⲙ̄ⲙⲟ-ϥ ⲕⲁⲧⲁ-ⲕⲉⲥⲙⲟⲧ·
ⲉⲧⲃⲉ-|ⲡⲁ̈ⲓ̈ ⲟⲩⲧⲉ ⲙⲁϥ-ⲣ̄-$^{\emptyset}$ⲭⲣⲓⲁ[34] ⲛ̄ⲛ-ⲟⲩ|ⲛⲟⲩⲥ ⲟⲩⲧⲉ ⲟⲩⲱⲛ̄ϩ̄
ⲟⲩⲧⲉ ⲗⲁ||ⲁⲩ ⲣⲱ ⲉ-ⲡⲧⲏⲣ̄-ϥ̄·

[33] Intermediate person or thing μεσίτης [34] Need χρεία

ⲉϥ-ⲥⲟⲧⲡ̄ ⲉ-ⲛⲓ|ⲡⲧⲏⲣ̄-ϥ ϩⲛ̄-ϯⲙⲛ̄ⲧ-<ⲁⲧ->ⲣ̄-$^{\emptyset}$ϩⲁⲉ ⲉⲧ$^{\emptyset}$-ⲛ̄ⲧⲁ-ϥ̣ | ⲙⲛ̄-ϯⲙⲛ̄ⲧ-ⲁⲧ-ⲥⲟⲩⲱⲛ̄-ⲥ ⲉⲧⲉ-|ⲧⲁï ⲧⲉ ϯϩⲩⲡⲁⲣⲝⲓⲥ ⲛ̄ⲛ-ⲁⲧ-ϣⲱ|ⲡⲉ

ⲉⲡⲓⲇⲏ ⲟⲩⲛ̄ⲧⲁ-ϥ ⲙ̄ⲙⲁⲩ ⲛ̄-||ⲟⲩⲥⲓⲅⲏ ⲙⲛ̄-ⲟⲩϩⲣⲟⲕ ϩⲓⲛⲁ ϫⲉ-| ⲛⲉⲩ-ϣⲁϩϫ̄-ϥ ⲉⲃⲟⲗ ϩⲓⲧⲟⲟⲧ-ⲟⲩ | ⲛ̄-ⲛⲏ ⲉⲧⲉ-ⲙⲉⲩ-ϣⲁϩϫ-ⲟⲩ•

ⲟⲩ|ⲧⲉ ⲛ̄ⲛ-ⲟⲩⲙⲛ̄ⲧ-ⲛⲟⲩⲧⲉ ⲁⲛ ⲡⲉ | ⲟⲩⲧⲉ ⲟⲩⲙⲛ̄ⲧ-ⲙⲁⲕⲁⲣⲓⲟⲥ || ⲟⲩⲧⲉ ⲟⲩⲙⲛ̄ⲧ-ⲧⲉⲗⲓⲟⲥ•

ⲁⲗⲗⲁ | ⲟⲩⲗⲁⲁⲩ ⲛ̄ⲧⲁ-ϥ ⲡⲉ ⲛ̄ⲛ-ⲁⲧ-ⲥⲟⲩ|ⲱⲛ̄-ϥ

ⲙ̄-ⲡⲏ ⲁⲛ ⲉⲧ$^{\emptyset}$-ⲛ̄ⲧⲁ-ϥ ⲁⲗ|ⲗⲁ ⲉ-ⲕⲉⲟⲩⲁ ⲛ̄ⲧⲟϥ ⲡⲉ ⲉϥ-ⲥⲟ|ⲧⲡ̄ ⲉ-ϯⲙⲛ̄ⲧ-ⲙⲁⲕⲁⲣⲓⲟⲥ ⲙⲛ̄-||ϯⲙⲛ̄ⲧ-ⲛⲟⲩⲧⲉ ⲙⲛ̄-ⲟⲩⲙⲛ̄ⲧ-|ⲧⲉⲗⲓⲟⲥ•

ⲟⲩⲧⲉ ⲅⲁⲣ ⲛ̄ⲛ-ⲟⲩ|ⲧⲉⲗⲓⲟⲥ ⲁⲛ ⲡⲉ

*63:1 ⲁⲗⲗⲁ ⲉ-ⲕⲉⲛ̄*ⲕⲁ ⲡⲉ ⲉϥ-ⲥⲟⲧⲡ̄•

ⲟⲩⲧⲉ ⲛ̄[ⲛ-ⲟⲩ]|[ⲁ]ⲧ-ⲛ̄-ⲁⲣⲏϫ̄-ϥ ⲁⲛ ⲡⲉ•

ⲟⲩⲧⲉ ⲛ̄-[ⲥⲉ]-|[ϯ]-$^{\emptyset}$ⲧⲟϣ ⲉⲣⲟ-ϥ ⲁⲛ ⲉⲃⲟⲗ ϩⲓⲧⲟⲟ[ⲧ̄-ϥ] | [ⲛ̄-ⲕ]ⲉⲟⲩⲁ

ⲁⲗⲗⲁ ⲉ-ⲩⲛ̄ⲕⲁ ⲉϥ-ⲥⲟ̣||ⲧ̣ⲡ̣ ⲡⲉ•

ⲛ̄ⲛ-ⲟⲩⲥϣ̣ⲙⲁ ⲁⲛ ⲡⲉ̣•

[ⲛ̄]|ⲛ-ⲟⲩⲁⲧ-ⲥⲱⲙⲁ ⲁ[ⲛ] ⲡ̣ⲉ•

ⲛ̄[ⲛ-ⲟⲩ]|ⲛⲟϭ ⲁⲛ ⲡⲉ•

ⲛ̄ⲛ-ⲟⲩ[ⲕⲟ]ⲩⲉⲓ̣ [ⲁⲛ ⲡⲉ]• |

ⲛ̄ⲛ-ⲟⲩⲏⲡⲉ ⲁⲛ ⲡⲉ•

ⲛ̄ⲛ-ⲟⲩⲧ̣ⲁ[ⲙⲓⲟ] | ⲁⲛ ⲡⲉ•

ⲟⲩⲧⲉ ⲛ̄ⲛ-ⲟⲩⲗⲁⲁⲩ ⲁⲛ || ⲡⲉ ⲉϥ-ϣⲟⲟⲡ ⲡⲁï ⲉⲧⲉ-ⲟⲩⲛ̄-$^{\emptyset}$ϭⲟⲙ | [ⲛ̄]ⲧ̣ⲉ-ⲟⲩⲁ ⲉⲓⲙⲉ ⲉⲣⲟ-ϥ

ⲁⲗⲗⲁ ⲉ-ⲕⲉ|[ⲗⲁ]ⲁ̣ⲩ ⲛ̄ⲧⲁ-ϥ ⲡⲉ ⲉϥ-ⲥⲟⲧⲡ̄ ⲡⲏ ⲉ|[ⲧ]ⲉ-ⲙ̄ⲙⲛ̄-$^{\emptyset}$ϭⲟⲙ ⲛ̄ⲧⲉ-ⲟⲩⲁ ⲉⲓⲙⲉ | [ⲉ]ⲣⲟ-ϥ

ⲉ-ⲩϣⲟⲣⲡ̄ ⲛ̄-ⲟⲩⲱⲛ̄ϩ ⲉ||ⲃ̣ⲟⲗ ⲡⲉ ⲙⲛ̄-ⲟⲩⲅⲛⲱⲥⲓⲥ ⲛ̄ⲧⲁ-ϥ |

ⲉ-ⲛⲧⲟϥ ⲟⲩⲁⲁ-ϥ ⲉⲧ$^{\emptyset}$-ⲉⲓⲙⲉ ⲉⲣⲟ-ϥ |

ⲉⲡⲓⲇⲏ ⲛ̄-ⲗⲁⲁⲩ ⲁ[ⲛ] ⲡⲉ ⲛ̄ⲧⲉ-ⲛⲏ | ⲉⲧ$^{\emptyset}$-ϣⲟⲟⲡ

ⲁⲗⲗⲁ ⲉ-ⲕⲉⲛ̄ⲕⲁ ⲡⲉ | ⲉϥ-ⲥⲟⲧⲡ̄ ⲛ̄ⲧⲉ-ⲛⲏ ⲉⲧ$^{\emptyset}$-ⲥⲟⲧⲡ̄• ||

ⲁⲗⲗⲁ ⲛ̄ⲑⲉ ⲙ̄-ⲡⲏ ⲉⲧ$^{\emptyset}$-ⲛ̄ⲧⲁ-ϥ ⲁⲩⲱ | ⲙ̄-ⲡⲏ ⲁⲛ ⲉⲧ$^{\emptyset}$-ⲛ̄ⲧⲁ-ϥ ⲟⲩⲧⲉ ⲉϥ-ϫⲓ | ⲁⲛ ⲉⲃⲟⲗ ϩⲛ̄-ⲟⲩⲉⲱⲛ• ⲟⲩⲧⲉ | ⲉϥ-ϫⲓ ⲁⲛ ⲉⲃⲟⲗ ϩⲛ̄-ⲟⲩⲭⲣⲟⲛⲟⲥ[35] |

ⲟⲩⲧⲉ ⲉ-ⲙⲉϥ-ϫⲓ-ⲗⲁⲁⲩ ⲉⲃⲟⲗ ϩⲓ||ⲧⲛ̄-ⲕⲉⲟⲩⲁ

[35] Time χρόνος

ⲟⲩⲧⲉ ⲉ-ⲛ-ⲥⲉ-ϣⲱ|ϫϩ̄ ⲙ̄ⲙⲟ-ϥ ⲁⲛ
ⲟⲩⲧⲉ ⲉϥ-ϣⲱϫϩ̄ | ⲛ̄-ⲗⲁⲁⲩ ⲁⲛ
ⲟⲩⲧⲉ ⲛ̄ⲛ-ⲟⲩⲁⲧ-ϣⲁ|ϫϩ̄-ϥ ⲁⲛ ⲡⲉ•
ⲡⲁϊ ⲇⲉ ⲟⲩⲧⲉϩⲟ | ⲛ̄ⲧⲁ-ϥ ⲟⲩⲁⲁ-ϥ ⲡⲉ
ϩⲱⲥ ⲉ-ⲩⲗⲁ||ⲁⲩ ⲛ̄-ϯϩⲉ ⲡⲉ ⲛ̄ⲛ-ⲁⲧ-ⲥⲟⲩⲱⲛ̄-ϥ | ϩⲱⲥ ⲉϥ-ⲥⲟⲧⲡ̄
ⲉ-ⲛⲏ ⲉⲧ-ⲛⲁⲛⲟⲩ-|ⲟⲩ ϩⲛ̄-ϯⲙⲛ̄ⲧ-ⲁⲧ-ⲥⲟⲩⲱⲛ̄-ⲥ |
ⲉ-ⲩⲛ̄ⲧⲁ-ϥ ⲛ̄ⲛ-ⲟⲩⲙⲛ̄ⲧ-ⲙⲁⲕⲁ|ⲣⲓⲟⲥ ⲙⲛ̄-ⲟⲩⲙⲛ̄ⲧ-ⲧⲉⲗⲓⲟⲥ || ⲙⲛ̄-
ⲟⲩⲕⲁ-ⲣⲱ-ϥ
ⲙ̄-ⲡⲓⲙⲁⲕⲁⲣⲓ|ⲟⲥ ⲁⲛ ⲟⲩⲧⲉ ⲛ̄-ϯⲙⲛ̄ⲧ-ⲧⲉ|ⲗⲓⲟⲥ ⲁⲛ ⲙⲛ̄-ⲟⲩϩⲣⲟⲕ•
ⲁⲗⲗⲁ | ⲟⲩⲗⲁⲁⲩ ⲛ̄ⲧⲁ-ϥ ⲡⲉ ⲉϥ-ϣⲟⲟⲡ | ⲡⲏ ⲉⲧⲉ-ⲙ̄ⲙⲛ̄-$^{\emptyset}$ϭⲟⲙ
ⲛ̄ⲧⲉ-ⲟⲩⲁ *[ⲉⲓ]ⲙ̣ⲉ̣ ⲉ̣ⲣⲟ-ϥ ⲁⲩⲱ ⲉϥ-ϩⲟⲣⲕ̄ ⲙ̄|[ⲙ]ⲟ-ϥ *64:1
ⲁⲗⲗⲁ ⲉ-ϩⲉⲛⲗⲁⲁⲩ ⲛⲉ ⲛ̣̄|[ⲧⲁ]-ϥ ⲛ̄ⲛ-ⲁⲧ-ⲥⲟⲩⲱⲛ-ⲟⲩ ⲛⲁ-ⲩ |
[ⲧ]ⲏⲣ-ⲟⲩ•
ⲉϥ-ϫⲟⲥⲉ ⲇⲉ ϩⲛ̄-ϯⲙ̣[ⲛ̄ⲧ]-||ⲥ̣ⲁⲉⲓⲉ ⲛ̄ϩⲟⲩⲟ ⲉ-ⲛⲁϊ ⲧⲏⲣ-ⲟ̣ⲩ̣ |
[ⲉⲧ-ⲛ]ⲁⲛⲟ[ⲩ]-ⲟⲩ•
ⲡⲁϊ ⲇⲉ ⲛ̄ϯϩⲉ | [ⲟⲩⲁ]ⲧ-ⲥⲟ̣[ⲩ]ⲱⲛ̄-ϥ ⲡⲉ ⲛⲁ-ⲩ ⲧⲏ|ⲣ̣-[ⲟ]ⲩ̣ ⲕⲁⲧ̣ⲁ-
ⲥⲙⲟⲧ ⲛⲓⲙ ⲁⲩⲱ | ⲉⲃⲟⲗ ϩⲓⲧⲟⲟ̣ⲧ-ⲟⲩ ⲧⲏⲣ-ⲟⲩ ⲉϥ-||ϩⲣⲁϊ
ⲛ̄ϩⲏⲧ̣-ⲟ̣ⲩ̣ ⲧⲏⲣ̣-ⲟⲩ
ⲛ̄-ϯⲅⲛⲱ̣|ⲥⲓⲥ ⲟⲩⲁⲁ-ⲥ ⲁⲛ ⲛ̄ⲛ-ⲁⲧ-ⲥⲟⲩⲱⲛ̣̄-[ⲥ] | ⲧⲏ ⲉⲧ$^{\emptyset}$-ϣⲟⲟⲡ
ⲕⲁⲧⲁⲣⲟ-ϥ•
ⲁⲩ[ⲱ] | ⲉϥ-ϩⲟⲧⲡ̄ ⲉⲃⲟⲗ ϩⲓⲧⲟⲟⲧ̄-ⲥ ⲛ̄-ϯⲙ[ⲛ̄ⲧ]-|ⲁⲧ-ⲥⲟⲩⲱⲛ̄-ⲥ
ⲉⲧ$^{\emptyset}$-ⲛⲁⲩ ⲉⲣⲟ-ϥ•

ⲏ̄ || ϫⲉ-ⲛ̄ⲁϣ ⲛ̄-ϩⲉ ϥ-ⲉ ⲛ̄ⲛ-$^{\emptyset}$ⲁⲧ-ⲥⲟⲩⲱ|ⲛ̄-ϥ• ⲏ̄ ⲉϣϫⲉ̣-[ⲟ]ⲩⲛ̄-ⲟⲩⲁ ⲉϥ-ⲛⲁⲩ | ⲉⲣⲟ-ϥ ⲕⲁⲧⲁ-ⲑ̣ⲉ̣ ⲉⲧⲉϥ-ϣⲟⲟⲡ ⲙ̄|ⲙⲟ-ⲥ ⲕⲁⲧⲁ-ⲥⲙⲟⲧ ⲛⲓⲙ• ⲏ̄ ⲉϣ|ϫⲉ-ⲟⲩⲛ̄-ⲟⲩⲁ ⲛⲁ-ϫⲟⲟ-ⲥ ⲉⲣⲟ-ϥ ϫⲉ-||ⲉϥ-ϣⲟⲟⲡ ⲛ̄-ⲟⲩⲗⲁⲁⲩ ⲛ̄ⲑⲉ ⲛ̄-ⲟⲩ|ⲅⲛⲱⲥⲓⲥ[36] ⲁϥ-ⲣ̄-$^{\emptyset}$ⲁⲥⲉⲃⲏⲥ[37] ⲉⲣⲟ-ϥ | ⲉ-ⲩⲛ̄ⲧⲁ-ϥ ⲛ̄-ⲟⲩϩⲁⲡ ϫⲉ-ⲙ̄ⲡⲉϥ-|ⲥⲟⲩⲱⲛ-ⲡⲛⲟⲩⲧⲉ• ⲛ̄ⲛ-ⲉϥ-ⲛⲁ-|ϫⲓ ⲛ̄-ⲟⲩϩⲁⲡ ⲁⲛ ⲉⲃⲟⲗ ϩⲓⲧⲟⲟⲧ̄-ϥ || ⲙ̄-ⲡⲏ ⲉⲧ$^{\emptyset}$-ⲙ̄ⲙⲁⲩ ⲡⲏ ⲉⲧⲉⲥ-ⲣ̄-|ⲙⲉⲗⲓ[38] ⲛⲁ-ϥ ⲁⲛ ϩⲁ-ⲗⲁⲁⲩ ⲟⲩⲧⲉ | ⲙ̄ⲙⲛ̄ⲧ̄-ϥ-ⲗⲁⲁⲩ ⲛ̄-ⲟⲩⲱϣⲉ ⲙ̄|ⲙⲁⲩ ⲁⲗⲗⲁ ⲛ̄ⲧⲟϥ ⲉⲃⲟⲗ ⲙ̄ⲙⲟ-ϥ | ⲟⲩⲁⲁ-ϥ ϫⲉ-ⲙ̄ⲡⲉϥ-ϭⲓⲛⲉ ⲛ̄-ϯⲁⲣ||ⲭⲏ ⲉⲧ$^{\emptyset}$-ϣⲟⲟⲡ ⲟⲛⲧⲱⲥ• ⲁϥ-ⲣ̄-$^{\emptyset}$ⲃ̄ⲗ̄|ⲗⲉ ⲛ̄ⲥⲁⲛ-ⲃⲟⲗ ⲙ̄-ⲡⲓⲃⲁⲗ ⲉⲧ$^{\emptyset}$-ϩⲟ|ⲣ̄ⲕ ⲙ̄ⲙⲟ-ϥ ⲛ̄ⲧⲉ-ⲡⲓⲟⲩⲱⲛϩ̄ | ⲉⲃⲟⲗ ⲡⲏ ⲉⲧⲉⲩ-ⲣ̄-ⲉⲛⲉⲣⲅⲓ | ⲉⲣⲟ-ϥ ⲡⲓ ⲉⲃⲟⲗ ϩⲙ̄-ⲡⲓϣⲙⲛ̄ⲧ-||ϭⲟⲙ ⲛ̄ⲧⲉ-ϯϣⲟⲣⲡ̄ ⲛ̄-ⲉⲛⲛⲟⲓ|ⲁ ⲛ̄ⲧⲉ-ⲡⲓⲁϩⲟⲣⲁⲧⲟⲛ ⲙ̄-ⲡⲛ̄ⲁ̄ | ⲡⲁϊ ⲛ̄ϯϩⲉ ⲉϥ-ϣⲟⲟⲡ ⲉⲃⲟⲗ

Fifteen lines are missing here.

36 Knowledge, personal knowledge, acquaintance γνῶσις
37 Impious ἀσεβής, -ές
38 ⲥ-ⲣ̄-ⲙⲉⲗⲓ It is object of care (μέλειν); for the form ⲙⲉⲗⲓ cf. μέλει

*65:16 *[...]ⲗⲁⲁⲩ ⲁ[- - -]‖[..]ⲣⲏⲟⲩ ⲉⲛ[- - -]‖[ⲙ]ⲛ̣̅ⲧ-ⲥⲁⲉⲓⲉ..ⲟ̣[...]ⲡ.ϣ.| ⲛ̅ⲧⲉ-ⲟⲩϩⲣⲟⲕ ⲙ̅ⲛ-[ⲟⲩ]ⲕⲁ-ⲣⲱ-ϥ ‖ ⲙ̅ⲛ-ⲟⲩⲙⲛ̅ⲧ-ϩⲣⲟⲕ ⲙⲛ-ⲟⲩⲙⲛ̅|[ⲧ]-ⲛⲟϭ ⲛ̅ⲛ-ⲁⲧ̅-ⲛ̅-ⲣⲁⲧ̅-ⲥ̅•
ⲉ-ⲁϥ-ⲟⲩⲱ|ⲛ̣̅ϩ ⲉⲃⲟⲗ ⲛ̅ⲛ-ⲉϥ-ⲣ̅-$^{\emptyset}$ⲭⲣⲓⲁ ⲁⲛ ⲛ̅-ⲟⲩ|ⲭⲣⲟⲛⲟⲥ ⲟⲩⲧⲉ ⲉⲃⲟⲗ ϩⲛ̅-ⲟⲩⲉ|ⲱⲛ
ⲁⲗⲗⲁ ⲛ̅ⲧⲟϥ ⲉⲃⲟⲗ ⲙ̅ⲙⲟ-ϥ ‖ ⲟⲩⲁⲁ-ϥ ⲉ-ⲩⲁⲧ̅-ⲛ̅-ⲣⲁⲧ̅-ϥ̅ ⲡⲉ ϩⲛ̅-ⲟⲩⲙⲛ̅ⲧ-|ⲁⲧ̅-ⲛ̅-ⲣⲁⲧ̅-ⲥ̅
ⲉϥ-ⲉⲛⲉⲣⲅⲓ ⲁⲛ ⲟⲩ|ⲧⲉ ⲉⲣⲟ-ϥ ϩⲓ̅ⲛⲁ ϫⲉ-ⲉϥⲉ-ϣⲱⲡⲉ | ⲉϥ-ϩⲟⲣ̅ⲕ ⲙ̅ⲙⲟ-ϥ•
ⲟⲩⲧⲉ ⲛ̅ⲛ-ⲟⲩ|ϩⲩⲡⲁⲣⲝⲓⲥ ⲁⲛ ⲡⲉ ϩⲓ̅ⲛⲁ ϫⲉ-ⲛⲉϥ-‖ⲣ̅-$^{\emptyset}$ϩⲁⲉ•
ⲟⲩⲥⲱⲙⲁ ⲙⲉⲛ ⲡⲉ ⲉϥ-|ϩⲛ̅-ⲟⲩⲧⲟⲡⲟⲥ•
ⲟⲩⲁⲧ-ⲥⲱⲙⲁ | ⲇⲉ ⲡⲉ ⲉϥ-ϩⲛ̅-ⲟⲩⲏⲉⲓ
ⲉ-ⲩⲛ̅ⲧⲁ-ϥ | ⲛ̅ⲛ-ⲟⲩϩⲩⲡⲁⲣⲝⲓⲥ ⲛ̅-ⲁⲧ-ϣⲱⲡⲉ |
ⲉϥ-ϣⲟⲟⲡ ⲛⲁ-ⲩ ⲧⲏⲣ-ⲟⲩ ⲉⲣⲟ-ϥ ‖
ⲉ-ⲙⲛ̅ⲧⲁ-ϥ-ⲗⲁⲁⲩ ⲛ̅-ⲟⲩⲱϣ ⲙ̅|ⲙⲁⲩ•
ⲁⲗⲗⲁ ⲟⲩϩⲟⲩⲉ-ϫⲓⲥⲉ | ⲡⲉ ⲛ̅ⲧⲉ-ⲟⲩⲙⲛ̅ⲧ-ⲛⲟϭ
ⲁⲩⲱ | ⲉϥ-ϫⲟⲥⲉ ⲉ-ⲡⲉϥϩⲣⲟⲕ ϩⲓ̅ⲛⲁ
Fourteen lines are missing here.

*66:15 *[- - -]...[- - -]‖[- - -].ⲁⲩⲉⲣⲟ[- - -]‖[.]..[- - -]ⲟⲩⲉⲛⲥ̣[- - -]‖ ⲙ̣ⲉⲗⲓ ⲛⲁ[ⲩ ⲁⲛ] ⲙ̅-[ⲡ]ⲏ̣ ⲉⲧ̅$^{\emptyset}$-ⲙ̅ⲙⲁⲩ̣ [ⲛ̅]|ⲗⲁⲁⲩ•
ⲟⲩ̣ⲧ̣ⲉ ⲉϣⲱⲡⲉ ⲉϣⲁ-ⲟⲩ[ⲁ] ‖ ϫⲓ ⲉⲃⲟⲗ ⲙ̅ⲙⲟ-ϥ ⲙⲉϥ-ϫⲓ-$^{\emptyset}$ϭⲟⲙ•
ⲟⲩ|ⲧⲉ ⲙⲉⲣⲉ-ⲗⲁⲁⲩ ⲉⲛⲉⲣⲅⲓ ⲉⲣⲟ-ϥ ⲕ̣ⲁ|ⲧⲁ-ϯⲙⲛ̅ⲧ-ⲟⲩⲱⲧ ⲉⲧ$^{\emptyset}$-ϩⲟⲣ̅ⲕ ⲙ̅ⲙⲟ̣-[ⲥ]• |
ⲟⲩⲁⲧ-ⲥⲟⲩⲱⲛ̅-ϥ̅ ⲅⲁⲣ ⲡⲉ•
ⲉ-ⲩⲧⲟ|ⲡⲟⲥ ⲅⲁⲣ ⲡⲉ ⲛ̅ⲛ-ⲁⲧ-ⲛⲓϥⲉ ⲛ̅ⲧⲉ-‖ϯⲙⲛ̅ⲧ-ⲁⲧ̅-ⲛ̅-ⲁⲣⲏϫ̅-ⲥ̅
ϩⲱⲥ ⲉ-ⲩⲁ|ⲧ̅-ⲛ̅-ⲁⲣⲏϫ̅-ϥ̅ ⲡⲉ ⲙ̅ⲛ-ⲟⲩⲁⲧ-ϭⲁⲙ | ⲁⲩⲱ ⲟⲩⲁⲧ-ϣⲱⲡⲉ•
ⲛ̅ⲛ-ⲉϥ-ϯ | ⲙ̅-ⲡϣⲱⲡⲉ ⲁⲛ•
ⲁⲗⲗⲁ ⲉϥ-ϣⲱⲡ | ⲛ̅-ⲛⲁⲓ̈ ⲧⲏⲣ-ⲟⲩ ⲉⲣⲟ-ϥ ⲉϥ-ϩⲟⲣ̅ⲕ ‖ ⲙ̅ⲙⲟ-ϥ ⲉϥ-ⲁϩⲉⲣⲁⲧ̅-ϥ̅ ⲉⲃⲟⲗ ϩⲙ̅-|ⲡⲏ ⲉⲧ$^{\emptyset}$-ⲁϩⲉⲣⲁⲧ̅-ϥ̅ ⲛ̅ⲟⲩⲟⲉⲓϣ | ⲛⲓⲙ
ⲉ-ⲁϥ-ⲟⲩⲱⲛ̅ϩ ⲉⲃⲟⲗ ⲛ̅ϭⲓ-|ⲟⲩⲱⲛ̅ϩ ⲛ̅-ϣⲁ-ⲉⲛⲉϩ ⲡⲓⲡ̅ⲛ̅ⲁ̅ | ⲛ̅ⲛ-ⲁⲧ-ⲛⲁⲩ ⲉⲣⲟ-ϥ ⲁⲩⲱ ⲛ̅-ϣⲙⲛ̅ⲧ-‖ϭⲟⲙ ⲡⲓⲟⲩⲁ ⲉⲧ$^{\emptyset}$-ϩⲛ̅-ⲛⲁⲓ̈ ⲧⲏⲣ-ⲟⲩ | ⲉⲧ$^{\emptyset}$-ϣⲟⲟⲡ ⲁⲩⲱ ⲉϥ-ⲙ̅ⲡⲉⲩ|ⲕⲱⲧⲉ ⲧⲏⲣ-ⲟⲩ ⲉϥ-ϫⲟⲥⲉ ⲉ|ⲣⲟ-ⲟⲩ ⲧⲏⲣ-ⲟⲩ•
ⲟⲩϩⲁⲓ̈ⲃⲉⲥ *Fourteen lines are missing here.*

*67:15 *[...].[- - -]‖[....]ⲧⲁϥ[.].[- - -]‖[...]ϩ̅ϥ ⲉⲃⲟⲗ̣ [- - -]‖

[ⲁϥ]-ⲁ̣ϩⲉⲣⲁⲧ̅-ϥ̅ .[.]. .[.].ⲁ[.] ⲉ̣ϥ-ϯ̣-|∅ϭⲟⲙ ⲛ̅-ⲛⲁï ⲧⲏⲣ-ⲟⲩ•
ⲁϥ-ⲙⲟⲩϩ || ⲛ̅-ⲛⲁï ⲧⲏⲣ-ⲟⲩ ⲉⲃⲟⲗ•

ⲁⲩⲱ ⲉ|[ⲧ]ⲃⲉ-ⲛⲁï ⲙⲉⲛ ⲧⲏⲣ-ⲟⲩ ⲁⲕ-ⲥⲱ|ⲧ̅ⲙ̅ ϩ̅ⲛ̅-ⲟⲩⲧⲁϫⲣⲟ• ⲁⲩⲱ
ⲙ̅ⲡ̅ⲣ̅-|ⲕⲱⲧⲉ ⲛ̅ⲥⲁ-ⲗⲁⲁⲩ ⲛ̅ϩⲟⲩⲟ̂• | ⲁⲗⲗⲁ ⲙⲟϣⲉ ⲛⲁ-ⲕ• ⲟⲩⲧⲉ ⲛ̅-||ⲧ̅ⲛ̅-
ⲥⲟⲟⲩⲛ ⲁⲛ ϫⲉ-ⲟⲩⲛ̅ⲧⲉ-|ⲡⲓⲁⲧ-ⲥⲟⲩⲱⲛ̅-ϥ̅ ⲟⲩⲛ̅ⲧⲁ-ϥ | ⲛ̅-ϩⲉⲛⲁⲅⲅⲉⲗⲟⲥ
ⲟⲩⲧⲉ ϩⲉⲛ|ⲛⲟⲩⲧⲉ ⲟⲩⲧⲉ ⲡⲏ ⲉⲧ∅-ϩⲟⲣ̅ⲕ̅ | ⲙ̅ⲙⲟ-ϥ ϫⲉⲛⲉ-ⲟⲩⲛ̅ⲧⲁ-ϥ ⲛ̅-
ⲟⲩ||ⲗⲁⲁⲩ ϩⲣⲁï ⲛ̅ϩⲏⲧ̅-ϥ̅ ⲛ̅ⲥⲁⲃⲏⲗ ⲉ-|ⲡⲓϩⲣⲟⲕ ⲉⲧⲉ-ⲡⲁï ⲡⲉ ϫⲉ-ⲛ̅ⲧⲟϥ |
ϩ̅ⲓ̅ⲛⲁ ϫⲉ-ⲛ̅ⲛⲉⲩ-ϣⲁϩϫ̅-ϥ̅• ⲟⲩ|ⲧⲉ ⲙ̅-ⲡ-ⲉⲧ-ⲉϣϣⲉ ⲁⲛ ⲡⲉ ⲉ-|∅ϫⲱⲱⲣⲉ
ⲉⲃⲟⲗ ⲛ̅ϩⲟⲩⲟ ⲛ̅ⲟⲩ||ⲏⲡⲉ ⲛ̅-ⲥⲟⲡ ⲉⲕ-ⲕⲱⲧⲉ• ⲛⲉⲥ-|ⲙ̅ⲡϣⲁ ⲛ̅ⲧⲉⲧ̅ⲛ̅-
ⲉⲓⲙⲉ ⲟⲩ|ⲁⲉⲧ̅-ϥ̅ ⲁⲩⲱ ⲛ̅ⲥⲉ-ϣⲁϫⲉ | ⲙ̅ⲛ̅-ⲕⲉⲟⲩⲁ• ⲁⲗⲗⲁ ⲉⲕⲁ-ϫⲓⲧ-ⲟⲩ
Fourteen lines are missing here.

*[- - -].[- - -].[- - -]|[- - -].[- - -].ϫⲉ-ⲥϩⲁ[ï - - -]|[.]. . . ⲛⲁ-ϫ[ⲟⲟ]- *68:15
ⲩ ⲛⲁ-ⲕ ⲁⲩ[ⲱ] | ⲉⲧ-ⲛⲁ-ϯ-∅ⲙⲉⲉⲩⲉ ⲛⲁ-ⲕ ⲉⲧⲃⲏ|ⲏⲧ-ⲟⲩ ⲛ̅-ⲛⲁï ⲉⲧ∅-ⲛⲁ-ⲣ̅-
∅ⲙ̅ⲡϣⲁ ⲙ||ⲙ̅ⲛ̅ⲛ̅ⲥⲱ-ⲕ• ⲁⲩⲱ ⲉⲕⲉ-ⲕⲱ ⲙ̅-|ⲡⲉïϫⲱⲱⲙⲉ ϩ̅ⲓ̅ϫ̅ⲛ̅-ⲟⲩⲧⲟⲟⲩ |
ⲛ̅ⲅ̅-ⲙⲟⲩⲧⲉ ⲉϩⲣⲁï ⲟⲩⲃⲉ-ⲡⲓⲣⲉ̣[ϥ]-|ⲁⲣⲉϩ• ⲉⲙⲟⲩ ⲫⲣⲓⲕⲧⲟⲥ• ⲛⲁị̈ | ⲇⲉ
ⲛ̅ⲧⲉⲣⲉϥ-ϫⲟⲟ-ⲩ ⲁϥ-ⲡⲱⲣ̅ϫ̅ || ⲉⲃⲟⲗ ⲙ̅ⲙⲟ-ï• ⲁⲛⲟⲕ ⲇⲉ ⲁï-ⲙⲟⲩϩ | ⲉⲃⲟⲗ
ϩ̅ⲛ̅-ⲟⲩⲣⲁϣⲉ• ⲁï-ⲥϩⲁï ⲇⲉ | ⲙ̅-ⲡⲉïϫⲱⲱⲙⲉ ⲉⲧⲁⲩ-ⲧⲱϣ | ⲛⲁ-ï
ⲡⲁϣⲏⲣⲉ ⲙ̅ⲉ̅ⲥ̅ⲥ̅ⲟ̅ⲥ̅ ϫⲉ-|ⲉïⲉ-ϭⲱⲗ̅ⲡ̅ ⲛⲁ-ⲕ ⲉⲃⲟⲗ ⲛ̅-ⲛⲏ ⲉ||ⲧ-ⲁⲩ-ⲧⲁϣⲉ-
∅ⲟⲉⲓϣ ⲙ̅ⲙⲟ-ⲟⲩ ⲛⲁ-<ï>[39] | ϩⲣⲁï ⲛ̅ϩⲏⲧ-∅• ⲡϣⲟⲣ̅ⲡ̅ ⲇⲉ ⲁï-ϫⲓ|ⲧ-ⲟⲩ ϩ̅ⲛ̅-
ⲟⲩⲛⲟϭ ⲛ̅-ⲥⲓⲅⲏ• ⲁⲩⲱ | ⲁⲉⲓ-ⲁϩⲉⲣⲁⲧ-∅ ⲕⲁⲧⲁⲣⲟ-ï ⲉï-ⲥⲟⲃ|ⲧⲉ ⲙ̅ⲙ[ⲟ]-ⲉⲓ•
ⲛⲁï ⲛⲉ ⲛⲏ ⲉⲧ-ⲁⲩ-||ϭⲟⲗⲡ-ⲟ̣[ⲩ] ⲛⲁ-ï ⲉⲃⲟⲗ ⲱ̂ ⲡⲁϣⲏ*[ⲣⲉ - - -]| *Twelve* *69:1
lines are missing here.

*[- - - ⲧⲁϣⲉ]-||∅ⲟⲉⲓϣ ⲙ̅[ⲙⲟ-ⲟⲩ ⲱ̂ ⲡⲁ]|ϣⲏⲣⲉ ⲙⲉ̣[ⲥⲥ]ⲟ̣ⲥ̣ [- - -]|- *69:14
ⲥⲫⲣⲁⲅ̣ⲓ̣ⲥ̣[40] [ⲛ̅]ⲧⲉ̣-[ⲛⲓϫⲱ]|ⲱⲙⲉ ⲧⲏ̣ⲣ-ⲟⲩ ⲛ̣[. . .]|ⲡⲁⲗⲗⲟ̣[ⲅⲉ]ⲛ̣ⲏⲥ̣• ||

ⲡⲁⲗ[ⲗ]ⲟⲅⲉⲛⲏⲥ̣•

[39] <ï> omitted by the ancient copyist

[40] Seal σφραγίς

The Three Tablets of Seth

(THE THREE STELES OF SETH)

ϯϣⲟⲙⲧⲉ ⲛ̄-ⲥⲧⲏⲗⲏ ⲛ̄ⲧⲉ-ⲥⲏⲑ

MANUSCRIPT: Cairo, Coptic Museum, Nag Hammadi Codex VII, pp. 118–27.

PHOTOGRAPHIC FACSIMILE: *Facs. VII,* plates 124–33, and *Facs. Intro.,* plates 13*–14*.

EDITIONS: Paul Claude, *Les Trois stèles de Seth* (Quebec City 1983); James M. Robinson and James E. Goehring, in Birger Pearson, ed., *Nag Hammadi Codex VII* (Leiden 1996), 386–421.

DIALECT AND SPELLING: Sahidic with occasional features similar to Lycopolitan and important agreements with Bohairic. Cf. John D. Turner, in Charles W. Hedrick, ed., *Nag Hammadi Codices XI, XII, XIII* (Leiden 1990), 14–18.

TRANSLATIONS: Layton, *The Gnostic Scriptures* 149–58; *Nag Hammadi Library in English* 396–401 (J. M. Robinson); for additional information see also Scholer, *Nag Hammadi Bibliography* and supplements in *Novum Testamentum.*

---

*118:10 *ⲡⲟⲩⲱⲛ̄ϩ ⲉⲃⲟⲗ ⲛ̄ⲧⲉ-ⲇⲱⲥⲓⲑⲉ|ⲟⲥ ⲛ̄ⲧⲉ-ϯϣⲟⲙⲧⲉ ⲛ̄-ⲥⲧⲏⲗⲏ[1] | ⲛ̄ⲧⲉ-ⲥ̄ⲏ̄ⲑ̄ ⲡⲓⲱⲧ ⲛ̄ⲧⲉ-ϯⲅⲉⲛⲉⲁ[2] | ⲉⲧ$^{\emptyset}$-ⲟⲛ̄ϩ ⲁⲩⲱ ⲛ̄-ⲁⲧ-ⲕⲓⲙ ⲛⲁ̈ⲓ ⲛ̄|ⲧ-ⲁϥ-ⲛⲁⲩ ⲉⲣⲟ-ⲟⲩ ⲁⲩⲱ ⲁϥ-ⲥⲟⲩⲱ‖ⲛ-ⲟⲩ· ⲁⲩⲱ ⲉⲧⲁϥ-ⲟϣ-ⲟⲩ ⲁϥ-ⲣ̄-|ⲡⲉⲩⲙⲉⲉⲩⲉ· ⲁⲩⲱ ⲁϥ-ⲧⲁⲁ-ⲩ | ⲛ̄-ⲛⲓⲥⲱⲧⲡ̄ ⲉⲩ-ϣⲟⲟⲡ ⲙ̄ⲡⲓⲣⲏ|ⲧⲉ ⲕⲁⲧⲁ-ⲑⲉ ⲉⲧⲉ-ⲛⲉⲩ-ⲥϩⲏ|ⲟⲩⲧ ⲙ̄ⲡⲓⲙⲁ ⲉⲧ$^{\emptyset}$-ⲙ̄ⲙⲁⲩ·

ⲟⲩ‖ⲙⲏⲏϣⲉ ⲛ̄-ⲥⲟⲡ ⲁⲉⲓ-ⲣ̄ϣⲃⲏⲣⲛ̄-|ϯ-$^{\emptyset}$ⲉⲟⲟⲩ ⲙ̄ⲛ̄-ⲛⲓϭⲟⲙ· ⲁⲩⲱ ⲁ̈ⲓ-ⲣ̄-|$^{\emptyset}$ⲙ̄ⲡϣⲁ ⲉⲃⲟⲗ ϩⲓⲧⲟⲟⲧ-ⲟⲩ ⲛ̄-ⲛⲓ|ⲙ̄ⲛ̄ⲧ-ⲛⲟϭ ⲛ̄-ⲁⲧ-ϯ-$^{\emptyset}$ϣⲓ ⲉⲣⲟ-ⲟⲩ· | ⲉⲩ-ϣⲟⲟⲡ ⲇⲉ ⲛ̄ϯϩⲉ·

ϯϣⲟ‖ⲣⲡ̄ ⲛ̄-ⲥⲧⲏⲗⲏ ⲛ̄ⲧⲉ-ⲥ̄ⲏ̄ⲑ̄

ϯ-ⲥⲙⲟⲩ | ⲉⲣⲟ-ⲕ ⲡⲓⲱⲧ ⲡⲓⲅⲉⲣⲁⲇⲁⲙⲁ
ⲁ|ⲛⲟⲕ ϩⲁ-ⲡ-ⲉⲧⲉ-ⲡⲱ-ⲕ ⲛ̄-ϣⲏⲣⲉ | ⲉⲙⲙⲁⲭⲁ ⲥ̄ⲏ̄ⲑ̄ ⲡⲁ̈ⲓ ⲛ̄ⲧ-ⲁⲕ-ϫⲡⲟ-ϥ | ϩⲛ̄-ⲟⲩⲙ̄ⲛ̄ⲧ-ⲁⲧ-ⲙⲓⲥ̣ⲉ̣ ⲉ-ⲩⲥⲙⲟⲩ ‖ ⲛ̄ⲧⲉ-ⲡⲉⲛⲛⲟⲩⲧⲉ

[1] Tablet, stele στήλη [2] Race, generation γένεα

ϫⲉ-ⲁⲛⲟⲕ-|ⲡ-ⲉⲧⲉ-ⲡⲱ-ⲕ ⲛ̄-ϣⲏⲣⲉ•
ⲁⲩⲱ ⲛ̄*ⲧⲟⲕ ⲡⲉ ⲡⲁⲛⲟ̣ⲩⲥ[3] ⲡⲁï̈ⲱⲧ• *119:1
ⲁⲩⲱ | ⲁⲛⲟⲕ ⲙⲉⲛ ⲁⲉⲓ-ϫⲟ• ⲁⲩⲱ ⲁⲉⲓ-ϫⲡⲟ• |
ⲛ̄ⲧⲟⲕ ⲇ̣[ⲉ] ⲁⲕ-[ⲛ]ⲁ̣ⲩ ⲉ-ⲛⲓⲙⲛ̄ⲧ-ⲛⲟϭ• | ⲁⲕ-ⲁϩⲉⲣⲁⲧ̄-ⲕ [ⲉ]ⲕ-ⲉ ⲛ̄-ⲁⲧ-∅ⲱϫⲛ•
ϯ-||ⲥⲙⲟⲩ ⲉⲣⲟⲕ [ⲡⲓ]ⲱⲧ• ⲥⲙⲟⲩ ⲉⲣⲟ-ï | ⲡⲓⲱⲧ•
ⲉï-ϣ[ⲟ]ⲟⲡ ⲉⲧⲃⲏⲏⲧ̄-ⲕ• | ⲉⲕ-ϣⲟⲟⲡ ⲉ[ⲧ]ⲃⲉ-ⲡⲛⲟⲩⲧⲉ•
ⲉ|ⲧⲃⲏⲏⲧ̄-ⲕ ϯ-ϣⲟⲟⲡ ϩⲁⲧⲟⲟⲧ̄-ϥ ⲙ̄-|ⲡⲏ ⲉⲧ∅-ⲙⲙⲁⲩ•
ⲛ̄ⲧ̄ⲕ-ⲟⲩⲟⲉⲓⲛ || ⲉⲕ-ⲛⲁⲩ ⲉ-ⲩⲟⲩⲟⲉⲓⲛ• ⲁⲕ-ⲟⲩⲱ|ⲛ̄ϩ ⲛ̄ⲛ-ⲟⲩⲟⲉⲓⲛ ⲉⲃⲟⲗ•
ⲛ̄ⲧ̄ⲕ-ⲟⲩ|ⲙⲓⲣⲱⲑⲉⲁⲥ• ⲛ̄ⲧⲟⲕ ⲡⲉ ⲡⲁⲙⲓⲣⲱ|ⲑⲉⲟⲥ•
ϯ-ⲥⲙⲟⲩ ⲉⲣⲟ-ⲕ ⲛ̄ⲑⲉ ⲛ̄-|ⲟⲩⲛⲟⲩⲧⲉ• ϯ-ⲥⲙⲟⲩ ⲉ-ⲧⲉⲕ||ⲙⲛ̄ⲧ-ⲛⲟⲩⲧⲉ•
ⲟⲩⲛⲟϭ ⲡⲉ ⲡⲓⲁ|ⲅⲁⲑⲟⲥ[4] ⲛ̄-ⲁⲩⲧⲟⲅⲉⲛⲏⲥ[5] ⲉⲧ-ⲁϥ-ⲁ|ϩⲉⲣⲁⲧ̄-ϥ•
ⲡⲛⲟⲩⲧⲉ ⲉⲧ-ⲁϥ-ⲣ̄ϣⲟⲣⲡ̄|ⲛ̄-ⲁϩⲉⲣⲁⲧ̄-ϥ
ⲁⲕ-ⲉⲓ ϩⲛ̄-ⲟⲩⲁⲅⲁⲑⲟⲛ• | ⲁⲕ-ⲟⲩⲱⲛ̄ϩ ⲉⲃⲟⲗ• ⲁⲩⲱ ⲁⲕ-ⲟⲩⲱ||ⲛ̄ϩ ⲛ̄ⲛ-ⲟⲩⲁⲅⲁⲑⲟⲛ ⲉⲃⲟⲗ•
ϯ-ⲛⲁ-ϫⲱ | ⲙ̄-ⲡⲉⲕⲣⲁⲛ ϫⲉ-ⲛ̄ⲧⲕ-ⲟⲩϣⲟⲣⲡ̄ | ⲛ̄-ⲣⲁⲛ•
ⲛ̄ⲧ̄ⲕ-ⲟⲩⲁⲧ-ⲙⲓⲥⲉ• ⲛ̄ⲧⲟⲕ | ⲁⲕ-ⲟⲩⲱⲛ̄ϩ ⲉⲃⲟⲗ ϩⲓⲛⲁ[6] ⲛ̄ⲧⲉⲕ-|ⲟⲩⲱⲛ̄ϩ ⲉⲃⲟⲗ ⲛ̄-ⲛⲓϣⲁ-ⲉⲛⲉϩ• ||
ⲛ̄ⲧⲟⲕ ⲡⲉ ⲡⲏ ⲉⲧ∅-ϣⲟⲟⲡ• ⲉⲧⲃⲉ-|ⲡⲁï ⲁⲕ-ⲟⲩⲱⲛ̄ϩ ⲉⲃⲟⲗ ⲛ̄-ⲛⲓⲟⲛⲧⲱⲥ[7] | ⲉⲧ∅-ϣⲟⲟⲡ•
ⲛ̄ⲧⲟⲕ ⲡⲉⲧⲟⲩ-ϣⲁ|ϫⲉ ⲙ̄ⲙⲟ-ϥ ⲉⲃⲟⲗ ϩⲓⲧⲛ̄-ⲟⲩⲥⲙⲏ• | ⲉⲃⲟⲗ ⲇⲉ ϩⲓⲧⲛ̄-ⲟⲩⲛⲟⲩⲥ ⲥⲉ-ϯ-||∅ⲉⲟⲟⲩ ⲛⲁ-ⲕ•
ⲛ̄ⲧⲟⲕ ⲉⲧⲉ-ⲟⲩⲛ̄-|ϭⲟⲙ ⲙ̄ⲙ[ⲟ]-ⲕ ϩⲙ̄-ⲙⲁ ⲛⲓⲙ•
ⲉ|ⲧⲃⲉ-ⲡⲁï [ⲡⲓ]ⲕⲉⲉⲥⲑⲏⲧⲟⲥ[8] ⲛ̄-ⲕⲟⲥ|ⲙⲟⲥ ϥ-ⲥⲟ̣ⲟⲩⲛ ⲙ̄ⲙⲟ-ⲕ ⲉⲧⲃⲏ|ⲏⲧ̄-ⲕ ⲙⲛ̄-ⲧⲉⲕⲥⲡⲟⲣⲁ•[9] ⲛ̄ⲧ̄ⲕ-ⲟⲩⲛⲁ• * *120:1
ⲁⲩⲱ ⲛ̄ⲧ̄ⲕ-ⲟ̣ⲩⲉⲃⲟⲗ ϩⲛ̄-ⲕⲉⲅⲉⲛⲟⲥ•[10] | ⲁⲩⲱ ϥ-ⲕⲏ ⲉϩⲣⲁï [ⲉ]-ϫⲛ̄-ⲕⲉⲅⲉⲛⲟⲥ• |
ϯⲛⲟⲩ ⲇⲉ ⲛ̄ⲧ̄ⲕ-ⲟⲩⲉⲃⲟ̣ⲗ̣ ϩⲛ̄-ⲕⲉ|ⲅⲉⲛⲟⲥ• ⲁⲩⲱ ϥ-ⲕ̣[ⲏ] ⲉϩ[ⲣ]ⲁ̣ï ⲉ̣ϫⲛ̄-ⲕⲉ||ⲅⲉⲛⲟⲥ•
ⲛ̄ⲧ̄ⲕ-ⲟ̣[ⲩ]ⲉⲃⲟⲗ ϩⲛ̄-ⲕⲉ|ⲅⲉⲛⲟⲥ ϫⲉ-ⲛ-ⲅ̄-ⲉ[ⲓ]ⲛ̣ⲉ ⲁⲛ•
ⲛ̄ⲧ̄ⲕ-|ⲟⲩⲛⲁ ⲇⲉ ϫⲉ-ⲛ̄ⲧ[ⲕ̄-ⲟ]ⲩϣⲁ-ⲉⲛⲉϩ• |
ⲉⲕ-ⲕⲏ ⲇⲉ ⲉϩⲣⲁï ⲉ̣[ϫ̄]ⲛ-ⲟⲩⲅⲉⲛⲟⲥ | ϫⲉ-ⲁⲕ-ⲧⲣⲉ-ⲛⲁï ⲧⲏⲣ-ⲟⲩ ⲁïⲁⲉⲓ•

[3] Intellect νοῦς [4] Good ἀγαθός, -ή, -όν [5] Self-originate αὐτογενής, -ές [6] So that ἵνα [7] Really ὀντῶς [8] Perceptible αἰσθητός, -ή, -όν [9] Seed, posterity σπορά [10] Nation, people γένος

ⲉⲧⲃⲉ-‖ⲧⲁⲥⲡⲟⲣⲁ ⲇⲉ ϫⲉ-ⲛ̄ⲧⲟⲕ ⲉⲧ$^{\emptyset}$-ⲥⲟⲟⲩⲛ | ⲙ̄ⲙⲟ-ⲥ ϫⲉ-ⲉⲥ-ⲕⲏ ϩⲛ̄-ⲟⲩϫⲡⲟ•
ϩⲉⲛ|ⲉⲃⲟⲗ ⲇⲉ ϩⲛ̄-ϩⲉⲛⲕⲉⲅⲉⲛⲟⲥ ⲛⲉ ϫⲉ-|ⲛ̄-ⲥⲉ-ⲉⲓⲛⲉ ⲁⲛ•
ⲉⲩ-ⲕⲏ ⲇⲉ ⲉϩⲣⲁï ⲉ|ϫⲛ̄-ϩⲉⲛⲕⲉⲅⲉⲛⲟⲥ ϫⲉ-ⲥⲉ-ⲕⲏ ϩⲛ̄-‖ⲟⲩⲱⲛ̄ϩ•
ⲛ̄ⲧⲟⲕ-ⲟⲩⲙⲓⲣⲟⲑⲉⲟⲥ• | ϯ-ⲥⲙⲟⲩ ⲉ-ⲧⲉϥϭⲟⲙ ⲧⲏ ⲉⲧ-ⲁⲩ-ⲧⲁ|ⲁ-ⲥ ⲛⲁ-ï•

ⲡⲏ ⲉⲧ-ⲁϥ-ⲧⲣⲉ-ⲛⲓⲙⲛ̄ⲧ-|ϩⲟⲟⲩⲧ ⲉⲧ$^{\emptyset}$-ϣⲟⲟⲡ ⲟⲛⲧⲱⲥ ⲣ̄-|$^{\emptyset}$ϩⲟⲟⲩⲧ ⲛ̄ϣⲟⲙⲉⲧ ⲛ̄-ⲥⲟⲡ•
ⲡⲏ ‖ ⲉⲧ-ⲁⲩ-ⲡⲟϣ̄-ϥ ⲉ-ϯⲡⲉⲛⲧⲁⲥ•[11]
ⲡⲁï | ⲛ̄ⲧ-ⲁⲩ-ⲧⲁⲁ-ϥ ⲛⲁ-ⲛ ϩⲛ̄-ⲟⲩⲙⲛ̄ⲧ-|ϣⲙ̄ⲛ̄ⲧ-ϭⲟⲙ•
ⲡⲁï ⲛ̄ⲧ-ⲁⲩ-ϫⲡⲟ-ϥ | ϩⲛ̄-ⲟⲩⲙⲛ̄ⲧ-ⲁⲧ-ⲙⲓⲥⲉ•
ⲡⲁï ⲛ̄ⲧ-ⲁϥ-|ⲉⲓ ⲉⲃⲟⲗ ϩⲙ̄-ⲡ-ⲉⲧ$^{\emptyset}$-ⲥⲟⲧⲡ̄ ⲉⲧⲃⲉ-‖ⲡⲏ ⲉⲧ$^{\emptyset}$-ⲑⲉⲃⲓⲏⲟⲩⲧ ⲁϥ-ⲙⲟⲟϣⲉ | ⲉⲃⲟⲗ ϩⲛ̄-ⲧⲙⲏⲧⲉ•
ⲛ̄ⲧⲕ̄-ⲟⲩⲉⲓ|ⲱⲧ ⲉⲃⲟⲗ ϩⲓⲧⲛ̄-ⲟⲩⲉⲓⲱⲧ ⲟⲩ|ϣⲁϫⲉ ⲉⲃⲟⲗ ϩⲛ̄-ⲟⲩⲁϩ-$^{\emptyset}$ⲥⲁϩⲛⲉ• |
ⲧⲛ̄-ⲥⲙⲟⲩ ⲉⲣⲟ-ⲕ ⲡⲓϣⲙ̄ⲧ-ϩⲟ‖ⲟⲩⲧ ϫⲉ-ⲁⲕ-ϩⲱⲧⲡ̄-ⲡⲧⲏⲣ̄-ϥ ⲉ|ⲃⲟⲗ ϩⲓⲧⲟⲟⲧ-ⲟⲩ ⲧⲏⲣ-ⲟⲩ
ϫⲉ-ⲁⲕ-|ϯ-$^{\emptyset}$ϭⲟⲙ ⲛⲁ-ⲛ•
ⲁⲕ-ϣⲱⲡⲉ ⲉⲃⲟⲗ | ϩⲛ̄-ⲟⲩⲁ ⲉⲃⲟⲗ ϩⲓⲧⲛ̄-[ⲟ]ⲩⲁ•
ⲁⲕ-ⲙⲟ|ⲟϣⲉ• ⲁⲕ-ⲓ ⲉ-ⲟⲩⲁ•
ⲁ[ⲕ-ⲛ]ⲟⲩϩⲙ̄• ‖ ⲁⲕ-ⲛⲟⲩϩⲙ̄• ⲁⲕ-ⲛⲁϩⲙ̄-ⲛ̄•
*121:1 ⲡⲓⲣⲉϥ-|ϫ̣ⲓ-$^{\emptyset}$ⲕⲗⲟⲙ ⲡ̣ⲓⲣⲉϥ-ϯ-$^{\emptyset}$ⲕⲗⲟⲙ *ⲧⲛ̄-ⲥⲙⲟⲩ ⲉⲣⲟ-ⲕ̣ ϩⲛ̄-[ⲟ]ⲩⲙⲛ̄ⲧ-ϣⲁ-|ⲉⲛⲉϩ•
ⲧⲛ̄-ⲥ̣ⲙⲟⲩ ⲉⲣⲟ-ⲕ•
ⲉⲧ-ⲁⲛ-|ⲛⲟⲩϩⲙ [ⲉⲃ]ⲟ[ⲗ] ϩⲁ-ⲛⲓⲕⲁ[ⲧ]ⲁ-ⲟⲩⲁ | ⲛ̄-ⲧⲉ̣ⲗⲓⲟⲥ̣[12]
ⲛ[ⲓⲧⲉ]ⲗⲓⲟⲥ ⲉⲧⲃⲏⲏ‖ⲧ̄-ⲕ
ⲛⲏ ⲉⲧ-ⲁ[ⲩ-ⲣ̄]-$^{\emptyset}$ⲧⲉⲗⲓⲟⲥ ⲛ̄ⲙⲙⲁ-ⲕ |
ⲡⲏ ⲉⲧ$^{\emptyset}$-ϫⲏⲕ
[ⲡ]ⲏ ⲉⲧⲉ-ϣⲁϥ-ϫⲱⲕ |
ⲡⲓⲧⲉⲗⲓⲟⲥ ⲉⲃⲟⲗ ϩⲓⲧⲛ̄-ⲛⲁï ⲧⲏⲣ-ⲟⲩ |
ⲡⲁï ⲉⲧ$^{\emptyset}$-ⲉⲓⲛⲉ ϩⲙ̄-ⲙⲁ ⲛⲓⲙ
ⲡⲓϣⲙⲛ̄ⲧ-|ϩⲟⲟⲩⲧ•
ⲁⲕ-ⲁϩⲉⲣⲁⲧ̄-ⲕ• ⲁⲕ-ⲣϣⲟ‖ⲣⲡ̄ⲛ̄-ⲁϩⲉⲣⲁⲧ̄-ⲕ•
ⲁⲕ-ⲡⲱϣ ϩⲙ̄-ⲙⲁ | ⲛⲓⲙ• ⲁⲕ-ϭⲱ ⲉⲕ-ⲉ ⲛ̄-ⲟⲩⲁ•

[11] Quintet πεντάς [12] Perfect τέλειος, -α, -ον

ⲁⲩⲱ | ⲛⲏ ⲉⲧ-ⲁⲕ-ⲟⲩⲁϣ-ⲟⲩ ⲁⲕ-ⲛⲁϩⲙ-ⲟⲩ• | ⲕ-ⲟⲩⲱϣ ⲇⲉ ⲉ-∅ⲧⲣⲉⲩ-ⲛⲟⲩϩⲙ̄ | ⲛ̄ϭⲓ-ⲛⲏ ⲧⲏⲣ-ⲟⲩ ⲉⲧ∅-ⲙⲡϣⲁ•
ⲛ̄ⲧ̄ⲕ-||ⲟⲩⲧⲉⲗⲓⲟⲥ• ⲛ̄ⲧ̄ⲕ-ⲟⲩⲧⲉⲗⲓⲟⲥ• | ⲛ̄ⲧ̄ⲕ-ⲟⲩⲧⲉⲗⲓⲟⲥ•

ϯϣⲟⲣⲡ̄ | ⲛ̄-ⲥⲧⲏⲗⲏ ⲛ̄ⲧⲉ-ⲥ̄ⲏ̄ⲑ̄• |

ϯⲙⲉϩ-ⲥ̄ⲛ̄ⲧⲉ ⲛ̄-ⲥⲧⲏⲗⲏ | ⲛ̄ⲧⲉ-ⲥ̄ⲏ̄ⲑ̄• ||

ⲟⲩⲛⲟϭ ⲡⲉ ⲡⲓϣⲟⲣⲡ̄ ⲛ̄ⲛ-ⲉⲱⲛ[13] | ⲙ̄-ⲃ̄ⲁ̄ⲣ̄ⲃ̄ⲏ̄ⲗ̄ⲱ̄ ⲛ̄-ϩⲟⲟⲩⲧ ⲙ̄-ⲡⲁⲣ|ⲑⲉⲛⲟⲥ[14] ⲡⲓϣⲟⲣⲡ̄ ⲛ̄-ⲉⲟⲟⲩ ⲛ̄|ⲧⲉ-ⲡⲓⲱⲧ ⲛ̄-ⲁⲧ-ⲛⲁⲩ ⲉⲣⲟ-ϥ•
ⲧⲏ | ⲉⲧⲟⲩ-ⲙⲟⲩⲧⲉ ⲉⲣⲟ-ⲥ ϫⲉ-∅ⲧⲉ||ⲗⲓⲟⲥ ⲛ̄ⲧⲟ ⲁ∅-ⲛⲁⲩ ⲛ̄ϣⲟⲣⲡ̄ ⲉ-|ⲡⲓⲟⲛⲧⲱⲥ ⲉⲧ∅-ϣⲟⲟⲡ ⲛ̄ϣⲟ|ⲣⲡ̄ ϫⲉ-ⲟⲩⲁⲧ-ⲟⲩⲥⲓⲁ[15] ⲡⲉ•
ⲁⲩⲱ | ⲉⲃⲟⲗ ⲙ̄ⲙⲟ-ϥ ⲁⲩⲱ ⲉⲃⲟⲗ ϩ̄ⲓⲧⲟ|ⲟⲧ̄-ϥ ⲁⲣⲉ-ϣⲱⲡⲉ ⲛ̄ϣⲟⲣⲡ̄ || ϩ̄ⲛ-ⲟⲩⲙ̄ⲛ̄ⲧ̄-ϣⲁ-ⲉⲛⲉϩ•
ϯⲁⲧ-ⲟⲩ|ⲥⲓⲁ ⲉⲃⲟⲗ ϩ̣[ⲛ]-ⲟⲩⲁ ⲛ̄-ⲁⲧ-ⲡⲱϣ | ⲛ̄-ϣⲙ̄ⲧ̄-[ϭⲟ]ⲙ
ⲛ̄ⲧⲉ-ⲟⲩϣ̄ⲙ̄ⲧ̄-|ϭⲟ̣ⲙ•
ⲛ̄ⲧ̣[ⲉ-ⲟⲩ]ⲙⲟⲛⲁⲥ[16] ⲉ-ⲛⲁⲁ-ⲥ | ⲉⲃⲟⲗ ϩ̣ⲛ̄-[ⲟⲩⲙ]ⲟ̣ⲛⲁⲥ ⲉⲥ-ⲧ̄ⲃ̄-ⲃ[ⲏⲩ]• * *122:1
ⲛ̄ⲧⲉ-ⲟ̣ⲩⲙ[ⲟ]ⲛⲁⲥ ⲉⲥ-ⲥⲟⲧ̄ⲡ̄•
ϯ|ϣⲟⲣⲡ̄ ⲛ̄-ϩⲁⲉⲓ̣ⲃ̣[ⲉ]ⲥ ⲛ̄ⲧ̣ⲉ-ⲡⲓⲱⲧ | ⲉⲧ∅-ⲟ[ⲩ]ⲁ̣ⲁⲃ ⲟⲩⲟ̣ⲉ[ⲓⲛ] ⲉⲃⲟⲗ | ϩ̄ⲛ-ⲟⲩⲟⲉⲓⲛ
[ⲧ̄ⲛ]-ⲥⲙⲟⲩ ⲉ̣ⲣⲟ-∅• ||
ϯⲣⲉϥ-ϫⲡⲉ-∅ⲧⲉⲗ[ⲓⲟ]ⲥ ϯ-ⲣⲉϥ-ϯ-|∅ⲉⲱⲛ
ⲛ̄ⲧⲟ ⲁⲣⲉ̣-[ⲛⲁ]ⲩ ⲉ-ⲛⲓϣⲁ-|ⲉⲛⲉϩ ϫⲉ-ϩⲉⲛⲉⲃ[ⲟ]ⲗ̣ ϩ̄ⲛ-ⲟⲩϩⲁⲉⲓ|ⲃⲉ ⲛⲉ•
ⲁⲩⲱ ⲁⲣⲉ-ϯ-∅ⲏⲡⲉ• ⲁⲩⲱ | ⲁⲣⲉ-ϭⲓⲛⲉ ⲙⲉⲛ• ⲁⲣⲉ-ϭⲱ ⲉⲣⲉ-ⲉ ⲛ̄-||ⲟⲩⲉ̄ⲓ̄ ⲉⲣⲉ-ϯ-∅ⲏⲡⲉ ⲇⲉ ⲉ-∅ⲡⲱϣⲉ•
ⲛ|ⲧⲟ-ⲟⲩϣⲙ̄ⲧ̄-ⲕⲱⲃ• ⲧⲉ-ⲕⲏⲃ ⲛⲁⲙⲉ | ⲛ̄ϣⲙ̄ⲛ̄ⲧ̄-ⲥⲟⲡ•
ⲛ̄ⲧⲉ-ⲟⲩⲉⲓ ⲙⲉⲛ | ⲛ̄ⲧⲉ-ⲡⲓⲟⲩⲁ• ⲁⲩⲱ ⲛ̄ⲧⲟ-ⲉⲃⲟⲗ ϩ̄ⲛ-|ⲟⲩϩⲁⲉⲓⲃⲉⲥ ⲛ̄ⲧⲁ-ϥ•
ⲛ̄ⲧⲉ-ⲟⲩⲕ̄ⲗ̄ⲥ̄•[17] || ⲛ̄ⲧⲉ-ⲟⲩⲕⲟⲥⲙⲟⲥ ⲛ̄ⲧⲉ-ⲡⲥⲟⲟⲩⲛ |
ⲉⲣⲉ-ⲉⲓⲙⲉ ⲉ-ⲛⲁ-ⲡⲓⲟⲩⲁ ϫⲉ-ϩⲉⲛⲉ|ⲃⲟⲗ ϩ̄ⲛ-ⲟⲩϩⲁⲉⲓⲃⲉⲥ ⲛⲉ•
ⲁⲩⲱ ⲛⲁϊ | ⲥⲉ-ⲛ̄ⲧⲉ-∅ ⲙ̄ⲙⲁⲩ ϩ̄ⲙ-ⲡϩⲏⲧ•
ⲉⲧⲃⲉ-|ⲛⲁϊ ⲁⲣⲉ-ϯ-∅ϭⲟⲙ ⲛ̄-ⲛⲓϣⲁ-ⲉⲛⲉϩ || ϩ̄ⲛ-ϯⲙ̄ⲛ̄ⲧ̄-ⲟⲩⲥⲓⲁ•

[13] Realm, eternity, eternal realm αἰών [14] Virgin παρθένος [15] Existence οὐσία
[16] Unit μονάς [17] Concealed ⲕ̄ⲗ̄ⲥ̄, abbreviation for καλυπτός, -ή, -όν

ⲁ$^{\emptyset}$-ϯ-$^{\emptyset}$ϭⲟⲙ ⲛ̅-ϯ̣|ⲙⲛ̅ⲧ̅-ⲛⲟⲩⲧⲉ ϩⲛ̅-ϯⲙⲛ̅ⲧ̅-ⲱⲛ̅ϩ̅• |

ⲁⲣⲉ-ϯ-$^{\emptyset}$ϭⲟⲙ ⲛ̅-ϯⲙⲛ̅ⲧ̅-ⲉⲓⲙⲉ ϩⲛ̅-|ϯⲙⲛ̅ⲧ̅-ⲁⲅⲁⲑⲟⲥ•

ϩⲛ̅-ϯⲙⲛ̅ⲧ̅-|ⲙⲁⲕⲁⲣⲓⲟⲥ[18] ⲁⲣⲉ-ϯ-$^{\emptyset}$ϭⲟⲙ ⲛ̅-ⲛⲓϩⲁ||ⲉⲓⲃⲉ ⲉⲧ$^{\emptyset}$-ⲱⲧ̅ϩ̅ ⲉⲃⲟⲗ ϩⲙ̅-ⲡⲓⲟⲩⲁ• | ⲁ$^{\emptyset}$-ϯ-$^{\emptyset}$ϭⲟⲙ ⲙ̅-ⲡⲁⲓ̈ ϩⲛ̅-ϯⲙⲛ̅ⲧ̅-ⲉⲓⲙⲉ• |

ⲁ$^{\emptyset}$-ϯ-$^{\emptyset}$ϭⲟⲙ ⲛ̅-ⲕⲉⲟⲩⲁ ϩⲛ̅-ⲟⲩⲧⲁ|ⲙⲓⲟ•

ⲁ$^{\emptyset}$-ϯ-$^{\emptyset}$ϭⲟⲙ ⲙ̅-ⲡⲏ ⲉⲧ$^{\emptyset}$-ϣⲏϣ | ⲙⲛ̅-ⲡⲏ ⲉⲧⲉ-ⲛ̅-ϥ-ϣⲏϣ ⲁⲛ ⲡⲏ || ⲉⲧ$^{\emptyset}$-ⲉⲓⲛⲉ ⲙⲛ̅-ⲡⲏ ⲉⲧⲉ-ⲛ̅-ϥ̅-ⲓⲛⲉ | ⲁⲛ•

ⲁ$^{\emptyset}$-ϯ-$^{\emptyset}$ϭⲟⲙ ϩⲛ̅-ⲟ[ⲩ]ⲭⲡⲟ ⲙⲛ̅-|ϩⲉⲛⲉⲓⲇⲟⲥ[19] ϩⲙ̅-ⲡⲏ̣ [ⲉⲧ$^{\emptyset}$]-ϣⲟⲟⲡ | ϣⲁ-ϩⲉⲛⲕⲟⲟⲩⲉ̣.[..]ⲩⲱ ⲉ̣|[.].ⲁⲓ̈ ⲙⲛ̅-ⲟⲩⲭ̣[ⲡⲟ•

*123:1 ⲁ$^{\emptyset}$-ϯ]-$^{\emptyset}$ϭⲟⲙ ⲛ̅-*ⲛⲁⲓ̈• ⲡⲁⲓ̈ ⲡⲉ ⲡⲓⲕ̣ⲁ̣ⲥ [ⲉ]ⲧ$^{\emptyset}$-ⲙ̅ⲙ̣ⲁⲩ | ϩⲙ̣̅-ⲫⲏⲧ•

[ⲁ]ⲩⲱ [ⲁ]ⲣⲉ-ⲉⲓ ⲉⲃ̣[ⲟ]ⲗ ϣⲁ-|ⲛ̣ⲁ̣ⲓ̣̈ ⲁⲩⲱ̣ [ⲉⲃ]ⲟ̣ⲗ [ϩ]ⲛ-ⲛⲁⲓ̈•

ϣⲁ̣ⲣⲉ-ⲡⲱϣ | ⲉϩⲣⲁ̣[ⲓ̈ ⲉ]ⲭ̣ⲱ-ⲟ̣ⲩ•

[ⲁ]ⲩ̣ⲱ ϣⲁⲣⲉ-ϣⲱ||ⲡⲉ ⲛ̅-ⲟ̣ⲩⲡⲣⲱ[ⲧⲟ]ⲫⲁⲛⲏⲥ[20] ⲛ̅-ⲛⲟϭ | ⲛ̅-ϩⲟⲟⲩⲧ ⲛ̅-ⲛ̣[ⲟ]ⲩⲥ•

ⲡⲓⲛⲟⲩⲧⲉ | ⲛ̅-ⲉⲓⲱⲧ ⲡⲓⲁⲗ[ⲟ]ⲩ̣ ⲛ̅-ⲛⲟⲩⲧⲉ ⲡⲓ|ⲣⲉϥ-ⲭⲡⲉ-$^{\emptyset}$ⲏⲡⲉ•

ⲕⲁⲧⲁ-ⲟⲩⲡⲱϣ | ⲛ̅-ⲛⲓⲟⲛⲧⲱⲥ ⲉⲧ$^{\emptyset}$-ϣⲟⲟⲡ ⲧⲏⲣ-ⲟⲩ || ⲁⲕ-ⲟⲩⲱⲛ̅ϩ̅ ⲉⲃⲟⲗ ⲛⲁ-ⲩ ⲧⲏⲣ-ⲟⲩ ⲛ̅-|ⲟⲩϣⲁⲭⲉ•

ⲁⲩⲱ ⲟⲩⲛ̅ⲧⲁ-ⲕ ⲙ̅ⲙⲁⲩ | ⲛ̅-ⲛⲁⲓ̈ ⲧⲏⲣ-ⲟⲩ ϩⲛ̅-ⲟⲩⲙⲛ̅ⲧ̅-ⲁⲧ-ⲙⲓ|ⲥⲉ ⲙⲛ̅-ⲟⲩⲙⲛ̅ⲧ̅-ϣⲁ-ⲉⲛⲉϩ ⲁⲧ|ⲭⲛⲉ-ⲟⲩⲧⲁⲕⲟ•

ⲉⲧⲃⲏⲏⲧ-ⲉ ⲁϥ-ⲓ || ϣⲁⲣⲟ-ⲛ ⲛ̅ϭⲓ-ⲡⲓⲟⲩⲭ̣ⲁⲓ̈•

ⲉⲃⲟⲗ ⲙ̅|ⲙⲟ-$^{\emptyset}$ ⲡⲉ ⲡⲓⲟⲩⲭ̣ⲁⲓ̈•

ⲛ̅ⲧⲟ-ⲟⲩⲥⲟ|ⲫⲓⲁ•[21]

ⲛ̅ⲧⲉ-ⲟⲩⲅⲛⲱⲥⲓⲥ•[22]

ⲛ̅ⲧⲟ | ⲡⲉ ϯ-ⲙⲛ̅ⲧ-ⲙⲉ•

ⲉⲧⲃⲏⲧ-ⲉ ⲡⲉ ⲡⲓ|ⲱⲛ̅ϩ̅• ⲉⲃⲟⲗ ⲙ̅ⲙⲟ-$^{\emptyset}$ ⲡⲉ ⲡⲓⲱⲛ̅ϩ̅• ||

ⲉⲧⲃⲏⲧ-ⲉ ⲡⲉ ⲡⲓⲛⲟⲩⲥ• ⲉⲃⲟⲗ ⲙ̅|ⲙⲟ-$^{\emptyset}$ ⲡⲉ ⲡⲓⲛⲟⲩⲥ•

ⲛ̅ⲧⲟ-ⲟⲩⲛⲟⲩⲥ• | ⲛ̅ⲧⲉ-ⲟⲩⲕⲟⲥⲙⲟⲥ ⲛ̅ⲧⲉ-ϯⲙⲛ̅ⲧ-ⲙⲉ• |

ⲛ̅ⲧⲉ-ⲟⲩϣⲙ̅ⲧ̅-ϭⲟⲙ• ⲛ̅ⲧⲉ-ⲟⲩ|ϣⲙⲛ̅ⲧ̅-ⲕⲱⲃ•

ⲉⲛⲁⲙⲉ ⲧⲉ-ⲕⲏⲃ || ⲛ̅ϣⲟⲙⲉⲧ ⲛ̅-ⲥⲟⲡ ⲡⲉⲱⲛ ⲛ̅|ⲧⲉ-ϩⲉⲛⲉⲱⲛ•

ⲛ̅ⲧⲟ ⲙ̅ⲙⲁⲧⲉ | ⲉⲧ$^{\emptyset}$-ⲛⲁⲩ ϩⲛ̅-ⲟⲩⲧ̅ⲃ̅ⲃⲟ ⲉ-ⲛⲓϣⲟ|ⲣ̅ⲡ ϣⲁ-ⲉⲛⲉϩ ⲙⲛ̅-ⲛⲓⲁⲧ-ⲙⲓⲥⲉ | ⲛ̅ϣⲟⲣ̅ⲡ ⲇⲉ ⲙ̅-ⲡⲱϣⲉ ⲕⲁⲧⲁ-||ⲑⲉ ⲛ̅ⲧ-ⲁⲩ-ⲡⲟϣ-ⲉ•

ϩⲟⲧⲡ̅-ⲛ | ⲕⲁⲧⲁ-ⲑⲉ ⲛ̅ⲧ-ⲁⲩ-ϩⲟⲧⲡ-ⲉ•

ⲙⲁ-|ⲧⲁ̣ⲙⲟ-ⲛ [ⲉ]-ⲛ̣ⲏ ⲉⲧⲉ-ⲛⲁⲩ ⲉⲣⲟ-|ⲟ̣ⲩ•

[18] Blessed μακάριος, -α, -ον [19] Intelligible form εἶδος [20] First-manifest πρωτοφανής, -ες [21] Wisdom σοφία [22] Knowledge, personal knowledge, acquaintance γνῶσις

ϯ-∅ϭ̣ⲟⲙ [ⲛ]ⲁ̣-ⲛ ϩ̅ⲓⲛⲁ ϫⲉ-ⲉⲛⲉ-*ⲛⲟⲩϩ̅ⲙ ⲉ[ϩ]ⲣⲁï ⲉ-ⲩⲱⲛ̅ϩ ⲛ̅-ϣⲁ-ⲉ|ⲛⲉϩ *124:1
ϫ̣ⲉ-[ⲁ]ⲛⲟ̣[ⲛ ⲁ]ⲛⲟⲛ̣-ⲟⲩϩⲁⲉⲓ|ⲃⲉⲥ ⲛ̅[ⲧ]ⲉ-∅•
ⲕⲁⲧⲁ̣-ⲑⲉ̣ [..].ⲉⲧⲉ-ⲛ̣̅|ⲧⲉ-ⲟⲩⲁϩⲉⲓⲃ[ⲉⲥ ⲛ̅]ⲧⲉ̣-ⲡ̣[ⲏ ⲉ]ⲧ̣∅-ⲣ̅||ϣⲣ̅ⲡ̅ⲛ̅-ϣⲟⲟⲡ̣ [ⲛ̅]ϣⲟⲣ̅ⲡ ⲥ̣ⲱⲧ̅ⲙ | ⲉⲣⲟ-ⲛ ⲛ̅ϣⲟⲣ̅ⲡ•
[ⲁⲛ]ⲟⲛ-ϩⲉⲛϣⲁ-|ⲉⲛⲉϩ• ⲥⲱⲧ̅ⲙ ⲉⲣ̣[ⲟ]-ⲛ ϩⲁ-ⲛⲓⲕⲁⲧⲁ-|ⲟⲩⲁ ⲛ̅-ⲧⲉⲗⲓⲟⲥ•
ⲛ̅ⲧⲟ ⲡⲉ ⲡⲓⲁⲓ|ⲱⲛ ⲛ̅ⲧⲉ-ϩⲉⲛⲁⲓⲱⲛ ϯⲡⲁⲛⲧⲉ||ⲗⲓⲟⲥ[23] ⲉⲧ∅-ⲕⲏ ϩ̅ⲓ-ⲟⲩⲙⲁ•

ⲁ∅-ⲥⲱⲧ̅ⲙ• | ⲁ∅-ⲥⲱⲧ̅ⲙ•
ⲁ∅-ⲛⲟⲩϩ̅ⲙ• ⲁ∅-ⲛⲟⲩϩ̅ⲙ• |
ⲧ̅ⲛ-ϣ̅ⲡ-∅ϩⲙⲟⲧ• ⲧ̅ⲛ-ⲥⲙⲟⲩ ⲛ̅ⲟⲩⲟ|ⲉⲓϣ ⲛⲓⲙ• ⲉⲛⲉ-ϯ-∅ⲉⲟⲟⲩ ⲛⲉ-∅• |

ϯⲙⲉϩ-ⲥ̅ⲛⲧⲉ ⲛ̅-ⲥⲧⲏⲗⲏ || ⲛ̅ⲧⲉ-ⲥ̅ⲏ̅ⲑ• |

ⲧⲙⲉϩ-ϣⲟⲙⲧⲉ ⲛ̅-ⲥⲧⲏⲗⲏ• |

ⲧ̅ⲛ-ⲣⲁϣⲉ• ⲧ̅ⲛ-ⲣⲁϣⲉ• ⲧ̅ⲛ-ⲣⲁϣⲉ• |
ⲁⲛ-ⲛⲁⲩ• ⲁⲛ-ⲛⲁⲩ• ⲁⲛ-ⲛⲁⲩ ⲉ-ⲡⲏ | ⲉⲧ∅-ⲣϣ̅ⲣ̅ⲡ̅ⲛ̅-ϣⲟⲟⲡ ⲟⲛⲧⲱⲥ ⲉϥ-||ϣⲟⲟⲡ ⲟⲛⲧⲱⲥ ⲉϥ-ϣⲟⲟⲡ•
ⲡⲓ|ϣⲟⲣ̅ⲡ ⲛ̅-ϣⲁ-ⲉⲛⲉϩ ⲡⲓⲁⲧ-ⲙⲓ|ⲥⲉ•
ⲉⲃⲟⲗ ⲙ̅ⲙⲟ-ⲕ ⲛⲉ ⲛⲓϣⲁ-ⲉⲛⲉϩ | ⲙ̅ⲛ-ⲛⲓⲁⲓⲱⲛ ⲛⲓⲡⲁⲛⲧⲉⲗⲓⲟⲥ | ⲉⲧ∅-ⲕⲏ ϩ̅ⲓ-ⲟⲩⲙⲁ ⲙ̅ⲛ-ⲛⲓⲕⲁⲧⲁ-||ⲟⲩⲁ ⲛ̅-ⲧⲉⲗⲓⲟⲥ•
ⲧ̅ⲛ-ⲥⲙⲟⲩ ⲉ|ⲣⲟ-ⲕ ⲡⲓⲁⲧ-ⲟⲩⲥⲓⲁ ϯϩⲩⲡⲁⲣⲝⲓⲥ[24] | ⲉⲧ∅-ϩⲁⲑⲏ ⲛ̅-ϩⲉⲛϩⲩⲡⲁⲣⲝⲓⲥ | ϯϣⲟⲣ̅ⲡ ⲛ̅-ⲟⲩⲥⲓⲁ ⲉⲧ∅-ϩⲁⲑⲏ | ⲛ̅-ϩⲉⲛⲟⲩⲥⲓⲁ ⲡⲓⲱⲧ ⲛ̅ⲧⲉ-||ϯⲙⲛ̅ⲧ-ⲛⲟⲩⲧⲉ ⲙ̅ⲛ-ϯⲙⲛ̅ⲧ-|ⲱⲛ̅ϩ ⲡⲓⲣⲉϥ-ⲧⲁⲙⲓⲉ-∅ⲛⲟⲩⲥ | ⲡⲓⲣⲉϥ-ϯ-∅ⲁⲅⲁⲑⲟⲛ ⲡⲓⲣⲉϥ-ϯ-|∅ⲙⲛ̅ⲧ-ⲙⲁⲕⲁⲣⲓⲟⲥ•
[ⲧ]ⲛ̣̅-ⲥⲙⲟⲩ̣ | ⲉⲣⲟ-ⲕ ⲧⲏⲣ̅-ⲛ ⲡ[ⲓ]ⲣⲉϥ-ⲉ̣ⲓⲙⲉ ϩ̅ⲛ̣-||ⲟⲩⲥⲙⲟⲩ ⲉ-[- - -]ⲩ ⲡⲁï ⲉ*ⲧⲉ-ⲉⲧⲃⲏ̣[ⲏ]ⲧ̅-ϥ ⲡ̣[ⲉ ⲛⲁï] ⲧⲏ̣ⲣ̣-ⲟ̣ⲩ | ⲛ̅ⲧⲉ-[- - -]ⲙ[- - -]ⲱ̣ⲥ |.[- - -]• *125:1
ⲡ̣ⲏ̣ ⲉⲧ∅-ⲉⲓⲙⲉ ⲉⲣⲟ-ⲕ | ⲉⲃⲟ[ⲗ ϩ̅ⲓⲧ]ⲟ̣ⲟⲧ̅-ⲕ̣ [ⲟ]ⲩⲁⲁ-ⲕ•
ⲙ̅ⲙ̅ⲛ-||ⲗⲁⲁⲩ [ⲅ]ⲁⲣ ⲉϥ-ⲣ̅-ⲉ̣[ⲛ]ⲉⲣⲅⲉⲓ[25] ϩⲁⲧⲉⲕ|ⲉϩⲏ•
ⲛ̅ⲧ̅ⲕ-ⲟ̣[ⲩⲡ̅]ⲛ̣̅ⲁ ⲟⲩⲁⲁ-ϥ ⲁⲩⲱ | ⲉϥ-ⲟⲛ̅ϩ•
ⲁⲩⲱ [ⲕ]-ⲥⲟⲟⲩⲛ ⲉ-ⲟⲩⲁ | ϫⲉ-ⲡⲓⲟⲩⲁ ⲉⲧ̅∅̅-ⲛⲧⲁ-ⲕ ⲛ̅ⲥⲁⲥⲁ ⲛⲓⲙ | ⲙ̅ⲙ̅ⲛ-∅ϭⲟⲙ ⲙ̅ⲙⲟ-ⲛ ⲉ-∅ϫⲟⲟ-ϥ•

[23] Wholly perfect παντέλειος, -ον [24] Reality ὕπαρξις [25] Be active ἐνεργεῖν

ϥ-ⲣ̄-∅ⲟⲩ||ⲟⲉⲓⲛ ⲅⲁⲣ ⲉϩⲣⲁï ⲉϫⲱ-ⲛ ⲛ̄ϭⲓ-ⲡⲉⲕ|ⲟⲩⲟⲉⲓⲛ•
ⲟⲩⲉϩ-∅ⲥⲁϩⲛⲉ ⲛⲁ-ⲛ ϫⲉ|ⲕⲁⲁⲥ ⲉⲛ-ⲁ-ⲛⲁⲩ ⲉⲣⲟ-ⲕ ϫⲉⲕⲁⲁⲥ | ⲉⲛⲉ-ⲛⲟⲩϩ̄ⲙ•
ⲧⲉⲕⲅⲛⲱⲥⲓⲥ ⲛ̄|ⲧⲟⲥ ⲡⲉ ⲡⲉⲛⲟⲩϫⲁï ⲧⲏⲣ̄-ⲛ̄•
ⲟⲩ||ⲉϩ-∅ⲥⲁϩⲛⲉ• ⲉⲕϣⲁⲛ-ⲟⲩⲉϩ-∅ⲥⲁϩ|ⲛⲉ ⲁⲛ-ⲛⲟⲩϩ̄ⲙ•
ⲉⲛⲁⲙⲉ ⲁⲛ-ⲛⲟⲩ|ϩ̄ⲙ•
ⲁⲛ-ⲛⲁⲩ ⲉⲣⲟ-ⲕ ϩ̄ⲛ-ⲟⲩⲛⲟⲩⲥ• |
ⲛ̄ⲧⲟⲕ ⲡⲉ ⲛⲁï ⲧⲏⲣ-ⲟⲩ•
ϣⲁⲕ-ⲛⲟⲩ|ϩ̄ⲙ ⲅⲁⲣ ⲛ̄-ⲛⲁï ⲧⲏⲣ-ⲟⲩ ⲡⲏ ⲉⲧⲉ-||ⲛ̄ⲛⲁⲩ-ⲛⲁϩⲙ-ⲉϥ ⲁⲛ•
ⲟⲩⲇⲉ ⲙ̄ⲡⲉϥ-|ⲛⲟⲩϩ̄ⲙ ⲉⲃⲟⲗ ϩ̄ⲓⲧⲟⲟⲧ-ⲟⲩ•
ⲛ̄|ⲧⲟⲕ ⲅⲁⲣ ⲁⲕ-ⲟⲩⲉϩ-∅ⲥⲁϩⲛⲉ ⲛⲁ-ⲛ• |
ⲛ̄ⲧ̄ⲕ-ⲟⲩⲁ• ⲛ̄ⲧ̄ⲕ-ⲟⲩⲁ ⲕⲁⲧⲁ-ⲡⲣⲏ|ⲧⲉ ⲉⲧⲉ-ⲟⲩⲛ̄-ⲟⲩⲁ ⲛⲁ-ϫⲟⲟ-ⲥ ⲉ||ⲣⲟ-ⲕ ϫⲉ-ⲛ̄ⲧ̄ⲕ-ⲟⲩⲁ•
ⲛ̄ⲧ̄ⲕ-ⲟⲩⲡ̄ⲛ̄ⲁ̄ | ⲛ̄-ⲟⲩⲱⲧ ⲉϥ-ⲟⲛ̄ϩ•
ⲉⲛ-ⲛⲁ-ϯ-∅ⲣⲁⲛ | ⲉⲣⲟ-ⲕ ⲛ̄ⲁϣ ⲛ̄-ϩⲉ• ⲛ̄-ϥ-ⲛ̄ⲧⲁ-ⲛ ⲙ̄|ⲙⲁⲩ ⲁⲛ•
ⲛ̄ⲧⲟⲕ ⲅⲁⲣ ⲡⲉ ϯϩⲩ|ⲡⲁⲣⲝⲓⲥ ⲛ̄ⲧⲉ-ⲛⲁï ⲧⲏⲣ-ⲟⲩ• ||
ⲛ̄ⲧⲟⲕ ⲡⲉ ⲡⲱⲛ̄ϩ ⲛ̄ⲧⲉ-ⲛⲁï | ⲧⲏⲣ-ⲟⲩ•
ⲛ̄ⲧⲟⲕ ⲡⲉ ⲡⲛⲟⲩⲥ | ⲛ̄ⲧⲉ-ⲛ[ⲁï] ⲧⲏⲣ-ⲟⲩ•
*126:1 ⲛ̄ⲧⲟⲕ | [ⲉⲧⲉ-ⲛⲁï] ⲧⲏ[ⲣ-ⲟ]ⲩ ⲧⲉⲗⲏⲗ ⲛⲁ-ⲕ• *
ⲛ̄ⲧⲟⲕ ⲁⲕ-ⲟⲩⲉϩ-∅ⲥⲁϩ[ⲛ]ⲉ ⲛ̄-ⲛⲁï | ⲧⲏⲣ-[ⲟ]ⲩ̣ ⲉ-[..]... ⲟⲩ[.].ϩ̄ⲙ-ⲡⲉⲕ̣|ϣⲁ[....]..[.]ⲙ̣[..]ⲉ..[....]ⲙ̣ | ⲙ̄ⲙ[ⲟ-ⲟ]ⲩ ⲡⲓⲉ̣ⲟ̣ⲟ[ⲩ - - -]ⲧ || ⲉⲧ∅-ϩⲁϫⲱ-ϥ• [ⲡⲓⲕ]ⲗ̄ⲥ̄ ⲙ-ⲙ̣[ⲁ]ⲕⲁⲣⲓ|ⲟⲥ ⲥ̄ⲏ̄ⲛ̄ⲁ̄ⲱ̄ⲛ̄ [....]ⲟ ⲉⲃⲟⲗ | ⲙ̄ⲙⲟ-ϥ ⲟⲩⲁⲁ-[ϥ]•
[..]ⲛ̄ⲉ̄ⲩ̄ •
..ⲉ|ⲫⲛⲉⲩ•
ⲟ̄ⲡ̄ⲧ̄ⲁ̄ϣ̣̄ⲛ̄•
ⲉ̄ⲗ̄ⲉ̄ⲙ̄ⲁ̄ϣ̄ⲛ̣̄ | ⲡⲓⲛⲟϭ ⲛ̄-ϭⲟⲙ•
ⲉ̄ⲙ̄ⲟ̄ⲩ̄ⲛ̄ⲓ̄ⲁ̄ⲣ̄• ||
ⲛ̄ⲓ̄ⲃ̄ⲁ̄ⲣ̄ⲉ̄ⲩ̄•
ⲕⲁⲛⲇⲏⲫⲟⲣⲉ•
ⲁ̄ⲫ̄ⲣ̄ⲏ̄|ⲇ̄ⲱ̄ⲛ̄•
ⲇ̄ⲏ̄ï̄ⲫ̄ⲁ̄ⲛ̄ⲉ̄ⲩ̄ⲥ̄•
ⲛ̄ⲧⲟⲕ | ⲉⲧ∅-ⲉ ⲛ̄-ⲁⲣⲙⲏⲇⲱⲛ <ⲛ̄>-ⲛⲁï[26] ⲡⲓⲣⲉϥ-ϫⲡⲉ-|∅ϭⲟⲙ ⲑ̄ⲁ̄ⲗ̄ⲗ̄ⲁ̄ⲛ̄ⲁ̄ⲑ̄ⲉ̄ⲩ̄ ⲁ̄ⲛ̄ⲧ̄ⲓ̄ⲑ̄ⲉ̄ⲩ̄ⲥ̄• |

[26] <ⲛ-> omitted by the ancient copyist

ⲛ̄ⲧⲟⲕ ⲉⲧ∅-ϣⲟⲟⲡ ⲛ̄ϩⲣⲁï ⲛ̄ϩⲏ||ⲧ̄-̄ⲕ ⲙⲁⲩⲁⲁ-ⲕ•

ⲛ̄ⲧⲟⲕ ⲉⲧ∅-ϩⲁϫⲱ-ⲕ | ⲙⲁⲩⲁⲁ-ⲕ• ⲁⲩⲱ ⲙ̄ⲙ̄ⲛ̄ⲛ̄ⲥⲱ-ⲕ | ⲙ̄ⲡⲉ-ⲗⲁⲁⲩ ⲉ̄ⲓ̄ ⲉⲩ-ⲉⲛⲉⲣⲅⲉⲓ• ⲉⲛ-|ⲛⲁ-ⲥⲙⲟⲩ ⲉⲣⲟ-ⲕ ⲛ̄ⲟⲩ• ⲙ̄ⲙ̄ⲛ̄-| ∅ϭⲟⲙ ⲙ̄ⲙⲟ-ⲛ•

ⲁⲗⲗⲁ ⲧ̄ⲛ̄-ϣ̄ⲡ̄-∅ϩⲙⲟⲧ || ϩⲱⲥ ⲉⲛ-ⲑⲉⲃⲓⲏⲩ ⲛⲁ-ⲕ

ϫⲉ-ⲁⲕ-|ⲟⲩⲉϩ-∅ⲥⲁϩⲛⲉ ⲛⲁ-ⲛ ϩⲁ-ⲡⲏ ⲉⲧ∅-|ⲥⲟⲧ̄ⲡ̄ ⲉ-∅ϯ-∅ⲉⲟⲟⲩ ⲛⲁ-ⲕ ⲕⲁⲧⲁ-|ⲑⲉ ⲉⲧⲉ-ⲟⲩⲛ̄-ϣϭⲟⲙ ⲙ̄ⲙⲟ-ⲛ• |

ⲧ̄ⲛ̄-ⲥⲙⲟⲩ ⲉⲣⲟ-ⲕ ϫⲉ-ⲁⲛ-ⲛⲟⲩ||ϩ̄ⲙ̄ ⲛ̄ⲟⲩⲟⲉⲓϣ ⲛⲓⲙ ⲉⲛ-ϯ-∅ⲉⲟ|ⲟⲩ ⲛⲁ-ⲕ•

ⲉⲧⲃⲉ-ⲡⲁï ⲉⲛⲉ-ϯ-|∅ⲉⲟⲟⲩ ⲛⲁ-ⲕ ϫⲉⲕⲁⲁⲥ ⲉⲛⲉ-ⲛⲟⲩ|ϩ̄ⲙ̄ ⲉ-ⲩⲟⲩϫⲁï ⲛ̄-ϣⲁ-ⲉⲛⲉϩ• |

ⲁⲛ-ⲥⲙⲟⲩ ⲉⲣⲟ-ⲕ ϫⲉ-ⲟⲩⲛ̄-ϣϭⲟⲙ || ⲙ̄ⲙⲟ-ⲛ•

ⲁⲛ-ⲛⲟⲩϩ̄ⲙ̄ ϫⲉ-ⲛ̄ⲧⲟⲕ | ⲁⲕ-ⲟⲩⲱϣ ⲛ̄ⲟⲩⲟⲉ[ⲓ]ϣ̣ ⲛⲓⲙ• |

ⲉⲛ-ⲉⲓⲣⲉ ⲙ̄-ⲡⲁï ⲧⲏⲣ̄-ⲛ̣̄• [ⲉ]ⲛ-ⲉⲓⲣ̣[ⲉ] | ⲙ̄-ⲡⲁï ⲧⲏⲣ̄-ⲛ̄•

. [.]ⲉⲛ[- - -] | ⲁⲛ ⲉⲃⲟⲗ ϩ̄ⲓ̄ⲧ̄ⲛ̣̄-[- - -]*[- - -]ⲁ̣ⲛϩⲱ̣[- - -]| [- - -]. .[- - -]|. [- - -]ⲱⲛ ⲉⲛ[.]ⲁ̣ⲛⲙ|. [- - -]. ⲓⲁ *127:1

ⲡⲏ ⲉⲧ-ⲁϥ-||ⲛ[- - -] ⲁⲛⲟⲛ ⲙ̄ⲛ̄-ⲛⲏ | ⲉϯ̣-[.]. . .[. . . .]•

ⲡⲏ ⲉⲧ∅-ⲛⲁ-ⲉⲓⲣⲉ | ⲙ̄-ⲡ̣ⲙⲉⲉⲩⲉ̣ [ⲛ̄]-ⲛⲁï ⲁⲩⲱ ⲛ̄ϥ-ϯ-|∅ⲉⲟⲟⲩ ⲛ̄ⲟⲩⲟⲉⲓϣ ⲛⲓⲙ ⲉϥⲉ-|ϣⲱⲡⲉ ⲛ̄-∅ⲧⲉⲗⲓⲟⲥ ϩ̄ⲛ̄-ⲛⲓⲧⲉⲗⲓⲟⲥ || ⲁⲩⲱ ⲛ̄ⲛ-∅ⲁⲧ-ϣ̄ⲡ̄-∅ⲙ̄ⲕⲁϩ ⲥⲁⲃⲟⲗ | ⲛ̄-ϩⲱⲃ ⲛⲓⲙ ϫⲉ-ⲥⲉ-ⲥⲙⲟⲩ ⲧⲏ|ⲣ-ⲟⲩ ⲉ-ⲛⲁï ⲕⲁⲧⲁ-ⲟⲩⲁ ⲁⲩⲱ ϩ̄ⲓ̄-ⲟⲩ|ⲙⲁ• ⲁⲩⲱ ⲙ̄ⲙ̄ⲛ̄ⲛ̄ⲥⲁ-ⲛⲁï ⲉⲩⲉ-ⲕⲁ-|ⲣⲱ-ⲟⲩ• ⲁⲩⲱ ⲕⲁⲧⲁ-ⲑⲉ ⲛ̄ⲧ-ⲁⲩ-||ⲧⲟϣ-ⲟⲩ ϣⲁⲩ-ⲃⲱⲕ ⲉϩⲣⲁï• ⲙ̄|ⲙ̄ⲛ̄ⲛ̄ⲥⲁ-ⲡⲓⲕⲁ-ⲣⲱ-ϥ ϣⲁⲩ-ⲉ̄ⲓ̄ ⲉⲡⲉ|ⲥⲏⲧ ⲉⲃⲟⲗ ϩ̄ⲛ̄-ϯⲙⲉϩ-ϣⲟⲙⲧⲉ• | ϣⲁⲩ-ⲥⲙⲟⲩ ⲉ-ϯⲙⲁϩ-ⲥ̄ⲛ̄ⲧⲉ | ⲙ̄ⲙ̄ⲛ̄ⲛ̄ⲥⲁ-ⲛⲁï ϯϩⲟⲩⲉⲓⲧⲉ• || ϯϩ̄ⲓ̄ⲏ ⲛ̄-∅ⲃⲱⲕ ⲉϩⲣⲁï ⲡⲉ ϯϩ̄ⲓ̄ⲏ | ⲛ̄-∅ⲉⲓ ⲉⲡⲉⲥⲏⲧ• ⲉⲓⲙⲉ ⲟⲩⲛ[27] | ϩⲁ-ⲛⲏ ⲉⲧ∅-ⲟⲛ̄ϩ̄ ϫⲉ-ⲁⲧⲉⲧ̄ⲛ̄-ϯ-∅ⲙⲉⲉ|ⲧⲉ ⲁⲩⲱ ⲁⲧⲉⲧ̄ⲛ̄-ⲧⲥⲁⲃⲉ-ⲧⲏ|ⲟⲩⲧ̄ⲛ̄ ⲉ-ⲛⲓⲁⲧ-ⲁⲣⲏϫⲛ-ⲟⲩ• ⲁⲣⲓ-||∅ϣⲡⲏⲣⲉ ⲛ̄-ϯⲙ̄ⲛ̄ⲧ-ⲙⲉ ⲉⲧ∅-ⲛ|ϩⲣⲁï ⲛ̄ϩⲏⲧ-ⲟⲩ ⲙ̄ⲛ̄-ⲡⲓⲟⲩⲱⲛ̄ϩ̄ ⲉⲃⲟⲗ• |

ϯϣⲟⲙⲧⲉ ⲛ̄-ⲥⲧⲏⲗⲏ ⲛ̄ⲧⲉ-ⲥ̄ⲏ̄ⲑ̄• |

ⲡⲉïϫⲱⲱⲙⲉ ⲡⲁ-ϯⲙ̄ⲛ̄ⲧ̄-ⲉⲓⲱⲧ | ⲡⲉ• ⲡϣⲏⲣⲉ ⲡⲉⲛⲧ-ⲁϥ-ⲥⲁϩ̄-̄ϥ• || ⲥⲙⲟⲩ ⲉⲣⲟ-ï ⲡⲓⲱⲧ• ϯ-ⲥⲙⲟⲩ | ⲉⲣⲟ-ⲕ ⲡⲓⲱⲧ• ϩ̄ⲛ̄-ⲟⲩⲉⲓⲣⲏⲛⲏ[28] | ϩⲁⲙⲏⲛ•

[27] Accordingly, then οὖν [28] Peace εἰρήνη

The Gospel of Truth

(ANCIENT TITLE UNKNOWN)[1]

MANUSCRIPT: Cairo, Coptic Museum, Nag Hammadi Codex I, pp. 16–43.

PHOTOGRAPHIC FACSIMILES: *Facs. I,* plates 20–47, and *Facs. Intro.,* plates 5*–6*. Michel Malinine et al., *Evangelium Veritatis* (Zürich 1956), plates p. 16–p. 32, p. 37–p. 43.

EDITIONS: Harold W. Attridge and George W. MacRae, in Harold Attridge, ed., *Nag Hammadi Codex I* (Leiden 1985), 1.82–122; Malinine et al., op. cit., 1–60, supplemented by Michel Malinine et al., *Evangelium Veritatis (Supplementum)* (Zürich 1961), 1–21; Tito Orlandi, *Evangelium Veritatis* (Brescia 1992); a collation of the manuscript made in Cairo (1977) by Stephen Emmel[2] has been used for the text printed here.

DIALECT AND SPELLING: Lycopolitan dialect L6. Cf. Attridge-MacRae, in Attridge, op. cit., 59–64; Wolf-Peter Funk, "How Closely Related Are the Subachmimic Dialects?" in *Zeitschrift für ägyptische Sprache und Altertumswissenschaft* 112 (1985) 124–39; Peter Nagel, "Lycopolitan," in *The Coptic Encyclopedia* (New York 1991) 8.151–59.

TRANSLATIONS: Layton, *The Gnostic Scriptures* 250–64; *Nag Hammadi Library in English* 38–51 (H. Attridge and G. W. MacRae); for additional information see also Scholer, *Nag Hammadi Bibliography* and supplements in *Novum Testamentum.*

---

*16:31 *ⲡⲉⲩⲁⲅⲅⲉⲗⲓⲟⲛ[3] ⲛ̄-ⲧ̄ⲙ̄ⲏⲉ ⲟⲩⲧⲉⲗⲏⲗ ⲡⲉ | ⲛ̄-ⲛⲉⲉⲓ ⲛ̄ⲧ-ⲁϩ-ϫⲓ-ⲡⲓϩⲙⲁⲧ ⲁⲃⲁⲗ ϩⲓ̈ⲧⲟⲟⲧ-ϥ̄ | ⲙ̄-ⲡⲓⲱⲧ ⲛ̄ⲧⲉ-ⲧⲙⲏⲉ ⲁ-∅ⲧⲣⲟⲩ-ⲥⲟⲩⲱ̄ⲛ̄-ϥ̄ | ϩⲛ̄-ⲧϭⲁⲙ ⲙ̄-ⲡⲓϣⲉϫⲉ ⲛ̄ⲧ-ⲁϩ-ⲓ̈ ⲉⲃⲁⲗ ϩⲛ̄-‖ⲡⲓⲡⲗⲏⲣⲱⲙⲁ[4] ⲡⲉⲉⲓ ⲉⲧ∅-ϩ̄ⲛ̄-ⲡⲓⲙⲉⲉⲩⲉ | ⲟⲩⲁϩⲁ ⲡⲓⲛⲟⲩⲥ[5] ⲛ̄ⲧⲉ-ⲡⲓⲱⲧ ⲉⲧⲉ-|ⲡⲉⲉⲓ ⲡⲉ-ⲉⲧⲟⲩ-ϣⲉϫⲉ ⲁⲣⲁ-ϥ ϫⲉ-| ⲡⲥⲱⲧⲏⲣ ⲉ-ⲡⲣⲉⲛ ⲙ̄-ⲫⲱⲃ ⲉⲧϥ̄-ⲛⲁ-|ⲉⲉⲓ-ϥ ⲡⲉ ⲁ-ⲡⲥⲱⲧⲉ ⲛ̄-ⲛⲉⲉⲓ ⲛ̄ⲧ-

[1] The modern title was assigned to this work by its first modern editors, Malinine et al. [2] Incorporating notes by George MacRae and Dieter Mueller. His collation base was Malinine et al. [3] Gospel, proclamation εὐαγγέλιον [4] Fullness πλήρωμα [5] Mind, intellect νοῦς

ⲁϩ-ⲣ̅-*∅ⲁⲧ-ⲥⲟⲩⲱⲛ-ⲡⲓⲱⲧ ⲉ-ⲡⲓⲣⲉ̣ⲛ ⲇ̣ⲉ̣ [ⲙ̅]-|ⲡⲉⲩⲁⲅⲅⲉⲗⲓⲟⲛ ⲡⲉ *17:1
ⲡⲟⲩⲱⲛ̅ϩ ⲁ|ⲃⲁⲗ ⲛ̅ⲧⲉ-ϯϩⲉⲗⲡⲓⲥ[6] ⲉ-ⲡϭⲓⲛⲉ ⲡⲉ | ⲛ̅-ⲛⲉⲉⲓ ⲉⲧ∅-ⲕⲱⲧⲉ ⲛ̅ⲥⲱ-ϥ•

ⲉⲡⲓⲇⲏ || ⲡⲧⲏⲣ-ϥ̅ ⲁⲩ-ⲕⲁⲧ-ⲟⲩ ⲛ̅ⲥⲁ-ⲡ-ⲉⲛⲧ-ⲁⲩ-|ⲉⲓ ⲁⲃⲁⲗ ⲛ̅ϩⲏⲧ-ϥ̅ ⲁⲩⲱ ⲛⲉⲣⲉ-ⲡⲧⲏ|ⲣ-ϥ̅ ϩⲓ̈ⲥⲁ ⲛϩⲟⲩⲛ ⲙ̅ⲙⲁ-ϥ ⲡⲓⲁⲧ-ϣⲁ|ⲡ-ϥ̅ ⲛ̅-ⲁⲧ-ⲙⲉⲉⲩⲉ ⲁⲣⲁ-ϥ ⲡⲉⲉⲓ | ⲉⲧ∅-ⲥⲁⲧⲡ̅ ⲁ-ⲙⲉⲩ ⲛⲓⲙ ⲉ-ϯⲙ̅ⲛ̅ⲧ̅-||ⲁⲧ-ⲥⲛ̅ⲟⲩⲱⲛ-ⲡⲓⲱⲧ ⲁⲥ-ⲣ̅-ⲟⲩⲛⲟⲩϣ̅ⲡ̅ | ⲙⲛ̅-ⲟⲩϩ̅ⲣ̅ⲧⲉ• ⲡⲛⲟⲩϣ̅ⲡ̅ ⲇⲉ ⲁϥ-|ⲱ̅ⲣ̅ϫ̣ ⲙ̅ⲡⲣⲏⲧⲉ ⲛ̅-ⲟⲩϩⲗⲁⲥ̅ⲧ̅ⲛ̅ | ⲕⲁⲁⲥⲉ ϫⲉ-ⲛⲉ-ϣ-ⲗⲁⲩⲉ ⲛⲉⲩ | ⲁⲃⲁⲗ• ⲉⲧⲃⲉ-ⲡⲉⲉⲓ ⲁⲥ-ϭⲙ-∅ϭⲁⲙ || ⲛ̅ϭⲓ-ⲧⲡⲗⲁⲛⲏ•[7] ⲁⲥ-ⲣ̅-∅ϩⲱⲃ ⲁ-ϯϩⲩⲗⲏ[8] | ⲛ̅ⲧⲉ-ⲥ ϩⲛ̅ⲛ-ⲟⲩⲡⲉⲧ-ϣⲟⲩⲉⲓⲧ• | ⲉ-ⲙⲡⲉⲥ-ⲥⲟⲩⲱⲛ ⲛ̅-ϯⲧⲙ̅ⲛ̅ⲧ̅-|ⲙⲏⲉ ⲁⲥ-ϣⲱⲡⲉ ϩⲛⲛ-ⲟⲩⲡⲗⲁⲥⲙⲁ[9] | ⲉⲥ-ⲥⲁⲃⲧⲉ ϩⲛ̅-ⲧϭⲁⲙ ϩⲛ̅-ⲟⲩⲙ̅ⲛ̅ⲧ̅-||ⲥⲁⲉⲓⲉ ⲛ̅-ⲧϫⲃ̅ⲃⲓⲱ ⲛ̅-ϯⲧⲙ̅ⲛ̅ⲧ̅-|ⲙⲏⲉ•

ⲡⲉⲉⲓ ϭⲉ ⲛⲉ-ⲩⲑⲃⲃⲓⲟ ⲛⲉ-ϥ | ⲉⲛ ⲡⲉ ⲡⲓⲁⲧ-ϣⲁⲡ̅-ϥ̅ ⲛ-ⲁⲧ-ⲙⲉⲩⲉ | ⲁⲣⲁ-ϥ• ⲛⲉ-ⲟⲩⲗⲁⲁⲩⲉ ⲅⲁⲣ ⲡⲉ ⲡⲓⲛⲟⲩ|ϣ̅ⲡ̅ ⲙⲛ̅-ϯⲃ̅ϣⲉ ⲙⲛ̅-ⲡⲓⲡⲗⲁⲥⲙⲁ || ⲛ̅ⲧⲉ-ⲡϭⲁⲗ ⲉ-ϯⲙ̅ⲛ̅ⲧ̅-ⲙⲏⲉ ⲉⲧ∅-|ⲥⲙ̅ⲁ̅ⲛ̅ⲧ̅ ⲟⲩⲁⲧ-ϣ̅ⲃ̅-ⲥ̅ ⲧⲉ• ⲟⲩⲁⲧ-|ϣⲧⲁⲣ̅ⲧ̅ⲣ̅ ⲧⲉ• ⲟⲩⲁⲧ-ⲥⲁⲉⲓⲁ-ⲥ ⲧⲉ• | ⲉⲧⲃⲉ-ⲡⲉⲉⲓ ⲕⲁⲧⲁⲫⲣⲟⲛⲓ[10] ⲛ̅-ϯ|ⲡⲗⲁⲛⲏ ⲧⲉⲉⲓ ⲧⲉ ⲑⲉ ⲙ̅ⲛ̅ⲧⲉ-ⲥ-||∅ⲛⲟⲩⲛⲉ ⲙ̅ⲙⲉⲩ•

ⲁⲥ-ϣⲱⲡⲉ ϩⲛ̅-|ⲟⲩϩⲗⲁⲥⲧ̅ⲛ̅ ⲉ-ⲡⲓⲱⲧ ⲉⲥ-ϣⲟⲟⲡ | ⲉⲥ-ⲥⲁⲃⲧⲉ ⲛ̅-ϩⲛ̅ⲉⲣⲅⲟⲛ[11] ⲙⲛ̅-ϩⲛ̅|ⲃ̅ϣⲉ ⲙⲛ̅-ϩⲛ̅ϩ̅ⲣ̅ⲧⲉ ϣⲓⲛⲁ[12] ϫⲉ-|ⲁⲃⲁⲗ ϩⲛ̅-ⲛⲉⲉⲓ ⲛ̅ⲥ̅-ⲥⲱⲕ ⲛ̅-ⲛⲁ-||ⲧⲙⲏⲧⲉ ⲛ̅ⲥ̅-ⲣ̅-ⲁⲓⲭⲙⲁⲗⲱⲧⲓⲍⲉ[13] ⲙ̅|ⲙⲁ-ⲩ• ϯⲃ̅ϣⲉ ⲛ̅ⲧⲉ-ϯⲡⲗⲁⲛⲏ ⲛ-ⲉⲥ-|ⲟⲩⲁⲛ̅ϩ ⲁⲃⲁⲗ ⲉⲛ• ⲥ-ⲟⲉⲓ ⲛ̅ⲛ-ⲟⲩ*[. . . .] ⲉⲛ ϩⲁⲧⲙ̅-ⲡⲓⲱⲧ• ϯⲃ̅ϣⲉ *18:1
ⲛ̣̅|ⲧ̣-ⲁⲥ-ϣⲱⲡⲉ ⲉⲛ ϩⲁⲧⲙ̅-ⲡⲓⲱⲧ• ⲉⲓϣ|ⲡⲉ-ⲛ̅ⲧ-ⲁⲥ-ϣⲱⲡⲉ ϭⲉ ⲉⲧⲃⲏⲏⲧ-ϥ̅• | ⲡ-ⲉⲧ∅-ϣⲱⲡⲉ ⲛ̅ⲧⲁϥ ⲛ̅ϩⲏ̅ⲧ̅-ϥ ⲡⲉ ⲡⲓⲥⲁⲩ||ⲛⲉ ⲡⲉⲉⲓ ⲛ̅ⲧ-ⲁϥ-ⲟⲩⲱⲛ̅ϩ ⲁⲃⲁⲗ ϣⲓ|ⲛⲁ ⲛ̅ⲥ̅-ⲃⲱⲗ ⲁⲃⲁⲗ ⲛ̅ϭⲓ-ϯⲃ̅ϣⲉ | ⲁⲩⲱ ⲡⲓⲱⲧ ⲛ̅ⲥⲉ-ⲥⲟⲩⲱⲛ̅-ϥ̅• ⲉⲡⲓⲇⲏ | ⲛ̅ⲧ-ⲁⲥ-ϣⲱⲡⲉ ⲛ̅ϭⲓ-ϯⲃ̅ϣⲉ ϫⲉ-ⲛⲉⲩ-|ⲥⲁⲩⲛⲉ ⲙ̅-ⲡⲓⲱⲧ ⲉⲛ ⲧⲟⲧⲉ ⲉⲩϣⲁⲛ[14]-||ⲥⲟⲩⲱⲛ-ⲡⲓⲱⲧ ⲥ-ⲛⲁ-ϣⲱⲡⲉ ⲉⲛ ϫⲓ|ⲛ̅ϫⲓ-ⲡⲓⲛⲉⲩ ⲛ̅ϭⲓ-ϯⲃ̅ϣⲉ•

ⲡⲉⲉⲓ ⲡⲉⲩ|ⲁⲅⲅⲉⲗⲓⲟⲛ ⲙ̅-ⲡ-ⲉⲧⲟⲩ-ⲕⲱⲧⲉ ⲛ̅|ⲥⲱ-ϥ ⲛ̅ⲧ-ⲁϥ-ⲟⲩⲁⲛ̅ϩ̅-ϥ ⲛ̅-ⲛ-ⲉⲧ∅-|ϫⲏⲕ ⲁⲃⲁⲗ ϩⲓ̈ⲧⲛ̅-ⲛⲓⲙ̅ⲛ̅ⲧ̅-ϣⲁⲛ-ϩⲧⲏ-ϥ || ⲛ̅ⲧⲉ-ⲡⲓⲱⲧ• ⲡⲓⲙⲩⲥⲧⲏⲣⲓⲟⲛ[15] ⲉⲑⲏⲡ | ⲓ̅ⲏ̅ⲥ̅ ⲡⲉⲭ̅ⲣ̅ⲥ̅ ⲡⲉⲉⲓ ⲁⲃⲁⲗ ϩⲓ̈ⲧⲟⲟⲧ-ϥ̅ | ⲁϥ-ⲣ̅-∅ⲟⲩⲁⲉⲓⲛ ⲁ-ⲛ-ⲉⲧ∅-ϩ̅ⲙ̅-ⲡⲕⲉⲕⲉⲓ | ⲁⲃⲁⲗ ϩⲓ̈ⲧⲟⲟⲧ-ⲥ̅ ⲛ̅-ϯⲃ̅ϣⲉ• ⲁϥ-ⲣ̅-∅ⲟⲩⲁ|ⲉⲓⲛ ⲁⲣⲁ-ⲩ• ⲁϥ-ϯ ⲛ̅-ⲟⲩⲙⲁⲉⲓⲧ• ⲡⲓ||ⲙⲁⲉⲓⲧ ⲛ̅ⲇⲉ[16] ⲡⲉ ϯⲙ̅ⲛ̅ⲧ̅-ⲙⲏⲉ ⲉⲛ|ⲧ-ⲁϥ-ⲧⲁⲙⲁ-ⲩ ⲁⲣⲁ-ⲥ• ⲉⲧⲃⲉ-ⲡⲉⲉⲓ | ⲁⲥ-ⲃⲱ̅ⲗ̅ⲕ̅ ⲁⲣⲁ-ϥ ⲛ̅ϭⲓ-ϯⲡⲗⲁⲛⲏ• ⲁⲥ-|ⲡⲱⲧ ⲛ̅ⲥⲱ-

[6] Hope ἐλπίς [7] Error πλάνη [8] Matter ὕλη [9] Modeled form, thing that has been moulded, figment, fiction πλάσμα [10] Despise καταφρονεῖν [11] Product, deed ἔργον [12] So that ἵνα [13] Capture, seize as hostage αἰχμαλωτίζειν [14] **ⲧⲟⲧⲉ ⲉⲩϣⲁⲛ-** then (τότε) when; at the time when; whenever [15] Mystery μυστήριον [16] Greek δέ

ϥ• ⲁⲥ-ϩⲱϣ ⲛ̄ϩⲏⲧ-ϥ̄• | ⲁⲥ-ⲟⲩⲱⲥ̄ϥ̄• ⲁⲩ-ⲁϥⲧ̄-ϥ̄ ⲁ-ⲩϣⲉ• ⲁϥ-||ϣⲱⲡⲉ
ⲛ̄ⲛ-∅ⲟⲩⲧⲁϩ ⲙ̄-ⲡⲓⲥⲁⲩⲛⲉ ⲛ̄|ⲧⲉ-ⲡⲓⲱⲧ• ⲛⲧ-ⲁϥ-ⲧⲉⲕⲟ ϭⲉ ⲉⲛ ϫⲉ-|
ⲁϩⲟⲩⲁⲙ̄-ϥ̄• ⲛ-ⲉⲛⲧ-ⲁϩⲟⲩⲁⲙ-ϥ ⲇⲉ | ⲁϥ-ϯ ⲛⲉ-ⲩ ⲁ-∅ⲧⲣⲟⲩ-ϣⲱⲡⲉ ⲁ-
ⲩⲣⲉ|ϣⲉ ⲛϩⲣⲏï ⲛϩⲛ̄-ⲡⲓϭⲓⲛⲉ ⲛ̄ⲧⲁ-ϥ ⲛ̄||ϫⲉ-ⲛⲉⲉⲓ ⲛ̄ⲧ-ⲁϥ-ϭⲛ̄ⲧ-ⲟⲩ
ⲛ̄ϩⲏⲧ-ϥ̄• | ⲁⲩⲱ ⲛ̄ⲧⲁϥ ⲁⲩ-ϭⲛⲧ-ϥ̄ ⲛ̄ϩⲏⲧ-ⲟⲩ ⲡⲓ|ⲁⲧ-ϣⲁⲡ̄-ϥ̄ ⲛ̄-ⲁⲧ-ⲙⲉⲉⲩⲉ
ⲁⲣⲁ-ϥ ⲡⲓ|ⲱⲧ ⲡⲉⲉⲓ ⲉⲧ∅-ϫⲏⲕ ⲡⲉⲉⲓ ⲛ̄ⲧ-ⲁϩ-|ⲧⲉⲛⲟ ⲙ̄-ⲡⲧⲏⲣ-ϥ̄•

ⲉⲣⲉ-ⲡⲧⲏⲣ-ϥ̄ ⲛ̄||ϩⲏⲧ-ϥ̄ ⲁⲩⲱ ⲡⲧⲏⲣ-ϥ̄ ⲉϥ-ϣⲁⲁⲧ ⲙ̄ⲙⲁ-ϥ | ⲉ-ⲁϥ-ⲁⲙⲁ-
ϩⲧⲉ ⲙ̄-ⲡⲓϫⲱⲕ ⲛ̄ⲧⲉ-ⲩ | ⲛ̄ϩⲏⲧ̄-ϥ̄ ⲡⲉⲉⲓ ⲉⲧⲉ-ⲙ̄ⲡⲉϥ-ⲧⲉⲉⲓ-ϥ | ⲙ̄-ⲡⲧⲏⲣ-ϥ̄
ⲛⲉϥ-ⲣ̄-ⲫⲑⲟⲛⲓ[17] ⲉⲛ ⲛ̄ϭⲓ-|ⲡⲓⲱⲧ• ⲉⲩ ϭⲉ ⲙ̄-ⲫⲑⲟⲛⲟⲥ[18] ⲡⲉⲧ∅-ⲟⲩ||ⲧⲱ-ϥ
*19:1 ⲙⲛ̄-ⲛⲉϥⲙⲉⲗⲟⲥ•[19] ⲉ-ⲛⲉ-ⲑⲉ *ⲛ̄ⲅⲁⲣ[20] ⲛ̄ⲧ-ⲁ-ⲡⲓⲁⲓⲱⲛ[21] ϫ[- - -] | ⲛ̄ⲧⲉ-ⲩ
ⲛⲉⲩ-ⲛⲁ-ϣ-ⲉⲓ ⲉⲛ̣..[..]|ⲡⲓⲱⲧ ⲡⲉ ⲉϥ-ⲁⲙⲁϩⲧ̣ⲉ ⲙ̄-ⲡ̣|ϫⲱⲕ ⲛ̄ⲧⲉ-ⲩ
ⲛϩⲣⲏï ⲛ̄ϩⲏⲧ-ϥ̄ ⲉ[ϥ]-||ϯ ⲙⲙⲁ-ϥ ⲛⲉ-ⲩ ⲛ̄-ⲟⲩⲥⲧⲟ ϣⲁⲣⲁ-ϥ | ⲙⲛ̄-
ⲟⲩⲥⲁⲩⲛⲉ ⲟⲩⲉⲉⲓϩⲛ̄ ⲟⲩ|ϫⲱⲕ• ⲛ̄ⲧⲁϥ ⲡⲉ-ⲛ̄ⲧ-ⲁϥ-ⲧⲥⲉⲛⲟ | ⲙ̄-ⲡⲧⲏⲣ̄-ϥ̄•
ⲁⲩⲱ ⲡⲧⲏⲣ-ϥ̄ ⲉϥ-ⲛ̄ϩⲏ|ⲧ-ϥ̄• ⲁⲩⲱ ⲛⲉⲣⲉ-ⲡⲧⲏⲣ̄-ϥ̄ ϣⲁⲁⲧ || ⲙ̄ⲙⲁ-ϥ ⲡⲉ
ⲙ̄ⲡⲣⲏⲧⲉ ⲁⲃⲁⲗ ϩï|ⲧⲟⲟⲧ-ϥ̄ ⲛ̄-ⲟⲩⲉⲉï ⲉ-ⲩⲛ̄-ϩⲁⲉⲓⲛⲉ | ⲉⲩ-ⲟⲉⲓ ⲛ̄-∅ⲁⲧ-
ⲥⲁⲩⲛⲉ ⲁⲣⲁ-ϥ ϣⲁϥ-|ⲟⲩⲱϣⲉ ⲁ-∅ⲧⲣⲟⲩ-ⲥⲟⲩⲱⲛ̄-ϥ̄ ⲁⲩⲱ | ⲁ-∅ⲧⲣⲟⲩ-
ⲙ̄ⲣ̄ⲣⲓⲧ-ϥ̄ ⲙ̄ⲡⲓⲣⲏⲧⲉ• ⲉⲩ || ⲅⲁⲣ ⲡⲉⲛⲉⲣⲉ-ⲡⲧⲏⲣϥ̄ ϣⲁⲁⲧ ⲙ̄|ⲙⲁ-ϥ ⲉⲓⲙⲏⲧⲓ
ⲁ-ⲡⲓⲥⲁⲩⲛⲉ ⲁ-|ⲡⲓⲱⲧ•

ⲁϥ-ϣⲱⲡⲉ ⲛ̄-∅ϫⲁⲩ-∅ⲙⲁïⲧ | ⲉϥ-ϭⲃⲣⲁϩ̄ⲧ̄ ⲁⲩⲱ ⲉϥ-ⲥⲣⲁϥⲧ ⲙ̄-∅ⲙⲁ | ⲛ̄-
ϫⲓ-∅ⲥⲃⲱ• ⲁϥ-ⲓ ⲁ-ⲧⲙⲏⲧⲉ• ⲁϥ-ϫⲉ-||ⲡⲓϣⲉϫⲉ ⲉϥ-ⲟⲉⲓ ⲛ̄-ⲟⲩⲥⲁϩ• | ⲁⲩ-ⲉⲓ
ϣⲁⲣⲁⲉⲓ ⲛ̄ϭⲓ-ⲛ̄ⲥⲟⲫⲟⲥ[22] | ⲛ̄ϩⲣⲏï ϩⲙ̄-ⲡⲟⲩϩⲏⲧ ⲟⲩⲁⲉⲉ|ⲧ-ⲟⲩ ⲉⲩ-ⲡⲓ-
ⲣⲁⲍⲉ[23] ⲙ̄ⲙⲁ-ϥ• ⲛ̄ⲧⲁϥ | ⲇⲉ ⲛⲉϥ-ϫⲡⲓⲟ ⲙ̄ⲙⲁ-ⲩ ϫⲉ-ⲛⲉ-||ϩⲛ̄ⲡⲉⲧ-ϣⲟⲩ-
ⲉⲓⲧ ⲛⲉ• ⲁⲩ-ⲙⲉⲥ|ⲧⲱ-ϥ ϫⲉ-ⲛⲉ-ϩ̄ⲛ̄ⲣⲙ̄ⲛ̄-ϩⲏⲧ ⲉⲛ | ⲛⲉ ⲙⲁⲙⲏⲉ• ⲙⲛ̄ⲛ̄ⲥⲁ-
ⲛⲉⲉⲓ ⲧⲏ|ⲣ-ⲟⲩ ⲁⲩ-ⲉⲓ ϣⲁⲣⲁï ⲛ̄ϭⲓ-ⲛ̄ⲕⲉⲕⲟⲩï | ϣⲏⲙ ⲛⲉⲉⲓ ⲉⲧⲉ-ⲡⲱ-ⲟⲩ
ⲡⲉ || ⲡⲥⲁⲩⲛⲉ ⲙ̄-ⲡⲓⲱⲧ• ⲉ-ⲁⲩ-ⲧⲱⲕ | ⲛⲉ-ⲁⲩ-ϫⲓ-∅ⲥⲃⲱ ⲁ-ⲛⲓⲙⲟⲩⲛ̄ⲅ̄ | ⲛ̄-
ϩⲟ ⲛ̄ⲧⲉ-ⲡⲓⲱⲧ ⲁⲩ-ⲥⲁⲩⲛⲉ• | ⲁⲩ-ⲥⲟⲩⲱⲛ-ⲟⲩ• ⲁⲩ-ϫⲓ-∅ⲉⲁⲩ• ⲁⲩ-ϯ-
|∅ⲉⲁⲩ•

ⲁϥ-ⲟⲩⲱⲛ̄ϩ̄ ⲁⲃⲁⲗ ϩⲙ̄-ⲡⲟⲩ||ϩⲏⲧ ⲛ̄ϭⲓ-ⲡⲓϫⲱⲱⲙⲉ ⲉⲧ∅-ⲁⲛ̄ϩ̄ | ⲛ̄ⲧⲉ-
ⲛ-ⲉⲧ∅-ⲁⲛ̄ϩ̄ ⲡⲉⲉⲓ ⲉⲧ∅-ⲥⲏϩ ϩⲣⲏ|ⲉⲓ ϩⲙ̄-ⲡⲓⲙⲉⲉⲩⲉ ⲟⲩⲁϩⲙ̄ ⲡⲓⲛⲟⲩⲥ
*20:1 *[ⲛ̄ⲧⲉ-ⲡ]ⲓ̣ⲱⲧ̣• ⲁⲩⲱ ϫⲓⲛ̄ϩⲁⲑⲏ † ⲛ̄-ⲧⲕⲁ||[ⲧⲁ]ⲃⲟⲗ[24] {ϩ̄}ⲙ̄[25]-ⲡⲧⲏⲣ-ϥ̄ †
ⲉϥ̄-ⲛ̄ϩⲣⲏï ϩⲛ̄-|ⲛⲓⲁⲧ-ⲧⲉϩⲁ-ⲩ ⲛ̄ⲧⲟⲟⲧ-ϥ̄ ⲡⲉⲉⲓ | ⲉⲧⲉ-ⲙⲛ̄-∅ϭⲁⲙ ⲛ̄-ⲗⲁⲩⲉ
ⲁ-∅ϥⲓⲧ̄-ϥ̄ ⲉⲡⲓ||ⲇⲏ ⲉⲥ-ⲕⲏ ⲙ̄-ⲡ-ⲉⲧ∅-ⲛⲁ-ϥⲓⲧ-ϥ̄ ⲛ̄ⲥⲉ-ϩ̄ⲗ̄|ϩⲱⲗ̄-ϥ̄• ⲉ-ⲙⲡⲉ-
ⲗⲁⲩⲉ ϣ-ⲟⲩⲁⲛ̄ϩ̄ | ⲁⲃⲁⲗ ϩ̄ⲛ̄-ⲛⲉⲉⲓ ⲛ̄ⲧ-ⲁⲩ-ⲛ̄ϩⲟⲩⲧ-ⲟⲩ | ⲁ-ⲡⲓⲟⲩϫⲉⲉⲓ ⲉ-
ⲛⲉ-ⲙ̄ⲡⲉϥ-ⲉⲓ ⲉ-|ⲧⲙⲏⲧⲉ ⲛ̄ϭⲓ-ⲡⲓϫⲱⲱⲙⲉ ⲉⲧ∅-ⲙ̄ⲙⲉⲩ• ||

[17] Begrudge, be grudging φθονεῖν [18] Envy φθόνος [19] Member, constituent μέλος [20] Greek γάρ [21] Realm, eternity, eternal realm αἰών [22] Wise σοφός [23] Test, tempt πειράζειν [24] Emend to ⲕⲁⲧⲁⲃⲟⲗⲏ, foundation (act of founding) καταβολή [25] Delete {ϩ̄}, i.e. ⲕⲁⲧⲁⲃⲟⲗⲏ ⲙ̄-

ⲉⲧⲃⲉ-ⲡⲉⲉⲓ ⲡⲓϣⲁⲛ-∅ϩⲏⲧ ⲡⲓⲡⲓⲥⲧⲟⲥ[26] | ⲓⲏ̅ⲥ̅ ⲁϥ-ⲣ̅-∅ϣⲁⲣϣ-∅ϩⲏⲧ ⲉϥ-ϣⲱⲡ ⲛ̅-ⲛⲓϩⲓ̈ⲥⲉ | ϩⲁⲛ̅ⲧⲉϥ-ϥⲓ ⲙ̅-ⲡⲓϫⲱⲱⲙⲉ ⲉⲧ∅-ⲙ̅|ⲙⲉⲩ ⲉⲡⲓⲇⲏ ϥ-ⲥⲁⲩⲛⲉ ϫⲉ-ⲡⲓⲙⲟⲩ | ⲛ̅ⲧⲟⲟⲧ̅-ϥ̅ ⲟⲩⲱⲛ̅ϩ̅ ⲛ̅-ϩⲁϩ ⲡⲉ• ⲙ̅||ⲡⲣⲏⲧⲉ ⲛ̅ⲛ-ⲟⲩⲇⲓⲁⲑⲏⲕⲏ[27] ⲉ-ⲙ̅ⲡⲁ|ⲧⲟⲩⲏⲛ ⲁⲣⲁ-ⲥ ⲉⲥ-ϩⲏⲡ ⲛ̅ϭⲓ-ϯⲟⲩⲥⲓⲁ[28] | ⲙ̅-ⲡⲛⲉⲡ ⲙ̅-ⲡⲏⲉⲓ ⲉⲛⲧ-ⲁϩ-ⲙⲟⲩ | ⲙ̅ⲡⲣⲏⲧⲉ ⲇⲉ ⲙ̅-ⲡⲧⲏⲣ̅-ϥ̅ ⲉⲧⲉ-|ⲛⲉϥ-ϩⲏⲡ• ⲉⲣⲉ-ⲡⲓⲱⲧ ⲙ̅-ⲡⲧⲏⲣ̅-ϥ̅ ⲟ || ⲛ̅-∅ⲁϩⲟⲣⲁⲧⲟⲥ[29] ⲉ-ⲟⲩⲉⲉⲓ ⲁⲃⲁⲗ ⲛ̅|ϩⲏⲧ̅-ϥ̅ ⲡⲉ ⲡⲉⲉⲓ ⲉⲧⲉ-ϣⲁⲣⲉ-ⲙⲁ|ⲉⲓⲧ ⲛⲓⲙ ⲉⲓ̅ ⲁⲃⲁⲗ ϩⲓ̈ⲧⲟⲟⲧ̅-ϥ̅ ⲉ|ⲧⲃⲉ-ⲡⲉⲉⲓ ⲁϥ-ⲟⲩⲁⲛ̅ϩ̅ ⲁⲃⲁⲗ ⲛ̅ϭⲓ-|ⲓⲏ̅ⲥ̅• ⲁϥ-ϭⲁⲗⲉ-ϥ ⲙ̅-ⲡⲓϫⲱⲙⲉ ⲉ||ⲧ∅-ⲙ̅ⲙⲉⲩ• ⲁⲩ-ⲁϥⲧ̅-ϥ̅ ⲁ-ⲩϣⲉ• ⲁϥ-|ⲧⲱϭⲉ ⲙ̅-ⲡⲇⲓⲁⲧⲁⲅⲙⲁ[30] ⲁⲃⲁⲗ ⲛ̅|ⲧⲉ-ⲡⲓⲱⲧ ϩⲓ̈-ⲡⲉⲥ⳨ⲟⲥ• ⲱ̂ ⲙⲛ̅-|ϯⲛⲁϭ ⲛ̅-ⲥⲃⲱ ⲛ̅-ⲧⲉⲉⲓϭⲁⲧ• ⲉϥ-ⲥⲱⲕ | ⲙ̅ⲙⲁ-ϥ ⲁⲡⲓⲧⲛ̅ ⲁ-ⲡⲙⲟⲩ ⲉⲣⲉ-ⲡⲓⲱⲛ̅ϩ̅ || ⲛ̅-ⲁⲛⲏϩⲉ ⲧⲟ ϩⲓ̈ⲱⲱ-ϥ ⲉ-ⲁϥ-ⲃⲱϣ | ⲙ̅ⲙⲁ-ϥ ⲛ̅-ⲛⲓⲡⲗ̅ϭⲉ ⲉⲧ∅-ⲧⲉⲕⲁⲓ̈ⲧ | ⲁϥ-ϯ ϩⲓ̈ⲱⲱ-ϥ ⲛ̅-ⲧⲙⲛ̅ⲧ-ⲁⲧ-ⲧⲉⲕⲟ | ⲡⲉⲉⲓ ⲉⲧⲉ-ⲙ̅ⲛ̅-ϣϭⲁⲙ ⲛ̅-ⲗⲁⲩⲉ | ⲁ-∅ϣ-ϥⲓⲧ̅-ϥ̅ ⲛ̅ⲧⲟⲟⲧ̅-ϥ̅• ⲉ-ⲁϥ-ϣⲉ ⲁϩⲟⲩⲛ || ⲁ-ⲛⲓⲙⲁⲉⲓⲧ ⲉⲧ∅-ϣⲟⲩⲉⲓⲧ ⲛ̅ⲧⲉ-|ⲛⲓϩⲣ̅ⲧⲉ ⲁϥ-ⲥⲓⲛⲉ ⲁⲃⲁⲗ ϩⲓ̈ⲧⲟⲟⲧ-ⲟⲩ | ⲛ̅-ⲛⲉⲉⲓ ⲉⲧ∅-ⲃⲏϣ ⲁⲃⲁⲗ ⲛ̅ⲧⲟⲟⲧ-ⲥ̅ | ⲛ̅-ⲧⲃ̅ϣⲉ ⲉϥ-ⲟⲉⲓ ⲛ̅ⲛ-ⲟⲩⲥⲁⲩⲛⲉ | ⲙⲛ̅-ⲟⲩϫⲱⲕ ⲉϥ-ϣⲱϣ ⲛ̅-ⲛ-ⲉⲧ∅-ⲛ̅ϩⲏⲧ-*.[.].[...]ⲧ• ⲛ̅ⲧⲁⲣ[- - -]|ⲧⲥⲉⲃⲟ ⲛ̅-ⲛⲉⲉⲓ ⲉⲧ-ⲁ- *21:1
ϫ̣ⲓ̣-∅ⲥ̣ⲃ̣[ⲱ]• | ⲛ-ⲉⲧ∅-ⲛⲁ-ϫⲓ-∅ⲥⲃⲱ ⲇⲉ ϫ̣ⲉ-ⲛ-ⲉ|ⲧ∅-ⲁⲛ̅ϩ̅ ⲉⲧ∅-ⲥⲏϩ ⲁ-ⲡⲓϫⲱⲱⲙⲉ̣ || ⲛ̅ⲧⲉ-ⲛ-ⲉⲧ∅-ⲁⲛ̅ϩ̅ ⲉⲩ-ϫⲓ-∅ⲥⲃⲱ ⲁ|ⲣⲁ-ⲩ ⲟⲩⲁⲉⲉⲧ-ⲟⲩ ⲉⲩ-ϫⲓ ⲙ̅ⲙⲁ-ⲩ | ⲛ̅ⲧⲟⲟⲧ-ϥ̅ ⲙ̅-ⲡⲓⲱⲧ ⲉⲩ-ⲥⲧⲟ ⲙ̅ⲙⲁ-ⲩ | ⲁⲣⲁ-ϥ ⲛ̅ⲕⲉⲥⲁⲡ•

ⲉⲡⲓⲇⲏ ⲉⲣⲉ-ⲡⲓ|ϫⲱⲕ ⲛ̅ⲧⲉ-ⲡⲧⲏⲣ̅-ϥ̅ ϩ̅ⲙ̅-ⲡⲓⲱⲧ || ⲁⲛⲁⲅⲕⲏ[31] ⲁ-∅ⲧⲣⲉ-ⲡⲧⲏⲣ̅-ϥ̅ ϣⲉ ⲁ|ϩⲣⲏⲓ̈ ϣⲁⲣⲁ-ϥ• ⲧⲟⲧⲉ ⲉⲣⲉ-ⲡⲟⲩ|ⲉⲉⲓ ⲥⲁⲩⲛⲉ ϣⲁϥ-ϫⲓ ⲛ̅-ⲛ-ⲉⲧⲉ-|ⲛⲟⲩ-ϥ ⲛⲉ• ⲁⲩⲱ ϣⲁϥ-ⲥⲱⲕ ⲙ̅|ⲙⲁ-ⲩ ϣⲁⲣⲁ-ϥ• ⲡ-ⲉⲧ∅-ⲟⲉⲓ ⲅⲁⲣ ⲛ̅-||∅ⲁⲧ-ⲥⲁⲩⲛⲉ ϥ-ϣⲁⲁⲧ• ⲁⲩⲱ ⲟⲩ|ⲛⲁϭ ⲡⲉ-ⲉⲧϥ-ϣⲁⲁⲧ ⲙ̅ⲙⲁ-ϥ ⲉⲡⲓ|ⲇⲏ ⲉϥ-ϣⲁⲁⲧ ⲙ̅-ⲡ-ⲉⲧ∅-ⲛⲁ-|ϫⲁⲕ-ϥ̅• ⲉⲡⲓⲇⲏ ⲉⲣⲉ-ⲡϫⲱⲕ ⲛ̅ⲧⲉ-|ⲡⲧⲏⲣ̅-ϥ̅ ϣⲟⲟⲡ ϩ̅ⲙ̅-ⲡⲓⲱⲧ ⲁⲛⲁⲅ||ⲕⲏ ⲛ̅ⲇⲉ ⲁ-∅ⲧⲣⲉ-ⲡⲧⲏⲣ̅-ϥ̅ ϣⲉ | ⲁϩⲣⲏⲓ̈ ϣⲁⲣⲁ-ϥ ⲛ̅ⲧⲉ-ⲡⲟⲩⲉⲉⲓ ⲡⲟⲩ|ⲉⲉⲓ {ⲡⲟⲩⲉⲉⲓ}[32] ϫⲓ ⲛ-ⲛ-ⲉⲧⲉ-ⲛⲟⲩ-ϥ | ⲛⲉ ⲛ̅ⲧ-ⲁϥ-ⲣ̅ϣⲣⲡ̅ⲛ̅-ⲥⲁϩ-ⲟⲩ ⲉ-ⲁϥ-|ⲥⲃ̅ⲧⲱⲧ-ⲟⲩ ⲁ-∅ⲧⲉⲉⲓ ⲛ̅-ⲛⲉⲉⲓ ⲛ̅||ⲧ-ⲁϩ-ⲓ̈ ⲁⲃⲁⲗ ⲛ̅ϩⲏⲧ-ϥ̅•

ⲛⲉⲉⲓ ⲛ̅|ⲧ-ⲁϥ-ⲣ̅ϣⲁⲣⲡ̅ⲛ̅-ⲥⲁⲩⲛⲉ ⲙ̅-ⲡⲟⲩ|ⲣⲉⲛ ⲁ-ⲑⲁⲏ ⲁⲩ-ⲙⲟⲩⲧⲉ ⲁⲣⲁ-ⲩ | ϩⲱⲥ-ⲟⲩⲉⲉⲓ ⲉϥ-ⲥⲁⲩⲛⲉ• ⲛ̅ⲧⲁϥ | ⲡⲉⲛ̅ⲧ-ⲁϥ-ⲧⲉⲩⲟ ⲙ̅-ⲡⲉϥⲣⲉⲛ ⲛ̅||ϭⲓ-ⲡⲓⲱⲧ• ⲡ-ⲉⲧⲉ-ⲙ̅ⲡⲟⲩ-ϫⲟⲩ ⲅⲁⲣ ⲙ̅-|ⲡⲉϥⲣⲉⲛ ϥ-ⲟⲉⲓ ⲛ̅-∅ⲁⲧ-ⲥⲁⲩⲛⲉ• | ⲙ̅ⲙⲁⲛ ⲉϣ ⲛ̅-ⲣⲏⲧⲉ ⲉⲣⲉ-ⲟⲩ|ⲉⲉⲓ ⲛⲁ-ⲥⲱⲧⲙ̅ ⲉ-ⲙⲡⲟⲩ-ⲱϣ ⲙ̅-|ⲡⲉϥⲣⲉⲛ• ⲡ-ⲉⲧ∅-ⲟⲉⲓ ⲅⲁⲣ ⲛ̅-∅ⲁⲧ-||ⲥⲁⲩⲛⲉ ϣⲁ-ⲧⲑⲁⲏ ⲟⲩⲡⲗⲁⲥⲙⲁ | ⲡⲉ ⲛ̅ⲧⲉ-ⲧⲃ̅ϣⲉ• ⲁⲩⲱ ϥ-ⲛⲁ-|ⲃⲱⲗ ⲁⲃⲁⲗ ⲛ̅ⲙ̅ⲙⲉ-ⲥ• ⲉⲓϣⲡⲉ-ⲙ̅|ⲙⲁⲛ̣ ⲛⲓⲥⲱϣ

[26] Faithful πιστός, -ή, -όν [27] Will (legal testament) διαθήκη [28] Wealth, fortune οὐσία [29] Invisible ἀόρατος [30] Edict, decree διάταγμα [31] It is necessary (for...to...) ἀνάγκη [32] Delete {ⲡⲟⲩⲉⲉⲓ} (dittography)

22:1 ⲁϩⲣⲁ-ⲩ ⲙⲛ̅ⲧⲉ-ⲩ ⲙ̅[ⲙ]ⲉ̣[ⲩ] ⲛ̅ⲛ-ⲟⲩⲣⲉⲛ• [.]ⲙⲙ̅ⲛ̅ⲧⲉ-ⲩ̣ | ⲙ̅ⲙⲉⲩ ⲛ̅-
ⲧⲥⲙⲏ•

ϩⲱⲥⲧⲉ ⲟⲩ|ⲉⲉⲓ ⲉϥϣⲁ-ⲥⲁⲩⲛⲉ ⲟⲩⲁⲃⲁⲗ ⲡⲉ | ϩⲙ̅-ⲡⲥⲁ ⲛϩⲣⲉ• ⲉⲩϣⲁ-
ⲙⲟⲩⲧⲉ ⲁ||ⲣⲁ-ϥ ϣⲁϥ-ⲥⲱⲧⲙ̅• ϣⲁϥ-ⲣ̅-$^{\emptyset}$ⲟⲩⲱ• | ⲁⲩⲱ ϣⲁϥ-ⲛⲁⲩϩ̅-ϥ̅ ⲁ-ⲡ-
ⲉⲧ$^{\emptyset}$-ⲙⲟⲩⲧⲉ | ⲁⲣⲁ-ϥ ⲛ̅ϥ̅-ϣⲉ ⲁϩⲣⲏï ϣⲁⲣⲁ-ϥ• ⲁⲩⲱ | ϣⲁϥ-ⲙ̅ⲙⲉ ϫⲉ-ⲉⲩ-
ⲙⲟⲩⲧⲉ ⲁⲣⲁ-ϥ ⲛ̅|ⲉϣ ⲛ̅-ⲣⲏⲧⲉ• ⲉϥ-ⲥⲁⲩⲛⲉ ϣⲁϥ-ⲉⲓⲣⲉ || ⲙ̅-ⲡⲟⲩⲱϣⲉ
ⲙ̅-ⲡ-ⲉⲛⲧ-ⲁϩ-ⲙⲟⲩⲧⲉ | ⲁⲣⲁ-ϥ• ϣⲁϥ-ⲟⲩⲱϣⲉ ⲁ-$^{\emptyset}$ⲣ̅-ⲉⲛⲉ-ϥ• ϣⲁϥ-|ϫⲓ-
$^{\emptyset}$ⲙ̅ⲧⲁⲛ• ϣⲁⲣⲉ-ⲡⲣⲉⲛ ⲙ̅-ⲡⲟⲩⲉⲉⲓ | ϣⲱⲡⲉ ⲛⲉ-ϥ• ⲡ-ⲉⲧ$^{\emptyset}$-ⲛⲁ-ⲥⲁⲩⲛⲉ
ⲙ̅|ⲡⲓⲣⲏⲧⲉ ϣⲁ̣ϥ-ⲙ̅ⲙⲉ ϫⲉ-ⲛ̅ⲧ-ⲁϥ-ⲓ ⲛ̅||ⲧⲟⲛ ⲁⲩⲱ ϫⲉ-ⲉϥ-ⲛ̅ⲛⲁ ⲁ-ⲧⲟⲛ• |
ϣⲁϥ-ⲙ̅ⲙⲉ ⲙ̅ⲡⲣⲏⲧⲉ ⲛ̅-ⲟⲩⲉⲉⲓ | ⲉ-ⲁϥ-ϯϩⲉ ⲁϥ-ⲛⲁⲩϩ̅-ϥ̅ ⲁⲃⲁⲗ ϩⲙ̅-|
ⲡⲉϥϯϩⲉ• ⲉ-ⲁϥ-ⲛⲁⲩϩ̅-ϥ̅ ⲁⲣⲁ-ϥ ⲟⲩ|ⲁⲉⲉⲧ-ϥ̅ ⲁϥ-ⲧⲉϩⲟ ⲛ̅-ⲛ-ⲉⲧⲉ-ⲛⲟⲩ-ϥ ||
ⲁⲣⲉⲧ-ⲟⲩ ⲛⲉ• ⲁϥ-ⲥⲧⲟ ⲛ̅-ϩⲁϩ | ⲁⲃⲁⲗ ϩⲛ̅-ⲧⲉⲡⲗⲁⲛⲏ• ⲁϥ-ⲥⲱⲕ | ϩïⲑⲏ
ⲙ̅ⲙⲁ-ⲩ ϣⲁ-ⲛⲓⲙⲁⲉⲓⲧ | ⲛ̅ⲧⲟⲟⲧ-ⲟⲩ ⲛ̅ⲧ-ⲁⲩ-ⲕⲓⲙ ⲁⲃⲁⲗ ⲛ̅|ϩⲏⲧ-ⲟⲩ ⲉⲛⲧ-
ⲁⲩ-ϫⲓ ⲛ̅-ⲧⲉⲡⲗⲁⲛⲏ || ⲉⲧⲃⲉ-ⲡⲓⲃⲁⲑⲟⲥ[33] ⲙ̅-ⲡ-ⲉⲧ$^{\emptyset}$-ⲁ-ⲕⲧⲁ|ⲉⲓⲧ ⲁ-ⲙⲁⲉⲓⲧ
ⲛⲓⲙ ⲉ-ⲙⲛ̅-ⲡⲉ|ⲧ$^{\emptyset}$-ⲕⲧⲁⲉⲓⲧ ⲁⲣⲁ-ϥ• ⲛⲉ-ⲩⲛⲁϭ ⲙ̅-|ⲙⲁⲉⲓϩⲉ ⲧⲉ ϫⲉ-ⲛⲉⲩ-
ϩⲛ̅-ⲡⲓⲱⲧ | ⲉⲩ-ⲥⲁⲩⲛⲉ ⲙ̅ⲙⲁ-ϥ ⲉⲛ• ⲁⲩⲱ ⲛⲉⲩ-||ϭⲙ-$^{\emptyset}$ϭⲁⲙ ⲛ̅-$^{\emptyset}$ⲉⲓ ⲁⲃⲁⲗ
ⲟⲩⲁⲉⲉⲧ-ⲟⲩ | ⲡⲉ ⲉⲡⲓⲇⲏ ⲛⲉⲩ-ϣ-ϭⲙ-$^{\emptyset}$ϭⲁⲙ ⲉⲛ ⲁ-$^{\emptyset}$ϣ|ⲱⲡ ⲁⲣⲁ-ⲩ ⲁⲩⲱ
ⲁ-$^{\emptyset}$ⲥⲁⲩⲛⲉ ⲙ̅-ⲡ-ⲉⲓ|ⲧ-ⲛⲉⲩ-ⲛ̅ϩⲏⲧ-ϥ̅•

ⲉ-ⲛⲉ-ⲑⲉ ⲅⲁⲣ ⲉ-|ⲛⲉ-ⲙ̅ⲡⲉϥ-ⲓ ⲁⲃⲁⲗ ⲛ̅ϩⲏⲧ-ϥ̅ ⲛ̅ϭⲓ-||ⲡⲉϥⲟⲩⲱϣⲉ
< - - - >•[34] ⲁϥ-ⲟⲩⲁⲛ̅ϩ-ϥ ⲅⲁⲣ | ⲁⲃⲁⲗ ⲁ-ⲩⲥⲁⲩⲛⲉ ⲉⲩ-ⲧⲏⲧ ⲛ̅ⲙ̅|ⲙⲉ-ⲥ ⲧⲏⲣ-
ⲟⲩ ⲛ̅ϭⲓ-ⲛⲓϯⲏ ⲛ̅ⲧⲟⲟⲧ̅-ⲥ̅ | ⲉⲧⲉ-ⲡⲉⲉⲓ ⲡⲉ ⲡⲓⲥⲁⲩⲛⲉ ⲛ̅ⲧⲉ-|ⲡⲓϫⲱⲱⲙⲉ
*23:1 ⲉⲧ$^{\emptyset}$-ⲁⲛ̅ϩ ⲉⲛⲧ-ⲁϥ-ⲟⲩⲁⲛϩ-ϥ̅ ⲛ̅-ⲛⲓ*ⲁⲓⲱⲛ ⲁ̣-ⲧⲑⲁⲏ ⲛ̅-ⲛⲓ̣ⲥϩⲉ̣[ⲉⲓ ⲛ̅ⲧⲟ]||ⲟⲧ-
ϥ̅• ⲉϥ-ⲟⲩⲁⲛ̅ϩ ⲁⲃⲁ̣ⲗ̣ ⲉⲩ-ϣ[ⲉ]||ϫⲉ ⲉ-ϩⲛ̅ⲧⲟⲡⲟⲥ ⲉⲛ ⲛⲉ ⲛ̅ⲧⲉ-|ϩⲛ̅ⲥⲙⲏ
ⲟⲩⲇⲉ ϩⲛ̅ⲥϩⲉⲉⲓ ⲉⲛ̣ || ⲛⲉ ⲉⲩ-ϣⲁⲁⲧ ⲛ̅ⲛ-ⲟⲩϩⲣⲁⲩ | ϣⲓⲛⲁ ⲛⲧⲉ-ⲟⲩⲉⲉⲉⲓ
ⲁϣ-ⲟⲩ ⲛϥ̅-|ⲙⲉⲩⲉ ⲁ-ⲩⲡⲉⲧ-ϣⲟⲩⲉⲓⲧ• | ⲁⲗⲗⲁ ϩ̅ⲛ̅ⲥϩⲉⲉⲓ ⲛⲉ ⲛ̅ⲧⲉ-
ϯ|ⲙⲛⲧ̅-ⲙⲏⲉ ⲛ̅ⲧⲁⲩ ⲉⲩ-ϣⲉϫⲉ || ⲉⲩ-ⲥⲁⲩⲛⲉ ⲙ̅ⲙⲁ-ⲩ ⲟⲩⲁⲉⲉⲧ-ⲟⲩ | ⲉ-
ⲟⲩⲙⲉ ⲉϥ-ϫⲏⲕ ⲡⲉ ⲡⲥϩⲉⲉⲓ | ⲡⲥϩⲉⲉⲓ ⲙ̅ⲡⲣⲏⲧⲉ ⲛ̅ⲛ-ⲟⲩϫⲱ|ⲱⲙⲉ ⲉϥ-
ϫⲏⲕ ⲁⲃⲁⲗ ⲉ-ϩ̅ⲛ̅ⲥϩⲉ|ⲉⲓ ⲛⲉⲁⲩ-ⲥⲁϩ-ⲟⲩ ⲁⲃⲁⲗ ϩïⲧⲟⲟⲧ-ⲥ ||
ⲛ̅-ϯⲙⲛ̅ⲧ̅-ⲟⲩⲉⲉⲓ ⲉ-ⲁϩⲁ-ⲡⲓⲱⲧ | ⲥⲁϩ-ⲟⲩ ⲛⲓⲁⲓⲱⲛ ϣⲓⲛⲁ ⲁⲃⲁⲗ | ϩïⲧⲟⲟⲧ-
ⲟⲩ ⲛ̅-ⲛⲓⲥϩⲉⲉⲓ ⲛ̅ⲧⲟⲟⲧ-ϥ | ⲉⲩ-ⲁ-ⲥⲟⲩⲱⲛ-ⲡⲓⲱⲧ•

ⲉ-ϯⲥⲟⲫⲓⲁ | ⲛ̅ⲧⲟⲟⲧ̅-ϥ̅ ⲉⲥ-ⲣ̅-ⲙⲉⲗⲉⲧⲁ[35] ⲙ̅-||ⲡⲓϣⲉϫⲉ•
ⲉⲣⲉ-ϯⲥⲃⲱ ⲛ̅ⲧⲟⲟⲧ-ϥ̅ | ⲉⲥ-ϣⲉϫⲉ ⲙ̅ⲙⲁ-ϥ•
ⲡⲓⲥⲁⲩⲛⲉ ⲛ̅|ⲧⲟⲟⲧ-ϥ̅ ⲁϥ-ⲟⲩⲁⲛ̅ϩ ⲁⲃⲁⲗ• |
ⲡⲓⲁⲥⲟ ⲛ̅ⲧⲟⲟⲧ̅-ϥ̅ ⲉϥ-ⲟⲉⲓ ⲛ̅|ⲛ-ⲟⲩⲕⲗⲁⲙ ⲁϫⲱ-ϥ•
ⲉⲣⲉ-ⲡⲓ||ⲣⲉϣⲉ ⲛ̅ⲧⲟⲟⲧ-ϥ̅ ⲉϥ-ⲧⲏⲧ | ⲛ̅ⲙ̅ⲙⲉ-ϥ•

[33] Depth βάθος [34] < - - - > some text omitted by the ancient copyist [35] Meditate μελετᾶν

ⲡⲓⲉⲁⲩ ⲛ̄ⲧⲟⲟⲧ-ϥ̄ | ⲁϥ-ϫⲓⲥⲉ ⲙ̄ⲙⲁ-ϥ•
ⲡⲓⲥⲙⲁⲧ | ⲛⲧⲟⲟⲧ-ϥ̄ ⲁϥ-ⲟⲩⲁⲛϩ̄-ϥ ⲁ|ⲃⲁⲗ•
ⲡⲓⲙ̄ⲧⲁⲛ ⲛ̄ⲧⲟⲟⲧ̄-ϥ ⲁϥ-||ϣⲁⲡ-ϥ̄ ⲁⲣⲁ-ϥ•
ϯⲁⲅⲁⲡⲏ[36] ⲛ̄ⲧⲟ|ⲟⲧ-ϥ̄ ⲁⲥ-ⲣ̄-ⲟⲩⲥⲱⲙⲁ ϩⲓ̈ⲱⲱ-ϥ•
ⲡⲓ|ⲛⲁϩⲧⲉ ⲛ̄ⲧⲟⲟⲧ-ϥ̄ ⲁϥ-ⲁⲙⲁϩⲧⲉ | ⲙ̄ⲙⲁ-ϥ•

ⲡⲓⲣⲏⲧⲉ ⲉⲣⲉ-ⲡⲓϣⲉ|ϫⲉ ⲛ̄ⲧⲉ-ⲡⲓⲱⲧ ⲉϥ-ⲙⲁⲁϩⲉ || ⲁⲃⲁⲗ ϩⲛ̄-ⲡⲧⲏⲣ-ϥ̄
ⲉ-ⲡⲟⲩⲧⲁϩ *[ⲛⲧⲉ]-ⲡ̣ⲓ̣ϩⲏⲧ ⲛ̄ⲧⲟⲟ̣[ⲧ]-ϥ̄ ⲡⲉ ⲁⲩⲱ | ⲟ̣ⲩⲙⲟⲩⲛⲅ̄ ⲛ̄-ϩⲟ ⲛ̄ⲧⲉ- *24:1
ⲡⲉϥⲟⲩ|ⲱϣⲉ ⲉϥ-ϥⲓ ⲛ̄ⲧⲁϥ ϩⲁ-ⲡⲧⲏⲣ-ϥ̄ ⲉϥ-|ⲥⲱⲧⲡ̄ ⲙ̄ⲙⲁ-ⲩ ⲁⲩⲱ ⲁⲛ
ⲉϥ-ϫⲓ ⲙ̄-||ⲡⲙⲟⲩⲛⲅ̄ ⲛ̄-ϩⲟ ⲛ̄ⲧⲉ-ⲡⲧⲏⲣ-ϥ̄ | ⲉϥ-ⲥⲱⲧϥ̄ ⲙ̄ⲙⲁ-ⲩ ⲉϥ-ⲥⲧⲟ
ⲙ̄ⲙⲁ-ⲩ | ⲁϩⲟⲩⲛ ⲁ-ⲡⲓⲱⲧ ⲁϩⲟⲩⲛ ⲁ-ϯⲙⲉⲉⲩ | ⲓⲏ̄ⲥ̄ ⲛ̄ⲧⲉ-ϯⲙⲛ̄ⲧ-<ⲁⲧ->[37]
ⲁⲣⲏϫ̄-ⲥ̄ ⲛ̄ⲧⲉ-|ⲡⲓϩⲗⲁⲁϭ• ⲉϥ-ϭⲱⲗⲡ̄ ⲙ̄-ⲡⲉϥⲧⲁⲡ || ⲁⲃⲁⲗ ⲛ̄ϭⲓ-ⲡⲓⲱⲧ•
ⲡⲉϥⲧⲁⲡ ⲇⲉ | ⲡⲉ ⲡⲓⲡⲛ̄ⲁ̄ ⲉⲧ∅-ⲟⲩⲁⲁⲃ• ⲉϥ-ⲟⲩ|ⲱⲛϩ̄ ⲁⲃⲁⲗ ⲙ̄-ⲡⲓⲡⲉⲑⲏⲡ
ⲛ̄ⲧⲟ|ⲟⲧ-ϥ̄• ⲡⲓⲡⲉⲑⲏⲡ ⲛ̄ⲧⲟⲟⲧ-ϥ̄ ⲡⲉ | ⲡⲉϥϣⲏⲣⲉ ϣⲓⲛⲁ ϫⲉ-ⲁⲃⲁⲗ || ϩⲛ̄-
ⲛⲓⲙⲉϩⲧ ⲛⲧⲟⲟⲧ̄-ϥ ⲙ̄-ⲡⲓⲱⲧ | ⲛⲥⲉ-ⲥⲟⲩⲱⲛ̄-ϥ ⲛ̄ⲥⲉ-ⲗⲟ ⲉⲩ-ϩⲁ|ⲥⲓ ⲛ̄ϭⲓ-
ⲛⲓⲁⲓⲱⲛ ⲉⲩ-ϣⲓⲛⲉ ⲛ̄ⲥⲁ-|ⲡⲓⲱⲧ ⲉⲩ-ⲙⲁⲧⲛ̄ ⲙ̄ⲙⲁ-ⲩ ⲙ̄|ⲙⲁⲩ ⲛ̄ϩⲣⲏⲓ̈ ⲛ̄ϩⲏⲧ-
ϥ̄ ⲉⲩ-ⲥⲁⲩ||ⲛⲉ ϫⲉ-ⲡⲉⲉⲓ ⲡⲉ ⲡⲓⲙⲧⲁⲛ ⲉ-ⲁϥ-|ⲙⲟⲩϩ ⲙ-ⲡⲓϣⲧⲁ ⲁϥ-ⲃⲱⲗ
ⲁⲃⲁⲗ | ⲙ̄-ⲡⲓⲥⲭⲏⲙⲁ•[38] ⲡⲓⲥⲭⲏⲙⲁ ⲛ̄ⲧⲟⲟ|ⲧ-ϥ ⲡⲉ ⲡⲕⲟⲥⲙⲟⲥ ⲡⲉⲉⲓ ⲉⲛ|ⲧ-
ⲁϥ-ϣⲙ̄ϣⲉ ⲛ̄ϩⲏⲧ-ϥ̄• ||

ⲡⲙⲁ ⲅⲁⲣ ⲉⲧⲉ-ⲟⲩⲛ̄-∅ⲕⲱϩ ⲙ̄ⲙⲉⲩ | ϩⲓ̈-∅ϯ-ⲧⲱⲛ ⲟⲩϣⲧⲁ ⲡⲉ• ⲡⲙⲁ | ⲇⲉ
ⲉⲧⲉ-ϯⲙⲛ̄ⲧ-ⲟⲩⲉⲉⲓ ⲟⲩ|ϫⲱⲕ ⲡⲉ• ⲉⲡⲓⲇⲏ ⲛ̄ⲧ-ⲁϥ-ϣⲱⲡⲉ | ⲛ̄ϭⲓ-ⲡⲓϣⲧⲁ
ϫⲉ-ⲛⲉⲩ-ⲥⲁⲩⲛⲉ || ⲉⲛ ⲙ̄-ⲡⲓⲱⲧ ⲡⲉ ⲧⲟⲧⲉ ⲉⲩϣⲁⲛ-|ⲥⲟⲩⲱⲛ-ⲡⲓⲱⲧ ϥ-
ⲛⲁ-ϣⲱⲡⲉ ⲉⲛ | ϫⲓⲛ-ⲡⲓⲛⲉⲩ ⲛ̄ϭⲓ-ⲡⲓϣⲧⲁ• ⲙ̄ⲡⲣⲏⲧⲉ | ⲁⲃⲁⲗ ϩⲓ̈ⲧⲟⲟⲧ̄-ⲥ̄
ⲛ̄-ⲧⲙⲛ̄ⲧ-ⲁⲧ-ⲥⲁⲩ|ⲛⲉ ⲛ̄ⲧⲉ-ⲟⲩⲉⲉⲓ ⲧⲟⲧⲉ ⲉϥϣⲁ-||ⲥⲁⲩⲛⲉ ϣⲁⲥ-ⲃⲱⲗ
ⲁⲃⲁⲗ ϩⲓ̈ⲧⲟⲟ|ⲧ-ⲥ̄ ⲛ̄ϭⲓ-ⲧⲙⲛ̄ⲧ-ⲁⲧ-ⲥⲁⲩⲛⲉ ⲛ̄ⲧⲟ|ⲟⲧ-ϥ̄• ⲙ̄ⲡⲣⲏⲧⲉ ⲙ̄-ⲡⲕⲉ-
ⲕⲉⲓ ⲉ-ϣⲁϥ-|ⲃⲱⲗ ⲁⲃⲁⲗ ⲉϥϣⲁⲛ-ⲟⲩⲱⲛϩ̄ *ⲛ̣̄ϭ̣ⲓ̣-ⲡⲟⲩⲁⲉⲓⲛ ⲙ̄ⲡⲓ̣ⲣ̣ⲏⲧⲉ *25:1
ⲁⲛ | ⲡⲓϣⲧⲁ ϣⲁϥ-ⲃⲱⲗ ⲁⲃⲁⲗ ϩⲣⲏ̣[ⲓ̈] | ϩⲛ̄-ⲡⲓϫⲱⲕ• ⲉϥ-ⲟⲩⲁⲛϩ̄ ϭⲉ ⲉⲛ |
ϫⲓⲛ̄-ⲡⲓⲛⲉⲩ ⲛ̄ϭⲓ-ⲡⲓⲥⲭⲏⲙⲁ• ⲁⲗ||ⲗⲁ ⲉϥ-ⲛⲁ-ⲃⲱⲗ ⲁⲃⲁⲗ ⲛ̄ϩⲣⲏⲓ̈ | ϩⲛ̄-
ⲡⲧⲱⲧ ⲛ̄ⲧⲉ-ϯⲙⲛ̄ⲧ-ⲟⲩ|ⲉⲉⲓ• ϯⲛⲟⲩ ⲅⲁⲣ ⲛⲟⲩϩⲃⲏⲩⲉ | ⲥⲉ-ⲕⲏ ⲛⲉ-ⲩ ⲉⲩ-
ϣⲏϣ• ϩⲛ̄-ⲡⲟⲩⲁ|ⲉⲓϣ ⲉⲣⲉ-ϯⲙⲛ̄ⲧ-ⲟⲩⲉⲉⲓ ⲛⲁ-ϫⲱⲕ-||ⲙ̄ⲙⲁⲉⲓⲧ ⲁⲃⲁⲗ
ⲛ̄ϩⲣⲏⲓ̈ ϩⲛ̄-ϯ|ⲙⲛ̄ⲧ-ⲟⲩⲉⲉⲓ ⲉⲣⲉ-ⲡⲟⲩⲉⲉⲓ ⲡⲟⲩ|ⲉⲉⲓ ⲛⲁ-ϫⲓ ⲙ̄ⲙⲁ-ϥ• ⲛ̄ϩⲣⲏⲓ̈
ϩⲛ̄-|ⲟⲩⲥⲁⲩⲛⲉ ⲉϥ-ⲛⲁ-ⲥⲱⲧϥ̄ ⲙ̄ⲙⲁ-ϥ | ⲁⲃⲁⲗ ϩⲛ̄ⲛ-ⲟⲩⲧⲟ ⲛ̄-ⲣⲏⲧⲉ
ⲁϩⲟⲩⲛ || ⲁ-ⲩⲙⲛ̄ⲧ-ⲟⲩⲉⲉⲓ ⲉϥ-ⲟⲩⲱⲙ | ⲛ̄-ϯϩⲩⲗⲏ ⲛ̄ϩⲣⲏⲓ̈ ⲛ̄ϩⲏⲧ-ϥ̄ ⲙ̄|-
ⲡⲣⲏⲧⲉ ⲛ̄ⲛ-ⲟⲩⲥⲉⲧⲉ ⲁⲩⲱ ⲡⲕⲉ|ⲕⲉⲓ ϩⲛ̄-ⲟⲩⲁⲉⲓⲛ ⲡⲙⲟⲩ ϩⲛ̄-ⲟⲩ|ⲱⲛϩ̄•
ⲉⲓϣⲡⲉ-ⲁ-ⲛⲉⲉⲓ ϭⲉ ϣⲱⲡⲉ || ⲙ̄-ⲡⲟⲩⲉⲉⲓ ⲡⲟⲩⲉⲉⲓ ⲙ̄ⲙⲁ-ⲛ | ⲟⲩⲛ-∅ⲡⲉⲧ-
ⲉϣϣⲉ ⲁⲣⲁ-ⲛ ϭⲉ | ⲛ̄ⲧⲛ̄-ⲙⲉⲩⲉ ⲁ-ⲡⲧⲏⲣ̄-ϥ̄ ϣⲓⲛⲁ | ⲉⲣⲉ-ⲡⲓⲏⲉⲓ ⲛⲁ-
ϣⲱⲡⲉ ⲉϥ-ⲟⲩⲁ|ⲁϥ ⲁⲩⲱ ⲉϥ-ϭⲃⲣⲁϩⲧ̄ ⲁ-ϯⲙⲛ̄ⲧ-||ⲟⲩⲉⲉⲓ•

[36] Love ἀγάπη [37] <ⲁⲧ-> omitted by the ancient copyist [38] Outward form, realm of appearance σχῆμα

ⲙ̄ⲡⲣⲏⲧⲉ ⲛ̄-ϩⲁⲉⲓⲛⲉ | ⲉ-ⲁⲩ-ⲡⲱⲛⲉ ⲁⲃⲁⲗ ϩⲛ̄-ϩⲛ̄ⲙⲁ | ⲉ-ⲩⲛ̄ⲧⲉ-ⲩ
ⲙ̄ⲙⲉⲩ ⲛ̄-ϩⲉⲛ|ⲥⲕⲉⲩⲟⲥ[39] ⲛ̄ϩⲣⲏï ϩⲛ̄-ϩⲛ̄|ⲧⲟⲡⲟⲥ ⲉ-ⲛⲁⲛⲟⲩ-ⲟⲩ ⲉⲛ• || ⲛⲉ-
ϣⲁⲩ-ⲟⲩⲁϭⲡ-ⲟⲩ• ⲁⲩⲱ ⲙⲁϥ-|ϯ-$^{\emptyset}$ⲁⲥⲓ ⲛ̄ϭⲓ-ⲡⲛⲉⲡ ⲙ̄-ⲡⲏⲉⲓ• ⲁⲗ|ⲗⲁ †
ϣⲁⲥ[40]-ⲣⲉϣⲉ• ϫⲉ-ⲛ̄ϩⲣⲏï ⲅⲁⲣ | ϩⲛ̄-ⲡⲙⲁ ⲛ̄-ⲛⲓⲥⲕⲉⲩⲟⲥ ⲉⲓ|ⲑⲁⲩ ⲛ-ⲉⲧ$^{\emptyset}$-
ⲙⲏϩ ⲛⲉⲧⲉ-ϣⲁⲩ-||ϫⲁⲕ-ⲟⲩ ⲁⲃⲁⲗ ϫⲉ-ⲧⲉⲉⲓ ⲧⲉ | ⲧⲉⲕⲣⲓⲥⲓⲥ[41] ⲛ̄ⲧ-ⲁϩ-ⲉⲓ
*26:1 ⲁⲃⲁⲗ *ⲙ̄ⲡⲥⲁ ⲛⲧⲡⲉ ⲉ-ⲁⲥ-ϯ-$^{\emptyset}$ϩⲉⲡ ⲁ-ⲟⲩ|ⲁⲛ̣ ⲛⲓⲙ ⲉ-ⲩⲥⲏϥⲉ ⲧⲉ ⲉⲥ-
ϣⲁⲗⲙ̄ | ⲙ̄-ⲫⲟ ⲥⲛⲉⲩ ⲉⲥ-ϣⲱⲱⲧ ⲛ̄|ⲥⲁ-ⲡⲓⲥⲁ ⲙⲛ̄-ⲡⲉⲉⲓ ⲉ-ⲁϥ-ⲓ ⲁ-ⲧⲙⲏ||-
ⲧⲉ ⲛ̄ϭⲓ-ⲡⲓϣⲉϫⲉ ⲉⲧ$^{\emptyset}$-ⲛ̄ϩⲣⲏⲉⲓ | ϩⲛ̄-ⲡϩⲏⲧ ⲛ̄-ⲛ-ⲉⲧ$^{\emptyset}$-ϣⲉϫⲉ ⲙ̄ⲙⲁ-ϥ• |
ⲟⲩϩⲣⲁⲩ ⲟⲩⲁⲉⲉⲧ-ϥ̄ ⲉⲛ ⲡⲉ• ⲁⲗ|ⲗⲁ ⲁϥ-ⲣ̄-ⲟⲩⲥⲱⲙⲁ• ⲟⲩⲛⲁϭ ⲛ̄-|
ϣⲧⲁⲣⲧⲣ̄ ⲁϥ-ϣⲱⲡⲉ ⲛ̄ϩⲣⲏï ϩⲛ̄-||ⲛ̄ⲥⲕⲉⲩⲟⲥ ϫⲉ-ϩⲁⲉⲓⲛⲉ ⲁϩⲟⲩ-|ϣⲟⲩ-
ⲱ-ⲟⲩ• ϩⲛ̄ⲕⲁⲩⲉ ⲁϩⲟⲩ-ⲙⲁ|ϩ-ⲟⲩ ϫⲉⲥ•[42] ϩⲛ̄ⲕⲁⲩⲉ ⲁϩⲟⲩ-ⲥϩⲛⲏ|ⲧ-ⲟⲩ•
ϩⲛ̄ⲕⲁⲩⲉ ⲁϩⲟⲩ-ⲡⲁⲛ-ⲟⲩ• | ϩⲁⲉⲓⲛⲉ ⲁϩⲟⲩ-ⲧⲟⲩⲃⲁ-ⲩ• ϩⲛ̄ⲕⲉ||ⲕⲁⲩⲉ
ⲁϩⲟⲩ-ⲡⲱϣⲉ•

ⲙⲁⲉⲓⲧ | ⲛⲓⲙ ⲁⲩ-ⲕⲓⲙ• ⲁⲩⲱ ⲁⲩ-ϣⲧⲁⲣⲧⲣ̄ | ϫⲉ-ⲙⲛ̄ⲧ-ⲟⲩ-$^{\emptyset}$ⲥⲙ̄ⲛⲉ
ⲙ̄ⲙⲉⲩ• | ⲟⲩⲧⲉ ⲙⲛ̄ⲧⲉ-ⲩ-$^{\emptyset}$ⲥⲧⲁⲥⲓⲥ[43] ⲉⲥ-ⲉⲗⲁ|ⲗ̄ⲧ ⲛ̄ϭⲓ-ϯⲡⲗⲁⲛⲏ ⲉ-ⲛ-ⲥ-
ⲙ̄ⲙⲉ || ⲉⲛ ϫⲉ-ⲉⲩ ⲡⲉ-ⲉⲧⲥ̄-ⲛⲁ-ⲉⲉⲓ-ϥ ⲉ[ⲥ]-|ⲙⲁⲕϩ̄ ⲛϩⲏⲧ ⲉⲥ-ⲛⲉϩⲡⲉ ⲉⲥ-
|ⲱⲥ̄ϩ ⲙ̄ⲙⲁ-ⲥ ⲁⲃⲁⲗ ϫⲉ-ⲥ-ⲙ̄ⲙⲉ | ⲉⲛ ⲁ-ⲗⲁⲩⲉ ⲉⲡⲓⲇⲏ ⲁϥ-ϩⲱⲛ | ⲁⲣⲁ-ⲥ
ⲛ̄ϭⲓ-ⲡⲓⲥⲁⲩⲛⲉ ⲉⲧⲉ-ⲡⲉⲉⲓ || ⲡⲉ ⲡⲓⲧⲉⲕⲟ ⲛ̄ⲧⲉ-ⲥ ⲙⲛ̄-ⲛⲉⲥϯⲏ | ⲧⲏⲣ-ⲟⲩ•
ϯⲡⲗⲁⲛⲏ ⲥ-ϣⲟⲩⲉⲓⲧ ⲉ-|ⲙⲛ̄-ⲗⲁⲩⲉ ⲛ̄ϩⲏⲧ-ⲥ̄• ⲁⲥ-ⲉï ⲁ-ⲧⲙⲏ|ⲧⲉ ⲛ̄ϭⲓ-
ϯⲧⲙⲛ̄ⲧ-ⲙⲏⲉ• ⲁϩⲟⲩ-|ⲥⲟⲩⲱⲛ̄-ⲥ̄ ⲛ̄ϭⲓ-ⲛⲓϯⲏ ⲧⲏⲣ-ⲟⲩ ⲛ̄ⲧⲉ-ⲥ• || ⲁⲩ-ⲣ̄-
ⲁⲥⲡⲁⲍⲉ[44] ⲙ̄-ⲡⲓⲱⲧ ϩⲛ̄-ⲟⲩⲙⲏ|ⲉ ⲙⲛ̄-ⲟⲩϭⲁⲙ ⲉⲥ-ϫⲏⲕ ⲁⲃⲁⲗ ⲉⲥ-|ⲧⲱⲧ
ⲙ̣̄ⲙⲁ-ⲩ ⲙⲛ̄-ⲡⲓⲱⲧ• ϫⲉ-ⲟⲩ|ⲁⲛ ⲅⲁⲣ ⲛⲓⲙ † ⲉⲧ[45]-ⲙⲁïⲉ ⲛ̄-ϯⲧⲙⲛ̄ⲧ-|ⲙⲏⲉ
ϫⲉ-ϯⲧⲙⲛ̄ⲧ-ⲙⲏⲉ ⲡⲉ ⲣⲱ-ϥ || ⲙ̄-ⲡⲓⲱⲧ• ⲡⲓⲗⲉⲥ ⲛ̄ⲧⲟⲟⲧ-ϥ̄ ⲡⲉ ⲡⲓ|ⲡⲛ̄ⲁ
*27:1 ⲉⲧ$^{\emptyset}$-ⲟⲩⲁⲁⲃ• ⲡ-ⲉⲧ$^{\emptyset}$-ⲧⲱⲃⲉ ⲙ̄*ⲙⲁ-ϥ ⲁ-ϯⲧⲙⲛ̄ⲧ-ⲙⲏ̣ⲉ̣ ⲉϥ-ⲧⲱⲃⲉ | ⲙ̄ⲙⲁ-ϥ
ⲁ-ⲣⲱ-ϥ ⲙ̄-ⲡⲓⲱⲧ• ⲁⲃⲁⲗ̣ | ϩⲙ̄-ⲡⲓⲗⲉⲥ ⲛ̄ⲧⲟⲟⲧ-ϥ̄ ⲉϥ-ⲁ-|ϫⲓ ⲙ̄-ⲡⲓⲡⲛ̄ⲁ ⲉⲧ$^{\emptyset}$-
ⲟⲩⲁⲁⲃ || ⲉ-ⲡⲉⲉⲓ ⲡⲉ ⲡⲟⲩⲱⲛ̄ϩ ⲁⲃⲁⲗ ⲙ̄-ⲡⲓ|ⲱⲧ ⲁⲩⲱ ⲡϭⲱⲗⲡ ⲁⲃⲁⲗ
ⲛ̄ⲧⲉ-ϥ | ϣⲁ-ⲛⲉϥⲁⲓⲱⲛ• ⲁϥ-ⲟⲩⲱⲛ̄ϩ ⲁⲃⲁⲗ | ⲙ̄-ⲡⲓⲡⲉⲑⲏⲡ ⲛ̄ⲧⲟⲟⲧ-ϥ̄•
ⲁϥ-ⲃⲁⲗ-ϥ̄ | ⲁⲃⲁⲗ• ⲛⲓⲙ ⲅⲁⲣ ⲡⲉⲧ$^{\emptyset}$-ϣⲱⲡ ⲉⲓ||ⲙⲏⲧⲓ ⲁ-ⲡⲓⲱⲧ ⲟⲩⲁⲉⲉⲧ-ϥ̄•

ⲙⲁ|ⲉⲓⲧ ⲛⲓⲙ ϩⲛ̄ϯ ⲛ̄ⲧⲉ-ϥ ⲛⲉ• ⲛ̄ⲧ-ⲁⲩ-|ⲥⲟⲩⲱⲛ-ϥ̄ ϫⲉ-ⲛ̄ⲧ-ⲁⲩ-ⲉⲓ ⲁⲃⲁⲗ
| ⲛ̄ϩⲏⲧ-ϥ̄ ⲙ̄ⲡⲣⲏⲧⲉ ⲛ̄-ϩⲛ̄ϣⲏ|ⲣⲉ ⲉⲩ-ϩⲛ̄-ⲟⲩⲣⲱⲙⲉ ⲉϥ-||ϫⲏⲕ ⲁⲃⲁⲗ ⲛⲉⲩ-
ⲥⲁⲩⲛⲉ ⲙ̄|ⲙⲁ-ϥ ⲡⲉ ϫⲉ-ⲛⲉ-ⲙ̄ⲡⲁⲧⲟⲩ-|ϫⲓ-$^{\emptyset}$ⲙⲟⲣⲫⲏ•[46] ⲟⲩⲧⲉ ⲙ̄ⲡⲁ|ⲧⲟⲩ-
ϫⲓ-$^{\emptyset}$ⲣⲉⲛ• ⲉⲧ-ϣⲁϥ-ⲙⲓⲥⲉ | ⲙ̄-ⲡⲟⲩⲉï ⲡⲟⲩⲉⲉⲓ ⲛ̄ϭⲓ-ⲡⲓⲱⲧ || ⲧⲟⲧⲉ
ⲉⲩϣⲁⲛ-ϫⲓ-$^{\emptyset}$ⲫⲟⲣⲙⲏ[47] | ⲙ̄-ⲡⲓⲥⲁⲩⲛⲉ ⲛⲧⲟⲟⲧ-ϥ̄• | ⲉ-ⲙ̄ⲙⲁⲛ ⲉⲩ-ⲛ̄ϩⲏⲧ-ϥ̄
ⲥⲉ-|ⲥⲁⲩⲛⲉ ⲙ̄ⲙⲁ-ϥ ⲉⲛ• ⲡⲓⲱⲧ ⲛ̄|ⲧⲁϥ ϥ-ϫⲏⲕ ⲁⲃⲁⲗ ⲉϥ-ⲥⲁⲩ||ⲛⲉ ⲁ-

[39] Jar σκευός [40] Emend to ϣⲁϥ- [41] Judgement κρίσις [42] Cf. ϭⲟⲥ half [43] Stability στάσις [44] Salute ἀσπάζειν [45] Emend to ⲉϥ- or ⲉⲩ-? [46] Form μορφή [47] I.e. ⲙⲟⲣⲫⲏ form μορφή

ⲙⲁⲉⲓⲧ ⲛⲓⲙ ⲉⲧ∅-ⲛ̄ϩⲏⲧ-ϥ̄• | ⲉϣⲱⲡⲉ ⲉϥϣⲁⲛ-ⲟⲩⲱϣⲉ | ⲡ-ⲉⲧϥ̄-ⲟⲩⲁϣ-
ϥ̄ ϥ-ⲟⲩⲱⲛ̄ϩ ⲙ̄ⲙⲁ-ϥ | ⲉϥ-ϯ-∅ⲙⲟⲣⲫⲏ ⲛⲉ-ϥ ⲁⲩⲱ ⲉϥ-ϯ-|∅ⲣⲉⲛ ⲛⲉ-ϥ•
ⲁⲩⲱ {ⲁⲩⲱ}[48] ϣⲁϥ-ϯ-∅ⲣⲉⲛ ‖ ⲛⲉ-ϥ ⲁⲩⲱ ⲉϥ-ⲧⲣⲟ ⲙ̄ⲙⲁ-ϥ | ⲁ-∅ⲧⲣⲟⲩ-
ϣⲱⲡⲉ•[49] ⲛ̄ⲛⲉⲉⲓ̈ ⲉⲧⲉ-ⲙ̄|ⲡⲁⲧⲟⲩ-ϣⲱⲡⲉ ⲥⲉ-ⲟⲉⲓ ⲛ̄-∅ⲁⲧ-|ⲥⲁⲩⲛⲉ ⲙ̄-ⲡ-
ⲉⲛⲧ-ⲁϩ-ⲧⲥⲉⲛⲁ-ⲩ• | ⲛ-ⲉⲉⲓ-ϫⲟⲩ ϭⲉ ⲙ̄ⲙⲁ-ⲥ ⲉⲛ ϫⲉ-‖ϩⲛ̄ⲗⲁⲩⲉ ⲛⲉ ⲛⲉⲉⲓ
ⲉⲧⲉ-ⲙ̄ⲡⲁ|ⲧⲟⲩ-ϣⲱⲡⲉ• ⲁⲗⲗⲁ ⲥⲉ-ϣⲟⲟⲡ *ϩⲙ̄-ⲡ-ⲉⲧ∅-ⲛⲁ-ⲟⲩⲱϣⲉ | ⲁ- *28:1
∅ⲧⲣⲟⲩ-ϣⲱⲡⲉ ⲉϥϣⲁⲛ-|ⲟⲩⲱϣⲉ ⲙ̄ⲡⲣⲏⲧⲉ | ⲙ̄-ⲡⲕⲁⲓⲣⲟⲥ[50] ⲉⲧ∅-ⲛ̄ⲛⲏⲩ•
ϩⲛⲉⲉⲩ ‖ ⲛⲓⲙ ⲉ-ⲙⲡⲁⲧⲟⲩⲱⲛ̄ϩ ⲁⲃⲁⲗ | ϥ-ⲥⲁⲩⲛⲉ ⲛ̄ⲧⲁϥ ⲙ̄-ⲡ-ⲉⲧϥ̄-ⲛⲁ-|
ⲛ̄ⲧ-ϥ̄ ⲁⲃⲁⲗ• ⲡⲕⲁⲣⲡⲟⲥ ⲛ̄ⲧⲁϥ | ⲉⲧⲉ-ⲙ̄ⲡⲁⲧϥ̄-ⲟⲩⲱⲛ̄ϩ ⲁⲃⲁⲗ | ϥ-ⲥⲁⲩⲛⲉ
ⲛ̄-ⲗⲁⲩⲉ ⲉⲛ• ⲟⲩⲇⲉ ‖ ϥ-ⲣ̄-ⲗⲁⲩⲉ ⲛ̄-ϩⲱϥ ⲉⲛ ⲁⲛ• ⲡⲓ|ⲣⲏⲧⲉ ⲙⲁⲉⲓⲧ ⲛⲓⲙ
ⲉⲧ∅-ϣⲟⲟⲡ | ϩⲱⲱ-ϥ ϩⲛ̄-ⲡⲓⲱⲧ ϩⲛ̄ⲁⲃⲁⲗ | ϩⲛ̄-ⲡ-ⲉⲧ∅-ϣⲟⲟⲡ ⲛⲉ ⲡ-ⲉⲛ|ⲧ-
ⲁϥ-ⲧⲉϩⲁ-ϥ ⲛ̄ⲧⲁϥ ⲁ‖ⲣⲉⲧ-ϥ̄ ⲁⲃⲁⲗ ϩⲛ̄-ⲡ-ⲉⲧ∅-ϣⲟⲟⲡ | ⲉⲛ• ⲡ-ⲉⲧⲉ-
ⲙⲛ̄ⲧⲉ-ϥ-∅ⲛⲟⲩ|ⲛⲉ ⲙ̄ⲙⲉⲩ ⲙⲛ̄ⲧⲉ-ϥ-∅ⲟⲩ|ⲧⲁϩ ⲙ̄ⲙⲉⲩ ⲁⲛ• ⲁⲗ|ⲗⲁ ⲉϥ-
ⲙⲉⲩⲉ ⲛⲉ-ϥ ‖ ϫⲉ-ⲁϩⲓ̈-ϣⲱⲡⲉ• ⲉⲓ̣ⲧⲉ[51] ⲁⲛ | ϥ-ⲛⲁ-ⲃⲱⲗ ⲁⲃⲁⲗ ϩⲓ̈ⲧⲟⲟⲧ-ϥ̄• |
ⲉⲧⲃⲉ-ⲡⲉⲉⲓ ⲡ-ⲉⲧⲉ-ⲛⲉϥ-ϣⲟ|ⲟⲡ ⲡⲧⲏⲣ̄-ϥ ⲉⲛ ⲉϥ-ⲛⲁ-|ϣⲱⲡⲉ ⲉⲛ ⲁⲛ•
ⲉⲩ ϭⲉ ⲡⲉⲧϥ̄-‖ⲟⲩⲁϣ̄-ϥ ⲁ-∅ⲧⲣⲉϥ-ⲙⲉⲉⲩⲉ ⲁⲣⲁ-ϥ• | ϫⲉ-ⲁⲉⲓ-ϣⲱⲡⲉ
ⲙ̄ⲡⲣⲏⲧⲉ ⲛ̄-ⲛⲓ|ϩⲁⲉⲓⲃⲉ ⲙⲛ̄-ⲛⲓⲫⲁⲛⲧⲁⲥⲓⲁ[52] | ⲛ̄-ⲧⲟⲩϣⲏ• ⲡϭⲓⲛ̄-ⲧⲣⲉϥ-ⲣ̄-|
∅ⲟⲩⲁⲉⲓⲛ ⲛ̄ϭⲓ-ⲡⲟⲩⲁⲉⲓⲛ ⲉ-ⲑⲣ̄ⲧⲉ ‖ ⲉⲛⲧ-ⲁϥ-ϫⲓⲧ-ⲥ ⲛ̄ϭⲓ-ⲡⲉⲉⲓ ⲉⲧ∅-
ⲙ̄|ⲙⲉⲩ ⲉϥϣⲁϥ-ⲙ̄ⲙⲉ ϫⲉ-ⲟⲩⲗⲁⲩ|ⲉ ⲡⲉ•
ⲡⲓⲣⲏⲧⲉ ⲛⲉⲩ-ⲟⲉⲓ ⲛ̄-∅ⲁⲧ-|ⲥⲁⲩⲛⲉ ⲁ-ⲡⲓⲱⲧ ⲉ-ⲛⲧⲁϥ ⲡⲉ-*ⲉ-ⲛⲉⲩ-ⲛⲉⲩ *29:1
ⲁⲣⲁ-ϥ ⲉⲛ• ⲉⲡⲓⲇⲏ ⲛⲉ|ϥ-ⲟⲉⲓ ⲛ̄-ⲟⲩϩⲣ̄ⲧⲉ ⲙⲛ̄-ⲟⲩϣⲧⲣ̄|ⲧⲣ̄ ⲙⲛ̄-ⲟⲩⲙⲛ̄ⲧ-
ⲁⲧ-ⲧⲱⲕ ⲁⲣⲉⲧ̄-ⲥ̄ | ⲙⲛ̄-ⲟⲩⲙⲛ̄ⲧ-ϩⲏⲧ ⲥⲛⲉⲩ ⲙⲛ̄-ⲟⲩ‖ⲡⲱϣⲉ ⲛⲉ-ⲩⲛ̄-ϩⲁϩ
ⲙ̄-ⲙⲛⲧ̄-ⲁ|ⲡϭⲗⲁ[53] ⲉⲩ-ⲣ̄-∅ϩⲱϥ ⲁⲃⲁⲗ ϩⲓ̈ⲧⲟ|ⲟⲧ-ϥ̄ ⲛ̄-ⲛⲉⲉⲓ ⲟⲩⲁϩⲛ̄
ⲙⲛ<ⲧ>[54]-ⲁⲧ-|ⲥⲃⲱ ⲉⲩ-ϣⲟⲩⲉⲓⲧ ⲙ̄ⲡⲣⲏⲧⲉ | ⲉ-ϣⲁⲣⲟⲩ-ⲥⲙ̄ⲙⲛ̄ⲧ-ⲟⲩ ⲁ-
ⲡⲛ̄ⲕⲁⲧ‖ⲕⲉ ⲛ̄ⲥⲉ-ϭⲓⲛⲉ ⲙ̄ⲙⲁ-ⲩ ϩⲛ̄-ⲛ̄ⲣⲉ|ⲥⲟⲩⲉ ⲉⲩ-ϣⲧ̄ⲣ̄ⲧⲁⲣ̄ⲧ• ⲏ ⲟⲩⲙⲁ |
ⲡⲉⲧⲟⲩ-ⲡⲱⲧ ⲁⲣⲁ-ϥ ⲏ ⲉⲩ-ⲟ ⲛ̄-|∅ⲁⲧ-ⲛⲁⲙⲧⲉ ⲉ-ⲩⲉⲓⲉ ⲁⲩ-ⲡⲱⲧ[55] | ⲛ̄ⲥⲁ-
ϩⲛ̄ϩⲁⲉⲓⲛⲉ ⲏ ⲉⲩ-ϩⲛ̄-ϩⲛ̄‖ⲙⲛⲧ̄-ⲧⲁⲉⲓ-∅ⲥⲏϣⲉ ⲏ ⲉⲩ-ϣⲱⲡ | ϩⲛ̄-ϩⲛ̄ⲥⲏϣⲉ
ⲛ̄ⲧⲉ-ⲩ ⲏ ⲉ-ⲁⲩ-ϩⲁ|ⲉⲓⲉ ⲁⲃⲁⲗ ϩⲛ̄-ϩⲛ̄ⲙⲁ ⲉⲩ-ϫⲁⲥⲓ | ⲏ ⲉⲩ-ⲥⲱⲕ ⲁϩⲣⲏⲓ̈
ⲁⲃⲁⲗ ϩⲓ̈ⲧⲟⲟⲧ-ϥ | ⲙ̄-ⲡⲁⲏⲣ[56] ⲉ-ⲙⲛ̄-∅ⲧⲛ̄ϩ ⲣⲱ ⲙ̄ⲙⲁ-ⲩ• ‖ ϩⲛ̄ⲥⲁⲡ ⲁⲛ
ⲉⲓϣϫⲉ-ϩⲁⲉⲓⲛⲉ | ⲛⲉⲧ∅-ϩⲁⲗϩⲗ̄ ⲙ̄ⲙⲁ-ⲩ ⲉ-ⲙⲛ̄-ⲡ-ⲉⲧ∅-|ⲡⲱⲧ ⲣⲱ ⲛ̄ⲥⲱ-ⲟⲩ
ⲏ ⲛ̄ⲧⲁⲩ ⲉⲩ-|ⲙⲟⲩⲟⲩⲧ ⲛ̄-ⲛ-ⲉⲧ∅-ϩⲓ̈-ⲧⲟⲩⲱ-ⲟⲩ | ϫⲉ-ⲁⲩ-ϫⲱϩⲙ̄ ⲁⲃⲁⲗ
ϩⲓ̈ⲧⲟⲟ‖ⲧ-ϥ̄ ⲙ̄-ⲡⲥⲛⲁϥ ⲛ̄-ⲛⲉⲉⲓ ϣⲁ-|ⲡⲥⲁⲡ ⲉⲧⲉ-ϣⲁⲩ-ⲛⲉϩⲥⲉ ⲛ̄ϭⲓ-|ⲛⲉⲉⲓ
ⲉⲧⲉ-ϣⲁⲩ-ϣⲉ ϩⲛ̄-ⲛⲉⲉⲓ | ⲧⲏⲣ-ⲟⲩ• ⲙⲁⲩ-ⲛⲉⲩ ⲁ-ⲗⲁⲩⲉ | ⲛ̄ϭⲓ-ⲛⲉⲉⲓ ⲉⲧⲉ-

[48] Delete {ⲁⲩⲱ} (dittography) [49] ⲉϥ[a]-ⲧⲣⲟ ⲙ̄ⲙⲁ-ϥ[b] | ⲁ-∅ⲧⲣⲟⲩ[c]-ϣⲱⲡⲉ He[a] causes it[b] to cause them[c] to come into existence [50] Time, occasion καιρός [51] Next εἶτα [52] Apparition φαντασία [53] Cf. Sahidic ϭⲗⲟ [54] <ⲧ> omitted by the ancient copyist [55] I.e. ⲉ-ⲩⲉⲓⲉ ⲉ-ⲁⲩ-ⲡⲱⲧ [56] Air ἀήρ

ⲛⲉⲟⲩ-ⲛϩⲣⲏⲓ̈ ‖ ϩⲛ̄-ⲛⲉⲉⲓ ⲧⲏⲣⲟⲩ ⲛ̄ϣⲧⲁⲣⲧⲣ̄ | ⲁⲃⲁⲗ ϫⲉ-ⲛⲉ-ϩ̄ⲛⲗⲁⲩⲉ
ⲛⲉ | ⲛⲉⲉⲓ ⲙ̄ⲡⲓⲣⲏⲧⲉ• ⲡⲣⲏⲧⲉ ⲡⲉ | ⲡⲉⲉⲓ ⲛ̄-ⲛ-ⲉⲛⲧ-ⲁⲩ-ⲛⲟⲩϫⲉ | ⲛ̄-
ϯⲙⲛ̄ⲧ-ⲁⲧ-ⲥⲁⲩⲛⲉ ⲁⲃⲁⲗ ‖ ⲙ̄ⲙⲁ-ⲩ ⲙ̄ⲡⲣⲏⲧⲉ ⲙ̄-ⲡⲛ̄ⲕⲁ|ⲧⲕⲉ ⲉ-ⲙⲁⲩ-ⲁⲡ-ϥ̄
*30:1 ϫⲉ-ⲟⲩⲗⲁⲩⲉ | ⲡⲉ• ⲟⲩⲇⲉ ⲙⲁⲩ-ⲱⲡ ⲛ̄-ⲛⲉϥ*ⲕⲉϩⲃⲏⲩⲉ ϫⲉ-ϩⲛ̄ϩⲃⲏⲩⲉ
ⲉⲩ-|ⲥⲙ̄ⲙⲁⲛⲧ̄ ⲛⲉ• ⲁⲗⲗⲁ ϣⲁⲟⲩ-|ⲕⲁⲁ-ⲩ ⲛ̄ⲥⲱ-ⲟⲩ ⲙ̄ⲡⲣⲏⲧⲉ ⲛ̄-|ⲟⲩⲣⲉ-
ⲥⲟⲩⲉ ϩⲛ̄-ⲧⲟⲩϣⲏ ⲡⲓⲥⲁⲩ‖ⲛⲉ ⲛ̄ⲧⲉ-ⲡⲓⲱⲧ ⲛ̄ⲥⲉ-ϣⲓⲧ̄-ϥ̄ ⲉ-|ⲡⲟⲩⲁⲉⲓⲛ
ⲡⲉ• ⲡⲣⲏⲧⲉ ⲡⲉ ⲡⲉⲉⲓ | ⲛ̄ⲧ-ⲁϥ-ⲉⲉⲓ-ϥ ⲉϥ-ⲛ̄ⲧⲕⲁⲧⲕⲉ ⲛ̄|ϭⲓ-ⲡⲟⲩⲉⲉⲓ ⲡⲟⲩ-
ⲉⲉⲓ ⲙ̄ⲡⲥⲁⲡ | ⲉ-ⲛⲉϥ-ⲟⲉⲓ ⲛ̄-∅ⲁⲧ-ⲥⲁⲩⲛⲉ• ‖ ⲟⲩⲁϩⲁ ⲡⲣⲏⲧⲉ ⲡⲉ ⲡⲉⲉⲓ †
ⲛ̄|ⲧⲣⲉϥⲥⲁⲧⲛⲉ[57] ⲕⲁⲧⲁ-ⲑⲉ ⲛ̄|ⲧ-ⲁϥ-ⲛⲉϩⲥⲉ• ⲁⲩⲱ ⲟⲩⲡⲉⲧ-ⲛⲁ|ⲛⲟⲩ-ϥ ⲙ̄-
ⲡⲣⲱⲙⲉ ⲉⲧ∅-ⲁ-ⲥⲧⲁ-ϥ | ⲛϥ̄-ⲛⲉⲥϩⲉ• ⲟⲩⲁϩⲛ̄ ⲟⲩⲙⲁⲕⲁ‖ⲣⲓⲟⲥ[58] ⲡⲉ ⲡⲉⲉⲓ
ⲛ̄ⲧ-ⲁϥ-ⲟⲩⲏⲛ | ⲁ-ⲛⲃⲉⲗ ⲛ-ⲛⲓⲃⲗ̄ⲗⲉⲉⲩ• ⲟⲩⲁϩ | ⲁϥ-ⲡⲱⲧ ⲛⲥⲱ-ϥ ⲛ̄ϭⲓ-
ⲡⲓⲡⲛ̄ⲁ̄ | ⲉϯⲏⲥ ⲁⲃⲁⲗ ϩⲛ̄-ⲡⲧⲣⲉϥ-|ⲧⲟⲩⲛⲁⲥ-ϥ̄• ⲉ-ⲁϥ-ϯ-ⲧⲟⲟⲧ-ϥ̄ ‖ ⲙ̄-ⲡ-
ⲉⲧ∅-ϣⲏϣ ⲁϩⲣⲏⲓ̈ ϩⲓ̈-ⲡⲉ|ⲥⲏⲧ ⲁϥ-ⲧⲣⲉϥ-ⲧⲱⲕ ⲁⲣⲉⲧ-ϥ̄ | ⲁϫⲛ̄-ⲛⲉϥⲟⲩ-
ⲉⲣⲓⲧⲉ ϫⲉ-ⲛⲉ-|ⲙ̄ⲡⲁⲧ̄-ϥ̄-ⲧⲱⲟⲩⲛ ⲇⲉ ⲡⲉ•

ⲡⲓⲥⲁⲩ|ⲛⲉ ⲛ̄ⲧⲙ̄-ⲡⲓⲱⲧ ⲟⲩⲁϩⲁ ⲡⲟⲩ‖ⲱⲛ̄ϩ ⲁⲃⲁⲗ ⲙ̄-ⲡⲉϥϣⲏⲣⲉ ⲁϥ-|ϯ-
ⲛⲉ-ⲩ-∅ⲣⲓⲧⲉ ⲁ-∅ⲙ̄ⲙⲉ• ⲛ̄|ⲧⲁⲣⲟⲩ-ⲛⲉⲩ ⲅⲁⲣ ⲁⲣⲁ-ϥ ⲁⲩⲱ ⲁⲩ-|ⲥⲱⲧⲙ̄ ⲁⲣⲁ-
ϥ ⲁϥ-ϯ ⲛⲉ-ⲩ ⲁ-∅ⲧⲣⲟⲩ-|ϫⲓ-∅ϯⲡⲉ ⲁⲃⲁⲗ ⲙ̄ⲙⲁ-ϥ ⲟⲩⲁϩⲛ̄ ‖ⲁ-∅ⲧⲟⲩ-ϣⲁⲗⲙ-
ⲉϥ ⲟⲩⲁϩⲛ̄ⲛ̄ | ⲧⲟⲩ-ⲉⲙⲁϩⲧⲉ ⲁϫⲛ̄-ⲡϣⲣ̄-ⲙⲛ̄|ⲣⲓⲧ ⲉ-ⲁϥ-ⲟⲩⲱⲛ̄ϩ ⲁⲃⲁⲗ |
ⲉϥ-ⲧⲁⲙⲟ ⲙ̄ⲙⲁ-ⲩ ⲁ-ⲡⲓⲱⲧ ⲡⲓ|ⲁⲧ-ϣⲁⲡ-ϥ̄ ⲉ-ⲁϥ-ⲛⲓϥⲉ ⲛ̄ϩⲏⲧ-ⲟⲩ ‖ ⲙ̄-ⲡ-
ⲉⲧ∅-ϩⲛ̄-ⲡⲓⲙⲉⲉⲩⲉ ⲉϥ-ⲉⲓ|ⲣⲉ ⲙ̄-ⲡⲉϥⲟⲩⲱϣⲉ• ⲉ-ⲁⲩ-ϫⲓ ⲙ̄-|ⲡⲟⲩⲁⲉⲓⲛ
*31:1 ⲛ̄ϭⲓ-ϩⲁϩ ⲁⲩ-ⲕⲁⲧ-ⲟⲩ *ⲁⲣⲁ-ϥ ϫⲉ-ⲛⲉⲩ-ⲟⲉⲓ ⲛ̄-∅ϣⲙ̄ⲙⲟ ⲡⲉ• | ⲁⲩⲱ ⲛⲉⲩ-
ⲛⲉⲩ ⲁ-ⲡⲉϥⲉⲓⲛⲉ ⲉⲛ | ⲡⲉ• ⲁⲩⲱ ⲛⲉ-ⲙ̄ⲡⲟⲩ-ⲥⲟⲩⲱ|ⲛ-ϥ̄• < - - - >[59] ⲛϭⲓ-
ⲑⲩⲗⲏ ϫⲉ-ⲛ̄ⲧ-ⲁϥ-ⲉⲓ ⲁ‖ⲃⲁⲗ ϩⲓ̈ⲧⲟⲟⲧ-ⲥ̄ ⲛ̄-ⲟⲩⲥⲁⲣⲝ ⲛ̄-|ⲥⲙⲁⲧ ⲉ-ⲙⲡⲉ-
ⲗⲁⲩⲉ ϩⲱⲥ ⲛ̄-ϯϭⲛ-|ⲙⲁⲁϩⲉ ⲛ̄ⲧⲟⲟⲧ-ϥ̄ ϫⲉ-ϯⲙⲛ̄ⲧ-|ⲁⲧ-ⲧⲉⲕⲟ ∅ⲙⲛ̄ⲧ-ⲁⲧ-
ⲉⲙⲁϩⲧⲉ | ⲙ̄ⲙⲁ-ⲥ ⲧⲉ ⲉϥ-ϣⲉϫⲉ ⲁⲛ ‖ ϩⲛ̄-ϩ̄ⲃⲃⲣ̄ⲣⲉ ϫⲓⲛ-ⲉϥ-ϣⲉϫⲉ ⲁ-|ⲡ-
ⲉⲧ∅-ϩⲛ̄-ⲫⲏⲧ ⲙ̄-ⲡⲓⲱⲧ ⲉ-ⲁϥ-|ⲉⲓⲛⲉ ⲁⲃⲁⲗ ⲙ̄-ⲡϣⲉϫⲉ ⲛ̄-ⲁⲧ-|ϣⲧⲁ ⲉ-ⲁϥ-
ϣⲉϫⲉ ⲁⲃⲁⲗ ϩⲛ̄-|ⲣⲱ-ϥ ⲛ̄ϭⲓ-ⲡⲟⲩⲁⲉⲓⲛ• ‖ ⲟⲩⲁϩⲛ̄ ϯⲥⲙⲏ ⲛ̄ⲧⲟⲟⲧ̄-ϥ̄ |
ⲛ̄ⲧ-ⲁⲥ-ⲙⲓⲥⲉ ⲙ̄-ⲡⲓⲱⲛ̄ⲉϩ• ⲁϥ-|ϯ-ⲛⲉ-ⲩ-∅ⲙⲉⲩⲉ ϩⲓ̈-∅ⲙⲛ̄ⲧ-ⲣⲙⲛ̄-ϩⲏⲧ | ϩⲓ̈-
∅ⲛⲁⲉ ϩⲓ-∅ⲟⲩϫⲉⲉⲓⲇⲉ ϩⲓ̈-ⲡⲡⲛ̄ⲁ̄ ⲛ̄-|ϭⲁⲙ ⲁⲃⲁⲗ ϩⲛ̄-ϯⲙⲛ̄ⲧ-<ⲁⲧ->[60]ⲁⲣⲏϫ̄-
ⲥ̄ ⲛ̄‖ⲧⲉ-ⲡⲓⲱⲧ ⲟⲩⲁϩⲛ̄ ϯⲙⲛ̄ⲧ-ϩⲗⲁϭ | ⲉ-ⲁϥ-ⲧⲣⲟⲩ-ⲱϫⲛ̄ ⲛ̄ϭⲓ-ⲛⲓⲕⲟ-
ⲗⲁⲥⲓⲥ[61] | ⲙⲛ-ⲛⲓⲙⲁⲥⲧⲓⲅⲝ[62] ϫⲉ-ⲛ̄ⲧⲁⲩ ⲡⲉⲧⲉ-|ⲛⲉⲩ-ⲥⲁⲣⲙ̄ ⲛ̄ϩⲣⲉ-ϥ
ⲛ̄-ⲛⲓϩⲁⲉⲓⲛⲉ | ⲛ̄ⲧ-ⲁⲩ-ⲣ̄-∅ϩⲁⲉ ⲙ̄-ⲡⲓⲛⲁⲉ ⲛ̄ϩⲣⲏⲓ̈ ϩⲛ̄-‖ϯⲡⲗⲁⲛⲏ ⲟⲩⲁϩⲛ
ϩ̄ⲛ̄ⲥⲛⲉⲩϩ• | ⲁⲩⲱ ⲙⲛ̄-ⲟⲩϭⲁⲙ ⲁϥ-ⲃⲁⲗ-ⲟⲩ ⲁ|ⲃⲁⲗ• ⲁⲩⲱ ⲁϥ-ϫⲡⲓⲁ-ⲩ ϩⲛ̄-
ⲡⲥⲁⲩⲛⲉ | ⲡⲉ•

57 Emend to ⲛ̄ⲧ-ⲁϥ-ⲥⲁⲩⲛⲉ? 58 Blessed μακάριος, -α, -ον 59 < - - - > some text (a verbal construction) omitted by the ancient copyist 60 <ⲁⲧ-> omitted by the ancient copyist 61 Punishment κόλασις 62 Torment μάστιγξ

ⲁϥ-ϣⲱⲡⲉ ⲉϥ-ⲟⲉⲓ ⲛ̄-ⲟⲩ|ⲙⲁⲉⲓⲧ ⲛ̄-ⲛⲉⲉⲓ ⲉ-ⲛⲉⲩ-ⲥⲁⲣⲙ̄ || ⲁⲩⲱ
ⲟⲩⲥⲁⲩⲛⲉ ⲛ̄-ⲛⲛⲉⲓ ⲉⲧ$^{\emptyset}$-ⲟⲓ̈ | ⲛ̄-$^{\emptyset}$ⲁⲧ-ⲥⲁⲩⲛⲉ ⲟⲩϭⲓⲛⲉ ⲛ̄-ⲛⲉⲉⲓ ⲉ-|ⲛⲉⲩ-
ϣⲓⲛⲉ ⲟⲩⲁϩⲛ ⲟⲩⲧⲁϫⲣⲟ | ⲛ̄-ⲛⲉⲉⲓ ⲉⲧⲉ-ⲛⲉⲩ-ⲛⲁⲉⲓⲛ ⲁⲣⲁ-ⲩ | ⲟⲩⲙⲛ̄ⲧ̄-
ⲁⲧ-ϫⲱϩⲙ̄ ⲛ̄-ⲛⲉⲉⲓ ⲉⲧⲉ-||ⲛⲉⲩ-ϫⲁϩⲙ̄ ⲉ-ⲛⲧⲁϥ ⲡⲉ ⲡϣⲱⲥ | ⲉⲛⲧ-ⲁϩ-
ⲕⲱⲉ ⲛ̄ⲥⲱ-ϥ ⲙ̄-ⲡⲓⲡⲥⲧⲉ-*ⲯⲓⲥ ⲛ̄-ⲉⲥⲁⲩ ⲉⲧⲉ-ⲙ̄ⲡⲟⲩ-ⲥⲱⲣⲙ̄• | ⲁϥ-ⲉⲓ̄• *32:1
ⲁϥ-ϣⲓⲛⲉ ⲛ̄ⲥⲁ-ⲡⲉⲉⲓ ⲛ̄ⲧ-ⲁϥ-|ⲥⲱⲣⲙ̄• ⲁϥ-ⲣⲉϣⲉ ⲛ̄ⲧⲁⲣⲉϥ-|ϭⲓⲛⲉ ⲙ̄ⲙⲁ-ϥ
ϫⲉ-ⲡⲓⲡⲥⲧⲉ-ⲯⲉⲓⲥ || ⲟⲩⲱⲡ ⲡⲉ ⲉϥ-ϩ̄ⲛ̄-ⲧϭⲓϫ ⲛ̄-ϭⲃⲟⲩⲣ | ⲉⲥ-ⲉⲙⲁϩⲧⲉ
ⲙ̄ⲙⲁ-ϥ• ⲡⲥⲁⲡ | ⲛ̄ⲧⲁϥ ⲉⲧⲟⲩ-ⲛⲁ-ϭⲓⲛⲉ ⲙ̄-ⲡⲟⲩ|ⲉⲉⲓ ϣⲁⲣⲉ-ⲡⲱⲡ ⲧⲏⲣ̄ϥ̄
⟦ⲁⲧⲟⲩ⟧[63] | ⲡⲱⲱⲛⲉ ⲁ-ⲧⲟⲩⲛⲉⲙ• ⲡⲓⲣⲏⲧⲉ || ⲡ-ⲉⲧ$^{\emptyset}$-ϣⲁⲁⲧ ⲙ̄-ⲡⲓⲟⲩⲉⲉⲓ
ⲉⲧⲉ-|ⲧⲉⲉⲓ ⲧⲉ ϯⲟⲩⲛⲉⲙ ⲧⲏⲣ̄ⲥ̄ ⲉⲧⲉ-|ϣⲁⲥ-ⲥⲱⲕ ⲙ̄-ⲡ-ⲉⲛⲧ-ⲁϩ-ⲣ̄-$^{\emptyset}$ϣⲧⲁ
ⲛ̄ⲥ-|ϫⲓ ⲙ̄ⲙⲁ-ϥ ⲁⲃⲁⲗ ϩⲓ̈ⲧⲟⲟⲧ̄ⲥ̄ ⲛ̄-ϯ|ⲧⲁⲉⲓⲉ ⲛ̄-ϭⲃⲟⲩⲣ ⲛϥ̄-ⲡⲱⲛⲉ ⲛ̄-
ϯⲟⲩ||ⲛⲉⲙ ⲁⲩⲱ ⲡⲓⲣⲏⲧⲉ ⲛ̄ⲧⲉ-ⲡⲱⲡ | ⲣ̄-ϣⲉ• ⲡⲓⲙⲁⲉⲓⲛⲉ ⲙ̄-ⲡ-ⲉⲧ$^{\emptyset}$-ⲛ̄-
|ⲡⲟⲩϩⲣⲁⲩ ⲡⲉ• ⲡⲓⲱⲧ ⲡⲉ ⲡⲉⲉⲓ | ⲕⲁⲛ ϩⲛ̄-ⲯⲁⲃⲁⲧⲧⲟⲛ[64] ⲉ-ⲡⲉⲥⲁⲩ | ⲛ̄ⲧ-
ⲁϥ-ϭⲓⲛ̄ⲧ̄ϥ̄ ⲉ-ⲁϥ-ϩⲁⲉⲓⲉ ⲁ-ⲡⲓ||ϩⲓⲉⲓⲧ ⲁϥ-ⲣ̄-$^{\emptyset}$ϩⲱⲃ ⲁⲣⲁ-ϥ• ⲁϥ-ⲧⲛ̄ϩⲟ |
ⲙ̄-ⲡⲓⲉⲥⲁⲩ ⲉ-ⲁϥ-ⲛⲧ̄ϥ̄ ⲁϩⲣⲏⲓ̈ | ϩⲛ̄-ⲡⲓϩⲓ̈ⲉⲓⲧ•

ϫⲉⲕⲁⲥⲉ ⲉⲣⲉⲧⲛⲁ-|ⲙ̄ⲙⲉ ⲛ̄ϩⲏⲧ ϫⲉ-ⲛ̄ⲧⲱⲧⲛ̄ ⲛⲉ ⲛⲓϣⲏⲣⲉ ⲛ̄ⲧⲉ-ⲡⲙ̄ⲙⲉ
ⲛ̄ϩⲏⲧ ϫⲉ-ⲉⲩ ⲡⲉ ⲡⲥⲁⲃ|ⲃⲁⲧⲟⲛ• ⲡⲉⲉⲓ ⲉⲧⲉ-ⲙⲉϣϣⲉ ⲛ̄||ⲧⲉ-ⲡⲟⲩϫⲉⲉⲓ
ⲟⲩⲱⲥ̄ϥ̄ ⲛ̄ϩⲏⲧ-ϥ• | ϫⲉⲕⲁⲥⲉ ⲉⲣⲉⲧⲛ̄<ⲁ>[65]-ϣⲉϫⲉ ⲁⲃⲁⲗ | ϩⲛ̄-ⲡⲓϩⲱⲟⲩ
ⲉⲧ$^{\emptyset}$-ⲛ̄ϩⲣⲏⲉⲓ ⲡⲉⲉⲓ | ⲉⲧⲉ-ⲙⲛ̄ⲧⲉ-ϥ-$^{\emptyset}$ⲟⲩϣⲏ ⲙ̄ⲙⲉⲩ | ⲟⲩⲁϩⲛ̄-ⲁⲃⲁⲗ ϩⲙ̄-
ⲡⲟⲩⲁⲉⲓⲛ || ⲉⲧⲉ-ⲙⲁϥ-ϩⲱⲧⲡ̄ ϫⲉ-ϥ-ϫⲏⲕ ⲁⲃⲁⲗ• | ϣⲉϫⲉ ϭⲉ ⲁⲃⲁⲗ ϩⲙ̄-
ⲫⲏⲧ ϫⲉ-|ⲛ̄ⲧⲱⲧⲛ̄ ⲛⲉ {ⲡⲉ}[66] ⲡⲓϩⲱⲟⲩ ⲉⲧ$^{\emptyset}$-ϫⲏⲕ | ⲁⲃⲁⲗ• ⲁⲩⲱ ⲉϥ-
ⲟⲩⲏϩ ϩⲛ̄-ⲧⲏⲛⲉ | ⲛ̄ϭⲓ-ⲡⲟⲩⲁⲉⲓⲛ ⲉⲧⲉ-ⲙⲁϥ-ⲱϫⲛ̄• || ϣⲉϫⲉ ⲁ-ⲧⲙⲏⲉ
ⲙⲛ̄-ⲛⲉⲉⲓ ⲉⲧ$^{\emptyset}$-ϣⲓ|ⲛⲉ ⲛ̄ⲥⲱ-ⲥ ⲁⲩⲱ ⲡⲥⲁⲩⲛⲉ ⲛ̄-ⲛⲉⲉⲓ | ⲛ̄ⲧ-ⲁⲩ-ⲣ̄-$^{\emptyset}$ⲛⲁⲃⲓ
ⲛ̄ϩⲣⲏⲓ̈ ϩⲛ̄-ⲧⲟⲩⲡⲗⲁⲛⲏ• | * *33:1

ⲧⲁϫⲣⲟ ⲛ̄-ⲧⲟⲩⲣⲓⲧⲉ ⲛ̄-ⲛⲉⲉⲓ ⲛ̄|ⲧ-ⲁϩ-ⲥⲗⲁⲧⲉ• ⲟⲩⲁϩⲁ ⲥⲱⲧ ⲛ̄-
ⲛⲉ|ⲧⲛ̄ϭⲓϫ ⲁ-ⲛⲉⲉⲓ ⲉⲧ$^{\emptyset}$-ϣⲱⲛⲉ• ⲥⲁⲛ̄ϣ | ⲛ̄-ⲛⲉⲉⲓ ⲉⲧ$^{\emptyset}$-ϩⲕⲉⲉⲓⲧ ⲁⲩⲱ ⲛ-
ⲉⲧ$^{\emptyset}$-ϩⲁ||ⲥⲓ ⲛ̄ⲧⲉⲧⲛ-ϯ-$^{\emptyset}$ⲙ̄ⲧⲁⲛ ⲛ̄ⲛⲉ-ⲩ ⲛ̄ⲧⲉ|ⲧⲛ̄-ⲧⲟⲩⲛⲉⲥ-ⲛⲉⲉⲓ ⲉⲧ$^{\emptyset}$-ⲟⲩⲱ-
ϣⲉ ⲁ-|$^{\emptyset}$ⲧⲱⲱⲛ ⲛ̄ⲧⲉⲧⲛ̄-ⲛⲉϩⲥⲉ ⲛ̄-ⲛ-ⲉⲧ$^{\emptyset}$-ⲛ̄|ⲕⲁⲧⲕⲉ• ⲛ̄ⲧⲱⲧⲛ ⲛ̄ⲅⲁⲣ ⲧⲉ
ⲧⲙⲛ̄ⲧ̄-|ⲣⲙ̄ⲛ̄-ϩⲏⲧ ⲉⲧ$^{\emptyset}$-ⲧⲁⲕⲙ̄• ⲉϣⲱⲡⲉ ⲉⲣⲉ||ϣⲁⲛ-ⲡⲧⲱⲕ ⲣ̄-ϯϩⲉ ϣⲁϥ-
ⲧⲱⲕ | ⲛ̄ϩⲟⲩⲟ• ϫⲓ-ϩⲣⲏ-ⲧⲛ̄ ⲁⲣⲱ-ⲧⲛ̄ ⲙ̄ⲙⲓ̣ⲛ|ⲙⲓⲛ̄ⲙ̄ⲙⲱ-ⲧⲛ̄• ⲙ̄ⲡⲣ̄-ϫⲓ-
ϩⲣⲏ-ⲧⲛ̄ ⲁ-ϩ̄ⲛ̄|ⲕⲁⲩⲉ ⲉⲧⲉ-ⲛⲉⲉⲓ ⲛⲉ ⲛ̄ⲧ-ⲁⲧⲉⲧⲛ̄-|ⲛⲁϫ-ⲟⲩ ⲁⲃⲁⲗ ⲙ̄ⲙⲱ-
ⲧⲛ̄• ⲛ-ⲉⲛⲧ-ⲁⲧⲉ||ⲧⲛ̄-ⲕⲁ-ⲃⲁⲗ ⲙ̄ⲙⲁ-ⲩ ⲙ̄ⲡⲣ̄-ⲥⲱⲧⲉ | ⲁⲣⲁ-ⲩ ⲁ-$^{\emptyset}$ⲟⲩⲁⲙ-ⲟⲩ•
ⲙ̄ⲡⲣ̄-ⲣ̄-$^{\emptyset}$ϫⲁⲗⲉⲥ• | ⲙ̄ⲡⲣ̄-ⲣ̄-$^{\emptyset}$ϥⲛⲧ ϫⲉ-ⲁⲧⲉⲧⲛ̄-ⲟⲩⲱ | ⲉⲣⲉⲧⲛ̄-ⲛⲟⲩϩⲉ
ⲙⲙⲁ-ϥ ⲁⲃⲁⲗ• | ⲙ̄ⲡⲣ̄-ϣⲱⲡⲉ ⲉⲣⲉⲧⲛ-ⲟ̄ⲉⲓ ⲛ̄-$^{\emptyset}$ⲧⲟ||ⲡⲟⲥ ⲙ̄-ⲡⲇⲓⲁⲃⲟⲗⲟⲥ[67]
ϫⲉ-ⲁⲧⲉ|ⲧⲛ̄-ⲟⲩⲱ ⲉⲣⲉⲧⲛ̄-ⲟⲩⲱⲥ̄ϥ̄ ⲙ̄ⲙⲁ-ϥ• | ⲙ̄ⲡⲣ̄-ⲧⲁϫⲣⲟ ⲛ̄-ⲛⲉⲧ-

[63] ⟦ⲁⲧⲟⲩ⟧ cancelled by the ancient copyist [64] Sabbath σάββατον [65] <ⲁ> omitted by the ancient copyist [66] Delete {ⲡⲉ} [67] Devil, "the Slanderer" διάβολος

ⲛ̅ϫⲣⲟⲡ ⲛⲉ|ⲉⲓ ⲉⲧ$^{\emptyset}$-ϩⲁⲉⲓⲉ̣ ϩⲱⲥ ⲟⲩⲥⲟϩⲉ ⲡⲉ• | ⲟⲩⲗⲁⲩⲉ ⲅⲁⲣ ⲡⲉ ⲡⲓⲁⲧ-
ϩⲉⲡ• ⲁϫⲓ||ⲧ-ϥ̅ ⲛ̅ϭⲁⲛⲥ̅ ⲛ̅ϩⲟⲩⲟ ⲁ-ⲡⲓϩⲉⲡ• | ϫⲉ-ⲛ̅ⲧⲁϥ ⲅⲁⲣ ⲡ-ⲉⲧ$^{\emptyset}$-ⲙ̅ⲙⲉⲩ |
ϥ-ⲓⲣⲉ ⲛ̅-ⲛⲉϥϩⲃⲏⲩⲉ ϩⲱⲥ ⲟⲩ|ⲁⲧ-ϩⲉⲡ ⲡⲉ• ⲡⲉⲉⲓ ⲛ̅ⲧⲁϥ ϩⲱⲥ | ⲟⲩ-
ⲇⲓⲕⲁⲓⲟⲥ ⲡⲉ ϥ-ⲓⲣⲉ ⲛ̅-ⲛⲉϥ||ϩⲃⲏⲩⲉ ϩⲛ̅-ϩⲛ̅ⲕⲉⲕⲁⲩⲉ• ⲉⲓⲣⲉ | ϭⲉ ⲛ̅ⲧⲱⲧⲛ̅
ⲙ̅-ⲡⲟⲩⲱϣ ⲙ̅-ⲡⲓⲱⲧ | ϫⲉ-ⲛ̅ⲧⲱⲧⲛ̅-ϩⲛ̅ⲁⲃⲁⲗ ⲙ̅ⲙⲁ-ϥ• |

ϫⲉ-ⲡⲓⲱⲧ ⲅⲁⲣ ϥ-ϩⲁⲗϭ• ⲁⲩⲱ ϩⲛ̅-|ⲡⲓⲟⲩⲱϣⲉ ⲛ̅ⲧⲟⲟⲧ̅-ϥ̅ ⲟⲩⲡⲉⲧ-
ⲛⲁ||ⲛⲟⲩ-ϥ ⲡⲉ• ⲁϥ-ϫⲓ-$^{\emptyset}$ⲥⲁⲩⲛⲉ ⲁ-ⲛ-ⲉⲧⲉ-|ⲛⲟⲩ-ⲧⲛ̅ ⲛⲉ ⲛ̅ⲧⲉⲧⲛ̅-ⲙ̅ⲧⲁⲛ
ⲙ̅|ⲙⲱ-ⲧⲛ̅ ⲁϫⲱ-ⲟⲩ• ⲁⲃⲁⲗ ⲅⲁⲣ ϩⲛ-ⲛⲓ|ⲟⲩⲧⲱⲱϩ ϣⲁⲩ-ϫⲓ-$^{\emptyset}$ⲥⲁⲩⲛⲉ ⲁ-ⲛ-
*34:1 ⲉ|ⲧⲉ-ⲛⲟⲩ-ⲧⲛ̅ ⲛⲉ ϫⲉ-ⲛ̅ϣⲏⲣⲉ ⲙ̅-ⲡⲓⲱⲧ *ⲛ̅ⲧⲁⲩ ⲛⲉ ⲡⲉϥⲥⲧⲁⲉⲓ ϫⲉ-
ϩⲛ̅ⲁ|ⲃⲁⲗ ⲛⲉ ϩⲛ̅-ⲧⲭⲁⲣⲓⲥ[68] ⲛ̅ⲧⲉ-ⲡⲉϥ|ϩⲟ• ⲉⲧⲃⲉ-ⲡⲉⲉⲓ ⲡⲓⲱⲧ ⲙⲁϊⲉ | ⲙ̅-
ⲡⲉϥⲥⲧⲁⲉⲓ• ⲁⲩⲱ ϥ-ⲟⲩⲱⲛ̅ϩ̅ ⲙ̅ⲙⲁ-ϥ || ⲁⲃⲁⲗ ϩⲙ̅-ⲙⲁ ⲛⲓⲙ• ⲁⲩⲱ
ⲉϥϣⲁ-ⲧⲱϩ | ⲙⲛ̅-ϯϩⲩⲗⲏ ϣⲁϥ-ϯ ⲙ̅-ⲡⲉϥⲥⲧⲁⲉⲓ | ⲁ-ⲡⲟⲩⲁⲉⲓⲛ• ⲁⲩⲱ
ϩⲛ̅-ⲡⲉϥⲥϭⲣⲁϩ̅ⲧ̅ | ϣⲁϥ-ⲧⲣⲉϥ-ⲣ̅-ⲥⲁ ⲧⲡⲉ ⲛ̅-ⲥⲙⲁⲧ ⲛⲓⲙ | ⲛ̅-ϩⲣⲁⲩ ⲛⲓⲙ•
ⲙ̅ⲙⲉϣϫⲉ ⲅⲁⲣ ⲉⲛ ⲛⲉⲧ$^{\emptyset}$-||ϣⲱⲗⲙ̅ ⲁ-ⲡⲥⲧⲁⲉⲓ• ⲁⲗⲗⲁ {ⲡⲥⲧⲁⲉⲓ}[69] |
ⲡⲉⲡⲛ̅ⲁ̅ ⲡⲉⲧⲉ-ⲟⲩⲛⲧⲉ-ϥ ⲙ̅ⲙⲉⲩ ⲙ̅-|ⲡϣⲱⲗⲙ̅• ⲁⲩⲱ ϣⲁϥ-ⲥⲱⲕ ⲙ̅ⲙⲁ-ϥ |
ⲛⲉ-ϥ ϣⲁⲣⲁ-ϥ ⲁⲩⲱ ⲛ̅ϥ-ⲱⲙ̅ⲥ̅ ⲁϩⲣⲏϊ | ϩⲛ̅-ⲡⲥⲧⲁⲉⲓ ⲙ̅-ⲡⲓⲱⲧ ⲛ̅ⲧϥ̅-ⲙⲁ||ⲛ-
ⲉϥ ϭⲉ ⲛ̅ϥ-ϫⲓⲧ-ϥ̅ ⲁϩⲣⲏϊ ⲁ-ⲡⲙⲁ | ⲛ̅ⲧ-ⲁϥ-ⲉⲓ ⲁⲃⲁⲗ ⲙ̅ⲙⲉⲩ ⲁⲃⲁⲗ | ϩⲙ̅-
ⲡⲓⲥⲧⲁⲉⲓ ⲛ̅-ϣⲁⲣⲡ̅ ⲉⲧ$^{\emptyset}$-ⲁ|ⲣϣ̅• ⲟⲩⲉⲉⲓϩⲛⲛ ⲟⲩⲡⲗⲁⲥⲙⲁ | ⲙ̅-ⲯⲩⲭⲓⲕⲟⲛ[70]
ⲡⲉ ⲉϥ-ⲟⲉⲓ ||ⲙ̅ⲡⲣⲏⲧⲉ ⲛ̅-ⲟⲩⲙⲁⲩ ⲉϥ-ⲣ̅ϣ̅ | ⲉⲛⲧ-ⲁϩ-ⲱⲧⲉ ⲉϥ-ϩⲛ̅-ⲟⲩⲕⲁϩ
ⲉϥ-|ⲧⲏⲕ ⲉⲛ ⲉⲧⲉ-ϣⲁⲣⲟⲩ-ⲙⲉⲩⲉ | ⲁⲣⲁ-ϥ ⲛ̅ϭⲓ-ⲛ-ⲉⲧ$^{\emptyset}$-ⲛⲉⲩ ⲁⲣⲁ-ϥ ϫⲉ-
ⲟⲩ|ⲕⲁϩ ⲡⲉ ⲙ̅ⲛ̅ⲛ̅ⲥⲱ-ⲥ ⲉ-ϣⲁϥ-ⲃⲱⲗ || ⲛ̅ⲕⲉⲥⲁⲡ ⲉⲣⲉϣⲁⲛ-ⲟⲩⲛⲓϥⲉ |
ⲥⲁⲕ-ϥ̅ ϣⲁϥ-ϩⲙⲁⲙ• ⲛⲓⲥⲧⲁⲉ[ⲓ] | ϭⲉ ⲉⲧ$^{\emptyset}$-ⲁⲣϣ̅ ϩⲛ̅ⲁⲃⲁⲗ ϩⲛ̅-ⲡⲓⲡⲱϣ̣[ⲉ] |
ⲛⲉ• ⲉⲧⲃⲉ-ⲡⲉⲉⲓ ⲁϥ-ⲓ ⲛ̅ϭⲓ-ⲡⲛⲁ[ϩ]||ⲧⲉ• ⲁϥ-ⲃⲱⲗ ⲙ̅-ⲡⲓⲡⲱϣⲉ ⲁⲃⲁⲗ• ||
ⲁⲩⲱ ⲁϥ-ⲉⲓⲛⲉ ⲙ̅-ⲡⲓⲡⲗⲏⲣⲱⲙⲁ | ⲉⲧ$^{\emptyset}$-ϩⲏⲙ ⲛ̅ⲧⲉ-ⲧⲁⲅⲁⲡⲏ ϫⲉⲕⲁⲥⲉ |
ⲡⲁⲣⲁϣ ⲛⲉϥ-ⲥⲱⲧⲉ ⲁ-$^{\emptyset}$ϣⲱⲡⲉ• | ⲁⲗⲗⲁ ϯⲙⲛ̅ⲧ̅-ⲟⲩⲉⲉⲓ ⲧⲉ ⲛ̅ⲧⲉ-
|ⲡⲓⲙⲉⲉⲩⲉ ⲉⲧ$^{\emptyset}$-ϫⲏⲕ ⲁⲃⲁⲗ•

ⲡⲉ||ⲉⲓ <ⲡⲉ>[71] ⲡⲗⲟⲅⲟⲥ[72] ⲙ̅-ⲡⲓϣⲙ-ⲛⲟⲩϥⲉ ⲛ̅-|ⲧϭⲓⲛⲉ ⲛ̅ⲧⲉ-ⲡⲓⲡⲗⲏⲣ-
*35:1 ⲱⲙⲁ ⲛ̅-ⲛⲉ|ⲉⲓ ⲉⲧ$^{\emptyset}$-ⲥⲁⲙⲧ ⲁⲃⲁⲗ ϩⲁϫⲱ-ϥ *ⲙ̅-ⲡⲓⲟⲩϫⲉⲉⲓ ⲧⲉⲉⲓ ⲉⲧ$^{\emptyset}$-
ⲛⲛⲏⲩ | ⲁⲃⲁⲗ ⲙ̅ⲡⲥⲁ ⲛϩⲣⲉ• ⲉⲥ-ⲥⲁⲙⲧ̅ | ⲛ̅ϭⲓ-ⲧⲟⲩϩⲉⲗⲡⲓⲥ ⲉⲧⲟⲩ-ⲥⲁⲙⲧ̅ |
ⲁⲃⲁⲗ ϩⲏⲧ-ⲥ̅ ⲉⲧⲉ-ⲡⲉⲩⲉⲓⲛⲉ || ⲡⲉ ⲡⲟⲩⲁⲉⲓⲛ ⲉⲧⲉ-ⲙⲛ̅-$^{\emptyset}$ϩⲁⲉⲓ-
ⲃⲉⲥ | ⲛ̅ϩⲏⲧ̅-ϥ̅• ⲉⲓϣϫⲉ-ⲙ̅ⲡⲥⲁⲡ ⲉ|ⲧ$^{\emptyset}$-ⲙ̅ⲙⲉⲩ ϣⲁϥ-ⲙⲁⲁϩⲉ ⲁ-$^{\emptyset}$ⲉⲓ ⲛ̅ϭⲓ-
|ⲡⲓⲡⲗⲏⲣⲱⲙⲁ• ⲉⲛⲧ-ⲁϥ-ϣⲱⲡⲉ ⲉⲛ | ⲛ̅ϭⲓ-ⲡⲓϣⲧ̅ϣ̅ ⲛ̅-ϯϩⲩⲗⲏ ⲁⲃⲁⲗ
ϩⲓ̈ⲧⲟ||ⲟⲧ-ⲥ̅ ⲛ̅-ϯⲙⲛ̅ⲧ̅-ⲁⲧ-ⲁⲣⲏϫ̅-ⲥ̅ ⲛ̅ⲧⲉ-|ⲡⲓⲱⲧ ⲉⲧ$^{\emptyset}$-ⲛ̅ⲛⲏⲩ ⲁ-$^{\emptyset}$ⲧⲛ̅-
$^{\emptyset}$ⲟⲩⲁⲉⲓϣ ⲙ̅-|ⲡⲓϣⲧⲁ• ⲕⲁⲓⲧⲟⲓⲅⲉ[73] ⲙ̅ⲡⲉ-ⲗⲁⲩⲉ | ϭⲙ-$^{\emptyset}$ϭⲁⲙ ⲛ̅-$^{\emptyset}$ⲭⲟⲟ-ⲥ

[68] Loveliness χάρις [69] Delete {ⲡⲥⲧⲁⲉⲓ} [70] Soul-endowed, animate, having to do with soul ψυχικός, -ή, -όν [71] <ⲡⲉ> omitted by the ancient copyist [72] Account (report) λόγος [73] Of course καίτοιγε

ϫⲉ-ϥ-ⲛⲁ-ⲉⲓ ⲙ̅ⲡ̅[ⲓ]‖ⲣⲏⲧⲉ ⲛ̅ϭⲓ-ⲡⲓⲁⲧ-ⲧⲉⲕⲟ• ⲁⲗⲗⲁ ⲁϥ-ⲁ‖ϣⲉⲉⲉⲓ ⲛ̅ϭⲓ-
ⲡⲓⲃⲁⲑⲟⲥ ⲛ̅ⲧⲉ-ⲡⲓ|ⲱⲧ ⟦ϩⲁϩⲧⲏ-ϥ ⲉⲛ⟧•[74] ⲁⲩⲱ ⲛ-ⲉϥ-ϣⲟⲟⲡ | ϩⲁϩⲧⲏ-ϥ
ⲉⲛ ⲛ̅ϭⲓ-ⲡⲓⲙⲉⲩⲉ ⲛ̅ⲧⲉ-|ϯⲡⲗⲁⲛⲏ• ⲟⲩϩⲱϥ ⲛ̅-ⲥ̅ϩ̅ⲙ̅ ⲡⲉ• | ⲟⲩϩⲱϥ ⲉϥ-
ⲙⲁⲧⲛ̅ ⲛ̅-∅ⲥⲉϩⲱ-ϥ ‖ ⲁⲣⲉⲧ-ϥ̅ ⲡⲉ ϩⲛ̅-ⲡⲓϭⲓⲛⲉ ⲙ̅-ⲡⲉⲉⲓ | ⲛ̅ⲧ-ⲁϩ-ⲓ ϣⲁ-
ⲡⲉⲉⲓ ⲉⲧⲉϥ-ⲛⲁ-ⲧⲁ|ⲥⲧⲟ ⲙ̅ⲙⲁ-ϥ• ⲡⲓⲧⲁⲥⲧⲟ ⲅⲁⲣ ⲥⲉ-|ⲙⲟⲩⲧⲉ ⲁⲣⲁ-ϥ ϫⲉ-
ⲙⲉⲧⲁⲛⲟⲓⲁ•[75] | ⲉⲧⲃⲉ-ⲡⲉⲉⲓ ⲁ-ϯⲙ̅ⲛ̅ⲧ̅-ⲁⲧ-ⲧⲉⲕⲟ ‖ ⲛⲓϥⲉ ⲁⲃⲁⲗ ⲁⲥ-
ⲟⲩⲁϩ̅-ⲥ̅ ⲛ̅ⲥⲁ-ⲡ-ⲉⲛ|ⲧ-ⲁϥ-ⲣ̅-∅ⲛⲁⲃⲓ ϫⲉⲕⲁⲥⲉ ⲉϥⲉ-ⲙ̅|ⲧⲁⲛ ⲙ̅ⲙⲁ-ϥ• ⲡⲕⲱⲉ
ⲅⲁⲣ ⲁⲃⲁⲗ ⲡⲉ | ⲡϣⲱϫⲡ ⲁ-ⲡⲟⲩⲁⲉⲓⲛ ϩⲛ̅-ⲡⲓϣⲧⲁ | ⲡⲓϣⲉϫⲉ ⲛ̅ⲧⲉ-
ⲡⲓⲡⲗⲏⲣⲱⲙⲁ• ‖ ⲡⲥⲁⲉⲓⲛ ⲅⲁⲣ ϣⲁϥ-ⲡⲱⲧ ⲁ-ⲡⲙⲁ ⲉ|ⲧⲉ-ⲟⲩⲛ̅-∅ϣⲱⲛⲉ
ⲛ̅ϩⲏ̅ⲧ̅-ϥ̅ ϫⲉ-ⲡⲓⲟⲩ|ⲱϣⲉ ⲛ̅ⲧⲁ-ϥ ⲡⲉ ⲉⲧ∅-ϣⲟⲟⲡ | ⲛ̅ϩⲏ̅ⲧ̅-ϥ̅• ⲡ-ⲉⲧ∅-ⲣ̅-
∅ϣⲧⲁ ϭⲉ ⲙⲁϥ-ϩⲁ|ⲡ-ϥ̅ ϫⲉ-ⲟⲩⲛ̅ⲧⲉ-ϥ ⲙ̅ⲙⲉⲩ ⲙ̅-ⲡ-ⲉ‖ⲧϥ̅-ϣⲁⲁⲧ † ⲙ̅ⲙⲁ-
ⲩ•[76] ⲡⲓⲣⲏⲧⲉ ⲡⲓⲡⲗⲏ|ⲣⲱⲙⲁ ⲉⲧⲉ-ⲛ-ϥ̅-ⲣ̅-∅ϣⲧⲁ ⲉⲛ ⲡϣⲧⲁ | ⲛ̅ⲧⲁ-ϥ ϥ-
ⲙⲟⲩϩ ⲙ̅ⲙⲁ-ϥ <ⲙ̅->[77]ⲡ-ⲉⲛⲧ-ⲁϥ-*ⲧⲉⲉⲓ-ϥ ⲁⲃⲁⲗ ϩⲓ̈ⲧⲟⲟⲧ-ϥ̅ ⲁ-∅ⲙⲁϩ-| *36:1
ⲡ-ⲉⲧϥ̅-ϣⲁⲁⲧ ⲙ̅ⲙⲁ-ϥ ϫⲉⲕⲁⲥⲉ | ϭⲉ ⲡⲓϩⲙⲁⲧ ⲉϥ-ⲁ-ϫⲓⲧ-ϥ̅• ϫⲙ̅-ⲡⲥⲁⲡ |
ⲉⲧⲉ-ⲛⲉϥ-ϣⲁⲁⲧ ⲛⲉ-ⲙⲛⲧⲉ-ϥ ⲙ̅‖ⲙⲉⲩ ⲙ̅-ⲡⲉϩⲙⲁⲧ• ⲉⲧⲃⲉ-ⲡⲉⲉⲓ | ⲛⲉ-
ⲟⲩⲧⲥ̅ⲃ̅ⲕⲟ ⲡⲉ-ⲉⲧ∅-ϣⲟⲟⲡ ϩⲛ̅-|ⲡⲙⲁ ⲉⲧⲉⲣⲉ-ⲡⲉϩⲙⲁⲧ ⲙ̅ⲙⲉⲩ | ⲉⲛ•
ⲡⲥⲁⲡ ⲉⲛⲧ-ⲁⲩ-ϫⲓ ⲙ̅-ⲡⲉⲉⲓ ⲉ|ⲧ∅-ⲥⲁⲃ̅ⲕ̅ ⲡ-ⲉⲧϥ̅-ϣⲁⲁⲧ ⲙ̅ⲙⲁ-ϥ ⲁϥ-‖
ⲟⲩⲁⲛ̅ϩ̅-ϥ ⲉϥ-ⲟⲉⲓ ⲛ̅ⲛ-ⲟⲩⲡⲗⲏⲣⲱⲙⲁ | ⲉⲧⲉ-ⲡⲉⲉⲓ ⲡⲉ ⲡϭⲓⲛⲉ ⲙ̅-
ⲡⲟⲩⲁⲉⲓⲛ | ⲛ̅-ⲧⲙⲏⲉ ⲉⲛⲧ-ⲁϩ-ϣⲁⲉⲓⲉ ⲁⲣⲁ-ϥ ϫⲉ-|ⲟⲩⲁⲧ-ϣ̅ⲃ̅ⲧ̅-ϥ̅ ⲡⲉ•

ⲉⲧⲃⲉ-ⲡⲉⲉⲓ ⲙ̅-|ⲡⲭ̅ⲥ̅ ⲁⲩ-ϣⲉϫⲉ ⲁⲣⲁ-ϥ ϩⲛ̅-ⲧⲟⲩ‖ⲙⲏⲧⲉ• ϣⲓⲛⲉ ⲛ̅ⲥⲉ-
ϫⲓ ⲛ̅ⲛ-ⲟⲩⲥⲧⲟ | ⲛ̅ϭⲓ-ⲛⲉⲉⲓ ⲛ̅ⲧ-ⲁϩ-ϣⲧⲁⲣⲧ̅ⲣ̅ ⲛ̅ϥ-ⲧⲁϩ|ⲥ-ⲟⲩ ⲙ̅-ⲡⲓⲧⲱϩ̅ⲥ̅•
ⲡⲓⲧⲱϩ̅ⲥ̅ ⲡⲉ | ⲡⲛⲁⲉ ⲙ̅-ⲡⲓⲱⲧ ⲉⲧⲉϥ-ⲛⲁ-ⲛⲁⲉ | ⲛⲉ-ⲩ• ⲛ-ⲉⲛⲧ-ⲁϥ-ⲧⲁϩⲥ-
ⲟⲩ ⲇⲉ ‖ ⲛⲉ ⲛⲉⲉⲓ ⲛ̅ⲧ-ⲁϩ-ϫⲱⲕ ⲁⲃⲁⲗ• | ⲛ̅ⲥⲕⲉⲩⲟⲥ ⲅⲁⲣ ⲉⲧ∅-ⲙⲏϩ ⲛⲉⲧⲉ-
|ϣⲁⲟⲩ-ⲧⲁϩⲥ-ⲟⲩ• ⲡⲥⲁⲡ ⲇⲉ ⲉⲧⲉ-|ⲡⲧⲱϩ̅ⲥ̅ ⲛ̅-ⲟⲩⲉⲉⲓ ⲛⲁ-ⲃⲱⲗ ⲁ|ⲃⲁⲗ
ϣⲁϥ-ϣⲟⲩⲟ• ⲟⲩⲉϩ̅ⲛ̅ ⲧⲗⲁ‖ⲉⲓϭⲉ ⲁ-∅ⲧⲣⲉϥ-ⲣ̅-∅ϣⲧⲁ ⲡⲉ ⲡϩⲱⲃ | ⲉⲧⲉ-
ⲙ̅ⲡⲉϥ-ⲧⲱϩ̅ⲥ̅ {ⲛⲁ-ⲃⲱⲕ}[78] | ⲛ̅ⲧⲟⲟ̅ⲧ̅-ϥ̅• ⲡⲥⲁⲡ ⲅⲁⲣ ⲉⲧ∅-ⲙ̅ⲙⲉⲩ | ϣⲁⲣⲉ-
ⲟⲩⲛⲓϥⲉ ⲥⲁⲕ-ϥ̅ ⲟⲩⲉⲉ̅ⲓ̅|ϩⲛ̅ ⲧϭⲁⲙ ⲙ̅-ⲡ-ⲉⲧ∅-ⲛ̅ⲙ̅ⲙⲉ-ϥ• ⲁⲗ‖ⲗⲁ ϩⲁⲧⲛ̅-
ⲡⲉⲉⲓ ⲛ̅ⲧⲁϥ ⲉⲧⲉ-ⲟⲩⲁⲧ-|ϣⲧⲁ ⲡⲉ ⲙⲁⲩ-ⲛⲁϩ-∅ⲧ̅ⲃ̅ⲃ̅ⲉ ⲛ̅ⲗⲁⲁⲩ | ϩⲁϩⲧⲏ-ϥ•
ⲟⲩⲇⲉ ⲙⲁⲩ-ϣⲟⲩⲉ-ⲗⲁⲩⲉ• | ⲁⲗⲗⲁ ⲡ-ⲉⲧϥ̅-ϣⲁⲁⲧ ⲙ̅ⲙⲁ-ϥ ϣⲁϥ-|ⲙⲁϩ-ϥ̅
ⲁⲛ ⲙ̅ⲙⲁ-ϥ ⲛ̅ϭⲓ-ⲡⲓⲱⲧ ⲉϥ-‖ϫⲏⲕ ⲁⲃⲁⲗ•

ⲟⲩⲁⲅⲁⲑⲟⲥ ⲡⲉ• ϥ-ⲥⲁⲩ|ⲛⲉ ⲛ̅-ⲛⲓϫⲟ ⲛ̅ⲧⲟⲟ̅ⲧ̅-ϥ̅ ϫⲉ-ⲛ̅ⲧⲁϥ ⲡⲉ-|ⲛ̅ⲧ-ⲁϥ-
ϫⲟ ⲙ̅ⲙⲁ-ⲩ ϩ̅ⲛ̅-ⲡⲓⲡⲁⲣⲁⲇⲓⲥ|ⲥⲟⲥ[79] ⲛ̅ⲧⲟⲟ̅ⲧ̅-ϥ̅• ⲡⲉϥⲡⲁⲣⲁⲇⲓⲥⲥⲟⲥ ⲇⲉ |
ⲡⲉ ⲡⲉϥⲙⲁ ⲛ-ⲙ̅ⲧⲁⲛ• ⲡⲉⲉⲓ *ⲡⲉ ⲡⲓϫⲱⲕ ⲁⲃⲁⲗ ϩⲛ̅-ⲡⲓⲙⲉⲩⲉ | ⲛ̅ⲧⲉ- *37:1
ⲡⲓⲱⲧ• ⲟⲩⲉϩ̅ⲛ̅ ⲛⲉⲉⲓ ⲛⲉ | ⲛ̅ϣⲉϫⲉ ⲛ̅ⲧⲉ-ⲡⲉϥⲙⲁⲕⲙⲉⲕ• | ⲡⲟⲩⲉⲉⲓ

[74] ⟦ϩⲁϩⲧⲏ-ϥ ⲉⲛ⟧ cancelled by the ancient copyist [75] Repentance, change of heart μετάνοια [76] Emend to ⲙ̅ⲙⲁ-ϥ [77] <ⲙ̅-> omitted by the ancient copyist [78] Delete {ⲛⲁ-ⲃⲱⲕ}? (text corrupt) [79] Garden, paradise παράδεισος

ⲡⲟⲩⲉⲉⲓ ⲛ̄ⲧⲉ-ⲛⲉϥϣⲉ||ϫⲉ ⲡⲉ ⲡϩⲱϥ ⲛ̄ⲧⲉ-ⲡⲉϥⲟⲩⲱ|ϣⲉ ⲟⲩⲉⲉⲓϩⲙ̄ ⲡⲟⲩⲱⲛ̄ϩ ⲁⲃⲁⲗ | ⲛ̄ⲧⲉ-ⲡⲉϥϣⲉϫⲉ• ϫⲓⲛ-ⲉⲩ-ⲟ ⲛ̄-∅ⲃⲁ|ⲑⲟⲥ ⲛⲧⲉ-ⲡⲉϥ-ⲙⲉⲩⲉ ⲡⲗⲟⲅⲟⲥ ⲛ̄|ⲧ-ⲁϩ-ⲣ̄ϣⲁⲣⲡ̄ⲛ̄-ⲉⲓ̈ ⲁⲃⲁⲗ ⲁϥ-ⲟⲩⲱⲛϩ || ⲙ̄ⲙⲁ-ⲩ ⲁⲃⲁⲗ ⲟⲩⲁ̄ϩⲛ̄ ⲟⲩⲛⲟⲩⲥ ⲉϥ-|ϣⲉϫⲉⲡⲗⲟⲅⲟⲥ ⲟⲩⲉⲉϩⲛ̄ⲛ ⲟⲩ|ⲭⲁⲣⲓⲥ ⲉⲥ-ⲕⲁ-ⲣⲁⲉⲓⲧ• ⲁⲩ-ⲙⲟⲩⲧⲉ | ⲁⲣⲁ-ϥ ϫⲉ-ⲡⲓⲙⲉⲉⲩⲉ ⲉⲡⲓⲇⲏ ⲛⲉⲩ-|ϣⲟⲟⲡ ⲛ̄ϩⲏⲧ-ⲥ̄ ⲉ-ⲙⲡⲟⲩⲱⲛⲉϩ || ⲁⲃⲁⲗ• ⲁⲥ-ϣⲱⲡⲉ ϭⲉ ⲁ-∅ⲧⲣⲉϥ-|ⲣ̄ϣⲁⲣⲡ̄ⲛ̄-ⲉⲓ ⲁⲃⲁⲗ ⲙ̄ⲡ|ⲥⲁⲡ ⲛ̄ⲧ-ⲁϥ-ⲣ̄-ϩⲛⲉ-ϥ ⲛ̄ϭⲓ-ⲡⲟⲩ|ⲱϣⲉ ⲙ̄-ⲡ-ⲉⲛⲧ-ⲁϩ-ⲟⲩⲱϣⲉ• |

ⲡⲟⲩⲱϣⲉ ⲇⲉ ⲡⲉⲧⲉ-ⲡⲓⲱⲧ ⲙⲁ||ⲧⲛ̄ ⲙ̄ⲙⲁ-ϥ ⲛ̄ϩⲏⲧ-ϥ̄• ⲟⲩⲁ̄ϩⲛ̄ | ⲡ-ⲉⲧ∅-ⲣ̄-ⲉⲛⲉ-ϥ ⲙⲁⲣⲉ-ⲗⲁⲩⲉ ϣⲱ|ⲡⲉ ⲁϫⲛⲧ-ϥ̄• ⲟⲩⲇⲉ ⲙⲁⲣⲉ-ⲗⲁⲩ|ⲉ ϣⲱⲡⲉ ⲁϫⲛ̄-ⲡⲟⲩⲱϣⲉ ⲛ̄ⲧⲉ-|ⲡⲓⲱⲧ• ⲁⲗⲗⲁ ⲟⲩⲁⲧ-ⲧⲉϩⲉⲣⲉⲧ-ϥ || ⲡⲉ ⲡⲉϥⲟⲩ-ⲱϣⲉ• ⲡⲉϥⲓ̈ⲭⲛⲟⲥ[80] | ⲡⲉ ⲡⲟⲩⲱϣⲉ• ⲁⲩⲱ ⲙⲛ̄-ⲗⲁⲩⲉ | ⲛⲁ-ⲙ̄ⲙⲉ ⲁⲣⲁ-ϥ• ⲟⲩⲧⲉ ⲛ̄-ϥ-ϣⲟⲟⲡ | ⲉⲛ ⲁ-∅ⲧⲣⲟⲩ-ϯ-ϩⲧⲏ-ⲩ ⲁⲣⲁ-ϥ ϣⲓⲛⲁ | ⲛ̄ⲥⲉ-ⲉⲙⲁϩⲧⲉ ⲙ̄ⲙⲁ-ϥ• ⲁⲗⲗⲁ || ⲡⲥⲁⲡ ⲉⲧⲉϥ-ⲟⲩⲱϣⲉ ⲡ-ⲉⲧϥ̄-ⲟⲩ|ⲁϣ-ϥ̄ ⲡⲉⲉⲓ ⲡⲉ ⲕⲁⲛ ⲉϣⲱⲡⲉ | ⲉ-ⲡⲛⲉⲩ ⲁⲃⲁⲗ ⲉ-ⲛ̄-ϥ-ⲣ̄-ⲉⲛⲉ-ⲩ ⲉⲛ | ϩⲛ̄-ⲗⲁⲩⲉ ⲛ̄ⲛⲁϩⲣⲛ̄-ⲡⲛⲟⲩⲧⲉ ⲡⲟⲩ|ⲱϣⲉ <ⲙ̄->[81]ⲡⲓⲱⲧ• ϥ-ⲥⲁⲩⲛⲉ ⲅⲁⲣ ⲛ̄-ⲧⲟⲩ||ϩⲟⲩⲉⲓⲧⲉ ⲧⲏⲣ-ⲟⲩ ⲙⲛ̄-ⲧⲟⲩϩⲁⲏ• | ϩⲛ̄-ⲧⲟⲩϩⲁⲏ ⲅⲁⲣ ϥ-ⲛⲁ-ϣⲛ̄ⲧ-ⲟⲩ | ⲁϩⲣⲉ-ⲩ• ⲧϩⲁⲏ ⲇⲉ ⲡⲉ ⲡϫⲓ-∅ⲥⲁⲩⲛⲉ | ⲁ-ⲡⲉⲉⲓ ⲉⲑⲏⲡ• ⲡⲉⲉⲓ ⲇⲉ ⲡⲉ
*38:1 ⲡⲓⲱⲧ *ⲡⲉⲉⲓ ⲛ̄ⲧ-ⲁ-ⲧⲉϩⲟⲩⲉⲓⲧⲉ ⲉⲓ̈ ⲁ|ⲃⲁⲗ ⲙ̄ⲙⲁ-ϥ ⲡⲉⲉⲓ ⲉⲧⲟⲩ-ⲛⲁ-ⲥⲱ|ⲧⲉ ⲁⲣⲁ-ϥ ⲧⲏⲣ-ⲟⲩ ⲛ̄ϭⲓ-ⲛⲉⲉⲓ̂ ⲛ̄ⲧ-ⲁϩ-|ⲉⲓ̈ ⲁⲃⲁⲗ ⲙ̄ⲙⲁ-ϥ• ⲁⲩ-ⲟⲩⲱⲛ̄ϩ || ⲇⲉ ⲁⲃⲁⲗ ⲁ-ⲩⲉⲁⲩ ⲙⲛ̄-ⲟⲩ|ⲧⲉⲗⲏⲗ ⲛ̄ⲧⲉ-ⲡⲉϥⲣⲉⲛ•

ⲡⲣⲉⲛ | ⲇⲉ ⲙ̄-ⲡⲓⲱⲧ ⲡⲉ ⲡϣⲏⲣⲉ• ⲛ̄ⲧⲁϥ ⲛ̄|ϣⲁⲣⲡ̄ ⲡⲉⲛⲧ-ⲁϥ-ϯ-∅ⲣⲉⲛ ⲁ-ⲡ-ⲉⲛ|ⲧ-ⲁϩ-ⲉⲓ̈ ⲁⲃⲁⲗ ⲙ̄ⲙⲁ-ϥ ⲉ-ⲛⲧⲁϥ ⲣⲱ || ⲡⲉ• ⲁⲩⲱ ⲁϥ-ⲙⲉⲥⲧ-ϥ ⲛ̄ⲛ-ⲟⲩϣⲏ|ⲣⲉ• ⲁϥ-ϯ-ⲡⲉϥⲣⲉⲛ ⲁⲣⲁ-ϥ † ⲉⲧⲉ-ⲛⲉ-|ⲟⲩⲛ̄ⲧⲉ-ϥ-ⲥ̄•[82] ⲛ̄ⲧⲁϥ ⲡⲉ-ⲉⲧⲉ-ⲟⲩⲛ̄|ⲧⲉ-ϥ-ⲛⲕⲉⲉⲓ ⲛⲓⲙ ⲉⲩ-ϣⲟⲟⲡ ϩⲁϩ|ⲧⲏ-ϥ ⲛ̄ϭⲓ-ⲡⲓⲱⲧ• ⲟⲩⲛ̄ⲧⲉ-ϥ ⲙ̄-ⲡⲣⲉⲛ• || ⲟⲩⲛⲧⲉ-ϥ ⲙ̄-ⲡϣⲏⲣⲉ• ⲟⲩⲛ̄-∅ϭⲁⲙ | ⲛ̄ⲥⲉ-ⲛⲉⲩ ⲁⲣⲁ-ϥ• ⲡⲣⲉⲛ ⲇⲉ ⲛ̄|ⲧⲁϥ ⲟⲩⲁⲧ-ⲛⲉⲩ ⲁⲣⲁ-ϥ ⲡⲉ ϫⲉ-|ⲛ̄ⲧⲁϥ ⲟⲩⲁⲉⲉⲧ-ϥ ⲡⲉ ⲡⲙⲩ|ⲥⲧⲏⲣⲓⲟⲛ ⲙ-ⲡⲓⲁⲧ-ⲛⲉⲩ ⲁⲣⲁ-ϥ || ⲉⲧ∅-ⲛ̄ⲛⲏⲩ ⲁ-ϩⲛ̄ⲙⲉϣϫⲉ ⲉⲩ-ⲙⲏϩ | ⲙ̄ⲙⲁ-ϥ ⲧⲏⲣ-ⲟⲩ ⲛ̄ⲧⲟⲟⲧ-ϥ• ⲕⲁⲓⲅⲁⲣ | ⲡ̣ⲓ̣ϣ̣ⲧ ⲥⲉ-ϫⲟⲩ ⲙ̄-ⲡⲉϥⲣⲉⲛ | ⲉⲛ• ϥ-ⲟⲩⲁⲛ̄ϩ ⲇⲉ ⲁⲃⲁⲗ ϩⲛ̄-ⲟⲩ|ϣⲏⲣⲉ• ⲡⲓⲣⲏⲧⲉ ϭⲉ ⲟⲩⲛⲁϭ ⲡⲉ ⲡⲣⲉⲛ• || ⲛⲓⲙ ϭⲉ ⲡⲉⲧ∅-ⲁ-ϣ-ⲧⲉⲩⲉ-∅ⲣⲉⲛ ⲛⲉ-ϥ | ⲡⲓⲛⲁϭ ⲛ̄-ⲣⲉⲛ ⲛ̄ⲥⲁⲃⲏⲗ ⲁⲣⲁ-ϥ | ⲟⲩⲁⲉⲉⲧ-ϥ̄ ⲡⲉⲉⲓ ⲉⲧⲉ-ⲡⲱ-ϥ ⲡⲉ | ⲡⲣⲉⲛ ⲟⲩⲁϩⲛ̄ ⲛ̄ϣⲏⲣⲉ ⲙ̄-ⲡⲣⲉⲛ | ⲛⲉⲉⲓ ⲉⲧⲉ-ⲛⲉϥ-ⲙⲁⲧⲛ̄ ⲙ̄ⲙⲁ-ϥ || ⲛ̄ϩⲏⲧ-ⲟⲩ ⲛ̄ϭⲓ-ⲡⲣⲉⲛ ⲙ̄-ⲡⲓⲱⲧ | ⲡⲁⲗⲓⲛ ⲛⲉⲩ-ⲙⲁⲧⲛ̄ ⲙ̄ⲙⲁ-ⲩ ϩⲱ-ⲟⲩ | ϩⲙ̄-ⲡⲉϥⲣⲉⲛ• ⲉⲡⲓⲇⲏ ⲟⲩⲁⲧ-ϣⲱⲡⲉ | ⲡⲉ ⲡⲓⲱⲧ ⲛ̄ⲧⲁϥ ⲟⲩⲁⲉⲉⲧ-ϥ ⲡⲉⲛ|ⲧ-ⲁϥ-ⲙⲓⲥⲉ ⲙ̄ⲙⲁ-ϥ ⲛⲉ-ϥ ⲛ̄-ⲟⲩⲣⲉⲛ || ϩⲁⲑⲏ ⲉ-ⲙⲡⲁⲧⲉϥ-ⲧⲥⲉⲛⲟ ⲛ̄-ⲛⲁⲓ|ⲱⲛ ϣⲓⲛⲁ ⲛϥ̄-ϣⲱⲡⲉ ⲁϫⲛ̄-ⲧⲟⲩⲁ̄|ⲡⲉ

[80] Imprint, track, trace ἴχνος [81] <ⲙ̄-> omitted by the ancient copyist [82] Emend to ⲟⲩⲛ̄ⲧⲉ-ϥ-ⲥ̄ϥ?

ⲛ̄ϭⲓ-ⲡⲣⲉⲛ ⲙ̄-ⲡⲓⲱⲧ ⲉϥ-ⲟⲉⲓ̈ | ⲛ̄-∅ϫⲁⲉⲓⲥ ⲉⲧⲉ-ⲡⲉⲉⲓ ⲡⲉ ⲡⲣⲉⲛ *ⲙⲁⲙⲏⲉ *39:1
ⲉⲧ∅-ⲁⲣⲭ̄ ϩⲙ̄-ⲡⲉϥ|ⲟⲩⲁϩ-∅ⲥⲁϩⲛⲉ ϩⲛ̄-ⲧϭⲁⲙ ⲉⲧ∅-ϫⲏⲕ | ⲁⲃⲁⲗ ϫⲉ-ⲡⲓⲣⲉⲛ
ⲟⲩⲁⲃⲁⲗ ⲉⲛ | ⲡⲉ ϩⲛ̄-ϩⲛ̄ⲗⲉⲝⲓⲥ[83] ⲟⲩⲁϩⲛ̄ ϩⲛ̄||ⲙⲛ̄ⲧ̄-ⲧⲁⲉⲓ-∅ⲣⲉⲛ {ⲡⲉ
ⲡⲉϥⲣⲉⲛ}•[84] | ⲁⲗⲗⲁ ⲟⲩⲁⲧ-ⲛⲉⲩ ⲁⲣⲁ-ϥ ⲡⲉ <ⲡⲉϥⲣⲉⲛ>•[85] | ⲁϥ-ϯ-∅ⲣⲉⲛ
ⲁⲣⲁ-ϥ ⲟⲩⲁⲉⲉⲧ̄-ϥ̄ | ⲉϥ-ⲛⲉⲩ ⲁⲣⲁ-ϥ ⲟⲩⲁⲉⲉⲧ-ϥ̄ ⲉ-ⲛ|ⲧⲁϥ ⲟⲩⲁⲉⲉⲧ-ϥ̄
ⲡⲉⲧⲉ-ⲟⲩ||ⲛ̄-∅ϭⲁⲙ ⲛ̄-∅ϯ-∅ⲣⲉⲛ ⲁⲣⲁ-ϥ | ϫⲉ-ⲡ-ⲉⲧⲉ-ⲛ-ϥ̄-ϣⲟⲟⲡ | ⲉⲛ
ⲙⲛⲧ-ϥ̄-∅ⲣⲉⲛ ⲙ̄ⲙⲉⲩ• | ⲉⲩ-ⲛⲁ-ϯ-ⲉⲩ ⲅⲁⲣ ⲛ̄-∅ⲣⲉⲛ ⲁⲣⲁ-ϥ | ⲡⲉⲉⲓ ⲉⲧⲉ-ⲛ-
ϥ̄-ϣⲟⲟⲡ ⲉⲛ• || ⲡⲉⲉⲓ ⲛ̄ⲧⲁϥ ⲉⲧ∅-ϣⲟⲟⲡ ϥ-ϣⲟ|ⲟⲡ ⲙⲛ̄-ⲡⲉϥⲕⲉⲣⲉⲛ•
ⲁⲩⲱ | ϥ-ⲥⲁⲩⲛⲉ ⲙ̄ⲙⲁ-ϥ ⲟⲩⲁⲉⲉⲧ̄-ϥ̄ | ⲁⲩⲱ < - - - >[86] ⲁ-∅ⲧⲣⲉϥ-ϯ-∅ⲣⲉⲛ
ⲁⲣⲁ-ϥ ⲟⲩ|ⲁⲉⲉⲧ-ϥ̄• ⲡⲓⲱⲧ ⲡ̣ⲉ• ⲡϣⲏⲣⲉ || ⲡⲉ ⲡⲉϥⲣⲉⲛ• ⲛ̄ⲧ-ⲁϥ-|ϩⲁⲡ-ϥ̄
ϭⲉ ⲉⲛ ϩⲛ̄-ⲡⲓϩⲱϥ• | ⲁⲗⲗⲁ ⲛⲉϥ-ϣⲟⲟⲡ• | ⲡϣⲏⲣⲉ ⲛⲉϥ-ϯ-∅ⲣⲉⲛ <ⲁⲣⲁ-
ϥ>[87] ⲟⲩⲁⲉ|ⲉⲧ-ϥ̄• ⲡⲣⲉⲛ ϭⲉ ⲡⲁ-ⲡⲓⲱⲧ || ⲡⲉ ⲛ̄ⲑⲉ ⲉⲧⲉ-ⲡⲣⲉⲛ ⲙ̄-|ⲡⲓⲱⲧ
ⲡⲉ ⲡϣⲏⲣⲉ ⲡⲓⲙⲉϩⲧ | ⲉⲡⲉⲓ ⲉϥ-ⲛⲁ-ϭⲛ̄-∅ⲣⲉⲛ ⲧⲟⲛ ⲛ̄|ⲥⲁⲃⲏⲗ ⲁ-ⲡⲓⲱⲧ•
ⲁⲗⲗⲁ ⲡⲁⲛ|ⲧⲱⲥ[88] ϥ-ⲛⲁ-ϫⲟⲟ-ⲥ ⲛ̄ϭⲓ-ⲟⲩⲉⲉⲓ || ϩⲁϩⲧⲛ̄-ⲡⲉϥϣⲃⲏⲣ ϫⲉ-
ⲛⲓⲙ ⲡⲉ-|ⲉⲧ∅-ⲛⲁ-ϯ-∅ⲣⲉⲛ ⲁ-ⲡⲉⲉⲓ ⲉⲧⲉ-ⲛⲉϥ-ⲣ̄|ϣⲣⲡ̄ⲛ̄-ϣⲟⲟⲡ ϩⲁⲑⲏ
ⲙⲙⲁ-ϥ | ϩⲱⲥ ϭⲉ ⲡⲣⲉⲛ ⲉ-ϣⲁⲣⲟⲩ-ϫⲓⲧ-ϥ̄ *ⲉⲛ ⲛ̄ϭⲓ-ⲙ̄ⲙⲓⲥⲉ ⲛ̄ⲧⲟⲟⲧ-ϥ̄ *40:1
ⲛ̄-|ⲛⲉⲉⲓ ⲛ̄ⲧ-ⲁϩ-ⲙⲉⲥⲧ-ⲟⲩ• ϣⲁⲣⲡ̄ | ϭⲉ ⲟⲩⲡⲉⲧ-ⲉϣϣⲉ ⲁⲣⲁ-ⲛ ⲡⲉ | ⲁ-
∅ⲣ̄-ⲛⲟⲉⲓ[89] ⲙ̄-ⲡⲓϩⲱⲃ ϫⲉ-ⲟⲩⲉⲩ || ⲡⲉ ⲡⲣⲉⲛ ϫⲉ-ⲛ̄ⲧⲁϥ ⲡⲉ ⲡⲣⲉⲛ |
ⲙⲁⲙⲏⲉ• ⲛ̄ⲧⲁϥ † ⲉⲛ[90] ϭⲉ ⲡⲉ | ⲡⲣⲉⲛ ⲁⲃⲁⲗ ⲙ̄-ⲡⲓⲱⲧ ϫⲉ-ⲛ̄|ⲧⲁϥ ⲡⲉ ⲡ-
ⲉⲧ∅-ϣⲟⲟⲡ ⲛ̄-∅ϫⲁⲉⲓⲥ | ⲛ̄-ⲣⲉⲛ• ⲛ̄ⲧ-ⲁϥ-ϫⲓ ϭⲉ ⲙ̄-ⲡⲣⲉⲛ || ⲉⲛ ⲁ-ⲡⲟⲩ-
ϣⲉⲡ ⲙ̄ⲡⲣⲏⲧⲉ | ⲛ̄-ϩⲛ̄ⲕⲁⲩⲉ ⲕⲁⲧⲁ-ⲡⲉⲥⲙⲁⲧ | ⲙ̄-ⲡⲟⲩⲉⲉⲓ ⲡⲟⲩⲉⲉⲓ
ⲉⲧⲟⲩ-|ⲛⲁ-ⲧⲉⲛⲁ-ϥ ⲛ̄ϩⲏⲧ-ϥ̄• ⲡⲉⲉⲓ | ⲇⲉ ⲡⲉ ⲡϫⲁⲉⲓⲥ ⲛ̄-ⲣⲉⲛ• ⲛ̄-ⲕⲉ||-
ⲗⲁⲩⲉ ⲉⲛ ⲡⲉ-ⲛ̄ⲧ-ⲁϥ-ⲧⲉⲉⲓ-ϥ | ⲁⲣⲁ-ϥ• ⲁⲗⲗⲁ ⲟⲩⲁⲧ-ϯ-∅ⲣⲉⲛ | ⲁⲣⲁ-ϥ ⲡⲉ•
ⲟⲩⲁⲧ-ⲧⲉⲟⲩⲁ-ϥ † ⲛⲉ[91] | ϣⲁ-ⲡⲥⲁⲡ ⲛ̄ⲧⲁϥ ⲛ̄ⲧ-ⲁ-ⲡⲉⲉⲓ | ⲉⲧ∅-ϫⲏⲕ ⲁⲃⲁⲗ
ϣⲉϫⲉ ⲁⲣⲁ-ϥ ⲟⲩ||ⲁⲉⲉⲧ̄-ϥ̄• ⲁⲩⲱ ⲛ̄ⲧⲁϥ ⲡⲉⲧⲉ-|ⲟⲩⲛ̄-∅ϭⲁⲙ ⲙ̄ⲙⲁ-ϥ ⲁ-
∅ϫⲟⲩ | ⲙ̄-ⲡⲉϥⲣⲉⲛ ⲁⲩⲱ ⲁ-∅ⲛⲉⲩ | ⲁⲣⲁ-ϥ• ⲛ̄ⲧⲁⲣⲉϥ-ⲣ̣̄-ⲡ̣ⲱⲕ ϭⲉ | ⲉϥ-
ⲛ̄ϩⲏⲧ̄-ϥ ϫⲉ-ⲡⲉϥⲣⲉⲛ ⲉⲧ||ⲟⲩ-ⲁϣ-ϥ̄ ⲡⲉϥϣⲏⲣⲉ ⲡⲉ ⲁⲩⲱ | ⲁϥ-ϯ ⲙ̄-
ⲡⲓⲣⲉⲛ ⲁⲣⲁ-ϥ ⲛ̄ϭⲓ-ⲡⲉⲉⲓ | ⲛ̄ⲧ-ⲁϩ-ⲓ̈ ⲁⲃⲁⲗ ϩⲛ̄-ⲡⲓⲃⲁⲑⲟⲥ ⲁϥ-ϣⲉ|ϫⲉ
ⲁ-ⲛⲉϥⲡⲉⲑⲏⲡ ⲉϥ-ⲥⲁⲩⲛⲉ | ϫⲉ-ⲡⲓⲱⲱⲧ ⲟⲩⲁⲧ-ⲡⲉⲑⲁⲩ ⲡⲉ• || ⲉⲧⲃⲉ-
ⲡⲉⲉⲓ ⲣⲱ ⲁϥ-ⲛ̄-ⲡⲉⲉⲓ ⲁ|ⲃⲁⲗ ϫⲉⲕⲁⲥⲉ ⲉϥ-ⲁ-ϣⲉϫⲉ | ϩⲁ-ⲡⲧⲟⲡⲟⲥ ⲁⲩⲱ
ⲡⲉϥⲙⲁ | ⲛ-ⲙ̄ⲧⲁⲛ ⲛ̄ⲧ-ⲁϥ-ⲓ ⲁⲃⲁⲗ ⲛ̄ϩⲏⲧ-ϥ̄ *ⲁⲩⲱ ⲛϥ-ϯ-∅ⲉⲁⲩ ⲙ̄- *41:1
ⲡⲓⲡⲗⲏⲣⲱⲙⲁ | ϯⲙⲛ̄ⲧ-ⲛⲁϭ ⲛ̄ⲧⲉ-ⲡⲉϥⲣⲉⲛ ⲁⲩⲱ | ⲡⲓϩⲗⲁϭ ⲛ̄ⲧⲉ-ⲡⲓⲱⲧ•
ⲡⲟⲩⲉⲉⲓ ⲡⲟⲩ|ⲉⲉⲓ ⲡⲙⲁ ⲛ̄ⲧ-ⲁϥ-ⲉⲓ ⲁⲃⲁⲗ ⲛ̄ϩⲏⲧ̄-ϥ || ϥ-ⲛⲁ-ϣⲉϫⲉ

[83] Word (as unit of a sentence) λέξις [84] Delete {ⲡⲉ ⲡⲉϥⲣⲉⲛ} [85] <ⲡⲉϥⲣⲉⲛ> omitted here by the ancient copyist [86] < - - - > some text omitted by the ancient copyist [87] <ⲁⲣⲁ-ϥ> omitted by the ancient copyist [88] Perhaps, one way or another πάντως [89] Think, consider νοεῖν [90] Emend to ⲁⲛ (=Sahidic ⲟⲛ) [91] Emend to ⲡⲉ

ϩⲁⲣⲁ-ϥ ⲁⲩⲱϩⲛ̄ ϯⲧⲁ|ⲉⲓⲉ ⲛ̄ⲧ-ⲁϥ-ϫⲓ ⲙ̄-ⲡⲉϥⲧⲉϩⲟ ⲁⲣⲉ|ⲧ-ϥ ⲛ̄ⲧⲟⲟⲧ̄-ⲥ̄•
ϥ-ⲛⲁ-ⲡⲱⲧ ⲁ-∅ⲧⲥⲧⲟ | ⲁⲣⲉⲧ̄-ⲥ̄ ⲛ̄ⲕⲉⲥⲁⲡ ⲁⲩⲱ ⲁ-∅ϥⲓ ⲁⲃⲁⲗ | ϩⲙ̄-ⲡⲙⲁ
ⲉⲧ∅-ⲙ̄ⲙⲉⲩ ⲡⲙⲁ ⲛ̄ⲧ-ⲁϥ-ⲱ||ϩⲉ ⲁⲣⲉⲧ-ϥ ⲛ̄ϩⲏⲧ̄-ϥ̄ ⲉϥ-ϫⲓ-∅ϯⲡⲉ ⲁ|ⲃⲁⲗ ϩⲙ̄-
ⲡⲙⲁ ⲉⲧ∅-ⲙ̄ⲙⲉⲩ ⲁⲩⲱ | ⲉϥ-ϫⲓ-∅ⲥⲁⲛⲱ̄ϣ̄ ⲉϥ-ϫⲓ-∅ⲁⲉⲓⲉⲩ•

ⲁⲩⲱ | ⲡⲉϥⲙⲁ ⲛ-ⲙ̄ⲧⲁⲛ ⲙ̄ⲙⲓⲛⲙ̄ⲙⲁ-ϥ | ⲡⲉ ⲡⲉϥⲡⲗⲏⲣⲱⲙⲁ• ⲛⲓ|ϯⲏ
ϭⲉ || ⲧⲏⲣ-ⲟⲩ ⲛ̄ⲧⲛ̄-ⲡⲓⲱⲧ ϩⲛ̄ⲡⲗⲏ|ⲣⲱⲙⲁ ⲛⲉ• ⲁⲩⲱϩⲛ̄ ⲛⲉϥϯⲏ | ⲧⲏⲣ-ⲟⲩ
ⲧⲟⲩⲛⲟⲩⲛⲉ ⲡⲉ ϩⲛ̄-|ⲡ-ⲉⲛⲧ-ⲁϥ-ⲧⲣⲟⲩ-ⲣⲱⲧ ⲁⲃⲁⲗ ⲛ̄|ϩⲏⲧ-ϥ̄ ⲧⲏⲣ-ⲟⲩ ⲁϥ-
ϯ ⲛⲉ-ⲩ ⲛ̄-||ⲛⲟⲩⲧⲱϣ• ⲥⲉ-ⲟⲩⲁⲛϩ̄ ϭⲉ ⲁ|ⲃⲁⲗ ⲛ̄ϭⲓ-ⲡⲟⲩⲉⲉⲓ ⲡⲟⲩⲉⲉⲓ |
ϫⲉⲕⲁⲥⲉ ⲁⲃⲁⲗ ϩⲛ̄-ⲡⲟⲩⲙⲉ|ⲉⲩⲉ ⲙ̄ⲙⲓⲛⲙ̄ⲙⲁ-ⲩ < - - - >•[92] ⲡⲙⲁ | ⲅⲁⲣ
ⲉⲧⲟⲩ-ϫⲁⲩ ⲙ̄-ⲡⲟⲩⲙⲉⲉⲩⲉ || ϣⲁⲣⲁ-ϥ ⲡⲙⲁ ⲉⲧ∅-ⲙ̄ⲙⲉⲩ | ⲧⲟⲩⲛⲟⲩⲛⲉ
<ⲧⲉ>[93] ⲧ-ⲉⲧ∅-ϥⲓ ⲙ̄ⲙⲁ-ⲩ | ⲁⲧⲡⲉ ϩⲛ-ⲛⲓϫⲓⲥⲉ ⲧⲏⲣ-ⲟⲩ | ϣⲁ-ⲡⲓⲱⲧ•
ⲟⲩⲛ̄ⲧⲉ-ⲩ ⲛ̄-ⲧⲉϥ|ⲁⲡⲉ ⲉⲥ-ⲟⲉⲓ ⲛ-∅ⲙ̄ⲧⲁⲛ ⲛⲉ-ⲩ• || ⲁⲩⲱ ⲥⲉ-ⲉⲙⲁϩⲧⲉ
{ⲛ}[94] ⲙ̄ⲙⲉ-ⲩ | ⲁϩⲟⲩⲛ ⲉⲩ-ϩⲏⲛ ⲁϩⲟⲩⲛ | ⲁⲣⲁ-ϥ ϩⲱⲥ ⲁ-∅ⲧⲣⲟⲩ-ϫⲟⲟⲥ
ϫⲉ-|ⲁⲩ-ϫⲓ ⲁⲃⲁⲗ ϩⲛ̄-ⲡⲉϥϩⲟ | ⲁⲃⲁⲗ ϩⲓ̈ⲧⲟⲟⲧ-ϥ ⲛ̄-ⲛⲓⲁⲥⲡⲁⲥ||ⲙⲟⲥ•[95] ⲥⲉ-
*42:1 ⲟⲩⲁⲛϩ ⲇⲉ ⲉⲛ *ⲁⲃⲁⲗ ⲛ̄ϭⲓ-ⲛⲉⲉⲓ ⲙ̄-ⲡⲓⲣⲏⲧⲉ | ϫⲉ-ⲙⲡⲟⲩ-ⲣ̄-ⲧⲡⲉ ⲙ̄ⲙⲓⲛ-
ⲙ̄ⲙⲁ-ⲩ• | ⲟⲩⲧⲉ ⲙ̄ⲡⲟⲩ-ϣⲱⲱⲧ ⲙ̄-ⲡⲉⲁⲩ | ⲙ̄-ⲡⲓⲱⲧ• ⲟⲩⲧⲉ ⲛ̄-ⲥⲉ-ⲙⲉⲩⲉ
ⲁⲣⲁ-ϥ || ⲉⲛ ϩⲱⲥ-∅ϣⲏⲙ ⲟⲩⲧⲉ ϫⲉ-ϥ-ⲥⲁϣⲓ | ⲟⲩⲧⲉ ϫⲉ-ⲟⲩⲃⲁⲗⲕ̄ϥ̄ ⲡⲉ•
ⲁⲗⲗⲁ ⲟⲩ|ⲁⲧ-ⲡⲉⲑⲁⲩ ⲡⲉ• ⲟⲩⲁⲧ-ϣⲧⲁⲣⲧⲣ̄ ⲡⲉ• | ⲟⲩϩⲗⲁϭ ⲡⲉ ⲉϥ-
ⲥⲁⲩⲛⲉ ⲁ-ⲙⲁ|ⲉⲓⲧ ⲛⲓⲙ ⲉ-ⲙⲡⲁⲧⲟⲩ-ϣⲱⲡⲉ• ⲁⲩⲱ || ⲛ-ⲉϥ-ⲣ̄-∅ⲭⲣⲓⲁ[96] ⲉⲛ
ⲁ-∅ⲧⲣⲟⲩ-ⲧⲥⲉⲃⲉ-ⲉⲓ|ⲉⲧ-ϥ̄ ⲁⲃⲁⲗ• ⲡⲉⲉⲓ ⲡⲉ ⲡⲣⲏⲧⲉ ⲛ̄-|ⲛ-ⲉⲧⲉ-ⲟⲩⲛ̄ⲧⲉ-ⲩ
ⲙ̄ⲙⲉⲩ | ⲁⲃⲁⲗ ϩⲛ̄-ⲡⲥⲁϩⲣⲉ ⲛ̄ⲧⲟⲟⲧ̄-ⲥ̄ ⲛ-ϯ|ⲙⲛⲧ-ⲛⲁϭ ⲛ̄-ⲁⲧ-ϣⲓⲧ̄-ⲥ̄ ⲉⲟⲩ-
ⲥⲁ||ⲙⲧ̄ ⲛ̄ⲥⲁ-ⲡⲓⲟⲩⲉⲓ ⲟⲩⲁⲉⲉⲧ̄-ϥ̄ | ⲁⲩⲱ ⲡ-ⲉⲧ∅-ϫⲏⲕ ⲁⲃⲁⲗ ⲡ-ⲉⲧ∅-ⲟⲉⲓ ⲙ̄-|
∅ⲙⲉⲩ ⲛⲉ-ⲩ• ⲁⲩⲱ ⲙⲁⲩ-ϣⲉ ⲁϩⲣⲏ|ⲉⲓ ⲁ-ⲉⲙⲛ̄ⲧⲉ• ⲟⲩⲧⲉ ⲙⲛ̄ⲧⲉ-ⲩ-|
∅ⲫⲑⲟⲛⲟⲥ ⲙ̄ⲙⲉⲩ ⲟⲩⲧⲉ-||∅ⲁϣ-∅ⲉϩⲁⲙ• ⲟⲩⲧⲉ ⲙⲛ̄-∅ⲙⲟⲩ ⲛ̄|ϩⲣⲏⲓ̈ ⲛ̄ϩⲏⲧ-
ⲟⲩ• ⲁⲗⲗⲁ ⲉⲩ-ⲙⲁ|ⲧⲛ̄ ⲙ̄ⲙⲁ-ⲩ ϩⲛ̄-ⲡ-ⲉⲧ∅-ⲙⲁⲧⲛ̄ | ⲙ̄ⲙⲁ-ϥ ⲉⲩ-ϩⲁⲥⲓ ⲉⲛ
ⲟⲩⲧⲉ | ⲉⲩ-ϭⲗ̄ⲙ̄ⲗⲁⲙⲛ̄ⲧ̄ ⲉⲛ ⲙ̄ⲡⲕⲱ||ⲧⲉ ⲙ̄-ⲧⲙⲏⲉ• ⲁⲗⲗⲁ ⲛ̄ⲧⲁⲩ | ⲣⲱ ⲡⲉ
ⲧⲙⲏⲉ• ⲁⲩⲱ ⲉϥ-ϣⲟ|ⲟⲡ ⲛ̄ϩⲏⲧ-ⲟⲩ ⲛ̄ϭⲓ-ⲡⲓⲱⲧ• ⲁⲩⲱ ⲛ̄|ⲧⲁⲩ ⲉⲩ-ϩⲛ̄-
ⲡⲓⲱⲧ ⲉⲩ-ϫⲏⲕ ⲁ|ⲃⲁⲗ ⲉⲩ-ⲟⲉⲓ ⲛ̄-ⲁⲧ-ⲡⲱϣⲉ ϩⲛ̄-||ⲡⲓⲁⲅⲁⲑⲟⲥ ⲛⲁⲙⲏⲉ
ⲉⲩ-ϯ-|∅ϣⲧⲁ ⲗⲁⲩⲉ ⲉⲛ ϩⲛ̄-ⲗⲁⲩⲉ ⲁⲗⲗⲁ | ⲉⲩ-ϯ-∅ⲙ̄ⲧⲁⲛ ⲉⲩ-ⲗⲏⲕ ϩⲛ̄-
ⲡⲉ|ⲡⲛ̄ⲁ̄• ⲁⲩⲱ ⲉⲩ-ⲛⲁ-ⲥⲱⲧⲙ̄ ⲁ-ⲧⲉⲩ|ⲛⲟⲩⲛⲉ ⲉⲩ-ⲛⲁ-ⲥⲣ̄ϥⲉ ⲁⲣⲁ-ⲩ ||
ⲛⲉⲉⲓ ⲉⲧϥ-ⲛⲁ-ϭⲛ̄-ⲧⲉϥⲛⲟⲩⲛⲉ | ⲛ̄ϩⲏⲧ-ⲟⲩ ⲛϥ̄-ⲧⲙ̄-ⲣ̄-ⲡⲁⲥⲓ ⲛ̄-ⲧⲉϥ-|
ⲯⲩⲭⲏ•

ⲡⲉⲉⲓ ⲡⲉ ⲡⲧⲟⲡⲟⲥ ⲛ̄-ⲛⲓ|ⲙⲁⲕⲁⲣⲓⲟⲥ• ⲡⲉⲉⲓ ⲡⲉ ⲡⲟⲩⲧⲟ|ⲡⲟⲥ• ⲡⲕⲉ-
ϣⲱϫⲡ̄ ϭⲉ ⲙⲁⲣⲟⲩ-||ⲙ̄ⲙⲉ ϩⲛ̄-ⲛⲟⲩⲧⲟⲡⲟⲥ ϫⲉ-ⲟⲩ|ⲡⲉⲧ-ⲉϣϣⲉ ⲁⲣⲁ-ⲉⲓ
*43:1 ⲉⲛ ⲡⲉ *ⲉ-ⲁϩⲓ-ϣⲱⲡⲉ ϩⲙ̄-ⲡⲙⲁ ⲛ-ⲙ̄ⲧⲁⲛ | ⲁ-∅ϣⲉϫⲉ ⲁ-ⲕⲉϩⲱⲃ• ⲁⲗⲗⲁ

[92] < - - - > some text omitted by the ancient copyist [93] <ⲧⲉ> omitted by the ancient copyist [94] Delete {ⲛ} [95] Kiss (act of kissing) ἀσπασμός [96] Need χρεία

ⲛ̄ⲧⲁϥ | ⲡⲉϯ-ⲛⲁ-ϣⲱⲡⲉ ⲛ̄ϩⲏⲧ-ϥ̄ ⲁⲩⲱ ⲁ-|$^{\emptyset}$ⲥⲣ̄ϥⲉ ⲛ̄ⲛⲉⲩ ⲛⲓⲙ ⲁ-ⲡⲓⲱⲧ ⲛ̄ⲧⲉ-||ⲡⲧⲏⲣ̄-ϥ̄ ⲟⲩⲱϩϩⲛ ⲛⲓⲥⲛⲏⲩ ⲛⲁ|ⲙⲏⲉ ⲛⲉⲉⲓ ⲉⲣⲉ-ϯⲁⲅⲁⲡⲏ ⲙ̄-|ⲡⲓⲱⲧ ϣⲟⲩⲟ ⲁϫⲱ-ⲟⲩ ⲁⲩⲱ ⲙⲛ̄-|$^{\emptyset}$ϣⲧⲁ ⲛ̄ⲧⲉ-ϥ ϣⲟⲟⲡ ϩⲛ̄-ⲧⲟⲩⲙⲏⲧⲉ | ⲛⲉⲉⲓ ⲛ̄ⲧⲁⲩ ⲉⲧ$^{\emptyset}$-ⲟⲩⲱ⟦ϩ̄⟧ⲛ⟦ⲙ⟧ϩ[97] || ⲙⲁⲙⲏⲉ⟦ⲓ⟧ ⲉⲩ-ϣⲟⲟⲡ ϩⲙ̄-ⲡⲓⲱⲛϩ | ⲛⲁⲙⲏⲉ ⲁⲩⲱ ⲛ̄ⲛ-ⲁⲛⲏϩⲉ ⲁⲩⲱ | ⲉⲩ-ϣⲉϫⲉ ⲁ-ⲡⲟⲩⲁⲉⲓⲛ ⲉⲧ$^{\emptyset}$-|ϫⲏⲕ ⲁⲃⲁⲗ ⲁⲩⲱ ⲉⲧ$^{\emptyset}$-ⲙⲏϩ ϩⲛ̣̄-|ⲡⲓⲥⲡⲉⲣⲙⲁ[98] ⲛ̄ⲧⲉ-ⲡⲓⲱⲧ ⲁⲩⲱ || ⲉⲧ$^{\emptyset}$-ϩ̄ⲛ̄-ⲡⲉϥϩⲏⲧ ⲁⲩⲱ ϩ̄ⲛ̄-ⲡⲓⲡ|ⲗⲏⲣⲱⲙⲁ• ⲉϥ-ⲧⲉⲗⲏⲗ ⲛ̄ϩⲏⲧ-ϥ̄ | ⲛ̄ϭⲓ-ⲡⲉϥⲡⲛ̄ⲁ̄• ⲁⲩⲱ ⲉϥ-ϯ-$^{\emptyset}$ⲉⲁⲩ | ⲙ̄-ⲡ-ⲉⲧⲉ-ⲛⲉϥ-ϣⲟⲟⲡ ⲛ̄ϩⲏⲧ̄-ϥ̄ | ϫⲉ-ⲛⲁⲛⲟⲩ-ϥ• ⲁⲩⲱ ⲥⲉ-ϫⲏⲕ || ⲁⲃⲁⲗ ⲛ̄ϭⲓ-ⲛⲉϥϣⲏⲣⲉ• ⲁⲩⲱ | ⲥⲉ-ⲙⲡ̄ϣⲁ ⲙ̄-ⲡⲉϥⲣⲉⲛ• ϫⲉ-|ⲛ̄ⲧⲁϥ ⲅⲁⲣ ⲡⲓⲱⲧ ϩⲛ̄ϣⲏ|ⲣⲉ ⲛ̄-ⲧⲉⲉⲓⲙⲓⲛⲉ ⲛⲉⲧϥ̄-ⲟⲩⲁ|ϣ-ⲟⲩ•

[97] ⟦ϩ̄⟧ and ⟦ⲙ⟧ cancelled by the ancient copyist; the correct text was meant to be ⲟⲩⲱⲛ̄ϩ̄

[98] Seed, sperm σπέρμα

A Prayer of Paul the Apostle

Προσευχὴ Παύλου Ἀποστόλου

MANUSCRIPT: Cairo, Coptic Museum, Nag Hammadi Codex I, pp. A–B.

PHOTOGRAPHIC FACSIMILE: *Facs. I*, plates 3–4, and *Facs. Intro.*, plates 2*, 5*, 6*.

EDITIONS: Dieter Mueller, in Harold W. Attridge, ed., *Nag Hammadi Codex I* (Leiden 1985), 1.8–11; Rodolphe Kasser et al., in *Tractatus Tripartitus* (Bern 1975), 2.248–50.[1]

DIALECT AND SPELLING: Lycopolitan dialect L6. Cf. Dieter Mueller, in Attridge, op. cit., 5–6; Wolf-Peter Funk, "How Closely Related Are the Subachmimic Dialects?" in *Zeitschrift für ägyptische Sprache und Altertumswissenschaft* 112 (1985) 124–39; Peter Nagel, "Lycopolitan," in *The Coptic Encyclopedia* (New York 1991) 8.151–59.

TRANSLATIONS: Layton, *The Gnostic Scriptures* 303–5; *Nag Hammadi Library in English* 27–28 (D. Mueller); for additional information see also Scholer, *Nag Hammadi Bibliography* and supplements in *Novum Testamentum.*

---

*A:1 *[- ⲕ- -] | [- - -] ||[- - -]. . . . .[- - -] |
[- - - ⲥ]ⲱ̣ⲧⲉ
ⲥⲱⲧ[ⲉ] ⲙ̄ⲙⲁ-ⲉⲓ ϫⲉ-||[ⲁⲛⲁⲕ]-ⲡ̣-ⲉⲧⲉ-ⲡⲱ-ⲕ ⲡ̣[. .]-ⲁϩⲓ̈-ⲉⲓ ⲁⲃⲁⲗ | .[. . . .]•
ⲛ̣̄ⲧⲁⲕ ⲡ[ⲉ ⲡⲁⲛ]ⲟⲩⲥ•[2] ⲙⲁ-ϫⲡⲁ-ⲓ̈• |
[ⲛ̄]ⲧⲁⲕ ⲡⲉ ⲡⲁⲉϩⲟⲟ̣ⲩ• ⲙ̣[ⲁ]-ⲛ̣ⲏ̣-ⲓ̈•
ⲛ̄ⲧⲁⲕ | [ⲡ]ⲉ̣ ⲡⲁⲡⲗⲏⲣⲱⲙⲁ•[3] ϣⲁⲡ-ⲧ̄ ⲁⲣⲁ-ⲕ•
ⲛ̄|[ⲧⲁⲕ] ⲡⲉ ⲧⲁⲛⲁⲡⲁⲩⲥⲓⲥ•[4] ⲙⲁ-ϯ-ⲛⲏ-ⲉⲓ ⲙ̄-||[ⲡⲧ]ⲉⲗⲉⲓⲟⲛ[5] ⲡ-ⲉⲧⲉ-ⲙⲁⲣⲟⲩ-ϣ-ⲉⲙⲁϩ|[ⲧⲉ] ⲙ̄ⲙⲁ-ϥ•

[1] Their erroneous pagination and line numbering differs from the one that I have used in the present chrestomathy. [2] Intellect νοῦς [3] Fullness πλήρωμα [4] Repose ἀνάπαυσις [5] Perfect, complete τέλειος, -α, -ον

ϯ-ⲧⲱⲃ̅ϩ̅ ⲙ̅ⲙⲁ-ⲕ ⲡ-ⲉⲧ$^{\emptyset}$-ϣⲟ|[ⲟⲡ] ⲁⲩⲱ ⲡ-ⲉⲧ$^{\emptyset}$-ϣⲣⲡ̅-ϣⲟⲟⲡ ϩⲙ̅-ⲡⲣⲉⲛ | [ⲉⲧ$^{\emptyset}$]-ϫ̣[ⲁ]ⲥⲓ ⲁ-ⲣⲉⲛ ⲛⲓⲙ
ϩ̣ⲓ̈ⲧⲛ-ⲓ̅ⲏ̅ⲥ̅ ⲡⲉ̅ⲭ̅ⲥ̅ | [ⲡϫⲁⲉⲓ]ⲥ ⲛ̅-ⲛⲓϫⲁⲉⲓ[ⲥ] ⲡ̅ⲣ̅ⲣⲟ ⲛ̅-ⲛⲁⲓⲱⲛ•[6] ||

[ⲙⲁ-ϯ-ⲛ]ⲏ-ⲓ̈ ⲛ-ⲛⲉⲕϯ ⲉⲧⲉ-ⲙⲁⲕ-ⲣ̅-ϩⲧⲏ-ⲕ | [ⲁⲣⲁ-ⲟⲩ] ϩⲓ̈ⲧⲛ̅-ⲡϣⲏⲣⲉ ⲙ̅-ⲡⲣⲱⲙⲉ |
[..ⲡⲡⲛⲉ]ⲩⲙⲁ ⲡⲡⲁⲣⲁⲕⲗⲏⲧⲟⲥ[7] ⲛ̅-|[ⲧⲙ]ⲏ̣[ⲉ]• [ⲙⲁ]-ϯ-ⲛⲏ-ⲉⲓ ⲛ̅-ⲧⲉⲕ-ⲝⲟⲩⲥⲓⲁ[8] | [ⲉⲉⲓ]-ⲣ̅-ⲁⲓⲧ̣ⲓ[9] | ⲙ̅ⲙⲁ-ⲕ•
ⲙⲁ-ϯ ⲛ̅-ⲟⲩ||[ⲧⲁⲗ]ϭⲟ ⲙ̅-ⲡⲁⲥⲱⲙⲁ ϩⲱⲥ ⲉ̣ⲉ[ⲓ]-ⲁⲓⲧⲓ | [ⲙ̅ⲙⲁ]-ⲕ ϩⲓ̈ⲧⲛ̅-ⲡⲉⲩⲁⲅⲅⲉⲗⲓⲥⲧⲏⲥ•[10] |
[....]ⲥ̣ⲱⲧⲉ̣ ⲛ̅-ⲧⲁⲯⲩⲭⲏ ⲛ-ⲟⲩⲁⲉⲓⲛ | [ϩⲛ̅-ⲛⲓⲉ]ⲛⲏϩⲉ ⲙⲛ̅-ⲡⲁⲡ̅ⲛ̅ⲁ̅•
ⲁⲩⲱ ⲡϣ[ⲣ̅|ⲡⲙ̅-ⲙ]ⲓ̣ⲥⲉ ⲙ̅-ⲡⲡⲗⲏⲣⲱⲙⲁ ⲛ̅-ⲧⲭⲁⲣⲓ̣[ⲥ][11] || [ϭⲁⲗ]ⲡ̣-ϥ ⲁ-ⲡⲁⲛⲟⲩⲥ•

ⲉⲣⲓ-ⲭⲁⲣⲓⲍⲉ[12] ⲛ̣[ⲏ-|ⲉⲓ] ⲙ̅-ⲡ-ⲉⲧⲉ-ⲙ̅ⲡⲉ-$^{\emptyset}$ⲃⲉⲗ ⲛ̅-$^{\emptyset}$ⲁⲅⲅⲉⲗⲟ[ⲥ] | [ⲛⲉⲩ] ⲁⲣⲁ-ϥ ⲁⲩⲱ ⲡ-ⲉⲧⲉ-<ⲙ̅ⲡⲉ>[13]-ⲙ̅ⲙⲉϣϫ̣ⲉ̣ | [ⲛ̅-$^{\emptyset}$ⲁ]ⲣⲭⲱⲛ[14] ⲥⲁⲧⲙ-ⲉϥ
ⲁⲩⲱ ⲡ-ⲉⲧⲉ-|ⲙ̣̅[ⲡ]ϥ̣-ⲉⲓ̂ ⲁϩⲣⲏⲓ ϩⲙ̅-ⲫⲏⲧ ⲛ̅-$^{\emptyset}$ⲣⲱⲙⲉ || ⲛ̅ⲧ-ⲁϩ-ϣⲱⲡⲉ ⲛ̅-$^{\emptyset}$ⲁⲅⲅⲉⲗⲟⲥ
ⲁⲩⲱ̣ | ⲕⲁⲧ̣ⲁ-ⲡⲉⲓⲛⲉ ⲙ̅-ⲡⲛⲟⲩⲧⲉ ⲙ̅-ⲯⲩ|ⲭⲓⲕⲟⲥ[15] ⲛ̅ⲧⲁⲣⲟⲩ-ⲡⲗⲁⲥⲥⲉ[16] ⲙ̅ⲙⲁ-[ϥ] | ϫⲓⲛ̅ⲛ̅-ϣⲁⲣⲡ̅
ϩⲱⲥ ⲉ-ⲟⲩⲛⲧⲏ-ⲉⲓ | ⲙ̅ⲙⲉⲩ ⲛ̅-ⲧⲡⲓⲥⲧⲓⲥ ⲛ̅-ⲑⲉⲗⲡⲓⲥ•[17] ||
ⲛ̣̅ⲅ-ⲟⲩⲱϩ ⲁⲧⲟⲟⲧ-$^{\emptyset}$ ⲙ̅-ⲡⲉⲕⲙⲉⲅⲉ|ⲑⲟⲥ[18] ⲛ̅-ⲁⲅⲁⲡⲏⲧⲟⲥ[19] ⲛ-ⲉⲕⲗⲉ|ⲕⲧⲟⲥ[20] ⲛ̅-ⲉⲩⲗⲟⲅⲏⲧⲟⲥ[21] ⲡϣⲣⲡ̅|ⲙ̅-ⲙⲓⲥⲉ ⲡϣⲣⲡ̅ⲛ̅-ⲅⲉⲛⲟⲥ[22] *[- - -] | *B:1
[- - -] | ⲙⲛ̅-ⲡⲙⲩⲥⲧⲉⲣ̣ⲓⲟⲛ[23] [ⲛ̅-ϣⲡⲏ]|ⲣⲉ ⲙ̅-[ⲡ]ⲉⲕⲏⲉⲓ
ⲁ[ⲃⲁⲗ ϫⲉ]-||ⲡⲱ-ⲕ [ⲡ]ⲉ̣ ⲡⲉⲙⲁϩ̣ⲧ̣[ⲉ] ⲁ̣[ⲩⲱ] | ⲡⲉⲁ̣ⲩ̣ ⲁⲩⲱ ⲧⲉⲕⲝⲟⲙ̣[ⲟ]|ⲗⲟⲅⲏⲥⲓⲥ[24] ⲙⲛ̅-ⲧⲙⲛ̅ⲧ-ⲛ̣[ⲁϭ] | ϣⲁ-ⲉⲛⲏϩ ⲛ̅-ⲉⲛⲏϩⲉ• [- - -] |

ⲡⲣⲟⲥⲉⲩⲭⲏ ⲡⲁ[ⲩⲗⲟⲩ] || ⲁⲡⲟⲥⲧⲟⲗⲟⲩ• |
ⲉⲛ ⲉⲓⲣⲏⲛⲏ̣•[25] | ⲟ ⲭⲣⲓⲥⲧⲟⲥ[26] ⲁⲅⲓⲟⲥ•[27]

[6] Realm, eternity, eternal realm αἰών [7] Intercessor παράκλητος [8] Authority ἐξουσία [9] Request αἰτεῖν [10] Preacher of the gospel, evangelist εὐαγγελιστής [11] Grace χάρις [12] Bestow χαρίζειν [13] <ⲙ̅ⲡⲉ> omitted by the ancient copyist [14] Ruler ἄρχων [15] Animate ψυχικός, -ή, -όν [16] Model πλάσσειν [17] Hope ἐλπίς [18] Greatness, majesty μέγεθος [19] Beloved ἀγαπητός, -ή, -όν [20] Chosen ἐκλεκτός, -ή, -όν [21] Praiseworthy, blessed εὐλογητός, -ή, -όν [22] Race, offspring γένος [23] Mystery μυστήριον [24] Praise ἐξομολόγησις [25] A Prayer of Paul the Apostle. In peace. προσευχὴ Παύλου ἀποστόλου ἐν εἰρήνῃ [26] ⲭⲣⲓⲥⲧⲟⲥ is written as the abbreviation ☧ [27] Holy is the Christ ὁ Χριστὸς ἅγιος

Treatise on Resurrection

(EPISTLE TO RHEGINUS)

ⲡⲗⲟⲅⲟⲥ ⲉⲧⲃⲉ-ⲧⲁⲛⲁⲥⲧⲁⲥⲓⲥ

MANUSCRIPT: Cairo, Coptic Museum, Nag Hammadi Codex I, pp. 43–50.

PHOTOGRAPHIC FACSIMILE: *Facs. I,* plates 47–54; Michel Malinine et al., *De Resurrectione (Epistula ad Rheginum)* (Zürich 1963), plates p. 43–p. 50.

EDITIONS: Bentley Layton, *The Gnostic Treatise on Resurrection from Nag Hammadi* (Missoula [USA] 1979); Malinine et al., op. cit., 1–48; Malcolm L. Peel, in Harold W. Attridge, ed., *Nag Hammadi Codex I* (Leiden 1985), 1.148–57; Jacques E. Ménard, *Le Traité sur la résurrection* (Quebec City 1983).

DIALECT AND SPELLING: Lycopolitan dialect L6. Cf. Layton, op. cit., 193–195; Wolf-Peter Funk, "How Closely Related Are the Subachmimic Dialects?" in *Zeitschrift für ägyptische Sprache und Altertumswissenschaft* 112 (1985) 124–39; Peter Nagel, "Lycopolitan," in *The Coptic Encyclopedia* (New York 1991) 8.151–59.

TRANSLATIONS: Layton, *The Gnostic Scriptures* 316–24; *Nag Hammadi Library in English* 52–57 (M. L. Peel); for additional information see also Scholer, *Nag Hammadi Bibliography* and supplements in *Novum Testamentum.*

---

*43:25 *ⲟⲩⲛ-ϩⲁⲉⲓⲛⲉ ⲡⲁϣⲏⲣⲉ ⲣⲏ|ⲅⲓⲛⲟⲥ ⲉⲩⲱϣⲉ ⲁ-$^{\emptyset}$ⲥⲃⲟ ⲁ-ϩⲁϩ• | ⲟⲩⲛⲧⲉ-ⲩ
ⲙ̅ⲙⲉⲩ ⲙ̅-ⲡⲓⲥⲕⲟⲡⲟⲥ[1] | ⲉⲩ-ⲉⲙⲁϩⲧⲉ ⲛ̅-ϩ̅ⲛ̅ⲍⲏⲧⲏⲙⲁ[2] | ⲉⲩ-ϣⲁⲁⲧ ⲙ̅-
ⲡⲉⲩⲃⲱⲗ• ⲁⲩⲱ || ⲉⲩϣⲁⲛ-ⲙⲉⲉⲧⲉ ⲁ-ⲛⲉⲉⲓ ϣⲁⲩ-|ⲙⲉⲩⲉ ⲁ-ϩ̅ⲛ̅ⲙ̅ⲛ̅ⲧ̅-ⲛⲁϭ
ⲛ̅ϩⲣⲏ|ⲓ̈ ⲛ̅ϩⲏⲧ-ⲟⲩ• ⲛ̅-ϯ-ⲙⲉⲩⲉ ⲛ̅ⲇⲉ[3] ⲉⲛ | ϫⲉ-ⲁⲩ-ⲁϩⲉ ⲁⲣⲉⲧ-ⲟⲩ ⲙ̅ⲫⲟⲩⲛ
ⲙ̅-|ⲡⲗⲟⲅⲟⲥ[4] ⲛ̅-ⲧⲙⲏⲉ• ⲉⲩ-ϣⲓⲛⲉ || ⲛ̅ϩⲟⲩⲟ ⲁ-ⲡⲉⲩⲙ̅ⲧⲁⲛ ⲡⲉⲉⲓ | ⲛ̅ⲧ-
*44:1 ⲁϩ̅ⲛ̅-ϫⲓⲧ̅-ϥ ϩⲓⲧ̅ⲙ̅-ⲡ̅ⲛ̅ⲥⲱ|ⲧⲏⲣ ⲡ̅ⲛ̅ϫⲁⲉⲓⲥ ⲡⲉⲭⲣⲏⲥⲧⲟⲥ•[5] *ⲛ̅ⲧ-ⲁϩ̅ⲛ̅-ϫⲓⲧ̅-
ϥ̅ ⲛ̅ⲧⲁⲣⲉⲛ-ⲥⲟⲩ|ⲱⲛ-ⲧⲙⲏⲉ• ⲁⲩⲱ ⲁⲛ̅-ⲙ̅ⲧⲁⲛ | ⲙ̅ⲙⲁ-ⲛ ⲁϩⲣⲏⲓ̈ ⲁϫⲱ-ⲥ•

[1] Aim, goal σκόπος [2] Academic problem ζήτημα [3] Greek δέ [4] Account, rational explanation λόγος [5] Kind χρηστός

ⲁⲗⲗⲁ | ⲉⲡⲉⲓⲇⲏ ⲉⲕ-ϣⲓⲛⲉ ⲙ̄ⲙⲁ-ⲛ || ⲁ-ⲡ-ⲉⲧ-ⲉϣϣⲉ ϩⲛ̄-ⲟⲩϩⲗⲁϭ |
ⲉⲧⲃⲉ-ⲧⲁⲛⲁⲥⲧⲁⲥⲓⲥ[6] ϯ-ⲥϩⲉ|ⲉⲓ ⲛⲉ-ⲕ ϫⲉ-ⲟⲩⲁⲛⲁⲅⲕⲁⲓⲟⲛ[7] | ⲧⲉ• ⲁⲩⲱ
ⲟⲩⲛ-ϩⲁϩ ⲙ̄ⲙⲉⲛ ⲟ|ⲉⲓ ⲛ̄-∅ⲁⲡⲓⲥⲧⲟⲥ[8] ⲁⲣⲁ-ⲥ• ϩⲛ̄ⲕⲟⲩ||ⲉⲓ ⲛ̄ⲇⲉ ⲛⲉⲧ∅-
ϭⲓⲛⲉ ⲙ̄ⲙⲁ-ⲥ• | ⲉⲧⲃⲉ-ⲡⲉⲉⲓ ⲙⲁⲣⲉ-ⲡⲗⲟⲅⲟⲥ | ϣⲱⲡⲉ ⲛⲉ-ⲛ ⲉⲧⲃⲏⲧ-ⲥ•
ⲛ̄|ⲧ̣-ⲁϩⲁ-ⲡϫⲁⲉⲓⲥ ⲣ̄-ⲭⲣⲱ[9] ⲛ̄ⲉϣ | ⲛ̄-ϩⲉ ⲛ̄-ⲛ̄ϩⲃⲏⲩⲉ• ⲉϥ-ϣⲟ||ⲟⲡ ϩⲛ̄-
∅ⲥⲁⲣⲝ̣ ⲁⲩⲱ ⲛ̄ⲧⲁ|ⲣⲉϥ-ⲟⲩⲁⲛϩ̄-ϥ ⲁⲃⲁⲗ ⲉ-ⲩϣⲏ|ⲣⲉ ⲛ̄-ⲛⲟⲩⲧⲉ ⲡⲉ ⲁϥ-
ϩⲙⲁϩⲉ | ϩⲛ̄-ⲡⲓⲧⲟⲡⲟⲥ ⲡⲉⲉⲓ ⲉⲧⲕ-ϩ|ⲙⲁⲥ̄ⲧ̄ ⲛ̄ϩⲏⲧ̄-ϥ ⲉϥ-ϣⲉϫⲉ || ⲁ-
ⲡⲛⲟⲙⲟⲥ[10] ⲛ̄-ⲧⲫⲩⲥⲓⲥ•[11] ⲉⲉⲓ-ϫⲟⲩ | ⲛ̄ⲇⲉ ⲙ̄ⲙⲁ-ϥ ϫⲉ-ⲡⲙⲟⲩ• ⲡϣⲏ|ⲣⲉ
ⲛ̄ⲇⲉ ⲙ̄-ⲡⲛⲟⲩⲧⲉ ⲣⲏⲅⲓⲛⲉ | ⲛⲉ-ⲩϣⲏⲣⲉ ⲛ̄-ⲣⲱⲙⲉ ⲡⲉ• ⲁⲩ|ⲱ ⲛⲉϥ-
ⲉⲙⲁϩⲧⲉ ⲁⲣⲁ-ⲩ ⲙ̄ⲡⲉ||ⲥⲛⲉⲩ ⲉ-ⲩⲛ̄ⲧⲉ-ϥ̄ ⲙ̄ⲙⲉⲩ ⲛ̄-ⲧ|ⲙⲛ̄ⲧ̄-ⲣⲱⲙⲉ ⲙⲛ̄-
ⲧⲙ̄ⲛ̄ⲧ̄-ⲛⲟⲩ|ⲧⲉ ϫⲉⲕⲁⲥⲉ ⲉϥ-ⲛⲁ-ϫⲣⲟ ⲙ̄ⲙⲉⲛ | ⲁ-ⲡⲙⲟⲩ ⲁⲃⲁⲗ ϩⲓⲧ̄ⲙ̄-
ⲡⲧ̄ⲣ̄ϥ̄-|ϣⲱⲡⲉ ⲛ̄-∅ϣⲏⲣⲉ ⲛ̄-ⲛⲟⲩⲧⲉ || ϩⲓⲧⲟⲟⲧ̄-ϥ ⲇⲉ ⲙ̄-ⲡϣⲏⲣⲉ ⲙ̄-|
ⲡⲣⲱⲙⲉ ⲉⲣⲉ-ⲧⲁⲡⲟⲕⲁⲧⲁⲥⲧⲁ|ⲥⲓⲥ[12] ⲛⲁ-ϣⲱⲡⲉ ⲁϩⲟⲩⲛ ⲁ-ⲡ|ⲡⲗⲏⲣ-
ⲱⲙⲁ[13] ⲉⲡⲉⲓⲇⲏ ⲛ̄ϣⲁ|ⲣ̄ⲡ̄ ⲉϥ-ϣⲟⲟⲡ ⲁⲃⲁⲗ ϩⲙ̄-ⲡⲥⲁ ⲛ||ⲧⲡⲉ ⲛ̄-
∅ⲥⲡⲉⲣⲙⲁ[14] ⲛ̄-ⲧⲙⲏⲉ ⲉ-ⲙ|ⲡⲁⲧⲉ-ϯⲥⲩⲥⲧⲁⲥⲓⲥ[15] ϣⲱⲡⲉ• | ϩⲛ̄-ⲧⲉⲉⲓ ⲁ-
ϩⲛ̄ⲙⲛ̄ⲧ̄-ϫⲁⲉⲓⲥ ⲙⲛ̄-|ϩⲛ̄ⲙⲛ̄ⲧ̄-ⲛⲟⲩⲧⲉ ϣⲱⲡⲉ ⲉ-ⲛⲁ|ϣⲱ-ⲟⲩ•

ϯ-ⲥⲁⲩⲛⲉ ϫⲉ-ⲉⲉⲓ-ⲧⲉⲩⲟ *ⲙ̄-ⲡⲃⲱⲗ ϩⲛ̄-ϩⲛ̄ϩⲃⲏⲩⲉ ⲛ̄-|ⲇⲩⲥⲕⲟⲗⲟⲛ•[16] *45:1
ⲁⲗⲗⲁ ⲙⲛ̄-ⲗⲁⲩⲉ ⲛ̄-|ⲇⲩⲥⲕⲟⲗⲟⲛ ϣⲟⲟⲡ ϩⲙ̄-ⲡⲗⲟ|ⲅⲟⲥ ⲛ̄-ⲧⲙⲏⲉ• ⲁⲗⲗⲁ
ⲉⲡⲉⲓⲇⲏ ⲉ||ⲧⲣⲉ-ⲡⲃⲱⲗ[17] ⲛ̄ⲧⲁϥ-ⲉⲓ ⲁⲃⲁⲗ ⲁ-|ⲧⲙⲏⲧⲉ ⲁ-∅ⲧⲙ̄-ⲕⲉ-ⲗⲁⲩⲉ
ⲉϥ-ϩⲏⲡ | ⲁⲗⲗⲁ ⲁ-∅ⲧⲣⲉϥ-ⲟⲩⲱⲛ̄ϩ̄ ⲁⲃⲁⲗ | ⲙ̄-ⲡⲧⲏⲣ̄ϥ̄ ϩⲁⲡⲗⲱⲥ[18] ⲉⲧⲃⲉ-
ⲡ|ϣⲱⲡⲉ ⲡⲃⲱⲗ ⲁⲃⲁⲗ ⲙ̄ⲙⲉⲛ || ⲙ̄-ⲡⲡⲉⲑⲁⲩ ⲡⲟⲩⲱⲛ̄ϩ̄ ⲇⲉ ⲁ|ⲃⲁⲗ ⲙ̄-ⲡ-
ⲉⲧ∅-ⲥⲁⲧ̄ⲡ̄ ⲧⲉⲉⲓ ⲧⲉ | ⲧⲡⲣⲟⲃⲟⲗⲏ[19] ⲛ̄-ⲧⲙⲏⲉ ⲙⲛ̄-ⲡⲉ|ⲡⲛⲉⲩⲙⲁ•
ⲧⲉⲭⲁⲣⲓⲥ[20] ⲧⲁ-ⲧⲙⲏ̣|ⲉ ⲧⲉ• ⲡⲥⲱⲧⲏⲣ ⲁϥ-ⲱⲙ̄ⲛ̄ⲕ ⲙ̄-||ⲡⲙⲟⲩ• ⲛ̄-ⲕ-ⲏⲡ ⲉⲛ
ⲁ-∅ⲣ̄-∅ⲁⲧ-ⲥⲁⲩⲛⲉ• | ⲁϥ-ⲕⲱⲉ ⲛ̄ⲅⲁⲣ[21] ⲁϩⲣⲏⲓ̈ ⲙ̄-ⲡⲕⲟ|ⲥⲙⲟⲥ ⲉ-ϣⲁϥ-
ⲧⲉⲕⲟ• ⲁϥ-ϣ̄ϥ̄ⲧ̄-[ϥ] | ⲁϩⲟⲩⲛ ⲁ-ⲩⲁⲓⲱⲛ[22] ⲛ̄-ⲁⲧ-ⲧⲉⲕⲟ• | ⲁⲩⲱ ⲁϥ-
ⲧⲟⲩⲛⲁⲥ̄-ϥ ⲉ-ⲁϥ-ⲱ||ⲙ̄ⲛⲕ ⲙ̄-ⲡ-ⲉⲧ∅-ⲟⲩⲁⲛ̄ϩ̄ ⲁⲃⲁⲗ | ⲁⲃⲁⲗ ϩⲓⲧⲟⲟⲧ̄-ϥ ⲙ̄-
ⲡⲁⲧ-ⲛⲉⲩ | ⲁⲣⲁ-ϥ• ⲁⲩⲱ ⲁϥ-ϯ ⲛⲉ-ⲛ ⲛ̄-|ⲧⲉϩⲓⲏ ⲛ̄-ⲧⲛ̄ⲙⲛ̄ⲧ̄-ⲁⲧ-ⲙⲟⲩ•

ⲧⲟ|ⲧⲉ ϭⲉ ⲛ̄ⲑⲉ ⲛ̄ⲧ-ⲁϩⲁ-ⲡⲁⲡⲟⲥⲧⲟ||ⲗⲟⲥ ϫⲟⲟ-ϥ ϫⲉ-ⲁⲛ-ϣ̄ⲡ̄-∅ϩⲓⲥⲉ |
ⲛ̄ⲙ̄ⲙⲉ-ϥ• ⲁⲩⲱ ⲁⲛ-ⲧⲱⲱⲛ | ⲛ̄ⲙ̄ⲙⲉ-ϥ• ⲁⲩⲱ ⲁⲛ-ⲃⲱⲕ ⲁⲧⲡⲉ | ⲛ̄ⲙ̄ⲙⲉ-ϥ•
ⲉⲓϣⲡⲉ-ⲧ̄ⲛ̄-ϣⲟ|ⲟⲡ ⲛ̄ⲇⲉ ⲉⲛ-ⲟⲩⲁⲛ̄ϩ̄ ⲁⲃⲁⲗ ϩⲙ̄-||ⲡⲓⲕⲟⲥⲙⲟⲥ ⲉⲛ-ⲣ̄-
ⲫⲟⲣⲉⲓ[23] ⲙ̄|ⲙⲁ-ϥ ⲉⲛ-ϣⲟⲟⲡ ⲛ̄-∅ⲁⲕⲧⲓⲛ[24] | ⲙ̄-ⲡ-ⲉⲧ̄∅-ⲙ̄ⲙⲉⲩ• ⲁⲩⲱ ⲉⲩ-

[6] Resurrection ἀνάστασις [7] Basic doctrine ἀναγκαῖον [8] Unbelieving, faithless ἄπιστος, -ον [9] Use χρᾶσθαι [10] Law νόμος [11] Nature, natural order φύσις [12] Return ἀποκατάστασις [13] Fullness πλήρωμα [14] Seed, posterity σπέρμα [15] Structure σύστασις [16] Difficult δύσκολος, -ον [17] Emend to ⲉⲧⲃⲉ-ⲡⲃⲱⲗ [18] Simply ἁπλῶς [19] Offshoot προβολή [20] Grace χάρις [21] Greek γάρ [22] Realm, eternity, eternal realm αἰών [23] Wear φορεῖν [24] Ray ἀκτίν (classical Greek ἀκτίς)

ⲉ|ⲙⲁϩⲧⲉ ⲙ̅ⲙⲁ-ⲛ ⲁⲃⲁⲗ ϩⲓⲧⲟ|ⲟⲧ̅-ϥ̅ ϣⲁ-ⲡ̅ⲛ̅ϩⲱⲧⲡ ⲉⲧⲉ-ⲡⲉ||ⲉⲓ ⲡⲉ ⲡⲉⲛ-
ⲙⲟⲩ ϩ̅ⲙ̅-ⲡⲉⲉⲓⲃⲓ|ⲟⲥ[25] ⲉⲩ-ⲥⲱⲕ ⲙ̅ⲙⲁ-ⲛ ⲁⲧⲡⲉ ⲁ|ⲃⲁⲗ ϩⲓⲧⲟⲟⲧ̅-ϥ̅ ⲛ̅ⲑⲉ ⲛ̅-
ⲛⲓⲁⲕⲧⲓⲛ | ϩⲓⲧ̅ⲙ̅-ⲡⲣⲏ ⲉ-ⲛ-ⲥⲉ-ⲉⲙⲁϩⲧⲉ ⲙ̅|ⲙⲁ-ⲛ ⲉⲛ ϩⲓⲧ̅ⲛ̅-ⲗⲁⲩⲉ• ⲧⲉⲉⲓ
*46:1 ⲧⲉ || ⲧⲁⲛⲁⲥⲧⲁⲥⲓⲥ ⲛ̅-ⲡⲛⲉⲩⲙⲁ*ⲧⲓⲕⲏ[26] ⲉⲥ-ⲱ̅ⲙ̅ⲛ̅ⲕ̅ ⲛ̅-ⲧⲯⲩⲭⲓⲕⲏ[27] |
ϩⲟⲙⲟⲓⲱⲥ[28] ⲙ̅ⲛ̅-ⲧⲕⲉⲥⲁⲣⲕⲓⲕⲏ•[29] |

ⲉⲓϣⲡⲉ-ⲟⲩⲛ-ⲟⲩⲉⲉⲓ ⲛ̅ⲇⲉ ⲉ-ⲙ-ϥ̅-|ⲡⲓⲥⲧⲉⲩⲉ[30] ⲉⲛ ⲙ̅ⲛ̅ⲧⲉ-ϥ ⲙ̅ⲙⲉⲩ ⲙ̅-
||ⲡ̅ⲣ̅-ⲡⲉⲓⲑⲉ•[31] ⲡⲧⲟⲡⲟⲥ[32] ⲅⲁⲣ ⲛ̅-ⲧⲡⲓ|ⲥⲧⲓⲥ[33] ⲡⲉ ⲡⲁϣⲏⲣⲉ ⲁⲩⲱ ⲡⲁ-ⲡ̅ⲣ̅-
|ⲡⲉⲓⲑⲉ ⲉⲛ ⲡⲉ• ⲡ-ⲉⲧ̅ø-ⲙⲁⲟⲩⲧ ⲛⲁ-|ⲧⲱⲱⲛ• ⲁⲩⲱ ⲟⲩⲛ-ⲡ-ⲉⲧ̅ø̅-ⲣ̅-ⲡⲓⲥ-
ⲧⲉⲩ|ⲉ ϩ̅ⲛ̅-ⲛ̅ⲫⲓⲗⲟⲥⲟⲫⲟⲥ[34] ⲉⲧ̅ø̅-ⲛ̅ⲛⲓⲙⲁ• || ⲁⲗⲗⲁ ϥ̅-ⲛⲁ-ⲧⲱⲱⲛ• ⲁⲩⲱ
ⲡⲫⲓⲗⲟ|ⲥⲟⲫⲟⲥ ⲉⲧ̅ø̅-ⲛ̅ⲛⲓⲙⲁ ⲙ̅ⲡⲱⲣ ⲁ-øⲧⲣⲉϥ-|ⲡⲓⲥⲧⲉⲩⲉ ⲟⲩⲣⲉϥ-ⲕⲧⲟ
ⲙ̅ⲙⲁ-ϥ ⲟⲩ|[ⲁ]ⲉⲉⲧ̅-ϥ̅• ⲁⲩⲱ ⲉⲧⲃⲉ-ⲧ̅ⲛ̅ⲡⲓⲥⲧⲓⲥ < - - - >•[35] | [ⲁ]ϩ̅ⲛ̅-ⲥⲟⲩⲛ̅-
ⲡϣⲏⲣⲉ ⲛ̅ⲅⲁⲣ ⲙ̅-||ⲡⲣⲱⲙⲉ• ⲁⲩⲱ ⲁϩ̅ⲛ̅-ⲡⲓⲥⲧⲉⲩⲉ | ϫⲉ-ⲁϥ-ⲧⲱⲟⲩⲛ
ⲁⲃⲁⲗ ϩ̅ⲛ̅-ⲛ-ⲉⲧø-|ⲙⲁⲟⲩⲧ• ⲁⲩⲱ ⲡⲉⲉⲓ ⲡⲉⲧ̅ⲛ̅-ϫⲟⲩ | ⲙ̅ⲙⲁ-ϥ ϫⲉ-ⲁϥ-
ϣⲱⲡⲉ ⲛ̅-øⲃⲱⲗ | ⲁⲃⲁⲗ ⲙ̅-ⲡⲙⲟⲩ•

ϩⲱⲥ ⲟⲩⲛⲁϭ || ⲡⲉ ⲡ-ⲉⲧⲟⲩ-ⲣ̅-ⲡⲓⲥⲧⲉⲩⲉ ⲁⲣⲁ-ϥ̅ ϩ̅ⲛ̅|ⲛⲁⲧ[36] ⲛⲉ ⲛ-ⲉⲧ̅ø̅-
ⲣ̅-ⲡⲓⲥⲧⲉⲩⲉ• ⲛ̅-ϥ̅-ⲛⲁ-|ⲧⲉⲕⲟ ⲉⲛ ⲛ̅ϭⲓ-ⲡⲙⲉⲩⲉ ⲛ̅-ⲛ-ⲉ|ⲧ-ⲟⲩⲁϫ• ⲛ̅-ϥ̅-ⲛⲁ-
ⲧⲉⲕⲟ ⲉⲛ ⲛ̅ϭⲓ-|ⲡⲛⲟⲩⲥ[37] ⲛ̅-ⲛ-ⲉⲧ-ⲁϩ-ⲥⲟⲩⲱⲱⲛ̅-ϥ̅• || ⲉⲧⲃⲉ-ⲡⲉⲉⲓ ⲧ̅ⲛ̅-
ⲥⲁⲧⲡ ⲁϩⲟⲩⲛ | ⲁ-ⲡⲟⲩϫⲉⲉⲓ ⲙ̅ⲛ̅-ⲡⲥⲱⲧⲉ ⲉ-|ⲁϩⲟⲩ-ⲧⲁϣ̅-ⲛ̅ ϫⲓⲛⲛ̅-ϣⲁⲣ̅ⲡ̅ |
ⲁ-øⲧⲣ̅ⲛ̅-ⲧ̅ⲙ̅-ϩⲁⲉⲓⲉ ϩ̅ⲛ̅-ⲧⲙ̅ⲛ̅ⲧ-|ⲁⲑⲏⲧ ⲛ̅-ⲛ-ⲉⲧø-ⲟⲉⲓ ⲛ̅-øⲁⲧ-ⲥⲁⲩⲛⲉ || ⲁⲗⲗⲁ
ⲉⲛ-ⲁ-ⲉⲓ ⲁϩⲟⲩⲛ ⲁ-ⲧⲙ̅ⲛ̅ⲧ-|ⲣ̅ⲙ̅-ϩⲏⲧ ⲛ̅-ⲛ-ⲉⲧ-ⲁϩ-ⲥⲟⲩⲱⲛ-ⲧ|ⲙⲏⲉ• ⲧⲙⲏⲉ
ϭⲉ ⲉⲧⲟⲩ-ⲣⲁⲉⲓⲥ ⲁ|ⲣⲁ-ⲥ ⲙ̅ⲛ̅-øϣϭⲁⲙ ⲛ̅-øⲕⲁⲁ-ⲥ ⲁ|ⲃⲁⲗ• ⲟⲩⲧⲉ ⲛⲉⲥ-
ϣⲱⲡⲉ• ⲟⲩ||ϫⲱⲣⲉ ⲡⲉ <ⲡ>ⲥⲩⲥⲧⲏⲙⲁ[38] ⲙ̅-ⲡⲓ|ⲡⲗⲏⲣⲱⲙⲁ• ⲟⲩⲕⲟⲩⲉⲓ
ⲡⲉ ⲡ-ⲉⲛ|ⲧ-ⲁϩ-ⲃⲱⲗ ⲁⲃⲁⲗ ⲁϥ-ϣⲱⲡⲉ | ⲙ̅-øⲕⲟⲥⲙⲟⲥ• ⲡⲧⲏⲣ̅-ϥ̅ ⲛ̅ⲇⲉ
*47:1 ⲡⲉ | ⲡ-ⲉⲧⲟⲩ-ⲉⲙⲁϩⲧⲉ ⲙ̅ⲙⲁ-ϥ• ⲙ̣̅ⲡ̣̅ⲉϥ-*ϣⲱⲡⲉ• ⲛⲉϥ-ϣⲟⲟⲡ ⲡⲉ•

ϩⲱⲥ|ⲧⲉ ⲙ̅ⲡⲱⲣ ⲁ-ⲣ̅-ⲇⲓⲥⲧⲁⲍⲉ[39] ⲉⲧⲃⲉ-|ⲧⲁⲛⲁⲥⲧⲁⲥⲓⲥ ⲡⲁϣⲏⲣⲉ ⲣⲏⲅⲓ-
ⲛⲉ• | ⲉⲓϣⲡⲉ-ⲛⲉⲕ-ϣⲟⲟⲡ ⲛ̅ⲅⲁⲣ ⲉⲛ || ϩ̅ⲛ̅-øⲥⲁⲣⳝ ⲁⲕ-ϫⲓ-øⲥⲁⲣⳝ ⲛ̅ⲧⲁⲣⲉⲕ-
|ⲉⲓ ⲁϩⲟⲩⲛ ⲁ-ⲡⲓⲕⲟⲥⲙⲟⲥ ⲉⲧⲃⲉ-|ⲉⲩ ⲛ̅-ⲕ-ⲛⲁ-ϫⲓ ⲉⲛ ⲛ̅-ⲧⲥⲁⲣⳝ ⲉⲕϣⲁⲛ-
|ⲃⲱⲕ ⲁϩⲣⲏï ⲁϩⲟⲩⲛ ⲁ-ⲡⲁⲓⲱⲛ• | ⲡ-ⲉⲧø-ⲥⲁⲧ̅ⲡ̅ ⲁ-ⲧⲥⲁⲣⳝ ⲡⲉⲧø-ϣⲟ||ⲟⲡ
ⲛⲉ-ⲥ ⲛ̅-øⲁⲓⲧⲓⲟⲥ[40] ⲙ̅-ⲡⲱⲱⲛ̅ϩ̅• | ⲡ-ⲉⲧø-ϣⲱⲡⲉ ⲉⲧⲃⲏⲧ̅-ⲕ̅ ⲙⲏ ⲙ̅-|ⲡⲱ-ⲕ
ⲉⲛ ⲡⲉ• ⲡ-ⲉⲧⲉ-ⲡⲱ-ⲕ ⲡⲉ | ⲙⲏ ⲛ̅-ϥ̅-ϣⲟⲟⲡ ⲉⲛ ⲛ̅ⲙ̅ⲙⲉ-ⲕ̣• | ⲁⲗⲗⲁ ⲉⲕ-
ⲛ̅ⲛⲓⲙⲁ ⲉⲩ ⲡⲉ ⲉⲧⲕ-||ϣⲁⲁⲧ ⲙ̅ⲙⲁ-ϥ• ⲡⲉⲉⲓ ⲡⲉ ⲛ̅ⲧ-ⲁ|ⲕ-ⲣ̅-ⲥⲡⲟⲩⲇⲁⲍⲉ[41]

25 Life, lifetime βίος 26 Spiritual πνευματικός, -ή, -όν 27 Animate ψυχικός, -ή, -όν 28 Similarly ὁμοίως 29 Fleshly σαρκικός, -ή, -όν 30 Believe πιστεύειν 31 Persuade πείθειν 32 Matter of discussion τόπος 33 Faith πίστις 34 Philosopher φιλόσοφος 35 < - - - > some text omitted by the ancient copyist 36 ⲛⲁϭ (Sahidic ⲛⲟϭ) is expected 37 Intellect νοῦς 38 <π> omitted by the ancient copyist 39 Doubt διστάζειν 40 Cause αἴτιος 41 Endeavor σπουδάζειν

ⲁ-$^{\emptyset}$ⲥⲃⲟ ⲁⲣⲁ-ϥ | ⲡⲭⲟⲣⲓⲟⲛ[42] ⲙ̄-ⲡⲥⲱⲙⲁ ⲉⲧⲉ-ⲡⲉ|ⲉⲓ ⲡⲉ ⲧⲙ̄ⲛ̄ⲧ-ϩ̄ⲗ̄ⲗ̄ⲟ• ⲁⲩⲱ ⲕ-|ϣⲟⲟⲡ ⲛ̄-$^{\emptyset}$ⲧⲉⲕⲟ• ⲟⲩⲛⲧⲉ-ⲕ ⲙ̄||ⲙⲉⲩ ⲛ̄-ⲧⲁⲡⲟⲩⲥⲓⲁ[43] ⲛ̄-ⲟⲩϩⲏⲩ• | ⲛ̄-ⲕ-ⲛⲁ-ϯ ⲛ̄ⲅⲁⲣ ⲉⲛ ⲙ̄-ⲡ-ⲉⲧ$^{\emptyset}$-|ⲥⲁⲧⲡ ⲉⲕϣⲁⲛ-ⲃⲱⲕ• ⲡ-ⲉⲑⲁⲩ | ⲟⲩⲛⲧⲉ-ϥ ⲙ̄ⲙⲉⲩ ⲙ̄-ⲡϭⲱϫ̄ⲃ̄• | ⲁⲗⲗⲁ ⲟⲩⲛ̄-$^{\emptyset}$ϩ̄ⲙⲁⲧ ⲁⲣⲁ-ϥ• ⲙⲛ̄-ⲗⲁ||ⲁⲩⲉ ϭⲉ ⲥⲱⲧ ⲙ̄ⲙⲁ-ⲛ ⲁⲃⲁⲗ | ⲛ̄ⲛⲓⲙⲁ• ⲁⲗⲗⲁ ⲡⲧⲏⲣ̄-ϥ ⲉⲧⲉ-ⲁ|ⲛⲁⲛ ⲡⲉ ⲧⲛ̄-ⲟⲩⲁϫ• ⲁϩⲛ̄-ϫⲓ | ⲙ̄-ⲡⲟⲩϫⲉⲉⲓ ϫⲓⲛ-ⲣⲁⲣⲏϫ̄-ϥ | ϩⲁ-ⲑⲁⲏ• ⲙⲁⲣⲛ̄-ⲙⲉⲩⲉ ⲛ̄ϯϩⲉ||ⲉⲥ• ⲙⲁⲣⲛ̄-ϫⲓ ⲛ̄ϯϩⲉⲉⲥ•

ⲁⲗⲗⲁ | ⲟⲩⲛ-ϩⲁⲉⲓⲛⲉ ⲟⲩⲱϣⲉ ⲁ-$^{\emptyset}$ⲙ̄|ⲙⲉ ⲛ̄ⲁϩⲣⲉ-ⲡϣⲓⲛⲉ ⲉⲧⲃⲉ-|ⲛ-ⲉⲧⲟⲩ-ϣⲓⲛⲉ ⲉⲧⲃⲏⲧ-ⲟⲩ ⲉⲓϣ|ⲡⲉ-ⲡ-ⲉⲧ$^{\emptyset}$-ⲟⲩⲁϫ ⲉϥϣⲁⲛ-ⲕⲱ||ⲉ ⲛ̄ⲥⲱ-ϥ ⲙ̄-ⲡⲉϥⲥⲱⲙⲁ ⲉϥ-ⲛⲁ-|ⲟⲩϫⲉⲉⲓ ⲛ̄ⲧⲟⲩⲛⲟⲩ• | ⲙ̄ⲡⲣ̄ⲧⲣⲉ-|ⲗⲁⲩⲉ ⲣ̄-ⲇⲓⲥⲧⲁⲍⲉ ⲉⲧⲃⲉ-ⲡⲉⲉⲓ• |

ⲛ̄ⲛⲉⲥ ⲛ̄-ϩⲉ ϭⲉ ⲛ̄ⲙⲉⲗⲟⲥ[44] ⲉⲧ$^{\emptyset}$-ⲟⲩ|ⲁⲁⲛ̄ϩ ⲁⲃⲁⲗ ⲉⲧ$^{\emptyset}$-ⲙⲁⲟⲩⲧ ⲛ̄-ⲥⲉ-
*ⲛⲁ-ⲟⲩϫⲉⲉⲓ ⲉⲛ ϫⲉ-ⲛ̣̄ⲙⲉⲗ̣[ⲟ]ⲥ̣ ⲉ|ⲧ$^{\emptyset}$-ⲁⲁⲛ̄ϩ ⲉⲧ$^{\emptyset}$-ϣⲟⲟⲡ ⲛ̄ϩⲣⲏï ⲛ̄|ϩⲏⲧ- *48:1
ⲟⲩ ⲛⲉⲩ-ⲛⲁ-ⲧⲱⲟⲩⲛ ⲡⲉ• ⲉⲩ | ϭⲉ ⲧⲉ ⲧⲁⲛⲁⲥⲧⲁⲥⲓⲥ• ⲡϭⲱⲗ̄ⲡ̄ || ⲁⲃⲁⲗ ⲡⲉ ⲛ̄ⲟⲩⲁⲉⲓϣ ⲛⲓⲙ ⲛ̄-|ⲛ-ⲉⲧ-ⲁϩ-ⲧⲱⲟⲩⲛ•

ⲉⲓϣⲡⲉ-ⲁⲕ-ⲣ̄-|ⲡⲙⲉⲩⲉ ⲛ̄ⲅⲁⲣ ⲉⲕ-ⲱϣ ϩⲙ̄-ⲡⲉⲩ|ⲁⲅⲅⲉⲗⲓⲟⲛ ϫⲉ-ⲁ-ϩⲏⲗⲉⲓⲁⲥ ⲟⲩ|ⲱⲛ̄ϩ ⲁⲃⲁⲗ ⲁⲩⲱ ⲙⲱⲩⲥⲏⲥ || ⲛ̄ⲙⲙⲉ-ϥ ⲙ̄ⲡⲱⲣ ⲁ-$^{\emptyset}$ⲙⲉⲩⲉ ⲁ-ⲧⲁ|ⲛⲁⲥⲧⲁⲥⲓⲥ ϫⲉ-ⲟⲩⲫⲁⲛⲧⲁⲥⲓⲁ[45] | ⲧⲉ• ⲟⲩⲫⲁⲛⲧⲁⲥⲓⲁ ⲉⲛ ⲧⲉ• ⲁⲗⲗⲁ | [ⲟ]ⲩⲙⲏⲉ ⲧⲉ• ⲛ̄ϩⲟⲩⲟ ⲛ̄ⲇⲉ ⲟⲩ|ⲡ̣ⲉⲧ-ⲉⲥϣⲉ ⲡⲉ ⲁ-$^{\emptyset}$ϫⲟⲟ-ⲥ ϫⲉ-ⲟⲩ||ⲫⲁⲛⲧⲁⲥⲓⲁ ⲡⲉ ⲡⲕⲟⲥⲙⲟⲥ | ⲛ̄ϩⲟⲩⲟ ⲁ-ⲧⲁⲛⲁⲥⲧⲁⲥⲓⲥ ⲧⲉⲉⲓ | ⲉⲛⲧ-ⲁⲥ-ϣⲱⲡⲉ ⲁⲃⲁⲗ ϩⲓⲧⲟ|ⲟⲧ̄-ϥ ⲙ̄-ⲡⲉⲛϫⲁⲉⲓⲥ ⲡⲥⲱ|ⲧⲏⲣ ⲓ̄ⲏ̄ⲥ ⲡⲉⲭⲣⲏⲥⲧⲟⲥ•

ⲉⲧ||ⲃⲉ-ⲉⲩ ⲛ̄ⲇⲉ ⲉⲉⲓ-ⲧⲁⲙⲟ ⲙ̄|ⲙⲁ-ⲕ• ⲛ̄-ⲧⲉⲩⲛⲟⲩ ⲛ-ⲉⲧ$^{\emptyset}$-ⲁ|ⲁⲛ̄ϩ ⲥⲉ-ⲛⲁ-ⲙⲟⲩ• ⲡⲱⲥ | ⲉⲩ-ⲁⲛ̄ϩ ϩⲛ̄-ⲟⲩⲫⲁⲛⲧⲁ|ⲥⲓⲁ• ⲛ̄ⲣⲙ̄ⲁⲁⲉⲓ ⲁⲩ-ⲣ̄-$^{\emptyset}$ϩⲏ||ⲕⲉ• ⲁⲩⲱ ⲛ̄ⲛ̄ⲣⲁⲉⲓ ⲁⲩ-ϣⲣ̄|ϣⲱⲣ-ⲟⲩ• ⲡⲧⲏⲣ̄-ϥ ϣⲁⲣⲉⲃ-|ϣ̄ⲃⲉⲓⲉ• ⲟⲩⲫⲁⲛⲧⲁⲥⲓⲁ | ⲡⲉ ⲡⲕⲟⲥⲙⲟⲥ• ϫⲉⲕⲁⲥⲉ | ϭⲉ ⲛⲓ-ⲣ̄-ⲕⲁⲧⲁⲗⲁⲗⲉⲓ[46] ⲥⲁ-ⲛ||ϩⲃⲏⲩⲉ ⲁ-ⲡⲉϩⲟⲩⲟ• ⲁⲗⲗⲁ | ⲧⲁⲛⲁⲥⲧⲁⲥⲓⲥ ⲙ̄ⲛ̄ⲧⲉ-ⲥ ⲙ̄ⲙⲉⲩ | ⲙ̄-ⲡⲓⲥⲙⲁⲧ ⲛ̄-ϯⲙⲓⲛⲉ ϫⲉ-|ⲧⲙⲏⲉ ⲧⲉ {ⲡⲉ}•[47]

ⲡ-ⲉⲧ$^{\emptyset}$-ⲁϩⲉ ⲁⲣⲉⲧ̄-ϥ <ⲡⲉ>•[48] |
ⲁⲩⲱ ⲡⲟⲩⲱⲛ̄ϩ ⲁⲃⲁⲗ ⲙ̄-ⲡ-ⲉ||ⲧ$^{\emptyset}$-ϣⲟⲟⲡ ⲡⲉ•
ⲁⲩⲱ ⲡϣ̄ⲃⲉⲓ|ⲉ ⲡⲉ ⲛ̄-ⲛ̄ϩⲃⲏⲩⲉ
ⲁⲩⲱ ⲟⲩ|ⲙⲉⲧⲁⲃⲟⲗⲏ[49] ⲁϩⲟⲩⲛ ⲁ-ⲩⲙ̄ⲛ̄ⲧ-|ⲃ̄ⲣ̄ⲣⲉ•
ⲧⲙ̄ⲛ̄ⲧ-ⲁⲧ-ⲧⲉⲕⲟ ⲛ̄ⲅⲁⲣ *[ⲥ-ϩⲉϯ]ⲉ̣ ⟦ⲁϩⲣⲏï⟧[50] ⲁⲡⲓⲧ̄ⲛ̄ ⲁϫⲙ̄-| *49:1
ⲡⲧ̣ⲉ̣ⲕ̣ⲟ•

[42] Membrane (enclosing foetus in the womb, content of chicken's egg in its shell, etc.) χόριον [43] Absence; deficit (in the bullion value of a worn-out coin) ἀπουσία [44] Member μέλος [45] Apparition φαντασία [46] Speak against καταλαλεῖν [47] Delete {ⲡⲉ} [48] <ⲡⲉ> omitted by the ancient copyist [49] Change, migration μεταβολή [50] ⟦ⲁϩⲣⲏï⟧ cancelled by the ancient copyist

ⲁⲩⲱ ⲡⲟⲩⲁⲉⲓⲛ ϥ-ϩⲉ|ϯⲉ ⲁⲡⲓⲧ̄ⲛ̄ ⲁϫ̄ⲙ̄-ⲡⲕⲉⲕⲉⲓ ⲉϥ-|ⲱⲙ̄ⲛ̄ⲕ ⲙ̄ⲙⲁ-ϥ•
ⲁⲩⲱ ⲡⲡⲗⲏ||ⲣⲱⲙⲁ ϥ̄-ϫ̄ⲱ̄ⲕ̄ ⲁⲃⲁⲗ ⲙ̄-ⲡⲉϣ|ⲧⲁ•
ⲛⲉⲉⲓ ⲛⲉ ⲛ̄ⲥⲩⲙⲃⲟⲗⲟⲛ[51] ⲙ̄ⲛ̄-|ⲛ̄ⲧⲁⲛⲧ̄ⲛ̄ ⲛ̄-ⲧⲁⲛⲁⲥⲧⲁⲥⲓⲥ• |
ⲛ̄ⲧⲁϥ ⲡⲉ ⲉⲧ∅-ⲧⲁⲙⲓⲟ ⲙ̄-ⲡⲡⲉ|ⲧ-ⲛⲁⲛⲟⲩ-ϥ̄•

ϩⲱⲥⲧⲉ ⲙ̄ⲡⲱⲣ ⲁ-||∅ⲣ̄-ⲛⲟⲉⲓ[52] ⲙⲉⲣⲓⲕⲱⲥ[53] ⲱ ⲣⲏⲅⲓ|ⲛⲉ• ⲟⲩⲧⲉ ⲙ̄ⲡⲣ̄-ⲣ̄-ⲡⲟⲗⲓⲧⲉⲩⲉ|ⲥⲑⲁⲓ[54] ⲕⲁⲧⲁ-ⲧⲉⲉⲓⲥⲁⲣⲝ̄ ⲉⲧⲃⲉ-|ⲧⲙ̄ⲛ̄ⲧ-ⲟⲩⲉⲉⲓ• ⲁⲗⲗⲁ ⲁⲙⲟⲩ ⲁ|ⲃⲁⲗ ϩ̄ⲛ̄-ⲛ̄ⲙⲉⲣⲓⲥⲙⲟⲥ[55] ⲙ̄ⲛ̄-ⲛ̄||ⲙ̄ⲣ̄ⲣⲉ• ⲁⲩⲱ ⲏⲇⲏ[56] ⲟⲩⲛ̄ⲧⲉ-ⲕ ⲙ̄|ⲙⲉⲩ ⲛ̄-ⲧⲁⲛⲁⲥⲧⲁⲥⲓⲥ• ⲉⲓϣ|ⲡⲉ-ⲡ-ⲉⲧ∅-ⲛⲁ-ⲙⲟⲩ ⲛ̄ⲅⲁⲣ ϥ̄-ⲥⲁⲩ|ⲛⲉ ⲁⲣⲁ-ϥ ⲟⲩⲁⲉⲉⲧ̄-ϥ ϫⲉ-ⲉϥ-|ⲛⲁ-ⲙⲟⲩ ⲕⲁⲛ ⲉϥϣⲁⲛ-ⲣ̄-ϩⲁϩ || ⲛ̄-ⲣⲁⲙⲡⲉ ϩ̄ⲙ̄-ⲡⲉⲉⲓⲃⲓⲟⲥ ⲥⲉ-|ⲉⲓⲛⲉ ⲙ̄ⲙⲁ-ϥ ⲁϩⲟⲩⲛ ⲁ-ⲡⲉⲉⲓ | ⲉⲧⲃⲉ-ⲉⲩ ⲛ̄ⲧⲁⲕ ⲛ̄-ⲕ-ⲛⲉⲩ ⲁⲣⲁ-ⲕ | ⲉⲛ ⲟⲩⲁⲉⲉⲧ̄-ⲕ ⲉ-ⲁⲕ-ⲧⲱⲟⲩⲛ• ⲁⲩ|ⲱ ⲥⲉ-ⲉⲓⲛⲉ ⲙ̄ⲙⲁ-ⲕ ⲁϩⲟⲩⲛ ⲁ-ⲡⲉ||ⲉⲓ ⲉⲓϣⲡⲉ-ⲟⲩⲛ̄ⲧⲉ-ⲕ ⲙ̄ⲙⲉⲩ ⲙ̄-|ⲡⲧⲱⲟⲩⲛ•

ⲁⲗⲗⲁ ⲕ-ϭⲉⲉⲧ ϩⲱⲥ | ⲉⲕ-ⲛⲁ-ⲙⲟⲩ• ⲕⲁⲓⲧⲟⲓⲅⲉ[57] ⲡⲏ ϥ̄-ⲥⲁⲩ|ⲛⲉ ϫⲉ-ⲁϥ-ⲙⲟⲩ• ⲉⲧⲃⲉ-ⲉⲩ ϭⲉ | ϯ-ⲕⲱⲉ̣ ⲁⲃⲁⲗ ⲛ̄ⲥⲁ-ⲧⲉⲕⲙ̄ⲛ̄ⲧ-||ⲁⲧ̄-ⲣ̄-ⲅⲩⲙⲛⲁⲍⲉ•[58] ⲥ̄ϣ̄ⲉ ⲁ-ⲡⲟⲩ|ⲉⲉⲓ ⲡⲟⲩⲉⲉⲓ ⲁ-∅ⲧⲣⲉϥ̄-ⲣ̄-ⲁⲥⲕⲉⲓ[59] | ⲛ̄ⲟⲩⲁⲡⲥ̄ ⲛ̄-ϩⲉⲉⲥ ⲁⲩⲱ ⲛ̄ⲥⲉ-|ⲃⲁⲗ̄-ϥ ⲁⲃⲁⲗ ⲙ̄-ⲡⲓⲥⲧⲟⲓⲭⲉⲓⲟⲛ[60] | ϫⲉⲕⲁⲥⲉ ⲛ̄-ϥ̄-ⲣ̄-ⲡⲗⲁⲛⲁ[61] ⲁⲗⲗⲁ ⲉϥ-||ⲛⲁ-ϫⲓ ⲙ̄ⲙⲁ-ϥ ⲟⲩⲁⲉⲉⲧ̄-ϥ ⲛ̄ⲕⲉ|ⲥⲁⲡ ⲡⲉⲉⲓ ⲉⲧ∅-ϣⲣ̄ⲡ̄-ϣⲟ|ⲟⲡ•

50:1 ⲛⲉⲉⲓ ⲛ̄ⲧ-ⲁϩⲓ-ϫⲓⲧ-ⲟⲩ ⲁⲃⲁⲗ | ϩ̄ⲛ̄-ⲧⲙ̄ⲛ̄ⲧ-ⲁⲧ̄-ⲣ̄-ⲫⲑⲟⲛⲉⲓ[62] ⲙ̄-ⲡⲁ- ϫⲁⲉⲓⲥ ⲓ̄ⲥ̄ ⲡⲉⲭⲣⲏⲥⲧ̣[ⲟⲥ• ⲁϩⲓ-ⲧ]ⲥ̣ⲉ|ⲃⲁ-ⲕ ⲁⲣⲁ-ⲩ ⲙ̄ⲛ̄-ⲛⲉⲕⲥⲛ[ⲏⲩ] ⲛⲁϣⲏ|ⲣⲉ ⲉ-ⲙⲡⲓ-ⲕⲉ-ⲗⲁⲩⲉ ⲛ̄ⲥⲱ-ⲉⲓ ϩ̄ⲛ̄-|ⲛ-ⲉⲧ-ⲉⲥϣⲉ ⲁ-ⲡⲧⲁϫⲣⲉⲧⲏⲩⲧ̄ⲛ̄• || ⲉⲓϣⲡⲉ-ⲟⲩⲛ-ⲟⲩⲉⲉⲓ ⲛ̄ⲇⲉ ⲥⲏϩ | ⲉϥ-ϣⲏⲕ ϩ̄ⲛ̄-ⲧⲁⲡⲁⲅⲅⲉⲗⲓⲁ[63] ⲙ̄-|ⲡⲗⲟⲅⲟⲥ ϯ-ⲛⲁ-ⲃⲁⲗ̄-ϥ̄ ⲁⲣⲱ-ⲧ̄ⲛ̄ ⲉ|ⲣⲉⲧ̄ⲛ̄-ϣⲓⲛⲉ•

ϯⲛⲟⲩ ⲛ̄ⲇⲉ ⲙ|ⲡ̄ⲣ̄-ⲣ̄-ⲫⲑⲟⲛⲉⲓ ⲁ-ⲗⲁⲩⲉ ⲉⲧ∅-ⲏⲡ ⲁ||ⲣⲁ-ⲕ ⲉ-ⲩⲛ-∅ϭⲁⲙ ⲙ̄ⲙⲁ-ϥ ⲛ̄-∅ⲣ̄-ⲱ|ⲫⲉⲗⲉⲓ•[64] ⲟⲩⲛ-ϩⲁϩ ϭⲱϣ̄ⲧ̄ ⲁϩⲟⲩⲛ | ⲁ-ⲡⲉⲉⲓ ⲡⲉⲉⲓ ⲛ̄ⲧ-ⲁⲉⲓ-ⲥϩⲉⲉⲓ ⲙ̄|ⲙⲁ-ϥ ⲛⲉ-ⲕ• ⲛⲉⲉⲓ ϯ-ⲧⲁⲙⲟ ⲙ̄ⲙⲁ-ⲩ | ⲁ-ϯⲣⲏⲛⲏ[65] ⲛ̄ϩⲏⲧ-ⲟⲩ ⲙ̄ⲛ̄-ⲧⲉⲭⲁⲣⲓⲥ• || ϯ-ϣⲓⲛⲉ ⲁⲣⲁ-ⲕ ⲙ̄ⲛ̄-ⲛ-ⲉⲧ∅-ⲙⲁⲉⲓⲉ | ⲙ̄ⲙⲱ-ⲧ̄ⲛ̄ ⲉⲩ-ⲟⲉⲓ ⲙ̄-∅ⲙⲁⲉⲓ-ⲥⲁⲛ• |

ⲡⲗⲟⲅⲟⲥ ⲉⲧⲃⲉ-ⲧⲁ|ⲛⲁⲥⲧⲁⲥⲓⲥ•

51 Symbol σύμβολον 52 Think νοεῖν 53 In particulars μερικῶς 54 Live, conduct oneself πολιτεύεσθαι 55 Separation μερισμός 56 Already ἤδη 57 Yet καίτοιγε 58 Train γυμνάζειν 59 Practice ἀσκεῖν 60 Element στοιχεῖον 61 Wander, stray πλανᾶσθαι 62 Be jealous φθονεῖν 63 Exposition ἀπαγγελία 64 Be useful ὠφελεῖν 65 Peace εἰρήνη

The Gospel According to Philip

(THE GOSPEL OF PHILIP)

ⲡⲉⲩⲁⲅⲅⲉⲗⲓⲟⲛ ⲡⲕⲁⲧⲁ-ⲫⲓⲗⲓⲡⲡⲟⲥ

MANUSCRIPT: Cairo, Coptic Museum, Nag Hammadi Codex II, pp. <51>–<86>.

PHOTOGRAPHIC FACSIMILE: *Facs. II,* plates 63–98, and *Facs. Intro.,* plates 5*–6*.

EDITIONS: Bentley Layton, in Bentley Layton, ed., *Nag Hammadi Codex II,2–7* (Leiden 1989), 1.140–215; Hans-Martin Schenke, *Das Philippus-Evangelium* (Berlin 1997).

DIALECT AND SPELLING: Sahidic with a fluctuating mixture of features from Lycopolitan. Cf. Layton, op. cit., 1.6–16 and 1.140–215 "auxiliary notes."

TRANSLATIONS: Layton, *The Gnostic Scriptures* 325–53; *Nag Hammadi Library in English* 139–60 (W. W. Isenberg); for additional information see also Scholer, *Nag Hammadi Bibliography* and supplements in *Novum Testamentum.*

---

*(1) ⲟⲩϩⲉⲃⲣⲁⲓⲟⲥ[1] ⲣ̄-ⲣⲱⲙⲉ [ϣ]ⲁ̣ϥ-ⲧⲁⲙⲓⲉ-∅ϩⲉⲃⲣⲁⲓ‖ⲟⲥ• ⲁⲩⲱ ϣⲁⲩ- *51:29
ⲙⲟⲩⲧⲉ [ⲉ-ⲛⲁ]ⲉⲓ ⲛ̄-ⲧⲉⲉⲓⲙⲓⲛⲉ | ϫⲉ-ⲡⲣⲟⲥⲏⲗⲩⲧⲟⲥ•[2] ⲟⲩⲡ[ⲣⲟⲥⲏ]ⲗ̣ⲩ-
ⲧⲟⲥ ⲇⲉ ⲙⲁϥ-|ⲧⲁⲙⲓⲉ-∅ⲡⲣⲟⲥⲏⲗⲩⲧⲟⲥ̣• [- - -].ⲉ̣ ⲙⲉ̣ⲛ | ⲥⲉ-ϣⲟⲟⲡ ⲛ̄ⲑⲉ
ⲉⲧ-ⲟⲩ-ϣ[- - -]• | ⲁⲩⲱ ⲥⲉ-ⲧⲁⲙⲉⲓⲟ ⲛ̄-ϩⲛ̄ⲕⲟⲟ̣[ⲩⲉ• - - -] *[- - -] *52:1
ⲙⲟⲛ̣ⲟ̣[ⲛ[3] ⲉⲥ]-ⲣ̣ⲱϣⲉ ⲉⲣⲟ-ⲟⲩ ϣⲓⲛⲁ[4] ⲉⲩ-ⲛⲁ-|ϣⲱⲡⲉ•

(2) ⲡ[ϩⲙ̄]ϩ̣ⲁ̄ⲗ̄ ⲙⲟⲛⲟⲛ ⲉϥ-ϣⲓⲛⲉ ⲁ-∅ⲣ̄-∅ⲉ|ⲗⲉⲩⲑⲉⲣ̣ⲟ[ⲥ]•[5] ⲙ̣ⲁϥ-ϣⲓⲛⲉ ⲇⲉ ⲛ̄ⲥⲁ-ⲧⲟⲩⲥⲓⲁ[6] | ⲙ̄-ⲡⲉϥϫⲟ[ⲉⲓ]ⲥ• ⲡϣⲏⲣⲉ ⲇⲉ ⲟⲩⲙⲟⲛⲟⲛ[7] ϫⲉ-‖ϥ-ⲟ ⲛ̄-∅ϣⲏⲣⲉ• ⲁⲗⲗⲁ ⲧⲕⲗⲏⲣⲟⲛⲟⲙⲉⲓⲁ[8] ⲙ̄-ⲡⲉⲓ|ⲱⲧ ϣⲁϥ-ⲥⲁϩ-ⲥ̄ ⲛ̄ⲥⲱ-ϥ• ⲛ-

[1] Hebrew Ἕβραιος [2] Convert, one who has converted to Judaism προσήλυτος [3] Only μόνον [4] So that ἵνα [5] Free, freedman ἐλεύθερος, -α, -ον [6] Wealth, essence οὐσία [7] Not only οὐ μόνον [8] Legacy κληρονομία

ⲉⲧ∅-ⲣ̄-ⲕⲗⲏⲣⲟⲛⲟⲙⲉⲓ[9] | ⲛ̄-ⲛ-ⲉⲧ∅-ⲙⲟⲟⲩⲧ ⲛ̄ⲧⲟⲟⲩ ϩⲱ-ⲟⲩ ⲥⲉ-ⲙⲟⲟⲩⲧ• | ⲁⲩⲱ ⲉⲩ-ⲕⲗⲏⲣⲟⲛⲟⲙⲉⲓ ⲛ̄-ⲛ-ⲉⲧ∅-ⲙⲟⲟⲩⲧ• ⲛ-ⲉ|ⲧ∅-ⲣ̄-ⲕⲗⲏⲣⲟⲛⲟⲙⲉⲓ ⲙ̄-ⲡ-ⲉⲧ∅-ⲟⲛϩ ⲛ̄ⲧⲟⲟⲩ ⲥⲉ-ⲟⲛϩ• || ⲁⲩⲱ ⲥⲉ-ⲣ̄-ⲕⲗⲏⲣⲟⲛⲟⲙⲉⲓ ⲙ̄-ⲡ-ⲉⲧ∅-ⲟⲛϩ ⲙⲛ̄-ⲛ-ⲉⲧ∅-|ⲙⲟⲟⲩⲧ• ⲛ-ⲉⲧ∅-ⲙⲟⲟⲩⲧ ⲙⲁⲩ-ⲣ̄-ⲕⲗⲏⲣⲟⲛⲟⲙⲉⲓ | ⲗ̄-ⲗⲁⲁⲩ• ⲡ̣ⲱⲥ ⲅⲁⲣ ⲡ-ⲉⲧ∅-ⲙⲟⲟⲩⲧ ϥ-ⲛⲁ-ⲕⲗⲏⲣⲟⲛⲟ|ⲙⲉⲓ• ⲡ-ⲉⲧ∅-ⲙⲟⲟⲩⲧ ⲉϥϣⲁ-ⲕⲗⲏⲣⲟⲛⲟⲙⲉⲓ ⲙ̄-|ⲡ-ⲉⲧ∅-ⲟⲛϩ ϥ-ⲛⲁ-ⲙⲟⲩ ⲁⲛ• ⲁⲗⲗⲁ ⲡ-ⲉⲧ∅-ⲙⲟⲟⲩⲧ || ⲉϥ-ⲛⲁ-ⲱⲛϩ ⲛ̄ϩⲟⲩⲟ•

(3) ⲟⲩϩⲉⲑⲛⲓⲕⲟⲥ[10] ⲣ̄-ⲣⲱ|ⲙⲉ ⲙⲁϥ-ⲙⲟⲩ• ⲙ̄ⲡⲉϥ-ⲱⲛϩ ⲅⲁⲣ ⲉⲛⲉϩ ϩⲓⲛⲁ[11] | ⲉϥ-ⲛⲁ-ⲙⲟⲩ• ⲡ-ⲉⲛⲧ-ⲁϩ-ⲡⲓⲥⲧⲉⲩⲉ[12] ⲉ-ⲧⲙⲉ ⲁϥ-|ⲱⲛϩ• ⲁⲩⲱ ⲡⲁϊ ϥ-ϭⲛ̄ⲇⲩⲛⲉⲩⲉ[13] ⲉ-∅ⲙⲟⲩ• ϥ-ⲟⲛϩ | ⲅⲁⲣ• ϫⲓⲙ̄-ⲡϩⲟⲟⲩ ⲛ̄ⲧ-ⲁ-ⲡⲭ̄ⲥ̄ ⲉⲓ ⲥⲉ-ⲥⲱⲛⲧ ⲙ̄-||ⲡⲕⲟⲥⲙⲟⲥ• ⲥⲉ-ⲣ̄-ⲕⲟⲥⲙⲉⲓ[14] ⲛ-ⲙ̄ⲡⲟⲗⲉⲓⲥ•[15] ⲥⲉ-|ϥⲓ ⲙ̄-ⲡ-ⲉⲧ∅-ⲙⲟⲟⲩⲧ ⲉⲃⲟⲗ• ⲛ̄ϩⲟⲟⲩ ⲛⲉⲛ-ϣⲟ|ⲟⲡ ⲛ̄-∅ϩⲉⲃⲣⲁⲓⲟⲥ ⲛⲉⲛ-ⲟ ⲛ̄-∅ⲟⲣⲫⲁⲛⲟⲥ•[16] ⲛⲉ-ⲩ|ⲛ̄ⲧⲁ-ⲛ ⲛ̄-ⲧⲙ̄ⲙⲁⲁⲩ• ⲛ̄ⲧⲁⲣⲛ̄-ϣⲱⲡⲉ ⲇⲉ ⲛ̄-|∅ⲭⲣⲏⲥⲧⲓⲁⲛⲟⲥ ⲁ-∅ⲉⲓⲱⲧ ϩⲓ-∅ⲙⲁⲁⲩ ϣⲱⲡⲉ ⲛⲁ-ⲛ• ||

(4) ⲛ-ⲉⲧ∅-ⲥⲓⲧⲉ ϩⲛ̄-ⲧⲡⲣⲱ ϣⲁⲩ-ⲱⲥϩ ϩⲙ̄-ⲡϣⲱⲙ• | ⲧⲡⲣⲱ ⲡⲉ ⲡⲕⲟⲥⲙⲟⲥ• ⲡϣⲱⲙ ⲡⲉ ⲡⲕⲉⲁ|ⲱⲛ•[17] ⲙⲁⲣⲛ̄-ⲥⲓⲧⲉ ϩⲙ̄-ⲡⲕⲟⲥⲙⲟⲥ ϫⲉⲕⲁⲁⲥ | ⲉⲛ-ⲛⲁ-ⲱϩⲥ ϩⲙ̄-ⲡϣⲱⲙ• ⲇⲓⲁⲧⲟⲩⲧⲟ[18] ϣϣⲉ | ⲉⲣⲟ-ⲛ ⲉ-∅ⲧⲙ̄-ⲧⲣⲛ̄-ϣⲗⲏⲗ ϩⲛ̄-ⲧⲡⲣⲱ• ⲡⲓⲉⲃⲟⲗ || ϩⲛ̄-ⲧⲡⲣⲱ ⲡⲉ ⲡϣⲱⲙ• ⲉⲣϣⲁ-ⲟⲩⲁ ⲇⲉ ⲱⲥϩ | ϩⲛ̄-ⲧⲉⲡⲣⲱ ⲉϥ-ⲛⲁ-ⲱⲥϩ ⲁⲛ• ⲁⲗⲗⲁ ⲉϥ-ⲛⲁ-ϩⲱ|ⲗⲉ ϩⲱⲥ ⲡⲁⲉ̣[ⲓ ⲛ̄]-ⲧⲉⲉⲓⲙⲉⲓⲛⲉ ⲉϥ-ⲛⲁ-ⲧⲉⲩ|ⲉ-∅ⲕⲁⲣⲡⲟⲥ̣ [ⲛⲁ-ϥ] ⲁⲛ• ⲟⲩⲙⲟⲛⲟⲛ ⲉϥ-ⲛ̄ⲛⲏⲩ | ⲉⲃⲟ̣[ⲗ - - -]• ⲁⲗⲗⲁ ϩⲙ̄-ⲡⲕⲉⲥⲁⲃⲃⲁⲧⲟⲛ[19] || [- - - ⲟ]ⲩ̣ⲁⲧ-ⲕⲁⲣⲡⲟⲥ ⲧⲉ•

*53:1 (5) ⲁ-ⲡⲉⲭⲣ̄ⲥ̄ ⲉⲓ *ϩⲟⲉⲓⲛⲉ ⲙⲉⲛ ⲉ-∅ⲧⲣⲉϥ-ⲧⲟⲟⲩ-ⲥ[ⲉ ϩ]ⲛ̄ⲕⲟⲟⲩⲉ | ⲇⲉ ⲉ-∅ⲧⲣⲉϥ-ⲛⲁϩⲙ-ⲟⲩ ϩⲛ̄-ⲕⲟⲟⲩ̣ⲉ ⲉ-∅ⲧⲣⲉϥ-ⲥⲟ|ⲧ-ⲟⲩ• ⲛ-ⲉⲧ∅-ⲟ ⲛ̄-∅ϣⲙ̄ⲙⲟ ⲛ̄ⲧ-ⲁϥ-ⲧⲟⲟⲩ-ⲥⲉ• ⲁϥ-ⲁ|ⲁ-ⲩ ⲛ̄-ⲛ-ⲉⲧⲉ-ⲛⲟⲩ-ϥ ⲛⲉ• ⲁⲩⲱ ⲁϥ-ⲛⲟⲩϩ || ⲛ̄-ⲛ-ⲉⲧⲉ-ⲛⲟⲩ-ϥ[20] ⲛⲁⲉⲓ ⲛ̄ⲧ-ⲁϥ-ⲕⲁⲁ-ⲩ ⲛ̄ⲛ-∅ⲉⲟⲩ|ⲱ ϩⲙ̄-ⲡⲉϥⲟⲩⲱϣ• ⲟⲩⲙⲟⲛⲟⲛ ϫⲉ-ⲛ̄ⲧⲁⲣⲉϥ-|ⲟⲩⲱⲛϩ ⲉⲃⲟⲗ ⲁϥ-ⲕⲱ ⲛ̄-ⲧⲯⲩⲭⲏ ⲛ̄ⲧⲁⲣⲉϥ-|ⲟⲩⲱϣ• ⲁⲗⲗⲁ ϫⲓⲙ-ⲫⲟⲟⲩ ⲉ-ⲡⲕⲟⲥⲙⲟⲥ ϣⲟ|ⲟⲡ ⲁϥ-ⲕⲱ ⲛ̄-ⲧⲯⲩⲭⲏ ⲙ̄ⲡⲥⲟⲡ ⲉⲧⲉϥ-ⲟⲩ||ⲱϣ• ⲧⲟⲧⲉ ⲁϥ-ⲉⲓ ⲛ̄ϣⲟⲣⲡ ⲉϥ-ⲛⲁ-ϥⲓⲧ-ⲥ̄ ⲉⲡⲉⲓ | ⲛ̄ⲧ-ⲁⲩ-ⲕⲁⲁ-ⲥ ⲛ̄ⲛ-∅ⲉⲟⲩⲱ• ⲁⲥ-ϣⲱⲡⲉ ϩⲁ-ⲛⲗⲏ|ⲥⲧⲏⲥ•[21] ⲁⲩⲱ ⲁⲩ-ϥⲓⲧ-ⲥ̄ ⲛ̄-∅ⲁⲓⲭⲙⲁⲗⲱⲧⲟⲥ•[22] ⲁϥ-ⲛⲟϩ|ⲙ-ⲉⲥ ⲇⲉ• ⲁⲩⲱ ⲛ-ⲉⲧ-ⲛⲁⲛⲟⲩ-ⲟⲩ ϩⲙ̄-ⲡⲕⲟⲥⲙⲟⲥ | ⲁϥ-ⲥⲟⲧ-ⲟⲩ ⲁⲩⲱ ⲛ-ⲉⲑⲟⲟⲩ•

[9] Inherit κληρονομεῖν [10] Gentile ἐθνικός [11] So that ἵνα [12] Believe πιστεύειν [13] Run the risk (of) κινδυνεύειν [14] Adorn κοσμεῖν [15] I.e. ⲡⲟⲗⲓⲥ πόλις city [16] Orphan ὀρφανός [17] Realm, eternity, eternal realm αἰών [18] For this reason διὰ τοῦτο [19] Sabbath σάββατον [20] I.e. ⲛ̄-ⲛ-ⲉⲧⲉ-ⲛⲟⲩ-ϥ ⲛⲉ [21] Brigand λῃστής [22] Captive αἰχμαλωτός

(6) ⲡⲟⲩⲟⲉⲓⲛ ⲙⲛ̄-ⲡⲕⲁ||ⲕⲉ ⲡⲱⲛϩ ⲙⲛ̄-ⲡⲙⲟⲩ ⲛ̄ⲟⲩⲛⲁⲙ ⲙⲛ̄-ⲛ̄ϩⲃⲟⲩⲣ |
ⲛ̄ⲥⲛⲏⲩ ⲛⲉ ⲛ̄-ⲛⲟⲩⲉⲣⲏⲩ· ⲙⲛ̄-∅ϭⲟⲙ ⲛ̄ⲥⲉ-ⲡⲱⲣϫ | ⲁ-ⲛⲟⲩⲉⲣⲏⲩ· ⲉⲧⲃⲉ-
ⲡⲁⲉⲓ ⲟⲩⲧⲉ ⲛ-ⲉⲧ-ⲛⲁⲛⲟⲩ-|ⲟⲩ ⲛⲁⲛⲟⲩ-ⲟⲩ· ⲟⲩⲧⲉ ⲛ-ⲉⲑⲟⲟⲩ ⲥⲉ-
ϩⲟⲟⲩ· | ⲟⲩⲧⲉ ⲡⲱⲛϩ ⲟⲩⲱⲛϩ ⲡⲉ· ⲟⲩⲧⲉ ⲡⲙⲟⲩ ⲟⲩ||ⲙⲟⲩ ⲡⲉ· ⲇⲓⲁ-
ⲧⲟⲩⲧⲟ ⲡⲟⲩⲁ ⲡⲟⲩⲁ ⲛⲁ-ⲃⲱⲗ | ⲉⲃⲟⲗ ⲁ-ⲧⲉϥⲁⲣⲭⲏ[23] ϫⲓⲛ-ϣⲟⲣⲡ·
ⲛ-ⲉⲧ∅-ϫⲟⲥⲉ | ⲇⲉ ⲁ-ⲡⲕⲟⲥⲙⲟⲥ ϩⲛ̄ⲛⲁⲧ-ⲃⲱⲗ ⲉⲃⲟⲗ ⲛⲉ· | ϩⲛ̄ϣⲁ-ⲉⲛⲉϩ
ⲛⲉ·

(7) ⲛ̄ⲣⲁⲛ ⲉⲧⲟⲩ-ϯ ⲙ̄ⲙⲟ-ⲟⲩ ⲁ-ⲛ|ⲕⲟⲥⲙⲓⲕⲟⲥ[24] ⲟⲩⲛ̄ⲧⲉ-ⲩ ⲙ̄ⲙⲁⲩ ⲛ̄-
ⲟⲩⲛⲟϭ ⲙ̄-||ⲡⲗⲁⲛⲏ·[25] ⲥⲉ-ⲡⲱϣⲥ̄ ⲅⲁⲣ ⲙ̄-ⲡⲟⲩϩⲏⲧ ⲉⲃⲟⲗ | ϩⲛ̄-ⲛ-ⲉⲧ∅-
ⲥⲙⲟⲛⲧ ⲉϩⲟⲩⲛ ⲉ-ⲛ-ⲉⲧ∅-ⲥⲙⲟⲛⲧ | ⲁⲛ· ⲁⲩⲱ ⲡ-ⲉⲧ∅-ⲥⲱⲧⲙ̄ ⲉ-ⲡⲛⲟⲩⲧⲉ
ⲉϥ-ⲛⲟ|ⲉⲓ ⲁⲛ ⲙ̄-ⲡ-ⲉⲧ∅-ⲥⲙⲟⲛⲧ· ⲁⲗⲗⲁ ⲁϥ-ⲣ̄-ⲛⲟⲉⲓ[26] ⲙ̄-|ⲡ-ⲉⲧ∅-ⲥⲙⲟⲛⲧ
ⲁⲛ· ⲧⲉⲉⲓϩⲉ ⲟⲛ ⲙ̄-ⲡⲉⲓⲱⲧ || ⲙ̄ⲛ-ⲡϣⲏⲣⲉ ⲙⲛ̄-ⲡⲡ̄ⲛ̣ⲁ̄ ⲉⲧ∅-ⲟⲩⲁⲁⲃ ⲙⲛ̄-
|ⲡⲱⲛϩ ⲙⲛ̄-ⲡⲟⲩⲟⲉⲓⲛ ⲁⲩⲱ ⲧⲁⲛⲁⲥⲧⲁ|ⲥⲓⲥ[27] ⲙⲛ̄-ⲧⲉⲕⲕⲗⲏⲥⲓⲁ̣ [ⲙ]ⲛ̣̄-
ⲛ̄ⲕⲟⲟⲩⲉ ⲧⲏⲣ-ⲟⲩ | ⲉⲩ-ⲣ̄-ⲛⲟⲉⲓ ⲁⲛ ⲛ̄-ⲛ-ⲉⲧ̣∅-[ⲥⲙⲟ]ⲛ̣ⲧ· ⲁⲗⲗⲁ ⲉⲩ-ⲣ̄-
|ⲛⲟⲉⲓ ⲛ̄-ⲛ-ⲉⲧ∅-ⲥⲙⲟⲛ[ⲧ ⲁⲛ· ⲡⲗ]ⲏⲛ[28] ⲁⲩ-ⲥⲉ||ⲃⲟ ⲁ-ⲛ-ⲉⲧ∅-ⲥⲙⲟⲛⲧ·
ⲣ̄ⲣⲁ̣[ⲛ ⲛ̄ⲧ-ⲁⲩ-ⲥ]ⲁ̣ⲧⲙ-ⲟⲩ | ⲥⲉ-ϣⲟⲟⲡ ϩⲙ̄-ⲡⲕⲟⲥⲙⲟ[ⲥ - - -]*[ⲁⲡ]ⲁ̣ⲧ̣ⲁ·[29] *54:1
[ⲉ]-ⲛ̣[ⲉⲩ]-ϣ[ⲟ]ⲟⲡ ϩⲙ̄-ⲡⲁⲓⲱⲛ ⲛⲉⲩ-ⲛⲁ-|ⲣ̄-ⲟⲛⲟⲙⲁⲍ̣[ⲉ][30] ⲁⲛ ϩⲙ̄-ⲡⲕⲟⲥ-
ⲙⲟⲥ ⲗ̄ⲗⲁⲁⲩ ⲛ̄-|ϩⲟⲟⲩ· ⲟⲩⲧⲉ ⲙ̄ⲡⲟⲩ-ⲕⲁⲁ-ⲩ ϩⲛ̄-ⲛ̄ϩⲃⲏⲩⲉ ⲛ̄-|ⲕⲟⲥ-
ⲙⲓⲕⲟⲛ· ⲟⲩⲛ̄ⲧⲁ-ⲩ ⲙ̄ⲙⲁⲩ ⲛ̄-ⲛⲟⲩϩⲁⲏ ϩⲙ̄-||ⲡⲁⲓⲱⲛ·

(8) ⲟⲩⲣⲁⲛ ⲟⲩⲱⲧ ⲙⲁⲩ-ⲧⲉⲩⲟⲩⲁ-ϥ | ϩⲙ̄-ⲡⲕⲟⲥⲙⲟⲥ ⲡⲣⲁⲛ ⲛ̄ⲧ-ⲁ-
ⲡⲉⲓⲱⲧ ⲧⲁⲁ-ϥ | ⲙ̄-ⲡϣⲏⲣⲉ· ϥ-ϫⲟⲥⲉ ⲉ-ⲟⲩⲟⲛ ⲛⲓⲙ ⲉⲧⲉ-ⲡⲁ|ⲉⲓ ⲡⲉ
ⲡⲣⲁⲛ ⲙ̄-ⲡⲉⲓⲱⲧ· ⲛⲉⲣⲉ-ⲡϣⲏⲣⲉ ⲅⲁⲣ | ⲛⲁ-ϣⲱⲡⲉ ⲁⲛ∅ⲉⲓⲱⲧ ⲥⲁⲃⲏⲗ
ϫⲉ-ⲁϥ-ϯ ϩⲓ||ⲱⲱ-ϥ ⲙ̄-ⲡⲣⲁⲛ ⲙ̄-ⲡⲉⲓⲱⲧ· ⲡⲉⲉⲓⲣⲁⲛ ⲛ-ⲉ|ⲧⲉ-ⲩⲛ̄ⲧⲁ-ⲩ-ϥ
ⲥⲉ-ⲣ̄-ⲛⲟⲉⲓ ⲙⲉⲛ ⲙ̄ⲙⲟ-ϥ· ⲥⲉ-ϣⲁ|ϫⲉ ⲇⲉ ⲉⲣⲟ-ϥ ⲁⲛ· ⲛ-ⲉⲧⲉ-ⲙⲛ̄ⲧⲁ-ⲩ-ϥ
ⲇⲉ ⲥⲉ-|ⲣ̄-ⲛⲟⲉⲓ ⲙ̄ⲙⲟ-ϥ ⲁⲛ· ⲁⲗⲗⲁ ⲁ-ⲧⲙⲉ ϫⲡⲉ-ϩⲉⲛⲣⲁⲛ | ϩⲙ̄-ⲡⲕⲟⲥ-
ⲙⲟⲥ ⲉⲧⲃⲏⲧ-ⲛ̄ † ⲛⲁⲉⲓ ⲉ-ⲙⲛ̄-∅ϭⲟⲙ || ⲁ-∅ⲥⲉⲃⲟ ⲉⲣⲟ-ⲥ ⲭⲱⲣⲓⲥ-ⲣ̄ⲣⲁⲛ·
ⲟⲩⲉⲓ ⲟⲩⲱⲧ | ⲧⲉ ⲧⲙⲉ· † ⲥ-ⲟ ⲛ̄-ϩⲁϩ ⲁⲩⲱ ⲉⲧⲃⲏⲧ-ⲛ̄ ⲉⲧⲥⲉ|ⲃⲟ ⲉ-ⲡⲁⲉⲓ
ⲟⲩⲁⲁ-ϥ † ϩⲛ̄-ⲟⲩⲁⲅⲁⲡⲏ[31] ϩⲓⲧⲛ̄-|ϩⲁϩ·

(9) ⲁ-ⲛⲁⲣⲭⲱⲛ[32] ⲟⲩⲱϣ ⲁ-∅ⲣ̄-ⲁⲡⲁⲧⲁ ⲙ̄-|ⲡⲣⲱⲙⲉ ⲉⲡⲉⲓⲇⲏ ⲁⲩ-ⲛⲁⲩ
ⲉⲣⲟ-ϥ ⲉ-ⲩⲛ̄ⲧⲁ-ϥ || ⲙ̄ⲙⲁⲩ ⲛ̄ⲛ-ⲟⲩⲥⲩⲅⲅⲉⲛⲉⲓⲁ[33] ϣⲁ-ⲛ-ⲉⲧ-ⲛⲁ|ⲛⲟⲩ-ⲟⲩ
ⲛⲁⲙⲉ· ⲁⲩ-ϥⲓ-ⲡⲣⲁⲛ ⲛ̄-ⲛ-ⲉⲧ-ⲛⲁ|ⲛⲟⲩ-ⲟⲩ· ⲁⲩ-ⲧⲁⲁ-ϥ ⲁ-ⲛ-ⲉⲧ-ⲛⲁⲛⲟⲩ-
ⲟⲩ ⲁⲛ | ϫⲉⲕⲁⲁⲥ ϩⲓⲧⲛ̄-ⲣ̄ⲣⲁⲛ ⲉⲩ-ⲛⲁ-ⲣ̄-ⲁⲡⲁⲧⲁ ⲙ̄|ⲙⲟ-ϥ ⲁⲩⲱ ⲛ̄ⲥⲉ-

[23] Source ἀρχή [24] Worldly κοσμικός, -ή, -όν [25] Error πλάνη [26] Think νοεῖν [27] Resurrection ἀνάστασις [28] Although πλήν [29] Deceive ἀπατᾶν [30] Utter ὀνομάζειν [31] Love ἀγάπη [32] Ruler ἄρχων [33] Kinship συγγένεια

ⲙⲟⲣ-ⲟⲩ ⲉϩⲟⲩⲛ ⲁ-ⲛ-ⲉⲧ-ⲛⲁ‖ⲛⲟⲩ-ⲟⲩ ⲁⲛ· ⲁⲩⲱ ⲙ̅ⲙⲛ̅ⲛ̅ⲥⲱ-ⲥ ⲉϣϫⲉ-
ⲉⲩ-|ⲉⲓⲣⲉ ⲛ̣ⲁ-ⲩ ⲛ̅-ⲟⲩϩⲙⲟⲧ ⲛ̅ⲥⲉ-ⲧⲣⲟⲩ-ⲥⲉϩⲱ-ⲟⲩ | ⲉⲃⲟⲗ ⲛ̅-ⲛ-ⲉⲧ-
ⲛⲁⲛⲟⲩ-ⲟⲩ ⲁⲛ ⲁⲩⲱ ⲛ̅ⲥⲉ-|ⲕⲁⲁ-ⲩ ϩⲛ̅-ⲛ-ⲉⲧ-ⲛⲁⲛⲟⲩ-ⲟⲩ· ⲛⲁⲉⲓ ⲛⲉⲩ-
ⲥⲟ|ⲟⲩⲛ ⲙ̅ⲙⲟ-ⲟⲩ· ⲛⲉⲩ-ⲟⲩⲱϣ ⲅⲁⲣ ⲉ-∅ⲧⲣⲟⲩ-‖ϥⲓ-ⲡⲉⲗⲉⲩⲑⲉⲣ[ⲟ]ⲥ
ⲛ̅ⲥⲉ-ⲕⲁⲁ-ϥ ⲛⲁ-ⲩ ⲛ̅-|∅ϩⲙϩⲁ̅ⲗ̅ ϣⲁ-ⲉⲛⲉ̣ϩ·

(10) ⲟⲩⲛ-ϩⲛ̅ⲇⲩⲛⲁⲙⲓⲥ[34] | ϣⲟⲟⲡ ⲉⲩ-ϯϩ̣[. . .] ⲡⲣⲱⲙⲉ ⲉ-ⲥⲉ-ⲟⲩⲱϣ |
ⲁⲛ ⲁ-∅ⲧⲣⲉϥ-ⲟ̣ⲩ[ϫⲁⲉⲓ] ϫⲉⲕⲁⲁⲥ ⲉⲩ-ⲛⲁ-ϣⲱ|ⲡⲉ ⲉⲩ-ⲙ[- - -]ⲗ̣· ⲉⲣϣⲁ-
ⲡⲣⲱⲙⲉ ⲅⲁⲣ ‖ ⲟⲩϫ̣[ⲁⲉⲓ ⲛ̅ⲛⲉⲩ]-ϣⲱⲡⲉ ⲛ̅ϭⲓ-ϩⲛ̅ⲑⲩⲥⲓⲁ[35] | [- - -]· ⲁⲩⲱ
*55:1 ⲛⲉⲩ-ⲧⲁⲗⲉ-∅ⲑⲏⲣⲓⲟⲛ[36] *ⲉϩⲣⲁ̈ⲓ ⲛ̅-ⲛ̅ⲇⲩⲛⲁⲙⲓⲥ· ⲛⲉ-[ϩ]ⲛ̣̅[ⲑ]ⲏ̣ⲣ̣ⲓⲟⲛ ⲅ̣ⲁ̣ⲣ |
ⲛⲉ ⲛ-ⲉⲧⲟⲩ-ⲧⲉⲗⲟ ⲉϩⲣⲁ̈ⲓ ⲛⲁ-[ⲩ]· ⲛⲉⲩ-ⲧⲉⲗⲟ | ⲙⲉⲛ ⲙ̅ⲙⲟ-ⲟⲩ ⲉϩⲣⲁ̈ⲓ
ⲉⲩ-ⲟⲛϩ̣· ⲛ̅ⲧⲁⲣⲟⲩ-ⲧⲉ|ⲗⲟ-ⲟⲩ ⲇⲉ ⲉϩⲣⲁ̈ⲓ ⲁⲩ-ⲙⲟⲩ· ⲡⲣⲱⲙⲉ ⲁⲩ-ⲧⲉⲗⲟ-ϥ ‖
ⲉϩⲣⲁ̈ⲓ ⲙ̅-ⲡⲛⲟⲩⲧⲉ ⲉϥ-ⲙⲟⲟⲩⲧ· ⲁⲩⲱ ⲁϥ-ⲱⲛϩ· |

(11) ϩⲁⲧⲉϩⲏ ⲉ-ⲙⲡⲁⲧⲉ-ⲡⲉⲭ̅ⲥ̅ ⲉⲓ ⲛⲉ-ⲙ̅ⲛ-∅ⲟⲉⲓⲕ | ϩⲙ̅-ⲡⲕⲟⲥⲙⲟⲥ ⲛ̅ⲑⲉ
ⲙ̅-ⲡⲡⲁⲣⲁⲇⲓⲥⲟⲥ[37] ⲡⲙⲁ | ⲛⲉⲣⲉ-ⲁⲇⲁⲙ ⲙ̅ⲙⲁⲩ ⲛⲉ-ⲩⲛ̅ⲧⲁ-ϥ-ϩⲁϩ ⲛ̅-ϣⲏⲛ
| ⲛ̅ⲛ̅-∅ⲧⲣⲟⲫⲏ[38] ⲛ̅-ⲛ̅ⲑⲏⲣⲓⲟⲛ· ⲛⲉ-ⲙⲛ̅ⲧⲁ-ϥ-∅ⲥⲟⲩⲟ ‖ ⲛ̅-ⲧⲧⲣⲟⲫⲏ ⲙ̅-
ⲡⲣⲱⲙⲉ· ⲛⲉⲣⲉ-ⲡⲣⲱⲙⲉ ⲥⲟ|ⲉⲓϣ ⲛ̅ⲑⲉ ⲛ̅-ⲛ̅ⲑⲏⲣⲓⲟⲛ· ⲁⲗⲗⲁ ⲛ̅ⲧⲁⲣⲉ-
ⲡⲉⲭ̅ⲥ̅ | ⲉⲓ ⲡⲧⲉⲗⲓⲟⲥ[39] ⲣ̅-ⲣⲱⲙⲉ ⲁϥ-ⲉⲓⲛⲉ ⲛ̅-ⲟⲩⲟⲉⲓⲕ | ⲉⲃⲟⲗ ϩⲛ̅ⲧⲡⲉ
ϣⲓⲛⲁ ⲉⲣⲉ-ⲡⲣⲱⲙⲉ ⲛⲁ-ⲣ̅-ⲧⲣⲉ|ⲫⲉⲥⲑⲁⲓ[40] ϩⲛ̅-ⲧⲧⲣⲟⲫⲏ ⲙ̅-ⲡⲣⲱⲙⲉ·

(12) ⲛⲉⲣⲉ-ⲛ̅‖ⲁⲣⲭⲱⲛ ⲙⲉⲉⲩⲉ ϫⲉ-ϩⲛ̅-ⲧⲟⲩϭⲟⲙ ⲙⲛ̅-ⲡⲟⲩ|ⲱϣ ⲉⲩ-
ⲉⲓⲣⲉ ⲛ̅-ⲛ-ⲉⲧⲟⲩ-ⲉⲓⲣⲉ ⲙ̅ⲙⲟ-ⲟⲩ· ⲛⲉ|ⲣⲉ-ⲡⲡⲛ̅ⲁ̅ ⲇⲉ ⲉⲧ∅-ⲟⲩⲁⲁⲃ ϩⲛ̅-
ⲟⲩⲡⲉⲑⲏⲡ | ⲛⲉϥ-ⲉⲛⲉⲣⲅⲉⲓ[41] ⲙ̅-ⲡⲧⲏⲣ-ϥ ⲉⲃⲟⲗ ϩⲓⲧⲟⲟⲧ-ⲟⲩ | ⲛ̅-ⲑⲉ
ⲉⲧϥ-ⲟⲩⲱϣ·

(13) ⲧⲁⲗⲏⲑⲉⲓⲁ[42] ⲥⲉ-ⲥⲓⲧⲉ ⲙ̅ⲙⲟ-ⲥ ‖ ⲙ̅ⲙⲁ ⲛⲓⲙ ⲧ-ⲉⲧ∅-ϣⲟⲟⲡ ϫⲓⲛⲛ̅-
ϣⲟⲣⲡ· ⲁⲩ|ⲱ ⲟⲩⲛ-ϩⲁϩ ⲛⲁⲩ ⲉⲣⲟ-ⲥ ⲉⲩ-ⲥⲓⲧⲉ ⲙ̅ⲙⲟ-ⲥ· ϩⲛ̅|ⲕⲟⲩⲉⲓ ⲇⲉ ϯ
ⲉⲧⲟⲩ-ⲛⲁⲩ[43] ⲉⲣⲟ-ⲥ ⲉⲩ-ⲱⲥϩ ⲙ̅ⲙⲟ-ⲥ· |

(14) ⲡⲉϫⲉ-ϩⲟⲉⲓⲛⲉ ϫⲉ-ⲁ-ⲙⲁⲣⲓⲁ ⲱ̂ ⲉⲃⲟⲗ ϩⲙ̅-|ⲡⲡⲛ̅ⲁ̅ ⲉⲧ∅-ⲟⲩⲁⲁⲃ·
ⲥⲉ-ⲣ̅-ⲡⲗⲁⲛⲁⲥⲑⲉ·[44] ⲟⲩ ⲡⲉ‖ⲧⲟⲩ-ϫⲱ ⲙ̅ⲙⲟ-ϥ ⲥⲉ-ⲥⲟⲟⲩⲛ ⲁⲛ· ⲁϣ ⲛ̅-
ϩⲟ|ⲟⲩ ⲉⲛⲉϩ ⲡⲉⲛⲧ-ⲁ-∅ⲥϩⲓⲙⲉ ⲱ̂ ⲉⲃⲟⲗ ϩⲛ̅-∅ⲥϩⲓ|ⲙⲉ· ⲙⲁⲣⲓⲁ ⲧⲉ ⲧⲡⲁⲣ-
ⲑⲉⲛⲟⲥ[45] ⲉⲧⲉ-ⲙ̅ⲡⲉ-|∅ⲇⲩⲛⲁⲙⲓⲥ ϫⲁϩⲙ-ⲉⲥ· ⲉⲥ-ϣⲟⲟⲡ ⲛ̅ⲛ-ⲟⲩ|ⲛⲟϭ
ⲛ̅ⲛ-ⲁⲛⲟϣ ⲛ̅-ⲛ̅ϩⲉⲃⲣⲁⲓⲟⲥ ⲉⲧⲉ-ⲛⲁ‖ⲡⲟⲥⲧⲟⲗⲟⲥ ⲛⲉ ⲁⲩⲱ [ⲛ̅]ⲁⲡⲟⲥⲧⲟ-

[34] Force, power δύναμις [35] Sacrifice (offered upon an altar) θυσία [36] Animal θηρίον [37] Garden, paradise παράδεισος [38] Food, nourishment τροφή [39] Complete, perfect τέλειος, -α, -ον [40] Be fed, be nourished τρέφεσθαι [41] Be active, cause activity ἐνεργεῖν [42] Truth ἀλήθεια [43] ⲛⲉⲧ∅-ⲛⲁⲩ or ⲉⲧ∅-ⲛⲁⲩ is expected [44] Be deceived, be mistaken πλανᾶσθαι [45] Virgin παρθένος

ⲗⲓⲕⲟⲥ•[46] | ⲧⲉⲉⲓⲡⲁⲣⲑⲉⲛⲟⲥ ⲉⲧ[ⲉ]-ⲙ̄ⲡⲉ-∅ⲇⲩⲛⲁⲙⲓⲥ | ϫⲟϩⲙ-ⲉⲥ ⲟⲩ [- - - ⲁ]-ⲛⲇⲩⲛⲁⲙⲓⲥ | ϫⲟϩⲙ-ⲟⲩ•

(15) ⲁⲩⲱ ⲛ̣[ⲉϥ-ⲛⲁ-ϫ]ⲟ̣ⲟ-ⲥ ⲁⲛ ⲛ̄ϭⲓ-|ⲡϫⲟⲉⲓⲥ ϫⲉ-ⲡⲁⲉ̣[ⲓⲱⲧ ⲉⲧ∅-ϩ]ⲛ̣̄-ⲙ̄ⲡⲏⲩⲉ || ⲉⲓⲙⲏⲧⲓ ϫⲉ-ⲛⲉ-ⲩⲛ̄ⲧⲁ-[ϥ ⲙ̄ⲙⲁⲩ] ⲛ̣̄-[ⲕ]ⲉⲉⲓⲱⲧ̣• | ⲁⲗⲗⲁ ϩⲁⲡⲗⲱⲥ[47] ⲁϥ-ϫⲟⲟ̣-[ⲥ ϫⲉ-ⲡⲁⲉⲓⲱⲧ]• |

(16) ⲡⲉϫⲉ-ⲡϫⲟⲉⲓⲥ ⲛ-ⲙ̄ⲙⲁⲑ̣[ⲏⲧⲏⲥ ϫⲉ-. . . .] *[ⲉⲃ]ⲟ̣ⲗ̣ ϩ̣ⲛ̣̄-[ⲏ]ⲉⲓ *56:1
ⲛⲓⲙ• ⲉⲛⲓ ⲉϩⲟⲩⲛ ⲉ-ⲡⲏⲉⲓ | ⲙ̄-ⲡⲉⲓⲱⲧ• ⲙ̣̄ⲡⲣ̄-ϫⲓⲟⲩ<ⲉ>[48] ⲇⲉ ⲛ̄ⲧⲟϥ ϩⲛ̄-ⲡⲏ|ⲉⲓ ⲙ̄-ⲡⲉⲓⲱⲧ ⲛ̄ⲧⲉⲧⲛ̄-ϥⲓ ⲉⲃⲟⲗ•

(17) ⲓ̄ⲥ̄ ⲟⲩⲣⲁⲛ | ⲡⲉ ⲉϥ-ϩⲏⲡ• ⲡⲉⲭⲣ̄ⲥ̄ ⲟⲩⲣⲁⲛ ⲡⲉ ⲉϥ-ⲟⲩⲟⲛϩ || ⲉⲃⲟⲗ• ⲇⲓⲁⲧⲟⲩⲧⲟ ⲓ̄ⲥ̄ ⲙⲉⲛ ϥ-ϣⲟⲟⲡ ⲁⲛ | ϩⲛ̄-ⲗⲁⲁⲩ ⲛ̄ⲛ-ⲁⲥⲡⲉ• ⲁⲗⲗⲁ ⲡⲉϥⲣⲁⲛ ⲡⲉ ⲓ̄ⲏ̄ⲥ̄ | ⲛ̄ⲑⲉ ⲉⲧⲟⲩ-ⲙⲟⲩⲧⲉ ⲉⲣⲟ-ϥ ⲙ̄ⲙⲟ-ⲥ• ⲡⲉⲭⲣ̄ⲥ̄ | ⲇⲉ ⲡⲉϥⲣⲁⲛ {ⲡⲉ}[49] ⲙ̄ⲙⲛ̄ⲧ̄-ⲥⲩⲣⲟⲥ[50] ⲡⲉ ⲙⲉⲥ|ⲥⲓⲁⲥ ⲙ̄ⲙⲛ̄ⲧ̄-ⲟⲩⲁⲉⲓⲁⲛⲓⲛ ⲇⲉ ⲡⲉ ⲡⲭ̄ⲥ̄• ⲡⲁⲛ||ⲧⲱⲥ[51] ⲛ̄ⲕⲟⲟⲩⲉ ⲧⲏⲣ-ⲟⲩ ⲟⲩⲛ̄ⲧⲁ-ⲩ-ϥ ⲙ̄ⲙⲁⲩ | ⲕⲁⲧⲁ-ⲧⲁⲥⲡⲉ ⲙ̄-ⲡⲟⲩⲁ ⲡⲟⲩⲁ ⲛ̄ϩⲏⲧ-ⲟⲩ• | ⲡⲛⲁⲍⲁⲣⲏⲛⲟⲥ[52] ⲡ-ⲉⲧ∅-ⲟⲩⲟⲛϩ ⲉⲃⲟⲗ ⲡⲉ | ⲙ̄-ⲡ-ⲉⲑⲏⲡ•

(18) ⲡⲉⲭ̄ⲥ̄ ⲟⲩⲛ̄ⲧⲁ-ϥ ⲟⲩⲟⲛ ⲛⲓⲙ | ϩⲣⲁï ⲛ̄ϩⲏⲧ-ϥ ⲉⲓⲧⲉ ∅ⲣⲱⲙⲉ ⲉⲓⲧⲉ ∅ⲁⲅⲅⲉⲗⲟⲥ || ⲉⲓⲧⲉ ∅ⲙⲩⲥⲧⲏⲣⲓⲟⲛ[53] ⲁⲩⲱ ⲡⲉⲓⲱⲧ•

(19) ⲛ-ⲉⲧ∅-ϫⲱ | ⲙ̄ⲙⲟ-ⲥ ϫⲉ-ⲁ-ⲡϫⲟⲉⲓⲥ ⲙⲟⲩ ⲛ̄ϣⲟⲣⲡ ⲁⲩⲱ | ⲁϥ-ⲧⲱⲟⲩⲛ ⲥⲉ-ⲣ̄-ⲡⲗⲁⲛⲁ•[54] ⲁϥ-ⲧⲱⲟⲩⲛ ⲅⲁⲣ | ⲛ̄ϣⲟⲣⲡ• ⲁⲩⲱ ⲁϥ-ⲙⲟⲩ• ⲉ-ⲧⲙ̄-ⲟⲩⲁ ϫⲡⲉ-|ⲧⲁⲛⲁⲥⲧⲁⲥⲓⲥ ⲛ̄ϣⲟⲣⲡ ϥ-ⲛⲁ-ⲙⲟⲩ ⲁⲛ• ϥ-ⲟⲛϩ || ⲛ̄ϭⲓ-ⲡⲛⲟⲩⲧⲉ ⲛⲉⲣⲉ-ⲡⲏ ⲛⲁ-ⲙ< - - - >•[55]

(20) ⲙⲗ̄-ⲗⲁ|ⲁⲩ ⲛⲁ-ϩⲱⲡ ⲛ̄ⲛ-ⲟⲩⲛⲟϭ ⲙ̄-ⲡⲣⲁⲅⲙⲁ[56] ⲉϥ-ⲧⲁ|ⲉⲓⲏⲩ ϩⲛ̄-ⲟⲩⲛⲟϭ ⲛ̄-ϩⲱⲃ• ⲁⲗⲗⲁ ϩⲁϩ ⲛ̄-ⲥⲟⲡ | ⲁ-ⲟⲩⲁ ϩⲛ̄ⲧⲃⲁ ⲉⲧⲉ-ⲙⲛ̄ⲧ-ⲟⲩ-∅ⲏⲡⲉ ⲁϥ-ⲛⲟϫ-ⲟⲩ | ⲁ-ⲩϩⲱⲃ ϩⲁ-ⲟⲩⲁⲥⲥⲁⲣⲓⲟⲛ•[57] ⲧⲁⲉⲓ ⲧⲉ ⲑⲉ ⲛ̄-||ⲧⲯⲩⲭⲏ• ⲟⲩϩⲱⲃ ⲉϥ-ⲧⲁⲉⲓⲏⲩ ⲡⲉ• ⲁⲥ-ϣⲱ|ⲡⲉ ϩⲛ̄ⲛ-ⲟⲩⲥⲱⲙⲁ ⲉϥ-ϣⲏⲥ•

(21) ⲟⲩⲛ̄-ϩⲟⲉⲓⲛⲉ | ⲣ̄-∅ϩⲟⲧⲉ ϫⲉ-ⲙⲏⲡⲱⲥ ⲛ̄ⲥⲉ-ⲧⲱⲟⲩⲛ ⲉⲩ-ⲕⲁ|ⲕⲁϩⲏⲩ• ⲉⲧⲃⲉ-ⲡ[ⲁ]ⲉⲓ ⲥⲉ-ⲟⲩⲱϣ ⲉ-∅ⲧⲱⲟⲩⲛ | ϩⲛ̄-ⲧⲥⲁⲣⲝ• ⲁⲩⲱ [ⲥ]ⲉ̣ⲥⲟⲟⲩⲛ ⲁⲛ ϫⲉ-ⲛ-ⲉⲧ∅-ⲣ̄-||ⲫⲟⲣⲉⲓ[58] ⲛ̄-ⲧⲥ[ⲁⲣⲝ ⲛ̄ⲧⲟ]ⲟ̣ⲩ ⲡⲉ-ⲉⲧ∅-ⲕⲏⲕ ⲁϩⲏⲩ• | ⲛⲁⲉⲓ ⲉⲧⲉ-[- - -] ⲙ̄ⲙⲟ-ⲟⲩ ⲉ-∅ⲕⲁⲕ-ⲟⲩ | ⲉϩⲏ[ⲩ] ⲛ̣̄[ⲧⲟⲟⲩ ⲉⲧ∅-

[46] Apostolic ἀποστολικός, -ή, -όν [47] Simply ἁπλῶς [48] <ⲉ> omitted by the ancient copyist [49] Delete {ⲡⲉ} [50] Syrian Σύρος, -α, -ον [51] Probably, one way or another πάντως [52] Nazarene (from Nazareth) Ναζαρηνός, -ή, -όν [53] Mystery μυστήριον [54] Go astray, err πλανᾶσθαι [55] ⲙ< - - - > some text was omitted here by the ancient copyist [56] Thing, object πρᾶγμα [57] Penny (very small coin) ἀσσάριον [58] Wear, carry φορεῖν

ⲕ]ⲁⲕ-ⲁϩⲏⲩ ⲁⲛ• ⲙⲛ̄-∅ⲥⲁⲣⲝ | [ϩⲓ-∅ⲥⲛⲟϥ ⲛⲁ]-ⲣ̄-ⲕⲗⲏⲣⲟⲛⲟⲙⲉⲓ ⲛ̄-ⲧⲙⲛ̄ⲧ-
*57:1 ⲉ|[ⲣⲟ ⲙ̄-ⲡⲛⲟ]ⲩ̣ⲧⲉ• ⲛⲓⲙ ⲧⲉ ⲧⲁⲉⲓ ⲉⲧ∅-ⲛⲁ-ⲕⲗⲏ*ⲣⲟⲛⲟⲙⲉⲓ ⲁⲛ• ⲧⲁⲉⲓ
ⲉⲧ∅-ϩⲓⲱⲱ-ⲛ• ⲛⲓⲙ ⲇⲉ ⲧⲉ̣ | ⲧⲁⲉⲓ ϩⲱⲱ-ⲥ ⲉⲧ∅-ⲛⲁ-ⲕⲗⲏⲣⲟⲛⲟⲙⲉⲓ• ⲧⲁ-
ⲓ̄ⲥ̄ | ⲧⲉ ⲙⲛ̄-ⲡⲉϥⲥⲛⲟϥ• ⲇⲓⲁⲧⲟⲩⲧⲟ ⲡⲉϫⲁ-ϥ ϫⲉ-|ⲡ-ⲉⲧ∅-ⲁ-ⲟⲩⲱⲙ ⲁⲛ ⲛ̄-
ⲧⲁⲥⲁⲣⲝ ⲁⲩⲱ ⲛ̄ϥ-ⲥⲱ ⲙ̄-||ⲡⲁⲥⲛⲟϥ ⲙⲛ̄ⲧⲁ-ϥ-∅ⲱⲛϩ ϩⲣⲁï ⲛ̄ϩⲏⲧ-ϥ̄• ⲁϣ |
ⲧⲉ• ⲧⲉϥⲥⲁⲣⲝ ⲡⲉ ⲡⲗⲟⲅⲟⲥ•[59] ⲁⲩⲱ ⲡⲉϥⲥⲛⲟϥ | ⲡⲉ ⲡⲡ̄ⲛ̄ⲁ̄ ⲉⲧ∅-ⲟⲩⲁⲁⲃ•
ⲡ-ⲉⲛⲧ-ⲁϩ-ϫⲓ-ⲛⲁⲉⲓ ⲟⲩⲛ|ⲧⲉ-ϥ-∅ⲧⲣⲟⲫⲏ• ⲁⲩⲱ ⲟⲩⲛ̄ⲧⲁ-ϥ-∅ⲥⲱ ϩⲓ-
∅ⲃ̄ⲥⲱ• | ⲁⲛⲟⲕ ϯ-ϭⲛ̄-∅ⲁⲣⲓⲕⲉ ⲁ-ⲛⲕⲟⲟⲩⲉ ⲉⲧ∅-ϫⲱ ⲙ̄ⲙⲟ-ⲥ || ϫⲉ-ⲥ-ⲛⲁ-
ⲧⲱⲟⲩⲛ ⲁⲛ• ⲉⲓⲧⲉ[60] ⲛ̄ⲧⲟⲟⲩ ⲙ̄ⲡⲉⲥ|ⲛⲁⲩ ⲥⲉ-ϣⲟⲟⲡ ϩⲛ̄-ⲟⲩϣⲧⲁ• ⲕ-ϫⲱ
ⲙ̄ⲙⲟ-ⲥ | ϫⲉ-ⲧⲥⲁⲣⲝ ⲛⲁ-ⲧⲱⲟⲩⲛ ⲁⲛ• ⲁⲗⲗⲁ ϫⲟⲟ-ⲥ ⲉⲣⲟ-|ⲉⲓ ϫⲉ-ⲁϣ
ⲡⲉⲧ∅-ⲛⲁ-ⲧⲱⲟⲩⲛ ϣⲓⲛⲁ ⲉⲛ-ⲁ-ⲧⲁ|ⲉⲓⲟ-ⲕ• ⲕ-ϫⲱ ⲙ̄ⲙⲟ-ⲥ ϫⲉ-ⲡⲡ̄ⲛ̄ⲁ̄ ϩⲛ̄-
ⲧⲥⲁⲣⲝ || ⲁⲩⲱ ⲡⲉⲉⲓⲕⲉⲟⲩⲟⲉⲓⲛ ⲡⲉ ϩⲛ̄-ⲧⲥⲁⲣⲝ• ⲟⲩⲗⲟ|ⲅⲟⲥ ⲡⲉ ⲡⲉⲉⲓⲕⲉ
ⲉϥ-ϩⲛ̄-ⲧⲥⲁⲣⲝ ϫⲉ- † ⲡ-ⲉⲧⲕ-ⲛⲁ-|ϫⲟⲟ-ⲥ[61] ⲉⲕ-ϫⲉ-ⲗⲁⲁⲩ ⲁⲛ ⲙ̄ⲡⲃⲟⲗ ⲛ̄-
ⲧⲥⲁⲣⲝ• | ϩⲁⲡⲥ̄ ⲡⲉ ⲉ-∅ⲧⲱⲟⲩⲛ ϩⲛ̄-ⲧⲉⲉⲓⲥⲁⲣⲝ ⲉ-ϩⲱⲃ | ⲛⲓⲙ ϣⲟⲟⲡ
ⲛ̄ϩⲏⲧ-ⲥ̄• ϩⲙ̄-ⲡⲉⲉⲓⲕⲟⲥⲙⲟⲥ || ⲛ-ⲉⲧ∅-ϯ ϩⲓⲱ-ⲟⲩ ⲛ̄-ⲛ̄ⲃⲥⲱ ⲥⲉ-ⲥⲟⲧⲡ ⲁ-
ⲛⲛ̄|ϩ̄ⲃⲥⲱ• ϩⲛ̄-ⲧⲙⲛ̄ⲧ-ⲉⲣⲟ ⲛ-ⲙ̄ⲡⲏⲩⲉ ⲛ̄ϩ̄ⲃ̄ⲥⲱ | ⲥⲉ-ⲥⲟⲧⲡ ⲁ-ⲛ-ⲉⲛⲧ-ⲁⲩ-
ⲧⲁⲁ-ⲩ ϩⲓⲱ-ⲟⲩ•

(22) ϩⲓⲧⲛ̄-|ⲟⲩⲙⲟⲟⲩ ⲙⲛ̄-ⲟⲩⲕⲱϩⲧ ⲉⲩ-ⲧⲟⲩⲃⲟ ⲙ̄-ⲡⲙⲁ | ⲧⲏⲣ-ϥ ⲛ-ⲉⲧ∅-
ⲟⲩⲟⲛϩ ϩⲓⲧⲛ̄-ⲛ-ⲉⲧ∅-ⲟⲩⲟⲛϩ ⲉ||ⲃⲟⲗ ⲛ-ⲉⲑⲏⲡ ϩⲓⲧⲛ̄-ⲛ-ⲉⲑⲏⲡ• ⲟⲩⲛ-
ϩⲟ|ⲉⲓⲛⲉ ⲉⲩ-ϩⲏⲡ ϩⲓⲧⲛ̄-ⲛ-ⲉⲧ∅-ⲟⲩⲟⲛϩ ⲉⲃⲟⲗ• | ⲟⲩⲙ̄-∅ⲙⲟⲟⲩ ϩⲛ̄-
ⲟⲩⲙⲟⲟⲩ• ⲟⲩⲛ̄-∅ⲕⲱϩⲧ | ϩⲛ̄-ⲛⲟⲩⲭⲣⲓⲥⲙⲁ•[62]

(23) ⲁ-ⲓ̄ⲥ̄ ϥⲓⲧ-ⲟⲩ ⲛ̄ϫⲓⲟⲩⲉ | ⲧⲏⲣ-ⲟⲩ• ⲙ̄ⲡⲉϥ-ⲟ̣ⲩⲱⲛ̣[ϩ] ⲅⲁⲣ ⲉⲃⲟⲗ
ⲛ̄ⲑⲉ || ⲉ-ⲛⲉϥ-ϣⲟⲟⲡ [ⲛ̄ϩ]ⲏ̣[ⲧ-ⲥ• ⲁ]ⲗⲗⲁ ⲛ̄ⲧ-ⲁϥ-ⲟⲩⲱⲛϩ | ⲉⲃⲟⲗ ⲛ̄ⲑⲉ
ⲉⲧ[ⲟⲩ-ⲛⲁ-ϣ]-ϭ̣ⲙ̄-∅ϭⲟⲙ ⲛ̄-∅ⲛⲁⲩ | ⲉⲣⲟ-ϥ ⲛ̄ϩⲏⲧ-ⲥ̄• ⲛ[ⲁⲉⲓ ⲇⲉ ⲧⲏ]ⲣ̣-ⲟⲩ
ⲁϥ-ⲟⲩ|ⲱⲛϩ ⲉⲃⲟⲗ ⲛⲁ-ⲩ• ⲁϥ-[ⲟⲩⲱⲛϩ] ⲉ̣ⲃ̣ⲟⲗ ⲛ̄-[ⲛ̄]|ⲛⲟϭ ϩⲱⲥ-∅ⲛⲟϭ•
ⲁϥ-ⲟⲩⲱ[ⲛϩ ⲉⲃⲟⲗ] ⲛ̣-||ⲛ̄ⲕⲟⲩⲉⲓ ϩⲱⲥ-∅ⲕⲟⲩⲉⲓ• ⲁϥ-ⲟ̣[ⲩⲱⲛϩ ⲉⲃⲟⲗ]
*58:1 *[ⲛ̄-ⲛ̄]ⲁⲅⲅⲉⲗⲟⲥ̣ ϩⲱⲥ-∅ⲁⲅⲅⲉⲗⲟⲥ ⲁⲩⲱ | ⲛ̄-ⲣ̄ⲣⲱⲙⲉ ϩⲱⲥ-∅ⲣⲱⲙⲉ•
ⲉⲧⲃⲉ-ⲡⲁⲉⲓ ⲁ-ⲡⲉϥ|ⲗⲟⲅⲟⲥ ⲁϥ-ϩⲟⲡ-ϥ ⲉ-ⲟⲩⲟⲛ ⲛⲓⲙ• ϩⲟⲉⲓⲛⲉ | ⲙⲉⲛ
ⲁⲩ-ⲛⲁⲩ ⲉⲣⲟ-ϥ ⲉⲩ-ⲙⲉⲉⲩⲉ ϫⲉ-ⲛⲁⲩ-ⲛⲁⲩ || ⲉⲣⲟ-ⲟⲩ ⲙ̄ⲙⲓⲛⲙ̄ⲙⲟ-ⲟⲩ•
ⲁⲗⲗⲁ ⲛ̄ⲧⲁⲣⲉϥ-ⲟⲩ|ⲱⲛϩ ⲉⲃⲟⲗ ⲛ̄-ⲛⲉϥⲙⲁⲑⲏⲧⲏⲥ ϩⲛ̄ⲛ-ⲟⲩⲉⲟ|ⲟⲩ ϩⲓϫⲙ̄-
ⲡⲧⲟⲟⲩ ⲛⲉϥ-ⲟ ⲁⲛ ⲛ̄-∅ⲕⲟⲩⲉⲓ• ⲁϥ-|ϣⲱⲡⲉ ⲛ̄-∅ⲛⲟϭ• ⲁⲗⲗⲁ ⲛ̄ⲧ-ⲁϥ-ⲣ̄-
ⲙ̄ⲙⲁⲑⲏⲧⲏⲥ | ⲛ̄-∅ⲛⲟϭ ϫⲉⲕⲁⲁⲥ ⲉⲩ-ⲛⲁ-ϣ-ϭⲙ̄-∅ϭⲟⲙ ⲛ̄-∅ⲛⲁⲩ || ⲉⲣⲟ-ϥ
ⲉϥ-ⲟ ⲛ̄-∅ⲛⲟϭ•

[59] Word, account, rational faculty λόγος [60] Accordingly εἶτα [61] ⲡ-ⲉⲧⲕ-ⲛⲁ-ϫⲟⲟ-ϥ is expected [62] Chrism (oil or action of anointing) χρίσμα

(24) ⲡⲉϫⲁ-ϥ ⲙ̄ⲫⲟⲟⲩ ⲉⲧ∅-ⲙ̄|ⲙⲁⲩ ϩⲛ̄-ⲧⲉⲩⲭⲁⲣⲓⲥⲧⲉⲓⲁ[63] ϫⲉ-ⲡ-ⲉⲛⲧ-ⲁϩ-ϩⲱⲧⲣ̄ | ⲙ̄-ⲡⲧⲉⲗⲉⲓⲟⲥ ϯ ⲡⲟⲩⲟⲉⲓⲛ[64] ⲉ-ⲡⲡⲛ̄ⲁ ⲉⲧ∅-ⲟⲩ|ⲁⲁⲃ ϩⲟⲧⲣ̄-ⲛ̄ⲁⲅⲅⲉⲗⲟⲥ ⲉⲣⲟ-ⲛ ϩⲱⲱ-ⲛ ⲁ-ⲛ|ϩⲓⲕⲱⲛ•[65]

(25) ⲙ̄ⲡⲣ̄-ⲕⲁⲧⲁⲫⲣⲟⲛⲉⲓ[66] ⲙ̄-ⲡϩⲓⲉⲓⲃ• ⲁϫⲛ̄||ⲧ-ϥ ⲅⲁⲣ ⲙⲛ̄-∅ϣϭⲟⲙ ⲉ-∅ⲛⲁⲩ ⲉ-ⲡ<ⲣ̄>ⲣⲟ•[67]

(26) ⲙⲛ̄-ⲗⲁⲁⲩ | ⲛⲁ-ϣ-ϯ-ⲡⲉϥⲟⲩⲟⲉⲓ ⲉϩⲟⲩⲛ ⲉ-ⲡⲣ̄ⲣⲟ ⲉϥ-|ⲕⲏⲕ ⲁϩⲏⲩ•

(27) ⲡⲣⲙ̄ⲙ̄-ⲡⲉ ⲛⲁϣⲉ-ⲛⲉϥϣⲏⲣⲉ | ⲛ̄ϩⲟⲩⲟ ⲁ-ⲡⲣⲙ̄ⲛ̄-ⲕⲁϩ• ⲉϣϫⲉ-
ⲛ̄ϣⲏⲣⲉ ⲛ̄-ⲁ|ⲇⲁⲙ ⲛⲁϣⲱ-ⲟⲩ ⲕⲁⲓⲧⲟⲓⲅⲉ[68] ϣⲁⲩ-ⲙⲟⲩ ⲡⲟ||ⲥⲱⲙⲁⲗ-
ⲗⲟⲛ[69] ⲛ̄ϣⲏⲣⲉ ⲙ̄-ⲡⲧⲉⲗⲉⲓⲟⲥ ⲣ̄-ⲣⲱ|ⲙⲉ ⲛⲁⲉⲓ ⲉ-ⲙⲁⲩ-ⲙⲟⲩ ⲁⲗⲗⲁ ⲥⲉ-
ϫⲡⲟ ⲙ̄ⲙⲟ-|ⲟⲩ ⲟⲩⲟⲉⲓϣ ⲛⲓⲙ• ⲡⲉⲓⲱⲧ ⲧⲁⲙⲉⲓⲟ-∅ϣⲏ|ⲣⲉ• ⲁⲩⲱ ⲡϣⲏⲣⲉ
ⲙⲛ̄-∅ϭⲟⲙ ⲙ̄ⲙⲟ-ϥ ⲛ̄ϥ-ⲧⲁ|ⲙⲓⲉ-∅ϣⲏⲣⲉ• ⲡ-ⲉⲛⲧ-ⲁⲩ-ϫⲡⲟ-ϥ ⲅⲁⲣ ⲙⲛ̄-
∅ϭⲟⲙ || ⲙ̄ⲙⲟ-ϥ ⲛ̄ϥ-ϫⲡⲟ• ⲁⲗⲗⲁ ⲉ-ⲡϣⲏⲣⲉ ϫⲡⲟ | ⲛⲁ-ϥ ⲛ̄-ϩⲛ̄ⲥⲛⲏⲩ ⲛ̄-
ϩⲛ̄ϣⲏⲣⲉ ⲁⲛ• ⲛ-ⲉⲧⲟⲩ-|ϫⲡⲟ ⲙ̄ⲙⲟ-ⲟⲩ ⲧⲏⲣ-ⲟⲩ ϩⲙ̄-ⲡⲕⲟⲥⲙⲟⲥ | ⲉⲩ-
ϫⲡⲟ ⲙ̄ⲙⲟ-ⲟ̣[ⲩ] ⲉⲃⲟⲗ̣ ϩⲛ̄-ⲧⲫⲩⲥⲓⲥ•[70] ⲁⲩ|ⲱ ⲛ̄ⲕⲟⲟⲩⲉ ϩⲙ̣̄-[ⲡⲁⲉ]ⲓ̣
[ⲉⲧ]ⲟ̣ⲩ-ϫⲡⲟ ⲙ̄ⲙⲟ-ⲟⲩ || ⲉⲃⲟⲗ ⲛ̄ϩⲏⲧ-ϥ̣ [ⲉⲩ-ⲥⲟⲉⲓ]ϣ ⲉⲃⲟⲗ ⲙ̄ⲙⲁⲩ• | ⲉ-
ⲡⲣⲱⲙⲉ ϫ̣[ⲓ ⲙ̄-ⲡⲥⲟ]ⲉⲓϣ ⲉⲃⲟⲗ ϩⲙ̄-ⲡⲣ̄|[ⲣ]ⲏⲧ ⲉϩⲟ̣[ⲩⲛ ⲉ-ⲡⲧⲟ]ⲡⲟⲥ
ⲙ̄ⲡⲥⲁ ⲛⲧⲡⲉ• | [- - -] ⲙ̣̄ⲙⲟ-ϥ ⲉⲃⲟⲗ ϩⲛ-ⲧⲧⲁⲡⲣⲟ• | [ⲁⲩⲱ ⲉ-ⲛⲉ]-ⲁ̣-
ⲡⲗⲟⲅⲟⲥ ⲉⲓ ⲉⲃⲟⲗ ⲙ̄ⲙⲁⲩ *ⲛⲉϥ-ⲛⲁ-ⲥⲟⲉⲓϣ ⲉⲃⲟⲗ ϩⲛ̣̄-ⲧⲧⲁⲡⲣⲟ• ⲁⲩ[ⲱ] | *59:1
ⲛⲉϥ-ⲛⲁ-ϣⲱⲡⲉ ⲛ̄-∅ⲧⲉⲗⲉⲓⲟⲥ• ⲛ̄ⲧⲉⲗⲉⲓⲟⲥ ⲅⲁⲣ | ϩⲓⲧⲛ̄-ⲟⲩⲡⲉⲓ ⲉⲩ-ⲱ̂•
ⲁⲩⲱ ⲉⲩ-ϫⲡⲟ• ⲇⲓⲁⲧⲟⲩⲧⲟ | ⲁⲛⲟⲛ ϩⲱⲱ-ⲛ ⲧⲛ̄-ϯ-∅ⲡⲓ ⲉⲣⲛ̄-ⲛ̄ⲛ̄ⲛⲉⲣⲏⲩ• ||
ⲉⲛ-ϫⲓ ⲙ̄-ⲡⲱ̂ ⲉⲃⲟⲗ ϩⲛ̄-ⲧⲭⲁⲣⲓⲥ[71] ⲉⲧ∅-ϩⲛ̄-ⲛ̄|ⲛ̄ⲛⲉⲣⲏⲩ•

(28) ⲛⲉ-ⲟⲩⲛ̄-ϣⲟⲙⲧⲉ ⲙⲟⲟϣⲉ ⲙⲛ̄-|ⲡϫⲟⲉⲓⲥ ⲟⲩⲟⲉⲓϣ ⲛⲓⲙ ⲙⲁⲣⲓⲁ ⲧⲉϥⲙⲁⲁⲩ | ⲁⲩⲱ ⲧⲉⲥⲥⲱⲛⲉ ⲁⲩⲱ ⲙⲁⲅⲇⲁⲗⲏⲛⲏ[72] ⲧⲁ|ⲉⲓ ⲉⲧⲟⲩ-ⲙⲟⲩⲧⲉ ⲉⲣⲟ-ⲥ ϫⲉ-ⲧⲉϥⲕⲟⲓⲛⲱⲛⲟⲥ•[73] || ⲙⲁⲣⲓⲁ ⲅⲁⲣ ⲧⲉ ⲧⲉϥⲥⲱⲛⲉ• ⲁⲩⲱ ⲧⲉϥ-ⲙⲁⲁⲩ | ⲧⲉ• ⲁⲩⲱ ⲧⲉϥϩⲱⲧⲣⲉ ⲧⲉ•

(29) ⲡⲉⲓⲱⲧ ⲙⲛ̄-ⲡϣⲏ|ⲣⲉ ⲛ̄ϩⲁⲡⲗⲟⲩⲛ[74] ⲛⲉ ⲣ̄-ⲣⲁⲛ• ⲡⲡⲛ̄ⲁ ⲉⲧ∅-ⲟⲩⲁⲁⲃ | ⲟⲩⲣⲁⲛ ⲡⲉ ⲛ̄-ⲇⲓⲡⲗⲟⲩⲛ•[75] ⲥⲉ-ϣⲟⲟⲡ ⲅⲁⲣ ⲙ̄|ⲙⲁ ⲛⲓⲙ• ⲥⲉ-ⲙ̄ⲡⲥⲁ ⲛⲧⲡⲉ• ⲥⲉ-ⲙ̄ⲡⲥⲁ ⲙⲡⲓ||ⲧⲛ̄• ⲥⲉ-ϩⲛ̄-ⲡ-ⲉⲑⲏⲡ• ⲥⲉ-ϩⲛ̄-ⲛ-ⲉⲧ∅-ⲟⲩⲟⲛϩ | ⲉⲃⲟⲗ• ⲡⲡⲛ̄ⲁ ⲉⲧ∅-ⲟⲩⲁⲁⲃ ϥ-ϩⲙ̄-ⲡⲟⲩⲱⲛϩ | ⲉⲃⲟⲗ• ϥ-ϩⲙ̄-ⲡⲥⲁ ⲙⲡⲓⲧⲛ̄• ϥ-ϩⲙ̄-ⲡ-ⲉⲑⲏⲡ• | ϥ-ϩⲙ̄-ⲡⲥⲁ ⲛⲧⲡⲉ•

[63] Thanksgiving εὐχαριστία [64] ⲛ̄-∅ⲟⲩⲟⲉⲓⲛ is expected [65] Image εἰκών [66] Despise καταφρονεῖν [67] <ⲣ̄> omitted by the ancient copyist? [68] Yet, nevertheless καίτοιγε [69] How much more πόσῳ μᾶλλον [70] Nature, the natural order φύσις [71] Grace χάρις [72] Person from Magdala (Migdal) Μαγδαλήνος-, -η [73] Companion, partner κοινωνός [74] Simple ἁπλοῦς, -ῆ, -οῦν [75] Two-part διπλοῦς, -ῆ, -οῦν

(30) ⲥⲉ-ϣⲙ̄ϣⲉ ⲛ̄-ⲛ-ⲉⲧ$^{\emptyset}$-ⲟⲩ|ⲁⲁⲃ ϩⲓⲧⲛ̄-ⲛ̄ⲇⲩⲛⲁⲙⲓⲥ ⲙ̄-ⲡⲟⲛⲏⲣⲟⲛ•[76] || ⲥⲉ-ⲟ ⲅⲁⲣ ⲛ̄-$^{\emptyset}$ⲃⲗ̄ⲗⲉ ϩⲓⲧⲙ̄-ⲡⲛ̄ⲁ̄ ⲉⲧ$^{\emptyset}$-ⲟⲩⲁⲁⲃ | ϫⲉⲕⲁⲁⲥ ⲉⲩ-ⲛⲁ-ⲙⲉⲉⲩⲉ ϫⲉ-ⲉⲩ-ⲣ̄-ϩⲩⲡⲏⲣⲉ|ⲧⲉⲓ[77] ⲛ̄-ⲛⲟⲩⲣⲱⲙⲉ ϩⲟⲡⲟⲧⲉ[78] ⲉⲩ-ⲉⲓⲣⲉ ⲛ̄-ⲛ-ⲉ|ⲧ$^{\emptyset}$-ⲟⲩⲁⲁⲃ• ⲉⲧⲃⲉ-ⲡⲁⲉⲓ ⲁ-ⲩ⟦ⲙ⟧[79]ⲙⲁⲑⲏⲧⲏⲥ ⲣ̄-|ⲁⲓⲧⲉⲓ[80] ⲙ̄-ⲡϫⲟⲉⲓⲥ ⲛ̄ⲛ-ⲟⲩϩⲟⲟⲩ ⲉⲧⲃⲉ-ⲟⲩ||ϩⲱⲃ ⲛ̄ⲧⲉ-ⲡⲕⲟⲥⲙⲟⲥ• ⲡⲉϫⲁ-ϥ ⲛⲁ-ϥ ϫⲉ-|ⲉⲣⲓ-ⲁⲓⲧⲉⲓ ⲛ̄-ⲧⲉⲕⲙⲁⲁⲩ• ⲁⲩⲱ ⲥ-ⲛⲁ-ϯ ⲛⲁ-ⲕ | ⲉⲃⲟⲗ ϩⲛ̄ⲁⲗⲗⲟⲧⲣⲓⲟⲛ•[81]

(31) ⲡⲉϫⲉ-ⲛⲁⲡⲟⲥⲧⲟ|ⲗⲟⲥ ⲛ̄-ⲛ̄ⲙⲙⲁⲑⲏⲧⲏⲥ ϫⲉ-ⲧⲙ̄ⲡⲣⲟⲥⲫⲟ|ⲣⲁ[82] ⲧⲏⲣ-ⲥ ⲙⲁⲣⲉⲥ-ϫⲡⲟ̣ [ⲛ]ⲁ̣-ⲥ ⲛ̄-ⲟⲩϩⲙⲟⲩ• || ⲛⲉⲩ-ⲙⲟⲩⲧⲉ [ⲉ-ⲧⲥⲟⲫⲓ]ⲁ[83] ϫⲉ-$^{\emptyset}$ϩⲙⲟⲩ• ⲁϫⲛⲧ̄-ⲥ̄ | ⲙⲁⲣⲉ-$^{\emptyset}$ⲡⲣⲟⲥⲫ[ⲟⲣⲁ ϣⲱ]ⲡⲉ ⲉϥ-ϣⲏⲡ• ⲧⲥⲟ|ⲫⲓⲁ ⲇⲉ ⲟⲩⲥⲧⲉⲓⲣ[ⲁ[84] ⲧⲉ ⲁϫⲛ̄]-$^{\emptyset}$ϣⲏⲣⲉ• ⲇⲓⲁⲧⲟⲩ|ⲧⲟ ⲉⲩ-ⲙⲟⲩⲧⲉ ⲉⲣⲟ-[ⲥ ϫⲉ-ⲡⲕⲉ]ⲥⲉⲡⲉⲓ ⲛ̄-|$^{\emptyset}$ϩⲙⲟⲩ• ⲡⲙⲁ ⲉⲧⲟⲩ-ⲛⲁ-ϣ̣[. . . .]ⲛ̣ϣ̣ ||
*60:1 ⲛ̄ⲧⲟⲩϩⲉ ⲡⲡⲛ̄ⲁ̄ ⲉⲧ$^{\emptyset}$-ⲟⲩⲁⲁⲃ̣ [- - -]• *[ⲁⲩ]ⲱ̣ ⲛⲁϣ[ⲉ]-ⲛⲉⲥϣⲏ̣ⲣⲉ•

(32) ⲡ-ⲉⲧⲉ-ⲩⲛ̄ⲧⲁ-ϥ-ϥ | ⲛ̄ϭⲓ-ⲡⲉⲓⲱⲧ ⲛⲁ-ⲡϣⲏⲣⲉ ⲛⲉ• ⲁⲩⲱ ⲛ̄ⲧⲟϥ ϩⲱ|ⲱ-ϥ ⲡϣⲏⲣⲉ ⲉⲛϩⲟⲥⲟⲛ ϥ-ⲟ ⲛ̄-$^{\emptyset}$ⲕⲟⲩⲉⲓ ⲙⲁⲩ-|ⲡⲓⲥⲧⲉⲩⲉ ⲛⲁ-ϥ ⲁ-ⲛ-ⲉⲧⲉ-ⲛⲟⲩ-ϥ• ϩⲟⲧⲁⲛ ⲉϥ||ϣⲁ-ϣⲱⲡⲉ ⲣ̄-$^{\emptyset}$ⲣⲱⲙⲉ ϣⲁⲣⲉ-ⲡⲉϥⲉⲓⲱⲧ ϯ ⲛⲁ-ϥ | ⲛ-ⲉⲧⲉ-ⲩⲛ̄ⲧⲁ-ⲃ-ⲥⲉ ⲧⲏⲣ-ⲟⲩ•

(33) ⲛ-ⲉⲧ$^{\emptyset}$-ⲥⲟⲣⲙ ⲛⲉⲧⲉ-ⲡ|ⲡⲛ̄ⲁ̄ ϫⲡⲟ ⲙ̄ⲙⲟ-ⲟⲩ• ϣⲁⲩ-ⲥⲱⲣⲙ ⲟⲛ ⲉⲃⲟⲗ | ϩⲓⲧⲟⲟⲧ-ϥ• ⲇⲓⲁⲧⲟⲩⲧⲟ ⲉⲃⲟⲗ ϩⲓⲧⲙ̄-ⲡⲓⲡⲛ̄ⲁ̄ | ⲟⲩⲱⲧ ϥ-ϫⲉⲣⲟ ⲛ̄ϭⲓ-ⲡⲕⲱϩⲧ• ⲁⲩⲱ ϥ-ⲱϣⲙ̄• ||

(34) ⲕⲉⲟⲩⲁ ⲡⲉ ⲉ̅ⲭ̅ⲁ̅ⲙ̅ⲱ̅ⲑ̅• ⲁⲩⲱ ⲕⲉⲟⲩⲁ ⲡⲉ | ⲉ̅ⲭ̅ⲙ̅ⲱ̅ⲑ̅• ⲉ̅ⲭ̅ⲁ̅ⲙ̅ⲱ̅ⲑ̅ ⲧⲉ ⲧⲥⲟⲫⲓⲁ ϩⲁⲡⲗⲱⲥ• | ⲉⲭⲙⲱⲑ ⲇⲉ ⲧⲉ ⲧⲥⲟⲫⲓⲁ ⲙ̄-ⲡⲙⲟⲩ ⲉⲧⲉ-ⲧⲁ|ⲉⲓ ⲧⲉ {ⲧⲥⲟⲫⲓⲁ ⲙ̄-ⲡⲙⲟⲩ ⲉⲧⲉ-ⲧⲁⲉⲓ ⲧⲉ}[85] ⲉⲧ$^{\emptyset}$-ⲥⲟ|ⲟⲩⲛ ⲙ̄-ⲡⲙⲟⲩ ⲧⲁⲉⲓ ⲉⲧⲟⲩ-ⲙⲟⲩⲧⲉ ⲉⲣⲟ-ⲥ ϫⲉ-||ⲧⲕⲟⲩⲉⲓ ⲛ̄-ⲥⲟⲫⲓⲁ•

(35) ⲟⲩⲛ̄-ϩⲛ̄ⲑⲏⲣⲓⲟⲛ ϣⲟⲟⲡ | ⲉⲩ-ϩⲩⲡⲟⲧⲁⲥⲥⲉ[86] ⲙ̄-ⲡⲣⲱⲙⲉ ⲛ̄ⲑⲉ ⲙ̄-ⲡⲙⲁⲥⲉ | ⲙⲛ̄-ⲡⲉⲓⲱ ⲙⲛ̄-ϩⲛ̄ⲕⲟⲟⲩⲉ ⲛ̄-ⲧⲉⲉⲓⲙⲓⲛⲉ• ⲟⲩ|ⲛ̄-ϩⲛ̄ⲕⲟⲟⲩⲉ ϣⲟⲟⲡ ⲉⲩ-ϩⲩⲡⲟⲧⲁⲥⲥⲉ ⲁⲛ | ⲉⲩ-ⲟⲩⲁⲧ ϩⲛ̄-ⲛⲉⲣⲏⲙⲓⲁ•[87] ⲡⲣⲱⲙⲉ ⲥⲕⲁⲉⲓ ⲛ̄-||ⲧⲥⲱϣⲉ ϩⲓⲧⲛ̄-ⲛ̄ⲑⲏⲣⲓⲟⲛ ⲉⲧ$^{\emptyset}$-ϩⲩⲡⲟⲧⲁⲥⲥⲉ• | ⲁⲩⲱ ⲉⲃⲟⲗ ϩⲙ̄-ⲡⲁⲉⲓ ϥ-ⲥⲟⲉⲓϣ ⲛ̄ⲧⲟϥ ⲙⲛ̄-ⲛ̄|ⲑⲏⲣⲓⲟⲛ ⲉⲓⲧⲉ ⲛ-ⲉⲧ$^{\emptyset}$-ϩⲩⲡⲟⲧⲁⲥⲥⲉ ⲉⲓⲧⲉ ⲛ-ⲉⲧ$^{\emptyset}$-|ϩⲩⲡⲟⲧⲁⲥⲥⲉ ⲁⲛ• ⲧⲁⲉⲓ ⲧⲉ ⲑⲉ ⲙ̄-ⲡⲧⲉⲗⲓⲟⲥ | ⲣ̄-ⲣⲱⲙⲉ• ϩⲓⲧⲛ̄-ϩⲛ̄ⲇⲩⲛⲁⲙⲓⲥ † ⲉⲧ$^{\emptyset}$-ϩⲩⲡⲟⲧⲁⲥ||ⲥⲉ[88] ⲉϥ-ⲥⲕⲁⲉⲓ ⲟⲩⲟⲛ ⲛⲓⲙ ⲉϥ-ⲥⲟⲃⲧⲉ ⲉ-$^{\emptyset}$ⲧⲣⲟⲩ-|ϣⲱⲡⲉ• ⲉⲧⲃⲉ-ⲡⲁⲉⲓ ⲅⲁⲣ ⲉ-ⲡⲙⲁ ⲧⲏⲣ-ϥ ⲁϩⲉ|ⲣⲁⲧ-ϥ

[76] Evil πονηρός, -ά, -όν [77] Help, assist ὑπηρετεῖν [78] While, whenever ὅποτε [79] ⟦ⲙ⟧ cancelled by the ancient copyist [80] Ask αἰτεῖν [81] Alien, belonging to someone else ἀλλότριος, -ον [82] Offering προσφορά [83] Wisdom σοφία [84] Barren στεῖρα [85] Delete {ⲧⲥⲟⲫⲓⲁ ⲙ̄-ⲡⲙⲟⲩ ⲉⲧⲉ-ⲧⲁⲉⲓ ⲧⲉ} (dittography) [86] Be submissive ὑποτάσσειν [87] Wilderness, desert ἐρημία [88] Emend to ⲉⲩ-ϩⲩⲡⲟⲧⲁⲥⲥⲉ

ⲉⲓⲧⲉ ⲛ-ⲉⲧ-ⲛⲁⲛⲟⲩ-ⲟⲩ ⲉⲓⲧⲉ ⲛ-ⲉⲑⲟⲟⲩ | ⲁⲩⲱ ⲛⲟⲩⲛⲁⲙ ⲙⲛ̄-ⲛ̄ϭⲃⲟⲩⲣ• ⲡⲉⲡⲛ̄ⲁ̄ ⲉⲧ∅-ⲟⲩ|ⲁⲁⲃ ϥ-ⲙⲟⲟⲛⲉ ⲟ̣[ⲩⲟ]ⲛ ⲛⲓ̣ⲙ• ⲁⲩⲱ ϥ-ⲣ̄-ⲁⲣⲭⲉⲓ[89] || ⲛ̄-ⲛ̄ⲇⲩⲛⲁⲙⲓⲥ ⲧ[ⲏⲣ-ⲟ]ⲩ̣ [ⲛ]-ⲉ̣ⲧ∅-ϩⲩⲡⲟⲧⲁⲥⲥⲉ | ⲁⲩⲱ ⲛ-ⲉⲧ∅-ϩⲩⲡ[ⲟⲧⲁⲥ-ⲥⲉ ⲁ]ⲛ ⲙⲛ̄-ⲛ-ⲉⲧ∅-ⲟⲩⲁⲧ• | ⲕⲁⲓⲅⲁⲣ ϥ-ϭⲱ ⲉ̣[. . . .]ϣ̣ ⲱⲧⲡ ⲙ̄ⲙⲟ-ⲟⲩ ⲉ|ϩⲟⲩⲛ ϫⲉ[ⲕⲁⲁⲥ . .]ϣⲁⲛ ⲟⲩⲱϣ ⲛⲟⲩ-ϣ-||[ⲃ]ⲱ̣ⲕ̣ [ⲉⲃⲟⲗ]•

(36) [ⲡ-ⲉⲛⲧ]-ⲁ̣ⲩ-ⲡⲗⲁⲥⲥⲉ[90] ⲙ̄ⲙⲟ-ϥ ⲛⲉ||[ⲥⲱ-ϥ• ⲁⲗⲗⲁ ⲛ]ⲉⲕ-ⲛⲁ-ϩⲉ
<ⲁⲛ>[91] ⲁ-ⲛⲉϥϣⲏⲣⲉ ⲉⲩ-ⲟ *ⲙ̄-∅ⲡⲗⲁⲥⲙⲁ[92] ⲛ̄-ⲉⲩⲅⲉⲛⲏ̣ⲥ•[93] ⲉϣϫⲉ- *61:1
ⲙ̄ⲡⲟⲩ-ⲣ̄-|ⲡⲗⲁⲥⲥⲉ ⲙ̄ⲙⲟ-ϥ ⲁⲗⲗⲁ ⲁⲩ-ϫⲡⲟ-ϥ ⲛⲉⲕ-ⲛⲁ-|ϩⲉ ⲁ-ⲡⲉϥ-ⲥⲡⲉⲣⲙⲁ[94] ⲉϥ-ⲟ ⲛ̄-∅ⲉⲩⲅⲉⲛⲏⲥ• ⲧⲉ|ⲛⲟⲩ ⲇⲉ ⲁⲩ-ⲡⲗⲁⲥⲥⲉ ⲙ̄ⲙⲟ-ϥ• ⲁϥ-ϫⲡⲟ• ⲁϣ || ⲛ̄-ⲉⲩⲅⲉⲛⲉⲓⲁ[95] ⲡⲉ ⲡⲁⲉⲓ• ϣⲟⲣⲡ ⲁ-ⲧⲙ̄ⲛ̄ⲧ̄-ⲛⲟ|ⲉⲓⲕ ϣⲱⲡⲉ ⲙ̄ⲙⲛ̄ⲛ̄ⲥⲱ-ⲥ ⲫⲟⲧⲃⲉ• ⲁⲩⲱ ⲁⲩ-|ϫⲡⲟ-ϥ ⲉⲃⲟⲗ ϩⲛ̄-ⲧⲙ̄ⲛ̄ⲧ̄-ⲛⲟⲉⲓⲕ• ⲛⲉ-ⲡϣⲏ|ⲣⲉ ⲅⲁⲣ ⲙ̄-ⲫⲟϥ ⲡⲉ• ⲇⲓⲁⲧⲟⲩⲧⲟ ⲁϥ-ϣⲱⲡⲉ | ⲛ̄-∅ϩⲁⲧⲃ̄-∅ⲣⲱⲙⲉ ⲛ̄ⲑⲉ ⲙ̄-ⲡⲉϥⲕⲉⲉⲓⲱⲧ• ⲁⲩ||ⲱ ⲁϥ-ⲙⲟⲩⲟⲩⲧ ⲙ̄-ⲡⲉϥⲥⲟⲛ• ⲕⲟⲓⲛⲱⲛⲓⲁ[96] ⲇⲉ | ⲛⲓⲙ ⲛ̄ⲧ-ⲁϩ-ϣⲱⲡⲉ ⲉⲃⲟⲗ ϩⲛ̄-ⲛⲉϯⲛⲉ ⲁⲛ ⲛ̄-|ⲛⲟⲩⲉⲣⲏⲩ ⲟⲩⲙ̄ⲛ̄ⲧ̄-ⲛⲟⲉⲓⲕ ⲧⲉ•

(37) ⲡⲛⲟⲩⲧⲉ | ⲟⲩϫϭⲓⲧ ⲡⲉ• ⲛ̄ⲑⲉ ⲛ̄-ⲛ̄ϫⲱϭⲉ ⲉⲧ∅-ⲛⲁⲛⲟⲩ-ⲟⲩ | ϣⲁⲩ-ⲙⲟⲩⲧⲉ ⲉⲣⲟ-ⲟⲩ ϫⲉ-ⲛⲁⲗⲏⲑⲓⲛⲟⲛ[97] ϣⲁⲩ-||ⲙⲟⲩ ⲙⲛ̄-ⲛ-ⲉⲛⲧ-ⲁⲩ-ϫⲱϭⲉ ϩⲣⲁⲓ̈ ⲛ̄ϩⲏⲧ-ⲟⲩ ⲧⲁ|ⲉⲓ ⲧⲉ ⲑⲉ ⲛ̄-ⲛ-ⲉⲛⲧ-ⲁ-ⲡⲛⲟⲩⲧⲉ ϫⲟϭ-ⲟⲩ• ⲉ|ⲡⲉⲓⲇⲏ ϩⲛ̄ⲁⲧ-ⲙⲟⲩ ⲛⲉ ⲛⲉϥϫⲱϭⲉ ϣⲁⲩ-|ⲣ̄-∅ⲁⲧ-ⲙⲟⲩ ⲉⲃⲟⲗ † ϩⲓⲧⲟⲟⲧ-ϥ[98] ⲛ̄-ⲛⲉϥⲡⲁϩⲣⲉ• | ⲡⲛⲟⲩⲧⲉ ⲇⲉ ⲣ̄-ⲃⲁⲡⲧⲓⲍⲉ[99] ⲛ̄-ⲛ-ⲉⲧϥ-ⲣ̄-ⲃⲁⲡⲧⲓ||ⲍⲉ ⲙ̄ⲙⲟ-ⲟⲩ ϩⲛ̄-ⲟⲩⲙⲟⲟⲩ•

(38) ⲙⲛ̄-⟦ⲟⲩ⟧[100]ϭⲟⲙ | ⲛ̄ⲧⲉ-ⲗⲁⲁⲩ ⲛⲁⲩ ⲁ-ⲗⲁⲁⲩ ϩⲛ̄-ⲛ-ⲉⲧ∅-ⲥⲙⲟⲛⲧ | ⲉⲓⲙⲏⲧⲓ ⲛ̄ⲧⲉ-ⲡ-ⲉⲧ∅-ⲙ̄ⲙⲁⲩ ϣⲱⲡⲉ ⲛ̄ⲑⲉ | ⲛ̄-ⲛ-ⲉⲧ∅-ⲙ̄ⲙⲁⲩ• ⲛ̄ⲑⲉ ⲙ̄-ⲡⲣⲱⲙⲉ ⲁⲛ ⲉϥ-|ϩⲙ̄-ⲡⲕⲟⲥⲙⲟⲥ ϥ-ⲛⲁⲩ ⲉ-ⲡⲣⲏ ⲉϥ-ⲟ ⲣ̄-∅ⲣⲏ || ⲁⲛ• ⲁⲩⲱ ϥ-ⲛⲁⲩ ⲉ-ⲧⲡⲉ ⲙⲛ̄-ⲡⲕⲁϩ ⲙⲛ̄-ⲛ̄|ⲕⲉϩⲃⲏⲩⲉ ⲧⲏⲣ-ⲟⲩ ⲉ-ⲛⲧⲟϥ ⲁⲛ ⲡⲉ ⲛ-ⲉⲧ∅-ⲙ̄|ⲙⲁⲩ• ⲧⲁⲉⲓ ⲧⲉ ⲑⲉ ϩⲣⲁⲓ̈ ϩⲛ̄-ⲧⲙⲉ• ⲁⲗⲗⲁ ⲁⲕ-|ⲛⲁⲩ ⲉ-ⲗⲁⲁⲩ ⲛ̄ⲧⲉ-ⲡⲙⲁ ⲉⲧ∅-ⲙ̄ⲙⲁⲩ• ⲁⲕ-ϣⲱ|ⲡⲉ ⲛ̄-ⲛ-ⲉⲧ∅-ⲙ̄ⲙⲁⲩ• ⲁⲕ-ⲛⲁⲩ ⲁ-ⲡⲡ̄ⲛ̄ⲁ̄• ⲁⲕ-|| ϣⲱⲡⲉ ⲙ̄-∅ⲡⲛ̄ⲁ̄• ⲁⲕ̣-ⲛⲁ̣[ⲩ ⲁ]-ⲡⲭ̄ⲥ̄• ⲁⲕ-ϣⲱⲡⲉ | ⲛ̄-∅ⲭ̄ⲥ̄• ⲁⲕ-ⲛⲁⲩ ⲁ-ⲡ̣[ⲉⲓⲱⲧ• ⲕ]-ⲛⲁ-ϣⲱⲡⲉ ⲛ̄-∅ⲉⲓ|ⲱⲧ• ⲇⲓⲁⲧⲟⲩⲧⲟ [ⲛ̄ⲛⲉⲉⲓⲙⲁ] ⲙⲉⲛ ⲕ-ⲛⲁⲩ | ⲁ-ϩⲱⲃ ⲛⲓⲙ• ⲁⲩⲱ ⲕ̣-[ⲛⲁⲩ ⲉⲣⲟ]-ⲕ ⲁⲛ ⲟⲩⲁⲁ-ⲕ• | ⲕ-ⲛⲁⲩ ⲇⲉ ⲉⲣⲟ-ⲕ ⲙ̄ⲡ̣[ⲙⲁ ⲉⲧ∅-ⲙ̄]ⲙⲁⲩ• ⲡ-ⲉⲧ||ⲕ-ⲛⲁⲩ ⲅⲁⲣ ⲉⲣⲟ-ϥ ⲉⲕ-ⲛⲁ-ϣ[ⲱⲡⲉ ⲙ̄-ⲙ]ⲟ-ϥ̣• |

[89] Rule over ἄρχειν [90] Model πλάσσειν [91] <ⲁⲛ> omitted by the ancient copyist [92] Modeled form, thing that has been moulded πλάσμα [93] Noble εὐγενής [94] Seed, posterity σπέρμα [95] Nobility εὐγενεία [96] Sexual intercourse κοινωνία [97] Genuine, true ἀληθινός, -ή, -όν [98] Emend to ϩⲓⲧⲟⲟⲧ-ⲟⲩ [99] Dip, baptize βαπτίζειν [100] ⟦ⲟⲩ⟧ cancelled by the ancient copyist

62:1 (39) ⲧⲡⲓⲥⲧⲓⲥ ϫⲓ• ⲧⲁⲅⲁⲡⲏ ⲥ-ϯ• ⲙ[ⲛ̄-ⲗⲁⲁⲩ ⲛⲁ-ϣ]-[ϫⲓ] ⲁ̣ϫⲛ̄-ⲧⲡⲓ̣ⲥⲧⲓⲥ• [ⲙ]ⲛ̄-ⲗⲁⲁⲩ ⲛⲁ-ϣ-ϯ ⲁϫⲛ̄-|∅ⲁⲅⲁⲡⲏ• ⲉⲧⲃⲉ-ⲡⲁⲉⲓ ϫⲉⲕⲁⲁⲥ ⲙⲉⲛ ⲉⲛ-ⲁ-ϫⲓ | ⲧⲛ̄-ⲣ̄-ⲡⲓⲥⲧⲉⲩⲉ ϣⲓⲛⲁ ⲇⲉⲛ-ⲁ-ⲙⲉ ⲛ̄ⲧⲛ̄-ϯ ⲉⲡⲉⲓ | ⲉⲣϣⲁ-ⲟⲩⲁ ϯ ϩⲛ̄-ⲟⲩⲁⲅⲁⲡⲏ ⲁⲛ ⲙⲛ̄ⲧⲉ-ϥ-∅ⲱ||ⲫⲉⲗⲉⲓⲁ[101] ϩⲙ̄-ⲡ-ⲉⲛⲧ-ⲁϥ-ⲧⲁⲁ-ϥ• ⲡ-ⲉⲛⲧ-ⲁϩ-ϫⲓ-|ⲡϫⲟⲉⲓⲥ ⲁⲛ ⲟ ⲛⲛ̄-∅ϩⲉⲃⲣⲁⲓⲟⲥ ⲉⲧⲓ•[102]

(40) ⲛ̄ⲁⲡⲟ|ⲥⲧⲟⲗⲟⲥ ⲉⲧ∅-ϩⲓ-ⲧⲛ̄ⲛⲉϩⲏ ⲧⲉⲉⲓ|ϩⲉ ⲛⲉⲩ-ⲙⲟⲩ|ⲧⲉ ϫⲉ-ⲓⲏ̄ⲥ̄ ⲡⲛⲁⲍⲱⲣⲁⲓⲟⲥ[103] ⲙⲉⲥⲥⲓⲁⲥ ⲉⲧⲉ-|ⲡⲁⲉⲓ ⲡⲉ ⲓ̄ⲏ̄ⲥ̄ ⲡⲛⲁⲍⲱⲣⲁⲓⲟⲥ ⲡⲉⲭ̄ⲥ̄• ⲡϩⲁⲉ || ⲣ̄-ⲣⲁⲛ ⲡⲉ ⲡⲉⲭ̄ⲥ̄• ⲡϣⲟⲣⲡ ⲡⲉ ⲓ̄ⲥ̄• ⲡ-ⲉⲧ∅-ϩⲛ̄-|ⲧⲙⲏⲧⲉ ⲡⲉ ⲡⲛⲁⲍⲁⲣⲏⲛⲟⲥ• ⲙⲉⲥⲥⲓⲁⲥ | ⲟⲩⲛ̄ⲧⲁ-ϥ-ⲥⲏⲙⲁⲥⲓⲁ[104] ⲥⲛ̄ⲧⲉ ⲁⲩⲱ ⲡⲉⲭⲣ̄ⲥ̄ | ⲁⲩⲱ ⲡ-ⲉⲧ∅-ϣⲏⲩ• ⲓ̄ⲥ̄ ⲙ̄ⲙⲛ̄ⲧ-ϩⲉⲃⲣⲁⲓⲟⲥ ⲡⲉ | ⲡⲥⲱⲧⲉ• ⲛⲁⲍⲁⲣⲁ ⲧⲉ ⲧⲁⲗⲏⲑⲉⲓⲁ• ⲡⲛⲁ||ⲍⲁⲣⲏⲛⲟⲥ ⟦ⲛⲉ⟧[105] ϭⲉ ⲧⲉ ⲧⲁⲗⲏⲑⲉⲓⲁ• † ⲡⲉ ⲡⲭ̄ⲥ̄[106] † | ⲛ̄ⲧ-ⲁⲩ-ϣⲓⲧ-ϥ• ⲡⲛⲁⲍⲁⲣⲏⲛⲟⲥ ⲙⲛ̄-ⲓ̄ⲥ̄ | ⲛⲉⲛⲧ-ⲁⲩ-ϣⲓⲧ-ⲟⲩ•

(41) ⲡⲙⲁⲣⲅⲁⲣⲓⲧⲏⲥ[107] ⲉⲩϣⲁⲛ-|ⲛⲟϫ-ϥ ⲉⲡⲓⲧⲛ̄ ⲉ-ⲡⲃⲟⲣⲃⲟⲣⲟⲛ[108] ϣⲁϥ-ϣⲱ|ⲡⲉ {ϣⲁϥ-ϣⲱⲡⲉ ⲁⲛ}[109] ⲉϥ-ϣⲏⲥ ⲛ̄ϩⲟⲩⲟ• || ⲟⲩⲧⲉ ⲉⲩϣⲁ-ⲧⲁϩⲥ-ϥ ⲛ̄ⲛ-ⲁⲡⲟⲃⲁⲣⲥⲓⲙⲟⲛ[110] | ⲉϥ-ⲛⲁ-ϣⲱⲡⲉ <ⲁⲛ>[111] ⲉϥ-ⲧⲁⲉⲓⲏⲩ• ⲁⲗⲗⲁ ⲟⲩⲛ̄ⲧⲁ-ϥ | ⲙ̄ⲙⲁⲩ ⲙ̄-ⲡⲧⲁⲉⲓⲟ ϩⲁϩⲧⲛ̄-ⲡⲉϥϫⲟⲉⲓⲥ | ⲟⲩⲟⲉⲓϣ ⲛⲓⲙ• ⲧⲁⲉⲓ ⲧⲉ ⲑⲉ ⲛ̄-ⲛ̄ϣⲏⲣⲉ ⲙ̄-|ⲡⲛⲟⲩⲧⲉ ϩⲛ̄-ⲛ-ⲉⲧⲟⲩ-ⲛⲁ-ϣⲱⲡⲉ ⲛ̄ϩⲏⲧ-ⲟⲩ• || ⲉⲧⲓ ⲟⲩⲛ̄ⲧⲁ-ⲩ ⲙ̄ⲙⲁⲩ ⲙ̄-ⲡⲧⲁⲉⲓⲟ ϩⲁϩⲧⲙ̄-ⲡⲟⲩ|ⲉⲓⲱⲧ•

(42) ⲉⲕϣⲁ-ϫⲟⲟ-ⲥ ϫⲉ-ⲁⲛⲟⲕ-ⲟⲩⲓ̈ⲟⲩⲇⲁⲓ̈ | ⲙⲛ̄-ⲗⲁⲁⲩ ⲛⲁ-ⲕⲓⲙ• ⲉⲕϣⲁ-ϫⲟⲟ-ⲥ ϫⲉ-ⲁⲛⲟⲕ-ⲟⲩ|ϩⲣⲱⲙⲁⲓⲟⲥ[112] ⲙⲛ̄-ⲗⲁⲁⲩ ⲛⲁ-ⲣ̄-ⲧⲁⲣⲁⲥⲥⲉ•[113] ⲉⲕϣⲁ|-ϫⲟⲟ-ⲥ ϫⲉ-ⲁⲛⲟ[ⲕ-ⲟ]ⲩϩⲉ̣ⲗⲗⲏⲛ[114] ⲟⲩⲃⲁⲣⲃⲁ||ⲣ̣ⲟⲥ[115] ⲟⲩϩⲙ̄ϩⲁⲗ [ⲟⲩⲉⲗⲉⲩ]ⲑⲉⲣⲟⲥ ⲙⲛ̄-ⲗⲁⲁⲩ | ⲛⲁ-ϣⲧⲟⲣⲧⲣ̄• ⲉⲕ[ϣⲁ-ϫⲟⲟ-ⲥ] ϫⲉ-ⲁⲛⲟⲕ-ⲟⲩⲭⲣⲏ|ⲥ̣ⲧⲓⲁⲛⲟⲥ ⲡ[- - -] ⲛⲁ-ⲛⲟⲉⲓⲛ• ⲛ̄ⲅⲉⲛⲟⲓ|ⲧ̣ⲟ[116] ⲛ̄ⲧⲁ-ϣ̣ [. . . ⲛ̄-ⲧ]ⲉⲉⲓⲙⲉⲓⲛⲉ ⲡⲁⲉⲓ ⲉ|[ⲧ]ⲉ̣-.[- - -]ⲛⲁ-ϣ-ϩⲩⲡⲟⲙⲉⲓⲛⲉ[117] ⲁⲛ ⲉ-|| [∅ⲥⲱⲧⲙ̄ ⲉ-ⲡ]ⲉ̣ϥⲣⲁⲛ•

*63:1 (43) ⲡⲛⲟⲩⲧⲉ ⲟⲩⲁⲙ-∅ⲣⲱ*ⲙⲉ ⲡⲉ• ⲇⲓⲁⲧⲟⲩⲧⲟ ⲥⲉ̣-[ϣⲱ]ⲱⲧ̣ ⲙ̣̄-ⲡⲣⲱⲙ̣[ⲉ] | ⲛⲁ-ϥ• ϩⲁⲧⲉϩⲏ ⲉ-ⲙⲡⲁⲧⲟⲩ-ϣⲱⲱⲧ ⲙ̄-ⲡⲣⲱ|ⲙⲉ ⲛⲉⲩ-ϣⲱⲱⲧ ⲛ̄-ϩⲛ̄ⲑⲏⲣⲓⲟⲛ• ⲛⲉ-ϩⲛ̄ⲛⲟⲩ|ⲧⲉ ⲅⲁⲣ ⲁⲛ ⲛⲉ ⲛⲁⲉⲓ ⲉⲧⲟⲩ-ϣⲱⲱⲧ ⲛⲁ-ⲩ• ||

[101] Profit ὠφέλεια [102] Still ἔτι [103] Nazarene (from Nazareth); Nazirite (ascetic) Ναζωραῖος, -α, -ον [104] Meaning σημασία [105] ⟦ⲛⲉ⟧ cancelled by the ancient copyist [106] Emend to ⲡⲭ̄ⲥ̄ ⲡⲉ|ⲛ̄ⲧ- [107] Pearl μαργαρίτης [108] Mud βόρβορος [109] Delete {ϣⲁϥ-ϣⲱⲡⲉ ⲁⲛ} [110] Juice of the balsam tree, fragrant oil ὀποβάλσαμον [111] <ⲁⲛ> omitted by the ancient copyist [112] Roman Ῥωμαῖος, -α, -ον [113] Tremble, be disturbed, cf. Greek ταράσσειν disturb [114] Greek Ἕλλην [115] Non-Greek, barbarian βάρβαρος, -α, -ον [116] May it happen that..., If only γένοιτο [117] Endure, bear ὑπομένειν

(44) ⲛ̄ⲥⲕⲉⲩⲟⲥ ⲛ̄ⲛ-ⲁⲃⲁϭⲏⲉⲓⲛ ⲙⲛ̄-ⲛ̄ⲥⲕⲉⲩⲟⲥ | ⲃ̄-ⲃⲗϫⲉ ϣⲁⲩ-ϣⲱⲡⲉ ⲉⲃⲟⲗ ϩⲓⲧⲙ̄-ⲡⲕⲱϩⲧ• | ⲁⲗⲗⲁ ⲛ̄ⲥⲕⲉⲩⲟⲥ[118] ⲛ̄ⲛ-ⲁⲃⲁϭⲏⲉⲓⲛ ⲉⲩϣⲁ-|ⲟⲩⲱϭⲡ ⲡⲁⲗⲓⲛ ϣⲁⲩ-ⲧⲁⲙⲓⲟ-ⲟⲩ• ⲛ̄ⲧ-ⲁⲩ-|ϣⲱⲡⲉ ⲅⲁⲣ ⲉⲃⲟⲗ ϩⲛ̄-ⲟⲩⲡ̄ⲛ̄ⲁ̄• ⲛ̄ⲥⲕⲉⲩⲟⲥ || ⲇⲉ ⲃ̄-ⲃⲗ̄ϫⲉ ⲉⲩϣⲁ-ⲟⲩⲱϭⲡ ϣⲁⲩ-ⲧⲁⲕⲟ• | ⲛ̄ⲧ-ⲁⲩ-ϣⲱⲡⲉ ⲅⲁⲣ ⲭⲱⲣⲓⲥ-∅ⲛⲓϥⲉ•

(45) ⲟⲩⲉⲓⲱ | ⲉϥ-ⲕⲱⲧⲉ ϩⲁ-ⲟⲩⲱⲛⲉ ⲛ̄-ⲛⲟⲩⲧ ⲁϥ-ⲛ̄-ϣⲉ ⲙ̄-ⲙⲓⲗⲟⲥ[119] | ⲉⲃⲟⲗ ⲉϥ-ⲙⲟⲟϣⲉ• ⲛ̄ⲧⲁⲣⲟⲩ-ⲕⲁⲁ-ϥ ⲉⲃⲟⲗ | ⲁϥ-ϩⲉ ⲉⲣⲟ-ϥ ⲟⲛ ⲉϥ-ϩⲙ̄-ⲡⲓⲙⲁ ⲡⲓⲙⲁ• || ⲟⲩⲛ-ϩⲣ̄ⲣⲱⲙⲉ ϣⲟⲟⲡ ϣⲁⲩ-ⲛ̄-ϩⲁϩ ⲙ̄-ⲙⲟ|ⲟϣⲉ ⲉⲃⲟⲗ• ⲁⲩⲱ ⲙⲁⲩ-ⲡⲣⲟⲕⲟⲡⲧⲉ[120] ⲉ-|ⲗⲁⲁⲩ ⲙ̄-ⲙⲁ• ⲛ̄ⲧⲁⲣⲉ-ⲣⲟⲩϩⲉ ϣⲱⲡⲉ ⲉⲣⲟ-|ⲟⲩ ⲟⲩⲧⲉ ⲙ̄ⲡⲟⲩ-ⲛⲁⲩ ⲉ-∅ⲡⲟⲗⲓⲥ ⲟⲩⲧⲉ | ∅ⲕⲱⲙⲏ[121] ⲟⲩⲧⲉ ∅ⲕⲧⲓⲥⲓⲥ[122] ⲟⲩⲧⲉ ∅ⲫⲩⲥⲓⲥ ⲙⲛ̄-||∅ⲇⲩⲛⲁⲙⲓⲥ ⲙⲛ̄-∅ⲁⲅⲅⲉⲗⲟⲥ• ⲉⲓⲕⲏ[123] ⲁ-ⲛⲧⲁⲗⲁⲓ|ⲡⲱⲣⲟⲥ[124] ϩⲓⲥⲉ•

(46) ⲧⲉⲩⲭⲁⲣⲓⲥⲧⲉⲓⲁ ⲡⲉ ⲓ̄ⲥ̄• ⲉⲩ-|ⲙⲟⲩⲧⲉ ⲅⲁⲣ ⲉⲣⲟ-ϥ ⲙ̄ⲙⲛⲧ-ⲥⲩⲣⲟⲥ ϫⲉ-ⲫⲁ|ⲣⲓⲥⲁⲑⲁ ⲉⲧⲉ-ⲡⲁⲉⲓ ⲡⲉ ⲡ-ⲉⲧ∅-ⲡⲟⲣϣ ⲉⲃⲟⲗ• | ⲁ-ⲓ̄ⲥ̄ ⲅⲁⲣ ⲉⲓ ⲉϥ-ⲥⲧⲁⲩⲣⲟⲩ ⲙ̄-ⲡⲕⲟⲥⲙⲟⲥ• ||

(47) ⲁ-ⲡϫⲟⲉⲓⲥ ⲃⲱⲕ ⲉϩⲟⲩ[ⲛ] ⲉ-ⲡⲙⲁ ⲛ̄-ϫⲱϭⲉ | ⲛ̄-ⲗⲉⲩⲉⲓ• ⲁϥ-ϥⲓ-ϣⲃⲉ-ⲥⲛⲟⲟⲩⲥ ⲛ̄-ⲭⲣⲱⲙⲁ•[125] | ⲁϥ-ⲛⲟϫ-ⲟⲩ ⲁ-ⲧⲣⲟϩⲧⲉ• ⲁϥ-ⲛ̄ⲧ-ⲟⲩ ⲉϩⲣⲁï | ⲉⲩ-ⲟⲃϣ ⲧⲏⲣ-ⲟⲩ• ⲁⲩⲱ ⲡⲉϫⲁ-ϥ ϫⲉ-ⲧⲁⲉⲓ | ⲧⲉ ⲑⲉ ⲛ̄ⲧ-ⲁϥ-ⲉⲓ ⲙ̄ⲙⲟ-ⲥ̣ ⲛ̄ϭⲓ-ⲡϣⲏⲣ⟦ⲉ ⲙ̄-||ⲡϣⲏⲣ⟧[126]ⲉ ⲙ̄-ⲡⲣⲱ̣ⲙ[ⲉ ⲉ]ϥ̣-[ⲟ] ⲛ̄-∅ϫϭ̣ⲓⲧ•

(48) ⲧⲥⲟ|ⲫⲓⲁ ⲉⲧⲟⲩ-ⲙⲟⲩⲧ̣[ⲉ ⲉⲣⲟ]-ⲥ̣ ϫⲉ-ⲧⲥⲧⲓⲣⲁ ⲛ̄|ⲧⲟ-ⲥ ⲧⲉ ⲧⲙⲁⲁ[ⲩ
ⲛ̄-ⲛ̄ⲁⲅ]ⲅ̣ⲉⲗⲟⲥ• ⲁⲩⲱ̣ [ⲧ]ⲕⲟⲓ̣|ⲛⲱⲛⲟⲥ ⲙ̄-ⲡⲥ[. . . ⲙⲁ]ⲣ̣ⲓⲁ ⲧⲙⲁⲅ̣-
[ⲇⲁ]||ⲗⲏⲛⲏ• ⲛⲉⲣⲉ-ⲡ.[- - - ⲙⲉ] ⲙ̣̄ⲙⲟ̣-[ⲥ ⲛ̄]||ϩⲟⲩⲟ ⲁ-ⲙ̄ⲙⲁⲑⲏⲧ[ⲏⲥ
ⲧⲏⲣ-ⲟⲩ• ⲁⲩⲱ ⲛⲉϥ]-|ⲁⲥⲡⲁⲍⲉ[127] ⲙ̄ⲙⲟ-ⲥ ⲁ-ⲧⲉⲥ̣[- - - ⲛ̄ϩⲁϩ] | ⲛ̄-ⲥⲟⲡ ⲁ-
ⲡⲕⲉⲥⲉⲉⲡⲉ ⲙ̣̄-[∅ⲙⲁⲑⲏⲧⲏⲥ *. .].ⲉⲣⲟ.[.].[. .]ⲙⲁ• ⲡⲉϫⲁ-ⲩ ⲛⲁ-ϥ ϫⲉ-| *64:1
ⲉⲧⲃⲉ-ⲟⲩ ⲕ-ⲙⲉ ⲙ̄ⲙⲟ-ⲥ ⲡⲁⲣⲁⲣⲟ-ⲛ ⲧⲏⲣ-ⲛ̄• ⲁϥ-|ⲟⲩⲱϣⲃ̄ ⲛ̄ϭⲓ-ⲡⲥⲱⲧⲏⲣ• ⲡⲉϫⲁ-ϥ ⲛⲁ-ⲩ {ⲡⲉ|ϫⲁ-ϥ ⲛⲁ-ⲩ}[128] ϫⲉ-ⲉⲧⲃⲉ-ⲟⲩ ϯ-ⲙⲉ ⲙ̄ⲙⲱ-ⲧⲛ̄ ⲁⲛ || ⲛ̄ⲧⲉⲥϩⲉ• ⲟⲩⲃ̄ⲗⲗⲉ ⲙⲛ̄-ⲟⲩⲁ ⲉϥ-ⲛⲁⲩ ⲉⲃⲟⲗ | ⲉⲩ-ϩⲙ̄-ⲡⲕⲁⲕⲉ ⲙ̄ⲡⲉⲥⲛⲁⲩ ⲥⲉ-ϣⲟⲃⲉ ⲉ-ⲛⲟⲩ|ⲉⲣⲏⲩ ⲁⲛ• ϩⲟⲧⲁⲛ ⲉⲣϣⲁ-ⲡⲟⲩⲟⲉⲓⲛ ⲉⲓ ⲧⲟⲧⲉ | ⲡ-ⲉⲧ∅-ⲛⲁⲃⲟⲗ ϥ-ⲛⲁ-ⲛⲁⲩ ⲉ-ⲡⲟⲩⲟⲉⲓⲛ• ⲁⲩⲱ | ⲡ-ⲉⲧ∅-ⲟ ⲃ̄-∅ⲃⲗ̄ⲗⲉ ⲉϥ-ⲛⲁ-ϭⲱ ϩⲙ̄-ⲡⲕⲁⲕⲉ•

[118] Vessel, container σκεῦος [119] ⲙⲓⲗⲟⲥ (sic) mile (Greek μίλιον) [120] Make progress προκόπτειν [121] Village κώμη [122] Structure κτίσις [123] In vain εἰκῆ [124] Wretched ταλαίπωρος, -α, -ον [125] Hue, color χρῶμα [126] ⟦ⲉ ⲙ̄-|ⲡϣⲏⲣ⟧ cancelled by the ancient copyist [127] Kiss ἀσπάζεσθαι [128] Delete {ⲡⲉ|ϫⲁ-ϥ ⲛⲁ-ⲩ} (dittography)

(49) ⲡⲉ||ϫⲉ-ⲡϫⲟⲉⲓⲥ ϫⲉ-ⲟⲩⲙⲁⲕⲁⲣⲓⲟⲥ[129] ⲡⲉ ⲡ-ⲉⲧ$^{\emptyset}$-ϣⲟ|ⲟⲡ ϩⲁⲧⲉϩⲏ ⲉ-ⲙⲡⲁⲧⲉϥ-ϣⲱⲡⲉ• ⲡ-ⲉⲧ$^{\emptyset}$-ϣⲟ|ⲟⲡ ⲅⲁⲣ ⲁϥ-ϣⲱⲡⲉ• ⲁⲩⲱ ϥ-ⲛⲁ-ϣⲱⲡⲉ•

(50) ⲡϫⲓ|ⲥⲉ ⲙ̅-ⲡⲣⲱⲙⲉ ϥ-ⲟⲩⲟⲛϩ ⲁⲛ ⲉⲃⲟⲗ• ⲁⲗⲗⲁ | ϥ-ϣⲟⲟⲡ ϩⲙ̅-ⲡ-ⲉⲧ-ⲏⲡ• ⲉⲧⲃⲉ-ⲡⲁⲉⲓ ϥ-ⲟ ⲛ̅-||$^{\emptyset}$ϫⲟⲉⲓⲥ ⲁ-ⲛⲑⲏⲣⲓⲟⲛ ⲉⲧ$^{\emptyset}$-ϫⲟⲟⲣ ⲉⲣⲟ-ϥ ⲉⲧ-ⲛⲉ|ⲁ-ⲩ ⲕⲁⲧⲁ-ⲡ-ⲉⲧ$^{\emptyset}$-ⲟⲩⲟⲛϩ ⲉⲃⲟⲗ ⲙⲛ̅-ⲡ-ⲉⲑⲏⲡ• | ⲁⲩⲱ ⲡⲁⲉⲓ ϯ ⲛⲁ-ⲩ ⲙ̅-ⲡⲙⲟⲩⲛ ⲉⲃⲟⲗ• ⲉⲣϣⲁ-|ⲡⲣⲱⲙⲉ ⲇⲉ ⲡⲱⲣϫ ⲉⲣⲟ-ⲟⲩ ϣⲁⲩ-ⲙⲟⲩⲟⲩⲧ | ⲛ̅-ⲛⲟⲩⲉⲣⲏⲩ ⲛ̅ⲥⲉ-ⲡⲱϩⲥ ⲛ̅-ⲛⲟⲩⲉⲣⲏⲩ• || ⲁⲩⲱ ⲁⲩ-ⲟⲩⲱⲙ ⲛ̅-ⲛⲟⲩⲉⲣⲏⲩ ϫⲉ-ⲙ̅ⲡⲟⲩ-ϩⲉ | ⲉ-$^{\emptyset}$ⲧⲣⲟⲫⲏ• ⲧⲉⲛⲟⲩ ⲇⲉ ⲁⲩ-ϩⲉ ⲉ-$^{\emptyset}$ⲧⲣⲟⲫⲏ ⲉⲃⲟⲗ | ϫⲉ-ⲁⲡⲣⲱⲙⲉ ⲣ̅-$^{\emptyset}$ϩⲱⲃ ⲉ-ⲡⲕⲁϩ•

(51) ⲉⲣϣⲁ-ⲟⲩⲁ | ⲃⲱⲕ ⲉⲡⲉⲥⲏⲧ ⲉ-ⲡⲙⲟⲟⲩ ⲛ̅ϥ-ⲉⲓ ⲉϩⲣⲁⲓ̈ ⲉ-ⲙ|ⲡⲉϥ-ϫⲓ-ⲗⲁⲁⲩ ⲛ̅ϥ-ϫⲟⲟ-ⲥ ϫⲉ-ⲁⲛⲟⲕ-ⲟⲩⲭⲣⲏ||ⲥⲧⲓⲁⲛⲟⲥ ⲛ̅ⲧ-ⲁϥ-ϫⲓ ⲙ̅-ⲡⲣⲁⲛ ⲉ-ⲧⲙⲏⲥⲉ• ⲉϥ|ϣⲁ-ϫⲓ ⲇⲉ ⲙ̅-ⲡⲡ̅ⲛ̅ⲁ̅ ⲉⲧ$^{\emptyset}$-ⲟⲩⲁⲁⲃ ⲟⲩⲛ̅ⲧⲁ-ϥ ⲙ̅|ⲙⲁⲩ ⲛ̅-ⲧⲇⲱⲣⲉⲁ[130] ⲙ̅-ⲡⲣⲁⲛ• ⲡ-ⲉⲛⲧ-ⲁϩ-ϫⲓ ⲛ̅-ⲟⲩ|ⲇⲱⲣⲉⲁ ⲙⲁⲩ-ϥⲓⲧ-ⲥ̅ ⲛ̅ⲧⲟⲟⲧ-ϥ• ⲡ-ⲉⲛⲧ-ⲁϩ-ϫⲓ ⲇⲉ | ⲉϫⲱ-ϥ ⲉ-ⲧⲙ̣ⲏⲥⲉ ϣⲁⲩ-ϣⲁⲧ-ϥ• ⲧⲁⲉⲓ ⲧⲉ ⲑⲉ || ⲉⲧ$^{\emptyset}$-ϣⲟ̣[ⲟ]ⲡ ⲛⲁ̣-ⲛ ⲉⲣϣⲁ-ⲟⲩⲁ ϣⲱⲡⲉ ϩⲛ̅-|ⲟⲩⲙⲩⲥⲧⲏⲣⲓⲟ[ⲛ]•

(52) [ⲡⲙ]ⲩⲥⲧⲏⲣⲓⲟⲛ ⲙ̅-ⲡⲅⲁ|ⲙ[ⲟⲥ][131] ⲟⲩⲛⲟϭ [ⲡⲉ• ⲁϫⲛ̅]ⲧ̣-ϥ̅ ⲅⲁⲣ ⲛⲉ-ⲡⲕⲟⲥ|[ⲙⲟ]ⲥ̣ ⲛⲁ-ϣⲱ[ⲡⲉ ⲁⲛ• ⲧⲥ]ⲩⲥⲧⲁⲥⲓⲥ[132] ⲅⲁⲣ ⲙ̅-|[ⲡⲕⲟ]ⲥ̣ⲙⲟ[ⲥ - - -] ⲙⲉ• ⲧⲥⲩⲥⲧⲁⲥⲓⲥ ⲇⲉ || [- - - ⲡⲅ]ⲁ̣ⲙⲟⲥ• ⲉⲣⲓ-ⲛⲟⲉⲓ ⲛ̅-ⲧⲕⲟⲓ|[ⲛⲱⲛⲓⲁ. .ϫ]ⲱϩⲙ̅ ϫⲉ-ⲟⲩⲛ̅ⲧⲁ-ⲥ ⲙ̅ⲙⲁⲩ | [- - -]ⲇ̣ⲩⲛⲁⲙⲓⲥ• ⲧⲉⲥϩⲓⲕⲱⲛ
*65:1 *ⲉⲥ-ϣⲟⲟⲡ ϩⲛ̅-ⲟⲩϫⲱ̣[ϩⲙ̅]•

(53) [ⲛ̅]ⲥ̣ϫ̣[ⲏⲙ]ⲁ[133] ⲙ-$^{\emptyset}$ⲡⲛ̣̅[ⲁ̅] | ⲛ̅-ⲁⲕⲁⲑⲁⲣⲧⲟⲛ[134] ⲟⲩⲛ̅-$^{\emptyset}$ϩⲟⲟ̣ⲩⲧ ⲛ̅ϩⲏⲧ-ⲟⲩ• ⲟⲩ|ⲛ̅-ϩⲛ̅ⲥϩⲓⲟⲙⲉ• ⲛ̅ϩⲟⲟⲩⲧ ⲙⲉⲛ ⲛⲉ-ⲉⲧ$^{\emptyset}$-ⲣ̅-ⲕⲟⲓ||ⲛⲱⲛⲉⲓ[135] ⲁ-ⲙⲯⲩⲭⲏ ⲉⲧ$^{\emptyset}$-ⲣ̅-ⲡⲟⲗⲓⲧⲉⲩⲉⲥⲑⲉ[136] || ϩⲛ̅ⲛ-ⲟⲩⲥⲭⲏⲙⲁ ⲛ̅-ⲥϩⲓⲙⲉ• ⲛ̅ⲥϩⲓⲟⲙⲉ ⲇⲉ | ⲛⲉ ⲛ-ⲉⲧ$^{\emptyset}$-ⲧⲏϩ ⲙⲛ̅-ⲛ-ⲉⲧ$^{\emptyset}$-ϩⲛ̅-ⲟⲩⲥⲭⲏⲙⲁ ⲛ̅-|ϩⲟⲟⲩⲧ ⲉⲃⲟⲗ ϩⲓⲧⲛ̅-ⲟⲩⲁⲧ-ⲧⲱⲧ• ⲁⲩⲱ ⲙⲛ̅-|ⲗⲁⲁⲩ ⲛⲁ-ϣ-ⲣ̅-$^{\emptyset}$ⲃⲟⲗ ⲉ-ⲛⲁⲉⲓ ⲉⲩ-ⲉⲙⲁϩⲧⲉ ⲙ̅|ⲙⲟ-ϥ ⲉϥ-ⲧⲙ̅-ϫⲓ ⲛ̅-ⲟⲩϭⲟⲙ ⲛ̅-ϩⲟⲟⲩⲧ ⲙⲛ̅||ⲛ-ⲟⲩⲥϩⲓⲙⲉ ⲉⲧⲉ-ⲡⲛⲩⲙⲫⲓⲟⲥ[137] ⲡⲉ ⲙⲛ-|ⲧⲛⲩⲙⲫⲏ•[138] ⲟⲩⲁ ⲇⲉ ϫⲓ ⲉⲃⲟⲗ ϩⲙ̅-ⲡⲛⲩⲙ|ⲫⲱⲛ[139] ⲛ̅-ϩⲓⲕⲟⲛⲓⲕⲟⲥ•[140] ϩⲟⲧⲁⲛ ⲉⲣϣⲁ-ⲛ̅ⲥϩⲓ|ⲙⲉ ⲛ̅-ⲁⲧ-ⲥⲃⲱ ⲛⲁⲩ ⲁ-ⲩϩⲟⲟⲩⲧ ⲉϥ-ϩⲙⲟⲟⲥ | ⲟⲩⲁⲁ-ϥ ϣⲁⲩ-ϥⲱϭⲉ ⲉϩⲣⲁⲓ̈ ⲉϫⲱ-ϥ ⲛ̅ⲥⲉ-||ⲥⲱⲃⲉ ⲛⲙ̅ⲙⲁ-ϥ ⲛ̅ⲥⲉ-ϫⲟϩⲙ-ⲉϥ• ⲧⲉⲉⲓϩⲉ | ⲟⲛ ϩⲣ̅ⲣⲱⲙⲉ ⲛ̅-ⲁⲧ-ⲥⲃⲱ ⲉⲩϣⲁⲛ-ⲛⲁⲩ ⲉ-

[129] Blessed μακάριος, -α, -ον [130] Gift δωρεά [131] Marriage γάμος [132] Structure σύστασις [133] Shape σχῆμα [134] Unclean ἀκάθαρτος, -ον [135] Have sexual intercourse κοινωνεῖν [136] Live, conduct oneself πολιτεύεσθαι [137] Bridegroom νυμφίος [138] Bride νύμφη [139] Bridal chamber νυμφών [140] Imaged, having to do with an image (ϩⲓⲕⲱⲛ) εἰκονικός, -ή, -όν

ⲩ|ⲥϩⲓⲙⲉ ⲉⲥ-ϩⲙⲟⲟⲥ ⲟⲩⲁⲁⲧ-ⲥ̅ ⲉ-ⲛⲉⲥⲱ-ⲥ | ϣⲁⲩ-ⲡⲓⲑⲉ[141] ⲙ̅ⲙⲟ-ⲥ ⲛ̅ⲥⲉ-ⲣ̅-ⲃⲓⲁⲍⲉ[142] ⲙ̅ⲙⲟ-ⲥ | ⲉⲩ-ⲟⲩⲱϣ ⲉ-∅ϫⲟϩⲙ-ⲉⲥ• ⲉⲩϣⲁⲛ-ⲛⲁⲩ ⲇⲉ || ⲁ-ⲡϩⲟⲟⲩⲧ ⲙⲛ̅-ⲧⲉϥϩⲓⲙⲉ ⲉⲩ-ϩⲙⲟⲟⲥ ϩⲁ|ⲧⲛ̅-ⲛⲟⲩⲉⲣⲏⲩ ⲙⲁⲣⲉ-ⲛ̅ϩⲓⲟⲙⲉ ϣ-ⲃⲱⲕ ⲉ|ϩⲟⲩⲛ ϣⲁ-ⲡϩⲟⲟⲩⲧ• ⲟⲩⲧⲉ ⲙⲁⲣⲉ-ⲛ̅ϩⲟⲟⲩⲧ | ϣ-ⲃⲱⲕ ⲉϩⲟⲩⲛ ϣⲁ-ⲧⲥϩⲓⲙⲉ• ⲧⲁⲉⲓ ⲧⲉ ⲑⲉ | ⲉⲣϣⲁ-ⲑⲓⲕⲱⲛ ⲙⲛ̅-ⲡ[ⲁ]ⲅⲅⲉⲗⲟⲥ ϩⲱⲧⲣ̅ ⲉ-|| ⲛⲟⲩⲉⲣⲏⲩ ⲟⲩⲧⲉ ⲙⲛ̅-[ⲗⲁ]ⲁⲩ ⲛⲁ-ϣ-ⲣ̅-ⲧⲟⲗⲙⲁ[143] | ⲁ-∅ⲃⲱⲕ ⲉϩⲟⲩⲛ ϣⲁ-ⲫ[ϩⲟ]ⲟ̣ⲩⲧ ⲏ ⲧⲥϩⲓⲙⲉ• |

(54) ⲡ-ⲉⲧ∅-ⲛ̅ⲛⲏⲩ ⲉⲃⲟⲗ ϩⲙ̣̅-ⲡⲕⲟⲥⲙⲟⲥ ⲛ̅ⲥⲉ-|ⲧⲙ̅-ϣ-ⲉⲙⲁϩⲧⲉ ⲙ̅ⲙⲟ̣-ϥ ⲉⲧⲓ ϫⲉ-ⲛⲉϥ-ϩⲙ̅-|ⲡⲕⲟⲥⲙⲟⲥ ϥ-ⲟⲩⲟⲛ̣[ϩ] ⲉⲃⲟⲗ̣ ϫⲉ-ϥ-ϫⲟⲥⲉ || ⲁ-ⲧⲉⲡⲓⲑⲩⲙⲓⲁ[144] ⲙ̣̅-ⲡ[..]ϥ[..]ⲉ̣ [ⲙ]ⲛ̣̅-ⲟ̣ⲣ̅ⲧⲉ• | ϥ-ⲟ ⲛ̅-∅ϫⲟⲉⲓⲥ ⲁ-..[..]ⲥ̣[.]ⲥ• ϥ-ⲥⲟⲧⲡ ⲉ-|ⲡⲕⲱϩ• ⲉϣϫⲉ̣-[....]ⲩ̣ ⲉⲓ ⲥⲉ-ⲁⲙ[ⲁ]ϩⲧⲉ | ⲙ̅ⲙⲟ-ϥ• ⲥⲉ-ⲱϭ[ⲧ ⲙ̅ⲙⲟ-ϥ]• ⲁ̣ⲩⲱ ⲡⲱ̣[ⲥ ⲉϥ]-|ⲛⲁ-ϣ-ⲣ̅-∅ⲃⲟⲗ ⲁ-ⲛⲛ̣[ϭ ⲛ̅-ⲇⲩⲛ]ⲁⲙⲓ̣[ⲥ....]||ⲧⲉ• ⲡⲱⲥ ϥ-ⲛⲁ-ϣ-ϩ[- - -]|ⲕⲓⲥ• ⲟⲩⲛ̅-ϩⲟⲉⲓⲛⲉ ⲉⲩ̣-[ϫⲱ ⲙ̅ⲙⲟ-ⲥ ϫⲉ]-|ⲁⲛⲟⲛ-ϩⲙ̅ⲡⲓⲥⲧⲟⲥ[145] ϩⲟⲡⲱ̣[ⲥ - - -]*[.ⲡ]ⲛ̣̅ⲁ̣ ⲛ̅-ⲁ[ⲕⲁ- *66:1
ⲑⲁⲣⲧⲟ]ⲛ̣ ϩⲓ-ⲇⲁⲓⲙⲟⲛⲓⲟⲛ•[146] | ⲛⲉ-ⲩⲛ̅ⲧⲁ-ⲩ ⲅⲁⲣ ⲙ̣̅ⲙⲁ[ⲩ] ⲙ̅-ⲡⲛ̅ⲁ̅ ⲉⲧ∅-ⲟⲩⲁⲁⲃ | ⲛⲉ-ⲙⲛ̅-∅ⲡⲛ̅ⲁ̅ ⲛ̣̅-ⲁⲕⲁⲑⲁⲣⲧⲟⲛ ⲛⲁ-ⲣ̅-ⲕⲟⲗⲗⲁ[147] | ⲉⲣⲟ-ⲟⲩ• ⲙⲛ̅-ⲣ̅-∅ϩⲟⲧⲉ ϩⲏⲧ-ⲥ̅ ⲛ̅-ⲧⲥⲁⲣⲝ• ⲟⲩⲇⲉ || ⲙⲛ̅-ⲙⲉⲣⲓⲧ-ⲥ̅• ⲉⲕϣⲁ-ⲣ̅-∅ϩⲟⲧⲉ ϩⲏⲧ-ⲥ̅ ⲥ-ⲛⲁ-ⲣ̅-∅ϫⲟ|ⲉⲓⲥ ⲉⲣⲟ-ⲕ• ⲉⲕϣⲁⲛ-ⲙⲉⲣⲓⲧ-ⲥ̅ ⲥ-ⲛⲁ-ⲟⲙ<ⲕ->ⲕ[148] ⲛ̅ⲥ-ⲟϭ<ⲧ->ⲕ•[149] |

(55) ⲏ ⲛ̅ϥ-ϣⲱⲡⲉ ϩⲙ̅-ⲡⲉⲉⲓⲕⲟⲥⲙⲟⲥ ⲏ ϩⲛ̅-ⲧⲁⲛⲁ|ⲥⲧⲁⲥⲓⲥ ⲏ ϩⲛ̅-ⲛ̅ⲧⲟⲡⲟⲥ ⲉⲧ∅-ϩⲛ̅-ⲧⲙⲏⲧⲉ• | ⲙⲏⲅⲉⲛⲟⲓⲧⲟ ⲛ̅ⲥⲉ-ϩⲉ ⲉⲣⲟ-ⲉⲓ ⲛ̅ϩⲏⲧ-ⲟⲩ• ⲡⲉ||ⲉⲓⲕⲟⲥⲙⲟⲥ ⲟⲩⲙ̅-∅ⲡⲉⲧ-ⲛⲁⲛⲟⲩ-ϥ ⲛ̅ϩⲏⲧ-ϥ• | ⲟⲩⲙ̅-∅ⲡⲉⲑⲟⲟⲩ• ⲛⲉϥ-ⲡⲉⲧ-ⲛⲁⲛⲟⲩ-ⲟⲩ ⲙ̅[150]ⲡⲉ|ⲧ-ⲛⲁⲛⲟⲩ-ⲟⲩ ⲁⲛ ⲛⲉ• ⲁⲩⲱ ⲛⲉϥⲡⲉⲑⲟⲟⲩ ϩⲙ̅|ⲡⲉⲑⲟⲟⲩ ⲁⲛ ⲛⲉ• ⲟⲩⲛ̅-∅ⲡⲉⲑⲟⲟⲩ ⲇⲉ ⲙⲛ̅ⲛ̅|ⲥⲁ-ⲡⲉⲉⲓⲕⲟⲥⲙⲟⲥ ⲉ-ϩⲙ̅ⲡⲉⲑⲟⲟⲩ ⲛⲁⲙⲉ ⲛⲉ || ⲧ-ⲉⲧⲟⲩ-ⲙⲟⲩⲧⲉ ⲉⲣⲟ-ⲥ ϫⲉ-ⲧⲙⲉⲥⲟⲧⲏⲥ•[151] ⲛ̅ⲧⲟϥ | ⲡⲉ ⲡⲙⲟⲩ• ϩⲱⲥ ⲉⲛ-ϣⲟⲟⲡ ϩⲙ̅-ⲡⲉⲉⲓⲕⲟⲥ|ⲙⲟⲥ ϣϣⲉ ⲉⲣⲟ-ⲛ ⲉ-∅ϫⲡⲟ ⲛⲁ-ⲛ ⲛ̅-ⲧⲁⲛⲁⲥⲧⲁ|ⲥⲓⲥ ϫⲉⲕⲁⲁⲥ ⲉⲛϣⲁ-ⲕⲁⲁⲕ-ⲛ ⲁϩⲏⲩ ⲛ̅-ⲧⲥⲁⲣⲝ | ⲉⲩ-ⲛⲁ-ϩⲉ ⲉⲣⲟ-ⲛ ϩⲛ̅-ⲧⲁⲛⲁⲡⲁⲩⲥⲓⲥ ⲛ̅ⲧⲛ̅-ⲧⲙ̅-||ⲙⲟⲟϣⲉ ϩⲛ̅-ⲧⲙⲉⲥⲟⲧⲏⲥ• ϩⲁϩ ⲅⲁⲣ ⲥⲉ-ⲣ̅-ⲡⲗⲁ|ⲛⲉⲥⲑⲉ ϩⲛ̅-ⲧϩⲓⲏ•

(56) ⲛⲁⲛⲟⲩ-ⲥ ⲅⲁⲣ ⲉ-∅ⲉⲓ ⲉⲃⲟⲗ | ϩⲙ̅-ⲡⲕⲟⲥⲙⲟⲥ ϩⲁⲧⲉϩⲏ ⲉ-ⲙⲡⲁⲧⲉ-ⲡⲣⲱⲙⲉ | ⲣ̅-∅ⲛⲟⲃⲉ• ⲟⲩⲛ̅-ϩⲟⲉⲓⲛⲉ ⲙⲉⲛ ⲟⲩⲧⲉ ⲥⲉ-ⲟⲩⲱϣ | ⲁⲛ ⲟⲩⲧⲉ ⲙⲛ̅-∅ϭⲟⲙ̣ ⲙ̣̅ⲙⲟ-ⲟⲩ• ϩⲛ̅ⲕⲟⲟⲩⲉ ⲇⲉ || ⲉⲩϣⲁⲛ-ⲟⲩⲱϣ ⲙⲛ̅-∅ϩⲏⲩ ϣⲟⲟⲡ

[141] Persuade πείθειν [142] Do violence to, rape βιάζειν [143] Dare τολμᾶν [144] Desire ἐπιθυμία [145] Faithful πιστός, -ή, -όν [146] Demon, minor spirit δαιμόνιον [147] Become attached, cf. κολλᾶν (attach) [148] <ⲕ-> omitted by the ancient copyist [149] <ⲧ-> omitted by the ancient copyist [150] i.e. ϩⲙ̅- for ϩⲉⲛ- as in the next line? [151] Midpoint, intermediate, mediator μεσότης

ⲛⲁ-ⲩ ϫⲉ-|ⲙ̄ⲡⲟⲩ-ⲉⲓⲣⲉ ⲉⲡ[...]ⲩⲱϣ ⲅⲁⲣ ϥ-ⲉⲓⲣⲉ ⲙ̄ⲙⲟ-|ⲟⲩ ⲛ̄-$^{\emptyset}$ⲣⲉϥ-ⲣ̄-$^{\emptyset}$ⲛⲟⲃⲉ̣• [ⲉ]ⲩ-ⲧⲙ̄-ⲟⲩⲱϣ ⲇⲉ ⲧⲁ|ⲕⲁⲓⲟⲥⲩⲛⲏ[152] ⲛⲁ-ϩⲱ̣ⲡ ⲉⲣⲟ-ⲟⲩ ⲙ̄ⲡⲉⲥⲛⲁⲩ• | ⲁ̣ⲩⲱ ⲡⲟⲩⲱϣ ⲁⲛ̣ [ⲡⲉ] ⲛ̄-ⲡⲉⲓⲣⲉ ⲁⲛ•

(57) ⲟⲩⲁⲡⲟ||ⲥⲧⲟⲗⲓⲕⲟ̣ⲥ [ϩ]ⲛ̣̄-ⲟ̣[ⲩ]ⲟ̣ⲡⲧ̣ⲁⲥⲓⲁ[153] ⲁϥ-ⲛⲁⲩ ⲁ-ϩⲟ|ⲉⲓⲛⲉ ⲉⲩ-ⲟⲧⲡ̣ [ⲉϩⲟⲩ]ⲛ ⲉ̣-ⲩⲏⲉⲓ ⲛ̄-ⲕⲱϩⲧ ⲁⲩ|ⲱ ⲉ̣[ⲩ]-ⲙⲏⲣ ϩⲛ̄-[- - -]ⲛ̄-ⲕⲱϩⲧ ⲉⲩ-ⲛⲏϫ | [...] ⲛ̣̄ⲛ̄ⲕⲱϩⲧ [- - -]ⲧ̣ⲟⲩ ⲙ̄ⲙⲟ-ⲟⲩ ϩⲛ̄-|[...ⲡⲓ]ⲥⲧⲓ[ⲥ] ⲛ̣̄-[....]• ⲁⲩⲱ ⲡⲉϫⲁ-ⲩ ⲛⲁ-ⲩ || [ϫⲉ- - - - ϭ]ⲟⲙ ⲙ̄ⲙⲟ-ⲟⲩ ⲁ-$^{\emptyset}$ⲛⲟⲩϩ̄ⲙ | [- - -] ⲙ̣̄ⲡⲟⲩ-ⲟⲩⲱϣ• ⲁⲩ-ϫⲓ|[- - -]ⲕⲟⲗⲁⲥⲓⲥ[154] ⲡⲁⲉⲓ ⲉⲧⲟⲩ-ⲙⲟⲩⲧⲉ
*67:1 *ⲉⲣⲟ-ϥ ϫⲉ-ⲡⲕⲁⲕⲉ ⲉⲧ[- - -]ⲗ• ϫⲉ-ϥ-.[....]• |

(58) ⲉⲃⲟⲗ ϩⲛ̄-ⲟⲩⲙⲟⲟⲩ ⲙ̣ⲛ̣̄-ⲟⲩ̣ⲕⲱϩⲧ ⲛ̄ⲧ-ⲁ-ⲧⲯⲩⲭ̣[ⲏ] | ⲙⲛ̄-ⲡⲡⲛ̄ⲁ ϣⲱⲡⲉ• ⲉⲃⲟⲗ ϩ̣ⲛ̣̄-ⲟⲩⲙⲟⲟⲩ ⲙⲛ̄-|ⲟⲩⲕⲱϩⲧ ⲙⲛ̄ⲛ-ⲟⲩⲟⲉⲓⲛ ⲛ̄ⲧ-ⲁ-ⲡϣⲏⲣⲉ ⲙ̄-||ⲡⲛⲩⲙⲫⲱⲛ• ⲡⲕⲱϩⲧ ⲡⲉ ⲡⲭⲣⲓⲥⲙⲁ• ⲡⲟⲩⲟ|ⲉⲓⲛ ⲡⲉ ⲡⲕⲱϩⲧ̣• ⲉⲉⲓ-ϣⲁϫⲉ ⲁⲛ ⲁ-ⲡⲉⲉⲓⲕⲱϩⲧ | ⲉⲧⲉ-ⲙⲛ̄ⲧⲁ-ϥ-$^{\emptyset}$ⲙⲟⲣⲫⲏ[155] ⲁⲗⲗⲁ ⲡⲕⲉ-ⲟⲩⲁ ⲉⲧⲉ-<ⲧⲉ>ϥ|ⲙⲟⲣⲫⲏ[156] ⲟⲩⲁⲃϣ ⲉⲧ$^{\emptyset}$-ⲟ ⲛ̄-$^{\emptyset}$ⲟⲩⲟⲉⲓⲛ ⲉ-ⲛⲉⲥⲱ-ϥ | ⲁⲩⲱ ⲉⲧ$^{\emptyset}$-ϯ ⲛ̄-ⲧⲙⲛ̄ⲧ-ⲥⲁ•

(59) ⲧⲁⲗⲏⲑⲉⲓⲁ ⲙ̄ⲡⲉⲥ-ⲉⲓ || ⲉ-ⲡⲕⲟⲥⲙⲟⲥ ⲉⲥ-ⲕⲁⲕ ⲁϩⲏⲩ• ⲁⲗⲗⲁ ⲛ̄ⲧ-ⲁⲥ-ⲉⲓ ϩⲛ̄-|ⲛ̄ⲧⲩⲡⲟⲥ[157] ⲙⲛ̄-ⲛ̄ϩⲓⲕⲱⲛ• ϥ-ⲛⲁ-ϫⲓⲧ-ⲥ̄ ⲁⲛ ⲛ̄ⲕⲉⲣⲏ|ⲧⲉ• ⲟⲩⲛ̄-ⲟⲩϫⲡⲟ ⲛ̄ⲕⲉⲥⲟⲡ ϣⲟⲟⲡ ⲙⲛ̄ⲛ-ⲟⲩ|ϩⲓⲕⲱⲛ ⲛ̄-$^{\emptyset}$ϫⲡⲟ ⲛ̄ⲕⲉⲥⲟⲡ• ϣϣⲉ ⲁⲗⲏⲑⲱⲥ[158] | ⲁ-$^{\emptyset}$ⲧⲣⲟⲩ-ϫⲡⲟ-ⲟⲩ ⲛ̄ⲕⲉⲥⲟⲡ ϩⲓⲧⲛ̄-ⲧϩⲓⲕⲱⲛ• ⲁϣ || ⲧⲉ• ⲧⲁⲛⲁⲥⲧⲁⲥⲓⲥ• ⲁⲩⲱ ⲑⲓⲕⲱⲛ ϩⲓⲧⲛ̄-ⲑⲓⲕⲱⲛ | ϣϣⲉ ⲉ-$^{\emptyset}$ⲧⲣⲉⲥ-ⲧⲱⲟⲩⲛ• ⲡⲛⲩⲙⲫⲱⲛ ⲙⲛ̄-ⲑⲓ|ⲕⲱⲛ ϩⲓⲧⲛ̄-ⲑⲓⲕⲱⲛ ϣϣⲉ ⲉ-$^{\emptyset}$ⲧⲣⲟⲩ-ⲉⲓ ⲉϩⲟⲩⲛ | ⲉ-ⲧⲁⲗⲏⲑⲉⲓⲁ ⲉⲧⲉ-ⲧⲁⲉⲓ ⲧⲉ ⲧⲁⲡⲟⲕⲁⲧⲁⲥⲧⲁⲥⲓⲥ•[159] | ϣϣⲉ ⲁ-ⲛ-ⲉⲧ$^{\emptyset}$-ϫⲡⲟ ⲁⲛ ⲙ̄ⲙⲁⲧⲉ ⲙ̄-ⲡⲣⲁⲛ ⲙ̄-||ⲡⲉⲓⲱⲧ ⲙⲛ̄-ⲡϣⲏⲣⲉ ⲙⲛ̄-ⲡⲡⲛ̄ⲁ ⲉⲧ$^{\emptyset}$-ⲟⲩⲁⲁⲃ | ⲁⲗⲗⲁ ⲁ-<ⲛ-ⲉⲛⲧ-ⲁ>ⲩ[160]-ϫⲡⲟ-ⲟⲩ † ⲛⲁⲕ[161] ϩⲱ-ⲟⲩ• ⲉ-ⲧⲙ̄-ⲟⲩⲁ ϫⲡⲟ̣-|ⲟⲩ ⲛⲁ-ϥ ⲡⲕⲉⲣⲁⲛ ⲥⲉ-ⲛⲁ-ϥⲓⲧ-ϥ ⲛ̄ⲧⲟⲟⲧ-ϥ• | ⲟⲩⲁ ⲇⲉ ϫⲓ ⲙ̄ⲙⲟ-ⲟⲩ ϩⲙ̄-ⲡⲭ̣ⲣⲓⲥⲙⲁ ⲙ̄-ⲡⲥⲟ.[.] | ⲛ̄-ⲧⲇⲩⲛⲁⲙⲓⲥ ⲙ̄-ⲡⲥ⳨[ⲟ]ⲥ̣• ⲧⲁ̣[ⲉ]ⲓ̣ ⲛⲉ-ⲛⲁⲡⲟ-ⲥⲧⲟ||ⲗⲟⲥ ⲙⲟⲩⲧⲉ ⲉⲣⲟ-ⲥ ϫⲉ̣-[ⲧⲟ]ⲩⲛ̣ⲁ̣ⲙ ⲙⲛ̄-ⲧⲉϩⲃⲟⲩⲣ• | ⲡⲁⲉⲓ ⲅⲁⲣ ⲟⲩⲕⲉⲧⲓ[162] ⲟⲩ[ⲭⲣⲏ]ⲥ̣ⲧ̣[ⲓ]ⲁⲛⲟⲥ ⲡⲉ• ⲁⲗⲗⲁ | ⲟⲩⲭⲣ̄ⲥ̄ ⲡⲉ•

(60) ⲁ-ⲡϫⲟⲉⲓ̣[ⲥ ⲣ̄]-ϩⲱⲃ ⲛⲓⲙ ϩⲛ̄ⲛ-ⲟⲩ|ⲙⲩⲥⲧⲏⲣⲓⲟⲛ ⲟⲩⲃⲁ[ⲡ]ⲧⲓ-ⲥⲙⲁ[163] ⲙⲛ̄-ⲟⲩⲭⲣⲓⲥ|ⲙⲁ ⲙⲛ̄ⲛ-ⲟⲩⲉⲩⲭⲁⲣ[ⲓⲥⲧ]ⲓ̣ⲁ̣ ⲙ̣ⲛ̄ⲛ-ⲟⲩⲥⲱⲧⲉ || ⲙⲛ̄ⲛ-ⲟⲩⲛⲩⲙⲫⲱⲛ•

[152] Righteousness δικαιοσύνη [153] Vision, revelation ὀπτασία [154] Punishment κόλασις [155] Form μορφή [156] <ⲧⲉ> omitted by the ancient copyist [157] Prototype τύπος [158] Truly ἀληθῶς [159] Return (especially from exile) ἀποκατάστασις [160] <ⲛ-ⲉⲛⲧ-ⲁ> omitted by the ancient copyist [161] Emend to ⲛⲁ-ⲩ [162] No longer οὐκ ἔτι [163] Baptism βάπτισμα

(61) [- - -]ⲉ̣ⲓ̣ ⲡ̣[ⲉϫ]ⲁ̣-ϥ | ϫⲉ-ⲁⲉⲓ ⲉ-$^{\emptyset}$ⲧⲣⲁ-ⲉⲓⲣ̣ⲉ̣ [ⲛ̅-ⲛⲁ-ⲡⲥⲁ ⲙⲡⲓ]ⲧ̣ⲛ̅
ⲛ̅|ⲑⲉ ⲛ̅-ⲛⲁ-ⲡⲥⲁ ⲛ̣[ⲧⲡⲉ ⲁⲩⲱ ⲛⲁ-ⲡⲥⲁ ⲛ]ⲃ̣ⲟⲗ | ⲛ̅ⲑⲉ ⲛ̅-ⲛⲁ-ⲡⲥ̣[ⲁ
ⲛϩⲟⲩⲛ ⲁⲩⲱ ⲉ-$^{\emptyset}$ⲧⲣⲁ-ϩⲟⲧ]|ⲣ-ⲟⲩ ⲙ̅ⲡⲙⲁ ⲉⲧⲙ̣̅[- - - ⲛⲉ]||ⲉⲓⲙⲁ ϩⲓⲧⲛ̅-
ϩⲛ̅ⲧⲩ[ⲡⲟⲥ - - -]• | ⲛ-ⲉⲧ$^{\emptyset}$-ϫⲱ ⲙ̅ⲙⲟ-ⲥ ϫⲉ̣-[ⲟⲩⲛ̅-ⲟⲩⲣⲙ̅ⲙ̅-ⲡⲉ ⲁⲩⲱ] |
ⲟⲩⲛ̅-ⲟⲩⲉⲓ ⲙ̅ⲡⲥⲁ ⲛⲧⲡⲉ̣ [ⲙ̅ⲙⲟ-ϥ ⲥⲉ-ⲣ̅-ⲡⲗⲁ]||ⲛⲁⲥⲑⲉ• ⲡ-ⲉⲧ$^{\emptyset}$-ⲟⲩⲟⲛⲉϩ
ⲅ̣[ⲁⲣ ⲉⲃⲟⲗ ⲡⲣⲙ̅ⲙ̅]-*ⲡ̣ⲉ ⲉⲧ$^{\emptyset}$-ⲙ̅ⲙⲁⲩ ⲡ[ⲉ]ⲧ̣ⲟ̣[ⲩ]-ⲙⲟⲩⲧⲉ ⲉⲣⲟ-ϥ ϫⲉ-|ⲡ- *68:1
ⲉⲧ$^{\emptyset}$-ⲙ̅ⲡⲥⲁ ⲛⲡ̣ⲓ̣ⲧⲛ̅• ⲁⲩⲱ ⲡ-ⲉⲧⲉ-ⲡ-ⲉⲑⲏⲡ | ϣⲟⲟⲡ ⲛⲁ-ϥ ⲡ-ⲉⲧ$^{\emptyset}$-ⲙ̅ⲙⲁⲩ
ⲡⲉ-ⲉⲧ$^{\emptyset}$-ⲛ̅ⲧⲡⲉ ⲙ̅|ⲙⲟ-ϥ• ⲛⲁⲛⲟⲩ-ⲥ ⲅⲁⲣ ⲛ̅ⲥⲉ-ϫⲟⲟ-ⲥ ϫⲉ-ⲡⲥⲁ ⲛ||ϩⲟⲩⲛ
ⲁⲩⲱ ⲡ-ⲉⲧ$^{\emptyset}$-ⲙ̅ⲡⲥⲁ ⲛⲃⲟⲗ ⲙⲛ̅-ⲡ-ⲉⲧ$^{\emptyset}$-ⲛ̅|ⲡⲥⲁ ⲛⲃⲟⲗ ⲙ̅ⲡⲥⲁ ⲛⲃⲟⲗ• ⲉⲧⲃⲉ-
ⲡⲁⲓ̈ ⲁ-ⲡϫⲟ|ⲉⲓⲥ ⲙⲟⲩⲧⲉ ⲁ-ⲡⲧⲁⲕⲟ ϫⲉ-ⲡⲕⲁⲕⲉ ⲉⲧ$^{\emptyset}$-ϩⲓⲡⲥⲁ ⲛ|ⲃⲟⲗ• ⲙⲛ̅-
ϭⲉ ϣⲟⲟⲡ ⲙ̅ⲡⲉϥⲃⲁⲗ• ⲡⲉϫⲁ-ϥ | ϫⲉ-ⲡⲁⲉⲓⲱⲧ ⲉⲧ$^{\emptyset}$-ϩⲙ̅-ⲡ-ⲉⲑⲏⲡ• ⲡⲉ-
ϫⲁ-ϥ ϫⲉ-||ⲃⲱⲕ ⲉϩⲟⲩⲛ ⲉ-ⲡⲉⲕⲧⲁⲙⲉⲓⲟⲛ[164] ⲛ̅ⲅ-ϣⲧⲁⲙ | ⲙ̅-ⲡⲉⲕⲣⲟ
ⲉⲣⲱ-ⲕ ⲛ̅ⲅ-ϣⲗⲏⲗ ⲁ-ⲡⲉⲕⲉⲓⲱⲧ | ⲉⲧ$^{\emptyset}$-ϩⲙ̅-ⲡ-ⲉⲑⲏⲡ ⲉⲧⲉ-ⲡⲁⲉⲓ ⲡⲉ ⲡ-
ⲉⲧ$^{\emptyset}$-ϩⲓⲥⲁ ⲛ|ϩⲟⲩⲛ ⲙ̅ⲙⲟ-ⲟⲩ ⲧⲏⲣ-ⲟⲩ• ⲡ-ⲉⲧ$^{\emptyset}$-ϩⲓⲥⲁ ⲛϩⲟⲩⲛ | ⲇⲉ ⲙ̅ⲙⲟ-ⲟⲩ
ⲧⲏⲣ-ⲟⲩ ⲡⲉ ⲡⲡⲗⲏⲣⲱⲙⲁ•[165] ⲙ||ⲙⲛ̅ⲛ̅ⲥⲱ-ϥ ⲙⲛ̅-ϭⲉ ⲙ̅-ⲡⲉϥⲥⲁ ⲛ-ϩⲟⲩⲛ•
ⲡⲁ|ⲉⲓ ⲡⲉ-ⲉⲧⲟⲩ-ϣⲁϫⲉ ⲉⲣⲟ-ϥ ϫⲉ-ⲡ-ⲉⲧ$^{\emptyset}$-ⲙ̅ⲡⲥⲁ ⲛ|ⲧⲡⲉ ⲙ̅ⲙⲟ-ⲟⲩ•

(62) ϩⲁⲧⲉϩⲏ ⲙ̅-ⲡⲉⲭ̅ⲥ̅ ⲁ-ϩⲟⲉⲓⲛⲉ | ⲉⲓ ⲉⲃⲟⲗ ⲉⲃⲟⲗ ⲧⲱⲛ ⲟⲩⲕⲉⲧⲓ
ⲙ̅ⲡⲟⲩ-ϣ-|ⲃⲱⲕ ⲉϩⲟⲩⲛ• ⲁⲩⲱ ⲁⲩ-ⲃⲱⲕ ⲉ-ⲧⲱⲛ ⲟⲩⲕⲉⲧⲓ || ⲙ̅ⲡⲟⲩ-ϣ-ⲓ
ⲉⲃⲟⲗ• ⲁϥ-ⲉⲓ ⲇⲉ ⲛ̅ϭⲓ-ⲡⲉⲭ̅ⲥ̅• ⲛ-ⲉⲛ|ⲧ-ⲁϩ-ⲃⲱⲕ ⲉϩⲟ̣ⲩⲛ ⲁϥ-ⲛ̅ⲧ-ⲟⲩ
ⲉⲃⲟⲗ• ⲁⲩⲱ ⲛ-ⲉⲛ|ⲧ-ⲁϩ-ⲃⲱⲕ ⲉⲃⲟ̣ⲗ̣ ⲁϥ-ⲛ̅ⲧ-ⲟⲩ ⲉϩⲟⲩⲛ•

(63) ⲛ̅ϩⲟⲟⲩ | ⲛⲉⲣⲉ-ⲉⲩϩⲁ [ϩ]ⲛ̣̅-ⲁ[ⲇ]ⲁ̣ⲙ ⲛⲉ-ⲙⲛ̅-$^{\emptyset}$ⲙⲟⲩ ϣⲟⲟⲡ• | ⲛ̅ⲧⲁ-
ⲣⲉⲥ-ⲡⲱ̣ⲣϫ [ⲉⲣ]ⲟ-ϥ ⲁ-ⲡⲙⲟⲩ ϣⲱⲡⲉ• ⲡⲁ||ⲗⲓⲛ ⲉϥϣⲁ-ⲃ̣ⲱ̣[ⲕ ⲉϩ]ⲟⲩⲛ
ⲛ̅ϥ-ϫⲓⲧ-ϥ ⲉⲣⲟ-ϥ ⲙⲛ̅-|$^{\emptyset}$ⲙⲟⲩ ⲛⲁ-ϣⲱⲡⲉ̣•

(64) [ⲡ]ⲁ̣ⲛⲟⲩⲧⲉ ⲡⲁⲛⲟⲩⲧⲉ ⲉ|ⲧⲃⲉ-ⲟⲩ ⲡϫⲟⲉⲓⲥ [ⲁ]ⲕ-ⲕⲁⲁ-ⲧ ⲛ̅ⲥⲱ-ⲕ•
ⲛ̅ⲧ-ⲁϥ-ϫⲉ-|ⲛⲁⲉⲓ ϩⲓ-ⲡⲥ⳨ⲟⲥ• [ⲛⲉ]-ⲁϥ-ⲡⲱⲣϫ ⲅⲁⲣ ⲙ̅ⲡⲙⲁ | ⲉⲧ$^{\emptyset}$-[ⲙ]ⲙ̣ⲁ̣ⲩ̣•

(65) [.]..[..] ⲛ̅ⲧ-ⲁ̣ⲩ-ϫⲡⲟ-ϥ ⲉⲃⲟⲗ ϩⲙ̅-||ⲡ-ⲉⲧ$^{\emptyset}$-ⲧ̣[- - - ⲉ]ⲃ̣ⲟⲗ ϩⲓⲧⲙ̅-
ⲡⲛⲟⲩⲧⲉ• | ⲁ-ⲡ[- - - ⲉⲃ]ⲟ̣ⲗ ϩⲛ̅-ⲛ-ⲉⲧ$^{\emptyset}$-ⲙⲟⲟⲩⲧ | [- - - ϣ]ⲟⲟⲡ• ⲁⲗⲗⲁ
ⲛⲉ|[- - -] ⲉϥ-ⲟ ⲛ̅-$^{\emptyset}$ⲧⲉⲗⲉⲓⲟⲛ | [- - -] ⲛ̅-ⲥⲁⲣⲝ• ⲁⲗⲗⲁ ⲧⲉⲉⲓ || [- - -
ⲟⲩⲥ]ⲁ̣ⲣⲝ ⲧⲉ ⲛ̅-ⲁⲗⲏⲑⲉⲓⲛⲏ | [- - -]ⲉ̣ ⲟⲩⲁⲗⲏⲑⲉⲓⲛⲏ ⲁⲛ ⲧⲉ• ⲁⲗ|[ⲗⲁ
- - -] ⲛ̅-ϩⲓⲕⲱⲛ ⲛ̅-ⲧⲁⲗⲏⲑⲉⲓⲛⲏ• * *69:1

(66) ⲙⲁⲣⲉ-$^{\emptyset}$ⲡⲁⲥⲧⲟⲥ[166] ϣⲱ̣ⲡⲉ ⲛ̣̅-ⲛ̅ⲑⲏ̣ⲣⲓⲟⲛ• ⲟⲩ̣|ⲧⲉ ⲙⲁϥ-ϣⲱⲡⲉ
ⲛ̅-ⲛ̅ϩⲙ̅ϩⲁ̣ⲗ̣ ⲟⲩⲧⲉ ⲛ̅-$^{\emptyset}$ⲥϩⲓⲙⲉ | ⲉϥ-ϫⲟϩⲙ• ⲁⲗⲗⲁ ϣⲁϥ-ϣⲱⲡⲉ̣ ⲛ̅-ϩⲛ̅-
ⲣⲱⲙⲉ | ⲛ̅-ⲉⲗⲉⲩⲑⲉⲣⲟⲥ ⲙⲛ̅-ϩⲛ̅ⲡⲁⲣⲑⲉⲛⲟⲥ•

[164] Inner room ταμεῖον [165] Fullness πλήρωμα [166] Bridal bedroom, wedding bed παστός

(67) ⲉⲃⲟⲗ || ϩⲓⲧⲙ̄-ⲡⲛ̄ⲁ̄ ⲉⲧ$^{\emptyset}$-ⲟⲩⲁⲁⲃ ⲥⲉ-ϫⲡⲟ ⲙⲉⲛ ⲙ̄ⲙⲟ-ⲛ | ⲛ̄ⲕⲉⲥⲟⲡ• ⲥⲉ-ϫⲡⲟ ⲇⲉ ⲙ̄ⲙⲟ-ⲛ ϩⲓⲧⲛ̄-ⲡⲉ|ⲭ̄ⲥ̄ ϩⲙ̄-ⲡⲥⲛⲁⲩ• ⲥⲉ-ⲧⲱϩⲥ ⲙ̄ⲙⲟ-ⲛ ϩⲓⲧⲙ̄-ⲡ|ⲡⲛ̄ⲁ̄• ⲛ̄ⲧⲁⲣⲟⲩ-ϫⲡⲟ-ⲛ ⲁⲩ-ϩⲟⲧⲣ-ⲛ̄• ⲙⲛ̄-ⲗⲁⲁⲩ | ⲛⲁ-ϣ-ⲛⲁⲩ ⲉⲣⲟ-ϥ ⲟⲩⲧⲉ ϩⲙ̄-$^{\emptyset}$ⲙⲟⲟⲩ ⲟⲩⲧⲉ ϩⲛ̄-||$^{\emptyset}$ⲉⲓⲁⲗ ⲭⲱⲣⲓⲥ-$^{\emptyset}$ⲟⲩⲟⲉⲓⲛ• ⲟⲩⲧⲉ ⲡⲁⲗⲓⲛ ⲕ-ⲛⲁ-ϣ-|ⲛⲁⲩ ⲁⲛ ϩⲛ̄-$^{\emptyset}$ⲟⲩⲟⲉⲓⲛ ⲭⲱⲣⲓⲥ-$^{\emptyset}$ⲙⲟⲟⲩ ϩⲓⲁⲗ• | ⲇⲓⲁⲧⲟⲩⲧⲟ ϣϣⲉ ⲁ-$^{\emptyset}$ⲣ̄-ⲃⲁⲡⲧⲓⲍⲉ ϩⲙ̄-ⲡⲥⲛⲁⲩ | ϩⲙ̄-ⲡⲟⲩⲟⲉⲓⲛ ⲙⲛ̄-ⲡⲙⲟⲟⲩ• ⲡⲟⲩⲟⲉⲓⲛ ⲇⲉ | ⲡⲉ ⲡⲭⲣⲓⲥⲙⲁ•

(68) ⲛⲉ-ⲩⲛ̄-ϣⲟⲙⲧ ⲛ̄-ⲏⲉⲓ ⲙ̄ⲙⲁ || ⲛ̄-ϯ-$^{\emptyset}$ⲡⲣⲟⲥⲫⲟⲣⲁ ϩⲛ̄-ⲑⲓⲉⲣⲟⲥⲟⲗⲩⲙⲁ• ⲡⲟⲩ|ⲁ ⲉϥ-ⲟⲩⲉⲛ ⲉ-ⲡⲁⲙⲛⲧⲉ ⲉⲩ-ⲙⲟⲩⲧⲉ ⲉⲣⲟ-ϥ | ϫⲉ-ⲡ-ⲉⲧ$^{\emptyset}$-ⲟⲩⲁⲁⲃ• ⲡⲕⲉⲟⲩⲁ ⲉϥ-ⲟⲩⲏⲛ ⲉ-ⲡⲥⲁ|ⲣⲏⲥ ⲉⲩ-ⲙⲟⲩⲧⲉ ⲉⲣⲟ-ϥ ϫⲉ-ⲡ-ⲉⲧ$^{\emptyset}$-ⲟⲩⲁⲁⲃ ⲙ̄-|ⲡ-ⲉⲧ$^{\emptyset}$-ⲟⲩⲁⲁⲃ• ⲡⲙⲁϩ-ϣⲟⲙⲧ ⲉϥ-ⲟⲩⲏⲛ ⲁ-||ⲡⲁⲉⲓⲃⲧⲉ ⲉⲩ-ⲙⲟⲩⲧⲉ ⲉⲣⲟ-ϥ ϫⲉ-ⲡ-ⲉⲧ$^{\emptyset}$-ⲟⲩⲁⲁⲃ | ⲛ̄-ⲛ-ⲉⲧ$^{\emptyset}$-ⲟⲩⲁⲁⲃ ⲡⲙⲁ ⲉ-ϣⲁ̣ⲣⲉ-ⲡⲁⲣⲭⲓⲉⲣⲉⲩ[ⲥ][167] | ⲃⲱⲕ ⲉϩⲟⲩⲛ ⲉⲙⲁⲩ ⲟⲩⲁ[ⲁ]-ϥ̣• ⲡⲃⲁⲡⲧⲓⲥⲙⲁ | ⲡⲉ ⲡⲏⲉⲓ ⲉⲧ$^{\emptyset}$-ⲟⲩⲁⲁⲃ [ⲡ]ⲥ̣ϣ̣[ⲧ]ⲉ ⲡ-ⲉⲧ$^{\emptyset}$-ⲟⲩⲁⲁⲃ | ⲙ̄-ⲡ-ⲉⲧ$^{\emptyset}$-ⲟⲩⲁⲁⲃ• ⲡ-ⲉⲧ$^{\emptyset}$-[ⲟⲩⲁ]ⲁⲃ̣ ⲛ̄-ⲛ-ⲉⲧ$^{\emptyset}$-ⲟⲩⲁⲁⲃ || ⲡⲉ ⲡⲛⲩⲙⲫⲱⲛ• ⲡ[ⲃⲁⲡⲧⲓ]ⲥ̣ⲙⲁ ⲟⲩⲛ̄ⲧⲁ-ϥ | ⲙ̄ⲙⲁⲩ ⲛ̄-ⲧⲁⲛⲁⲥⲧⲁⲥ̣[ⲓⲥ ⲙⲛ̄-ⲡ]ⲥⲱⲧⲉ• ⲉ-ⲡⲥⲱ̣|ⲧⲉ ϩⲙ̄-ⲡⲛⲩⲙⲫⲱⲛ• [ⲉ-ⲡⲛ]ⲩ̣ⲙⲫⲱⲛ ⲇⲉ | ϩⲙ̄-ⲡ-ⲉⲧ$^{\emptyset}$-ϫⲟⲥⲉ ⲉⲣⲟ-[. . . .]ⲛ̣[. .]ⲟⲟ. .|ⲕ-ⲛⲁ-ϩⲉ ⲁⲛ ⲉ-ⲧⲉ̣ϥ[- - -]ⲧ̣ϣ̣ⲡ̣ [. . . .] || ⲛⲉ ⲛ-ⲉⲧ$^{\emptyset}$-ϣⲗⲏⲗ [- - -]|ⲑⲓⲉⲣⲟⲥⲟⲗⲩⲙⲁ̣ [- - - ⲑⲓⲉⲣⲟ]|ⲥⲟⲗⲩⲙⲁ ⲉⲩ-ϣ[- - - ⲑⲓⲉⲣⲟⲥⲟ]|ⲗⲩⲙⲁ ⲉⲩ-ϭⲱϣ [ⲧ - - -] | ⲛⲁⲉⲓ ⲉⲧⲟⲩ-ⲙⲟⲩ[ⲧⲉ ⲉⲣⲟ-ⲟⲩ ϫⲉ-ⲡ-ⲉⲧ$^{\emptyset}$-ⲟⲩ]|ⲁⲁⲃ ⲛ̄-ⲛ-ⲉⲧ$^{\emptyset}$-ⲟⲩⲁⲁⲃ [- - - ⲡⲕⲁ]|ⲧⲁⲡⲉⲧⲁⲥⲙⲁ[168] ⲡⲱϩ ⲕⲉ̣[- - -]|ⲡⲁⲥⲧⲟⲥ ⲉⲓⲙⲏ
70:1 ⲑⲓⲕⲱⲛ̣ [- - - ⲉⲧ$^{\emptyset}$]-[ⲙ̄ⲡ]ⲥⲁ ⲛⲧⲡ[ⲉ]• ⲉⲧ[ⲃ]ⲉ̣-[ⲡ]ⲁ̣ⲉⲓ ⲁ-ⲡⲉϥ-ⲕⲁⲧⲁ|ⲡⲉⲧⲁⲥⲙⲁ ⲡⲱ̣[ϩ] ϫ̣ⲓⲙⲡⲥⲁ ⲛⲧⲡⲉ ϣⲁ|ⲡⲥⲁ ⲙⲡⲓⲧⲛ̄• ⲛⲉ-ϣϣⲉ ⲅⲁⲣ ⲉ-ϩⲟⲉⲓⲛⲉ | ϫⲓⲙⲡⲥⲁ ⲙⲡⲓⲧⲛ̄ ⲛ̄ⲥⲉ-ⲃⲱⲕ ⲉⲡⲥⲁ ⲛⲧⲡⲉ• ||

(69) ⲛ-ⲉⲛⲧ-ⲁϩ-ϯ ϩⲓⲱ-ⲟⲩ ⲙ̄-ⲡⲧⲉⲗⲉⲓⲟⲛ ⲛ̄-ⲟⲩ|ⲟⲉⲓⲛ ⲙⲁⲣⲟⲩ-ⲛⲁⲩ ⲉⲣⲟ-ⲟⲩ ⲛ̄ϭⲓ-ⲛ̄ⲇⲩⲛⲁ|ⲙⲓⲥ• ⲁⲩⲱ ⲙⲁⲩ-ϣ-ⲉⲙⲁϩⲧⲉ ⲙ̄ⲙⲟ-ⲟⲩ• ⲟⲩ|ⲁ ⲇⲉ ⲛⲁ-ϯ ϩⲓⲱⲱ-ϥ ⲙ̄-ⲡⲓⲟⲩⲟⲉⲓⲛ ϩⲙ̄-|ⲡⲙⲩⲥⲧⲏⲣⲓⲟⲛ ϩⲙ̄-ⲡϩⲱⲧⲣ̄•

(70) ⲛⲉ-ⲙⲡⲉ-ⲧ||ⲥϩⲓⲙⲉ ⲡⲱⲣϫ ⲉ-ⲫⲟⲟⲩⲧ ⲛⲉⲥ-ⲛⲁ-ⲙⲟⲩ | ⲁⲛ ⲡⲉ ⲙⲛ̄-ⲫⲟⲟⲩⲧ• ⲡⲉϥⲡⲱⲣϫ ⲛ̄ⲧ-ⲁϥ-|ϣⲱⲡⲉ ⲛ̄-$^{\emptyset}$ⲁⲣⲭⲏ ⲙ̄-ⲡⲙⲟⲩ• ⲇⲓⲁⲧⲟⲩⲧⲟ | ⲁ-ⲡⲉⲭⲣ̄ⲥ̄ ⲉⲓ ϫⲉⲕⲁⲁⲥ ⲡⲡⲱⲣϫ ⲛ̄ⲧ-ⲁϩ-|ϣⲱⲡⲉ ϫⲓⲛ-ϣⲟⲣⲡ ⲉϥ-ⲛⲁ-ⲥⲉϩⲱ-ϥ ⲉⲣⲁⲧ-ϥ || ⲡⲁⲗⲓⲛ ⲛ̄ϥ-ϩⲟⲧⲣ-ⲟⲩ ⲙ̄ⲡⲥⲛⲁⲩ ⲁⲩⲱ ⲛ-ⲉⲛ|ⲧ-ⲁϩ-ⲙⲟⲩ ϩⲙ̄-ⲡⲡⲱⲣϫ ⲉϥ-ⲛⲁ-ϯ ⲛⲁ-ⲩ ⲛ̄ⲛ-ⲟⲩ|ⲱⲛϩ ⲛ̄ϥ-ϩⲟⲧⲣ-ⲟⲩ• ϣⲁⲣⲉ-ⲧⲥϩⲓⲙⲉ ⲇⲉ | ϩⲱⲧⲣ̄ ⲁ-ⲡⲉⲥϩⲁⲉⲓ ϩⲣⲁï ϩⲙ̄-ⲡⲡⲁⲥⲧⲟⲥ• | ⲛ-ⲉⲛⲧ-ⲁϩ-ϩⲱⲧⲣ̄ ⲇⲉ ϩⲙ̄-ⲡⲡⲁⲥⲧⲟⲥ ⲟⲩⲕⲉ||ⲧⲓ ⲥⲉ-ⲛⲁ-ⲡⲱⲣϫ• ⲇⲓⲁⲧⲟⲩⲧⲟ ⲁ-

[167] High priest ἀρχιερεύς [168] Veil καταπέτασμα

ⲉⲩϩⲁ[169] | ⲡⲱⲣϫ ⲁ-ⲁⲇⲁⲙ ϫⲉ-ⲛ̄ⲧ-ⲁⲥ-ϩⲱⲧⲣ̄ ⲉⲣⲟ-ϥ | ⲁⲛ ϩⲙ̄-ⲡⲡⲁ-ⲥ̣[ⲧⲟ]ⲥ•

(71) ⲧⲯⲩⲭⲏ ⲛ̄-ⲁⲇⲁⲙ ⲛ̄|ⲧ-ⲁⲥ-ϣⲱⲡⲉ ⲉ̣[ⲃ]ⲟⲗ ϩⲛ̄ⲛ-ⲟⲩⲛⲓϥⲉ• ⲡⲉⲥ|-ϩⲱⲧⲣ̄ ⲡⲉ ⲡⲡ̣[ⲛ]ⲁ̣• ⲡ̣-[ⲉ]ⲛⲧ-ⲁⲩ-ⲧⲁⲁ-ϥ ⲛⲁ-ϥ || ⲧⲉ ⲧⲉϥⲙⲁⲁⲩ• ⲁⲩ-[ϥⲓ] ⲛ̣̄-ⲧⲉϥⲯⲩⲭⲏ• ⲁⲩ-ϯ | ⲛⲁ-ϥ ⲛ̄ⲛ-ⲟⲩ[ⲡ̄ⲛ̄ⲁ̄ ⲉ]ⲡⲉⲥⲙⲁ• ⲉⲡⲉⲓ ⲛ̄|ⲧ̣ⲁⲣⲉϥ-ϩⲱⲧⲣ̣̄ [ⲁϥ-ϫ]ⲱ̣ ⲛ̄-ϩⲛ̄ϣⲁϫⲉ ⲉⲩ-ϫⲟ|ⲥⲉ ⲁ-ⲛⲇⲩⲛⲁ[ⲙⲓⲥ]• ⲁ̣ⲩ-ⲣ̄-ⲃⲁ-ⲥⲕⲁⲛⲉ[170] ⲉⲣⲟ-ϥ | [. . . .]ⲣϫ [- - - ϩ]ⲱⲧⲣ̄ ⲙ̄-ⲡⲛⲉⲩⲙⲁ||[ⲧⲓⲕ. .]ⲩ[.]ⲁ[- - -]-ⲕⲏ ⲧ-ⲉⲑⲏⲡ ⲁⲩ-|[- - -]ⲁ̣ⲉⲓϭⲉ ⲛ̄ϭⲓ-ⲡⲉ|[- - -]ⲟ̣ ⲛⲁ-ⲩ ⲟⲩⲁⲁ-ⲩ | [- - - ⲡ]ⲁ̣ⲥⲧⲟⲥ ϣⲓⲛⲁ | [- - -].ⲟⲩ•

(72) ⲁ-ⲓ̄ⲥ̄ ϭⲱⲗⲡ || [ⲉⲃⲟⲗ - - - ⲡⲉⲓⲟ]ⲣⲇⲁⲛⲏⲥ ⲡⲡⲗⲏ|[ⲣⲱⲙⲁ ⲛ̄-ⲧⲙ̄ⲛ̄ⲧ-
ⲉ]ⲣ̣ⲟ ⲛ-ⲙ̄ⲡⲏⲩⲉ• ⲡ-ⲉⲛ|[ⲧ-ⲁⲩ-ϫⲡⲟ-ϥ ϩ]ⲁ-ⲧⲉϩⲏ ⲙ̄-ⲡⲧⲏⲣ-ϥ ⲡⲁ*ⲗⲓⲛ ⲁⲩ- *71:1
ϫⲡⲟ-ϥ• ⲡ-[ⲉⲛⲧ-ⲁ]ⲩ-ⲧ̣[ⲟ]ϩⲥ-ϥ̄ ⲛ̄ϣⲟⲣ̣[ⲡ] | ⲡⲁⲗⲓⲛ ⲁⲩ-ⲧⲟϩⲥ-ϥ̄• ⲡ-
[ⲉⲛ]ⲧ-ⲁⲩ-ⲥⲟⲧ-ϥ̄ ⲡⲁ|ⲗⲓⲛ ⲁϥ-ⲥⲱⲧⲉ•

(73) ⲉϣϫⲉ-ϣϣⲉ ⲉ-$^{\emptyset}$ϫⲱ ⲛ̄-ⲟⲩ|ⲙⲩⲥⲧⲏⲣⲓⲟⲛ• ⲁ-ⲡⲉⲓⲱⲧ ⲙ̄-ⲡⲧⲏⲣ-ϥ ϩⲱⲧⲣ̄ || ⲁ-ⲧⲡⲁⲣⲑⲉⲛⲟⲥ ⲛ̄ⲧ-ⲁϩ-ⲉⲓ ⲁⲡⲓⲧⲛ̄• ⲁⲩⲱ | ⲁ-ⲩⲕⲱⲧ ⲣ̄-$^{\emptyset}$ⲟⲩⲟⲉⲓⲛ ⲉⲣⲟ-ϥ• ⲙ̄ⲫⲟⲟⲩ ⲉⲧ$^{\emptyset}$-ⲙ̄|ⲙⲁⲩ ⲁϥ-ϭⲱⲗⲡ ⲉⲃⲟⲗ ⲙ̄-ⲡⲛⲟϭ ⲙ̄-ⲡⲁⲥⲧⲟⲥ• | ⲉⲧⲃⲉ-ⲡⲁⲉⲓ ⲡⲉϥⲥⲱⲙⲁ ⲛ̄ⲧ-ⲁϥ-ϣⲱⲡⲉ• | ⲙ̄ⲫⲟⲟⲩ ⲉⲧ$^{\emptyset}$-ⲙ̄ⲙⲁⲩ ⲁϥ-ⲉⲓ ⲉⲃⲟⲗ ϩⲙ-ⲡⲡⲁ||ⲥⲧⲟⲥ ⲛ̄ⲑⲉ ⲙ̄-ⲡ-ⲉⲛⲧ-ⲁϩ-ϣⲱⲡⲉ ⲉⲃⲟⲗ | ϩⲙ̄-ⲡⲛⲩⲙ-ⲫⲓⲟⲥ ⲙⲛ̄-ⲧⲛⲩⲙⲫⲏ• ⲧⲁ|ⲉⲓ ⲧⲉ ⲑⲉ ⲁ-ⲓ̄ⲥ̄ ⲧⲉϩⲟ ⲙ̄-ⲡⲧⲏⲣ-ϥ ⲉⲣⲁⲧ-ϥ | ϩⲣⲁ̈ⲓ ⲛ̄ϩⲏⲧ-ϥ ⲉⲃⲟⲗ ϩⲓⲧⲛ̄-ⲛⲁⲉⲓ• ⲁⲩⲱ | ϣϣⲉ ⲉ-$^{\emptyset}$ⲧⲣⲉ-ⲡⲟⲩⲁ ⲡⲟⲩⲁ ⲛ-ⲙ̄ⲙⲁⲑⲏⲧⲏⲥ || ⲙⲟⲟϣⲉ ⲉϩⲟⲩⲛ ⲉ-ⲧⲉϥⲁⲛⲁⲡⲁⲩⲥⲓⲥ•[171] |

(74) ⲁ-ⲁⲇⲁⲙ ϣⲱⲡⲉ ⲉⲃⲟⲗ ϩⲛ̄-ⲡⲁⲣⲑⲉⲛⲟⲥ | ⲥⲛ̄ⲧⲉ ⲉⲃⲟⲗ ϩⲙ̄-ⲡⲡ̄ⲛ̄ⲁ̄ ⲁⲩⲱ ⲉⲃⲟⲗ | ϩⲙ̄-ⲡⲕⲁϩ ⲙ̄-ⲡⲁⲣⲑⲉⲛⲟⲥ• ⲉⲧⲃⲉ-ⲡⲁⲉⲓ | ⲁⲩ-ϫⲡⲉ-ⲡⲉⲭ̄ⲥ̄ ⲉⲃⲟⲗ ϩⲛ̄-ⲟⲩⲡⲁⲣⲑⲉⲛⲟⲥ || ϫⲉⲕⲁⲁⲥ ⲡⲉⲥⲗⲟⲟⲧⲉ ⲛ̄ⲧ-ⲁϩ-ϣⲱⲡⲉ | ϩⲛ̄-ⲧⲉϩⲟⲩⲉⲓⲧⲉ ⲉϥ-ⲛⲁ̣-[ⲥ]ⲉ̣ϩⲱ-ϥ ⲉⲣⲁⲧ-ϥ• |

(75) ⲟⲩⲛ̄-ϣⲏⲛ ⲥⲛⲁⲩ ⲣ̣ⲏ̣ⲧ̣ [ϩ]ⲙ̣̄-ⲡⲡⲁⲣⲁⲇⲓ|ⲥⲟⲥ• ⲡⲟⲩⲁ ϫⲡⲉ-$^{\emptyset}$ⲑ̣[ⲏ-
ⲣⲓⲟⲛ]• ⲡⲟⲩⲁ ϫⲡⲉ-|$^{\emptyset}$ⲣⲱⲙⲉ• ⲁ-ⲁⲇⲁⲙ ⲟ[ⲩⲱⲙ] ⲉ̣ⲃⲟⲗ ϩⲙ̄-ⲡϣⲏⲛ || ⲛ̄ⲧ-
ⲁϩ-ϫⲡⲉ-$^{\emptyset}$ⲑⲏⲣⲓ[ⲟⲛ• ⲁϥ-ϣ]ⲱⲡⲉ ⲛ̄-$^{\emptyset}$ⲑⲏ|ⲣⲓⲟⲛ• ⲁϥ-ϫⲡⲉ-$^{\emptyset}$ⲑⲏ[ⲣⲓⲟⲛ•
ⲉ]ⲧⲃⲉ-ⲡⲁ̈ⲓ ⲥⲉ-|ⲣ̄-ⲥⲉⲃⲉⲥⲑⲉ[172] ⲁ-ⲛⲑ̣[ⲏⲣⲓⲟⲛ ⲛ̄ϭ]ⲓ̣-ⲛ̄ϣ̣ⲏ̣ⲣⲉ̣ | ⲛ̄-ⲁⲇⲁⲙ•
[ⲛ - - -]|ⲕⲁⲣⲡⲟⲥ ⲡⲉ ⲡ̣[- - -] || ⲡⲁⲉⲓ ⲁⲩ-ⲁϣ̣[ⲁⲉⲓ - - -]|ⲟⲩⲱⲙ ⲙ̄-
ⲡ[- - -]|ⲕⲁⲣⲡⲟⲥ ⲙ̄-ⲡ̣[- - -]|ϫⲡⲟ ⲛ̄-ⲣ̄ⲣⲱⲙⲉ̣ [- - -]|ϣⲧ ⲙ̄-ⲡⲣⲱⲙⲉ ⲛ̣̄-
[- - -] || ⲡⲛⲟⲩⲧⲉ ⲧⲁⲙⲉⲓⲉ-ⲡⲣⲱ̣[ⲙⲉ. . . ⲣ̄-ⲣⲱ]*ⲙⲉ ⲧⲁⲙⲉⲓ̣ⲉ̣-ⲡ[ⲛ]ⲟⲩ- *72:1
[ⲧ]ⲉ• ⲧⲁⲉⲓ ⲧⲉ ⲑⲉ ϩⲙ̄-ⲡⲕⲟⲥ|ⲙⲟⲥ ⲉ-ⲛⲣⲱ̣[ⲙ]ⲉ̣ ⲧⲁⲙⲓⲉ-$^{\emptyset}$ⲛⲟⲩⲧⲉ• ⲁⲩⲱ

[169] Eve [170] Envy βασκαίνειν [171] Repose ἀνάπαυσις [172] Worship σέβεσθαι

ⲥⲉ-ⲟⲩ|ⲱϣⲧ ⲛ̄-ⲛⲟ̣ⲩⲧⲁⲙⲓⲟ• ⲛⲉ-ϣϣⲉ ⲉ-$^{\emptyset}$ⲧⲣⲉ-ⲛ̄ⲛⲟⲩ|ⲧⲉ ⲟⲩⲱϣⲧ ⲛ̄-ⲣ̄ⲣⲱⲙⲉ•

(76) ⲛ̄ⲑⲉ ⲉⲥ-ϣⲟⲟⲡ ⲙ̄||ⲙⲟ-ⲥ ⲛ̄ϭⲓ-ⲧⲁⲗⲏⲑⲉⲓⲁ ⲛ̄-ⲛ̄ϩⲃⲏⲩⲉ ⲙ̄-ⲡⲣⲱ|ⲙⲉ ϣⲁⲩ-ϣⲱⲡⲉ ⲉⲃⲟⲗ ϩⲛ̄-ⲧⲉϥⲇⲩⲛⲁⲙⲓⲥ• | ⲉⲧⲃⲉ-ⲡⲁⲉⲓ ⲥⲉ-ⲙⲟⲩⲧⲉ ⲉⲣⲟ-ⲟⲩ ϫⲉ-ⲛ̄ⲇⲩ|ⲛⲁⲙⲓⲥ• ⲛⲉϥϩⲃⲏⲩⲉ ⲛⲉ ⲛⲉϥϣⲏⲣⲉ• ⲛ̄ⲧ-ⲁⲩ-|ϣⲱⲡⲉ ⲉⲃⲟⲗ ϩⲛ̄-ⲟⲩⲁⲛⲁⲡⲁⲩⲥⲓⲥ• ⲉⲧⲃⲉ-||ⲡⲁⲉⲓ ⲧⲉϥⲇⲩⲛⲁⲙⲓⲥ ⲣ̄-ⲡⲟⲗⲓⲧⲉⲩⲉⲥⲑⲉ | ϩⲣⲁï ϩⲛ̄-ⲛⲉϥϩⲃⲏⲩⲉ• ⲉ-ⲧⲁⲛⲁⲡⲁⲩⲥⲓⲥ ⲇⲉ | ⲟⲩⲟⲛϩ ⲉⲃⲟⲗ ϩⲣⲁï ϩⲛ̄-ⲛ̄ϣⲏⲣⲉ• ⲁⲩⲱ | ⲕ-ⲛⲁ-ϩⲉ ⲉ-ⲡⲁⲉⲓ ⲉϥ-ϫⲱⲧⲉ ϣⲁϩⲣⲁï ⲉ-ⲑⲓⲕⲱⲛ• | ⲁⲩⲱ ⲡⲁⲉⲓ ⲡⲉ ⲡⲣⲱⲙⲉ ⲛ̄-ϩⲓⲕⲟⲛⲓⲕⲟⲥ• || ⲉϥ-ⲉⲓⲣⲉ ⲛ̄-ⲛⲉϥϩⲃⲏⲩⲉ ⲉⲃⲟⲗ ϩⲛ̄-ⲧⲉϥϭⲟⲙ• | ⲉⲃⲟⲗ ⲇⲉ ϩⲛ̄-$^{\emptyset}$ⲁⲛⲁⲡⲁⲩⲥⲓⲥ ⲉϥ-ϫⲡⲟ ⲛ̄-ⲛⲉϥ|ϣⲏⲣⲉ•

(77) ϩⲙ̄-ⲡⲉⲉⲓⲕⲟⲥⲙⲟⲥ ⲛ̄ϩⲙ̄ϩⲁⲗ ⲣ̄-|ϩⲩⲡⲏⲣⲉⲧⲉⲓ[173] ⲛ̄ⲉⲗⲉⲩⲑⲉⲣⲟⲥ• ϩⲛ̄-ⲧⲙⲛ̄|ⲧ-ⲉⲣⲟ ⲛ-ⲙ̄ⲡ̣ⲏⲩⲉ ⲛⲉⲗⲉⲩⲑⲉⲣⲟⲥ ⲛⲁ-ⲣ̄-||ⲇⲓⲁⲕⲟⲛ[ⲉⲓ][174] ⲛ̄-ⲛ̄ϩⲙ̄ϩⲁⲗ• ⲛ̄ⲛ̄ϣⲏⲣⲉ ⲙ̄-|ⲡⲛⲩⲙⲫ[ⲱ]ⲛ̣ ⲛ̣[ⲁ]-ⲣ̄-ⲇⲓⲁⲕⲟⲛⲉⲓ ⲛ̄-ⲛ̄ϣⲏ|ⲣⲉ ⲙ̄-ⲡⲅⲁ[ⲙⲟⲥ• ⲛ̄]ϣⲏⲣⲉ ⲙ̄-ⲡⲛⲩⲙⲫⲱⲛ | ⲟⲩⲣⲁⲛ ⲟⲩ[ⲱⲧ ⲡⲉ]ⲧⲉ-ⲟⲩⲛⲧⲁ-ⲩ-ϥ ⲧⲁⲛⲁ|ⲡⲁⲩⲥⲓⲥ• ⲉ[ⲩ-ϩⲓ-ⲛ]ⲟⲩⲉⲣⲏⲩ ⲥⲉ-ⲣ̄-$^{\emptyset}$ⲭⲣⲉⲓⲁ ⲁⲛ || ⲛ̣-$^{\emptyset}$ϫ̣ⲓ̣-$^{\emptyset}$ϩⲣ̄ⲃ̣ [ⲉ-ⲩⲛ̄ⲧⲁ-ⲩ]-ⲧⲉⲑⲉⲱⲣⲉⲓⲁ[175] ⲙ̄ⲙⲁⲩ | [. . . .]ⲫ̣[- - -]ⲟ̣ⲏⲥⲓⲥ• ϩⲛ̄ϩⲟⲩⲟ ⲛⲉ|[- - -]ⲥⲓⲁ ϩⲛ̄-ⲛ-ⲉⲧ$^{\emptyset}$-ϩⲛ̄-ⲡⲓ|[- - -]ⲛ̄ ⲛ-ⲉⲟⲟⲩ ⲛ̄ⲛⲉ|[- - -]ⲉ̣ ⲙ̄ⲙⲟ-ⲟⲩ ⲁⲛ•

(78) ⲛⲉ||[- - - ⲃ]ⲱⲕ ⲉⲡⲓⲧⲛ̄ ⲉ-ⲡⲙⲟ|[ⲟⲩ - - -] ⲉⲃⲟⲗ ⲉϥ-ⲛⲁ-ⲥⲟⲧ-ϥ | [- - -]ⲕ ⲉⲃⲟⲗ ⲛ̄ϭⲓ-ⲛ-ⲉⲛⲧ-ⲁϩ-|[- - -] ϩⲙ̄-ⲡⲉϥⲣⲁⲛ• ⲡⲉϫⲁ-ϥ ⲅⲁⲣ | [ϫⲉ-
*73:1 ⲧⲁⲉⲓ ⲧⲉ ⲑ]ⲉ ⲉⲛ-ⲁ-ϫⲱⲕ ⲉⲃⲟⲗ ⲛ̄-ⲇⲓⲕⲁⲓ*ⲟⲥⲩⲛⲏ ⲛⲓⲙ•

(79) ⲛ-ⲉⲧ$^{\emptyset}$-ϫ̣ⲱ ⲙ̣̄ⲙⲟ-ⲥ ϫⲉ-ⲥⲉ-ⲛⲁ-|ⲙⲟⲩ ⲛ̄ϣⲟⲣⲡ ⲁⲩⲱ ⲥⲉ-ⲛ̣ⲁ̣-ⲧ̣ⲱⲟⲩⲛ ⟦ⲛ̄⟧[176] ⲥⲉ-|ⲣ̄-ⲡⲗⲁⲛⲁⲥⲑⲉ• ⲉⲩ-ⲧⲙ̄-ϫⲓ ⲛ̄ϣⲟⲣⲡ ⲛ̄-ⲧⲁⲛⲁ|ⲥⲧⲁⲥⲓⲥ ⲉⲩ-ⲟⲛϩ ⲉⲩϣⲁ-ⲙⲟⲩ ⲥⲉ-ⲛⲁ-ϫⲓ-ⲗⲁ||ⲁⲩ ⲁⲛ• ⲧⲁⲉⲓ ⲧⲉ ⲑⲉ ⲟⲛ ⲉⲩ-ϫⲱ ⲙ̄ⲙⲟ-ⲥ ⲉ-|ⲡⲃⲁⲡⲧⲓⲥⲙⲁ ⲉⲩ-ϫⲱ ⲙ̄ⲙⲟ-ⲥ ϫⲉ-ⲟⲩⲛⲟϭ | ⲡⲉ ⲡⲃⲁⲡⲧⲓⲥⲙⲁ ϫⲉ-ⲉⲩϣⲁ-ϫⲓⲧ-ϥ ⲥⲉ-ⲛⲁ-|ⲱⲛϩ•

(80) ⲫⲓⲗⲓⲡⲡⲟⲥ ⲡⲁⲡⲟⲥⲧⲟⲗⲟⲥ ⲡⲉ|ϫⲁ-ϥ ϫⲉ-ïⲱⲥⲏⲫ ⲡϩⲁⲙ-ϣⲉ ⲁϥ-ⲧⲱϭⲉ ⲛ̄||ⲛ-ⲟⲩⲡⲁⲣⲁⲇⲉⲓⲥⲟⲥ ϫⲉ-ⲛⲉϥ-ⲣ̄-$^{\emptyset}$ⲭⲣⲉⲓⲁ ⲛ̄-ϩⲛ̄|ϣⲉ ⲉϩⲟⲩⲛ ⲉ-ⲧⲉϥⲧⲉⲭⲛⲏ•[177] ⲛ̄ⲧⲟϥ ⲡⲉⲛ|ⲧ-ⲁϩ-ⲧⲁⲙⲓⲟ ⲙ̄-ⲡⲥⲧⲁⲩⲣⲟⲥ ⲉⲃⲟⲗ ϩⲛ̄-ⲛ̄|ϣⲏⲛ ⲛ̄ⲧ-ⲁϥ-ⲧⲟϭ-ⲟⲩ• ⲁⲩⲱ ⲡⲉϥϭⲣⲟϭ ⲛⲉϥ-|ⲟϣⲉ ⲁ-ⲡ-ⲉⲛⲧ-ⲁϥ-ⲧⲟϭ-ϥ• ⲛⲉ-ⲡⲉϥϭⲣⲟϭ ⲡⲉ || ⲓ̅ⲏ̅ⲥ̅• ⲡⲧⲱϭⲉ ⲇⲉ ⲡⲉ ⲡⲉⲥⳁⲟⲥ• ⲁⲗⲗⲁ ⲡϣⲏⲛ | ⲙ̄-ⲡⲱⲛϩ ϩⲛ̄-ⲧⲙⲏⲧⲉ ⲙ̄-ⲡⲡⲁⲣⲁⲇⲉⲓⲥⲟⲥ• | ⲁⲩⲱ ⲧⲃⲉ-ⲛ̄-ϫⲟⲉⲓⲧ ⲛ̄ⲧⲁ-

[173] Help ὑπηρέτης [174] Assist διακονεῖν [175] Contemplation θεωρία [176] ⟦ⲛ̄⟧ cancelled by the ancient copyist [177] Trade, craft τέχνη

ⲡⲉⲭⲣⲉⲓⲥⲙⲁ ϣⲱ|ⲡⲉ ⲉⲃⲟⲗ ⲛ̄ϩⲏⲧ-ⲥ̄• ⲉⲃⲟⲗ ϩⲓⲧⲟⲟⲧ-ϥ ⲁ-ⲧⲁ|ⲛⲁⲥⲧⲁ-ⲥⲓⲥ•

(81) ⲡⲉⲉⲓⲕⲟⲥⲙⲟⲥ ⲟⲩⲁⲙ-∅ⲕⲱ||ⲱⲥ ⲡⲉ• ⲛ̄ⲕⲉ ⲛⲓⲙ ⲉⲧⲟⲩⲱⲙ ⲙ̄ⲙⲟ-ⲟⲩ | ϩⲣⲁï ⲛ̄ϩⲏⲧ-ϥ ⲥⲉ-ⲙⲟ̣[ⲩ] ϩⲱ-ⲟⲩ ⲟⲛ• ⲧⲁⲗⲏⲑⲉⲓ|ⲁ ⲟⲩⲁⲙ-∅ⲱⲛϩ ⲧⲉ• ⲉⲧⲃ̣ⲉ̣-ⲡⲁ̣ⲉⲓ ⲙⲛ̄-ⲗⲁⲁⲩ | ϩⲛ̄-ⲛ-ⲉⲧ∅-ⲥⲟⲛϣ ϩⲛ̄-ⲧ̣[ⲙⲉ] ⲛ̣ⲁ̣-ⲙⲟⲩ• ⲛ̄ⲧ-ⲁ-ⲓ̅ⲥ̅ | ⲉⲓ ⲉⲃⲟⲗ ϩⲙ̄-ⲡⲙⲁ ⲉ[ⲧ∅-ⲙ̄]ⲙⲁ̣ⲩ• ⲁⲩⲱ ⲁϥ-ⲉⲓ||ⲛⲉ ⲛ̄-ϩⲛ̄ⲧⲣⲟⲫⲏ ⲉⲃⲟ̣ⲗ ⲙ̄ⲙⲁⲩ• ⲁⲩⲱ ⲛ-ⲉ|ⲧ∅-ⲟⲩⲱϣ ⲁϥ-ϯ ⲛⲁ-ⲩ [ⲛ̄-ⲟⲩ]ⲱ[ⲛϩ] ϫⲉ̣[ⲕⲁⲁⲥ] | ⲛ̄ⲛⲟⲩ-ⲙⲟⲩ•

(82) ⲁ-ⲡⲛ[ⲟⲩⲧⲉ.]..ⲉ ⲛ̄-ⲟ̣[ⲩⲡⲁⲣⲁ]||ⲇⲉⲓⲥⲟⲥ• ⲁ-ⲡⲣϣ̣[ⲙⲉ - - - ⲡⲁⲣⲁ]||-
ⲇⲉⲓⲥⲟⲥ• ⲟⲩⲛ̄-ϩ[- - - ϣⲟ]||ⲟⲡ ⲙⲛ̄-ϩⲙ̄ⲡ[- - -] | ⲙ̄-ⲡⲛⲟⲩⲧⲉ ϩⲙ̣̄-[- - -]||-
ⲙⲉ• ⲛ-ⲉⲧ∅-ⲛ̄ϩⲏⲧ-[ϥ ⲉ]||ϯ-ⲟⲩⲱϣ• ⲡⲓⲡⲁⲣⲁⲇ̣[ⲉⲓⲥⲟⲥ ⲡⲉ ⲡⲙⲁ ⲉ]||ⲧⲟⲩ-
ⲛⲁ-ϫⲟⲟ-ⲥ ⲛⲁ-ⲉⲓ ϫⲉ̣-[....ⲟⲩⲱⲙ] || ⲙ̄-ⲡⲁⲉⲓ ⲏ ⲙⲛ̄-ⲟⲩⲱⲙ ⲙ̣̄-[ⲡⲁⲉⲓ
ⲛ̄ⲑⲉ ⲉⲧⲕ]-*ⲟⲩⲱϣ-ⲡⲁⲉⲓ• ⲡⲙ̣ⲁ [ⲉ]ϯ-ⲛⲁ-ⲟⲩⲱⲙ-ⲛ̄ⲕⲉ ⲛⲓⲙ | ⲙ̄ⲙⲁⲩ ⲉϥ- *74:1
ϣⲟ̣[ⲟ]ⲡ̣ ⲙ̄ⲙⲁⲩ ⲛ̄ϭⲓ-ⲡϣⲏⲛ ⲛ̄-ⲧ|ⲅⲛⲱⲥⲓⲥ•[178] ⲡ-ⲉⲧ∅-ⲙ̄ⲙⲁⲩ ⲁϥ-ⲙⲟⲩⲧ-
ⲁⲇⲁⲙ• ⲡⲉ|ⲉⲓⲙⲁ ⲇⲉ ⲡϣⲏⲛ ⲛ̄-ⲧⲅⲛⲱⲥⲓⲥ ⲁϥ-ⲧⲛ̄ϩⲉ-ⲡⲣⲱ||ⲙⲉ• ⲡⲛⲟ-
ⲙⲟⲥ[179] ⲛⲉ-ⲡϣⲏⲛ ⲡⲉ• ⲟⲩⲛ̄-∅ϭⲟⲙ | ⲙ̄ⲙⲟ-ϥ ⲛ̄ϥ-ϯ-ⲧⲅⲛⲱⲥⲓⲥ ⲙ̄-ⲡⲡⲉⲧ-
ⲛⲁⲛⲟⲩ-ϥ | ⲙⲛ̄-ⲡⲉⲑⲟⲟⲩ• ⲟⲩⲧⲉ ⲙ̄ⲡⲉϥ-ⲗⲁϭⲉ ⲉⲣⲟ-ϥ ϩⲙ̄-|ⲡⲡⲉⲑⲟⲟⲩ•
ⲟⲩⲧⲉ ⲙ̄ⲡⲉϥ-ⲕⲁⲁ-ϥ ϩⲙ̄-ⲡⲡⲉⲧ-ⲛⲁ|ⲛⲟⲩ-ϥ• ⲁⲗⲗⲁ ⲁϥ-ⲧⲁⲙⲓⲟ ⲛ̄-ⲟⲩⲙⲟⲩ
ⲛ̄-ⲛ-ⲉⲛⲧ-ⲁϩ-||ⲟⲩⲱⲙ ⲉⲃⲟⲗ ⲛ̄ϩⲏⲧ-ϥ• ϩⲙ̄-ⲡⲧⲣⲉϥ-ϫⲟⲟ-ⲥ ⲅⲁⲣ | ϫⲉ-
ⲟⲩⲱⲙ-ⲡⲁⲉⲓ ⲙⲛ̄-ⲟⲩⲱⲙ-ⲡⲁⲉⲓ ⲁϥ-ϣⲱ|ⲡⲉ ⲛ̄-∅ⲁⲣⲭⲏ ⲙ̄-ⲡⲙⲟⲩ•

(83) ⲡⲭⲣⲉⲓⲥⲙⲁ ϥ-ⲟ ⲛ̄-∅ϫⲟ|ⲉⲓⲥ ⲉ-ⲡⲃⲁⲡⲧⲓⲥⲙⲁ• ⲉⲃⲟⲗ ⲅⲁⲣ ϩⲙ̄-ⲡⲭⲣⲓⲥⲙⲁ | ⲁⲩ-ⲙⲟⲩⲧⲉ ⲉⲣⲟ-ⲛ ϫⲉ-∅ⲭⲣⲓⲥⲧⲓⲁⲛⲟⲥ ⲉⲧⲃⲉ-||ⲡⲃⲁⲡⲧⲓⲥⲙⲁ ⲁⲛ• ⲁⲩⲱ ⲛ̄ⲧ-ⲁⲩ-ⲙⲟⲩⲧⲉ ⲉ-ⲡⲉ|ⲭ̅ⲥ̅ ⲉⲧⲃⲉ-ⲡⲭⲣⲓⲥⲙⲁ• ⲁ-ⲡⲉⲓⲱⲧ ⲅⲁⲣ ⲧⲱϩⲥ | ⲙ̄-ⲡϣⲏⲣⲉ• ⲁ-ⲡϣⲏⲣⲉ ⲇⲉ ⲧⲱϩⲥ-ⲛ̄ⲁⲡⲟⲥⲧⲟ|ⲗⲟⲥ• ⲁ-ⲛⲁⲡⲟⲥⲧⲟⲗⲟⲥ ⲇⲉ ⲧⲁϩⲥ-ⲛ̄• ⲡ-ⲉⲛ|ⲧ-ⲁⲩ-ⲧⲟϩⲥ-ϥ ⲟⲩⲛ̄ⲧⲉ-ϥ-ⲡⲧⲏⲣ-ϥ ⲙ̄ⲙⲁⲩ• ⲟⲩⲛ̄||ⲧⲁ-ϥ-ⲧⲁⲛⲁⲥⲧⲁⲥⲓⲥ ⲡⲟⲩⲟⲉⲓⲛ ⲡⲉⲥ⳩ⲟⲥ | ⲡⲡ̅ⲛ̅ⲁ̅ ⲉⲧ∅-ⲟⲩⲁⲁⲃ• ⲁ-ⲡⲉⲓⲱⲧ ϯ ⲛⲁ-ϥ ⲙ̄-ⲡⲁ|ⲉⲓ ϩⲙ̄-ⲡⲛⲩ[ⲙ]ⲫⲱⲛ̣• ⲁϥ-ϫⲓ• ⲁϥ-ϣⲱⲡⲉ ⲛ̄ϭⲓ-|ⲡⲉⲓⲱⲧ ϩⲙ̣̄-ⲡϣ̣[ⲏ]ⲣ̣ⲉ ⲁⲩⲱ ⲡϣⲏⲣⲉ ϩⲙ̄-ⲡⲉⲓ|ⲱⲧ• ⲧⲁⲉⲓ ⲧ[ⲉ ⲧⲙⲛ̄ⲧ]ⲉⲣⲟ ⲛ-ⲙ̄ⲡⲏⲩⲉ•

(84) ⲕⲁⲗⲱⲥ[180] || ⲁ-ⲡϫⲟⲉⲓⲥ ϫⲟⲟ-[ⲥ ϫ]ⲉ-ⲁ-ϩⲟⲉⲓⲛⲉ ⲃⲱⲕ ⲉ-ⲧⲙⲛ̄|ⲧⲉⲣⲟ ⲛ-ⲙ̄ⲡⲏⲩ[ⲉ] ⲉⲩ-ⲥⲱⲃⲉ• ⲁⲩⲱ ⲁⲩ-ⲉⲓ ⲉⲃⲟⲗ | [...]ⲱ̣[.]ⲉ̣ⲁⲩ [...]ⲟⲩⲁ ϫⲉ-ⲟⲩⲭⲣⲏⲥⲧⲓⲁⲛⲟⲥ | [...]ⲡⲉⲭ̣[- - -]ⲟⲛ• ⲁⲩⲱ ⲛ̄ⲧⲉⲩⲛⲟⲩ | [- - - ⲃⲱⲕ ⲉⲡ]|ⲧ̣ⲛ̄ ⲉ-ⲡⲙⲟⲟⲩ• ⲁϥ-ⲉⲓ || [- - -]ⲥ̣ ⲁ̣-ⲡⲧⲏⲣ-ϥ ⲉⲧⲃⲉ-|

[178] Knowledge, personal knowledge, acquaintance γνῶσις [179] Law νόμος [180] Well καλῶς

[- - - ουπ]αιγνιον[181] πε• αλ|[λα - - - ρ̄-καταφ]ρονει μ̄-πεειπε|- [- - -]ν ε-τμν̄τ-ερο ν-μ̄|[πηυε - - -] ẹϥϣα-ρ̄-καταφρονει || [- - - α]ỵω ν̄ϥ-ϣοϲ-ϥ ϩωϲ-∅παιγνι|[ον....εβ]ọλ εϥ-ϲωβε•
*75:1 τεειϩε ον τε *ϩι-ποεικ μν̄-ππο[τ]ηριον[182] μν̄-πνηϩ | καν ουν̄-κεουα εϥ-ϫοϲε ε-ναει•

(85) α-π|κοϲμοϲ ϣωπε ϩν̄-ουπαραπτωμα•[183] | π-εντ-αϩ-ταμιο-ϥ γαρ νεϥ-ουωϣ α-∅τα||μιο-ϥ εϥ-ο ν̄-∅ατ-τακο αυω ν-∅αθανατοϲ•[184] | αϥ-ϩε εβολ• αυω μ̄πεϥ-μετε α-θελπιϲ• | νεϲ-ϣοοπ γαρ αν ν̄ϭι-τμν̄τ-ατ-τεκο | μ̄-πκοϲμοϲ• αυω † νεϥ-ϣοοπ[185] αν ν̄ϭι-|τμν̄τ-ατ-τακο μ̄-π-εντ-αϩ-ταμιε-πκοϲ||μοϲ• ϲ-ϣοοπ γαρ αν ν̄ϭι-τμν̄τ-ατ-τα|κο ν̄-ν̄ϩβηυε αλλα ν̄-ν̄ϣηρε• αυω μν̄-| ουϩωβ να-ϣ-ϫι ν̄-ουμν̄τ-ατ-τακο εϥ-τμ̄-|ϣωπε ν̄-∅ϣηρε• π-ετε-μν̄-∅ϭομ δε μ̄μο-ϥ | ε-∅ϫι ποϲωμαλλον ϥ-να-ϣ-ϯ αν•

(86) πποτη||ριον μ̄-πϣληλ ουν̄τα-ϥ-∅ηρπ μ̄μαυ ου|ν̄τα-ϥ-∅μοου εϥ-κη εϩραϊ ε-πτυποϲ μ̄-|πεϲνοϥ ετου-ρ̄-ευχαριϲτει[186] εϫω-ϥ• αυ|ω ϥ-μουϩ εβολ ϩμ̄-ππν̄α ετ∅-ουααβ• αυ|ω πα-πτελειοϲ τηρ-ϥ ρ̄-ρωμε πε• ϩοταν || ενϣαν-ϲω μ̄-παει τν-α-ϫι να-ν μ̄-πτε|λειοϲ ρ̄ρωμε• πμοου ετ∅-ονϩ ουϲωμα | πε• ϣϣε ε-∅τρν̄-ϯ ϩιωω-ν μ̄-πρωμε ετ∅-ονϩ• | ετβε-παει εϥ-ει εϥ-βηκ επιτν̄ ε-πμο|ου ϣαϥ-κακ-ϥ αϩηυ ϣινα εϥ-να-ϯ-πη || ϩιωω-ϥ•

(87) ϣαρε-ουϩτο ϫπε-ουϩτο• ου|ρωμε ϣαρεϥ-ϫπε-∅ρωμε• ουνουτε | ϣαρεϥ-ϫπε-∅νουτε• ταει τε θ̣ε ϩμ̣̄-[πα-τ]|ϣελεετ μν̄-ϩν̣̄[κεϣε]λεẹτ αυ-[ϣω]|πε εβολ ϩμ̄-πν[- - -]ν̣̄-[- - -]||νε• μν̄-∅ιουδαι ọ[- - -] | εβολ ϩν̄-ν̄ϩε[- - -]|ϣοοπ• αυω αν̣[- - -] | εβολ ϩν̄-ν̄ιουδ[αι - - -] | ν̄-χριϲτιανοϲ ακ[- - -]||ω αυ-μουτε α-
*76:1 νεειμα [- - -]|πγενοϲ ετ∅-ϲοτπ μ̄-πν̣[- - -] *αυω παληθεινọϲ̣ ρ̣̄-ρωμε αυω πϣηρε | μ̄-πρωμε αυω πϲπερμα μ̄-πϣηρε μ̄-πρω|με• πεειγενοϲ ν̄-αληθεινον ϲε-ρ̄-ονο|μαζε μ̄μο-ϥ ϩμ̄-πκοϲμοϲ• † ναει νε πμα[187] † || ετου-ϣοοπ μ̄μαυ ν̄ϭι-ν̄ϣηρε μ̄-πνυμ|φων•

(88) ε-πϩωτρ̄ ϣοοπ ϩμ̄-πεεικοϲμοϲ | ∅ϩοουτ ϩι-∅ϲϩιμε † πμα ε-τϭομ[188] † μν̄-τμντ̄-|ϭωβ ϩμ̄-παιων• κεουα πε πεινε μ̄-

[181] Trifle, trifling thing παίγνιον [182] Cup ποτήριον [183] Transgression παράπτωμα [184] Immortal ἀθάνατος [185] Emend to νεϲ-ϣοοπ [186] Offer thanksgiving εὐχαριστεῖν [187] Possibly emend to μ̄μα [188] Possibly emend to ν̄-τϭομ

ⲡϩⲱ|ⲧⲣ̄• ⲉⲙ-ⲙⲟⲩⲧⲉ ⲇⲉ ⲉⲣⲟ-ⲟⲩ ⲛ̄-ⲛⲉⲉⲓⲣⲁⲛ ⲟⲩⲛ-ϩⲛ̄||ⲕⲟⲟⲩⲉ ⲇⲉ ϣⲟⲟⲡ• ⲥⲉ-ϫⲟⲥⲉ ⲡⲁⲣⲁ-ⲣⲁⲛ | ⲛⲓⲙ ⲉⲧⲟⲩ-ⲣ̄-ⲟⲛⲟⲙⲁⲍⲉ ⲙ̄ⲙⲟ-ⲟⲩ• ⲁⲩⲱ ⲥⲉ-|ϫⲟⲟⲥⲉ ⲉ-ⲡϫⲱⲱⲣⲉ• ⲡⲙⲁ ⲅⲁⲣ ⲉⲧⲉ-ⲟⲩⲛ̄-∅ⲃⲓⲁ[189] | ⲙ̄ⲙⲁⲩ ⲉⲩ-ϣⲟⲟⲡ ⲙ̄ⲙⲁⲩ ⲛ̄ϭⲓ-ⲛ-ⲉⲧ∅-ⲥⲟⲧⲡ | ⲉ-ⲧϭⲟⲙ• ⲛ-ⲉⲧ∅-ⲙ̄ⲙⲁⲩ ⲕⲉⲟⲩⲁ ⲁⲛ ⲡⲉ ⲁⲩⲱ ⲕⲉ||ⲟⲩⲁ ⲡⲉ• ⲁⲗⲗⲁ ⲛ̄ⲧⲟⲟⲩ ⲙ̄ⲡⲉⲥⲛⲁⲩ ⲡⲓⲟⲩⲁ | ⲟⲩⲱⲧ ⲡⲉ• ⲡⲁⲉⲓ ⲡⲉ ⲉⲧϥ-ⲛⲁ-ϣ-ⲓ ⲁⲛ ⲉϩⲣⲁï | ⲉϫⲛ̄-ⲫⲏⲧ ⲛ̄-ⲥⲁⲣⲝ•

(89) ⲟⲩⲟⲛ ⲛⲓⲙ ⲉⲧ∅-ⲟⲩⲛ̄ⲧ-ⲟⲩ-|ⲡⲧⲏⲣ-ϥ ⲙ̄ⲙⲁⲩ ϣϣⲉ ⲁⲛ ⲉ-∅ⲧⲣⲟⲩ-ⲉⲓⲙⲉ ⲙ̄|ⲙ̄ⲙⲟ-ⲟⲩ ⲧⲏⲣ-ⲟⲩ• ϩⲟⲉⲓⲛⲉ ⲙⲉⲛ ⲉⲩ-ⲧⲙ̄-ⲉⲓⲙⲉ || ⲙ̄ⲙⲟ-ⲟⲩ ⲥⲉ-ⲛⲁ-ⲣ̄-ⲁⲡⲟⲗⲁⲩⲉ[190] ⲁⲛ ⲛ̄-ⲛ-ⲉⲧⲉ-|ⲟⲩⲛ̄ⲧⲁ-ⲩ-ⲥⲉ• ⲛ-ⲉⲧ-ⲁϩ-ⲥⲉⲃⲟ ⲇⲉ ⲉⲣⲟ-ⲟⲩ ⲥⲉ-ⲛⲁ-|ⲣ̄-ⲁⲡⲟⲗⲁⲩⲉ ⲙ̄ⲙⲟ-ⲟⲩ•

(90) ⲟⲩⲙⲟⲛⲟⲛ ⲡⲣⲱⲙⲉ | ⲛ̄-ⲧⲉⲗⲉⲓⲟⲥ ⲥⲉ-ⲛⲁ-ϣ-ⲉⲙⲁϩⲧⲉ ⲁⲛ ⲙ̄ⲙⲟ-ϥ• | ⲁⲗⲗⲁ ⲥⲉ-ⲛⲁ-ϣ-ⲛⲁⲩ ⲉⲣⲟ-ϥ ⲁⲛ• ⲉⲩϣⲁⲛ-ⲛⲁⲩ || ⲅⲁⲣ ⲉⲣⲟ-ϥ ⲥⲉ-ⲛⲁ-ⲉⲙⲁϩⲧⲉ ⲙ̄ⲙⲟ-ϥ• ⲛ̄ⲕⲉⲣⲏⲧⲉ | ⲙⲛ̄-ⲟⲩⲁ ⲛⲁ-ϣ-ϫⲡⲟ ⲛⲁ-ϥ ⲛ̄-ⲧⲉⲉⲓ-ⲭⲁⲣⲓⲥ ⲉⲓ|[ⲙⲏ ⲛ̄]ϥ-ϯ ϩ[ⲓ]ⲱⲱ-ϥ ⲙ̄-ⲡⲧⲉⲗⲉⲓⲟⲛ ⲛ̄-ⲟⲩⲟⲉⲓⲛ | [ⲁⲩⲱ] ⲛ̄ϥ-ϣⲱ[ⲡⲉ ϩ]ⲱ̣ⲱ-ϥ ⲛ̄-∅ⲧⲉⲗⲉⲓⲟⲛ ⲟⲩⲟ|[ⲉⲓⲛ• ⲡ-ⲉ]ⲛ̣ⲧ̣-ⲁ̣[ϩ-ⲧⲁⲁ-ϥ] ϩ̣ⲓⲱⲱ-ϥ ϥ-ⲛⲁ-ⲃⲱⲕ || [- - -]• ⲡⲁⲉⲓ ⲡⲉ ⲡⲧⲉⲗⲉⲓⲟⲛ | [- - -] ⲉ-∅ⲧⲣⲛ̄-ϣⲱⲡⲉ ⲛ̄-|[- - -]ⲱⲥ ⲉ-ⲙⲡⲁⲧⲛ̄-ⲉⲓ ⲉ|[- - -]• ⲡ-ⲉⲧ-ⲁ⟦ϩ⟧[191]-ϫⲓ-ⲡⲧⲏⲣ-ϥ | [- - -] ⲁ-ⲛⲉⲉⲓⲙⲁ ϥ-ⲛⲁ-ϣ-ⲣ̄-||[- - -]ⲡ̣ⲙⲁ ⲉⲧ∅-ⲙ̄ⲙⲁⲩ• ⲁⲗⲗⲁ ϥ-ⲛⲁ-|[. . . . ⲧⲙⲉ]ⲥ̣ⲟⲧⲏⲥ ϩⲱⲥ-∅ⲁⲧ-ϫⲱⲕ ⲉⲃⲟⲗ• *ⲙⲟⲛⲟⲛ ⲓ̄ⲥ̄ ⲥⲟⲟⲩⲛ ⲙ̣̄-ⲡⲧⲉⲗⲟⲥ ⲙ̄-ⲡⲁⲉⲓ• | *77:1

(91) ⲡⲣⲱⲙⲉ ⲉⲧ∅-ⲟⲩⲁⲁⲃ ϥ-ⲟⲩⲁⲁⲃ ⲧⲏⲣ-ϥ ϣⲁϩ|ⲣⲁï ⲉ-ⲡⲉϥⲥⲱⲙⲁ• ⲉϣϫⲉ-ⲁϥ-ϫⲓ ⲅⲁⲣ ⲙ̄-ⲡⲟ|ⲉⲓⲕ ϥ-ⲛⲁⲁ-ϥ ⲉϥ-ⲟⲩⲁⲁⲃ• ⲏ ⲡⲡⲟⲧⲏⲣⲓⲟⲛ || ⲏ ⲡⲕⲉⲥⲉⲉⲡⲉ ⲧⲏⲣ-ϥ ⲉⲧϥ-ϫⲓ ⲙ̄ⲙⲟ-ⲟⲩ ⲉϥ-|ⲧⲟⲩⲃⲟ ⲙ̄ⲙⲟ-ⲟⲩ• ⲁⲩⲱ ⲡⲱⲥ ϥ-ⲛⲁ-ⲧⲟⲩⲃⲟ | ⲁⲛ ⲙ̄-ⲡⲕⲉⲥⲱⲙⲁ•

(92) ⲛ̄ⲑⲉ ⲛ̄ⲧ-ⲁ-ⲓ̄ⲥ̄ ϫⲱⲕ ⲉⲃⲟⲗ | ⲙ̄-ⲡⲙⲟⲟⲩ ⲙ̄-ⲡⲃⲁⲡⲧⲓⲥⲙⲁ ⲧⲁⲉⲓ ⲧⲉ ⲑⲉ ⲁϥ-|ⲡⲱϩⲧ ⲉⲃⲟⲗ ⲙ̄-ⲡⲙⲟⲩ• ⲉⲧⲃⲉ-ⲡⲁⲉⲓ ⲧⲛ̄-ⲃⲏⲕ || ⲙⲉⲛ ⲉⲡⲓⲧⲛ̄ ⲉ-ⲡⲙⲟⲟⲩ• ⲧⲛ̄-ⲃⲏⲕ ⲇⲉ ⲁⲛ | ⲉⲡⲓⲧⲛ̄ ⲉ-ⲡⲙⲟⲩ ϣⲓⲛⲁ ϫⲉ-ⲛⲟⲩ-ⲡⲁϩⲧ-ⲛ̄ | ⲉⲃⲟⲗ ϩⲙ̄-ⲡⲡⲛ̄ⲁ̄ ⲙ̄-ⲡⲕⲟⲥⲙⲟⲥ• ϩⲟⲧⲁⲛ | ⲉϥϣⲁⲛ-ⲛⲓϥⲉ ϣⲁⲣⲉϥ-ⲧⲉⲧⲡⲣⲱ ϣⲱⲡⲉ• | ⲡⲡⲛ̄ⲁ̄ ⲉⲧ∅-ⲟⲩⲁⲁⲃ ϩⲟⲧⲁⲛ ⲉϥϣⲁⲛ-ⲛⲓϥⲉ || ϣⲁⲣⲉ-ⲧϣⲁⲙⲏ ϣⲱⲡⲉ•

(93) ⲡ-ⲉⲧⲉ-ⲩⲛ̄ⲧⲁ-ϥ ⲙ̄|ⲙⲁⲩ ⲛ̄-ⲧⲅⲛⲱⲥⲓⲥ ⲛ̄-ⲧⲙⲉ ⲟⲩⲉⲗⲉⲩⲑⲉⲣⲟⲥ | ⲡⲉ• ⲡⲉⲗⲉⲩⲑⲉⲣⲟⲥ ⲇⲉ ⲙⲁϥ-ⲣ̄-∅ⲛⲟⲃⲉ• ⲡⲉ|ϯⲣⲉ ⲅⲁⲣ ⲙ̄-ⲡⲛⲟⲃⲉ

[189] Force, violence βία [190] Have the use of, have a share of ἀπολαύειν [191] ⟦ϩ⟧ cancelled by the ancient copyist

ⲡϩⲙϩ̅ⲁ̅ⲗ̅ ⲙ̅-ⲡⲛⲟⲃⲉ | ⲡⲉ• ⲧⲙⲁⲁⲩ ⲧⲉ ⲧⲁⲗⲏⲑⲉⲓⲁ• ⲧⲅⲛⲱⲥⲓⲥ ⲇⲉ || ⲡⲉ ϯ ⲡⲧⲱⲧ•[192] ⲛ-ⲉⲧⲉⲥ-ⲧⲟ ⲛⲁ-ⲩ ⲁⲛ ⲁ-∅ⲣ̅-∅ⲛⲟⲃⲉ | ⲉ-ⲡⲕⲟⲥⲙⲟⲥ ⲙⲟⲩⲧⲉ ⲉ-ⲣⲟ-ⲟⲩ ϫⲉ-∅ⲉⲗⲉⲩ|ⲑⲉⲣⲟⲥ• ⲛⲁⲉⲓ ⲉⲧⲥ-ⲧⲟ ⲛⲁ-ⲩ ⲁⲛ ⲁ-∅ⲣ̅-∅ⲛⲟⲃⲉ | ⲧⲅⲛⲱ-ⲥⲓⲥ ⲛ̅-ⲧⲁⲗⲏⲑⲉⲓⲁ ϫⲓⲥⲉ ⲛ̅ϩⲏⲧ ⲉⲧⲉ-|ⲡⲁⲉⲓ ⲡⲉ ⲥ-ⲉⲓⲣⲉ ⲙ̅ⲙⲟ-ⲟⲩ ⲛ̅-∅ⲉⲗⲉⲩⲑⲉⲣⲟⲥ• || ⲁⲩⲱ ⲥ-ⲧⲣⲟⲩ-ϫⲓⲥⲉ ⲉ-ⲡⲙⲁ ⲧⲏⲣ-ϥ• ⲧⲁⲅⲁⲡⲏ | ⲇⲉ ⲕⲱⲧ• ⲡ-ⲉⲧ-ⲁϩ-ⲣ̅-∅ⲉⲗⲉⲩⲑⲉⲣⲟⲥ ⲇⲉ ϩⲓ|ⲧⲛ̅-ⲧⲅⲛⲱⲥⲓⲥ ϥ-ⲟ ⲛ̅-∅ϩⲙϩ̅ⲁ̅ⲗ̅ ⲉⲧⲃⲉ-ⲧⲁⲅⲁ|ⲡⲏ ⲛ̅-ⲛⲁⲉⲓ ⲉ-ⲙⲡⲁⲧⲟⲩ-ϣ-ϥⲓ ⲉϩⲣⲁ̈ⲓ̈ [ⲛ̅-ⲧⲉ]||ⲗⲉⲩⲑⲉⲣⲓⲁ ⲛ̅-ⲧⲅⲛⲱⲥⲓⲥ• ⲧⲅⲛⲱ[ⲥⲓⲥ ⲇⲉ] || ⲥ-ⲉⲓⲣⲉ ⲙ̅ⲙⲟ-ⲟⲩ ⲛ̅-∅ϣⲓⲕⲁⲛⲟⲥ[193] ⲉⲥ̣-[ⲧⲣⲟⲩ]-|ϣⲱⲡⲉ ⲛ-∅ⲉⲗⲉ̣ⲩ̣[ⲑ]ⲉⲣ̣[ⲟⲥ]• ⲧ̣ⲁⲅⲁⲡⲏ [ⲙⲁⲥ-ϫⲉ]-|ⲗⲁⲁⲩ ϫⲉ-ⲡⲱ-ⲥ̣ [ⲡⲉ. . .]ⲟⲓ[- - -] | ⲡⲱ-ⲥ ⲡⲉ• ⲙⲁⲥ-ϫ̣[ⲟⲟ-ⲥ ϫⲉ-ⲡⲁⲉⲓ ⲡⲱ-ⲉⲓ ⲡⲉ] | ⲏ ⲡⲁⲉⲓ ⲡⲱ-ⲉⲓ ⲡⲉ• ⲁ̣[ⲗⲗⲁ ⲛ]ⲟ̣ⲩ-[ⲉⲓ ⲧⲏⲣ-ⲟⲩ] || ⲛⲟⲩ-ⲕ ⲛⲉ•

(94) ⲧⲁⲅⲁⲡⲏ ⲙ̣̅-ⲡⲛⲉⲩⲙ̣[ⲁⲧⲓⲕⲏ] | ⲟⲩⲏⲣⲡ ⲧⲉ ϩⲓ-ⲥⲧⲟⲉⲓ• ⲥⲉ-ⲣ̅-ⲁⲡⲟ̣-

*78:1 [ⲗⲁⲩⲉ ⲙ̅]*ⲙⲟ-ⲥ ⲧⲏⲣ-ⲟⲩ ⲛ̅ϭⲓ̣-ⲛ̣-ⲉⲧ∅-ⲛⲁ-ⲧⲟϩⲥ-ⲟⲩ ⲙ̅ⲙⲟ-ⲥ• | ⲥⲉ-ⲣ̅-ⲁⲡⲟⲗⲁⲩⲉ ϩⲱ-ⲟⲩ ⲛ̅ϭⲓ-ⲛ-ⲉⲧ∅-ⲁϩⲉⲣⲁⲧ-ⲟⲩ | ⲙ̅ⲡⲟⲩⲃⲟⲗ ϩⲱⲥ ⲉⲩ-ⲁϩⲉ-ⲣⲁⲧ-ⲟⲩ ⲛ̅ϭⲓ-ⲛ-ⲉⲧ∅-|ⲧⲟϩⲥ• ⲛ-ⲉⲧ∅-ⲧⲁϩⲥ̅ ⲛ̅-∅ⲥⲟϭⲛ ⲉⲩϣⲁ-ⲗⲟ ⲉⲧⲟⲩ||-ⲱ-ⲟⲩ ⲛ̅ⲥⲉ-ⲃⲱⲕ ϣⲁⲣⲉ-ⲛⲏ ⲉ-ⲥⲉ-ⲧⲟϩⲥ ⲁⲛ | ⲙⲟⲛⲟⲛ ⲉⲩ-ⲁϩⲉ ⲉⲣⲁⲧ-ⲟⲩ ⲙ̅ⲡⲟⲩⲃⲁⲗ ϣⲁⲩ-|ϭⲱ ⲟⲛ ϩⲙ̅-ⲡⲟⲩⲥϯ-ⲃⲱⲱⲛ• ⲡⲥⲁⲙⲁⲣⲓⲧⲏⲥ[194] | ⲛ̅ⲧ-ⲁϥ-ϯ-ⲗⲁⲁⲩ ⲁⲛ ⲁ-ⲡ-ⲉⲧ∅-ϣⲟⲟϭⲉ ⲉⲓⲙⲏ | ∅ⲏⲣⲡ ϩⲓ-∅ⲛⲉϩ• ⲕⲉⲗⲁⲁⲩ ⲁⲛ ⲡⲉ ⲉⲓⲙⲏⲧⲓ ⲁ-||ⲡⲥⲟϭⲛ̅• ⲁⲩⲱ ⲁϥ-ⲑⲉⲣⲁⲡⲉⲩⲉ[195] ⲛ-ⲙ̅ⲡⲗⲏⲅⲏ•[196] | ⲧⲁⲅⲁⲡⲏ ⲅⲁⲣ ϩⲱⲃⲥ̅ ⲛ̅-ⲟⲩⲙⲏⲏϣⲉ ⲛ̅-ⲛⲟ|ⲃⲉ•

(95) ⲡ-ⲉⲧⲉ-ⲧⲥϩⲓⲙⲉ ⲙⲉ ⲙ̅ⲙⲟ-ϥ ⲛ-ⲉⲧⲥ-ⲛⲁ-|ϫⲡⲟ-ⲟⲩ ⲉⲩ-ⲉⲓⲛⲉ ⲙ̅ⲙⲟ-ϥ• ⲉϣⲱⲡⲉ-ⲡⲉⲥ|ϩⲁⲉⲓ ⲉⲩ-ⲉⲓⲛⲉ ⲙ̅-ⲡⲉⲥϩⲁ̈ⲓ̈• ⲉϣⲱⲡⲉ-ⲟⲩⲛⲟ||ⲉⲓⲕ ⲡⲉ ⲉⲩ-ⲉⲓⲛⲉ ⲙ̅-ⲡⲛⲟⲉⲓⲕ• ⲡⲟⲗⲗⲁⲕⲓⲥ[197] | ⲉϣⲱⲡⲉ-ⲟⲩⲛ̅-∅ⲥϩⲓⲙⲉ ⲉⲥ-ⲛ̅ⲕⲟⲧⲕ ⲙⲛ̅-ⲡⲉⲥ|ϩⲁ̈ⲓ̈ ⲕⲁⲧⲁ-ⲟⲩϩⲧⲟⲣ ⲉ-ⲡⲉⲥϩⲏⲧ ⲇⲉ ϩⲓ-ⲡⲛⲟ|ⲉⲓⲕ ⲉ-ϣⲁⲥ-ⲣ̅-ⲕⲟⲓⲛⲱⲛⲉⲓ ⲛⲙ̅ⲙⲁ-ϥ ⲡ-ⲉⲧ|ⲥ-ⲁ-ⲙⲁⲥⲧ-ϥ ϣⲁⲥ-ⲙⲁⲥⲧ-ϥ ⲉϥ-ⲓⲛⲉ ⲙ̅-ⲡⲛⲟ||ⲉⲓⲕ• ⲛ̅ⲧⲱⲧⲛ̅ ⲇⲉ ⲛⲉⲧ∅-ϣⲟⲟⲡ ⲙⲛ̅-ⲡϣⲏ|ⲣⲉ ⲙ̅-ⲡⲛⲟⲩⲧⲉ ⲙⲛ̅-ⲙⲣ̅ⲣⲉ-ⲡⲕⲟⲥⲙⲟⲥ• | ⲁⲗⲗⲁ ⲙⲣ̅ⲣⲉ-ⲡϫⲟⲉⲓⲥ ϣⲓⲛⲁ ⲛ-ⲉⲧⲉⲧⲛⲁ-|ϫⲡⲟ-ⲟⲩ ⲛⲟⲩ-ϣⲱⲡⲉ ⲉⲩ-ⲉⲓⲛⲉ ⲙ̅-ⲡⲕⲟⲥ|ⲙⲟⲥ ⲁⲗⲗⲁ ⲉⲩ-ⲛⲁ-ϣⲱⲡⲉ ⲉⲩ-ⲉⲓⲛⲉ ⲙ̅-ⲡ||ϫⲟⲉⲓⲥ•

(96) ϣⲁⲣⲉ-ⲡⲣⲱⲙⲉ ⲧⲱϩ ⲙⲛ̅-ⲡⲣⲱⲙⲉ• | ϣ̣ⲁⲣⲉ-ⲡϩⲧⲟ ⲧⲱϩ ⲙⲛ̅-ⲡϩⲧⲟ• ϣⲁⲣⲉ-ⲡⲉⲓ||[ⲱ ⲧ]ⲱϩ ⲙⲛ̅-ⲡⲉⲓⲱ• ⲛ̅ⲅⲉⲛⲟⲥ ⲛⲉ-ϣⲁⲩ-ⲧⲱϩ | [ⲙⲛ̅]-ⲛⲟⲩ-ϣⲃⲣ̅-ⲅⲉⲛⲟⲥ• ⲧⲁⲉⲓ ⲧⲉ ⲑⲉ ⲉ-ϣⲁ|[ⲣⲉ]-ⲡ̣ⲡⲛ̅ⲁ̅ ⲧⲱϩ ⲙⲛ̅-ⲡⲡⲛ̅ⲁ̅• ⲁⲩⲱ ⲡⲗⲟ||[ⲅⲟⲥ] ϣⲁϥ-ⲣ̅-ⲕ̣[ⲟ]ⲓⲛⲱ̣[ⲛ]ⲉⲓ ⲙⲛ̅-ⲡⲗⲟⲅⲟⲥ• | [ⲁⲩⲱ ⲡⲟ]ⲩⲟ̣[ⲉⲓⲛ

[192] Emend to ⲡⲉⲓⲱⲧ [193] Capable, sufficient ἱκανός, -ή, -όν [194] Samaritan (person from Samaria) Σαμαρίτης, Σαμαρῖτις [195] Heal θεραπεύειν [196] Wound πληγή [197] Often πολλάκις

ϣⲁ]ϥ-ⲣ̅-ⲕⲟⲓⲛⲱⲛⲉⲓ | [ⲙⲛ̅-ⲡⲟⲩⲟⲉⲓⲛ· ⲉⲕ]ϣⲁ-ϣⲱⲡⲉ ⲣ̅-∅ⲣⲱⲙⲉ |
[ⲡⲣⲱⲙ]ⲉ̣ ⲡ̣ⲉ̣[ⲧ∅-ⲛⲁ]-ⲙ̣ⲉⲣⲓⲧ-ⲕ· ⲉⲕϣⲁ-ϣⲱⲡⲉ | [ⲙ̅-∅ⲡⲛ̅ⲁ̅] ⲡⲡⲛ̅ⲁ̅ ⲡⲉⲧ∅-
ⲛⲁ-ϩⲱⲧⲣ̅ ⲉⲣⲟ-ⲕ· ⲉⲕ||[ϣⲁⲛ-ϣ]ⲱⲡⲉ ⲛ̅-∅ⲗⲟⲅⲟⲥ ⲡⲗⲟⲅⲟⲥ ⲡⲉⲧ∅-*ⲛⲁ- *79:1
ⲧⲱϩ ⲛ̅ⲙ̅ⲙⲁ-ⲕ· ⲉ[ⲕ]ϣⲁⲛ-ϣⲱⲡⲉ ⲛ̅-∅ⲟⲩ|ⲟⲉⲓⲛ ⲡⲟⲩⲟⲉⲓⲛ ⲡⲉⲧ∅-ⲛⲁ-ⲣ̅-
ⲕⲟⲓⲛⲱⲛⲉⲓ | ⲛ̅ⲙ̅ⲙⲁ-ⲕ· ⲉⲕϣⲁⲛ-ϣⲱⲡⲉ ⲛ̅-ⲛⲁ-ⲡⲥⲁ ⲛ|ϩⲣⲉ ⲛⲁ-ⲡⲥⲁ
ⲛϩⲣⲉ ⲛⲁ-ⲙ̅ⲧⲟⲛ ⲙ̅ⲙⲟ-ⲟⲩ || ⲉϩⲣⲁ̈ⲓ ⲉϫⲱ-ⲕ· ⲉⲕϣⲁⲛ-ϣⲱⲡⲉ ⲛ̅-∅ϩⲧⲟ | ⲏ
ⲛ̅-∅ⲉⲓⲱ ⲏ ⲙ̅-∅ⲙⲁⲥⲉ ⲏ ⲛ̅-∅ⲟⲩϩⲟⲟⲣ ⲏ ⲛ-∅ⲉ|ⲥⲟⲟⲩ ⲏ ϭⲉ ϩⲛ̅-ⲛⲉⲑⲏⲣⲓⲟⲛ
ⲉⲧ∅-ⲛ̅ⲡⲥⲁ ⲛ|ⲃⲟⲗ ⲙⲛ̅-ⲛ-ⲉⲧ∅-ⲙ̅ⲡⲥⲁ ⲙⲡⲓⲧⲛ̅ ϥ-ⲛⲁ-ϣ-ⲙⲉ|ⲣⲓⲧ-ⲕ ⲁⲛ
ⲟⲩⲧⲉ ⲡⲣⲱⲙⲉ ⲟⲩⲧⲉ ⲡⲡⲛ̅ⲁ̅ ⲟⲩ||ⲧⲉ ⲡⲗⲟⲅⲟⲥ ⲟⲩⲧⲉ ⲡⲟⲩⲟⲉⲓⲛ· ⲟⲩⲧⲉ
ⲛⲁ-|ⲡⲥⲁ ⲛⲧⲡⲉ ⲟⲩⲧⲉ ⲛⲁ-ⲡⲥⲁ ⲛϩⲟⲩⲛ ⲥⲉ-|ⲛⲁ-ϣ-ⲙ̅ⲧⲟⲛ ⲙ̅ⲙⲟ-ⲟⲩ ⲁⲛ
ϩⲣⲁ̈ⲓ ⲛ̅ϩⲏⲧ-ⲕ· | ⲁⲩⲱ ⲙⲛ̅ⲧⲁ-ⲕ-∅ⲙⲉⲣⲟⲥ[198] ϩⲣⲁ̈ⲓ ⲛ̅ϩⲏⲧ-ⲟⲩ·

(97) ⲡ-ⲉ|ⲧ∅-ⲟ ⲛ̅-∅ϩⲙϩⲁ̅ⲗ̅ ⲉ-ϩⲛⲁ-ϥ ⲁⲛ ϥ-ⲛⲁ-ϣ-ⲣ̅-∅ⲉⲗⲉⲩ||ⲑⲉⲣⲟⲥ· ⲡ-
ⲉⲛⲧ-ⲁϩ-ⲣ̅-∅ⲉⲗⲉⲩⲑⲉⲣⲟⲥ ⲙ̅-ⲡⲉϩ|ⲙⲟⲧ ⲙ̅-ⲡⲉϥϫⲟⲉⲓⲥ ⲁⲩⲱ ⲁϥ-ⲧⲁⲁ-ϥ
ⲉⲃⲟⲗ | ⲟⲩⲁⲁ-ϥ ⲁ-ⲩⲙⲛ̅ⲧ-ϩⲙϩⲁ̅ⲗ̅ ⲟⲩⲕⲉⲧⲓ ϥ-ⲛⲁ-ϣ-|ⲣ̅-∅ⲉⲗⲉⲩⲑⲉⲣⲟⲥ·

(98) ⲧⲙ̅ⲛ̅ⲧ-ⲟⲩⲟⲉⲓⲉ ⲙ̅-ⲡⲕⲟⲥ|ⲙⲟⲥ ϩⲓⲧⲛ̅-ϥⲧⲟⲟⲩ ⲛ̅-ⲉⲓⲇⲟⲥ·[199] ϣⲁⲩ-
ⲟⲗ-ⲟⲩ || ⲉϩⲟⲩⲛ ⲁ-ⲧⲁⲡⲟⲑⲏⲕⲏ[200] ϩⲓⲧⲛ̅-ⲟⲩⲙⲟⲟⲩ | ⲙⲛ̅ⲛ-ⲟⲩⲕⲁϩ ⲙⲛ̅ⲛ-
ⲟⲩⲡⲛ̅ⲁ̅ ⲙⲛ̅ⲛ-ⲟⲩⲟⲉⲓⲛ· | ⲁⲩⲱ ⲧⲙ̅ⲛ̅ⲧ-ⲟⲩⲉⲓⲉ ⲙ̅-ⲡⲛⲟⲩⲧⲉ ⲧⲉⲉⲓϩⲉ | ⲟⲛ
ϩⲓⲧⲛ̅-ϥⲧⲟⲟⲩ ϩⲓⲧⲛ̅-ⲟⲩⲡⲓⲥⲧⲓⲥ ⲙⲛ̅|ⲛ-ⲟⲩϩⲉⲗⲡⲓⲥ ⲙⲛ̅ⲛ-ⲟⲩⲁⲅⲁⲡⲏ ⲙⲛ̅-
ⲟⲩ||ⲅⲛⲱⲥⲓⲥ· ⲡⲛ̅ⲕⲁϩ ⲧⲉ ⲧⲡⲓⲥⲧⲓⲥ ⲧⲁ̈ⲓ ⲉⲛ-|ϫⲉ-∅ⲛⲟⲩⲛⲉ ϩⲣⲁ̈ⲓ ⲛ̅ϩⲏⲧ-ⲥ̅·
ⲡⲙⲟ[ⲟ]ⲩ [ⲇⲉ] | ⲧⲉ ⲑⲉⲗⲡⲓⲥ ⲉⲃⲟⲗ ϩⲓⲧⲟⲟⲧ-ⲥ̅ ⲉ[ⲛ-ⲥⲟ]||ⲉⲓϣ· ⲡⲡⲛ̅ⲁ̅ ⲧⲉ
ⲧⲁⲅⲁⲡⲏ ⲉⲃⲟⲗ [ϩⲓⲧⲟ]|ⲟⲧ-ϥ ⲉⲛ-ⲁⲩⲝⲁⲛⲉ·[201] ⲡⲟⲩⲟⲉⲓⲛ ⲇ[ⲉ ⲧⲉ] || ⲧⲅⲛⲱ-
ⲥⲓⲥ· ⲉⲃⲟ[ⲗ ϩ]ⲓ̣ⲧ̣[ⲟⲟ]ⲧ-ⲥ̅ ⲧⲛ̣̅-ⲡ[ⲱϩ]· | ⲧⲭⲁⲣⲓⲥ ⲥ-ⲟ ⲛ̅-ϥ[ⲧⲟⲟⲩ ⲙ̅]-
ⲙ[ⲉⲓⲛⲉ· ⲥ-ⲟ ⲣ̅]-|∅ⲣⲙⲛ̅-ⲕⲁϩ· ⲥ-ⲟ ⲣ̅-∅ⲣ[ⲙ̅ⲙ̅-ⲡⲉ - - -] | ⲧⲡⲉ ⲛ̅ⲧⲉ-ⲧⲡⲉ
ⲁⲩ[. .]ϩⲛ̣̅[. .]

(99) [ⲟⲩⲙⲁⲕⲁ]||ⲣⲓⲟⲥ ⲡⲉ ⲡⲁⲉⲓ ⲉ-ⲙⲡⲉϥ-ⲗ̅ⲗ̅[- - - ⲛ̅]-*ⲛⲟⲩⲯⲩⲭⲏ· *80:1
ⲡⲁⲉⲓ ⲡⲉ ⲓ̅ⲥ̅ ⲡⲭ̅ⲥ̅· ⲁϥ-ⲣ̅-ⲁⲡⲁⲛ|ⲧⲁ[202] ⲙ̅-ⲡⲙⲁ ⲧⲏⲣ-ϥ· ⲁⲩⲱ ⲙ̅ⲡⲉϥ-ⲣ̅-
ⲃⲁⲣⲉⲓ[203] ⲗ̅-ⲗⲁⲁⲩ· | ⲉⲧⲃⲉ-ⲡⲁⲉⲓ ⲟⲩⲙⲁⲕⲁⲣⲓⲟⲥ ⲡⲉ ⲡⲁⲉⲓ ⲛ̅-ⲧⲉⲉⲓ|ⲙⲓⲛⲉ
ϫⲉ-ⲟⲩⲧⲉⲗⲉⲓⲟⲥ ⲣ̅-ⲣⲱⲙⲉ ⲡⲉ· ⲡⲁⲉⲓ ⲅⲁⲣ || ⲡⲗⲟⲅⲟⲥ ϫⲛⲟⲩⲛ ⲙ̅ⲙⲟ-ⲛ
ⲉⲣⲟ-ϥ ϩⲱⲥⲙⲟⲕϩ | ⲁ-∅ⲥⲉϩⲉ-ⲡⲁⲉⲓ ⲉⲣⲁⲧ-ϥ· ⲡⲱⲥ ⲧⲛ̅-ⲛⲁ-ϣ-ⲣ̅-ⲕⲁⲧⲟⲣ|-
ⲑⲟⲩ[204] ⲙ̅-ⲡⲉⲉⲓⲛⲟϭ· ⲡⲱⲥ ⲉϥ-ⲛⲁ-ϯ-∅ⲁⲛⲁⲡⲁⲩ|ⲥⲓⲥ ⲛ̅-ⲟⲩⲟⲛ ⲛⲓⲙ·
ϩⲁⲧⲉϩⲏ ⲛ̅-ϩⲱⲃ ⲛⲓⲙ ϣϣⲉ | ⲁⲛ ⲉ-∅ⲗ̅-ⲗⲩⲡⲉⲓ[205] ⲗ̅-ⲗⲁⲁⲩ ⲉⲓⲧⲉ ∅ⲛⲟϭ
ⲉⲓⲧⲉ ∅ⲕⲟⲩⲉⲓ || ⲏ ∅ⲁⲡⲓⲥⲧⲟⲥ[206] ⲏ ∅ⲡⲓⲥⲧⲟⲥ ⲉⲓⲧⲁ[207] ⲁ-∅ϯ-∅ⲁⲛⲁⲡⲁⲩⲥⲓⲥ |

198 Part, share μέρος 199 Type, material εἶδος 200 Storehouse ἀποθήκη 201 Grow αὐξάνειν 202 Encounter ἀπαντᾶν 203 Burden βαρεῖν 204 Be virtuous, succeed κατορθοῦν 205 Cause pain λυπεῖν 206 Faithless ἄπιστος 207 And then εἶτα

ⲛ̄-ⲛ-ⲉⲧ∅-ⲙ̄ⲧⲟⲛ ⲙ̄ⲙⲟ-ⲟⲩ ϩⲛ̄-ⲛ-ⲉⲧ-ⲛⲁⲛⲟⲩ-ⲟⲩ• | ⲟⲩⲛ̄-ϩⲟⲉⲓⲛⲉ ⲉ-ⲧⲟⲩⲛⲟϥⲣⲉ ⲧⲉ ⲉ-∅ϯ-∅ⲁⲛⲁ|ⲡⲁⲩⲥⲓⲥ ⲙ̄-ⲡ-ⲉⲧ∅-ϣⲟⲟⲡ ⲕⲁⲗⲱⲥ• ⲡⲉϯⲣⲉ | ⲙ̄-ⲡ-ⲉⲧ-ⲛⲁⲛⲟⲩ-ϥ ⲙⲛ̄-∅ϭⲟⲙ ⲙ̄ⲙⲟ-ϥ ⲛ̄ϥ-ϯ-||∅ⲁⲛⲁⲡⲁⲩⲥⲓⲥ ⲛ̄-ⲛⲁⲉⲓ• <ϥ->ϥⲓ[208] ⲅⲁⲣ ⲁⲛ ⲙ̄-ⲡ-ⲉⲧⲉ-ϩ|ⲛⲁ-ϥ• ⲙⲛ̄-∅ϭⲟⲙ ⲇⲉ ⲙ̄ⲙⲟ-ϥ ⲁ-∅ⲗ-ⲗⲩⲡⲉⲓ ⲉϥ-|ⲧⲙ̄ⲧⲣⲟⲩ-ⲣ̄-ⲑⲗⲓⲃⲉ[209] ⲙ̄ⲙⲟ-ⲟⲩ• ⲁⲗⲗⲁ ⲡ-ⲉⲧ∅-ϣⲱ|ⲡⲉ ⲕⲁⲗⲱⲥ ϩⲛ̄ⲥⲟⲡ ϣⲁϥ-ⲗ̄-ⲗⲩⲡⲉⲓ ⲙ̄ⲙⲟ-|ⲟⲩ• ϥ-ϣⲟⲟⲡ ⲁⲛ ⲛ̄ⲧⲉⲉⲓϩⲉ• ⲁⲗⲗⲁ ⲧⲟⲩⲕⲁ||ⲕⲓⲁ ⲧⲉ ⲉⲧ∅-ⲣ̄-ⲗⲩⲡⲉⲓ ⲙ̄ⲙⲟ-ⲟⲩ• ⲡ-ⲉⲧⲉ-ⲩⲛ̄ⲧⲁ-ϥ | ⲙ̄ⲙⲁⲩ ⲛ̄-ⲧⲫⲩⲥⲓⲥ ϥ-ϯ-∅ⲟⲩⲛⲟϥ ⲙ̄-ⲡ-ⲉⲧ-ⲛⲁ|ⲛⲟⲩ-ϥ• ϩⲟⲉⲓⲛⲉ ⲇⲉ ⲉⲃⲟⲗ ϩⲛ̄-ⲡⲁⲉⲓ ⲥⲉ-ⲗ̄-|ⲗⲩⲡⲉⲓ ⲕⲁⲕⲱⲥ•

(100) ⲟⲩϫⲉⲥ-ϩⲛ̄ⲛ-ⲏⲉⲓ ⲁϥ-ϫⲡⲉ-|ⲛ̄ⲕⲁ ⲛⲓⲙ ⲉⲓⲧⲉ ∅ϣⲏⲣⲉ ⲉⲓⲧⲉ
∅ϩⲙϩⲁ̄ⲗ̄ ⲉⲓⲧⲉ || ∅ⲧⲃⲛⲏ ⲉⲓⲧⲉ ∅ⲟⲩϩⲟⲣ ⲉⲓⲧⲉ ∅ⲣⲓⲣ ⲉⲓⲧⲉ ∅ⲥⲟⲩⲟ | [ⲉⲓⲧⲉ]
∅ⲉ̣ⲓⲱⲧ ⲉⲓⲧⲉ ∅ⲧⲱϩ ⲉⲓⲧⲉ ∅ⲭⲟⲣⲧⲟⲥ[210] ⲉⲓⲧⲉ | [. . .].ⲉⲓⲧⲉ ∅ⲁϥ ⲁⲩⲱ ∅ⲃⲁⲗ-
ⲁⲛⲟⲥ•[211] ⲟⲩⲥⲁⲃⲉ | [ⲇⲉ ⲡ]ⲉ• ⲁⲩⲱ ⲁϥ-ⲉⲓⲙⲉ ⲛ̄-ⲧⲧⲣⲟⲫⲏ ⲙ̄-ⲡⲟⲩⲁ |
[ⲡⲟⲩⲁ]• ⲛ̄ϣⲏⲣ̣[ⲉ] ⲙ̣ⲉⲛ̣ ⲁ̣ϥ-ⲕⲉ-∅ⲁⲣⲧⲟⲥ[212] ϩⲁⲣⲱ-||[ⲟⲩ. . . .]ⲁ̣ⲁ[. . . .•
ⲛ̄]ϩⲙϩⲁ̄ⲗ̄ ⲇⲉ ⲁϥ-ⲕⲉ-ⲕⲓ|[- - - ϩⲁⲣⲱ-ⲟⲩ ϩⲓ-∅ⲉ]ⲃⲣⲉ• ⲁⲩⲱ ⲛ̄ⲧⲃⲛⲟⲟⲩ |
[ⲁϥ-ⲛⲉϫ-∅ⲉⲓ]ⲱ̣[ⲧ ϩ]ⲁ̣ⲣⲱ-ⲟⲩ ϩⲓ-∅ⲧⲱϩ ϩⲓ-∅ⲭⲟⲣ|[ⲧⲟⲥ• ⲛ̄ⲟⲩ]ϩⲟⲟⲣ ⲁϥ-
ⲛⲉϫ-∅ⲕⲉⲉⲥ ϩⲁⲣⲱ-ⲟⲩ• | [ⲁⲩⲱ ⲣ̄ⲣⲓⲣ ⲁ]ϥ-ⲛⲉϫ-∅ⲃⲁⲗⲁⲛⲟⲥ ϩⲁⲣⲱ-ⲟⲩ
*81:1 *ϩⲓ̈-∅ⲙⲁⲙⲟⲩ ⲛ̄-ⲟⲉⲓⲕ• ⲧⲁⲉⲓ ⲧⲉ ⲑⲉ ⲙ̄-ⲡⲙⲁⲑⲏ|ⲧⲏⲥ ⲙ̄-ⲡⲛⲟⲩⲧⲉ• ⲉϣⲱ-
ⲡⲉ-ⲟⲩⲥⲁⲃⲉ ⲡⲉ ⲉϥ-|ⲁⲓⲥⲑⲁⲛⲉ[213] ⲛ̄-ⲧⲙ̄ⲛ̄ⲧ̄-ⲙⲁⲑⲏⲧⲏⲥ• ⲙ̄ⲙⲟⲣ|ⲫⲏ ⲛ̄-
ⲥⲱⲙⲁⲧⲓⲕⲏ[214] ⲥⲉ-ⲛⲁ-ⲣ̄-ⲁⲡⲁⲧⲁ ⲁⲛ ⲙ̄||ⲙⲟ-ϥ• ⲁⲗⲗⲁ ⲉϥ-ⲛⲁ-ϭⲱϣⲧ
ⲛ̄ⲥⲁ-ⲧⲇⲓⲁⲑⲉ|ⲥⲓⲥ[215] ⲛ̄-ⲧⲉϥⲯⲩⲭⲏ ⲙ̄-ⲡⲟⲩⲁ ⲡⲟⲩⲁ ⲛ̄ϥ-ϣⲁ|ϫⲉ ⲛⲙ̄ⲙⲁ-ϥ•
ⲟⲩⲛ̄-ϩⲁϩ ⲛ̄-ⲑⲏⲣⲓⲟⲛ ϩⲙ̄-ⲡⲕⲟⲥ|ⲙⲟⲥ ⲉⲩ-ⲟ ⲙ̄-∅ⲙⲟⲣⲫⲏ ⲣ̄-ⲣⲱⲙⲉ• ⲛⲁⲉⲓ
ⲉϥ|ϣⲁ-ⲥⲟⲩⲱⲛ-ⲟⲩ ⲣ̄ⲣⲓⲣ ⲙⲉⲛ ϥ-ⲛⲁ-ⲛⲉϫ-∅ⲃⲁ||ⲗⲁⲛⲟⲥ ⲉⲣⲟ-ⲟⲩ• ⲛ̄ⲧⲃ-
ⲛⲟⲟⲩ ⲇⲉ ϥ-ⲛⲁ-ⲛⲉϫ-|∅ⲉⲓⲱⲧ ⲉⲣⲟ-ⲟⲩ ϩⲓ-∅ⲧⲱϩ ϩⲓ-∅ⲭⲟⲣⲧⲟⲥ• ⲛ̄ⲟⲩ|-
ϩⲟⲟⲣ ϥ-ⲛⲁ-ⲛⲉϫ-∅ⲕⲁⲁⲥ ⲉⲣⲟ-ⲟⲩ• ⲛ̄ϩⲙϩⲁ̄ⲗ̄ | ϥ-ⲛⲁ-ϯ ⲛⲁ-ⲩ ⲛ̄-∅ϣⲟⲣⲡ•
ⲛ̄ϣⲏⲣⲉ ϥ-ⲛⲁ-ϯ ⲛⲁ-ⲩ | ⲛ̄-∅ⲧⲉⲗⲉⲓⲟⲛ•

(101) ϥ-ϣⲟⲟⲡ ⲛ̄ϭⲓ-ⲡϣⲏⲣⲉ ⲙ̄-ⲡⲣⲱ||ⲙⲉ• ⲁⲩⲱ ϥ-ϣⲟⲟⲡ ⲛ̄ϭⲓ-ⲡϣⲏⲣⲉ ⲙ̄-ⲡϣⲏ|ⲣⲉ ⲙ̄-ⲡⲣⲱⲙⲉ• ⲡϫⲟⲉⲓⲥ ⲡⲉ ⲡϣⲏⲣⲉ ⲙ̄-|ⲡⲣⲱⲙⲉ• ⲁⲩⲱ ⲡϣⲏⲣⲉ ⲙ̄-ⲡϣⲏⲣⲉ ⲙ̄-|ⲡⲣⲱⲙⲉ ⲡⲉ ⲡ-ⲉⲧ∅-ⲥⲱⲛⲧ ϩⲓⲧⲙ̄-ⲡϣⲏ|ⲣⲉ ⲙ̄-ⲡⲣⲱⲙⲉ• ⲁ-ⲡϣⲏⲣⲉ ⲙ̄-ⲡⲣⲱⲙⲉ ϫⲓ || ⲛ̄ⲧⲟⲟⲧ-ϥ ⲙ̄-ⲡⲛⲟⲩⲧⲉ ⲉ-∅ⲧⲣⲉϥ-ⲥⲱⲛⲧ• ⲟⲩⲛ|ⲧⲁ-ϥ ⲙ̄ⲙⲁⲩ ⲉ-∅ⲧⲣⲉϥ-ϫⲡⲟ• ⲡ-ⲉⲛⲧ-ⲁϩ-ϫⲓ ⲉ-|∅ⲧⲣⲉϥ-ⲥⲱⲛⲧ ⲟⲩⲥⲱⲛⲧ ⲡⲉ• ⲡ-ⲉⲛⲧ-ⲁϩ-ϫⲓ̣ | ⲉ-∅ϫⲡⲟ ⲟⲩϫⲡⲟ ⲡⲉ• ⲡ-ⲉⲧ∅-ⲥⲱⲛⲧ ⲙⲛ̄-∅ϭⲟⲙ̣ | ⲛ̄ϥ-ϫⲡⲟ• ⲡ-ⲉⲧ∅-ϫⲡⲟ ⲟⲩⲛ̄-∅ϭⲟⲙ ⲛ̄ϥ-ⲥⲱⲛⲧ̣• ||

[208] <ϥ-> omitted by the ancient copyist [209] Cause distress to θλίβειν [210] Food (fodder) χόρτος [211] Acorn βάλανος [212] Bread ἄρτος [213] Perceive αἰσθάνεσθαι [214] Bodily σωματικός, -ή, -όν [215] Condition διάθεσις

ⲥⲉ-ϫⲱ ⲇⲉ ⲙ̄ⲙⲟ-ⲥ ϫⲉ-ⲡ-ⲉⲧ$^{\emptyset}$-ⲥⲱⲛⲧ ϫⲡⲟ• | ⲁⲗⲗⲁ ⲡⲉϥϫⲡⲟ ⲟⲩⲥⲱⲛⲧ
ⲡⲉ• ⲉⲧ[ⲃⲉ-. . .] | ⲛ̄ϫⲡⲟ ⲛⲉϥϣⲏⲣⲉ ⲁⲛ ⲛⲉ• ⲁⲗⲗⲁ ⲛ̣[- - -] | ⲛⲉ• ⲡ-ⲉⲧ$^{\emptyset}$-
ⲥⲱⲛⲧ ⲉϥ-ⲣ̄-$^{\emptyset}$ϩⲱⲃ ϩⲛ̄-ⲟⲩ[ⲱⲛϩ] | ⲉⲃⲟⲗ• ⲁⲩⲱ ⲛ̄ⲧⲟϥ ϩⲱⲱ-ϥ ϥ-
ⲟⲩⲟ̣[ⲛϩ ⲉ]||ⲃⲟⲗ• ⲡ-ⲉⲧ$^{\emptyset}$-ϫⲡⲟ ⲉϥ-ϫ̣ⲡ̣ⲟ̣ ϩⲛ̄-ⲟ̣ⲩ[ⲡⲉⲑⲏⲡ]• | ⲁⲩⲱ ⲛ̄ⲧⲟϥ
ϥ-ϩⲏⲡ̣ [ⲉ]ϥ-[ⲟ]ⲩⲁ̣[- - -]||ⲑⲓⲕⲟⲛ• ⲡ-ⲉⲧ$^{\emptyset}$-ⲥⲱ̣[ⲛⲧ ⲟ]ⲛ ⲉϥ-ⲥ̣[ⲱⲛⲧ ϩⲛ̄]-
|ⲟⲩⲫⲁⲛⲉⲣⲟⲛ•[216] ⲡ-ⲉⲧ$^{\emptyset}$-ϫⲡⲟ ⲇ[ⲉ ⲉϥ-ϫⲡⲉ]-|$^{\emptyset}$ϣⲏⲣⲉ ϩⲛ̄-ⲟⲩⲡⲉⲑⲏⲡ•

(102) ⲙⲛ̣̄-[ⲗⲁⲁⲩ ⲛⲁ-ϣ]-||ⲥⲟⲟⲩⲛ ϫⲉ-ⲁϣ ⲡⲉ ⲫⲟ[ⲟⲩ ⲉⲧⲉ-ⲫⲟⲟⲩⲧ]
*ⲙⲛ̄-ⲧⲥϩⲓⲙⲉ ⲣ̄-ⲕⲟⲓⲛⲱⲛⲉⲓ ⲙⲛ̄-ⲛⲟⲩⲉⲣⲏⲩ | ⲉⲓⲙⲏ ⲛ̄ⲧⲟⲟⲩ ⲟⲩⲁⲁ-ⲩ• *82:1
ⲟⲩⲙⲩⲥⲧⲏⲣⲓⲟⲛ ⲅⲁⲣ | ⲡⲉ ⲡⲅⲁⲙⲟⲥ ⲙ̄-ⲡⲕⲟⲥⲙⲟⲥ ⲛ̄-ⲛ-ⲉⲛⲧ-ⲁϩ-ϫⲓ-|
$^{\emptyset}$ϩⲓⲙⲉ• ⲉϣϫⲉ-ⲡⲅⲁⲙⲟⲥ ⲙ̄-ⲡϫⲱϩⲙ ϥ-ϩⲏⲡ || ⲡⲟⲥⲱⲙⲁⲗⲗⲟⲛ ⲡⲅⲁⲙⲟⲥ
ⲛ̄-ⲁⲧ-ϫⲱϩⲙ ⲟⲩ|ⲙⲩⲥⲧⲏⲣⲓⲟⲛ ⲡⲉ ⲛ̄-ⲁⲗⲏⲑⲉⲓⲛⲟⲛ• ⲟⲩⲥⲁⲣⲕⲓ|ⲕⲟⲛ[217]
ⲁⲛ ⲡⲉ• ⲁⲗⲗⲁ ⲉϥ-ⲧⲃ̄ⲃⲏⲩ• ⲉϥ-ⲏⲡ ⲁⲛ ⲁ-ⲧⲉ|ⲡⲓⲑⲩⲙⲓⲁ ⲁⲗⲗⲁ ⲉ-ⲡⲟⲩ-
ⲱϣ• ⲉϥ-ⲏⲡ ⲁⲛ ⲉ-ⲡⲕⲁ|ⲕⲉ ⲏ ⲧⲟⲩϣⲏ• ⲁⲗⲗⲁ ⲉϥ-ⲏⲡ ⲉ-ⲡⲉϩⲟⲟⲩ
ⲙⲛ̄-||ⲡⲟⲩⲟⲉⲓⲛ• ⲟⲩⲅⲁⲙⲟⲥ ⲉϥϣⲁ-ⲕⲱⲕ ⲁϩⲏⲩ | ⲁϥ-ϣⲱⲡⲉ ⲙ̄-$^{\emptyset}$ⲡⲟⲣ-
ⲛⲉⲓⲁ•[218] ⲁⲩⲱ ⲧϣⲉⲗⲉⲉⲧ | ⲟⲩⲙⲟⲛⲟⲛ ⲉⲥϣⲁ-ϫⲓ-ⲡⲥⲡⲉⲣⲙⲁ[219] ⲛ̄-ⲕⲉϩⲟ|-
ⲟⲩⲧ ⲁⲗⲗⲁ ⲕⲁⲛ ⲉⲥϣⲁⲛ-ⲣ̄-ⲡⲃⲟⲗ ⲙ̄-ⲡⲉⲥⲕⲟⲓ|ⲧⲱⲛ[220] ⲛ̄ⲥⲉ-ⲛⲁⲩ ⲉⲣⲟ-ⲥ
ⲁⲥ-ⲡⲟⲣⲛⲉⲩⲉ•[221] ⲙⲟⲛⲟⲛ || ⲙⲁⲣⲉⲥ-ⲟⲩⲱⲛϩ ⲉⲃⲟⲗ ⲙ̄-ⲡⲉⲥⲉⲓⲱⲧ ⲙⲛ̄-
ⲧⲉⲥ|ⲙⲁⲁⲩ ⲙⲛ̄-ⲡϣⲃⲏⲣ ⲙ̄-ⲡⲛⲩⲙⲫⲓⲟⲥ ⲙⲛ̄ⲛ̄-|ⲛ̄ϣⲏⲣⲉ ⲙ̄-ⲡⲛⲩⲙⲫⲓⲟⲥ•
ⲛⲁⲉⲓ ⲉⲥ-ⲧⲟⲉⲓ ⲛⲁ-ⲩ | ⲉ-$^{\emptyset}$ⲧⲣⲟⲩ-ⲃⲱⲕ ⲉϩⲟⲩⲛ ⲙ̄ⲙⲏⲛⲉ ⲉ-ⲡⲛⲩⲙⲫⲱⲛ• |
ⲛ̄ⲕⲟⲟⲩⲉ ⲇⲉ ⲙⲁⲣⲟⲩ-ⲣ̄-ⲉⲡⲓⲑⲩⲙⲉⲓ ⲕⲁⲛ || ⲉ-$^{\emptyset}$ⲥⲱⲧⲙ̄ ⲉ-ⲧⲉⲥⲥⲙⲏ ⲛ̄ⲥⲉ-
ⲣ̄-ⲁⲡⲟⲗⲁⲩⲉ ⲙ̄-|ⲡⲉⲥⲥⲟϭⲛ̄• ⲁⲩⲱ ⲙⲁⲣⲟⲩ-ⲥⲟⲛϣ ⲉⲃⲟⲗ ϩⲛ̄-ⲛ̄|-
ⲗⲉϥⲗⲓϥⲉ ⲉⲧ$^{\emptyset}$-ϩⲉ ⲉⲃⲟⲗ ϩⲓⲧⲣⲁⲡⲉⲍⲁ[222] ⲛ̄ⲑⲉ ⲛ̄-|ⲛⲟⲩϩⲟⲟⲣ• ⲟⲩⲛ-ϩⲛ̄-
ⲛⲩⲙⲫⲓⲟⲥ ⲙⲛ̄-ϩⲛ̄|ⲛⲩⲙⲫⲏ ⲏⲡ ⲉ-ⲡⲛⲩⲙⲫⲱⲛ• ⲙⲛ̄-ⲟⲩⲁ ⲛⲁ-ϣ-||ⲛ̣ⲁⲩ ⲁ-
ⲡⲛⲩⲙⲫⲓⲟⲥ ⲙⲛ̄-ⲧⲛⲩⲙⲫⲏ ⲉⲓⲙⲏ | [ⲛ̄ϥ-ϣ]ⲱⲡⲉ ⲙ̄-ⲡⲁⲉⲓ•

(103) ⲛ̄ⲧⲉⲣⲉ-ⲁⲃⲣⲁϩⲁⲙ | [. . . .] ⲉ-$^{\emptyset}$ⲧⲣⲉϥ-ⲛⲁⲩ ⲁ-ⲡ-ⲉⲧϥ-ⲛⲁ-ⲛⲁⲩ ⲉⲣⲟ-
ϥ | [ⲁϥ-ⲥ]ⲃ̣ⲃⲉ ⲛ̄-ⲧⲥⲁⲣⳍ ⲛ̄-ⲧⲁⲕⲣⲟⲃⲩⲥⲧⲓⲁ[223] ⲉϥ-ⲧⲁ|[ⲙⲟ] ⲙ̣ⲙⲟ-ⲛ ϫⲉ-
ϣϣⲉ ⲉ-$^{\emptyset}$ⲧⲁⲕⲟ ⲛ̄-ⲧⲥⲁⲣⳍ• ||

(104) [ⲡⲉϩⲟ]ⲩⲟ̣ ⲛ̣̄ⲧⲉ̣-[ⲡ]ⲕⲟ̣ⲥⲙⲟⲥ ⲉⲛϩⲟⲥⲟⲛ ⲛⲟⲩ|[ⲥⲁ ⲛϩⲟⲩ]ⲛ̣
ϩⲏ[ⲡ ⲥⲉ]-ⲁ̣ϩⲉⲣⲁⲧ-ⲟⲩ• ⲁⲩⲱ ⲥⲉ-ⲟⲛϩ• | [ⲉⲩϣⲁⲛ]-ⲟ̣ⲩⲱⲛ[ϩ ⲉⲃ]ⲟ̣ⲗ
ⲁⲩ-ⲙⲟⲩ ⲕⲁⲧⲁ-ⲡⲡⲁ|[ⲣⲁⲇⲓⲅⲙ]ⲁ[224] ⲙ̄-ⲡⲣⲱⲙⲉ ⲉⲧ$^{\emptyset}$-ⲟⲩⲟⲛⲉϩ ⲉⲃⲟⲗ• |
[ⲉⲛϩⲟⲥⲟ]ⲛ ⲙ̄ⲙⲁϩⲧ ⲙ̄-ⲡⲣⲱⲙⲉ ϩⲏⲡ ϥ-ⲟⲛϩ *ⲛ̄ϭⲓ-ⲡⲣⲱⲙⲉ• ⲉⲩϣⲁ- *83:1
ϭⲱⲗⲡ ⲛ̄ϭⲓ-ⲛⲉϥⲙⲁϩⲧ | ⲥⲉ-ⲣ̄-ⲡⲃⲟⲗ ⲛ̄ϩⲏⲧ-ϥ ϥ-ⲛⲁ-ⲙⲟⲩ ⲛ̄ϭⲓ-ⲡⲣⲱⲙⲉ• |

[216] Visible φανερός, -ή, -όν [217] Fleshly, concerned with flesh σαρκικός, -ή, -όν [218] Fornication πορνεία [219] Sperm σπέρμα [220] Bedroom κοιτών [221] Commit fornication πορνεύειν [222] Table τράπεζα [223] Foreskin ἀκροβυστία [224] Case, instance παράδειγμα

тееіҕе он м̄-пщнн ҕωс е-теqноүне | ҕнп щаq-†-∅оүω н̄q-леҕнт• ерща-теq||ноүне бωλп евоλ щаре-пщнн що|оүе• таеі те өе ҕі-хпо нім ет∅-ҕм̄-пкос|мос оүмонон ҕі-н-ет∅-оүонҕ евоλ | аλλа ҕі-н-еөнп• ефҕосон гар тноүне | н̄-ткакіа ҕнп с-хоор• еүщан-соүωн-с̄ || де ас-вωλ евоλ• есщан-оүωнҕ де е|воλ ас-ωхн̄• етве-паеі пλогос хω м̄|мо-с хе-нда таҙеінн[225] см̄монт а-тноү|не н̄-н̄щнн• ес-на-щωωṫ ан• п-етоү-|на-щаат-q паλін щаq-†-∅оүω• аλλа е-ща||ре-таҙеінн ваλвλ̄ епітн̄ епеснт щан|тес-н̄-тноүне еҕраеі• а-іс̄ де пωрк н̄-|тноүне м̄пма тнр-q ҕн̄кооүе де ка|та-∅мерос• анон ҕωω-н маре-поүа | поүа н̄ҕнт-н̄ мареq-ваλвλе н̄са-тноү||не н̄-ткакіа ет∅-н̄ҕраї н̄ҕнт-q н̄q-порк-ç | ҕа-теснОүне ҕм̄-пеqҕнт• ес-на-пωрк | де енща-соүωн-с• ещωпе де тн̄|н-о н̄-∅ат-сооүн еро-с с-хе-∅ноүне ҕр[а]ї | н̄ҕнт-н̄• аүω с-теүо евоλ н̄-нескар||пос ҕраї ҕм̄-пн̄ҕнт• с-о н̄-∅хоеіс еро-н• | тн̄н-о н̄-∅ҕмҕаλ на-с• с-р̄-аіхмаλω[т]іzе | м̄мо-н е-∅трн̄-еіре н̄-н-етн̄-оүоω-[оү ан]• | н-етн̄-оүоω-оү тн̄-еіре м̄мо-оү [ан• с]-|бм̄-∅бом хе-м̄пн̄-соүωн-с• ҕωс [ес-що]||оп мен с-р̄-енергеі• тм̄нт-ат-с[ооүн] | ес-щооп м̄-∅мааү н̄-н̄пе[өооү тнр-оү]• | тм̄нт-ат-сооүн [ес]-на-ще а-п[моү хе]-|н-ет∅-щооп евоλ ҕн̄-тм̄нт-[ат-сооүн] | оүте неү-щооп ан• оүте [се-щооп ан]• || оүте се-на-щωпе ан• [- - -]

*84:1 *се-на-хωк евоλ ҕотан ерща-таλнөеіа | тнр-с оүωнҕ евоλ• таλнөеіа гар ката-өе | н̄-тм̄нт-ат-сооүн ес-ҕнп мен с-р̄-ана|паүе[226] ҕраї н̄ҕтнт-с̄• есща-оүωнҕ де евоλ || н̄се-соүωн-с̄ щаү-тна-с-∅еооү ҕосон | с-бн̄-∅бом е-тм̄нт-ат-сооүн аүω а-тпλа|нн• с-† н̄-тм̄нт-еλеүөерос• пеха-q н̄бі-|пλогос хе-ететн̄щан-соүωн-таλн|өеіа таλнөеіа на-р̄-тнне н̄-∅еλеүөерос• || тм̄нт-ат-сооүн с-о н̄-∅ҕмҕаλ• тгнωсіс оү|еλеүөеріа[227] те• енща-соүωн-таλнөеіа | тн̄-на-ҕе а-нкарпос н̄-таλнөеіа ҕраї н̄|ҕнт-н̄• енща-ҕωтр̄ еро-с с-на-хі м̄-пн̄пλн|рωма•

(105) теноү оүнта-н м̄маү н̄-н-ет∅-оү||онеҕ евоλ н̄те-псωнт• щан-хоо-с хе-|н̄тооү не нхωωре ет∅-таеінү• н-еөнп | де не нбωв ет∅-щнс• таеі те өе н̄-н-ет∅-оү|онҕ евоλ

[225] Axe ἀξίνη [226] Repose, rest ἀναπαύεσθαι [227] Freedom ἐλευθερία

ⲛ̄-ⲧⲁⲗⲏⲑⲉⲓⲁ• ϩⲛ̄ϭⲱⲃ ⲛⲉ• ⲁⲩⲱ | ⲥⲉ-ϣⲏⲥ• ⲛ-ⲉⲑⲏⲡ ⲇⲉ ⲛ̄ϫⲱⲣⲉ ⲛⲉ• ⲁⲩⲱ ⲥⲉ-ⲧⲁ||ⲉⲓⲏⲩ• ⲥⲉ-ⲟⲩⲟⲛϩ ⲇⲉ ⲉⲃⲟⲗ ⲛ̄ϭⲓ-ⲙ̄ⲙⲩⲥⲧⲏⲣⲓⲟⲛ | ⲛ̄-ⲧⲁⲗⲏⲑⲉⲓⲁ ⲉⲩ-ⲟ ⲛ̄-øⲧⲩⲡⲟⲥ ϩⲓ-øϩⲓⲕⲱⲛ• ⲡⲕⲟⲓ|ⲧⲱⲛ ⲇⲉ ϥ-ϩⲏⲡ• ⲛ̄ⲧⲟϥ ⲡⲉ ⲡ-ⲉⲧø-ⲟⲩⲁⲁⲃ ϩⲙ̄-|ⲡ-ⲉⲧø-ⲟⲩⲁⲁⲃ• ⲛⲉⲣⲉ-ⲡⲕⲁⲧⲁⲡⲉⲧⲁⲥⲙⲁ ⲙⲉⲛ | ϩⲟⲃⲥ̄ ⲛ̄ϣⲟⲣⲡ ⲡⲱⲥ ⲉⲣⲉ-ⲡⲛⲟⲩⲧⲉ ⲣ̄-ⲇⲓⲟⲓⲕⲉⲓ[228] || ⲛ̄-ⲧⲕⲧⲓⲥⲓⲥ•[229] ⲉϥϣⲁ-ⲡⲱϩ ⲇⲉ ⲛ̄ϭⲓ-ⲡⲕⲁⲧⲁⲡⲉ|ⲧⲁ̣ⲥ̣[ⲙ]ⲁ̣ ⲁⲩⲱ ⲛ̄ⲧⲉ-ⲛⲁ-ⲡⲥⲁ ⲛϩⲟⲩⲛ ⲟⲩⲱⲛϩ | [ⲉⲃⲟⲗ] ⲥⲉ-ⲛⲁ-ⲕⲱ ⲇⲉ ⲙ̄-ⲡⲉⲉⲓⲏⲉⲓ ⲛ̄ⲥⲱ-ⲟⲩ | [ⲉϥ-ⲟ] ⲛ̄-øⲉⲣⲏⲙⲟⲥ•[230] ⲙⲁⲗⲗⲟⲛ ⲇⲉ ⲥⲉ-ⲛⲁ-ⲣ̄-ⲕⲁⲧⲁ|[ⲗⲩⲉ][231] ⲙ̣̄ⲙⲟ-ϥ• ⲧⲙ̄ⲛ̄ⲧ-ⲛⲟⲩⲧⲉ ⲇⲉ ⲧⲏⲣ̄ⲥ̄ ⲥ-ⲁ-ⲡⲱⲧ || [ⲉⲃⲟⲗ] ⲛ̄ⲛⲉⲉⲓⲙⲁ ⲉϩⲟⲩⲛ ⲁⲛ ⲉ-ⲛ-ⲉⲧø-ⲟⲩⲁⲁⲃ | [ⲛ̄ⲧⲉ-ⲛ]-ⲉ̣ⲧ̣ø-[ⲟ]ⲩⲁⲁⲃ• ⲥ-ⲛⲁ-ϣ-ⲧⲱϩ ⲅⲁⲣ ⲁⲛ ⲙⲛ̄-ⲡⲟⲩ|[ⲟⲉⲓⲛ ⲛ̄]-ⲁ̣ⲧ̣-ⲧⲱϩ ⲙⲛ̣̄-ⲡⲡⲗⲏⲣⲱⲙⲁ ⲛ̄-ⲁⲧ-|[ϣⲧⲁ• ⲁⲗ]ⲗ̣ⲁ ⲥ-ⲛⲁ-ϣⲱ̣ⲡⲉ ϩⲁ-ⲛ̄ⲧⲛ̄ϩ ⲙ̄-ⲡⲥ⳨ⲟⲥ | [ⲁⲩⲱ ϩⲁ-ⲛ]ⲉ̣ϥϭⲃⲟⲉⲓ• ⲧⲉⲉⲓϭⲓⲃⲱⲧⲟⲥ[232] ⲛⲁ-ϣⲱ||[ⲡⲉ ⲙ̄-ⲡⲟ]ⲩ̣ⲟⲩϫⲁⲉⲓ ⲛ̄ⲧⲁⲣⲉ-ⲡⲕⲁⲧⲁⲕⲗⲩⲥ*ⲙⲟⲥ[233] ⲙ̄-ⲙⲟⲟⲩ ⲉⲙⲁϩⲧⲉ *85:1 ⲉϩⲣⲁⲓ̈ ⲉϫⲱ-ⲟⲩ• ⲉⲣϣⲁ-|ϩⲛ̄ϩⲟⲉⲓⲛⲉ ϣⲱⲡⲉ ϩⲛ̄-ⲧⲫⲩⲗⲏ[234] ⲛ̄-ⲧⲙ̄ⲛ̄ⲧ-ⲟⲩ|ⲏⲏⲃ ⲛⲁⲉⲓ ⲛⲁ-ϣ-ϭⲛ̄-øϭⲟⲙ ⲛ̄-øⲃⲱⲕ ⲉϩⲟⲩⲛ ⲉ-|ⲡⲥⲁ ⲛϩⲟⲩⲛ ⲙ̄-ⲡⲕⲁⲧⲁⲡⲉⲧⲁⲥⲙⲁ ⲙⲛ̄-ⲡⲁⲣ||ⲭⲓⲉⲣⲉⲩⲥ• ⲉⲧⲃⲉ-ⲡⲁⲉⲓ ⲙ̄ⲡⲉ-ⲡⲕⲁⲧⲁⲡⲉⲧⲁⲥ|ⲙⲁ ⲡⲱϩ ⲙ̄ⲡⲥⲁ ⲛⲧⲡⲉ ⲟⲩⲁⲁⲧ-ϥ ⲉⲡⲉⲓ ⲛⲉⲩ-|ⲛⲁ-ⲟⲩⲉⲛ ⲛ̄-ⲛⲁ-ⲡⲥⲁ ⲛⲧⲡⲉ ⲟⲩⲁⲁⲧ-ⲟⲩ• ⲟⲩⲧⲉ | ⲙ̄-ⲡⲥⲁ ⲙⲡⲓⲧⲛ̄ ⲟⲩⲁⲁⲧ-ϥ ⲁⲛ ⲛ̄ⲧ-ⲁϥ-ⲡⲱϩ ⲉⲡⲉⲓ | ⲛⲁϥ-ⲛⲁ-ⲟⲩⲱⲛϩ ⲉⲃⲟⲗ ⲛ̄-ⲛⲁ-ⲡⲥⲁ ⲙⲡⲓⲧⲛ̄ ⲟⲩ||ⲁⲁ-ⲩ• ⲁⲗⲗⲁ ⲛ̄ⲧ-ⲁϥ-ⲡⲱϩ ⲛ̄ⲧⲡⲉ ⲉⲡⲓⲧⲛ̄• ⲁ-ⲛⲁ-|ⲡⲥⲁ ⲛⲧⲡⲉ ⲟⲩⲱⲛ ⲛⲁ-ⲛ ⲛ̄-ⲛ-ⲉⲧø-ⲙ̄ⲡⲥⲁ ⲙⲡⲓ|ⲧⲛ̄ ϫⲉⲕⲁⲁⲥ ⲉⲛ-ⲛⲁ-ⲃⲱⲕ ⲉϩⲟⲩⲛ ⲁ-ⲡⲉⲑⲏⲡ | ⲛ̄-ⲧⲁⲗⲏⲑⲉⲓⲁ• ⲡⲁⲉⲓ ⲁⲗⲏⲑⲱⲥ ⲡⲉ ⲡ-ⲉⲧø-ⲧⲁⲉⲓ|ⲏⲩ ⲉⲧø-ⲟ ⲛ̄-øϫⲱⲱⲣⲉ• ⲉⲛ-ⲁ-ⲃⲱⲕ ⲇⲉ ⲉϩⲟⲩⲛ ⲉⲙⲁⲩ || ϩⲓⲧⲛ̄-ϩⲛ̄ⲧⲩⲡⲟⲥ ⲉⲩ-ϣⲏⲥ ⲙⲛ̄-ϩⲛ̄ⲙⲛ̄ⲧ-ϭⲱⲃ• | ⲥⲉ-ϣⲏⲥ ⲙⲉⲛ ⲛ̄ⲛⲁϩⲣⲛ̄-ⲡⲉⲟⲟⲩ ⲉⲧø-ϫⲏⲕ ⲉⲃⲟ[ⲗ]• | ⲟⲩⲛ-øⲉⲟⲟⲩ ⲉϥ-ϫⲟⲥⲉøⲉⲟⲟⲩ• ⲟⲩⲛ-øϭⲟⲙ ⲉϥ-ϫⲟ|ⲥⲉ ⲉ-øϭⲟⲙ• ⲉⲧⲃⲉ-ⲡⲁⲉⲓ ⲁ-ⲛⲧⲉⲗⲉⲓⲟⲛ ⲟⲩⲉⲛ | ⲛⲁ-ⲛ ⲙⲛ̄-ⲛ-ⲉⲑⲏⲡ ⲛ̄-ⲧⲁⲗⲏⲑⲉⲓⲁ• ⲁⲩⲱ ⲛ-ⲉⲧø-ⲟⲩ̣||ⲁⲁⲃ ⲛ̄-ⲛ-ⲉⲧø-ⲟⲩⲁⲁⲃ ⲁⲩ-ϭⲱⲗⲡ ⲉⲃⲟⲗ• ⲁⲩⲱ ⲁ-|ⲡⲕⲟⲓⲧⲱⲛ ⲧⲱϩⲙ ⲙ̄ⲙⲟ-ⲛ ⲉϩⲟⲩⲛ•

(106) ⲉⲛϩⲟⲥⲟⲛ | ⲙⲉⲛ ϥ-ϩⲏⲡ ⲧⲕⲁⲕⲓⲁ ⲟⲩⲟⲥϥ ⲙⲉⲛ• ⲙ̄ⲡⲟⲩ-|ϥⲓⲧ-ⲥ̄ ⲇⲉ ⲛ̄ⲧⲙⲏⲧⲉ ⲙ̄-ⲡⲥⲡⲉⲣⲙⲁ ⲙ̄-ⲡⲡⲛ̄ⲁ̣ | ⲉⲧø-ⲟⲩⲁⲁⲃ• ⲥⲉ-ⲟ ⲛ̄-øϩⲙϩⲁ̄ⲗ ⲛ̄-ⲧⲡⲟⲛⲏⲣⲓⲁ• ϩⲟ||ⲧⲁⲛ ⲇⲉ ⲉϥϣⲁ-ϭⲱⲗⲡ ⲉⲃⲟⲗ ⲧⲟⲧⲉ ⲡⲟⲩⲟ|ⲉⲓⲛ ⲛ̄-ⲧⲉⲗⲉⲓⲟⲛ ⲛⲁ-ϩⲁⲧⲉ ⲉⲃⲟⲗ ⲉϫⲛ̣̄-[ⲟ]ⲩⲟⲛ | ⲛⲓⲙ• ⲁⲩⲱ ⲛ-ⲉⲧø-ⲛ̄ϩⲏⲧ-ϥ ⲧⲏⲣ-ⲟⲩ ⲥⲉ-ⲛ̣[ⲁ-ϫⲓ-øⲭⲣⲓ]||ⲥⲙⲁ• ⲧⲟⲧⲉ ⲛ̄ϩⲙϩⲁ̄ⲗ ⲛ̄ⲁ-ⲣ̄-øⲉⲗⲉⲩⲑⲉ̣[ⲣⲟⲥ ⲁⲩⲱ] | ⲛ̄ⲥⲉ-ⲥⲱⲧⲉ ⲛ̄-øⲁⲓⲭⲙⲁⲗⲱⲧⲟⲥ• ⲧⲱϭⲉ ⲛ̣[ⲓⲙ ⲉ-ⲙ]||ⲡⲉ-ⲡⲁⲉⲓⲱⲧ

[228] Control, govern διοικεῖν [229] Creation κτίσις [230] Deserted, desert, deserted place ἔρημος, -ον [231] Destroy καταλύειν [232] Ark κιβωτός [233] Flood κατακλυσμός [234] Tribe φυλή

ετ$^{\emptyset}$-ϩν̄-μ̄πηγε τοϭ-ϥ [cε-να]-|πορκ-ϥ• ν-ετ$^{\emptyset}$-πορϫ cε-να-ϩωṭp̣̄ ṇ-[- - -]|cε-να-μογϩ•

(107) ογον ṇιμ ετ$^{\emptyset}$-νạ-ḅ[ωκ εϩογν] | ε-πκοιτων cε-να-ϫ̣εpο
μ̄-πογ[οειν•. . .]|ο γαp ν̄θε ν̄-ν̄γαμος ετ$^{\emptyset}$-ν̄-νẹ[- - -]||ϣωπε ν̄-
*86:1 τογϣη• πκωϩτ ϣ̣[αϥ- - - -] *ν̄τογϣη ϣαϥ-ϫενε• μ̄μγcτηpιον
δε | μ̄-πιγαμος ν̄τοϥ ϣαγ-ϫωκ εβολ ϩμ̄-πε|ϩοογ μν̄-πογοειν•
μαpε-φοογ ετ$^{\emptyset}$-μ̄μαγ | η πεϥογοειν ϩωτπ• εpϣα-ογα ϣωπε
ν̄-||$^{\emptyset}$ϣηpε μ̄-πνγμφων ϥ-να-ϫι μ̄-πογοειν• | ε-τμ̄-ογα ϫιτ-ϥ
εϥ-ν̄νεειμα ϥ-να-ϣ-ϫιτ-ϥ | αν μ̄πκεμα• π-ετ$^{\emptyset}$-α-ϫι-πογοειν
ετ$^{\emptyset}$-μ̄μαγ | cε-να-ναγ αν εpο-ϥ• ογτε cε-να-ϣ-εμαϩτε | αν
μ̄μο-ϥ• αγω μν̄-λααγ να-ϣ-p̄-cκγλλε[235] μ̄-||παει ν̄-τεειμεινε
καν εϥ-p̄-πολιτεγεc|θαι ϩμ̄-πκοcμοc• αγω ον εϥϣα-ει εβολ |
ϩμ̄-πκοcμοc ηδη αϥ-ϫι ν̄-ταληθεια ϩν̄-|ν̄ϩικων• πκοcμοc αϥ-
ϣωπε ν̄ν-$^{\emptyset}$αιων• | παιων γαp εϥ-ϣοοπ να-ϥ μ̄-$^{\emptyset}$πληpω||μα•
αγω εϥ-ϣοοπ ν̄τεειϩε ϥ-ογονϩ εβολ | να-ϥ ογαα-ϥ εϥ-ϩηπ αν
ϩμ̄-πκακε μν̄-τογ|ϣη αλλα εϥ-ϩηπ ϩν̄ν-ογϩοογ ν̄-τελειον |
μν̄-ογοειν εϥ-ογααβ•

πεγαγγελιον | πκατα-φιλιπποc•

[235] Harass σκύλλειν

The Gospel According to Thomas

(THE GOSPEL OF THOMAS)

ⲡⲉⲩⲁⲅⲅⲉⲗⲓⲟⲛ ⲡⲕⲁⲧⲁ-ⲑⲱⲙⲁⲥ

MANUSCRIPT: Cairo, Coptic Museum, Nag Hammadi Codex II, pp. <32>–<51>.

PHOTOGRAPHIC FACSIMILE: *Facs. II*, plates 42–63.

EDITIONS: Bentley Layton, in Bentley Layton, ed., *Nag Hammadi Codex II,2–7* (Leiden 1989), 1.50–93; A. Guillaumont et al., *L'Évangile selon Thomas* (Paris 1959).

DIALECT AND SPELLING: Sahidic with a fluctuating mixture of features from Lycopolitan. Cf. Layton, op. cit., 1.6–16 and 1.59–93 "auxiliary notes."

TRANSLATIONS: Layton, *The Gnostic Scriptures* 376–99; *Nag Hammadi Library in English* 124–138 (T. O. Lambdin); for additional information see also Scholer, *Nag Hammadi Bibliography* and supplements in *Novum Testamentum*.

---

*(Prologue) ⲛⲁⲉⲓ ⲛⲉ ⲛ̄ϣⲁϫⲉ ⲉⲑⲏⲡ ⲉⲛⲧ-ⲁ-ⲓ̅ⲥ̅ ⲉⲧ∅-ⲟⲛϩ | ϫⲟⲟ-ⲩ ⲁⲩⲱ *32:10
ⲁϥ-ⲥϩⲁï-ⲥⲟⲩ ⲛ̄ϭⲓ-ⲇⲓⲇⲩⲙⲟⲥ | ïⲟⲩⲇⲁⲥ ⲑⲱⲙⲁⲥ•

(1) ⲁⲩⲱ ⲡⲉϫⲁ-ϥ ϫⲉ-ⲡ-ⲉ|ⲧ-ⲁ-ϩⲉ ⲉ-ⲑⲉⲣⲙⲏⲛⲉⲓⲁ[1] ⲛ̄-ⲛⲉⲉⲓϣⲁϫⲉ ϥ-ⲛⲁ-|ϫⲓ-∅ϯⲡⲉ ⲁⲛ ⲙ̄-ⲡⲙⲟⲩ•

(2) ⲡⲉϫⲉ-ⲓ̅ⲥ̅• ⲙⲛ̄ⲧⲣⲉϥ-‖ⲗⲟ ⲛ̄ϭⲓ-ⲡ-ⲉⲧ∅-ϣⲓⲛⲉ ⲉϥ-ϣⲓⲛⲉ ϣⲁⲛⲧⲉϥ-| ϭⲓⲛⲉ• ⲁⲩⲱ ϩⲟⲧⲁⲛ ⲉϥϣⲁⲛ-ϭⲓⲛⲉ ϥ-ⲛⲁ-|ϣⲧⲣ̄ⲧⲣ̄• ⲁⲩⲱ ⲉϥϣⲁⲛ-ϣⲧⲟⲣⲧⲣ̄ ϥ-ⲛⲁ-ⲣ̄-|∅ϣⲡⲏⲣⲉ• ⲁⲩⲱ ϥ-ⲛⲁ-ⲣ̄-|∅ⲣ̄ⲣⲟ ⲉϫⲙ̄-ⲡⲧⲏⲣ-ϥ•

(3) ⲡⲉϫⲉ-ⲓ̅ⲥ̅ ϫⲉ-ⲉⲩϣⲁ-‖ϫⲟⲟ-ⲥ ⲛⲏ-ⲧⲛ̄ ⲛ̄ϭⲓ-ⲛ-ⲉⲧ∅-ⲥⲱⲕ ϩⲏⲧ-ⲧⲏⲩⲧⲛ̄ | ϫⲉ-ⲉⲓⲥϩⲏⲏⲧⲉ ⲉ-ⲧⲙⲛ̄ⲧ-ⲉⲣⲟ ϩⲛ̄-ⲧⲡⲉ ⲉ|ⲉⲓⲉ-ⲛ̄ϩⲁⲗⲏⲧ ⲛⲁ-ⲣ̄-∅ϣⲟⲣⲡ ⲉⲣⲱ-ⲧⲛ̄ ⲛ̄ⲧⲉ-|ⲧⲡⲉ• ⲉⲩϣⲁⲛ-ϫⲟⲟ-ⲥ ⲛⲏ-ⲧⲛ̄ ϫⲉ-ⲥ-ϩⲛ̄-ⲑⲁ|-

[1] Interpretation ἑρμηνεία

ⲗⲁⲥⲥⲁ[2] ⲉⲉⲓⲉ-ⲛ̄ⲧⲃⲧ ⲛⲁ-ⲣ̄-∅ϣⲟⲣⲡ ⲉⲣⲱ-ⲧⲛ̄• ‖ ⲁⲗⲗⲁ ⲧⲙⲛ̄ⲧ-ⲉⲣⲟ ⲥ-ⲙ̄-
ⲡⲉⲧⲛ̄ϩⲟⲩⲛ• ⲁⲩⲱ | ⲥ-ⲙ̄-ⲡⲉⲧⲛ̄ⲃⲁⲗ• ϩⲟⲧⲁⲛ ⲉⲧⲉⲧⲛ̄ϣⲁⲛ-|ⲥⲟⲩⲱⲛ-
*33:1 ⲧⲏⲩⲧⲛ̄ ⲧⲟⲧⲉ ⲥⲉ-ⲛⲁ-ⲥⲟⲩⲱⲛ-*ⲧⲏⲛⲉ• ⲁⲩⲱ ⲧⲉⲧⲛⲁ-ⲉⲓⲙⲉ ϫⲉ-ⲛ̄ⲧⲱⲧⲛ̄
ⲡⲉ | ⲛ̄ϣⲏⲣⲉ ⲙ̄-ⲡⲉⲓⲱⲧ ⲉⲧ∅-ⲟⲛϩ• ⲉϣⲱⲡⲉ ⲇⲉ | ⲧⲉⲧⲛⲁ-ⲥⲟⲩⲱⲛ-
ⲧⲏⲩⲧⲛ̄ ⲁⲛ ⲉⲉⲓⲉⲧⲉⲧⲛ̄-|ϣⲟⲟⲡ ϩⲛ̄-ⲟⲩⲙⲛ̄ⲧ-ϩⲏⲕⲉ• ⲁⲩⲱ ⲛ̄ⲧⲱⲧⲛ̄ ‖ ⲡⲉ
ⲧⲙⲛ̄ⲧ-ϩⲏⲕⲉ•

(4) ⲡⲉϫⲉ-ⲓ̄ⲥ̄• ϥ-ⲛⲁ-ϫⲛⲁⲩ ⲁⲛ | ⲛ̄ϭⲓ-ⲡⲣⲱⲙⲉ ⲛ̄-ϩⲗ̄ⲗⲟ ϩⲛ̄-ⲛⲉϥϩⲟⲟⲩ
ⲉ-∅ϫⲛⲉ-|ⲟⲩⲕⲟⲩⲉⲓ ⲛ̄-ϣⲏⲣⲉ ϣⲏⲙ ⲉϥ-ϩⲛ̄-ⲥⲁϣϥ̄ | ⲛ̄-ϩⲟⲟⲩ ⲉⲧⲃⲉ-ⲡⲧⲟ-
ⲡⲟⲥ ⲙ̄-ⲡⲱⲛϩ• ⲁⲩⲱ | ϥ-ⲛⲁ-ⲱⲛϩ• ϫⲉ-ⲟⲩⲛ̄-ϩⲁϩ ⲛ̄-ϣⲟⲣⲡ ⲛⲁ-ⲣ̄-∅ϩⲁ‖ⲉ
ⲁⲩⲱ ⲛ̄ⲥⲉ-ϣⲱⲡⲉ ⲟⲩⲁ ⲟⲩⲱⲧ•

(5) ⲡⲉϫⲉ-ⲓ̄ⲥ̄• | ⲥⲟⲩⲱⲛ-ⲡ-ⲉⲧ∅-ⲙ̄ⲡⲙ̄ⲧⲟ ⲙ̄-ⲡⲉⲕϩⲟ ⲉⲃⲟⲗ• | ⲁⲩⲱ ⲡ-
ⲉⲑⲏⲡ ⲉⲣⲟ-ⲕ ϥ-ⲛⲁ-ϭⲱⲗⲡ ⲉⲃⲟⲗ | ⲛⲁ-ⲕ• ⲙⲛ̄-ⲗⲁⲁⲩ ⲅⲁⲣ ⲉϥ-ϩⲏⲡ ⲉϥ-
ⲛⲁ-ⲟⲩⲱⲛϩ | ⲉⲃⲟⲗ ⲁⲛ•

(6) ⲁⲩ-ϫⲛⲟⲩ-ϥ ⲛ̄ϭⲓ-ⲛⲉϥⲙⲁⲑⲏⲧⲏⲥ ‖ ⲡⲉϫⲁ-ⲩ ⲛⲁ-ϥ ϫⲉⲕ-ⲟⲩⲱϣ ⲉ-
∅ⲧⲣⲛ̄-ⲣ̄-ⲛⲏⲥⲧⲉⲩⲉ•[3] | ⲁⲩⲱ ⲉϣ ⲧⲉ ⲑⲉ ⲉⲛ-ⲁ-ϣⲗⲏⲗ• ⲉⲛ-ⲁ-ϯ-∅ⲉⲗⲉ|-
ⲏⲙⲟⲥⲩⲛⲏ•[4] ⲁⲩⲱ ⲉⲛ-ⲁ-ⲣ̄-ⲡⲁⲣⲁⲧⲏⲣⲉⲓ[5] ⲉ-ⲟⲩ | ⲛ̄-ϭⲓ-ⲟⲩⲱⲙ• ⲡⲉϫⲉ-ⲓ̄ⲥ̄
ϫⲉ-ⲙ̄ⲡⲣ̄-ϫⲉ-∅ϭⲟⲗ• ⲁⲩ|ⲱ ⲡ-ⲉⲧⲉⲧⲙ̄-ⲙⲟⲥⲧⲉ ⲙ̄ⲙⲟ-ϥ ⲙ̄ⲡⲣ̄-ⲁⲁ-ϥ• ϫⲉ-
‖ⲥⲉ-ϭⲟⲗⲡ ⲧⲏⲣ-ⲟⲩ ⲉⲃⲟⲗ ⲙ̄ⲡⲉⲙⲧⲟ ⲉⲃⲟⲗ | ⲛ̄-ⲧⲡⲉ• ⲙⲛ̄-ⲗⲁⲁⲩ ⲅⲁⲣ ⲉϥ-
ϩⲏⲡ ⲉϥ-ⲛⲁ-ⲟⲩ|ⲱⲛϩ ⲉⲃⲟⲗ ⲁⲛ• ⲁⲩⲱ ⲙⲛ̄-ⲗⲁⲁⲩ ⲉϥ-ϩⲟⲃ̄ⲥ̄ ⲉⲩ-|ⲛⲁ-ϭⲱ
ⲟⲩⲉϣ ⲛ̄-∅ϭⲟⲗⲡ-ϥ•

(7) ⲡⲉϫⲉ-ⲓ̄ⲥ̄• ⲟⲩ|ⲙⲁⲕⲁⲣⲓⲟⲥ[6] ⲡⲉ ⲡⲙⲟⲩⲉⲓ ⲡⲁⲉⲓ ⲉⲧⲉ-‖ⲡⲣⲱⲙⲉ ⲛⲁ-
ⲟⲩⲟⲙ-ϥ ⲁⲩⲱ ⲛ̄ⲧⲉ-ⲡⲙⲟⲩⲉⲓ | ϣⲱⲡⲉ ⲣ̄-∅ⲣⲱⲙⲉ• ⲁⲩⲱ ϥ-ⲃⲏⲧ ⲛ̄ϭⲓ-
ⲡⲣⲱ|ⲙⲉ ⲡⲁⲉⲓ ⲉⲧⲉ-ⲡⲙⲟⲩⲉⲓ ⲛⲁ-ⲟⲩⲟⲙ-ϥ• ⲁⲩ|ⲱ ⲡⲙⲟⲩⲉⲓ ⲛⲁ-ϣⲱⲡⲉ
ⲣ̄-∅ⲣⲱⲙⲉ•

(8) ⲁⲩⲱ ⲡⲉ|ϫⲁ-ϥ ϫⲉ-ⲉ-ⲡⲣⲱⲙⲉ ⲧⲛ̄ⲧⲱⲛ ⲁ-ⲩⲟⲩⲱϩⲉ ‖ ⲣ̄-ⲣⲙⲛ̄-ϩⲏⲧ
ⲡⲁⲉⲓ ⲛ̄ⲧ-ⲁϩ-ⲛⲟⲩϫⲉ ⲛ̄-ⲧⲉϥⲁ|ⲃⲱ ⲉ-ⲑⲁⲗⲁⲥⲥⲁ• ⲁϥ-ⲥⲱⲕ ⲙ̄ⲙⲟ-ⲥ ⲉϩⲣⲁⲓ̈ |
ϩⲛ̄-ⲑⲁⲗⲁⲥⲥⲁ ⲉⲥ-ⲙⲉϩ ⲛ̄-∅ⲧⲃⲧ ⲛ̄-ⲕⲟⲩⲉⲓ• ⲛ̄|ϩⲣⲁⲓ̈ ⲛ̄ϩⲏⲧ-ⲟⲩ ⲁϥ-ϩⲉ ⲁ-ⲩ-
ⲛⲟϭ ⲛ̄-ⲧⲃ̄ⲧ̄ ⲉ-ⲛⲁ|ⲛⲟⲩ-ϥ ⲛ̄ϭⲓ-ⲡⲟⲩⲱϩⲉ ⲣ̄-ⲣⲙⲛ̄-ϩⲏⲧ• ⲁϥ-ⲛⲟⲩ‖ϫⲉ ⲛ̄-
*34:1 ⲛ̄ⲕⲟⲩⲉⲓ ⲧⲏⲣ-ⲟⲩ ⲛ̄-ⲧⲃⲧ ⲉⲃⲟⲗ̣ ⲉ[ⲡⲉ]*ⲥⲏⲧ ⲉ-ⲑⲁⲗⲁⲥⲥⲁ• ⲁϥ-ⲥⲱⲧⲡ ⲙ̄-
ⲡⲛⲟϭ ⲛ̄-|ⲧⲃ̄ⲧ̄ ⲭⲱⲣⲓⲥ-∅ϩⲓⲥⲉ• ⲡ-ⲉⲧⲉ-ⲟⲩⲛ̄-∅ⲙⲁⲁϫⲉ ⲙ̄ⲙⲟ-ϥ | ⲉ-∅ⲥⲱⲧⲙ̄
ⲙⲁⲣⲉϥ-ⲥⲱⲧⲙ̄•

(9) ⲡⲉϫⲉ-ⲓ̄ⲥ̄ ϫⲉ-ⲉⲓⲥϩⲏ|ⲏⲧⲉ ⲁϥ-ⲉⲓ ⲉⲃⲟⲗ ⲛ̄ϭⲓ-ⲡ-ⲉⲧ∅-ⲥⲓⲧⲉ• ⲁϥ-ⲙⲉϩ-
ⲧⲟⲟⲧ-ϥ̄• ‖ ⲁϥ-ⲛⲟⲩϫⲉ• ⲁ-ϩⲟⲉⲓⲛⲉ ⲙⲉⲛ ϩⲉ ⲉϫⲛ̄-ⲧⲉϩⲓⲏ• | ⲁⲩ-ⲉⲓ ⲛ̄ϭⲓ-

[2] Sea θάλασσα [3] Fast νηστεύειν [4] Alms ἐλεημοσύνη [5] Observe, follow παρατηρεῖν [6] Blessed μακάριος, -α, -ον

ⲛ̄ϩⲁⲗⲁⲧⲉ• ⲁⲩ-ⲕⲁⲧϥ-ⲟⲩ• ϩⲛ̄ⲕⲟⲟⲩⲉ | ⲁⲩ-ϩⲉ ⲉϫⲛ̄-ⲧⲡⲉⲧⲣⲁ•[7] ⲁⲩⲱ ⲙ̄ⲡⲟⲩ-ϫⲉ-$^{\emptyset}$ⲛⲟⲩⲛⲉ | ⲉⲡⲉⲥⲏⲧ ⲉ-ⲡⲕⲁϩ• ⲁⲩⲱ ⲙ̄ⲡⲟⲩ-ⲧⲉⲩⲉ-$^{\emptyset}$ϩⲙ̄ⲥ ⲉϩ|ⲣⲁї ⲉⲧⲡⲉ• ⲁⲩⲱ ϩⲛ̄ⲕⲟⲟⲩⲉ ⲁⲩ-ϩⲉ ⲉϫⲛ̄-ⲛ̄ϣⲟⲛ||ⲧⲉ• ⲁⲩ-ⲱϭⲧ ⲙ̄-ⲡⲉϭⲣⲟϭ• ⲁⲩⲱ ⲁ-ⲡϥⲛ̄ⲧ ⲟⲩⲟⲙ-ⲟⲩ• | ⲁⲩⲱ ⲁ-ϩⲛ̄ⲕⲟⲟⲩⲉ ϩⲉ ⲉϫⲛ̄-ⲡⲕⲁϩ ⲉⲧ-ⲛⲁⲛⲟⲩ-ϥ• | ⲁⲩⲱ ⲁϥ-ϯ-$^{\emptyset}$ⲕⲁⲣⲡⲟⲥ ⲉϩⲣⲁї ⲉⲧⲡⲉ ⲉ-ⲛⲁⲛⲟⲩ-ϥ• ⲁϥ-|ⲉⲓ ⲛ̄-ⲥⲉ ⲉ-$^{\emptyset}$ⲥⲟⲧⲉ ⲁⲩⲱ ϣⲉ ϫⲟⲩⲱⲧ ⲉ-$^{\emptyset}$ⲥⲟⲧⲉ• |

(10) ⲡⲉϫⲉ-ⲓ̅ⲥ̅ ϫⲉ-ⲁⲉⲓ-ⲛⲟⲩϫⲉ ⲛ̄-ⲟⲩⲕⲱϩ̄ⲧ ⲉϫⲛ̄-||ⲡⲕⲟⲥⲙⲟⲥ• ⲁⲩⲱ ⲉⲓⲥϩⲏⲏⲧⲉ ϯ-ⲁⲣⲉϩ ⲉⲣⲟ-ϥ | ϣⲁⲛⲧⲉϥ-ϫⲉⲣⲟ•

(11) ⲡⲉϫⲉ-ⲓ̅ⲥ̅ ϫⲉ-ⲧⲉⲉⲓⲡⲉ ⲛⲁ-ⲣ̄-ⲡⲁ|ⲣⲁⲅⲉ•[8] ⲁⲩⲱ ⲧ-ⲉⲧ$^{\emptyset}$-ⲛ̄ⲧⲡⲉ ⲙ̄ⲙⲟ-ⲥ ⲛⲁ-ⲣ̄-ⲡⲁⲣⲁⲅⲉ• | ⲁⲩⲱ ⲛ-ⲉⲧ$^{\emptyset}$-ⲙⲟⲟⲩⲧ ⲥⲉ-ⲟⲛϩ ⲁⲛ• ⲁⲩⲱ ⲛ-ⲉⲧ$^{\emptyset}$-ⲟⲛϩ | ⲥⲉ-ⲛⲁ-ⲙⲟⲩ ⲁⲛ• ⲛ̄ϩⲟⲟⲩ ⲛⲉⲧⲉⲧⲛ̄-ⲟⲩⲱⲙ || ⲙ̄-ⲡ-ⲉⲧ$^{\emptyset}$-ⲙⲟⲟⲩⲧ ⲛⲉⲧⲉⲧⲛ̄-ⲉⲓⲣⲉ ⲙ̄ⲙⲟ-ϥ ⲙ̄-ⲡ-ⲉ|ⲧ$^{\emptyset}$-ⲟⲛϩ• ϩⲟⲧⲁⲛ ⲉⲧⲉⲧⲛ̄ϣⲁⲛ-ϣⲱⲡⲉ ϩⲙ̄-ⲡⲟⲩ|ⲟⲉⲓⲛ ⲟⲩ ⲡⲉⲧⲉⲧⲛⲁⲁ-ϥ• ϩⲙ̄-ⲫⲟⲟⲩ ⲉⲧⲉⲧⲛ̄-|ⲟ ⲛ̄-ⲟⲩⲁ ⲁⲧⲉⲧⲛ̄-ⲉⲓⲣⲉ ⲙ̄-ⲡⲥⲛⲁⲩ• ϩⲟⲧⲁⲛ ⲇⲉ | ⲉⲧⲉⲧⲛ̄ϣⲁ-ϣⲱⲡⲉ ⲛ̄-ⲥⲛⲁⲩ ⲟⲩ ⲡⲉ-ⲉⲧⲉ||ⲧⲛ̄-ⲛⲁⲁ-ϥ•

(12) ⲡⲉϫⲉ-ⲙ̄ⲙⲁⲑⲏⲧⲏⲥ ⲛ̄-ⲓ̅ⲥ̅ ϫⲉ-ⲧⲛ̄-|ⲥⲟⲟⲩⲛ ϫⲉ-ⲕ-ⲛⲁ-ⲃⲱⲕ ⲛ̄ⲧⲟⲟ-ⲧ̄-ⲛ̄• ⲛⲓⲙ ⲡⲉ-|ⲉⲧ$^{\emptyset}$-ⲛⲁ-ⲣ̄-$^{\emptyset}$ⲛⲟϭ ⲉϩⲣⲁї ⲉϫⲱ-ⲛ• ⲡⲉϫⲉ-ⲓ̅ⲥ̅ ⲛⲁ-ⲩ | ϫⲉ-ⲡⲙⲁ ⲛ̄ⲧ-ⲁⲧⲉⲧⲛ̄-ⲉⲓ ⲙ̄ⲙⲁⲩ ⲉⲧⲉⲧⲛⲁ-|ⲃⲱⲕ ϣⲁ-ї̈ⲁⲕⲱⲃⲟⲥ ⲡⲇⲓⲕⲁⲓⲟⲥ[9] ⲡⲁⲉⲓ ⲛ̄ⲧ-ⲁ-||ⲧⲡⲉ ⲙⲛ̄-ⲡⲕⲁϩ ϣⲱⲡⲉ ⲉⲧⲃⲏⲧ-ϥ̄•

(13) ⲡⲉϫⲉ-ⲓ̅ⲥ̅ | ⲛ̄-ⲛⲉϥⲙⲁⲑⲏⲧⲏⲥ ϫⲉ-ⲧⲛ̄ⲧⲱⲛ-ⲧ ⲛ̄ⲧⲉⲧⲛ̄-|ϫⲟⲟ-ⲥ ⲛⲁ-ⲉⲓ ϫⲉ-ⲉⲉⲓⲛⲉ ⲛ̄-ⲛⲓⲙ• ⲡⲉϫⲁ-ϥ ⲛⲁ-ϥ | ⲛ̄ϭⲓ-ⲥⲓⲙⲱⲛ ⲡⲉⲧⲣⲟⲥ ϫⲉ-ⲉⲕ-ⲉⲓⲛⲉ ⲛ̄-ⲟⲩⲁⲅ|ⲅ̣ⲉⲗⲟⲥ ⲛ̄-ⲇⲓⲕⲁⲓⲟⲥ• ⲡⲉϫⲁ-ϥ ⲛⲁ-ϥ ⲛ̄ϭⲓ-ⲙⲁⲑ*ⲑⲁⲓⲟⲥ *35:1 ϫⲉ-ⲉⲕ-ⲉⲓⲛⲉ ⲛ̄-ⲟⲩⲣ̣ⲱⲙⲉ ⲙ̄-ⲫⲓⲗⲟⲥⲟ|ⲫⲟⲥ[10] ⲛ̄-ⲣⲙ̄ⲛ̄-ϩⲏⲧ• ⲡⲉϫⲁ-ϥ ⲛⲁ-ϥ ⲛ̄ϭⲓ-ⲑⲱⲙⲁⲥ | ϫⲉ-ⲡⲥⲁϩ ϩⲟⲗⲱⲥ[11] ⲧⲁⲧⲁⲡⲣⲟ ⲛⲁ-<ϣ>[12]-ϣⲁⲡ-ϥ ⲁⲛ | ⲉ-$^{\emptyset}$ⲧⲣⲁ-ϫⲟⲟ-ⲥ ϫⲉ-ⲉⲕ-ⲉⲓⲛⲉ ⲛ̄-ⲛⲓⲙ• ⲡⲉϫⲉ-ⲓ̅ⲏ̅ⲥ̅ || ϫⲉ-ⲁⲛⲟⲕ-ⲡⲉⲕⲥⲁϩ ⲁⲛ ⲉⲡⲉⲓ ⲁⲕ-ⲥⲱ• ⲁⲕ-ϯϩⲉ | ⲉⲃⲟⲗ ϩⲛ̄-ⲧⲡⲏⲅⲏ[13] ⲉⲧ$^{\emptyset}$-ⲃⲣ̄ⲃⲣⲉ ⲧⲁⲉⲓ ⲁⲛⲟⲕ | ⲛ̄ⲧ-ⲁⲉⲓ-ϣⲓⲧ-ⲥ̄• ⲁⲩⲱ ⲁϥ-ϫⲓⲧ-ϥ̄• ⲁϥ-ⲁⲛⲁⲭⲱⲣⲉⲓ•[14] | ⲁϥ-ϫⲱ ⲛⲁ-ϥ ⲛ̄-ϣⲟⲙⲧ ⲛ̄-ϣⲁϫⲉ• ⲛ̄ⲧⲁⲣⲉ-ⲑⲱ|ⲙⲁⲥ ⲇⲉ ⲉⲓ ϣⲁ-ⲛⲉϥϣⲃⲉⲉⲣ ⲁⲩ-ϫⲛⲟⲩ-ϥ ϫⲉ-||ⲛⲧ-ⲁ-ⲓ̅ⲥ̅ ϫⲟⲟ-ⲥ ϫⲉ-ⲟⲩ ⲛⲁ-ⲕ• ⲡⲉϫⲁ-ϥ ⲛⲁ-ⲩ ⲛ̄ϭⲓ-|ⲑⲱⲙⲁⲥ ϫⲉ-ⲉⲓϣⲁⲛ-ϫⲱ ⲛⲏ-ⲧⲛ̄ ⲟⲩⲁ ϩⲛ̄-ⲛ̄ϣⲁ|ϫⲉ ⲛ̄ⲧ-ⲁϥ-ϫⲟⲟ-ⲩ ⲛⲁ-ⲉⲓ ⲧⲉⲧⲛⲁ-ϥⲓ-$^{\emptyset}$ⲱⲛⲉ ⲛ̄ⲧⲉ|ⲧⲛ̄-ⲛⲟⲩϫⲉ ⲉⲣⲟ-ⲉⲓ ⲁⲩⲱ ⲛ̄ⲧⲉ-ⲟⲩⲕⲱϩ̄ⲧ ⲉⲓ ⲉ|ⲃⲟⲗ ϩⲛ̄-ⲛ̄ⲱⲛⲉ † ⲛ̄ⲥ-ⲣⲱϩⲕ[15] ⲙ̄ⲙⲱ-ⲧⲛ̄•

[7] Rock, rocky outcrop, live rock πέτρα [8] Pass away παράγειν [9] Righteous δίκαιος, -α, -ον [10] Philosopher φιλόσοφος [11] Wholly ὅλως [12] <ϣ-> omitted by the ancient copyist [13] Spring, water source πηγή [14] Withdraw ἀναχωρεῖν [15] Emend to ⲛ̄ⲥⲉ-ⲣⲱϩⲕ

(14) ⲡⲉϫⲉ-||ⲓ̅ⲥ̅ ⲛⲁ-ⲩ ϫⲉ-ⲉⲧⲉⲧⲛ̅ϣⲁⲛ-ⲣ̅-ⲛⲏⲥⲧⲉⲩⲉ ⲧⲉⲧⲛⲁ-|ϫⲡⲟ ⲛⲏ-ⲧⲛ̅ ⲛ̅ⲛ-ⲟⲩⲛⲟⲃⲉ• ⲁⲩⲱ ⲉⲧⲉⲧⲛ̅ϣⲁⲛ-|ϣⲗⲏⲗ ⲥⲉ-ⲛⲁ-ⲣ̅-ⲕⲁⲧⲁⲕⲣⲓⲛⲉ[16] ⲙ̅ⲙⲱ-ⲧⲛ̅• ⲁⲩⲱ | ⲉⲧⲉⲧⲛ̅ϣⲁⲛ-ϯ-∅ⲉⲗⲉⲏⲙⲟⲥⲩⲛⲏ ⲉⲧⲉⲧⲛⲁ-ⲉⲓ|ⲣⲉ ⲛ̅-ⲟⲩⲕⲁⲕⲟⲛ[17] ⲛ̅-ⲛⲉⲧⲙ̅ⲡ̅ⲛ̅ⲁ̅• ⲁⲩⲱ ⲉⲧⲉⲧⲛ̅||ϣⲁⲛ-ⲃⲱⲕ ⲉϩⲟⲩⲛ ⲉ-ⲕⲁϩ ⲛⲓⲙ ⲁⲩⲱ ⲛ̅ⲧⲉⲧⲙ̅-|ⲙⲟⲟϣⲉ ϩⲛ̅-ⲛ̅ⲭⲱⲣⲁ[18] ⲉⲩϣⲁ-ⲣ̅-ⲡⲁⲣⲁⲇⲉⲭⲉ[19] | ⲙ̅ⲙⲱ-ⲧⲛ̅ ⲡ-ⲉⲧⲟⲩ-ⲛⲁ-ⲕⲁⲁ-ϥ ϩⲁⲣⲱ-ⲧⲛ̅ ⲟⲩⲟⲙ-ϥ̅• | ⲛ-ⲉⲧ∅-ϣⲱⲛⲉ ⲛ̅ϩⲏⲧ-ⲟⲩ ⲉⲣⲓ-ⲑⲉⲣⲁⲡⲉⲩⲉ[20] ⲙ̅ⲙⲟ-|ⲟⲩ• ⲡ-ⲉⲧ∅-ⲛⲁ-ⲃⲱⲕ ⲅⲁⲣ ⲉϩⲟⲩⲛ ϩⲛ̅-ⲧⲉⲧⲛ̅ⲧⲁ||ⲡⲣⲟ ϥ-ⲛⲁ-ϫⲱϩⲙ̅-ⲧⲏⲩⲧⲛ̅ ⲁⲛ• ⲁⲗⲗⲁ ⲡ-ⲉⲧ∅-ⲛ̅|ⲛⲏⲩ ⲉⲃⲟⲗ ϩⲛ̅-ⲧⲉⲧⲛ̅ⲧⲁⲡⲣⲟ ⲛ̅ⲧⲟϥ ⲡⲉ|ⲧ∅-ⲛⲁ-ϫⲁϩⲙ̅-ⲧⲏⲩⲧⲛ̅•

(15) ⲡⲉϫⲉ-ⲓ̅ⲥ̅ ϫⲉ-ϩⲟⲧⲁⲛ | ⲉⲧⲉⲧⲛ̅ϣⲁⲛ-ⲛⲁⲩ ⲉ-ⲡ-ⲉⲧⲉ-ⲙ̅ⲡⲟⲩ-ϫⲡⲟ-ϥ | ⲉⲃⲟⲗ ϩⲛ̅-ⲧⲥϩⲓⲙⲉ ⲡⲉϩⲧ-ⲧⲏⲩⲧⲛ̅ ⲉϫⲙ̅-||ⲡⲉⲧⲛ̅ϩⲟ ⲛ̅ⲧⲉⲧⲛ̅-ⲟⲩⲱϣⲧ ⲛⲁ-ϥ• ⲡ-ⲉⲧ∅-ⲙ̅|ⲙⲁⲩ ⲡⲉ ⲡⲉⲧⲛ̅ⲉⲓⲱⲧ•

(16) ⲡⲉϫⲉ-ⲓ̅ⲥ̅ ϫⲉ-ⲧⲁⲭⲁ[21] | ⲉⲩ-ⲙⲉⲉⲩⲉ ⲛ̅ϭⲓ-ⲣ̅ⲣⲱⲙⲉ ϫⲉ-ⲛ̅ⲧ-ⲁⲉⲓ-ⲉⲓ ⲉ-
∅ⲛⲟⲩ|ϫⲉ ⲛ̅-ⲟⲩⲉⲓⲣⲏⲛⲏ[22] ⲉϫⲙ̅-ⲡⲕⲟⲥⲙⲟⲥ• ⲁⲩⲱ | ⲥⲉ-ⲥⲟⲟⲩⲛ ⲁⲛ ϫⲉ-
ⲛ̅ⲧ-ⲁⲉⲓ-ⲉⲓ ⲁ-∅ⲛⲟⲩϫⲉ ⲛ̅-ϩⲛ̅||ⲡⲱⲣϫ ⲉϫⲛ̅-ⲡⲕⲁϩ ⲟⲩⲕⲱϩⲧ ⲟⲩⲥⲏϥⲉ |
*36:1 ⲟⲩⲡⲟⲗⲉⲙⲟⲥ•[23] ⲟⲩⲛ̅-ϯⲟⲩ ⲅⲁⲣ ⲛⲁ-ϣⲱ̣ⲡ̣ⲉ̣ *ϩⲛ̅-ⲟⲩⲏⲉⲓ• ⲟⲩⲛ̅-ϣⲟⲙⲧ
ⲛⲁ-ϣⲱⲡⲉ ⲉϫⲛ̅-|ⲥⲛⲁⲩ ⲁⲩⲱ ⲥⲛⲁⲩ ⲉϫⲛ̅-ϣⲟⲙⲧ ⲡⲉⲓⲱⲧ | ⲉϫⲙ̅-
ⲡϣⲏⲣⲉ ⲁⲩⲱ ⲡϣⲏⲣⲉ ⲉϫⲙ̅-ⲡⲉⲓⲱⲧ• | ⲁⲩⲱ ⲥⲉ-ⲛⲁ-ⲱϩⲉ ⲉⲣⲁⲧ-ⲟⲩ ⲉⲩ-
ⲟ ⲙ̅-∅ⲙⲟⲛⲁ||ⲭⲟⲥ•[24]

(17) ⲡⲉϫⲉ-ⲓ̅ⲥ̅ ϫⲉ-ϯ-ⲛⲁ-ϯ ⲛⲏ-ⲧⲛ̅ ⲙ̅-ⲡ-ⲉⲧⲉ-|ⲙ̅ⲡⲉ-∅ⲃⲁⲗ ⲛⲁⲩ ⲉⲣⲟ-ϥ ⲁⲩⲱ ⲡ-ⲉⲧⲉ-ⲙ̅ⲡⲉ-∅ⲙⲁ|ⲁϫⲉ ⲥⲱⲧⲙ-ⲉϥ ⲁⲩⲱ ⲡ-ⲉⲧⲉ-ⲙ̅ⲡⲉ-∅ϭⲓϫ ϭⲙ̅|ϭⲱⲙ-ϥ ⲁⲩⲱ ⲙ̅ⲡⲉϥ-ⲉⲓ ⲉϩⲣⲁⲓ̈ ϩⲓ-ⲫⲏⲧ | ⲣ̅-ⲣⲱⲙⲉ•

(18) ⲡⲉϫⲉ-ⲙ̅ⲙⲁⲑⲏⲧⲏⲥ ⲛ̅-ⲓ̅ⲥ̅ ϫⲉ-ϫⲟ||ⲟ-ⲥ ⲉⲣⲟ-ⲛ ϫⲉ-ⲧⲛ̅ϩⲁⲏ ⲉⲥ-ⲛⲁ-ϣⲱⲡⲉ ⲛ̅-|ⲁϣ ⲛ̅-ϩⲉ• ⲡⲉϫⲉ-ⲓ̅ⲥ̅• ⲁⲧⲉⲧⲛ̅-ϭⲱⲗⲡ ⲅⲁⲣ ⲉⲃⲟⲗ | ⲛ̅-ⲧⲁⲣⲭⲏ[25] ϫⲉⲕⲁⲁⲥ ⲉⲧⲉⲧⲛⲁ-ϣⲓⲛⲉ ⲛ̅ⲥⲁ-|ⲑⲁϩⲏ ϫⲉ-ϩⲙ̅-ⲡⲙⲁ ⲉⲧⲉ-ⲧⲁⲣⲭⲏ ⲙ̅ⲙⲁⲩ ⲉ-|ⲑⲁϩⲏ ⲛⲁ-ϣⲱⲡⲉ ⲙ̅ⲙⲁⲩ• ⲟⲩⲙⲁⲕⲁⲣⲓⲟⲥ || ⲡⲉⲧ∅-ⲛⲁ-⟦ϩ⟧[26]ⲱϩⲉ ⲉⲣⲁⲧ-ϥ ϩⲛ̅-ⲧⲁⲣⲭⲏ• ⲁⲩⲱ | ϥ-ⲛⲁ-ⲥⲟⲩⲱⲛ-ⲑⲁϩⲏ• ⲁⲩⲱ ϥ-ⲛⲁ-ϫⲓ-∅ϯⲡⲉ | ⲁⲛ ⲙ̅-∅ⲙⲟⲩ•

(19) ⲡⲉϫⲉ-ⲓ̅ⲥ̅ ϫⲉ-ⲟⲩⲙⲁⲕⲁⲣⲓⲟⲥ | ⲡⲉⲛⲧ-ⲁϩ-ϣⲱⲡⲉ ϩⲁⲧⲉϩⲏ ⲉ-ⲙⲡⲁ-ⲧⲉϥ-ϣⲱ|ⲡⲉ• ⲉⲧⲉⲧⲛ̅ϣⲁⲛ-ϣⲱⲡⲉ ⲛⲁ-ⲉⲓ ⲙ̅-∅ⲙⲁⲑⲏ||ⲧⲏⲥ ⲛ̅ⲧⲉⲧⲛ̅-ⲥⲱⲧⲙ̅ ⲁ-ⲛⲁϣⲁϫⲉ ⲛⲉⲉⲓⲱ|ⲛⲉ ⲛⲁ-ⲣ̅-ⲇⲓⲁⲕⲟⲛⲉⲓ[27] ⲛⲏ-ⲧⲛ̅• ⲟⲩⲛ̅ⲧⲏ-ⲧⲛ̅ |

[16] Condemn κατακρίνειν [17] Bad person, thing; (neut.) harm κακός, -ή, -όν [18] District χώρα [19] Receive (e.g. as guest into one's own home) παραδέχειν [20] Heal, treat medically θεραπεύειν [21] Perhaps τάχα [22] Peace εἰρήνη [23] War πόλεμος [24] Solitary μοναχός, -ή, -όν [25] Beginning ἀρχή [26] ⟦ϩ⟧ cancelled by the ancient copyist [27] Serve, render service, minister διακονεῖν

ⲅⲁⲣ ⲙ̄ⲙⲁⲩ ⲛ̄-ϯⲟⲩ ⲛ̄-ϣⲏⲛ ϩⲙ̄-ⲡⲁⲣⲁ|ⲇⲓⲥⲟⲥ[28] ⲉ-ⲥⲉ-ⲕⲓⲙ ⲁⲛ ⲛ̄ϣⲱⲙ
ⲙ̄ⲡⲣⲱ• | ⲁⲩⲱ ⲙⲁⲣⲉ-ⲛⲟⲩϭⲱⲃⲉ ϩⲉ ⲉⲃⲟⲗ• ⲡ-ⲉⲧ∅-||ⲛⲁ-ⲥⲟⲩⲱⲛ-ⲟⲩ ϥ-
ⲛⲁ-ϫⲓ-∅ϯⲡⲉ ⲁⲛ ⲙ̄-∅ⲙⲟⲩ• |

(20) ⲡⲉϫⲉ-ⲙ̄ⲙⲁⲑⲏⲧⲏⲥ ⲛ̄-ⲓ̄ⲥ̄ ϫⲉ-ϫⲟⲟ-ⲥ | ⲉⲣⲟ-ⲛ ϫⲉ-ⲧⲙⲛ̄ⲧ-ⲉⲣⲟ ⲛ-
ⲙ̄ⲡⲏⲩⲉ ⲉⲥ-|ⲧⲛ̄ⲧⲱⲛ ⲉ-ⲛⲓⲙ• ⲡⲉϫⲁ-ϥ ⲛⲁ-ⲩ ϫⲉ-ⲉⲥ-ⲧⲛ̄|ⲧⲱⲛ ⲁ-
ⲩⲃⲗ̄ⲃⲓⲗⲉ ⲛ̄-ϣⲗ̄ⲧⲁⲙ• <ⲥ->[29]ⲥⲟⲃⲕ̄ ⲡⲁ||ⲣⲁ-ⲛ̄ϭⲣⲟϭ ⲧⲏⲣ-ⲟⲩ• ϩⲟⲧⲁⲛ ⲇⲉ
ⲉⲥϣⲁⲛ-|ϩⲉ ⲉϫⲙ̄-ⲡⲕⲁϩ ⲉⲧⲟⲩ-ⲣ̄-∅ϩⲱⲃ ⲉⲣⲟ-ϥ ϣⲁϥ-|ⲧⲉⲩⲟ ⲉⲃⲟⲗ ⲛ̄ⲛ-
ⲟⲩⲛⲟϭ ⲛ̄-ⲧⲁⲣ ⲛ̄ϥ-ϣⲱ|ⲡⲉ ⲛ̄-∅ⲥⲕⲉⲡⲏ[30] ⲛ̄-∅ϩⲁⲗⲁⲧⲉ ⲛ̄-ⲧⲡⲉ•

(21) ⲡⲉ|ϫⲉ-ⲙⲁⲣⲓϩⲁⲙ ⲛ̄-ⲓ̄ⲥ̄ ϫⲉ-ⲉ-ⲛⲉⲕⲙⲁⲑⲏ||ⲧ̣ⲏⲥ ⲉⲓⲛⲉ ⲛ̄-ⲛⲓⲙ•
ⲡⲉϫⲁ-ϥ ϫⲉ-ⲉⲩ-ⲉⲓⲛⲉ *ⲛ̄-ϩⲛ̄ϣⲏⲣⲉ ϣⲏⲙ ⲉⲩ-ϭⲉⲗⲓⲧ ⲁ-ⲩⲥⲱϣⲉ ⲉ-ⲧⲱ- *37:1
|ⲟⲩ ⲁⲛ ⲧⲉ• ϩⲟⲧⲁⲛ ⲉⲩϣⲁ-ⲉⲓ ⲛ̄ϭⲓ-ⲛ̄ϫⲟⲉⲓⲥ | ⲛ̄-ⲧⲥⲱϣⲉ ⲥⲉ-ⲛⲁ-ϫⲟⲟ-ⲥ
ϫⲉ-ⲕⲉ-ⲧⲛ̄ⲥⲱϣⲉ | ⲉⲃⲟⲗ ⲛⲁ-ⲛ• ⲛ̄ⲧⲟⲟⲩ ⲥⲉ-ⲕⲁⲕ ⲁϩⲏⲩ ⲙ̄ⲡⲟⲩⲙ̄||ⲧⲟ
ⲉⲃⲟⲗ ⲉ-∅ⲧⲣⲟⲩ-ⲕⲁⲁ-ⲥ ⲉⲃⲟⲗ ⲛⲁ-ⲩ ⲛ̄ⲥⲉ-ϯ-ⲧⲟⲩ|ⲥⲱϣⲉ ⲛⲁ-ⲩ• ⲇⲓⲁ-
ⲧⲟⲩⲧⲟ[31] ϯ-ϫⲱ ⲙ̄ⲙⲟ-ⲥ ϫⲉ-ⲉϥ|ϣⲁ-ⲉⲓⲙⲉ ⲛ̄ϭⲓ-ⲡϫⲉⲥ-ϩⲛ̄-∅ⲏⲉⲓ ϫⲉ-ϥ-
ⲛⲏⲩ ⲛ̄ϭⲓ-|ⲡⲣⲉϥ-ϫⲓⲟⲩⲉ ϥ-ⲛⲁ-ⲣⲟⲉⲓⲥ ⲉ-ⲙⲡⲁⲧⲉϥ-ⲉⲓ ⲛ̄ϥ-ⲧⲙ̄-|ⲕⲁⲁ-ϥ
ⲉ-∅ϣⲟϫⲧ ⲉϩⲟⲩⲛ ⲉ-ⲡⲉϥⲏⲉⲓ ⲛ̄ⲧⲉ-ⲧⲉϥ||ⲙⲛ̄ⲧ-ⲉⲣⲟ ⲉ-∅ⲧⲣⲉϥ-ϥⲓ ⲛ̄-ⲛⲉϥ-
ⲥⲕⲉⲩⲟⲥ•[32] ⲛ̄ⲧⲱⲧⲛ̄ | ⲇⲉ ⲣⲟⲉⲓⲥ ϩⲁⲧⲉϩⲏ ⲙ̄-ⲡⲕⲟⲥⲙⲟⲥ• ⲙⲟⲩⲣ ⲙ̄|ⲙⲱ-
ⲧⲛ̄ ⲉϫⲛ̄-ⲛⲉⲧⲛ̄ϯⲡⲉ ϩⲛ̄ⲛ-ⲟⲩⲛⲟϭ ⲛ̄-ⲇⲩ|ⲛⲁⲙⲓⲥ[33] ϣⲓⲛⲁ[34] ϫⲉ-ⲛⲉ-ⲗⲏ-
ⲥⲧⲏⲥ[35] ϩⲉ ⲉ-∅ϩⲓⲏ ⲉ-∅ⲉⲓ | ϣⲁⲣⲱ-ⲧⲛ̄ ⲉⲡⲉⲓ ⲧⲉⲭⲣⲉⲓⲁ[36] ⲉⲧⲉⲧⲛ̄-ϭⲱϣⲧ ||
ⲉⲃⲟⲗ ϩⲏⲧ-ⲥ̄ ⲥⲉ-ⲛⲁ-ϩⲉ ⲉⲣⲟ-ⲥ• ⲙⲁⲣⲉϥ-ϣⲱⲡⲉ | ϩⲛ̄-ⲧⲉⲧⲛ̄ⲙⲏⲧⲉ ⲛ̄ϭⲓ-
ⲟⲩⲣⲱⲙⲉ ⲛ̄-ⲉⲡⲓⲥⲧⲏ|ⲙⲱⲛ•[37] <- - - ->[38] ⲛ̄ⲧⲁⲣⲉ-ⲡⲕⲁⲣⲡⲟⲥ ⲡⲱϩ ⲁϥ-ⲉⲓ
ϩⲛ̄ⲛ-ⲟⲩ|ϭⲉⲡⲏ ⲉ-ⲡⲉϥⲁⲥϩ ϩⲛ̄-ⲧⲉϥϭⲓϫ• ⲁϥ-ϩⲁⲥ-ϥ• ⲡ-ⲉ|ⲧⲉ-ⲟⲩⲛ̄-∅ⲙⲁⲁ-
ϫⲉ ⲙ̄ⲙⲟ-ϥ ⲉ-∅ⲥⲱⲧⲙ̄ ⲙⲁⲣⲉϥ-ⲥⲱⲧⲙ̄• ||

(22) ⲁ-ⲓ̄ⲥ̄ ⲛⲁⲩ ⲁ-ϩⲛ̄ⲕⲟⲩⲉⲓ ⲉⲩ-ϫⲓ-∅ⲉⲣⲱⲧⲉ• ⲡⲉϫⲁ-ϥ ⲛ̄-|ⲛⲉϥⲙⲁⲑⲏ-
ⲧⲏⲥ ϫⲉ-ⲛⲉⲉⲓⲕⲟⲩⲉⲓ ⲉⲧ∅-ϫⲓ-∅ⲉⲣⲱ|ⲧⲉ ⲉⲩ-ⲧⲛ̄ⲧⲱⲛ ⲁ-ⲛ-ⲉⲧ∅-ⲃⲏⲕ
ⲉϩⲟⲩⲛ ⲁ-ⲧⲙⲛ̄|ⲧ-ⲉⲣⲟ• ⲡⲉϫⲁ-ⲩ ⲛⲁ-ϥ ϫⲉ-ⲉⲉⲓⲉⲛ-ⲟ ⲛ̄-∅ⲕⲟⲩⲉⲓ ⲧⲛ̄-|ⲛⲁ-
ⲃⲱⲕ ⲉϩⲟⲩⲛ ⲉ-ⲧⲙⲛ̄ⲧ-ⲉⲣⲟ• ⲡⲉϫⲉ-ⲓⲏ̄ⲥ̄ ⲛⲁ-ⲩ || ϫⲉ-ϩⲟⲧⲁⲛ ⲉⲧⲉⲧⲛ̄ϣⲁ-
ⲣ̄-ⲡⲥⲛⲁⲩ ⲟⲩⲁ ⲁⲩⲱ ⲉ|ⲧⲉⲧⲛ̄ϣⲁ-ⲣ̄-ⲡⲥⲁ ⲛϩⲟⲩⲛ ⲛ̄ⲑⲉ ⲙ̄-ⲡⲥⲁ ⲛⲃⲟⲗ |
ⲁⲩⲱ ⲡⲥⲁ ⲛⲃⲟⲗ ⲛ̄ⲑⲉ ⲙ̄-ⲡⲥⲁ ⲛϩⲟⲩⲛ ⲁⲩⲱ ⲡⲥⲁ ⲛ|ⲧⲡⲉ ⲛ̄ⲑⲉ ⲙ̄-ⲡⲥⲁ
ⲙⲡⲓⲧⲛ̄ ⲁⲩⲱ ϣⲓⲛⲁ ⲉⲧⲉ|ⲧⲛⲁ-ⲉⲓⲣⲉ ⲙ̄-ⲫⲟⲟⲩⲧ ⲙⲛ̄-ⲧⲥϩⲓⲙⲉ ⲙ̄-ⲡⲓⲟⲩⲁ ||
ⲟⲩⲱⲧ ϫⲉⲕⲁⲁⲥ ⲛⲉ-ⲫⲟⲟⲩⲧ ⲣ̄-∅ϩⲟⲟⲩⲧ ⲛ̄ⲧⲉ-|ⲧⲥϩⲓⲙⲉ ⲣ̄-∅ⲥϩⲓⲙⲉ ϩⲟⲧⲁⲛ

28 Paradise παράδεισος 29 <ⲥ-> omitted by the ancient copyist 30 Shelter σκέπη 31 Therefore διὰ τοῦτο 32 Good(s), movable possession(s), things, stuff σκεῦος 33 Strength, might δύναμις 34 In order (that) ἵνα; ϣⲓⲛⲁ ϫⲉ- same meaning as ϫⲉ- (before clause of purpose/result) 35 Robber λῃστής 36 Difficulty χρεία 37 Knowlegeable, knowing ἐπιστήμων 38 < - - - > some text (perhaps a number of words) omitted by the ancient copyist

ⲉⲧⲉⲧⲛ̄ϣⲁ-ⲉⲓⲣⲉ | ⲛ̄-ϩⲛ̄ⲃⲁⲗ ⲉⲡⲙⲁ ⲛ̄-ⲟⲩⲃⲁⲗ ⲁⲩⲱ ⲟⲩϭⲓϫ | ⲉⲡⲙⲁ ⲛ̄ⲛ-
ⲟⲩϭⲓϫ ⲁⲩⲱ ⲟⲩⲉⲣⲏⲧⲉ ⲉⲡⲙⲁ | ⲛ̄-ⲟⲩⲉⲣⲏⲧⲉ ⲟⲩϩⲓⲕⲱⲛ[39] ⲉⲡⲙⲁ ⲛ̄-
*38:1 ⲟⲩϩⲓⲕⲱⲛ || ⲧⲟⲧⲉ ⲧⲉⲧⲛⲁ-ⲃⲱⲕ ⲉϩⲟⲩⲛ ⲉ̣-[ⲧ]ⲙ̣ⲛ̣̄[ⲧ-ⲉⲣ]ⲟ• *

(23) ⲡⲉϫⲉ-ⲓ̅ⲥ̅ ϫⲉ-ϯ-ⲛⲁ-ⲥⲉⲧ̣ⲡ-ⲧⲏⲛⲉ ⲟⲩⲁ ⲉⲃⲟⲗ | ϩⲛ̄-ϣⲟ ⲁⲩⲱ ⲥⲛⲁⲩ ⲉⲃⲟⲗ ϩⲛ̄-∅ⲧⲃⲁ• ⲁⲩⲱ | ⲥⲉ-ⲛⲁ-ⲱϩⲉ ⲉⲣⲁⲧ-ⲟⲩ ⲉⲩ-ⲟ ⲟⲩⲁ ⲟⲩⲱⲧ•

(24) ⲡⲉ|ϫⲉ-ⲛⲉϥⲙⲁⲑⲏⲧⲏⲥ ϫⲉ-ⲙⲁ-ⲧⲥⲉⲃⲟ-ⲛ ⲉ-ⲡⲧⲟ||ⲡⲟⲥ ⲉⲧⲕ-ⲙ̄ⲙⲁⲩ ⲉⲡⲉⲓ ⲧⲁⲛⲁⲅⲕⲏ[40] ⲉⲣⲟ-ⲛ ⲧⲉ | ⲉ-∅ⲧⲣⲛ̄-ϣⲓⲛⲉ ⲛ̄ⲥⲱ-ϥ• ⲡⲉϫⲁ-ϥ ⲛⲁ-ⲩ ϫⲉ-ⲡ-ⲉⲧⲉ-ⲩ|ⲛ̄-∅ⲙⲁⲁϫⲉ ⲙ̄ⲙⲟ-ϥ ⲙⲁⲣⲉϥ-ⲥⲱⲧⲙ̄• ⲟⲩⲛ̄-∅ⲟⲩ|ⲟⲉⲓⲛ ϣⲟⲟⲡ ⲙ̄ⲫⲟⲩⲛ ⲛ̄ⲛ-ⲟⲩⲣⲙ̄-ⲟⲩⲟⲉⲓⲛ• | ⲁⲩⲱ ϥ-ⲣ̄-∅ⲟⲩⲟⲉⲓⲛ ⲉ-ⲡⲕⲟⲥⲙⲟⲥ ⲧⲏⲣ-ϥ• ⲉϥ-ⲧⲙ̄-||ⲣ̄-∅ⲟⲩⲟⲉⲓⲛ ⲟⲩⲕⲁⲕⲉ ⲡⲉ•

(25) ⲡⲉϫⲉ-ⲓ̅ⲥ̅ ϫⲉ-ⲙⲉⲣⲉ-|ⲡⲉⲕⲥⲟⲛ ⲛ̄ⲑⲉ ⲛ̄-ⲧⲉⲕⲯⲩⲭⲏ• ⲉⲣⲓ-ⲧⲏⲣⲉⲓ[41] ⲙ̄ⲙⲟ-ϥ | ⲛ̄ⲑⲉ ⲛ̄-ⲧⲉⲗⲟⲩ ⲙ̄-ⲡⲉⲕⲃⲁⲗ•

(26) ⲡⲉϫⲉ-ⲓ̅ⲥ̅ ϫⲉ-ⲡϫⲏ | ⲉⲧ∅-ϩⲙ̄-ⲡⲃⲁⲗ ⲙ̄-ⲡⲉⲕⲥⲟⲛ ⲕ-ⲛⲁⲩ ⲉⲣⲟ-ϥ• ⲡⲥⲟⲉⲓ | ⲇⲉ ⲉⲧ∅-ϩⲙ̄-ⲡⲉⲕⲃⲁⲗ ⲕ-ⲛⲁⲩ ⲁⲛ ⲉⲣⲟ-ϥ• ϩⲟⲧⲁⲛ || ⲉⲕϣⲁⲛ-ⲛⲟⲩϫⲉ ⲙ̄-ⲡⲥⲟⲉⲓ ⲉⲃⲟⲗ ϩⲙ̄-ⲡⲉⲕ|ⲃⲁⲗ ⲧⲟⲧⲉ ⲕ-ⲛⲁ-ⲛⲁⲩ ⲉⲃⲟⲗ ⲉ-∅ⲛⲟⲩϫⲉ ⲙ̄-ⲡϫⲏ | ⲉⲃⲟⲗ ϩⲙ̄-ⲡⲃⲁⲗ ⲙ̄-ⲡⲉⲕⲥⲟⲛ•

(27) <ⲡⲉϫⲉ-ⲓ̅ⲥ̅ ϫⲉ->[42]ⲉⲧⲉ<ⲧⲛ̄->[43]ⲧⲙ̄-ⲣ̄-ⲛⲏ|ⲥⲧⲉⲩⲉ ⲉ-ⲡⲕⲟⲥⲙⲟⲥ ⲧⲉⲧⲛⲁ-ϩⲉ ⲁⲛ ⲉ-ⲧⲙⲛ̄ⲧ-ⲉ|ⲣⲟ• ⲉⲧⲉⲧⲛ̄-ⲧⲙ̄-ⲉⲓⲣⲉ ⲙ̄-ⲡⲥⲁⲙⲃⲁⲧⲟⲛ[44] ⲛ̄-∅ⲥⲁⲃ||ⲃⲁⲧⲟⲛ ⲛ̄-ⲧⲉⲧⲛⲁ-ⲛⲁⲩ ⲁⲛ ⲉ-ⲡⲉⲓⲱⲧ•

(28) ⲡⲉϫⲉ-|ⲓ̅ⲥ̅ ϫⲉ-ⲁⲉⲓ-ⲱϩⲉ ⲉⲣⲁⲧ-∅ ϩⲛ̄-ⲧⲙⲏⲧⲉ ⲙ̄-ⲡⲕⲟⲥ|ⲙⲟⲥ• ⲁⲩⲱ ⲁⲉⲓ-ⲟⲩⲱⲛϩ ⲉⲃⲟⲗ ⲛⲁ-ⲩ ϩⲛ̄-∅ⲥⲁⲣⲝ• | ⲁⲉⲓ-ϩⲉ ⲉⲣⲟ-ⲟⲩ ⲧⲏⲣ-ⲟⲩ ⲉⲩ-ⲧⲁϩⲉ• ⲙ̄ⲡⲓ-ϩⲉ ⲉ-ⲗⲁ|ⲁⲩ ⲛ̄ϩⲏⲧ-ⲟⲩ ⲉϥ-ⲟⲃⲉ• ⲁⲩⲱ ⲁ-ⲧⲁⲯⲩⲭⲏ ϯ-∅ⲧⲕⲁⲥ || ⲉϫⲛ̄-ⲛ̄ϣⲏⲣⲉ ⲛ̄-ⲣ̄ⲣⲱⲙⲉ ϫⲉ-ϩⲛ̄ⲃ̄ⲗ̄ⲗ̄ⲉⲉⲩ|ⲉ ⲛⲉ ϩⲙ̄-ⲡⲟⲩϩⲏⲧ• ⲁⲩⲱ ⲥⲉ-ⲛⲁⲩ ⲉⲃⲟⲗ ⲁⲛ | ϫⲉ-ⲛ̄ⲧ-ⲁⲩ-ⲉⲓ ⲉ-ⲡⲕⲟⲥⲙⲟⲥ ⲉⲩ-ϣⲟⲩⲉⲓⲧ• ⲉⲩ-|ϣⲓⲛⲉ ⲟⲛ ⲉ-∅ⲧⲣⲟⲩ-ⲉⲓ ⲉⲃⲟⲗ ϩⲙ̄-ⲡⲕⲟⲥⲙⲟⲥ | ⲉⲩ-ϣⲟⲩⲉⲓⲧ• ⲡⲗⲏⲛ[45] ⲧⲉⲛⲟⲩ ⲥⲉ-ⲧⲟϩⲉ• ϩⲟ||ⲧⲁⲛ ⲉⲩϣⲁⲛ-ⲛⲉϩ-ⲡⲟⲩⲏⲣⲡ ⲧⲟⲧⲉ ⲥⲉ-ⲛⲁ-ⲣ̄-|ⲙⲉⲧⲁⲛⲟⲉⲓ•[46]

(29) ⲡⲉϫⲉ-ⲓ̅ⲥ̅• ⲉϣϫⲉ-ⲛ̄ⲧ-ⲁ-ⲧⲥⲁⲣⲝ | ϣⲱⲡⲉ ⲉⲧⲃⲉ-ⲡⲛ̅ⲁ̅ ⲟⲩϣⲡⲏⲣⲉ
ⲧⲉ• ⲉϣ|ϫⲉ-ⲡⲛ̅ⲁ̅ ⲇⲉ ⲉⲧⲃⲉ-ⲡⲥⲱⲙⲁ ⲟⲩϣⲡⲏⲣⲉ | ⲛ̄-∅ϣⲡⲏⲣ̣ⲉ ⲡⲉ•
*39:1 ⲁⲗⲗⲁ ⲁⲛⲟⲕ ϯ-ⲣ̄-∅ϣⲡⲏⲣⲉ *ⲙ̄-ⲡⲁⲉⲓ ϫⲉ-ⲡⲱⲥ̣ ⲁ-ⲧ̣ⲉ̣ⲉ̣ⲓⲛⲟϭ ⲙ̄-ⲙⲛ̄ⲧ-
ⲣⲙ̄ⲙⲁ|ⲟ ⲁⲥ-ⲟⲩⲱϩ ϩⲛ̄-ⲧⲉⲉⲓⲙⲛ̄ⲧ-ϩⲏⲕⲉ•

[39] Image εἰκών [40] Necessity, necessary ἀνάγκη [41] Guard τηρεῖν [42] <ⲡⲉϫⲉ-ⲓ̅ⲥ̅ ϫⲉ-> omitted by the ancient copyist [43] <ⲧⲛ̄-> omitted by the ancient copyist [44] Sabbath σάββατον [45] But πλήν [46] Repent μετανοεῖν

(30) ⲡⲉϫⲉ-ⲓ̅ⲥ̅ | ϫⲉ-ⲡⲙⲁ ⲉ-ⲩⲛ̅-ϣⲟⲙⲧ ⲛ̅-ⲛⲟⲩⲧⲉ ⲙ̅ⲙⲁⲩ ϩⲛ̅|ⲛⲟⲩⲧⲉ ⲛⲉ• ⲡⲙⲁ ⲉ-ⲩⲛ̅-ⲥⲛⲁⲩ ⲏ ⲟⲩⲁ ⲁⲛⲟⲕ || ϯ-ϣⲟⲟⲡ ⲛⲙⲙⲁ-ϥ•

(31) ⲡⲉϫⲉ-ⲓ̅ⲥ̅• ⲙⲛ̅-∅ⲡⲣⲟⲫⲏ|ⲧⲏⲥ ϣⲏⲡ ϩⲙ̅-ⲡⲉϥϯⲙⲉ• ⲙⲁⲣⲉ-∅ⲥⲟⲉⲓⲛ ⲣ̅-ⲑⲉ|ⲣⲁⲡⲉⲩⲉ ⲛ̅-ⲛ-ⲉⲧ∅-ⲥⲟⲟⲩⲛ ⲙ̅ⲙⲟ-ϥ•

(32) ⲡⲉϫⲉ-ⲓ̅ⲥ̅ | ϫⲉ-ⲟⲩⲡⲟⲗⲓⲥ[47] ⲉⲩ-ⲕⲱⲧ ⲙ̅ⲙⲟ-ⲥ ϩⲓϫⲛ̅-ⲟⲩⲧⲟ|ⲟⲩ ⲉϥ-ϫⲟⲥⲉ ⲉⲥ-ⲧⲁϫⲣⲏⲩ ⲙⲛ̅-∅ϭⲟⲙ ⲛ̅ⲥ-ϩⲉ• || ⲟⲩⲇⲉ ⲥ-ⲛⲁ-ϣ-ϩⲱⲡ ⲁⲛ•

(33) ⲡⲉϫⲉ-ⲓ̅ⲥ̅• ⲡ-ⲉⲧⲕ-ⲛⲁ-|ⲥⲱⲧⲙ̅ ⲉⲣⲟ-ϥ ϩⲙ̅-ⲡⲉⲕⲙⲁⲁϫⲉ ϩⲙ̅-ⲡⲕⲉ-ⲙⲁ|ⲁϫⲉ ⲧⲁϣⲉ-∅ⲟⲉⲓϣ ⲙ̅ⲙⲟ-ϥ ϩⲓϫⲛ̅-ⲛⲉⲧⲛ̅ϫⲉ|ⲛⲉⲡⲱⲣ• ⲙⲁⲣⲉ-ⲗⲁⲁⲩ ⲅⲁⲣ ϫⲉⲣⲉ-∅ϩⲏⲃ̅ⲥ̅ ⲛ̅ϥ-|ⲕⲁⲁ-ϥ ϩⲁ-∅ⲙⲁⲁϫⲉ• ⲟⲩⲇⲉ ⲙⲁϥ-ⲕⲁⲁ-ϥ ϩⲙ̅-∅ⲙⲁ || ⲉϥ-ϩⲏⲡ• ⲁⲗⲗⲁ ⲉ-ϣⲁⲣⲉϥ-ⲕⲁⲁ-ϥ ϩⲓϫⲛ̅-ⲧⲗⲩ|ⲭⲛⲓⲁ[48] ϫⲉⲕⲁⲁⲥ ⲟⲩⲟⲛ ⲛⲓⲙ ⲉⲧ∅-ⲃⲏⲕ ⲉϩⲟⲩⲛ | ⲁⲩⲱ ⲉⲧ∅-ⲛ̅ⲛⲏⲩ ⲉⲃⲟⲗ ⲉⲩ-ⲛⲁ-ⲛⲁⲩ ⲁ-ⲡⲉϥ-ⲟⲩ|ⲟⲉⲓⲛ•

(34) ⲡⲉϫⲉ-ⲓ̅ⲥ̅ ϫⲉ-ⲟⲩⲃⲗ̅ⲗⲉ ⲉϥϣⲁⲛ-ⲥⲱⲕ | ϩⲏⲧ-ϥ ⲛ̅ⲛ-ⲟⲩⲃⲗ̅ⲗⲉ ϣⲁⲩ-ϩⲉ ⲙ̅ⲡⲉⲥⲛⲁⲩ || ⲉⲡⲉⲥⲏⲧ ⲉ-ⲩϩⲓⲉⲓⲧ•

(35) ⲡⲉϫⲉ-ⲓ̅ⲥ̅• ⲙⲛ̅-∅ϭⲟⲙ | ⲛ̅ⲧⲉ-ⲟⲩⲁ ⲃⲱⲕ ⲉϩⲟⲩⲛ ⲉ-ⲡⲏⲉⲓ ⲙ̅-ⲡϫⲱ|ⲱⲣⲉ ⲛ̅ϥ-ϫⲓⲧ-ϥ ⲛ̅ϫⲛⲁϩ ⲉⲓⲙⲏⲧⲓ ⲛ̅ϥ-ⲙⲟⲩⲣ | ⲛ̅-ⲛⲉϥϭⲓϫ• ⲧⲟⲧⲉ ϥ-ⲛⲁ-ⲡⲱⲱⲛⲉ ⲉⲃⲟⲗ | ⲙ̅-ⲡⲉϥⲏⲉⲓ•

(36) ⲡⲉϫⲉ-ⲓ̅ⲥ̅• ⲙⲛ̅-ϥⲓ-∅ⲣⲟⲟⲩϣ ϫⲓⲛ-||ϩⲧⲟⲟⲩⲉ ϣⲁ-ⲣⲟⲩϩⲉ ⲁⲩⲱ ϫⲓⲛ-ϩⲓ-ⲣⲟⲩϩⲉ | ϣⲁ-ϩⲧⲟⲟⲩⲉ ϫⲉ-ⲟⲩ ⲡⲉ<ⲧ>ⲉⲧⲛⲁ[49]-ⲧⲁⲁ-ϥ ϩⲓⲱⲧ-|ⲧⲏⲩⲧⲛ̅•

(37) ⲡⲉϫⲉ-ⲛⲉϥⲙⲁⲑⲏⲧⲏⲥ ϫⲉ-ⲁϣ ⲛ̅-|ϩⲟⲟⲩ ⲉⲕ-ⲛⲁ-ⲟⲩⲱⲛϩ ⲉⲃⲟⲗ ⲛⲁ-ⲛ• ⲁⲩⲱ ⲁϣ | ⲛ̅-ϩⲟⲟⲩ ⲉⲛ-ⲁ-ⲛⲁⲩ ⲉⲣⲟ-ⲕ• ⲡⲉϫⲉ-ⲓ̅ⲥ̅ ϫⲉ-ϩⲟ||ⲧⲁⲛ ⲉⲧⲉⲧⲛ̅ϣⲁ-ⲕⲉⲕ-ⲧⲏⲩⲧⲛ̅ ⲉϩⲏⲩ ⲙ̅ⲡⲉ|ⲧⲛ̅-ϣⲓⲡⲉ ⲁⲩⲱ ⲛ̅ⲧⲉⲧⲛ̅-ϥⲓ ⲛ̅-ⲛⲉⲧ-ⲛ̅ϣⲧⲏⲛ | ⲛ̅ⲧⲉⲧⲛ̅-ⲕⲁⲁ-ⲩ ϩⲁⲡⲉⲥⲏⲧ ⲛ̅-ⲛⲉⲧⲛ̅ⲟⲩⲉⲣⲏ|ⲧⲉ ⲛ̅ⲑⲉ ⲛ̅-ⲛⲓⲕⲟⲩ-ⲉⲓ ⲛ̅-ϣⲏⲣⲉ ϣⲏⲙ ⲛ̅ⲧⲉ|ⲧⲛ̅-ϫⲟⲡϫ̅ⲡ̅ ⲙ̅ⲙⲟ-ⲟⲩ ⲧⲟⲧⲉ̣ [ⲧⲉⲧ]ⲛ̣ⲁ̣-ⲛ̣ⲁ̣ⲩ
*ⲉ-ⲡϣⲏⲣⲉ ⲙ̅-ⲡ-ⲉⲧ∅-ⲟⲛϩ• ⲁⲩⲱ ⲧⲉⲧⲛⲁ-ⲣ̅-|∅ϩⲟⲧⲉ ⲁⲛ• *40:1

(38) ⲡⲉϫⲉ-ⲓ̅ⲥ̅ ϫⲉ-ϩⲁϩ ⲛ̅-ⲥⲟⲡ ⲁⲧⲉⲧⲛ̅-|ⲣ̅-ⲉⲡⲓⲑⲩⲙⲉⲓ[50] ⲉ-∅ⲥⲱⲧⲙ̅ ⲁ-ⲛⲉⲉⲓϣⲁϫⲉ ⲛⲁⲉⲓ | ⲉϯ-ϫⲱ ⲙ̅ⲙⲟ-ⲟⲩ ⲛⲏ-ⲧⲛ̅• ⲁⲩⲱ ⲙⲛ̅ⲧⲏ-ⲧⲛ̅-||ⲕⲉⲟⲩⲁ ⲉ-∅ⲥⲟⲧⲙ-ⲟⲩ ⲛ̅ⲧⲟⲟⲧ-ϥ̅• ⲟⲩⲛ̅-ϩⲛ̅ϩⲟ|ⲟⲩ ⲛⲁ-ϣⲱⲡⲉ ⲛ̅ⲧⲉⲧⲛ̅-ϣⲓⲛⲉ ⲛ̅ⲥⲱ-ⲉⲓ• ⲧⲉ|ⲧⲛⲁ-ϩⲉ ⲁⲛ ⲉⲣⲟ-ⲉⲓ•

(39) ⲡⲉϫⲉ-ⲓ̅ⲥ̅ ϫⲉ-ⲙ̅ⲫⲁⲣⲓⲥⲁⲓ|ⲟⲥ[51] ⲙⲛ̅-ⲛ̅ⲅⲣⲁⲙⲙⲁⲧⲉⲩⲥ[52] ⲁⲩ-ϫⲓ-ⲛ̅ϣⲁϣⲧ | ⲛ̅-ⲧⲅⲛⲱⲥⲓⲥ•[53] ⲁⲩ-ϩⲟⲡ-ⲟⲩ• ⲟⲩⲧⲉ ⲙ̅ⲡⲟⲩ-ⲃⲱⲕ || ⲉϩⲟⲩⲛ•

[47] City πόλις [48] Lamp λυχνία [49] <ⲧ> omitted by the ancient copyist [50] Desire ἐπιθυμεῖν [51] Pharisee Φαρισαῖος [52] Scribe γραμματεύς [53] Knowledge, personal knowledge, acquaintance γνῶσις

ⲁⲩⲱ ⲛ-ⲉⲧ∅-ⲟⲩⲱϣ ⲉ-∅ⲃⲱⲕ ⲉϩⲟⲩⲛ ⲙ̄|ⲡⲟⲩ-ⲕⲁⲁ-ⲩ• ⲛ̄ⲧⲱⲧⲛ̄ ⲇⲉ ϣⲱⲡⲉ ⲙ̄-∅ⲫⲣⲟⲛⲓⲙⲟⲥ[54] | ⲛ̄ⲑⲉ ⲛ̄-ⲛϩⲟϥ ⲁⲩⲱ ⲛ̄-∅ⲁⲕⲉⲣⲁⲓⲟⲥ[55] ⲛ̄ⲑⲉ ⲛ̄-ⲛ̄|ϭⲣⲟⲙⲡⲉ•

(40) ⲡⲉϫⲉ-ⲓ̄ⲥ̄• ⲟⲩⲃⲉ-ⲛ-ⲉⲗⲟⲟⲗⲉ ⲁⲩ-|ⲧⲟϭ-ⲥ ⲙ̄ⲡⲥⲁ ⲛⲃⲟⲗ ⲙ̄-ⲡⲉⲓⲱⲧ• ⲁⲩⲱ ⲉⲥ-ⲧⲁ||ϫⲣⲏⲩ ⲁⲛ ⲥⲉ-ⲛⲁ-ⲡⲟⲣⲕ-ⲥ̄ ϩⲁ-ⲧⲉⲥⲛⲟⲩⲛⲉ ⲛ̄ⲥ-|ⲧⲁⲕⲟ•

(41) ⲡⲉϫⲉ-ⲓ̄ⲥ̄ ϫⲉ-ⲡ-ⲉⲧⲉ-ⲩⲛ̄ⲧⲁ-ϥ ϩⲛ̄-ⲧⲉϥ|ϭⲓϫ ⲥⲉ-ⲛⲁ-ϯ ⲛⲁ-ϥ• ⲁⲩⲱ ⲡ-ⲉⲧⲉ-ⲙⲛ̄ⲧⲁ-ϥ ⲡⲕⲉ|ϣⲏⲙ ⲉⲧ-ⲟⲩⲛ̄ⲧⲁ-ϥ ⲥⲉ-ⲛⲁ-ϥⲓⲧ-ϥ̄ ⲛ̄ⲧⲟⲟⲧ-ϥ• |

(42) ⲡⲉϫⲉ-ⲓ̄ⲥ̄ ϫⲉ-ϣⲱⲡⲉ ⲉⲧⲉⲧⲛ̄-ⲣ̄-ⲡⲁⲣⲁⲅⲉ•[56] ||

(43) ⲡⲉϫⲁ-ⲩ ⲛⲁ-ϥ ⲛ̄ϭⲓ-ⲛⲉϥⲙⲁⲑⲏⲧⲏⲥ ϫⲉ-ⲛ̄ⲧⲁⲕ-|ⲛⲓⲙ ⲉⲕ-ϫⲱ ⲛ̄-ⲛⲁï ⲛⲁ-ⲛ• <ⲡⲉϫⲉ-ⲓ̄ⲥ̄ ⲛⲁ-ⲩ ϫⲉ->[57]ϩⲛ̄-ⲛ-ⲉϯ-ϫⲱ ⲙ̄|ⲙⲟ-ⲟⲩ ⲛⲏ-ⲧⲛ̄ ⲛ̄-ⲧⲉⲧⲛ̄-ⲉⲓⲙⲉ ⲁⲛ ϫⲉ-ⲁⲛⲟⲕ-|ⲛⲓⲙ• ⲁⲗⲗⲁ ⲛ̄ⲧⲱⲧⲛ̄ ⲁⲧⲉⲧⲛ̄-ϣⲱⲡⲉ ⲛ̄ⲑⲉ ⲛ̄-|ⲛⲓⲓ̈ⲟⲩⲇⲁⲓⲟⲥ[58] ϫⲉ-ⲥⲉ-ⲙⲉ ⲙ̄-ⲡϣⲏⲛ• ⲥⲉ-ⲙⲟⲥ||ⲧⲉ ⲙ̄-ⲡⲉϥⲕⲁⲣⲡⲟⲥ• ⲁⲩⲱ ⲥⲉ-ⲙⲉ ⲙ̄-ⲡⲕⲁⲣⲡⲟⲥ• | ⲥⲉ-ⲙⲟⲥⲧⲉ ⲙ̄-ⲡϣⲏⲛ•

(44) ⲡⲉϫⲉ-ⲓ̄ⲥ̄ ϫⲉ-ⲡ-ⲉⲧ∅-ⲁ-ϫⲉ-|∅ⲟⲩⲁ ⲁ-ⲡⲉⲓⲱⲧ ⲥⲉ-ⲛⲁ-ⲕⲱ ⲉⲃⲟⲗ ⲛⲁ-ϥ• ⲁⲩⲱ | ⲡ-ⲉⲧ∅-ⲁ-ϫⲉ-∅ⲟⲩⲁ ⲉ-ⲡϣⲏⲣⲉ ⲥⲉ-ⲛⲁ-ⲕⲱ ⲉⲃⲟⲗ | ⲛⲁ-ϥ• ⲡ-ⲉⲧ∅-ⲁ-ϫⲉ-∅ⲟⲩⲁ ⲇⲉ ⲁ-ⲡⲡ̄ⲛ̄ⲁ̄ ⲉⲧ∅-ⲟⲩⲁⲁⲃ || ⲥⲉ-ⲛⲁ-ⲕⲱ ⲁⲛ ⲉⲃⲟⲗ ⲛⲁ-ϥ ⲟⲩⲧⲉ ϩⲙ̄-ⲡⲕⲁϩ | ⲟⲩⲧⲉ ϩⲛ̄-ⲧⲡⲉ•

(45) ⲡⲉϫⲉ-ⲓ̄ⲥ̄• ⲙⲁⲩ-ϫⲉⲗⲉ-∅ⲉⲗⲟⲟ|ⲗⲉ ⲉⲃⲟⲗ ϩⲛ̄-∅ϣⲟⲛⲧⲉ• ⲟⲩⲧⲉ ⲙⲁⲩ-ⲕⲱⲧϥ-|∅ⲕⲛ̄ⲧⲉ ⲉⲃⲟⲗ ϩⲛ̄-∅ⲥⲣ̄-ϭⲁⲙⲟⲩⲗ• ⲙⲁⲩ-ϯ-∅ⲕⲁⲣⲡⲟⲥ | ⲅⲁ̣ⲣ̣•
*41:1 ⲟ̣ⲩⲁ̣ⲅ̣ⲁ̣ⲑⲟⲥ[59] ⲣ̄-ⲣⲱⲙⲉ ϣⲁϥ-ⲉⲓⲛⲉ ⲛ̄-*ⲟⲩⲁⲅⲁⲑⲟⲛ ⲉⲃⲟⲗ ϩⲙ̣̄-ⲡⲉϥⲉϩⲟ•
ⲟⲩⲕⲁⲕ̣[ⲟⲥ] | ⲣ̄-ⲣⲱⲙⲉ ϣⲁϥ-ⲉⲓⲛⲉ ⲛ̄-ϩⲛ̄ⲡⲟⲛⲏⲣⲟⲛ ⲉⲃⲟⲗ | ϩⲙ̄-ⲡⲉϥⲉϩⲟ ⲉⲑⲟⲟⲩ ⲉⲧ∅-ϩⲛ̄-ⲡⲉϥϩⲏⲧ ⲁⲩ|ⲱ ⲛ̄ϥ-ϫⲱ ⲛ̄-ϩⲛ̄ⲡⲟⲛⲏⲣⲟⲛ•[60] ⲉⲃⲟⲗ ⲅⲁⲣ ϩⲙ̄-||ⲫⲟⲩⲟ ⲙ̄-ⲫⲏⲧ ϣⲁϥ-ⲉⲓⲛⲉ ⲉⲃⲟⲗ ⲛ̄-ϩⲛ̄ⲡⲟ|ⲛⲏⲣⲟⲛ•

(46) ⲡⲉϫⲉ-ⲓ̄ⲥ̄ ϫⲉ-ϫⲓⲛ-ⲁⲇⲁⲙ ϣⲁ-ⲓ̈ⲱϩⲁⲛ|ⲛⲏⲥ ⲡⲃⲁⲡⲧⲓⲥⲧⲏⲥ[61] ϩⲛ̄-ⲛ̄ϫⲡⲟ ⲛ̄-ⲛ̄ϩⲓⲟⲙⲉ | ⲙⲛ̄-∅ⲡⲉⲧ-ϫⲟⲥⲉ ⲁ-ⲓ̈ⲱϩⲁⲛⲛⲏⲥ ⲡⲃⲁⲡⲧⲓ|ⲥⲧⲏⲥ ϣⲓⲛⲁ ϫⲉ-ⲛⲟⲩⲱϭⲡ ⲛ̄ϭⲓ-ⲛⲉϥⲃⲁⲗ• || ⲁⲉⲓ-ϫⲟⲟ-ⲥ ⲇⲉ ϫⲉ-ⲡ-ⲉⲧ∅-ⲛⲁ-ϣⲱⲡⲉ ϩⲛ̄-ⲧⲏⲩ|ⲧⲛ̄ ⲉϥ-ⲟ ⲛ̄-∅ⲕⲟⲩⲉⲓ ϥ-ⲛⲁ-ⲥⲟⲩⲱⲛ-ⲧⲙⲛ̄ⲧ-ⲉ|ⲣⲟ• ⲁⲩⲱ ϥ-ⲛⲁ-ϫⲓⲥⲉ ⲁ-ⲓ̈ⲱϩⲁⲛⲛⲏⲥ•

(47) ⲡⲉϫⲉ-ⲓ̄ⲥ̄ | ϫⲉ-ⲙⲛ̄-∅ϭⲟⲙ ⲛ̄ⲧⲉ-ⲟⲩⲣⲱⲙⲉ ⲧⲉⲗⲟ ⲁ-ϩⲧⲟ | ⲥⲛⲁⲩ ⲛ̄ϥ-ϫⲱⲗⲕ ⲙ̄-ⲡⲓⲧⲉ ⲥⲛ̄ⲧⲉ• ⲁⲩⲱ ⲙⲛ̄-||∅ϭⲟⲙ ⲛ̄ⲧⲉ-ⲟⲩϩⲙϩⲁ̄ⲗ̄ ϣⲙ̄ϣⲉ-

[54] Shrewd φρονιμός, -ή, -όν [55] Innocent ἀκέραιος, -ον [56] Pass by παράγειν
[57] <ⲡⲉϫⲉ-ⲓ̄ⲥ̄ ⲛⲁ-ⲩ ϫⲉ-> omitted by the ancient copyist [58] Jew Ἰουδαῖος, -δαία
[69] Good ἀγαθός, -ή, -όν [60] Wicked πονηρός, -ά, -όν [61] Baptizer βαπτιστής

ϫⲟⲉⲓⲥ ⲥⲛⲁⲩ· | ⲏ ϥ-ⲛⲁ-ⲣ̄-ⲧⲓⲙⲁ[62] ⲙ̄-ⲡⲟⲩⲁ· ⲁⲩⲱ ⲡⲕⲉⲟⲩⲁ ϥ-ⲛⲁ-|ⲣ̄-ϩⲩⲃⲣⲓⲍⲉ[63] ⲙ̄ⲙⲟ-ϥ· ⲙⲁⲣⲉ-∅ⲣⲱⲙⲉ ⲥⲉ-∅ⲣ̄ⲡ-ⲁⲥ | ⲁⲩⲱ ⲛ̄ⲧⲉⲩⲛⲟⲩ ⲛ̄ϥ-ⲉⲡⲓⲑⲩⲙⲉⲓ ⲁ-∅ⲥⲱ-∅ⲏⲣⲡ | ⲃ̄-ⲃⲣⲣⲉ· ⲁⲩⲱ ⲙⲁⲩ-ⲛⲟⲩϫ-∅ⲏⲣⲡ ⲃ̄-ⲃⲣ̄ⲣⲉ ⲉ-∅ⲁⲥ||ⲕⲟⲥ[64]-ⲛ̄-ⲁⲥ ϫⲉⲕⲁⲁⲥ ⲛ̄ⲛⲟⲩ-ⲡⲱϩ· ⲁⲩⲱ ⲙⲁⲩ-|ⲛⲉϫ-∅ⲏⲣⲡ-ⲛ̄-ⲁⲥ ⲉ-∅ⲁⲥⲕⲟⲥ ⲃ̄-ⲃⲣ̄ⲣⲉ ϣⲓⲛⲁ ϫⲉ-|ⲛⲉϥ-ⲧⲉⲕⲁ-ϥ· ⲙⲁⲩ-ϫⲗ̄ϭ-∅ⲧⲟⲉⲓⲥ-ⲛ̄-ⲁⲥ ⲁ-∅ϣⲧⲏⲛ | ⲛ̄-ϣⲁⲉⲓ ⲉⲡⲉⲓ ⲟⲩⲛ-ⲟⲩⲡⲱϩ ⲛⲁ-ϣⲱⲡⲉ· |

(48) ⲡⲉϫⲉ-ⲓ̄ⲥ̄ ϫⲉ-ⲉⲣϣⲁ-ⲥⲛⲁⲩ ⲣ̄-∅ⲉⲓⲣⲏⲛⲏ ⲙⲛ̄-||ⲛⲟⲩⲉⲣⲏⲩ ϩⲙ̄-ⲡⲉⲓⲏⲉⲓ ⲟⲩⲱⲧ ⲥⲉ-ⲛⲁ-ϫⲟⲟ-ⲥ | ⲙ̄-ⲡⲧⲁⲩ ϫⲉ-ⲡⲱⲱⲛⲉ ⲉⲃⲟⲗ· ⲁⲩⲱ ϥ-ⲛⲁ-ⲡⲱ|ⲱⲛⲉ·

(49) ⲡⲉϫⲉ-ⲓ̄ⲥ̄ ϫⲉ-ϩⲉⲛⲙⲁⲕⲁⲣⲓⲟⲥ ⲛⲉ ⲛ|ⲙⲟⲛⲁⲭⲟⲥ ⲁⲩⲱ ⲉⲧ∅-ⲥⲟⲧⲡ ϫⲉ-ⲧⲉⲧⲛⲁ-|ϩⲉ ⲁ-ⲧⲙⲛ̄ⲧ-ⲉⲣⲟ ϫⲉ-ⲛ̄ⲧⲱⲧⲛ̄-ϩⲛ̄ⲉⲃⲟⲗ || ⲛ̄ϩⲏⲧ-ⲥ̄· ⲡⲁⲗⲓⲛ ⲉⲧⲉⲧⲛⲁ-ⲃⲱⲕ ⲉⲙⲁⲩ·

(50) ⲡⲉ|ϫⲉ-ⲓ̄ⲥ̄ ϫⲉ-ⲉⲩϣⲁⲛ-ϫⲟⲟ-ⲥ ⲛⲏ-ⲧⲛ̄ ϫⲉ-ⲛ̄ⲧ-ⲁ|ⲧⲉⲧⲛ̄-ϣⲱⲡⲉ
ⲉⲃⲟⲗ ⲧⲱⲛ ϫⲟⲟ-ⲥ ⲛⲁ-ⲩ | ϫⲉ-ⲛ̄ⲧ-ⲁⲛ-ⲉⲓ ⲉⲃⲟⲗ ϩⲙ̄-ⲡⲟⲩⲟⲉⲓⲛ ⲡⲙⲁ |
ⲉⲛⲧ-ⲁ-ⲡⲟⲩⲟⲉⲓⲛ ϣⲱⲡⲉ ⲙ̣ⲙ̣ⲁ̣ⲩ ⲉⲃⲟⲗ || ϩⲓⲧⲟⲟⲧ-ϥ ⲟⲩⲁⲁⲧ-ϥ· ⲁϥ-
ⲱϩ[ⲉ ⲉⲣⲁⲧ-ϥ]· *ⲁ̣ⲩⲱ ⲁϥ-ⲟⲩⲱⲛϩ ⲉ̣[ⲃ]ⲟⲗ ϩ̣ⲛ̄-ⲧⲟⲩϩⲓⲕⲱⲛ· ⲉⲩ|ϣⲁ- *42:1
ϫⲟⲟ-ⲥ ⲛⲏ-ⲧⲛ̄ ϫⲉ-ⲛ̄ⲧⲱⲧⲛ̄ ⲡⲉ ϫⲟⲟ-ⲥ | ϫⲉ-ⲁⲛⲟⲛ-ⲛⲉϥϣⲏⲣⲉ· ⲁⲩⲱ
ⲁⲛⲟⲛ-ⲛ̄ⲥⲱⲧⲡ | ⲙ̄-ⲡⲉⲓⲱⲧ ⲉⲧ∅-ⲟⲛϩ· ⲉⲩϣⲁⲛ-ϫⲛⲉ-ⲧⲏⲩⲧⲛ̄ || ϫⲉ-ⲟⲩ
ⲡⲉ ⲡⲙⲁⲉⲓⲛ ⲙ̄-ⲡⲉⲧⲛ̄ⲉⲓⲱⲧ ⲉⲧ∅-ϩⲛ̄-|ⲧⲏⲩⲧⲛ̄ ϫⲟⲟ-ⲥ ⲉⲣⲟ-ⲟⲩ ϫⲉ-
ⲟⲩⲕⲓⲙ ⲡⲉ ⲙⲛ̄-|ⲟⲩⲁⲛⲁⲡⲁⲩⲥⲓⲥ·[65]

(51) ⲡⲉϫⲁ-ⲩ ⲛⲁ-ϥ ⲛ̄ϭⲓ-ⲛⲉϥⲙⲁ|ⲑⲏⲧⲏⲥ ϫⲉ-ⲁϣ ⲛ̄-ϩⲟⲟⲩ ⲉ-ⲧⲁⲛⲁⲡⲁⲩⲥⲓⲥ ⲛ̄-|ⲛ-ⲉⲧ∅-ⲙⲟⲟⲩⲧ ⲛⲁ-ϣⲱⲡⲉ· ⲁⲩⲱ ⲁϣ ⲛ̄-ϩⲟⲟⲩ || ⲉ-ⲡⲕⲟⲥⲙⲟⲥ ⲃ̄-ⲃⲣ̄ⲣⲉ ⲛⲏⲩ· ⲡⲉϫⲁ-ϥ ⲛⲁ-ⲩ ϫⲉ-|ⲧⲏ ⲉⲧⲉⲧⲛ̄-ϭⲱϣⲧ ⲉⲃⲟⲗ ϩⲏⲧ-ⲥ̄ ⲁⲥ-ⲉⲓ· ⲁⲗⲗⲁ | ⲛ̄ⲧⲱⲧⲛ̄ ⲧⲉⲧⲛ̄-ⲥⲟⲟⲩⲛ ⲁⲛ ⲙ̄ⲙⲟ-ⲥ·

(52) ⲡⲉϫⲁ-ⲩ | ⲛⲁ-ϥ ⲛ̄ϭⲓ-ⲛⲉϥⲙⲁⲑⲏⲧⲏⲥ ϫⲉ-ϫⲟⲩⲧ-ⲁϥⲧⲉ | ⲙ̄-ⲡⲣⲟⲫⲏⲧⲏⲥ ⲁⲩ-ϣⲁϫⲉ ϩⲙ̄-ⲡⲓⲥⲣⲁⲏⲗ· || ⲁⲩⲱ ⲁⲩ-ϣⲁϫⲉ ⲧⲏⲣ-ⲟⲩ ϩⲣⲁï ⲛ̄ϩⲏⲧ-ⲕ· ⲡⲉ|ϫⲁ-ϥ ⲛⲁ-ⲩ ϫⲉ-ⲁⲧⲉⲧⲛ̄-ⲕⲱ ⲙ̄-ⲡ-ⲉⲧ∅-ⲟⲛϩ ⲙ̄ⲡⲉ|ⲧⲛ̄ⲙ̄ⲧⲟ ⲉⲃⲟⲗ· ⲁⲩⲱ ⲁⲧⲉⲧⲛ̄-ϣⲁϫⲉ ϩⲁ-ⲛ-ⲉⲧ∅-|ⲙⲟⲟⲩⲧ·

(53) ⲡⲉϫⲁ-ⲩ ⲛⲁ-ϥ ⲛ̄ϭⲓ-ⲛⲉϥⲙⲁⲑⲏⲧⲏⲥ | ϫⲉ-ⲡⲥⲃ̄ⲃⲉ ⲣ̄-ⲱⲫⲉⲗⲉⲓ·[66] ⲏ ⲙ̄ⲙⲟⲛ· ⲡⲉϫⲁ-ϥ || ⲛⲁ-ⲩ ϫⲉⲛⲉϥ-ⲣ̄-ⲱⲫⲉⲗⲉⲓ ⲛⲉ-ⲡⲟⲩⲉⲓⲱⲧ ⲛⲁ-|ϫⲡⲟ-ⲟⲩ ⲉⲃⲟⲗ ϩⲛ̄-ⲧⲟⲩⲙⲁⲁⲩ ⲉⲩ-ⲥⲃ̄ⲃⲏⲩ· | ⲁⲗⲗⲁ ⲡⲥⲃ̄ⲃⲉ ⲙ̄-ⲙⲉ ϩⲙ̄-ⲡⲛ̄ⲁ̄ ⲁϥ-ϭⲛ̄-∅ϩⲏⲩ | ⲧⲏⲣ-ϥ·

[62] Honor τιμᾶν [63] Mistrust, scoff at ὑβρίζειν [64] Wineskin ἀσκός [65] Repose ἀνάπαυσις [66] Be helpful ὠφελεῖν

(54) ⲡⲉϫⲉ-ⲓ̅ⲥ̅ ϫⲉ-ϩⲛ̅ⲙⲁⲕⲁⲣⲓⲟⲥ ⲛⲉ ⲛϩⲏ|ⲕⲉ ϫⲉ-ⲧⲱ-ⲧⲛ̅ ⲧⲉ ⲧⲙⲛ̅ⲧ-ⲉⲣⲟ ⲛ-ⲙ̅ⲡⲏⲩⲉ• ||

(55) ⲡⲉϫⲉ-ⲓ̅ⲥ̅ ϫⲉ-ⲡ-ⲉⲧ$^{\emptyset}$-ⲁ-ⲙⲉⲥⲧⲉ-ⲡⲉϥⲉⲓⲱⲧ | ⲁⲛ ⲙⲛ̅-ⲧⲉϥⲙⲁⲁⲩ ϥ-ⲛⲁ-ϣ-ⲣ̅-$^{\emptyset}$ⲙⲁⲑⲏⲧⲏⲥ ⲁⲛ | ⲛⲁ-ⲉⲓ ⲁⲩⲱ ⲛ̅ϥ-ⲙⲉⲥⲧⲉ-ⲛⲉϥⲥⲛⲏⲩ ⲙⲛ̅-|ⲛⲉϥ-ⲥⲱⲛⲉ ⲛ̅ϥ-ϥⲉⲓ ⲙ̅-ⲡⲉϥⲥ⳨ⲟⲥ ⲛ̅-ⲧⲁϩⲉ | ϥ-ⲛⲁ-ϣⲱⲡⲉ ⲁⲛ ⲉϥ-ⲟ ⲛ̅-$^{\emptyset}$ⲁⲝⲓⲟⲥ[67] ⲛⲁ-ⲉⲓ•

(56) ⲡⲉ||ϫⲉ-ⲓ̅ⲥ̅ ϫⲉ-ⲡ-ⲉⲧ-ⲁϩ-ⲥⲟⲩⲱⲛ-ⲡⲕⲟⲥⲙⲟⲥ ⲁϥ-|ϩⲉ ⲉ-ⲩⲡⲧⲱ-ⲙⲁ•[68] ⲁⲩⲱ ⲡ-ⲉⲛⲧ-ⲁϩ-ϩⲉⲉ ⲁ-$^{\emptyset}$ⲡⲧⲱ|ⲙⲁ ⲡⲕⲟⲥⲙⲟⲥ ⲙ̅ⲡϣⲁ ⲙ̅ⲙⲟ-ϥ ⲁⲛ•

(57) ⲡⲉ|ϫⲉ-ⲓ̅ⲥ̅ ϫⲉ-ⲧⲙⲛ̅ⲧ-ⲉⲣⲟ ⲙ̅-ⲡⲉⲓⲱⲧ ⲉⲥ-ⲧⲛ̅ⲧⲱⲛ | ⲁ-ⲩⲣⲱⲙⲉ ⲉ-
ⲩⲛ̅ⲧⲁ-ϥ ⲙ̅ⲙⲁⲩ ⲛ̅ⲛ-ⲟⲩϭⲣⲟϭ || ⲉ̣-ⲛ̣[ⲁⲛⲟ]ⲩ̣-ϥ• ⲁ-ⲡⲉϥϫⲁϫⲉ ⲉⲓ ⲛ̅ⲧⲟⲩ-
*43:1 ϣⲏ• *ⲁϥ-ⲥⲓⲧⲉ ⲛ̅-ⲟⲩⲍⲓⲍⲁⲛⲓ̣[ⲟ]ⲛ[69] ⲉ̣ϫ̣ⲛ̅-ⲡⲉϭⲣⲟ[ϭ ⲉ]|ⲧ-ⲛⲁⲛⲟⲩ-ϥ•
ⲙ̅ⲡⲉ-ⲡⲣⲱⲙⲉ ⲕⲟⲟ-ⲩ ⲉ-$^{\emptyset}$ϩⲱⲗⲉ | ⲙ̅-ⲡⲍⲓⲍⲁⲛⲓⲟⲛ• ⲡⲉϫⲁ-ϥ ⲛⲁ-ⲩ ϫⲉ-
ⲙⲏⲡⲱⲥ | ⲛ̅ⲧⲉⲧⲛ̅-ⲃⲱⲕ ϫⲉ-ⲉⲛ-ⲁ-ϩⲱⲗⲉ ⲙ̅-ⲡⲍⲓⲍⲁⲛⲓⲟⲛ || ⲛ̅ⲧⲉⲧⲛ̅-ϩⲱ-
ⲗⲉ ⲙ̅-ⲡⲥⲟⲩⲟ ⲛⲙ̅ⲙⲁ-ϥ• ϩⲙ̅-ⲫⲟ|ⲟⲩ ⲅⲁⲣ ⲙ̅-ⲡⲱϩ̅ⲥ̅ ⲛ̅ⲍⲓⲍⲁⲛⲓⲟⲛ ⲛⲁ-
ⲟⲩⲱⲛϩ | ⲉⲃⲟⲗ ⲥⲉ-ϩⲟⲗ-ⲟⲩ ⲛ̅ⲥⲉ-ⲣⲟⲕϩ-ⲟⲩ•

(58) ⲡⲉϫⲉ-ⲓ̅ⲥ̅ | ϫⲉ-ⲟⲩⲙⲁⲕⲁⲣⲓⲟⲥ ⲡⲉ ⲡⲣⲱⲙⲉ ⲛ̅ⲧ-ⲁϩ-ϩⲓⲥⲉ• | ⲁϥ-ϩⲉ ⲁ-ⲡⲱⲛϩ•

(59) ⲡⲉϫⲉ-ⲓ̅ⲥ̅ ϫⲉ-ϭⲱϣⲧ ⲛ̅ⲥⲁ-ⲡ-ⲉ||ⲧ$^{\emptyset}$-ⲟⲛϩ ϩⲱⲥ ⲉⲧⲉⲧⲛ̅-ⲟⲛϩ ϩⲓⲛⲁ ϫⲉ-ⲛⲉⲧⲙ̅-ⲙⲟⲩ | ⲁⲩⲱ ⲛ̅ⲧⲉⲧⲛ̅-ϣⲓⲛⲉ ⲉ-$^{\emptyset}$ⲛⲁⲩ ⲉⲣⲟ-ϥ• ⲁⲩⲱ ⲧⲉⲧⲛⲁ-ϣ-|ϭⲙ̅-$^{\emptyset}$ϭⲟⲙ ⲁⲛ ⲉ-$^{\emptyset}$ⲛⲁⲩ•

(60) <ⲁⲩ-ⲛⲁⲩ>[70] ⲁ-ⲩⲥⲁⲙⲁⲣⲉⲓⲧⲏⲥ[71] ⲉϥ-ϥⲓ ⲛ̅|ⲛ-ⲟⲩϩⲓⲉⲓⲃ ⲉϥ-ⲃⲏⲕ ⲉϩⲟⲩⲛ ⲉ-ϯⲟⲩⲇⲁⲓⲁ• ⲡⲉ|ϫⲁ-ϥ ⲛ̅-ⲛⲉϥⲙⲁⲑⲏⲧⲏⲥ ϫⲉ- † ⲡⲏ ⲙ̅ⲡⲕⲱⲧⲉ || ⲙ̅-ⲡⲉϩⲓⲉⲓⲃ• † ⲡⲉϫⲁ-ⲩ ⲛⲁ-ϥ ϫⲉ-ⲕⲁⲁ-ⲥ ⲉϥ-ⲛⲁ-|ⲙⲟⲟⲩⲧ-ϥ ⲛ̅ϥ-ⲟⲩⲟⲙ-ϥ• ⲡⲉϫⲁ-ϥ ⲛⲁ-ⲩ• ϩⲱⲥ ⲉ|ϥ-ⲟⲛϩ ϥ-ⲛⲁ-ⲟⲩⲟⲙ-ϥ ⲁⲛ ⲁⲗⲗⲁ ⲉϥϣⲁ-ⲙⲟ|ⲟⲩⲧ-ϥ ⲛ̅ϥ-ϣⲱⲡⲉ ⲛ̅-ⲟⲩⲡⲧⲱⲙⲁ• ⲡⲉϫⲁ-ⲩ | ϫⲉ-ⲛ̅ⲕⲉⲥⲙⲟⲧ ϥ-ⲛⲁ-ϣ-ⲁ-ⲥ ⲁⲛ• ⲡⲉϫⲁ-ϥ ⲛⲁ-ⲩ || ϫⲉ-ⲛ̅ⲧⲱⲧⲛ̅ ϩⲱⲧ-ⲧⲏⲩⲧⲛ̅ ϣⲓⲛⲉ ⲛ̅ⲥⲁ-ⲟⲩ|ⲧⲟⲡⲟⲥ ⲛⲏ-ⲧⲛ̅ ⲉϩⲟⲩⲛ ⲉ-ⲩⲁⲛⲁⲡⲁⲩⲥⲓⲥ | ϫⲉⲕⲁⲁⲥ ⲛ̅ⲛⲉⲧⲛ̅-ϣⲱⲡⲉ ⲙ̅-$^{\emptyset}$ⲡⲧⲱⲙⲁ ⲛ̅ⲥⲉ-|ⲟⲩⲱⲙ-ⲧⲏⲩⲧⲛ̅•

(61) ⲡⲉϫⲉ-ⲓ̅ⲥ̅• ⲟⲩⲛ̅-ⲥⲛⲁⲩ ⲛⲁ-ⲙ̅|ⲧⲟⲛ ⲙ̅ⲙⲁⲩ ϩⲓ-ⲟⲩϭⲗⲟϭ• ⲡⲟⲩⲁ ⲛⲁ-ⲙⲟⲩ• ⲡⲟⲩ||ⲁ ⲛⲁ-ⲱⲛϩ• ⲡⲉϫⲉ-ⲥⲁⲗⲱⲙⲏ• ⲛ̅ⲧⲁⲕ-ⲛⲓⲙ | ⲡⲣⲱⲙⲉ• † ϩⲱⲥ

[67] Worthy ἄξιος, -α, -ον [68] Corpse πτῶμα [69] Grass ζιζάνιον [70] <ⲁⲩ-ⲛⲁⲩ> omitted by the ancient copyist [71] Samaritan (person from Samaria) Σαμαρίτης, Σαμαρῖτις

ⲉⲃⲟⲗ ϩⲛ̄-ⲟⲩⲁ † ⲁⲕ-ⲧⲉⲗⲟ ⲉϫⲙ̄-|ⲡⲁϭⲗⲟϭ• ⲁⲩⲱ ⲁⲕ-ⲟⲩⲱⲙ ⲉⲃⲟⲗ ϩⲛ̄-ⲧⲁ|ⲧⲣⲁⲡⲉⲍⲁ•[72] ⲡⲉϫⲉ-ⲓ̄ⲥ̄ ⲛⲁ-ⲥ ϫⲉ-ⲁⲛⲟⲕ ⲡⲉ | ⲡ-ⲉⲧ∅-ϣⲟⲟⲡ ⲉⲃⲟⲗ ϩⲙ̄-ⲡ-ⲉⲧ∅-ϣⲏϣ• ⲁⲩ-ϯ || ⲛⲁ-ⲉⲓ ⲉⲃⲟⲗ ϩⲛ̄-ⲛⲁ-ⲡⲁⲉⲓⲱⲧ• < - - - >[73] ⲁⲛⲟⲕ-ⲧⲉⲕ|ⲙⲁⲑⲏⲧⲏⲥ• < - - - >•[74] ⲉⲧⲃⲉ-ⲡⲁⲉⲓ ϯ-ϫⲱ ⲙ̄ⲙⲟ-ⲥ ϫⲉ-|ϩⲟⲧⲁⲛ ⲉϥϣⲁ-ϣⲱⲡⲉ † ⲉϥ-ϣⲏϥ ϥ-ⲛⲁ-ⲙⲟⲩϩ | ∅ⲟⲩⲟⲉⲓⲛ• ϩⲟⲧⲁⲛ ⲇⲉ ⲉϥϣⲁⲛ-ϣⲱⲡⲉ ⲉϥ-|ⲡⲏϣ ϥ-ⲛⲁ-ⲙⲟⲩϩ ⲛ̄-∅ⲕⲁⲕⲉ•

(62) ⲡⲉϫⲉ-ⲓ̄ⲥ̄ ϫⲉ-ⲉⲓ̈-||ϫⲱ ⲛ̄-ⲛⲁⲙⲩⲥⲧⲏⲣⲓⲟⲛ[75] ⲛ̄-ⲛ-ⲉ̣[ⲧ∅-ⲙ̄ⲡϣⲁ] ⲛ̣̄-
*[ⲛⲁ]ⲙⲩⲥⲧⲏⲣⲓⲟⲛ• ⲡ-ⲉ̣[ⲧ]ⲉ-ⲧⲉⲕⲟⲩⲛⲁⲙ ⲛⲁⲁ-ϥ | ⲙⲛ̄ⲧⲣⲉ-ⲧⲉⲕϩⲃⲟⲩⲣ *44:1
ⲉⲓⲙⲉ ϫⲉ-ⲉⲥ-ⲣ-ⲟⲩ•

(63) ⲡⲉϫⲉ-ⲓ̄ⲥ̄ | ϫⲉ-ⲛⲉ-ⲩⲛ̄-ⲟⲩⲣⲱⲙⲉ ⲙ̄-ⲡⲗⲟⲩⲥⲓⲟⲥ[76] ⲉ-ⲩⲛ̄ⲧⲁ-ϥ ⲙ̄|ⲙⲁⲩ ⲛ̄-ϩⲁϩ ⲛ̄-ⲭⲣⲏⲙⲁ•[77] ⲡⲉϫⲁ-ϥ ϫⲉ-ϯ-ⲛⲁ-ⲣ̄-ⲭⲣⲱ[78] ⲛ̄-||ⲛⲁⲭⲣⲏⲙⲁ ϫⲉⲕⲁⲁⲥ ⲉⲉⲓ-ⲛⲁ-ϫⲟ ⲛ̄ⲧⲁ-ⲱ⟦ϩ⟧[79]ⲥϩ | ⲛ̄ⲧⲁ-ⲧⲱϭⲉ ⲛ̄ⲧⲁ-ⲙⲟⲩϩ ⲛ̄-ⲛⲁⲉϩⲱⲣ ⲛ̄-∅ⲕⲁⲣ|ⲡⲟⲥ ϣⲓⲛⲁ ϫⲉ-ⲛⲓ-ⲣ̄-∅ϭⲣⲱϩ ⲗ̄-ⲗⲁⲁⲩ• ⲛⲁⲉⲓ ⲛⲉ|ⲛⲉϥ-ⲙⲉⲉⲩⲉ ⲉⲣⲟ-ⲟⲩ ϩⲙ̄-ⲡⲉϥϩⲏⲧ• ⲁⲩⲱ ϩⲛ̄-|ⲧⲟⲩϣⲏ ⲉⲧ∅-ⲙ̄ⲙⲁⲩ ⲁϥ-ⲙⲟⲩ• ⲡ-ⲉⲧⲉ-ⲩⲙ̄-∅ⲙⲁϫⲉ || ⲙ̄ⲙⲟ-ϥ ⲙⲁⲣⲉϥ-ⲥⲱⲧⲙ̄•

(64) ⲡⲉϫⲉ-ⲓ̄ⲥ̄ ϫⲉ-ⲟⲩⲣⲱ|ⲙⲉ ⲛⲉ-ⲩⲛ̄ⲧⲁ-ϥ-ϩⲛ̄ϣⲙ̄ⲙⲟ• ⲁⲩⲱ ⲛ̄ⲧⲁⲣⲉϥ-ⲥⲟⲃ|ⲧⲉ ⲙ̄-ⲡⲇⲓⲡⲛⲟⲛ[80] ⲁϥ-ϫⲟⲟⲩ ⲙ̄-ⲡⲉϥϩⲙϩⲁ̄ⲗ ϣⲓ|ⲛⲁ ⲉϥ-ⲛⲁ-ⲧⲱϩⲙ ⲛ̄-ⲛ̄ϣⲙ̄ⲙⲟⲉⲓ• ⲁϥ-ⲃⲱⲕ ⲙ̄-|ⲡϣⲟⲣⲡ• ⲡⲉϫⲁ-ϥ ⲛⲁ-ϥ ϫⲉ-ⲡⲁϫⲟⲉⲓⲥ ⲧⲱϩⲙ̄ || ⲙ̄ⲙⲟ-ⲕ• ⲡⲉϫⲁ-ϥ ϫⲉ-ⲟⲩⲛ̄ⲧⲁ-ⲉⲓ-ϩⲛ̄ϩⲟⲙⲧ | ⲁ-ϩⲉⲛⲉⲙⲡⲟⲣⲟⲥ•[81] ⲥⲉ-ⲛ̄ⲛⲏⲩ ϣⲁⲣⲟ-ⲉⲓ ⲉ-ⲣⲟⲩϩⲉ• | ϯ-ⲛⲁ-ⲃⲱⲕ ⲛ̄ⲧⲁ-ⲟⲩⲉϩ-∅ⲥⲁϩⲛⲉ ⲛⲁ-ⲩ• ϯ-ⲣ̄-ⲡⲁⲣⲁⲓ|ⲧⲉⲓ[82] ⲙ̄-ⲡⲇⲓⲡⲛⲟⲛ• ⲁϥ-ⲃⲱⲕ ϣⲁ-ⲕⲉⲟⲩⲁ• ⲡⲉ|ϫⲁ-ϥ ⲛⲁ-ϥ ϫⲉ-ⲁ-ⲡⲁϫⲟⲉⲓⲥ ⲧⲱϩⲙ̄ ⲙ̄ⲙⲟ-ⲕ• || ⲡⲉϫⲁ-ϥ ⲛⲁ-ϥ ϫⲉ-ⲁⲉⲓ-ⲧⲟⲟⲩ-ⲟⲩⲏⲉⲓ• ⲁⲩⲱ ⲥⲉ-|ⲣ̄-ⲁⲓⲧⲉⲓ[83] ⲙ̄ⲙⲟ-ⲉⲓ ⲛ̄ⲟⲩϩⲏⲙⲉⲣⲁ•[84] ϯ-ⲛⲁ-ⲥⲣ̄ϥⲉ ⲁⲛ• | ⲁϥ-ⲉⲓ ϣⲁ-ⲕⲉⲟⲩⲁ• ⲡⲉϫⲁ-ϥ ⲛⲁ-ϥ ϫⲉ-ⲡⲁϫⲟ|ⲉⲓⲥ ⲧⲱϩⲙ̄ ⲙ̄ⲙⲟ-ⲕ• ⲡⲉϫⲁ-ϥ ⲛⲁ-ϥ ϫⲉ-ⲡⲁϣⲃⲏⲣ | ⲛⲁ-ⲣ̄-∅ϣⲉⲗⲉⲉⲧ• ⲁⲩⲱ ⲁⲛⲟⲕ ⲉⲧ∅-ⲛⲁ-ⲣ̄-∅ⲇⲓⲡⲛⲟⲛ• || ϯ-ⲛⲁ-ϣ-ⲓ ⲁⲛ• ϯ-ⲣ̄-ⲡⲁⲣⲁⲓⲧⲉⲓ ⲙ̄-ⲡⲇⲓⲡⲛⲟⲛ• ⲁϥ-|ⲃⲱⲕ ϣⲁ-ⲕⲉⲟⲩⲁ• ⲡⲉϫⲁ-ϥ ⲛⲁ-ϥ ϫⲉ-ⲡⲁϫⲟⲉⲓⲥ | ⲧⲱϩⲙ ⲙ̄ⲙⲟ-ⲕ• ⲡⲉϫⲁ-ϥ ⲛⲁ-ϥ ϫⲉ-ⲁⲉⲓ-ⲧⲟⲟⲩ ⲛ̄-|ⲟⲩⲕⲱⲙⲏ•[85] ⲉⲉⲓ-ⲃⲏⲕ ⲁ-∅ϫⲓ-ⲛ̄ϣⲱⲙ• ϯ-ⲛⲁ-ϣ-ⲓ | ⲁⲛ• ϯ-ⲣ̄-ⲡⲁⲣⲁⲓⲧⲉⲓ• ⲁϥ-ⲉⲓ ⲛ̄ϭⲓ-ⲡϩⲙϩⲁ̄ⲗ• ⲁϥ-ϫⲟ||ⲟ-ⲥ ⲁ-ⲡⲉϥϫⲟⲉⲓⲥ ϫⲉ-ⲛ-ⲉⲛⲧ-ⲁⲕ-ⲧⲁϩⲙ-ⲟⲩ ⲁ-|ⲡⲇⲓⲡⲛⲟⲛ ⲁⲩ-ⲡⲁⲣⲁⲓⲧⲉⲓ• ⲡⲉϫⲉ-ⲡϫⲟⲉⲓⲥ ⲙ̄-

[72] Table τραπέζα [73] < - - - > some text omitted by the ancient copyist [74] < - - - > some text omitted by the ancient copyist [75] Mystery μυστήριον [76] Rich πλούσιος, -α, -ον [77] Wealth, money, property χρῆμα [78] Use, invest χρᾶσθαι [79] ⟦ϩ⟧ cancelled by the ancient copyist [80] Dinner δεῖπνον [81] Merchant ἔμπορος [82] Decline (an invitation) παραιτεῖν [83] Request αἰτεῖν [84] Day (period of 24 hours) ἡμέρα [85] Village κώμη

|ⲡⲉϥϩⲙ̅ϩⲁ̅ⲗ̅ ϫⲉ-ⲃⲱⲕ ⲉⲡⲥⲁ ⲛⲃⲟⲗ ⲁ-ⲛϩⲓⲟ|ⲟⲩⲉ• ⲛ-ⲉⲧⲕ-ⲛⲁ-ϩⲉ ⲉⲣⲟ-
ⲟⲩ ⲉⲛⲓ-ⲟⲩ ϫⲉⲕⲁⲁⲥ | ⲉⲩ-ⲛⲁ-ⲣ̄-ⲇⲓⲡⲛⲉⲓ•[86] ⲛ̄ⲣⲉϥ-ⲧⲟⲟⲩ ⲙⲛ̄-ⲛⲉϣⲟ||-
*45:1 ⲧ̣[ⲉ ⲥⲉ-ⲛⲁ-ⲃ]ⲱ̣ⲕ ⲁⲛ ⲉϩⲟⲩⲛ ⲉ-ⲛⲧⲟⲡⲟⲥ ⲙ̄-ⲡⲁϊⲱⲧ• *

(65) ⲡⲉϫⲁ-ϥ ϫⲉ-ⲟⲩⲣⲱⲙⲉ ⲛ̄-ⲭⲣⲏ[ⲥⲧⲟ]ⲥ[87] ⲛⲉ-ⲩⲛ̣̄ⲧ̣[ⲁ-ϥ] | ⲛ̄-ⲟⲩⲙⲁ-ⲛ̄-ⲉⲗⲟⲟⲗⲉ• ⲁϥ-ⲧⲁⲁ-ϥ ⲛ̄-ϩⲛ̄ⲟⲩⲟⲉⲓⲉ | ϣⲓⲛⲁ ⲉⲩ-ⲛⲁ-ⲣ̄-$^{\emptyset}$ϩⲱⲃ ⲉⲣⲟ-ϥ ⲛ̄ϥ-ϫⲓ ⲙ̄-ⲡⲉϥⲕⲁⲣ|ⲡⲟⲥ ⲛ̄ⲧⲟⲟⲧ-ⲟⲩ• ⲁϥ-ϫⲟⲟⲩ ⲙ̄-ⲡⲉϥϩⲙ̅ϩⲁ̅ⲗ̅ ϫⲉ||ⲕⲁⲁⲥ ⲉ-ⲛⲟⲩⲟⲉⲓⲉ ⲛⲁ-ϯ ⲛⲁ-ϥ ⲙ̄-ⲡⲕⲁⲣⲡⲟⲥ ⲙ̄-|ⲡⲙⲁ-ⲛ̄-ⲉⲗⲟⲟⲗⲉ• ⲁⲩ-ⲉⲙⲁϩⲧⲉ ⲙ̄-ⲡⲉϥϩⲙ̄ϩⲁ̅ⲗ̅• | ⲁⲩ-ϩⲓⲟⲩⲉ ⲉⲣⲟ-ϥ• ⲛⲉ-ⲕⲉⲕⲟⲩⲉⲓ ⲡⲉ ⲛ̄ⲥⲉ-ⲙⲟⲟⲩⲧ-ϥ• | ⲁ-ⲡϩⲙϩⲁ̅ⲗ̅ ⲃⲱⲕ• ⲁϥ-ϫⲟⲟ-ⲥ ⲉ-ⲡⲉϥϫⲟⲉⲓⲥ• ⲡⲉ|ϫⲉ-ⲡⲉϥϫⲟⲉⲓⲥ ϫⲉ-ⲙⲉϣⲁⲕ † ⲙ̄ⲡⲉϥ-ⲥⲟⲩⲱ||ⲛ-ⲟⲩ• ⲁϥ-ϫⲟⲟⲩ ⲛ̄-ⲕⲉϩⲙϩⲁ̅ⲗ̅• ⲁ-ⲛⲟⲩⲟⲉⲓⲉ ϩⲓ|ⲟⲩⲉ ⲉ-ⲡⲕⲉⲟⲩⲁ• ⲧⲟⲧⲉ ⲁ-ⲡϫⲟⲉⲓⲥ ϫⲟⲟⲩ ⲙ̄-|ⲡⲉϥϣⲏⲣⲉ• ⲡⲉϫⲁ-ϥ ϫⲉ-ⲙⲉϣⲁⲕ ⲥⲉ-ⲛⲁ-ϣⲓⲡⲉ | ϩⲏⲧ-ϥ ⲙ̄-ⲡⲁϣⲏⲣⲉ• ⲁ-ⲛⲟⲩⲟⲉⲓⲉ ⲉⲧ$^{\emptyset}$-ⲙ̄ⲙⲁⲩ ⲉⲡⲉⲓ | ⲥⲉ-ⲥⲟⲟⲩⲛ ϫⲉ-ⲛ̄ⲧⲟϥ ⲡⲉ ⲡⲉⲕⲗⲏⲣⲟⲛⲟⲙⲟⲥ[88] || ⲙ̄-ⲡⲙⲁ-ⲛ̄-ⲉⲗⲟⲟⲗⲉ ⲁⲩ-ϭⲟⲡ-ϥ• ⲁⲩ-ⲙⲟⲟⲩⲧ-ϥ• | ⲡ-ⲉⲧⲉ-ⲩⲙ̄-$^{\emptyset}$ⲙⲁⲁϫⲉ ⲙ̄ⲙⲟ-ϥ ⲙⲁⲣⲉϥ-ⲥⲱⲧⲙ̄•

(66) ⲡⲉ|ϫⲉ-ⲓ̅ⲥ̅ ϫⲉ-ⲙⲁ-ⲧⲥⲉⲃⲟ-ⲉⲓ ⲉ-ⲡⲱⲛⲉ ⲡⲁⲉⲓ ⲛ̄ⲧ-ⲁⲩ-|ⲥⲧⲟ-ϥ ⲉⲃⲟⲗ ⲛ̄ϭⲓ-ⲛ-ⲉⲧ$^{\emptyset}$-ⲕⲱⲧ• ⲛ̄ⲧⲟϥ ⲡⲉ ⲡⲱⲱ|ⲛⲉ ⲛ̄-ⲕⲱϩ•

(67) ⲡⲉϫⲉ-ⲓ̅ⲥ̅ ϫⲉ-ⲡ-ⲉⲧ$^{\emptyset}$-ⲥⲟⲟⲩⲛ ⲙ̄-ⲡⲧⲏⲣ-ϥ || ⲉϥ-ⲣ̄-$^{\emptyset}$ϭⲣⲱϩ ⲟⲩⲁⲁ-<ϥ>[89] ϥ-ⲣ̄-$^{\emptyset}$ϭⲣⲱϩ ⲙ̄-ⲡⲙⲁ ⲧⲏⲣ-ϥ• |

(68) ⲡⲉϫⲉ-ⲓ̅ⲥ̅ ϫⲉ-ⲛ̄ⲧⲱⲧⲛ̄-ϩⲙ̄ⲙⲁⲕⲁⲣⲓⲟⲥ ϩⲟⲧⲁⲛ | ⲉⲩϣⲁⲛ-ⲙⲉⲥⲧⲉ-ⲧⲏⲩⲧⲛ̄ ⲛ̄ⲥⲉ-ⲣ̄-ⲇⲓⲱⲕⲉ[90] ⲙ̄|ⲙⲱ-ⲧⲛ̄• ⲁⲩⲱ ⲥⲉ-ⲛⲁ-ϩⲉ ⲁⲛ ⲉ-$^{\emptyset}$ⲧⲟⲡⲟⲥ ϩⲙ̄-ⲡⲙⲁ | ⲉⲛⲧ-ⲁⲩ-ⲇⲓⲱⲕⲉ ⲙ̄ⲙⲱ-ⲧⲛ̄ ϩⲣⲁϊ̈ ⲛ̄ϩⲏⲧ-ϥ•

(69) ⲡⲉ||ϫⲉ-ⲓ̅ⲥ̅• ϩⲙ̄ⲙⲁⲕⲁⲣⲓⲟⲥ ⲛⲉ ⲛⲁⲉⲓ ⲛ̄ⲧ-ⲁⲩ-ⲇⲓⲱⲕⲉ | ⲙ̄ⲙⲟ-ⲟⲩ ϩⲣⲁϊ̈ ϩⲙ̄-ⲡⲟⲩϩⲏⲧ• ⲛ-ⲉⲧ$^{\emptyset}$-ⲙ̄ⲙⲁⲩ | ⲛⲉⲛⲧ-ⲁϩ-ⲥⲟⲩⲱⲛ-ⲡⲉⲓⲱⲧ ϩⲛ̄-ⲟⲩⲙⲉ• ϩⲙ̄|ⲙⲁⲕⲁⲣⲓⲟⲥ ⲛⲉⲧ$^{\emptyset}$-ϩⲕⲁⲉⲓⲧ ϣⲓⲛⲁ ⲉⲩ-ⲛⲁ-|ⲧⲥⲓⲟ ⲛ̄-ⲑϩⲏ ⲙ̄-ⲡ-ⲉⲧ$^{\emptyset}$-ⲟⲩⲱϣ•

(70) ⲡⲉϫⲉ-ⲓ̅ⲥ̅• ϩⲟ||ⲧⲁⲛ ⲉⲧⲉⲧⲛ̄ϣⲁ-ϫⲡⲉ-ⲡⲏ ϩⲛ̄-ⲧⲏⲩⲧⲛ̄ ⲡⲁϊ̈ | ⲉⲧⲉ-ⲩⲛ̄ⲧⲏ-ⲧⲛ̄-ϥ ϥ-ⲛⲁ-ⲧⲟⲩϫⲉ-ⲧⲏⲩⲧⲛ̄• ⲉϣⲱ|ⲡⲉ ⲙⲛ̄ⲧⲏ-ⲧⲛ̄-ⲡⲏ ϩⲛ̄-ⲧ̣[ⲏ]ⲩⲧⲛ̄ ⲡⲁⲉⲓ ⲉⲧⲉ-|ⲙⲛ̄ⲧⲏ-ⲧⲛ̄-ϥ ϩⲛ̄-ⲧⲏⲛⲉ ϥ-[ⲛⲁ]-ⲙ̣ⲟⲩⲧ-ⲧⲏⲛⲉ• |

(71) ⲡⲉϫⲉ-ⲓ̅ⲥ̅ ϫⲉ-ϯ-ⲛⲁ-ϣⲟⲣ[ϣⲣ̄ ⲙ̄-ⲡⲉⲉ]ⲓ̣ⲏⲉⲓ• || ⲁⲩⲱ ⲙⲛ̄-ⲗⲁⲁⲩ ⲛⲁ-
*46:1 ϣ-ⲕⲟⲧ-ϥ .[- - -]• *

[86] Dine δειπνεῖν [87] Kind χρηστός, -ή, -όν [88] Heir κληρόνομος [89] <ϥ> omitted by the ancient copyist [90] Persecute διώκειν

(72) [ⲡⲉ]ϫ̣ⲉ̣-ⲟ̣ⲩⲣ̣[ⲱⲙ]ⲉ̣ ⲛⲁ̣-ϥ ϫⲉ-ϫⲟⲟ-ⲥ ⲛ̄-ⲛⲁⲥⲛⲏⲩ | ϣⲓⲛⲁ ⲉⲩ-ⲛⲁ̣-ⲡⲱϣⲉ ⲛ̄-ⲛ̄ϩⲛⲁⲁⲩ ⲙ̄-ⲡⲁⲉⲓⲱⲧ | ⲛⲙ̄ⲙⲁ-ⲉⲓ• ⲡⲉϫⲁ-ϥ ⲛⲁ-ϥ ϫⲉ-ⲱ ⲡⲣⲱⲙⲉ ⲛⲓⲙ | ⲡⲉ-ⲛ̄ⲧ-ⲁϩ-ⲁⲁ-ⲧ ⲛ̄-$^{\emptyset}$ⲣⲉϥ-ⲡⲱϣⲉ• ⲁϥ-ⲕⲟⲧ-ϥ̄ ⲁ-||ⲛⲉϥ-ⲙⲁⲑⲏⲧⲏⲥ• ⲡⲉϫⲁ-ϥ ⲛⲁ-ⲩ ϫⲉ-ⲙⲏ ⲉⲉⲓ-|ϣⲟⲟⲡ ⲛ̄-$^{\emptyset}$ⲣⲉϥ-ⲡⲱϣⲉ•

(73) ⲡⲉϫⲉ-ⲓ̄ⲥ̄ ϫⲉ-ⲡⲱϩⲥ | ⲙⲉⲛ ⲛⲁϣⲱ-ϥ• ⲛ̄ⲉⲣⲅⲁⲧⲏⲥ[91] ⲇⲉ ⲥⲟⲃⲕ• ⲥⲟⲡⲥ̄ | ⲇⲉ ⲙ̄-ⲡϫⲟⲉⲓⲥ ϣⲓⲛⲁ ⲉϥ-ⲛⲁ-ⲛⲉϫ-$^{\emptyset}$ⲉⲣⲅⲁⲧⲏⲥ | ⲉⲃⲟⲗ ⲉ-ⲡⲱϩ̄ⲥ̄•

(74) ⲡⲉϫⲁ-ϥ ϫⲉ-ⲡϫⲟⲉⲓⲥ ⲟⲩⲛ̄-||ϩⲁϩ ⲙ̄ⲡⲕⲱⲧⲉ ⲛ̄-ⲧϫⲱⲧⲉ• ⲙⲛ̄-ⲗⲁⲁⲩ ⲇⲉ ϩⲛ̄-| † ⲧϣⲱⲛⲉ•[92]

(75) ⲡⲉϫⲉ-ⲓ̄ⲥ̄• ⲟⲩⲛ-ϩⲁϩ ⲁϩⲉⲣⲁⲧ-ⲟⲩ | ϩⲓⲣⲙ̄-ⲡⲣⲟ• ⲁⲗⲗⲁ ⲙ̄ⲙⲟⲛⲁⲭⲟⲥ ⲛⲉⲧ$^{\emptyset}$-ⲛⲁ-ⲃⲱⲕ | ⲉϩⲟⲩⲛ ⲉ-ⲡⲙⲁ-ⲛ̄-ϣⲉⲗⲉⲉⲧ•

(76) ⲡⲉϫⲉ-ⲓ̄ⲥ̄ ϫⲉ-|ⲧⲙⲛ̄ⲧ-ⲉⲣⲟ ⲙ̄-ⲡⲉⲓⲱⲧ ⲉⲥ-ⲧⲛ̄ⲧⲱⲛ ⲁ-ⲩⲣⲱⲙⲉ || ⲛ̄-ⲉϣⲱⲱⲧ ⲉ-ⲩⲛ̄ⲧⲁ-ϥ ⲙ̄ⲙⲁⲩ ⲛ̄-ⲟⲩⲫⲟⲣⲧⲓ|ⲟⲛ[93] ⲉ-ⲁϥ-ϩⲉ ⲁ-ⲩⲙⲁⲣⲅⲁⲣⲓⲧⲏⲥ•[94] ⲡⲉϣⲱⲧ | ⲉⲧ$^{\emptyset}$-ⲙ̄ⲙⲁⲩ ⲟⲩⲥⲁⲃⲉ ⲡⲉ• ⲁϥ-ϯ-ⲡⲉⲫⲟⲣⲧⲓⲟⲛ | ⲉⲃⲟⲗ• ⲁϥ-ⲧⲟⲟⲩ ⲛⲁ-ϥ ⲙ̄-ⲡⲓⲙⲁⲣⲅⲁⲣⲓⲧⲏⲥ | ⲟⲩⲱⲧ• ⲛ̄ⲧⲱⲧⲛ̄ ϩⲱⲧ-ⲧⲏⲩⲧⲛ̄ ϣⲓⲛⲉ ⲛ̄||ⲥⲁ-ⲡⲉϥⲉϩⲟ ⲉ-ⲙⲁϥ-ⲱϫⲛ̄ ⲉϥ-ⲙⲏⲛ ⲉⲃⲟⲗ | ⲡⲙⲁ ⲉ-ⲙⲁⲣⲉ-$^{\emptyset}$ϫⲟⲟⲗⲉⲥ ⲧϩⲛⲟ ⲉϩⲟⲩⲛ ⲉⲙⲁⲩ | ⲉ-$^{\emptyset}$ⲟⲩⲱⲙ ⲟⲩⲇⲉ ⲙⲁⲣⲉ-$^{\emptyset}$ϥϥⲛ̄ⲧ ⲧⲁⲕⲟ•

(77) ⲡⲉϫⲉ-|ⲓ̄ⲥ̄ ϫⲉ-ⲁⲛⲟⲕ ⲡⲉ ⲡⲟⲩⲟⲉⲓⲛ ⲡⲁⲉⲓ ⲉⲧ$^{\emptyset}$-ϩⲓ|ϫⲱ-ⲟⲩ ⲧⲏⲣ-ⲟⲩ• ⲁⲛⲟⲕ ⲡⲉ ⲡⲧⲏⲣ-ϥ• ⲛ̄ⲧ-ⲁ-||ⲡⲧⲏⲣ-ϥ ⲉⲓ ⲉⲃⲟⲗ ⲛ̄ϩⲏⲧ-$^{\emptyset}$• ⲁⲩⲱ ⲛ̄ⲧ-ⲁ-ⲡⲧⲏⲣ-ϥ | ⲡⲱϩ ϣⲁⲣⲟ-ⲉⲓ• ⲡⲱϩ ⲛ̄ⲛ-ⲟⲩϣⲉ• ⲁⲛⲟⲕ | ϯ-ⲙ̄ⲙⲁⲩ• ϥⲓ ⲙ̄-ⲡⲱⲛⲉ ⲉϩⲣⲁ̈ⲓ• ⲁⲩⲱ ⲧⲉⲧⲛⲁ-|ϩⲉ ⲉⲣⲟ-ⲉⲓ ⲙ̄ⲙⲁⲩ•

(78) ⲡⲉϫⲉ-ⲓ̄ⲥ̄ ϫⲉ-ⲉⲧⲃⲉ-ⲟⲩ | ⲁⲧⲉⲧⲛ̄-ⲉⲓ ⲉⲃⲟⲗ ⲉ-ⲧⲥⲱϣⲉ• ⲉ-$^{\emptyset}$ⲛⲁⲩ ⲉ-
ⲩⲕⲁϣ || ⲉϥ-ⲕⲓⲙ ⲉ̣[ⲃⲟⲗ] ϩⲓⲧⲙ̄-ⲡⲧⲏⲩ• ⲁⲩⲱ ⲉ-$^{\emptyset}$ⲛⲁⲩ | ⲉ-ⲩⲣⲱ̣ⲙ̣[ⲉ ⲉ]-
ⲩⲛ̄-$^{\emptyset}$ϣⲧⲏⲛ ⲉⲩ-ϭⲏⲛ ϩⲓⲱⲱ-ⲃ | ⲛ̣̄[ⲑⲉ ⲛ̄-ⲛⲉⲧ]ⲛ̣̄ⲣ̄ⲣⲱⲟⲩ ⲙⲛ̄-ⲛⲉⲧⲙ̄-
ⲙⲉⲅⲓ*ⲥⲧⲁⲛⲟⲥ[95] ⲛⲁⲉⲓ ⲉ-ⲛ[ⲉ]ϣ̣ⲧ̣ⲏ̣ⲛ ⲉ̣[ⲧ$^{\emptyset}$]-|ϭⲏⲛ ϩⲓⲱ-ⲟⲩ• ⲁⲩⲱ ⲥⲉ- *47:1
ⲛ̣[ⲁ]-ϣ-ⲥ̄ⲟⲟⲩⲛ-|ⲧⲙⲉ ⲁⲛ•

(79) ⲡⲉϫⲉ-ⲟⲩⲥϩⲓⲙ[ⲉ] ⲛⲁ-ϥ ϩⲙ̄-|ⲡⲙⲏϣⲉ ϫⲉ-ⲛⲉⲉⲓⲁⲧ-ⲥ̣ [ⲛ̄]-ⲑϩⲏ ⲛ̄||ⲧ-ⲁϩ-ϥⲓ ϩⲁⲣⲟ-ⲕ ⲁⲩⲱ ⲛ̄ⲕⲓ̣[ⲃ]ⲉ ⲉⲛⲧ-ⲁϩ-|ⲥⲁ⟦ϩ⟧[96]ⲛⲟⲩϣ-ⲕ• ⲡⲉϫⲁ-ϥ ⲛⲁ-[ⲥ] ϫⲉ-ⲛⲉ|ⲉⲓⲁⲧ-ⲟⲩ ⲛ̄-ⲛ-ⲉⲛⲧ-ⲁϩ-ⲥⲱⲧⲙ̄ ⲁ-|ⲡⲗⲟⲅⲟⲥ[97] ⲙ̄-ⲡⲉⲓⲱⲧ• ⲁⲩ-ⲁⲣⲉϩ ⲉⲣⲟ-ϥ | ϩⲛ̄-ⲟⲩⲙⲉ• ⲟⲩⲛ̄-ϩⲛ̄ϩⲟⲟⲩ ⲅⲁⲣ ⲛⲁ-ϣⲱⲡⲉ || ⲛ̄ⲧⲉⲧⲛ̄-ϫⲟⲟ-ⲥ ϫⲉ-ⲛⲉⲉⲓⲁⲧ-ⲥ̄ ⲛ̄-ⲑϩⲏ ⲧⲁ|ⲉⲓ ⲉⲧⲉ-ⲙ̄ⲡⲥ-ⲱ ⲁⲩⲱ ⲛ̄ⲕⲓⲃⲉ ⲛⲁⲉⲓ ⲉ-ⲙⲡⲟⲩ-|ϯ-$^{\emptyset}$ⲉⲣⲱⲧⲉ•

[91] Worker ἐργάτης [92] Perhaps emend to ϣⲱⲧⲉ (= ϫⲱⲧⲉ) [93] Merchandise φόρτιον [94] Pearl μαργαρίτης [95] Member of court μεγιστάνης [96] ⟦ϩ⟧ cancelled by the ancient copyist [97] Utterance, Word λόγος

(80) ⲡⲉϫⲉ-ⲓ̅ⲥ̅ ϫⲉ-ⲡ-ⲉⲛⲧ-ⲁϩ-ⲥⲟⲩⲱⲛ-|ⲡⲕⲟⲥⲙⲟⲥ ⲁϥ-ϩⲉ ⲉ-ⲡⲥⲱⲙⲁ• ⲡ-ⲉⲛⲧ-ⲁϩ-ϩⲉ | ⲇⲉ ⲉ-ⲡⲥⲱⲙⲁ ⲡⲕⲟⲥⲙⲟⲥ ⲙ̄ⲡϣⲁ ⲙ̄ⲙⲟ-ϥ || ⲁⲛ•

(81) ⲡⲉϫⲉ-ⲓ̅ⲥ̅ ϫⲉ-ⲡ-ⲉⲛⲧ-ⲁϩ-ⲣ̄-$^{\emptyset}$ⲣⲙ̄ⲙⲁⲟ ⲙⲁ|ⲣⲉϥ-ⲣ̄-$^{\emptyset}$ⲣⲣⲟ• ⲁⲩⲱ ⲡ-ⲉⲧⲉ-ⲩⲛ̄ⲧⲁ-ϥ ⲛ̄-ⲟⲩⲇⲩⲛⲁ|ⲙⲓⲥ ⲙⲁⲣⲉϥ-ⲁⲣⲛⲁ•[98]

(82) ⲡⲉϫⲉ-ⲓ̅ⲥ̅ ϫⲉ-ⲡ-ⲉⲧ$^{\emptyset}$-ϩⲏⲛ | ⲉⲣⲟ-ⲉⲓ ⲉϥ-ϩⲏⲛ ⲉ-ⲧⲥⲁⲧⲉ• ⲁⲩⲱ ⲡ-ⲉⲧ$^{\emptyset}$-ⲟⲩⲏⲩ | ⲙ̄ⲙⲟ-ⲉⲓ ϥ-ⲟⲩⲏⲩ ⲛ̄-ⲧⲙⲛ̄ⲧ-ⲉⲣⲟ•

(83) ⲡⲉϫⲉ-ⲓ̅ⲥ̅ || ϫⲉ-ⲛϩⲓⲕⲱⲛ ⲥⲉ-ⲟⲩⲟⲛϩ ⲉⲃⲟⲗ ⲙ̄-ⲡⲣⲱ|ⲙⲉ• ⲁⲩⲱ ⲡⲟⲩⲟⲉⲓⲛ ⲉⲧ$^{\emptyset}$-ⲛ̄ϩⲏⲧ-ⲟⲩ ϥ-ϩⲏⲡ | ϩⲛ̄-ⲑⲓⲕⲱⲛ ⲙ̄-ⲡⲟⲩⲟⲉⲓⲛ ⲙ̄-ⲡⲉⲓⲱⲧ• ϥ-ⲛⲁ-|ϭⲱⲗⲡ ⲉⲃⲟⲗ• ⲁⲩⲱ ⲧⲉϥϩⲓⲕⲱⲛ ϩⲏⲡ | ⲉⲃⲟⲗ ϩⲓⲧⲛ̄-ⲡⲉϥⲟⲩⲟⲉⲓⲛ•

(84) ⲡⲉϫⲉ-ⲓ̅ⲥ̅• ⲛ̄ϩⲟ||ⲟⲩ ⲉⲧⲉⲧⲛ̄-ⲛⲁⲩ ⲉ-ⲡⲉⲧⲛ̄ⲉⲓⲛⲉ ϣⲁⲣⲉⲧⲛ̄-|ⲣⲁϣⲉ• ϩⲟⲧⲁⲛ ⲇⲉ ⲉⲧⲉⲧⲛ̄ϣⲁⲛ-ⲛⲁⲩ | ⲁ-ⲛⲉⲧⲛ̄ϩⲓⲕⲱⲛ ⲛ̄ⲧ-ⲁϩ-ϣⲱⲡⲉ ϩⲓⲧⲉⲧⲛⲉ|ϩⲏ ⲟⲩⲧⲉ ⲙⲁⲩ-ⲙⲟⲩ ⲟⲩⲧⲉ ⲙⲁⲩ-ⲟⲩⲱⲛϩ | ⲉⲃⲟⲗ ⲧⲉⲧⲛⲁ-ϥⲓ ϩⲁ-ⲟⲩⲏⲣ•

(85) ⲡⲉϫⲉ-ⲓ̅ⲥ̅ ϫⲉ-||ⲛ̄ⲧ-ⲁ-ⲁⲇⲁⲙ ϣⲱⲡⲉ ⲉⲃⲟⲗ ϩⲛ̄-ⲟⲩⲛⲟϭ | ⲛ̄-ⲇⲩⲛⲁⲙⲓⲥ ⲙⲛ̄-ⲟⲩⲛⲟϭ ⲙ̄-ⲙⲛ̄ⲧ-ⲣⲙ̄ⲙⲁ|ⲟ• ⲁⲩⲱ ⲙ̄ⲡⲉϥ-ϣⲱⲡⲉ ⲉ̣[ϥ-ⲙ̄]ⲡ̣ϣⲁ ⲙ̄ⲙⲱ-|ⲧⲛ̄• ⲛⲉ-ⲩⲁⲝⲓⲟⲥ ⲅⲁⲣ ⲡⲉ [ⲛⲉϥ-ⲛⲁ-ϫⲓ-$^{\emptyset}$]ϯ̣ⲡ[ⲉ] | ⲁⲛ ⲙ̄-ⲡⲙⲟⲩ•

48:1 (86) ⲡⲉϫⲉ-ⲓ̅ⲥ̅ ϫⲉ-[ⲛⲃⲁϣⲟⲣ ⲟⲩ][ⲛ̄ⲧ]ⲁ̣-ⲩ ⲛⲟ̣ⲩ[ⲃ]ⲏ̣ⲃ• ⲁⲩⲱ ⲛ̣̄ϩⲁⲗⲁⲧⲉ ⲟⲩⲛ̄ⲧ-ⲁⲩ | ⲙ̣̄ⲙⲁⲩ ⲙ̄-ⲡⲉ̣ⲩⲙⲁϩ• ⲡϣⲏⲣⲉ ⲇⲉ ⲙ̄-ⲡⲣⲱⲙⲉ | ⲙⲛ̄ⲧⲁ-ϥ ⲛ̄ⲛ-[ⲟ]ⲩⲙⲁ ⲉ-$^{\emptyset}$ⲣⲓⲕⲉ ⲛ̄-ⲧⲉϥⲁⲡⲉ ⲛ̄ϥ-|ⲙ̄ⲧⲟⲛ ⲙ̄ⲙ̣[ⲟ]-ϥ̣•

(87) ⲡⲉϫⲁ-ϥ ⲛ̄ϭⲓ-ⲓ̅ⲥ̅ ϫⲉ-ⲟⲩⲧⲁⲗⲁⲓ||ⲡⲱⲣⲟⲛ[99] ⲡⲉ̣ ⲡⲥⲱⲙⲁ ⲉⲧ$^{\emptyset}$-ⲁϣⲉ ⲛ̄-ⲟⲩⲥⲱⲙⲁ• | ⲁⲩⲱ ⲟⲩⲧⲁ̣ⲗⲁⲓⲡⲱⲣⲟⲥ ⲧⲉ ⲧⲯⲩⲭⲏ ⲉⲧ$^{\emptyset}$-ⲁϣⲉ | ⲛ̄-ⲛⲁⲉⲓ ⲙ̣̄ⲡ̣ⲥⲛⲁⲩ•

(88) ⲡⲉϫⲉ-ⲓ̅ⲥ̅ ϫⲉ-ⲛ̄ⲁⲅⲅⲉⲗⲟⲥ | ⲛⲏⲩ ϣⲁⲣ̣ⲱ-ⲧⲛ̄ ⲙⲛ̄-ⲛ̄ⲡⲣⲟⲫⲏⲧⲏⲥ• ⲁⲩⲱ ⲥⲉ-|ⲛⲁ-ϯ ⲛⲏ-ⲧⲛ̄ ⲛ̄-ⲛ-ⲉⲧⲉ-ⲩⲛ̄ⲧⲏ-ⲧⲛ̄-ⲥⲉ• ⲁⲩⲱ || ⲛ̄ⲧⲱⲧⲛ̄ ϩⲱⲧⲧⲏⲩⲧⲛ̄ ⲛ-ⲉⲧ$^{\emptyset}$-ⲛ̄ⲧⲟⲧ-ⲧⲏⲛⲉ | ⲧⲁⲁ-ⲩ ⲛⲁ-ⲩ ⲛ̄ⲧⲉⲧⲛ̄-ϫⲟⲟ-ⲥ ⲛⲏ-ⲧⲛ̄ ϫⲉ-ⲁϣ ⲛ̄-|ϩⲟⲟⲩ ⲡⲉⲧⲟⲩ-ⲛ̄ⲛⲏⲩ ⲛ̄ⲥⲉ-ϫⲓ-ⲡ-ⲉⲧⲉ-ⲡⲱ-ⲟⲩ• |

(89) ⲡⲉϫⲉ-ⲓ̅ⲥ̅ ϫⲉ-ⲉⲧⲃⲉ-ⲟⲩ ⲧⲉⲧⲛ̄-ⲉⲓⲱⲉ ⲙ̄-ⲡⲥⲁ ⲛ|ⲃⲟⲗ ⲙ̄-ⲡⲡⲟⲧⲏⲣⲓⲟⲛ•[100] ⲧⲉⲧⲛ̄-ⲣ̄-ⲛⲟⲉⲓ[101] ⲁⲛ ϫⲉ-||ⲡ-ⲉⲛⲧ-ⲁϩ-ⲧⲁⲙⲓⲟ ⲙ̄-ⲡⲥⲁ ⲛϩⲟⲩⲛ ⲛ̄ⲧⲟϥ ⲟⲛ | ⲡⲉⲛⲧ-ⲁϥ-ⲧⲁⲙⲓⲟ ⲙ̄-ⲡⲥⲁ ⲛⲃⲟⲗ•

(90) ⲡⲉϫⲉ-ⲓ̅ⲏ̅ⲥ̅ | ϫⲉ-ⲁⲙⲏⲉⲓ-ⲧⲛ̄ ϣⲁⲣⲟ-ⲉⲓ ϫⲉ-ⲟⲩⲭⲣⲏⲥⲧⲟⲥ | ⲡⲉ ⲡⲁⲛⲁϩⲃ• ⲁⲩⲱ ⲧⲁⲙⲛ̄ⲧ-ϫⲟⲉⲓⲥ ⲟⲩⲣⲙ̄-|ⲣⲁϣ ⲧⲉ• ⲁⲩⲱ ⲧⲉⲧⲛⲁ-ϩⲉ † ⲁⲩⲁⲛⲁⲩⲡⲁⲥⲓⲥ ⲛⲏ-||ⲧⲛ̄•

[98] Renounce ἀρνᾶν [99] Wretched ταλαίπωρος, -α, -ον [100] Cup ποτήριον [101] Think νοεῖν

(91) ⲡⲉϫⲁ-ⲩ ⲛⲁ-ϥ ϫⲉ-ϫⲟⲟ-ⲥ ⲉⲣⲟ-ⲛ ϫⲉ-|ⲛ̄ⲧⲕ-ⲛⲓⲙ ϣⲓⲛⲁ ⲉⲛ-ⲁ-ⲣ̄-ⲡⲓⲥⲧⲉⲩⲉ ⲉⲣⲟ-ⲕ• ⲡⲉ|ϫⲁ-ϥ ⲛⲁ-ⲩ ϫⲉ-ⲧⲉⲧⲛ̄-ⲣ̄-ⲡⲓⲣⲁⲍⲉ[102] ⲙ̄-ⲡϩⲟ ⲛ̄-ⲧⲡⲉ | ⲙⲛ̄-ⲡⲕⲁϩ• ⲁⲩⲱ ⲡ-ⲉⲧ$^{\emptyset}$-ⲛ̄ⲡⲉⲧⲛ̄ⲙ̄ⲧⲟ ⲉⲃⲟⲗ | ⲙ̄ⲡⲉⲧⲛ̄-ⲥⲟⲩⲱⲛ-ϥ• ⲁⲩⲱ ⲡⲉⲉⲓⲕⲁⲓⲣⲟⲥ[103] ⲧⲉ||ⲧⲛ̄-ⲥⲟⲟⲩⲛ ⲁⲛ ⲛ̄-$^{\emptyset}$ⲣ̄-ⲡⲓⲣⲁⲍⲉ ⲙ̄ⲙⲟ-ϥ•

(92) ⲡⲉϫⲉ-|ⲓ̄ⲥ̄ ϫⲉ-ϣⲓⲛⲉ• ⲁⲩⲱ ⲧⲉⲧⲛⲁ-ϭⲓⲛⲉ• ⲁⲗⲗⲁ ⲛ-ⲉ|ⲧ-ⲁⲧⲉⲧⲛ̄-ϫⲛⲟⲩ-ⲉⲓ ⲉⲣⲟ-ⲟⲩ ⲛ̄ⲛⲓϩⲟⲟⲩ ⲉ-ⲙ̄ⲡⲓ-|ϫⲟⲟ-ⲩ ⲛⲏ-ⲧⲛ̄ ⲙ̄ⲫⲟⲟⲩ ⲉⲧ$^{\emptyset}$-ⲙ̄ⲙⲁⲩ ⲧⲉⲛⲟⲩ | ⲉ-ϩⲛⲁ-ⲓ̈ ⲉ-$^{\emptyset}$ϫⲟⲟ-ⲩ• ⲁⲩⲱ ⲧⲉⲧⲛ̄-ϣⲓⲛⲉ ⲁⲛ ⲛ̄ⲥⲱ-||ⲟⲩ•

(93) <ⲡⲉϫⲉ-ⲓ̄ⲥ̄ ϫⲉ->[104] ⲙ̄ⲡⲣ̄-ϯ-ⲡ-ⲉⲧ$^{\emptyset}$-ⲟⲩⲁⲁⲃ ⲛ̄-ⲛⲟⲩϩⲟⲟⲣ ϫⲉⲕⲁⲥ | ⲛⲟⲩ-ⲛⲟϫ-ⲟⲩ ⲉ-ⲧⲕⲟⲡⲣⲓⲁ•[105] ⲙ̄ⲡⲣ̄-ⲛⲟⲩϫⲉ ⲛ-ⲙ̄|ⲙⲁⲣⲅⲁⲣⲓⲧⲏ̣[ⲥ ⲛ̄]-ⲛⲉϣⲁⲩ ϣⲓⲛⲁ ϫⲉ-ⲛⲟⲩ-ⲁⲁ-ϥ | ⲛ̣̄-$^{\emptyset}$ⲗ̣ⲁ[. . .]•

(94) [ⲡⲉϫ]ⲉ̣-ⲓ̄ⲥ̄• ⲡ-ⲉⲧ$^{\emptyset}$-ϣⲓⲛⲉ ϥ-ⲛⲁ-ϭⲓⲛⲉ• | [ⲡ-ⲉⲧ$^{\emptyset}$-ⲧⲱϩⲙ̄ ⲉ]ϩ̣ⲟⲩⲛ ⲥⲉ-ⲛⲁ-ⲟⲩⲱⲛ ⲛⲁ-ϥ• ||

(95) [ⲡⲉϫⲉ-ⲓ̄ⲥ̄ ϫⲉ]-ⲉϣⲱⲡⲉ ⲟⲩⲛ̄ⲧⲏ-ⲧⲛ̄-$^{\emptyset}$ϩⲟⲙⲧ *ⲙ̄ⲡⲣ̄-ϯ ⲉ-ⲧⲙⲏⲥⲉ• *49:1
ⲁⲗⲗⲁ ϯ [ⲙ̄ⲙⲟ-ϥ] ⲙ̣̄-ⲡ-ⲉⲧ̣[ⲉ]||ⲧⲛⲁ-ϫⲓⲧ-ⲟⲩ ⲁⲛ ⲛ̄ⲧⲟⲟⲧ-ϥ•

(96) ⲡ̣[ⲉϫ]ⲉ-ⲓ̄ⲥ̄ ϫⲉ-ⲧⲙ̄ⲛ|ⲧ-ⲉⲣⲟ ⲙ̄-ⲡⲉⲓⲱⲧ ⲉⲥ-ⲧⲛ̄ⲧⲱ[ⲛ ⲁ-ⲩ]ⲥϩⲓⲙⲉ• | ⲁⲥ-ϫⲓ ⲛ̄-ⲟⲩⲕⲟⲩⲉⲓ ⲛ̄-$^{\emptyset}$ⲥⲁⲉⲓⲣ• ⲁ̣[ⲥ-ϩ]ⲟ̣ⲡ-ϥ ϩⲛ̄-||ⲟⲩϣⲱⲧⲉ• ⲁⲥ-ⲁⲁ-ϥ ⲛ̄-ϩⲛ̄ⲛⲟ[ϭ ⲛ̄]ⲛ-ⲟⲉⲓⲕ• | ⲡ-ⲉⲧⲉ-ⲩⲙ̄-$^{\emptyset}$ⲙⲁⲁϫⲉ ⲙ̄ⲙⲟ-ϥ ⲙⲁ[ⲣⲉ]ϥ̣-ⲥ̣ⲱⲧⲙ̄• |

(97) ⲡⲉϫⲉ-ⲓ̄ⲥ̄ ϫⲉ-ⲧⲙⲛ̄ⲧ-ⲉⲣⲟ ⲙ̄-ⲡⲉ̣[ⲓⲱⲧ ⲉ]ⲥ-ⲧⲛ̄|ⲧⲱⲛ ⲁ-ⲩⲥϩⲓⲙⲉ ⲉⲥ-ϥⲓ ϩⲁ-ⲟⲩϭⲗ̄[ⲙⲉⲉⲓ] ⲉϥ-|ⲙⲉϩ ⲛ̄-$^{\emptyset}$ⲛⲟⲉⲓⲧ• ⲉⲥ-ⲙⲟⲟϣⲉ ϩ[ⲓ-ⲧⲉ]ϩⲓⲏ || ⲉⲥ-ⲟⲩⲏⲟⲩ ⲁ-ⲡⲙⲁⲁϫⲉ ⲙ̄-ⲡϭⲗ̄ⲙ[ⲉ]ⲉ̣ⲓ ⲟⲩ|ⲱϭⲡ• ⲁ-ⲡⲛⲟⲉⲓⲧ ϣⲟⲩⲟ ⲛ̄ⲥⲱ-ⲥ̣ [ϩ]ⲓ̣-ⲧⲉϩⲓ|ⲏ• ⲛⲉⲥ-ⲥⲟⲟⲩⲛ ⲁⲛ ⲡⲉ• ⲛⲉ-ⲙ̄ⲡⲉⲥ-ⲉⲓⲙⲉ | ⲉ-$^{\emptyset}$ϩⲓⲥⲉ• ⲛ̄ⲧⲁⲣⲉⲥ-ⲡⲱϩ ⲉϩⲟⲩⲛ ⲉ-ⲡⲉⲥⲏⲉⲓ | ⲁⲥ-ⲕⲁ-ⲡϭⲗ̄ⲙⲉⲉⲓ ⲁⲡⲉⲥⲏⲧ• ⲁⲥ-ϩⲉ ⲉⲣⲟ-ϥ ⲉϥ-||ϣⲟⲩⲉⲓⲧ•

(98) ⲡⲉϫⲉ-ⲓ̄ⲥ̄• ⲧⲙⲛ̄ⲧ-ⲉⲣⲟ ⲙ̄-ⲡⲉⲓⲱⲧ | ⲉⲥ-ⲧⲛ̄ⲧⲱⲛ ⲉ-ⲩⲣⲱⲙⲉ ⲉϥ-ⲟⲩⲱϣ ⲉ-$^{\emptyset}$ⲙⲟⲩⲧ-|ⲟⲩⲣⲱⲙⲉ ⲙ̄-ⲙⲉⲅⲓⲥⲧⲁⲛⲟⲥ• ⲁϥ-ϣⲱⲗⲙ ⲛ̄-|ⲧⲥⲏϥⲉ ϩⲙ̄-ⲡⲉϥⲏⲉⲓ• ⲁϥ-ϫⲟⲧ-ⲥ̄ ⲛ̄-ⲧϫⲟ ϫⲉ|ⲕⲁⲁⲥ ⲉϥ-ⲛⲁ-ⲉⲓⲙⲉ ϫⲉ-ⲧⲉϥϭⲓϫ ⲛⲁ-ⲧⲱⲕ || ⲉϩⲟⲩⲛ• ⲧⲟⲧⲉ ⲁϥ-ϩⲱⲧⲃ̄ ⲙ̄-ⲡⲙⲉⲅⲓⲥⲧⲁⲛⲟⲥ• |

(99) ⲡⲉϫⲉ-ⲙ̄ⲙⲁⲑⲏⲧⲏⲥ ⲛⲁ-ϥ ϫⲉ-ⲛⲉⲕⲥⲛⲏⲩ | ⲙⲛ̄-ⲧⲉⲕⲙⲁⲁⲩ ⲥⲉ-ⲁϩⲉⲣⲁⲧ-ⲟⲩ ϩⲓⲡⲥⲁ ⲛ|ⲃⲟⲗ• ⲡⲉϫⲁ-ϥ ⲛⲁ-ⲩ ϫⲉ-ⲛ-ⲉⲧ$^{\emptyset}$-ⲛ̄ⲛⲉⲉⲓⲙⲁ | ⲉϯⲣⲉ ⲙ̄-ⲡⲟⲩⲱϣ ⲙ̄-ⲡⲁⲉⲓⲱⲧ ⲛⲁⲉⲓ ⲛⲉ || ⲛⲁⲥⲛⲏⲩ ⲙⲛ̄-ⲧⲁⲙⲁⲁⲩ• ⲛ̄ⲧⲟⲟⲩ ⲡⲉ-ⲉⲧ$^{\emptyset}$-ⲛⲁ-|ⲃⲱⲕ ⲉϩⲟⲩⲛ ⲉ-ⲧⲙⲛ̄ⲧ-ⲉⲣⲟ ⲙ̄-ⲡⲁⲉⲓⲱⲧ• |

[102] Test πειράζειν [103] Time, crisis καιρός [104] <ⲡⲉϫⲉ-ⲓ̄ⲥ̄ ϫⲉ-> omitted by the ancient copyist [105] Dung heap κόπριον, plur. κόπρια

(100) ⲁⲩ-ⲧⲥⲉⲃⲉ-ⲓ̅ⲥ̅ ⲁ-ⲩⲛⲟⲩⲃ• ⲁⲩⲱ ⲡⲉϫⲁ-ⲩ ⲛⲁ-ϥ | ϫⲉ-ⲛ-ⲉⲧ$^{\emptyset}$-ⲏⲡ ⲁ-ⲕⲁⲓⲥⲁⲣ[106] ⲥⲉ-ϣⲓⲧⲉ ⲙ̅ⲙⲟ-ⲛ ⲛ̅-|ⲛ̅ϣⲱⲙ• ⲡⲉϫⲁ-ϥ ⲛⲁ-ⲩ ϫⲉ-ϯ-ⲛⲁ-ⲕⲁⲓⲥⲁⲣ || ⲛ̅-ⲕⲁⲓⲥⲁⲣ• ϯ-ⲛⲁ-ⲡⲛⲟⲩⲧⲉ ⲙ̅-ⲡⲛⲟⲩⲧⲉ• | ⲁⲩⲱ ⲡ-ⲉⲧⲉ-ⲡⲱ-ⲉⲓ ⲡⲉ ⲙⲁ-ⲧⲛ̅ⲛⲁ-ⲉⲓ-ϥ• |

(101) <ⲡⲉϫⲉ-ⲓ̅ⲥ̅>•[107] ⲡ-ⲉⲧ$^{\emptyset}$-ⲁ-ⲙⲉⲥⲧⲉ-ⲡⲉϥⲉⲓ̣[ⲱⲧ] ⲁ̣ⲛ ⲙⲛ̅-ⲧⲉϥ|ⲙⲁⲁⲩ ⲛ̅ⲧⲁϩⲉ ϥ-ⲛⲁ-ϣ-ⲣ̅-$^{\emptyset}$ⲙ[ⲁⲑⲏⲧ]ⲏ̣ⲥ ⲛⲁ̣-ⲉⲓ ⲁⲛ• | ⲁⲩⲱ ⲡ-ⲉⲧ$^{\emptyset}$-ⲁ-ⲙⲣ̅ⲣⲉ-ⲡⲉϥ[ⲉⲓⲱⲧ ⲁⲛ ⲙ]ⲛ̅-ⲧⲉϥ||ⲙⲁⲁⲩ ⲛ̅ⲧⲁϩⲉ ϥ-ⲛⲁ-ϣ-ⲣ̅-$^{\emptyset}$ⲙ[ⲁⲑⲏⲧⲏⲥ ⲛⲁ]-|ⲉⲓ
50:1 ⲁⲛ• ⲧⲁⲙⲁⲁⲩ ⲅⲁⲣ ⲛ̅ⲧ-ⲁⲥ̣-[- - -][. .]ⲟⲗ• ⲧ̣ⲁ[ⲙⲁⲁ]ⲩ̣ ⲇⲉ ⲙ̅-ⲙⲉ ⲁⲥ-ϯ ⲛⲁ-ⲉⲓ ⲙ̅-ⲡⲱⲛϩ• |

(102) ⲡⲉϫⲉ-ⲓ̅ⲥ̅ [ϫⲉ-ⲟ]ⲩⲟⲉⲓ ⲛⲁ-ⲩ ⲙ̅ⲫⲁⲣⲓⲥⲁⲓⲟⲥ ϫⲉ-|ⲉⲩ-ⲉⲓⲛⲉ̣ [ⲛ̅ⲛ]-ⲟⲩⲟⲩϩⲟⲣ ⲉϥ-ⲛ̅ⲕⲟⲧⲕ ϩⲓϫⲛ̅-ⲡⲟⲩ|ⲟⲛⲉϥ ⲛ̅-ϩ[ⲛ̅]ⲛ̣ⲉϩⲟⲟⲩ ϫⲉ-ⲟⲩⲧⲉ ϥ-ⲟⲩⲱⲙ ⲁⲛ• || ⲟⲩⲧⲉ ϥ-ⲕ̣[ⲱ] ⲁ̣ⲛ ⲛ̅-ⲛⲉϩⲟⲟⲩ ⲉ-$^{\emptyset}$ⲟⲩⲱⲙ•

(103) ⲡⲉϫⲉ-ⲓ̅ⲥ̅ | ϫⲉ-ⲟⲩⲙⲁ̣[ⲕⲁ]ⲣⲓⲟⲥ ⲡⲉ ⲡⲣⲱⲙⲉ ⲡⲁⲉⲓ ⲉⲧ$^{\emptyset}$-ⲥⲟⲟⲩⲛ | ϫⲉ-ϩ[ⲛ̅-ⲁϣ] ⲙ̅-ⲙⲉⲣⲟⲥ[108] ⲉ-ⲛⲗⲏⲥⲧⲏⲥ ⲛⲏⲩ ⲉϩⲟⲩⲛ | ϣⲓⲛⲁ̣ [ⲉϥ]-ⲛ̣ⲁ-ⲧⲱⲟⲩⲛ ⲛ̅ϥ-ⲥⲱ⟦ϩ⟧[109]ⲟⲩϩ ⲛ̅-ⲧⲉϥ|ⲙⲛ̅ⲧ-ⲉ̣[ⲣⲟ] ⲁⲩⲱ ⲛ̅ϥ-ⲙⲟⲩⲣ ⲙ̅ⲙⲟ-ϥ ⲉϫⲛ̅-ⲧⲉϥ||ϯⲡⲉ ϩ̣[ⲁ]-ⲧⲉϩⲏ ⲉ-ⲙⲡⲁⲧⲟⲩ-ⲉⲓ ⲉϩⲟⲩⲛ•

(104) ⲡⲉ|ϫⲁ-ⲩ ⲛ̣-[ⲓ̅]ⲥ̣̅ ϫⲉ-ⲁⲙⲟⲩ ⲛ̅ⲧⲛ̅-ϣⲗⲏⲗ ⲙ̅ⲡⲟⲟⲩ | ⲁⲩⲱ ⲛ̅ⲧⲛ̅-ⲣ̅-ⲛⲏⲥⲧⲉⲩⲉ• ⲡⲉϫⲉ-ⲓ̅ⲥ̅ ϫⲉ-ⲟⲩ ⲅⲁⲣ | ⲡⲉ ⲡⲛⲟⲃⲉ ⲛ̅ⲧ-ⲁⲉⲓ-ⲁⲁ-ϥ• ⲏ ⲛ̅ⲧ-ⲁⲩ-ϫⲣⲟ ⲉⲣⲟ-ⲉⲓ | ϩⲛ̅-ⲟⲩ• ⲁⲗⲗⲁ ϩⲟⲧⲁⲛ ⲉⲣϣⲁⲛ-ⲡⲛⲩⲙⲫⲓⲟⲥ[110] ⲉⲓ || ⲉⲃⲟⲗ ϩⲙ̅-ⲡⲛⲩⲙⲫⲱⲛ[111] ⲧⲟⲧⲉ ⲙⲁⲣⲟⲩ-ⲛⲏ|ⲥⲧⲉⲩⲉ• ⲁⲩⲱ ⲙⲁⲣⲟⲩ-ϣⲗⲏⲗ•

(105) ⲡⲉϫⲉ-ⲓ̅ⲥ̅ ϫⲉ-ⲡ-ⲉ|ⲧ$^{\emptyset}$-ⲛⲁ-ⲥⲟⲩⲱⲛ-ⲡⲉⲓⲱⲧ ⲙⲛ̅-ⲧⲙⲁⲁⲩ ⲥⲉ-ⲛⲁ-ⲙⲟⲩ|ⲧⲉ ⲉⲣⲟ-ϥ ϫⲉ-ⲡϣⲏⲣⲉ ⲙ̅-$^{\emptyset}$ⲡⲟⲣⲛⲏ•[112]

(106) ⲡⲉϫⲉ-ⲓ̅ⲥ̅ ϫⲉ-|ϩⲟⲧⲁⲛ ⲉⲧⲉⲧⲛ̅ϣⲁ-ⲣ̅-ⲡⲥⲛⲁⲩ ⲟⲩⲁ ⲧⲉⲧⲛⲁ-ϣⲱ||ⲡⲉ ⲛ̅-$^{\emptyset}$ϣⲏⲣⲉ ⲙ̅-ⲡⲣⲱⲙⲉ• ⲁⲩⲱ ⲉⲧⲉⲧⲛ̅ϣⲁⲛ-|ϫⲟⲟ-ⲥ ϫⲉ-ⲡⲧⲟⲟⲩ ⲡⲱⲱⲛⲉ ⲉⲃⲟⲗ ϥ-ⲛⲁ-|ⲡⲱⲱⲛⲉ•

(107) ⲡⲉϫⲉ-ⲓ̅ⲥ̅ ϫⲉ-ⲧⲙⲛ̅ⲧ-ⲉⲣⲟ ⲉⲥ-ⲧⲛ̅ⲧⲱⲛ | ⲉ-ⲩⲣⲱⲙⲉ ⲛ̅-ϣⲱⲥ ⲉ-ⲩⲛ̅ⲧⲁ-ϥ ⲙ̅ⲙⲁⲩ ⲛ̅-ϣⲉ ⲛ̅-|ⲉⲥⲟⲟⲩ• ⲁ-ⲟⲩⲁ ⲛ̅ϩⲏⲧ-ⲟⲩ ⲥⲱⲣⲙ ⲉ-ⲡⲛⲟϭ ⲡⲉ• || ⲁϥ-ⲕⲱ ⲙ̅-ⲡⲥⲧⲉ-ⲯⲓⲧ• ⲁϥ-ϣⲓⲛⲉ ⲛ̅ⲥⲁ-ⲡⲓⲟⲩⲁ | ϣⲁⲛⲧⲉϥ-ϩⲉ ⲉⲣⲟ-ϥ• ⲛ̅ⲧⲁⲣⲉϥ-ϩⲓⲥⲉ ⲡⲉϫⲁ-ϥ | ⲙ̅-ⲡⲉⲥⲟ⟦ⲩ⟧[113]ⲟⲩ ϫⲉ-ϯ-ⲟⲩⲟϣ-ⲕ ⲡⲁⲣⲁ-ⲡⲥⲧⲉ-ⲯⲓⲧ• |

[106] Caesar Καίσαρ [107] <ⲡⲉϫⲉ-ⲓ̅ⲥ̅> omitted by the ancient copyist [108] Part μέρος [109] ⟦ϩ⟧ cancelled by the ancient copyist [110] Bridegroom νυμφίος [111] Bridal chamber νυμφών [112] Prostitute πόρνη [113] ⟦ⲩ⟧ cancelled by the ancient copyist

(108) ⲡⲉϫⲉ-ⲓ̅ⲥ̅ ϫⲉ-ⲡ-ⲉⲧ$^{\emptyset}$-ⲁ-ⲥⲱ ⲉⲃⲟⲗ ϩⲛ̄-ⲧⲁⲧⲁⲡⲣⲟ | ϥ-ⲛⲁ-ϣⲱⲡⲉ ⲛ̄ⲧⲁϩⲉ• ⲁⲛⲟⲕ ϩⲱ-$^{\emptyset}$ ϯ-ⲛⲁ-ϣⲱⲡⲉ || ⲉ-ⲛⲧⲟϥ ⲡⲉ• ⲁⲩⲱ ⲛ-ⲉⲑⲏⲡ ⲛⲁ-ⲟⲩⲱⲛϩ ⲉⲣⲟ-ϥ• |

(109) ⲡⲉϫⲉ-ⲓ̅ⲥ̅ ϫⲉ-ⲧⲙⲛ̄ⲧ-ⲉⲣⲟ ⲉⲥ-ⲧⲛ̄ⲧⲱⲛ ⲉ-ⲩⲣⲱ|ⲙⲉ ⲉ-ⲩⲛ̄ⲧⲁ-ϥ
ⲙ̣̄ⲙ̣ⲁⲩ ϩⲛ̄-ⲧⲉϥⲥⲱϣⲉ ⲛ̄ⲛ-ⲟⲩ|ⲉϩⲟ ⲉϥ-ϩⲏ̣[ⲡ ⲉ]ϥ̣-ⲟ ⲛ̄-$^{\emptyset}$ⲁⲧ-ⲥⲟⲟⲩⲛ ⲉⲣⲟ-
ϥ• ⲁⲩ|ⲱ ⲙ̄[ⲙⲛ̄ⲛⲥⲁ-$^{\emptyset}$ⲧ]ⲣⲉϥ-ⲙⲟⲩ ⲁϥ-ⲕⲁⲁ-ϥ ⲙ-ⲡⲉϥ||[ϣⲏⲣⲉ• ⲛⲉ]-
ⲡ̣ϣⲏⲣⲉ ⲥⲟⲟⲩⲛ ⲁⲛ• ⲁϥ-ϥⲓ-*ⲧⲥⲱϣⲉ ⲉⲧ$^{\emptyset}$-ⲙ̄ⲙⲁⲩ• ⲁϥ-ⲧⲁⲁ-ⲥ̣ [ⲉⲃⲟ]ⲗ• *51:1
ⲁⲩⲱ ⲡ-ⲉ̣[ⲛ]|ⲧ-ⲁϩ-ⲧⲟⲟⲩ-ⲥ ⲁϥ-ⲉⲓ ⲉϥ-ⲥⲕⲁⲉⲓ• ⲁ[ϥ-ϩ]ⲉ̣ ⲁ-ⲡⲉϩⲟ• ⲁϥ-|
ⲁⲣⲭⲉⲓ[114] ⲛ̄-$^{\emptyset}$ϯ-$^{\emptyset}$ϩⲟⲙⲧ ⲉ-ⲧⲙⲏⲥⲉ ⲛ̣̄-[ⲛ-ⲉ]ⲧ̣ϥ̄-ⲟⲩⲟϣ-ⲟⲩ• |

(110) ⲡⲉϫⲉ-ⲓ̅ⲥ̅ ϫⲉ- † ⲡ-ⲉⲛⲧ-ⲁϩ-ϭⲓⲛⲉ̣ ⲙ̣̄-ⲡⲕⲟⲥⲙⲟⲥ || ⲛ̄ϥ-ⲣ̄-$^{\emptyset}$ⲣⲙ̄ⲙⲁⲟ † ⲙⲁⲣⲉϥ-ⲁⲣⲛⲁ ⲙ̄-ⲡⲕⲟⲥⲙⲟⲥ• |

(111) ⲡⲉϫⲉ-ⲓ̅ⲥ̅ ϫⲉ-ⲙ̄ⲡⲏⲩⲉ ⲛⲁ-ϭⲱⲗ ⲁⲩⲱ ⲡⲕⲁϩ | ⲙ̄ⲡⲉⲧⲛ̄ⲙ̄ⲧⲟ ⲉⲃⲟⲗ• ⲁⲩⲱ ⲡ-ⲉⲧ$^{\emptyset}$-ⲟⲛϩ ⲉⲃⲟⲗ ϩⲛ̄-|ⲡ-ⲉⲧ$^{\emptyset}$-ⲟⲛϩ ϥ-ⲛⲁ-ⲛⲁⲩ ⲁⲛ ⲉ-$^{\emptyset}$ⲙⲟⲩ• ⲟⲩⲭ-ϩⲟⲧⲓ[115] ⲉ-ⲓ̅ⲥ̅ | ϫⲱ ⲙ̄ⲙⲟ-ⲥ ϫⲉ-ⲡ-ⲉⲧ$^{\emptyset}$-ⲁϩⲉ ⲉⲣⲟ-ϥ ⲟⲩⲁⲁ-ϥ ⲡⲕⲟⲥ||ⲙⲟⲥ ⲙ̄ⲡϣⲁ ⲙ̄ⲙⲟ-ϥ ⲁⲛ•

(112) ⲡⲉϫⲉ-ⲓ̅ⲥ̅ ϫⲉ-ⲟⲩⲟⲉⲓ | ⲛ̄-ⲧⲥⲁⲣⲝ ⲧⲁⲉⲓ ⲉⲧ$^{\emptyset}$-ⲟϣⲉ ⲛ̄-ⲧⲯⲩⲭⲏ• ⲟⲩⲟⲉⲓ | ⲛ̄-ⲧⲯⲩⲭⲏ ⲧⲁⲉⲓ ⲉⲧ$^{\emptyset}$-ⲟϣⲉ ⲛ̄-ⲧⲥⲁⲣⲝ•

(113) ⲡⲉϫⲁ-ⲩ | ⲛⲁ-ϥ ⲛ̄ϭⲓ-ⲛⲉϥⲙⲁⲑⲏⲧⲏⲥ ϫⲉ-ⲧⲙⲛ̄ⲧ-ⲉⲣⲟ | ⲉⲥ-ⲛ̄ⲛⲏⲩ ⲛ̄ⲁϣ ⲛ̄-ϩⲟⲟⲩ• <ⲡⲉϫⲉ-ⲓ̅ⲥ̅ ϫⲉ->[116]ⲉⲥ-ⲛ̄ⲛⲏⲩ ⲁⲛ ϩⲛ̄-ⲟⲩ||ϭⲱϣⲧ ⲉⲃⲟⲗ• ⲉⲩ-ⲛⲁ-ϫⲟⲟ-ⲥ ⲁⲛ ϫⲉ-ⲉⲓⲥϩⲏⲏ|ⲧⲉ ⲙ̄ⲡⲓⲥⲁ ⲏ ⲉⲓⲥϩⲏⲏⲧⲉ ⲧⲏ• ⲁⲗⲗⲁ ⲧⲙⲛ̄ⲧ-ⲉⲣⲟ | ⲙ̄-ⲡⲉⲓⲱⲧ ⲉⲥ-ⲡⲟⲣϣ ⲉⲃⲟⲗ ϩⲓϫⲙ̄-ⲡⲕⲁϩ• ⲁⲩⲱ | ⲣ̄ⲣⲱⲙⲉ ⲛⲁⲩ ⲁⲛ ⲉⲣⲟ-ⲥ•

(114) ⲡⲉϫⲉ-ⲥⲓⲙⲱⲛ ⲡⲉⲧⲣⲟⲥ | ⲛⲁ-ⲩ ϫⲉ-ⲙⲁⲣⲉ-ⲙⲁⲣⲓϩⲁⲙ ⲉⲓ ⲉⲃⲟⲗ ⲛ̄ϩⲏⲧ-ⲛ̄ || ϫⲉ-ⲛ̄ⲥϩⲓⲟⲙⲉ ⲙ̄ⲡϣⲁ ⲁⲛ ⲙ̄-ⲡⲱⲛϩ• ⲡⲉϫⲉ-ⲓ̅ⲥ̅ | ϫⲉ-ⲉⲓⲥϩⲏⲏⲧⲉ ⲁⲛⲟⲕ ϯ-ⲛⲁ-ⲥⲱⲕ ⲙ̄ⲙⲟ-ⲥ ϫⲉ|ⲕⲁⲁⲥ ⲉⲉⲓ-ⲛⲁⲁ-ⲥ ⲛ̄-$^{\emptyset}$ϩⲟⲟⲩⲧ ϣⲓⲛⲁ ⲉⲥ-ⲛⲁ-ϣⲱ|ⲡⲉ ϩⲱⲱ-ⲥ ⲛ̄-ⲟⲩⲡⲛ̄ⲁ̄ ⲉϥ-ⲟⲛϩ ⲉϥ-ⲉⲓⲛⲉ ⲙ̄|ⲙⲱ-ⲧⲛ̄ ⲛ̄ϩⲟⲟⲩⲧ ϫⲉ-ⲥϩⲓⲙⲉ ⲛⲓⲙ ⲉⲥ-ⲛⲁⲁ-ⲥ || ⲛ̄-$^{\emptyset}$ϩⲟⲟⲩⲧ ⲥ-ⲛⲁ-ⲃⲱⲕ ⲉϩⲟⲩⲛ ⲉ-ⲧⲙⲛ̄ⲧ-ⲉⲣⲟ | ⲛ-ⲙ̄ⲡⲏⲩⲉ• |

ⲡⲉⲩⲁⲅⲅⲉⲗⲓⲟⲛ | ⲡⲕⲁⲧⲁ-ⲑⲱⲙⲁⲥ•

[114] Begin ἄρχεσθαι [115] Is it not true that...? οὐχ ὅτι [116] <ⲡⲉϫⲉ-ⲓ̅ⲥ̅ ϫⲉ-> omitted by the ancient copyist

The Book of Thomas: The Contender Writing to the Perfect

(THE BOOK OF THOMAS THE CONTENDER)

ⲡϫⲱⲙⲉ ⲛ̄-ⲑⲱⲙⲁⲥ ⲡⲁⲑⲗⲏⲧⲏⲥ ⲉϥ-ⲥϩⲁï ⲛ̄-ⲛ̄ⲧⲉⲗⲉⲓⲟⲥ

MANUSCRIPT: Cairo, Coptic Museum, Nag Hammadi Codex II, pp. <127>–<145>.

PHOTOGRAPHIC FACSIMILE: *Facs. II,* plates 139–157, and *Facs. Intro.,* plates 7*–8*.

EDITIONS: Bentley Layton, in Bentley Layton, ed., *Nag Hammadi Codex II,2–7* (Leiden 1989), 2.179–205; Hans-Martin Schenke, *Das Thomas-Buch* (Berlin 1989); Raymond Kuntzmann, *Le Livre de Thomas* (Quebec City 1986).

DIALECT AND SPELLING: Sahidic with a fluctuating mixture of features from Lycopolitan. Cf. Layton, op. cit., 1.6–16 and 2.179–205 "auxiliary notes"; Schenke, op. cit., 1–21.

TRANSLATIONS: Layton, *The Gnostic Scriptures* 400–409; *Nag Hammadi Library in English* 199–207 (J. D. Turner); for additional information see also Scholer, *Nag Hammadi Bibliography* and supplements in *Novum Testamentum.*

---

*138:1 *ⲛ̄ϣⲁϫⲉ ⲉⲑⲏⲡ ⲛⲁï ⲉⲛⲧ-ⲁϥ-ϣⲁϫⲉ ⲙ̄ⲙⲁ-ⲩ ⲛ̄ϭⲓ-ⲡⲥ̄ⲱ̄ⲣ̄ ⲛ̄-|ïⲟⲩⲇⲁⲥ
ⲑⲱⲙⲁⲥ ⲛⲁï ⲉⲛⲧ-ⲁï-ⲥⲁϩ-ⲟⲩ ⲁⲛⲟⲕ ϩⲱⲱ-ⲧ ⲙⲁ|ⲑⲁⲓⲁⲥ• ⲛⲉⲉⲓ-
ⲙⲟⲟϣⲉ ⲉⲉⲓ-ⲥⲱⲧⲙ̄ ⲉⲣⲟ-ⲟⲩ ⲉⲩ-ϣⲁϫⲉ ⲙⲛ̄-|ⲛⲟⲩⲉⲣⲏⲩ•
ⲡⲁϫⲉ-ϥ ⲛ̄ϭⲓ-ⲡⲥ̄ⲱ̄ⲣ̄ ϫⲉ-ⲡⲥⲁⲛ ⲑⲱⲙⲁⲥ ϩⲱⲥ || ⲉ-ⲩⲛ̄ⲧⲁ-ⲕ ⲙ̄ⲙⲁⲩ ⲛ̄-
ⲟⲩⲟⲉⲓϣ ϩⲙ̄-ⲡⲕⲟⲥⲙⲟⲥ ⲥⲱⲧⲙ̄ ⲉⲣⲟ-ï | ⲛ̄ⲧⲁ-ϭⲱⲗⲡ ⲛⲁ-ⲕ ⲉⲃⲟⲗ ⲉⲧⲃⲉ-
ⲛ-ⲉⲛⲧ-ⲁⲕ-ⲙⲉⲉⲩⲉ ⲉⲣⲟ-ⲟⲩ | ϩⲣⲁï ϩⲙ̄-ⲡⲉⲕϩⲏⲧ• ⲉⲡⲉⲓ ⲇⲉ ⲁⲩ-ϫⲟⲟ-ⲥ
ϫⲉ-ⲛ̄ⲧⲟⲕ-ⲡⲁ|ⲥⲟⲉⲓϣ ⲁⲩⲱ ⲡⲁϣⲃⲣ̄ⲙ̄-ⲙⲏⲉ ϩⲉⲧϩⲱⲧ-ⲕ̄ ⲛ̄ⲕ-ⲙ̄ⲙⲉ | ϫⲉ-
ⲛ̄ⲧⲕ-ⲛⲓⲙ• ⲁⲩⲱ ⲁⲕ-ϣⲟⲟⲡ ⲛ̄ⲁϣ ⲛ̄-ϩⲉ• ⲏ ⲉⲕ-ⲛⲁ-ϣⲱ||ⲡⲉ ⲛ̄ⲛⲁϣ ⲛ̄-
ⲣⲏⲧⲉ• ⲉⲡⲉⲓⲇⲏ ⲥⲉ-ⲙⲟⲩⲧⲉ ⲉⲣⲟ-ⲕ ϫⲉ-ⲡⲁⲥⲟⲛ | ⲡ-ⲉⲧ-ⲉⲥϣⲉ ⲁⲛ ⲡⲉ
ⲉ-$^{\emptyset}$ⲧⲣⲉⲕ-ϣⲱⲡⲉ ⲉⲕ-ⲟ ⲛ̄-$^{\emptyset}$ⲁⲧ-ⲥⲟⲟⲩⲛⲉ | ⲉⲣⲟ-ⲕ ⲙ̄ⲙⲓⲛⲙ̄ⲙⲟ-ⲕ• ⲁⲩⲱ ϯ-

ⲥⲟⲟⲩⲛⲉ ϫⲉ-ⲁⲕ-ⲙ̄ⲙⲉ• ⲁⲕ-ⲟⲩ|ⲱ ⲅⲁⲣ ⲉⲕ-ⲙ̄ⲙⲉ ⲙ̄ⲙⲟ-ⲉⲓ ϫⲉ-ⲁⲛⲟⲕ ⲡⲉ ⲡⲥⲟⲟⲩⲛ ⲛ̄-ⲧⲙⲏⲉ• | ϩⲱⲥ ⲉⲕ-ⲙⲟⲟϣⲉ ϭⲉ ⲛⲙ̄ⲙⲁ-ⲉⲓ ⲕⲁⲛ[1] ⲛ̄ⲧⲁⲕ-ⲟⲩⲁⲧ-ⲥⲟⲟⲩⲛ || ⲁⲕ-ⲟⲩⲱ ⲉⲕ-ⲥⲟⲟⲩⲛⲉ• ⲁⲩⲱ ⲥⲉ-ⲛⲁ-ⲙⲟⲩⲧⲉ ⲉⲣⲟ-ⲕ ϫⲉ-ⲡⲣⲉϥ-|ⲥⲟⲟⲩⲛⲉ ⲉⲣⲟ-ϥ ⲙ̄ⲙⲓⲛⲙ̄ⲙⲟ-ϥ•

ϫⲉ-ⲡ-ⲉⲧⲉ-ⲙ̄ⲡϥ-ⲥⲟⲩ|ⲱⲛ-ϥ ⲅⲁⲣ ⲙ̄ⲡϥ-ⲥⲟⲩⲱⲛ-ⲗⲁⲁⲩ• ⲡ-ⲉⲛⲧ-ⲁϥ-ⲥⲟⲩⲱⲛ-ϥ ⲇⲉ ⲟⲩ|ⲁⲁⲧ-ϥ ⲁϥ-ⲟⲩⲱ ⲟⲛ ⲉϥ-ϫⲓ-∅ⲥⲟⲟⲩⲛⲉ ⲁ-ⲡⲃⲁⲑⲟⲥ[2] ⲙ̄-ⲡⲧⲏⲣ-ϥ• | ⲉⲧⲃⲉ-ⲡⲁï ϭⲉ ⲛ̄ⲧⲟⲕ ⲡⲁⲥⲟⲛ̄ ⲑⲱⲙⲁⲥ ⲁⲕ-ⲛⲁⲩ ⲁ-ⲡⲡⲉⲑⲏⲡ || ⲉⲃⲟⲗ ϩⲛ̄-ⲣⲣⲱⲙⲉ ⲉⲧⲉ-ⲡⲁï ⲡⲉ ⲉⲧⲟⲩ-ϫⲓ-∅ϫⲣⲟⲡ ⲉⲣⲟ-ϥ ⲉ-ⲛ-|ⲥⲉ-ⲥⲟⲟⲩⲛ ⲁⲛ•

ⲡⲁϫⲉ-ϥ ⲇⲉ ⲛ̄ϭⲓ-ⲑⲱⲙⲁⲥ ⲙ̄-ⲡϫⲟⲉⲓⲥ ϫⲉ-|ⲉⲧ̣ⲃⲉ-ⲡⲁⲉⲓ ϭⲉ ϯ-ⲥⲟⲡⲥ̄ ⲙ̄ⲙⲟ-ⲕ ϫⲉⲕⲁⲁⲥ ⲉⲕ-ⲛⲁ-ϫⲱ ⲛⲁ-ï | [ⲛ̄-ⲛ]-ⲉⲧϯ-ϣⲓⲛⲉ ⲙ̄ⲙⲟ-ⲕ ⲉⲣⲟ-ⲟⲩ ϩⲁⲑⲏ ⲛ̄-ⲧⲉⲕⲁⲛⲁⲗⲏⲙⲯⲓⲥ•[3] | [ⲁⲩ]ⲱ ϩⲟⲧⲁⲛ ⲉⲉⲓϣⲁⲛ-ⲥⲱⲧⲙ̄ ⲉⲃⲟⲗ ϩⲓⲧⲟⲟⲧ-ⲕ ϩⲁ-ⲡⲣⲁ || ⲛ̄-ⲛ̣-ⲉⲧⲏⲡ ⲧⲟⲧⲉ ⲟⲩⲛ̄-∅ϭⲟⲙ ⲙ̄ⲙⲟ-ⲉⲓ ⲉ-∅ϣⲁϫⲉ ⲉⲧⲃⲏ|ⲧ-[ⲟ]ⲩ• ⲁⲩⲱ ⲥ-ⲟⲩⲟⲛϩ ⲉⲃⲟⲗ ⲛⲁ-ⲉⲓ ϫⲉ-ⲧⲙⲏⲉ ⲥ-ⲙⲟⲕϩ ⲁ|ⲁ-[ⲥ] ⲛⲛⲁϩⲣⲛ̄-ⲛ̄ⲣⲱⲙⲉ• ⲁϥ-ⲟⲩⲱϣⲃ̄ ⲛ̄ϭⲓ-ⲡⲥ̄ⲱ̄ⲣ̄ ⲉϥ-ϫⲱ ⲙ̄|ⲙ̣[ⲟ]-ⲥ ϫⲉ-ⲉϣⲡⲉ-ⲛ-ⲉⲧ∅-ⲟⲩⲟⲛϩ ⲉⲃⲟⲗ ⲛⲏ-ⲧⲛ̄ ⲥⲉ-ϩⲏⲡ | ⲛ̣̄[ⲛ]ⲁ̣ϩⲣⲛ̄-ⲧⲏⲛⲉ ⲛ̄ⲁϣ ⲛ̄-ϩⲉ ⲉ-ⲩⲛ̄-∅ϭⲁⲙ ⲙ̄ⲙⲱ-ⲧⲛ̄ ⲁ-∅ⲥⲱⲧⲙ̄ || ⲁ-ⲛ-ⲉⲧⲉ-ⲛ̄-ⲥⲉ-ⲟⲩⲟⲛϩ ⲉⲃⲟⲗ ⲁⲛ• ⲉϣⲡⲉ-ⲛ̄ϩⲃⲏⲩⲉ ⲛ̄-ⲧⲙⲏⲉ | ⲉⲧ∅-ⲟⲩⲟⲛϩ ⲉⲃⲟⲗ ϩⲙ̄-ⲡⲕⲟⲥⲙⲟⲥ ⲥⲉ-ⲙⲟⲕϩ ⲁ-∅ⲧⲣⲉⲧⲛ̄-ⲁ|ⲁ-ⲩ ⲉⲉⲓⲉ-ⲡⲱⲥ ϭⲉ ⲉⲧⲉⲧⲛⲁ-ⲉⲓⲣⲉ ⲛ̄-ⲛⲁ-ⲡⲙⲉⲅⲉⲑⲟⲥ[4] ⲉⲧ∅-|ϫⲟⲥⲉ ⲁⲩⲱ ⲛⲁ-ⲡⲡⲗⲏⲣⲱⲙⲁ[5] ⲉⲧⲉ-ⲛ̄-ⲥⲉ-ⲟⲩⲟⲛϩ ⲉⲃⲟⲗ | ⲁⲛ• ⲛ̄ⲛⲁϣ ϭⲉ ⲛ̄-ϩⲉ ⲉⲩ-ⲛⲁ-ⲙⲟⲩⲧⲉ ⲉⲣⲱ-ⲧⲛ̄ ϫⲉ-∅ⲉⲣⲅⲁⲧⲏⲥ•[6] || ⲉⲧⲃⲉ-ⲡⲁï ⲛ̄ⲧⲱⲧⲛ̄-ϩⲉⲛⲥⲃⲟⲩⲉⲓ• ⲁⲩⲱ ⲙ̄ⲡⲁⲧⲉⲧⲛ-ϫⲓ ⲙ̄-|ⲡⲙⲉⲅⲉⲑⲟⲥ ⲛ̄-ⲧⲙⲛ̄ⲧ-ⲧⲉⲗⲉⲓⲟⲥ•[7] ⲁϥ-ⲟⲩⲱϣⲃ̄ ⲇⲉ ⲛ̄ϭⲓ-|ⲑⲱⲙⲁⲥ• ⲡⲉϫⲁ-ϥ ⲙ̄-ⲡⲥ̄ⲱ̄ⲣ̄ ϫⲉ-ϫⲟ-ⲥ ⲛⲁ-ⲛ ⲉⲧⲃⲉ̣-[ⲛ]ⲁⲉⲓ | ⲉⲧⲕ-ϫⲱ ⲙ̄ⲙⲟ-ⲟⲩ ϫⲉ-ⲥⲉ-ⲟⲩⲟⲛϩ ⲉⲃⲟⲗ ⲁⲛ• ⲁ̣[ⲗⲗⲁ ⲥⲉ]-ϩⲏⲡ | ⲉⲣⲟ-ⲛ•

ⲡⲁϫⲉ-ⲡⲥ̄ⲱ̄ⲣ̄ ϫⲉ-ⲥⲱⲙⲁ [ⲛⲓ]ⲙ̣ [- - -]ⲛ̄-||ⲛ̄ⲧⲃⲛⲟⲟⲩⲉ ⲉⲩ-ϫⲡⲟ ⲙ̄ⲙⲟ-ⲟⲩ.[- - -]...[..]ⲉ | ⲉϥ-[ⲟⲩ]ⲟⲛϩ ⲉ[ⲃ]ⲟⲗ ⲙ̄ⲡⲓⲣⲏⲧⲉ ⲛ̄ⲑⲉ ⲛ̣̄-[...]ϣ̣[.]ⲧ ⲉϥ-ⲥ̣ⲟⲩ|[- - -]ⲧ̣ⲉ̣[...] ⲡⲁï ϩⲱⲱ-ϥ ⲛ-ⲉⲧ∅-ⲙ̄ⲡⲥⲁ ⲛⲧⲡⲉ | [- - -].ⲛ-ⲉⲧ∅-ⲟⲩⲟⲛϩ ⲉⲃⲟⲗ• ⲁⲗⲗⲁ ⲉ[ⲩ]*ⲟ̣ⲛϩ ⲉⲃⲟⲗ ϩⲛ̄-ⲧⲟⲩⲛⲟⲩⲛⲉ ⲟⲩⲁⲁⲧ-ⲟⲩ• *139:1
ⲁⲩⲱ ⲛⲉⲩⲕⲁⲣ|ⲡⲟⲥ ⲡⲉⲧ∅-ⲥⲁⲁⲛϣ ⲙ̄ⲙⲟ-ⲟⲩ• ⲛⲉⲉⲓⲥⲱⲙⲁ ⲛ̄ⲧⲟⲟⲩ ⲉⲧ∅-ⲟⲩ|ⲟⲛϩ ⲉⲃⲟⲗ ⲉⲩⲱⲙ ⲉⲃⲟⲗ ϩⲛ̄-ⲛ̄ⲥⲱⲛⲧ ⲉⲧϯⲛⲉ ⲙ̄ⲙⲟ-ⲟⲩ• | ⲉⲧⲃⲉ-ⲡⲁï ϭⲉ ⲛ̄ⲥⲱⲙⲁ ⲥⲉ-ϣⲓⲃⲉ• ⲡ-ⲉⲧ∅-ϣⲓⲃⲉ ⲇⲉ ϥ-ⲛⲁ-ⲧⲉ||ⲕⲟ ⲛ̄ϥ-ⲱϫⲛ̄• ⲁⲩⲱ ⲙⲛ̄ⲧⲉ-ϥ-∅ϩⲉⲗⲡⲓⲥ[8] ⲛ̄-∅ⲱⲛϩ ϫⲙ̄-ⲡⲓⲛⲁⲩ• | ϫⲉ-ⲡⲓⲥⲱⲙⲁ ⲅⲁⲣ ⲟⲩⲧⲃ̄ⲛⲏ ⲡⲉ• ⲛ̄ⲛ̄ⲑⲉ ϭⲉ ⲛ̄-ⲛ̄ⲧⲃⲛⲟⲟⲩⲉ | ⲉ-ϣⲁⲣⲉ-ⲡⲟⲩⲥⲱⲙⲁ ⲧⲉⲕⲟ ⲧⲉⲉⲓ ⲧⲉ ⲑⲉ

[1] Even if κἄν [2] Depth βάθος [3] Ascension ἀνάλημψις [4] Majesty μέγεθος [5] Fullness πλήρωμα [6] Laborer ἐργάτης [7] Perfect τέλειος, -α, -ον [8] Hope ἐλπίς

ⲛ̄-ⲛⲉⲉⲓⲡⲗⲁⲥⲙⲁ[9] | ⲥⲉ-ⲛⲁ-ⲧⲉⲕⲟ• ⲙⲏⲧⲓ ⲟⲩⲉⲃⲟⲗ ⲁⲛ ⲡⲉ ϩⲛ̄-ⲧⲥⲩⲛⲟⲩ-ⲥⲓⲁ[10] ⲛ̄|ⲑⲉ ⲙ̄-ⲡⲁ-ⲛ̄ⲧⲃ̄ⲛⲟⲟⲩⲉ• ⲉϣϫⲉ-ⲟⲩⲉⲃⲟⲗ ⲛ̄ϩⲏⲧ-ⲥ̄ ϩⲱ||ⲱ-ϥ ⲡⲉ ⲛ̄ⲁϣ ⲛ̄-ϩⲉ ⲉϥ-ⲛⲁ-ϫⲡⲟ ⲛ̄-ⲟⲩⲇⲓⲁⲫⲟⲣⲁ[11] ⲛ̄ϩⲟⲩⲟ | ⲉⲣⲟ-ⲟⲩ• ⲉⲧⲃⲉ-ⲡⲁï ϭⲉ ⲛ̄ⲧⲱⲧⲛ̄-ϩⲉⲛⲕⲟⲩⲉⲓ ϣⲁⲛⲧⲉ|ⲧⲛ̄-ⲣ̄-$^{\emptyset}$ⲧⲉⲗⲉⲓⲟⲥ•

ⲁϥ-ⲟⲩⲱϣⲃ̄ ⲇⲉ ⲛ̄ϭⲓ-ⲑⲱⲙⲁⲥ ϫⲉ-ⲉ|ⲧⲃⲉ-ⲡⲁï ϯ-ϫⲱ ⲙ̄ⲙⲟ-ⲥ ⲛⲁ-ⲕ ⲡϫⲟⲉⲓⲥ̣ ϫⲉ-ⲛ-ⲉⲧ$^{\emptyset}$-ϣⲁϫⲉ | ⲉⲧⲃⲉ-ⲛ-ⲉⲧⲉ-ⲛ̄-ⲥⲉ-ⲟⲩⲟⲛϩ ⲉⲃⲟⲗ ⲁⲛ ⲁⲩⲱ ⲛ-ⲉⲧ$^{\emptyset}$-ⲙⲟⲕϩ || ⲛ̄-$^{\emptyset}$ⲃⲟⲗ-ⲟⲩ ⲉⲩ-ⲧⲛ̄ⲧⲱⲛ ⲁ-ⲛ-ⲉⲧ$^{\emptyset}$-ϫⲱⲗⲕ ⲛ̄-ⲛⲉⲩⲥⲁⲧⲉ ⲁ-ⲩ|ⲙⲏⲓ̈ⲛⲉ ϩⲛ̄-ⲧⲟⲩϣⲏ• ⲥⲉ-ϫⲱⲗⲕ ⲙⲉⲛ ⲛ̄-ⲛⲉⲩⲥⲟⲧⲉ ⲛ̄ⲑⲉ | ⲛ̄-ϩⲟⲉⲓⲛⲉ ϫⲉ-ⲉⲩ-ϫⲱⲗⲕ ⲁ-ⲡⲙⲁï̈ⲛⲉ• ⲁⲗⲗⲁ ϥ-ⲟⲩⲟⲛϩ | ⲉⲃⲟⲗ ⲁⲛ• ϩⲟⲧⲁⲛ ⲇⲉ ⲉⲣϣⲁⲛ-ⲡⲟⲩⲟⲉⲓⲛ ⲉⲓ ⲉⲃⲟⲗ ⲛ̄ϥ-|ϩⲱⲡ ⲙ̄-ⲡⲕⲁⲕⲉ ⲧⲟⲧⲉ ⲡϩⲱⲃ ⲙ̄-ⲡⲟⲩⲁ ⲡⲟⲩⲁ ⲛⲁ-ⲟⲩⲱⲛϩ || ⲉⲃⲟⲗ• ⲛ̄ⲧⲟⲕ ⲇⲉ ⲡⲛ̄ⲟⲩⲟⲉⲓⲛ ⲉⲕ-ⲣ̄-$^{\emptyset}$ⲟⲩⲟⲉⲓⲛ ⲡϫⲟⲉⲓⲥ• |

ⲡⲁϫⲉ-ϥ ⲛ̄ϭⲓ-ⲓ̅ⲥ̅ ϫⲉ-ⲡⲟⲩⲟⲉⲓⲛ ⲉϥ-ϣⲟⲟⲡ ϩⲙ̄-ⲡⲟⲩ[ⲟ]||ⲉⲓⲛ• ⲡⲁϫⲉ-ϥ ⲛ̄ϭⲓ-ⲑⲱⲙⲁⲥ ⲉϥ-ϫⲱ ⲙ̄ⲙⲟ-ⲥ ϫⲉ-ⲡϫⲟ̣[ⲉⲓⲥ] | ⲉⲧⲃⲉ-ⲟⲩ ⲡⲓⲟⲩⲟⲉⲓⲛ ⲉⲧ$^{\emptyset}$-ⲟⲩⲟⲛϩ ⲉⲃⲟⲗ ⲉⲧ$^{\emptyset}$-ⲣ̄-$^{\emptyset}$ⲟⲩⲟⲉⲓⲛ̣ | ⲉⲧⲃⲉ-ⲛ̄ⲣⲱⲙⲉ ϣⲁϥ-ⲡⲣ̄ⲣⲓⲉ ⲁⲩⲱ ϣⲁϥ-ϩⲱⲧⲡ• ⲡⲁϫⲉ-ϥ || ⲛ̄ϭⲓ-ⲡⲥ̅ⲱ̅ⲣ̅ ϫⲉ-ⲱ ⲡⲙⲁⲕⲁⲣⲓⲟⲥ[12] ⲑⲱⲙⲁⲥ• ⲡⲓⲟⲩⲟⲉⲓⲛ ⲅ̣[ⲁ]ⲣ | ⲉⲧ$^{\emptyset}$-ⲟⲩⲟⲛϩ ⲉⲃⲟⲗ ⲁϥ-ⲣ̄-$^{\emptyset}$ⲟⲩⲟⲉⲓⲛⲉ ⲉⲧⲃⲉ-ⲧⲏⲛⲉ ϫⲉⲕⲁ[ⲁⲥ] | ⲁⲛ ⲉⲧⲉⲧⲛⲁ-ϭⲱ ⲙ̄ⲡⲓⲙⲁ ⲁⲗⲗⲁ ϫⲉ-ⲉⲧⲉⲧⲛⲁ-ⲉⲓ ⲉⲃ̣[ⲟⲗ] | ⲛ̄ϩⲏⲧ-ϥ• ϩⲟⲧⲁⲛ ⲇⲉ ⲉⲣⲉϣⲁ-ⲛ̄ⲥⲱⲧⲡ ⲧⲏⲣ-ⲟⲩ ⲕⲱ̣ [ⲉ]ϩ|ⲣⲁï ⲛ̄-ϯⲙⲛ̄ⲧ-ⲧⲃ̄ⲛⲏ ⲧⲟⲧⲉ ⲡⲓⲟⲩⲟⲉⲓⲛ ϥ-ⲛⲁ-ⲣ̄-ⲁⲛⲁ||ⲭⲱⲣⲉⲓ[13] ⲉϩⲣⲁï ⲉ-ⲧⲉϥⲟⲩⲥⲓⲁ•[14] ⲁⲩⲱ ⲧⲉϥⲟⲩⲥⲓⲁ ⲛⲁ-ϣⲟⲡ-ϥ | ⲉⲣⲟ-ⲥ ϫⲉ-ⲟⲩϩⲩⲡⲏⲣⲉⲧⲏⲥ[15] ⲉ-ⲛⲁⲛⲟⲩ-ϥ ⲡⲉ•

ⲧⲟⲧⲉ | ⲁϥ-ⲟⲩⲱϩ ⲉⲧⲟⲟⲧ-ϥ ⲛ̄ϭⲓ-ⲡⲥ̅ⲱ̅ⲣ̅• ⲡⲁϫⲉ-ϥ ϫⲉ-ⲱ̂ ⲧ-ⲉⲧⲉ-|ⲙⲁⲩ-ϣⲛ̄-ⲣⲁⲧ-ⲥ̄ ⲧⲁⲅⲁⲡⲏ[16] ⲙ̄-ⲡⲟⲩⲟⲉⲓⲛ• ⲱ̂ ⲡⲥⲓϣⲉ ⲙ̄-|ⲡⲕⲱϩⲧ ⲉⲧ$^{\emptyset}$-ϫⲉⲣⲟ ϩⲣⲁï ϩⲛ̄-ⲛ̄ⲥⲱⲙⲁ ⲛ̄-ⲛ̄ⲣⲱⲙⲉ ⲙⲛ̄-||ⲛⲉⲩⲁⲧⲕⲁⲥ ⲉϥ-ϫⲉⲣⲟ ϩⲣⲁï ⲛ̄ϩⲏⲧ-ⲟⲩ ⲛ̄ⲧⲟⲩϣⲏ ⲙⲛ̄-|ⲫ[ⲟⲟⲩ] ⲁⲩⲱ ⲉⲧ$^{\emptyset}$-ⲣⲱⲭϩ ⲛ̄-ⲙ̄ⲙⲉⲗⲟⲥ[17] ⲛ̄-ⲛ̄ⲣⲱⲙⲉ ⲁⲩⲱ | ⲉ[ⲧ$^{\emptyset}$-ⲧⲣⲉ-ⲛ]ⲉⲩϩⲏⲧ ϯϩⲉ ⲁⲩⲱ ⲛⲉⲩⲯⲩⲭⲏ † ⲉⲥ-ⲧⲣⲟⲩ-ⲡⲱϣ̅ⲥ̅[18] | ⲁ[- - -] ⲉ̣ⲣ̣[ⲟ]-ⲟⲩ ϩⲣⲁï ϩⲛ̄-ⲛ̄ϩⲟⲩⲧ ⲙⲛ̄-ⲛ̄ⲥϩⲓⲟⲙ̣ⲉ | [.]. ⲉϩ.[. . . .ⲧⲟ]ⲩϣⲏ ⲁⲩⲱ ⲉⲧ$^{\emptyset}$-ⲕⲓⲙ ⲉⲣⲟ-ⲟⲩ [ϩⲛ̄]-ⲟⲩ||[. .]ⲙ ⲉϥ-[. . .ϩ]ⲛ̄-ⲟⲩϩⲱⲡ ⲙⲛ̄-ⲟⲩⲱ̣ⲛ̣ϩ ⲉⲃⲟ[ⲗ• ⲥⲉ]-|[ⲕⲓ]ⲙ ⲅⲁⲣ ⲛ̣̄ϭⲓ-ⲛ̄ϩⲟⲟⲩⲧ ⲥ[- - - ⲁϫⲛ̄-
*140:1 ⲛ̄ⲥϩⲓⲟ]||ⲙ̣ⲉ ⲁⲩⲱ ⲛ̄ⲥϩⲓⲟⲙⲉ ⲁϫ[ⲛ̄-ⲛ̄ϩⲟⲟⲩⲧ• ⲉⲧⲃⲉ-ⲡⲁï ⲥⲉ]-*ϫⲱ ⲙ̄ⲙⲟ-ⲥ ϫⲉ-ⲟⲩⲟⲛ ⲛⲓⲙ ⲉⲧ$^{\emptyset}$-ϣⲓⲛⲉ ⲛ̄ⲥⲁ-ⲧⲙⲏⲉ ⲉⲃⲟⲗ | ϩⲛ̄-ⲧⲥⲁⲃⲏ ⲙ̄-ⲙⲏⲉ ϥ-ⲛⲁ-ⲥⲙⲓⲛⲉ ⲛⲁ-ϥ ⲛ̄-ϩⲉⲛⲧⲛ̄ϩ ⲁ-$^{\emptyset}$ⲧⲣⲉϥ-|ϩⲱⲗ ⲉϥ-ⲡⲏⲧ ϩⲏⲧ-ⲥ̄ ⲛ̄-

[9] Modeled form, thing that has been moulded πλάσμα [10] Sexual intercourse συνουσία [11] Difference διάφορα [12] Blessed μακάριος, -α, -ον [13] Turn back, withdraw ἀναχωρεῖν [14] Essence οὐσία [15] Helper ὑπηρέτης [16] Love ἀγάπη [17] Member μέλος [18] Emend to ⲉϥ-ⲧⲣⲟⲩ-ⲡⲱϣ̅ⲥ̅

ⲧⲉⲡⲓⲑⲩⲙⲓⲁ[19] ⲉⲧ∅-ⲣⲱⲕ ⲛ-ⲙ̄ⲡⲛ̄ⲁ̄ | ⲛ̄-ⲛ̄ⲣⲱⲙⲉ• ⲁⲩⲱ ϥ-ⲛⲁ-ⲥⲙⲓⲛⲉ ⲛⲁ-ϥ ⲛ̄-ϩⲉⲛⲧⲛϩ ⲉϥ-ⲡⲱⲧ || ϩⲏⲧ-ϥ ⲙ̄-ⲡⲛ̄ⲁ̄ ⲛⲓⲙ ⲉⲧ∅-ⲟⲩⲟⲛϩ ⲉⲃⲟⲗ• ⲁϥ-ⲟⲩⲱϣⲃ̄ ⲛ̄ϭⲓ-|ⲑⲱⲙⲁⲥ ⲉϥ-ϫⲱ ⲙ̄ⲙⲟ-ⲥ ϫⲉ-ⲡϫⲟⲉⲓⲥ ⲡⲁï ⲣⲱ ⲡⲉϯ-ϣⲓ|ⲛⲉ ⲙ̄ⲙⲟ-ⲕ ⲉⲧⲃⲏⲧ-ϥ ϩⲱⲥ ⲉⲡⲓⲇⲏ ⲁⲉⲓ-ⲙ̄ⲙⲉ ϫⲉ-ⲛ̄ⲧⲟⲕ | ⲡⲉⲧ∅-ⲣ̄-∅ⲛⲟϥⲣⲉ ⲛⲁ-ⲛ ⲕⲁⲧⲁ-ⲑⲉ ⲉⲧⲕ-ϫⲱ ⲙ̄ⲙⲟ-ⲥ• ⲡⲁⲗⲓⲛ ⲁϥ-|ⲟⲩⲱϣⲃ̄ ⲛ̄ϭⲓ-ⲡⲥⲱ̄ⲣ̄• ⲡⲉϫⲁ-ϥ ϫⲉ-ⲉⲧⲃⲉ-ⲡⲁï ⲟⲩⲁⲛⲁⲅⲕⲏ[20] || ⲉⲣⲟ-ⲛ ⲧⲉ ⲁ-∅ϫⲟⲟ-ⲥ ⲛⲏ-ⲧⲛ̄• ϫⲉ-ⲧⲁⲉⲓ ⲅⲁⲣ ⲧⲉ ⲧⲉⲥⲃⲱ ⲛ̄-ⲛ̄ⲧⲉ|ⲗⲉⲓⲟⲥ• ⲉϣⲡⲉ-ⲧⲉⲧⲛ̄-ⲟⲩⲱϣⲉ ϭⲉ ⲁ-∅ⲣ̄-∅ⲧⲉⲗⲉⲓⲟⲥ ⲧⲉⲧⲛⲁ-|ⲁⲣⲉϩ ⲉ-ⲛⲁⲉⲓ• ⲉϣⲱⲡⲉ-ⲙ̄ⲙⲟⲛ ⲡⲉⲧⲛ̄ⲣⲁⲛ ⲡⲉ ∅ⲁⲧ-ⲥⲃⲱ | ⲉⲡⲓⲇⲏ ⲙⲛ̄-ϣϭⲟⲙ ⲛ̄ⲧⲉ-ⲟⲩⲣⲙⲛ̄-ϩⲏⲧ ⲟⲩⲱϩ ⲙⲛ̄-ⲟⲩ|ⲥⲟϭ• ⲡⲣⲙⲛ̄-ϩⲏⲧ ⲅⲁⲣ ϥ-ϫⲏⲕ ⲉⲃⲟⲗ ⲛ̄-ⲥⲟⲫⲓⲁ[21] ⲛⲓⲙ• ||

ⲡⲥⲟϭ ⲛ̄ⲧⲟϥ ⲡⲡⲉⲧ-ⲛⲁⲛⲟⲩ-ϥ ⲡⲡⲉⲑⲟⲟⲩ ⲡⲓϣⲱϣ | ⲛ̄-ⲟⲩⲱⲧ ⲛⲁ-ϥ ⲡⲉ• ϫⲉ-ⲡⲥⲟⲫⲟⲥ[22] ⲅⲁⲣ ϥ-ⲛⲁ-ⲥⲁⲁⲛϣ ϩⲛ̄-|ⲧⲙⲏⲉ• ⲁⲩⲱ ϥ-ⲛⲁ-ϣⲱⲡⲉ ⲛ̄ⲑⲉ ⲙ̄-ⲡϣⲏⲛ ⲉⲧ∅-ⲣⲏⲧ ϩⲓ|ϫⲛ̄-ⲡⲙⲟⲩ ⲛ-ⲥⲱⲣⲙ• ⲉⲡⲓⲇⲏ ⲟⲩⲛ-ϩⲟⲉⲓⲛⲉ ⲉ-ⲩⲛ̄-∅ⲧⲛ̄ϩ | ⲙ̄ⲙⲟ-ⲟⲩ ⲉⲩ-ⲡⲱⲧ ϩⲓϫⲛ̄-ⲛ-ⲉⲧ∅-ⲟⲩⲟⲛϩ ⲉⲃⲟⲗ ⲛⲁⲉⲓ ⲉ||ⲧ∅-ⲟⲩⲏⲩ ⲉⲃⲟⲗ ϩⲛ̄-ⲧⲙⲏⲉ• ⲡ-ⲉⲧ∅-ϫⲓ-∅ⲙⲟⲉⲓⲧ ⲅⲁⲣ ϩⲏⲧ-ⲟⲩ | ⲉ̣[ⲧ]ⲉ-ⲡⲕⲱϩⲧ ⲡⲉ ϥ-ⲛⲁ-ϯ ⲛⲁ-ⲩ ⲛ̄-ⲟⲩⲫⲁⲛⲧⲁⲥⲓⲁ[23] ⲙ̄-ⲙⲏⲉ• | [ⲁⲩ]ⲱ̣ ϥ-ⲛⲁ-ⲣ̄-∅ⲟⲩⲟⲉⲓⲛ ⲉⲣⲟ-ⲟⲩ ϩⲛ̄-ⲟⲩⲥⲁⲉⲓⲉ ⲉϥ-ⲛⲁ-ⲧⲉ|[ⲕⲟ]• ⲁⲩⲱ ϥ-ⲛⲁ-ⲣ̄-ⲁⲓⲭⲙⲁⲗⲱⲧⲓⲍ̣ⲉ[24] ⲙ̄ⲙⲟ-ⲟⲩ ϩⲛ̄-ⲟⲩϩⲗ̄|ϭⲉ ⲛ̄-ⲕⲁⲕⲉ ⲛ̄ϥ-ⲧⲟⲣⲡ-ⲟⲩ ϩⲛ̄-ⲟⲩϩⲏⲇⲟⲛⲏ[25] ⲉⲥ-ϯ-∅ⲥⲧⲟⲉⲓ• || ⲁⲩⲱ ϥ-ⲛⲁⲁ-ⲩ ⲛ̄-∅ⲃⲗ̄ⲗⲉ ϩⲣⲁï ϩⲛ̄-ⲧⲉⲡⲓⲑⲩⲙⲓⲁ ⲛ̄-ⲁⲧ-ⲥⲉⲓ• | ⲁ̣ⲩⲱ ϥ-ⲛⲁ-ϫⲁϥϫ̄ϥ̄ ⲛ̄-ⲛⲉⲩⲯⲩⲭⲟⲟⲩⲉ ⲁⲩⲱ ⲛ̄ϥ-ϣⲱ|[ⲡⲉ] ⲛⲁ-ⲩ ⲛ̄ⲑⲉ ⲛ̄ⲛ-ⲟⲩϣⲙⲟⲩⲉ ⲉⲥ-ⲧⲁⲕⲥ̄ ϩⲙ̄-ⲡⲟⲩϩⲏⲧ | ⲉ̣-[ⲙ]ⲛ̄-ϣϭⲟⲙ ⲙ̄ⲙⲟ-ⲟⲩ ⲛ̄-∅ⲛⲁϩ̄ⲥ̄ ⲉⲛⲉϩ• ⲁⲩⲱ ⲛ̄ⲑⲉ ⲛ̄-|ⲟ̣ⲩⲭⲁⲗⲓⲛⲟⲥ[26] ϩⲛ̄-ⲟⲩⲧⲁⲡⲣⲟ ⲉϥ-ⲥⲱⲕ ⲙ̄ⲙⲟ-ⲟⲩ ⲁ-ⲡⲉϥ||ⲟⲩⲱϣⲉ ⲙ̄ⲙⲓⲛⲙ̄ⲙⲟ-ϥ• ⲁⲩⲱ ⲁϥ-ⲙⲟⲣ-ⲟⲩ ϩⲛ̄-ⲛⲉϥ|ⲁⲗⲩⲥⲓⲥ•[27] ⲁⲩⲱ ⲛⲉⲩⲙⲉⲗⲟⲥ ⲧⲏⲣ-ⲟⲩ ⲁϥ-ⲥⲟⲛϩ-ⲟⲩ ⲛ̄|ϩⲣⲁï ϩⲙ̄-ⲡⲥⲓϣⲉ ⲛ̄-ⲧⲙⲣ̄ⲣⲉ ⲛ̄-ⲧⲉⲡⲓⲑⲩⲙⲉⲓⲁ ⲛ̄-ⲛⲁⲉⲓ | ⲉⲧ∅-ⲟⲩⲟⲛϩ ⲉⲃⲟⲗ ⲉⲧ∅-ⲛⲁ-ⲧⲉⲕⲟ ⲁⲩⲱ ⲉⲧ∅-ⲛⲁ-ϣⲓⲃⲉ | ⲁⲩⲱ ⲉⲧ∅-ⲛⲁ-ⲡⲱⲛⲉ• ⲕⲁⲧⲁ-ⲡⲥⲱⲕ ⲛ̄ⲧ-ⲁⲩ-ⲥⲟⲕ-ⲟⲩ || ⲛ̄ⲧⲡⲉ ⲁⲡⲓⲧⲛ̄ ⲛ̄ⲟⲩⲟⲉⲓϣ ⲛⲓⲙ• ⲉⲩ-ϩⲱⲧⲃ̄ ⲙ̄ⲙⲟ-ⲟⲩ | ⲉⲩ-ⲥⲱⲕ ⲙ̄ⲙⲟ-ⲟⲩ ϩⲓϫⲛ̄-ⲛ̄ⲧⲃ̄ⲛⲟⲟⲩⲉ ⲧⲏⲣ-ⲟⲩ ⲙ̣̄-ⲡ|ϫⲱϩⲙ̄• ⲁϥ-ⲟⲩⲱϣⲃ̄ ⲛ̄ϭⲓ-ⲑⲱⲙⲁⲥ• ⲡⲁϫ[ⲉ-ϥ ϫⲉ]-ϥ̣-|ⲟⲩⲟⲛϩ ⲉⲃⲟⲗ ⲁⲩⲱ ⲁⲩ-ϫⲟⲟ-[ⲥ] ϫⲉ-ϩ[ⲁϩ] [ⲛⲉⲧ..] | ⲉ[...] ⲛ̄-ⲛ-ⲉⲧⲉ-ⲛ̄-ⲥⲉ-ⲥⲟⲟⲩⲛ ⲁ[ⲛ - - -]..[...]||[...]ⲯⲩⲭⲏ•

ⲁ̣ϥ-ⲟⲩⲱϣⲃ̄ ⲇⲉ ⲛ̄ϭ̣[ⲓ-ⲡⲥⲱ̄ⲣ̄] ⲉϥ-ϫⲱ̣ | [ⲙ̄ⲙⲟ]-ⲥ̣ ϫ̣[ⲉ-ⲛⲁⲉ]ⲓ̣ⲁ̣ⲧ̣-[ϥ] ⲙ̣̄-
ⲡⲥⲁⲃⲉ ⲛ̄-ⲣⲱ̣ⲙ̣ⲉ ⲛ̄ⲧ-ⲁϥ-ϣ̣[ⲓ]||[ⲛⲉ] ⲛ̄ⲥⲁ-ⲧⲙⲏⲉ• ⲁⲩⲱ ⲛ̄]ⲧ̣ⲁⲣⲉϥ-ϭⲛ̄ⲧ-ⲥ̄
ⲁϥ-ⲙ̄ⲧⲟⲛ ⲙ̄*ⲙⲟ-ϥ ⲉϩⲣⲁï ⲉϫⲱ-ⲥ ϣⲁ-ⲉⲛⲉϩ• ⲁⲩⲱ ⲙ̄ⲡϥ-ⲣ̄-∅ϩⲟⲧⲉ ϩⲏⲧ- *141:1
ⲟⲩ | ⲛ̄-ⲛ-ⲉⲧ∅-ⲟⲩⲱϣⲉ ⲁ-∅ϣⲧⲣ̄ⲧⲱⲣ-ϥ•

[19] Desire ἐπιθυμία [20] Necessity, necessary ἀνάγκη [21] Wisdom σοφία [22] Wise σοφός, -ή, -όν [23] Apparition φαντασία [24] To take as a captive αἰχμαλωτίζειν [25] Pleasure ἡδονή [26] Bit χαλινός [27] Chain ἅλυσις

ⲁϥ-ⲟⲩⲱϣⲃ̄ ⲛ̄ϭⲓ-ⲑⲱⲙⲁⲥ• | ⲡⲁϫⲉ-ϥ ϫⲉ-ⲥ-ⲣ̄-∅ⲛⲟϥⲣⲉ ⲛⲁ-ⲛ ⲡϫⲟⲉⲓⲥ ⲁ-∅ⲙ̄ⲧⲟⲛ ⲙ̄ⲙⲟ-ⲛ | ϩⲛ̄-ⲛ-ⲉⲧⲉ-ⲛⲱ-ⲛ ⲛⲉ• ⲡⲁϫⲉ-ϥ ⲛ̄ϭⲓ-ⲡⲥⲱⲣ̄ ϫⲉ-ⲡ-ⲉⲧ∅-ⲣ̄-∅ϣⲁⲩ || ⲅⲁⲣ ⲡⲉ• ⲁⲩⲱ ⲛⲁⲛⲟⲩ-ⲥ ⲛⲏ-ⲧⲛ̄•

ⲉⲡⲓⲇⲏ ⲛ-ⲉⲧ∅-ⲟⲩⲟⲛϩ | ⲉⲃⲟⲗ ϩⲛ̄-ⲣ̄ⲣⲱⲙⲉ ⲥⲉ-ⲛⲁ-ⲃⲱⲗ ⲉⲃⲟⲗ• ⲡⲥⲕⲉⲩⲟⲥ[28] ⲅⲁⲣ ⲛ̄-|ⲧⲟⲩⲥⲁⲣⲝ ⲛⲁ-ⲃⲱⲗ ⲉⲃⲟⲗ• ⲁⲩⲱ ⲉϥϣⲁⲛ-ϫⲱⲣⲉ ⲉⲃⲟⲗ | ϥ-ⲛⲁ-ϣⲱⲡⲉ ϩⲛ̄-ⲛ-ⲉⲧ∅-ⲟⲩⲟⲛϩ ⲉⲃⲟⲗ ϩⲛ̄-ⲛ-ⲉⲧⲟⲩ-ⲛⲁⲩ ⲉ|ⲣⲟ-ⲟⲩ• ⲁⲩⲱ ⲧⲟⲧⲉ ⲡⲕⲱϩⲧ ⲉⲧⲟⲩ-ⲛⲁⲩ ⲉⲣⲟ-ϥ ⲉϥ-ϯ-∅ⲧⲕⲁⲥ ⲛⲁ-ⲩ || ⲉⲧⲃⲉ-ⲧⲁⲅⲁⲡⲏ ⲛ̄-ⲧⲡⲓⲥⲧⲓⲥ[29] ⲉⲧⲉ-ⲟⲩⲛ̄ⲧⲁ-ⲩ-ⲥ ϩⲁⲑⲏ ⲙ̄-ⲡⲓ|ⲟⲩⲟⲉⲓϣ• ⲡⲁⲗⲓⲛ ⲥⲉ-ⲛⲁ-ⲥⲟⲟⲩϩ-ⲟⲩ ⲁ-ⲡ-ⲉⲧ∅-ⲟⲩⲟⲛϩ ⲉⲃⲟⲗ• |

ⲛ-ⲉⲧ∅-ⲛⲁⲩ ⲇⲉ ⲉⲃⲟⲗ ϩⲛ̄-ⲛ-ⲉⲧ∅-ⲟⲩⲟⲛϩ ⲉⲃⲟⲗ ⲁⲛ ⲁϫⲛ̄-|ⲧϣⲟⲣⲡ ⲛ̄-ⲁⲅⲁⲡⲏ ⲥⲉ-ⲛⲁ-ⲧⲁⲕⲟ ϩⲙ̄-ⲡⲣ̣ⲟ̣ⲟⲩϣ ⲙ̄-ⲡⲃⲓⲟⲥ[30] | ⲙⲛ̄-ⲡⲣⲱϫϩ ⲙ̄-⟦ⲛ̄⟧[31] ⲡⲕⲱϩⲧ• ⲛ̄ⲟⲩⲕⲟⲩⲓ̈ ⲛ̄-ⲟⲩⲟⲉⲓϣ ϣⲁⲛ||ⲧⲉϥ-ⲃⲱⲗ ⲉⲃⲟⲗ ⲛ̄ϭⲓ-ⲡ-ⲉⲧ∅-ⲟⲩⲟⲛϩ ⲉⲃⲟⲗ• ⲧⲟⲧⲉ ⲥⲉ-ⲛⲁ-|ϣⲱⲡⲉ ⲛ̄ϭⲓ-ϩⲉⲛⲉⲓⲇⲱⲗⲟⲛ[32] ⲉ-ⲙⲛ̄ⲧⲉ-ⲩ-∅ⲙⲟⲣⲫⲏ[33] ⲁⲩⲱ | ⲛ̄ⲧⲙⲏⲧⲉ ⲛ̄-ⲛ̄ⲧⲁⲫⲟⲥ[34] ⲛ̄ⲥⲉ-ϣⲱⲡⲉ ϩⲓϫⲛ̄-ⲛ̄ⲕⲱⲥ ⲛ̄-ϣⲁ-|ⲉⲛⲉϩ ϩⲛ̄-ⲟⲩϯ-∅ⲧⲕⲁⲥ ⲙⲛ̄-ⲟⲩⲧⲁⲕⲟ ⲙ̄-ⲯⲩⲭⲏ•

ⲁϥ-ⲟⲩⲱ̣|ϣⲃ̄ ⲇⲉ ⲛ̄ϭⲓ-ⲑⲱⲙⲁⲥ• ⲡⲁϫⲉ-ϥ ϫⲉ-ⲟⲩ ⲡⲉⲧⲉ-ⲟⲩⲛ̄ⲧⲁ-ⲛ-ϥ || ⲁ-∅ϫⲟⲟ-ϥ ⲛ̄ⲛⲁϩⲣⲛ̄-ⲛⲁⲉⲓ• ⲏ ⲟⲩ ⲡⲉⲧⲛ̄-ⲛⲁ-ϫⲟⲟ-ϥ ⲛ̄-∅ⲃ̄ⲗ̄ⲗⲉ|ⲉⲩⲉ ⲛ̄-ⲣⲱⲙⲉ• ⲏ ⲁϣ ⲛ̄-ⲥⲃⲱ ⲧⲉⲧⲛ̄-ⲛⲁ-ϫⲟⲟ-ⲥ ⲛ̄-ⲛⲓⲧ[ⲁⲗ]ⲁ̣ⲓ|ⲡⲱⲣⲟⲥ[35] ⲛ̄-ⲑⲛⲏⲧⲟⲥ[36] ⲛ-ⲉⲧ∅-ϫⲱ ⲙ̄ⲙⲟ-ⲥ ϫⲉ-ⲁⲛ-ⲉⲓ ⲁ-[∅ⲣ̄-ⲡ-ⲉ]|ⲧ-ⲛⲁⲛⲟⲩ-ϥ ⲁⲩⲱ ⲁ-ⲩⲥⲁϩⲟⲩ ⲁⲛ• ⲡⲁⲗⲓⲛ ⲇⲉ ⲥⲉ-ⲛⲁ-ϫ[ⲟⲟ-ⲥ] | ϫⲉ-ⲉ-ⲛⲉ-ⲙ̄ⲡⲟⲩ-ϫⲡⲟ-ⲛ ϩⲛ̄-ⲧⲥⲁⲣⲝ ⲛⲉⲛ-ⲛⲁ-ⲥⲟⲩⲱⲛ̣-[∅ϣ]ⲁϥ||ⲧⲉ ⲁⲛ ⲡⲉ• ⲡⲁϫⲉ-ϥ ⲛ̄ϭⲓ-ⲡⲥⲱⲣ̄ ϫⲉ-ϩⲛ̄-ⲟⲩⲙⲏⲉ ⲛ[ⲁⲉⲓ] ⲉ̣|ⲧ∅-ⲙ̄ⲙⲁⲩ ⲙ̄ⲡⲣ̄-ⲕⲁⲁ-ⲩ ⲛⲁ-ⲕ ⲛ̄-∅ⲣⲱⲙⲉ• ⲁⲗⲗⲁ ⲟⲡ-ⲟⲩ ϩ[ⲱⲥ-∅ⲧⲃ̄]|ⲛⲟⲟⲩⲉ• ⲛ̄ⲑⲉ ⲅⲁⲣ ⲛ̄-ⲛ̄ⲧⲃ̄ⲛⲟⲟⲩⲉ ⲉⲩ-ⲟⲩⲱⲙ ⲛ̣̄-ⲛ̣[ⲉⲩⲉ]|ⲣⲏⲩ ⲧⲁⲉⲓ ⲧⲉ ⲑⲉ ϩⲱ-ⲟⲩ ⲛ̄-ⲛⲉⲉⲓⲣⲱⲙⲉ ⲛ̄-ⲧⲉⲉⲓⲙⲓⲛ̣[ⲉ ⲥⲉ]-|ⲟⲩⲱⲙ ⲛ̄-ⲛⲉⲩⲉⲣⲏⲩ•

ⲁⲗⲗⲁ ⲥⲉ-ϩⲟⲩⲣⲟⲉⲓⲧ ⲛ̄-ⲧⲙⲛ̣̄ⲧ̣-ⲣ̣̄[ⲣⲟ] || ⲉⲡⲓⲇⲏ ⲥⲉ-ⲙⲁⲉⲓⲉ ⲛ̄-ⲧϩⲗ̄ⲃⲉ ⲙ̄-ⲡⲕⲱϩⲧ• ⲁⲩⲱ ⲥⲉ-ⲟ ⲛ̄-|∅ϩⲙϩⲁ̄ⲗ̄ ⲙ-ⲡⲙⲟⲩ• ⲁⲩⲱ ⲥⲉ-ⲡⲏⲧ ⲁ-ⲛϩⲃⲏⲩⲉ ⲙ̄-ⲡϫⲱϩⲙ̄ⲉ• | ⲥⲉ-ϫⲱⲕ ⲉⲃⲟⲗ ⲛ̄-ⲧⲉⲡⲓⲑⲩⲙⲉⲓⲁ ⲛ̄-ⲛⲉⲩⲉⲓⲟⲧⲉ• ⲥⲉ-ⲛⲁ-|ⲛⲟϫ-ⲟⲩ ⲉϩⲣⲁⲓ̈ ⲁ-ⲡⲛⲟⲩⲛ ⲛ̄ⲥⲉ-ⲣ̄-ⲙⲁⲥⲧⲓⲅⲟⲩ[37] ⲙ̄ⲙⲟ-ⲟⲩ | ⲉⲃⲟⲗ ϩⲓⲧⲛ̄-ⲧⲁⲛⲁⲅⲕⲏ ⲙ̄-ⲡⲥⲓϣⲉ ⲛ̄-ⲧⲟⲩⲫⲩⲥⲓⲥ[38] ⲉⲑⲟ||ⲟⲩ• ⲥⲉ-ⲛⲁ-ⲫⲣⲁⲅⲉⲗⲗⲟⲩ[39] ⲅⲁⲣ ⲙ̄ⲙⲟ-ⲟⲩ ⲁ-∅ⲧⲣⲟⲩ-ⲡⲱⲧ ⲛ̄|ⲥⲁϫⲱ-ⲟⲩ ⲁ-ⲡⲙⲁ ⲉⲧⲉ-ⲛ̄-ⲥⲉ-ⲥⲟⲟⲩⲛ ⲙ̄ⲙⲟ-ϥ ⲁⲛ• ⲁⲩⲱ | ⲥⲉ-ⲛ̣[ⲁ-ⲗ]ⲟ ⲛ̄-ⲛⲉⲩⲙⲉⲗⲟⲥ ϩⲛ̄-ⲟⲩϩⲩⲡⲟⲙⲟⲛⲏ[40] ⲁⲛ̣ ⲁ̣ⲗ̣|ⲗⲁ̣ [ϩⲛ̄-ⲟⲩ]ⲕⲁ̣-ⲧⲟⲟⲧ-ⲕ ⲉⲃⲟⲗ• ⲁⲩⲱ ⲥⲉ-ⲣⲁϣⲉ ⲉϫⲙ̣̄-[- - -]|ⲣ[- - -]

28 Instrument, vessel σκεῦος   29 Faith πίστις   30 Life βίος   31 ⟦ⲛ̄⟧ cancelled by the ancient copyist   32 Phantom εἴδωλον   33 Shape μορφή   34 Tomb τάφος   35 Wretched ταλαίπωρος, -α, -ον   36 Mortal θνητός, -ή, -όν   37 Punish μαστιγοῦν   38 Nature φύσις   39 Flog φραγελλοῦν   40 Patience, endurance ὑπομονή

ⲡⲗⲓⲃⲉ ⲙⲛ̄-ⲡⲡⲱϣⲥ̄• ⲉⲩ-ⲟ̣ [ⲛ̄- - - -] ‖ [ⲥⲉ]-ⲡ̣ⲏⲧ ⲛ̣̄[ⲥⲁ-ⲡⲓ]ⲡ̣ⲱϣⲥ̄
ⲛ̄ϩⲏⲧ ⲉ-ⲛ-[ⲥ]ⲉ-ⲙ̄ⲙⲉ ⲁ̣[ⲛ ⲙ̄-ⲡⲟⲩ]‖[ⲗⲓ]ⲃⲉ ⲉⲩ-[ⲙⲉⲉ]ⲩⲉ ϫⲉ-ϩⲛ̄ⲥⲁⲃⲉⲉⲩ
ⲛ[ⲉ• ⲥⲉ- - - -]‖[. .]ⲁⲉⲓⲉ ⲙ̄-ⲡⲟⲩⲥⲱⲙⲁ ϩ.[- - -] *ⲉⲣⲉ-ⲡⲟⲩϩⲏⲧ ⲡⲟⲟⲛⲉ *142:1
ⲉⲣⲟ-ⲟⲩ ⲉⲣⲉ-ⲡⲟⲩⲙⲉⲉⲩⲉ ϩⲓ-|ⲛⲉⲩⲡⲣⲁⲝⲓⲥ•[41] ⲧⲥⲁⲧⲉ ⲇⲉ ⲧⲉⲧ∅-ⲛⲁ-
ⲣⲱⲕϩ ⲙ̄ⲙⲟ-ⲟⲩ• ⲁϥ-|ⲟⲩⲱϣⲃ̄ ⲛ̄ϭⲓ-ⲑⲱⲙⲁⲥ• ⲡⲁϫⲉ-ϥ ϫⲉ-ⲡϫⲟⲉⲓⲥ
ⲡ-ⲉⲛ|ⲧ-ⲁⲩ-ⲛⲟϫ-ϥ ⲉϩⲣⲁï ⲉⲣⲟ-ⲟⲩ ⲉϥ-ⲛⲁ-ⲣ-ⲟⲩ• ϯ-ⲣ̄-ⲙⲉⲣⲓⲙⲛⲁ[42] ‖
ⲅⲁⲣ ⲙ̄ⲡϣⲁ ⲉⲧⲃⲏⲧ-ⲟⲩ• ϩⲁϩ ⲅⲁⲣ ⲛⲉⲧ∅-ϯ ⲟⲩⲃⲏ-ⲩ• ⲁϥ-ⲟⲩ|ⲱϣⲃ̄ ⲛ̄ϭⲓ-
ⲡⲥⲱ̄ⲣ• ⲡⲁϫⲉ-ϥ ϫⲉ-ⲉⲩ ⲛ̄ⲧⲁⲕ ⲡⲉⲧ∅-ⲟⲩⲟⲛϩ | ⲉⲃⲟⲗ ⲛⲁ-ⲕ• ⲡⲁϫⲉ-ϥ
ⲛ̄ϭⲓ-ïⲟⲩⲇⲁⲥ ⲡⲁï ⲉⲧⲟⲩ-ⲙⲟⲩⲧⲉ ⲉ|ⲣⲟ-ϥ ϫⲉ-ⲑⲱⲙⲁⲥ ϫⲉ-ⲛ̄ⲧⲟⲕ
ⲡϫⲟⲉⲓⲥ ⲡⲉⲧⲥ-ⲣ̄-ⲡⲣⲉⲡⲉⲓ[43] | ⲛⲁ-ⲕ ⲁ-∅ϣⲉϫⲉ ⲁⲛⲟⲕ ⲇⲉ ⲛ̄ⲧⲁ-ⲥⲱⲧⲙ̄
ⲉⲣⲟ-ⲕ• ⲁϥ-ⲟⲩ‖ⲱϣⲃ̄ ⲛ̄ϭⲓ-ⲡⲥⲱ̄ⲣ ϫⲉ-ⲥⲱⲧⲙ̄ ⲁ-ⲡ-ⲉϯ-ⲛⲁ-ϫⲟⲟ-ϥ ⲛⲁ-ⲕ |
ⲛ̄ⲕ-ⲣ̄-ⲡⲓⲥⲧⲉⲩⲉ[44] ϩⲛ̄-ⲧⲙⲏⲉ• ⲡ-ⲉⲧ∅-ϫⲟ ⲙⲛ̄-ⲡ-ⲉⲧⲟⲩ-ϫⲟ ⲙ̄ⲙⲟ-ϥ | ⲥⲉ-
ⲛⲁ-ⲃⲱⲗ ⲉⲃⲟⲗ ϩⲙ̄-ⲡⲟⲩⲕⲱϩⲧ ⲛ̄ϩⲣⲁï ϩⲙ̄-ⲡⲕⲱϩⲧ | ⲙⲛ̄-ⲡⲙⲟⲟⲩ̣ [ⲁ]ⲩⲱ
ⲛ̄ⲥⲉ-ϩⲱⲡ ϩⲛ̄-ⲛ̄ⲧⲁⲫⲟⲥ ⲙ̄-ⲡⲕⲁⲕⲉ• | ⲁⲩⲱ ⲙⲛ̄ⲛ̄ⲥⲁ-ϩⲁϩ ⲛ̄-ⲟⲩⲟⲉⲓϣ ⲥⲉ-
ⲛⲁ-ⲟⲩⲱⲛϩ ⲉⲃⲟⲗ ⲛ̄-‖ⲛ̄ⲕⲁⲣⲡⲟⲥ ⲛ̄-ⲛ̄ϣⲏⲛ ⲉⲑⲟⲟⲩ ⲉⲩ-ⲣ̄-ⲕⲟⲗⲁⲍⲉ[45]
ⲙ̄ⲙⲟ-ⲟⲩ ⲉⲩ-|ϩⲱⲧⲃⲉ ⲙ̄ⲙⲟ-ⲟⲩ ϩⲛ-ⲧⲧⲁⲡⲣⲟ ⲛ̄-ⲛ̄ⲧⲃⲛⲟⲟⲩⲉ ⲙⲛ̄-ⲛ̄ⲣⲱ|-
ⲙⲉ ϩⲛ̄-ⲧⲁⲫⲟⲣⲙⲏ[46] ⲛ̄-ⲛ̄ϩⲟⲟⲩ ⲙⲛ̄-ⲛ̄ⲧⲏⲩ ⲙⲛ̄-ⲡⲁⲏⲣ[47] | ⲙⲛ̄-ⲡⲟⲩⲟⲉⲓⲛ
ⲉⲧ∅-ⲣ̄-∅ⲟⲩⲟⲉⲓⲛ ⲙ̄ⲡⲥⲁ ⲛϩⲣⲉ•

ⲁϥ-ⲟⲩⲱϣⲃ̄ | ⲇⲉ ⲛ̄ϭⲓ-ⲑⲱⲙⲁⲥ ϫⲉ-ⲁⲕ-ⲣ̄-ⲡⲓⲑⲉ[48] ⲙⲉⲛ ⲙ̄ⲙⲟ-ⲛ
ⲡϫⲟⲉⲓⲥ• ‖ ⲁⲛ-ⲣ̄-ⲛⲟⲉⲓ[49] ϩⲙ̄-ⲡⲛ̄ϩⲏⲧ ⲁⲩⲱ ⲥ-ⲟⲩⲟⲛϩ ⲉⲃⲟⲗ ϫⲉ-ⲧⲁⲉⲓ |
[ⲧⲉ ⲑ]ⲉ• ⲁⲩⲱ ⲡⲉⲕϣⲁϫⲉ ⲟ ⲛ̄-∅ⲁⲧ-ⲫⲑⲟⲛⲟⲥ•[50] ⲁⲗⲗⲁ ⲛⲓϣⲁ‖[ϫⲉ
ⲉ]ⲧⲕ-ϫⲱ ⲙ̄ⲙⲟ-ⲟⲩ ⲛⲁ-ⲛ ϩⲉⲛⲥⲱⲃⲉ ⲛⲉ ⲙ̄-ⲡⲕⲟⲥ‖[ⲙⲟ]ⲥ ⲁⲩⲱ ϩⲛ̄ⲗⲕ-
∅ϣⲁⲉⲓ ⲛ̄ⲥⲱ-ⲟⲩ ⲛⲉ ⲉⲡⲓⲇⲏ ⲥⲉ-ⲥⲟ‖[ⲟⲩ]ⲛⲉ ⲙ̄ⲙⲟ-ⲟⲩ ⲁⲛ• ⲛ̄ⲁϣ ϭⲉ ⲛ̄-
ⲣⲏⲧⲉ ⲉⲛ-ⲛⲁ-ϣ-ⲃⲱⲕ ⲁ-‖[∅ⲧⲁ]ϣ̣ⲉ-∅ⲟⲉⲓϣ ⲙ̄ⲙⲟ-ⲟⲩ ⲉⲡⲓⲇⲏ ϫⲉ-ⲥⲉ-ⲱⲡ
ⲙ̄ⲙⲟ-ⲛ | [ⲁⲛ ϩ]ⲙ̣̄-ⲡⲕⲟⲥⲙⲟⲥ• ⲁϥ-ⲟⲩⲱϣⲃ̄ ⲛ̄ϭⲓ-ⲡⲥⲱ̄ⲣ• ⲡⲁϫⲉ-ϥ ϫⲉ-
‖[ϩⲁⲙ]ⲏⲛ ϯ-ϫⲱ ⲙ̄ⲙⲟ-ⲥ ⲛⲏ-ⲧⲛ̄ ϫⲉ-ⲡ-ⲉⲧ∅-ⲛⲁ-ⲥⲱⲧⲙ ⲁ-ⲡⲉ‖[ⲧⲛ̄ϣ]ⲁ̣ϫⲉ
ⲁⲩⲱ ⲛ̄ϥ-ⲕⲧⲟ ⲙ̄-ⲡⲉϥϩⲟ ⲉⲃⲟⲗ ⲏ ⲛ̄ϥ-ⲗⲕ-∅ϣⲉ‖[ⲉ] ⲛ̣̄ⲥⲱ-ϥ ⟦ⲛ̄⟧[51] ⲏ ⲛ̄ϥ-
ⲥⲱⲧⲣ̄ ⲛ̄-ⲛⲉϥⲥⲡⲟⲧⲟⲩ ϩⲓ-ⲛⲁⲉ[ⲓ] ϩⲁ‖ⲙⲏⲛ ϯ-ϫⲱ ⲙ̄ⲙⲟ-ⲥ ⲛⲏ-ⲧⲛ̄ ϫⲉ-
ⲥⲉ-ⲛⲁ-ⲧⲁⲁ-ϥ ⲁⲧⲟⲟⲧ-ϥ | ⲙ̄-ⲡⲁⲣⲭⲱⲛ[52] ⲉⲧ∅-ⲙ̄ⲡⲥⲁ ⲛⲧⲡⲉ ⲡⲁï ⲉⲧ∅-
ⲁⲣⲭⲉⲓ[53] ⲉϩⲣⲁï ⲉ|ϫⲛ̄-ⲛ̄ⲉⲝⲟⲩⲥⲓⲁ[54] ⲧⲏⲣ-ⲟⲩ ⲉϥ-ⲟ ⲛ̄-∅ⲣ̄ⲣⲟ ⲉϫⲱ-ⲟⲩ
ⲛ̄ϥ-ⲕⲧⲟ | ⲙ̄-ⲡⲁⲉⲓ ⲉⲧ∅-ⲙ̄ⲙⲁⲩ ⲛ̄ϥ-ⲛⲟϫ-ϥ̄ ϫⲛ̄ⲛ̄ⲧⲡⲉ ϣⲁⲡⲓⲧⲛ̄ ⲁ-|ⲡⲛⲟⲩⲛ
ⲛ̄ⲥⲉ-ⲱⲣⲉϫ ⲁⲣⲱ-ϥ ϩⲛ̄-ⲟⲩⲙⲁ ⲉϥ-ϭⲏⲩ ⲉϥ-ⲟ ‖ ⲛ̄-∅ⲕⲁⲕⲉ• ⲙⲁϥ-ϣ-ϭⲛ̄-
∅ϭⲟⲙ ϭⲉ ⲙ̄-∅ⲡⲟⲛⲉ-ϥ ⲏ ⲁ-∅ⲕⲓⲙ ⲉⲧⲃⲉ-|ⲡⲓⲛⲟϭ ⲛ̄-ⲃⲁⲑⲟⲥ ⲛ̄ⲧⲉ-ⲡⲧⲁⲣ-

[41] Action πράξις [42] Be anxious μεριμνᾶν [43] Be fitting πρέπειν [44] Believe πιστεύειν [45] Prune, chastise κολάζειν [46] Resources ἀφορμή [47] Lower air, air ἀήρ [48] Persuade πείθειν [49] Think νοεῖν [50] Envy φθόνος [51] ⟦ⲛ̄⟧ cancelled by the ancient copyist [52] Ruler ἄρχων [53] Rule ἀρχεῖν [54] Authority ἐξουσία

ⲧⲁⲣⲟⲥ[55] ⲙⲛ̄-ⲡⲓⲥ̣[ⲓϣ]ⲉ ⟦ⲉ⟧[56] | [ⲉⲧ∅-ϩ]ⲟ̣ⲣϣ ⲛ̄ⲧⲉ-ⲁⲙⲛ̄ⲧⲉ ⲡⲁï ⲉⲧ∅-ⲧⲁϫⲣⲏⲩ ⲁ[- - -]ⲩ|[. . .] ⲙ̄ⲙⲟ-ⲟⲩ ⲉϩⲟⲩⲛ ⲉⲣⲟ-ϥ [ⲉ]ⲩϣ̣[- - -]ⲁ̣|[. . . .]• ⲛ̄-ⲥⲉ-ⲛ[ⲁ]-ⲕⲱ ⲁⲛ ⲉⲃⲟⲗ ⲙ̣̄-[. . . .]ⲓ̣ⲃⲉ.[. . .]||[- - -]ϥ̣-ⲡⲱⲧ ⲛ̄ⲥⲁ-ⲧⲏⲛⲉ• ⲥ[ⲉ-ⲛⲁ]-ⲡ̣ⲁⲣⲁⲇⲓⲇ̣[ⲟⲩ][57] | [- - - ⲡⲁⲅ]ⲅⲉⲗⲟⲥ ⲡⲧⲁⲣⲧⲁⲣⲟⲩⲭⲟ̣ⲥ[58] [.]|
143:1 [- - - ⲥ]ⲁⲧⲉ ⲉϥ-ⲡⲏⲧ ⲛ̄ⲥⲱ-ⲟⲩ [. .][.]ϩⲉⲛⲫⲣⲁⲅⲉⲗⲗⲟⲩ[59] ⲛ̄-ⲥⲁⲧⲉ ⲉⲩ-ⲛⲉϫ-∅ϯⲕ̄ ∅ϯⲕ̄ ⲉⲃⲟⲗ ⲉϩⲟⲩⲛ | [ϩ]ⲛ̣̄-ⲫⲟ ⲙ̄-ⲡ-ⲉⲧⲟⲩ-ⲡⲏⲧ ⲛ̄ⲥⲱ-ϥ• ⲉϥ-ⲡⲏⲧ ⲁ-ⲡⲁⲙⲛⲧⲉ ⲉϥ-ϭⲓ|[ⲛ]ⲉ ⲛ̄-ⲧⲥⲁⲧⲉ• ⲉϥϣⲁⲛ-ⲕⲧⲟ-ϥ ⲁ-ⲣⲏⲥ ⲉϥ-ϭⲛⲧ-ⲥ̄ ⲟⲛ ⲙ̄ⲙⲁⲩ• | ⲉ̣ϥϣⲁⲛ-ⲕⲧⲟ-ϥ ⲁ-ϩⲏⲧ ϣⲁⲥ-ⲧⲱⲙⲧ ⲉⲣⲟ-ϥ ⲁⲛ ⲛ̄ϭⲓ-ⲧⲁⲡⲓⲗⲏ[60] || ⲛ̄-ⲥⲁⲧⲉ ⲉⲥ-ⲃⲣ̄ⲃⲣ̄• ⲙⲁϥ-ϭⲓⲛⲉ ⲇⲉ ⲛ̄ⲧⲟϥ ⲛ̄-ⲑⲓⲏ ⲙ̄-ⲡⲁⲉⲓⲃ̄ⲧⲉ | ⲁ-∅ⲡⲱⲧ ⲉ-ⲙⲁⲩ ⲛ̄ϥ-ⲟⲩϫⲁⲉⲓ• ⲙ̄ⲡⲉϥ-ϭⲛⲧ-ⲥ̄ ⲅⲁⲣ ⲙ̄-ⲫⲟⲟⲩ ⲉϥ-|ϩⲛ̄-∅ⲥⲱⲙ̣[ⲁ] ϫ̣ⲉⲕⲁⲁⲥ ⲉϥ-ⲛⲁ-ϭⲛⲧ-ⲥ̄ ⲙ̄-ⲫⲟⲟⲩ ⲛ̄-ⲧⲕⲣⲓⲥⲓⲥ•[61] |

ⲧⲟⲧⲉ ⲁϥ-ⲟⲩⲱϩ ⲁ-ⲧⲟⲟⲧ-ϥ ⲛ̄ϭⲓ-ⲡⲥⲱⲣ̄ ⲉϥ-ϫⲱ ⲙ̄ⲙⲟ-ⲥ | ϫⲉ-ⲟⲩⲟⲉⲓ ⲛⲏ-ⲧⲛ̄ ⲛ̄ⲁⲧ-ⲛⲟⲩⲧⲉ ⲉⲧⲉ-ⲙⲛ̄ⲧⲉ-ⲩ-∅ϩⲉⲗⲡⲓⲥ || ⲉⲧ∅-ⲧⲁϫⲣⲁïⲧ ⲉϩⲣⲁï ⲉϫⲛ̄-ⲛ-ⲉⲧ∅-ⲛⲁ-ϣⲱⲡⲉ ⲁⲛ•

ⲟⲩⲟï ⲛⲏ-ⲧⲛ̄ | ⲛ-ⲉⲧ∅-ⲣ̄-ϩⲉⲗⲡⲓⲍⲉ[62] ⲁ-ⲧⲥⲁⲣⲝ ⲁⲩⲱ ⲡϣⲧⲉⲕⲟ ⲉⲧ∅-ⲛⲁ-ⲧⲉⲕⲟ• ϣⲁⲛ|ⲧⲉ-ⲟⲩ ϣⲱⲡⲉ ⲉⲧⲉⲧⲛ̄-ⲟⲃϣ̄ ⲁⲩⲱ ⲛ̄ⲁⲧ-ⲧⲉⲕⲟ ⲉⲧⲉⲧⲛ̄-ⲙⲉ|ⲉⲩⲉ ⲉⲣⲟ-ⲟⲩ ϫⲉ-ⲥⲉ-ⲛⲁ-ⲧⲁⲕⲟ ⲁⲛ• ⲉ-ⲧⲉ̣[ⲧ]ⲛ̣̄ϩⲉⲗⲡⲓⲥ ⲧⲁϫⲣⲏⲩ | ⲁϫⲛ̄-ⲡⲕⲟⲥⲙⲟⲥ• ⲁⲩⲱ ⲡⲉⲧⲛ̄ⲛⲟⲩⲧⲉ ⲡⲉ ⲡⲉⲉⲓⲃⲓⲟⲥ• || ⲉⲧⲉⲧⲛ̄-ⲧⲁⲕⲟ ⲛ̄-ⲛⲉⲧⲛ̄ⲯⲩⲭⲟⲟⲩⲉ•

ⲟⲩⲟⲉⲓ ⲛⲏ-ⲧⲛ̄ ϩⲣⲁï | ϩⲙ̄-ⲡⲕⲱϩⲧ ⲉⲧ∅-ⲣⲱⲕϩ ϩⲣⲁï ϩⲛ̄-ⲧⲏⲛⲉ ϫⲉ-ⲟⲩⲁⲧ-ⲥⲓ ⲡⲉ• |

ⲟⲩⲟⲉⲓ ⲛⲏ-ⲧⲛ̄ ⲉⲃⲟⲗ ϩⲓⲧⲟⲟⲧ-ϥ ⲙ̄-ⲡⲕⲁⲧ ⲉⲧ∅-ⲕⲱⲧⲉ ϩⲛ̄-|ⲛⲉⲧⲛ̣̄ⲙⲉⲉⲩⲉ•

ⲟⲩⲟⲉⲓ ⲛⲏ-ⲧⲛ̄ ⲛ̄ⲧⲟⲟⲧ-ϥ̄ ⲙ̄-ⲡⲙⲟⲩϩ̣ | ⲉⲧ∅-ϩ[ⲛ̄]-ⲧⲏⲛⲉ ϫⲉ-ϥ-ⲛⲁ-ⲩⲱⲙ ⲛ̄-ⲛⲉⲧⲛ̄ⲥⲁⲣⲝ ϩⲛ̄-ⲟⲩⲱⲛϩ || ⲉⲃⲟⲗ• ⲁⲩⲱ ϥ-ⲛⲁ-ⲡⲱϩ ⲛ̄-ⲛⲉⲧⲛ̄ⲯⲩⲭⲟⲟⲩⲉ ϩⲛ̄-ⲟⲩ|ϩⲱⲡ ⲛ̄ϥ̣-ⲥⲃ̄ⲧⲉ-ⲧⲏⲛⲉ ϩⲣⲁï ϩⲛ̄-ⲛⲉⲧⲛ̄ⲉⲣⲏⲩ•

ⲟⲩⲟ̣ï [ⲛ]ⲏ̣-|ⲧⲛ̄ ⲛ̄ⲁⲓⲭⲙⲁⲗⲱⲧⲟⲥ[63] ϫⲉ-ⲧⲉⲧⲛ̄-ⲙⲏⲣ ϩⲛ̄-ⲛ̄ⲥⲡⲏⲗ[ⲁⲓ]|ⲟⲛ•[64] ⲧⲉⲧⲛ̄-ⲥⲱⲃⲉ ⲉⲧⲉⲧⲛ̄-ⲣⲁϣⲉ ϩⲣⲁï ϩⲛ̄-ⲛ̄ⲥⲱⲃ[ⲉ] | ⲛ̄-ⲗⲓⲃⲉ• ⲧⲉⲧⲛ̄-ⲣ̄-ⲛⲟⲉⲓ ⲁⲛ ⲙ̄-ⲡⲉⲧⲛ̄ⲧⲁⲕⲟ• ⲟⲩⲧⲉ ⲧ[ⲉ]||ⲧⲛ̄-ⲣ̄-ⲛⲟⲉⲓ ⲁⲛ ϩⲛ̄-ⲛⲉⲧⲉⲧⲛ̄ϩⲏⲧ-ⲟⲩ• ⲟⲩⲧⲉ ⲙ̄ⲡ̣[ⲉⲧ]ⲛ̣̄-|ⲙ̣ⲙⲉ ϫⲉ-ⲧⲉⲧⲛ̄-ϣⲟⲟⲡ ϩⲙ̄-ⲡⲕⲁⲕⲉ ⲙⲛ̄-ⲡⲙⲟ̣[ⲩ]• | ⲁⲗⲗⲁ ⲉⲧⲉⲧⲛ̄-ⲧⲁϩⲉ ϩⲙ̄-ⲡⲕⲱϩⲧ• ⲁⲩⲱ ⲧⲉⲧⲛ̣̄-[ⲙⲉϩ] | ⲛ̄-∅ⲥⲓϣⲉ• ⲉⲣⲉ-ⲡⲉⲧⲛ̄ϩⲏⲧ

[55] Tartaros, hell Τάρταρος [56] ⟦ⲉ⟧ cancelled by the ancient copyist [57] Hand over παραδιδόναι [58] Controller of Tartaros Ταρταροῦχος [59] Whip φραγέλλιον [60] Threat ἀπειλή [61] Judgment κρίσις [62] Hope ἐλπίζειν [63] Captive αἰχμαλωτός [64] Cave σπηλαῖον

ⲡⲟϣⲥ̄ ⲉⲣⲱ-ⲧⲛ̄ ⲉⲧⲃⲉ-ⲡ[ⲙ]ⲟ̣ⲩϩ | ⲉ̣ⲧ̣∅-[ϩ]ⲛ̄-ⲧⲏⲛⲉ· ⲁⲩⲱ ϥ-ϩⲟⲗϭ ⲛⲏ-ⲧⲛ̄ ⲛ̄ϭⲓ-ⲡⲕⲗⲟ ⲙⲛ̣̄-||ⲧⲡⲗⲏⲅⲏ[65] ⲛ̄-ⲛⲉⲧⲛ̄ϫⲁϫⲉ· ⲁⲩⲱ ⲡⲕⲁⲕⲉ ⲁϥ-ϣⲁⲉ ⲛⲏ-|ⲧⲛ̄ ⲛ̄ⲑⲉ ⲙ̄-ⲡⲟⲩⲟⲉⲓⲛ· ⲧⲉⲧⲛ-ⲙⲛ̄ⲧ-ⲣⲙ̄ϩⲉ ⲅⲁⲣ ⲁⲧⲉⲧⲛ̄-|ⲧⲁⲁ-ⲥ ⲛ̄-ⲧⲙⲛ̄ⲧ-ϩⲙϩⲁ̅ⲗ̅· ⲁⲧⲉⲧⲛ̄-ⲉⲓⲣⲉ ⲛ̄-ⲛⲉⲧⲛ̄ϩⲏⲧ ⲛ̄-|∅ϩⲏⲧ ⲛ̄-ⲕⲁⲕⲉ· ⲁⲩⲱ ⲛⲉⲧⲛ̄ⲙⲉⲉⲩⲉ ⲁⲧⲉⲧⲛ̄-ⲧⲁⲁ-ⲩ | ⲛ̄-ⲧⲙⲛ̄ⲧ-ⲥⲉϭⲉ· ⲁⲩⲱ ⲁⲧⲉⲧⲛ̄-ⲙⲟⲩϩ ⲛ̄-ⲛⲉⲧ-ⲛ̄ⲙⲉ||ⲉ[ⲩ]ⲉ̣ ϩⲛ̄-ⲡⲕⲁⲡⲛⲟⲥ[66] ⲙ̄-ⲡⲕⲱϩⲧ ⲉⲧ∅-ϩⲛ̄-ⲧⲏⲛⲉ· ⲁⲩ|ⲱ̣ [ⲁϥ-ϩ]ⲱ̣ⲡ ⲛ̄ϭⲓ-ⲡⲉⲧⲛ̄ⲟⲩⲟⲉⲓⲛⲉ ϩⲛ̄-ⲧⲕⲗⲟⲟⲗⲉ | [ⲛ̄-....· ⲁ]ⲩⲱ̣ ⲧϩⲃⲥⲱ ⲉⲧ∅-ⲧⲟ ϩⲓ-ⲧⲏⲛⲉ ⲁⲧⲉⲧⲛ-ⲡ̣[....]||[- - -]ⲣ̣ⲟ̣ϥ̣· ⲁⲩⲱ ⲁⲩ-ⲣ̄-ⲕⲁⲧⲉⲭⲉ[67] ⲙ̄ⲙⲱ-[ⲧⲛ̄ ϩⲓ]||[ⲧⲛ̄]-ⲑⲉⲗ[ⲡⲓⲥ ⲉⲧ∅]-ϣⲟⲟⲡ ⲁⲛ· ⲁⲩⲱ̣ ⲛ̣[ⲓ]ⲙ ⲡⲉⲛⲧ-[ⲁⲧⲉ]|||[ⲧⲛ̄]-ⲡⲓⲥⲧ[ⲉⲩⲉ] ⲉ̣ⲣⲟ-ϥ· ⲧⲉⲧⲛ̄-ⲥⲟ̣ⲟ̣[ⲩⲛ ⲁⲛ ϫⲉ-ⲧⲉⲧⲛ̄]-|[ϣ]ⲟ̣ⲟⲡ ⲧⲏⲣ-ⲧⲛ̄ ϩⲛ̄-ⲛⲉⲧ-[- - -]||[..]ⲟⲩ ⲙ̄ⲙⲱ-ⲧⲛ̄ ϩⲱⲥ ⲉⲧ̣[ⲉⲧⲛ̄- - - -]· *ⲁⲧⲉⲧⲛ̄-ⲱⲙⲥ̄ *144:1 ⲛ̄-ⲛⲉⲧⲛ̄ⲯⲩⲭⲏ ϩⲙ̄-ⲡⲙⲟⲟⲩ ⲙ̄-ⲡⲕⲁⲕ[ⲉ]· | ⲁⲧⲉⲧⲛ̄-ⲡⲱⲧ ϩⲛ̄-ⲛⲉⲧⲛ̄ⲟⲩⲱϣⲉ ⲙ̄ⲙⲓⲛⲙ̄ⲙⲱ-ⲧⲛ̄·

ⲟⲩ|ⲟⲉⲓ ⲛⲏ-ⲧⲛ̄ ⲛ-ⲉⲧ∅-ϣⲟⲟⲡ ϩⲙ̄-ⲡⲥⲱⲣⲙ̄ ⲉⲧⲉⲧⲛ̄-ϭⲁϣⲧ | ⲁⲛ ⲁ-ⲡⲟⲩⲟⲉⲓⲛ ⲙ̄-ⲡⲣⲏ ⲡ-ⲉⲧ∅-ⲕⲣⲓⲛⲉ[68] ⲙ̄-ⲡⲧⲏⲣ-ϥ ⲉⲧ∅-||ϭⲁϣⲧ ⲁϫⲛ̄-ⲡⲧⲏⲣ-ϥ ϫⲉ-ϥ-ⲛⲁ-ⲕⲱⲧⲉ ⲁϫⲛ̄-ⲛ̄ϩⲃⲏⲩⲉ | ⲧⲏⲣ-ⲟⲩ ⲁ-∅ⲧⲣⲉ-ⲛ̄ϫⲁϫⲉ ⲣ̄-∅ϩⲙϩⲁ̅ⲗ̅· ⲁⲩⲱ ⲟⲛ ⲧⲉⲧⲛ̄-ⲣ̄-ⲛⲟⲉⲓ | ⲁⲛ ⲙ̄-ⲡⲟⲟϩ ϫⲉ-ⲛ̄ⲁϣ ⲛ̄-ϩⲉ ⲛ̄ⲧⲟⲩϣⲉ ⲙⲛ̣̄-ⲫⲟⲟⲩ ⲉϥ-|ϭⲁϣⲧ ⲉϩⲣⲁ̈ⲓ ⲉϥ-ⲛⲁⲩ ⲁ-ⲛⲥⲱⲙⲁ ⲛ̄-ⲛⲉⲧ[ⲛ̄]ϩⲉⲧⲃⲉ·

ⲟⲩⲟ̈ⲓ | ⲛⲏ-ⲧⲛ̄ ⲛ-ⲉⲧ∅-ⲙⲁⲉⲓⲉ ⲛ̄-ⲧⲥⲩⲛⲏⲑⲉⲓⲁ[69] ⲛ̄-ⲧⲙⲛ̄ⲧ-ⲥϩⲓⲙⲉ || ⲙⲛ̄-ⲡⲉⲥϣⲱⲡⲉ ⲛⲙ̄ⲙⲁ-ⲥ ⲉⲧ∅-ⲥⲟⲟϥ·

ⲁⲩⲱ ⲟⲩⲟⲉⲓ | ⲛⲏ-ⲧⲛ̄ ⲛ̄ⲧⲟⲟⲧ-ⲟⲩ ⲛ̄-ⲛ̄ⲉⳅⲟⲩⲥⲓⲁ ⲙ̄-ⲡⲉⲧⲛ̄ⲥⲱⲙⲁ ϫⲉ-|ⲛ-ⲉⲧ∅-ⲙ̄ⲙⲟ ⲅⲁⲣ ⲥⲉ-ⲛⲁ-ⲑⲙ̄ⲕⲉ-ⲧⲏⲛⲉ·

ⲟⲩⲟ̈ⲓ ⲛⲏ-ⲧⲛ̄ ⲛ̄ⲧⲟ|ⲟⲧ-ⲟⲩ ⲛ̄-ⲛ̄ⲉⲛⲉⲣⲅⲉⲓⲁ[70] ⲛ̄-ⲛ̄ⲇⲁⲓⲙⲱⲛ[71] ⲙ̄-ⲡⲟⲛⲏⲣⲟⲛ·[72] |

ⲟⲩⲟ̈ⲓ ⲛⲏ-ⲧⲛ̄ ⲛ-ⲉⲧ∅-ⲥⲱⲕ ⲛ̄-ⲛⲉⲩⲙⲉⲗⲟⲥ ϩⲙ̄-ⲡⲕⲱϩⲧ· || ⲛⲓⲙ ⲡⲉⲧ∅-ⲛⲁ-ϩⲱⲟⲩ ⲛⲏ-ⲧⲛ̄ ⲛ̄-ⲟⲩⲉⲓⲱⲧⲉ ⲛ-ⲙ̄ⲧⲟⲛ | ϫⲉⲕⲁⲁⲥ ⲉⲥ-ⲛⲁ-ϩⲱⲧⲙ̄ ⲛ̄-ϩⲁϩ ⲛ̄-ⲕⲱϩⲧ ⲉⲃⲟⲗ ϩⲛ̄-ⲧⲏⲛⲉ | ⲙⲛ̄-ⲡⲉⲧ-ⲛ̄ⲣⲱⲕϩ· ⲛⲓⲙ ⲡⲉⲧ∅-ⲛⲁ-ϯ ⲛⲏ-ⲧⲛ̄ ⲙ̄-ⲡⲣⲏ ⲁ̣-∅ⲡⲣ|ⲣⲓⲉ ⲁϫⲛ̄-ⲧⲏⲛⲉ ⲁ-∅ⲃⲱⲗ ⲉⲃⲟⲗ ⲙ̄-ⲡⲕⲁⲕⲉ ⲉⲧ∅-ϩⲛ̄-ⲧⲏⲛⲉ | ⲁ̣ⲩⲱ ⲁ-∅ϩⲱⲡ ⲙ̄-ⲡⲕⲁⲕⲉ ⲙⲛ̄-ⲡⲙⲟⲟⲩ ⲉⲧ∅-ⲥⲟⲟϥ· ⲡⲣⲏ || ⲙⲛ̄-ⲡⲟϩ ⲛⲁ-ϯ-∅ⲥϯ-ⲛⲟⲩϥⲉ ⲛⲏ-ⲧⲛ̄ ⲙⲛ̄-ⲡⲁⲏⲣ̣ ⲙⲛ̄-|ⲡⲡⲛ̅ⲁ̅ ⲙⲛ̄-ⲡⲕⲁϩ ⲙⲛ̄-ⲡⲙⲟⲟⲩ·

[65] Wound πληγή [66] Smoke καπνός [67] Restrain κατέχειν [68] Judge κρίνειν [69] Sexual intercourse συνήθεια [70] Activity ἐνεργεία [71] Demon, minor spirit δαίμων [72] Wicked πονηρός, -ά, -όν

ⲡⲣⲏ ⲅⲁⲣ ⲉϥ-ⲧ̣ⲙ̣̄-|ⲡ̣ⲣ̄ⲣⲓⲉ ⲁϫⲛ̄-ⲛⲓⲥⲱⲙⲁ ⲥⲉ-ⲛⲁ-ⲗⲟϥⲗⲉϥ ⲛ̄ⲥⲉ-[ⲧ]ⲁⲕⲟ̣ | [ⲙ̄]ⲡⲣⲏⲧⲉ ϩⲱⲱ-ϥ ⲛ̄-ⲟⲩⲛ̄ⲧⲏϭ ⲏ ⲟⲩⲭⲟⲣⲧⲟⲥ•[73] ⲉϣⲱⲡⲉ | [ⲙ]ⲉⲛ ⲉ-ⲡⲣⲏ ⲡ̄ⲣ̄ⲣⲓⲉ ⲁϫⲱ-ϥ ϣⲁϥ-ϭⲛ̄-∅ϭⲁⲙ ⲛ̄ϥ-ⲱϭⲧ || [ⲛ̄]-ⲧ̣ⲃⲱ-ⲛ̄-ⲉⲗⲟⲟⲗⲉ• ⲉϣⲱⲡⲉ ⲇⲉ ⲉⲥϣⲁⲛ-ϭⲛ̄-∅ϭⲟⲙ | [ⲛ̄]ϭⲓ-ⲧⲃⲱ-ⲛ̄-ⲉⲗⲟⲟⲗⲉ ⲛ̄ⲥ-ⲣ̄-∅ϩⲁïⲃⲉⲥ ⲁϫⲛ̄-ⲛⲓⲛ̄ⲧⲏϭ | [ⲙ]ⲛ̣̄-ⲛⲓⲕⲉϣⲛⲁ ⲧⲏⲣ-ⲟⲩ ⲉⲧ∅-ⲣⲏⲧ ⲉϩⲣⲁï ⲛ̄ⲙ̄ⲙⲁ-ⲥ ⲛ̄[ⲥ]-|[ⲡⲱⲣ]ϣ ⲉⲃⲟⲗ ⲁⲩⲱ ⲛ̄ⲥ-ⲟⲩⲟⲥⲧⲛ̄ ⲉⲃⲟⲗ ϣⲁⲥ-ⲣ̄-ⲕⲗⲏ|[ⲣⲟ]ⲛ̣[ⲟ]ⲙⲉⲓ[74] ⲙ̄-ⲡⲕⲁϩ ⲟⲩⲁⲁⲧ-ⲥ̄ ⲡⲁï ⲉⲧⲥ-ⲣⲏⲧ ϩⲣⲁï ⲛ̄ϩⲏⲧ-ϥ̄• || ⲁⲩⲱ ⲁⲥ-ⲣ̄-∅ⲛⲁⲡ ⲁ-ⲙⲁ ⲛⲓⲙ ⲉⲧ-ⲁⲥ-ⲣ̄-∅ϩⲁïⲃⲉⲥ ⲁϫⲱ̣-ϥ• | ⲧⲟⲧⲉ ϭⲉ ⲉⲥϣⲁⲛ-ⲁⲩⲝⲁⲛⲉ[75] ϣⲁⲥ-ⲣ̄-∅ⲛⲉⲡ ⲁ-ⲡⲕⲁϩ ⲧⲏⲣ-ϥ• | ⲁⲩⲱ ϣⲁⲥ-ⲣ̄-∅ϩⲉⲛⲟⲩϥⲉ ⲙ̄-ⲡⲉⲥϫⲟⲉⲓⲥ ⲛ̄ⲥ-ⲣ̄-∅ⲁⲛⲁ-ϥ | ⲛ̄ϩⲟⲩⲟ• ϫⲉ-ⲛⲉϥ-ⲛⲁ-ϣⲱⲡ ⲅⲁⲣ ⲛ̄-ϩⲉⲛⲛⲟϭ ⲛ̄-ϩⲓⲥⲉ | ⲡⲉ ⲉⲧⲃⲉ-ⲛⲓⲛ̄ⲧⲏϭ ϣⲁⲛⲧϥ̄-ⲡⲟⲣⲕ-ⲟⲩ• ⲁⲗⲗⲁ ⲧⲃⲱ-||ⲛ̄-ⲉⲗⲟⲟⲗⲉ ⲟⲩⲁⲁⲧ-ⲥ̄ ⲁⲥ-ϥⲓⲧ-ⲟⲩ ⲙ̄ⲙⲁⲩ• ⲁⲩⲱ ⲁⲥ-ⲱϭⲧ ⲙ̄|ⲙⲟ-ⲟⲩ• ⲁⲩ-ⲙⲟⲩ• ⲁⲩ-ϣⲱⲡⲉ ⲛ̄ⲑⲉ ⲙ̄-ⲡⲕⲁϩ•

ⲧⲟⲧⲉ̣ [ⲁ]ϥ̣-|ⲟ̣ⲩⲱϩ ⲉⲧⲟⲟⲧ-ϥ ⲛ̄ϭⲓ-ⲓ̄ⲥ̄• ⲡⲁϫⲉ-ϥ ⲛⲁ-ⲩ ϫⲉ-ⲟⲩⲟ̣[ⲉⲓ ⲛ]ⲏ-|[ⲧⲛ̄] ϫⲉ-ⲙ̄ⲡⲉⲧⲛ̄-ϫⲓ ⲛ̄-ⲧⲥⲃⲱ• ⲁⲩⲱ ⲛⲉ̣ⲧⲟ̣[- - -]|[. . .] ⲥⲉ-ⲛⲁ-ϩⲓⲥⲉ ⲉⲩ-ⲧⲁϣⲉ-∅ⲟⲉⲓ̣ϣ̣ [- - -]||[. . .]• ⲁ̣ⲩⲱ̣ ⲧⲉ̣[ⲧ]ⲛ̣̄-ⲡⲏⲧ ⲁϩⲟⲩⲛ ⲁ-.[. .].ϣⲛ[. . . .]|[- - -].ⲛ̣ⲁ̣-ⲧⲛ̄ⲛⲟⲟⲩ-ⲥ̣[ⲉ ⲁ-ⲡ]ⲓ̣ⲧⲛ̄ ⲛ̄ⲛⲁ̣|[- - -]ⲧⲛ̄-
*145:1 ⲙⲟⲟⲩⲧ-ⲟⲩ ⲙ̄ⲙⲏⲛ̣[ⲉ] *ϫⲉⲕⲁⲁⲥ ⲉⲩ-ⲛⲁ-ⲧⲱⲟⲩⲛ ϩⲙ̄-ⲡⲙⲟⲩ•

ⲛⲁⲉⲓⲁⲧ-ⲧⲏⲛⲉ | ⲛ-ⲉⲧ∅-ⲣ̄ϣⲣ̄ⲡ̄ⲛ-ⲙ̄ⲙⲉ ⲁ-ⲛⲥⲕⲁⲛⲇⲁⲗⲟⲛ[76] ⲁⲩⲱ ⲉⲧ∅-ⲡⲱⲧ | ϩⲏⲧ-ϥ̄ ⲛ̄-ⲛ̄ⲁⲗⲗⲟⲧⲣⲓⲟⲛ•[77]

ⲛⲁⲉⲓⲁⲧ-ⲧⲏⲛⲉ ⲛ-ⲉⲧⲟⲩ-ⲛⲟϭ|ⲛⲉϭ ⲙ̄ⲙⲟ-ⲟⲩ ⲁⲩⲱ ⲉⲩ-ⲱⲡ ⲙ̄ⲙⲟ-ⲟⲩ ⲁⲛ ⲉⲧⲃⲉ-ⲡⲙⲁⲉⲓⲉ || ⲉⲧⲉ-ⲩⲛ̄ⲧⲁ-ϥ-ϥ ⲉϩⲟⲩⲛ ⲉⲣⲟ-ⲟⲩ ⲛ̄ϭⲓ-ⲡⲟⲩϫⲟⲉⲓⲥ•

ⲛⲁⲉⲓⲁⲧ-|ⲧⲏⲛⲉ ⲛ-ⲉⲧ∅-ⲣⲓⲙⲉ ⲁⲩⲱ ⲉⲧⲟⲩ-ⲣ̄-ⲑⲗⲓⲃⲉ[78] ⲙ̄ⲙⲟ-ⲟⲩ ϩⲓⲧⲛ̄-|ⲛ-ⲉⲧⲉ-ⲙ̣[ⲛ̄ⲧⲉ]-ⲩ-∅ϩⲉⲗⲡⲓⲥ ϫⲉ-ⲥⲉ-ⲛⲁ-ⲃⲱⲗ-ⲧⲏⲛⲉ ϩⲓ-ⲧⲛ̄-ⲙ̄ⲣ̄|ⲣⲉ ⲛⲓⲙ•

ⲣⲟⲉ̣ⲓⲥ ⲉⲧⲉⲧⲛ̄-ⲥⲟⲡⲥ̄ ϫⲉ-ⲉⲧⲉⲧⲛⲁ-ϣⲱⲡ̣ⲉ ⲁⲛ | ϩⲛ̄-ⲧⲥⲁⲣⲝ ⲁⲗⲗⲁ ϫⲉ-ⲉⲧⲉⲧⲛⲁ-ⲉⲓ ⲉⲃⲟⲗ ϩⲛ̄-ⲧⲙ̄ⲣ̄ⲣⲉ ⲙ̄-ⲡⲥ̣ⲓ||ϣⲉ ⲛ̄ⲧⲉ-ⲡⲃⲓⲟⲥ• ⲁⲩⲱ ⲉⲧⲉⲧⲛ̄-ⲥⲟⲡⲥ̄ ⲧⲉⲧⲛ̄-ⲛⲁ-ϭⲓⲛⲉ | ⲛ̄-ⲟⲩⲙ̄ⲧⲟⲛ ϫⲉ-ⲁⲧⲉⲧⲛ̄-ⲕⲱ ⲛ̄ⲥⲱ-ⲧⲛ̄ ⲙ̄-ⲡϩⲓⲥⲉ ⲙⲛ̄-ⲡⲛⲟϭ|ⲛⲉϭ ⲛ̄ϩⲏⲧ• ⲉⲧⲉⲧⲛ̄ϣⲁⲛ-ⲉⲓ ⲅⲁⲣ ⲉⲃⲟⲗ ϩⲛ̄-ⲛ̄ϩⲓⲥⲉ ⲙⲛ̄-|ⲙ̄ⲡⲁⲑⲟⲥ[79] ⲛ̄ⲧⲉ-ⲡⲥⲱⲙⲁ ⲧⲉⲧⲛⲁ-ϫⲓ [ⲛ̄-ⲟ]ⲩⲁⲛⲁⲡⲁⲩⲥⲓⲥ[80] | ⲛ̄ⲧⲟⲟⲧ-ϥ ⲙ̄-ⲡⲁⲅ̣ⲁⲑⲟⲥ•[81] ⲁⲩⲱ ⲧⲉⲧⲛⲁ-ⲣ̄-∅ⲣⲣⲟ ⲙⲛ̄-ⲡⲣ̄ⲣⲟ ⲉ||ⲧⲉⲧⲛ̄-ⲧⲏⲧ ⲛ̄ⲙ̄ⲙⲁ-ϥ ⲉϥ-ⲧⲏⲧ ⲛ̄ⲙ̄ⲙⲏ-ⲧⲛ̄ ϫⲓⲛ-ⲧⲉⲛⲟⲩ ϣⲁ-|ⲉⲛ̣[ⲉ]ϩ ⲛ̄-ⲁⲛⲉϩ ϩⲁⲙⲏⲛ• |

ⲡϫⲱⲙⲉ ⲛ̄-ⲑⲱⲙⲁⲥ | ⲡ̣ⲁⲑⲗⲏⲧⲏⲥ[82] ⲉϥ-ⲥϩⲁï | ⲛ̣-ⲛ̄ⲧⲉⲗⲉⲓⲟⲥ•

[73] Grass χόρτος [74] Inherit κληρονομεῖν [75] Increase αὐξάνειν [76] Temptation σκάνδαλον [77] Alien ἀλλότριος, -α, -ον [78] Oppress θλίβειν [79] Passion πάθος [80] Repose ἀνάπαυσις [81] Good ἀγαθός, -ή, -όν [82] Athlete, contender ἀθλητής

Select Egyptian-Coptic Glossary

= ("Equals" symbol) marks synonyms established by comparison of parallel versions of the same text or parallel passages within the same text. Compounds are double indexed under both noun and verb. Some non-Sahidic forms are included. Abbreviations:

(5a) etc.	W. E. Crum, *Coptic Dictionary* (by page and column)
L. §	B. Layton, *Coptic Grammar* (by paragraph)
W.	W. Westendorf, *Koptisches Handwörterbuch* (by page)
adj	adjective
inf	infinitive
nn	noun
stv	stative

ⲁⲗⲟⲩ child, servant (5a)

ⲁⲙⲛⲧⲉ Hades (8b)

ⲁⲙⲁϩⲧⲉ hold fast; restrain; seize; set out to solve (problem). [inf as nn] Rule. ⲁⲧ-ⲁⲙⲁϩⲧⲉ Unrestrainable; ⲡⲣⲉϥ-ⲁⲙⲁϩⲧⲉ ⲙ-ⲡⲉⲟⲟⲩ the holder of the glory; ⲛⲟϭ ⲉⲧ$^{\emptyset}$-ⲁⲙⲁϩⲧⲉ ⲙ-ⲡϫⲓⲥⲉ great holder of superiority (9a)

ⲁⲣⲏϫ⸗, ⲁⲣⲏϫⲛ⸗ In ⲁⲧ-ⲛ-ⲁⲣⲏϫ-ϥ infinite; ⲛⲓⲁⲧ-ⲁⲣⲏϫⲛ-ⲟⲩ the infinites; ⲙⲛⲧ-ⲁⲧ-ⲁⲣⲏϫ-ϥ and ⲙⲛⲧ-ⲁⲧ-ⲛ-ⲁⲣⲏϫ-ϥ infinity (16b, L. §138)

ⲁⲧ-ⲁⲙⲁϩⲧⲉ unrestrainable

ⲁⲧ-ⲁⲣⲏϫ-ϥ infinite; ⲛⲓⲁⲧ-ⲁⲣⲏϫⲛ-ⲟⲩ the infinities; ⲙⲛⲧ-ⲁⲧ-ⲁⲣⲏϫ-ϥ and ⲙⲛⲧ-ⲁⲧ-ⲛ-ⲁⲣⲏϫ-ϥ infinity

ⲁⲧ-ⲃⲱⲗ ⲉⲃⲟⲗ indissoluble

ⲁⲧ-ⲏⲡⲉ unnumbered

ⲁⲧ-ⲉⲓⲙⲉ In ⲣ-$^{\emptyset}$ⲁⲧ-ⲉⲓⲙⲉ become uncomprehending; ⲙⲛⲧ-ⲁⲧ-ⲉⲓⲙⲉ noncomprehension

ⲁⲧ-ⲉⲓⲱⲧ without father

ⲁⲧ-ⲕⲁ-ⲣⲱ-ϥ never silent = ⲁⲧ-ⲙⲧⲟⲛ ⲙⲙⲟ⸗ (reflexive)

ⲁⲧ-ⲕⲓⲙ immovable = ἀσάλευτος = ⲉⲧⲉ-ⲙⲉⲥ-ⲕⲓⲙ

ⲁⲧ-ⲙⲟⲩ immortal = ἀθάνατος; ⲙⲛⲧ-ⲁⲧ-ⲙⲟⲩ immortality

ⲁⲧ-ⲙⲁⲉⲓⲛ traceless = ἀσήμαντος = ⲁⲧ-ϯ-$^{\emptyset}$ϣⲱⲗϩ ⲉⲣⲟ⸗

ⲁⲧ-ⲙⲓⲥⲉ unengendered = ἀγέννητος; ⲙⲛⲧ-ⲁⲧ-ⲙⲓⲥⲉ unengenderedness; ϩⲛ-ⲟⲩⲙⲛⲧ-ⲁⲧ-ⲙⲓⲥⲉ ingenerately

ⲁⲧ-ⲙⲉⲉⲩⲉ ⲉⲣⲟ-ϥ inconceivable

ⲁⲧ-ⲙⲟⲩϫϭ unmixed

ⲁⲧ-ⲛ-ⲁⲣⲏϫ-ϥ infinite; ⲙⲛⲧ-ⲁⲧ-ⲛ-ⲁⲣⲏϫ-ϥ infinity

ⲁⲧ-ⲛ-ⲣⲁⲧ⸗ unsearchable; ⲙⲛⲧ-ⲛⲟϭ ⲛ-ⲁⲧ-ⲛ-ⲣⲁⲧ-ⲥ unsearchable greatness
ⲁⲧ-ⲛⲁ merciless
ⲁⲧ-ⲛⲁⲩ ⲉⲣⲟ⸗ invisible = ἀόρατος
ⲁⲧ-ⲛⲓϥⲉ without spirit (or breath)
ⲁⲧ-ⲡⲱⲣϫ indivisible
ⲁⲧ-ⲡⲉⲑⲟⲟⲩ innocent
ⲁⲧ-ⲡⲱϣ undivided
ⲁⲧ-ⲣ-$^{\emptyset}$ⲣⲣⲟ ⲉϩⲣⲁï ⲉϫⲱ⸗ undominated
ⲁⲧ-ⲣ-$^{\emptyset}$ⲟⲩⲱ ϩⲁⲣⲱ⸗ unreplying
ⲁⲧ-ⲣ-$^{\emptyset}$ϩⲁⲉ that lacks nothing = ⲁⲧ-ϣⲱⲱⲧ; ⲙⲛⲧ-ⲁⲧ-ⲣ-$^{\emptyset}$ϩⲁⲉ state of lacking nothing
ⲁⲧ-ⲣ-ϩⲧⲏ⸗ In ⲙⲛⲧ-ⲁⲧ-ⲣ-ϩⲧⲏ⸗ lack of repentance
ⲁⲧ-ⲥⲓ insatiable; ⲙⲛⲧ-ⲁⲧ-ⲥⲓ insatiableness
ⲁⲧ-ⲥⲃⲱ uneducated
ⲁⲧ-ⲥⲙⲟⲧ without form; misshapen
ⲁⲧ-ⲥⲣϥⲉ without any leisure
ⲁⲧ-ⲥⲱⲧⲙ disobedient to (ⲛⲁ⸗) = ⲛ-(ϥ)-ⲥⲱⲧⲙ ⲁⲛ ⲛⲥⲁ-; inattentive to (ⲛⲥⲁ-)
ⲁⲧ-ⲥⲟⲟⲩⲛ In ⲣ-$^{\emptyset}$ⲁⲧ-ⲥⲟⲟⲩⲛ to not possess (or be without) acquaintance; be unperceptive; ⲛ-ⲉⲧ$^{\emptyset}$-ⲟ ⲛ-ⲁⲧ-ⲥⲟⲟⲩⲛ the ignorant; ⲡⲓϣⲟⲣⲡ ⲛ-ⲁⲧ-ⲥⲟⲟⲩⲛ ⲛⲁ-ⲩ ⲧⲏⲣ-ⲟⲩ the first, which is unrecognizable to all; ⲁⲧ-ⲥⲟⲩⲱⲛ⸗ unrecognizable; ⲙⲛⲧ-ⲁⲧ-ⲥⲟⲩⲱⲛ⸗ unrecognizability, non-recognition
ⲁⲧ-ϯ-$^{\emptyset}$ⲏⲡⲉ countless; ⲁⲧ-ϯ-$^{\emptyset}$ⲏⲡⲉ ⲉⲣⲟ⸗ countless = ⲉ-ⲙⲛⲧ-(ⲟⲩ)-$^{\emptyset}$ⲏⲡⲉ
ⲁⲧ-ϯ-$^{\emptyset}$ⲣⲁⲛ ⲉⲣⲟ⸗ unnameable = ⲁⲧ-ϫⲱ ⲙ-ⲡⲉϥⲣⲁⲛ = ἀνωνόμαστος
ⲁⲧ-ϯ-$^{\emptyset}$ⲥⲟⲉⲓⲧ ⲉⲣⲟ⸗ unfamiliar
ⲁⲧ-ϯ-$^{\emptyset}$ⲧⲟϣ ⲉⲣⲟ⸗ unlimited = ⲁⲧ-ⲧⲟϣ; ⲁⲧ-ϯ-$^{\emptyset}$ⲧⲟϣ ⲉⲣⲟ⸗ ϩⲛ-ⲟⲩϯ-$^{\emptyset}$ⲧⲟϣ unlimited by bestowal of limit
ⲁⲧ-ϯ-$^{\emptyset}$ϣⲓ ⲉⲣⲟ⸗ immeasurable = ⲁⲧ-ϣⲓⲧ⸗
ⲁⲧ-ϯ-$^{\emptyset}$ϣⲱⲗϩ ⲉⲣⲟ⸗ traceless = ἀσήμαντος = ⲁⲧ-ⲙⲁⲉⲓⲛ
ⲁⲧ-ⲧⲱⲕ In ⲙⲛⲧ-ⲁⲧ-ⲧⲱⲕ instability
ⲁⲧ-ⲧⲁⲕⲟ incorruptible = ἄφθαρτος = ⲉ-ⲙⲁⲩ-ⲧⲁⲕⲟ; ⲙⲛⲧ-ⲁⲧ-ⲧⲁⲕⲟ incorruptibility = ἀφθαρσία
ⲁⲧ-ⲧⲱⲗⲙ undefiled
ⲁⲧ-ⲧⲁⲗϭⲟ⸗ incurable
ⲁⲧ-ⲧⲱⲧ ⲛϩⲏⲧ unconvinced
ⲁⲧ-ⲧⲁⲩⲟ-ϥ indescribable
ⲁⲧ-ⲧⲟϣ⸗ unlimited = ⲁⲧ-ϯ-$^{\emptyset}$ⲧⲟϣ ⲉⲣⲟ⸗
ⲁⲧ-ⲧⲁϣⲉ-ⲟⲉⲓϣ ⲙⲙⲟ⸗ unproclaimable
ⲁⲧ-ⲧⲱϩ unalloyed
ⲁⲧ-ⲧⲁϩⲟ⸗ and ⲁⲧ-ⲧⲁϩⲟ ⲉⲣⲁⲧ⸗ incomprehensible; ⲛⲓⲁⲧ-ⲧⲁϩⲟ ⲉⲣⲁⲧ⸗ the incomprehensibiles; ϩⲛ-ⲟⲩⲙⲛⲧ-ⲁⲧ-ⲧⲁϩⲟ-ⲥ in an incomprehensible way
ⲁⲧ-ⲟⲩⲱⲛϩ ⲉⲃⲟⲗ obscure = ⲁⲧ-ϣⲁϫⲉ ⲉⲣⲟ-ϥ; ⲣ-$^{\emptyset}$ⲁⲧ-ⲟⲩⲱⲛϩ ⲉⲃⲟⲗ become invisible = ⲣ-$^{\emptyset}$ⲁⲫⲁⲛⲧⲟⲥ (ἄφαντος)
ⲁⲧ-ⲟⲩⲥⲓⲁ non-existent (without οὐσία)
ⲁⲧ-ⲟⲩⲱⲧⲃ ⲉⲃⲟⲗ immutable
ⲁⲧ-ⲟⲩⲁϩⲙ⸗ inexplicable
ⲁⲧ-ⲱϫⲛ ceaseless
ⲁⲧ-ϣⲓⲃⲉ unchangeable; ⲁⲧ-ϣⲃ⸗ unchangeable
ⲁⲧ-ϣⲱⲡ ⲉⲣⲟ⸗, ⲁⲧ-ϣⲁⲡ⸗ uncontained; ⲡⲓⲁⲧ-ϣⲁⲡ-ϥ ⲛ-ⲁⲧ-ⲙⲉⲉⲩⲉ the inconceivable uncontained; ⲁⲧ-ϣⲡ-$^{\emptyset}$ⲙⲕⲁϩ impassive
ⲁⲧ-ϣⲱⲡⲉ non-existent
ⲁⲧ-ϣⲓⲧ⸗ immeasurable = ἀμέτρητος = ⲁⲧ-ϯ-$^{\emptyset}$ϣⲓ ⲉⲣⲟ⸗
ⲁⲧ-ϣⲱⲱⲧ that lacks nothing = ⲁⲧ-ⲣ-$^{\emptyset}$ϩⲁⲉ
ⲁⲧ-ϣⲧⲁ without defect = ⲛⲛⲉ(ϥ)-ϣⲱⲱⲧ = ⲙⲛ-$^{\emptyset}$ϣⲧⲁ ⲛϩⲏⲧ⸗
ⲁⲧ-ϣⲧⲁⲣⲧⲣ imperturbable
ⲁⲧ-ϣⲁϫⲉ speechless; ⲁⲧ-ϣⲁϫⲉ ⲉⲣⲟ-ϥ obscure = ⲁⲧ-ⲟⲩⲱⲛϩ ⲉⲃⲟⲗ; ⲁⲧ-ϣⲁϫⲉ ⲙⲙⲟ⸗ (1) ineffable = ἄρρητος; (2) obscure = ἄδηλος
ⲁⲧ-ϥⲱⲧⲉ ⲉⲃⲟⲗ ineffaceable = ⲉⲧⲉ-ⲙⲉ(ϥ)-ⲱϫⲛ
ⲁⲧ-ϩⲁⲉ infinite
ⲁⲧ-ϩⲗⲗⲟ unaging
ⲁⲧ-ϩⲏⲧ foolish; ⲙⲛⲧ-ⲁⲧ-ϩⲏⲧ folly
ⲁⲧ-ϩⲉⲧϩⲱⲧ⸗ unfathomable = ἀδιάκριτος?
ⲁⲧ-ϫⲓ-$^{\emptyset}$ⲙⲕⲁϩ impassive; ϩⲛ-ⲟⲩⲁⲧ-ϫⲓ-$^{\emptyset}$ⲙⲕⲁϩ impassively
ⲁⲧ-ϫⲱ ⲙⲙⲟ⸗ (ⲉ-), ⲁⲧ-ϫⲟⲟ⸗ uninvoked (by) = ἄκλητος
ⲁⲧ-ϫⲱ ⲙ-ⲡⲉϥⲣⲁⲛ unnameable = ⲁⲧ-ϯ-$^{\emptyset}$ⲣⲁⲛ ⲉⲣⲟ⸗
ⲁⲧ-ϫⲱⲕ ⲉⲃⲟⲗ imperfect = ἀτέλεστος = ⲉ-ⲛ-(ϥ)-ϫⲏⲕ ⲁⲛ
ⲁⲧ-(ⲣ-)ϫⲓⲟⲟⲣ ⲙⲙⲟ⸗ inaccessible

ⲁⲧ-ϫⲣⲟ ⲉⲣⲟ⸗ invincible

ⲁⲧ-ϫⲱϩⲙ incorruptible = ἄφθαρτος; unpolluted; ⲁⲧ-ϫⲁϩⲙ⸗ virgin (adj) = παρθενικός. [inf as nn] Incorruptibility = ἀφθαρσία

ⲁⲧ-ϭⲟⲙ powerless; ⲙⲛⲧ-ⲁⲧ-ϭⲟⲙ powerlessness

(ⲁⲧⲟ), ⲧⲟ In ⲧⲟ ⲛ-ⲣⲏⲧⲉ multiplicity (19a)

ⲁϩⲉⲣⲁⲧ⸗ See under ⲱϩⲉ

ⲃⲱⲗ ⲉⲃⲟⲗ In ⲉ-ⲙⲁ(ϥ)-ⲃⲱⲗ ⲉⲃⲟⲗ that is indissoluble; ⲁⲧ-ⲃⲱⲗ ⲉⲃⲟⲗ indissoluble (32a)

ⲃⲱⲧⲉ [stv] ⲃⲏⲧ Be cursed (45b)

ⲃϣⲉ deep sleep; forgetfulness (519b)

ⲉⲛⲉϩ In ⲛⲓϣⲁ-ⲉⲛⲉϩ the eternals; ϣⲟⲣⲡ ⲛ-ϣⲁ-ⲉⲛⲉϩ first eternal; ϩⲛ-ⲟⲩⲙⲛⲧ-ϣⲁ-ⲉⲛⲉϩ eternally; ⲡ-ⲉⲧ$^{\emptyset}$-ϣⲟⲟⲡ ϣⲁ-ⲉⲛⲉϩ ⲛ-ⲉⲛⲉϩ the existent for ever and ever (57a)

ⲉⲟⲟⲩ In ⲡⲣⲉϥ-ⲁⲙⲁϩⲧⲉ ⲙ-ⲡⲉⲟⲟⲩ the holder of the glory; ϯ-$^{\emptyset}$ⲉⲟⲟⲩ glorify; ⲛ-ⲉⲧ$^{\emptyset}$-ϯ-$^{\emptyset}$ⲉⲟⲟⲩ the glorifiers (type of angel); ⲣϣⲃⲣⲛ-ϯ-$^{\emptyset}$ⲉⲟⲟⲩ ⲙⲛ- join in glorifying along with; ⲧⲁⲛⲓⲉⲟⲟⲩ ⲛ-ϩⲟⲟⲩⲧ ⲁⲩⲱ ⲙ-ⲡⲁⲣⲑⲉⲛⲓⲕⲟⲛ the masculine female virgin that belongs to the glories (62a)

ⲏⲓ In ϫⲉⲥ-ϩⲛ-ⲏⲉⲓ owner of an estate (66a)

ⲏⲡⲉ multiplicity (or number). ⲁⲧ-ⲏⲡⲉ Unnumbered; ⲁⲧ-ϯ-$^{\emptyset}$ⲏⲡⲉ countless; ⲁⲧ-ϯ-$^{\emptyset}$ⲏⲡⲉ ⲉⲣⲟ⸗ countless = ⲉ-ⲙⲛⲧ-(ⲟⲩ)-$^{\emptyset}$ⲏⲡⲉ (527b)

ⲉⲓ See the following four entries

ⲉⲓ ⲉⲃⲟⲗ become immanent, emanate from (ϩⲛ-) = προέρχεσθαι; come; leave (a condition of mind). [inf as nn] ϩⲓⲏ ⲛ-ⲉⲓ ⲉⲃⲟⲗ Road of emanation. ⲣϣⲟⲣⲡⲛ-ⲉⲓ ⲉⲃⲟⲗ Emanate = προέρχεσθαι; [inf as nn] (ⲣ)ϣⲟⲣⲡⲛ-ⲉⲓ ⲉⲃⲟⲗ emanation; ϭⲓⲛ-ⲉⲓ ⲉⲃⲟⲗ emanation (70a)

ⲉⲓ ⲉ-ⲧⲙⲏⲧⲉ come forward

ⲉⲓ ⲉⲑⲏ [inf as nn] Advance

ⲉⲓ ⲛϣⲟⲣⲡ come first; emanate (for προέρχεσθαι?)

ⲉⲓⲙⲉ know; understand; gain knowledge; know about = νοεῖν; ⲉⲓⲙⲉ ⲛϩⲏⲧ understand the interior meaning. [inf as nn] ⲉⲓⲙⲉ ⲛϩⲏⲧ Interior understanding. ⲣ-$^{\emptyset}$ⲁⲧ-ⲉⲓⲙⲉ Become uncomprehending; ⲙⲛⲧ-ⲁⲧ-ⲉⲓⲙⲉ noncomprehension; ⲣⲉϥ-ⲉⲓⲙⲉ understander; ⲉⲩ-ⲣϣⲣⲡⲛ-ⲉⲓⲙⲉ ⲉⲣⲟ-(ϥ) foreunderstood; ⲣⲉϥ-ⲣϣⲟⲣⲡⲛ-ⲉⲓⲙⲉ foreunderstander (77b)

ⲉⲓⲛⲉ In ⲉⲓⲛⲉ ⲉϩⲣⲁⲓ ⲛ-ⲟⲩⲥⲙⲟⲩ ⲛ- lift up praise unto = ϯ-$^{\emptyset}$ⲥⲙⲟⲩ ⲉ-; ⲁⲧ-ⲛ-ⲁⲣⲏϫ-ϥ infinite; ⲙⲛⲧ-ⲁⲧ-ⲛ-ⲁⲣⲏϫ-ϥ infinity; ⲁⲧ-ⲛ-ⲣⲁⲧ⸗ unsearchable; ⲙⲛⲧ-ⲛⲟϭ ⲛ-ⲁⲧ-ⲛ-ⲣⲁⲧ-ⲥ unsearchable greatness; ⲉⲧⲉ-ⲙⲁⲩ-ϣ-ⲛ-ⲣⲁⲧ⸗ unsearchable (78b). See also under following entry

ⲉⲓⲛⲉ ⲉⲃⲟⲗ extract (power); produce (aeons, emanations). See also above under ⲉⲓⲛⲉ

ⲉⲓⲛⲉ resemble; ⲉⲧ$^{\emptyset}$-ⲉⲓⲛⲉ similar; ⲛ-(ϥ)-ⲉⲓⲛⲉ ⲁⲛ is dissimilar. [inf as nn] Resemblance; image. ϣⲃⲣ-ⲉⲓⲛⲉ Counterpart, partner in essence = συνούσιος (80b)

ⲉⲓⲣⲉ In ⲉⲓⲣⲉ ⲛ-ⲟⲩϣⲓⲛⲉ undertake a search; ⲉⲓⲣⲉ ⲛ-ⲟⲩϣⲟϫⲛⲉ lay a plan. ⲣ- forming compound verb with: ⲁⲧ-ⲉⲓⲙⲉ (ⲣ-$^{\emptyset}$ⲁⲧ-ⲉⲓⲙⲉ become uncomprehending); ⲁⲧ-ⲥⲟⲟⲩⲛ (ⲣ-$^{\emptyset}$ⲁⲧ-ⲥⲟⲟⲩⲛ to not possess or be without acquaintance; be unperceptive); ⲁⲧ-ⲟⲩⲱⲛϩ ⲉⲃⲟⲗ (ⲣ-$^{\emptyset}$ⲁⲧ-ⲟⲩⲱⲛϩ ⲉⲃⲟⲗ become invisible = ⲣ-$^{\emptyset}$ⲁⲫⲁⲛⲧⲟⲥ ἄφαντος); ⲙⲡϣⲁ (ⲣ-$^{\emptyset}$ⲙⲡϣⲁ be deemed worthy); ⲙⲉⲉⲩⲉ (ⲡⲣ-ⲡⲙⲉⲉⲩⲉ memory); ⲡⲉⲧ-ⲛⲁⲛⲟⲩ-ϥ (ⲣⲉϥ-ⲣ-$^{\emptyset}$ⲡⲉⲧ-ⲛⲁⲛⲟⲩ-ϥ beneficent); ⲣⲣⲟ dominate, be dominant (ⲁⲧ-ⲣ-$^{\emptyset}$ⲣⲣⲟ ⲉϩⲣⲁï ⲉϫⲱ⸗ undominated); ⲟⲩⲱ (ⲁⲧ-ⲣ-$^{\emptyset}$ⲟⲩⲱ ϩⲁⲣⲱ⸗ unreplying); ϣⲃⲏⲣ (forming verbal preextension ⲣϣⲃⲏⲣⲛ-ϯ-$^{\emptyset}$ⲉⲟⲟⲩ ⲙⲛ- join in glorifying with); ϣⲟⲣⲡ (ⲣ-$^{\emptyset}$ϣⲟⲣⲡ ⲉ- precede; for verbal preextensions ⲣϣⲟⲣⲡⲛ- and ⲣϣⲣⲡⲛ- see under ϣⲟⲣⲡ); ϣⲧⲁ (ⲣ-$^{\emptyset}$ϣⲧⲁ have something wrong with oneself [medically], be missing, have a defect); ϩⲁⲉ to lack (ⲁⲧ-ⲣ-$^{\emptyset}$ϩⲁⲉ that lacks nothing = ⲁⲧ-ϣⲱⲱⲧ; ⲙⲛⲧ-<ⲁⲧ>-ⲣ-$^{\emptyset}$ϩⲁⲉ state of lacking nothing); ϩⲱⲃ (ϣⲃⲣ-ⲣ-$^{\emptyset}$ϩⲱⲃ coactor); ϩⲧⲏ⸗ (ⲙⲛⲧ-ⲁⲧ-ⲣ-ϩⲧⲏ⸗ lack of repentance); ϩⲟⲟⲩⲧ (ⲣ-$^{\emptyset}$ϩⲟⲟⲩⲧ ⲛϣⲟⲙⲛⲧ ⲛ-ⲥⲟⲡ be thrice-male) (83a)

ⲉⲓⲟⲟⲣ In ϫⲓⲟⲟⲣ (ⲁⲧ-ⲣ-ϫⲓⲟⲟⲣ ⲙⲙⲟ= inaccessible) (82a)
ⲉⲓⲱⲣⲙ ⲛⲥⲁ- gaze upon; ⲉⲓⲱⲣⲙ also =? ϫⲱⲣⲙ consent = κατανεύειν (84a)
ⲉⲓⲱⲣϩ [inf as nn] Vision. ⲣⲉϥ-ⲉⲓⲱⲣϩ Perceptive (84b)
(ⲓⲱⲥ) Derived nn ⲓⲏⲥ eagerness (86a)
ⲉⲓⲱⲧ In ϣⲟⲣⲡ ⲛ-ⲉⲓⲱⲧ forefather; ⲁⲧ-ⲉⲓⲱⲧ without father; ⲙⲛⲧ-ⲉⲓⲱⲧ kinship (86b)
ⲕⲟⲩⲉⲓ child. ⲙⲛⲧ-ⲕⲟⲩⲉⲓ ⲛϩⲏⲧ Pettiness (92b)
ⲕⲱ establish as (ⲛ-); [stv] ⲕⲏ ⲉϩⲣⲁⲓ ⲉϫⲛ- preside over; ⲉⲧ$^{\emptyset}$-ⲕⲏ ϩⲓ-ⲟⲩⲙⲁ collective (opposed to ⲕⲁⲧⲁ-ⲟⲩⲁ). [inf as nn] ⲕⲱ ⲉϩⲣⲁⲓ Foundation. ⲕⲁ-ⲣⲱ= [inf as nn] Quietness (opposed to σιγή silence); ⲁⲧ-ⲕⲁ-ⲣⲱ-ϥ never silent (94b)
ⲕⲱⲃ [stv] ⲕⲏⲃ Be replicated, ⲕⲏⲃ ⲛϣⲟⲙⲛⲧ ⲛ-ⲥⲟⲡ be thrice replicated. [inf as nn] Replication; ⲟⲩϣⲙⲛⲧ-ⲕⲱⲃ a threefold replication (98b)
ⲕⲗⲟⲟⲙ wreath (104b)
ⲕⲓⲙ move; swerve from (ⲁⲃⲁⲗ ϩⲛ-) [inf as nn] Movement. ⲁⲧ-ⲕⲓⲙ Immovable = ⲉⲧⲉ-ⲙⲉⲥ-ⲕⲓⲙ = ἀσάλευτος (108a)
ⲕⲟⲩⲟⲩⲛ-ϥ bosom (111b, L. §138)
ⲕⲱⲣϣ [inf as nn] Entreaty (117b)
ⲕⲱⲧⲉ seek to understand about (ⲉⲧ-ⲃⲉ-); turn inwards towards (ⲉϩⲟⲩⲛ ⲉ-); search for (ⲛⲥⲁ-); seek to understand, seek; (reflexive) convert to (ⲙⲙⲟ= ⲉ-) [inf as nn] Search (ⲛⲧⲉ-for) (124a)
ⲕⲧⲟ In ⲟⲩⲣⲉϥ-ⲕⲧⲟ ⲙⲙⲟ-ϥ ⲟⲩⲁⲁ-ϥ one who has caused his own conversion to faith (127b)
ⲕⲁϩ earth; realm. ϫⲡⲟ ⲛⲧⲉ-ⲡⲕⲁϩ Earthborn; ⲣⲙⲛ-ⲕⲁϩ earthy (131a)
ⲕⲱϩ zeal; fanaticism; envy (132b)
ⲗⲟⲉⲓϭⲉ [inf as nn] Cause (151b)
ⲙⲁ In ⲙⲁ-ⲛ-ⲙⲧⲟⲛ realm of repose; ⲙⲁ-ⲛ-ϣⲉⲗⲉⲉⲧ bridal chamber, wedding hall; ϩⲓ-ⲟⲩⲙⲁ collectively; ⲉⲧ$^{\emptyset}$-ⲕⲏ ϩⲓ-ⲟⲩⲙⲁ collective (153a)
ⲙⲉ Realm of truth. ⲙⲛⲧ-ⲙⲉ Truth; ϩⲛ-ⲟⲩⲙⲛⲧ-ⲙⲉ ⲛⲁⲙⲉ in very truth = ἀληθῶς ἀληθῶς and ἀληθὲς ἀληθῶς (156b truth)
ⲙⲟⲩ [stv] in ⲉⲧ$^{\emptyset}$-ⲙⲟⲟⲩⲧ Mortal; dead. ⲁⲧ-ⲙⲟⲩ Immortal = ἀθάνατος; ⲙⲛⲧ-ⲁⲧ-ⲙⲟⲩ immortality (159a)
ⲙⲕⲁϩ [stv] ⲙⲟⲕϩ ⲛϩⲏⲧ Be anguished; ⲥ-ⲙⲟⲕϩ ⲉ- it is difficult to; ⲛ-(ϥ)-ⲙⲟⲕϩ ⲁⲛ is not perturbed. [inf as nn] Pain, ⲙⲕⲁϩ ⲛϩⲏⲧ pain. ϫⲓ-$^{\emptyset}$ⲙⲕⲁϩ Experience passions; ⲁⲧ-ϣⲡ-$^{\emptyset}$ⲙⲕⲁϩ impassive; ⲁⲧ-ϫⲓ-$^{\emptyset}$ⲙⲕⲁϩ impassive; ϩⲛ-ⲟⲩⲁⲧ-ϫⲓ-$^{\emptyset}$ⲙⲕⲁϩ impassively (163b)
ⲙⲁⲉⲓⲛ sign (opposed to ϣⲡⲏⲣⲉ wonder). ⲁⲧ-ⲙⲁⲉⲓⲛ Traceless = ἀσήμαντος = ⲁⲧ-ϯ-$^{\emptyset}$ϣⲱⲗϩ ⲉⲣⲟ-ϥ; ⲛ-ϥ-ⲟ ⲙ-ⲙⲁⲉⲓⲛ ⲁⲛ it leaves no mark (170b)
(ⲙⲟⲩⲛⲕ), ⲙⲟⲩⲟⲩⲅ In ⲙⲟⲩⲟⲩⲅ ⲛ-ϩⲟ outward manifestation (174b)
ⲙⲛⲧ- (176a, L. §109) For compounds built on ⲙⲛⲧ-, see under the component that follows
ⲙⲡϣⲁ In ⲣ-ⲙⲡϣⲁ be deemed worthy (179a)
ⲙⲟⲩⲣ fasten. Derived nn ⲙⲣⲣⲉ bond; (plural) the state of bondage (180a, 182a)
ⲙⲓⲥⲉ bear (give birth to). ⲁⲧ-ⲙⲓⲥⲉ Unengendered = ἀγέννητος; ⲙⲛⲧ-ⲁⲧ-ⲙⲓⲥⲉ unengenderedness; ϩⲛ-ⲟⲩⲙⲛⲧ-ⲁⲧ-ⲙⲓⲥⲉ ingenerately; ϭⲓⲛ-ⲙⲓⲥⲉ begetting (184b)
(ⲙⲟⲉⲓⲧ), ⲙⲁⲉⲓⲧ path, way. ϫⲓ-$^{\emptyset}$ⲙⲁⲉⲓⲧ ϩⲏⲧ= ⲛ- guide (vb) (188a)
(ⲙⲁⲧⲉ), ⲙⲉⲧⲉ succeed (gain salvation). Also in: (1) ϯ-$^{\emptyset}$ⲙⲉⲧⲉ ⲙⲛ- take delight in = εὐδοκεῖν; (2) ϯ-$^{\emptyset}$ⲙⲉⲧⲉ (absolute) consent = κατανέυειν; (3) ⲣϣⲃⲏⲣ-ϯ-$^{\emptyset}$ⲙⲉⲧⲉ join in the consent = συνευδοκεῖν (189a)
ⲙⲏⲧⲉ the Middle [a metaphysical realm]; ⲛⲁ-ⲧⲙⲏⲧⲉ those of the Middle; ⲉⲧ$^{\emptyset}$-ϩⲛ-ⲧⲙⲏⲧⲉ in between; ⲉⲓ ⲉ-ⲧⲙⲏⲧⲉ come forward; ϩⲛ-ⲧⲟⲩⲙⲏⲧⲉ publicly (190b)
ⲙⲧⲟⲛ (reflexive) be at repose, gain repose; rely upon, repose on (ⲉϫⲛ-); repose in (ϩⲣⲁⲓ ϩⲛ-); [stv] ⲙⲟⲧⲛ ⲙⲙⲟ= (reflexive) ϩⲛ- to repose in. [inf as nn] Repose, recreation. ⲙⲁ-ⲛ-ⲙⲧⲟⲛ Realm of repose; ϫⲓ-$^{\emptyset}$ⲙⲧⲟⲛ gain repose (193b)
ⲙⲉⲉⲩⲉ [inf as nn] Memory = μνήμη; thinking; thought. ⲡⲣ-ⲡⲙⲉⲉⲩⲉ Memory; ⲁⲧ-ⲙⲉⲉⲩⲉ ⲉⲣⲟ-ϥ inconceiv-

able; ϣορπм-мєєүє forethought (199a)
мοοϣє travel, go about; мοοϣє євοⲗ go forth. [inf as nn] Travel (203b)
мοүϩ fill, supply (a lack); [stv] мнϩ be full (208a)
мοүϫт See мοүϫϭ
мοүϫϭ, мοүϫт Reflexive, мοүϫт ммο= є- mix with. [inf as nn] Mixture. ⲁт-мοүϫϭ Unmixed (214a)
ɴ- See under єιɴє
ɴⲁ In π-єт-ɴⲁϣє-πєϥɴⲁ whose mercy is great, the greatly merciful = ɴοϭ ɴ-ɴⲁ; ⲁт-ɴⲁ merciless (216b)
ɴⲁⲁ(ⲁ)= In єт-ɴєⲁ= mighty (218b, L. §376)
ɴⲁι тнр-οү (a) The entirety = πтнр-ϥ; (b) all things = ɴκⲁ ɴιм; (c) "all these" (spiritual beings, viz. aeons) (259a, L. §56)
ɴοү= [πω=, тω=, ɴοү=] In ɴ-єтє-ɴοү-κ ɴє your own (260b, L. §54)
ɴκⲁ In ɴκⲁ ɴιм all things = ɴⲁι тнр-οү (223a)
ɴοєιɴ shake (226b)
ɴⲁɴοү= In рєϥ-р-$^{\emptyset}$πєт-ɴⲁɴοү-ϥ beneficent (227a, L. §376)
ɴοүɴє root [or source]. рєϥ-ɴⲁү є-$^{\emptyset}$ɴοүɴє Root-seeing; ϫι-$^{\emptyset}$ɴοүɴє євοⲗ ϩιϫɴ- become rooted in (227b)
ɴⲁιⲁт= In мɴт-ɴⲁιⲁт= blessedness = мɴт-мⲁκⲁριοс (74a, L. §378)
ɴοүтє In сϩⲁι ɴ-ɴοүтє book of divine authorship = θεόγραφος; рєϥ-οүєɴϩ-$^{\emptyset}$ɴοүтє євοⲗ that which shows forth god; ϣⲁπ-$^{\emptyset}$ɴοүтє god-receiving = рєϥ-ϣєπ-$^{\emptyset}$ɴοүтє; мɴт-ɴοүтє divinity (as quality; as kind of angel) (230b)
ɴⲁү In ɴⲁү ɴϣορπ behold in the beginning; ⲁт-ɴⲁү єрο= invisible = ἀόρατος; рєϥ-ɴⲁү є-$^{\emptyset}$ɴοүɴє root-seeing (233b look)
ɴⲁϣє- In π-єт-ɴⲁϣє-πєϥɴⲁ whose mercy is great, the greatly merciful = ɴοϭ ɴ-ɴⲁ (236a, L. §376)
ɴοүϣπ agitation (236a)
ɴιϥє breath. ⲁт-ɴιϥє Without spirit (or breath) (238b)
ɴοү(οү)ϩ bring back (241b, corrected in W. 131)
ɴοүϩв [inf as nn] Connection (243a)
ɴοүϩм save, rescue; escape; ɴοүϩм євοⲗ be wholly saved; ɴοүϩм єϩρⲁϊ є- escape safely to (243b)
ɴєϩсє awaken; get up (245b)
οєιϣ In ϯ-οєιϣ proclaim; ⲁт-тⲁ-ϣє-οєιϣ unproclaimable (257b)
πⲁ-, тⲁ-, ɴⲁ- ['he of'] In тⲁ-ɴιєοοү ɴ-ϩοοүт ⲁүω м-πⲁрθєɴιкοɴ the masculine female virgin that belongs to the glories (259a, L. §54)
πє, πнүє In тмɴт-ррο ɴ-мπнүє the kingdom of heavens; ϩɴ-мπнүє in the heavens; рмм-πє heavenly person (259a heaven)
πω=, тω=, ɴοү= In ɴ-єтє-ɴοү-κ ɴє your own (260b, L. §54)
πωωɴє In єт$^{\emptyset}$-ɴⲁ-πωωɴє changeable; πωωɴє євοⲗ migrate (263b)
πєιрє, πррιє be radiant; break out (fire); π. єϩрⲁι єϫɴ- radiate upon; π. євοⲗ ммο= мⲁүⲁⲁ= to self-radiate; [same expression as nn] self-radiation = ἐπιγέννιος. [inf as nn] Radiation (267a)
πωрϫ separate; become separate; part from (ɴ- and ɴсⲁвοⲗ ɴ-); [stv] ποрϫ be distinct. [inf as nn] Separation. ⲁт-πωрϫ Indivisible (271b)
πωϣ, πωϣє divide, become divided; πωϣ єϫɴ- share with. [inf as nn] Division; ϣορπ ɴ-πωϣє first division. ⲁт-πωϣ Undivided (277a)
πωϣс be dumbfounded. [inf as nn] πωϣс and πωϣс ɴϩнт Dumbfoundedness (279b)
р- See under єιрє
рω= In κⲁ-рω-ϥ quietness; ⲁт-κⲁ-рω-ϥ never silent (288a, L. §138)
рωκϩ In єтє-мє(ϥ)-рωκϩ nonconsuming (293a)
рωмє human being; πϣορπ ɴ-рωмє, πєϩοүєιт ɴ-рωмє the first human being; мɴт-рωмє humanity; рмɴ-κⲁϩ earthy; рмɴ-ϩнт intelligent (294b, 295a, L. §120)
рммⲁο In мɴт-рммⲁο riches, wealth (296a)
рмɴ- Combining with: κⲁϩ earthy; ϩнт intelligent; мɴт-рмɴ-ϩнт intelligence = σύνεσις (295a, L. §120)

ⲣⲁⲛ In ϣⲟⲣⲡ ⲛ-ⲣⲁⲛ prime name. ⲁⲧ-ϯ-$^{\emptyset}$ⲣⲁⲛ ⲉⲣⲟ= Unnameable = ⲁⲧ-ϫⲱ ⲙ-ⲡⲉϥⲣⲁⲛ = ἀνωνόμαστος (297b)

ⲣⲣⲟ In ⲙⲛⲧ-ⲣⲣⲟ domination, kingdom; ⲣ-$^{\emptyset}$ⲣⲣⲟ reign; ⲣ-$^{\emptyset}$ⲣⲣⲟ ⲉϫⲛ- dominate, be dominant over; ⲉⲧⲉ-ⲙⲛⲧⲁ-(ϥ)-$^{\emptyset}$ⲣⲣⲟ undominated; ⲁⲧ-ⲣ-$^{\emptyset}$ⲣⲣⲟ ⲉϩⲣⲁï ⲉϫⲱ= undominated (299a)

ⲣⲟⲉⲓⲥ keep watch; ⲣⲟⲉⲓⲥ ⲉ- watch over; be wakeful to; be wakeful out of (ⲉⲃⲟⲗ ϩⲓⲧⲛ-); be on one's guard against (ϩⲁⲧⲉϩⲏ ⲛ-) (300b)

ⲣⲁⲧ= In ⲁⲧ-ⲛ-$^{\emptyset}$ⲣⲁⲧ= unsearchable; ⲉⲧⲉ-ⲙⲁⲩ-ϣ-ⲛ-ⲣⲁⲧ= unsearchable; ⲙⲛⲧ-ⲛⲟϭ ⲛ-ⲁⲧ-ⲛ-ⲣⲁⲧ-ⲥ unsearchable greatness (302b, L. §138)

ⲣⲏⲧⲉ In ⲧⲟ ⲛ-ⲣⲏⲧⲉ multiplicity (304b)

ⲣⲟⲟⲩϣ anxiety (306b)

ⲣϣⲃⲏⲣⲛ- See under ϣⲃⲏⲣ

ⲣϣⲟⲣⲡⲛ- and ⲣϣⲣⲡⲛ- See under ϣⲟⲣⲡ

ⲣⲉϥ- For compounds built on ⲣⲉϥ-, see under the component that follows

(ⲥⲁ), ⲥⲁⲉⲓⲉ In ⲙⲛⲧ-ⲥⲁⲉⲓⲉ beauty (315a)

(ⲥⲉⲓ), ⲥⲓ In ⲁⲧ-ⲥⲓ insatiable; ⲙⲛⲧ-ⲁⲧ-ⲥⲓ insatiableness (316b)

ⲥⲁⲃⲉ wise (319a)

ⲥⲃⲱ In ⲁⲧ-ⲥⲃⲱ uneducated (319b)

ⲥⲟⲃⲧⲉ prepare. [inf as nn] Preparation (323a)

ⲥⲁⲉⲓⲉ In ⲙⲛⲧ-ⲥⲁⲉⲓⲉ beauty (315a)

ⲥⲱⲕ attract, beguile, draw; go before (ϩⲏⲧ=) (325a)

ⲥⲟⲗⲥⲗ put in order (or adorn) (331b)

ⲥⲙⲏ speech = φωνή (opposed to σιγή silence); voice (334b)

ⲥⲙⲟⲩ praise, bless; ϯ-$^{\emptyset}$ⲥⲙⲟⲩ ⲉ-, ⲉⲓⲛⲉ ⲉϩⲣⲁⲓ ⲛ-ⲟⲩⲥⲙⲟⲩ ⲛ-, ⲉⲓⲛⲉ ⲛ-ⲟⲩⲥⲙⲟⲩ ⲉϩⲟⲩⲛ ⲉ- lift up praise unto (335a)

ⲥⲙⲓⲛⲉ construct; [stv] ⲥⲙⲟⲛⲧ be established; real (337a)

ⲥⲱⲙⲧ [stv] ⲥⲁⲙⲧ ⲉⲃⲟⲗ ϩⲏⲧ= Strain towards (340b)

ⲥⲙⲟⲧ manner of appearance, manner. ⲁⲧ-ⲥⲙⲟⲧ Without form, misshapen (340b)

ⲥⲟⲛ, ⲥⲛⲏⲩ (plural) fellows, coreligionists. ⲙⲁⲓ-$^{\emptyset}$ⲥⲟⲛ Familiar (342b)

ⲥⲓⲛⲉ pass by; go past; pass through, live through (ⲉⲃⲟⲗ ϩⲛ-) (343b)

ⲥⲱⲛⲧ create. [inf as nn] Creature, creation (345a)

ⲥⲁⲁⲛϣ, ⲥⲟⲉⲓϣ nourish, be nourished. [inf as nn] Nourishment (347b)

ⲥⲱⲛϩ bind. Derived nn ⲥⲛⲁⲩϩ fetter (348b, 349a)

ⲥⲟⲡ In ⲕⲏⲃ ⲛϣⲟⲙⲛⲧ ⲛ-ⲥⲟⲡ thrice replicated; ⲣ-$^{\emptyset}$ϩⲟⲟⲩⲧ ⲛϣⲟⲙⲛⲧ ⲛ-ⲥⲟⲡ be thrice-male; ϫⲓ ⲙⲙⲁ-ϥ ⲟⲩⲁⲉⲉⲧ-ϥ ⲛⲕⲉⲥⲁⲡ ⲡⲉⲉⲓ ⲉⲧ$^{\emptyset}$-ϣⲣⲡⲛ-ϣⲟⲟⲡ recover one's former state of being (349b)

ⲥⲟⲡⲥ pray with entreaties, plead with (352a)

ⲥⲱⲣⲙ [inf as nn] Error (355a)

ⲥⲣϥⲉ In ⲁⲧ-ⲥⲣϥⲉ without any leisure (357a)

ⲥⲟⲉⲓⲧ In ⲁⲧ-ϯ-$^{\emptyset}$ⲥⲟⲉⲓⲧ ⲉⲣⲟ= unfamiliar (359a)

ⲥⲱⲧⲉ ransom. [inf as nn] Ransom (362a)

ⲥⲧⲟⲉⲓ fragrance; ⲥϯⲛⲟⲩϥⲉ good fragrance (362b)

ⲥⲱⲧⲙ In ⲁⲧ-ⲥⲱⲧⲙ ⲛⲁ= disobedient to = ⲛ-(ϥ)-ⲥⲱⲧⲙ ⲁⲛ ⲛⲥⲁ-; ⲁⲧ-ⲥⲱⲧⲙ ⲛⲥⲁ- inattentive to (363b)

ⲥⲱⲧⲡ choose; choose for (ⲁϩⲟⲩⲛ ⲁ-); [stv] ⲥⲁⲧⲡ ⲉ- be superior to. [inf as nn] Chosen. ⲡ-ⲉⲧ$^{\emptyset}$-ⲥⲁⲧⲡ The superior part; the superior realm (365a)

ⲥⲟⲟⲩⲛ gain acquaintance, have acquaintance; be acquainted with, recognize; learn to know; (in negation) fall ignorant; ⲥⲟⲟⲩⲛ ϫⲉ- know that; (reflexive) know oneself (ⲙⲙⲟ=); ϣⲁⲣⲡⲛ-ⲥⲟⲟⲩⲛ foreknow. [inf as nn] Acquaintance, personal knowledge, knowledge. ⲡϫⲓ-$^{\emptyset}$ⲥⲟⲟⲩⲛ The reception of acquaintance; ⲣ-$^{\emptyset}$ⲁⲧ-ⲥⲟⲟⲩⲛ not possess acquaintance, be without acquaintance; ⲛ-ⲉⲧ$^{\emptyset}$-ⲟ ⲛ-$^{\emptyset}$ⲁⲧ-ⲥⲟⲟⲩⲛ the ignorant; ⲁⲧ-ⲥⲟⲩⲱⲛ= unrecognizable; ⲙⲛⲧ-ⲁⲧ-ⲥⲟⲩⲱⲛ= unrecognizability, non-recognition; ⲁⲧ-ⲥⲟⲟⲩⲛ not possessing acquaintance; ⲙⲛⲧ-ⲁⲧ-ⲥⲟⲟⲩⲛ ignorance, lack of acquaintance; ⲡⲓϣⲟⲣⲡ ⲛ-ⲁⲧ-ⲥⲟⲩⲱⲛ-ϥ ⲛⲁ-ⲩ ⲧⲏⲣ-ⲟⲩ the first, which is unrecognizable to all (369b)

ⲥⲟⲉⲓϣ be nourished (347b). See also under ⲥⲁⲁⲛϣ
ⲥⲟⲉⲓϣ double (member of an identical pair) (374b)
ⲥⲱϣ In ϯ-$^{\emptyset}$ⲥⲱϣ ⲛ- heap scorn upon (374b)
ⲥⲱⲱϥ befoul; [stv] ⲥⲟⲟϥ be foul (378b)
ⲥⲟⲟϩⲉ make upright; rectify (a lack) = ⲧⲁϩⲟ ⲉⲣⲁⲧ=; lead into (ⲉϩⲟⲩⲛ ⲉ-); ⲥⲟⲟϩⲉ ⲉⲣⲁⲧ= rectify, accomplish; ⲥⲉϩⲟ= ⲉⲣⲁⲧ= ⲉϫⲛ- establish in charge of (or upon) = καθιστάναι. [inf as nn] Rectification (of lack), (moral) improvement (380b)
ⲥⲟⲟϩⲉ reprove, censure (380b)
ⲥϩⲁï [inf as nn] Text, passage of text. ⲥϩⲁï ⲛ-ⲛⲟⲩⲧⲉ Of divine authorship = θεόγραφος (381b)
ⲥϩⲓⲙⲉ In ⲙⲛⲧ-ⲥϩⲓⲙⲉ femininity; ϩⲟⲟⲩⲧ-ⲥϩⲓⲙⲉ androgynous (385a)
ⲥⲁϩⲛⲉ In ⲟⲩⲉϩ-$^{\emptyset}$ⲥⲁϩⲛⲉ [inf as nn] Commandment, command (385b)
ⲥⲟϭ In ⲙⲛⲧ-ⲥⲟϭ foolishness (388a)
ⲥϭⲣⲁϩⲧ be at peace; ⲥϭⲣⲁϩⲧ ⲉ- quietly intent on. [inf as nn] Silence (389b)
ⲧⲁ- See under ⲡⲁ-
ⲧⲁⲉⲓⲟ glorify; [stv], in ⲧⲟⲡⲟⲥ ⲉⲧ$^{\emptyset}$-ⲧⲁⲉⲓⲏⲩ place of honor (390b)
ϯ clothe (someone) in (a garment) (ϩⲓⲱⲱ= ⲛ-); (reflexive) put on. ϯ-forming compound verb with: ⲉⲟⲟⲩ (ⲣϣⲃⲏⲣⲛ-ϯ-$^{\emptyset}$ⲉⲟⲟⲩ ⲙⲛ- join in glorifying with); ⲉⲱⲛ (αἰών) be a cause of aeons; ⲏⲡⲉ be a cause of multiplicity, bestow number (ⲁⲧ-ϯ-$^{\emptyset}$ⲏⲡⲉ countless; ⲁⲧ-ϯ-$^{\emptyset}$ⲏⲡⲉ ⲉⲣⲟ= countless); ⲕⲗⲟⲙ ⲛ- wreathe; ⲙⲉⲧⲉ ⲙⲛ- take delight in = εὐδοκεῖν (ⲣϣⲃⲏⲣ-ϯ-$^{\emptyset}$ⲙⲉⲧⲉ join in the consent = συνευδοκεῖν); ⲟⲉⲓϣ proclaim; ⲡ̅ⲛ̅ⲁ̅ (πνεῦμα) (ⲣⲉϥ-ϯ-$^{\emptyset}$ⲡ̅ⲛ̅ⲁ̅ cause of spirits); ⲣⲁⲛ (ⲁⲧ-ϯ-$^{\emptyset}$ⲣⲁⲛ ⲉⲣⲟ= unnameable = ⲛ-ⲁⲧ-ϫⲱ ⲙ-ⲡⲉϥⲣⲁⲛ = ἀνωνόμαστος); ⲥⲙⲟⲩ lift up praise; ⲥⲟⲉⲓⲧ (ⲁⲧ-ϯ-$^{\emptyset}$ⲥⲟⲉⲓⲧ ⲉⲣⲟ= unfamiliar); ⲥⲱϣ ⲛ- heap scorn upon; ⲧⲕⲁⲥ (ϯ-$^{\emptyset}$ⲧⲕⲁⲥ ⲉϫⲛ- be pained for); ⲧⲟϣ bestow limit (ϯ-$^{\emptyset}$ⲧⲟϣ bestowal of limit [inf as nn]; ϩⲛ-ⲟⲩϯ-$^{\emptyset}$ⲧⲟϣ by bestowal of limit; ⲁⲧ-ϯ-$^{\emptyset}$ⲧⲟϣ ⲉⲣⲟ= unlimited = ⲁⲧ-ⲧⲟϣ=); ⲱⲙⲥ baptize; ϣⲓ (ⲁⲧ-ϯ-$^{\emptyset}$ϣⲓ ⲉⲣⲟ= immeasurable = ⲁⲧ-ϣⲓⲧ=); ϣⲱⲗϩ (ⲁⲧ-ϯ-$^{\emptyset}$ϣⲱⲗϩ ⲉⲣⲟ= traceless = ἀσήμαντος = ⲁⲧ-ⲙⲁⲉⲓⲛ); ϣⲧⲁ impart (a) defect (392a)
ϯⲏ, ϯ emanation (W. 224)
ⲧⲟ In ⲧⲟ ⲛⲣⲏⲧⲉ multiplicity (19a)
ⲧⲃⲃⲟ purify = καθαρίζειν; sanctify; become pure; [stv] ⲧⲃⲃⲏⲩ be uncontaminated = εἰλικρινής = ⲧⲃⲃⲟ. [inf as nn] Sanctification. ϩⲛ-ⲟⲩⲧⲃⲃⲟ Without contamination (399b)
ⲧⲱⲃϩ pray (402a)
ⲧⲱⲕ, ⲧⲱϭⲉ be strong; ⲧⲱⲕ ⲁⲣⲉⲧ= be established. [inf as nn] Strengthening; unchangeableness = ⲡ-ⲉⲧⲉ-ⲙⲉϥϣⲓⲃⲉ. In ⲙⲛⲧ-ⲁⲧ-ⲧⲱⲕ instability (403a)
ϯⲕ spark (404b)
ⲧⲁⲕⲟ destroy; mortify (flesh); perish; [stv] ⲧⲁⲕⲏⲟⲩⲧ be corrupt. [inf as nn] Destruction. ⲉ-ϣⲁ(ϥ)-ⲧⲁⲕⲟ Corruptible; ⲉ-ⲙⲁ(ϥ)-ⲧⲁⲕⲟ incorruptible; ⲁⲧ-ⲧⲁⲕⲟ incorruptible = ἄφθαρτος; ⲙⲛⲧ-ⲁⲧ-ⲧⲁⲕⲟ incorruptibility = ἀφθαρσία (405a)
ⲧⲱⲕⲙ detach = ἀποσπᾶν (406a)
ⲧⲕⲁⲥ In ϯ-$^{\emptyset}$ⲧⲕⲁⲥ ⲉϫⲛ- be pained for (407a)
ⲧⲉⲗⲏⲗ rejoice over (ⲉϩⲣⲁï ⲉϫⲛ-). [inf as nn] Fun (410a)
ⲧⲱⲗⲙ In ⲁⲧ-ⲧⲱⲗⲙ undefiled (410b)
ⲧⲁⲗϭⲟ In ⲁⲧ-ⲧⲁⲗϭⲟ= incurable (411b)
ⲧⲁⲙⲓⲟ make, bring about. [inf as nn] Creature (413a)
ⲧⲁⲛⲟ create (418b)
ⲧⲟⲛⲧⲛ resemble; [stv] ⲧⲛⲧⲱⲛ resemble. [inf as nn] Likeness, simile (420a)
ⲧⲁⲛϩⲟ bring to life. ⲣⲉϥ-ⲧⲁⲛϩⲟ Life-giving (421a)
ⲧⲏⲣ= In ⲡⲧⲏⲣ-ϥ the entirety, all things; ⲛⲓⲧⲏⲣϥ and ⲛⲓⲡⲧⲏⲣϥ the entireties; ⲛⲁⲓ ⲧⲏⲣ-ⲟⲩ the entirety = ⲡⲧⲏⲣ-ϥ all things = ⲛⲕⲁ ⲛⲓⲙ (424a, L. §152)
ⲧⲱⲣⲡ catch up; ⲛ-ⲉⲧ$^{\emptyset}$-ⲧⲱⲣⲡ those who catch up (type of angel) (430b)
ⲧⲥⲁⲃⲟ, ⲥⲉⲃⲟ teach; refer to (referent of word); show (434b)
ⲧⲥⲃⲕⲟ [inf as nn] Diminution (435b)
(ⲧⲥⲁⲛⲟ), ⲧⲥⲉⲛⲟ order, put in order.

(ⲧⲥⲁⲛⲟ), ⲧⲥⲉⲛⲟ *(continued)*
[inf as nn] Ordered world, kosmos (435b)

(ⲧ)ⲥⲧⲟ bring back; return; ⲧⲥⲧⲟ ⲉⲃⲟⲗ ϩⲛ- make to turn away from. [inf as nn] Restoration, conversion (436a)

ⲧⲱⲧ set in harmony; [stv] ⲧⲏⲧ ⲙⲛ- be in harmony with. [inf as nn] Harmony. ⲁⲧ-ⲧⲱⲧ ⲛϩⲏⲧ Unconvinced (437b)

ⲧⲁⲩⲟ emit (sound). ⲁⲧ-ⲧⲁⲩⲟ-ϥ Indescribable (441b)

ⲧⲱⲟⲩⲛ arise. [inf as nn] Resurrection (445a)

ⲧⲟⲩⲛⲟⲥ raise, raise up, elevate, awaken (446b)

ⲧⲟⲩⲱⲧ material image (447a)

ⲧⲟⲩϫⲟ save (448b)

ⲧⲟϣ [derived nn] See ⲧⲱϣ

ⲧⲱϣ ordain (to act), ordain to be in charge of (ⲉϩⲣⲁⲓ ⲉϫⲛ); ⲁⲧ-ⲧⲟϣ= unlimited = ⲁⲧ-ϯ-$^{\emptyset}$ⲧⲟϣ ⲉⲣⲟ=. Derived nn ⲧⲟϣ, ⲧⲱϣ ordinance. ϯ-$^{\emptyset}$ⲧⲟϣ ⲉ- Bestow limit upon; ϯ-$^{\emptyset}$ⲧⲟϣ [inf as nn] bestowal of limit; ϩⲛ-ⲟⲩϯ-$^{\emptyset}$ⲧⲟϣ by bestowal of limit; ⲁⲧ-ϯ-$^{\emptyset}$ⲧⲟϣ ⲉⲣⲟ= unlimited = ⲁⲧ-ⲧⲟϣ= (449b, 451b)

ⲧⲁϣⲟ In ⲁⲧ-ⲧⲁϣⲉ-ⲟⲉⲓϣ unproclaimable (452b)

ⲧⲱϩ mix with (ⲉ- and ⲙⲛ-). ⲁⲧ-ⲧⲱϩ Unalloyed (453b)

ⲧⲁϩⲟ, ⲧⲉϩⲟ cause or make to stand at rest; establish at rest; establish in charge of or in the charge of (ⲉϫⲛ-) = ⲥⲉϩⲟ= ⲉⲣⲁⲧ= ⲉϫⲛ-. [inf as nn] ⲧⲁϩⲟ Attainment; ⲧⲁϩⲟ ⲉⲣⲁⲧ= establishment in the state of rest. ⲙⲛⲧ-ⲁⲧ-ⲧⲁϩⲟ Ungraspability; ⲁⲧ-ⲧⲁϩⲟ ⲉⲣⲁⲧ-ϥ incomprehensible = ⲁⲧ-ⲧⲁϩⲟ-ϥ; ⲉⲧⲉ-ⲙⲁⲩ-ϣ-ⲧⲁϩⲟ-(ϥ) incomprehensible; ⲛⲓⲁⲧ-ⲧⲁϩⲟ= the incomprehensibles; ϩⲛ-ⲟⲩⲙⲛⲧ-ⲁⲧ-ⲧⲁϩⲟ-ⲥ in an incomprehensible way (455a)

ϯϩⲉ [stv] ⲧⲁϩⲉ Be intoxicated. [inf as nn] Drunkenness (456b)

ⲑⲃⲃⲓⲟ [stv] ⲑⲃⲃⲓⲏⲩⲧ Be inferior. ⲡ-ⲉⲧ$^{\emptyset}$-ⲑⲃⲃⲓⲏⲩⲧ The inferior realm (457b)

ⲧⲱϩⲙ call. [inf as nn] Calling (458b)

ⲑⲙⲕⲟ afflict (459b)

ⲧⲱϩⲥ anoint (461b)

ⲧⲁϫⲣⲟ strengthen; establish; [stv] ⲧⲁϫⲣⲏⲩ be strong. [inf as nn] Strength. ϩⲛ-ⲟⲩⲧⲁϫⲣⲟ Firmly (462b)

ⲧⲱϭⲉ, ⲧⲱⲕ be strong. [inf as nn] Strengthening; unchangeableness = ⲡ-ⲉⲧⲉ-ⲙⲉϥ-ϣⲓⲃⲉ. ⲙⲛⲧ-ⲁⲧ-ⲧⲱⲕ Instability (403a)

ⲧⲱϭⲛ In ⲉ-ϣⲁ(ϥ)-ⲧⲱϭⲛ aggressive (466a)

ⲟⲩⲁ one, One; ⲡⲟⲩⲁ the One; ⲡⲓⲟⲩⲁ ⲟⲩⲁⲉⲉⲧ-ϥ the solitary. ⲙⲛⲧ-ⲟⲩⲁ Unity; ⲉⲩ-ϫⲏⲕ ⲉⲃⲟⲗ ⲛ-ⲕⲁⲧⲁ-ⲟⲩⲁ being completely perfect particulars (469a, L. §67)

ⲟⲩⲱ In ⲁⲧ-ⲣ-$^{\emptyset}$ⲟⲩⲱ ϩⲁⲣⲱ= unreplying (474b)

ⲟⲩⲟⲉⲓⲛ light = φωστήρ, luminary; ϣⲏⲣⲉ ⲙ-ⲡⲟⲩⲟⲉⲓⲛ children of the light; ϯⲕ ⲛ-ⲟⲩⲟⲉⲓⲛ luminous spark. ϫⲓ-$^{\emptyset}$ⲟⲩⲟⲉⲓⲛ Receive enlightenment (480a)

ⲟⲩⲛⲟϥ revelry (485b)

ⲟⲩⲱⲛϩ ⲉⲃⲟⲗ show forth; be shown forth, appear; (ⲣ)ϣⲟⲣⲡⲛ-ⲟⲩⲱⲛϩ ⲉⲃⲟⲗ show forth, be shown forth, appear = προέρχεσθαι; [stv] ⲟⲩⲟⲛϩ ⲉⲃⲟⲗ be obvious; ⲉⲧ$^{\emptyset}$-ⲟⲩⲟⲛϩ ⲉⲃⲟⲗ be visible, manifest. [inf as nn] Manifestation, report, visible reality. ⲁⲧ-ⲟⲩⲱⲛϩ ⲉⲃⲟⲗ Obscure = ⲁⲧ-ϣⲁϫⲉ ⲉⲣⲟ-ϥ; ⲣ-$^{\emptyset}$ⲁⲧ-ⲟⲩⲱⲛϩ ⲉⲃⲟⲗ become invisible = ⲣ-$^{\emptyset}$ⲁⲫⲁⲛⲧⲟⲥ (ἄφαντος); ⲙⲛⲧ-ϣⲟⲣⲡⲛ-ⲟⲩⲱⲛϩ ⲉⲃⲟⲗ first manifestation; ϩⲛ-ⲟⲩⲟⲩⲱⲛϩ ⲉⲃⲟⲗ openly; ⲣⲉϥ-ⲟⲩⲉⲛϩ-ⲛⲟⲩⲧⲉ ⲉⲃⲟⲗ that which shows forth god (486a)

ⲟⲩⲣⲟⲧ [inf as nn] ⲟⲩⲣⲟⲧ ⲛϩⲏⲧ Gladness (490a)

ⲟⲩⲱⲧ In ⲙⲛⲧ-ⲟⲩⲱⲧ sameness (494a)

ⲟⲩⲱⲧⲃ Reflexive, ⲟⲩⲟⲧⲃ= ⲉⲃⲟⲗ cross over. [inf as nn] ⲟⲩⲱⲧⲃ ⲉⲃⲟⲗ Transitoriness. ⲁⲧ-ⲟⲩⲱⲧⲃ ⲉⲃⲟⲗ Immutable (496a)

(ⲟⲩⲱⲧϩ), ⲱⲧϩ flow (498b)

ⲟⲩⲟⲉⲓϣ time = χρόνος; age = καιρός (499b)

ⲟⲩⲱϣ to will, wish, want, love. [inf as nn] Will, wish (500a)

ⲟⲩⲱϣⲧ bow down (504a)

ⲟⲩⲱϩⲙ In ⲁⲧ-ⲟⲩⲁϩⲙ= inexplicable (509a)

ⲟⲩϫⲁï attain salvation; be saved;

[stv], in п-ет$^{\emptyset}$-оуох the saved. [inf as nn] Salvation (511b)

ωвщ Derived nn вще deep sleep, forgetfulness (519b)

ωкм [stv] окм Be depressed (519b)

ωλє comprehend, understand (520a)

ωмс sink. †-$^{\emptyset}$ωмс Baptize; хι-$^{\emptyset}$ωмс be baptized (523a)

ωн2 life. мнт-ωн2 Vitality (525a)

ωп Derived nn нпє multiplicity (or number). ат-нпє Unnumbered; ат-†-$^{\emptyset}$нпє countless; ат-†-$^{\emptyset}$нпє єро= countless = є-мнт-(оу)-$^{\emptyset}$нпє (527b)

ωрв be enclosed (528a)

ωс2, ω2с reap (538b)

ωт2 flow (498b)

ω2є (а2єрат=) be stable; stand at rest; stand up (posture); stand before (є-). In п-ет$^{\emptyset}$-а2є єрат-q What stands at rest; рщорпн-а2єрат= stand at rest in the beginning (536b)

ω2с, ωс2 reap (538b)

ωхн cease to be. ат-ωхн Ceaseless; є-ма(q)-ωхн ceaseless; єтє-мє(q)-ωхн ineffaceable = ат-qωтє євол (539a)

ща-єнє2 [prep phrase like nn] eternal; нιща-єнє2 the eternals; щорп н-ща-єнє2 first eternal; 2н-оумнт-ща-єнє2 eternally; п-ет$^{\emptyset}$-щооп ща-єнє2 н-єнє2 the existent for ever and ever (57a, 541b)

щι In ат-щιт= immeasurable = ἀμέτρητος; ат-†-$^{\emptyset}$щι єро= immeasurable (547b)

щιвє be mutable; transform into (2раι 2н-). є-ща(q)-щιвє mutable; ат-щв= unchangeable; ат-щιвє unchangeable; єтє-мє(q)-щιвє unchangeable; п-єтє-мєq-щιвє unchangeableness = птωбє (i.e. тωк) (551a)

щввιо [stv] щввιаєιт Be different from one another; be counterfeit = ἀντίμιμος; щввιаєιт є- be different from; щввιаєιт єро-(q) мауаа-(q) display differences within oneself (552a)

щвнр Genderless prefix щвр- in: щвр-єιнє partner in essence, counterpart = συνούσιος; щвр-пна (πνεῦμα) fellow spirit; щвр-р-$^{\emptyset}$2ωв coactor; щвр-2ωтр consort, partner = σύζυγος; forming verbal preextension, щвнрн-щωпє coexist; рщвнрн-†-$^{\emptyset}$єооу мн- join in glorifying with (553b, L. §§112, 183)

щєλєєт In ма-н-щєλєєт bridal chamber, wedding hall (560b)

щωλ2 [inf as nn] Trace. ат-†-$^{\emptyset}$щωλ2 єро-q traceless = ἀσήμαντος = ат-маєιн (562a)

щммо alien (565b)

щомнт In щомнт н-гєнос threefold people; кнв нщомнт н-соп thrice replicated; р-$^{\emptyset}$2ооут нщомєт н-соп be thrice-male. нιщмт-2ооут the thrice-male beings; щомнтн-2ооут н- or щмт-2ооут н- thrice male (adj); оущмнт-кωв a threefold replication; щмнт-бом threefold power; triply powerful; мнт-щмнт-бом triple powerfulness (566b, L. §§67, 71)

щмщє serve (567a)

щιнє seek. [inf as nn] єιрє н-оущιнє Undertake a search (569a)

щоонє In щн-2тн= (reflexive) є2раι єхн- have pity on; щан-2тн= compassionate (570b)

(щωнq), хωнq [inf as nn] Harmony; being that is in harmony = σύμφωνος (573b, W. 427)

щωп contain = χωρεῖν. ат-щап-q Uncontained; ат-щωп єро-q uncontained; пιат-щап-q н-ат-мєєує the inconceivable uncontained; щап-$^{\emptyset}$ноутє = рєq-щап-$^{\emptyset}$ноутє god-receiving; щп-$^{\emptyset}$2ιсє suffer; ат-щп-$^{\emptyset}$мка2 impassive (574b)

щιпє show respect for (2нт=) [inf as nn] Shame (576b)

щωпє come into existence, exist; [stv] щооп exist. Infinitive щωпє нщорп come into existence in the beginning; щвнрн-щωпє coexist; паι оуаат-q єт-а2-щωпє the only-begotten; паι єнт-аq-щωпє оуаат-q the only-begotten. [inf as nn] щωпє Existence, All. пєqщωпє нмма= Its cohabitation; ат-щωпє non-existent. Stative in рщрпн-щооп exist prior; єт$^{\emptyset}$-щооп онтωс really existent; є(у)-

ϣⲱⲡⲉ *(continued)*

ϣⲟⲟⲡ ⲉ(ⲩ)-ϩⲟⲧⲡ existing conjointly; ⲡ-ⲉⲧ$^{\emptyset}$-ϣⲟⲟⲡ the existent; ⲡ-ⲉⲧ$^{\emptyset}$-ϣⲟⲟⲡ ϣⲁ-ⲉⲛⲉϩ ⲛ-ⲉⲛⲉϩ the existent for ever and ever; ⲡ-ⲉⲧ$^{\emptyset}$-ϣⲟⲟⲡ ϫⲓⲛⲛ-ϣⲟⲣⲡ the aboriginal existent; ⲡⲏ ⲉⲧ$^{\emptyset}$-ⲣϣⲣⲡⲛ-ϣⲟⲟⲡ (ⲟⲛⲧⲱⲥ) the first (really) existent; ϫⲓ ⲙⲙⲁ-ϥ ⲟⲩⲁⲉⲉⲧ-ϥ ⲛⲕⲉⲥⲁⲡ ⲡⲉⲉⲓ ⲉⲧ$^{\emptyset}$-ϣⲣⲡⲛ-ϣⲟⲟⲡ recover one's former state of being; ⲡⲓ-, ⲛⲓⲟⲛⲧⲱⲥ ⲉⲧ$^{\emptyset}$-ϣⲟⲟⲡ the really existent(s); ⲡⲓⲟⲛⲧⲱⲥ ⲉⲧ$^{\emptyset}$-ϣⲟⲟⲡ ⲛϣⲟⲣⲡ the first truly existent (577b)

ϣⲡⲏⲣⲉ marvel at. [inf as nn] (opposed to ⲙⲁⲉⲓⲛ sign) Wonder (nn). ⲣ-$^{\emptyset}$ϣⲡⲏⲣⲉ be astounded = θαμβεῖσθαι (581a)

ϣⲏⲣⲉ son, child, offspring; ⲛϣⲏⲣⲉ ⲙ-ⲡⲟⲩⲟⲉⲓⲛ the children of the light (584a)

ϣⲟⲣⲡ first; ϣⲟⲣⲡ ⲛ-ⲉⲓⲱⲧ forefather; ϣⲟⲣⲡ ⲙ-ⲡⲱϣⲉ first division; ϣⲟⲣⲡ ⲛ-ⲣⲱⲙⲉ first human being; ϣⲟⲣⲡ ⲛ-ⲣⲁⲛ prime name; ϣⲟⲣⲡ ⲛ-ⲟⲩⲥⲓⲁ first essence (οὐσία); ϣⲟⲣⲡ ⲛ-ϣⲁ-ⲉⲛⲉϩ first eternal; ϣⲟⲣⲡ ⲛ-ϫⲡⲟ first-produced; ⲉⲓ ⲛϣⲟⲣⲡ come first, emanate; ⲛⲁⲩ ⲛϣⲟⲣⲡ behold in the beginning; ϣⲱⲡⲉ ⲛϣⲟⲣⲡ come into existence in the beginning; ⲡⲓⲟⲛⲧⲱⲥ ⲉⲧ$^{\emptyset}$-ϣⲟⲟⲡ ⲛϣⲟⲣⲡ the first truly existent; ⲡ-ⲉⲧ$^{\emptyset}$-ϣⲟⲟⲡ ϫⲓⲛⲛ-ϣⲟⲣⲡ the aboriginal existent; ⲣ-$^{\emptyset}$ϣⲟⲣⲡ ⲉ- precede. Forming verbal preextension, ⲣϣⲟⲣⲡⲛ-ⲉⲓ ⲉⲃⲟⲗ emanate = προέρχεσθαι; ϣⲟⲣⲡⲛ-ⲉⲓ ⲉⲃⲟⲗ [inf as nn] emanation; ⲣϣⲣⲡⲛ-ⲉⲓⲙⲉ foreunderstand; ⲣⲉϥ-ⲣϣⲟⲣⲡⲛ-ⲉⲓⲙⲉ foreunderstander; ϣⲟⲣⲡⲙ-ⲙⲉⲉⲩⲉ [inf as nn] forethought; ⲣϣⲟⲣⲡⲛ-ⲟⲩⲱⲛϩ ⲉⲃⲟⲗ emanate = προέρχεσθαι; (ⲙⲛⲧ-)ϣⲟⲣⲡⲛ-ⲟⲩⲱⲛϩ ⲉⲃⲟⲗ first manifestation; ⲣϣⲟⲣⲡⲛ-ⲁϩⲉⲣⲁⲧ⸗ stand at rest in the beginning; ⲣϣⲣⲡⲛ-ϣⲟⲟⲡ exist prior; ⲡⲏ ⲉⲧ$^{\emptyset}$-ⲣϣⲣⲡⲛ-ϣⲟⲟⲡ (ⲟⲛⲧⲱⲥ) the first (really) existent; ϫⲓ ⲙⲙⲁ-ϥ ⲟⲩⲉⲉⲧ-ϥ ⲛⲕⲉⲥⲁⲡ ⲡⲉⲉⲓ ⲉⲧ$^{\emptyset}$-ϣⲣⲡⲛ-ϣⲟⲟⲡ recover one's former state of being; ⲉⲧ-ⲁⲓ-ⲣϣⲣⲡⲛ-ϫⲟⲟ⸗ of which I have already spoken (587a, L. §§114, 183)

ϣⲟⲣϣⲣ throw down; ϣⲟⲣϣⲣ ⲉⲡⲓⲧⲛ throw down. [inf as nn] Overthrow (589a)

ϣⲱⲱⲧ cut; fall short (of); [stv] ϣⲁⲁⲧ be needy, be in need; need. [inf as nn] Lack. ⲁⲧ-ϣⲱⲱⲧ That lacks nothing = ⲁⲧ-ⲣ-$^{\emptyset}$ϩⲁⲉ. Derived verb ϣⲧⲁ be defective. Derived noun ϣⲧⲁ, Lack. ⲣ-$^{\emptyset}$ϣⲧⲁ Have something wrong with oneself (medically); be missing; have a defect; ⲁⲧ-ϣⲧⲁ without defect = ⲙⲛ-$^{\emptyset}$ϣⲧⲁ ⲛϩⲏⲧ⸗; ϯ-$^{\emptyset}$ϣⲧⲁ ⲛ- impart (a) defect to (590b, 593b, 594a)

ϣⲧⲟⲣⲧⲣ disturb; be(come) disturbed or troubled. [inf as nn] Disturbance. ⲁⲧ-ϣⲧⲁⲣⲧⲣ Imperturbable (597b)

ϣⲟⲩϣⲟⲩ boasting (604a)

ϣⲱϣ [stv], in ⲡ-ⲉⲧ$^{\emptyset}$-ϣⲏϣ The same or equal; ⲡ-ⲉⲧⲉ-ⲛ-ϥ-ϣⲏϣ ⲁⲛ the different or unequal. [inf as nn] ⲡⲓϣⲱϣ ⲛ-ⲟⲩⲱⲧ Exactly the same (606a)

ϣⲱϥⲧ Derived nn ϣⲁϥⲧⲉ impious. ⲙⲛⲧ-ϣⲁϥⲧⲉ Impiety = ⲙⲛⲧ-ⲁⲥⲉⲃⲏⲥ (ἀσεβής) (611b)

ϣⲁϫⲉ [inf as nn] Logos (as in Middle Platonism), "Word"; word (content of teaching); speaking; utterance; saying; verbal expression; rational faculty = λόγος, reason; ϫⲡⲟ ⲛ-ϣⲁϫⲉ reason-born = λογογενής = ⲉⲧ-ⲁⲩ-ϫⲡⲟ ϩⲛ-ⲟⲩϣⲁϫⲉ. In ⲁⲧ-ϣⲁϫⲉ Speechless; ⲁⲧ-ϣⲁϫⲉ ⲉⲣⲟ-ϥ obscure = ⲁⲧ-ⲟⲩⲱⲛϩ ⲉⲃⲟⲗ; ⲁⲧ-ϣⲁϫⲉ ⲙⲙⲟ⸗ (a) ineffable = ἄρρητος = ⲁⲧ-ϣⲁϫⲉ ⲉⲣⲟ⸗, (b) obscure = ἄδηλος (612b)

ϣⲟϫⲛⲉ consider. [inf as nn] Counsel. ⲉⲓⲣⲉ ⲛ-ⲟⲩϣⲟϫⲛⲉ Lay a plan (615b)

ϣⲱϫⲡ leave behind; [stv], in ⲉⲧ$^{\emptyset}$-ϣⲟϫⲡ that remains. [inf as nn] Remainder (616b)

ϥⲱⲧⲉ ⲉⲃⲟⲗ obliterate. ⲁⲧ-ϥⲱⲧⲉ ⲉⲃⲟⲗ Ineffaceable = ⲉⲧⲉ-ⲙⲉ(ϥ)-ⲱϫⲛ (624a)

ϩⲁⲉ goal, end. ⲁⲧ-ϩⲁⲉ Infinite; ⲣ-$^{\emptyset}$ϩⲁⲉ lack; ⲁⲧ-ⲣ-$^{\emptyset}$ϩⲁⲉ that lacks nothing = ⲁⲧ-ϣⲱⲱⲧ; ⲙⲛⲧ-ⲁⲧ-ⲣ-$^{\emptyset}$ϩⲁⲉ lacking nothing; ⲉⲧⲉ-ⲙⲛⲧⲁ-(ϥ)-$^{\emptyset}$ϩⲁⲉ endless (635a)

ϩⲓⲏ In ϩⲓⲏ ⲛ-ⲉⲓ ⲉⲃⲟⲗ road of emanation (646a)

ϩⲟ, ϩⲣⲁ⸗ In ϫⲓ-ϩⲣⲁ⸗ ⲉ- focus (one's)

attention on; ϩⲁⲗϩⲟ deceptive (646b, L. §138)
ϩⲱⲃ In ϣⲃⲣ-ⲣ-$^{\emptyset}$ϩⲱⲃ coactor (653a)
ϩⲗⲗⲟ In ⲁⲧ-ϩⲗⲗⲟ unaging (669b)
ϩⲁⲗϩⲟ deceptive (648b)
ϩⲙⲟⲧ grace; loveliness = χάρις (681a)
ϩⲛ- Forming adverbs ϩⲛ-ⲟⲩⲙⲛⲧ-ⲁⲧ-ⲙⲓⲥⲉ ingenerately; ϩⲛ-ⲟⲩⲙⲛⲧ-ⲙⲉ ⲛⲁⲙⲉ in very truth = ἀληθῶς ἀληθῶς and ἀληθὲς ἀληθῶς; ϩⲛ-ⲟⲩⲧⲁϫⲣⲟ firmly; ϩⲛ-ⲟⲩⲟⲩⲱⲛϩ ⲉⲃⲟⲗ openly; ϩⲛ-ⲟⲩⲙⲛⲧ-ϣⲁ-ⲉⲛⲉϩ eternally; ϩⲛ-ⲟⲩⲙⲛⲧ-ⲁⲧ-ⲧⲁϩⲟ-ⲥ in an incomprehensible way (683a)
ϩⲱⲡ hide; [stv] ϩⲏⲡ be hidden, obscure (695a)
ϩⲣⲟⲕ Reflexive, be still; [stv] ϩⲟⲣⲕ ⲙⲙⲟ= (reflexive) be still. [inf as nn] Stillness. ⲙⲛⲧ-ϩⲣⲟⲕ Stillness (702b)
ϩⲣⲧⲉ fear (704b)
ϩⲣⲟⲟⲩ sound (704b)
ϩⲣⲟϣ In ⲉⲧ$^{\emptyset}$-ϩⲣⲟϣ burdensome (706a)
ϩⲁⲣⲉϩ keep watch; keep (ⲉ-); guard someone from (ϩⲁⲣⲉϩ ⲉ- ⲉⲃⲟⲗ ⲛ-). ⲣⲉϥ-ϩⲁⲣⲉϩ Guardian (707b)
ϩⲓⲥⲉ [stv] ϩⲁⲥⲉ Be weary. [inf as nn] Labor. ϣⲡ-$^{\emptyset}$ϩⲓⲥⲉ Suffer (710b)
ϩⲏⲧ, ϩⲧⲏ= In ⲙⲟⲕϩ ⲛϩⲏⲧ be anguished, [inf as nn] pain; ⲉⲓⲙⲉ ⲛϩⲏⲧ understand the interior meaning, [inf as nn] interior understanding; ⲙⲛⲧ-ⲕⲟⲩⲉⲓ ⲛϩⲏⲧ pettiness; ⲡⲱϣⲥ ⲛϩⲏⲧ dumbfoundedness; ⲟⲩⲣⲟⲧ ⲛϩⲏⲧ gladness; ⲁⲧ-ϩⲏⲧ foolish; ⲙⲛⲧ-ⲁⲧ-ϩⲏⲧ folly; ⲙⲛⲧ-ϫⲁⲥⲓ-$^{\emptyset}$ϩⲏⲧ arrogance; ⲣⲙⲛ-ϩⲏⲧ intelligent; ⲙⲛⲧ-ⲣⲙⲛ-ϩⲏⲧ intelligence = σύνεσις; ϣⲁⲛ-ϩⲧⲏ= compassionate; ϣⲛ-ϩⲧⲏ= (reflexive) ⲉϩⲣⲁⲓ ⲉϫⲛ- have pity on; ⲙⲛⲧ-ⲁⲧ-ⲣ-ϩⲧⲏ= lack of repentance (714a, L. §138)
ϩⲱⲧⲡ sink, go out (light, opposed to radiate); unify; [stv] ϩⲟⲧⲡ be reconciled (ⲉⲃⲟⲗ ϩⲓⲧⲛ- through, or to?); ⲉ(ⲩ)-ϣⲟⲟⲡ ⲉ(ⲩ)-ϩⲟⲧⲡ existing conjointly. [inf as nn] Unification (724b)
ϩⲱⲧⲣ join, join together; have sexual intercourse; [stv] ϩⲁⲧⲣⲉ ⲉϩⲟⲩⲛ ⲉ- be joined with. [inf as nn] ϩⲱⲧⲣ Union. ϣⲃⲣ-ϩⲱⲧⲣ Consort, partner (726a)
ϩⲟⲧϩⲧ examine. ⲁⲧ-ϩⲉⲧϩⲱⲧ= unfathomable (= ἀδιάκριτος?) (728a)
ϩⲟⲟⲩ [stv] In ⲛ-ⲉⲧ$^{\emptyset}$-ϩⲟⲟⲩ the bad; ⲡ-ⲉⲧ$^{\emptyset}$- the inferior element. ⲁⲧ-ⲡⲉⲑⲟⲟⲩ innocent (731a)
ϩⲟⲩⲉⲓⲧ In ϩⲟⲩⲉⲓⲧ ⲛ-ⲣⲱⲙⲉ first human being (738a, L. §114)
ϩⲟⲟⲩⲧ masculine; ϣⲟⲙⲛⲧ ⲛ-ϩⲟⲟⲩⲧ ⲛ-, ϣⲙⲛⲧ-ϩⲟⲟⲩⲧ-ⲛ- thrice-male (adj); ϯϩⲟⲟⲩⲧ ⲛ- the masculine female (adj); ⲧⲁ-ⲛⲓⲉⲟⲟⲩ ⲛ-ϩⲟⲟⲩⲧ ⲁⲩⲱ ⲙ-ⲡⲁⲣⲑⲉⲛⲓⲕⲟⲛ the masculine female virgin that belongs to the glories. ⲙⲛⲧ-ϩⲟⲟⲩⲧ masculinity; ⲣ-$^{\emptyset}$ϩⲟⲟⲩⲧ ⲛϣⲟⲙⲛⲧ ⲛ-ⲥⲟⲡ be thrice-male; ϩⲟⲟⲩⲧ-ⲥϩⲓⲙⲉ androgynous (738b)
ϩⲟⲩϩⲉ aborted foetus (739b)
ϫⲓ get, seize; ⲡ-ⲉⲧ$^{\emptyset}$-ϫⲓ the one who takes away (a kind of angel) = παραλήμπτωρ; (reflexive) gather oneself; ϫⲓ ⲙⲙⲟ-(ϥ) ⲟⲩⲁⲁ-(ϥ) ⲛⲕⲉⲥⲟⲡ ⲡⲉⲉⲓ ⲉⲧ$^{\emptyset}$-ϣⲣⲡⲛ-ϣⲟⲟⲡ recover one's former state of being. Forming compound verb with: ⲙⲕⲁϩ (ⲁⲧ-ϫⲓ-$^{\emptyset}$ⲙⲕⲁϩ impassive; ϩⲛ-ⲟⲩⲙⲛⲧ-ⲁⲧ-ϫⲓ-$^{\emptyset}$ⲙⲕⲁϩ impassively); ⲙⲁⲉⲓⲧ (ϩⲏⲧ=) to guide; ⲙⲧⲟⲛ gain repose; ⲛⲟⲩⲛⲉ (ⲉⲃⲟⲗ ϩⲓϫⲛ-) become rooted in; ⲥⲟⲟⲩⲛ (ⲡϫⲓ-$^{\emptyset}$ⲥⲟⲟⲩⲛ the reception of acquaintance); ⲟⲩⲟⲉⲓⲛ receive enlightenment; ⲱⲙⲥ be baptized; ϩⲣⲁ= (ϫⲓ-ϩⲣⲁ= ⲉ- focus one's attention on) (747b)
ϫⲟ, ϫⲱ sow (752a)
ϫⲱ In ⲁⲧ-ϫⲱ ⲙⲙⲟ= (ⲉ-), ⲁⲧ-ϫⲟⲟ= uninvoked (by) = ἄκλητος; ⲉⲧⲉ-ⲙⲉⲩ-ϫⲟⲟ-(ϥ) obscure or ineffable = ⲁⲧ-ⲟⲩⲱⲛϩ ⲉⲃⲟⲗ; ⲁⲧ-ϫⲱ ⲙ-ⲡⲉ(ϥ)ⲣⲁⲛ unnameable = ⲁⲧ-ϯ-$^{\emptyset}$ⲣⲁⲛ ⲉⲣⲟ= = ἀνωνόμαστος; ⲉⲧ-ⲁⲓ-ⲣϣⲣⲡⲛ-ϫⲟⲟ= of which I have already spoken (754a)
ϫⲱⲕ be completed (ϩⲛ- by). [inf as nn] Fullness = πλήρωμα; realization (of εἰκών). See following entry (761a)
ϫⲱⲕ ⲉⲃⲟⲗ to complete, to perfect; [stv] ϫⲏⲕ ⲉⲃⲟⲗ be perfect, mature; ⲉⲩ-ϫⲏⲕ ⲉⲃⲟⲗ ⲛ-ⲕⲁⲧⲁ-ⲟⲩⲁ being completely perfect particulars. [inf as nn] Completion; fulfillment (of an age); fullness = πλήρωμα = ⲙⲛⲧ-ⲧⲉⲗⲓⲟⲥ (τέλειος). ⲁⲧ-ϫⲱⲕ ⲉⲃⲟⲗ Imperfect = ἀτέλεστος = ⲛ-(ϥ)-ϫⲏⲕ ⲁⲛ (761a). See also preceding entry
ϫⲱⲕⲙ wash (ⲉ-), bathe (ϩⲛ-) [inf as nn] Baptism (763a)

ϫⲱⲛϥ (i.e. ϣⲱⲛϥ) [inf as nn] Harmony; being that is in harmony = σύμφωνος (573b, W. 427)

ϫⲡⲟ engender, bear, produce; ϫⲡⲉ-$^{\emptyset}$ⲧⲉⲗⲓⲟⲥ (τέλειος) produce perfect beings; ϫⲡⲉ-$^{\emptyset}$ϭⲟⲙ produce powers. [inf as nn] Offspring, birth, engendering, engendered thing, (realm of) generation = γεννητός; ϫⲡⲟ ⲉⲃⲟⲗ ⲙⲙⲟ-ϥ ⲙⲁⲩⲁⲁ-ϥ self-originate = αὐτογενής, αὐτογένιος; ϫⲡⲟ ⲛ-ϣⲁϫⲉ = ⲉⲧ-ⲁⲩ-ϫⲡⲟ-ϥ ϩⲛ-ⲟⲩϣⲁϫⲉ reason-born = λογογενής; ϫⲡⲟ ⲛⲧⲉ-ⲡⲕⲁϩ earthborn; ϣⲟⲣⲡⲛ-ϫⲡⲟ first-produced (778b)

ϫⲓⲟⲟⲣ In ⲁⲧ-(ⲣ-)ϫⲓⲟⲟⲣ ⲙⲙⲟ= inaccessible (82a)

ϫⲣⲟ overcome (ⲉ-); [stv] ϭⲣⲏ be strong. [inf as nn] Strength. ⲁⲧ-ϫⲣⲟ ⲉⲣⲟ= invincible (783a)

ϫⲱⲱⲣⲉ In ϫⲱⲱⲣⲉ ⲉⲃⲟⲗ be(come) dispersed. [inf as nn] Dispersion (782a)

ϫⲱⲱⲣⲉ [stv] ϫⲟⲟⲣ Be mighty. Derived nn ϫⲱⲱⲣⲉ mighty (784a, 784b)

(ϫⲱⲣⲙ), ⲉⲓⲱⲣⲙ (?) consent = κατανέυειν (785b)

ϫⲱⲣⲡ stumble (786a)

ϫⲟⲉⲓⲥ lord, master. ⲣ-$^{\emptyset}$ϫⲟⲉⲓⲥ dominate, have more authority than; ⲙⲛⲧ-ϫⲟⲉⲓⲥ lordship (type of angel); ϫⲉⲥ-ϩⲛ-$^{\emptyset}$ⲏⲓ owner of an estate (787b)

ϫⲓⲥⲉ [stv] ϫⲟⲥⲉ Be exalted, be more exalted than (ⲉ-) [inf as nn] Superiority. ⲙⲛⲧ-ϫⲁⲥⲓ-$^{\emptyset}$ϩⲏⲧ Arrogance (788b)

ϫⲱϣ In ϩⲛ-ⲟⲩϫⲱϣ confusedly (836b)

ϫⲱϩ smear ointment upon (797a)

ϫⲱϩⲙ [stv] ϫⲁϩⲙ Be defiled. [inf as nn] Defilement. ⲁⲧ-ϫⲱϩⲙ (a) incorruptible = ἄφθαρτος; (b) incorruptibility = ἀφθαρσία; ⲁⲧ-ϫⲁϩⲙ= virgin (adj) = παρθενικός (797b)

ϭⲟⲉⲓⲗⲉ [stv] ϭⲁⲗⲏⲟⲩⲧ ⲉ- Sojourn with (807b)

ϭⲱⲗⲡ ⲉⲃⲟⲗ disclose, lay bare, discover; make a disclosure concerning (ⲉⲧⲃⲉ-); become disclosed. [inf as nn] Disclosure (812a)

ϭⲟⲙ power, faculty = δύναμις; potentiality; possibility; ⲛ-ϭⲁⲙ powerful. ϣⲙⲛⲧ-ϭⲟⲙ Threefold power; triply powerful; ⲙⲛⲧ-ϣⲙⲛⲧ-ϭⲟⲙ triple powerfulness; ⲁⲧ-ϭⲟⲙ powerless; ⲙⲛⲧ-ⲁⲧ-ϭⲟⲙ powerlessness; ϫⲡⲉ-$^{\emptyset}$ϭⲟⲙ produce powers (815b)

ϭⲓⲛ-ⲙⲓⲥⲉ begetting (184b, 819a, L. §109)

ϭⲓⲛⲉ find. [inf as nn] Discovery (820a)

ϭⲣⲏ See under ϫⲣⲟ

ϭⲣⲱϩ In ⲣ-$^{\emptyset}$ϭⲣⲱϩ fall short; run short of (829b)

ϭⲱⲣϭ [inf as nn] Act of preparing; compound (831a)

ϭⲣⲟϭ posterity (831b)

(ϭⲱϣ), ϫⲱϣ In ϩⲛ-ⲟⲩϫⲱϣ confusedly (836b)

ϭⲱϣⲧ gaze at (ⲉ-); gaze upon (ⲉϫⲛ-); consider (ⲛⲥⲁ-); ϭⲱϣⲧ ⲉⲃⲟⲗ gaze out; ϭⲱϣⲧ ⲉⲃⲟⲗ ⲛⲥⲁ- await (a time); ϭⲱϣⲧ ⲉⲃⲟⲗ ϩⲏⲧ= await, be waiting for; ϭⲱϣⲧ ⲉϩⲟⲩⲛ ⲉ- await (a letter). [inf as nn] Gaze (837a)

PRINTED ON PERMANENT PAPER • IMPRIME SUR PAPIER PERMANENT • GEDRUKT OP DUURZAAM PAPIER - ISO 9706

N.V. PEETERS S.A., WAROTSTRAAT 50, B-3020 HERENT